漢字形體史

陸錫興 著

國家社會科學基金項目（項目批准號：12BYY070）

上海教育出版社

陸錫興 文學博士，南昌大學文學院教授。中國訓詁學會會員、中國文字學會會員、中國辭書學會會員、中國書法家協會會員。研究領域：漢字史、古代器物學、文獻學、簡牘學、書法學。發表學術論文 140 篇。論著獲江西省社會科學優秀成果獎一等獎（2019 年）、二等獎（2005 年、2011 年），江西省高校社會科學優秀成果獎一等獎（2005 年、2012 年），王力語言學獎三等獎（1991 年）。

出版漢字史著作：

《漢字傳播史》

《漢字民俗史》

《漢字美術史》

《漢字形體史》

商代甲骨刻辭（屯南 1131）

西周大克鼎

大克鼎銘文

秦篆（兩詔文銅權）

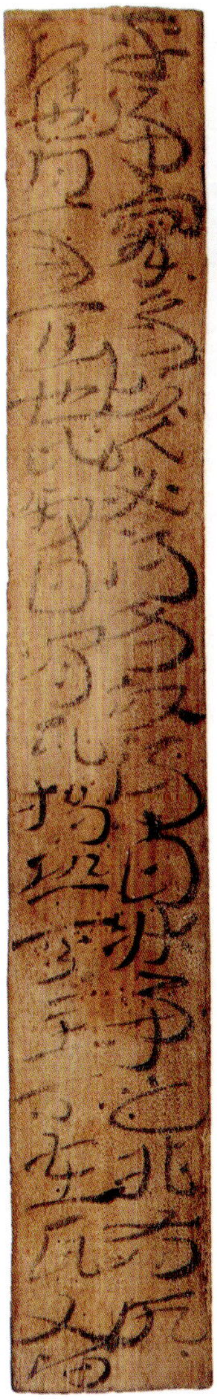

西漢草書《肩水金關漢簡》(伍) 73EJD：32A, 73EJD：32B

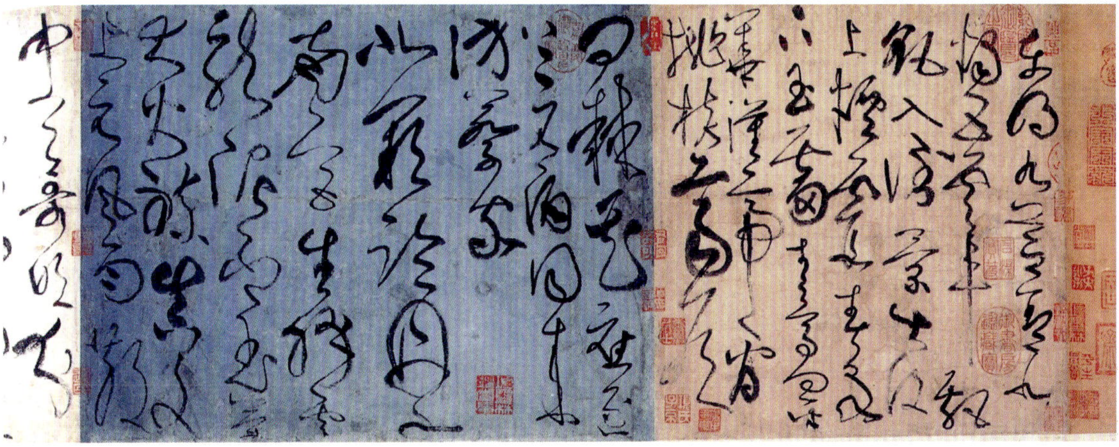

草書（唐張旭《古詩四帖》）

序　言

蒼頡鳥跡既茫昧，字體變化如浮雲。

——唐·杜甫《李潮八分小篆歌》

許慎《説文·敘》述説古文、大篆、小篆、隸書、草書的由來，是最早的漢字形體史論述。擴展到一些特殊場合應用的字體，有秦八體：一曰大篆、二曰小篆、三曰刻符、四曰蟲書、五曰摹印、六曰署書、七曰殳書、八曰隸書。新莽有六書：古文、奇字、篆書、左書、繆篆、鳥蟲書。後漢魏晉以來，字體的發展進入百花齊放的繁榮時期，各體變化無窮，名目越來越多。北朝王愔又記錄了古書三十六種字體，提出了諸如行書、楷書以及垂露、飛白等以前從未記載的字體。北齊王融稱古今雜體六十四書，南朝梁韋仲定為九十一種，謝善勳增加九體，合稱百體。唐代韋續又集秦八體、後漢徐安于十二時書，再搜羅三十三體，凡五十六體。以後字體還在陸續增加，到明清時期，僅篆書就有三十二種，更有集大成的聖賢百體。有記載也有研究，至少從《説文》開始關心這些字體名稱所包含的內容，各個字體之下，稱名和定義一體舉出。草書在漢代是漢字形體發展的一個關鍵，它的發生和發展牽動了整個漢字的命運，由草而生隸、生章草，由草法而激發出區別於圖案美的漢字書法藝術。所以對字體的關心首先落在草書上。關於草書的起源，許慎首先提出。後漢趙壹的《非草書》、西晉索靖的《草書勢》、南朝梁武帝蕭衍的《草書狀》專門研究草書問題。隸書並不是一個簡單的字體，對篆書是一個新體，對楷書是舊體，是過渡性的字體。西晉成公綏《隸書體》是研究此字體的專門文章。對字體作全面性研究始終是字學的中心問題，歷代學者於此用力甚勤。西晉衛恒《四體書勢》就古文、篆、隸、草各敘源流。唐張懷瓘《六體書論》總論大篆、小篆、八分、隸書、行書、草書。字體事關文字大計，歷代續作不斷，見於筆記零星見解，不可勝數。

對於漢字形體演化，古人的認識似乎就是眞草隸篆之間的轉變。西晉衛恒《四體書勢》古文、篆、隸、草四體更迭，其中隸容納漢隸、今隸。唐代張懷瓘《書斷》分作古文、大篆、籀文、小篆、八分、隸書、章草、行書、飛白、草書，從衛恒四體細化為十體，隸書中依然不分古今。宋代以還改隸書之實，分為隸書（八分）和眞書，於是形體之變為新四體——眞草隸篆。舉其大略，篆包含古文，隸實指八分，草含今草和章草，眞即眞書,人無異議。清人毛鳳枝《石刻書法源流考》:“古文降而為篆籀,篆籀降而為小篆,小篆變而為分隸,分隸變而為楷法,行、草亦生矣。”所以古來談漢字形體演變,無外乎如此。本書採用四體之説,按篆、隸、草、眞四個條貫,分別論述,依次展開。但是名稱之下,內容大不一樣。

在 20 世紀下半葉,探求漢字形體發展規律是漢字研究熱點,壓倒性的觀點是漢字由繁到簡,規律在於簡化。在改革開放以後,纔有人提出異議。1978 年王鳳陽提出漢字字形發展中簡化、繁化、簡化與繁化交織、簡易律與區別律、二律交叉發揮作用。“漢字發展,就已有字形來講,總的趨勢是日益簡化,這是事實。有的文字學家由此做出結論,説漢字字形發展的規律就是簡化,簡化就是漢字發展的總過程。關於這點我們不敢苟同。”所謂“簡化與繁化交織”,即不斷繁化的基礎上不斷簡化,兩者扭結在一起。簡易律主要用在既成字形,區別律防止不斷簡化的字相互之間界限的混淆。“這兩個規律,一個求簡單約易,一個求準確精密”,是文字不斷演進的推動力量。①

王鳳陽看到漢字形體演進不僅僅是簡化,還有其他因素。

漢字形體簡化,這是書寫者主觀的要求,越簡越好。西漢一度大興草書,尋常人都能寫,為何没有取代楷體呢? 因為形體太簡略了,區別性差了,閱讀者並不方便,造成交流麻煩,所以漢草變為今草或者章草,越到後來使用者越少。例如“報”,漢代草書就是“报”,它割裂出系統,成為碎片,所以兩千多年來衹能是草書,在古代楷化了還衹是俗體字。古人為何在正體中不接納這類簡俗字呢? 漢字之簡受到各種制約,最重要的是系統性,漢字是一個整體,內部相互聯通,息息相關,這樣一個活體纔能適應社會發展。漢字使用在閱讀、書寫外,學習也十分重要。人們依照規則,能動地掌握文字,可以邏輯記憶、理解文字。簡俗字往往是隨機而為,一代一地各異,不利於識古垂今,這點對我們國情十分重要。所以簡是一種要求,不是形體規律。

漢字形體研究忽略了一個重大因素。形體發展既取決於人們書寫方便快捷的工具性要求,又取決於對形體美感、寄托良好願望的不斷追求。這兩個方面對漢字形體演變起著重要作用,催生了歷史上多姿多彩的各種形體。

20 世紀 60 年代出現了啟功的《古代字體論稿》和蔣善國的《漢字形體學》,這兩種字體方面的專門著作,前者偏重具體名稱的考證,後者偏重宏觀的字體演變。其他的文字學著作雖然也會談及字體問題,但是從深度、廣度或者從系統性來説都難以企及。“文革”前夕對王羲之書《蘭亭序》眞僞的討論實質上是懷疑東晉是否存在楷書的問題,本質上是隸變發生,學術價值不是很高。20 世紀 60 年代以來討論字體演變集中在古文字到今文字的變化,郭沫若的《古代文字之辯證的發展》論述文字發生、商周

① 王鳳陽:《漢字字形發展的辯證法》,《社會科學戰綫》1978 年第 4 期。

文字特點以及秦統一文字，是研究上古漢字的佳作。形體變化的重點是隸變，這是文字學界注目的問題。改革開放解放了學術界，通過對漢代草書的研究，對隸變的過程已經有清楚的認識，不斷有較高品質的文章問世。近年來北京師範大學開展系統性斷代專題的字形研究，用科學分析比較的辦法，作深入細緻的微觀研究，取得了豐碩成果；同時探索漢字構形理論，摸索字體的本源和變化的規律，也取得了很大的進展。

文字的音形義三位一體，音和義都可以剝離，都可以作為語言學的其他分科的研究內容，但是漢字的形體卻無法分離出去，所以漢字文字學最核心的學問就是漢字的形體。就目前狀態來説，字體研究並没有達到它應有的水準。

漢字形體史是一個重要題目，筆者認為研究形體史必須具有以下要素：

其一，以文獻為基礎。形體史屬於歷史研究，必須以文獻為依據。歷史文獻有兩個方面：一是文字材料，包括各種古代碑刻、墨蹟，流傳與出土資料皆不可忽略。二是古今記錄、論著，哪怕點滴都要收集。古代文獻中存在大量的字體史的資料，有些是保存在專論中，有些夾雜在典章制度的史籍甚至筆記中，必須充分注意。文獻上的字體是抽象的，字體本身具有視覺形象，研究結果自然是落實到考古發現的文字材料。現在考古出土的形體資料層出不窮，不僅可以考察文字形體發展的大勢，也可以發現許多失傳的字體。

其二，多角度、多層次觀察與分析。古代形體內涵豐富，它是社會各種因素的綜合體、歷史的沉積物。中國是禮儀之邦，歷史綿長，禮儀變革，社會進步，都會在字體上體現出來。因此形體歷史是一項綜合研究。

其三，字學與書法比翼齊飛。形體是漢字最直觀、接觸最頻繁的東西，從甲骨文、金文、戰國秦漢的簡帛文字、漢魏碑刻、隋唐楷書，如山陰道上目不暇接。漢字結構的複雜性，促進了漢字的書寫技術，最後造就了漢字的書寫藝術，造就了偉大的書法藝術，晉有王羲之，唐有歐褚顔柳，宋有蘇黄米蔡，不過純粹的書法風格屬於書法學的研究範圍。但是字體離不開書法，不同的字體有不同的書寫技巧。我們研究字體，一定要體察字體之變化，體會形體的奥妙；一定要花費一些時間學習書法，至少也要寫得一手好字。

形體歷史不能迴避歷史分期。

有關漢字形體歷史分期，有各種説法，本書不展開討論。分期的關鍵點有二：一是秦篆的劃分，現在學術界傾向於劃入今文字，原則上歸入古文字階段。二是近代形體的劃分，以前没有這個概念。筆者把匠體字形成作為標誌，把明代到現代之間稱為近代期，屬於今文字的一個階段。

本書的漢字形體分期如下：

文字時代	古文字			今文字			
文字分期	商周	東周	秦	兩漢時期	魏晉至唐	宋至明	明到現代
名稱	象形字	規整期古文	小篆	漢隸	今隸形成	眞書定形	眞書標準化
描寫	散體象形	規則象形 直角坐標化	規整篆體	過渡到 眞書	諸體並用 形體錯雜	眞書主導 標準	匠體字基礎 形體標準化

參照普通歷史學的分期,商周到秦屬於上古文字,漢代到明代中期為中古文字,明代中期到清末為近代文字。這樣文字歷史分期與中國歷史分期大致吻合。①

漢字形體史是一項高難度研究,是漢字本體研究的主要方面之一。漢字民俗史、漢字傳播史兩個方向的專門同名著作已經問世,以後筆者準備繼續完成漢字史的其他領域研究,儘快推出專著,為完善漢字史研究而努力。

需要説明一下,為便於讀者閱讀,本書關於墓號,正文敍述時採用阿拉伯數字;關於公元紀年,不使用"公元"二字,如漢景帝二年,對應"前 155 年",不再標注"公元"二字;關於生卒年,採用"××—××格式",如陳夢家(1911—1966)。其他使用阿拉伯數字或漢字數字,視情況而定。

陸錫興

2017 年 3 月

① 陸錫興:《論漢字的歷史分期》,《中國文字學報》第九輯,商務印書館 2018 年版。

目　錄

第一編上　古文字形體史

第一編下　篆文形體史

第二編上　漢隸形體史

第二編下　八分形體史

第三編　草書形體史

第四編上　眞書形體史上

第四編下　眞書形體史下

第一编上

古文字形體史

第一章　商周古文字之發現與整理

古文字之説，至晚起於漢代。《漢書・郊祀志》："張敞好古文字，按鼎銘勒而上議。"張敞按鼎銘所論西周之事，此西周銘文，漢人稱之為古文字。《説文・敍》："郡國亦往往於山川得鼎彝，其銘即前代之古文。"段玉裁注："郡國所得秦以上鼎彝，其銘即三代古文。"三代，指夏、商、周。現在一般把"古文"叫"古文字"，把古文字範圍定在漢代以前的文字階段。容庚（1894—1983）説："凡周以前文字，統稱之曰古文。今傳世有數種，或刻於甲骨，或鑄於彝器，或載於經籍。"[①]容庚《金文編・自序》："文字之變遷，其出於自然之趨勢乎，由古文而籀文，而小篆，皆以漸變，而非頓成。"[②]

考古發現的古文字的載體主要有三大部分：甲骨文、金文、簡帛書。按照材料和年代的配對，殷商主要是甲骨文，西周春秋主要是金文，戰國主要是簡帛書。

第一節　甲骨文的發現與研究

殷商的甲骨早年被認作龍骨，是一味中藥的藥材。以前一直認為，是王懿榮抓藥時發現了有字甲骨，現在看來這是一種傳説，並非事實。很早以前安陽殷墟小屯村農民耕作時便發現了甲骨文，衹是骨董商人没有興趣，所以没有進入文人書齋。清光緒二十四年（1898 年）書法家孟廣慧看重此文字古物，促成骨董商人收購甲骨。次年，甲骨帶到天津，孟氏等人買了其中一部分，餘下部分到了北京王懿榮手中，從此開始了甲骨學的歷程。現在要解決的問題是，甲骨文的發現者是誰？

這個發現不是一般意義的看見，兩者是有區別的。秦始皇陵陪葬的陶俑，秦漢之後屢有發掘。如宋代的筆記記録，當地村民在掘井時碰到怪物，不吉利。所謂怪物就是陶俑，没有文人注意，不知為何物。1974 年臨潼農民挖井時碰上大陶俑，可以説發現了秦代俑人，但是没有考古人員的介入，没有列入研究的範圍，所以不能稱作科學發現。所謂科學發現，至少給予一個科學的定義。敦煌卷子是王道士裝修洞窟時打開了暗室，暴露出來的大量的古代文書。他發現了寶藏，卻没有能力去認識這些文獻

① 容庚：《中國文字學》，中華書局 2012 年版，第 36 頁。
② 容庚：《金文編》，中華書局 2003 年版。

的學術價值，衹能隱約知道它的商業價值——值點錢。他遇到了斯坦因，把經卷變成銀錢，實現了他心目中的價值。斯坦因雖然晚見到這些經卷，但是他明白這是了不起的古代文獻，經過整理進了博物館，引起諸多學者的探索（包括到中國來掠奪）、研究。甲骨文首先是農民在田地中碰到的，他們的目的是用它換錢，什麼時候進入他們的視野意義不大，直到媒介——骨董商把它送到天津出賣，這是一個發現的前期狀態。孟廣慧以書法聞名，是天津近代四大書法家之一。他喜好金石，是一位富於學養的學者。金石學是研究古代青銅器、石刻的傳統學問。收集整理商周青銅禮器、秦漢魏晉的碑石，目的是整理研究銘文資料，這衹是主要部分，實際上一切古文字材料都是它的研究對象，常見的如瓦當、磚銘等。在北宋後期，陝右發現東漢木簡，簡牘文字也列入了金石學範圍。清代小學昌明，金石學也進入繁榮時期，這不僅是純學者的努力，同時也有金石家、書法家的功勞。對書法實踐而言，金石學給他們帶來了豐富的漢字形體資料，是創新的無窮源泉。本來金石學就包括了書法學的內容，每一次金石學上的進展，都會引起書法家的興趣，很快就把新的發現融入到他們的作品中去，孟廣慧對金石學的愛好主要在於此。當時簡牘尚未發現，世人均不知簡牘為何物，衹知道它是蝌蚪文書，所以孟氏就把它歸作"古代簡策"。現在看來，幼稚的想法其實並不簡單，也算是有見地。他後來看到實物，"知三古遺物"（圖 1 上 1－1）①，三古，即夏、商、周，實際證明，甲骨的年代没有超出這一範圍。所以孟氏為甲骨文之發現者，從科學角度來説是成立的。甲骨文經他的發現，從花生田走到書齋，完成了從自然狀態到科學研究的飛躍。這批甲骨文經過民國、"文革"時期，能在今天重見天日，是萬幸之事。當然作為首批發現物，甲骨文不僅是歷史的見證，也是無比珍貴的文物。

圖 1 上 1－1

甲骨上有字，當作文獻來研究是在 19 世紀和 20 世紀之交。甲骨在河南安陽殷墟發現，為貞人貞卜遺留文獻。自早年當地民衆自由發掘以來，經過了幾次科學發掘。民國時期中央研究院歷史語言研究所在 1928 年到 1937 年，進行了 15 次發掘。1950 年到 1977 年，中國科學院考古研究所以及河南省文化局文物工作隊等單位，又發掘了 10

① 參見李先登：《殷契國粹，國之瑰寶——孟廣慧舊藏甲骨》，《綜合藝術經典版 · 精品選集》，上海崇源藝術品拍賣有限公司 2004 年版，第 15—16 頁。

多次。科學發掘有明確的地點、地層和其他信息，更加具有科學價值。1973 年殷墟小屯南地出土甲骨 4 000 多片，1991 年在殷墟花園莊東地出土甲骨 1 583 片。後來，在河南安陽小屯村，發掘了 2 處甲骨坑，發現牛肩胛骨、龜版、動物骨骼、骨料近 70 塊，小屯南地又清理出 5 層甲骨共 200 多片。在殷墟的周圍地區，陸續發現了商周時期的甲骨。20 世紀 50 年代安陽四盤磨、輝縣琉璃閣、邠縣、鄭州二里崗、濟南大辛莊、洛陽東關泰山廟、安陽大司空村，皆有零星發現。1991 年河北邢臺南小汪遺址 H75 中發現刻辭卜骨 1 片，11 字。[①] 鄭州二里崗早商遺址、洛陽東關出土了有字商代甲骨。2008 年元月洛陽東郊房基下發現西周初年有字卜骨 1 枚，共 14 字，與周原、昌平、邢臺發現的卜辭一樣，字體細小。[②]

1953 年鄭州二里崗灰坑先後發現了 2 片牛骨，一片有 10 個字，一片衹有 1 個字，字跡與安陽小屯村殷墟早期甲骨文相近，可能屬於二里崗文化三期之物。陳夢家《解放後甲骨的新資料》[③]、鄭傑祥《二里崗甲骨卜辭的發現及其意義》[④]二文作了詳細敍述。

殷墟以外地域的甲骨發現是甲骨文發現史上的重要一環，這可以説明殷商時代中原地區的文字普遍存在，而且相對統一。西周的甲骨也陸續被發現：1979 年 5 月在陝西岐山鳳雛村西周宮室遺址的窖穴出土了大批甲骨，計有卜甲和卜骨共 17 275 片，有字卜甲 292 片，共 903 字，合文 12 個。最多的一篇字數多達 30 多字。同年 5 月扶風縣黃堆公社雲塘大隊齊家村村北發現西周甲骨，其中有卜辭的 1 件。不久村東發現有字龜甲 1 件。當年冬和次年春，在出土甲骨的地點又發現甲骨 10 多件，其中 5 件有卜辭，共 94 字。1980 年 10 月在齊家村村北再次發現有字卜甲 1 件。周原鳳雛、齊家村兩處出土有字甲骨 298 件 1 090 字。有不同的單字 360 多個，每片字數多少不一，少則 1 字，多則 30 餘字，内容有卜祭、卜告、卜年、卜出入、卜田獵及人名、地名、官名、月象及其他内容共十大類。時間大都為武王滅商前後。以上甲骨卜辭全部收錄在《周原與周文化》一書中。[⑤] 此外，陝西岐山鳳雛村甲組建築遺址發現西周早期有字甲骨[⑥]、陝西岐山周公廟[⑦]、扶風齊家村[⑧]、扶風強家村、北京昌平白浮村西周墓出土有字甲骨[⑨]。北京琉

① 李學勤：《邢臺新發現的西周甲骨文》，《中國文物報》1993 年 3 月 7 日。
② 蔡運章：《洛陽新獲西周卜骨文字略論》，《文物》2008 年第 11 期。
③ 陳夢家：《解放後甲骨的新資料》，《文物參考資料》1954 年第 5 期。
④ 鄭傑祥：《二里崗甲骨卜辭的發現及其意義》，《中原文物》2008 年第 3 期。
⑤ 陳全方：《周原與周文化》，上海人民出版社 1988 年版，第 101 頁。
⑥ 陝西周原考古隊：《陝西岐山鳳雛村發現周初甲骨文》，《文物》1979 年第 10 期。
⑦ 种建榮：《岐山周公廟遺址新出西周甲骨文》，《收藏》2004 年第 9 期。
⑧ 陝西周原考古隊：《扶風齊家村西周甲骨發掘簡報》，《文物》1981 年第 9 期；曹瑋：《周原新出西周甲骨文研究》，《考古與文物》2003 年第 4 期。
⑨ 北京市文管處：《北京地區的又一重要考古收獲——昌平白浮西周木槨墓的新啟示》，《考古》1976 年第 4 期。

璃河西周燕國都城遺址，出土了3片有字卜甲，文字工整而規則。[①] 山西洪趙縣坊堆村出土卜骨，1行8字，屬於春秋或稍晚之物[②]。陝西長安張家坡也發現西周有字甲骨[③]，最近在山東濟南大辛莊遺址也發現了西周甲骨[④]。河北邢臺南小旺遺址A區H75出土1片牛肩胛骨，正面有兩組卜辭，此為西周甲骨文，字體纖細[⑤]（圖1上1－2）。殷墟甲骨刻辭多做單刀鍥刻，無法體現筆寫的眞實面貌。

宰豐骨為商代的一塊牛骨，相傳也為安陽小屯村殷墟遺址出土，現珍藏於中國國家博物館。此骨刻於殷商晚期的商王帝乙或帝辛六年，呈匕首形，有正反兩面。一面刻獸面、蟬紋和虺龍紋，並嵌有綠松石（現存14顆）。另一面有兩行刻辭，記載帝乙或帝辛將獵獲的兕等賞賜宰豐之事（圖1上1－3）。文字分兩行，完整無損，罕見之極。此墨書字形刻成，形體與同期金文有相似之處，很大程度上體現了毛筆的書寫性。筆畫起止運轉清晰，遒美豐腴，疏密得當，既能看出刻畫的運刀過程，又可看到墨書的筆意，體現出明顯的書法氣息，是體現手書的骨片刻辭。

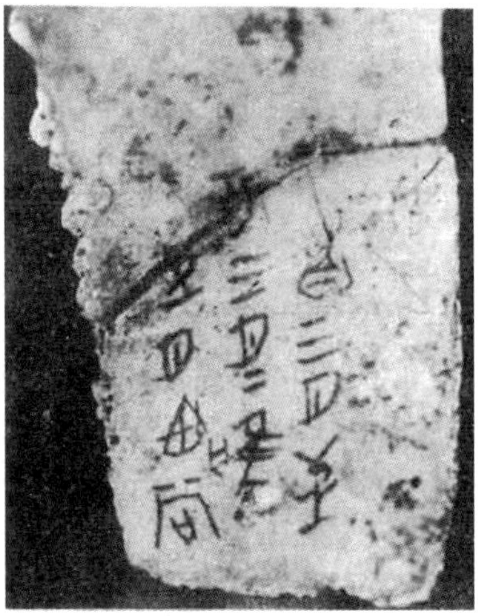

圖1上1－2

圖1上1－3

目前共有15萬餘片甲骨片分佈在12個國家和地區。主要甲骨片還是在中國，大陸約有8萬至9萬片，臺灣地區有2萬片[⑥]。主要著錄在以下圖書中：郭沫若主編《甲骨文合集》第一至八冊，中華書局1981年1月出版，第九冊於同年6月出版，第十

① 琉璃河考古隊：《琉璃河遺址1996年度發掘簡報》，《文物》1997年第6期。

② 暢文齋、顧鐵符：《山西洪趙縣坊堆村出土的卜骨》，《文物参考資料》1956年第7期。

③ 陝西省文管會：《長安張家坡西周遺址的重要發現》，《文物參考資料》1956年第3期。

④ 山東大學東方考古研究中心、山東省文物考古研究所、濟南市考古所：《濟南市大辛莊遺址出土商代甲骨文》，《考古》2003年第6期。

⑤ 河北省文物研究所、邢臺市文物管理處：《邢臺南小旺周代遺址西周遺存的發掘》，《文物春秋》1992年增刊；張渭蓮、段宏振：《河北邢臺南小旺遺址西周刻辭卜骨淺識》，《文物》2008年第5期。

⑥ 胡厚宣：《戰後京津新獲甲骨集》，群聯出版社1954年版。

冊於同年12月出版。中國社會科學院考古研究所《小屯南地甲骨》上冊(一、二分冊),中華書局1980年出版。中國社會科學院考古研究所《小屯南地甲骨》下冊(一、二、三分冊),中華書局1984年出版。李學勤、齊文心、艾蘭《英國所藏甲骨集》,中華書局1985年至1992年出齊。許進雄編《懷特氏等收藏甲骨文集》,加拿大皇家安大略博物館1979年出版。胡厚宣編《蘇德日所見甲骨集》,四川辭書出版社1988年出版。日本天理大學伊藤道治編《天理大學附屬天理參考館藏甲骨文字》,日本天理教道友社1987年出版。日本東洋文庫古代史研究委員會《東洋文庫所藏甲骨文字》,東洋文庫日本昭和五十四年(1979年)出版。日本東京大學東洋文化研究所松丸道雄《東京大學東洋文化研究所藏甲骨文字・圖版篇》1983年出版。中國社會科學院歷史研究所編《甲骨文合集補編》,語文出版社1999年出版。中國社會科學院考古研究所編《殷墟花園莊東地甲骨》,雲南人民出版社2003年出版,修訂本於2016年出版。香港中文大學聯合書院《聯合書院圖書館東莞鄧氏舊藏甲骨》,1969年出版。李學勤、齊文心、艾蘭《瑞典斯德哥爾摩遠東古物博物館藏甲骨文字》,中華書局1999年出版。蔡哲茂《甲骨綴合集》,第10組,樂學書局1999年出版;蔡哲茂《甲骨綴合續集》,文津出版社有限公司2004年出版。松丸道雄《謝氏瓠廬殷墟遺文》,日本東京汲古書院昭和五十四年(1979年)出版。段振美編《殷墟甲骨輯佚》,文物出版社2008年出版。李鍾淑、葛英會編《北京大學珍藏甲骨文字》,上海古籍出版社2008年出版。濮茅左《上海博物館藏甲骨文字》,上海辭書出版社2009年出版。宋鎮豪主編《張世放所藏殷墟甲骨集》,綫裝書局2009年出版。現在,以上大部分資料都可以在有關網站上查閱。

甲骨文的字形集中收錄在甲骨文字編中,此類字編至今已有多部。朱芳圃《甲骨學文字編》,1934年由商務印書館出版。正文共十四卷,附錄二卷(上卷為合文),收字頭845個,見於《説文》者813字,輯錄17家之説,作者也有按語。孫海波編纂的《甲骨文編》,民國23年(1934年)由燕京大學哈佛燕京學社石印出版。正編十四卷,依照《説文》編次,收字1 006個,附"合文"收字形156個。每個字頭下注明出處,分别説明,或採用諸家之説或作者自陳己見。1956年中國科學院考古研究所委托孫海波根據新資料、新的研究成果,修訂《甲骨文編》,列為考古學專刊乙種第14號,1965年由中華書局出版。所收甲骨文單字按原樣摹錄。正編收單字1 723個,見於《説文》的941字,附錄收不可識的單字2 949個,總共4 672字。合文371個,附錄2 949字。此書是影響最大、流傳最廣的甲骨文字字形編,所收資料豐富,字形處理比較審慎,是研習甲骨文的重要工具書。修訂版出版後,又發表了不少甲骨文新資料,如小屯南地甲骨、花園莊東地甲骨以及其他各地發現的商周甲骨,大大豐富了甲骨字形資料,而且古文字研究在"文革"之後突飛猛進,研究成果層出不窮,加深了人們對甲骨文字的認識，新釋出的字形不斷增加。為了適應新情況的變化，新編《甲骨文編》出版之後，就有續作出版。1959 年臺北藝文印書館印行了金祥恒編纂的《續甲骨文編》，以補充舊版《甲骨文編》的不足，正文十四卷，附錄一卷，共有字頭 2 500 個。

劉釗、洪揚、張新俊《新甲骨文編》，2009 年由福建人民出版社出版。此書以收商代甲骨文為主，首次兼收西周甲骨文字。正編按照《説文》順序收列字形，未見《説文》的字形安排在該部首字形之後，合文部分專門羅列合書形體，附錄部分收列疑難不明的字形。《新甲骨文編》之"新"主要體現在以下三個方面：一、補充新材料。字形取材於《甲骨文合集》《英國所藏甲骨集》《小屯南地甲骨》《懷特氏等收藏甲骨文集》，以及新見的《殷墟花園莊東地甲骨》等甲骨著錄，後四種未被《甲骨文編》收入。二、吸收新成果。《甲骨文編》編就以後數十年間，新的研究成果不斷湧現，解決了不少疑難字的釋讀。三、採用新字形。字形採用電腦掃描，取代手工摹寫，保證了形體的眞實可靠。李宗焜整理的《甲骨文字編》4 冊，中華書局 2012 年出版，收錄 2010 年底以前所見的殷墟甲骨文字，共計單字 4 378 號、殘文 52 個、摹本 26 個、合文 328 組。單字 4 378 號中，隸定 2 369 號，其中可釋者 1 682 號，全書摹錄甲骨字形總計 46 635 文。字形據拓片原大精確摹寫，依自然分類法歸類，並標注出處及所屬時代，對字形的隸定和分合作了必要的處理。正文附有部首、筆畫、拼音、注音等檢索，以及該書與《類纂》《甲骨文編》的號碼對照表。

第二節　甲骨文字之形體特點

甲骨文是中國現存最早的文字資料，最接近文字的原始狀態。文字是從圖畫發展來的，甲骨文的特點就是圖形性。

一、描寫形體

(1) 勾勒外形

"鬲"：(合[①] 201 正賓組)　(合 31030 無名組)

"鼎"：(合 11499)　(合 22091)

"虎"：(合 17849 𠂤組)　(合 28300 無名組)

"黍"：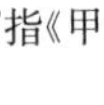(合 10022)　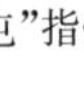(合 9962)　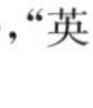(合 32593)

① "合"指《甲骨文合集》，下"屯"指《小屯南地甲骨》，"英"指《英國所藏甲骨集》，"花東"指《殷墟花園莊東地甲骨》。

（2）突出重點（不同動物强調的部位不同，如頭部、身部、尾部）

“月”：（合補 2854）　（合 33694）　（合補 11470）　（合 37840）　（H11.15，西周）

“虎”：（合 21387）　（英 1779）

“豹”：（合 3303）　（合 3295）

“馬”：（合 10405）　（合 20407）　（合 27882）

“麋”：（合 10372）　（合 28381）

“鹿”：（合 10410）　（合 10268）　（合 10293）

“兔”：（合 10457）　（合 4616）

“犬”：（合 14344）　（合 22080）　（合 32985）　（合 27926）

“鼠”：（合 19897）　（合 14020）

“燕”：（合 5281）　（合 5290）

“雲”：（合 13396）　（合 21324）　（合 13418）　（合 21021）

（3）軸對稱

左右對稱

“壺”：（合 18559）　（合 18560）

“卯”：（屯 1062）

上下對稱

“幸”：（合 5856）

上下左右對稱

“興”：（花東 27 子組）　（合 19907）

“亞”：（合 6049 正賓組）　（合 32805 歷組巫）　（合 5659 賓組）　（屯 502）　（合 30295）

（4）中心對稱

“雷”：（合 1021）　（合 14922 賓組）　（合 13415）

“申”：（商宰虎角）　（周不嬰段）　（曾仲大父簋）

“黹”：（合 18836 反賓組）　（合 8286 賓組）　（周中頌鼎）

二、形體多變

羅振玉（1866—1940）是較早接觸甲骨文的文字學家，“蓋古象形之文，以肖物形為主，不拘字畫之繁簡向背，徵之刻辭中所載諸文歷歷可證。”①容庚認為象形文字，皆

① 容庚：《中國文字學》，中華書局 2012 年版，第 38 頁。

因物賦形，變異無定，並不拘泥點畫。“或立或臥，或正視，或側視，或一體，或全身，視之若圖畫無異，觀甲骨文可知。”①

甲骨文與圖畫有根本的區別，姚孝遂（1926—1996）説甲骨文“從整體上文字體系來看，其形體已經經過了符號化的改造，無論在綫條化還是在規範化方面，都已具備了相當的規模，文字形體的區別方式與手段已達到相當高的水準”。②

唐蘭（1901—1979）認為遠遠不止這些變化，粗粗梳理，甲骨文以圖畫為基礎，不拘細節。一字大致有以下變化：

（1）左右不論

“好”：（合 13711） （合 702）

（2）上下不論

“足”：（合 17146 賓組） （合 4585 賓組）

（3）上下、左右不論

“旁”：（合 6776 正賓組） （屯 918 歷組） （合 6776 正） （英 634 賓組）

（4）正面、側面不論

“龜”：（合 17591） （花東 450） （合 27653 無名組）

（5）繁簡不論

“龜”：（合 8996 賓組） （合 21562 賓組）

“射”：（合 23787 出組） （合 24156 正出組）

“昔”：（合 137） （合 302） （合 1111） （合 16930） （合 14229） （合 36317）

“齒”：（合 17306 反賓組） （合 6664 正賓組） （合 17300 正賓組） （合 17295 賓組） （合 17652 賓組區）

（6）單雙綫不論

“示”：（合 20463 反自組） （合 14841 賓組） （合 34325） （合 32349） （合 24945） （屯 2265）

（7）實心與空心不論

“王”：（合 21305 自組） （合 5 賓組）

甲骨文的形體，不是自由無邊，否則難以維持文字功能。甲骨文的變形造字法與它的形體隨意性是一對矛盾。如何解決這個矛盾，這就需要文字形體的約定性。

字形之可變與否都由當時約定，有些相近的字形有嚴格的分工。如：

---

① 容庚：《中國文字學》，中華書局 2012 年版，第 134—135 頁。

② 姚孝遂：《甲骨文形體結構分析》，《古文字研究》第二十輯，中華書局 2000 年版，第 272 頁。

"鬼"（合 14272）與"頁"（合 22215）相似，"面"（花東 113）與"首"（花東 304）相似，兩者形狀相似卻不能隨便寫。

"從"作（合 5112）或（合 12341），二人可以從東從西，但衹能同向一個方向，如果相背就是另外一個字，即"北"（合 6625）。它們的結構方向並不能隨意改變。

漢代之六書，把文字構成和使用方式分為：象形、會意、指事、形聲、轉注、假借。甲骨文以圖形性為基礎，不僅象形，指事、會意也是圖形的變化。

容庚指出象形文字"從純象形孳乳而出者"，有四類：甲，增益，如"血之形單純不可象，血必盛於皿，故血並皿而象之"。乙，減損，"子為象形，子之無臂則為"。丙，改變，如象木形，木曲其頭為，象人形，大曲其脛則為。丁，重複，"重複而意義為象形者，則入之象形；重複而意義會意者，則入之會意。如艸、林之入象形是也"。① 張亞初也有類似的説法："變形造字法是指用改變一個字的位置形狀，或者對一個字的筆畫略加增損而創造出另一個新文字的辦法。"所謂位置形狀是指字的正倒與左右的安排。張亞初指出變形法有七種：横變豎、正面變側面或者反之、整體變局部、雙變單、正變倒、局部變形、增減筆畫②。

象形，描寫實物形態等，前面的例子已經説明，不再重複。

會意，如"手"控制"象"為"為"（合 15185 賓組），"手"抓"鳥"為"獲"（合 10839）。

指事，加點在"大"（人形）雙臂下，指示"亦(腋)"之處為（合 1197），""為"腋"之初文；"木"之主幹加符號，意指整株""（合 36743），即為"株"字。

形聲，形聲字是今文字的主要形體結構類型，那麼甲骨文有没有形聲字？姚孝遂認為，甲骨文中"今天看起來可以認為是形聲結構，但是實際上並非如此"。他列舉了"俘"，本來是典型會意結構、，而有的異體，似為從、孚聲的形聲字，實際上到後來"孚"的意義變化，纔變作從人、孚聲的形聲字。"魯"本來是"魚"的假借字，後來出現了從"口"從"魚"的"魯"作為地名字。再如"唐""商""周""召"從"口"的偏旁字，原來都是"一種起區別概念作用的附加符號"③。附加符號的意義的不確定性和模糊性，區别的作用要視情形而定。姚孝遂認為最常見的區别符號為一丨●▢，没有實際而具體的涵義，是文字符號的區別方式，也是文字孳乳分化的重要手段，如"女"與"母"④。"大量專用字的出現，都是在原有文字的基礎上，再添加形體，以與原有形體相區别，成為所謂的形聲結構。這些後附形體絶大多數是所謂的形符，或稱為意

① 容庚：《中國文字學》，中華書局 2012 年版，第 134—135 頁。
② 張亞初：《談古文字中的變形造字法》，《慶祝蘇秉琦先生考古五十五周年論文集》，文物出版社 1989 年版，第 338—345 頁。
③ 姚孝遂：《甲骨文形體結構分析》，《古文字研究》第二十輯，中華書局 2000 年版，第 271 頁。
④ 姚孝遂：《甲骨文形體結構分析》，《古文字研究》第二十輯，中華書局 2000 年版，第 275 頁。

符。應該承認,形聲結構中的形符部分具有某種程度的表意作用。然而這種表意作用是微乎其微的,它根本不能表示任何具體概念,衹是起到一定程度的區分大的意義作用。”[①]所以,那些看起來像形聲結構的字,未必是形聲字。

轉注,有不同的解釋,或形轉,或義轉,或音轉,後世莫衷一是,無定論。此不贅述。

假借,用其音不用其造字本意。如“我”(合 9947)為兵器形,假借為第一人稱“我”。形體構造與所要表達的概念之間,没有任何直接的關係。甲骨文中的假借字使用頻率最高,佔整個文字系統的 90%以上[②]。儘管假借字是表音字,但是形體依然是圖形性的。

總之,甲骨文是完善的文字系統,屬於標形文字,構形以圖畫表示為主,主要以圖形變化構成字形,增加字形。

① 姚孝遂:《甲骨文形體結構分析》,《古文字研究》第二十輯,中華書局 2000 年版,第 277 頁。
② 吉林大學古文字研究室:《古文字研究的現狀及展望》第一輯,中華書局 1978 年版。

第二章　先秦金文之發現與研究

第一節　商周金文之發現

金文是古代青銅器銘文的簡稱，先秦金文發現的歷史可以追溯到西漢初。漢宣帝時，好“古文字學”的張敞曾考釋過美陽（今陝西武功）發現的尸臣鼎。不過這種零星的發現形成不了風氣，根本談不上學術，至今没有見到漢魏以來的金文研究考釋的記録。中國文化傳統中儒家學説佔有重要的地位，而周公是儒家道德的典範，相傳他創周禮。後代帝王製作禮器以周禮為準則，搜羅先秦銅器以備觀覽，作為頗採古禮以雜之的依據。北宋文人的好古、慕古之風彌漫，朝野呼應，由此興起收集商周及秦漢銅器的風氣。長安一帶屬於西周故地，出土古銅器甚夥，販賣給好古文人。劉敞富於收藏，把所得銅器描繪其圖形，摹録其文字，刊刻上石，名之為《先秦古器記》。其後吕大臨（1040—1092）《考古圖》、王黼（1079—1126）《宣和博古圖》皆沿襲這個辦法，在書中繪圖録文，《考古圖》開始在録文後附加“釋文”，古銅器的文字考釋研究自此開闢一個新的境界。此後續作有佚名《續考古圖》、薛尚功（生卒年不詳）《歷代鐘鼎彝器款識法帖》、王厚之（1131—1204）《鐘鼎款識》、王俅（生卒年不詳）《嘯堂集古録》等。其中《歷代鐘鼎彝器款識法帖》二十卷最為矚目，宋代以此書收集彝器款識為富，宋晁公武《郡齋讀書志》卷四稱之“尤為詳備”[①]。所謂“歷代”意味著不僅收録先秦銅器銘文，也收録漢代銅器銘文，雖然稱為“鐘鼎彝器”，但是石鼓文也收在書内，所以它更像一本古文字專集。它的特點之一是，衹有銘文，没有圖形，標誌是專門的銘文文獻。特點之二是，不僅有摹文，且附釋文，釋文位置有三種處理，短銘一般另附摹文之後，或者附在摹文之下，對其釋文；或者逐字旁注，如齊侯鎛鐘銘。摹文釋文之後還有考證和簡單的説明。這種處理辦法，幾乎統括了銘文的基本信息，極便使用。明陶宗儀（1316—1403 後）《書史會要·宋》：“薛尚功，字用敏。錢唐人。官至僉書定江軍節度判官廳事。善古篆，尤好鐘鼎書，有《鐘鼎彝器款識》二十卷及《鐘鼎韻》七卷行於世。”薛氏之古器款識與他對於古籀文字愛好大有關係。清代金石學進入成熟時期，銅器銘文的收集不斷增加。

① 晁公武撰，孫猛校證：《郡齋讀書志校證》，上海古籍出版社 1990 年版，第 171 頁。

近代引進西方的科學考古發掘，得到了大批有名青銅器，金文的研究更上一層樓，同時促進了古質雄渾的大篆書法的發展。

《金文字彙》，容庚編著。容庚早年研習《説文解字》，1913 年讀吳大澂《説文古籀補》等書，立志補輯。1917 年，擬定《殷周秦漢文字》編撰計劃，《金文編》為其一部分。1922 年到天津，以《金文編》稿本向羅振玉請正。至 1925 年寫定印行，為初版。1938 年，補訂重版，共收商周金文 1 804 字，附錄 1 165 字。1959 年印行校補本，科學出版社出版。

《金文編》，中華書局 1985 年出版，為容庚晚年續訂，馬國權、張振林先後協助此項工作。1983 年容庚逝世，書由張振林完成。書中字形依《説文》順序排列。圖形文字不可識的列為附錄上，有形聲而不可識的列為附錄下。正編十四卷，收 2 420 字，重文 19 357 字。附錄上下兩編，收字形 1 351 個，重文 1 132 個，為圖形文字未識者、形聲之未識者以及難以隸定者。書後附引用彝器表及引用書目表，還有筆畫檢字，檢索相當方便。

容庚另有《金文續編》一書，專收秦漢金文，民國 24 年(1935 年)上海商務印書館初版，2012 年中華書局重印，收入《容庚學術著作全集》。其體例與《金文編》大體相同，共收 951 字，附錄 34 字，書後附採用秦漢器銘文，也有檢字。

《金文編》1985 年出版以來，歷經多年，而新發現的器銘多達 2 000 種以上，有鑒於此，董蓮池編著《新金文編》，作家出版社 2011 年出版，收錄商周至戰國的青銅器銘文，字形材料截止於 2010 年，規模大於 1985 年版《金文編》，為了保存原貌，摒棄摹寫字形，而用原來拓影。字形按照時代排列，每字注明器名、時代、著錄。對於各家的考釋，無門戶之見，廣為收集，使得字形的歸檔更加可靠。卷末有部首索引以外，又增加了音序索引，方便查檢。

上海博物館商周青銅器銘文選編寫組《商周青銅器銘文選》，文物出版社 1986 年到 1990 年陸續出版。此書收錄的銘文時限為商代到戰國，商、西周以時代編次，戰國在分國的基礎上再按時代先後編次。共收商 21 篇、西周 512 篇、東周 392 篇，實為商周青銅銘文的精華所在。每篇皆有拓本、釋文及注釋，收錄資料到 1979 年為止。前 2 卷分別為商、西周和東周的拓本，後 2 卷為前 2 卷的釋文及注釋，原計劃出“索引”為第 5 卷，未果。

李守奎《楚文字編》，華東師範大學出版社 2003 年出版，正文十四卷，附錄一卷，並有參考文獻。此書系統整理楚國的各種字形，包括簡帛、漆器文字、銅器、石刻文字、璽印封泥、貨幣文字，通過此書可以較為完整地瞭解楚文字的全貌。

商周的甲骨文、金文都不是當時手書的字形，金文是泥模鑄造，甲骨文是用刀契刻，與實際的手書文字有一定的距離。

青銅器不僅歷史上屢屢發現，至今依舊不斷出土，因此金文的數量十分龐大。商代的銅器最初没有銘文，接著出現少字銘文，字數不過幾個字，到了商代後期武丁時期族徽和祖先人名加日干名，帝辛時期少字記事銘文，有的多達數十字。最初的金文內容簡單，是器主的名字或者族徽，或者族徽加名字等。這種少字銘文一直延續到西周初期。西周前期銘文的篇幅漸漸增長，字數多了起來，具有代表性的成王時的《令彝》187 字，康王時的《大盂鼎》291 字，宣王時的《毛公鼎》近 500 字。商周的金文直至宣王時期大都字形凝重，象形結構一絲不苟。衹是在龔王、懿王時字體稍有散漫，不甚規整。康王時盂所作的禮器，傳為清道光初陝西岐山禮村出土的大盂鼎(圖 1 上 2－1)，高 101.9 厘米，口徑 77.8 厘米。內壁鑄銘 19 行 291 字，記述康王命盂管理兵戎，並賜車馬等。

圖 1 上 2－1

商周青銅銘文是一種較為莊嚴的字體，製作精緻，字形優美，富於裝飾性。比較甲骨文更加完整，所以看起來比甲骨文更加原始。容庚、張維持曾說："上古文字的形體筆畫屢變，變更愈多，離其原來的形體愈遠。而且古代的文字是很不統一的，各地方和各時代都有不同的寫法。我們要根據形狀以識其字，必須考其最初的形狀。”“殷周的鐘鼎文字還有象形文字體制，有摹繪實體形狀，一望便知其意義的。”“中國最初的會意字，是合併兩個以上的象形文字而成為一字的，且古文字構造，形體繁簡、位置安排，往往不拘，故可以認為是一個字。”“我們可以把銘文的演進分為以下階段：1. 無銘階段，2. 圖形文字和祖宗名的記載階段，3. 章句略式階段，4. 章句結構完整階段。字體由繁複的變為簡單，具體的變為抽象，這是文字發展的情形。”[①]

商代後期至西周穆王時期銘文字體筆畫凝重，起筆、收筆一絲不苟，字形以象形構形，意味明顯。商周青銅銘文的製作方法前後不一，商代和西周銘文是模鑄而來，字形豐碩，筆畫肥厚，行筆粗細有變化。相對而言，商代西周的金文字形比較穩定，到春秋戰國時期金文字形有較大變化。

馬承源（1927—2004）從書寫風格出發，把西周金文分為三個發展階段，早期雄奇恣放如大方鼎銘，質樸平實如利簋銘（圖 1 上 2－2），雄健如西周早中期成王時期叔夨方鼎[②]（圖 1 上 2－3）。西周中期，穆、恭、懿、孝、夷時期，去凝重氣氛，筆勢圓潤，行款排列相當工整，如大克鼎銘（圖 1 上 2－4）。這類金文“一直行用到西周後期和春秋早期”，影響甚大。晚期為衛鼎、大克鼎類風格的延續，成為大篆最成熟的形態。宣王時期的頌鼎“字跡類大克鼎而更為優美，大篆至此，可以說到了輝煌的階段”[③]。虢季子白盤也是周宣王時期的青銅器，8 行 111 字，風格相似，唯細小而已（圖 1 上 2－5）。

圖 1 上 2－2

圖 1 上 2－3

① 容庚、張維持：《殷周青銅器通論》，文物出版社 1984 年版，第 81、84、85 頁。

② 北京大學考古文博院、山西省考古研究所：《天馬—曲村遺址北趙晉侯墓地第六次發掘》，《文物》2001 年第 8 期。

③ 馬承源：《商和西周的金文》，《書法》1982 年第 2 期。

圖1上2－4

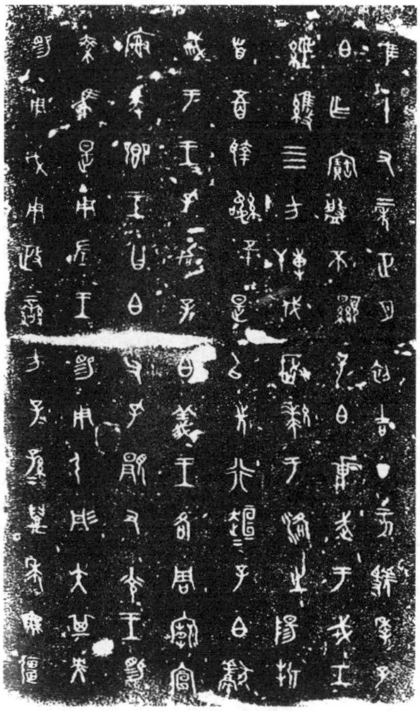

圖1上2－5

相比之下，西周晚期頌簋銘排列緊湊，似乎有意把横竪筆畫安排平整，字形略呈長方形，與行款散亂的金文已有不同(圖1上2－6)。西周孝王時期大克鼎銘文有界欄，清楚地表明了書寫鑄造者的行款意識，它明確地要求整齊劃一，强制性地把各字關入格子之内。

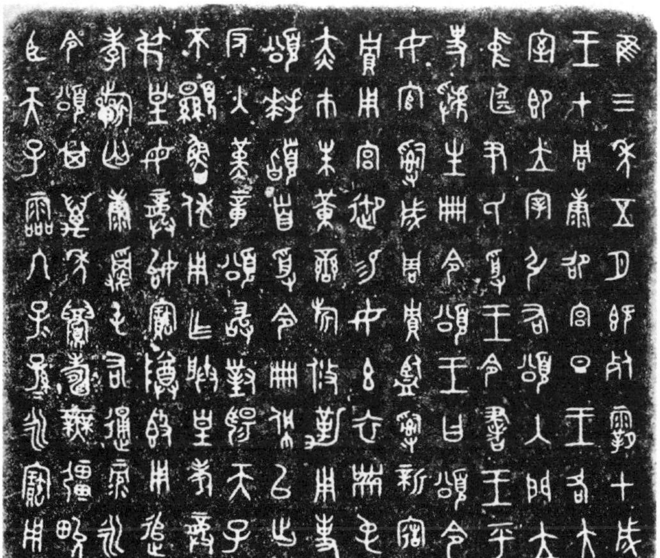

圖1上2－6

天馬—曲村遺址北趙晉侯墓，在宣王十六年至四十三年間(前 812—前 785)，晉侯穌鼎銘文："晉侯穌作寶尊鼎，其萬年永寶用。"(圖 1 上 2－7)方壺銘文："隹九月初吉庚午，晉侯□作尊壺，用享于文祖皇考，萬億永寶用。"[①](圖 1 上 2－8)

圖 1 上 2－7

圖 1 上 2－8

可見，西周中期以後銘文已無森嚴景象，出現了纖柔筆畫，不像鑄造而像書寫了。

第二節　商周族徽之形體特點

族徽是鑄在商代晚期和西周早期器物上的特殊符號，這類徽號數量衆多，達一千多個。它們的形體特殊，似字非字，似畫非畫。它的最大特點是象形，既有當時文字的普遍特徵，又有圖畫象形特點。早在宋代金石學興起之時就納入金文範圍，其器或與其他古器彝器一起著錄。呂大臨《考古圖》卷一"蠆鼎"："右銘一字餘未考古，蠆字，全象蠆形，疑人名，若公孫蠆之類。"作為普通商周文字的繁簡互見、正反無別、顛倒並出、增飾羨筆等，比較而言，它最明顯的特點是圖案性構形。圖案的特點是什麼呢?這就是裝飾性、象形性，具備一切平面美術的整齊、勻稱和協調。

所謂族徽，是圖形還是字?

殷末西周初的銅器銘文大多是一個字(或說圖形)或幾個字(或說圖形)獨立使用，這類字圖形性特別強。文字學界以前認為它是特殊的符號，有人認為是圖形文字。容庚把它編入《金文編》的附錄，共有 562 種。沈兼士(1887—1947)較早提出文

① 北京大學考古學系、山西省考古研究所：《天馬—曲村遺址北趙晉侯墓地第二次發掘》，《文物》1994 年第 1 期；北京大學考古文博院、山西省考古研究所：《天馬—曲村遺址北趙晉侯墓地第六次發掘》，《文物》2001 年第 8 期。

字畫的説法,但是語焉不詳。唐蘭認為:“這一類不認識的字,到容庚附録在《金文編》後邊,大都也是一般人所謂文字畫。”又説,沈兼士把商代彝器那些前人不認識的字“歸之於文字畫的遺形,是一種裝飾的圖畫”。唐蘭稱之為“圖畫文字,是用圖畫方式寫出來的文字”①。郭沫若(1892—1978)認為殷代金文銘文,包括部分周代金文往往衹有三兩字,“這種文字是古代民族的族徽”,有很值得注意的成分,所謂“圖形文字”,即古代氏族的族徽在結構上分成兩個系統,一是刻畫系統(六書之指事),一是圖形系統(六書之象形),“刻畫系統是結繩、契木的演進,為數不多。這一系統在圖形系統之前”②。諸家認同此類符號是早期的文字。

圖畫文字説和族徽説也受到了質疑。林澐指出,以前尚未認識的早期金文“不斷地確定為眞正的文字,而加以考釋”。他贊成沿用族徽的叫法,但是“是字而不是圖像”,“組成族徽的文字元號是可以讀出氏名的”。③ 張振林稱為“族氏文字”④。

族徽往往由複雜的圖形組成,這些圖形並不是不可分拆的一個整體,而是字的組合。人們認出為“黽”字,而分拆,唐蘭釋作“大黽”二字,郭沫若釋為“天黿”二字,于省吾(1896—1984)釋為“天黽”最為確切⑤。族徽文字符號以特殊的方式結合。雒有倉對族徽文字形體的特點歸納為三點:一是象形性和標識性較強;二是美化裝飾色彩明顯;三是書法色彩濃厚。他認為增減筆畫、變化方向以及改變部件等屬於書法色彩問題,這是商周乃至所有古文字的共同特點,不是族徽的特點⑥。

這些濃重圖畫色彩的字是一種特殊的形體,它是經過美化的字形(圖1上2-9)。族徽文字遠比通用的字形更加象形,從理論上説,文字從圖畫來,同樣的文字象形程度越高,越接近原始時期。董作賓(1895—1963)就認為商代文字,甲骨文是今文,族徽文字是古文,但是又説它是美術體⑦。李學勤(1933—2019)稱為“族氏的字”,這衹是為了突出族氏而寫的一種美術字,並不是原始文字,也不是文字畫⑧。作為一種美術字,還原圖畫為藝術特徵。

劉敦愿(1918—1997)比較商周文字象形文字的繪畫因素,把甲骨文作為以簡馭繁的例子,因為甲骨文是“日常應用的文字,比較注重書寫的迅速與簡便”。他肯定族徽為早期銘文,往往刻意求工,“大多用肥筆,有波磔,十分注意形象的描寫”。⑨ 族徽

① 唐蘭:《中國文字學》,上海古籍出版社1979年版,第82—84頁。
② 郭沫若:《古代文字之辯證的發展》,《考古》1972年第3期。
③ 林澐:《對早期銅器銘文的幾點看法》,《古文字研究》第五輯,中華書局1981年版,第37、42頁。
④ 張振林:《對族氏符號和短銘的理解》,《中山大學學報(社會科學版)》1996年第3期。
⑤ 于省吾:《釋黽、》,《古文字研究》第七輯,中華書局1982年版,第2頁。
⑥ 雒有倉:《試論商周青銅器族徽文字不同於一般銘文的特點》,《考古與文物》2012年第2期。
⑦ 董作賓:《中國文字的起源》,《大陸雜誌》1952年第10期。
⑧ 李學勤:《古文字初階》,中華書局1985年版,第34頁。
⑨ 劉敦愿:《商周文字、紋樣與繪畫的關係》,《美術史論》1983年第2期。

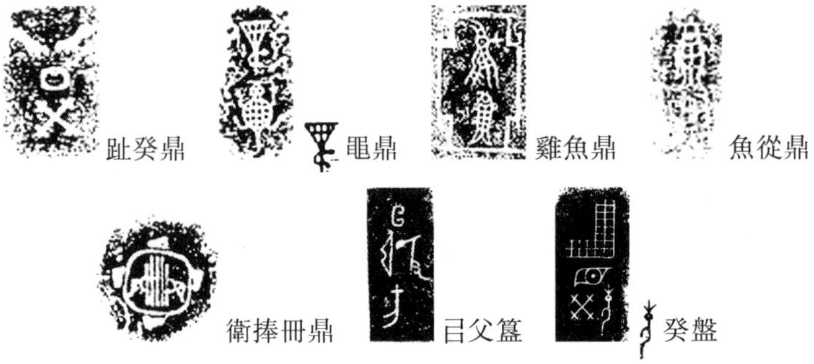

圖 1 上 2－9　圖畫色彩之金文

圖畫性很強，但是它畢竟不是圖畫，而是以簡略的綫條來辨明概念的。複雜的圖形衹勾勒外輪廓，其細部略而不存。為了加強其區別特徵，衹取物體最富有特徵的部分，但是又不像文字那樣過於簡略而失去形象。以前有人認為族徽不是文字，應該説族徽大部分是文字，衹不過是特殊的象形文字，經過裝飾的象形文字。因此它雖近於自然圖畫，卻由自有的形體規律支配，絕不是隨意畫畫。

族徽本質上是字，一種特殊的裝飾性文字，“如果我們除去它繁縟華麗的外表，可以看到，它的主體與文字是相同的、統一的”。它是古代的象形書法，它的古名應該是王愔“三十六體”中的“象形篆”，又比一般的文字來得具體和形象。商周的族徽，“地位顯著，字形龐大而莊重，它具備象形書法的條件”。“可以説族徽代表了商周文字象形書法的藝術高峰”。[①] 王蘊智認為族徽既能生動反映表意字以形示意的特徵，又具有濃鬱的裝飾圖案風格，區分為甲、乙兩類(圖 1 上 2－10)：

圖 1 上 2－10　裝飾圖案之金文

甲類“可以看成是早期美術化了的文字。它們的寫法都能夠在當時的甲、金文中找到根據”。乙類更加圖案化，“高度寫實的圖像，有的則是組合式的圖案造型。即便如此，它們中的不少圖案仍然可以和同行的文字符號相映襯”。[②]

族徽字具有圖案性的裝飾功能，與其他圖案渾然一體，後人難以識別。它的左右上下常有獸紋、鳥紋陪伴，而且族徽字形象形與圖案接近，為了取得青銅禮器裝飾和諧，“族徽文字本身圖案化”，如“目”“黿”“蟬”等極易與類似的圖案混淆[③]。

實際上，商周族徽字形與其他銘文没有截然的區别，它衹是商周文字圖像性的集

① 陸錫興：《上古奇字書藝探祕》，《書譜》1989 年第 3 期。
② 王蘊智：《字學論集》，河南美術出版社 2004 年版，第 73—75 頁。
③ 苗利娟：《試論商代金文的裝飾圖案特徵》，《華夏考古》2012 年第 1 期。

中體現。

宋呂大臨《考古圖》"釋文"："古文三代之書名也，書名所起將記言於簡策，象物形而畫之，故厥初以象形為主，不取筆畫之均正。"薛尚功《歷代鐘鼎彝器款識法帖》卷十一"召仲考父壺"："小篆作壺，壺上為蓋，中為耳，下為足，象形也。"又卷五"孫簪"："蓋商畫類取形似，而偏旁不拘於上下左右。"又卷十六"方寶甗"："甗字尤極奇古，左右上下不拘偏旁位置耳。"

甲骨文的字形結構，象形是核心、是基礎，其他的文字結構都是象形的複合、組合。但是，我們不能簡單地從形體類比，將不同歷史時期的相似現象歸為同類。

唐蘭認為："同是商代的文字，在甲骨上跟在銅器上顯然不一樣，因為甲骨衹是鍥刻的，但是銅器由於是範鑄的，在製範時可以細細地加工，所以還可以保存繪畫或書寫的技術。"①"遠在商周時，側垂的筆畫，已經有頓筆加肥，折鋒旁出的筆勢了，隸書的波磔，楷書的捺，都是這樣的。"②肥筆是指人為地把筆畫繪出一個平面造型，使之象徵某種意義。中原文字的肥筆至晚出現在商代，在青銅銘文中常常可以見到肥筆，不過它使用並不普遍，衹是集中在少數的幾個字中。湖北隨州市葉家山西周早期墓地，其中2號、3號、26號、27號、65號墓內銅器見有"曾""侯""曾侯"銘文，知此為曾侯家族墓地。墓地的18座墓葬內，出土大量青銅器，有鼎、簋、鬲、甗、壺等，部分銅器有銘文，總字數達到400餘字③。銘文內容為氏族姓氏、方國名、人名等。這些銘文中體現出商周文字的特點，在曾侯諫方鼎之"曾侯諫之寶彝"(圖1上2－11)、亞俞父之乙尊之"亞俞父乙"(圖1上2－12)、祖乙卣之"祖乙"(圖1上2－13)、叔桑父簋之"叔桑父之寶尊彝"(圖1上2－14)、父丁爵之"父丁"(圖1上2－15)、且丙觶之"且丙"(圖1上2－16)中有不少肥筆，如、、、。

圖1上2－11

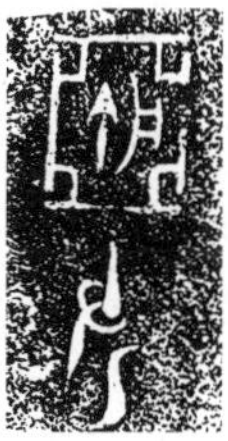
圖1上2－12

圖1上2－13

圖1上2－14

圖1上2－15

圖1上2－16

商周金文屬於早期文字，具有很強的圖示作用。、、，標誌了種種物體的形狀和品質。"桑"字很具體地畫出桑樹的根和枝幹，中間有兩雙手，很形象地

① 唐蘭：《中國文字學》，上海古籍出版社1979年版，第119頁。
② 唐蘭：《中國文字學》，上海古籍出版社1979年版，第120頁。
③ 湖北省文物考古研究所、隨州市博物館：《湖北隨州市葉家山西周墓地》，《考古》2012年第7期。

表現桑樹的特點。學術界對金文肥筆看法不一,劉心源(1848—1915)謂:"父()者主持家政者也,從又從,亦聲,即主字,又者取其能持也。"①高鴻縉(1892—1963)稱:"金文作者,乃殷周間作肥筆取姿之體態,不可以其形似而臆測。""乙字商周作,凡此皆商周肥筆取姿之證。"②"山",孫詒讓(1848—1908)曰:"《說文・山部》有石而高,象形。金文父戊觶作,山且丁爵作,龜甲文作,當是原始象形,字與金文略同。但彼象實體,此為匡郭,與金文丁作,甲文作同。"③類似的字還有王、土、又等,其肥筆皆有象形寄托。這種肥筆一直延續到戰國秦漢。

第三節　書寫體進入金文

1959 年李學勤在《戰國題銘概述》中系統地介紹了戰國文字的情況,指出戰國題銘除了青銅器銘文外,還有陶文、璽印、貨幣、簡冊等。此論取材比較全面,銅器有羅振玉《三代吉金文存》、于省吾《商周金文錄遺》;陶文有陳介祺《簠齋藏陶》、周進《季木藏陶》;璽印有陳介祺《十鐘山房印舉》《陳簠齋手拓古印集》、林廷勳《石廬璽印萃賞》、方清霖《周秦古璽精華》、任熹《漢瓦硯齋古印叢》;貨幣有奧平昌洪《東亞錢志》、丁福保《古錢大辭典》。④

羅衛東認為春秋金文有自己的構形系統,"春秋金文構形系統是獨立的,它既不同於西周金文,也不同於戰國文字",處在從西周嚴整到戰國嚴重異形的中間環節⑤。的確如此,春秋金文的價值在於它是一個中間環節,一個從商周到戰國的過渡時期,羅衛東依然没有把春秋金文看作一個獨立的發展階段。

春秋開始,金文形體不再是單一的體勢。其一,傳統的雄奇恣放、結構散亂的體勢繼續發展,略微調整。其二,西周後期排列整齊,外輪廓趨方的體勢逐步發展為外形方正,以體勢修長為主,方形較為少見。其三,裝飾性的金文由象形圖案轉變為附加紋樣,形成了鳥蟲書一類的美術字。其四,手寫體進入了銅器銘文,開創了正體和俗體雙體制。這些變化都是逐步強化字體内的書寫性,淡化它的圖形性,其後期出現類似小篆那樣規整的形體,手寫體為隸書開道,秦代的篆隸雙軌制是最終結果。

商周金文是能夠體現毛筆書寫的形體,可以說它與墨書並無大的差別。為何我們並没有體會到商周銘文是手寫體,因為這些字的形體端正,與商周時代的手書墨書

① 劉心源:《奇觚》卷一,轉引自周法高主編:《金文詁林》,香港中文大學 1974 年版,第 1651 頁。
② 高鴻縉:《字例》三篇,轉引自周法高主編:《金文詁林》,香港中文大學 1974 年版,第 1652 頁。
③ 孫詒讓:《名原》,轉引自周法高主編:《金文詁林》,香港中文大學 1974 年版,第 5700 頁。
④ 李學勤:《戰國題銘概述》上,《戰國題銘概述》中,《戰國題銘概述》下,《文物》1959 年第 7、8、9 期。
⑤ 羅衛東:《春秋金文構形系統研究》,上海教育出版社 2005 年版,第 74 頁。

(包括朱書)一致。而春秋戰國的墨書向草書發展,形體和筆畫凸顯書寫的動態感,如果用眞書來比喻的話,商周金文採用的是正楷,而戰國部分銘文採用的是行書或者行草。這樣墨書與銘文的差別就非常明顯了。

洛陽北窑西周貴族墓群,有 7 件墨書器物,37 號墓銅簋底部墨書(白懋父),139 號墓銅戈援基墨書"叔侯父戈",172 號墓 5 件鉛戈,援基分別墨書封氏、(史矢)、(堯)、堯氏、蔡叔。商代發現的墨書朱書文字,"與商代銅器銘文的書體風格大體相同,而與甲骨刻辭的書法明顯有別"。大量的銅器銘文都是按墨書原形刻鑄,"字跡一般都能夠在相當程度上體現出墨書的筆意"[①]。

裘錫圭指出,春秋中期《晉欒書缶》大概是吸收了一些俗體的寫法。張曉明把《晉欒書缶》與稍晚的侯馬盟書、溫縣盟書比較,顯示出兩者相似之處[②]。

銘刻體以莊重正體書寫,而日用手寫體以方便快捷為要,所以兩者的形體是有差異的,但是很早就有接近手寫體的銘文存在。兵器是重要的青銅器,實戰兵器也是重要的禮器。如其他青銅器一樣,兵器很早就有銘文,著名的商代太祖諸祖戈、諸祖父戈、大兄諸兄戈,皆為鑄銘,形體與同期禮器沒有不同。青銅刻銘多集中於兵器等,也有青銅禮器,鑄造工藝日益粗糙,刻寫也草率簡陋,但它倒是更加接近書寫體勢,出現了銘刻和書寫逐步靠近的情況。

春秋時期文化發展,諸子興起,列國交往,都刺激了文書使用,文字向各個領域滲透,為更多人群、各個場合使用。因此它作為古文字的發展階段,特點就源於此。行書式銘文發生在春秋早期,那時的金文筆畫變得越來越纖細,成為沒有粗細變化的等綫體。如《上都府簠》器銘,書寫筆畫如綫,結體不甚端正,似隨意書刻。這種隨意處置銘文形成風氣,是造成手書進入金文的原因。楚莊王時期的《王子嬰次鑪》筆畫纖細,結構自由;楚昭王時期的《邵王簋》細筆畫,纖柔自如,與手書沒有區別。戰國時期的青銅禮器與商代西周有些變化,商代西周主要是王室器皿,周室東遷洛邑以後,不見王室器皿,基本是諸侯和王臣之器。青銅器逐漸衰微,沒有商周那樣的重器出現,所以長篇的金文就少見了。春秋末年,美術色彩的鳥蟲書興起,改變了古來象形為體的結構。戰國以來,一般字形也不甚嚴整、典雅,銘文接近手寫體。

行書體的金文銘文展現出自己的面貌大致要到戰國時期。戰國晚期郰陵君豆銘:"郰陵君王子壽,攸哉造□盇,攸立□㞷,㠯祀皇祖,㠯會父兄,羕甬之官攸無疆。"(圖 1 上 2－17)刻寫隨意草率。

① 蔡運章:《洛陽北窑西周墓墨書文字略論》,《文物》1994 年第 7 期。
② 張曉明:《春秋戰國金文字體演變研究》,齊魯書社 2006 年版,第 86 頁。

圖 1 上 2－17

圖 1 上 2－18

楚幽王時期楚王酓忎鼎蓋銘："㠯(冶)帀(師)盤埜差(佐)秦忎為之。"(圖 1 上 2－18)形體稍端正,亦不同於春秋戰國凝重的金文。

酓忎鼎銘與包山楚簡、望山 2 號楚簡形體比較：

	楚	喬	兵	蓋	歲
酓忎鼎銘					
楚簡	包	包	包	望	包

圖 1 上 2－19

戰國時期的金文多用刻銘,採用輕捷的手寫體,特別是楚國的金文尤其如此。

1955 年蚌埠市東發現 2 件銅鼎,兩耳陰刻"巨萻王""巨萻十二""巨萻十九"(圖 1 上 2－19)①。

各國都習慣在兵器上刻銘紀事,傳世和出土的兵器銘文皆在戰國時期,内容為人名、官名、器名以及相關詞語,字數也比較少。考古鮮有大批出土,刻銘大多草寫俗體,少筆變形是正常現象,這是戰國金文的一個

① 孫百朋:《介紹蚌埠市出土的幾件有文字銅器》,《文物參考資料》1957 年第 7 期。

特色。

鄂州百子畈古墓區鳳凰山廣場31號墓，發現戰國晚期的三晉銅戈“警戒新城徒萃(卒)”①。

秦國是戰國的七國之雄，出土的兵器銘文數量較多。秦孝公以前以造器聞名，器皿有秦公簋、秦公鐘，兵器有秦子戈，銘文基本與商周銅器銘文相同。大致在商鞅變法時期，秦啟動勒銅器“物勒工名”的刻辭制度，最初是“大良造”“相邦造”，到惠文王後出現勒工師、工大人、工等職名。秦始皇時期刻辭格式趨於統一，分為兵器和量器兩大部分，其中兵器刻辭數量較大，量器刻辭數量較少。兵器製造分為兩大系統：中央督造和地方督造。並非每件兵器都有刻辭，戈、鈹一般皆有銘文，勒名較全，劍和矛衹有部分有銘文，且字數較少②。

山西太原春秋晉國墓葬，出土衆多銅器，其中兵器有刻銘。戈胡部刻銘“趙明之御戈”(圖1上2-20)，屬於手寫體，形體與侯馬盟書相似。戟有銘“炕城作□戟”“黄成”，晚期墓葬(前475—前450)。此墓有刻銘“趙明”，即侯馬盟書內的趙孟，也就是春秋晚期的趙鞅③。

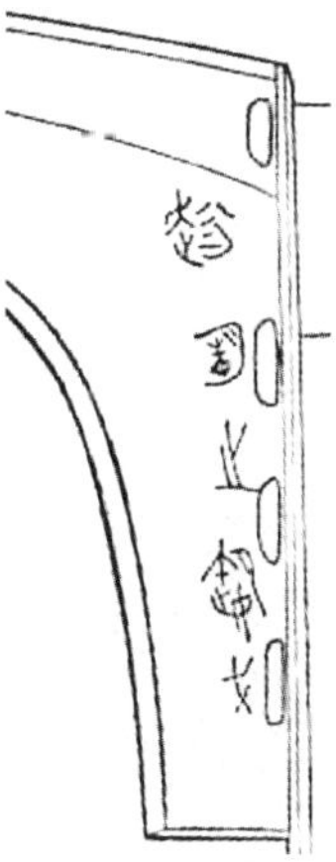

圖1上2-20

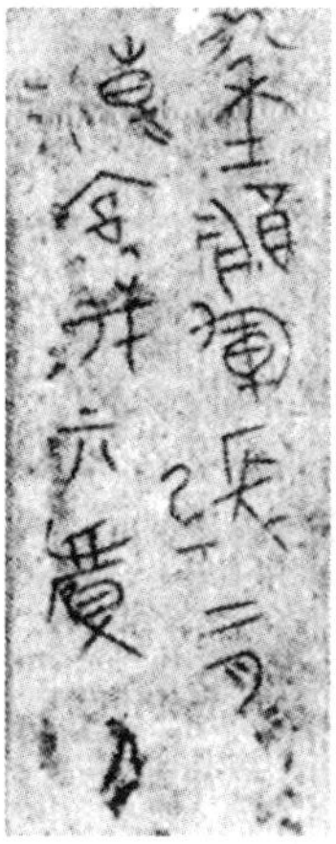

圖1上2-21

1973年河北易縣燕下都第23號遺址出土一批戰國末期的銅戈，多達108件，有銘文的計100件，其中刻銘完全是平時的手寫體，如“九年將軍張二月□宮戊六□”，其中張、宮皆是簡寫形體(圖1上2-21)④。

山西省臨縣湫水河東岸故城遺址戰國韓國的銅戈2件，一件胡部刻銘13字“王

① 黄錫全、馮務建：《湖北鄂州新出一件有銘銅戈》，《文物》2004年第10期。

② 袁仲一：《秦中央督造的兵器刻辭綜述》，《考古與文物》1984年第5期。

③ 山西省考古研究所、太原市文物管理委員會：《太原晉國趙卿墓》，文物出版社1996年版，第244、93—99頁。

④ 河北省文物管理處：《燕下都第23號遺址出土一批銅戈》，《文物》1982年第8期。

何立事，目工冶對戽，教馬董史”(圖1上2－22)。背面有銘“宜安”2字。另一件有銘“閥輿”，乃韓國地名[①]。

圖1上2－22

圖1上2－23

長沙楚墓之矛有銘文，銅矛文字很多，稱為百字矛(圖1上2－23)，皆為手書體。[②]

向壽戈在連雲港陶灣村出土，“向壽之歲襄城楚境尹所造”。向壽活動時間約在公元前308—前292年，此戈為戰國晚期公元前241年所造，字跡潦草，“歲”“襄”“壽”“所”與簡牘寫法一致(圖1上2－24)。

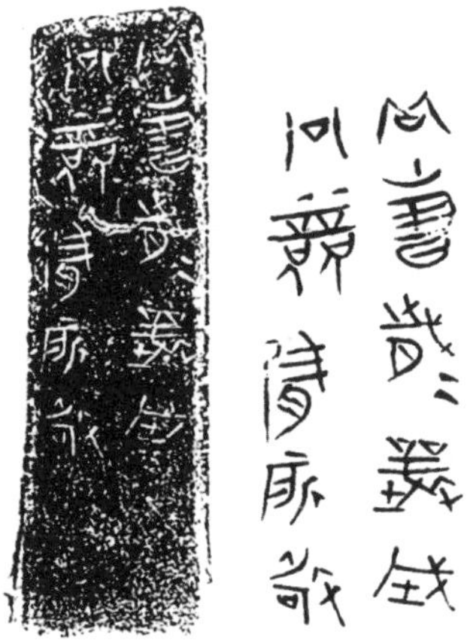
圖1上2－24

圖1上2－25

遼寧北票東官營子出土燕王職戈，“郾王職乍御司馬”(圖1上2－25)，戰國中期

① 陶正剛：《山西臨縣窯頭古城出土銅戈銘文考釋》，《文物》1994年第4期。
② 湖南省博物館：《長沙楚墓》，《考古學報》1959年第1期。

趙武靈王時期燕王職之造戈[①]。

河北易縣發現戰國後期銅戈，有銘“二年右”等，字跡草率（圖 1 上 2－26）[②]。

圖 1 上 2－26

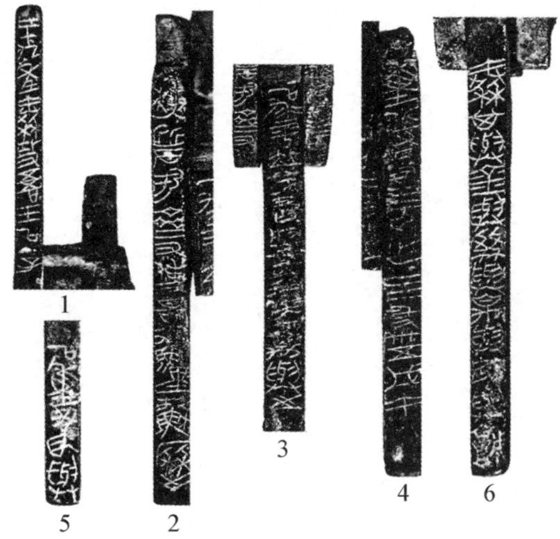

圖 1 上 2－27

江蘇連雲港海州發現楚國銅行戟，行戟下戈有銘。

楚國製造贈予秦國弩機，楚懷王二十九年（前 300 年）造。從望山前後邊棱到左右鈎牙、鈎心、懸刀的邊棱，弓刻銘 66 字（圖 1 上 2－27）。“二十九年，秦攻吾，王以子横質于齊，又使景鯉、蘇歷以求平，並令尹乍弩五千，矢卌萬與之，重丘左司工辰乍三千又卅五。戊午，以重刃乩與秦，其與金、與絲、與帛、與奴、與城。（依 1 至 6 順序讀）”[③]

洛陽市伊川縣南府店發現銅戈，為戰國晚期韓國的兵器，銘文“十一年，咎落會命少曲啖工幣舒憙冶午”（圖 1 上 2－28），十一年為韓襄王十一年（前 301 年）[④]。

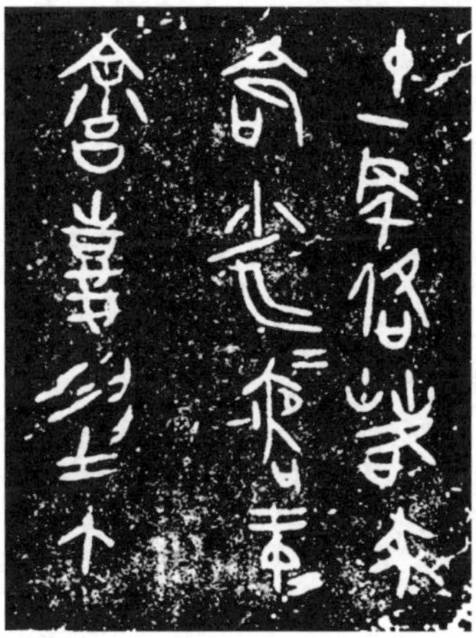

圖 1 上 2－28

內蒙古自治區伊克昭盟伊金霍洛旗發現戰國青銅戈 2 件，其中一件一面刻銘“十五年上郡守壽之造漆垣工師乘丞鬻冶工隸臣猗”（圖 1 上 2－29），背面刻銘不清，此為秦昭王十五年（前 292 年）之物。類似秦戈刻

① 張震澤：《燕王職戈考釋》，《考古》1973 年第 4 期。

② 河北省文物管理處：《河北易縣燕下都 44 號墓發掘報告》，《考古》1975 年第 4 期。

③ 吴鎮烽、朱艷玲：《二十九年弩機考》，《考古與文物》2013 年第 1 期。

④ 蔡運章、楊海欽：《十一年皋落戈及其相關問題》，《考古》1991 年第 5 期；李家浩：《十一年皋落戈銘文釋文商榷》，《考古》1993 年第 8 期。

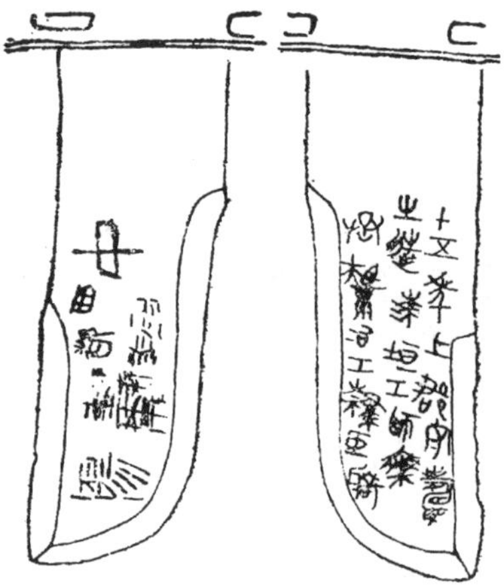

圖 1 上 2－29

銘多處發現[①]。

旅大市新金縣(今大連市普蘭店區)後元臺發現戰國銅戈 1 件,戈正背刻銘"廿一年啟封命癰工師鈆冶者""啟封"。前者刻銘為魏國刻辭,後者為秦刻[②]。

戰國時代有銅器錯金文字,多為鳥蟲書,飾於兵器之上,這個問題將在鳥蟲書一節中研究。此外,節符也用錯金為之,目前發現的有龍節、虎節以及竹使節三種。1957 年安徽壽縣八公山鄉邱家花園取土時發現"鄂君啟金節"(圖 1 上 2－30),共 4 件,車節 3 件、舟節 1 件。1964 年安徽蒙城王氏售賣車節 1 件,現在存世共 5 件。車節長 29.6 厘米,舟節長 31 厘米,車節短而舟節長。金節如竹筒劈開的竹片狀,中間有竹節,上長下短,節面鏤刻 8 條直綫,內有錯金銘文,這些銘文字跡熟練勁秀,略呈長形,與壽縣朱家集發現的刻銘體勢如一。行文如《越人歌》,體勢與《楚辭》相類。

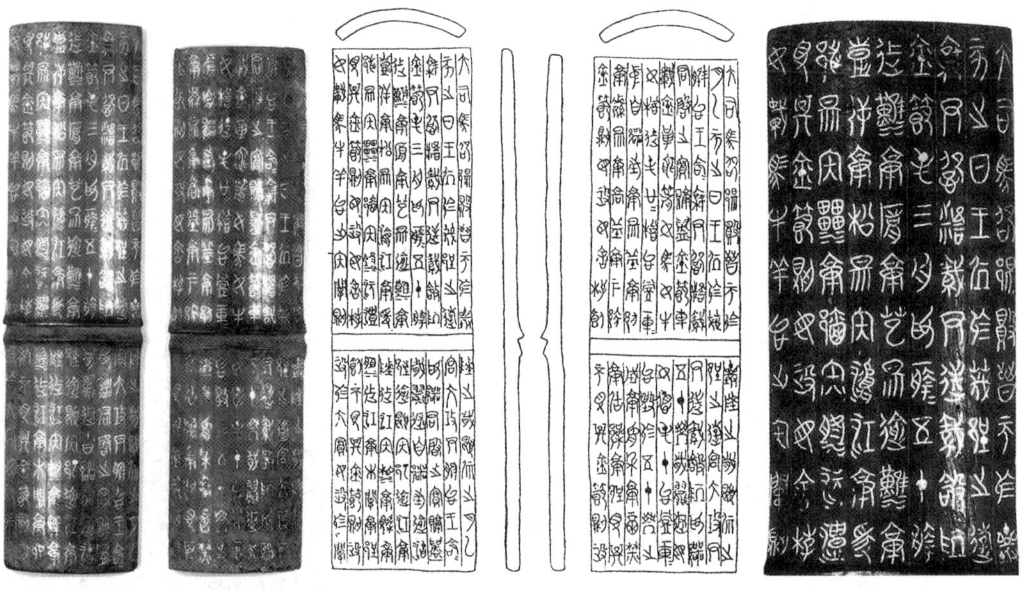

圖 1 上 2－30　自左起依次為:車節、舟節實物,車節、舟節摹銘,車節局部放大

據節文記載,頒發此節在公元前 322 年"大司馬邵陽敗晉師於襄陵之歲",是楚懷王頒發給鄂君啟運輸貨物的免稅通行符節。鄂君啟,楚懷王之子,封地在今湖北鄂城

① 陳平、楊震:《內蒙伊盟新出十五年上郡守壽戈銘考》,《考古》1990 年第 6 期。
② 黃盛璋:《旅大市所出啟封戈銘的國別、地理及其相關問題》,《考古》1981 年第 4 期。

一帶。舟節規定鄂君使用船隻的限額是150艘。自鄂出發,一年往返一次。今漢水、長江、湘江、資水、沅水、澧水等屬於水路的範圍,車節規定的運輸限額是50輛,也是一年往返一次。今河南南部和安徽、湖北等地為陸路的範圍,規定嚴禁運輸銅、皮革等物資①。

鄂君節不同於一般的楚手寫銘刻體,應該是楚文銘刻體,它明顯是在手寫銘刻體上規整而來,其特點是既不同於商周金文,也不同於楚簡文字。

體現古今文字的傳承,所謂古是指較早的字形,今是指它同時代或稍晚的字形:

“十”:(甲骨文)　(我鼎)　(守簋)　(詛楚文)　(金節)　、(郭店)

“金”:(頌簋)　(金節)(按:楚簡皆作短横)　(仰天湖)　(郭店)　(長臺關)

“見”:(郾侯鼎)　(牆盤)　(金節)　(郭店)　(包山)

“郢”:(金節)　(包山楚簡)

“屯”:、(金節)　(曾侯乙)　(信陽楚簡)

“師”:(金節)　(郭店)　(包山)

“昜”:(宅簋)　(侯馬)　(金節)　(包山楚簡)

“內”:(井侯簋)　(金節)　(包山)

“遠”:(金節)　(包山)　(郭店)

“庚”:(金節)　(包山)　(磚370)

“尹”:(頌壺)　(金節)　、(包山)

“敗”:(金節)　(九店)　、(包山)

“五”:(金節)　(仰天湖楚簡)

“母”:(頌鼎)　(諫簋)　(金節)　(包山、天星觀、郭店同)

“為”:(金節)　(包山)

“其”:(頌壺)　(曾侯乙鐘)　(石鼓文)　(哀成叔鼎)　(金節)　(中山王大鼎)　、(郭店)

“則”:(中山方壺)　、、(郭店)　(信陽1號)

“於”:(金節)　(包山)　、、、(郭店)

“大”:(頌壺)　(金節)　、(郭店)

“亥”:(金節)　(郭店)

“以”:(頌簋)　(王孫鐘)　(金節)　(郭店)

---

① 殷滌非、羅長銘:《壽縣出土的"鄂君啟金節"》,《文物參考資料》1958年第4期;張飛鶯:《論錯金鄂君啟銅節的文物內涵及書法意義》,《書法叢刊》2003年第3期。

“襄”：（金節）（仰天湖）

這種變化使得古今文字之間的形體產生新的關係，變異很大，失去了傳承痕跡，淪落為一地使用的俗體，難以推廣，難以承上啟下。

第四節　金文齊整化

北魏王愔《古今文字志目》記古書三十六種有“古文篆”“大篆”“象形篆”“科斗篆”“小篆”等，科斗篆為古文，古文篆當為戰國時期篆體，可以統稱秦篆和東土列國的篆字。

春秋後期出現規整的篆體。春秋以後流行刻銘，筆畫纖細均勻，字形略顯瘦長，列國金文皆出現了類似小篆這樣的體勢，“在圓筆的風氣下，齊系整齊，楚系流麗，但大體都纖勁而行筆長，跟周室的溫厚而行筆短的不同”[①]。郭沫若説：“東周之後，書史之性質變而為文飾，如鐘鎛之多韻語，以規整之款式鏤刻於器表，其字體亦多作波磔而有意求工。”“中國文字為藝術品之習性當自此始。”[②]文字的美術史隨著時代的變遷而變化，商周時代文字有當時的藝術觀，並非東周開始纔有文字的美化意識，郭沫若的觀點似可商榷。相對而言，商代西周的金文字形比較穩定，到春秋戰國時期金文字形有較大變化。

所有變革中最重要的是長體的出現。商代西周的金文字形內部散亂，外形錯雜，逐步向筆畫規整、外形方正趨於長形的方向轉變。要達到外形長方，內部必須作出調整，從另一個角度説，內部筆畫的規則化，必然會引起外形的規整，兩者相互促進。這個變化意義很大，春秋以來無論東土還是西土皆無例外。南方楚蔡的長體苗條婀娜，北方秦國的長體柔中帶剛，中山國長體勁挺之中含秀麗，這是東周出現的新氣象，是春秋長體的延續和發展。長體的出現和發展反映了形體從描寫客體的形貌，轉向注重書寫的美觀，這是文字史在古文字階段的偉大變革，最后導致古文字向今文字的飛躍。

春秋早期郘公鐘欒書缶（圖 1 上 2－31）、春秋中晚期齊侯盂（圖 1 上 2－32）、春秋晚期早段楚彭射墓銅器銘文已經有趨於修長的傾向。齊盂鼎尤其明顯，銘曰：“申公之孫彭子射兒擇其吉金自乍飤盂，壽無期永保用之。”[③]（圖 1 上 2－33）

壽縣蔡侯墓年代在春秋晚期，在前 493—前 447 年之間，共有銅器 486 件。這批銅禮器大部分有銘文。其中蔡侯尊腹部有獸面紋，唇連頸有銘文 23 行，共 92 字，蔡侯盧盤四獸形耳，腹部有花紋，圈足，底有長銘 16 行，達 92 字[④]（圖 1 上 2－34）。盤與

① 蔣善國：《漢字形體學》，文字改革出版社 1959 年版，第 78 頁。
② 郭沫若：《青銅時代》附錄《周代彝銘進化觀》，科學出版社 1957 年版。
③ 南陽市文物考古研究所：《河南南陽春秋楚彭射墓發掘簡報》，《文物》2011 年第 3 期。
④ 安徽省文物管理委員會、安徽省博物館：《壽縣蔡侯墓出土遺物》，科學出版社 1956 年版，第 9 頁，圖版 38。

圖 1 上 2－31

圖 1 上 2－32

圖 1 上 2－33

圖 1 上 2－34

尊除了器名 1 字不同外，兩器銘文皆同，均為修長形體，長與寬之比約在 3∶1。隨州文峰塔 1 號墓主為曾侯與，是曾侯乙祖父，墓葬年代在春秋晚期。墓內出土帶銘青銅禮器，在行鬲、多件編鐘(M1：1 到 M1：10)中皆有字數不等的銘文。M1：1 銘文完整，均為正整齊的修長體，鐘的正背鉦部，正面、背面左右鼓部鑄有銘文，共 169 字，其中合文 1、重文 1，讀法為：右起左行，正面鉦部→正面左鼓部→背面右鼓部→背面鉦

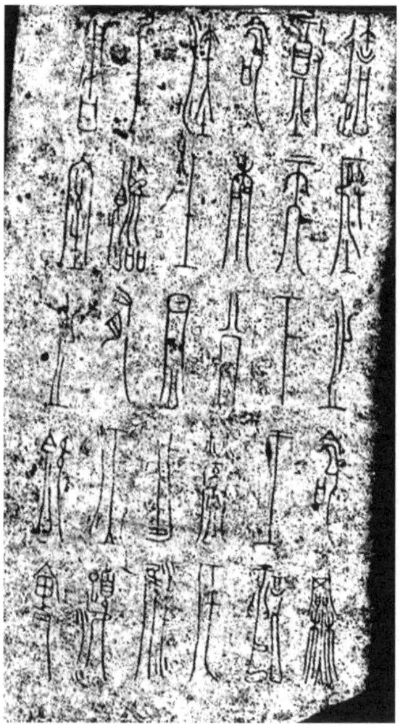

圖 1 上 2－35

部→背面左鼓部→正面右鼓部[①](圖 1 上 2－35)。

隨州義地崗曾公子去疾墓出土銅器 47 件,其中禮器 10 件,在銅鼎、銅簠、銅斗、銅缶有"曾公子去疾"字。字體有兩式,一為修長規整體,一為不規則散體。如簠、斗、缶銘文屬於前者,鼎、壺銘屬於後者。兩者形體分明。插圖為銅簠底銘文"曾公子去疾之登(升)匿(簠)"(圖 1 上 2－36)。曾公子去疾墓,在公元前 5 世紀之前半期,銅器為春秋晚期之物[②]。戰國早期秦王鐘"秦王卑命競□王之定救秦戎"(圖 1 上 2－37)。戰國齊陳曼簠的整齊程度不亞於列國(圖 1 上 2－38)。

春秋晚期的兵器銘文多有長方形外形。

洛陽宜陽縣文化館收藏春秋晚期到戰國早期的銅鈹,有錯金銘文"我自鑄少身之用鈹"(圖 1 上 2－39)。文字形體與晉南出土的韓鍾劍錯金銘文相似[③]。

圖 1 上 2－36

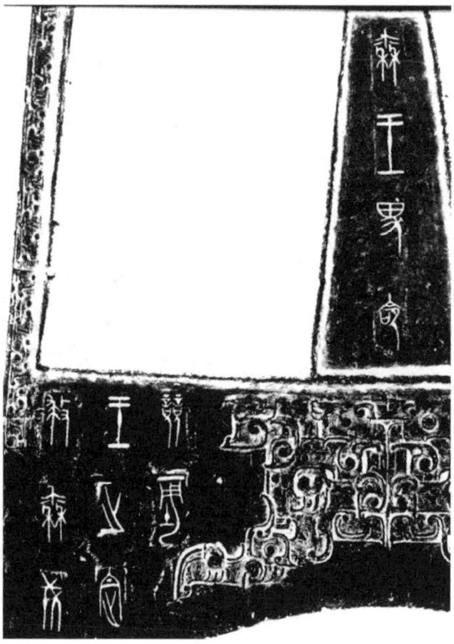

圖 1 上 2－37

圖 1 上 2－38

圖 1 上 2－39

① 湖北省文物考古研究所、隨州市博物館:《隨州文峰塔 M1(曾侯與墓)、M2 發掘簡報》,《江漢考古》2014 年第 4 期;凡國棟:《曾侯與編鐘銘文柬釋》,《江漢考古》2014 年第 4 期。

② 湖北省文物考古研究所、隨州市博物館:《湖北隨州義地崗曾公子去疾墓發掘簡報》,《江漢考古》2012 年第 3 期。

③ 趙曉軍、蔡運章:《我自鑄銅鈹及其相關問題》,《文物》2011 年第 9 期。

1983年山東沂水縣諸葛公社古墓發現吳王劍，銘“工𫷷王乍元巳用□乂江之臺北南西行”。此為春秋時期吳王劍，字形依然是商周金文形態①。

1985年8月山西榆社縣城東北三角坪取土時，發現春秋末年吳王劍，銘“工吳王𦚔發𠬝謁之弟季子斨扃後余厥吉金匋曰其元用劍”②(圖1上2－40)。1988年7月湖北穀城博物館收到城關鎮西山皮家洼出土的吳王劍，銘文“攻𫷷王䱷䱜此𨚕自作元用鐱”③(圖1上2－41)。2008年無錫博物館入藏春秋晚期吳王劍，兩縱靠近莖的地方鑄銘“攻敔王虘𢦏此邻自乍其元用”(圖1上2－42)、“攻敔王者彶䱷虘自乍元用鐱”④(圖1上2－43)等。1964年9月在原平峙峪出土春秋末之吳王光劍“攻敔王光自作用鐱”⑤(圖1上2－44)、1974年安徽廬江湯池出土吳王光劍，銘“攻敔王光自乍用劍。𧼛余允至，克𢦔多攻”⑥(圖1上2－45)。

圖1上2－40　圖1上2－41　圖1上2－42　圖1上2－43　圖1上2－44　圖1上2－45

20世紀70年代河北平山1號墓出土大量文字資料，有不同的風格、不同的形體。大鼎、方壺、圓壺腹部銘文形體修長，直筆垂直，橫筆水平。兆域圖銘文略方正，形體自然。鋪首、小鼎、帳架等小件銅器刻銘或鑄銘，字體草率，形體隨意。而玉環、玉虎等玉器和木條等物的墨書題銘，書寫草率。有銘刻的銅器50餘件，東庫銅器衆多，其中重要刻銘大鼎、方鼎、圓壺大鼎為中山王𫹇作，銘文469字；方鼎為中山王命相邦所

① 沂水縣文物管理站：《山東沂水縣發現工𫷷王青銅劍》，《文物》1983年第12期。
② 晉華：《山西榆社出土一件吳王𦚔發劍》，《文物》1990年第2期。
③ 陳千萬：《湖北穀城縣出土“攻𫷷王䱷䱜此𨚕”劍》，《考古》2000年第4期。
④ 吳鎮烽：《記新發現的兩把吳王劍》，《江漢考古》2009年第3期。
⑤ 戴遵德：《原平峙峪出土的東周銅器》，《文物》1972年第4期。
⑥ 馬道闊：《安徽廬江發現吳王光劍》，《文物》1986年第2期；李家浩：《攻敔王光劍銘文考釋》，《文物》1990年第2期。

作，銘文 450 字(圖 1 上 2－46 拓本、圖 1 上 2－47 摹本)。圓壺中山王十三年時作，其圈足銘文圓壺銘文 22 字應作於王嚳時代，而腹部 182 字銘文為中山王嚳死後由其子𧊒加刻上去。方壺和大鼎是中山王所作。在 1 號墓槨室有金銀鑲錯兆域銅板，上有“王命”銘文 43 字。兆域圖是一幅墓域建築平面圖。圖上注明建築各部分的尺度以及王后和夫人的棺槨和題湊的制度等①。中山王鼎、壺記錄齊伐燕事，當在周慎靚王五年(前 316 年)後不久，是戰國後期之物。大鼎及壺的銘文排列整齊②，出現了絕對水平和垂直的長筆畫，此鼎、壺銘文排列十分規則，似用格子規劃，一絲不苟，字形修長，豎筆長而挺，保持 90 度的垂直。這種垂直的長筆使得字形靜穆穩重。

圖 1 上 2－46

圖 1 上 2－47

“百”：(大鼎)　(圓壺)　(兆域圖)
“武”：(方壺)　(玉珩)
“昔”：(大鼎)　(圓壺)
“宗”：(大鼎)　(兆域圖)
“宜”：(大鼎)　(圓壺)
“其”：(大鼎)　(圓壺)　(兆域圖)
“命”：(大鼎、方壺)　(兆域圖)
“易”：(大鼎)　(方壺)
“祀”：(大鼎)　(方壺)

① 河北省文物管理處：《河北省平山縣戰國時期中山國墓葬發掘簡報》，《文物》1979 年第 1 期。
② 張守中：《中山王嚳器文字編》，中華書局 1981 年版，大鼎摹文，第 109 頁。

"所"：（方壺）　（小圓壺）
"明"：（大鼎）　（圓壺）
"退"：（方壺）　（兆域圖）
"者"：（大鼎）　（兆域圖）　（盉）　（有柄箕）
"鮮"：（圓壺）　（銀泡飾）
"又"：（大鼎）　（玉飾）
"不"：（大鼎）　（大鼎）　（玉飾）
"民"：（方壺）　（圓壺）　（方壺）

以西周的頌壺（前）與中山銅鼎、壺（後）的銘文比較：

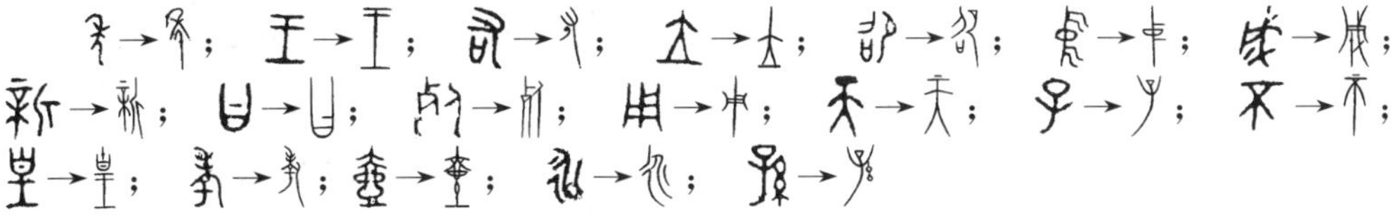

"事""昔""者""身""弗""墬（地）"的比較：

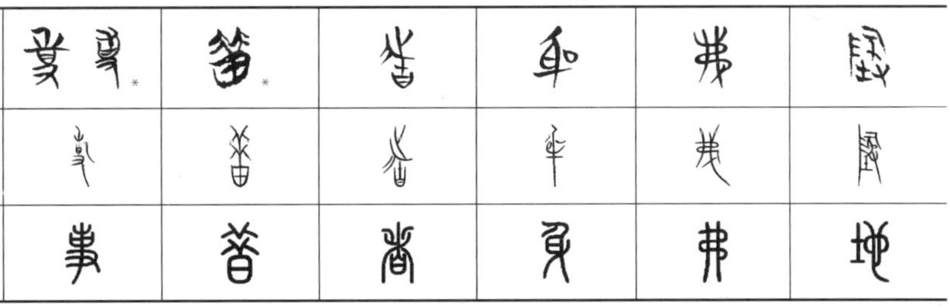

侯馬盟書、郭店楚簡（加＊者）						
中山土銅器銘文						
小篆						

中山王銅器銘文的古文篆是規範當時的手寫行書體而來，因為目前手寫體的資料不足，無法一一對照，衹能從有限的字例說明。

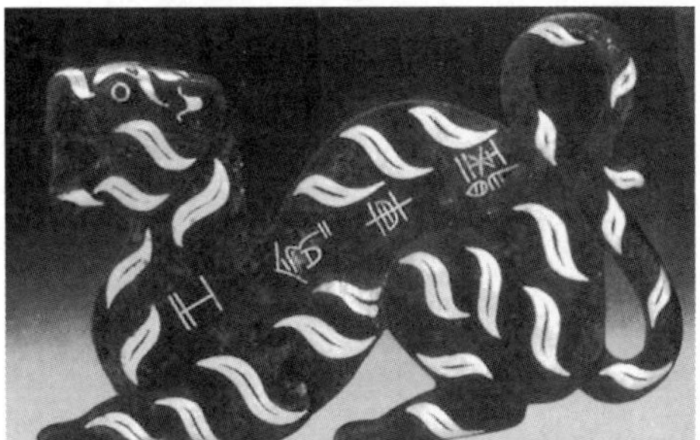

圖 1 上 2－48

廣州南越王墓室出土虎符，正反面皆錯金，飾以斑紋金箔，正面錯金銘文一行"王命₌車徒"（圖 1 上 2－48）。其"王""命""車"形體是從手寫體規整而來，其"徒"字從"馬"從"土"，與郭店楚簡（駒）的"馬"相同，後者保持了古文字原來的結構。此為南越王仿楚器製造，也可能是流入的楚器，所以字形與秦篆有別[①]（見下頁表）。

① 廣州市文物管理委員會、中國社會科學院考古研究所、廣東省博物館：《西漢南越王墓》，文物出版社 1991 年版，第 315 頁，彩版 20。

楚簡	 包山楚簡	 曾侯乙墓簡	 望山楚簡	 包山楚簡
南越王虎符				
小篆				

西周的字形進入整齊的格子，反映了兩個問題。第一，古人對文字的外形有新的審美要求，逐步改變大小懸殊的狀態，達到面積大致接近。第二，改變那些隨意寫法所形成的不同角度、不同方向的狀態，變為水平和垂直直角交叉、左右平衡的基本構架。平衡是對稱的要素，即通過兩方面的力量均等。縱橫水平綫和垂直綫直角相交，結合左右對稱，最終使得字形結構高度穩定、形體更加整齊美觀。這樣的結構自然會引起外輪廓的變化。這兩方面形成一系列變化，衝擊了以圖形綫條為基礎的字形，促使它向點畫構成的表意文字轉變。

第三章　象形書之流行

第一節　鳥蟲書肇始及流行

在春秋晚期開始出現一種美術字體，它是一種具有裝飾性的文字形體，一般在重要的銘文上使用，並非通行的日用字體，傳統文字學稱為蟲書、鳥蟲書。最早見於《説文・敍》："秦書有八體"，"四曰蟲書"。段玉裁注："新莽六體，有鳥蟲書，所以書幡信也。此蟲書即書幡信者。"又："亡新居攝，使大司空甄豐等校文書之部，頗改定古文，時有六書，六曰鳥蟲書，所以書幡信也。"段玉裁注："上文四曰蟲書，此曰鳥蟲書，謂其或象鳥，或象蟲，鳥亦稱羽蟲也。"按照許慎的説法，蟲書為秦八體之一，新莽六體之一為鳥蟲書，而段玉裁認為兩者無别，都可以叫鳥蟲書。鳥蟲書裝飾在青銅器皿和兵器上，宋人整理先秦銅器時，首先把名稱與實物聯繫起來。先秦鳥蟲書早見於宋呂大臨的《考古圖》卷六"廬江盧氏戈"："胡有銘六字，蟲鳥書，黄金文。"呂大臨把鳥蟲書稱為蟲鳥書，所謂黄金文就是錯金書，現在的越王句踐劍就是錯金鳥蟲書。自此，鳥蟲書作為金石學、古文字學的一個組成部分。《宣和博古圖》等收録鳥蟲書，並有摹本釋文。《歷代鐘鼎彝器款識法帖》卷一收録戰國早期越王《者旨於睗鐘銘》摹本(圖 1 上 3－1)，者旨於睗於公元前 464 年即位，在位六年。

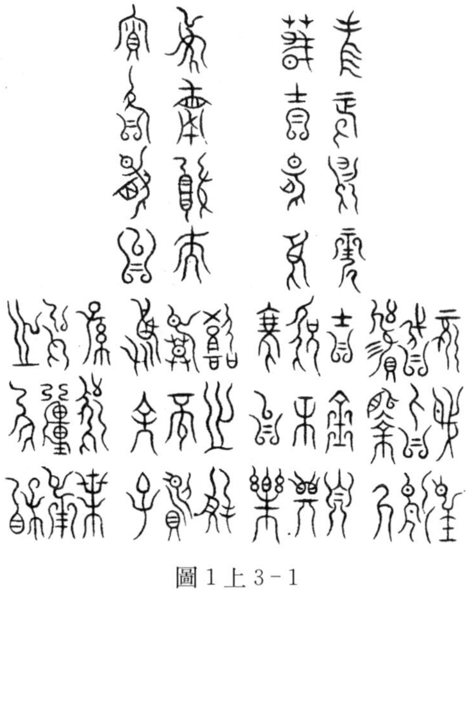

圖 1 上 3－1

現代古文字學興起，鳥蟲書受到重視，認識不斷深入，不斷有新的成果，呈現繁榮景象。開創性研究從容庚開始，容氏是金文研究大家，是他注意到鳥蟲書的重要性，字形主要從傳統的金文資料中收集，對文獻記載的鳥蟲書作了考證、辨僞，劃定了鳥蟲書的範圍，形成了鳥蟲書的科學概念，使得它成為金文研究的一個分支。容庚從民國時期就著手進行此項工作，先在《燕京學報》上連續發表了 3 篇論文，即《鳥書考》《鳥書考補正》《鳥書三考》，在 20 世紀 60 年代合併發表《鳥書考》作了補充，完成了鳥蟲書研究的一個完整系列。容氏搜集春秋到唐鳥書 44 種，“採集廣博考證周詳，詳於羅列現象，疏於綜合分析”。[①] 陳直（1901—1980）就此對鳥書的產生和滅絕、地域分佈、使用加以研究。關於起源，“楚與吳越皆川澤地區，鳥獸叢集，故獨取鳥形，以為文字之藝術創作”。[②]

馬國權（1931—2002）是容庚的弟子，繼承師業，在容庚研究的基礎上作出進一步的探討。容庚主要是在材料上作了準備，而馬國權在此材料上作理論上的研究，對於字形組織等作出系統的闡述[③]。

1994 年香港翰墨軒出版了張光裕、曹錦炎等編的《東周鳥篆文字編》，正文以及補編收錄字頭 265 個，計正文 1 215 字，補編 18 個字，9 個待定字頭另附，計 144 字，全書 1 377 字。圖版部分收錄鳥蟲書器 159 件。此書集合鳥蟲書資料之大成，繼承容庚的鳥蟲書研究，是鳥蟲書研究的一大成果。緒言說：“春秋戰國年間確實曾出現了一種帶裝飾筆畫之美術書體，該種書體除採用鳥身、鳥首、鳥爪之形，或添加蟲形以及其他形符作裝飾外，亦利用筆勢之引曳頓挫，於屈曲蜿蜒之中，表達書手刻意追求一種嶄新之藝術意念。其整體造形勻稱多姿，豐纖有致，形雖華美而不失規範嚴整，於書法藝術上，另闢蹊徑，獨顯光芒。至若部分文字更施以錯金，其保存完好者，今日所見，仍是斑斕奪目，其匠心獨運，每令人讚歎不已。由於是類書體，雖非皆以鳥、蟲形為飾，然仍以鳥飾為主者居多，而無論體勢變化，綫條迴繞，皆不離篆體，故凡具備上述之特徵者，今皆統稱曰鳥篆。蓋取寬廣之義，非敢與前賢有所爭辯也。”[④]曹錦炎繼容庚、馬國權之後，比較全面地對鳥蟲書的材料、形體組織等一系列問題作出了闡述，具有總結性的作用，提供了進一步研究的基礎[⑤]。曹錦炎再接再厲，在近年又推出了兩種專門著作：一本是《鳥蟲書通考（增訂版）》[⑥]，另一本是與吳毅強合作的《鳥蟲書字彙》[⑦]。這兩本書是姊妹篇，前者是學術性研究著作，後者實際上是《東周鳥篆文字編》的擴展，較全面收集鳥蟲書，特別是近年發現的資料，一概收入。《字彙》按《説文》為序，每字均標明出處，是鳥蟲書方面的專門工具書。20 世紀下半葉以來，這項研究受到多位學者的關注，陳夢家（1911—1966）、郭沫若、陳直、陸錫興、林素清等也作出了有價值的論述。

學術界討論主要分為三個部分：一是起源，二是命名，三是形體結構。對鳥蟲書的來源，學術界探討得不多。

---

① 容庚：《鳥書考》，《中山大學學報》1964 年第 1 期。
② 陳直：《讀容庚氏〈鳥書考〉書後》，《文史考古論叢》，天津古籍出版社 1988 年版。
③ 馬國權：《鳥蟲書論稿》，《古文字研究》第十輯，中華書局 1984 年版。
④ 張光裕、曹錦炎：《東周鳥篆文字編》，翰墨出版社 1994 年版。
⑤ 曹錦炎：《鳥蟲書通考》，上海書畫出版社 1999 年版。
⑥ 曹錦炎：《鳥蟲書通考（增訂版）》，上海辭書出版社 2014 年版。
⑦ 曹錦炎、吳毅強：《鳥蟲書字彙》，上海辭書出版社 2014 年版。

蔣善國(1898—1986)早就指出鳥蟲書從細長體產生,説:“到了戰國,異體漸多,美術字出現,或故作波磔,或多加點飾。在齊、徐、許諸國盛行細長體,鳥書也復興,跟細長體相結合,如吳季子子逞劍銘和越王矛等的字體,就是細長體鳥書的一個例子。這種細長字體和鳥書跟花紋有密切關係,這時已把文字當作花紋一樣看待了,銘文等於銅器的文飾,它的作用跟花紋相同,銅器變成了藝術品,中國把漢字當作藝術品的習尚,就是從這個時候開始的。”“銘文和字體逐漸成為器物的裝飾成分。”①

1989年,陸錫興認為春秋戰國時期古文字象形性消弱,在筆畫中附飾圖畫,形成了鳥蟲書。春秋中後期出現規整篆體,春秋以後流行刻銘,筆畫纖細均勻,字形略顯瘦長,列國金文皆出現了類似小篆這樣的體勢。這種新體外輪廓呈長方形,筆畫多以平直為核心,突出一點時水平與垂直筆畫成為主榦,儘管没有如秦篆那樣規整,但是繪圖用的隨意綫條逐步向同一的平直幾何綫條靠攏。外輪廓正整規則,蜷曲的雲紋和鳥紋有可靠的寄托,而且能顯示其優美的綫條。所以鳥蟲書就是在這個新形體上發展起來的②。

關於鳥書之滅絕,陳直認為,“鳥書之結束,當在魏晉時期”。③ 如果以先秦的鳥蟲書大概念來説,鳥蟲書維持到西漢,單就鳥書來説則一直流行到北朝時期。

郭沫若認為:“到了春秋末期,特别是在南方的吳、越、蔡、楚諸國,竟出現了與繪畫同樣的字體,或者在筆畫上加些圓點,或者故作波折,或者在應有字畫之外附加以鳥形之類為裝飾。這些大抵就是後來的繆篆、鳥篆或者蟲篆的起源了。”④

廣義的鳥蟲書大致肇端於春秋中後期,至戰國大盛,根據現有的資料分析和學者研究,鳥蟲書主要流行於長江中下游地區,影響波及中原一帶。以先秦國别而言,見於越、吳、蔡、楚、曾、宋、齊、徐等國;就年代可考者,最早的應屬楚王子午鼎⑤(前558年),最晚的為越王不光劍(越王不光即越王翳,前411—前376在位),流行時間已接近200年;從數量上統計,在出土兵器數量方面,以越國兵器為最,僅屬於越國器者,就多達70餘件。無論在時間上、空間上,還是數量上,都有較大突破。長江中下游鳥蟲書的起源地,楚國和吳越地區都處於重要地位。

名稱涉及鳥蟲書的名實關係。

一般認為鳥蟲書是一個大的概念,其内部包括鳥形和其他動物之形,不能細分。陳夢家認識到鳥書和蟲書的區别,“其中有些字既非鳥書,又與普通銅器上的大小篆也不同,它們糾繚成一蛇蟲之形,我以為是蟲書”,“一銘之中鳥蟲書兼用,所以王莽六

① 蔣善國:《漢字形體學》,文字改革出版社1959年版,第76—78頁。
② 陸錫興:《上古奇字書藝探祕》,《書譜》1989年第3期。
③ 陳直:《讀容庚氏〈鳥書考〉書後》,《文史考古論叢》,天津古籍出版社1988年版,第341頁。
④ 郭沫若:《古代文字之辯證的發展》,《考古》1972年第3期。
⑤ 王子午鼎年代處於春秋後期。此鼎銘文的鳥紋並不明顯,圖形複雜,與傳統的鳥蟲書有較大差距。

體叫它為蟲書”。[①]

應該承認，所謂鳥蟲書或者鳥書是後人的一種説法，其實鳥蟲無法涵蓋它的内容。人們重新解釋它的含義，把蟲擴大到除禽類以外的所有動物，這樣依然無法正確解釋其豐富内涵。古人把此類象形美術字分成很具體的類别，説明鳥蟲書衹是其中的一類而已。目前學術界的認知已經把其他象形書括入鳥蟲書。

啟功（1912—2005）把鳥蟲書與花體文字分開："許多古器物上所見帶有小曲綫裝飾、或帶有鳥形裝飾，以及接近鳥狀的字，也有人指為鳥蟲書，實際都是一種花體字。"又説："秦漢所謂的蟲書和鳥蟲書，衹是篆書手寫體的一種渾稱，與帶有小曲綫裝飾以及接近鳥狀的花體字似非同類。"[②]

陳直説鳥書有鳥形和獸形。篆刻家方去疾（1922—2001）認為："商周、六國銅器上使用的紋飾，多數採用的是螭紋、饕餮紋、夔紋等，一部分玉飾造型，綫條迂回穿插，佈局巧妙，綫條隨著器物大小變化，有複雜，有簡單。這些紋飾的變化、構思方式與鳥蟲書書體是一致的，這因素應是鳥蟲書來源的基礎。鳥蟲書所不同的是，春秋戰國時期以大篆美化而成，秦、漢間是以小篆美化而成的。""結體各有簡繁，但稱為鳥蟲書並無簡繁之分。""凡每件器物題識、印章印文衹要其中某字帶有鳥蟲書，其他的文字都稱為鳥蟲書。""鳥蟲書印中，由於文字筆畫多寡的原因，無法每個字都帶鳥首蟲形，諸字之間，往往採用簡繁雜處章法方式。""鳥蟲書有簡有繁，並無定式。"[③]方去疾的觀點雖然没有展開論述，但對於通篇文字中鳥蟲書的分析具有啟發意義。

1989年陸錫興專文論述了商周到秦漢，鳥蟲書一類的藝術書體與象形文字象形性質有密切關係，商代的族徽就是美化的象形篆，著重説明了漢代的鳥蟲書即文獻中所謂的龍書、鳳書、魚書、芝英書、懸針書、垂露書、倒薤書，實物包括劉勝墓銅壺銘文，把鳥蟲書的範圍伸展到了漢代的簡帛書，考證具體可靠，特别是鳳書、魚書、懸針、垂露都具有開創性的研究[④]。

叢文俊主張稱為"鳥鳳龍蟲書"。"在春秋戰國之際的大約一百五十餘年時間裏，鳥、鳳、龍、蟲等新的裝飾性書體風靡各國。前三種書體形態清楚，主要流行於楚、吴、越、蔡等國，蟲書形態不很鮮明。""蟲書的特徵是：有字形外飾者僅《王子匜》一見，其餘多作綫條的屈曲迴繞和大幅度的擺動，似乎衹限於蟲蛇等軟體動物的動態類比，没有固定的形式，比標準的篆引綫條要自由得多。蟲書在晉、秦等國或作綫條的粗細變化，在中山國或具螺旋狀，或附加不同形式的曲綫外飾。"並列舉了吴、越、曾以

① 陳夢家：《中國文字學》，中華書局2006年版，第182頁。
② 啟功：《古代字體論稿》，文物出版社1979年版，第26、28頁。
③ 方去疾：《鳥蟲書起源探索》，《書法》1987年第5期。
④ 陸錫興：《上古奇字書藝探祕》，《書譜》1989年第3期。

外的齊《禾簋》、燕《杕氏壺》、中山《中山王方壺》、晉國趙氏《趙孟家壺》、魏《梁十九年鼎》字例。在"鳥鳳龍蟲分類簡表"(此表在作者以後的文章中多次使用)上分列鳥、鳳、龍、蟲四類,先秦時期分繁簡四式,漢代衹有一式①。

叢文俊表示不能滿足於容庚等人的成果,認為一些基本問題都没有弄清楚,把龍書和鳳書混淆在鳥書之中,對這種美化裝飾性書體在文字學和書法史上的地位,以前未作任何説明。他認為鳳書就是蕭子良《古今篆隸文體》中的"鳳鳥書"、韋續《五十六種書》中的"鸞鳳書",在銘文中是"鳳皇銜書"的形象,龍書也見於文獻,並且徵引文獻説明兩者都是祥瑞的標誌。不過實物所見乃夔龍,有角,一足,並有鳳和夔龍同飾於同一銘文的現象②。趙誠否認鳥書的合理性,並説鳥蟲書的説法在漢代,不能與先秦鳥形裝飾字混為一談。"這種用鳥形作裝飾的文字,最好似乎可以叫作'鳥形裝飾字',而不宜稱之'鳥書',因為鳥形不是作為筆畫在用,當然更不宜和許慎所説之'鳥蟲書'混為一談。何況現在所見到的所謂'鳥書',産生於春秋、戰國時代,許慎所説的鳥蟲書,見於漢代,兩者時代也不同。兩者是否有傳承關係,尚待考證。"③

鳥蟲書是一種藝術加工的美術字。陳直稱為藝術文字、美術體。"在越器中具有代表者,有越王者旨於賜劍、越王舟勾矛;吳器中有攻敔王光戈、吳季子之子逞劍。楚器中有楚工酓璋戈、楚工孫漁戈。蔡器中有蔡侯產戈,宋器中有宋公樂戈。據此王侯本身或王子王孫造器,始能施用鳥書作銘,可見為當時王族之特殊藝術文字,一般貴族,尚未見有使用者。"④

此後陸續有學者將鳥蟲書作為字體的一種進行書體研究。如林素清《春秋戰國美術字體研究》、董楚平《金文鳥篆書新考》、叢文俊《鳥鳳龍蟲書合文考》、嚴志斌《鳥書構形簡論》等。

《東周鳥篆文字編》的緒言提出了這本書收錄的範圍,它既包括與鳥蟲形有關的形體,也包括那些"綫條迴繞"的篆文形體,這實際上擴大了傳統鳥蟲書的範圍。因為把所有具有裝飾性綫條的形體包括在內是一個很大的概念,即美術字。是否鳥蟲書等同美術字呢?當然不是。鳥蟲書是美術字的一個部分,不是所有的美術字。

第二節　雲書為象形書之基礎

淅川下寺乙組 2 號墓主為楚令尹子庚,即公子午,楚莊王之子,下葬年代為公元

① 叢文俊:《春秋戰國青銅器銘文書論析(上)》,《中國書法》1991 年第 1 期。
② 叢文俊:《鳥鳳龍蟲書合考》,《書法研究》1996 年第 3 期。
③ 趙誠:《關於"鳥蟲書"》,《古文字研究》第二十八輯,中華書局 2010 年版,第 319 頁。
④ 陳直:《讀容庚氏〈鳥書考〉書後》,《文史考古論叢》,天津古籍出版社 1988 年版,第 341 頁。

前552年或稍後，為春秋中後期人物。墓内出土了許多青銅禮器，銅器上有大量銘文，這些銘文中既有修長的體勢，更有大量的附加花飾的體勢。在王子午鼎腹部的7件升鼎的銘文中，有一種修長而彎曲的筆畫，有的直筆和曲筆中間加粗，形成尖鋭的出鋒尖筆。在同墓出土的銅鼎中也用常體，可知美術體和常體都可以用於禮器。M2：38腹内壁一側及底部有花體銘文（圖1上3－2），14行，86字。M2：30腹銘字跡清楚，14行，86字，M2：32腹銘14行，86字。M：28腹銘14行，86字，M2：34腹銘14行，86字[①]。

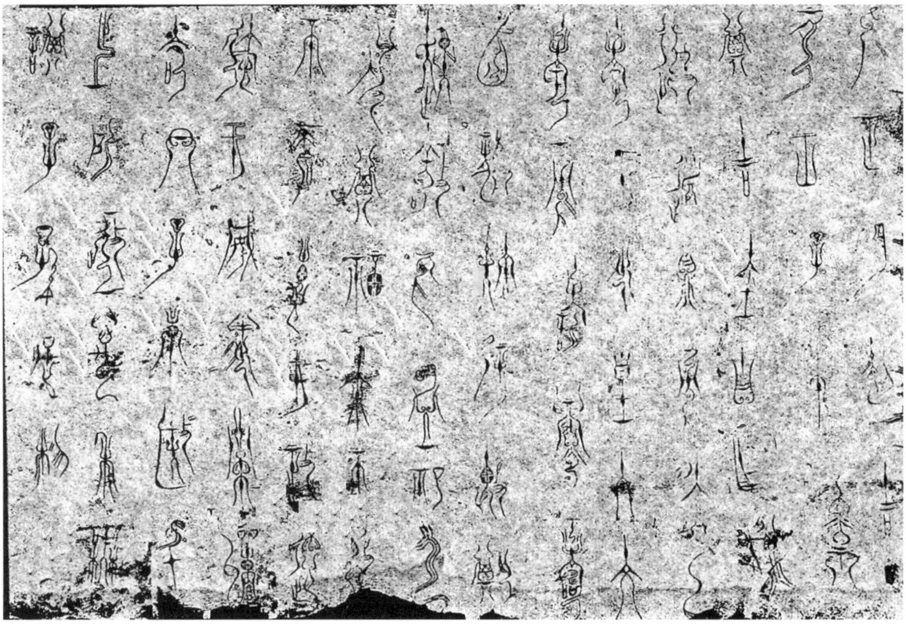

圖1上3－2

下寺王子午鼎的美術字與常體比較，顯示出多姿多彩的藝術形式。

其一，拉長：採用延長筆畫、拉長結構的辦法把字形拉長。原來常體的長寬大致相等，改變為長為寬的2倍。這種長體在王子誥甬鐘銘文中使用，很明顯已經是裝飾性的字體了。其二，曲折：把直的筆畫加曲，往復盤旋，輕柔如絲。其三，附飾：在字形上增加一些裝飾成分，這些成分與自然物體相似，大致有卷雲、手和鳥的圖形。

當然還有多種辦法美化字形、改變字形，各個部件經過重新安排，增加圖形性，理性的字形變成悦目的圖案。

王子午的美術體文字給我們展現了一個新景觀，從這個新的觀察點，看到了一個

① 河南省文物研究所、河南省丹江庫區考古發掘隊、淅川縣博物館：《淅川下寺春秋楚墓》，文物出版社1991年版，第120—124頁。

未曾認識的新天地，銘文的綫條擺動扭曲，引人注目。王祖龍認為："這種裝飾性很強的書體，與後世所謂的'蟲書'形態極為接近。"①這個鼎銘內容豐富，以柔曲飄動的綫條為主旋律。這曲綫不是蟲，是流雲，是遠比鳥蟲書重要的雲書世界。北魏王愔《古今文字志目》記古書三十六種有種種名目，其中有雲書等。唐張彥遠《法書要録》卷一收入《古今文字志目》，張彥遠云："未見此書，唯見其目。"這些字體未見《説文》等記録，説明這是失傳的文字記載。但是看來光怪陸離的名稱當時也湮没無聞。不過筆者對照先秦美術書，倒找到了部分名稱的原主。由此看來，先秦鳥蟲書中所謂的蟲書，形體盤曲纏繞，符合雲朵的形象，它的名稱應該叫雲書。雲書出現要比鳥書早，而且可以獨立成紋，可以不依賴其他象形書。卷雲文是古代常見的圖案，雲朵的柔美、輕盈包含了最基本的美感，特別是迴旋的雲紋，產生了動感。從觀念上説，雲朵高高在上，是蒼穹的象徵，人們在那裡寄托了無限美好的遐想。比較常體和美術體，雲紋的綫條柔中帶剛，兩筆對稱相向，具有對稱的美感。

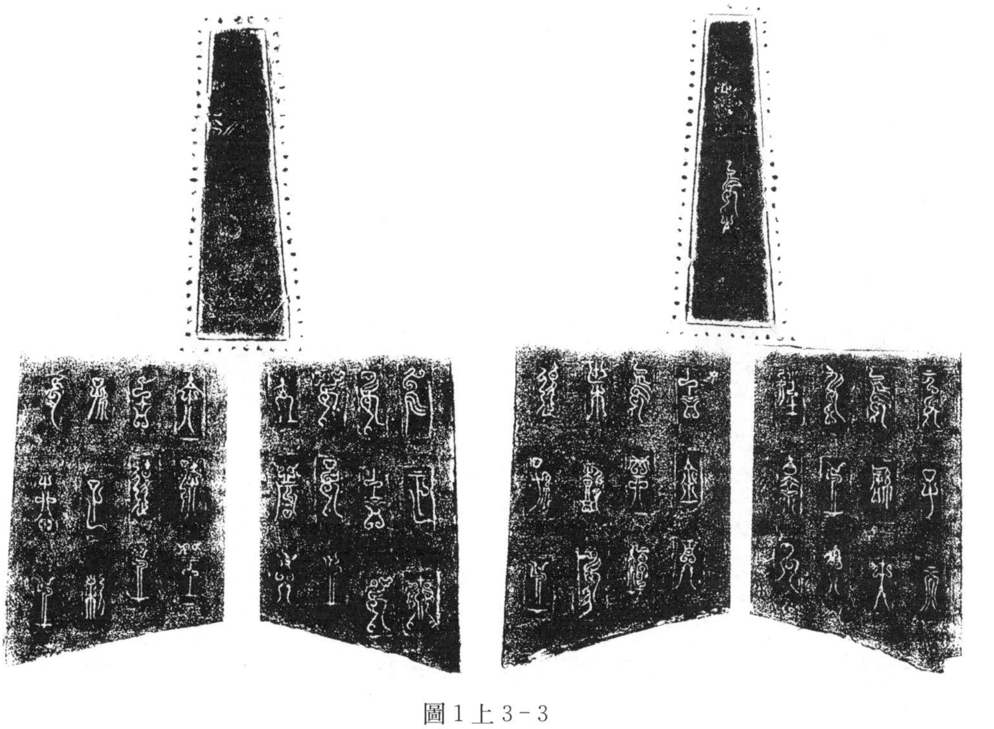

圖 1 上 3－3

在紹興塔山出土春秋徐國銅鐸，是徐人流亡越地製作的銅器，年代在越王句踐的後期。鐸高 39.6 厘米，銘文分佈在鐸的正反面的鼓部，最後一字補在反面鉦部。其文："隹（唯）正十月，吉日丁巳之□脣。自余郤王旨後之孫，足利次留之元子，天乍厤

① 王祖龍：《楚書法史》，湖北美術出版社 2013 年版，第 145 頁。

夫台之貴姓。擇厥吉金，自乍其鐸。世世鼓勿，後孫之忘。唯正十月。”（圖 1 上 3－3）徐國對吳越影響很大，其精細優美的書體為後者繼承[①]。徐國的自鐸銘文幾乎與王子午鼎的象形書如同一轍，綫條盤曲，柔美纖麗，夾雜的象形不僅有鳥，還有神獸。當時大型的禮樂器要配這類複雜的象形書。

曾侯乙墓出土了大量銅器，其銘文數量龐大，編鐘銘文 2 828 字，兵器銘文 871 字，絕大部分是藝術加工形成的美術字，裝飾色彩濃厚。兵器的戈、戟銘文中有一部分是鳥書。戈銘有“曾侯乙之走戈”“曾侯乙之用戈”“曾侯乙寢戈”。有三戈連戟，上下兩戈錯金，中間不錯金，同鳥篆銘文“曾侯乙之用戟”，另有三戈篆文“曾侯乙之用戟”，最上戟內部陰刻龍紋“曾”字。另有“曾侯鉞之用戟”，有一戟頭“析君墨□之戟”[②]（見下表）。

	曾	侯	乙	之	用	戈
雲書						
常體和長體						

河南上蔡積沙墓出土了一對製作十分精良的青銅方壺，與淅川下寺楚王子午墓的方壺極其相似。從左到右銘曰：“正月與期，吉璧不特，競孫不服，永保之用，子孫是則。”史料記載：公元前 531 年春天，楚靈王派自己的弟弟公子棄疾率領大軍滅蔡，繼而在蔡地設縣，公子棄疾也就受封成為第一代蔡公。積沙墓的主人可能就是做過蔡公的楚平王的後代。可惜媒體播出時出示的拓片是反的[③]。

河南淅川徐家嶺 1 號楚墓銅簠 2 件，形制相同，有器蓋，器蓋內與器身底部均有 2 行 8 字篆書銘文，器蓋銘文為“佖子孟孎青之飤匿”，器身銘文為“佖子孟青孎之飤匿”。時間為戰國早期晚段或中期偏早時期。字形修長，筆畫有裝飾，“佖”“子”“飤”均有加曲的肥筆。“之”字的筆畫加以截斷，重新連接，增加了裝飾部分[④]。

戰國楚考烈王時期（前 262—前 228）楚王酓肯盤：“楚王酓肯作為鑄盤以共歲嘗。”（圖 1 上 3－4）

① 曹錦炎：《自鐸銘文考釋》，《文物》2004 年第 2 期。

② 湖北省博物館：《曾侯乙墓》，文物出版社 1989 年版，第 121、458 頁。

③ 中央電視臺：《見證·發現之旅》欄目，2007 年 11 月 6 日。

④ 河南省文物考古研究所、南陽市文物考古研究所、淅川縣博物館：《河南淅川徐家嶺一號楚墓發掘簡報》，《文物》2004 年第 3 期。

圖 1 上 3 - 4

淅川徐家嶺楚墓、江陵九店東周墓[①]，皆有鳥蟲書發現。有些雲書没有粗細變化，彎轉處並不肥厚。

黄州東周城址禹王城内發現許國悼公買的許公買簠，簠上下合成，上下器均有刻文，8 行 35 字，文曰："隹王正月初吉丁亥，鄦（許）公買擇𠂤吉金，自乍飤匿以祈眉壽，永命無彊，子＝孫＝永寶用之。"（圖 1 上 3 - 5）字體柔屈修長為雲書[②]。

楚式青銅器中有 1 件匜，鑄銘，左行 6 字，銘文為"楚王酓恷作寺"[③]（圖 1 上 3 - 6）。

圖 1 上 3 - 5

圖 1 上 3 - 6

湖北鄖縣肖家河春秋晚期墓出土銅簠，蓋和底皆有銘文，内容相同，"申王之孫叔姜，自作飤匿，其眉壽無期，永保用之"。底文筆畫修長，特别是"王""孫""永"細長彎曲[④]。

---

① 河南省文物考古研究所、南陽市文物考古研究所、淅川縣博物館：《淅川和尚嶺與徐家嶺楚墓》，大象出版社 2004 年版；河南省文物考古研究所等：《當陽趙家湖楚墓》，文物出版社 1992 年版；湖北省文物考古研究所：《江陵九店東周墓》，科學出版社 1995 年版。

② 吳小松、洪剛：《鄦公買簠》，《中原文物》2004 年第 1 期。

③ 張光裕：《新見楚式青銅器器銘試釋》，《文物》2008 年第 1 期。

④ 鄖陽地區博物館：《湖北鄖縣肖家河春秋楚墓》，《考古》1998 年第 4 期。

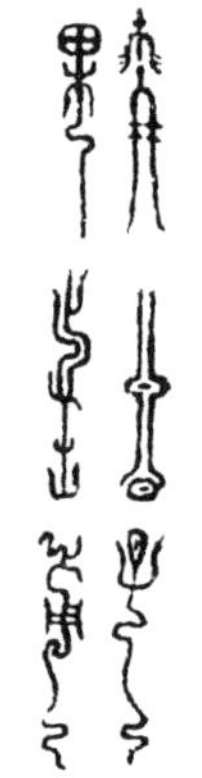

圖 1 上 3－7

戈銘的雲書比較多，因為面大，鏤刻精細，形體優美。

安徽壽縣出土的蔡公子果戈，是公元前 645 年之前鑄造的。其銘曰：“蔡公子果之用。”①（圖 1 上 3－7）其字形修長，字長數倍於字寬，可知是有意為之，是一種雲書。字體經過美化處理。首先加曲，“之”之上部、“子”“用”之尾筆皆左右往復盤纏而下。其次是延長垂直綫，“公”之“八”本不是直綫，書者加以變形，把曲綫集中到中部和底部，而引出直綫延長，感覺主體由直綫組成。“果”自尾部曲折之後引出垂直綫，“蔡”字不能完全變成直綫，卻處理成接近直綫。

葛陵村 1 號楚墓發掘，墓葬年代為戰國中期，墓內出土的銅戈大部分有銘文，銘文有兩種，一種是修長柔屈的雲書“平夜君成之用戈”，還有一種是近似小篆的規矩字形“平夜君成之用戈”“平夜君成之用戟”②（圖 1 上 3－8）。

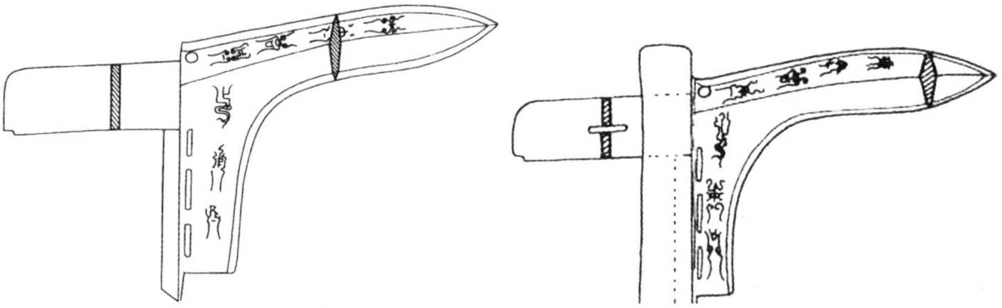

圖 1 上 3－8

字形	平	夜	君	成	之	用	戈
篆體							
雲書				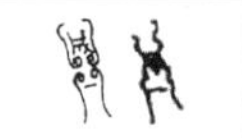			

鳥書要以雲書為依托，可以缺鳥，不可缺雲。矛和戈屬於兵器，可能不是實戰使用，也是當作禮器。凡是鳥蟲書皆鑲嵌金銀，非常華美，充分反映了鳥蟲書的裝飾作用。鳥蟲書的形體經過美術化加工，形體結構變化完全是根據裝飾的要求，並不在乎人們是否認識。雲書的雲紋再度美化，加上鳥紋，成為鳥書，這是所謂鳥蟲書的基本格局。

武器有劍、矛、戈，劍有劍身和劍格。

臺北陳氏收藏一柄越王劍，劍格鑄銘“戉王不壽不壽自乍用僉用僉”。

① 智龕：《蔡公子果戈》，《文物》1964 年第 7 期。
② 河南省文物考古研究所：《新蔡葛陵楚墓》，大象出版社 2003 年版，第 53 頁。

江蘇盱眙東陽鄉出土1件蔡侯劍，劍格兩面有銘文，兩面文字以脊為界，互為反向，正面是“蔡侯□”，背面是“之隹用僉”(圖1上3－9)。此劍年代為蔡被楚滅之前的戰國前期①。

圖1上3－9

江陵紀南城藤店1號楚墓發現竹簡24片，共47字，報告没有釋文和內容介紹，簡影模糊不清。同墓出土越王句踐劍，上有鳥蟲書“戉王州句自乍用僉”(圖1上3－10)②。

湖南辰溪發現戰國鳥篆，銅矛有銘文2行：“新造自司之矛。”(圖1上3－11)③

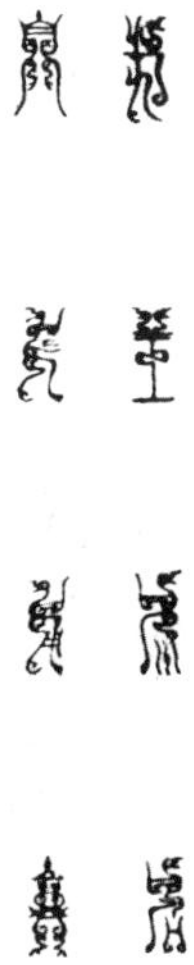

圖1上3－10

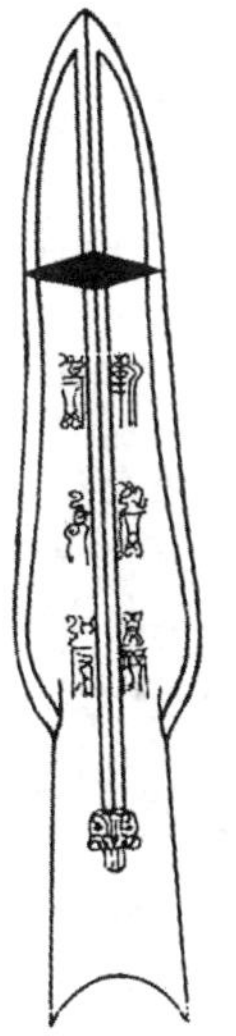

圖1上3－11

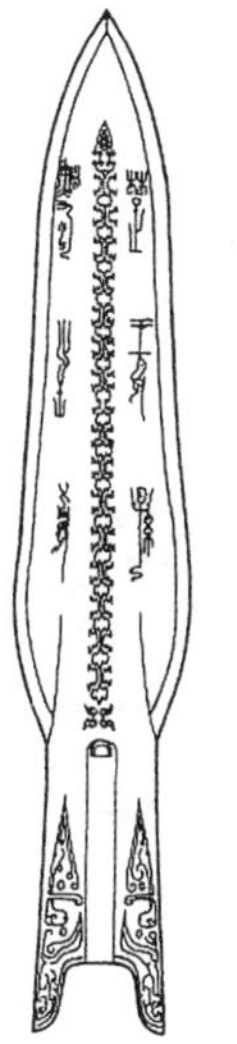

圖1上3－12

紹興鳳凰山3號戰國墓出土了越王不光玉矛，通長23.2厘米，葉面左右均刻“戉王”2字，近本處左右均刻“不光”2字④。湖北荆門五里鋪左冢村3號楚墓，銅矛有錯金鳥篆文2行6字“楚王孫漁之用”⑤(圖1上3－12)。此矛之鳥蟲書與已經發現的兩件“楚王孫漁之用”字形相同，風格酷肖，兩件戟分别藏於湖北省博物館與國家博物

① 秦士芝：《江蘇盱眙出土的蔡侯劍》，《文物》2003年第4期。
② 荆州地區博物館：《湖北江陵藤店一號墓發掘簡報》，《文物》1973年第9期。
③ 張春龍、胡鐵南、向開旺：《湖南出土的兩件東周銅器銘文考釋》，《中國歷史文物》2004年第5期。
④ 紹興縣文物保護管理所：《浙江紹興鳳凰山戰國木槨墓》，《文物》2002年第2期。
⑤ 湖北考古研究所、荆門市博物館、襄荆高速公路考古隊：《荆門左冢楚墓》，文物出版社2006年版，第175、234頁。

館。共同處是均在“王”“用”字下加鳥形，在“之”字下加“山”形裝飾，其他字取長體，“孫”“用”等字筆畫加曲。此墓年代在戰國中期晚段。

越王不壽劍“戉”字反書，“不壽”“用僉”皆一正一反。“壽”字用省體再加鳥飾，大部分字有鳥頭紋裝飾(圖 1 上 3－13)。不壽(前 458—前 449)為戰國前期之越國君主[①]。

戉不壽　王不壽　自用僉　乍用僉

圖 1 上 3－13

安慶王家山戰國墓出土多件銅兵器，内有劍兩件，一件有錯金銘文，劍格兩面各鑄銘文 10 字，“古北亓王戉　戉王亓北古”，背面“自僉用乍自　自乍用僉自”。劍首銘文 12 字：“隹戉王亓北自乍□之用之僉。”(圖 1 上 3－14)

越王丌北古劍

圖 1 上 3－14

越王丌北古劍首“隹戉王丌北自乍元之用之僉”、劍格正面銘文為“古北丌王戉戉王丌北古”[②]。

各地陸續出土了一些帶雲紋鳥書的戈銘。

河北邢臺葛家莊 10 號墓屬於春秋戰國之間墓葬，出土了戈 2 件，援部正、背面有錯金鳥篆文“玄鏐赤鏞之用戈辟”(圖 1 上 3－15)，李學勤定為吳器[③]。

① 曹錦炎：《記新發現的越王不壽劍》，《文物》2002 年第 2 期。
② 黃光新：《安慶王家山戰國墓出土越王亓北古劍等器物》，《文物》2000 年第 8 期。
③ 河北省文物研究所、邢臺市文物管理處：《河北邢臺市葛家莊 10 號墓的發掘》，《考古》2001 年第 2 期。

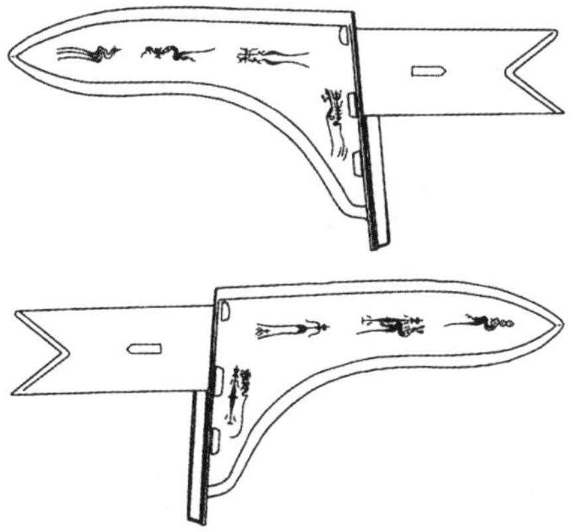

圖 1 上 3 - 15

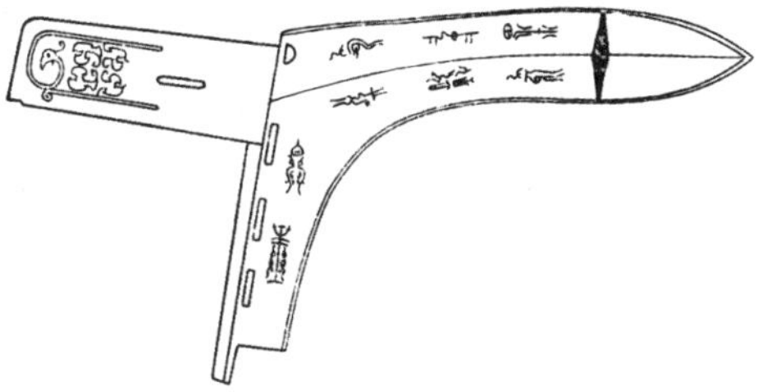

圖 1 上 3 - 16

宜昌當陽趙家湖金家山發現春秋戰國之交的兩座楚國墓葬，各出土銅戈 1 件，43 號墓錯金銘文“許之造戈”，字跡不甚清楚。45 號墓銅戈銘“番中乍白皇止造戈”[①]（圖 1 上 3 - 16）。

戈銘不盡為鳥書，有的為神獸，或恐是龍書，或恐為天鹿，還有芝草紋。

陝西洛南縣城關鎮西寺冀塬村發現戰國早期 1 號魏國墓葬，出土“玄翏之戈”，援下端有錯金鳥篆文“玄翏之用”（圖 1 上 3 - 17），背面胡部有“戈”字，此為春秋晚期吳國王室用器，流傳到魏國[②]。

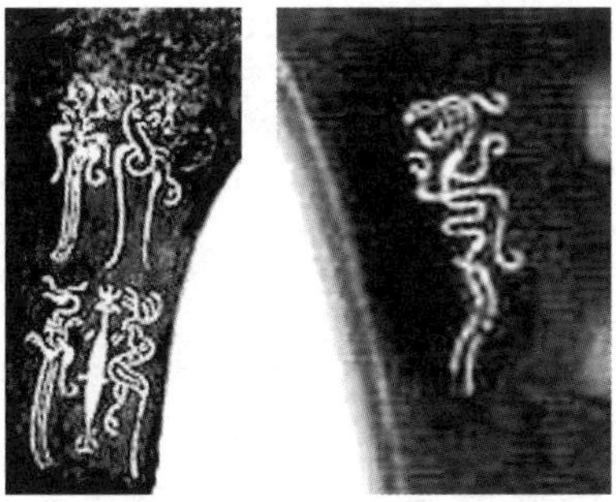

圖 1 上 3 - 17

圖 1 上 3 - 18

河南南陽市八一路與工業路交叉口發掘出的 1 號墓、2 號墓均為春秋晚期貴族墓葬。其中 1 號墓主人身份是大夫，2 號墓主人身份是元士。據赫玉建講，1 號墓青銅戈上所刻的銘文“彭所之戈”（圖 1 上 3 - 18），表明了墓主人是彭公的後代，兩座古墓屬於春秋晚期楚國申縣彭氏家族墓地[③]。

---

① 湖北省宜昌地區文物工作隊：《湖北當陽縣金家山兩座戰國楚墓》，《文物》1982 年第 4 期。
② 張懋鎔、張小兵：《陝西洛南冀塬一號戰國墓》，《文物》2001 年第 9 期。
③ 《河南南陽春秋古墓出土珍貴鳥書　形如鳳凰》，2008 年 7 月 23 日，大河網首席記者郭啟朝。

第三節　鳥蟲書之構造

先秦美術體本質上是一種變形字體,變形體有多種,出於藝術化的變形是其中最重要的部分。東周以來,文字形體的美化形式愈發明顯了,而且是一種裝飾性很強的美化辦法。

傳説鳥蟲書這種裝飾性的形體是有其思想寄托的,鳥是圖騰,是人間與上天交流的媒介,所以它使用的範圍一般在兵器和禮器上。鳥蟲書的特徵是在雲書上加鳥形。這是籠統的説法,仔細分別,鳥有全形的,有有頭無身的,它們的形體也可分為兩種,有雙綫勾勒外形的,也有單綫示意的;從與筆畫的關係看,還可分成兩種,一種是與筆畫交融一體,另一種是加在筆畫之外的。這種變化反映了鳥蟲書的風格和習慣,也取決於文字的形體條件。總的來説,古文字是以單一的曲綫為基礎,以象形為結體原則的字形,鳥蟲書的圖案形體容易處理。但是到了秦漢之後,字體發生了很大的變化,象形結構變為表意結構,單一自然曲綫為粗細變化筆畫取代,鳥蟲書就不能像先秦古文字那樣依樣畫葫蘆了,不得不採用新的形式。這種形式其實我們見過,衹是没有認識罷了。到了漢代,象形字變為隸書,象形的書法就以筆畫變形為主了。

啟功認為:"秦漢所謂的蟲書和鳥蟲書,衹是篆書手寫體的一種渾稱。"[①]馬國權在談先秦銅器上的蟲書時説:"幾乎可以這麽説,凡與鳥書同一銘文而没有鳥形特徵的字,大抵都可以歸在蟲書一類。"[②]所謂蟲書,實際是雲書。陳直有獨特見解:"衛恒《四體書勢》云:'其在黄帝創製造物,有沮誦蒼頡者,始造書契,以代結繩,蓋睹鳥跡以興思也,因而遂滋,則為之字。'索靖《草書狀》云:'蒼頡既生書契。是為科斗鳥篆,類物象形,睿哲變通,意巧滋生。'依衛、索二人理解,一為字源象徵於鳥跡,一為字體開始於鳥篆。其論雖屬荒謬難稽,但必有一貫相承之舊説,春秋時鳥書之興起,蓋從相傳之舊説加以理想之翻版。""鳥書之外,戰國有鶴頭書之小鉥,篆文中有鶴頭四處,亦屬鳥書之别派。鳥書無具體之鳥名,此則有顯著之鶴喙。"[③]總之,鳥書並不與實際圖形對應。

所謂蟲書,"屈中為蟲",筆畫如蠕蟲一般盤曲,這是春秋以來的象形篆的共同特點,故稱秦以前的象形篆為雲書似更合理。西漢越來越迷信祥瑞,特别崇拜鳳鳥,但是過渡時期擺脱不了雲書的影子,依然以筆畫盤曲為基點,加上鳥飾,故稱鳥蟲書。隨著祥瑞概念清晰,突出鳳鳥,故稱鳥書。這個鳥書一直延續到隋唐,甚至更遠。

① 啟功:《古代字體論稿》,文物出版社 1999 年版,第 23 頁。
② 馬國權:《鳥蟲書論稿》,《古文字研究》第十輯,中華書局 1984 年版,第 158 頁。
③ 陳直:《讀容庚氏〈鳥書考〉書後》,《文史考古論叢》,天津古籍出版社 1988 年版,第 340、342 頁。

關於鳥書的結構，大家認識大致相近。近年來，人們繼續在鳥蟲書字體的結構特徵方面作深入的探討，大致是在馬國權、叢文俊的研究基礎上提出修正性的意見，對於完善此項認識有一定的價值。

馬國權將蟲書單列開來，將鳥書形體分為十三種：寓鳥形於筆畫者，寓雙鳥形於筆畫者，附鳥形於字上、字下、字左、字右者，附雙鳥形於字之上、字之下、字之上下、字之左右者，寓雙鉤鳥形於筆畫者，附雙鉤鳥形於字旁者，附鳥形於二字之間者。馬國權注意到了鳥書的裝飾部位和對稱構形原則。①

陳直具體分析儀態形狀："鳥書之儀態結構。鳥書為當時之美術體，各器中有金文局部象鳥形者，有參以獸形者，有兩鳥對峙者，有立鳥長冠者，有以鳥形為紋飾者，有垂長尾拳足者，有將飛未翔者，千變萬化，不可方物。惟漢代印文僅參用鳥頭，而不作全體鳥形，其結構與春秋已有不同。"②

1990 年林素清把鳥蟲書概念擴大為"春秋戰國美術字"，這樣寬泛的概念不會因為名稱之爭妨礙這類字體的研究。她把這類字分作三種類型：筆畫拉長，豎筆彎曲；某些偏旁拉長或者變換位置；增加裝飾性的筆畫。第三種類型最重要的是鳥蟲書，有"增一鳥全形"再按照鳥形的位置上下左右，分 a、b、c、d 四種；"增雙鳥全形"按照位置在字之左右、字下、字上，分 a、b、c 三種。"增簡化之鳥、蟲形紋飾"，"增蟲、爪形"③。

叢文俊分析鳥鳳龍書具有三個共同特徵：其一，繁式、簡式、變化式所飾物象基本遊離於字形之外，不會影響釋讀。其二，最簡式大都祇飾物象局部，把曲綫發揮到極致。其三，一銘二體，一銘三體，説明它缺乏獨立的書體特徵；並指出鳥鳳龍書的國別特徵，以楚、吴、蔡、宋、越為先後出現次第。蟲書出現比較早，流行於楚、吴、齊、晉銘文，是"篆引"的優越性所致。最後論述了漢代的鳥蟲書，偏重於文獻，主要指出了蟲書實物④。

嚴志斌從動物形構件與字筆畫的結構方式與結合程度，將鳥書分為三式：一是並列式：動物形構件與筆畫各自獨立，即使去掉動物形構件，也不影響字的構成和認讀。二是結合式：動物形構件與筆畫相連，但是字形還是比較獨立，若去掉動物形構件，對字的構成和識讀有影響。三是化合式：動物形構件與筆畫合成一體，若除去動物形構件，字形支離破碎，無法成立。三式中根據動物圖形的簡繁，又分為繁式、簡式、六式。先是並列式，後結合式，再化合式，認為公元前 500 年以後化合式出現，並

① 馬國權：《鳥蟲書論稿》，《古文字研究》第十輯，中華書局 1984 年版，第 149 頁。

② 陳直：《讀容庚氏〈鳥書考〉書後》，《文史考古論叢》，天津古籍出版社 1988 年版，第 342 頁。

③ 林素清：《春秋戰國美術字體研究》，《"中央研究院"歷史語言研究所集刊》第 61 本第 1 分冊，1990 年，第 38、39 頁。

④ 叢文俊：《鳥鳳龍蟲書合考》，《書法研究》1996 年第 3 期。

指出越國器中“王”字，鳥蟲書有較為典型的分期特徵[①]。

羅衛東根據《東周鳥篆文字編》的264個字頭，歸納出兩大類：一為形體自身變化，用改變原字筆畫的粗細和方向體現藝術性。二為附加或融合裝飾成分。按照裝飾成分分為點或綫條、鳥形、蟲形和構件，如“口”，四小類。附加鳥、蟲兩小類又根據完整與否各分為完整鳥形和鳥首、鳥爪，完整蟲形和蟲首、蟲爪[②]。

春秋以來，在南方就開始流行一種象形書法，這種裝飾性的形體是有其思想寄托的。鳥書不是一般的裝飾紋樣，而是民俗觀念的體現。具體地説，紋樣寄托美好的願望。唐韋續《五十六種書》：“周文王時赤雀銜書集戶，武王時丹鳥入室，故作鳥書。”雖然西周的鳥蟲書實物從未發現，不足為訓。但是古代祈求天降吉兆，作圖畫、書法表達願望，卻是事實。赤雀、朱鳥，漢代一般叫朱雀、神雀和赤烏，是祥瑞之物。裝飾在兵器和禮器上，就是納吉之願。近年來，春秋戰國的青銅器不斷出土，其中有不少是鳥書或者接近鳥書的材料，出土的地域既有鳥書故地浙江一帶，也有遠在中原地區，雖然字形的風格與已有的鳥書相同，但是新材料的發現會促使我們重新思考和認識鳥書。

① 嚴志斌：《鳥書構形簡論》，《華夏考古》2001年第1期。
② 羅衛東：《鳥篆與東周南方文化》，《中國文化研究》2008年夏之卷。

第四章　商周玉石陶文之發現

第一節　商周玉石文字

玉石文字，指在玉石上契刻或者書寫的文字，一般見於日用器具、樂器以及其他禮器。殷商時代有少數石刻文字發現，殷墟婦好墓石磬 5 件，1 件刻“妊冉入石”(圖 1 上 4－1)，石牛 2 件，1 件刻“司辛”(圖 1 上 4－2)、玉戈刻“盧方□入戈五”①(圖 1 上 4－3)。

圖 1 上 4－1

圖 1 上 4－2

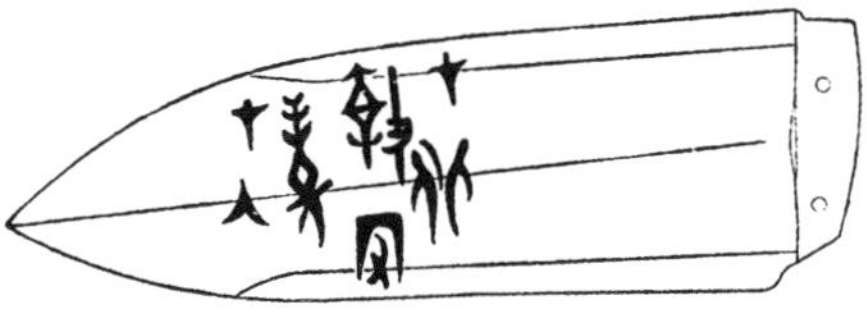

圖 1 上 4－3

安陽小屯村北殷墓出土玉戈有 6 字，首尾尖，中間肥粗，如商代金文波磔(圖 1 上 4－3)②。後岡遺址出土 12 件柄形器，有朱書“祖庚”“祖甲”“祖丙”“父辛”“父癸”(圖 1 上 4－4)③。

1985 年在殷墟劉家莊南發掘了 62 座殷墓，十餘座墓出土的玉璋殘片上多有朱書文字，能辨識的有 17 片，有 9 件記錄了貢祭之事(圖 1 上 4－5)④。

① 中國社會科學院考古研究所：《殷墟婦好墓》，文物出版社 1980 年版，第 136 頁，圖版 170。
② 中國社會科學院考古研究所安陽工作隊：《安陽小屯村北的兩座殷代墓》，《考古學報》1981 年第 4 期。
③ 中國社會科學院考古研究所安陽隊：《1991 年安陽後岡殷墓的發掘》，《考古》1993 年第 10 期。
④ 孟憲武、李貴昌：《殷墟出土的玉璋朱書文字》，《華夏考古》1997 年第 2 期。

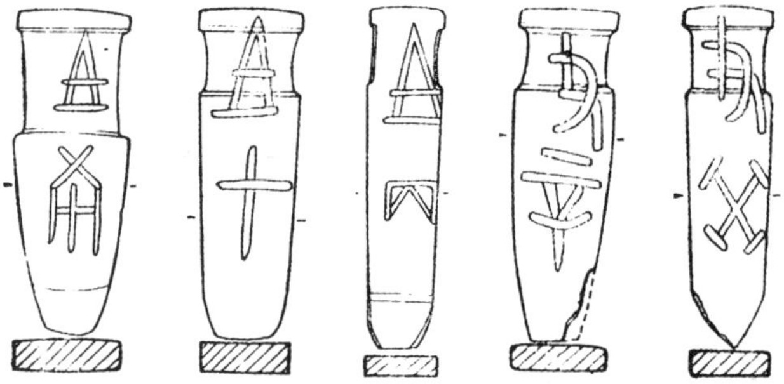

圖 1 上 4－4

圖 1 上 4－5

圖 1 上 4－6

陝西韓城梁帶村遺址春秋早期 26 號墓出土商代玉戚，兩側面對稱刻文“小臣奚□”（圖 1 上 4－6）①。

1990 年到 1993 年在上村嶺虢國墓地發現的近 3 000 件玉器中，有一些商代遺物，其中有 3 件商代小臣刻銘玉器。2009 號墓有“小臣妥見”琮（圖 1 上 4－7），2012 號墓有“小臣𣪘”戈（圖 1 上 4－8），2009 號墓有“小臣兹□”璧②，2006 號墓內發現的商代玉觿和玉管上刻“王伯”（圖 1 上 4－9）③。

圖 1 上 4－7

圖 1 上 4－8

圖 1 上 4－9

① 陝西省考古研究所、渭南市文物保護考古研究所、韓城市文物旅遊局：《陝西韓城梁帶村遺址 M26 發掘簡報》，《文物》2008 年第 1 期。

② 姜濤、賈連敏：《虢國墓地出土商代小臣玉器銘文考釋及相關問題》，《文物》1998 年第 12 期。

③ 賈連敏、姜濤：《虢國墓地出土商代王伯玉器及相關問題》，《文物》1999 年第 7 期。

天馬—曲村遺址北趙晉侯墓地 11M31 墓主人左臂有一大玉管，一面刻字一行："玟王卜曰我□□人弘代□人。"[1]

春秋戰國的石磬文字多處發現。1977 年曾侯乙墓出土編磬一架，石磬 32 件，除個別磬外，石磬在鼓面或近處有刻文和墨書，共計 708 個，其中墨書 12 個。1982 年山東淄博市齊都鎮齊國故城發現 1 件石磬，上刻"樂室"2 字，"室"字有卷雲筆畫[2]。

天津博物館藏戰國時期的"行氣"銘玉器，青玉，直徑 3.4 厘米，中空未穿頂。12 面棱柱形，每面陰刻文 3 個，共有重文號 8 個。行氣銘的年代，陳邦懷定為戰國晚期，似乎略晚，筆者以為可定為戰國中晚期。行氣玉銘字形略長，與小篆相似。陳邦懷比較字形後發現，有些字可與中山王壺銘文、侯馬盟書以及《説文》古文相互印證。近時黄耀明將其與晉系文字比較後發現，與中山國銘文最相近，18 字結構甚似，因此斷為晉系文字，與中山國文字同屬一個系統[3]。羅振玉把銘文收入《三代吉金文存》內。釋文各家不同，于省吾(《雙劍誃吉金文選・附錄》)、郭沫若(《天地玄黄・行氣銘釋文》)、陳邦懷皆有考釋[4]。陳邦懷認為第 7 行首字之下漏了一個重文號，全銘共 14 句，45 字。釋文如下："行氣：吞則搖，搖則伸。伸則下，下則定。定則固，固則明。明則長，長則復。復則天。天其本在上，地其本在下。巡則生，逆則死。"(圖 1 上 4－10)

圖 1 上 4－10

玉石文字不盡是刻文，有的書寫在玉石之上。

河南輝縣固圍村 1 號墓祭祀坑出土玉冊，50 枚簡相次成冊，無硃砂、墨字跡，可能本無書寫或年久磨滅，長 62 厘米。簡長 22.5 厘米、寬 1.2 厘米、厚 0.11 厘米。根據這個成套的玉冊，可以推測當時玉冊是一種文字載體，不過不是日常所用，而是喪儀等使用[5]。

---

① 山西省考古研究所、北京大學考古學系：《天馬—曲村遺址北趙晉侯墓地第三次發掘》，《文物》1994 年第 8 期。

② 張龍海、張愛雲：《齊國故城內發現一件帶銘文石磬》，《文物》2008 年第 1 期。

③ 黄耀明：《〈行氣玉銘〉探微》，《中國國家博物館館刊》2012 年第 10 期。

④ 陳邦懷：《戰國〈行氣玉銘〉考釋》，《古文字研究》第七輯，中華書局 1982 年版。

⑤ 中國玉器全集編輯委員會：《中國玉器全集》第 3 冊，河北美術出版社 1993 年版，圖 200。

侯馬盟書為山西侯馬春秋晚期晉國都城——新田遺址，地點在汾、澮兩河之交。1965年在侯馬遺址的東南部發現盟書，年代為春秋晚期晉定公十五年到二十三年（前497—前489），1974年盟書整理完畢。盟書內容可以分成宗盟類、委質類、內室類、卜筮類。侯馬盟書主人為趙孟，即趙鞅，又稱趙簡子，晉國大夫。盟書文字用朱書和墨書書寫①。一年多後，侯馬盟書整理出版，在全部5 000餘件盟書中選出656件盟書作了摹本，對其中200餘件字跡清晰者，拍攝了照片。編者對文字相當重視，專門編製了《侯馬盟書字表》，由656件盟書文字彙編而成，收列本字381個、異體1 274個，假借字視同異體字。侯馬盟書十分重要，它是具有相當規模的書寫文字的發現，與戰國簡帛書寫文字性質相同。現在認為發現最早的是戰國早中期曾侯乙墓竹簡，侯馬盟書要比它早得多。盟書是最接近商周銘刻文字的書寫文字，也是商周到戰國的過渡階段文字，既有商周文字的形態，又有戰國文字的端倪。整理者認為，這批盟書“毛筆書寫，書法熟練，當是出自祝、史一類官吏之手，屬於晉國的官方文書”。侯馬盟書文字中異寫字比較多，“嘉”字有100多種寫法，“敢”字有90多種寫法，“復”字有54種寫法，“者”字有26種寫法，“亟”字有33種寫法②。考察侯馬盟書的一字異形狀況，主要由以下原因造成：

一是部件的多寡無定，例如“（從）”字，有的雙人省了一個人作，有的增加了一個人作，對“止”加“彳”就是“辵(辶)”，有的省了“彳”作。

二是部件部位不定，如“卑”字：。

三是隨意省簡，如“晉”字：。

四是部件方向不定，如“尼”字，兩個部件一般是相背的，如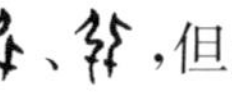，但是也有同方向的，是一齊向左，是一齊向右。

五是筆畫多寡無定，如“者”字：。

六是部件寫法不同，如“定”：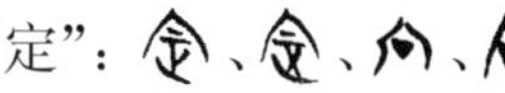；再如“見”：，細看上面“目”有豎置、横置，其中又分3筆、2筆，下面的“人”有伸手、垂手和抱腹之異。如“明(盟)”字，“月”從“日”作、從“口”作、從“目”作、從“”作。

七是使用假借字，如“孚”字，有從辵作、從木作、從犬作。

八是綜合變化，如“其”：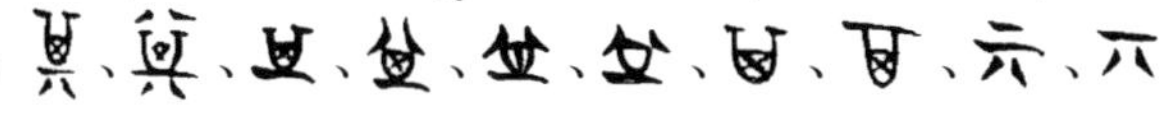，它採用省略的辦法，分別是省略下面兩點、中間一横、上面部件，其中上面部件又省略了中心兩筆。上面部件筆畫、寫法又各有不同，所以“其”字出現了很多異形。

2015年山西侯馬虒祁遺址祭祀坑中發現了大量的玉石器，有玉環、玉璧、玉龍、

① 山西省文物工作委員會：《“侯馬盟書”的發現、發掘與整理情況》，《文物》1975年第5期。
② 山西省文物工作委員會：《侯馬盟書》，文物出版社1976年版，第295頁。

玉璜、玉餅、玉琮、玉圭、玉琥、玉戈及製作玉器的廢料玉片和玉塊等。在這些玉器上面多數有切割痕跡，其中在 3 件玉片上發現有墨書的字跡。

圖 1 上 4－11

圖 1 上 4－12

1979 年河南溫縣武德鎮沁水南岸發現一批墨書玉石，1 號坎出土 4 588 片，多為石圭，其餘為石簡、石璋，因為年久，有些字跡已經脱落。在 1930 年、1935 年和 1942 年曾經發現過此類玉圭盟書，在中國社會科學院考古所收藏有 11 片。主盟者為晉國六卿中的韓氏，盟書的年代與侯馬盟書接近，初步推定 1 號坎的紀年為晉定公十五年(前 497 年)十二月二十七日①。1980 年 3 月到 1982 年 6 月發掘了這處東周盟誓遺址，發現 124 個坎，其中 16 坎出土有字盟書。盟書保存情況不佳，字跡不清。發掘者從上萬片盟書中選出 4 380 片作了整理，其中較完整者 1 690 片。這次報告又發表了少量圖版和釋文②(圖 1 上 4－12)。此盟書的書法似非一人所書，風格迥異，有的比較工整，筆畫短而粗，有的比較草率，筆畫細長。如：

(其)　(大)　(非)　(心)　(與)　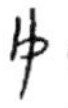(女)

(者)　(事)　(西)　(焉)　、(晉)　(見)

從字體上看依然是書寫比較隨便，字形多變。例如“歆歆焉中心事其主”內“歆”字，有八種字體：有“歆”加“心”為“憖”；有部件“音”變“言”；有部件“音”變“首”、變“自”、變“旨”、變“瓜”；有“歆”變“首”；或者“歆”省“首”，變為“忩”，從“欠”、從

① 河南省文物研究所：《河南溫縣東周盟誓遺址一號坎發掘簡報》，《文物》1983 年第 3 期。

② 郝本性：《河南溫縣東周盟誓遺址發掘與整理情況》，《新出簡帛研究——新出簡帛國際學術研討會文集》，文物出版社 2004 年版，第 77 頁。

“心”。“㤅”省了“音”，是一個省體。其中“音”變“首”“自”“旨”“瓜”皆是自由形體變化，而“音”與“言”本來就是一個字，是別寫而已。再看附加部件，“意”即後起“諦”字，表示審視的意思。沁陽盟書中又作“𡈽”“徲”“逽”，“止”加“彳”就是“辵(辶)”，所以省體和全體並不分別。古文字“心”與“止”形體相似，恐因相似而慣用。

圖 1 上 4－13

殷商、西周在牛骨上占卜，後來幾乎失傳。但是在牛骨上書寫文書也是對牛骨的一種利用，可能多少與牛骨民俗意義有關。

1998 年在河南新鄭鄭韓故城出土戰國牛肋骨鄭國祭祀遺址東南部，探方 T642H2164 灰坑內發現一批墨書肋骨(圖 1 上 4－13)，有文字 39 根。肋骨墨書為賬簿，寫在牛肋骨上，記載物品編號、當事人、物名以及數量，在肋骨正背兩面書寫，由右到左排列，內容多者分上下多排。如標本 H2164：42 肋骨上排：

▲八六七：孫事纑十束，纑二，一十一、三十八束，訖。

宗敢纑九束，二二□□三□□□，訖。

▲九十二：孫建纑九□束，纑□□□，貸賦纑，訖。

慶虎纑三十六束，□□□□一，訖。

▲六十三：郚舒纑十二束，貸□，□□纑□□□，訖。

全肰纑七十一，八□□□五十，訖。

…………

此為韓國文字，與鄭韓故城兵器銘文、陶文的數字與文字字形相似，年代上限不超過戰國中期①。

第二節　商周陶文之發現與研究

陶器是人類進入文明時期的標誌之一，是人類最早的製成品之一，在人類發展史上具有劃時代的意義。陶文是泛指在陶製品上刻畫和書寫的文字，其內容非常龐雜，文字資料的價值也高低不一。

陶文出現的時期非常早，作為新石器時代陶器上類似文字的符號，在陝西西安半坡仰韶文化遺址、山東章丘城子崖龍山文化遺址、杭州良渚文化遺址等都有此類陶器刻畫符號發現，有人稱為原始文字，但是沒有充分的證據，不過可以看作我國文字最早的雛形。商代的文化遺址陶文尚有原始意味，成熟的陶文在春秋戰國出現，以大宗陶器上的文字為主，一般祇有幾個字，大多是印文，內容為人名、官名、地名、督造者

① 蔡全法：《新鄭鄭韓故城出土戰國牛肋骨墨書賬簿考》，《華夏考古》2014 年第 4 期。

名、吉祥語和年月等，與甲骨文、金文和石鼓文等同為研究我國古代文字的資料。

在河南鄭州二里岡的陶文尚是一些數字，而河北省藁城臺西村商代遺址陶文有數字以外的文字了①。安陽殷墟發掘出12片商代陶文，除數字以外，有“止”“刀”“臣”“巳”“矢”“又”“中”“左”等字②。

鄭州小雙橋商代中期遺址發現一些朱書陶器，這些陶器是禮器，朱書寫在陶缸上，是祭祀使用的禮器。朱書有數目字、族徽和其他內容，單獨書寫。小雙橋遺址是商代中期之物，使得漢字的實物至少提早了近100年。發掘者認為這些字用毛筆書寫，小雙橋遺址陶器可能是文字的主要載體③。

總的來説，陶文保留了早期文字的圖像性，如商代的族徽一樣，器皿的銘文有濃重的圖畫色彩，它與當時的以甲骨文為代表的通行文字有一定的距離。商代陶文時間越早，圖形的原始色彩越重。季雲認為，臺西陶文與殷墟文字間的連續關係十分明顯，如“臣”等字的寫法都與卜辭一致，“可以看出，臺西時期的文字正是殷墟文字的前行階段”④。戰國陶文多不合六書，且工匠刻印有時隨意增減筆畫，給古陶文的釋讀增加了難度。

春秋戰國時期的陶文多了起來，這些陶文就是模印在陶器上的銘文，一般是製作機構或者工匠的名字等。

河南溫縣春秋時期晉國邢邑遺址，出土500多件陶器、陶坯，有陶豆、陶量、陶甑等。陶器上有戳記“邢公”“邢”“倉陶”“林”“公”“士”（圖1上4－14），有銘文“邢公”“倉陶”，壓印在陶器的肩部或底部。“邢公”為楚國貴族申公巫臣，楚共王二年（前589年）奔晉，建立邢邑⑤。

圖1上4－14

山東的陶文以前稱為齊魯陶文，在山東臨淄齊國臨淄故城和鄒城紀王城春秋邾國（戰國稱鄒國）都城遺址發現。

東周至秦漢時期邾國在陶器上鈐印或刻畫文字。邾國陶文主要分佈在邾國故城內，以今紀王城村東至張莊村西南金水河兩岸最為集中。在鄒城市境內8處古文化遺址中也發掘出邾國陶文。鄒城市文物旅遊局已收藏邾國陶文3 000餘件。

清代中葉，邾國陶文引起金石學家的注意。道光十七年（1837年）版《鄒縣金石志》記述了邾國陶文發現情況。光緒初年，濰縣陳介祺《簠齋藏陶》一書收錄邾國陶文4 000餘件。益都孫文楷《木庵古陶文釋》、丹陽劉鶚《鐵雲藏陶》及吳大澂《説文古籀補》、顧廷龍《古陶文舂錄》等書中也都收錄了大量邾國陶文。民國初年，王獻唐赴邾

① 季雲：《藁城臺西商代遺址發現的陶器文字》，《文物》1974年第8期。
② 中國科學院考古研究所安陽發掘隊：《1958—1959年殷墟發掘簡報》，《考古》1961年第2期。
③ 宋國定：《鄭州小雙橋遺址出土陶器上的朱書》，《文物》2003年第5期。
④ 季雲：《藁城臺西商代遺址發現的陶器文字》，《文物》1974年第8期。
⑤ 李占揚：《河南溫縣發現晉國邢邑遺址》，《中國文物報》2003年1月22日。

城考察,較為詳細地調查了陶文出土地點和分佈區域,有《鄒滕古陶文字》一書刊行。中華人民共和國成立後,文物部門對邾國故城進行了全面的科學考察,發現了東周時期官營、私營製陶遺址及陶窯群,同時對陶文的分佈、地層關係進行了初步探索。

邾國陶文以東周時期的為主,漢代次之,秦代較少。東周邾國陶文主要見於盆沿、豆柄、罐口沿或肩部、甕的肩部外側、磚瓦外部,陶文大多祇有 1 個字,為製陶業主名。製作辦法在陶器坯胎未乾時用銅質印章直接將文印壓上去,也有刻畫而成。東周陶文以單字為主,主要是陰文,個別為陽文,少見邊框,大篆字體,有俗體。文字內容為工匠姓氏、陶工里籍、窯場名記以及器具用途等(圖 1 上 4 - 15)。

(祭) (賈) (興) (封) (彊)

圖 1 上 4 - 15

文字有規整和隨意兩類,前者筆畫端正,結構統一,後者筆畫肆意,結構變化較大。秦代邾國陶文主要是陶量上的秦詔文。4 字一組,鈐印"廿六年皇|帝盡并兼|天下諸侯|黔首大安|立號為皇|帝乃召丞|相狀綰法|度量則不|壹歉(嫌)疑者|皆明壹之|"。鈐印字跡清晰,結體端莊,邊框整齊。有的陶量底部印有"騶"字,表明係當地窑場製造[①]。

1985 年春,山東鄒平縣苑城鄉中心學校發現陶文,陶片上壓印方形戳記,有外框分 3 欄,文字為"句華門陳棱再,鄗廩坸亳釜鍦"。此為戰國齊的文字[②](圖 1 上 4 - 16)。

圖 1 上 4 - 16

圖 1 上 4 - 17

2003 年又一批齊國臨淄故城發現的陶文發表,分別出土於東南角城外、劉家莊、臨淄三中、河崖頭、西周傅莊,如"高間椇里曰雷""豆里賹"等(圖 1 上 4 - 17)。許淑珍指出在水井中發現的陶文都模印在罎上,有"陽里人罎者""大罎里人□"等戳記,説明其用處之一是汲水[③]。筆者按:罎即儋字,《方言》第五:甇,"齊之東北,海岱之間謂之儋"。《漢書·蒯通傳》:"守儋石之祿者,闕卿相之位。"應劭曰:"齊人名小罌為儋,受二斛。"

① 胡立新:《山東邾國故城陶文》,《書法》1989 年第 1 期。
② 馬良民、言家信:《山東鄒平縣苑城村出土陶文考釋》,《文物》1994 年第 4 期。
③ 許淑珍:《臨淄齊國故城新出土陶文》,《考古與文物》2003 年第 4 期。

齊國製陶業發達，官營和民營皆有，陶文有所不同。官營的陶文多見於量器，印面大，字亦多，飲食器字少，衹標明所有者。民營相反，陶文大多在飲食器上，量器較少，常見的是鄉里名加人名，有的衹有人名。

臨淄齊國故城歷年來出土了大量陶文，以前見於各家著錄，僅以拓本面世，缺乏科學發掘的地望等信息。1958 年在西南角出土戰國陶文，屬於官營的陶器①。近年來不斷有新的陶文出土，在東南角城外、劉家莊、臨淄三中、河崖頭、西周傅莊的陶文公佈出來，不同的地點具有各自的特點(圖 1 上 4－18)，全屬民營製陶的陶文。20 世紀 80 年代故城内外多處發現陶文，陶文以戳記文字為主，陰文、陽文皆有，有少量刻畫文字。一類是官方的陶文，戳記有長方形和方形兩種，文字規整清晰，這些陶文的陶器大多是齊國或當地的量器。另一類是民間的陶文，戳記有方形、圓形和三角形，“物勒工名”旨在標明器物的製作者②。

圖 1 上 4－18

戰國沂水陶文是齊系官製量器釜上的刻畫陶文，近年發現 2 000 片以上，格式為“地名＋人名＋立事歲＋量器名＋也”或其簡省。刻字率眞樸實，不加修飾。字形簡化、變形，都是隨意為之③。1954 年在鄭州白家莊發現陶文，“亳”字最多，如： ，也有一些其他字，如： ，基本是大篆古文的面貌④。

河北易縣燕下都第 13 號遺址位於郎井村西南，所見有生活用具、生產工具等。陶器上有印記陶文 60 件，可惜未經考釋。此遺址在春秋早期到戰國晚期⑤。

1949 年以來鄭州商城區域内出土了一批東周陶文，共達 100 多件，戳記字形近於手寫體，多有省簡，多為地名⑥。

1984 年在新鄭縣(今新鄭市)鄭韓故城發掘和採集的陶器和陶片上發現陶文，是鈐印或刻寫的文字，共 140 字，1 字、2 字、3 字和 4 字，各 1 件。春秋晚期出現刻畫文字，戰國時期除刻寫文字外，出現鈐印。刻寫字形遒勁嫺熟，有粗獷的，也有規整的。

① 山東省文物管理處：《山東臨淄齊故城試掘簡報》，《考古》1961 年第 6 期。

② 孫敬明、李劍、張龍海：《臨淄齊故城内外新發現的陶文》，《文物》1988 年第 2 期。

③ 呂金成：《戰國沂水齊陶量釜的刻畫文字》，《書法叢刊》2015 年第 4 期。

④ 河南省文化局文物工作隊第一隊：《鄭州白家莊遺址發掘簡報》，《文物參考資料》1956 年第 4 期。

⑤ 河北省文物研究所：《河北易縣燕下都第 13 號遺址第一次發掘》，《考古》1987 年第 5 期。

⑥ 張松林：《鄭州商城區域内出土的東周陶文》，《文物》1985 年第 3 期；張松林：《鄭州商城内出土東周陶文簡釋》，《中原文物》1986 年第 1 期。

鈐印的文字並不全都嚴整,結構部件隨意,或上或下,或左或右,還有反書[①]。

1979 年春到 1980 年春在陝西岐山鳳雛村西周甲組建築基址和扶風召陳村西周建築基址發現刻畫陶文和符號,共有 84 件。其中有些字與西周甲骨文相似,衹是刻畫草率[②]。

古陶文是古文字的重要內容,自清代開始著錄陶文以來,雖然各家所輯的陶文拓片集已有 20 餘種,流傳較廣的僅有《鐵雲藏陶》《季木藏陶》等二三種而已。古陶文以東周時期的材料為大宗,古陶文字形大多不是整齊的篆文,雜有民間俗字和草體,加之模印模糊,所以以難以辨認著稱。

《古陶文彙編》,高明編,中華書局,1990 年出版。書內收入各種古陶文拓片 2 622 件,彙聚了以前的陶文拓片集和 1949 年後新出陶文,成為陶文之大成。該書把商代、西周陶文置之首卷之首,分省著錄山東、河北、陝西、河南、山西、湖北以及不明出土地陶文所收戰國陶文拓片。山東大汶口陶文作為附錄。正文後附引用書目。

《古陶文字徵》,高明、葛英會編,中華書局,1991 年出版。該書是為《古陶文彙編》而編的工具書,收字頭 1 823 個,依《康熙字典》的部首順序編排而成。《古陶文字徵》係以《古陶文彙編》為基礎,將《古陶文彙編》所收陶文中的單字以及官名、姓名、地名、數字,按照"同文異體"的原則,選擇有代表性的字形編排而成。

《陶文圖錄》,王恩田編,齊魯書社,2006 年出版。本書以山東省博物館館藏陶文為基礎,從所得 22 000 件陶文中,選用 12 000 餘件。《陶文圖錄》篇幅宏大,全書分為 10 卷: 採用年代與國別相結合的編輯體例,第一卷為新石器時代至春秋時期,第二至七卷收錄戰國和秦代陶文,按齊、鄒、燕、三晉兩周、秦國與秦代和不明國別的順序編排,兩漢及其以後編為第八卷;以二至七卷為主體部分。第九卷為陶文摹本和以往著錄中被作為陶文收錄的圖案、戰國封泥、璽印、瓦當、陶範以及少數民族的陶文等,第十卷為偽品及存疑之物。

《陶文字典》,王恩田編,齊魯書社,2007 年出版。正編收陶文 1 279 字(含合文 30 個)以及目前尚未釋讀的陶文 1 180 餘字,計約 2 500 字,是迄今為止收錄字數最多的一部陶文工具書。此書規模宏大,取材於《陶文圖錄》,為方便查閱和翻檢《陶文圖錄》而作。和《陶文圖錄》一樣,字形採用拓本,除了朱書、墨書外,原則上不收摹本。字之大小基本上保持原來尺寸,個別字過大,進行了縮小。該書以戰國陶文為主,收入極少量的春秋陶文,兼收秦代陶文,按《説文》部首編排,每個字的正文和重要文字下的數字是《陶文圖錄》中的編號,書後附索引。

---

① 蔡全法:《近年來新鄭"鄭韓故城"出土陶文簡釋》,《中原文物》1986 年第 1 期。

② 陳全方:《周原出土陶文研究》,《文物》1985 年第 3 期。

第五章　戰國帛書竹簡的發現和研究

第一節　戰國簡牘之發現與整理

戰國竹簡的發現最早在西晉武帝太康二年(281 年),當時有人在汲郡盜發魏國墓,出土了大批竹簡,有《穆天子傳》《竹書紀年》等失傳古籍,稱為“汲冢竹書”。《晉書·武帝紀》:咸寧五年冬十月,“汲郡人不準掘魏襄王冢,得竹簡小篆古書十餘萬言,藏於祕府”。《晉書·束皙傳》:“初,太康二年,汲郡人不準盜發魏襄王墓,或言安釐王冢,得竹書數十車。其紀年十三篇,記夏以來至周幽王為犬戎所滅,以事接之,三家分,仍述魏事至安釐王之二十年。蓋魏國之史書,大略與《春秋》皆多相應。”又記:“漆書皆科斗字,初發冢者燒策照取寶物,及官收之,多燼簡斷札,文既殘缺,不復詮次。武帝以其書付祕書校綴次第,尋考指歸,而以今文寫之。皙在著作,得觀竹書,隨疑分釋,皆有義證。”《晉書·荀勖傳》:“及得汲郡冢中古文竹書,詔勖撰次之,以為中經,列在祕書。”這些火餘斷爛竹簡,經過束皙、王接等人整理,部分保存至今。但是原來的文字面貌已經無從得知,非常可惜。抗戰時期,在湖南長沙子彈庫發現楚墓,由於墓葬密封,帛書保存完好。那個帛書是方形,中間有畫,外周迴繞文字,學術界參與整理。這是現代戰國簡帛發現和整理的起點。

已經發現的戰國竹簡中,以楚國竹簡最多。楚國是戰國的強國之一,疆域廣大,佔有長江以南以及中原南側的地區,在湖南、湖北、河南都發現了楚國竹簡。李學勤説:“郭店楚簡對古文字研究,特別是戰國文字的研究,有著十分重要的意義。我在《包山楚簡文字編》序中曾經説過,現代的戰國文字研究是從楚國文字開始的。1933 年到 1938 年安徽壽縣李三孤堆出土的楚國青銅器,1942 年湖南長沙子彈庫發現的楚國帛書,都有較多文字,不像璽印、貨幣、陶文等文字簡略,没有上下文可推。郭店楚簡更進一步,其間若干典籍有傳世本可以對照,從而能夠釋出好多文字,有的是多年無法釋出的。這對於楚文字以及整個戰國文字的研究,有著非常重要的價值。”①

---

① 張守中等:《郭店楚簡文字編》,文物出版社 2000 年版,第 6 頁。

湖南

長沙子彈庫楚帛書

湖南長沙子彈庫楚帛書於 1942 年出土，這是我國現代發現最早的帛書之一，出土後輾轉流入美國，現保存在美國華盛頓賽克勒美術博物館內①。

仰天湖楚簡

1953 年到 1954 年長沙仰天湖、左家公山、楊家灣清理了 3 座木槨墓。仰天湖 25 號墓出土竹簡 42 枚，内容為遣策。不久又專門報告仰天湖 25 號墓這批竹簡，計 43 枚，每簡 2～21 字不等，認為可能為記載隨葬品的遣策。圖版頁上刊出了這批簡的簡影②。1955 年史樹青(1922—2007)整理考釋了仰天湖 25 號楚墓的遣策，並且發表了全部簡影。此為學術史上戰國楚簡的首部整理成果③。

長沙五里牌楚簡

1951 年湖南長沙五里牌楚墓 M406 出土 38 片，漫漶不清，有“金戈八”“鼎八”等字，為遣策。報告公開了全部摹本和部分簡影。同墓出土的木俑題字共 8 處④。

楊家灣楚簡

長沙楊家灣 6 號楚墓竹簡 72 枚，用 2 根絲帶編聯。高 13.5 厘米、寬 6 厘米，每簡 1～2 字，27 枚無字。圖版刊登了簡影，但是字跡不清⑤。

長臺關楚墓

1956 年，河南信陽長臺關發現楚墓，1 號墓出土竹簡 148 枚，一組為斷簡，共 119 枚，出土時遭到踐踏，似為逸書；二組計 29 枚，比較完整，内容為遣策。書寫時間大約在戰國中期。從内容來判斷，這批竹簡可以分為兩組，首組 119 枚。1957 年在《文物參考資料》上發表簡要消息，衹説墓室北端有破碎的竹簡一批，殘存 40 餘段，後中室有竹簡 28 枚，每枚有 3～40 字不等。圖版頁刊出了簡影⑥。1986 年出版了《信陽楚墓》一書，書中詳細公佈了該批竹簡的圖版，附錄中發表了劉雨的《信陽楚簡釋文和考釋》⑦。

2002 年河南信陽長臺關民辦磚瓦窯廠發現 7 號楚墓，出土一批竹簡，數量未詳⑧。

---

① 饒宗頤、曾憲通：《楚帛書》，中華書局香港分局 1985 年版。

② 湖南省文物管理委員會：《長沙仰天湖第 25 號木槨墓》，《考古學報》1957 年第 2 期。

③ 史樹青：《長沙仰天湖出土楚簡研究》，群聯出版社 1955 年版。

④ 中國科學院考古研究所：《長沙發掘報告》，科學出版社 1957 年版，第 54—57、59 頁。

⑤ 湖南省文物管理委員會：《長沙楊家灣 M006 號墓清理簡報》，《文物參考資料》1954 年第 12 期。

⑥ 河南省文化局文物工作隊第一隊：《我國考古史上的空前發現——信陽長臺關發掘一座戰國大墓》，《文物參考資料》1957 年第 9 期。

⑦ 河南省文物研究所：《信陽楚墓》，文物出版社 1986 年版。

⑧ 河南省文物考古研究所、信陽市文物工作隊：《河南信陽長臺關七號楚墓發掘簡報》，《文物》2004 年第 3 期。

望山楚簡

1965 年冬在湖北省江陵縣城關鎮八嶺山望山楚墓發現竹簡。1 號墓的年代在楚懷王前期，即戰國中晚期，出土竹簡 207 枚，字跡基本清楚，主要內容為卜筮記錄。2 號墓竹簡 66 枚，內容是遣策。望山楚簡的簡影、摹本以及釋文均已發表①。這批楚簡的發現，引起學術界的關注，羅福頤、商承祚曾去湖北省博物館臨摹，羅氏部分臨本在 1966 年第 5 期《文物》發表，不久"文革"開始，因此這批楚簡的研究被迫中斷。20 世紀 70 年代學界開始對望山楚簡作考釋，1995 年出版了《望山楚簡》一書。

慈利石板村楚簡

湖南慈利石板村 36 號戰國墓出土竹簡 800～1 000 枚，20 000 餘字，60％左右的文字字跡模糊，字體不同，非出於一人之手。內容為吳越兩國歷史，與《國語》《戰國策》《越絕書》等某些記載相同②。

夕陽坡楚簡

常德德山夕陽坡 2 號墓出土竹簡 21 枚，有"越涌君將其衆以歸楚之歲"句③。

九里楚簡

湖南臨澧九里 1 號大型楚墓為戰國中期偏早墓葬，在北邊箱和南邊箱出土殘斷竹簡百餘枚，寬 0.7 厘米，最長者 25 厘米，部分為遣策④。

湖北

包山楚簡

1987 年荆門十里鋪包山 2 號楚墓，是戰國中晚期墓葬，下葬於公元前 316 年。出土竹簡 448 枚，有字者 278 枚，竹牘 1 枚。內容分成文書、卜筮、祭禱記錄和遣策。字跡基本清楚。每簡文字不等，最少 2 字，最多達 92 字，多為 50～60 字，總數 12 626 字，單字 1 605 個，合文 31 個，全部簡影和釋文已經發表，並整理出字表。書寫風格不一，似由多人書寫，波磔鮮明，極具動態，初出隸意⑤。

曾侯乙墓簡

1977 年湖北隨縣城關鎮擂鼓墩發現曾侯乙墓，墓葬年代在戰國早期，約公元前 433—前 400 年之間。這個諸侯大墓未經盜掘，出土文物十分豐富，在文字方面最重

① 湖北省文化局文物工作隊：《湖北江陵三座楚墓出土大批重要文物》，《文物》1966 年第 5 期。

② 湖南省文物考古研究所、慈利縣文物保護管理研究所：《湖南慈利石板村 36 號戰國墓發掘簡報》，《文物》1990 年第 10 期；湖南省文物局：《湖南簡牘名跡》，湖南美術出版社 2012 年版。

③ 湖南省文物局：《湖南簡牘名跡》，湖南美術出版社 2012 年版。

④ 熊傳薪：《湖南臨澧九里一號大型楚墓發掘簡報》，《湖南省博物館館刊》2012 年第八輯。

⑤ 湖北省荆沙鐵路考古隊：《包山楚簡》，文物出版社 1991 年版。

要的發現是竹簡,共240枚,保存完好,字跡清晰,斷處可以拼接,内容為遣策,另有揭2枚。全部簡影在《曾侯乙墓》圖版169—231刊出。曾侯乙墓青銅銘文也十分豐富,64件編鐘和1件鎛均鑄銘文,青銅容器和兵器有鑄文,全部銅器銘文4 947字。石編磬有刻文696字,鐘簴等木刻文字298字①。

《曾侯乙墓竹簡文字編》"緒言"説:《曾侯乙墓》竹簡圖版印刷有欠精良,造成文字圖版大多模糊,難窺原貌,"查對原簡字形者,莫不望圖扼腕,興歎再三"。經作者精心摹錄,"今編中所見,蓋乃目前海内外曾侯乙墓竹簡之最佳摹本"。此編收錄曾侯乙墓全部字形,按照筆畫多寡,分别部居,字頭919個,合文18個,待考33個,每個字形注明原簡編號、摘錄例句。

藤店楚簡

1973年9月在江陵紀南城藤店1號楚墓發現竹簡24枚,共47字,報告没有釋文和内容介紹,簡影模糊不清。同墓出土越王州句劍,上有鳥蟲書②。

九店楚簡

江陵九店發掘東周墓,有3座墓葬發現竹簡,其中一墓出2簡,但無字;在第56號出土205枚,内容主要為記數術方面的内容;621號楚墓出土竹簡均殘,共127枚,字跡清晰者32枚。1995年報告衹是消息,没有具體内容,也没有簡影③。56號墓的竹簡與污泥膠黏在一起,保存情況不好,全部破碎,整理出有字簡146枚,内容有15種,為《建除》《相宅》《日書》等風俗書籍。621號墓竹簡保存狀態更差,整理出有字殘簡88枚,其中54枚文字漫漶不清。34枚殘簡内容可能是古逸書《季子女訓》。621號墓屬戰國中期晚段,56號墓稍晚,在戰國晚期早段。九店楚簡簡影、釋文先收入《江陵九店東周墓》,作了修改後,簡影、釋文全部收入《九店楚簡》④。

天星觀楚簡

江陵縣觀音壋東臨長湖處,1978年初發掘了天星觀1號楚墓。竹簡位於墓室之西室,一部分在漆皮中,被盜墓者踩斷,另一部分在竹笥内保存較好。完整的竹簡70餘支,其餘殘斷,共計4 500餘字。字跡大部清晰,簡文有大量異體字、通假字,有些字形比較少見。簡文内容為遣策、卜筮記錄及一些助喪記錄等。發掘者説簡文釋文和考釋另行發表⑤。

---

① 湖北省博物館:《曾侯乙墓》,文物出版社1989年版,第452、458頁;張光裕、滕壬生、黃錫全主編:《曾侯乙墓竹簡文字編》,藝文印書館1997年版。

② 荆州地區博物館:《湖北江陵藤店一號墓發掘簡報》,《文物》1973年第9期。

③ 湖北省文物考古研究所:《湖北江陵縣九店東周墓發掘紀要》,《考古》1995年第7期。

④ 湖北省文物考古研究所、北京大學中文系:《九店楚簡》,文物出版社2000年版。

⑤ 湖北省荆州地區博物館:《江陵天星觀1號楚墓》,《考古學報》1982年第1期。

曹家崗楚簡

1992 年在黄岡市禹王城南曹家崗 5 號楚墓發現竹簡 7 枚，均有文字，少者 2 字，多者 10 字，計 40 字，内容為遣策。報告公佈全部釋文和簡影，字跡基本清楚①。

郭店楚簡

1993 年，湖北省荆門郭店村 1 號楚墓出土竹簡 800 餘枚，除去無字簡，共有 730 枚有字簡。該墓葬年代屬於戰國中期偏晚。這批竹簡含多種古籍，除了《老子》（甲、乙、丙）和《太一生水》的道家著作外，《語叢》《五行》《緇衣》等均為儒家著作。竹簡雖然遭到破壞，但是簡文保存較好，字跡清晰。全部簡影和釋文均已發表②。

九連墩楚簡

2002 年湖北棗陽吳店鎮大洪山餘脈的九連墩 2 號楚墓發現大量竹簡，數量達 1 000 餘枚，並有漆書圖案，没有發表其他任何信息③。

丁家咀楚簡

2009 年 5 月武漢江夏區丁家咀 1 號楚墓發現卜筮和遣策竹簡，共 29 枚④。1 號墓棺室東發現遣策 1 枚，殘存 7 字，2 號墓槨蓋上竹簡編號 74 個，内容為卜筮、禱祠記錄。棺室内柱間編號為 25 個，為遣策，字跡清楚，但殘斷嚴重⑤。

獾子冢楚簡

湖北荆門沙洋縣後港鎮松林村二組（原稱嚴倉二組）發現墓葬，2009 年 10 月至 2010 年 1 月對獾子冢 1 號楚墓發掘，在南墓室、西墓室發現竹簡和揭，均有墨書文字。在車馬坑發現的 1 件銅戈上，有“二十六年晉國上庫工師庾治浧”，此為魏惠王二十六年（前 344 年）所造⑥。

望山橋大冢楚簡

2013 年，荆州市望山橋大冢出土竹簡 15 枚，卜筮祭禱簡 5 枚，遣策 10 枚。卜筮祭禱簡寬大，字跡精緻⑦。

江陵磚瓦廠楚簡

1992 年出土於湖北江陵磚瓦廠。竹簡多為殘簡，約有 95 字，是審理刑事案件的記錄。⑧

---

① 黄岡市博物館、黄州區博物館：《湖北黄岡兩座中型楚墓》，《考古學報》2000 年第 2 期。
② 荆門市博物館：《郭店楚墓竹簡》，文物出版社 1998 年版。
③ 湖北省文物考古研究所：《湖北棗陽市九連墩楚墓》，《考古》2003 年第 7 期。
④ 李永康：《武漢江夏丁家咀發現戰國楚墓並出土竹簡》，《江漢考古》2009 年第 3 期。
⑤ 武漢市文物考古研究所等：《湖北武漢丁家咀 M1、M2 出土戰國竹簡》，《文物》2015 年第 6 期。
⑥ 宋有志：《湖北荆門嚴倉墓群 M1 發掘情況》，《江漢考古》2010 年第 1 期。
⑦ 荆州博物館：《湖北荆州望山橋一號楚墓發掘簡報》，《文物》2017 年第 2 期。
⑧ 滕壬生、黄錫全：《江陵磚瓦廠 M370 楚墓竹簡》，載《簡帛研究 2001》，廣西師範大學出版社 2001 年版。

沙洋塌冢楚墓竹簡

沙洋塌冢楚墓出土竹簡 25 枚,有字者 13 枚,内容為古書和遣策[①]。

荊門嚴倉 1 號楚墓竹簡

湖北省荊門市沙洋縣嚴倉墓地嚴倉 1 號戰國楚墓,湖北省文物考古研究所在 2009 年進行了搶救性發掘,該墓墓主是見於傳世文獻和包山 2 號楚墓竹簡的楚國大司馬悼愲,悼愲約卒於公元前 307—前 299 年。墓内出土了一批竹簡,竹簡主要出土於西室和南室,全部殘斷,共約 650 枚。大部分有字,墨書,總字數約 2 950 字。西室卜筮祭禱簡竹簡出土於西室東北部,南室竹簡散佈於整個南室,南室還出土 1 枚疑為簽牌的殘簡,墓内淤泥裏發現 1 枚保存完好的簽牌,墓葬填土中發現 1 枚疑似文書的殘簡。目前竹簡整理工作基本結束[②]。

河南

葛陵楚簡

1994 年河南省新蔡縣葛陵村 1 號楚墓發掘,共得殘損竹簡 1 571 枚,竹簡内容可分兩大類:一類是卜筮祭禱記錄,另一類是遣策。墓葬年代為戰國中期,確切年代在公元前 340 年。這是河南信陽長臺關楚墓竹簡發掘以來在中原地區又一次重要的戰國簡牘文字的發現。全部簡影的釋文已經發表[③]。

博物館、大學入藏流失戰國簡

上博楚簡

上海博物館楚簡 1 700 餘枚,是 1994 年籌資從香港購回的盜墓出境文物,估計是湖北江陵一帶楚墓之物。經整理,發現涉及 81 種先秦古籍。另一整理者李零認為所涉古籍在 100 種以上。其中少數有傳本,但差異較大,大多今已失傳。竹簡時代與郭店楚簡大致相當。

武漢大學楚簡

2013 年 1 月 15 日武漢大學簡帛研究中心入藏一批戰國楚簡,這批竹簡保存較好,共 110 多枚,其中完整者 30 多枚,長度在 60～70 厘米之間。内容豐富,涉及占卜、曆法等方面。此簡由香港古玩市場購回,莫小平在 2011 年捐贈[④]。

---

① 湖北省文物局、湖北省南水北調管理局:《沙洋塌冢楚墓》,科學出版社 2017 年版,第 13—14 頁。

② 湖北省文物考古研究所、武漢大學簡帛研究中心:《湖北荊門嚴倉 1 號楚墓出土竹簡》,《文物》2020 年第 3 期。

③ 河南省文物考古研究所:《新蔡葛陵楚簡》,大象出版社 2003 年版;張新俊、張勝波:《新蔡葛陵楚簡文字編》,巴蜀書社 2008 年版。

④ 《戰國楚簡入藏武漢大學》,《光明日報》2013 年 1 月 16 日。

清華大學戰國楚簡

清華大學藏戰國楚簡，是從香港購回的。2011 年發佈消息，推出了首批文獻，《清華大學藏戰國竹簡》收錄《尹至》《尹誥》《程寤》《保訓》《耆夜》《金縢》《皇門》《祭公》《楚居》九篇①。2010 年開始出版《清華大學藏戰國楚簡(壹)》，2021 年已經出版到第拾壹輯②。

香港中文大學楚簡

香港中文大學文物館館藏簡牘 259 枚。其中戰國楚簡 10 枚，內有 1 枚書寫《緇衣》文字，1 枚書寫《周易》文字。其餘絕大部分為漢簡。包含日書、奴婢廩食粟出入簿、河堤、序寧、遣策等 5 種。日書簡 109 枚，可分為歸行、陷日、取妻出女、禹須臾、稷辰、玄戈、吏篇、日夜表、干支表，共 24 個篇章，有"孝惠三年"的紀年，與睡虎地秦簡《日書》存在對應關係，是秦漢數術資料的新發現；奴婢廩食粟出入簿簡 69 枚，有"元鳳二年"的紀年，是對西北簡牘簿籍文書的重要補充；河堤簡 26 枚，記載有關江河堤壩規制，可與《九章算術》相印證；序寧簡 14 枚，因各簡均書"序寧"二字而命名，其中有東漢章帝建初四年的紀年；遣策 11 枚。另有 1 枚東晉木牘，上面既有圖像，又有長篇關於解除的文字③。

浙江大學楚簡

浙江大學藝術與考古博物館於 2009 年入藏的第一批藏品為"戰國楚簡"，內容包括《左傳》(拼綴後有簡編號 130 餘號)、《玉勺》(2 枚)、《四日至》(1 枚)、卜筮祭禱類簡(拼綴後有編號 20 號)、遣策(拼綴後有編號 33 號)，估計原有完整簡 160 枚左右。這批竹簡的全部照片刊於《浙江大學藏戰國楚簡》，由浙江大學出版社在 2011 年出版。這批楚簡的真偽存在爭議④。

安徽大學楚簡

2015 年初，安徽大學入藏一批戰國竹簡，這批簡與湖北荊州楚簡化學特性高度相似。經初步整理，這批竹簡共有編號 1 167 個，保存狀況總體良好，完簡較多。竹簡形製多樣，長短不一，最短的約 21.3 厘米，最長的約 48.5 厘米，簡寬 0.4～0.8 厘米。長簡編繩三道，短簡則為兩道。殘留物顯示，編繩屬於絲麻類材料，有的染成紅色。內容包含經、史、子、集各類典籍，其中《詩經》是目前發現的最早抄本，與傳本相比，有明顯的差異。⑤

---

① 《(清華簡)首批成果昨公佈　復原楚國歷史》，《東方早報》2011 年 1 月 6 日文化版。

② 清華大學出土文獻研究與保護中心：《清華大學藏戰國楚簡》，中西書局 2010 年至 2021 年版。

③ 陳松長：《香港中文大學文物館藏簡牘》，香港中文大學文物館 2001 年版。

④ 參閱邢文：《浙大藏簡辨偽(上)》，《光明日報》2012 年 5 月 28 日；曹錦炎：《浙大楚簡毋庸置疑——從文本角度論浙大楚簡的真實性》，《光明日報》2012 年 6 月 18 日；邢文：《浙大藏簡再辨偽》，《光明日報》2012 年 6 月 25 日；劉紹剛：《從文字形體和書法看"浙大簡"》，《光明日報》2012 年 7 月 2 日；邢文：《楚簡書法的筆勢與體勢》，《光明日報》2012 年 7 月 2 日。

⑤ 黃德寬：《安徽大學藏戰國竹簡概述》，《文物》2017 年第 9 期。

王國維(1877—1927)首創東土、西土文字之説,稱為古文字研究的不刊之論。楚簡的文字是戰國東土文字,是古文字研究者夢寐以求的寶貴資料,它的發現引起學術界極大興趣。編製字編是展現字形的有效途徑,隨著各處楚簡發表,各種文字編也逐步推出。

饒宗頤、曾憲通《楚帛書》内附曾憲通《楚帛書文字編》,中華書局香港分局 1985 年出版。後來改稱《長沙楚帛書文字編》,由中華書局 1993 年單獨出版。

郭若愚《戰國楚簡文字編》,上海書畫出版社 1994 年出版。因為該書著手較早,因此衹收了河南信陽長臺關 1 號楚墓 29 簡、長沙仰天湖楚簡 39 簡,雖然以字編命名,實際内容分成兩個部分:一是字編,共收字頭 360 個,字形後標出處,按照筆畫多少排列。二是論文《長沙仰天湖竹簡釋文及考證》與《信陽楚簡釋文及考證》,考釋内容與字編相印證。

湖北省荆沙鐵路考古隊《包山楚簡・字表》,文物出版社 1991 年出版。這是包山 2 號楚墓簡牘的專門著作,全書分為簡牘概述、釋文與考釋,以及包山楚簡文字的幾個特點(内附此《字表》)。全書含全部簡影、摹本和釋文,《字表》共收字頭 1 522 個,字形 2 611 個。按照筆畫多少排列,以楷字為字頭,字形直接從簡影中剪輯,字形下標出簡號。

滕壬生《楚系簡帛文字編》,湖北教育出版社 1995 年出版。此書收集了湖南、湖北、河南三省的 17 座楚墓和曾侯乙墓等先後發現的簡牘簽牌以及楚帛書的墨書文字。字形按照照片摹錄,按《説文》排列,每字形下注明墓葬和簡號,出詞句,共有字形 19 250 個。18 種楚簡為:長沙五里牌 406 號墓、長沙仰天湖 25 號墓、常德市德山夕陽坡 2 號墓、江陵望山 1 號墓、江陵望山 2 號墓、江陵天星觀 1 號墓、江陵雨臺山 21 號墓、江陵馬山 1 號墓、江陵磚瓦廠 370 號墓、江陵秦家嘴 1 號墓、江陵秦家嘴 13 號墓、江陵秦家 99 號墓、江陵范家坡 27 號墓、江陵藤店 1 號墓、荆門包山 2 號墓、信陽 1 號墓、曾侯乙墓、長沙子彈庫楚帛書。值得指出的是,此字編使用的材料,有些是從未見諸報道首次發表的。滕壬生《楚系簡帛文字編(增訂本)》,湖北教育出版社 2008 年出版。增訂本作了補充和修正,新增了四批楚簡,共收錄字頭(含異體字)4 621 個,總計字形 49 054 個,信息含量更大。

電腦技術提供字形處理的方便,近年湧現了多種字編:

程燕:《望山楚簡文字編》,中華書局,2007 年。

張新俊、張勝波:《新蔡葛陵楚簡文字編》, 巴蜀書社,2008 年。

劉彬徽、劉長武:《楚系金文彙編》, 湖北教育出版社,2009 年。

李守奎:《上海博物館藏戰國楚竹書(一—五)文字編》,作家出版社,2007 年。

李守奎:《楚文字編》,華東師範大學出版社,2003 年。

李守奎、賈連翔、馬楠:《包山楚墓文字全編》,上海古籍出版社,2012 年。

秦簡的數量没有楚簡多，但是秦簡的內容比較集中，皆是行政文書和日書之類，具有很高的歷史研究價值。秦簡以湖北省出土的最為豐富。這部分內容將在秦篆中介紹。

楚墓出土了大量木器，器表存在一些刻文和漆書，與手書相似。

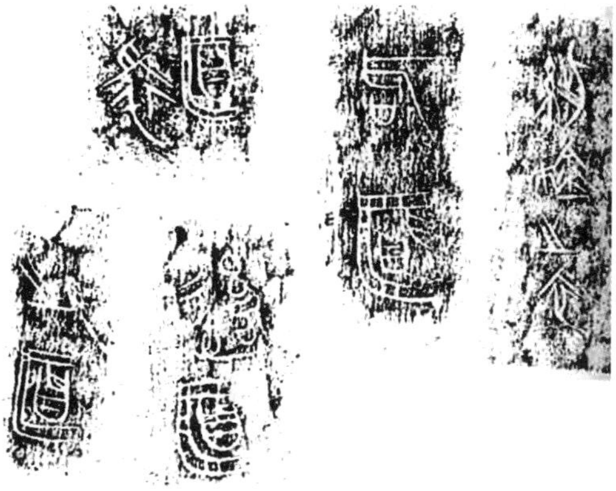

圖 1 上 5－1

湖北隨縣曾侯乙墓木器上的刻文 298 字，分佈在鐘架横樑和磬匣上。木質塗漆的衣箱有 5 件，4 件蓋上刻文，有“狄匱”“右匱”“止匱”“後匱”（圖 1 上 5－1），文字規整，與大篆相近。有 1 件衣箱還有漆書文字 42 個，中央是斗字，周圍順時針排列廿八宿名稱（圖 1 上 5－2）。另一衣箱蓋刻“紫𧙃之衣”，一角有“民祀隹坊日辰於維興歲之四所尚若敹徍天嘗和”①等 20 字（圖 1 上 5－3）。

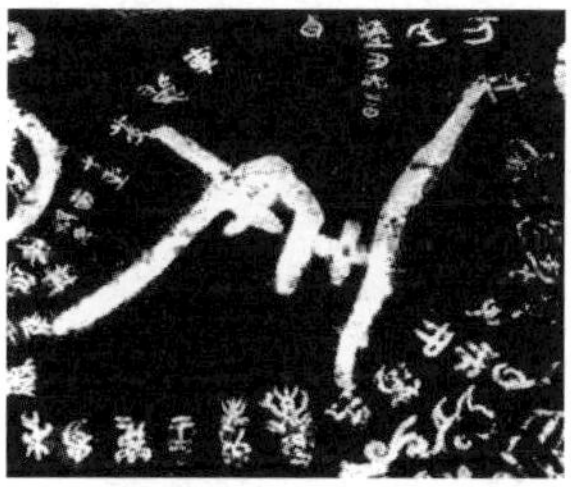

圖 1 上 5－2

圖 1 上 5－3

湖北省荆門五里鋪左冢村 3 號楚墓發現木棋局，上面用朱漆書有文字，共 5 欄②。

楚簡的手寫字形透露出點畫的信息，筆畫基本是尖入尖出，就是落筆起筆没有頓挫，筆畫的轉折是圓形的，不用方折，這些和真書的差異很大。筆畫略帶斜勢，合乎手臂運動的生理，與金石銘文水平横畫不同。楚簡中仔細分別，有的是行書，有的是行草，具體的部件寫得不全統一。何學森談郭店《老子》書法：尖鋒起筆，收筆出鋒，適應書寫便捷疾速，把不規則的綫條結構變得越來越規範化、整齊化，將本來很像圖畫的文字就變成了由比較平直的綫條構成的符號。他指出了楚簡文字的裝飾性：《老子甲》《老子乙》等多處出現的“民”“巧”“不”等字的斜垂收筆，以及《老子甲》第四簡的“厚”、第二十八簡的“新”斜垂，還有第九簡“屯”“（土屯）”的主筆，中間都有濃重的圓點，完全出於書寫效果方面的考慮，即是所謂的羨筆。郭店楚簡中裝飾性圓點主要有

① 湖北省博物館：《曾侯乙墓》，文物出版社 1989 年版，第 354—355 頁，圖版 121、124。

② 湖北省文物考古研究所、荆門市博物館、襄荆高速公路考古隊：《荆門左冢楚墓》，文物出版社 2006 年版，第 184 頁。

兩種寫法：一種是在寫出纖長的綫條以後，補綴圓點；另一種就是在寫出半截綫條以後按筆鋪毫，頓挫出點團，再提筆出鋒。崇尚華麗、追求裝飾是春秋戰國時期楚系文字的典型特色[①]。這些論述，有些談的是古文字的共同點，例如羨筆，在侯馬盟書中也是如此，圓點問題是象形的殘餘，金文、墨書文字皆是如此。

林澐認為："在漢字脱胎於圖像而成為記錄語言的符號體系，逐步發展到小篆的過程中，持續作用於字形演變的主要原因有三個。第一，為了便於掌握和使用，符號越簡單越好，造成字形的簡化。第二，為了保證文字的精確性，不僅在簡化的過程中要保持符號的區别，而且使原來多義的符號在形體上增加新的區别標誌，其結果是字形分化。第三，簡化和分化都導致同一個字存在多種形體，為了保證文字在社會上的使用，必須把異體字限制到最低數量，必然要字形規範化。字形歷時演變的現象之所以錯綜複雜，主要是這三種原因的交錯作用的結果。"[②]

學術界認為楚簡文字屬於先秦俗書，郭沫若認為這是民間俗體，裘錫圭看法大致相同，認為俗體就是日常书寫的字體。

曾侯乙墓整理者也説："竹簡等物上用墨書寫的文字以及漆衣箱上的漆書文字，大都寫得比較隨便，大概可以代表當時的日用書體。刻在石磬和漆衣箱上的文字一般比較規整，石磬刻文的筆道裏還填有朱漆，鑄在銅器上的文字大都寫得很講究，而且往往帶有美術字的意味，大量的鐘銘是錯金的。"[③]

綜上所説，無論楚簡帛書、木器文字，都代表了楚國手書的面貌，具有書寫隨意、筆畫連續、部件增删、形體多變的特點，可以清楚看到楚國文字與秦國文字分道揚鑣的過程。

第二節　楚簡文字特點

楚簡帛文字與其他書寫文字材料一樣，皆有端莊和草率兩種書風，這兩種書寫態度使得形體上顯示出明顯的差别。"端莊者用筆圓轉內斂，篆意較濃；草率者筆帶波挑，時露隸態。兩者相兼而混成一體者，則以包山簡所見尤甚。"[④]而據周鳳五研究，郭店楚簡字體較為複雜，除了《老子》《太一生水》等 9 篇為楚簡標準字體外，其他篇皆有齊魯字體風格，因為這些文獻皆出自齊魯儒家經典[⑤]。

---

① 何學森：《郭店楚簡書法藝術略論》，《中國書法》2003 年第 8 期。
② 林澐：《古文字研究簡論》，吉林大學出版社 1986 年版，第 71 頁。
③ 湖北省博物館：《曾侯乙墓》，文物出版社 1989 年版，第 484 頁。
④ 曾憲通：《古文字與出土文獻叢考》，中山大學出版社 2005 年版，第 57 頁。
⑤ 周鳳五：《楚簡文字的書法史意義》，"中央研究院"第三届國際漢學會議論文，2000 年 7 月。轉引自曾憲通：《古文字與出土文獻叢考》，第 57 頁。

黄錫全認為楚系文字範圍是楚人書寫和鑄刻、楚國和納入楚國版圖的深受楚文化影響的蔡、曾、吳、越、徐、宋、黄等國的文字，分佈在今天的湖南、湖北、河南、安徽、江西、浙江、廣西、廣東。在形體上有三個特點：一是與他系有别；二是盛行鳥蟲書；三是有别於他系的特殊字形。關於第一點"與他系有别"，春秋到戰國中期"形體逐漸趨於修長，筆畫細而首尾如一，富於變化，排列比較整齊美觀"。戰國中期以後，受到簡帛書寫文字的影響，銅器銘文"字形趨於扁平、欹斜，體勢簡略，横筆昂首，多用羨筆，有的波勢挑法已具後世隸書之雛形"。例如楚王酓忎、王子申等銅器銘文以及子彈庫楚帛書、望山、天星觀、包山等楚簡文字。"這與字體剛健但多萎靡、筆畫多屈曲柔弱之'秦系'和字體端莊整飭、用筆細膩纖巧之'三晉'，以及工整而流於呆板、筆畫僵硬、多用方折之'燕系'有别，又與體勢修長、筆畫勻整、平直、書寫寬博、精嚴凝重之'齊系'異趣。"①第二點關於鳥蟲書，宋、蔡、吳、越也是流行地，並非僅在楚國。如果是大楚地域，那麼不在同一個時代。第三點是"有别於他系的特殊字形"。在正文後整理出一覽表。不過此表還是值得商榷，子彈庫楚帛書、古璽、王子午鼎銘，此三者載體不同，年代不同，文字媒介不同，很難比較。即使包山楚簡、、寫法不同，其中羨筆有無以及細微的書寫差異，不能算作異體。至於攻吳王光戈、吳王光戈、越王州句劍，是鳥蟲書，是美術字體，比較對象不合適。正如黄錫全指出："我們不能過分誇大其特性而忽略其共性。事實上，儘管列國分立數百年，有些文字的形體還是相同或相近的。"他舉"淵"字為例子，楚帛書作""、齊侯鎛銘作""、中山王鼎銘作""，皆由商甲骨文""、西周盤銘""演變而來②。

楚文字的地域特色在哪裡？

彭浩、劉彬徽、胡雅麗、劉祖信認為社會的發展、新造字大量湧現、書寫工具的改變，導致字形字體的變化，長期割據局面的存在，文字的區域性特點顯現。從包山楚簡文字中"尋找變化規律"：一是從總體看包山楚簡的文字與周代金文一脈相承，保留了許多相同和相似的字形。因此簡文有部分字形、偏旁與《説文》和古文《汗簡》相同或相近，如"亂"字，《汗簡》作、包山簡作；"卯"字，《説文》古文作、包山簡作。二是筆畫和字形的省簡，有的省了一筆，如"舍"，《鄂君啟節》→；有的衹是借用共同的筆畫，如→。有些合文就是省去了共同的筆畫，如"之所"合文，"之"下筆與"所"上筆合用。有的省簡了部件，比如省掉了形符，如"間"→。有的字形省簡之後，字形變化較大，變得不認識了。三是筆畫和字形的增繁。有的出於隨意性，有的或許有某種含義，在原字上增加筆畫和偏旁，形成新字

① 黄錫全：《楚系文字略論》，《華夏考古》1990年第3期。
② 黄錫全：《楚系文字略論》，《華夏考古》1990年第3期。

形，如“文”→、“命”→，這些添加有一定裝飾性。有的是有實際意義的，如“胃”字下“月”加二横是為了與月亮之“月”區别；“身”作兩個“身”→，是強調“身”之本義。增添的偏旁也有兩種：一種是没有意義的，如“命”右側加“攴”、“酉”左側加“木”之類。另一種是有意義的，如“中”上加“宀”，表示在屋中；“行”下加“示”，表示被祭祀的路神。四是偏旁的變異。第一是單純的位置變動，如“栽”→，“暑”上下結構變為左右結構，“多”垂直重疊變為左右斜疊，“祝”左右結構對換等。第二是近義的偏旁變换，如“救”之“攴”變成了“戈”，“狸”從“豸”變成從“鼠”①。

滕壬生指出：楚簡具有濃鬱的地域特色，“表現在書寫風格方面：字形趨於扁平、欹斜，筆勢圓轉流麗，横畫多作昂起的弧形，一般落筆重而收筆輕，多有首粗尾細之感，有的簡易草率，有的波勢挑法已具後世隸書之雛形。表現在形體結構方面：結構歧異，筆畫多變，符號繁雜特殊，以結體而言，楚系簡帛文字中有許多特殊形體”。如：

、、（乘）；、（裀）；、、、、（期）；、（冬）；、、、（帶）；、（甲）；、（丑）；、（皇）；、（歲）；（家）；（貞）；、（青）；、（受）等②。

曾憲通對楚簡帛書的特點作出系統的闡述，主要有三點：一是俗體字大量湧現，其主要通過省減筆畫部件而來，也有一些用會意另造異體字，而且新造字與原字並存。同時增加羨符、羨畫的現象較為常見。在字上方者較多：（不）、（正）、（丙）、（百）、（長）、（其）、（雨）、（天）、（弼）、（平）、（師）。在下者：（室）、（並）、（組）、（立）、（亞）。旁出者：（凡）、（春）、（退）。上下都加者：（亞）。羨符主要為口、日、爪、宀等，從口者：如（單）、（紀）；增“日”：在字中無意義者，可能是口之繁飾；如僉，作偏旁時已增加作，在鐱中復增日作（僉）；增爪：如（家）；增宀：如（中）、（目）；同時增爪、宀：（家）。不過，字義含有日意義的字，如春夏、秋冬、辰晨的加日，不能算羨符，“可視為時間詞的專字”。二是地域性的特殊寫法和用法。如（歲）、（事）、（皆）、（既）、（襄）、（兄）、（義）、（陵）、（者）、（李）、（融）等。三是許多字形與“古文”一脈相承。這個“古文”包括《説文》所見和後世的《汗簡》《古文四聲韻》等③。

總結諸家説法，所謂的楚簡文字特點一般就是指書法方面的特色和異形字。這裡需要明確書法和書寫的關係，書法是不是個人的書寫風格？異形字如何來判斷？特别要説明的是，異形字應該是結構上的差異，包括部件的不同和組合方式的差别。

---

① 湖北省荆沙鐵路考古隊：《包山楚簡》，文物出版社1991年版，第68—73頁。

② 滕壬生：《楚系簡帛文字編（增訂本）》，湖北教育出版社2008年版，第16—19頁。

③ 曾憲通：《戰國楚地簡帛文字書法淺析》，《古文字與出土文獻叢考》，中山大學出版社2005年版。

部件的不同有兩種情況：一是完全不同的部件形體；一是雖為同一部件但形體上有較大的變化，這種變化是書法實踐中產生的。前者涉及字形，後者純粹是書法藝術的事情了。構形的規律就是象形、會意、指事、轉注和形聲，嚴格來説先秦没有形聲，形聲是後起的造字方式，那麼先秦古文字衹有前四種構形方式。楚字是由華夏中原文字直接發展而來，它的構造方式和原字都是與中原諸國一樣的。從這點來説的確是没有特點，但是楚地書寫習慣不同，具體的文字形體部分還是有差別的。

第六章　古文字形體之演變

第一節　古文字之形體特點

唐蘭指出文字演化中趨簡、好繁、尚同、別異等都與先秦古文字的形體變化有關。董琨參考諸家之説，總結了古文字形體發展規律：簡化和繁化、循化和訛化、分化與整化①。把這些因素説成是規律有點勉強，規律有方向性，而這六項是相互矛盾的，因此它不是規律，而是現象。不過，在論述此六項內容的過程中，確實涉及了發展規律。漢字研究，談古文字的特別多，筆者先介紹一些古文字的現象，但這些現象並不是古文字特有的。

一、羨餘

王筠《説文釋例》卷五"彣飾"："古人造字，取其百官以治，萬民以察而已。沿襲既久，取其悦目，或欲整齊，或欲茂美，變而離其宗矣。此其理在六書之外，吾無以名之，強名曰彣飾焉爾。"中山王嚳銅器銘文，"增加裝飾符號對字體進行美化"，如、、。這種美化，會削弱文字的交際功能②。

所謂羨餘的寫法，是指古文字的結構中添加的筆畫等部分，它的增減對字義沒有任何影響，有的衹是美觀作用，但大部分是一種書寫的習慣。古文字研究中一般都注意到這個現象，但是並沒有作為專門問題來研究。唐蘭認為："除了形體的增繁，筆畫也有這種傾向，例如：上面有一個平畫字，總是再加一個短畫。""元"字原來寫作"兀"，上面一畫就是增繁。"這種裝飾性的繁複，一直延續到春秋戰國之際，鳥蟲書是一個最顯著的代表。"③張頷《侯馬盟書叢考續》："隨意美化，信筆塗點，在盟書文字中有不少字體是為了美化而隨意加工的。"如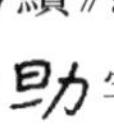字左旁的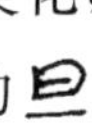字就有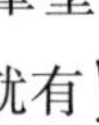、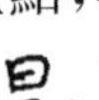、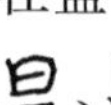、等形體；"中"字美化為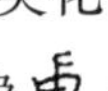和④。何琳儀(1943—2007)《戰國文字通論》在"增繁"一節內提到"增繁無義偏旁"，"指在文字中增加形符，然而所增形符對文字的表意功能不

---

① 劉翔、陳抗、陳初生、董琨：《商周古文字讀本》，語文出版社 1989 年版，第 248—259 頁。
② 高開貴：《略論戰國時期文字的繁化與簡化》，《江漢考古》1988 年第 4 期。
③ 唐蘭：《中國文字學》，上海古籍出版社 1979 年版，第 104—105 頁。
④ 張頷：《侯馬盟書叢考續》，《古文字研究》第一輯，中華書局 1979 年版，第 98 頁。

起直接作用，即便有一定的作用，也因其間關係模糊，不宜確指。因此，這類偏旁可能也是無意義的部件，衹能起裝飾作用”，並以《侯馬盟書》的“嘉”字為例，其所從之“爪”“又”“寸”“心”等是無意義的偏旁①。

近年來，隨著古文字學的發展，這個羨餘現象引起了人們更多的注意，把它作為一個專門問題探討。滕壬生在論述簡化和繁化時談到這個問題：“所謂繁化，主要表現在增繁文字的形體筆畫或偏旁。繁化可分為有義繁化和無義繁化，其結果或突出表意或突出表音。其實很多繁化是毫無意義的，它所增加的形體、偏旁、筆畫是多餘的。”他把繁化歸納出三點：重疊形體、重疊偏旁、增加偏旁，“這類現象很突出，多屬無義增繁，衹有極個別的含有某種特義”。此類“偏旁”有“宀”“心”“匸”“邑”“口”“又”“土”“止”“羽”“車”“糸”“攴”“木”“示”。又補充説，加“邑”，往往指地名，“但主要的還是無義增繁”。我們可以從他舉出的例子看看，如“尚”之加“心”（包 2・197）、“作”之加“又”（包 2・168）、“乘”之加“車”（望 2 策）、“丘”之加“土”（包 2・237）。這裡有一個明顯的問題，即什麽叫“無義”？“秦”“齊”“梁”既是國名，也是地名，有“邑”可以明確意義，避免誤解，怎麽可以歸入“繁化”呢？為什麽不把“秦”“齊”“梁”看成是簡化呢？我們由“繁化”概念可以推導出所謂“無義”也值得商榷。所謂有無意義是不嚴格的，甚至是不清楚的。不過後文又指出，“其他的所謂裝飾符號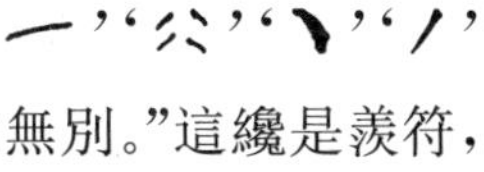等，在楚簡中主要是對文字形體佈局起調節作用，加與不加無別。”這纔是羨符，因為僅僅出於結構美觀因素；但是又補充説“個別也要具體分析，慎重對待”②。可以看出，作者對羨符的認識是初步的，具體物件也不是十分拿得準。張振林專門對羨符作出研究，發表了《古文字中的羨符》③，文中還引述了 1981 年發表的《試論銅器銘文形式上的時代標記》，認為：“羨符（飾筆）之存在，是肯定的，任何時候都存在。在没有統一用字標準時，它可以是裝飾、平衡美化的結果，也可能是偶然的筆誤，乃至積非成是。”隨後論述了羨符的形成。一是春秋後期到戰國，人們運用形聲構字的心理如果得不到規範用字的法律性約束，就可能被濫用，如口、言、欠、攴、止、足、辵、彳、亍、行、走等，分别為與足、與手、與足有關的動作表意符，重疊或者同字採用不同的表意符，這些多加的意符，可以判斷為羨符。二是商代甲骨文某些字的上方指事符與無指事符的初文共存的現象，如—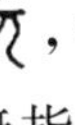，—，—、，一直延續到西周春秋至戰國時期。某些初文直到西周本無指事符的字，在春秋中期以後，又在字的長横上加短畫，它既無初文的歷史傳承，又不合形聲字構造原理，“可以判為‘類化’產生的羨符”。三是春秋中期之後，形聲字滿足了用字需要之後，追求起文字的美化，“由於美術裝飾

① 何琳儀：《戰國文字通論》，中華書局 1989 年版，第 196 頁。
② 滕壬生：《楚系簡帛文字编》，湖北教育出版社 1995 年版，“序言”第 29—30、44—45 頁。
③ 張振林：《古文字中的羨符》，《中國文字研究》第二輯，廣西教育出版社 2001 年版。

的需要，有的在文字主幹的上、中、下位置加點或短横，有的為了對稱或填空而加●、○、—、|、二、//、，有的增加鳥飾，或借用鳥形的一部分作裝飾。所有這些增加的點畫，都是為了美化而與構形字理無關的羨符”①。

劉釗的博士論文《古文字構形研究》撰寫於 20 世紀 90 年代，有一節“甲骨文中的飾筆”，是專門研究羨符的文章，此博士論文遲至 2006 年正式出版。他對飾筆的定義是：“飾筆，又稱裝飾筆畫、羨畫、贅筆，是指文字在發展演變中，出於對形體進行美化或裝飾的角度添加的與字音字義都無關的筆畫，是文字的羨餘部分。”他認為，各個時期的飾筆形式是不同的，而且有的飾筆衹存在一段時間，有的永久保存，成為構形部分，甚至分離出來成為獨立的字。例如甲骨文常在下部加一横或兩小横，如 — ，金文則不同，在横畫上加一横後，在下面加二小横，然後豎起， — 出現了“”形飾筆。戰國時期從“”分裂出來獨立當作“其”字。他總結了甲骨文附加的 7 種筆畫形式②：

(1)“—” —；—。
(2)“⊢⊣” —；—。
(3)“∨”“∧” —；—。
(4)“●” —；—。
(5)“|” —。
(6)“||”“- -” —；—。
(7)“—” —；—。

古代璽印文字屬於裝飾性的形體，大量使用美化文字的飾筆等方法是戰國璽文的特點，從璽印文字討論飾筆是一個很好的角度。萬瑞傑認為，飾筆也叫裝飾筆畫、羨畫，是文字演變中從美化裝飾角度與字音字義無關的筆畫，是羨餘部分。他以《古璽文編》《古璽彙編》為考察範圍，將戰國的璽文飾筆分為“繁飾”和“美化”兩大類。“繁飾”有圓點、横畫和多筆短畫，主要形式為●、—、=、、。圓點大多附加在較長的直筆和曲筆之中，也加在圓圈之中。横畫多添加在横筆之上、末筆之下和□之内。多筆畫有多横筆和多豎筆，皆是填補空白位置。關於“美化”，是指為美化需要，字體上作一些變化，把直筆變為曲筆、横畫變為圓點，並且以《古璽文書法飾筆簡表》的形式表示，直觀明白。比較有意義的是萬瑞傑對飾筆地域的描述：齊國和楚國為多，燕國與三晉次之，秦國最少，飾筆的目的是裝飾和填充③。吳建偉、王霞專門從楚國文字著手收集、梳理羨符。它們在 10 種已經發表的楚簡材料基礎上，建立了一個

① 張振林：《古文字中的羨符》，《中國文字研究》第二輯，廣西教育出版社 2001 年版，第 130、134—135 頁。
② 劉釗：《古文字構形學》，福建人民出版社 2006 年版，第 23—28 頁。
③ 萬瑞傑：《古璽文書法飾筆初探》，《中國書法》2004 年第 5 期。

"楚文字資料庫",從中整理、統計出"戰國楚文字常用羨符一覽表",顯示了"一""口""土""曰""二""心""止""彡""八""丿""彡""又"12 個常用羨符的出現頻率及字例,得知"一""曰""土""口""止"使用頻率最高,是最普遍的羨符。"戰國楚文字圓潤豐滿、勻稱和諧的風格是非常明顯的,這其中羨符的作用功不可没。换言之,我們可以得出這樣一個結論:羨符雖然對字音、字義均不起作用,但它們對整個字的構形還是起作用的,那就是字體勻稱、美觀。"下定義説:"羨符是漢字發展演變過程中,出於對文字形體進行美化、裝飾的需要或者其他原因而添加的與字音、字義均無關的符號。"①

陳煒湛、唐鈺明指出,在古文字結構的特點內,"羨文,一種為美觀而增加的裝飾性符號,主要見於春秋戰國的古文字。有的是點畫,如善夫梁其簋中的'壽''孫'下的二短横;有的是鳥蟲,如越王劍"。②

二、省略

省略,特别是借筆合書,實際是合文省略,二字共用一個筆畫,有的以重文號替代部件。如:

"娥"合 27816;"上甲"粹 3;"幽牛"屯南 4420;"敬身"古璽補遺 5704;"牝牡"前 1.33.7;"子孫"侯馬盟書;"邯鄲"侯馬盟書;"大夫"戰國中山王方壺;"旅衣"古璽 4025;"王亥"乙 8334;"三百"叔夷鎛;"二千"後 2.43.9;"四匹"侯馬盟書;"之所"侯馬盟書;"之余",侯馬盟書。

這是與繁飾相對的一個概念,簡單地説是把必要的筆畫或者部件省略了,省略處理有兩種:一種是一省了事;另一種是借用其他部分的相近部件、筆畫,從而省略了同樣的部分。如:花東 27 子組省作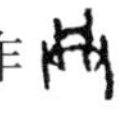合 19876 自組;小臣系卣省作兆系爵。

吳振武系統地論述了古文字"借筆字",結合具體字例歸納總結了借筆字的各種現象,指出研究古文字需要去發現和總結古文字本身的演變規律。他對借筆字下的定義是:"本文所要談的借筆,是古文字形體演變中的一種特殊現象。在這裡借筆的含義比較寬泛,它包括借筆畫、借偏旁,甚至是借字這樣一些內容,其中既有合文借筆,也有單字借筆。"③它屬於省略中的借用省略。正如吳振武所説,至晚清代學者已經注意到這個現象,如先秦銅器"孫₌用之","孫₌"釋為"子孫",後一"孫"借用了前個"子",對"孫"字而言省去了一個"子"。吳振武將借筆字的類型分為兩類:一類是合文,即兩字共用一個偏旁;一類是單字,即一個字內各個部件之間借用筆畫。

① 吳建偉、王霞:《戰國楚文字常用羨符再探》,《中國文字研究》第二輯,大象出版社 2008 年版,第 90—92 頁。
② 陳煒湛、唐鈺明:《古文字學綱要》,中山大學出版社 1988 年版,第 29 頁。
③ 吳振武:《古文字中的借筆字》,《古文字研究》第二十輯,中華書局 2000 年版,第 308 頁。

借用省略根據部件大小可以分為兩類：一類是借用而省略筆畫，一類是借用而省略部件。

認識省略不僅是考釋古文字的關鍵之一，也是揭示古文字形體特點、全面瞭解古文字形體不可忽視的一環。

同字不同形和同形不同字，陳世輝等的"同字不同形"的説法是一字多體問題，列出了產生的途徑：筆畫和偏旁的省略，筆畫和偏旁的繁增，字形訛誤，義近形符或音近聲符互用，合體字偏旁位置移易，造字原理不同，附加形形色色的繁飾[①]。

先秦標音文字利用概念的圖像造字構形，對於那些無法取得圖像的詞衹能利用假借功能，用同音字來表示某個詞。但是作為標形文字，從本質上講字形是有構造意義的，假借字衹能標音不標義對於標形文字是相背的。具體地説，當時的人們在釋讀文字過程中常常會因為假借字的意義產生誤會，或者根本無法理解。那時就會在假借字上面加注一個字來顯示該字的含義，這就是轉注字。轉注字的形體是多變的，捉摸不定："轉注字注入的符號具有任意性，它不僅表現在轉注符號可有可無，而且還表現在轉注符號的標注要受到標注者對詞義理解的角度不同，轉注字所處的語言環境不同等因素的影響而採用不同的標注符號，其中標注者對詞義的理解是主要因素，這使得轉注字帶上了標注人的主觀因素，在它所處的語言環境裏具有特定的含義。"[②]例如《侯馬盟書》中的"德"有三個字形：假借字"直""植""值"，標注"心"的轉注字"悳"，以及不同假借字而造成同樣標注"心"的不同的轉注字"憓"。假借和轉注是古文字的功能，是必不可少的，因此因為假借字和轉注字造成的形體差異是難以避免的，又有求美、求異心理的支配，這幾個因素再相互疊加，使得春秋戰國時期的文字形體問題十分複雜。這些論述可以説是認識古文字的重要門徑。

第二節　古文字之訛變

從文字使用開始就有訛變，古文字的形體變化是文字發展演變的一部分，本節討論古文字階段的訛變。20 世紀 80 年代至今，不斷有學者在關注這個問題，就訛變的定義、原因等問題作了論述。董琨説："到了小篆或在更早的階段，字形在演變過程中發生訛誤，從而在不同程度上脱離了與字義的聯繫，這樣的變化，就叫作'訛變'。"[③]形體演變中構型脱離了所標示的意義，這就是古文字的訛變。至於發生訛變的原因，林澐説："在對文字的原有和組成偏旁缺乏正確理解的情況下，錯誤地破壞了原構造或

① 陳世輝、湯餘惠：《古文字學概要》，福建人民出版社 2011 年版，第 125 頁。
② 陸錫興：《假借轉注再研究》，《語言研究》1986 年第 1 期。
③ 董琨：《古文字形體訛變對〈説文解字〉的影響》，《中國語文》1991 年第 3 期。

改變了原偏旁。這類現象,習慣上稱之為'訛變'。"[①]張桂光說:"所謂古文字中的形體訛變,指的是古文字演變過程中,由於使用文字的人誤解了字形與原義的關係,而將它們某些部件誤寫成與它意義不同的其他部件,以致造成字形結構上的錯誤的現象。"[②]這個説法是根據"訛"的意義推理而來,訛就是訛誤,所以説誤解形體。實際上大多數情況下,並非理解錯誤而錯寫,而是前人不規範的寫法,後人因錯而錯。不理解而造成的形體演變是存在的,更多的情況是為了方便而違背構型原理書寫,如草寫、俗體之類。

"一字多形的出現是由於本字與省形字經過訛變發生分化。"[③]"偏旁的訛變往往是由於形近或形混造成的"。第一,混同。例如,甲骨文"多"字從肉,與"夕"字不同,西周金文"多"字混同於"夕",最後"多"字形體上看不出肉形了。周代從鼎和從貝形體相近,書寫混淆,如把"鼏"從"鼎"改成從"貝"了,東周之時"貞""則""員"等,都把原來從"鼎"改為從"貝"了。第二,分解。例如"須"本是有須之人的完整臉形,後被拆成"彡"和"頁","龍"本是有頭有尾的獨體象形字,分解為兩半,小篆字形為"從肉飛之形,童省聲"。"小篆的字形,對於最初造字時的字形來説,有不少訛變的結果。"[④]"所謂訛變,就是由一時之訛誤而積非成是。在使用古文字的過程中,由於誤解了字形與原義的關係而將某些部件誤寫為與其意義不同的其他部件,以致造成字形結構上的錯誤,這種錯誤以訛傳訛,積習不改,最後得到公認而另成一字形。"[⑤]這種因誤而訛,是少數現象,並非主流。

一、銘刻體和手寫體分道揚鑣

銘刻體是澆鑄或者鐫刻字體,一般莊重規範,甲骨文是特殊刻字,應當例外。相對的手寫體就顯得馬虎、簡陋。郭沫若在談到長沙楚帛書的文字時認為,它雖然是篆書,但與金文有差別,"體勢簡略,形體扁平,接近於後代的隸書。它們和簡書、陶文等比較接近,是所謂民間的'俗書'"。[⑥]

裘錫圭説:"我們可以把甲骨文看作當時的一種比較特殊的俗體字,而金文大體上可以看作當時的正體字。所謂正體就是在比較鄭重的場合使用的正規字體,所謂俗體就是日常使用的字體。"[⑦]這些俗體字就是與銘刻體不同的。春秋時代開始,以金

① 林澐:《古文字研究簡論》,吉林大學出版社 1986 年版,第 103—105 頁。
② 張桂光:《古文字中的形體訛變》,《古文字研究》第十五輯,中華書局 1986 年版。
③ 四川大學古文字研究室:《甲骨文字的一字多形問題》,《古文字研究文集》,四川人民出版社 1982 年版。
④ 林澐:《古文字研究簡論》,吉林大學出版社 1986 年版,第 103—105 頁。
⑤ 陳煒湛、唐鈺明:《古文字學綱要》,中山大學出版社 1988 年版,第 31 頁。
⑥ 郭沫若:《古代文字之辯證的發展》,《考古》1972 年第 3 期。
⑦ 裘錫圭:《文字學概要》,商務印書館 1988 年版,第 43 頁。

文為主的銘刻體發生了變化，草率的字體出現，直至番匊生鼎為極致，出現了草率的兵器銘刻，同時銅器的修飾一味加重，輪廓飽滿成長方形，筆畫拉長下垂，並加墨圖和彎曲，結構上破壞象形，向抽象的圖案發展。

"竹簡等物上用墨書寫的文字以及漆衣箱上的漆書文字，大都寫得比較隨便，大概可以代表當時的日用書體。刻在石磬和漆衣箱上的文字一般比較規整，石磬刻文的筆道裏還填有朱漆，鑄在銅器上的文字大都寫得很講究，而且往往帶有美術字的意味，大量的鐘銘是錯金的。"①實際上戰國楚的銅器銘文已經與日用書體無別。

二、一字多形

甲骨文的異體情況比較嚴重，這種差別有各種形式，偏旁增減、部位方向不拘，筆畫多少不定，最主要的是代表同一音義的詞，"其形體則幾乎完全不同"，"異體字較多應該是甲骨文字的特點之一"②。殷墟婦好墓出土銅器400多件，其中鑄有"婦好"銘文的多達60多件。張政烺以卜辭中"癸巳卜，叀戊御帚子，七月"(《續存》407)、"貞勿御帚子於……"(《合集》2833)，判斷"帚子"即"帚好"，"好"讀作"子"③。"婦"大致有八種寫法，其中字形也見於甲骨文，甲骨文中有向上、左、向上、右、倒左右，有短橫等。殷墟婦好墓銅器銘文"帚"形體變化很大：

"帚"：(三聯甗上甑) (無蓋方彝) (扁圓壺) (瓿) (瓿) (方罍) (方罍) (方尊) (方罍) (中型圓鼎) (中型圓鼎) (鼎形器)④

"好"："好"(甑形器) "好"(方罍)

"婦好"：(三聯甗上的甑) (瓿) (方罍) (方罍)⑤

一字有方向、部件多寡、筆畫多少之差異。先秦古文字有方筆、圓筆筆畫之變化。

唐蘭說文字演化中分結構和筆畫，提出筆畫的長短斜正是變化因素⑥。方筆和圓筆是書法經常提到的一個術語，一般以有棱角者為方筆，無棱角者為圓筆。

蔣善國提出方圓之說。他談到周代銅器花紋與字形的關係時說，西周初期為雷紋期，中季以後為環紋期，春秋以後晚周為雷帶紋期。"在環紋期，多是圓筆，下筆濫厚圓轉，銘文往往有陽文界格，如散氏盤等西周中葉以後的器，多是圓筆的代表。""在

① 湖北省博物館：《曾侯乙墓》，文物出版社1989年版，第484頁。
② 四川大學古文字研究室：《甲骨文字的一字多形問題》，《古文字研究文集》，四川人民出版社1982年版。
③ 張政烺：《帚好略說》，《考古》1983年第6期。
④ 中國社會科學院考古研究所：《殷墟婦好墓》，文物出版社1980年版，第52頁。
⑤ 中國社會科學院考古研究所：《殷墟婦好墓》，文物出版社1980年版，第54頁。
⑥ 唐蘭：《中國文字學》，上海古籍出版社1979年版，第128頁。

雷帶紋期，銘文的筆勢方折跟商器相同，如盂鼎、父乙鼎等都是方筆的代表。”[①]古文字是圖形性文字，方筆、圓筆實際反映了畫到寫的變化。

第三節　從古文字發展看歷史分期

現代文字學家對古文字分期的看法，如下：

第一種，依照傳統的説法。按照《説文・敍》和段玉裁的解釋，古文為先秦文字，另分出小篆，先秦與秦代二期，兩者銜接。1931 年容庚以時代為次，一古文，凡殷周之文字統屬之；二小篆，秦刻石及《説文》所載屬之[②]。蔣善國的古文字分期之名目相同，內容不同。古文字時代分大篆(商周)、小篆(秦)[③]。

第二種，從先秦分出戰國，即商周春秋、戰國以及秦代為三期。王國維提出戰國時期“秦用籀文，六國用古文”，“《蒼頡》三篇未出，大篆未省改以前所謂秦文即籀文也。”[④]王氏之説在於區别秦地沿用籀文之舊，而六國亦古文之舊，不過有别樣的變化，此兩者乃是同時代的地域差異。而戰國分東西兩個系統，稱為三期兩系統。

第三種，唐蘭在 1935 年把漢字分為上古文字與近古文字，近古期的早期為殷商系，“著眼於時代的區分和地域的别畫”的分類法，首先把古文字改稱為近古文字，分為四系：殷商系文字、兩周系文字、六國系文字、秦系文字。“這四系中相互的關係很密切，但每一種文字自具它的特殊性。”[⑤]唐蘭的四系是分類，不是分期。如果按照分期的話，四系實際是三期，即殷商期、兩周期以及戰國期，戰國期再按王國維的辦法分為東西兩系。不過唐蘭的秦系還包括漢代以後的篆字。他在《中國文字學》之“文字的變革”一節中，指出“古文字”下祇有殷商系、兩周系、六國系，而大篆、小篆等不在其內[⑥]。他承認秦系文字的大小篆是直接西周文字的。因此唐蘭的四系始終是分類，而且體系混亂，對秦系不知所措，這當然不是古文字的分期。

第四種，裘錫圭“古文字階段的漢字”分為商代文字、西周春秋文字、六國文字、秦系文字，附帶了一個“隸書形成”，實際是秦國文字的俗體[⑦]。這個分期階段明確，邊緣清楚，是比較理想的分法。

以上分期或者區分有單純式和複合式兩類：所謂單純式，就是依照時代一個標

---

① 蔣善國：《漢字形體學》，文字改革出版社 1959 年版，第 78、79 頁。
② 容庚：《中國文字學》，中華書局 2012 年版，第 54 頁。
③ 蔣善國：《漢字形體學》，文字改革出版社 1959 年版，第 15 頁。
④ 王國維：《戰國時秦用籀文六國用古文説》，《王國維遺書》卷七，上海書店出版社 1983 年版。
⑤ 唐蘭：《古文字學導論(增訂本)》，齊魯書社 1981 年版，第 32—33 頁。
⑥ 唐蘭：《中國文字學》，上海古籍出版社 1979 年版，第 149 頁。
⑦ 裘錫圭：《文字學概要》，商務印書館 1988 年版，第 40—72 頁。

準,上下銜接,容庚分殷周文字和小篆屬之。所謂複合式,就是採用多個標準,既有時代,又有地域,形成年代加地域或者正、俗的多重分法。上述後面三者屬之。

筆者認為古文字的分期與朝代有密切關係,但是它有自身的規律,與朝代同步的情況存在,但是不同步的也同樣存在。古文字的分期衹能用一個標準,不宜採用多重標準,唯一標準就是按時間先後劃分。根據不同時期形體變化的標誌,筆者認為從商周到秦是漢字歷史上的古文字時期,如果再需細分,可以劃分出三段:古文字早期,從殷商到西周;古文字中期,即東周;古文字晚期,即秦。

早期以自然圖形為特點,以圖形示意,形體隨便。

中期圖畫削弱,從符號的具象走向抽象。容庚認為虢季子白盤諸器,"則與小篆為近,金文筆畫雖非若小篆之有一定,亦非如甲骨文字之任意簡省",並以"御""器"為例[①]。何琳儀指出:"自春秋中期以來,列國文字已開始發生引人矚目的變異,其形體結構和書寫風格都逐漸失去西周文字特點,而開啟戰國前期文字的先河。"他認為戰國文字包括筆畫圓轉的篆書和筆畫方折的隸書。"我們所討論的戰國文字材料並不十分嚴格地局限在歷史上的戰國時期,而間有闌入春秋末期和秦統一以後者。大體可以這樣說:古文字學中的所謂戰國文字,是指春秋末年至秦統一以前這段歷史時期內,齊、燕、韓、趙、魏、楚、秦等國曾經使用過的一種古文字。戰國文字是漢字發展史中上承春秋金文,下啟秦漢篆隸的重要環節。"[②]

後期以形體規則化為特點,外輪廓成方形,筆畫橫平豎直,脫離抽象圖畫,如秦國之篆、中山之篆以及楚國鄂君節。北文認為:"從《說文》所錄的籀文來看,史籀大篆應該是春秋到戰國初期的秦國文字。"該文以《說文》小篆和春秋戰國時期的秦公簋和石鼓文比較,指出發生了兩點變化:改變筆畫,使之平直、整齊;省略和簡化偏旁,這就是"皆取史籀大篆,或頗省改"[③]。王國維認為秦統一前使用的秦文就是秦篆,無論小篆或是小篆的前身大篆,都是篆。《說文》:"篆,引書也。"段玉裁注:"引書者,引筆而著於帛也。"篆的本義是用筆施於帛上。"引",《說文》:"開弓也。"段玉裁注:"凡延長之稱、開導之稱,皆引申於此。"篆引就是在簡帛上行筆,拉出綫條。郭沫若認為篆書與隸書相對,是官書的意思。"施於徒隸的書謂之隸書,施於官掾的書便謂之篆書。篆者掾也,掾者官也。漢代官制,大抵沿襲秦制,內官有佐治之吏曰掾屬,外官有諸曹掾吏,都是職司文書的下吏。故所謂篆書,其實就是掾書,就是官書。"[④]按照郭說,篆書衹是指官方嚴肅字形規範的字體。從商周古文字經過西周末宣王時期的整理,籀

① 容庚:《中國文字學》,中華書局 2012 年版,第 54 頁。
② 何琳儀:《戰國文字通論(訂補)》,江蘇教育出版社 2003 年版,第 2 頁。
③ 北文:《秦始皇"書同文字"的歷史作用》,《文物》1973 年第 11 期。
④ 郭沫若:《古代文字之辯證的發展》,《考古》1972 年第 3 期。

文已經按新規則，開啟進一步部件筆畫規則的形體調整。形體本來的畫意逐步為部件筆畫分解，它的美化不再是追溯遠古造字之初的象形圖畫，而是以附加與造字原意無關的象形圖案，產生了生活中的紋飾，如雲紋、鳥紋等，如果沒有簡化的幾何的綫條為母體，紋樣就無法附著，也不可能附著。因而鳥蟲書的出現反映了形體的抽象化。商周早期形體失去圖畫構形的依據，它自然而然地尋求新的構形依據，幾何綫條是最簡潔的綫條，其組合為幾何體，外輪廓和内部小組合都是直綫交叉形成的幾何體。這種形體在春秋末已經出現，到了戰國時代，已經成為普遍的形體，如南楚之鄂君節、中山王之方壺銘。而西秦繼承了西周舊制，同樣的形體格局，卻更加具有權威性。

梁東漢(1920—2006)提出行款對字形的影響，甲骨文時代字形和行款比較自由，為了書寫方便，把本來四足落地的“象”“虎”“馬”“豕”都豎起來寫，但是依然有遷就事物原形的，如“車”字是雙輪著地，所以字是橫著的。到了金文中就豎起來了，而且對面積太大的字，有的省簡部件，有的調整位置，如“典”字。到了西周末年，文字形體行款相當齊整了，字形大小相等，排列整齊，有的銘文乾脆打出方格來寫。如《頌壺》衹有少數字出格，而《小克鼎》等字完全落在格子之内①。“到了小篆時代，每個字都寫成長方形，筆畫比較均匀，行款也比以前更整齊。小篆發展成為隸書之後，字形又由長方變為扁平，一些在小篆裡寫起來很方便、很整齊的由上下兩部分組成的字到了隸書、楷書裡都變成了左右並列式。”②

西周的字形能進入整齊的格子，反映了兩個問題。第一，古人對文字的外形有新的審美要求，逐步改變大小懸殊的狀態，達到面積大致接近。第二，改變那些隨意寫法所形成的不同角度不同方向的筆畫狀態，變為水平和垂直筆畫，然後結合為平衡的基本構架。平衡是對稱的要素，即通過兩方面的力量均等。縱橫水平綫和垂直綫直角相交結合左右對稱最終使得字形結構高度穩定、形體更加整齊美觀。這樣的結構自然會引起外輪廓的變化。這兩方面形成一系列變化，衝擊了以圖形綫條為基礎的字形，促使它向簡單幾何綫條靠攏。這種變化大約在戰國前期就明顯起來了。

古文字的下限，學術界傾向於秦始皇統一六國之年，即公元前 221 年。其主要的原因無非是秦代啟用了隸書，秦隸並非是漢隸，它是秦篆的行書，而秦代依然是以篆書為正體，這是把秦代闌入古文字的依據。

商代甲骨文字形保留了較多的早期文字特徵：一是圖繪性強。象形字描寫形象，指示字提示明確，會意字是圖畫式組合。二是字形不固定。象形字可正可側，指事字方式多變，會意字部件增減、變換比較靈活。西周金文為“適應方塊結構而割裂

① 梁東漢：《漢字的結構及其流變》，上海教育出版社 1959 年版，第 69—70 頁。
② 梁東漢：《漢字的結構及其流變》，上海教育出版社 1959 年版，第 74 頁。

圖畫式結構”,規範性增強,甲骨文一字多形得到抑制,呈現明顯的聲化發展趨勢。春秋戰國篆書,在中期以後文字異形現象突出,原因有諸侯割據、寫刻條件及用途品類不同、簡化方式不同、偏旁增減等[①]。

首先要解決分期依據是什麼? 是以銘刻體還是書寫體? 以正體還是俗體? 以楷體還是行草體?

人們常常用某種字體來判斷文字所處的發展階段,例如把隸書作為今文字的標誌。這種判斷標準實際很危險。隸書作為一種輔體,是相對正體而説的,它的正體並不是一成不變的。如秦篆隸書與漢代隸書大不一樣,前者基礎是篆文,後者已經獨立發展,當然可以有前期、中期與後期之分,前期接近秦篆,後期接近眞書。在諸體並存的條件下,要分清主次,例如鳥蟲書無法獨立作為文字分期的標準。同樣,單單憑一種字體也不能確定性質。

春秋時代古文字雅體與手寫體分野漸明,但是主流依然是雅體,銘文用字體。

商代的文字資料主要依據甲骨文和銅器銘文,它們採用了兩種不同的載體。甲骨文是貞卜的實用字體,接近於手書,不過行筆為刀刻,不如毛筆自如,因此多直畫或折,這點與手書稍有不同。而殷商西周早期的銘文,特別是少字銘文,屬於紀念性銘文,具有莊重、修飾、存古的特點。兩類文字的差別較大,其他如玉器刻銘與甲骨文相同,墨書自然是手寫標準體,數量極少。我們判斷形體主要依照甲骨文,參照青銅銘文。

西周後期到春秋中期的形體資料,現在存見的衹是銅器銘文,這是典型的銘刻體,衹能以此為判斷形體的依據。

春秋後期到戰國的文字載體相當豐富,如何選擇是一個很具挑戰性的問題。戰國時期的銅器品類繁多,有鼎彝禮器、食器等,也有兵器等。即使是鼎彝銘文體裁也五花八門,有傳統雅體,也有類似手書的草體銘文,也有裝飾性很強的鳥蟲書。此時大量出土的墨書文字,有春秋時期的盟書(載書),更有衆多的竹簡,此外璽印、貨幣文字目不暇接。有鑑於此,我們需要綜合各種因素,區分載體、地域、正俗各種因素,正確評估形體發展的特點。

古文字發展的總趨勢有兩個方面:從形體外觀看,是從具象到抽象;從形成方式看,是從畫畫到書寫。具象走向抽象,圖形逐步向幾何體邁進,外輪廓周邊齊整,筆畫建立起直角坐標中心。古文字從示意圖畫萌芽,不斷走向規則化,變得易於書寫,自然物體形象不斷重組為一致的部件,自然曲綫調整為方向、長短相對一致的筆畫。西周後期到春秋前期是過渡期,戰國是形成期,最終就出現了篆體。

---

① 張桂光:《篆書發展史綜述》,《中國書法》2010 年第 4 期。

第七章　秦文大篆到小篆

第一節　秦金石銘文的發現與整理

王國維提出東土六國與西土秦國理論，深刻地揭示了兩地文字的差異，儘管進化的原理相同，但所行的軌道不同，最終出現東西之別。所以有必要著重論述秦地春秋戰國以來的文字進展。

秦之石刻是比較豐富的，不僅有早期發現的陳倉石鼓文，還有近年出土的秦公石磬銘文。

1986 年在陝西鳳翔秦公 1 號大墓槨室出土了 28 件石磬，至少是三套石磬的殘件，年代在秦景公四年（前 573 年），屬於春秋晚期秦國的文字。石磬上有刻銘，字體大小不一，包括殘缺字形在內，共計 190 字。其字形部分拓影已經發表（圖 1 上 7 - 1）①。這是秦篆系統的大篆資料，字形整飭，體形略長。

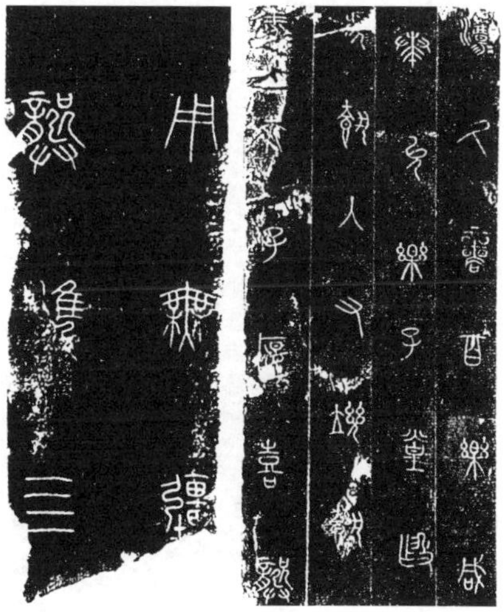

圖 1 上 7 - 1

石鼓文在雍城（今寶雞鳳翔境內）發現。陳倉（今寶雞市陳倉區）與岐陽（今鳳翔）皆在鳳翔境內，所以稱岐陽石鼓。石鼓為鼓形，共 10 枚，高約二尺，徑約三尺，每石刻一首四言詩於鼓腰，包括重文、合文，估計總字數在 650 字左右。這些詩句被認為是描寫出獵的場景，故又叫它獵碣。唐代的碑刻流行篆文和八分，以前衹能看到李斯的小篆和蔡邕的漢篆，石鼓文是秦之原物，比小篆更早，自然受到重視。杜甫《李潮八分小篆歌》：

> 蒼頡鳥跡既茫昧，字體變化如浮雲。陳倉石鼓久已訛，大小二篆生八分。
> 秦有李斯漢蔡邕，中間作者寂不聞。嶧山之碑野火焚，棗木傳刻肥失眞。

① 王輝、程學華：《秦文字集證》，藝文印書館 2010 年版，第 85 頁，圖版 59。

石鼓刻石文字多殘，北宋歐陽修錄時存 465 字，明代范氏天一閣藏本僅有 462 字，而今之“馬薦”鼓已一字無存。原石現藏故宫博物院石鼓館。

唐肅宗至德年間（756—758）書法家竇臮著《述書賦》，有其兄竇蒙注：“史籀，周宣王時史官。著大篆教學童。岐州雍城南有周宣王獵碣十枚，并作鼓形，上有篆文，今見打本。吏部侍郎蘇勗敘記卷首云：‘世咸言筆跡存者，李斯最古，不知史籀之跡，近在關中。’即其文也。”文中所言打本即是石鼓文拓本，説明唐代已有石鼓文拓本行於世。石鼓經歷唐末、五代、宋金戰亂，幾次聚散。清乾隆五十五年（1790 年），清高宗曾令人仿刻，陳於太學。仿刻物和原石鼓有不少差别。石鼓經過 1 300 多年損耗，文字不斷消磨，現存故宫的實物文字大部殘缺。郭沫若根據宋拓中權本統計，包括合文在内原有 501 字。文字排列整齊，與一般的金文字形比較，更加嚴謹規矩。社會上所流傳的早期拓本有北宋的先鋒、中權、後勁三種，其中天一閣藏北宋拓存 422 字本為最。由清代乾隆年間張燕昌摹刻後，纔被人熟知。咸豐十年（1860 年）原拓本毁於兵災，已失傳，現衹能見到郭沫若 20 世紀 30 年代在日本收集的此三種拓本的照片。安國所藏的宋拓本先鋒本，商務印書館、文物出版社有影印本，收在郭沫若所著《石鼓文研究》一書中。上海藝苑真賞社、日本鴿堂有中權本影印本。中華書局、日本二玄社出版的《書跡名品叢刊》中，有後勁本影印本。上海書畫出版社《書法》1984 年第 3 期也刊有石鼓文的宋拓影印本（圖 1 上 7 - 2）。

圖 1 上 7 - 2　先鋒本

清代金石學興起，石鼓文為書法家新寵，尤以書畫家吳昌碩所書《石鼓文》聞名海内。20 世紀以來，《石鼓文》考證成為顯學，年代爭論越來越熱烈，斷代越來越具體。

石鼓文最大的爭議焦点是刻石的年代。唐代認為是西周宣王所製。韋應物《石鼓歌》：“周宣大獵兮岐之陽，刻石表功兮煒煌煌。”韓愈《石鼓歌》：“周綱陵遲四海沸，宣王憤起揮天戈。”“搜於岐陽騁雄俊”,“鑿石作鼓隳嵯峨”。宣王(?—前782)為西周後期君主,相傳史籀為宣王太史,《漢書·藝文志》謂《史籀篇》乃“周宣王太史作”。而且《史籀篇》與石鼓文同為四言韻文,故深信石鼓文為西周時作,故稱其文字為籀文。以後各説蜂起,有漢、晉、北魏各代。宋代起石鼓文的年代頗具分歧,有的往前推到西周成王時(?—前1021),而宋代鄭樵所持秦刻之説為後人認同。

馬衡在當時材料尚不充分的情況下,僅據秦公簋等金文,就斷定石鼓文與之同時,定於秦穆公時。唐蘭又根據詛楚文,斷定石鼓文跟詛楚文接近,應該在(秦)景公之後①。

近來徐暢贊同公元前506年吳人伐楚第二年,秦師勝吳人凱旋後之刻石。石鼓文應在秦哀公三十二年(前505年)或稍後刻製②。

王輝把秦公1號大墓石磬的銘文作比較,文字結構、書法相同的佔表列31字的87.1%,所以認為“大體可以看作同一時代的文字”。秦公大墓石磬文字同為秦景公四年(前573年)或其稍後③。

高明列舉材料,比較字形,認為:“石鼓文製作當在秦惠王廢‘公’稱‘王’改元(前325年)後的十四年之內。這首先是因為它的字形結構與戰國晚期的秦陶文、乃至秦始皇二十六年詔書,以及李斯制定的小篆極其相似。”④

石鼓文年代的考證至今没有過硬的證明材料,先秦金石文獻依然不足,還是處於瞎子摸象中,能與石鼓文比照的石刻文字依然形成不了證據鏈,看不到整體的完整的背景。裘錫圭説:“從字體上看,石鼓文似乎不會早於春秋晚期,也不會晚於戰國早期,大體上是可以看作春秋戰國間的秦國文字。”⑤學界把石鼓文刻年大致框定在春秋中晚期與戰國初年之間,這個説法大致是可信的⑥。

楊宗兵認為石鼓文出現新氣象,筆畫一律用等粗綫條,為純粹的玉箸篆,個别圓點也改作短横,字形結構歸整化程度進一步提高,如“木”旁統一,少數字經訛變演化。後面兩點其實可以概括為部件的逐步統一化⑦。可以這樣説,石鼓文是處於大篆向小篆過渡階段的後期,由此明白小篆是從春秋秦文發展而來。

秦《詛楚文》石刻共3塊,即巫咸、大沈厥湫、亞駝,這是北宋嘉祐(1056—1063)、治平(1064—1067)年間,先後在3處發現。

---

① 王素:《石鼓文研究述評》,《故宫學刊》2015年第2期。

② 徐暢:《石鼓文刻年新考》,《考古與文物》2003年第4期。

③ 王輝:《〈石鼓文·吳人〉集釋——兼再論石鼓文的時代》,《中國文字》第29輯,藝文印書館2003年版,第137頁。

④ 高明:《論石鼓文年代》,《考古學報》2010年第3期。

⑤ 裘錫圭:《文字學概要》,商務印書館2015年版,第65頁。

⑥ 參閱倪晉波:《1923年以來的“石鼓文”研究述要》,《寶雞文理學院學報(社會科學版)》2006年第4期;楊宗兵:《歷代石鼓文及其時代研究綜述》,《勵耘學刊》(語言卷)2005年第2輯。

⑦ 楊宗兵:《秦石鼓文形體特徵、書寫風格論析》,《陝西師範大學學報(哲學社會科學版)》2005年第2期。

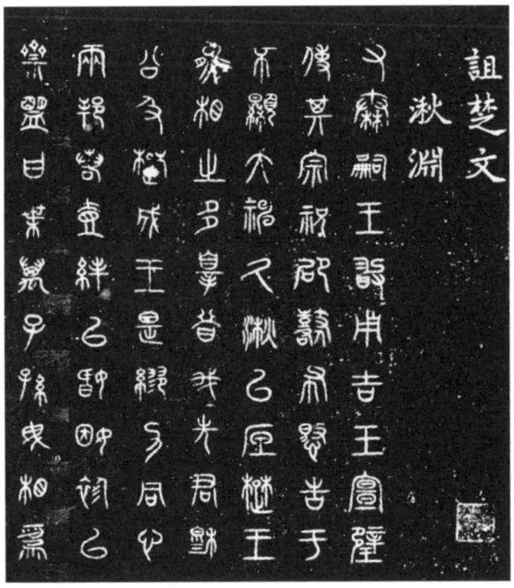

圖 1 上 7 - 3

《告巫咸文》石刻，據傳嘉祐年間（1056—1063）在鳳翔（今屬陝西省）的開元寺發現，由蘇軾為之賦詩，聞名於世（圖 1 上 7 - 3）。《告大沈厥湫文》石刻，據説治平年間（1064—1067）農民在朝那湫（在今甘肅平涼縣西北）旁耕田掘得。熙寧元年（1068 年）蔡挺移到官府。《告亞駝文》石刻，發現地點不詳，據説也是蔡挺發現的。

此三石發現的詳細情況缺乏實據，其眞僞存疑。元周伯琦《詛楚文音釋》説："出於洛，亦蔡氏（即蔡挺）得之，後藏洛陽劉忱家。"南宋的《絳帖》和《汝帖》，衹收巫咸、厥湫，不及亞駝。郭沫若認為《告亞駝文》文字寫法不古，斷言這是僞作。至今三石眞僞尚有爭論，即使為眞，經過摹刻，字形原始形態也難以保存。

秦始皇和秦二世各地刻石是秦代的銘刻文字，《泰山刻石》（圖 1 上 7 - 4）、《琅琊臺刻石》（圖 1 上 7 - 5）、《之罘刻石》《碣石門刻石》《嶧山刻石》相傳為丞相李斯所書，可惜原石基本被毀，保存較多的《琅琊臺刻石》於秦始皇二十八年（前 219 年）東巡時刻，原在山東諸城東南山下，高 129 厘米、寬 67.5 厘米，尚有拓本行世，拓本存 13 行，86 字。今尚存 86 字，不過除了前面 6 字外，均為二世補刻。秦刻石大多是翻刻本，其中《嶧山刻石》為南唐徐鉉摹本，還保持秦刻的筆意。宋王讜《唐語林・補遺》："鄒山，古之嶧山，始皇刻碑處，文字分明。始皇乘羊車以上，其路猶存。……始皇刻石紀功，其文李斯小篆。後魏太武帝登山，使人排倒之。然歷代摹拓以為楷則，邑人疲於供

圖 1 上 7 - 4

圖 1 上 7 - 5

命，聚薪其下，因野火焚之，由是殘缺，不堪摹寫，然由上官求請，行李登陟，人吏轉益勞弊。有縣宰取舊文勒於石碑之上，凡成數片，置之縣廨，須則拓取。自是山下之人，邑中之吏，得以息。今人間有《嶧山碑》，皆新刻之碑也。”

商承祚(1902—1991)《石刻篆文編・自序》：“六國文字必有一部分保留或溶合在小篆之中，這是從《説文》序‘罷其不與秦文合者’一語可以領會到的。我以為兩者的區別，衹在體勢的整齊與不整齊而已。”[①]秦諸刻石是帝王文字，代表了秦篆的標準體勢，比較《説文》篆字更加眞實體現秦文正體的面貌。

1978 年 1 月下旬，陝西寶雞縣太公廟大隊社員在村中取土時，於一個窖穴内發現了 8 件銅器，計有鐘 5 件、鎛 3 件，均保存完好。5 件銅鐘均有銘文，其中甲、乙兩篇合為一文，丙、丁、戊三鐘連讀一文。3 件鎛皆有銘文，其中 1 號鎛銘(圖 1 上 7－6)中的每一件鎛的銘文與甲、乙兩鐘銘文完全相同。這批銅器凡 8 件，銘文達 135 字之多。3 件鎛起首皆曰“秦公”，製作者為秦武公(？ 一前 678)。此外，附近斷崖上還發現暴露有不少灰坑和燒土層，地表上散佈有春秋時期的陶片，應是一個春秋時期的遺址所在[②]。甘肅禮縣大堡子山祭祀遺跡發現樂器坑，南側為鐘鎛與鐘架，北側為石磬與磬架，鐘鼓部銘文：“秦子乍寶龢鐘，以其三鎛，乃音鏽鏽灉灉，秦子畯𩁹在位，眉壽萬年無彊”(圖 1 上 7－7)。此為春秋早期秦武公時期遺物[③]。

圖 1 上 7－6

圖 1 上 7－7

秦公簋在甘肅天水秦州區秦嶺鄉發現，作於秦景公(？ 一前 537)時，現藏於國家博物館。春秋中期簋蓋及器身均作細小盤螭紋，雙耳上作獸首。簋蓋上有銘文 54 字，器身有銘文 51 字，共 105 字，字體與石鼓文頗為相近(圖 1 上 7－8)。

---

① 商承祚：《石刻篆文編》，中華書局 1996 年版，第 1 頁。
② 盧連城、楊滿倉：《陝西寶雞縣太公廟村發現秦公鐘、秦公鎛》，《文物》1978 年第 11 期。
③ 早期秦文化聯合考古隊：《2006 年甘肅禮縣大堡子山祭祀遺跡發掘簡報》，《文物》2008 年第 11 期。

圖 1 上 7－8

秦國的金文主要是量器和衡器，秦代的權上有刊刻或者鑄造的詔版等文字，有規整的小篆，也有比較草率的篆文，内容雷同，文字不多，形體統一。

西安市郊發現秦國杜虎符（圖 1 上 7－9）[1]，錯金篆文。新郪虎符或説西漢製作（圖 1 上 7－10），但是整個風格與杜虎符相同，可以認為秦時所作，虎符文字與小篆十分接近。除了個別字形有些差别，如“在”，虎符作，小篆作；“十”，虎符作，小篆作，新郪虎符之篆字與小篆無别。

圖 1 上 7－9

圖 1 上 7－10

與東土列國一樣，秦地也以草率的手寫體用於銅器，特别是在兵器上刻銘，多地發現衆多人名、地名銘文的銅戈。如：

安徽桐城孔城鎮出土戰國秦昭王十九年（前 288 年）銅戈，内有刻銘“十九年上郡

① 黑光：《西安市郊發現秦國杜虎符》，《文物》1979 年第 9 期；陝西省博物館藏寶録編輯委員會：《陝西省博物館藏寶録》，上海文藝出版社、三聯書店（香港）有限公司 1995 年版，圖版 26。

守遣造，高工史竈，丞豬，工隸臣渠”（圖 1 上 7－11）[①]。

遼陽老城東郊發現銅戈，兩面刻銘，一面為“卌年上郡守都(?)造漆工□丞紿工隸臣家”（圖 1 上 7－12）。此為秦昭王四十年（前 267 年）所造[②]。“遣”即司馬錯。

圖 1 上 7－11

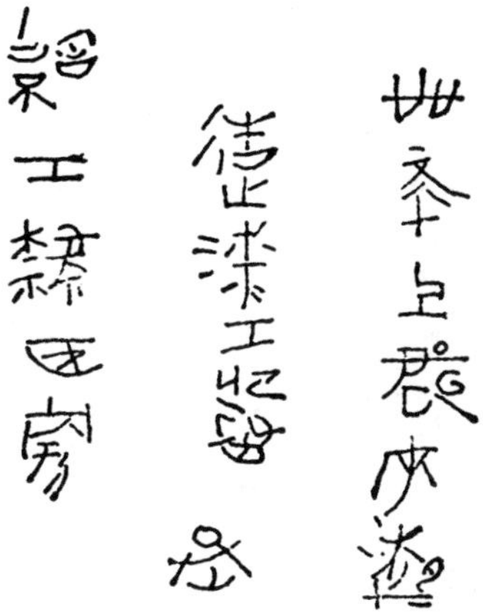

圖 1 上 7－12

此類草率的刻文寫法與秦隸接近，就是秦隸的先聲，它也是金文進化的過渡階段。東方列國與西方秦國的文字步調一致，都是工整銘刻體進入手寫體，再變化為新體。不過最終結果不一樣，秦手寫體以規則軌道變身為秦篆，而東方列國放棄舊軌，變作地方俗體。

第二節　秦之封泥璽印與陶文

1898 年，吳式芬、陳介祺的《封泥考略》10 卷為之濫觴。此後又有陳寶琛《澂秋館封泥考存》、羅振玉《齊魯封泥集存》，周明泰《續封泥考略》《再續封泥考略》，馬衡《封泥存眞》、王獻唐《臨淄封泥文字》；吳幼潛刪改《封泥考略》之正編、續編、再續三編，1931 年編輯為《封泥彙編》，共得秦漢封泥 1 115 枚。

20 世紀 90 年代西安北郊出土大批秦封泥，年代在秦朝的始皇帝到二世時期，流入古玩市場，經大力收集，陸續被學界收集起來。現大多藏於北京古陶文明博物館，部分為西北大學博物館收藏。1997 年《考古與文物》上披露了 154 枚封泥和釋文[③]，以後陸續補充內容。這些封泥主要保存在周曉陸、路東之《秦封泥集》[④]，楊廣泰《秦官

---

① 劉釗、江小角：《安徽桐城出土秦十九年上郡守逍戈考》，《考古與文物》2009 年第 3 期。
② 鄒寶庫：《釋遼陽出土的一件秦戈銘文》，《考古》1992 年第 8 期。
③ 周曉陸、路東之、龐睿：《秦代封泥的重大發現》，《考古與文物》1997 年第 1 期。
④ 周曉陸、路東之：《秦封泥集》，三秦出版社 2000 年版。

印封泥聚》(北京文雅堂 2000 年出版)、傅嘉儀《新出秦代封泥印集》(西泠印社 2002 年出版)以及一些文章中①。孫慰祖《中國古代封泥》(上海人民出版社 2002 年出版)也收錄了上海博物館 2001 年新入藏的海外回流的 178 枚相家巷遺址秦封泥中的一部分。

秦代小篆字體規整,封泥字體大致相同,很容易辨認,因此秦封泥很早進入金石家的視野。

秦代瓦當“與天無極”與“商”(圖 1 上 7－13),為戰國後期建築遺物②。

隨著磚瓦的使用,戰國中期磚瓦上文字出現,戰國晚期盛行起來,咸陽宫、阿房宫基本是製造者的官署和名字,一般是戳記,刻文較少。這是秦的勒名制度,陶文是為了便於考課稽核,即《禮記・月令》:“物勒工名,以考其誠。”咸陽市黄家溝戰國墓陶缶有印戳“平市”“咸亭右里道器”(圖 1 上 7－14)③。

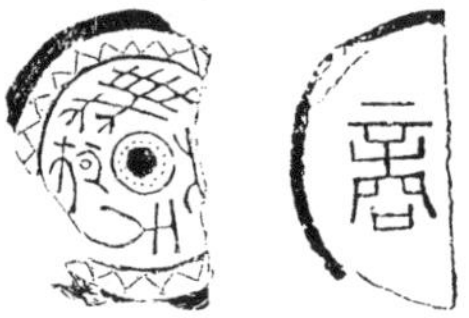

圖 1 上 7－13

圖 1 上 7－14

秦陶製品分别由官署和民間製作,秦之宫室建築的磚瓦是中央官署製作,磚瓦上的陶書有司空、左右司空、大匠、寺水、宫水、大水、左右水、北司等,其下還有製作者的代號,這些磚瓦陶書基本是戳記,陽文、印文皆有,衹有極個别是刻文。如:

 左司  大匠  寺水  宫章  左水

中央官署一般是 2 字,其次為 4 字和 1 字,市亭 4 字和 2 字,如咸陽市于、咸平里某、杜亭、櫟市④。秦之民營製陶也是戰國晚期到秦統一時期,戳記為 6 字,如咸亭完里丹器,4 字是 6 字的簡略,如咸高里喜⑤。

1962 年到 1963 年在咸陽秦代都城遺址發現盆、鬲、釜、瓶、尊等陶器,在器蓋上有陶文 50 餘種,有數字和“王”“公”“杜亭”“咸陽里駔”“咸亭陽安□器”“咸陽於市”“咸安新盼”“咸亭陽安騂”等,少字者刻畫而成,而少字、多字者皆有戳記壓印⑥。在 2004 年發表的《秦都咸陽考古報告》中全面披露了 1959 年至 1989 年在當地發現的文字資

① 周曉陸、路東之、劉瑞、陳曉捷:《秦封泥再讀》,《考古與文物》2002 年第 5 期。

② 商鞅封邑考古隊:《陝西丹鳳縣秦商邑遺址》,《考古》2006 年第 3 期。

③ 秦都咸陽考古隊:《咸陽市黄家溝戰國墓發掘簡報》,《考古與文物》1982 年第 6 期。

④ 袁仲一、程學華:《秦代中央官署製陶業的陶文》,《考古與文物》1980 年第 3 期;孫德潤、毛富玉:《秦都咸陽出土陶文釋讀小議》,《考古與文物》1981 年第 1 期。

⑤ 袁仲一:《秦民營製陶作坊的陶文》,《考古與文物》1981 年第 1 期。

⑥ 吴梓林:《秦都咸陽遺址新發現的陶文》,《文物》1964 年第 7 期。

料，其中主要是陶文，在該書有幾十處記錄[①]（圖 1 上 7－15）。

圖 1 上 7－15

1974 年以來在秦始皇兵馬俑坑、阿房宮遺址、林光宮遺址等處收集到 2 000 餘件，是在磚瓦、陶器、陶俑上的刻畫和戳印文字，主要是秦孝公以後的戰國秦到秦代時期的文字。袁仲一選出 1 610 件陶文，計 600 餘種，編成《秦代陶文》一書，此書分上編、中編、下編，上編為論述，包括“秦代陶文概說”、秦俑、墓誌、磚瓦陶器文字的論述以及“秦代陶文的登錄表”；中編是陶文拓片；下編是“秦陶文字錄”，收錄秦都咸陽和秦始皇陵發現的資料，時間在戰國中晚期到秦代之間。袁仲一另有“秦代陶文在古文字學上的意義”一節專門論述了陶文的價值，認為：“秦代陶文，有官方的印文和刻文，也有出於社會下層人手筆的文字。前者書體比較嚴謹，後者比較草率，尤其是刻文較為自由奔放。如秦始皇陵附近出土的墓誌瓦文可謂自由書寫體的典型。其中‘東武宿契’四字，筆畫相互勾連，旋急草就。它和後來的草書雖有很大的區別，但在一定意義上可以視為草書的先聲。”[②]並指出秦代陶文有四點值得注意：第一，秦代陶文的形體雖然基本統一，但還是有一些文字異形的存在。有的與周代金文寫法相同，“這說明秦始皇雖然頒佈了統一的標準文字，但在人們應用的過程中，舊的習慣仍不易一下子改變過來，所以異形的文字依然存在”。第二，陶文字的偏旁部首基本已經固定，但是有些例外，如“如”字，“女”和“口”的位置可以對調。“得”“頗”“朝”有時如此（筆者按：此為反書，是書刻者誤植所致）。第三，秦代陶文依然有不少通假字，如秦始皇陵附近出土墓誌“博昌居此用里不更餘”，“此”當為“貲”。第四，秦代陶文基本上是小篆和隸體，但是有些不易釋讀的字，如“宮”字、“白”字，又如“成”字中心成“川”等。

1995 年臨潼劉寨村南臺地上發現秦時遺址，有一批帶戳記的瓦片和陶片，內容有三類：中央官署製陶作坊類（圖 1 上 7－16）[③]、官營徭役性製陶作坊類和市亭類陶文。這些陶文的特點是絕大多數為陽文，戳記為方形和接近方形，形體也較大。

---

① 陝西省考古研究所：《秦都咸陽考古報告》，科學出版社 2004 年版，第 113、114—119、121、123—125、127—130、132—135、137—138、248—249、251—253、255—256、258—262、264—265、267—269、332—334、336—338、340—344、345—347、420—425、427—429、431—434、436—440、518—520、522—525、527—530、571—573、643—646、648 頁。

② 袁仲一：《秦代陶文》，三秦出版社 1987 年版，第 86 頁。

③ 陳曉捷：《臨潼新豐鎮劉寨村秦遺址出土陶文》，《考古與文物》1996 年第 4 期。

烏市援

下邽

漆狀

都船兵

冀

圖 1 上 7－16

秦東陵共發現陶文 500 餘件，共 600 多字，分為戳記和刻文。戳記 19 件，最長的是“咸陽完里丹器”，其餘為四字“咸郿里定”，三字“大水沈”，二字“櫟市”“麗亭”“宮光”“□市”“□亭”“宮屯”“宮沵”，一字“芷”“欐”。刻文有“王吉”“井”“石”等（圖 1 上 7－17）。戳記有中央官府作坊、地方管理機構以及民間作坊，字形規範，形體基本一致。少數字不甚統一，如“宮”字。刻文則比較隨意，部件變動較大①。

圖 1 上 7－17

1985 年甘肅省崇信縣從各處徵集帶戳記的陶器 42 件，大多出自墓葬。文字戳記陰文、陽文皆有，字形規整，在大篆、小篆之間，分別出自陶囷、陶釜、陶盆、陶瓶、陶缶、陶榼等陶器之上，上面“鹵市”“鹵”“市”“亭”為當地鹵縣市井官署的代稱②。

秦陶文出土數量衆多，出版的著作數量不少，但是識讀還是存在一定的問題。秦陶文和其他古陶文一樣，一般不是規整的字形，大多採用平時比較簡易的手寫俗體，結構不甚規範，與當時的簡帛文字接近，與篆文相背。同時因為字形模糊不清，有些自編摹錄常有字形的訛誤，增加了字形上的認讀困難③。

2003 年湖南龍山里耶戰國——秦代古城 1 號井發掘，隨同大量竹簡出土了數百封泥匣以及數十枚殘碎封泥④。

傅嘉儀《新出土秦代封泥印集》，西泠印社 2002 年出版，共收錄封泥 432 枚，主要來自相家巷同批出土的秦封泥，其中西安中國書法藝術博物館 341 枚，北京古陶文明博物館 34 枚，附錄 57 枚。封泥排列順序依照《漢書・百官公卿表》《漢書・地理志》，姓名按照筆畫多寡排序（圖 1 上 7－18）。

---

① 林泊：《秦東陵出土的部分陶文》，《考古》1991 年第 5 期。
② 陶榮：《甘肅崇信出土的秦戳記陶器》，《文物》1991 年第 5 期。
③ 施謝捷：《陝西出土秦陶文字叢釋》，《考古與文物》1998 年第 2 期。
④ 湖南省文物考古研究所等：《湖南龍山里耶戰國——秦代古城一號井發掘簡報》，《文物》2003 年第 1 期。

寺車丞印　高章宦者　走翟丞印　長平丞印

壽陵丞印　鄺丞之印　采青丞印　廬山禁丞

圖 1 上 7－18

2000 年中國社會科學院考古研究所漢長安城工作隊在西安市未央區六村堡相家巷農田中進行戰國晚期到秦代的遺址搶救發掘，所得的全部封泥資料有 100 多種，共 325 枚封泥(圖 1 上 7－19)，分别屬於中央官署和地方官署之物①，並對其中 115 枚文字清晰的封泥作了考釋②。

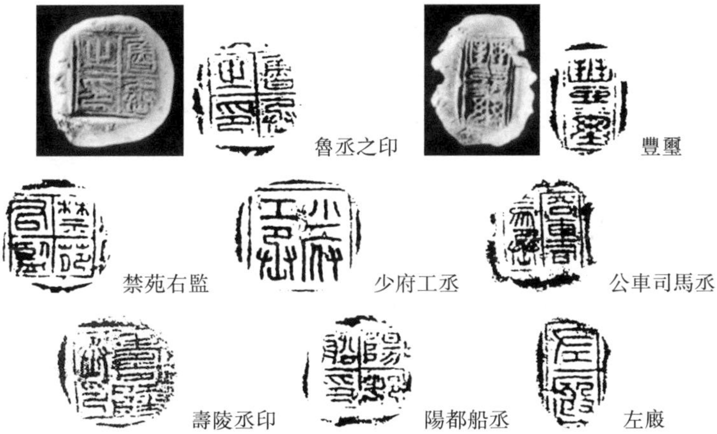

魯丞之印　豐璽

禁苑右監　少府工丞　公車司馬丞

壽陵丞印　陽都船丞　左廄

圖 1 上 7－19

在全部的 325 枚封泥中，T2③：70、TG1：5、TG1：77 等 3 枚是無字封泥；另有 T2③：89、T2③：168、T2③：170、T2③：171、T2③：172、T2③：173、T2③：180、T3③：38、TG1③：81 等 9 枚"文字漫漶"。除去 3 枚無字封泥和 9 枚"文字漫漶"者，《發掘・出土封泥統計表》共公佈了 185 種 313 枚封泥的資料(包括殘字封泥在内)。

秦封泥是官署用印，字形是規範的小篆體，與西周金文、東周秦金文一脈相承，與石鼓文、秦公鐘風格形體相似，當然秦封泥中偶然存在一些古文字寫法，這是早期作品的個別現象。其嚴格程度超過秦詔版，更加忠實於小篆規範寫法，基本是以秦篆直接入印。

秦代的印章多為私印，印面方圓兼用，字形靈活，不受秦篆限制。

① 中國社會科學院考古研究所漢長安城工作隊：《西安相家巷遺址秦封泥的發掘》，《考古學報》2001 年第 4 期。

② 劉慶柱、李毓芳：《西安相家巷遺址秦封泥考略》，《考古學報》2001 年第 4 期；中國社會科學院考古研究所漢長安城工作隊：《西安相家巷遺址秦封泥的發掘》，《考古學報》2001 年第 4 期。

咸陽秦墓發現印章 8 枚，圓形印章分別為“駱地”“姚脫”“公孫舉”，方形印章為“鄭得”“蘇建”“范慶”“王□”，長方形印章為“中壹”(圖 1 上 7－20)。字形包含了大小篆體，結構根據印面適當調整[①]。漢中楊家山秦墓出土墓主玉印 1 枚，刻有“趙忠”二字(圖 1 上 7－21)[②]。秦代的印章字體可分兩種，規範者即秦八體之“摹印”，它與八體之“刻符”一樣，依照篆體摹刻，没有特别安排。隨意者則多有變化，不以秦篆為則。秦印為漢代官印和私印發端，到漢代逐步明顯。

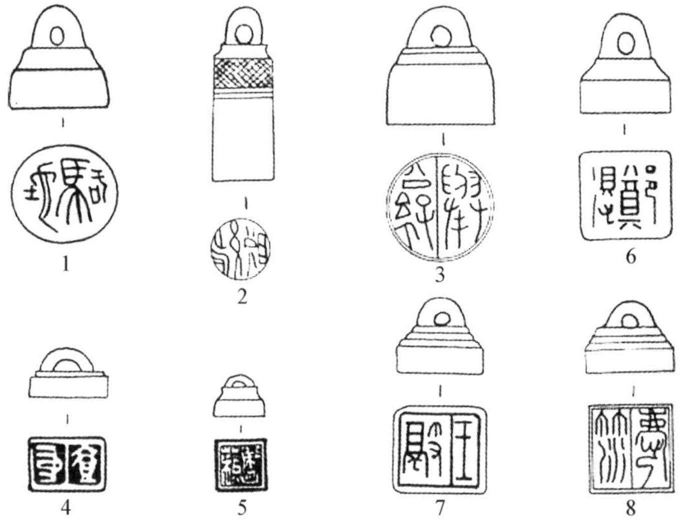

圖 1 上 7－20

圖 1 上 7－21

20 世紀末在陝西華陰縣發現了秦代玉牘，甲(1、2)乙(3、4)兩件的文字相同，雙面有文，共 298 字(圖 1 上 7－22)。甲版正面為刻銘外，其餘均為手寫朱書。此為秦曾孫駰告華大山明神玉簡，故稱秦駰玉版[③]。年代尚存爭議，或説秦惠文王、秦昭襄王，大致為戰國後期之物。甲、乙兩版均為篆文，字形不甚規整。比較而言，甲版契刻而成，字跡大小一致，無粗細變化，無斜勢，字形規整，近於比較整齊的小篆；乙版是筆書，筆畫有粗細變化，有向右斜勢，隸意較濃。曾憲通等認為：“比如月、人、而、之、永、法、滅、光、川、神、祀、罪、也等字都有較濃的隸意，甚至與後世隸書幾無差别。”[④]有人認為這種差别是書手不同，實則不是書手問題，而是銘刻和筆書的差别。同樣內容，同一人處理，規整契刻和隨意筆書心態不一，處理出的字跡就是不一樣。研究情況可參見劉珏《秦駰玉版銘文釋讀述評》[⑤]。

① 陝西省考古研究所：《秦都咸陽考古報告》，科學出版社 2004 年版，第 652 頁。
② 何新成：《漢中楊家山秦墓發掘簡報》，《文博》1985 年第 6 期。
③ 李學勤：《秦玉牘索隱》，《故宫博物院院刊》2000 年第 2 期。
④ 曾憲通等：《秦駰玉版文字初探》，《考古與文物》2001 年第 1 期。
⑤ 劉珏：《秦駰玉版銘文釋讀述評》，《湖南省博物館館刊》第八輯，嶽麓書社 2012 年版。

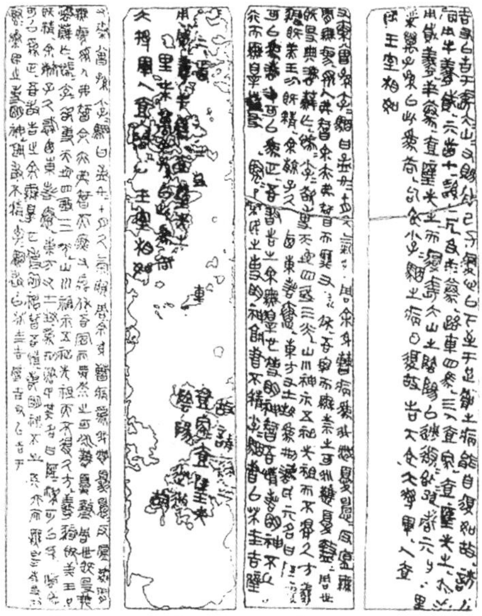
1　2　3　4

圖 1 上 7－22

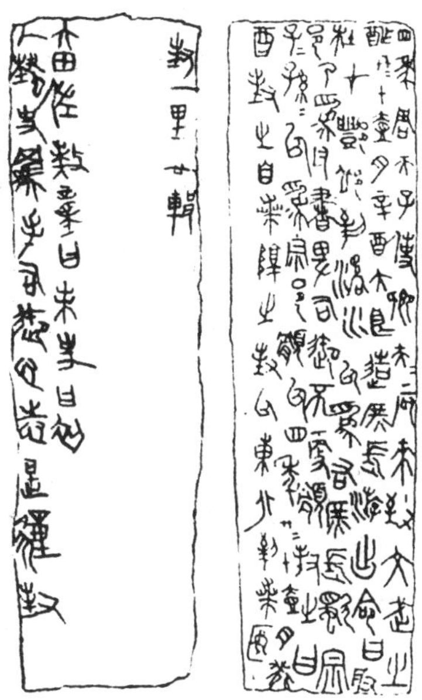

圖 1 上 7－23

秦封宗邑瓦書在秦惠文王四年(前 334 年),或稱秦賜宗邑瓦書文(圖 1 上 7－23),內有"乃為瓦書"句。抗戰時期陝西省戶縣整治灃河時,在河灘發現。長版形,長 24 厘米、寬 6.5 厘米、厚 0.5～1 厘米。通體青灰色。上有刻文,內填赤色,9 行,正面 6 行、背面 3 行,計 119 字,內有重文 3、合文 1,與秦簡文字相仿。

秦始皇陵西側趙背戶村發現秦刑徒墓地,出土不少陶文。陶文可分戳記和瓦書。瓦書是刑徒的墓誌,共 18 件,凡 19 人墓誌(圖 1 上 7－24)。報告稱之為"陰刻小篆"。比較清晰的如"東武東間居貲不更瞗""博昌居此用里不更余""闌陵居貲便里不更牙",實際是草化的篆體字①。

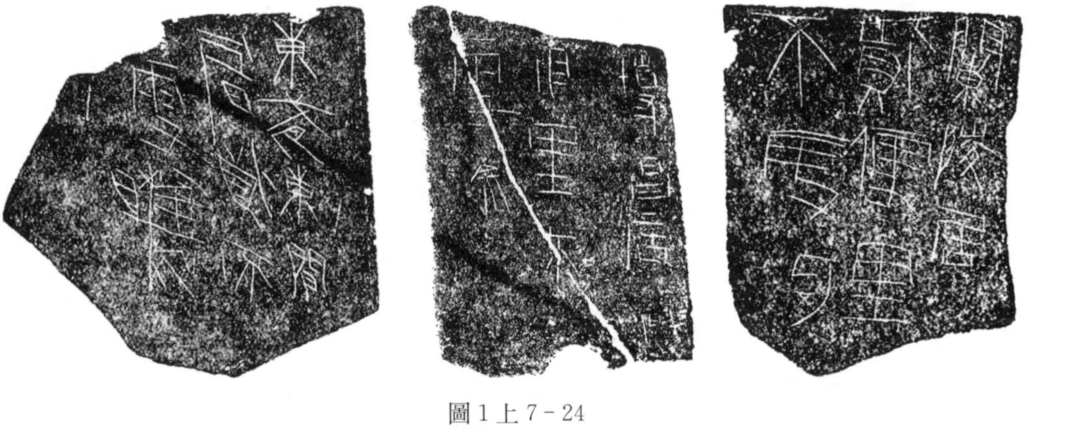

圖 1 上 7－24

① 始皇陵秦俑坑考古發掘隊:《秦始皇陵西側趙背戶村秦刑徒墓》,《文物》1982 年第 3 期。

第三節　秦簡牘之發現研究

秦文字延續宗周之舊，在西周文字的基礎上形成大篆，同東土文字一樣走上規則化的道路，逐步向小篆靠近，出現戰國晚期秦文中較整飭的一路。但是秦代的書寫材料没有流傳下來，對眞實的日常書寫形體缺乏了解，所以秦代簡牘對於研究秦文字不可替代，十分重要。

秦簡是近半個世紀内陸續出土的，它晚於漢簡、戰國簡帛的發現。

1975 年，雲夢縣睡虎地 11 號秦墓，是秦始皇三十年（前 217 年）的墓葬，出土竹簡 1 155 枚，基本保存完好，字跡清晰，整理出墓主人的《編年紀》，記録了小吏喜記述秦昭王元年（前 306 年）到秦始皇三十年（前 217 年）九十年間的國家大事，以及名叫喜的地方官吏從出生到從軍、為吏及其家族成員生卒年等有關事項，類似後世的年譜。《為吏之道》《語書》《效律》《秦律十八種》《封診式》《法律答問》《秦律雜抄》均為法律行政文書，以及用於占卜的《日書》甲乙二種。《為吏之道》多為四字一句，内容是官吏為官做吏的一些準則與行為標準，格式猶如字書《史籀篇》。

圖 1 上 7－25

睡虎地 4 號墓内發現木牘兩件：一件保存完好，一件下半部殘缺。完好的一件是士卒黑夫與驚的家書，字跡潦草，是現存最早的家書實物①。

1979 年四川省北部近甘肅南部的青川縣發現郝家坪 50 號秦墓，墓内有兩枚木牘：一枚殘損嚴重無法釋讀。另一枚殘損較少，正背有字，為秦武王二年（前 309 年）頒佈的《更修田律》以及有關記事；這是戰國時期的秦簡，在現見的秦代簡牘中年代最早。

1986 年甘肅省天水市放馬灘 1 號秦墓發現木板地圖 7 幅和 460 枚竹簡，保存基本完好，字跡清晰。有甲乙《日書》兩種、《墓主記》。竹簡的書寫年代為戰國末年秦王政八年（前 239 年），報告刊出了木板地圖照片和摹本以及部分簡影（圖 1 上 7－25）②。

1986 年湖北省江陵縣在岳山 36 號的秦墓中發現木牘 2

① 睡虎地秦墓竹簡整理小組：《睡虎地秦墓竹簡》（8 開綫裝本），文物出版社 1977 年版；睡虎地秦墓竹簡整理小組：《睡虎地秦墓竹簡》（32 開平裝本），文物出版社 1978 年版。

② 甘肅省文物考古研究所、天水市北道區文化館：《甘肅天水放馬灘戰國秦漢墓群的發掘》，《文物》1989 年第 2 期。

件,兩面墨書,内容為日書(圖 1 上 7－26)。此為秦人墓地,年代大致與睡虎地秦墓相近。報告發表了簡影①。

圖 1 上 7－26

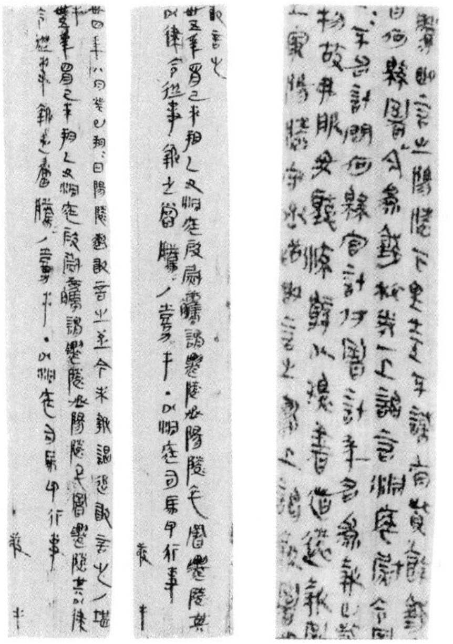

圖 1 上 7－27

1989 年湖北雲夢龍崗 6 號秦墓内出土法律竹簡 150 餘枚、木牘 1 枚。竹簡殘損嚴重。竹簡内容為《禁苑》《馳道》《馬牛羊》《田贏》以及其他一些文書。木牘正背有字,為法律文書。發掘報告敘述了發現簡牘的詳細情況,公佈了全部釋文、考釋以及全部簡影②。這批簡晚於睡虎地秦簡,是秦統一之後的文字。

1990 年湖北江陵揚家山 135 號秦墓出土竹簡 1 捆,共 75 枚,内容為遣策,這是少見到的秦代遣策文書,可惜没有發表任何文字的圖版。據説與睡虎地 11 號秦墓相似,與張家山漢簡的字體差異很大③。

2004 年湖南龍山縣里耶鎮秦代古城 1 號井發現出土簡牘 36 000 餘枚,除了極少量戰國楚簡外,均為秦簡,見於縣級政令、公文、簿籍等。紀年有秦王政二十五年到秦始皇三十七年和二世元年、二年,可知是秦始皇及二世之物(圖 1 上 7－27)。此外還有揭牌、封泥及封泥匣④。有人認為,這些簡裏不僅有古隸,還有一半古雅偏於小篆,

① 湖北省江陵縣文物局、荆州地區博物館:《江陵岳山秦漢墓》,《考古學報》2000 年第 4 期。

② 湖北省文物考古研究所、孝感地區博物館、雲夢縣博物館:《雲夢龍崗 6 號秦墓及出土簡牘》,《考古學集刊》第八集,1994 年。

③ 湖北省荆州地區博物館:《江陵揚家山 135 號秦墓發掘簡報》,《文物》1993 年第 8 期。

④ 湖南省文物考古研究所、湘西土家族苗族自治州文物處、龍山縣文物管理所:《湖南龍山里耶戰國——秦代古城一號井發掘簡報》,《文物》2003 年第 1 期;湖南省文物考古研究所:《湖南龍山縣里耶戰國秦漢城址及秦代簡牘》,《考古》2003 年第 7 期。

“與泰山、嶧山、琅琊刻石仍同屬一個家族”,“其差別僅僅在於：後者是小篆的標準樣式,施之金石,著意於規範,基本上是填描的產物;而前者是小篆的應用狀態,施之簡牘,取向於流便,完全是書寫的結果”,可用現在的手寫體和印刷體來比較①。後來又有研究指出簡牘內容有“九九乘法口訣表”、郵行文書等。

1993年3月在湖北江陵荆州鎮郢北村王家臺15號秦墓發現王家臺秦簡,共計813枚,字跡基本清晰。簡文內容豐富,有《歸藏》《效律》《政事之常》《日書》《災異占》。其中《歸藏》簡394枚,約4 000餘字,這部亡佚已久的上古易書重見天日。另有木牘1枚,字跡不清,難以辨認。其年代上限在公元前278年,下限不晚於秦代②。

1993年湖北荆州市太湖港東岸發掘了周家臺30號秦墓,出土竹簡387枚,木牘1枚。每簡容字不等,少則1字,多則43字,總數達5 300字。甲組為占書,乙組為秦始皇三十四年(前213年)曆譜,丙組為醫方等,字跡大部清楚。另有木牘1枚,正背皆有字,為秦二世時期曆譜,曆譜所記秦二世元年(前209年)12個月的月朔日干支及月大小,背面書該年十二月份的日干支等。此為秦代末年的簡牘,是現見秦簡中年代最晚的。簡報公佈了少量簡影,字跡端正,字體為秦隸,與西漢早期的隸書接近③。

1992年在相距周家臺秦墓0.8公里處,蕭家草場26號秦墓出土竹簡1組,35枚,字跡不甚清晰,文字書寫隨意,每簡3～6字,共139字,為遣策。報告僅公佈了3簡,如“車一乘”“從者四人”等,寥寥數字。文字帶有秦隸意味,為西漢早期隸書④。2001年,公佈了周家臺30號秦墓和蕭家草場26號漢墓的全部簡影和釋文,並有考釋內容⑤。

2007年12月,湖南大學嶽麓書院從香港收購了一批秦簡,有比較完整的簡1 300餘枚。2008年8月,香港友人捐贈一批秦簡,較為完整的有30餘枚。這兩批秦簡屬於同一墓葬出土之物,主要是竹簡,衹有少量木簡,被認為是雲夢睡虎地秦簡、里耶秦簡後的又一重大發現。內容有日誌、官箴、夢書、數書、奏讞書、律令雜抄。隨文發表了《官箴》《夢書》《律令雜抄》部分簡影⑥。在2010年公佈了《數》書彩色簡影⑦。文字形體大多是秦隸,少量篆字。湖南大學嶽麓書院收藏整理的《嶽麓書院藏秦簡(貳)》於2011年12月由上海辭書出版社出版。該卷收錄了秦代的一部數學書,推斷抄寫年代不遲於秦始皇三十五年(前212年),是迄今發現且整理的年代最早的出土數學文獻。

---

① 王煥林:《里耶秦簡文字書法論略》,《中國書法》2005年第9期。
② 荆州地區博物館:《江陵王家臺15號秦墓》,《文物》1995年第1期。
③ 湖北省荆州市周梁玉橋遺址博物館:《關沮秦漢墓清理簡報》,《文物》1999年第6期。
④ 湖北省荆州市周梁玉橋遺址博物館:《關沮秦漢墓清理簡報》,《文物》1999年第6期。
⑤ 湖北省荆州市周梁玉橋遺址博物館:《關沮秦漢墓簡牘》,中華書局2001年版。
⑥ 陳松長:《嶽麓書院所藏秦簡綜述》,《文物》2009年第3期。
⑦ 許道勝、李薇:《嶽麓書院所藏秦簡〈數〉書釋文校補》,《江漢考古》2010年第4期。

自20世紀70年代以來發現的秦簡文字集中在戰國晚期到秦代，年代相對集中，出土數量相當龐大，因此有條件編纂文字編。1975年睡虎地秦墓簡牘從發現到公佈衹在一年之內。張世超、張玉春《秦簡文字編》，收錄睡虎地秦簡字形，可惜《日書》尚未發表，因此没有選入[①]。陳振裕、劉信芳《睡虎地秦簡文字編》收入的範圍除了睡虎地11號墓秦簡外，還有青川木牘、龍崗秦簡和木牘、睡虎地11號墓木牘、睡虎地6號木牘。以部首排列，字形依據照片剪貼，字形下注出原簡篇名、編號、詞句。可惜簡影不甚清楚，字形的清晰度較差[②]。張守中《睡虎地秦簡文字編》以《睡虎地秦墓竹簡》一書文字為材料來源，選出字形1 763字，重文2 138字，以《説文》為序。每字形均標篇名縮寫和簡號。此書字形臨寫而成，字形清楚，可惜與原貌有一定距離[③]。

此外，2010年在西安破獲秦東陵被盜案，繳獲被盜文物多件，其中有木簡7枚，原為編聯成冊，簡形整齊，似為兩行，簡文未見報道。此為戰國時期的秦簡，不僅年代早，而且是皇帝陵寢所用，所書文字代表了戰國秦的官方字體，意義十分重大[④]。秦代的漆器上往往有烙印或者針刻銘文，江陵揚家山135號秦墓和睡虎地7、9、11號秦墓有烙印文字，鳳凰山秦墓有針刻字跡。

第四節　籀文與大篆

籀文的説法出於《史籀篇》。《漢書・藝文志・六藝略》："《史籀篇》者，周時史官教學童書也，與孔氏壁中異體。"孔壁乃古文。王鳴盛認為籀文為周代之通俗文字。王鳴盛《十七史商榷》卷二十二"漢書・史籀十五篇"："所謂古文者，黃帝史官蒼頡所作，乃書之本也。史籀所作即是周代之通俗文字，與古文並行。"王國維認為："是秦之小篆本出大篆，而《蒼頡》三篇未出，大篆未省改以前，所謂秦文即籀文也。"[⑤]

籀文出現有早晚二説，一般認為成於周宣王(前827—前782)時代，則為西周文字，另有觀點認為籀文是春秋戰國時代文字。《漢書・古今人表》把史留放在春秋戰國之際，有人認為"史留"即"史籀"，唐蘭懷疑《藝文志》注的"周宣王"應是"周元王"[⑥]。當然，傳統的説法還是主流。何琳儀認為，東漢班固、許慎等學者皆以《史籀篇》作於周宣王時代，並非杜撰。出土銅器銘文可以證實這點[⑦]，所以不能以私意解讀《漢書》來否定籀文的年代。

---

① 張世超、張玉春：《秦簡文字編》，日本京都中文出版社1990年版。
② 陳振裕、劉信芳：《睡虎地秦簡文字編》，湖北人民出版社1993年版。
③ 張守中：《睡虎地秦簡文字編》，文物出版社1994年版。
④ 陝西電視臺都市快報報道2011年1月11日西部快訊。
⑤ 王國維：《戰國時秦用籀文六國用古文説》，《觀堂集林》卷七，上海古籍書店1983年版。
⑥ 唐蘭：《中國文字學》，上海古籍出版社1979年版，第155頁。
⑦ 何琳儀：《戰國文字與傳抄古文》，《古文字研究》第十五輯，中華書局1986年版，第101—102頁。

秦篆之前有大篆。大篆的説法首見於東漢。《説文·敍》:"秦書有八體,一曰大篆,二曰小篆。"段玉裁注:"(秦書八體)不言古文者,古文在大篆中也。"自古以來習慣上稱遠古之文字為大篆。《拾遺記》卷九:"書大篆之文,皆言開闢以來事,人莫能識。或言是伏羲畫卦之時有此書,或言是蒼頡造書之處。" 大篆是古文字。現代學者多承此説。大篆"代表由蒼頡造字一直到小篆通行以前的古文字","小篆是古文字的終點"①。大篆為商周以來的古文字。

大篆與籀文的關係,古來有兩種説法,各有主張。一種是把大篆與籀文混同起來。《説文·敍》:"宣王大史籀著大篆十五篇,與古文或異。"《魏書·江式傳》:"及宣王太史史籀著大篆十五篇,與古文或同或異,時人即謂之籀書。"因此大篆就是籀書,視大篆與籀文為一物。但是也有分大篆與籀文為二物者。張懷瓘《書斷》卷上分"古文、大篆、籀文、小篆……"卷中"神品"以體分"大篆、籀文、小篆"等。張懷瓘把大篆與籀文一分為二,而且將大篆與古文銜接,籀文限於周宣王以後的文字。段玉裁持許説,其《説文·敍》注謂張懷瓘非是。"大篆之名,上别乎古文,下别乎小篆而為言。曰史篇者,以官名之,曰籀篇、籀文者,以人名之。"認為稱作籀文與大篆是命名的角度不同。王鳴盛看法類似,《蛾術篇》卷十六"説字·古篆籀":"蒼頡始造,下至周初,歷代附益,是謂古文。史籀始作字書,字則改變,别為一體,目以大篆者,疑李斯作篆而追稱,籀未必名篆也,是謂籀文。"籀文是史籀别造一體,在秦地相承,因已有小篆而稱前者為大篆。王鳴盛同樣認為籀文與大篆為一物二名,但是説法不同。另一種則認為兩者不同。筆者認為大篆可以泛指商周以來文字,而籀文不能包含周宣王以前文字,這是根本區别。至於宣王之後,大篆與籀文還是有差别的,籀文實質是史籀文字,大篆可泛稱小篆以前文字,如戰國秦簡可以稱為大篆,卻不能稱作籀文。因此大多數情況下,大篆與籀文不能相混淆。

關於籀文、大篆與古文的關係,《説文·敍》:"宣王大史籀著大篆十五篇,與古文或異。"又:"是時秦燒滅經書,滌除舊典,大發隸卒,興戍役,官獄職務繁,初有隸書,以趣約易,而古文由此絶矣。"王鳴盛《蛾術篇》卷十六"大篆與古文異多同少":"籀文,周代後起之俗字。"而古文亦有大小兩個概念,大者指小篆以前的所有古文字,小者衹指與大篆(籀文)相對的春秋後期、戰國時期的秦國以東各個諸侯國流行的字體。如王國維説:"古文籀文者,乃戰國時東西二土文字之異名,其源皆出於殷周古文,而秦居宗周故地,其文字猶有豐鎬之遺。"②

① 蔣善國:《漢字形體學》,文字改革出版社 1959 年版,第 12、13 頁。
② 王國維:《戰國時秦用籀文六國用古文説》,《觀堂集林》卷七,上海古籍書店 1983 年版。

但是小篆是秦代篆文，別無爭議。王鳴盛《十七史商榷》卷二十二"《漢書》十六·試學童六體首古文誤"："據《説文》(大篆)以為史籀所作，與古文異，秦人廢古文，遂以大篆居首，蕭何本秦時刀筆吏，自宜沿襲秦故，王莽雖好古，不應廢大篆。其六體中古文、奇字之下即當繼以大篆，然後及小篆，乃竟去大篆而不列六體中者，小篆即係省改大篆，舉此該彼，無煩複出，故總名篆書耳。其實六體中兼包大篆，非眞無也，許氏亦舉小篆該大篆耳。"王鳴盛意古文之後為大篆，是古文字向今文字的過渡階段。

籀文處於不斷變化之中。從周宣王(前 827—前 782)到秦始皇二十六年(前 221 年)統一六國，相隔 5 個半世紀，而小篆以前的大篆，也就在 5 個半世紀之時，在漫長的歷史時期中，籀文難以避免出現形體變化。李斯《蒼頡篇》、趙高《爰歷篇》、胡毋敬《博學篇》"皆取史籀大篆，或頗省改，所謂小篆者也"。這是説《蒼頡篇》等文字從《史籀篇》中取材，而不是從當時通行的大篆中取材，説明大篆與《史籀篇》文字有區別。實際上，除了《説文》列出的籀文外，其他小篆與籀文是相同的，當時的籀文面貌大致就相當《詛楚文》，即小篆中有若干異體和繁複的籀文而已。回看西周後期的金文會是這樣的形體嗎？當然不是。這説明戰國末期的籀文已經不是 500 多年前的籀文了，即使比較保守的字書，也難以保持金身不敗。《史籀》十五篇，建武之世亡其六篇，許慎《説文》所據九篇，存其異文。漢代篆文大致與秦篆相當，漢篆不能等同籀文，可知籀文與秦篆不同。

《史籀篇》的字數大約與《蒼頡篇》相當，後者"文字多取《史籀篇》"，《蒼頡篇》四字一句，周秦之間四字句流行，《史籀篇》也當如此。漢初，閭師合秦《蒼頡》《爰歷》《訓纂》三篇，60 字為一章，共 55 章，計 3 300 字，推想《史籀篇》也不會超過這個字數。《史籀篇》按照 3 000 字計，《説文》之籀文為 225 字，約佔 7.5%，考定的《説文》中保存的籀文數字，與王國維《史籀篇》相比，不過剔除了 2 個，增加了 1 個，如此而已。也就是説，《説文》當中可確認的籀文總數是 224 字，內含重文 2 字①。王國維在《史籀篇疏證》"祺"字下案："許君於'基'下不云籀文者，與篆文同。《説文》本敍篆文，合以古籀，古籀與篆異者出之，同則不復出也，不言古籀與篆同者，古人質也，凡籀文所從之字仿此。"因此我們談古籀形體衹是《説文》所錄 224 個與小篆異形的字，並非整個籀文形體面貌。

《説文·敍》："皆取史籀大篆或頗省減。"段玉裁注："省者，減其繁重，改者，改其怪奇。"王筠《説文釋例》標目謂"籀文好重疊"。王國維修正"好重疊"之説，其《史籀篇敍錄》云："史篇文字就其見於許書者觀之，固有與殷周間古文同者，然其作法大抵左右均一，稍涉繁複，象形象事之意少而規旋矩折之意多。推其體勢，實上承石鼓文，下

① 潘玉坤：《籀文字數考索》，《古籍研究》2002 年第 2 期。

啟秦刻石，與篆文極近。”

傳統認為籀文形體特徵就是有部分字形“繁重”。其實“繁重”的衹是《説文》所注明的 225 個籀文，而且《説文》不標明籀文者甚衆。可知“繁重”是古文字的某些特徵。

《説文》所存籀文數量有限，而且是經過歷代傳抄文字，不如從籀文時代的金石考察籀文特點。唐代張懷瓘曾另闢蹊徑，從石鼓文推斷籀文形體，不過偏重於書法藝術方面。張懷瓘《書斷》卷中云：“（史籀）又作籀文，其狀邪正體，則《石鼓文》存焉。乃開闔古文，暢其纖鋭，但折直勁迅，有如鏤鐵，而端姿旁逸，又婉潤焉。”近代考古學興起，金石學家用豐富的金文資料補充傳本籀文之不足。吳大澂由此彙編《説文古籀補》，但是未能歸納籀文之形體特徵。

近年發現的秦系刻石更有説服力。秦武公鐘鎛銘文與西周虢季子白盤銘文相同，所謂豐鎬之制。秦公簋、秦公磬、石鼓文皆為秦景公時之物，其銘文代表後期籀文狀態。

用石鼓文、秦公磬與小篆比較，宗周故地的籀文依然較好保存西周以來的字形。不過戰國之秦於春秋之秦形體已經走向規則化，不同於西周之籀文。

石鼓文
秦公磬
小　篆

秦公磬銘文與小篆比較，大部分相同，小部分有所差異，秦系文字象形的成分逐步減少，綫條規則化，更加抽象（字形前為秦公磬，後為小篆）。

小篆更加平整：（疆）—；（龔）—；（或）—；（龢）—；（咸）—；（奏）—；（無）—；（羕）—；（初）—；（陽）—

與小篆結構不同：（是）—；（皇）—；（受）—；（黽）—；（商）—；（秦）—；（極）—；（夏）—；（廷）—；（穆）—

籀文有些字雖與小篆不同，但是依然流傳於世。如“申”字，磬銘作字一直流行，而是小篆以後纔漸出現。再如“平”字，磬銘字就是後世的正體，而可能是不古不今的過渡形體。

籀文特點反映在結構不同上，衹是文字很小的一部分，如“繁重”，明顯的是“秦”

字。秦公 1 號墓石磬晚於秦武公鐘鎛百餘年,但是字形大致相同,衹有少量差異,如:"秦",秦武公鐘鎛作,秦公 1 號磬作,《詛楚文》作。又如:虢季子白盤,曾侯乙鐘,石鼓文,《詛楚文》,小篆作,雖屬省減,繁重者卻是古文字通例,不為籀文專有。

《説文・敍》段玉裁注文中還提出"怪奇"。筆者的理解是,在籀文與小篆形體中,變化無端者屬之,如與之類。

籀文與小篆還有一些差別,兩者在形符上不同。如"登"作"䒊"、"敗"作"敱"等,再如"嘯"作"歗"、"遲"作"遟"等,衹是異體字,而部分異體一直留存於隸書,因此算不上籀文的特點。

總之,中期之後籀文比之小篆,多數為規則變化,特點被誇大了。

陳直説:"在秦始皇以前,秦國之文字,結體匀圓,筆畫中矩,現存摹本之《詛楚文》及大良鞅量、魏冉戈、吕不韋戈等,已接近秦篆。併滅六國以後,再加整齊劃一,遂成為小篆正宗。"[①]所説頗為中肯。

許慎《説文》的篆文未必是秦篆,如《説文》:"兵,械也,从廾持斧,并力之皃。"許慎的分析是對的,甲骨文、金文、郭店等楚簡皆是這樣的構形。但是從春秋開始,有的金文,如庚壺的"兵"字,就在"斤"下加了橫畫,如新郪虎符作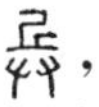,杜虎符、《嶧山碑》、睡虎地秦簡、《詛楚文》皆作此形,説明秦篆、小篆並非,而為,許慎把作籀文顯然是理論上的推想。秦文採用了加橫畫的"兵"字,漢代隸書承襲了秦文寫法。

第五節　秦篆與小篆

《漢書・藝文志・六藝略》:漢興,蕭何草律"太史試學童,能諷書九千字以上,乃得為吏"。又以六體試之,"六體者,古文、奇字、篆書、隸書、繆篆、蟲書。"顔師古注:"篆書,謂小篆,蓋秦始皇使程邈所作也。"又云:《蒼頡》七章者,"文字多取《史籀篇》,而篆體復頗異,所謂秦篆者也"。

《説文・敍》:"秦始皇帝初兼天下,丞相李斯乃奏同之,罷其不與秦文合者。斯作《蒼頡篇》,中車府令趙高作《爰歷篇》,太史令胡毋敬作《博學篇》,皆取史籀大篆,或頗省改,所謂小篆者也。"後人依據班固、許慎之説,認為是李斯創造了小篆。

小篆是從大篆發展而來的,這是古今通識。

吕大臨《考古圖》"釋文":"至周之興尚文,書必同文,其筆畫稍稍均正。周衰益

① 陳直:《秦始皇六大統一政策的考古資料》,《文史考古論叢》,天津古籍出版社 1988 年版,第 311—312 頁。

盛，竊意周宣王太史籀所作大篆已有修正，故與古文多異。至秦李斯、程邈之徒，又有省改，謂之小篆，即今許氏《説文》是也。”

小篆如何改造大篆？蔣善國、姜亮夫（1902—1995）各有精彩的論述。蔣善國指出：“小篆根據古文大篆的自然發展形式，在筆畫上加以勻圓齊整，一改古文的象形‘隨體詰詘’的不統一的寫法，目標是為了簡化古文字的形體。本來古文字在創造的過程中，演成了許多繁簡不同的形式，早就有近於小篆的結構和形式了，石鼓文和近年出土的繒書裡面的文字都跟小篆的形體相近，都是小篆的先河，小篆便選擇過去這類的簡體，加以勻圓齊整化，成為象形文字的最終形式和階段。”①

姜亮夫認為小篆改易古文奇字遵循了五條重要規律，其實也是大篆籀文到小篆的形成過程：一是筆畫不容增損。如甲骨文“福”字可省“示”，“婦”字可省“女”，小篆皆分為兩字。甲骨文的表示雨點和塵粒可用四五點，小篆衹用二三點。小篆筆畫（部件）不容增損。二是異位則異字。甲骨文、金文，字正反、上下都可以，如“人”直立、仰臥一樣，“從”向左向右均可，小篆皆分作兩字，不可變更。三是偏旁不容改易。甲骨文“牢”字定為“牛”“羊”皆可，小篆定為從“牛”。“牡”字從“牛”“羊”“馬”“豕”“鹿”皆可，小篆定“牡”字為正字。甲骨文“隹”“鳥”同字，金文漸漸區分，小篆完全分開。四是省繁重。如鳥獸類字都很繁複，小篆大部分字作了省簡。如“韋”原來有四個“止”，小篆省作兩個。五是符號或裝飾也讀了音。如“正”字甲骨文、金文作、，上面一畫衹是符號，小篆則“從一、止”，一横讀為“一”，又如“月”字作、，中間一點是符號，小篆分為“月”“夕”二字，甲骨文“人”字可以加點作，後來也分作“人”“千”二字，達到一形、一字、一音。但是“小篆不是没有反而加繁的事實”，如“兀”為“元”、“韋”為“圍”、“須”為“鬚”。繁變字有三音：都是為了顯示字義。另有兩個“書法上的變革”：一是染與綫條之變，二是大小長短一律化②。筆者按：姜氏所謂“染”，是渲染擴大的意思，指肥筆，或稱墨團。

秦代篆書主要特點有三，一是綫條化，“小篆把隨體屈曲”象形符號“變成全由圓轉均衡、粗細如一的綫條組成的文字符號”。二是減省化，削減了繁複的部分。三是定型化，寫法統一③。小篆吸收了商周戰國以來的古文字中的簡體，但必須是不破壞文字本意的字形。

那麼秦篆與小篆是什麼關係呢？《漢書・藝文志》六書中説“篆書”後有説“秦篆”，而顏師古注説“小篆”。小篆是史籀大篆的直接繼承者，經過李斯改造而來。但是小篆之前是大篆，可以統稱秦篆，小篆衹能是統一六國之後的篆書。實際上秦篆在

---

① 蔣善國：《漢字形體學》，文字改革出版社 1959 年版，第 158 頁。
② 姜亮夫：《古文字學》，浙江人民出版社 1984 年版，第 53—58 頁。
③ 張桂光：《篆書發展史綜述》，《中國書法》2010 年第 4 期。

戰國晚期到秦統一並無差别，西安相家巷遺址秦封泥文字就在戰國秦與秦朝之間，文字並無區别。

小篆作為秦代的正體字形，施之於印璽、銘刻等莊嚴嚴肅場合。但是不能倒過來説，印璽上的文字都是正篆，那些私印字形隨便，甚至糅雜其他成分，它就不是正篆。日常書寫没有必要使用如此規整的正篆，隸書油然而生。《説文・敍》："是時秦燒滅經書，滌除舊典，大發隸卒，興戍役，官獄職務繁，初有隸書，以趣約易。"簡牘文字是日常使用最廣的字體，是輔體，或是俗體，就是隸書。

郭沫若早就提出草篆出隸書。"（秦）隸書無疑是由草篆的演變。"秦始皇"准許並獎勵寫草篆，這樣就使民間所通行的草篆登上了大雅之堂，而促進了由篆而隸的變化"①。

裘錫圭認為："戰國時代的秦篆發展出小篆和隸書兩種字體，古隸也發展出八分和草書兩種字體。""小篆跟戰國時代的正規秦篆没有什麼本質區别。"又説："所謂或頗省改，大概主要是對秦篆已有的異體進行整理，把那些比較簡單而又不破壞篆文特點的寫法規定為正體。""秦朝統一全國後，不但需要廢除六國文字'不與秦文合'的異體，並且還需要對秦國本身的文字進行一次整理。這次整理所規定的字體就是小篆。此外，適應文字實際使用的需要，在那些破壞篆文結構的簡率寫法的基礎上，還形成了一種比較簡便的輔助字體。這就是隸書。"②

筆者認為，大篆到小篆規則化進了一步，同時產生了草篆和正篆；秦代銘刻等禮儀場合與平時日用書寫都是篆書，它們之間的差異是正篆和草篆之差異，後者就是所謂隸書，確切地説是秦篆，與漢隸不同。秦隸可見於出土的秦文簡牘。正篆見於銘刻，為後世繼承，統治了文字正體數千年。許慎作《説文》的目的是扭轉俗字流行，規範歷史發展形成的軌跡，小篆就是漢隸的來源。所以許慎就以小篆統率隸書，分析造字原理，以此作為形體的基礎。《説文》小篆有些是秦文所有，有些是秦文所無，有的小篆就是根據漢隸轉寫的篆體。《説文》的篆文沿襲了小篆，但不等於小篆。

---

① 郭沫若：《古代文字之辯證的發展》，《考古》1972 年第 3 期。

② 裘錫圭：《從馬王堆一號漢墓"遣策"談關於古隸的一些問題》，《考古》1974 年第 1 期。

第一编下

篆文形體史

第一章　秦統一文字

第一節　戰國時期之文字異形

漢字發源於黄河流域和長江流域，殷商立國中州，周天子政治中心西遷的周原（在今陝西）成為新的政治中心，從出土商周的字形看，文字形體是統一的，並無明顯地域差異。史傳周宣王時命史籀製作《史籀篇》，頒行中原諸地。呂大臨《考古圖》"釋文"："至周之興尚文，書必同文，其筆畫稍稍均正。"洪邁《容齋隨筆》卷五"三代書同文"："三代之時，天下書同為文。"這個説法基本正確。郭沫若也説："中國文字趨於一統，事實上並不始於秦始皇，自殷代以來，文字在逐漸完密的同時，也在逐漸普及，由黄河流域浸潤至長江流域和珠江流域。兩周所留下來的金文，是官方文字，無分南北東西，大體上是一致的。"①

衛恒《四體書勢》："昔周宣王時，史籀始著大篆十五篇，或與古同，或與古異，世謂之籀書者也。及平王東遷，諸侯力政，家殊國異，而文字乖形。"從東周開始，周天子權威逐步削弱，文字形體失去中心，列國各行其私。《中庸》記孔子之語："今天下車同軌，書同文，行同倫。"春秋中期以前少有地方的特殊形體，故孔子尚覺文字統一。

戰國的分裂局面是由春秋發展而來，以三家分晉為標誌，臣強君弱、君強天子弱的狀態一旦形成，地方相對獨立，彼此分離，就會在各個方面顯露出來，因此春秋時期文字異形或多或少存在。

戰國時期，諸侯各自為政，自行法令，日常習慣積累愈深，地方特色就越強，反映在文字方面，形體有所差異。《説文・敍》："其後諸侯力政，不統於王，惡禮樂之害己，而皆去其典籍。分為七國，田疇異畝，車塗異軌，律令異法，衣冠異制，言語異聲，文字異形。"段玉裁注："各用私意省改之文字也，……文字異形則體制惑，車同軌，書同文之盛，於是乎變矣。""秦始皇初兼天下，丞相李斯乃奏同之，罷其不與秦文合者。"許慎没有詳細描寫文字異形的狀況，《魏書・江式傳》："其後七國殊軌，文字乖別，暨秦兼天下，丞相乃奏蠲罷不合秦文者。"江式不稱異形，而稱乖別，乖別的意思是形體的抵牾、背離，具有主觀上的區別傾向。戰國文字異形，不是一般的地域差異，它的背後是

① 郭沫若：《古代文字之辯證的發展》，《考古》1972 年第 3 期。

政權的分裂,異形隱含了自主自立、相互區别的動機。

張振林總結了文字異形的成因:"春秋三百年漫長的'諸侯力政,不統於王',没有產生明顯的'文字異形'。而戰國期間文字的繁化、簡化、異化、美化、通假、訛變現象卻觸目皆是,而且出現了隸變,成因即在於上述人、社會、語言文字三因素共同作用的結果,其中人和語言文字因素是決定性内因,社會條件則是外因。所以,將戰國期間文字異形的成因,簡單歸結為'諸侯力政,不統於王',衹是看到了外因。"[①]不過,文字變化如果有一個權威中心作為制約力量,就如秦國能大致保持宗周文字傳統字形,就是一個證明,如果各國步伐統一,即使有文字演變也是同步的,即使有多用假借、孳生更多的形聲字也能遵守共同的軌道。關於文化下層的俗體字,從漢代以來的歷史事實看,它一直受到正體的約束,衹要正體的地位不變,下層俗體使用衹是暫時的、局部的,對整個字形系統影響也是有限的。因此戰國文字異形的根本原因還是"諸侯力政,不統於王",其他因素是次要原因。

《説文・敍》明確提出戰國"文字異形"。七國之中,秦獨居函谷關之西,其餘六國居關之東,王國維提出東土文字與西土文字之别:"古文、籀文者乃戰國時東西二土文字之異名,其源皆出於殷商古文,而秦居宗周之故地,其文字猶有豐鎬之遺,故籀文與自籀文出之篆文,其去殷周古文反較東方文字為近。"[②]王國維的説法獲得學術界的普遍認同。1959 年李學勤在《戰國題銘概述》中指出其意義是建立起戰國文字研究的框架,此文分别地區概述了題銘文字的情況,具體指出齊國、燕國、三晉、兩周、楚國、秦國各有不同[③]。郭沫若作了進一步分析,指出:"晚周的兵器刻款、陶文、印文、帛書、簡書等民間文字,則大有區域性的不同。"[④]

東土文字不是一個整體,而是一個很複雜的分散體,它們之間有同有異。李學勤曾經指出六國中亦有差異,"從字體來看,東周題銘和三晉是相仿的"[⑤]。趙學清專門研究了戰國東方五國文字,認為齊、燕、三晉(趙、魏、韓)的文字異形有兩方面的内容:其一,五國各系文字内部存在差異,"各系内部之間存在著程度不同的文字使用的混亂情況,字體風格的差異、異寫字現象是相當普遍的"。其二,五國文字有不同的地域特色,"有異構字、異寫字的差異,更有因字體書寫風格上的不同而造成的差異"[⑥]。文章比較具體地説明戰國齊、燕、三晉的文字異形情況:一是字體風格,從整體上看字體風格的差異,舉中山王鼎、方壺、圓壺銘文為例,呈現出"瘦長的體態風格",字體的

① 張振林:《戰國期間文字異形面面觀》,《文字學論叢》第二輯,崇文書局 2004 年版,第 352 頁。
② 王國維:《戰國時秦用籀文六國用古文説》,《觀堂集林》,中華書局 2004 年版。
③ 李學勤:《戰國題銘概述》上、中、下,《文物》1959 年第 7、8、9 期。
④ 郭沫若:《古代文字之辯證的發展》,《考古》1972 年第 3 期。
⑤ 李學勤:《戰國題銘概述》中,《文物》1959 年第 8 期。
⑥ 趙學清:《戰國東方五國文字構形系統研究》,上海教育出版社 2005 年版,第 37—38 頁。

重心提高。此為中山國文字的一種字體風格。又舉《侯馬盟書》的書法具有特殊的書寫風格。從筆畫軌跡姿態看字體不同風格，直筆、曲筆、圓點不同；局部的圓形與方框、菱形、三角形不同；筆畫間連接不同；筆畫、構件方向不同；結體的疏密、勻稱與否以及重心安排不同。從裝飾性筆畫、構件看字體差異。裝飾筆畫有"—""・"，構件為 =、口、曰、土、止等。二是異寫、異構差别，無論五國文字内部或之間皆存在異形[①]。

何琳儀綜合了衆家的研究，系統地闡述了齊系、燕系、晉系、楚系、秦系的理論[②]。系是系統的簡稱，系統是一個獨立的體系，即從生成的機制到表現形式的總和。李運富認為："在目前的條件下，按地域區别'楚系文字''齊系文字''秦系文字'等衹是材料範圍的劃分，並不是文字體系上的分類。傳統所謂戰國時代各國'文字異形'，其實質應該是就局部的字體風格和個體的字符形態而言。如果説戰國時代各地文字的'特點'或者説差異就在於此的話，那我們完全有理由説這些各具'特點'的列國文字實際上屬於一個文字體系，衹是在這個體系之中有各種不同的書寫風格，有比較普遍的異寫異構現象，而這正是'戰國文字所共有的特點，即：地區之間頗有分歧，同地區也有很多殊異，形符、聲符和偏旁位置不固定，假借現象普遍等。'"[③]李運富進一步明確了"文字異形"的概念，是"局部的字體風格和個體的字符形態"，字符形態如果就是後文説的異寫異構的話，概念是明確的，但風格是書寫者所表現出來的格調特色，那麼各諸侯國的文字的"格調特色"是什麼呢？恐怕説成是一種書寫習慣呈現的某些習氣，這樣就比較明白。

裘錫圭指出："各地區金文的特色主要表現在書寫風格上，字形大體上還是相似的。承認春秋各地文字書寫風格有差異，不過構造是相似的。"[④]王寧認為戰國文字的差異很大程度上是字體風格差異，政治分割時間越長，這種差别越顯著，這便是秦系、楚系與東方五國文字相區别的原因[⑤]。它是戰國字形差異的萌芽，是異形的端倪。黄德寬等對此作出比較中肯的評價："春秋時期所形成的區域性特徵寫法大多延續至戰國，成為戰國文字區域特徵的重要部分。字體風格方面，春秋中晚期南方楚、吴、越、蔡、宋等國流行鳥蟲書紋飾之類美化裝飾性書體，也表現出明顯的時代與區域特色。"[⑥]南方楚、蔡、吴等國出現裝飾性的形體，是追求文字形體藝術的多樣化，並非通行字體變異，還不能稱作文字異形。而風格一般用來指個性格調，如藝術上的各種風

① 趙學清：《戰國東方五國文字構形系統研究》，上海教育出版社 2005 年版，第 42—51 頁。

② 何琳儀：《戰國文字通論》，江蘇教育出版社 2003 年版，第 85 頁。

③ 李運富：《戰國文字"地域特點"質疑》，《中國社會科學》1997 年第 5 期。按，該文所引"楚系文字""齊系文字""秦系文字"的觀點引自馬國權《戰國楚竹簡文字略説》，《古文字研究》第三輯，中華書局 1980 年版。

④ 裘錫圭：《文字學概要》，商務印書館 2015 年版，第 52 頁。

⑤ 王寧：《漢字字體研究的新突破——重讀啟功先生的〈古代字體論稿〉》，《三峽大學學報（人文社會科學版）》2001 年第 3 期。

⑥ 黄德寬等：《古漢字發展論》，中華書局 2014 年版，第 313 頁。

格。古文字的風格實際含義是書寫的好尚形成的書寫習慣，是一種流行的習慣支配的書寫活動，這種風格的積累會影響形體的變異。

宋代鄭樵《寄方禮部書》："三代之時，諸國不盡同，猶今諸番之所用字皆不同也。秦始皇混一車書，然後天下之書皆用秦體。"鄭樵拿諸番比喻戰國文字異形，所謂諸番，即是中原周邊少數民族，鄭樵生活在北宋和南宋間，當時自稱番者為西夏，黨項人骨勒茂才編的雙語詞典，名之為《番漢合時掌中珠》。西夏文出於漢字，同為表意文字，但是構件筆畫形式，原字（即漢字的獨體文）組成完全不同，在形體上毫無共同點。如果以廣義的諸番來説，契丹、女真之大字是表意文字，少量與漢字相同，大部完全不同，小字則採用標音或部分標音，在文字制度上與漢字迥別。宋朝西南吐蕃，也屬於諸番之列，使用的標音文字，與漢字無一點關係。戰國文字異形並不是漢文與諸番的文字制度之別，這個比喻明顯是不合適的。

戰國文字的異形主要表現在兩個方面，一是地域之異形，二是自身之異形。

許慎謂"言語異聲，文字異形"，是對七國而言，所以形體的地域差異是主要矛盾。

北文指出，古代文字的區域性差異很早就存在，春秋時代晉國的欒書缶銘文就是一個突出的例子，"季"從左右結構寫作"秄"，"春"從"芚""月"寫作"萶"，"祈"從"厂""斤"寫作"厎"。戰國時期"文字的應用日益廣泛，新造的字、簡化字和異體字大量流行，字形的變化十分激烈，地區間的差異也更為顯著"。該文以"馬""安""乘"等字，列舉了齊、楚、燕、三晉文字的不同字形，有正體差別外，還有偏旁上的不同；並且指出，當時的同一地區，字形也不盡一致①。

陳直進一步指出六國文字，各自為體，殊形詭制，變化無方。"如齊陶文'伯'作'敀'，燕戈文'燕'作'郾'，楚鼎文'悍'作''，梁幣文'梁'作''之類，比較尚可以推測。而六國共同的奇文，則為'璽'字，皆寫作'鉢'。因璽本玉質，以改用銅質，故變為從金，又或改用陶質，寫作'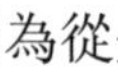'字，故變為從土，這都是從古文而改。"但他並不完全贊同王國維的觀點，説："王國維謂秦用籀文，六國用古文，實則六國各用一體，此説尚不敢完全同意。"②

筆者還是舉"馬"字為例，由於羨筆、省筆、草寫在日常書寫中不斷地改變形體，又從手書影響銘文，形成各地差異的字形，"馬"大致可以分為三個變異系列：

一是秦系：（盂鼎），（虢季子白盤），（石鼓文），、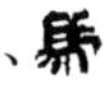（關沮秦簡），（睡虎地秦簡），（里耶秦簡）。

二是三晉系：、（侯馬盟書），、（中山圓壺），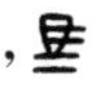（郾侯簋），、（三晉

① 北文：《秦始皇"書同文字"的歷史作用》，《文物》1973年第11期。

② 陳直：《秦始皇六大統一政策的考古資料》，《文史考古論叢》，天津古籍出版社1988年版，第311—312頁。

貨幣)，、(古璽彙編)。

三是楚系：(鄂君啟金節)，(曾侯乙墓)，、(包山楚簡)，(郭店楚簡)。

從西周同一字形開始，不同地域的文字經歷了不同的發展過程，通過改變方向、省略、重組，戰國時期變為迥異的形體。同一地區之内也有小異，在於習慣，在於筆畫增減、安排位置或者方向的變化：

晉系如“中”：、(侯馬盟書)，(中私官鼎)，(子禾子釜)，(古陶文彙編)；

齊系之“區”：(古陶文彙編)，(子禾子釜)，(古陶文彙編)，(古陶文彙編)。

東土六國文字的顯著特點就是一字多體，即使一國之内、一篇之内字形多變，六國異形首先是自身的異形。自身差異是指一地、一人、一篇同字的異形。

在20世紀70年代漢代出土文獻中有同句中同字異形的情況，包括使用不同假借字和不同字形，筆者發現是故意為之，並非失誤。這種做法恰恰是書寫者熟練掌握文字而追求的效果。隨著楚簡的不斷出現，這種現象越來越多，筆者的觀念也逐步清晰起來，文字異形是當時的風尚，是書寫者富於文字修養的體現。清代翟灝《通俗編》卷一：“古鐘鼎文字子二孫二皆不複書，《周宣王石鼓文》：君子員獵，員獵員遊。雖四字相間，猶作員二獵二。……《升庵外集》二乃古文上字，言字同於上，省複書也。”翟灝引楊慎(升庵)的“二”為“上”字的説法是錯誤的，但是他提出“不複書”的概念很有啟發意義。所謂“不複書”就是不再重複同一字形，用重文號是一個方法，但不是唯一的方法。徐寶貴提出的青銅銘文的同文避複實際是“不複書”的一種方法，這種現象以前不為人注意。徐寶貴詳細地列舉了青銅器銘文重出字變形避複的方法。不過，古人避複不是語言藝術，徐寶貴所言“古人的語言藝術，它可以使詞語避免重複呆板，從而使語言的表達更加鮮明生動，更加富有表現力和感染力”。這種觀點值得商榷，筆者認為字形問題無關語言優劣，美化的衹是書面的形式。它與書法藝術有點關係。“在同時同地所鑄所刻的同一篇銘文中，一些重複出現的字就有各種各樣的變化”①，這屬於書法藝術寫異體字的辦法。山東五蓮縣北盤古城發現戰國時期的銅劍、戈、箭鏃，也發現了齊國的銅璽印，可以得到證明(圖1下1－1)。

圖1下1－1

八方銅印陽文四字“左桁正(征)木”，其中“正”字既有小篆體，也有古體，也有隨

① 徐寶貴：《商周青銅器銘文避複研究》，《考古學報》2002年第3期。

意省略的手寫體[1]。"左""桁"二字寫法也各有不同。這個例子可見東土文字同字形體互異,是當時的風尚。

"不複書"的辦法可以使得字形多變,引起讀者的注意力,當然主要是顯示出書寫者的文字修養。筆者在 20 世紀 80 年代提出了古文字假借和轉注的問題,認為假借和轉注是標形文字特有的重要功能,是對象形、指事、會意、形聲四種造字方法的補充,對於完善古文字的功能具有關鍵的作用[2]。在假借功能的支配下,任何同音字都可以表示某個詞,字形處於不穩定的狀態。轉注是對假借的限制,通過標注本字的辦法,把標音性的假借字變成一個複合體,使得不明字義清晰起來。轉注也是一個字,主觀上認為能顯示假借字義的字都可以稱為轉注字,根據不同的選擇,同一個意義,轉注字是不同的。而且,對於假借字是否妨礙字義也是由主觀決定的。因此同一個字義可以採用不同的假借字,可以標注或者不標注轉注字,個人可以選擇不同的轉注字。不僅如此,轉注字又可能淪落為假借字,在轉注字上依然存在加注轉注字,形成反復的疊加字形。因此標形文字性質的先秦文字本質上是字形不穩定的,或恐那些"不複書"的習慣是因此而生。

總之,戰國的文字異形既有地域差別,也有非地域的異性,兩者構成了複雜的"文字異形"局面。

第二節　秦統一文字形體

《史記・秦始皇本紀》: 二十六年(前 221 年),分天下以為三十六郡,東至朝鮮,西至臨洮、羌中,"一法度衡石丈尺,車同軌,書同文字",在統一後廣大的疆域內流通,文字異形會帶來交流的不便,甚至影響政令的傳達。秦統一六國之後,確立了中心權威,重新統一文字既有必要,也有可能。

《說文・敍》曰:"秦始皇初兼併天下,丞相李斯乃奏同文字,罷其不與秦文合者。斯作《蒼頡篇》,中車府令趙高作《爰歷篇》,太史令胡毋敬作《博學篇》,皆取史籀大篆或頗省改,所謂小篆者也。"統一的措施是用秦文取代六國文字,即廢除六國文字,把秦國文字推廣到全境,以蒙學《三蒼》作為秦文的樣本。

郭沫若說:"晚周的兵器刻款、陶文、印文、帛書、簡書等民間文字,則大有區域性的不同。中國幅員廣闊,文字流傳到各地,在長遠的期間發生了區域性差別。秦始皇帝'書同文字',是廢除了大量區域性的異體字,使文字更進一步整齊簡易化了。"[3]《史

① 郭沫若:《古代文字之辯證的發展》,《考古》1972 年第 3 期。
② 陸錫興:《假借轉注再研究》,《語言研究》1986 年第 1 期。
③ 郭沫若:《古代文字之辯證的發展》,《考古》1972 年第 3 期。

記・李斯列傳》:“有欲學者,以吏為師。……明法度,定律令,皆以始皇起,同文書。”推行秦文的主導者為秦吏,官吏是政令的執行者、秦文字的使用者,由他們來具體落實做法。吳白匋(1906—1992)認為統一秦文的是隸書:“秦始皇針對文字異形的情況,整理秦文,分為兩體,用來統一六國文字。由於隸書本身具有易學易寫的優越性,符合簡化文字的需要,所以這次整理和統一文字的眞正進步之處就在於承認隸書為常用的字體。”[①]所謂秦隸實際是秦篆的手寫體,由於書寫者的閱歷、文化水平、書寫習慣,手寫體很難嚴格規範統一,所以統一的主要不是手寫體(隸書),而是正體篆書,如秦權上的詔版文字。統一文字的過程就是秦政令推行的過程,秦吏所至,秦文字隨即推行到那裡,不需要很長時間。

全國南北都發現了衡器、量器上的詔版,其上小篆無一例外,都是相同的形體。1982 年陝西省禮泉縣藥王洞鄉南晏村一處發現多件詔版。北私府半斗量,高 7 厘米,口長 20.8 厘米,重 1 275 克,斗形橢圓,短柄,中空,可以安裝手柄。量面刻字 3 行,自右向左排列:“北私府半斗一。”柄的左側兩面刻“私”字,北私府量在戰國秦造,秦朝建立後,加刻始皇詔,二世繼位,再加刻二世之詔[②]。量左右外壁分別刻兩個相同的詔版文字,量外底刻秦二世詔書。這些字雖然分刻,字形完全相同(圖 1 下 1－2)。咸陽長陵車站秦代作坊出土多件秦詔版,有兩件秦二世詔版較完整,皆為小篆,與其他地方出土物無異[③](圖 1 下 1－3)。甘肅鎮原縣城關鎮富坪村出土 1 件秦二十六年銅詔版,有 4 個洞(圖 1 下 1－4),用以釘在器物上[④]。

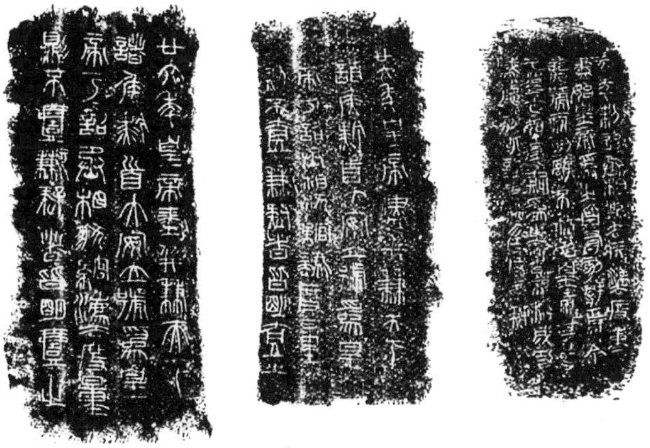

圖 1 下 1－2

① 吳白匋:《從出土秦簡帛書看秦漢早期隸書》,《文物》1978 年第 2 期。

② 魏勇娥、安子:《秦統一文字、度量衡和貨幣的實物見證》,《陝西歷史博物館》第 9 刊,三秦出版社 2002 年版,第 195 頁。

③ 陝西省考古研究所:《秦都咸陽考古報告》,科學出版社 2004 年版,第 153 頁。

④ 王博文:《甘肅鎮原縣富坪出土秦二十六年銅詔版》,《考古》2005 年第 12 期。

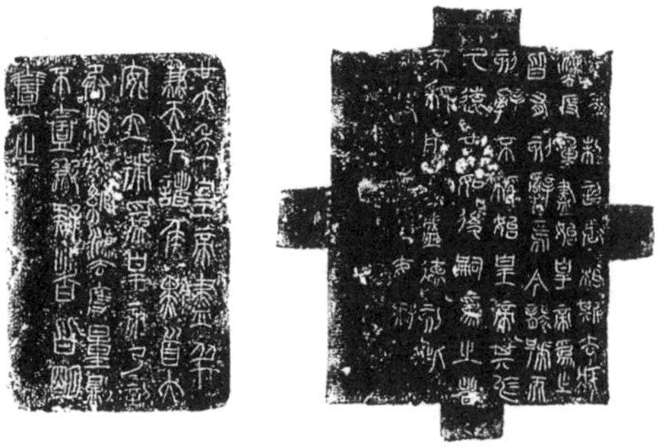

圖 1 下 1－3

圖 1 下 1－4

各地發現的詔版字形幾乎為一人所書，如何達到一致，無非是訓練書吏，或者發行範本，兩者都是有效的辦法。從詔版統一的字形細節，可以看出秦統一文字的措施，周到而堅決。

湖南益陽兔子山遺址 9 號井發現竹木內容為秦末詔書等文牘，有字簡牘 579 枚。簡文多數用楚國文字書寫，有些風格接近秦篆，有一簡雙面書寫，一面楚文，一面秦文①。楚文字與秦文同時出現，反映了秦文字推行的初期狀態。

前文説過，自身形體也有同異問題，它也是文字統一的內容。

陳侃理認為："秦代'書同文字'的政策不僅是命令山東六國地區改用秦系文字，還包括文字使用規範的建立，並且相關的規定細緻到了個別字的寫法和用法。"②

秦文字具有特別優越的條件，它處宗周舊地，很好地保存了文字形體。演變合乎規則，結構没有大變，繼承了中原文字的正統地位。即使到了戰國後期，依然代表宗周文字正脉。以"中"字為例，楚國郭店《老子》簡，一書之內異形複雜，羡筆強於主體，隨心所欲，一字多體。請看：

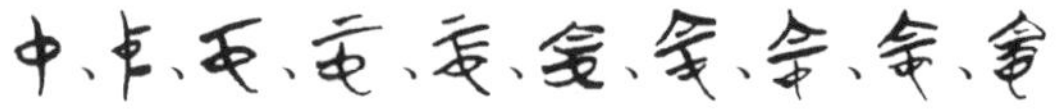

秦文則基本一致，不同時期，不同地方，寫法基本不變。如：

（放馬灘），（睡虎地），（關沮），（龍崗）

書同文的兩個方面，一是消除地域差異，這種差異一般是政權分裂造成的；二是本地區內的字形差異。政權因素由於行政干預，這種異體有一定內在的條理和較深的習慣勢力，必須用行政的措施來解決，這是秦始皇統一文字的主要措施。而且文字使用的體制形成的異形，也需要有行政的約束。張振林認為："春秋後期至戰國時期的文字異形現象，並不是諸侯分割造成的，而是文字自身發展形成的。'諸侯力政，不統於王'，頂多不過是外因之一，使繁化、異化、簡化趨勢缺少統一政權的遏制約束，成

① 湖南省文物考古研究所、益陽市文物處：《湖南益陽兔子山遺址九號井發掘簡報》，《文物》2016 年第 5 期。

② 陳侃理：《里耶秦方與"書同文字"》，《文物》2014 年第 9 期。

為範圍大、時間長的現象而已。”①張振林的説法有某些合理性，但是不能否認政權分裂的因素。

《漢書·藝文志》曰：“古制，書必同文，不知則闕，問諸故老。至於衰世，是非無正，人用其私。”這眞是對這個問題的寫照。不解決這個問題，文字異形是不能得到解決的。

裘錫圭指出，秦篆不斷簡化的過程中出現大量的異體，必須對之進行整理，採用的規定字體就是小篆。所謂“或頗省改”就是對秦篆的整理，把簡單但不破壞篆文特點的篆字確立為正體②。從古文字到小篆的演變不僅是單純的形體變化，還包括文字體制的變化。標形文字到表意文字的轉變，兩者很大的區别在於對假借、轉注的使用。前者因為兩個功能造成字形不穩定，後者字詞關係固定化、單一化，“或頗省改”應該包括這方面内容。

戰國文字的異形是一種形體上的現象，異形確實是異化、繁化、簡化原因造成的，更準確地説是書寫習慣造成的局部性差異，但也有文字體制的因素。這些形體上的差異足以影響文字的正常功能。因此秦“罷其不與秦文合者”，要廢棄列國遺留下來的異體問題，必須消除古文字遺留的由假借、轉注形成的字形紛亂。

---

① 張振林：《古文字中的羡符》，《中國文字研究》第二輯，廣西教育出版社2001年版，第136—137頁。

② 裘錫圭：《從馬王堆一號漢墓“遣策”談關於古隸的一些問題》，《考古》1974年第1期。

第二章　漢代篆文從實用到裝飾

第一節　簡帛所見之漢篆

漢篆有三派：一為繼承秦制，用於官印。二為曹熹篆，少異李斯，小變秦篆。三為蔡邕篆法，採斯、熹之法，古今雜形。此三者貫穿了漢代篆書的發展。

《後漢書·光武帝紀上》注引《漢制度》："帝之下書有四：一曰策書，二曰制書，三曰詔書，四曰誡敕。策書者，編簡也，其制長二尺，短者半之，篆書，起年月日，稱皇帝，以命諸侯王。三公以罪免亦賜策，而以隸書，用尺一木，兩行，唯此為異也。制書者，帝者制度之命，其文曰制詔三公，皆璽封，尚書令印重封，露佈州郡也。詔書者，詔，告也，其文曰告某官云云，如故事。誡敕者，謂敕刺史、太守。其文曰詔敕某官，它皆倣此。"策用篆書，三公罪免賜策，用隸書。

篆字大致用於璽印、題銘、金石銘文等。

在漢代隸書為通行字體，篆字使用範圍被大大壓縮，出土的篆文資料非常有限。1977 年安徽阜陽城西南雙古堆 1 號墓出土竹簡，有《蒼頡篇》《詩經》《刑德》等。墓主為漢汝陰侯夏侯竈，卒於文帝十五年(前 165 年)。

《蒼頡篇》本為秦代蒙書，原由三篇組成。秦代的《蒼頡》三篇已經失傳，至今没有發現。《漢書·藝文志》："漢興，閭里書師合《蒼頡》《爰歷》《博學》三篇，斷六十字以為一章，凡五十五章，並為《蒼頡篇》。"漢代的《蒼頡篇》在敦煌、居延烽燧遺址屢有殘簡發現，文字為行草隸書。北大入藏的《蒼頡篇》字數較多，是工整的漢隸。雙古堆 1 號墓殘簡，完整的字有 541 個，發表的圖版有《蒼頡篇》和《詩經》，這是唯一見到的漢代成篇篆書墨蹟。報告公佈了 12 支簡的簡影和摹本，是日常書寫的篆書(圖 1 下 2－1)，處於向隸書過渡的狀態。阜陽漢簡《蒼頡篇》的抄寫年代在漢文帝十五年(前 165 年)之前，距離秦代建國 50 多年、滅亡僅 40 多年，是最接近秦代《蒼頡》三篇文字的，又根據簡文"飭端脩灋"，"端"是避秦始皇名而改，説明這是秦代的傳本，未經漢人修改。所以阜陽《蒼頡篇》是很接近秦代文字面貌的抄本①。敦煌玉門花海漢代遺址出土過漢代《蒼頡篇》之第一章："蒼頡作書以教後嗣幼子承諷謹慎敬戒務力諷誦晝夜勿置苟

① 胡平生、韓自強：《〈蒼頡篇〉的初步研究》，《文物》1983 年第 2 期。

務成史計會辯治超。”①三簡似為一人所書，均為篆文，不過字形訛誤歪斜，不能作為篆書的代表。

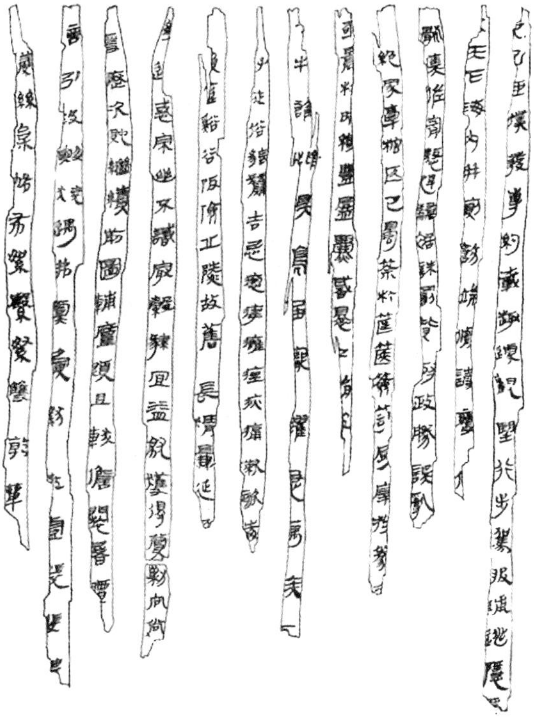

圖 1 下 2－1

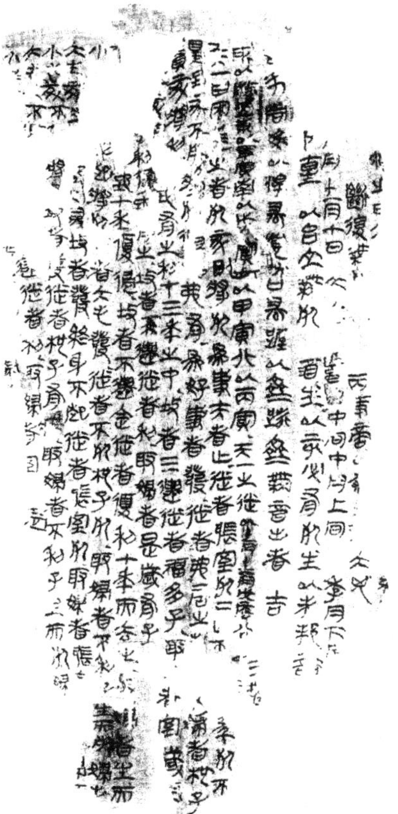

圖 1 下 2－2

長沙馬王堆 3 號漢墓帛書的文字分為兩種：一種是隸書，帶有篆字成分的隸書，準確點説是工整的隸書，即《老子》乙本，筆者稱為史書。另一種是篆書，如《老子》甲本、《式法》等（圖 1 下 2－2）②。這些篆體已經接近隸書，但基本結構還是篆體寫法。總之，馬王堆帛書的篆、隸的界限已經變得模糊起來，這是這個時期的形體特點。1 號墓内的 3 件漆器杮盤針刻朱書字，皆為規整小篆，在漆卮等漆器上有烙印和針刻篆字（圖 1 下 2－3）。

長沙東牌樓東漢簡牘 154 號木簡，有“臨湘令”“勸農”等字，背面隸書“中賊曹”等字，年代在東漢桓靈之時。篆字排列緊密，形體方正，有些字筆端上翹，當為曹熹篆法。木簡自上而下有“令”等字，字跡重疊模糊，下面有“農”“掾”“興”等，似為練字簡。

① 甘肅省文物考古研究所：《敦煌漢簡》，中華書局 1991 年版，1459A、B，圖版 33。
② 馬王堆漢墓帛書整理小組：《馬王堆帛書〈式法〉釋文摘要》，《文物》2000 年第 7 期。

此篆字帶有隸法，字形方正，筆畫間盤曲，與《張遷碑》篆額相類，無疑是繆篆之類，或是曹熹篆體[①]。

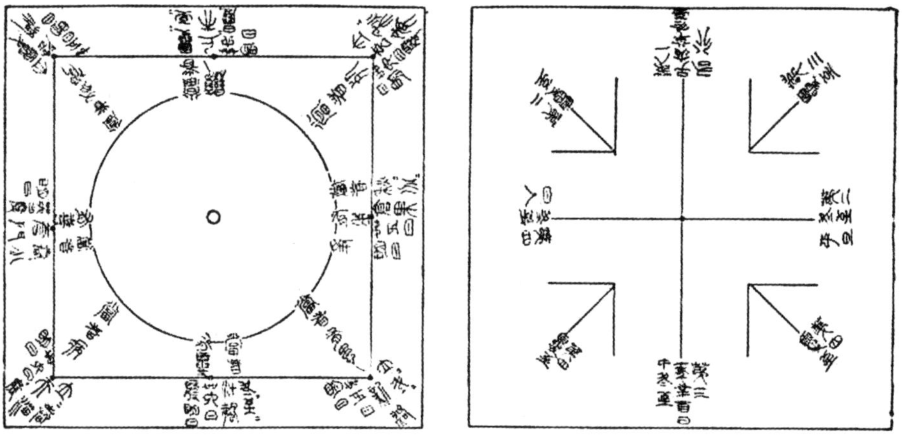

圖 1 下 2－3

圖 1 下 2－4

衛恒《四體書勢》："秦既用篆，奏事繁多，篆字難成，即令隸人佐書，曰隸字。漢因用之，獨符壐、幡信、題署用篆。"漢代的幡信發現多件，均在甘肅，氣候乾燥，不易腐爛，得以保存。

20 世紀 70 年代在居延肩水金關遺址出土棨信 1 件，高 21 厘米、寬 16 厘米，朱紅色織物製作，上有墨書篆字"張掖都尉棨信"[②]（圖 1 下 2－4）。李學勤指出，《説文》棨字，從啟省聲，此字不省。筆畫微作屈曲，"似乎是故作蜿蜒，是否就是為專門用來書寫幡信的蟲書？"[③]後來發掘者説明，字之筆畫屈曲是織物未平正展開造成的，所以它是一般的篆字。

1957 年武威磨咀子 4 號漢墓出土柩銘"姑臧西鄉閹道里壺子梁之[柩]"（圖 1 下 2－5），長 2.06 米、寬 0.45 米，紅色絲織物。1959 年，武威磨咀子 22 號漢墓出土柩銘"姑臧渠門里張□□之柩"（圖 1 下 2－6），長 2.20 米、寬 0.37 米，褐色絲織品，可惜朽壞較甚。武威磨咀子 23 號漢墓出土柩銘"平陵敬事里張伯升之柩過所毋哭"（圖 1 下 2－7），長 1.15 米、寬 0.38 米，黃色麻布[④]。

① 長沙市文物考古研究所、中國文物研究所：《長沙東牌樓東漢簡牘》，文物出版社 2006 年版，154 簡，圖版 62。

② 甘肅居延考古隊：《居延漢代遺址的發掘和新出土的簡冊文物》，《文物》1978 年第 1 期。

③ 李學勤：《談"張掖都尉棨信"》，《文物》1978 年第 1 期。

④ 甘肅省博物館：《甘肅武威磨咀子漢墓發掘》，《考古》1960 年第 9 期；甘肅省博物館、中國科學院考古研究所：《武威漢簡》，文物出版社 1964 年版，第 148—149 頁，圖版 23。

圖1下2-5

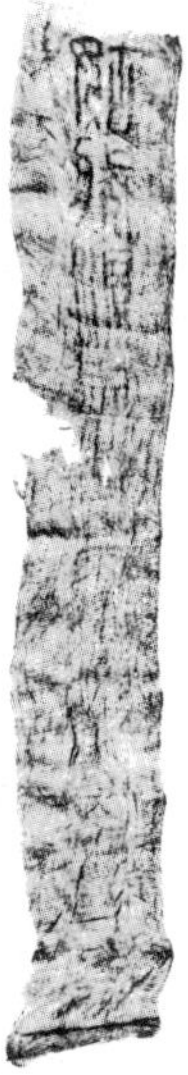

圖1下2-6

圖1下2-7

這些篆字形體多有不合正篆者，如（平）、（子）、（粱），其中對稱筆畫加以蜷曲，（陵）、（之）均末筆拖長下垂，而（升）、（里）、（壺）三字結構不規範，屬於錯誤形體，是民間流行的俗篆；根據出土的王杖十簡的年代，這些銘旌篆書的書寫年代在西漢元帝（前48　前33）之後，均説明俗篆不自曹熹起。

第二節　漢代之封泥

古代印璽用於泥封保密，封泥是印章壓痕，原印是陰文，鈐在泥上便成了陽文，封泥成團狀，四周呈不等的寬邊。封泥是璽印的產物，一枚印能打出無數封泥，因此封泥的數量遠遠超過印章。人們收集封泥，作為認識漢代篆文的一個重要途徑。璽印與封泥是一體兩個面，形體問題放在繆篆中討論。

廣州南越王墓出土皇帝金印、玉印等，還發現了一些封泥和陶印文，字形為小篆，帶有秦印風格。封泥有"帝印""眛""衍""廚丞之印""泰官""鄰鄉侯印"等，陶戳印有"長樂宮器"等①（圖1下2-8）。

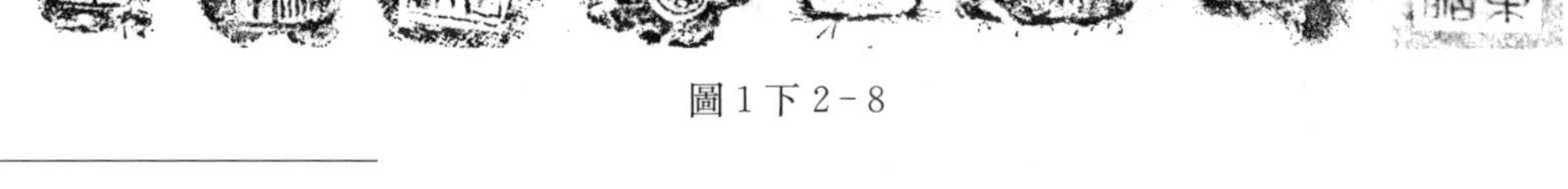

圖1下2-8

① 廣州市文物管理委員會、中國社會科學院考古研究所、廣東省博物館：《西漢南越王墓》，文物出版社1991年版，第23、33、142、201、207、222、249、252、272、298頁。

徐州獅子山楚王墓出土印章近200枚。絕大部分為官印，其中5枚銀印。並出土封泥30餘枚，均係官員贈送物品封緘之用①。

1977年徐州土山2號漢墓陸續發現、徵集封泥22方，有“楚□僕□”“楚宮司丞”“北平邑印”“彭城右尉”“養陵鄉印”等。此墓主為東漢楚王，出土皆為楚國官職封泥②。2004年發掘2號墓以來共發現約4 500方。不過封泥並非出於墓室，而出於封土之中，年代在西漢中晚期，是楚國與彭城縣遺物，字形方正，筆畫圓轉，不同於西漢早期風格③。

1958年臨淄齊國故城劉家寨出土一批漢代封泥，共計40餘件④(圖1下2－9)。

圖1下2－9

圖1下2－10

山東臨淄區齊國故城出土漢代封泥有“司空□□”“齊中廄丞”“齊內史印”“齊哀滈丞”“齊武庫丞”“東安平丞”“狄丞”“高鄉”“淳于丞印”“濮陽丞印”“昌陽丞印”“臨淄丞印”“臨朐丞印”“呂丞之印”“左市”“安平鄉印”“信安鄉印”“廣文鄉印”“定鄉之印”“□望鄉印”“定陵邑印”“安鄉”等(圖1下2－10)⑤。

1987年10月至1988年5月間，西安漢長安城未央宮少府建築遺址出土封泥111件，大致有三種內容：一是人名章，如“臣尊”“臣克”“臣朋”“臣采”；二是“某某章”，如“司馬喜章”“掌牧大夫章”“湯官飲監章”；此外也有稱作“印”的，如“□史□之印”⑥(圖1下2－11)。

① 獅子山楚王陵考古發掘隊：《徐州獅子山西漢楚王陵發掘簡報》，《文物》1998年第8期；王愷：《獅子山楚王陵出土印章和封泥對研究西漢楚國建制及封域的意義》，《文物》1998年第8期。

② 李銀德：《徐州土山東漢墓出土封泥考略》，《文物》1994年第11期。

③ 李銀德：《徐州土山東漢墓出土封泥考略》，《文物》1994年第11期；呂健、杜益華：《土山漢墓出土封泥原生堆積地點及性質探析》，《東南文化》2015年第2期。

④ 山東省文物管理處：《山東臨淄齊故城試掘簡報》，《考古》1961年第6期。

⑤ 張龍海、張愛雲：《山東淄博市臨淄區齊國故城出土漢代封泥》，《考古》2006年第9期。

⑥ 中國社會科學院考古研究所：《漢長安城未央宮：1980～1989年考古發掘報告》，中國大百科全書出版社1996年版，第176—179頁，圖版230—232。

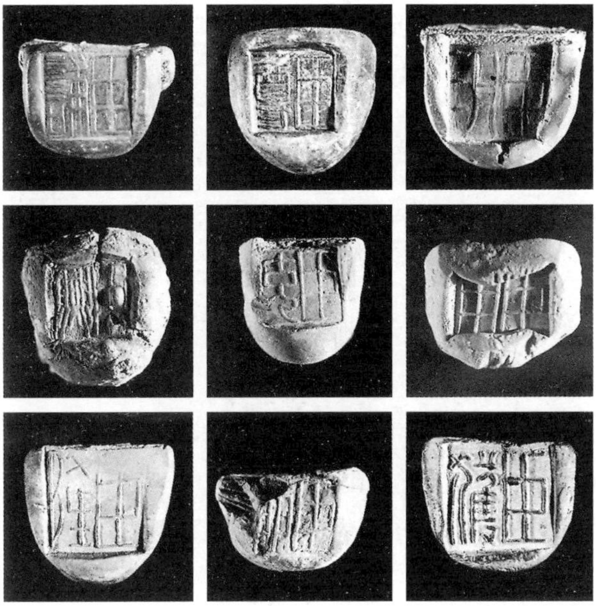

圖 1 下 2－11

圖 1 下 2－12

近年漢陽陵出土封泥多達 1 000 餘枚，陽陵帝陵東側 11～21 號外藏坑出土封泥有"大官丞印""大官令印""導官令印""東織令印"①(圖 1 下 2－12)。

此外，"羅經石"遺址、東區陪葬墓、陽陵邑遺址也有發現，其中陽陵邑出土的數量最多。楊武站按照朝官及其屬官、地方官及專門機構、私印三類封泥論述，並發表了部分封泥②(圖 1 下 2－13)。

圖 1 下 2－13

① 陝西省考古研究院：《漢陽陵帝陵東側 11～21 號外藏坑發掘簡報》，《考古與文物》2008 年第 3 期。
② 楊武站：《漢陽陵出土封泥考》，《考古與文物》2011 年第 4 期。

1994 年 12 月至 1995 年 4 月，南京博物館與徐州兵馬俑博物館聯合對江蘇徐州市雲龍區獅子山西漢兵馬俑坑以東獅子山頂一座漢墓進行發掘，出土有“符離叢印”“楚中尉印”等封泥 80 餘枚。僅在存放食品處就發現封泥 29 枚，有“蕭丞之印”“蘭陵之印”“下邳丞印”等[①]。

1977 年在徐州南部的土山漢墓陸續出土若干封泥，徵集到 22 方[②]。1996 年陝西歷史博物館公佈了 69 枚封泥，分官印封泥、私印封泥和其他三大類，這些封泥來自漢長安城遺址以及基本建設考古發掘。其中大部分是漢代官印(圖 1 下 2 - 14)[③]。

長陵之印　長信永巷　將作少府　將作大匠章

郫令之印　樂浪太守章　臨淮太守章

圖 1 下 2 - 14

山東省博物館發表了 8 枚封泥，在臨淄出土，係原山東省立圖書館舊藏[④]。

寧夏鹽池張家場古城發現封泥 5 件，“胊施丞印”“龜茲丞印”“承烈令印”“邑丞□”“龜茲令印”(圖 1 下 2 - 15)[⑤]。

圖 1 下 2 - 15

圖 1 下 2 - 16

定西縣巉口漢代遺址發現新莽權衡，又發現了漢代封泥，邊長 2.5 厘米，陽文“穎陰丞印”[⑥](圖 1 下 2 - 16)。

元代楊遵編《楊氏集古印譜》之王沂序文中提出“秦璽”説法；此後，歷代編集不輟，成為古代封泥之大宗。明代甘暘《印章集説》:“秦之印章，少易周制，皆損益史籀之文，但未及二世，其傳不廣。”清代陳介祺《封泥考略》謂秦印字形接近石鼓文、李斯小篆，印面有十字界格等。近代吳熊輯《封泥彙編》為漢代官私印封泥譜錄，一卷，1931 年上海西泠印社影印出版。吳氏收集古鉩 12 方，漢官印 108 方，漢諸侯王璽印 3 方，漢王國官

① 王愷、葛明宇：《徐州獅子山楚王陵》，生活・讀書・新知三聯書店 2005 年版，第 101 頁。

② 李銀德：《徐州土山東漢墓出土封泥考略》，《文物》1994 年第 11 期；獅子山楚王陵考古發掘隊：《徐州獅子山西漢楚王陵發掘簡報》，《文物》1998 年第 8 期；耿建軍：《試析徐州西漢楚王墓出土官印及封泥的性質》，《考古》2000 年第 9 期。

③ 吳鎮烽：《陝西歷史博物館館藏封泥考(上)》，《考古與文物》1996 年第 4 期；《陝西歷史博物館館藏封泥考(下)》，《考古與文物》1996 年第 6 期。

④ 王之厚：《山東省博物館藏封泥零拾》，《文物》1990 年第 10 期。

⑤ 耿志強：《鹽池張家場古城址調查》，《中國國家博物館館刊》2013 年第 4 期。

⑥ 張克仁、杜蔚：《定西出土一漢代封泥》，《中國文物報》1998 年 8 月 9 日。

印 96,漢侯國官印 32 方,漢州部官印 1 方,漢郡國官印 141 方,漢縣邑道官印 390 方,漢晉蠻夷印 2 方,新莽官印 57 方,漢私印 161 方,全書共輯錄 1 115 方,古璽封泥僅存 12 枚而已。此外,大部分封泥譜中不限於先秦,漢魏封泥兼而有之。

周曉陸等進一步指出,秦代封泥文字纖細圓轉,末筆下垂,而漢印文字略粗,方正寬博,字畫均勻而趨平[①]。秦漢在行款上也有所不同,封泥泥面,秦較為隨意,以右起豎行為主,也有左起橫行、右起橫行以及交叉讀文等不規則做法,漢則基本右起豎讀,規則甚嚴。

第三節　漢代之瓦當文、磚文

瓦當是設在瓦端遮蓋簷頭的特製瓦材,它與一般瓦的區別在於瓦的下端連著一個圓形的遮蔽物,古人為了美觀在上面模印了花紋和文字,這種文字就叫作瓦當文。戰國時期瓦當模印饕餮紋、人物、鳥獸紋,文字瓦當很少,西漢時期建造了大量的宮殿建築,這些建築的磚瓦常用動植物紋樣和文字來裝飾,而文字瓦當表達明確吉語,深受歡迎。文字瓦當在大部分省份的漢代建築遺址均有發現,尤以陝西、山東和河南三省為最多。瓦當採用篆文和各種圖案,文字優美,富有裝飾意味。自宋代金石學興起,就收羅著錄,後納入金石學範圍。瓦當在宋時尚不受重視,金石家歐陽修、洪适諸家皆不載,僅見零星談及,金石文字大家黃伯思《東觀餘論》卷下"古瓦辨"談到,近有長安民獻秦武公羽陽宮瓦十餘枚,"首有羽陽千歲萬歲字",不過他是著眼瓦硯而言,非關瓦當文。清錢泳《履園叢話・閱古・秦漢瓦當》:"瓦當者,宋李好文《長安圖志》謂之瓦頭,蓋屋瓦皆仰,當兩仰瓦之際,為半規之瓦以覆之,俗謂瓦筒是也。云當者,以瓦文中有蘭池宮當、宗正官當、宜富貴當、八風壽存當,是秦漢時本名。""乾隆初年,浙人有朱楓者,以其子官關中,又得瓦當之有文者三十餘種,因作《秦漢瓦圖記》。至四十八九年間,鎮洋畢秋帆先生為陝西巡撫,嘗著《關中金石記》,採瓦當文字十餘種入記中。幕府諸客,如張舍人塤、宋孝廉葆醇、趙文學魏、錢別駕坫、俞太學肇修所獲瓦當最多。後青浦王蘭泉先生為陝西廉訪,亦獲廿餘種。而海內通博之士依兩公以遊者,歲不乏人,亦往往獲瓦以去。時陽曲申大令兆定正候補長安,亦深好古篆籀之文,見諸君所得有異文奇字者,皆為雙鉤,用舊磚摹仿,較之原本毫髮無遺,故特備於諸君。而歙縣程彝齋敦為作《秦漢瓦當文字》一卷。"民國以來,收集整理瓦當之風不減,包括磚文等。羅振玉有《秦漢瓦當文字》[②],內容豐富。

---

① 周曉陸、路東之、龐睿:《秦代封泥的重大發現》,《考古與文物》1997 年第 1 期。
② 羅振玉:《秦漢瓦當文字》,上虞羅振玉宸翰樓 1914 年石印本《永慕園叢書》。

近年來隨著秦漢建築遺址的有序發掘，瓦當層出不窮，瓦當文字的研究出現了新的熱潮，已有多種瓦當圖集面世。陝西省博物館《秦漢瓦當》，文物出版社 1964 年出版；李發林《齊故城瓦當》，文物出版社 1990 年出版；羅振玉、程敦《秦漢瓦當文字》，齊海出版社 1972 年出版；西安市文物管理委員會《秦漢瓦當》，陝西人民美術出版社 1985 年出版；楊力民《中國古代瓦當藝術》，上海人民美術出版社 1986 年出版；陝西省考古研究所秦漢研究室《新編秦漢瓦當圖録》，三秦出版社 1986 年出版；袁仲一《秦代陶文》，三秦出版社 1987 年出版；錢君匋等《瓦當彙編》，上海人民美術出版社 1988 年出版，書中含印圖案當以及陶文；徐錫臺等《周秦漢瓦當》，文物出版社 1988 年出版；張文彬《新中國出土瓦當集録・齊臨淄卷》，西北大學出版社 1999 年出版；傅嘉儀《中國瓦當藝術》，上海書店出版社 2002 年出版；陳直撰輯《關中秦漢陶録》，中華書局 2006 年出版。

秦漢瓦當主要價值在文字部分。文字根據內容可以分為宮殿、市署、地名、吉語、干支等，字數一般不多，四字為主，也有少於四字、多至十多字者。

流傳下來的瓦當都是從市場購得，出土情況不明，至於秦、漢分辨不清，甚至造假瓦當混跡其中。20 世紀科學考古發掘整理，各個建築遺址出土了多批瓦當，斷代有可靠依據。《履園叢話・閱古》謂"維天降靈，延元萬年，天下康寧"12 字瓦，"得於長安市中者，諸君斷為秦瓦。"以前都認為秦瓦當文字的 12 字當，是在漢長安城武庫遺址發現的。秦瓦當文數量很少，經過對秦宮殿遺址的科學發掘，纔給予秦瓦當確切斷代。在陝西鳳翔孫家南頭堡子壕遺址發現發掘秦蘄年宮、橐泉宮遺址，發現"蘄年宮當""橐泉宮當""竹泉宮當""來谷宮當"（圖 1 下 2－17），這次科學考察對秦瓦當的斷代具有科學價值①。

圖 1 下 2－17

宋王闢之《澠水燕談錄・事志》記："秦武公作羽陽宮，在鳳翔寶雞縣界。歲久，不可究知其處。元祐六年正月，直縣門之東百步，居民權氏濬池，得古銅瓦，五皆破，獨一瓦完。面徑四寸四分，瓦面隱起四字，曰'羽陽千歲'，篆字隨勢為之，不取方正，始知即羽陽舊址也。"秦之瓦當文字屬於一種美術字體，它的裝飾性似乎是高於實用性，

---

① 陝西省雍城考古隊：《一九八二年鳳翔雍城秦漢遺址調查簡報》，《考古與文物》1984 年第 2 期；劉亮、王周應：《秦都雍城遺址新出土的秦漢瓦當》，《文博》1994 年第 3 期；焦南峰、王保平、周曉陸、路東之：《秦文字瓦當的確認和研究》，《考古與文物》2000 年第 3 期。

因而自行處理相當靈活。一般來説有十字界欄的四字當文，篆字稍微整齊一點，但是因地制宜有些變化。如上面兩個“橐泉宮當”和一個“竹泉宮當”中的三個“泉”字寫法差別很大，兩個“橐”字寫法也不同。秦瓦當很注意圖案花紋裝飾，有些文字嵌入其中，似字非字，似花非花，難以識別，如“年宮”“華市”“日月山川利”“□□羊利”(圖 1 下 2－18)，後面三當是最近纔識讀出來。

圖 1 下 2－18

到了漢代，瓦當文流行起來，不僅可以見諸長安皇帝的宮殿建築，也見於邊陲的諸侯建築，此外大型的禮儀性建築、重要的倉庫等也採用了瓦當文裝飾。瓦當文以小篆為基本字體，偶見有蟲書等花體。因為瓦當是圓形的，把瓦當上的文字分切為半圓、扇形乃至各種不規則形狀，已經形成的以長方形外輪廓和平直筆畫為主幹的秦漢篆字必須作出一些調整。文字大多有些變形，相比之下，磚面方正寬大，篆字結體寬鬆，筆畫舒展。無論瓦當還是面磚，漢代的篆文製作技藝嫻熟，字形姿態優美，富於變化，屬於一種藝術性的篆字字體。

漢長楊宮遺址出土篆字瓦當，如“與天毋極”“克樂未央”以及帶花飾的“宮”“冡”等(圖 1 下 2－19)，篆字依照瓦當的圓面順勢為方形、放射四分之一圓形，結構合乎本字，字形優美[①]。

陝西西安漢長安城有多個宮殿遺址，未央宮出土的“長樂未央”“長生無極”“衛”“千秋萬歲”“與天”瓦當，迴繞中心安排，字形優美，合於文字結構[②]。

圖 1 下 2－19

1997 年 3 月至 7 月和 2000 年 10 月至 12 月漢景帝陽陵帝陵陵園南門遺址出土了很多建築殘件和銅、鐵等其他遺物，其中瓦當引人注意。各類瓦當 494 件，文字瓦當 293 件，以“長樂未央”“千秋萬歲”為多，還有“與天無極”“長生無極”“永奉無疆”

① 劉合心：《長楊宮遺址出土的秦漢文物》，《文博》2004 年第 3 期。
② 中國社會科學院考古研究所：《漢長安城未央宮》，中國大百科全書出版社 1996 年版，第 167、210、258 頁。

“萬歲未央”“與天久長”①。

總的來看，漢代篆文沿襲秦代篆文，是形體規範的小篆，是秦漢篆文中重要的組成部分。漢代的篆文已經退出了實用的領域，它在規整的形體上，又加大了美化處理，使得它變化多端，趣味橫生。

篆文在漢代不是通行的文字，衹是在禮儀場合使用，因此使用之中更加注意篆文的裝飾作用。

1995 年到 1997 年廣州中山四路發掘了西漢南越國宮署遺址，出土了大量磚、瓦、石等建築構件。其中有多件瓦當，文字絕大多數為“萬歲”(圖 1 下 2－20)，從右向左橫讀，有的還留有塗抹的硃砂痕跡。字外有單圈、重圈、三圈②。

圖 1 下 2－20

圖 1 下 2－21

福建崇安縣漢代閩越宮城遺址發現了很多磚瓦陶器，有許多篆文人名戳印，在瓦當上模印花紋和篆文，文為“萬歲”“長樂萬歲”“長樂未央”(圖 1 下 2－21)，其陶文“萬歲”反書、“歲”字均作簡化處理，而“樂未央”筆畫加以曲折。這些出於美觀的設計，增減筆畫，使得瓦當文字佈局均勻，不惜改變篆文的原來結構和筆畫。這是西漢前期的建築③。

眉縣趙家莊遺址出土秦漢瓦當，其中漢代的文字瓦當有多種，如“眉”“長樂未央”“與天無極”④，形體變化較大。

華陰縣的漢代華倉遺址出土的文字瓦當有“與華無極”“千秋萬歲”“吳尹舍當”，皆為篆體。字形小有變化，如“千秋萬歲”之“歲”字，一個是省筆，另一個右置，因而部分結構反書⑤。

曾庸收集了宮殿和官署的文字瓦當，有“黃山”“成山”“長水屯□”“鼎胡延壽”“甘泉上林”等⑥。

洛陽澗西 59 號漢墓發現瓦當，有“長樂萬世”等字。4 個字幾乎都採用省體字，每

---

① 陝西省考古研究院：《漢陽陵帝陵陵園南門遺址發掘簡報》，《考古與文物》2011 年第 5 期。

② 廣州市文物考古研究所、南越王宮博物館籌建辦公室：《廣州南越國宮署遺址 1995—1997 年發掘簡報》，《文物》2000 年第 9 期。

③ 福建省博物館：《崇安城村漢城探掘簡報》，《文物》1985 年第 11 期。

④ 劉懷君：《陝西眉縣兩處秦漢“眉邑”遺址的調查》，《考古與文物》2008 年第 2 期。

⑤ 陝西省考古研究所：《漢華倉遺址發掘簡報》，《考古與文物》1982 年第 6 期。

⑥ 曾庸：《西漢宮殿、官署的瓦當》，《考古》1959 年第 12 期。

字均省略了若干筆畫,“長”“樂”“萬”三字原來筆畫多,省得也多,“世”原來筆畫不多,衹省去了一短畫,這樣處理使得 4 字均匀分佈[①]。

1955 年在西安西郊漢代建築遺址發現一些瓦當,有“延年益壽”“千秋萬歲”“上林”以及花紋瓦當,字形多有變化,“延年益壽”的“益”“壽”的一些部件簡化了,使得 4 個字的筆畫均衡,疏密相當[②]。

有時有的字形為了在瓦當的半圓三角形内分佈合理,有的因勢利導,稍作變化即可,如“延”字利用兩個偏旁錯落,佈滿空間。但是有的没有這種條件,衹能採取其他措施,如“益”字左半筆畫壓縮緊密,右半疏鬆,空間感是合理了,但是看筆畫之間是欹斜了。

秦漢瓦當文字均屬於小篆系統,小篆的結構是它們的基礎。總的來説是因地制宜,根據所處的形勢作出相應的變化,所以它們與正常的字形是有明顯差别的。同時因為它們是建築裝飾的一部分,有裝飾上的要求,歸屬銘刻書,所以極盡美化的手段。

其一,為了充實圓形的當面,文字向外部分,切成四分之一圓面。為了保存文字的完整性,有些安排反體。清代桂馥《札樸・古瓦文》指出:“瓦文曰‘樂當大萬’,或以‘萬’字下半反書。”“漢器萬字多反書。”有些不惜犧牲字形完整性,減少筆畫。

其二,形體多變。瓦當文因勢利導,變化無窮。陽陵瓦當文疏密變化,形體變化,如“長生無極”“與天無極”“千秋萬歲”,同字形體幾無雷同。

其三,採用古體。如“黄山”“成山”當特意保持戰國的黑塊部分,有的還用網格美化。

其四,採用多體。瓦當文字的字體以小篆為主,其中有正篆也有俗篆。南越國宫署當文用的是雲篆,“永受嘉福”也是雲篆。

總之,漢代瓦當文的藝術價值很高,成為文字研究、書法創作取之不盡的源泉。

磚、瓦都是主要建築材料,都摹印文字,磚文多模印在地磚之上,體大量重,不易流轉收藏,而且篆文不如當文那樣變化繁多,磚文的研究自然比不上當文了。磚文著録發軔於宋代,但是直到清代乾隆、嘉慶纔為世人瞭解。光緒十七年(1891 年)陸心源《千甓亭古磚圖釋》之磚文鴻篇問世,磚文世界漸入佳境。清錢泳《履園叢話・閱古・古磚》:“按古磚題字,亦不載於歐、趙著録,惟洪氏《隸續》有‘永平’及‘汝伯甯’諸

① 河南省文物局文物工作隊:《一九五五年洛陽澗西區小型漢墓發掘報告》,《考古學報》1959 年第 2 期。
② 雒忠如:《西安西郊發現漢代建築遺址》,《考古通訊》1957 年第 6 期。

磚，自後無有見者。近來好古之士，漸次搜羅，日出日多。老友海鹽張芑堂徵君作《金石契》，山陰陳雪樵騎尉有《古磚題字考》，又吳興陳抱之太學作《金石圖》，俱載有漢、魏、兩晉、六朝諸磚，又借拓他人所得者，計三十種，傳之藝林。”儘管有人關注磚文，但衹是少數收藏家的愛好，未能進入書齋。

漢代的有字磚，現代不斷出土，體積巨大，每次發現都奪人眼球。

西安西北郊區漢代建章宮遺址發現 1 件細泥硬陶青灰色帶字磚，長條形，底空。長 43.4 厘米、寬 10.1 厘米、厚 8.7 厘米。正面模印陽文“延年益壽，與天相侍，日月同光”①。內蒙古準格爾旗十二連城公社徵集到漢代地磚，磚面上有陽綫田字格，中心與四邊有乳釘紋，格內有“長樂未英”四字，字體屬於繆篆（圖 1 下 2 - 22）。磚長 31.5 厘米、寬 30.1 厘米、厚 5.5 厘米②。

寧夏鹽池張家場古城發現銘文磚 2 塊，內容相同，其中一塊完整，銘文為“大富昌子宜孫樂未央”③（圖 1 下 2 - 23）。

圖 1 下 2 - 22

圖 1 下 2 - 23

光緒三年（1877 年）四川新繁出土富貴昌磚，拓片 44×44 厘米，篆文“富貴昌，宜宮堂。意氣陽，宜弟兄。長相思，毋相忘。爵祿尊，壽萬年”④（圖 1 下 2 - 24）。

坊間流傳近年出土的磚文，對角連讀“長生未央”，另對角為璧紋（圖 1 下 2 - 25）。

圖 1 下 2 - 24

圖 1 下 2 - 25

① 王漢珍、傅嘉儀：《西安漢建章宮遺址出土帶字磚》，《文物》1979 年第 12 期。
② 李三、張俊瑛：《內蒙古準格爾旗發現“長樂未英”字磚》，《文物》1984 年第 3 期。
③ 耿志強：《鹽池張家場古城址調查》，《中國國家博物館館刊》2013 年第 4 期。
④ 高文：《四川漢代畫像磚》，上海人民美術出版社 1987 年版，圖版 111。

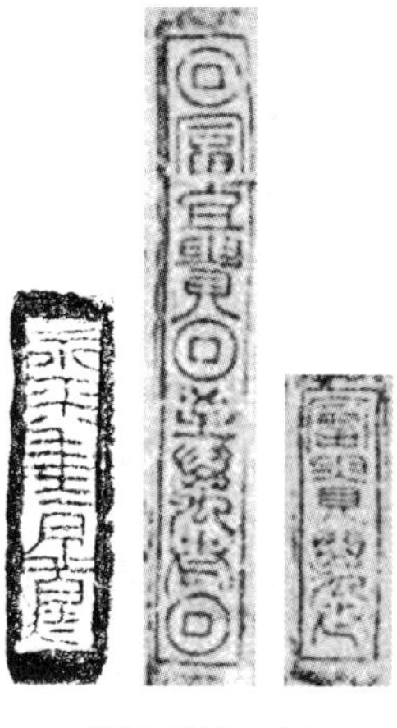
圖 1 下 2 - 26

西安漢長安城未央宮建築遺址多處發現相當數量的陶瓦模印文字，有宮城西角樓建築遺址、中央官署建築遺址、少府遺址、椒房殿建築遺址；前殿 A、B 區建築遺址均有發現，內容比較簡單：有數字瓦戳印陽文“大卅六”“大廿五”“宮右”“宮廿二”“居室”“宮”“居”“工左”“工五十一”“都建平三年”等，均為篆文，近似於秦陶文[①]。陝西淳化縣漢甘泉宮遺址，出土磚瓦戳印“北司”“本”“嘉”“甘”“大六”“甘局”“大匠”“桐”等，字形粗重，皆為篆體[②]。西漢開始流行在墓磚上模印文字，一般在磚的側面，內容有地名、年號、吉祥語句等。僅在四川一地就發現一百多種[③](圖 1 下 2 - 26)。西漢時期多篆文，但是篆文中帶有隸書的結構成分，是簡化後的篆體。東漢則多為隸書，字形一般比較馬虎，隸書更加草率。但是篆書墓磚流傳很久。魏晉南北朝時期篆字墓磚逐步為八分、眞書所取代。

第四節　漢代之石刻篆文

先秦的石刻文字數量很少而且是較晚的秦刻石，可能取決於工具和習慣。漢代的石刻很多，西漢主要是實用性陵墓建築刻石，黃腸石發展為裝飾性畫像石題字，石室檫柱銘刻。東漢中期紀念性碑石突然大增，袁安、袁敞兩碑以精善稱著。桓靈時期八分碑刻興起，篆額極盡瑰麗，發出藝術光彩。

漢代大型墓葬用石料構建，稱為石室墓。有的雖然不是石室墓，但也會使用石料作為構件。從墓道進入墓門，有堵塞進口的封墓石，也叫塞石，塞石上有的有刻文。黃腸石是黃腸木的替代品。秦公 1 號大墓內有完整的柏木黃腸題湊，而漢代既有柏木，後也用石材。黃腸石上的刻字是為了在墓穴內構造做的標記。

梁孝王劉武卒於公元前 144 年，河南永城邙山鎮保安山 2 號墓墓主為其妻子，卒年在公元前 125 至前 124 年之間[④]。保安山 2 號墓為大型的多室崖洞墓，由兩個墓道、三個甬道、前庭、前室、後室、側室以及迴廊等組成。墓道、前庭、甬道及部分側室的門道內，全由塞石封堵。塞石共近 3 000 塊，長方形塞石鑿製規整，排列整齊，幾乎

① 中國社會科學院考古研究所：《漢長安城未央宮：1980～1989 年考古發掘報告》，中國大百科全書出版社 1996 年版，第 25、65、167、206、229、254 頁。

② 姚生民：《漢甘泉宮遺址勘查記》，《考古與文物》1980 年第 2 期。

③ 高文：《漢代瑰寶——記四川出土的漢代紀年磚字磚》，《中國書法》2004 年第 9 期。

④ 河南省文物考古研究所：《永城西漢梁國王陵與寢園》，中州古籍出版社 1996 年版，第 67、69、151、152 頁。

每塊塞石都有刻銘，字面留有硃砂痕跡，有的塞石上書朱書文字，共 300 多個。墓道對面刻“車東”“車西”，字跡端正，筆畫鐫刻精細光潔（圖 1 下 2－27）。這是漢代早期石刻、朱書文字的重要發現，石材上的字用錘、鑿等鐵製工具鐫刻而成，朱書文字用毛筆蘸上硃砂直接書寫在墓壁或石材上面。全部塞石刻文共發現萬餘個，銘文大致雷同，不同的字僅有百餘個。塞石的大小、風格不盡相同。刻石均為篆字，但是精粗不一，字形簡省隨意，因而同字形體多變。刻寫者的技法不同，字體風格不同。東墓道、前庭刻字筆畫規整勻稱。西墓道刻字渾樸凝重，1 號甬道刻字字小，筆畫卻粗細不等；2 號甬道字大，有的字大盈尺，粗放流暢；3 號墓道刻字整肅，筆畫粗大潤澤。“縱觀這批文字，基本上屬於篆體，字體都較扁方，也有少數文字亦篆亦隸。”因簡化、訛變而出現了一些異體字，如“袤”作 、“第”作  等；有的還使用通假字，如“黄”假作“廣”、“厓”假作“崖”等①。

圖 1 下 2－27

圖 1 下 2－28

龜山 2 號西漢崖洞墓南墓甬道發現塞石 26 塊，塞石粗糙，有刻文和朱書文，筆畫未經修整，邊毛。內容可分兩類，一類是塞石編號，另一類是楚夷王劉郢（前 175 年卒）遺訓，44 字，分 9 行，字跡不甚清晰（圖 1 下 2－28）。朱書文寫的是塞石的大小等。報告認為，龜山銘刻字體介於篆隸之間，“其中一些字及一些字的偏旁部首保留明顯的篆意，但主要的還是以隸體為主，即人們習稱的‘古隸’”②。實際上塞石的文字基本是篆體，但因是石刻，多用直綫，其中也夾雜隸體。

山東省菏澤地區漢墓墓門墓室均為石塊砌築，墓石刻字為篆隸夾雜，篆書結構用直筆，所以像隸書。巨野紅土西漢墓封門石牆、墓門石牆等用了很多石材，其中 31 塊有陰刻和朱書題記，陰刻 17 塊，朱書 14 塊，內容為工匠姓氏、地名和數碼標記。字體較為草率，如“東”“南”上橫筆兩端均向上短豎，“奚”字 7 個斜筆是篆書的草寫體，“中”“成”則為隸書③。

---

① 趙志文、賈連敏：《永城保安山二號墓文字試析》，《中原文物》1999 年第 1 期。
② 徐州博物館：《江蘇銅山縣龜山二號西漢崖洞墓材料的再補充》，《考古》1997 年第 2 期。
③ 山東省菏澤地區漢墓發掘小組：《巨野紅土山西漢墓》，《考古學報》1983 年第 4 期。

曲阜九龍山3號西漢墓封墓塞石19塊，其中14塊有陰刻文字，刻有人名、尺寸，刻尺寸的，如“王陵塞石廣四尺”，“塞”字帶篆文結構，為早期隸書風格①。

河北北莊漢墓為東漢永元二年（90年）墓葬，墓磚堅硬光潔，上有朱書和模印文字，這些文字字體不統一，既有隸書，也有篆文，如（一丈）、（丈三）、（丈六）、（丈八），而且是蟲書的篆字②。

獅子山西漢楚王陵內墓道和墓室有大量巨型方形石塊，在塞石上用硃砂寫出該石的長、寬、高以及在封門中所在的位置③。河南永城縣邙山鎮黃土山漢墓，在墓門外封石及墓室內壁有刻字9處，多寡不一，有“胡子公”“王周寶”“胡王”“魯王”，墓室內壁刻字有“田北”等，均為篆體④。

漢代畫像石興起於西漢，盛行於東漢，分佈於陝西、河南、山東、江蘇一帶。畫像石墓壁刻有篇幅浩大的圖畫，採用綫刻、淺浮彫等技法，是古代社會的百科全書。部分畫像石刻有文字，其中篆字數量十分可觀。

河南省唐河縣湖陽新店漢墓，發現漢鬱平大尹馮君孺人畫像石，其上有篆體題銘多處，字形不是嚴格的小篆，其中錯雜隸書，銘曰：“鬱平大尹馮君孺人中大門”“鬱平大尹馮君孺人始建國天鳳五年十月十七日癸巳葬千歲不發”，“馮”“天”“年”“鳳”等是隸書，“鬱”“桼”都有草書的省法，“名”“孺”“人”“門”等字的筆畫故意彎曲，字形已有改變⑤。

山東安漢里漢代畫像石側的題字，刻銘“魯市東安漢里禺石也”。雖是篆字，卻隨便單綫刻出，字形半篆半隸。

闕是建在城門、宮闕、祠廟、陵墓外對稱的高臺，一般有臺基、闕身、屋頂三部分，有禮儀裝飾作用。漢代的闕有畫像和刻銘，宋代以來金石學家的各種著錄多達數十種。正陽石闕係東漢永樂宮少府賈君墓闕，距今1 800年歷史。石闕的闕銘為篆書。原為雙闕，東西分立，今僅存東南部。宋歐陽修《集古錄跋尾》卷二載“後漢人闕銘”下云：“右漢人闕銘二：其一曰永樂少府賈君闕，其一曰雒陽令王君闕。二者皆不知為何人。”宋陳思《寶刻叢編》卷五“漢永樂少府賈君闕”：“漢故永樂少府將作賈君之闕，碑為篆書。”清楊鐸《中州金石目錄》卷一載：“永樂少府賈君闕，篆書，在正陽。”

啟母闕銘，亦稱《開母廟石闕銘》，東漢延光二年（123年）立。前12行為題名，滿行7字，後24行為四言頌銘，滿行12字。少室闕約建於延光二年前後，中部“少室神

① 山東省博物館：《曲阜九龍山漢墓發掘簡報》，《文物》1972年第5期。
② 河北省文化局文物工作隊：《河北定縣北莊漢墓發掘報告》，《考古學報》1964年第2期。
③ 獅子山楚王陵考古發掘隊：《徐州獅子山西漢楚王陵發掘簡報》，《文物》1998年第8期。
④ 河南商丘地區文物工作隊：《河南永城黃土山三號漢墓發掘簡報》，《考古與文物》1998年第2期。
⑤ 王建中、閃修山：《南陽兩漢畫像石》，文物出版社1990年版，圖287、292。

道之闕”(圖 1 下 2－29),闕銘篆書,約 55 行,行 4 字,大多漫漶不清[①]。月宮闕文字盤曲(圖 1 下 2－30),有玉宮搗藥圖。重慶忠縣鄧家沱石闕右闕正面下部隸書“……君神道闕門”,左闕正面篆書“故綿竹□……”,年代不早於三國。字形在篆隸之間：(神)、(道)、(門)、(故)、(綿)、(竹)[②]。

圖 1 下 2－29

圖 1 下 2－30

江都國王后玉棺刻字,玉棺片飾 49 塊,其中 29 塊反面有刻銘。有篆字編號,由“上”“下”“方”等數字構成,是工藝加工時刻上的。墓葬年代在公元前 127 年或稍後[③]。

玉器剛卯在西漢後期開始流行,漢代以後有仿製,但是文字不類。安徽亳縣漢墓發現的 2 枚剛卯(圖 1 下 2－31),四方形,中間穿孔,可佩帶。兩件是草率的篆文,仿刻的剛卯卻是簡化變形的字形,後者可能不是漢代之物。一件:“正月剛卯既央,靈殳四方。赤青白黃,四色是當。帝命祝融,以教夔龍。庤蠖剛癉,莫我敢當。”另一件:“疾日嚴卯,帝命夔化。慎璽固伏,化茲靈殳。既正既直,既觚既方。赤疫剛癉,莫我敢當。”[④]

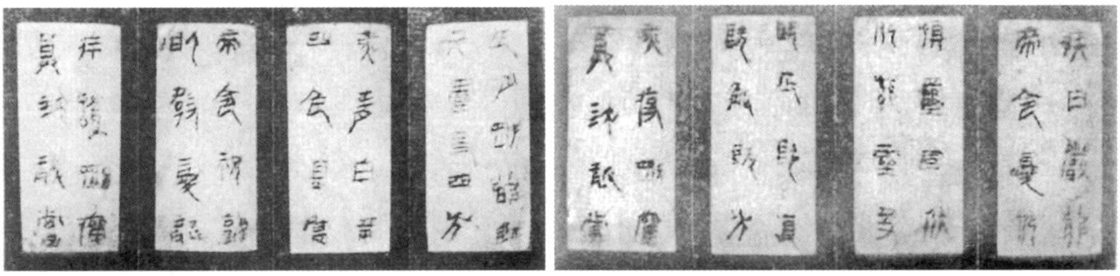

圖 1 下 2－31

① 河南省博物館、河南省文物研究所、河南省古代建築研究所:《中嶽漢三闕》,文物出版社 1990 年版,圖版 170、171。

② 李鋒:《重慶忠縣鄧家沱石闕的初步認識》,《文物》2007 年第 1 期。

③ 南京博物院、盱眙縣文廣新局:《江蘇盱眙大雲山江都王陵二號墓發掘簡報》,《文物》2013 年第 1 期。

④ 亳縣博物館:《亳縣鳳凰臺一號漢墓清理簡報》,《考古》1974 年第 3 期。

圖 1 下 2－32

2001 年漢長安城桂宮 4 號建築遺址出土新莽玉牒 1 件(圖 1 下 2－32),殘長 13.8 厘米、寬 9.4 厘米、厚 2.7 厘米。青黑玉製成,磨光,殘字 5 行、存 29 字,字口塗硃砂,文字為:“萬歲壹紀……作民父母,清……退佞人姦軌,誅……延壽,長壯不老。累……封亶泰山,新室昌……”(字,劉慶柱釋作“直”,馮時釋作“亶”,通“壇”,今從馮釋①)。玉牒首尾殘失,殘長 13.8 厘米、寬 9.4 厘米、厚 2.7 厘米。黑色②。新莽玉牒是篆書,與秦篆為代表的小篆有明顯的差異:筆畫不用圓轉,而用方折,這可以用鐫刻的原因來解釋。更加重要的是玉牒中的某些文字的結構與小篆不同,首先採用了隸書寫法,如（退）、（姦）、（誅）、（壯）、（亶）、（新）、（長）、（老）;其次改變了篆書筆畫和結構,如（民）、（室）,增加筆畫的盤曲,這是繆篆的章法,又如壹,下從“土”“同”,雙“土”,恐怕具有寄寓意義,類似東漢的字,不過是把雙“土”連起來寫,就是繼承王莽的篆字結構。馮時認為:“玉牒文書體頗富特點,它既不同於新銅丈、新莽量、新鈞權、新量斗等器銘所使用的嚴整的小篆,也不同於西漢簡帛及銅器銘文中流行的隸書,而接近一種字體方正端穩的所謂‘繆篆’。”“但玉牒文並非全用繆篆,其中‘壹’字寫法見於漢《史晨碑》及《西嶽華山廟碑》,已屬隸書;而‘父’‘老’二字也明顯具有小篆向隸書的過渡特點,實際也已屬於隸書的範疇。可見牒文書體是以繆篆為主,隸書佐之。”他對繆篆的理解是“體勢平正,筆畫趨於方折,行款勻齊”③。他注意到了牒文的特殊性,但是對它的字體認識是值得商榷的。對於什麼是繆篆認識不清,説不出明確的概念,因此造成誤判。

漢代的篆文石刻比較少見,著名的有《袁安碑》《袁敞碑》。《袁安碑》(圖 1 下 2－33)立於東漢和帝永元四年(92 年),1929 年在河南偃師西南辛村小學發現,碑略殘,上下各缺一橫行。《袁敞碑》立於漢安帝元初四年(117 年),1923 年在河南偃師發現,出土時碑略殘(圖 1 下 2－34)。袁安、袁敞生前皆位列三公,是朝廷重臣。因此用篆字書碑並非偶然。兩碑不僅形製相同,書法嫻熟、筆力沉穩、引綫柔中帶剛,字跡相類,如出一人之手。篆字結構合乎規則,雖有變化,但是並不改變基本結構,依然合乎篆法。二碑皆有界格,長寬比為 5∶4。二袁碑無論結構和外輪廓都全面繼承秦篆。漢代篆書碑還有嵩山《少室銘》《開母廟》兩闕銘。

① 劉慶柱:《考古發現的惟一封禪重器:漢長安城遺址出土玉牒》,《文物天地》2002 年第 3 期;新莽封禪玉牒出土於西漢長安城桂宮 4 號建築遺址。編號 T1③:50,出土詳細情況已見發掘報告。

② 馮時:《新莽封禪玉牒研究》,《考古學報》2006 年第 1 期。

③ 馮時:《新莽封禪玉牒研究》,《考古學報》2006 年第 1 期。

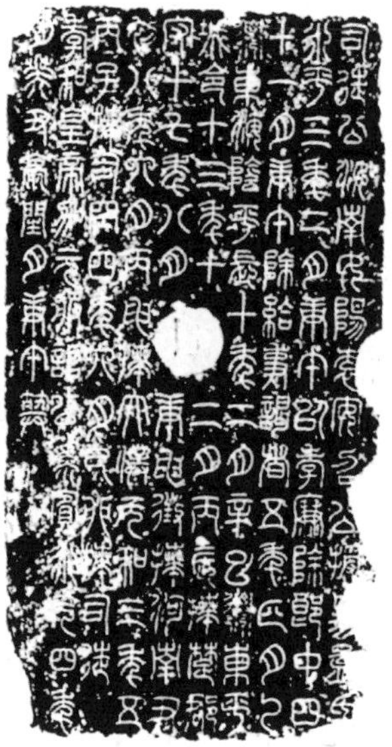

圖 1 下 2－33

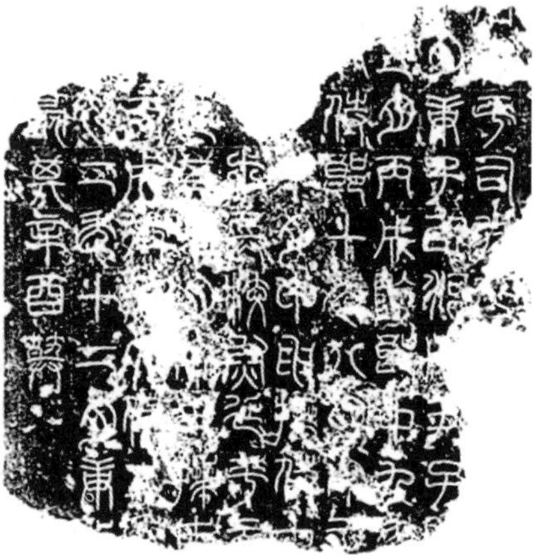

圖 1 下 2－34

東漢墓碑興起，巨製之碑層出不窮，一般的制度是，碑文為史書，碑額用篆書。這些篆額不同於字書上的篆體，它是書法藝術作品，書寫時更加注意字形的變化、筆畫的動態感，以求得美觀，達到一定的感染力。如延熹八年(165 年)《鮮于璜碑》額(圖 1 下 2－35)，係光和六年(183 年)刻石。

圖 1 下 2－35

圖 1 下 2－36

《三老趙寬碑》，光和三年(180 年)造，1942 年在青海省樂都縣白崖子發現。篆額"三老趙掾之碑"(圖 1 下 2－36)，全文 23 行，行 32 字，斷為兩截，合縫 5 處 7 字受損，另有 6 字亦損[①]。

《韓仁銘》，立於熹平四年(175 年)，碑文 8 行，行 19 字，全文 154 字，篆額"漢循吏故聞熹長韓仁銘"(圖 1 下 2－37)。《甘陵相尚府君之碑》，1923 年在偃師發現，殘碑存文字 5 行，第一段殘存 143 字，第二段殘存 172 字。立碑時期約在東漢末年，篆額

① 沈年潤：《釋東漢三老趙掾碑》，《文物》1964 年第 5 期。

"甘陵相尚府君之碑"(圖 1 下 2－38)。《孔宙碑》,延熹七年(164 年)立,篆額"有漢泰山都尉孔君之碑"(圖 1 下 2－39)。

圖 1 下 2－37

圖 1 下 2－38

圖 1 下 2－39

篆額字少而大,位置顯著,有必要也有可能把篆字寫得非常從容,更能揮動筆翰,因此篆額多有精能之作。《東皋雜錄》云:"漢碑額多篆,身多隸,隸多凹,篆多凸。惟《張平子碑》則額與身皆篆也。"

山西呂梁地區徵集到東漢畫像石墓石柱,橫截面為六角形,陰刻篆文"漢河東椽丞西河平定長樂里吳執仲超萬世宅兆"①。篆字中嵌隸書,"東""丞""長""超"等皆是,篆字中兩"河"字,後一字水旁省文,似乎這些安排均屬故意變化,以求文采。

古代對於石刻篆文不是很重視,談不上研究。民國以來古文字學興起,纔開始注意起它的學術價值。但是研究甲骨、金文的學者並不重視小篆,直到今天還有人把它剔除在古文字範圍之外。商承祚卻認為小篆在古文字學上有一定的地位,是文字發展變化中的一環。他從石刻篆文角度,很早就收集材料。石刻文字一般是以拓本、拓片的形式保存,他不遺餘力地收集,見到孤本和舊拓本都不遺漏。前後 32 年不斷地補充和刪改,數易其稿,形成《石刻篆文編》。1938 年完成初稿,1952 年整理完畢,1957 年由科學出版社出版,1982 年再加修訂整理,1996 年由中華書局出版。此書前後從商周到魏晉,主體是漢代石刻,合計收羅碑刻、碑額、題字 95 種,按照《説文》分部為 14 卷,收獨體字 1 231 字、異體字 1 680 字以及無法隸定的字,共計 2 921 字。此書仿照《隸篇》成法,雙鉤摹錄字形,此法雖然不及照相技術那樣保真,但是在石刻漫漶、拓本訛誤的條件下,經過專門的處理,反而優於前者。

商承祚認為:"漢人寫篆書,對於形體結構並不十分嚴格。例如《開母廟石闕》'芝'作'支','挺'作'梃','銘'作'鉊','竿'作'芊','條'作'絛';《祀三公山碑》'醴'作'禮','薦'作'廌';《袁安碑》'閨'(閏)、'氐'(氏)、'堯'(薨);《范式碑》額的'笵'字

① 呂梁地區文物局:《山西呂梁地區徵集的漢畫像石》,《文物》2008 年第 7 期。

之類,衹求形似音近。而在當日的文學家們,認為這樣的寫法,是'人用己私,是非無正'的錯字別字。"①

第五節　漢代之金文篆書

漢代的金文是指刻在銅器、銀器上的文字,主要刻在食器、兵器、銅鏡以及一些雜器上。漢代的篆文多用在青銅器上,這類銅器數量很多,古代已發現不少,很受人重視。

古代金石學注重收集上古三代銅器,漢代銅器歷朝多有出土,但是並不十分被在意。宋代金石之學興起,也把漢代銅器納入古代銅器範圍,在呂大臨《考古圖》、趙九成《續考古圖》、薛尚功《歷代鐘鼎彝器款識法帖》、王厚之《鐘鼎款識》等書中均有少量漢器的銘文,有的還有釋文。元明時期對漢代金文的著錄較少,清代金石家於注目三代銅器同時留意漢器銘文的收集,各書內漢代銅器銘文數量激增,王傑《西清續鑒甲編》收錄有銘漢器 288 件,端方《陶齋吉金錄》收有銘漢器 102 件,阮元《積古齋鐘鼎彝器款識》收錄漢晉器銘文 89 件,薛尚功《歷代鐘鼎彝器款識法帖》收錄漢金銘文 41 篇。此期對漢代銅器的研究有限,多為對個別器物銘文的考釋,如人名、地名、年號之類,但首創之功殊不可没。清末民國時期以傳世的漢代銅器為主要研究物件,專門著錄漢代銅器的書籍開始出現,部分學者對漢代銅器、金文進行了比較深入的研究。

漢代金文為正篆和篆隸體,後人識別粗放。清顧炎武《日知錄》卷二十一"古文":"古時文字不一,如漢汾陰宮鼎,其蓋銘曰:'汾陰供官銅鼎蓋二十枚。''二十'字作'十十'。鼎銘曰:'汾陰供官銅鼎二十枚。''二十'字作'卄',其末曰:'第二十三。''二十'字作'廿'。一器之銘三見而三不同。"顧炎武以此提醒應認真對待漢代金文。清翁方綱(1733—1818)《兩漢金石記》開專門著錄漢代金石之先河。

1931 年,容庚編著的《秦漢金文錄》出版,是中央研究院歷史語言研究所石印本,其中《秦錄》1 卷,有銘文 86 篇,《漢金文錄》7 卷,遍採各家著錄,收羅漢金銘文拓片、摹本 749 件,拓片清晰,全部拓本影印。此書依器型分卷:一鼎,二鐘鈁壺,三權度量燈樂器,四雜器,五洗,六鉤兵器,七補遺,每卷前有目錄,記各器器名、字數與來源文獻,卷後附釋文,為此類專門著錄秦漢銅器銘文的著作集大成者,其《漢金文錄》為第一部專門著錄漢代銅器的著作②。

---

① 商承祚:《石刻篆文編》,中華書局 1996 年版,"自序"第 5 頁。
② 容庚:《秦漢金文錄》,載中央研究院歷史語言研究所,1992 年影印 1931 年本。

1935 年,容庚《金文續編》由商務印書館刊行石印本,成為第一部專門收録秦漢銅器銘文的字書。正編文字部分 13 卷,按《説文》分部,正文收 951 字,附録收 34 字,重文 6084 字,據秦器 86 件、漢器 749 件之銘文摹寫編纂而成,是研究秦漢金文字形的總匯。自序云:"欲求兩京文字轉變之跡,未有勝於器物銘者。"此為秦漢金文專門字編之首創。

1997 年,孫慰祖、徐谷甫編《秦漢金文彙編》[①]出版。本書金文以秦漢為主,尤以漢為大宗,亦收少量魏晉之器。分食器、酒器、樂器、度量衡以及雜器,按照年代排序原則,銘文採用原拓、原大為主,全部金文分為秦、漢晉兩部。此為圖録部分。另編《秦漢金文字彙》15 卷,取圖録中字跡清晰者,每字注明所在之器,以《説文》為序。共有字頭 782 字,重文 5 862 字。徐正考編著《漢代銅器銘文文字編》[②],收字範圍限於器皿、兵器等銅器,璽印、鏡銘、貨幣文字不在收列範圍之內。該書收集了容庚《漢金文録》的内容,又廣為搜羅考古報告中的銅器銘文,共收集到銅器銘文 1 302 篇,選出清楚者 972 篇予以收録。每字頭下重文按照食器、酒器、水器、樂器、兵器、度量衡器、雜器為序,注明器名,字頭依據《説文》排序。可貴的是,"附録"中詳細説明銅器的全篇銘文和該器的來源;在"前言"中介紹了漢代金文的著録整理和研究概況,對漢代銅器銘文的"特殊的文字現象"作出歸納。

徐正考後來又出版了《漢代銅器銘文選釋》[③],把銅器分為飪食器、酒器、水器、樂器、兵器、度量衡器、雜器,列出了拓本、釋文,均有出處。同時出版了《漢代銅器銘文綜合研究》[④],包括《漢代銅器銘文研究》和《漢代銅器銘文文字編》,增加了新公佈的材料和新成果以及作者的新發現。

銘文數量較大,主要發現於王墓出土物中。廣州南越王墓内出土銅器品類較多,其中甬鐘、勾鑃刻銘工整(圖 1 下 2 - 40),而鼎、匜、燈刻畫草率,篆體帶隸書筆畫[⑤]。死於漢文帝前元元年(前 179 年)的齊王劉襄隨葬器物坑出土了大量的陪葬品,在銅器和銀器上有許多銘文,這些刻文皆是草率的篆文。如一銀盤,口沿及内、外腹各飾 6 組龍鳳紋圖案,外底刻 4 組銘文,刻工風格不一,為分次刻出。這明顯是戰國銅器銘刻的習慣[⑥]。

---

① 孫慰祖、徐谷甫:《秦漢金文彙編》,上海書店出版社 1997 年版。

② 徐正考:《漢代銅器銘文文字編》,吉林大學出版社 2005 年版。

③ 徐正考:《漢代銅器銘文選釋》,作家出版社 2007 年版。

④ 徐正考:《漢代銅器銘文綜合研究》,作家出版社 2007 年版。

⑤ 廣州市文物管理委員會、中國社會科學院考古研究所、廣東省博物館:《西漢南越王墓》,文物出版社 1991 年版,第 42—44、265、277、290 頁。

⑥ 山東省淄博市博物館:《西漢齊王墓隨葬器物坑》,《考古學報》1985 年第 2 期。

圖 1 下 2 - 40

圖 1 下 2 - 41

徐州獅子山西漢墓出土銅器很多，在銅鼎、銅燈以及銀盆、銀鋗、戈上均有銘文，篆體綫刻，字形不甚規整。銅戈銘文有“王四年相邦[張]義”等，顯然是戰國秦之物①。

河北陵山西漢劉勝墓出土相當數量的銅器，其中刻有很多銘文，種類齊全。刻銘器物名稱、高度、重量、容量、產地、製作和購買年月。刻銘的銅器有壺、鈁、鼎、甗、釜、鑊、鋗、盆、錠、弩機、帳構及器座。銅器的刻銘從字體來説有隸書和篆書②（圖 1 下 2 - 41）。

篆字刻銘有草率的刻銘和端正的刻銘，從以下幾組銘文可作比較：

圖 1 下 2 - 42

銅器刻銘的篆體很少用柔曲的小篆曲綫，而是用簡直的直綫，這是便於奏刀的緣故，自然也會影響到文字的結構。就拿以上的銅器銘文例子來比較，前面一個自然篆體，後面是變形方體篆字，“內”字没出頭；“重”字內曲筆拉直了，兩斜筆簡化為一横；“年”有點變得不知所措，已經看不出原字的部件了；“造”字輪廓尚在，但是筆畫大大地簡化了。墓內的銅器銘文大量採用方體隸書，粗看與方體篆書一樣，仔細看完全變了。

河北鹿泉高莊漢墓為西漢中期常山王劉舜墓，墓內出土的銅器鼎、缶、匜、盤、爐燈等皆有刻銘，刻文為篆體，形體與正篆有差異。如立燭燈“宦者銅金大立燭豆一容四升重九斤”（圖 1 下 2 - 42），行燭燈燈盤底“永巷行燭豆般重二斤十二兩容四升”，盤內側“常山宦者銅金行燭豆

① 獅子山楚王陵考古發掘隊：《徐州獅子山西漢楚王陵發掘簡報》，《文物》1998 年第 8 期。

② 中國社會科學院考古研究所、河北省文物管理處：《滿城漢墓發掘報告》，文物出版社 1980 年版，第 57 頁。

一容一升重一斤十三兩”。[①] 這些篆字是經過改造的，（永）雖然保留了篆體的結構，但是筆畫全相交了，（燭）右半部分由簡化加變形，而、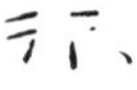、、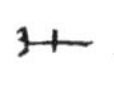、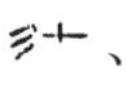、、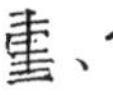、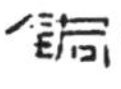等字皆為隸書的寫法了。

天津市文物管理處收藏銅製量器，器外壁兩側有銘，一側刻大字“元年十月甲午平都戍丞糾倉亥佐葵犁斛”，有小字刻“容三升少半升重二斤十五兩”；另一側刻“平都”。此器為武帝初所製之器[②]。刻文為小篆之草體，西漢前期的刻銘與南越王的一些篆體相似。

四川廣漢市小漢鎮麻柳林石亭江大橋南河灘沙礫層發現西漢鐵橋墩。鐵橋墩表面鑄造有太始五年（前 92 年）銘文“廣漢郡雒江橋敦重卌五石太始元年造”。漢代 45 石約 1.38 噸，與實際稱重基本相同[③]。

西安三橋鎮高窯村發現一批漢代銅器，共 22 件，其中 21 件有銘文。小篆，字形十分整齊，字形以方形為主。但是並非嚴格按照篆字結構來書寫，同樣是“重”“年”“月”“容”等字，不同器寫法不一，有的是小篆，有的是隸書[④]（圖 1 下 2－43）。

圖 1 下 2－43

圖 1 下 2－44

河北省定縣北三里北莊漢墓，約永元二年（90 年）的墓葬，內有銅弩機，銘文 39 字，“建武卅二年二月，虎賁官治十湅銅[濡]鐖百一十枚。工李嚴造，部郎[內]，彤朱，掾主，右史侍郎劉伯錄”[⑤]（圖 1 下 2－44）。弩機銘文排列緊密，從面貌看具有篆書的特點，如濡、、等，但是這些字基本上已經喪失篆書的結構，一般都採用隸書

① 河北省文物研究所、鹿泉市文物保管所：《高莊漢墓》，科學出版社 2006 年版，第 41 頁。其銅器釋文有誤。參閱袁永明：《河北省鹿泉市高莊 1 號漢墓出土部分銅器銘文的再認識》，《中原文物》2008 年第 1 期。

② 雲希正：《西漢平都犁斛》，《文物》1977 年第 3 期。

③ 李映福、楊盛、馬春燕、余建：《四川廣漢石亭江漢代鐵橋墩相關問題研究》，《考古》2015 年第 9 期。

④ 西安市文物管理委員會：《西安三橋鎮高窯村出土的西漢銅器群》，《考古》1963 年第 2 期。

⑤ 河北省文化局文物工作隊：《定縣北莊漢墓出土文物簡報》，《文物》1964 年第 12 期。

的寫法，如（虎）、（百）、（郎）、（主）、（劉）等，有的摻入草書的寫法，如（武），因此雖然銘刻是篆書，而實際上是隸書化的篆書，這是篆書世俗化的重要標誌。

圖1下2－45

1955年臨潼油王村西發現"嚴氏銅洗"，內底鑄造雙羊紋，羊前有"嚴氏作"三字篆字①（圖1下2－45）。古代的錢幣是有文字的，戰國的錢幣都是採用各國習見的書體，秦用篆文，漢承秦制也採用了篆文。河北陵山2號漢墓出土的宮中行樂錢與銅骰子同出，是博具之一，模仿銅錢的式樣，方孔無廓，正面鑄陽文篆體，背面無文。20枚為"第一"到"第廿"（圖1下2－46），20枚為三字或四字，文字不同，篆字柔中帶剛，形體優美。因為錢面狹小，筆畫有所省減，字形小訛，總體而言代表了漢篆的面貌②。

圖1下2－46

徐正考在《漢代銅器銘文文字編》"前言"中對漢代銅器銘文的"特殊的文字現象"作出歸納：一是簡化現象，有五種：省略筆畫和偏旁，如（書）、（澧）；整字和偏旁

① 趙康民：《西安洪慶堡出土滑儒鄉遺物》，《考古與文物》1984年第6期。

② 中國社會科學院考古研究所、河北省文物管理處：《滿城漢墓發掘報告》，文物出版社1980年版，第271—273頁。

簡化，如（登）、（算）、（桼）；截筆，如（牢）、（吉）、（第）；借筆，如（鐃）；草化，如（蓋）、（足）。二是繁化，有兩種：增加表意部件，如（斜），“斗”加“金”旁；加飾筆和贅筆，如（元）、（帝）。三是通假，略。四是同化，如（虞）、（永），為了追求字形的齊整、對稱，往往把字鑄造成兩邊“同樣或相似形狀”。五是訛誤，有關字形有四種情況：缺筆，如（半）；錯訛，如（主）；訛混，如“治”與“治”相混；穿筆或連筆，如（臣）、（工）。還有一些不規範現象：不別左右，如、；不別正反，如、；不別方圓，如、；不別虛實，如、（主）；不別筆畫多寡，如、。這些現象分別屬於省減、裝飾、累增等，有些是細微的變化，值得注意。①

總之，漢代的一般銅器篆字銘文向隸書靠攏，儘管有些篆字還大致呈現出篆書的筆畫與結構，其内往往雜有隸書成分，這是大勢所趨。

鏡銘是較為特殊的銘文，包含了民俗、美術成分，此外還有匠人工藝方面的處理，是獨立於一般銅器銘文之外的特殊體裁。李學勤指出：“近些年我曾幾次呼籲，應該把古代銅鏡的研究，從一般的青銅器研究中分離出來，作為一個相對獨立的學科分支來看待。其所以提出這樣的主張，是鑒於我國的銅鏡自創生以來，就與其他青銅器有不同的傳統。”②

漢代的銅鏡經歷了一個漫長的發展階段，銅鏡的品種繁多，裝飾紋樣不同，不是一個簡單的問題。就鏡銘來看，不同品種、不同歷史階段，鏡銘的字體並不統一。鏡銘風格的前後不一，同樣的字體形狀不一樣，有篆體、隸體、篆隸體，有假借字、省體、反書、半反書等。林素清具體分析了漢鏡字形的演變：西漢前期小篆為主，筆畫轉折呈圓形，文景之後漸漸變方，武帝、昭帝、宣帝之時方體篆純熟，稱之為漢篆。文字的裝飾意味逐漸重要，圓體蘊含草書痕跡，方體顯露八分風格。新莽東漢之際，鏡銘形體主流是簡化的隸體，文字通假現象增多，東漢中晚期字形越來越簡化，俗字、訛字、通假字大量出現。同時鏡銘又展示了莊重的一面，結構繁複，富於裝飾性的筆畫形態變化、字形修長的形體獨豎一幟③。它形成的原因不僅有書寫的因素，還有鑄造翻模的因素，這衹是大概而言，鏡銘文字的複雜性決定了剛卯書無法與它作等量齊觀的籠統比較。

漢代的鏡銘原則上是使用篆體字，有正篆、變形篆二種。所謂正篆衹是相對而言，鏡銘之篆並非一絲不苟，而是經過加工處理的篆體。瘦散字體的日光鏡、昭明鏡流行於西漢晚期，方體字昭明鏡、博局鏡流行於王莽時期。

① 徐正考：《漢代銅器銘文文字編》“前言”，吉林大學出版社 2005 年版。
② 李學勤：《漢鏡銘文圖集》“序言”，中西書局 2016 年版。
③ 林素清：《兩漢鏡銘初探》，《“中央研究院”歷史語言研究所集刊》第 63 本第 2 分，1993 年版，第 344 頁。

陵山 1 號漢劉勝墓，出土草葉紋鏡，鈕外方欄，佈列銘文十六字："長貴富，樂毋事，日有憙，常得所喜，宜酒食。"①(圖 1 下 2－47)

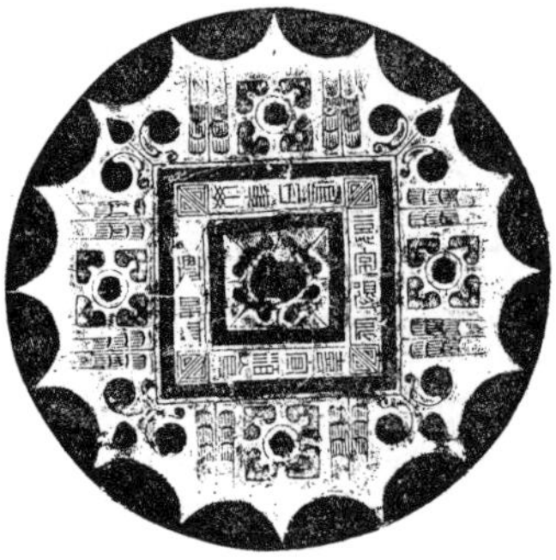

圖 1 下 2－47

圖 1 下 2－48

出土 1 件昭明鏡，十二連珠紋，外兩圈有銘文，內圈："內清質以昭明，光煇象夫日月，心忽穆而願忠，然壅塞而不泄。"外圈："如皎光而耀美，扶佳都而無間，慷驩察而性寧，志存神而不遷，得乎並觀而不棄，精照折而兮侍君。"(圖 1 下 2－48)粗看前者形體呈方形，後者近於書寫體。

望城風篷嶺出土漢墓銅鏡 1 件，陽文篆書，為："潔而清白而事君志而汙而弇明而作而玄錫而湅而澤而志而日忘而毋絕。"②(圖 1 下 2－49)

圖 1 下 2－49

圖 1 下 2－50

洛陽市區 36 號漢墓出土"日有喜"鏡，"日有熹，月(有)富。樂而毋事，而宜酒食。居而必長，無憂患兮"③(圖 1 下 2－50)。

南陽市審計局漢墓群出土 3 枚銅鏡(圖 1 下 2－51)，30 號漢墓、69 號漢墓為昭明

① 中國社會科學院考古研究所、河北省文物管理處：《滿城漢墓發掘報告》，上冊，文物出版社 1980 年版，第 81 頁。

② 長沙市文物考古研究所、望城縣文物管理局：《湖南望城風篷嶺漢墓發掘簡報》，《文物》2007 年第 12 期。

③ 中國社會科學院考古研究所洛陽唐城隊：《1984 至 1986 年洛陽市區漢晉墓發掘簡報》，《考古學集刊》第七集，科學出版社 1991 年版，第 68 頁。

連弧銘帶鏡,30 號墓鏡銘:"內清質以昭明,光之象而夫日月,心忽而願忠,雍然而塞,不而泄乎。"69 號墓銘:"內而清而以而昭而明,光而象夫日月,心而忽揚而忠而不泄。"32 號漢墓出土清白連弧銘帶鏡銅鏡,銘曰:"絜清白而事君,志歡之合明,作玄錫之澤,恐疏遠日忘,懷(?)美之窮皚,承□之可。"屬於西漢晚期墓葬①。

圖 1 下 2－51

安徽蕪湖賀家園西漢墓出土了多枚銅鏡,西漢末期的 2 號墓中的一件昭明鏡,銘文為:"內清質以昭明,光象夫日月,不泄也。"每字以"而"形字隔開(圖 1 下 2－52)。西漢後期 3 號墓昭明鏡外圈 32 字:"絜清白而事君,志行驩之合明,之玄錫之流澤,恐疏而日忘,□美之□□,□□驩可。"內圈 24 字:"內清質以昭明,光輝象夫日月,心忽而揚願忠,然雍塞而不泄。"②(圖 1 下 2－53)

圖 1 下 2－52

圖 1 下 2－53

洛陽五女冢 267 號新莽墓出土四神規矩紋鏡 2 面,其一篆文:"永始二年五月丙午尉上五工豐造,景公之象兮,吳娃之兑,作眯(?)明鏡兮,好如日月,長相思兮世不絕,見朱顏心中驩,常宜子孫。"③

① 南陽張仲景博物館、南陽市文物考古研究所:《南陽市審計局漢墓發掘簡報》,《中原文物》2011 年第 4 期。

② 安徽省文物工作隊、蕪湖市文化局:《蕪湖市賀家園西漢墓》,《考古學報》1983 年第 3 期。

③ 洛陽市第二文物工作隊:《洛陽五女冢 267 號新莽墓發掘簡報》,《文物》1996 年第 7 期。

平朔露天煤礦發現西漢末東漢初銅鏡，鏡大小不一，大鏡用自然篆體，小鏡為變形文字。東漢初“日有喜”鏡，字體為方體，“日有喜，月有富。樂無事，宜酒食。居必間，無患息。於瑟侍，心忠駐，樂已歲固常。”鏡銘字形完全變形：

（有） （喜） （必） （患） （心） （駐）

（已） （歲） （酒） （食） （間）①

河南劉家渠漢墓出土許多銅鏡，其中長宜子孫連弧鏡，一種字體修長，有長垂尖峰筆畫，另一種垂筆不明顯，但是變化很大，“宜”“長”下筆均加彎曲，筆尖向上挑起，同樣是“子”字，“子”一横作對稱盤曲，而“孫”字之“子”變為直筆②（圖1下2－54）。

圖1下2－54

西安白鹿原10號漢墓出土“長宜子孫”銅鏡、13號三國墓葬出土“君宜高官”銅鏡③（圖1下2－55）。

圖1下2－55

東漢後期日常使用的青銅鏡，其銘文也出現了方體的隸書，乍看似乎是篆書，仔細看純為隸書，没有一點篆書的影子。如河南新鄉金燈寺東漢墓出土的一枚銅

① 平朔考古隊：《山西朔縣秦漢墓發掘簡報》，《文物》1987年第6期。
② 黄河水庫考古工作隊：《河南陜縣劉家渠漢墓》，《考古學報》1965年第1期。
③ 俞偉超：《西安白鹿原墓葬發掘報告》，《考古學報》1956年第3期。

鏡。中心“君宜高官”四字是篆體，但“官”字反了。外圈鑄銘“董尹造作尚方明竟自有紀青龍白虎居左右神魚仙人赤松子既相向法古始長宜子孫胥夫升”（圖 1 下 2－56）[①]。

圖 1 下 2－56

圖 1 下 2－57

陝西寶雞涼泉漢墓 2 號墓重圈銘帶鏡內圈：“內清質以昭明，光象夫日月，一心忽泄。”外圈：“湅治銅華清而明，以之為鏡宜文章，延年益壽辟不詳，與天毋極而日光，千秋萬代長樂未央。”（圖 1 下 2－57）3 號墓清白鏡：“潔清白而事君，志歡之合明，作玄錫而流澤，恐遠而日忘美人，外承可悅，永思而毋絕。”（圖 1 下 2－58）武帝時出現，流行於昭宣。8 號墓昭明鏡：“內清質以昭明，光而象夫日月，心忽而不泄。”（圖 1 下 2－59）此鏡大致年代為元、成、哀、平時期，在西漢中期偏晚[②]。

圖 1 下 2－58

圖 1 下 2－59

上海博物館藏西漢晚期銅鏡，銘文為：“君有遠行妾私喜，饒自次某止。君征行來，何以為信。祝父母耳。何木毋疵，何人毋友，相思有常可長。”（圖 1 下 2－60）王綱懷做了一個很難得的工作，把左面拓片文字端正整理列出，可以清楚地觀察

① 鄭州大學歷史學院考古系、河南省文物管理局南水北調文物保護辦公室：《河南新鄉市金燈寺漢墓發掘簡報》，《華夏考古》2009 年第 1 期。

② 陝西省考古研究院、寶雞市考古研究所：《陝西寶雞涼泉漢墓發掘報告》，《考古與文物》2013 年第 6 期。

銘文形體[①](圖 1 下 2－61)。我們可以明顯看出篆中含隸、省減筆畫、改變形體的情況。

圖 1 下 2－60

圖 1 下 2－61

鏡銘文字最大的特點是形體上的省減,省筆畫、省部件、省半截、省局部。這種現象早就引起注意。早在 20 世紀 20 年代,羅振玉就説:“古鏡多省偏旁及筆畫。”[②]20 世紀下半葉開始,鏡銘文字形體研究漸趨深化。1958 年王士倫整理兩漢南北朝鏡銘,稱為“減筆字”,首次選出一些鏡銘,列表比較減筆字和異體字,認為:“鏡銘的減筆字,有些特殊的性格,那就是它没有嚴格的固定形式,混亂粗略,……甚至有的文字,因為筆畫減得太多,令人難以辨識,也有的已經減筆成另一個字形了。”[③]1987 年,王士倫又將漢鏡銘書寫體勢分類為通假、錯别、減筆和省偏旁等四種形式,其中舉 48 例減筆和省偏旁形體加以説明。1986 年周世榮集録了湖南出土的 221 例漢代鏡銘,分作七個時期進行論述,其中列舉了 16 例漢鏡銘省體字與漢代其他文字比較,並附録“銅鏡字形舉例”。林素清在鏡銘研究中專門有一節談漢鏡銘所見“簡體字”,認為是文字簡化形式,於此分為五種形式:簡省偏旁,如“銅”→“同”、“新”→“亲”、“常”→“尚”、“孫”→“子”、“彈”→“單”;更换偏旁,如“祥”→“詳”、“飢”→“氿”、“飲”→“次”、“清”→“精”“請”、“陽”→“楊”、“蕃”→“潘”;同音替代,如“金”→“今”、“陽”→“羊”、“壽”→“受”、“賈”→“古”、“飛”→“非”;省重複部分,如“絲”→“糸”、“樂”→“杲”、“攝”→“挕”;省筆代繁複,如“尚”→“肖”、“知”→“矢=”、“樂”→“”、“幽”→“凶”、“哉”→“戋”、“善”→“𠵊”、“龍”→“能”、“新”→“斨”、“棗”→“朿”、“袁”→“去”、“舉”→“睪”、“登”→“豈”[④]。李新城論述了鏡銘“簡省字”,是結構和筆畫比較簡單的字。其

① 王綱懷:《漢鏡銘文書法》,中西書局 2016 年版,圖 143。

② 羅振玉:《漢兩京以來鏡銘集録》,《遼居雜著》所附《鏡話》,民國 22 年(1933 年)石印本。

③ 王士倫:《漢六朝鏡銘初探》,《考古通訊》1958 年第 9 期。

④ 林素清:《兩漢鏡銘初探》,《“中央研究院”歷史語言研究所集刊》第 63 本第 2 分,1993 年版,第 346—348 頁。

類型有形聲字的聲符替代，如“銅”→“同”、“鏡”→“竟”、“清”→“青”、“巧”→“丂”、“渴”→“曷”；部件的省略，如“巧”→“工”、“質”→“厡”、“位”→ “立”、“壽”→“主”；部件的簡化，如“飢”→“汎”、“飲”→“次”。李氏共列舉了十四對例子[①]。

邱龍昇是研究漢代銅鏡銘文的後起之秀，他以此為碩士論文題目，以後陸續發表了多篇文章，在 2012 年出版了《兩漢鏡銘文字研究》[②]，這是首部論述漢代鏡銘文字的專著，對漢鏡文字作出全面、仔細的分析，多有發現。王綱懷是當今銅鏡收藏和研究大家，在衆多的著錄中，有《漢鏡銘文書法》[③]。作者在“前言”中説：“本書重點是實錄漢字隸變的系列演繹。”此書共列 200 件漢鏡銘文實例，其中大半涉及漢字隸變。每面銅鏡下把鏡銘文字放大，用表格另列，字形纖毫畢露，給研究者一個更好的觀察點。

鏡銘文字的字形大凡是通行文字的反映，漢初假借在六書中起著重要的作用，發揮著完善文字功能的作用，因此當時文獻中假借字的比例是相當高的。鏡銘中的假借字常常與出土文獻一致，可以證明這一點。漢代的草書是日用字體，使用非常廣泛，在文字的演變中起著關鍵的作用。大部分隸書是篆書通過草書變化來的，鏡銘中自然而然地會出現草書。西漢承襲先秦，裝飾性很強的美術字在西漢中後期到東漢的鏡銘文字中也有反映，所謂懸針篆等，其形體與同期的碑刻、簡牘相同。因此假借字、草書、美術字並非鏡銘文字的特點。對鏡銘文字影響最大的是工藝問題，它包含了鏡工的文字書寫水平和鑄造因素帶來的字形特點。鏡銘的鑄造字形積習為常，可能是鑄鏡工藝的組成部分，但是決非故意為之。綜上，各種鏡銘文字的形式，皆客觀因素，而非主觀地追求、精心地安排。但是不能説鏡銘字形没有自身創造，在西漢後期的部分鏡銘字形具有特殊性，這些鏡就是日光鏡和昭明鏡。西漢流行日光鏡和昭明鏡，以及兩者結合而成的日光重圈銘帶鏡。日光鏡的銘文簡單，第一句都是“見日之光”，日光既是日之精華、陽之最盛，所以能納福。日光鏡之首句“見日之光”，“見”當讀為“現”，“見日之光”就是在鏡子上顯現日光的意思。所謂昭明為鏡，光如日月光一樣純徹。兩者都以日光申明銅鏡的力量。日光由太陽而生，是萬物生命之源，是世界的核心之一。昭明鏡銘文通常為：“內清質以昭明，光之象乎日月，心忽揚而願忠，然壅塞乎不泄。”雖然直言鏡之昭明，實際還是説明日光的重要，與日光鏡內涵是相同的。

---

① 李新城：《試論漢代鏡銘中的簡省字》，《中國文字研究》第五輯，廣西教育出版社 2004 年版，第 181—182 頁。

② 邱龍昇：《兩漢鏡銘文字研究》，中國社會科學出版社 2012 年版。

③ 王綱懷：《漢鏡銘文書法》，中西書局 2016 年版。

日光鏡

廣西壯族自治區文物工作隊等:《廣西賀縣河東高寨西漢墓》,《文物資料叢刊》第4輯,文物出版社,1981年	四川成都出土。孔祥星、劉一曼:《中國銅鏡圖典》,文物出版社,1992年,第228頁	固原博物館:《寧夏固原城西漢墓》,《考古學報》2004年第2期

昭明鏡及日光昭明鏡

固原博物館:《寧夏固原城西漢墓》,《考古學報》2004年第2期	廣西壯族自治區文物工作隊等:《廣西貴港深釘嶺漢墓發掘報告》,《考古學報》2006年第1期	廣州大元崗後期西漢墓。廣州市文物管理委員會等:《廣州漢墓》,文物出版社,1981年,第287頁	中國科學院考古研究所洛陽發掘隊:《洛陽西郊漢墓發掘報告》,《考古學報》1963年第2期

邱龍昇在談到鏡銘裝飾性時説:"漢代鏡銘的字體書寫也不是鑄工的隨意所為,特别是在銘文稱為銅鏡的主要裝飾時,文字更是刻意加工而成的。"①不過筆者所謂的刻意不僅是裝飾性,主要是神祕性,因為銅鏡具有特别的民俗意義。

武帝之後,日光鏡、昭明鏡的銘文出現了奇譎的文字安排,銘文的空間擴大了,字與字之間常有一些符號,這些符號有 、 。字形夾在符號之間,似字非字,似畫非畫。

日光鏡:見 日 之 光 光 天 下 大 明 長 不 相 忘

昭明鏡之圓體:內 清 質 以 昭 明 光 而 象 乎 日月 心 忽 揚

① 邱龍昇:《漢代鏡銘的篆隸體》,見向光忠主編《文字學論叢》第三輯,中國戲劇出版社2006年版,第195頁。

　顧　忠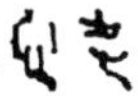　然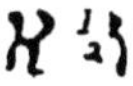　不　泄

昭明鏡之方體：內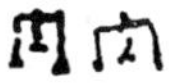　清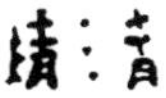　質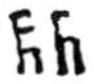　以　昭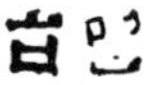　明
光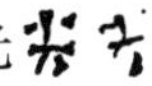　象　夫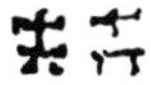　日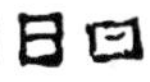　月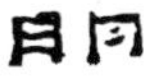　忽　忠　不　泄

比較而言，日光鏡的字形更加簡約，字形更加離奇。除了“日”“之”以外，其他的字都省了一筆到多筆的筆畫，如明、忘、長，省減突出，而且大多數筆畫濃縮成點。

綜上而言，鏡銘文字是最具有藝術性、裝飾性的形體。

第三章　繆篆與曹熹篆

第一節　繆篆是和美之篆

繆篆最早見於《漢書・藝文志》："六體者，古文、奇字、篆書、隸書、繆篆、蟲書。"又稱"錄書"，《初學記》卷二十一"敍事"："王莽居攝，使甄豐刊定六體：一曰古文、二曰奇字、三曰篆書、四曰隸書、五曰錄書、六曰蟲書，當代以教學童焉。"又稱"繆書"，唐封演《封氏聞見記》卷二"文字"："故秦時書有八體：……四曰摹印，亦曰繆篆，施於印璽。……王莽居攝，大司空甄豐等取四篇校定文字，頗改古文，別為六體：一曰古文，孔子壁中書也；二曰奇字，古文之異者也；三曰篆書，即小篆也；四曰佐書，即隸書者也；五曰繆書，所以摹印也；六曰鳥蟲，以書幡信也。"

《繆篆分韻》5卷，補遺1卷(圖1下3－1)，清桂馥(1736—1805)編纂，此書收集秦漢以下官印私記彙編而成。序言論述漢印文字之法。陳鱣云："漢人摹印雜參隸法，其尤異者若泉旁加水，國內從王，不獨皋為四下之羊，伏作外向之犬也然。"仿照《漢隸字源》分韻排列，共收字頭2 000餘，重文8 000有餘。嘉慶元年(1796年)刊印，1985年上海書店按照《漢印分韻合編》體例，重新編排，並加部首索引，以便查檢。《漢印分韻》，清袁日省編，謝景卿見其手稿"尚多訛舛"，"悉以厘訂"，並步以《續編》，在嘉慶二年(1797年)合為正編、續編。民國16年(1927年)孟昭鴻續以《三集》，皆以今韻序列。1979年上海書店把正編、續編和三集按原韻重新整理編排，三編合成《漢印分韻合編》(圖1下3－2)，共有字頭2 000有餘，重文15 000餘字。比較兩種幾乎同時問世的篆文印譜，《繆篆分韻》兼收秦漢印篆，《漢印分韻》正續三集專收漢印，三人搜羅益廣，而且精選字形完好，且摹描精細，不失原形。羅福頤《漢印文字徵》(圖1下3－3)，收錄漢魏官私印篆，根據40餘種印譜內的印文原大摹錄，字頭2 646個，重文7 432個，按照《說文解字》分別部居，每字上標出小篆，1978年由文物出版社出版。後補遺2卷，單獨以《漢印文字徵補遺》，由文物出版社在1982年出版。

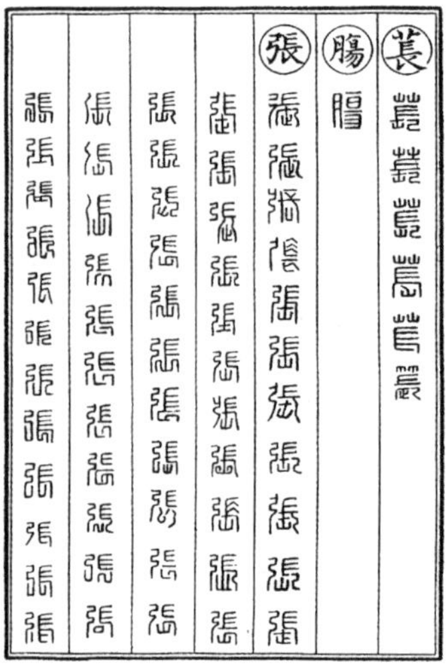

圖1下3－1

圖 1 下 3－2

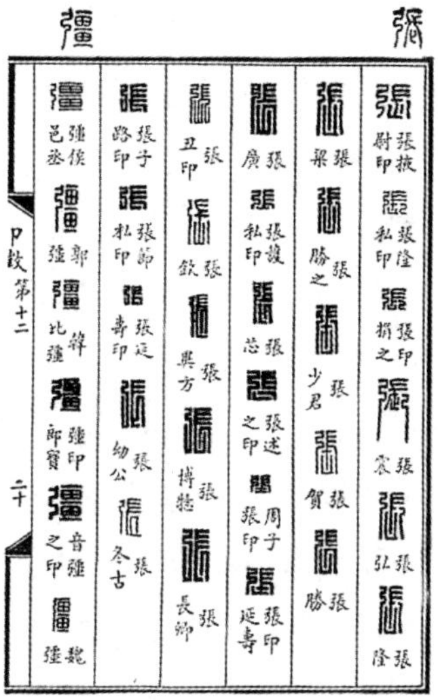

圖 1 下 3－3

繆篆在《説文》中没有界定，因而引起以後的衆説紛紜。近年以來，文字學界以及書學界都十分關注這個問題，考證加猜測，各種想法迭出。大概而言，可以分為四説：

一曰屈曲纏繞説。屈曲回繞是手段，匀滿是效果。《詩經·唐風·綢繆》："綢繆束薪。"《毛傳》："綢繆，猶纏綿也。"又《詩經·豳風·鴟鴞》："綢繆戶牖。"孔穎達疏："言束薪在田野之中，必纏綿束之。"纏綿即緊密纏束，此義引為繆篆之"繆"含義。《漢書·藝文志》"六體者"，顏師古注："繆篆，謂其文屈曲纏繞，所以摹印章也。"宋黄庭堅《跋繆篆後》："繆篆讀如綢繆束薪之繆，漢以來符璽印章書也。"明徐官《古今印史·繆篆》："當讀如'綢繆牖戶'之'繆'，平聲，蓋言篆文屈曲填滿如綢繆也。"羅福頤發展此説："漢私印中有一種篆書，故作屈曲回繞的書法，想是當時的美術字。傳世瓦當文中有'永受嘉福'瓦，上面的文字就是如此，這當是許慎《説文解字》敍目所謂繆篆。過去有人將漢魏印上文字都稱作繆篆，這是不對的。今從實物中看出，這種書體衹限於私印，官印上不用。"[①]陳直早就指出："《秦漢瓦當文字》卷一、四十三頁，有'永受嘉福'瓦，是蟲書體。"[②]筆者按："永受嘉福"瓦當為雲書，不入王莽六書，其説誤也。顏師古所創"屈曲纏繞"之説，衹符合部分印文，尤其是蟲書最貼切。吾丘衍《學古篇》謂漢篆法，"平正方直，字不可圓，縱有斜筆，亦當取巧寫過"。繆篆之"屈曲纏繞"而茂密，與漢印"方正平直"特點不符合。

二曰謬誤説。《禮記·仲尼燕居》："不能詩，於禮繆。"鄭玄注："繆，誤也。"這是謬

① 羅福頤：《古璽印概論》，文物出版社 1981 年版，第 7 頁。
② 陳直：《漢書新證》，天津人民出版社 1959 年版，第 230 頁。

誤説的依據。《漢書·梅福傳》:"質之先聖而不繆。"清丁傳《繆篆解》:"近讀《東觀漢紀》而喜繆篆之實得證據焉。《紀》曰:馬援上書言:'臣所假伏波將軍印,書伏字犬外向,成皋令皋字為白下羊,丞印四下羊,尉印白下人、人下羊。即一縣長吏,印文不同,恐天下不正者多,符印所以為信也,所宜齊同。'薦曉古文者,事下大司空,正郡國印章,奏可。不知此即甄豐所謂繆篆摹印也,所以杜絕天下奸人之偽刻官印之良法也。凡奸人欲偽刻官印,但知依尋常日用之篆,使人易曉,即知當作繆篆而篆之。所以繆非目見不能摹仿者也。蓋其中如伏字之犬外向,皋字之令、丞、尉各各不同,皆出不意。皆非奸人所得見之文,雖欲摹之而不得摹者也。此如上方製作,其法甚祕,祕府別有印證。亦如兵符之暗合,非外人之所得知,是以甄豐於諸篆之外,另立一篆,謂之繆篆,蓋其慮患也深,絕弊也巧,令天下有不可窺測之意。如馬援所引奏之印,當即王莽居攝時之所鑄,而天下之印為繆篆者多矣。應不止於此,惜乎馬援不曉用印之妙術,但知同文之治,將天下郡國印章盡行改從正文,使用印取信之微旨,銷沈抵毀而中絕,寧不迂哉。""所謂摹印者,絕人揣摹之謂,非臨仿之謂矣。此又甄豐繆篆之先聲也歟。"丁傳謂繆篆是故意刻錯字形以防奸偽,創謬誤之説,近時承繼者衆。莊新興認為:"繆篆應該是一種不合情理而具有謬誤的篆體字。"[①]叢文俊亦持此觀點:"從漢印全部用字的情況看,繆篆的性質在於變篆,而以繆篆為乖謬於正體小篆的摹印用篆之名,並沒有什麽不妥。""根據繆篆的性質,以其名為謬,別於正體小篆的字體。"[②]因為此説顯屬離奇,反對之聲即起。蕭高洪認為繆篆是建立在文字正確性的基礎上,決無謬誤的意思。印章中的錯別字,與繆篆無關,而是因為製作印章的工匠文化水平不高所致[③]。趙宏指出:"繆篆同秦篆形式上的不同,主要是因為印章章法的需要、美感要求和防偽意識等決定的。"[④]唐韋續《五十六種書》:"細篆書,李斯摹寫始皇碑序,皆用此體,亦曰繆篆。"李斯所書銘刻是秦篆,是秦漢的正篆,這個説法雖然不確,但是繆篆決非錯篆。漢代印文有些字形因形而設,形體變化,與小篆相較,多有乖異。如以正篆觀之,可謂謬誤。但是這些乖異,是刻印者為達到某種目的而故意為之,與一般誤寫有根本區別,而且繆篆中字形乖異僅佔一部分,不能以部分渾稱整體。"繆篆"之名為新莽所設六書之一,"繆"之為名,遭人詬病,王莽會愚蠢到自取其辱?從情理上説,"繆篆"也是説不過去的。

繆誤説又引出異於小篆説。漢王延壽《魯靈光殿賦》:"寫載其狀,托之丹青。千變萬化,事各繆形。"《文選》李善注:"繆形,形不同也。"李華年據此發揮:"王莽所以把

① 莊新興:《漢印文字繆篆試探》,《書法研究》1983年第2期。
② 叢文俊:《論繆篆名實並及字體的考察標準》,《書法研究》1988年第4期。
③ 蕭高洪:《繆篆是謬誤的篆書嗎?》,《書法》1989年第1期。
④ 趙宏:《繆篆考辨》,《書法研究》2000年第6期。

‘摹印篆’更名為‘繆篆’，是根據繆篆源於戰國秦漢的隸變‘俗書’，而與《説文》所述秦代標準小篆‘各為一體’。”“繆篆實際上是東周秦漢的俗書或其變體，其中有少數文字保留了小篆的寫法，多數則衹是保留了小篆某些偏旁的寫法或某些筆畫的篆意，而其整體結構更接近隸書。”並以《漢印文字徵》第一卷作為説明。第一卷收單詞 211 個，見於《説文》者 175 個，重文 588 個，《説文》所無者 36 個，重文 49 個，平均重文為單字的三倍多，最多有 18 個，證明“形不同”是漢印中普遍存在的，提出繆篆的三個特點，平方正直、多用隸法和屈曲填滿[①]。清桂馥《再續三十五舉》：“《説文》所無之字，見於繆篆者，不可枚舉。繆篆與隸相通，各為一體，原不可以《説文》律之。”繆篆與小篆的形體差異是客觀存在的，問題是怎樣去認識。誠然，繆篆的形體是與小篆不同的，否則就不必另稱繆篆了。但是這種形體差異的性質不能與俗體等同，俗體和繆篆的變形性質、方式都有本質的區別。後者的觀點是合理的，繆篆是一種使用在璽印上的小篆，因為印面章法的需要，字形要作出一些適當的調整，對規整字形有所改變。

三曰端正嚴肅説。此説是最近纔出現的觀點。羅勇來認為西漢時“繆”與“穆”同，則“穆篆”也可以寫作“繆篆”。“‘穆’字有端正嚴肅之意，而‘平方正直近於隸’的漢官印文字，豈不正具有這樣的美感嗎？”[②]《禮記・大傳》：“分未定也，則有昭穆。”楊倞注：“繆讀為穆，父昭子穆。”“昭繆”即“昭穆”，《史記・魯周公世家》：“武王有疾，不豫，群臣恐，太公、召公乃繆卜。”裴駰集解引徐廣曰：“古書穆字多作繆。”以上即是所據。但是昭穆乃宗廟所列次序，父居為昭，子居為穆。而所謂端正嚴肅，恰恰適合小篆的形體風格，繆篆則不同，有嫵媚豔麗、有端莊閒雅、有靈動活潑、有凝重靜穆，不一而足。因此端正嚴肅説雖然別尋一途，求解繆篆，亦難以奏效。

四曰規度説。《説文・敍》：“五曰繆篆，所以摹印也。”段玉裁注：“摹，規也，規度印之大小、字之多少而刻之。繆讀曰綢繆之繆。上文秦文八體，五曰摹印。”段玉裁謂繆篆為規度，即安排分佈，規度印面文字之謂也。袁枚《繆篆分韻・序》循規度之説：“秦厘八體，五曰摹印。漢定六書，五曰繆篆，繆篆即摹印所用也。古文二篆繁簡不同，而結構皆圓，以篆刻印，宜循印體，則變圓而方，分朱佈白，屈曲密填，有綢繆之象焉。”繆篆規度之説衹是方法，而不是確切的字體。唐蘭發揮了段玉裁的規度説：“《説文》：‘摹，規也。’《漢書・高祖紀》：‘規摹弘遠矣。’注引鄧展曰：‘若畫工規摹物之摹。’韋昭曰：‘正員之器曰規，摹者如畫工未施采事摹之矣。’我們由此可以知道摹印是就印的大小，文字的多少，筆畫的繁簡，位置的疏密，用規摹的方法畫出來的。大小篆是寫的，刻符是刻的，摹印是摹的。六國時的鉨雖被統治階級專用了去，私印是人人都

---

① 李華年：《“繆篆”新證》，《常州工學院學報》2001 年第 1 期。

② 羅勇來：《繆篆辨》，《書法研究》2002 年第 2 期。

要用的，所以摹印一道，相傳不廢，直至如今。”①方去疾是篆刻家，以詔版入印為長，於摹印甚有心得：“秦小篆端莊，著重每個字的筆畫整齊美觀為主，摹印篆要將在方寸之間的文字取得協調，為達到整體美觀，將小篆作了適當調整，與正規的小篆有所不同，雖然區别不大。秦書八體還將這類書體稱為摹印篆。摹印篆細勁有力，文字之間協調一致是其特徵。”②孫尉祖也持此觀點：“繆篆、摹印書實為一事，且作為印文書體似在秦時已經形成，漢代是沿而未改。”“秦漢魏晉時期的‘摹印’文字，始終是以小篆為基本結構規範的，其特點在於根據印章特定的佈局空間作出了體態和部分筆畫的變形。”③歸納規度之説，有字內之規度，有字外之規度，越來越顯示出這是一種治印普遍原則，這樣解釋有其普遍性，缺少特殊性。

以上諸家考證皆有可取之處，看到了繆篆的部分特點，但是皆有偏頗，未中肯綮。問題在於怎樣與“繆”的意義聯繫起來，弄清繆篆的確切意義。筆者認為繆篆之“繆”另有和美之義，在西漢時期這是重要意義，可是這個意義後來定作“穆”字，“繆”此義纔模糊起來。古籍中和美義多寫作“穆”：《詩經・大雅・烝民》：“吉甫作誦，穆如清風。”鄭玄箋：“穆，和也。吉甫作此工歌之誦，其調和人之性，如清風之養萬物然。”《詩經・大雅・清廟》：“於穆清廟。”《毛傳》：“穆，美。”古書“繆”與“穆”通用。“繆”亦有和美之義。馬王堆3號墓帛書《十大經・姓爭》：“繆繆天刑，非德必頃(傾)。”《詩經・商頌・那》：“穆穆厥聲。”鄭玄箋：“穆穆，美也。”《荀子・哀公》：“繆繆肫肫，其事不可循。”王先謙集解引郝懿行曰：“《大戴記》作‘穆穆純純，其莫之能循’。穆穆，和而美也。純純，精而密也。穆、繆古字通，純、肫聲相借耳。”此“繆繆”與“穆穆”同義，和美也。《淮南子・天文訓》：“姑洗生應鐘，比於正音，故為和。應鐘生蕤賓，不比正音，故為繆。”王念孫《讀書雜志》謂：“蕤賓是徵之變音，故亦不入於正音，則命名當有以别之，故謂之繆。繆之言穆，穆亦和也，言其調和正音也。……‘穆’‘繆’古字通。”此《天文訓》內“繆”之言“和”，可以譬喻繆篆之出於正篆，區别於正篆，故謂之繆篆，繆篆之用協調正篆，得和諧之美也。因此對繆篆之言，“繆”即和美的意思，“繆篆”當作“和美之篆”解釋。

第二節　漢代印章文字與繆篆關係

繆篆與漢印文字是整體關係還是局部關係？桂馥把所見漢印文字全部編入《繆篆分韻》，認為漢印文皆為繆篆。馬國權《繆篆研究》一文也不分私印和官印，籠而統

① 唐蘭：《中國文字學》，上海古籍出版社1979年版，第159頁。
② 方去疾：《鳥蟲書起源探索》，《書法》1987年第5期。
③ 孫尉祖：《西漢官印、封泥分期考述》，《上海博物館集刊》第6期，上海古籍出版社1992年版，第194頁。

之談論繆篆。大部分人認為繆篆衹是漢印文字的一部分，如屈曲纏繞説限制於筆畫屈曲纏繞、體態茂密的文字，繆篆説把繆篆限制在乖謬於正篆的文字，羅福頤之繆篆衹限於極少數的蟲書。

筆者認為繆篆衹是漢印的一部分。從大的方面來説，漢印包括了官印和私印，繆篆衹限於私印，官印屬於摹印；再從小的方面來説，繆篆也不包括蟲書。官印和私印雖然有相同之處，可是整體而言，差別巨大，官印在於整飭，寓權威於整飭，非以美為要。私印屬於私密事務，彰顯個性特色，以悦目美觀為能。所以和美之繆篆無關於官印，專注於私印，因此研究漢代印章必須嚴格區分兩者，不能煮成一鍋粥。

西漢官印包括官名、職名和地名等。孫尉祖把西漢官印分為三期：西漢早期（高祖到景帝）、西漢中期（武帝時期）、西漢晚期（昭帝到孺子嬰居攝）[①]。牛濟普指出漢代官印包括東漢，分為五期，其中西漢也分為三期：西漢初期（漢王即皇帝位到文帝前元元年）、西漢中期（文帝前元元年到武帝太初元年）、西漢晚期（武帝太初元年到孺子嬰初始元年）[②]。很明顯，雖然同為三期，具體的時間起訖是有差異的。我們考察西漢印文的變化與分期有關，但是可以適當寬泛一點。

先秦古璽印文字字形率意，如書於簡帛，不僅字没有規正的外輪廓，而且筆畫欹斜不正，所以需要界欄框之，以輔成形，同時古璽文字字形小，佔印面的小部分空間，也需要界欄來充實印面。因此界欄與文字字形有密切關係，起著印面的組織和填充作用。印之有界欄，戰國時代齊、楚、秦印璽中已經流行，分作田字格、日字格和邊欄。田字格施於正方形官印，日字格、横格用於長方形半通印，豎格用於方印以及半通印。漢初尚有秦之遺風，但是界格使用比較隨意，可見田字格官印界格的綫條比秦粗實而勁挺。按照葉其峰的研究，西漢印章使用界格時間不長，孝惠帝方印多數為四字，不足者加"印"或"之印"，有的五字印，採用合文，成為四字，其末期不再鑴刻界格印章[③]。從加工工藝看，秦代的銅印是直接鑴刻成字，漢代玉印採用直接鑴刻，而銅印多為模鑄。漢代的官印開始用母範澆鑄，先用鉛或者石頭刻成母範，而後製成泥模，再用銅澆鑄，最後經過手工修治成印。漢代鑄造官印一般比秦代官印筆畫略肥，雖存圓轉筆畫，但是外輪廓趨於方正，自然印面文字豐滿。有的印文筆畫細，字形茂密方正，也充實印面。由於印面字跡飽滿充實，界欄已經失去作用，衹有裝飾作用，或者標誌作用。學術界大致認為田字格使用下限在武帝太初年間。趙平安從封泥觀察，"延鄉侯印"可下推到漢成帝永始四年（前 13 年）[④]。作為主流印式，大約在武帝之前，田

---

① 孫尉祖：《西漢官印、封泥分期考述》，《上海博物館集刊》第 6 期，上海古籍出版社 1992 年版，第 184 頁。
② 牛濟普：《漢代官印分期例舉》，《中原文物》1998 年第 1 期。
③ 葉其峰：《西漢官印叢考》，《故宫博物院院刊》1986 年第 1 期。
④ 趙平安：《秦西漢官印論要》，《考古與文物》2001 年第 3 期。

字格已經漸漸退出。作為一種古式，零星的使用一直延續很久，東漢後期的例子尚可發現。

秦代與漢代的官印均用小篆，但是差別是比較大的。秦代的印文比較自由，略帶隸意，外輪廓不甚整齊。西漢官印逐漸從秦璽格局中擺脱出來，從自然錯落、緊接圓轉向筆畫平直、豐厚、結體方正轉變，印面整齊，由粗率向精緻的方向不斷前進。文帝、景帝時期，漢印風格顯露，印文結構謹嚴，筆畫圓轉而字形方正，印文整齊，印面飽滿。徐州獅子山楚王墓出土印章近 200 枚(圖 1 下 3－4)，皆為官印，其中 5 枚銀印，並出土封泥 80 餘枚，均係官員贈送物品封緘之用①。此墓下葬年代在公元前 175 到公元前 154 年之間的文帝與景帝初，可以作為此段時間官印文的典型。

圖 1 下 3－4

武帝時期官印達到了一個新的境界，字畫剛勁，結構寬博，整體雄渾嚴謹，顯示出與秦璽完全不同的漢代官印風格。印文順序也從無序逐步變得有序起來。秦及漢初的印文順序相當自由，右起上下讀，左起上下讀，右起横讀，上右與左下依次交叉讀，順時針與逆時針，這些排列順序混亂使用。文景之前印文已經逐步過渡到右起上下讀和右起横讀兩法；武帝時四字、五字多數為右起上下讀了，横讀的順序很少了。

西漢南越王墓出土不少印章封泥，其中有“趙眜”玉印、“泰子”玉印、“帝印”玉印、“文帝行璽”金印、“泰子”金印、“趙藍”象牙印，還有“左夫人印”“泰夫人印”“□夫人印”等②。南越王墓墓主死於元朔末元狩初，約前 122 年左右，入葬在稍後一二年間。雖然南越王璽印依然採用古式，“帝印”“文帝行璽”“泰子”有界格，另一枚“泰子”無界格，字形方正，筆畫平直，印面充實(圖 1 下 3－5)，具有武帝時期印文的風格。廣西貴縣羅泊灣 2 號漢墓出土玉印 2 枚，一枚無字，一枚刻“夫人”，兩字間有界欄③。廣西賀縣鋪門金鐘 1 號漢墓，年代下限在西漢中期，出土的龜鈕玉印印文“左夫人印”，有十字界格④，説明南越國的官印承襲秦制，又受漢印影響。咸陽韓家灣狼家

① 獅子山楚王陵考古發掘隊：《徐州獅子山西漢楚王陵發掘簡報》，《文物》1998 年第 8 期；王愷：《獅子山楚王陵出土印章和封泥對研究西漢楚國建制及封域的意義》，《文物》1998 年第 8 期。

② 廣州市文物管理委員會、中國社會科學院考古研究所、廣東省博物館：《西漢南越王墓》(上)，文物出版社 1991 年版，第 201、207、252 頁。

③ 廣西壯族自治區文物工作隊：《廣西貴縣羅泊灣二號漢墓》，《考古》1982 年第 4 期。

④ 廣西壯族自治區文物工作隊、廣西賀縣文物管理所：《廣西賀縣金鐘一號漢墓》，《考古》1986 年第 3 期。

溝發現1枚玉璽,螭虎鈕,四側雕龍紋,高2厘米、寬2.8厘米,篆書"皇后之璽"(圖1下3-6)。值得注意的是,"皇后之璽"與"皇帝行璽"風格完全一致,圓轉中規,平直中矩,特別是"璽"字,兩璽字形相同,似為一個字模覆製①。我們可以據此確定"皇后之璽"與南越王"皇帝行璽"在同一時代,不過前者要略早於後者。徐州北洞山西漢墓出土、徵集銅印12枚,其中有"楚御府印""楚武庫印"方形、"楚邸"長方形(圖1下3-7),印文可見一斑②。此墓下限在漢武帝元狩五年(前118年),可以作為西漢中期的印文代表。武帝中期對大部分官印印文形制作出改變。太初元年(前104年)定印文為五字,不足五字加"之"。有時在"印""璽"之外另外創名"章"字,或在"印"字下加"章"字。

圖1下3-5

圖1下3-6

圖1下3-7

圖1下3-8

大雲山西漢江都王陵1號墓出土雙面銅印,一面為"誠信",一面為"信印"。墓主為第一代江都國國王劉非,下葬年代在公元前128年或稍後。③

武帝至西漢末的官印,逐步達到完善的階段。葉其蜂認為:"印文為當時專用於鐫印的摹印篆,字形寬博方正,筆畫略取曲勢,剛柔相兼。印文排列整齊,印面豐滿莊重,渾厚典雅,是漢印篆刻藝術的代表作品。"④

新莽的官印印文繼續沿著方正、飽滿方向前進,把它推到了頂點,筆畫更加均勻,印面更加妥帖,"新莽官印,筆畫勻稱圓潤,字形稍長,工整秀麗。每字所佔印面空間均有一定比例,章法考究,刻鑄亦極精美"⑤。葉其峰提出鑒別西漢新莽官印五個方面:新莽的特殊官名;新莽更新之地名;新莽之特殊稱謂或專名;印章之形制;印面構圖和印文特點。新莽印文不如西漢圓勁,也不像東漢印方正,筆畫圓潤、工整,稍長。

① 秦波:《西漢皇后玉璽和甘露二年銅方爐的發現》,《文物》1973年第5期。
② 徐州博物館、南京大學歷史系考古專業:《徐州北洞山西漢墓發掘簡報》,《文物》1988年第2期。
③ 南京博物院、盱眙縣文廣新局:《江蘇盱眙縣大雲山西漢江都王陵一號墓》,《考古》2013年第10期。
④ 葉其峰:《秦漢南北朝官印鑒別方法初論》,《故宮博物院院刊》1989年第3期。
⑤ 葉其峰:《秦漢南北朝官印鑒別方法初論》,《故宮博物院院刊》1989年第3期。

章法嚴謹，多數是五字，也有六字以上的，但無四字。印五字為兩字兩字一字橫排，一二行字大小一致[①]。

東漢中期以後，基本格局沒有大變，官印筆畫平直，方折，更趨方正，這是受到東漢前期方體字的影響，審美變化導致的新特點。江蘇揚州邗江 2 號墓出土“長樂無極”銅印以及金印“廣陵王璽”（圖 1 下 3 - 9）。金印長寬各 2.3 厘米，重 123 克。此為廣陵王劉荊之墓，劉荊在永平十年（67 年）自殺，屬於東漢前期墓葬[②]。

圖 1 下 3 - 9

圖 1 下 3 - 10

自漢景帝二年（前 155 年）封定王劉發立劉姓長沙國起，其間八代九傳，其中廢止 17 年，至公元 37 年。“長沙王璽”“長沙王印”，筆畫方直，風格與“廣陵王璽”接近，當是東漢初年之物。樂浪郡東漢太守掾王光墓出土雙面木印“臣光”和“樂浪太守掾王光之印”，印文也是東漢風格（圖 1 下 3 - 10）[③]。

漢代官方對文字有嚴格的規範，具有合格的文字水平是官吏的必備條件，不注意文字規範，就有罷黜的危險。《説文・敍》引漢初《尉律》：“書或不正，輒舉劾之。”印璽是政府權威的標誌，是行政的憑證，文字自然更加不能馬虎。從文字學角度觀察，漢官印的文字規範越來越嚴格。官印的管理，秦少府設置“符節令丞”，專主符節印信。《後漢書・百官志三》載，蘭臺令史掌奏及印工文書，侍御史掌五曹，有印曹，掌刻印。官印皆為有司執掌，其文字不得隨意變更。經過新莽之後的戰亂，官印文字的管理有所鬆弛，東漢建國不久，又呼籲整頓了。《東觀漢紀・馬援傳》載東漢初伏波將軍馬援上書光武帝：“恐天下不正者多，符印所以為信也，所宜齊同。”“薦曉古文字者，事下大司空，正郡國印章。”從歷史記載和漢代官印的實際情況看，官印的文字在嚴格規範的約束下，文字結構筆畫都沒有很大的更改餘地。明代甘暘《印章集説》：“漢因秦制而變其摹印篆法，增減改易。制度雖殊，實本六義，古樸典雅，莫外乎漢矣。”漢代官印之變，典雅而不失原則，此勝於秦印之緣由。

漢代官印有三個特點：第一，字形合乎字學結構。漢官印文字結構與小篆相通，並無特別之處。需要通過字形來調節章法，一般限制在筆畫的末端。最常見的“印”字，衹在末筆尾梢略作彎曲，以佈多餘空間。如“廣陵王璽”之“陵”字末筆縮短，以求

① 葉其峰：《新莽官印鑒別例》，《文物》1984 年第 3 期。
② 南京博物院：《江蘇邗江甘泉二號漢墓》，《文物》1981 年第 11 期。
③ 朝鮮古跡研究會：《樂浪王光墓》，桑名文星堂 1936 年版，圖 27、28。

方正。突破這個原則的例子並不多，而且衹是小的變異。如“長沙王璽”之“璽”字中間二“×”變成“8”，但是衹能算作小訛。第二，章法嚴正，筆畫中規中矩。漢代官印章法是逐步嚴密的。文景時期的獅子山漢墓中的官印，各字的空間尚可調節，如“楚騎千人”“楚營司空”“相令之印”“谷陽之印”等，前二字與後二字筆畫多寡明顯，因此前二字組成的右行略多於少筆的左行。武帝前期的南越王墓白文“泰子”印中，“泰”“子”所佔的空間一大一小。武帝後期就没有這種情況了。最多見的例子是以“印”結尾的五字印，没有因為“印”的筆畫少而擠壓它的空間。西漢後期的官印，不管是四字、五字、六字等，各個字形的空間也是相等的，很少因為筆畫多寡而增減各字所佔的空間。第三，印文字形統一。官印是行政的符號，它並不要求多變，所宜齊同。如北洞山漢墓與獅子山漢墓大量的官印都帶“楚”字，寫法完全相同，不加稍改。較為極端的例子是廣東南越王墓的“皇帝行璽”和陝西發現的“皇后之璽”，遠隔幾千里的兩個政權，“璽”字的寫法居然完全一樣。這些現象衹能説明存在一個專門的機構掌管印璽，並且以權威性的正篆作為印璽文字的樣本。雖然西漢官印在早期或者後期的某些例子中有一些減筆、增筆、疊筆和空間調節的現象，但是整體而言，它基本不出正篆的字形規範。因此西漢、新莽官印之美，衹是一種齊整之美感，以及正篆本有之形體美，而無其他。總之，秦漢官印之變化，没有改變摹印的性質。

第三節　繆篆用於私印

私印是以姓名為名者，也有姓名結合其他内容及吉語等，大致可以説官印之外就是私印。《説文・敘》：“人用己私，是非無正。”私印與官印最大的區別在於不受官方約束，表現出很大的隨意性，創造出無比豐富的私印文化。私印字數不定，有一字、二字、三字、四字，直至十多字，印面章法多變，有朱文(陽刻)、白文(陰刻)，有朱白混合，甚至圖文結合，在姓名周圍刻動物紋樣。

漢代私印最大的特點是採用富於裝飾性的字體，呈現出絢麗多彩的印面。繆篆用於私印，兩者有密切的關係。私印文字中繆篆佔多少？是全部，還是局部？羅福頤、王人聰合作的文章中説：“衹有漢魏私印中，有一種書體多作屈曲回繞之狀，和許慎所説的繆篆的意思正相符合，如本書所舉的‘祭睢’‘東憲私印’之類，這種書體纔叫繆篆。”文章還舉了“王獲私印”“杜臨私印”“吳永私印”(圖 1 下 3－11)[①]。

他們認為私印中的此類鳥蟲書纔是繆篆。曹錦炎的觀點恰恰相反：“西漢私印文

---

① 羅福頤、王人聰：《印章概述・漢繆篆》，轉引自馬國權《繆篆研究》，《古文字研究》第五輯，中華書局1981年版，第262頁。

圖 1 下 3 - 11

字,以規範的篆書為主,也有裝飾性較強的鳥蟲篆。”[①]漢代私印文字中有正篆,也有美術象形篆,卻排除了繆篆。承認私印與官印不同,衹是章法具有藝術特徵:“大都製作精良,印文排列不拘一格,章法佈局巧妙,其藝術性遠遠高於同期的官印。”[②]其實新莽六體中繆篆和鳥蟲書分為兩體,繆篆中就不能兼有鳥蟲書,漢代的私印中有正篆、繆篆和象形篆三個部分,繆篆是以正篆為基礎的各種變化,從而獲得美感的印文形式。以上 5 枚印中,除第 1 印為雲篆,其餘 4 枚皆為蟲篆。

繆篆在新莽時期列入正式字體,但是並非新莽之後纔存在。如果認為衹是限於東漢,似非事實。

筆者以部分連續年份的考古報告為素材,全面地登錄私印印文情況,把漢代的私印作了一個粗疏的分期,西漢分為三期,東漢分為兩期。

(一) 西漢初期(漢代開國到景帝時期)

湖北雲夢大墳頭 1 號漢墓出土玉印一方(圖 1 下 3 - 12),印文“遬”[③],早於文帝十三年(前 167 年)的西漢初年墓葬。此印完全是秦璽格局,筆畫粗細不均,外輪廓不甚齊整,外加邊欄圈固。

圖 1 下 3 - 12

圖 1 下 3 - 13

山西朔縣鐵路取土場區 102 號秦代墓葬出土 1 方印章,印面方形,篆刻陽文“郾臭”。西漢前期後段 9M1 號墓出土銅印“貴海”,6M41 號墓出土“王命”(圖 1 下 3 - 13),皆陽刻朱文印,秦漢印文風格接近,漢印繼承秦代印璽的傳統[④]。

山東曲阜九龍山漢墓為西漢早期墓葬,墓內出土銅印章 4 枚,3 枚方印,分別為“□□大吉”等;另一長印,文為“王未央”,其中“王”字朱文,以及另一具有戰國風格之朱文印(圖 1 下 3 - 14)[⑤]。白文私印依然是先秦風格,“王未央”印朱文、白文兼有,它成為私印的一種重要章法。

① 曹錦炎:《古代璽印》,文物出版社 2002 年版,第 83 頁。
② 曹錦炎:《古代璽印》,文物出版社 2002 年版,第 98 頁。
③ 湖北省博物館:《雲夢大墳頭一號漢墓》,《文物資料叢刊》第 4 期,文物出版社 1981 年版,第 16 頁。
④ 平朔考古隊:《山西朔縣秦漢墓發掘簡報》,《文物》1987 年第 6 期。
⑤ 山東省博物館:《曲阜九龍山漢墓發掘簡報》,《文物》1972 年第 5 期。

圖 1 下 3－14

圖 1 下 3－15

圖 1 下 3－16

揚州漢劉毋智墓為漢初吳國墓葬，入葬年代不會晚於景帝前元三年（前 154 年），出土玉印 1 枚，印文“劉毋智”（圖 1 下 3－15）[①]。“劉”字中“金”之四點中，右上一點搬到正上方，以避讓“刀”之左筆，使得“刀”嵌入“金”內。左行“毋”字壓縮形體，僅佔三分之一，以讓與“智”字。

江蘇徐州市銅山茅村後樓山 8 號西漢初期墓葬出土玉印，盝頂鈕，穿孔，邊長 1.9 厘米、高 1.3 厘米，刻銘“陳女止”（圖 1 下 3－16）[②]。“陳”字右豎筆上端左彎，似填佈空間以外，亦有打破雷同筆畫的意思。左邊“女”“止”兩字皆縮小，“女”字疊筆改作斷筆再起，減少筆畫與“止”平衡。

湖南沅陵虎溪山 1 號漢墓墓主印文為“吳陽”，是第一代沅陵侯，卒於文帝後元二年（前 162 年）[③]。

龍首原西北醫療設備廠西漢早期墓 164 號墓發掘銅印兩枚，一印無字，一枚兩面分刻“臣當”“陳當”（圖 1 下 3－17）。170 號墓玉印 3 枚，兩方無字，水晶印 1 枚，刻“陳請上”（圖 1 下 3－18）[④]。兩墓之印以二“陳請士”印文最妙，同名而章法不同，一為右一左二，一為三字橫置。因此印文中三字形體都有調整，玉印“陳”字體長，“阜”頭加疊筆，“請”字“青”腳不出頭，造成此印上邊部分密匝，而“陳”字虛下，與“士”字少筆畫相協調，形成印文下半部疏空。水晶印三字橫排，依照筆畫多少給予空間，“士”極窄，而“陳”之“阜”去頭，乃精心設計之作。

圖 1 下 3－17

圖 1 下 3－18

廣州西漢前期墓葬，發掘者定為西漢前期，在秦統一六國（前 221 年）到武帝元鼎六年（前 111 年）之間。玉子崗 1075 號墓出土瑪瑙，印“趙安”（圖 1 下 3－19），園崗 1180 號墓出土玉印“李嘉”（圖 1 下 3－20），鷹崗 1173 號墓出土玉印“灑”（圖 1 下 3－21）等[⑤]。

① 揚州市文物考古研究所：《江蘇揚州西漢劉毋智墓發掘簡報》，《文物》2010 年第 3 期。

② 徐州博物館：《江蘇徐州市後樓山八號西漢墓》，《考古》2006 年第 4 期。

③ 湖南省文物考古研究所、懷化市文物處、沅陵縣博物館：《沅陵虎溪山一號漢墓發掘簡報》，《文物》2003 年第 1 期。

④ 西安市文物保護考古所：《西漢龍首原漢墓》，西北大學出版社 1999 年版，第 163、175 頁。

⑤ 廣州市文物管理委員會、廣州市博物館：《廣州漢墓》上冊，文物出版社 1981 年版，第 91、149 頁。

“趙安”印文上密下疏，“李嘉”皆以字形大小安排印面多寡，前兩印筆畫方正中見柔韌。

圖 1 下 3 - 19

圖 1 下 3 - 20

圖 1 下 3 - 21

周世榮曾經整理了長沙市出土秦漢之際私印，多為白文，設邊欄，屬於這段時間的私印有“黃惑”“仆平”“黃婁”“鄭蓋”“黃禹私印”、“王”字肖形印等(圖 1 下 3 - 22)[①]。其中“黃惑”外圓內方印與“邦□”一樣為外圓內方印，羅福頤歸入戰國私璽[②]。“鄭蓋”左讀，“黃禹私印”為蟲書。這些印文有戰國印璽的風格，但是字跡排滿印面者，乃漢印標誌。

圖 1 下 3 - 22

西安東郊西漢竇氏墓為文帝時期墓葬，出土兩枚銅印，一面為“竇氏”，一面為“妾氏”[③]。其印文中“氏”(、)字下垂筆折疊甚長，似為“女止”2 字，前文銅山茅村後樓山西漢墓葬玉印印文“陳女止”可證。“竇”字內“四”豎置，《漢印文字徵》中有四例，此為成法。

(二) 西漢中期(武帝時期)

河北陵山 2 號漢墓出土“竇綰”“竇君須”銅印(圖 1 下 3 - 23)，竇綰為劉勝之妻，竇綰死於太初元年(前 104 年)之前[④]。“竇”字按例“四”豎寫成口，乃漢印中常式。“須”三撇在古文字中本來彎曲，漢印變為方折，與方體統一，便於安排。

圖 1 下 3 - 23

圖 1 下 3 - 24

西漢中期 3M1 出土橋形紐“王光私印”(未出印章圖形)。6M140 號墓出土印章，一面為“秦止”，一面為“臣止”(圖 1 下 3 - 24)[⑤]。兩印皆朱、白文同印。根據筆畫多寡，選擇陰、陽文，因而“止”字或陰或陽。

① 周世榮：《長沙出土西漢印章及其有關問題研究》，《考古》1978 年第 4 期。
② 羅福頤：《古璽印概論》，文物出版社 1981 年版，第 45 頁。
③ 西安市文物保護考古所：《西安東郊西漢竇氏墓(M3)發掘報告》，《文物》2004 年第 6 期。
④ 中國科學院考古研究所滿城發掘隊：《滿城漢墓發掘紀要》，《考古》1972 年第 1 期。
⑤ 平朔考古隊：《山西朔縣秦漢發掘簡報》，《文物》1987 年第 6 期。

長沙市出土西漢中期的私印接近方寸，銅印有邊欄，玉印無邊欄。字體變化大，有篆體，變形篆、篆隸體也出現了，有“蘇將軍印”“利蒼”“蘇郢”“石賀”“周誘”“曹嫼”“妾嫼”“桓啟”等(圖 1 下 3－25)①。

圖 1 下 3－25

值得注意的是，出現的“石賀”“曹嫼”是風格不同的鳥蟲書，“石賀”印文筆畫有粗細，橫畫中間成波形凸起，轉彎處綫條漸粗，“石”左筆直綫加屈等，呈現出戰國鳥蟲書的特點，透露了漢代鳥蟲書與戰國南方美術字體的淵源關係。“惟漢代印文僅參用鳥頭，而不作全體鳥形，其結構與春秋已有不同。”②“石賀”“曹嫼”印是漢式鳥蟲書，它們弱化了象形功能，鳥頭等具象都消失了，衹剩下蜷曲富於粗細變化的筆畫。同時鳥蟲書破壞了文字本來的結構，部分改變為對稱圖案，組成新的結構形式。鳥蟲書“曹嫼”之“嫼”，把“女”納入“巽”左下，推兩豎筆於一側，巧妙挪讓，再使綫條形式統一，渾然天成。篆書白文“妾嫼”之“嫼”挪讓完全一樣。“桓啟”之“啟”亦採用挪讓之法，而“誘”之“秀”“乃”屈疊、移動左筆至尾筆，構思巧妙。

西漢南越王墓出土不少私印，其中有“趙眜”玉印、“趙藍”象牙印等私印(圖 1 下 3－26)③。“趙眜”“趙藍”皆有界格，與秦漢間官印相同，但是印文密匝，剛柔相濟，與官印不同。“眜”之“目”與前文“劉慎”同，中間兩橫作盤曲狀，所謂“曲滿”。

圖 1 下 3－26

圖 1 下 3－27

圖 1 下 3－28

陝西咸陽茂陵西漢空心磚墓為西漢中期墓葬，2 號墓發現銅印，印文“杜護”(圖 1 下 3－27)④。

江蘇連雲港市海州漢墓出土龜鈕銀印 1 枚，印文“侍其繇”。此墓年代在西漢中晚期⑤。“侍其繇”白文粗實，匀佈印面(圖 1 下 3－28)。“繇”字“言”豎置，因“繇”字特

① 周世榮：《長沙出土西漢印章及其有關問題研究》，《考古》1978 年第 4 期。

② 陳直：《讀容庚氏〈鳥書考〉書後》，《文史考古論叢》，天津古籍出版社 1988 年版，第 342 頁。

③ 廣州市文物管理委員會、中國社會科學院考古研究所、廣東省博物館：《西漢南越王墓》(上)，文物出版社 1991 年版，第 201、207、252 頁。

④ 陝西省茂陵博物館、陝西省咸陽市地區文管會：《陝西咸陽茂陵西漢空心磚墓》，《文物資料叢刊》第 6 期，文物出版社 1982 年版，第 23 頁。

⑤ 南波：《江蘇連雲港市海州西漢侍其繇墓》，《考古》1975 年第 3 期。

長而佔印之半。一般三字印，姓佔半面，此印名之一字佔半面，乃漢代私印章法靈活之一例。

（三）西漢晚期（昭帝到新莽時期）

江蘇泗陽陳墩漢墓出土銅印兩枚：一枚龜鈕"張廷意"，"張"陽文，"廷意"陰文。另一枚吉語印（圖 1 下 3－29），一面為吉語"日光"。周圍飾四燕紋，另一面為乳虎紋，在西漢中後期昭宣時代[①]。"張廷意"印文字書意極濃，為私印的一種風格。"日光"印為吉語飾圖案，西漢中晚期有日光鏡和日光昭明鏡，皆以"見日之光"為題，此印四角玄鳥，玄鳥即金烏。古人認為日光具有辟邪作用，故此也可稱為辟邪印。此印 45 度斜置，非平置，亦漢代私印中少見。

圖 1 下 3－29

圖 1 下 3－30

廣西賀縣高寨 4 號墓為西漢後期墓葬，出土玉印 1 枚，刻"須甲"兩字，各邊長 1.8 厘米；金印 1 枚，刻"如心"2 字（圖 1 下 3－30），各邊長 1.45 厘米[②]，"如心"印文起筆圓而肥，與漢簡中的長垂、倒薤相似。

海州西漢晚期墓出土銅印 1 枚，在墓主左指骨旁。印文"霍賀之印"[③]。"霍賀之印"中"霍"之"隹"少筆，法減篆。

揚州西郊邗江胡場 5 號漢墓出土銅印 3 枚，墓內文告牘有"卌七年十二月丙子朔辛卯廣陵宮司空長前丞□敢告土主"，知宣帝本始四年（前 70 年）入葬[④]。

墓主龜鈕銅印"臣奉世"，"臣"陽刻，"奉世"陰刻。"封信願君自發"，四周邊緣陰刻蒼龍、白虎、朱雀、玄武。兩面印 1 枚，一面刻"王印奉世"，另一面刻"王印少孫"，"王印"皆陽文，其餘陰刻（圖 1 下 3－31）。依據印文筆畫多寡，陽文字跡大小由之，如同是"王印"2 字，兩印處理不同。"封""信""發""奉""世"，這些字中都有省筆，此馬國權所謂"減篆"。

圖 1 下 3－31

① 江蘇泗陽三莊聯合考古隊：《江蘇泗陽陳墩漢墓》，《文物》2007 年第 7 期。

② 廣西壯族自治區文物工作隊、賀縣文化局：《廣西賀縣河東高寨西漢墓》，《文物資料叢刊》第 4 期，文物出版社 1981 年版，第 38 頁。

③ 南京博物院、連雲港市博物館：《海州西漢墓清理簡報》，《考古》1974 年第 3 期。

④ 揚州博物館、邗江縣博物館：《江蘇邗江胡場五號漢墓》，《文物》1981 年第 11 期。

朔縣西漢木槨墓出土銅印，僅公佈兩枚，1 枚“王柱私印”，1 枚“王子孺印”（圖 1 下 3－32）[1]。“王柱私印”二朱二白，對角相間。“王子孺印”圖文印，中央四字“王子孺印”，其中“王”字白文。周圍四靈，與揚州王奉世墓印風格相同，足以證明這是風靡全國的流行款式。

西安南郊丈八東路南側 2 號西漢墓發現銅印，印文“申舜之印”（圖 1 下 3－33）。墓葬為西漢晚期或王莽時期[2]。

圖 1 下 3－32

圖 1 下 3－33

圖 1 下 3－34

圖 1 下 3－35

西漢晚期 ZM1 號墓出土私印，印文為“東門延壽”（圖 1 下 3－34），GM4 號墓出土印章，刻文“北鄉”（圖 1 下 3－35）[3]。“壽”字是漢代人名常用字，印文變化最多，《漢印分韻合編》收“壽”字 108 個，每個形體不同，而《漢印文字徵》“王印壽王”中的字完全相同。

上海福泉山 5 號墓屬於西漢晚期墓葬，出土銅套印，母印“周子路印”，子印“周長君”（圖 1 下 3－36）[4]。“周子路”3 字大小無一相等，以筆畫多寡為空間標準。“周長君”之“長”字減筆，多見於漢印和瓦當文字。

河北陽原縣北關西漢晚期墓葬，發現銅印 1 枚，印文“郎長久印”（圖 1 下 3－37），“郎”“長”為陰文，“久”“印”為陽文[5]。此印白文與朱文以上下分，實為權宜辦法，取得印面朱白和諧。

圖 1 下 3－36

圖 1 下 3－37

圖 1 下 3－38

圖 1 下 3－39

洛陽西郊西漢晚期 3190 號墓發掘銅印“樊委”（圖 1 下 3－38），印面兩邊飾龍虎紋。左青龍，右白虎，以寓拱衛印主安全。印文“樊”“委”2 字皆以上面部件伸筆下垂密裹，形成筆畫茂密、字形飽滿狀態。《漢印文字徵》中“樊”字內“廾”多是省形，僅“樊農”印不省，與此印同。3065 號墓出土銅印，印文“左克”（圖 1 下 3－39）[6]。“左克”印

① 山西省平朔考古隊：《山西省朔縣西漢木槨墓發掘簡報》，《考古》1988 年第 5 期。
② 西安市文物保護考古研究所：《西安南郊西漢墓發掘簡報》，《文物》2012 年第 10 期。
③ 平朔考古隊：《山西朔縣秦漢墓發掘簡報》，《文物》1987 年第 6 期。
④ 王正書：《上海福泉山西漢墓群發掘》，《考古》1988 年第 8 期。
⑤ 河北省文物研究所：《河北陽原縣北關漢墓發掘簡報》，《考古》1990 年第 4 期。
⑥ 中國科學院考古研究所洛陽發掘隊：《洛陽西郊漢墓發掘報告》，《考古學報》1963 年第 2 期。

2 字皆屈曲回繞，但不是鳥蟲書。繆篆之回繞是為填滿，而且衹是部分筆畫屈曲。鳥蟲書多屈曲，幾乎每筆皆然，而且結構大變，兩者判然。“左”字與《漢印文字徵》“左戎私印”之“左”同。

周世榮整理長沙市出土西漢宣帝以後銅印，有“謝李”“劉當居印”“鄧弄”“陳壽”等（圖 1 下 3－40）。[①]“謝李”，“謝”寬“李”窄。“劉當居印”，“劉”“當”長，“居”“印”短，縱横變化如一。“鄧弄”，“邑”移入“登”內，“弄”疊至三，一印之內兼有屈曲和挪移兩法。“陳壽”印中“壽”字與《漢印文字徵》“顔壽王印”同形。

圖 1 下 3－40

天長縣三角圩西 1 號漢墓出土龜紐 2 枚，1 枚陰刻“桓平私印”，1 枚陽刻“桓平私印”。出土 1 枚橋紐，陰刻“臣平”，1 枚橋紐，陰刻“桓平之印”“廣陵宦謁”（圖 1 下 3－41）。19 號墓出土木質漆印，印文“桓蓋之”（圖 1 下 3－42）。兩墓皆為西漢中晚期元帝以前墓葬。[②] 桓氏印四個“平”字均有盤曲，豎筆以向左一曲為常見，而向右盤曲多疊為少見，《繆篆分韻》四例，《漢印分韻合編》兩例，《漢印文字徵》未收入。“平”字對稱兩畫，多作“八”字狀，亦可省作兩短平畫。“廣陵宦謁”中“陵”字用隸書結構，“陵”“謁”皆用隸書。馬王堆帛書《老子》乙本已經有字，《戰國縱横家書》有字，此隸變之字形。漢代私印“陵”字多用隸體，但是“謁”字印文未見隸書用例。“宦”中“臣”作“”，《漢印文字徵》未收此字形，《漢印分韻合編》“十六諫”下此字形定為“宦”，誤。銅印陽刻“桓平私印”為鐵綫篆，中間用界欄兩分，“桓”“平”兩字推讓精當，為陽文漢印之最優美者。

圖 1 下 3－41

圖 1 下 3－42

陝西省扶風縣博物館徵集到陸續出土的漢代私印，如“郭延年印”（東漢前期印）、“顔音”（王莽時或稍後印）、“王忠之印”（王莽時印）、“朱奉國印”（漢印）、“少曲子孟”（東漢印）、“姚都昌印”（王莽時或稍晚）（圖 1 下 3－43）。[③] “顔音”印中“顔”之“彦”

① 周世榮：《長沙出土西漢印章及其有關問題研究》，《考古》1978 年第 4 期。

② 安徽省文物考古研究所、天長縣文物管理所：《安徽天長縣三角圩戰國西漢墓出土文物》，《文物》1993 年第 9 期。

③ 羅西章：《介紹一批陝西扶風出土的漢、魏銅印等文物》，《文物》1980 年第 12 期；官雲程：《扶風縣出土漢代私印印文補釋》，《文物》1991 年第 3 期。

內,從“生”。馬國權謂繆篆變“彥”為“產”聲。“少曲子孟”“少曲合衆”之“曲”字形相同,一朱一白,漢印“曲”字異形亦夥。《繆篆分韻》有 11 形,《漢印分韻合編》有 12 形,《漢印文字徵》有 2 形,皆與此“曲”形異。7 印中有 3 印朱白文相間,選字、大小、位置均不同,成為平衡印面的手段。“合”,篆文從三“△”、從“口”,隸書△變為“人”“一”,“少曲合衆”之“合”變為兩短横,此變篆也。

圖 1 下 3 - 43

圖 1 下 3 - 44

陝西省勉縣文物考古工作者從廢品中揀選漢代銅印 1 枚,印文“汝南女陰公孫安漢印”(圖 1 下 3 - 44)。此私印郡縣姓名皆備,在西漢中晚期到東漢初[①]。此印為多字印,採用官印章法,字間稍有挪讓和盤曲。

（一）東漢初期

山西朔縣出土橋形紐和獸形紐,時間大致為西漢末到東漢初,有“董弘印”、肖形印、“王隆私印”(圖 1 下 3 - 45)[②]。“王隆私印”,“隆”字誤釋,當為“降”字,中山王大鼎銘同此字形,累增“止”,漢印有“郭降”。漢代私印字形來源非常複雜,此字可能與西漢興起的古文有關。

圖 1 下 3 - 45

圖 1 下 3 - 46

圖 1 下 3 - 47

江蘇揚州邗江 2 號墓出土“長樂無極”銅印(圖 1 下 3 - 46)。此為廣陵王劉荆之墓,劉荆在永平十年(67 年)自殺[③]。

洛陽西郊漢墓出土東漢早期 3152 號墓“郭童私印”(圖 1 下 3 - 47)[④]。此為鳥蟲書,筆畫作蠕蟲屈曲狀。

雲南昭通縣二平寨梁堆發現 3 枚一套銅印,辟邪紐,印面 2 厘米,母印“孟琁之印”,子印亦辟邪紐,印文“孟琁”,子印中又有一方小印,印文“伯稱”(圖 1 下 3 - 48)。在相距 100 米處,以前曾發現“孟腊”銅印,此兩銅印印紐製作一致,大小相等。孟腊

① 郭清華:《勉縣發現漢代多字私印》,《文物》1987 年第 3 期。
② 平朔考古隊:《山西朔縣秦漢墓發掘簡報》,《文物》1987 年第 6 期。
③ 南京博物院:《江蘇邗江甘泉二號漢墓》,《文物》1981 年第 11 期。
④ 中國科學院考古研究所洛陽發掘隊:《洛陽西郊漢墓發掘報告》,《考古學報》1963 年第 2 期。

墓屬於東漢早期墓葬。昭通西漢屬於犍為郡，郡下有朱提，有南中大姓孟氏，此兩孟可能屬於此孟氏家族[1]。按，"䐡"為"朕"，下3畫為衍筆，補白之用。"孟琵"之"孟"，"皿"多筆，與"孟朕"比照，推為"孟"字。"孟琵"之"琵"，字書無此字，實為"玩"，"玉"從側移至上部，增加一"玉"，充實印面。"琵"字下非"完"，衹有兩橫，一橫兩端下罩"兀"，依然是為了平衡筆畫。玩，賞也；稱，贊也。兩字意義相近，為名與字。漢印中部件重雙者亦有例子，如"霍"字，《漢印文字徵》中5例為雙"隹"，3例為單"隹"。"曹"字，漢印亦有、兩形，皆為佐證。

圖1下3－48

圖1下3－49

陝西安康旬陽小河北磚廠取土發現東漢銀印，印文為"使掌果池水中黃門趙許私印"（圖1下3－49）[2]。此印為漢人趙許私印，採用官印章法，字形結構並無變化，衹是安排得體，雖然每字空間相等，少畫之字並無增筆屈曲，依然和美可鑒。

（二）東漢中晚期

陝西咸陽杜家堡東漢墓出土銅印章1枚，羊紐。印文"長得天右"(圖1下3－50)。[3]

湖北宜昌前坪包金頭11號漢墓，出土銅印兩枚，一枚邊長1.55厘米，印文"廉□私印"，另一枚邊長0.8厘米，印文"張躬"[4](圖1下3－51)。此為東漢中期漢墓。

圖1下3－50

圖1下3－51

圖1下3－52

河南偃師白草坡東漢帝陵陵園遺址發現東漢中晚期銅印1枚，略扁，印文"耿僊印信"[5]。此印用鐵綫篆，筆畫遒勁而瘦硬，在漢印中非常罕見(圖1下3－52)。《古璽印概論》提及"北燕官印"中"劉奉印信""張國印信"等文字完全相同，是巧合，還是誤定年代？"耿"字"耳"旁筆畫右伸，補"火"筆畫之缺。"僊"字內外兩個部件均省筆，為減篆。整個印面疏朗均匀，乃漢印精緻之作。

---

① 雲南省昭通縣文化館：《雲南昭通發現東漢"孟琵"銅印》，《文物》1975年第5期。

② 徐信印、魯紀亨：《陝西旬陽發現一枚漢代銀印》，《文物》1985年第12期。

③ 咸陽市文物考古研究所：《陝西咸陽杜家堡東漢墓清理簡報》，《文物》2005年第4期。

④ 長辦庫區處紅花套考古工作站：《湖北宜昌前坪包金頭東漢、三國墓》，《考古》1990年第9期。

⑤ 洛陽市第二文物工作隊、偃師市文物管理委員會：《偃師白草坡東漢帝陵陵園遺址》，《文物》2007年第10期。

亳縣鳳凰臺 1 號漢墓發現銅印，印文“丁崇”（圖 1 下 3－53），為東漢晚期墓葬[①]。“丁”字上橫彎轉收縮後垂下往返盤曲。

圖 1 下 3－53

1957 年江蘇高郵邵家溝 2 號灰溝發現厭勝木簡，上端為北斗星及道符，右下有字，從摹本看，近於眞書。在同一地點還發現“天帝使者”封泥。此為東漢末期的文物[②]。“天”字取隸書，“者”字為減篆，與篆字形體相差甚遠，《漢印分韻合編》《漢印文字徵》均未見。此為巫覡所作殳書，以迷惑世俗。

從著錄考古出土的印章字形大致可以看出漢代私印的演變態勢。私印與官印有相同的一面，如字形標準，每字的空間相當，這是從漢初到東漢後期始終存在的。漢初有界欄或邊欄，中期逐步去界欄，與官印不同的是，有欄之私印流傳甚遠。漢初“宛朐侯埶”、漢武時“張君信印”到兩漢之交的“汝南女陰公孫安漢印”、東漢的“使掌果池水中黃門趙許私印”，皆與官印齊同，並無特異。但是私印更加具有藝術性，如以上多字印，字內筆畫多有挪讓變形，平直之中圓筆、斜筆間之，氣韻生動。漢代私印與官印有不同的一面，而且是它的主要方面。

第四節　繆篆之形體特點

繆篆具有獨特的構形特點，體現在以下幾方面。

一是筆畫和文字內的結構方面。筆畫，漢初衹有筆畫微調，如“陳女止”印中的“陳”字豎筆加小折，“女”字疊筆改為斷筆，“張”字之“長”小變等。字形有小訛，如“張偃”之“偃”字內從“田”，“私”字禾頭右轉。部件之間的挪讓，以文字筆畫多寡分配面積。“劉毋智”之“劉”字，“張伯”之“張”字，似為習慣。武帝時期，字內部件之間的挪讓增多，如“妾嫼”之“嫼”、“桓啟”之“啟”、“杜護”之“護”，更加成熟。

二是文字形體之間。漢初文字形體之間的挪讓，依照筆畫多少安排所佔面積。如“劉疵”“李嘉”“辛偃”“臣偃”，兩字之間根據筆畫多寡，甲字形大，乙字相應小。武帝時期如二字印“臣慎”“竇綰”、三字印“陳何賈”“陳君孺”皆屬此類。西漢晚期字面挪讓，不盡限於簡單的二字、三字印，如“周子路”“桓蓋之”“宋余信印”“謝李”。對於朱白印也作挪讓，如“臣奉世”“王奉世印”“劉當居印”“少曲子孟”“少曲合衆”。挪讓顯示出複雜情景，或左右或上下，乃至兩者交織一起。西漢中期出現了一些新的因素。如改變字內部件形態以求充實，如“侍其繇”之“繇”、“周誘”之“誘”、“陳何賈”之“賈”。出現圓柔屈曲的筆畫，“趙眛”“劉慎”之“目”作“”。西漢晚期繼續發展，曲滿

① 亳縣博物館：《亳縣鳳凰臺一號漢墓清理簡報》，《考古》1974 年第 3 期。

② 江蘇省文物管理委員會：《江蘇高郵邵家溝漢代遺址的清理》，《考古》1960 年第 10 期。

筆畫漸漸增多,圓轉如"左克"之"左"、"桓平"之"平",硬折如"鄧弄"。東漢屈曲填滿流行不衰,如"丁崇印"之"丁",二彎二疊,字形大變。減篆,就是印文的減筆字,為了平衡印面而筆畫減少,如"霍賀"之"霍"、"臣奉世""王奉世印"之"世"、"東門延壽""陳壽"之"壽",特別是"壽"字變形很大。又東漢印"天帝使者"之"者"也為減篆。改篆,就是改變形體。西漢晚期字形發生了較大變動,出現改變部件的現象,如"顏音"之"彥"從"產",變"彡"為"生"。西漢晚期(昭帝)到新莽時期字形的隨意性越來越大,變化莫測,既有隸書的摻入,又有新的增減變數。隸書、草書進入印文,如"劉遷"印之"遷"、"封信願君自發"印之"信"、"廣陵宦謁"印之"謁"。東漢印"天帝使者"印之"天"用隸書,隸體簡字流行,"耿僊印信"之"僊"字整個字形簡化,形成了一個新的字形。明人徐堅《印戔説》:"漢人有摹印篆,亦曰繆篆,平正方直,篆隸互用。"這種現象出現得較晚。增篆是改變形體最大的因素。增篆即增加部件或者筆畫。東漢時期出土的印章遠遠少於西漢,表明私印治印的鼎盛時期已經過去,因此印文的品類大大減少,形式亦趨於簡單,但是還是有值得注意的地方。"孟霟之印","玩"字經過挪移,又增加"王"成雙,此為增部件。"孟塍"為"朕"增三横而成"塍",此為增筆畫。私印在種種改變之下,形體大變,《説文·敘》所謂"故詭更正文,鄉壁虛造不可知之書",難道不是指此類變化嗎?

三是章法方面。朱文、白文是印章文字凹凸的兩種處理方法,由陽刻與陰刻造成,戰國時代兩種印章皆存在。漢初私印朱文印尚有流行。此類印的文字尚有戰國文字的餘習。漢初開始有朱文和白文相間的做法,以長條"王未央"印為標誌。西漢中期朱白相間的印章開始增多,注意朱白平衡,調節印面。如"秦止"之"止"用白文、"臣止"之"止"用朱文、"左晉印信"一朱三白。西漢晚期朱白相間印的組合複雜起來。如"張廷意""臣奉世"等左右對半,"王印少孫"朱少白多,"王柱私印"對角朱白,"少曲子孟"朱文四分之強,"少曲合衆""姚都昌印"朱文四分之強,三印朱文皆在一角,或右下、或右上,或長或寬。西漢後期對私印的美化有了創新形式,文字伴紋飾,印面圖文並茂。"日光"印四角有玄燕,"封信願君自發"印與"王子孺"印周圍飾四靈,"樊威"印兩側飾左青龍、右白虎。白文印的筆畫總趨勢是逐步變粗,使之幾乎充滿印面,西漢晚期達到佳境,以"樊長印"為最。朱文印摒棄了戰國以來的自由字體,與白文印一樣方正嚴謹,西漢晚期出現了鐵綫篆"桓平私印"、東漢"耿僊印信",已臻完美。鐵綫篆筆畫如鐵堅挺,其細似綫。實際上,鐵綫篆印面留朱極少,與高粗白文的印面效果一樣。鐵綫篆綫條硬中帶柔,字跡清楚,對後世的官印產生了很大影響,如唐以後官印皆用此體。章法之美,漢人十分細微,印面妥帖安排虛實,如"張偃""趙安"二印,上實下虛,穩中求變。

西漢私印之發展,以武帝之後最為完美,印文之字內字外各種方法基本齊全,唯有增篆在稍晚的東漢予以完善。至此所謂繆篆之意義大致得以清楚，和美之篆的實情得以明白。林素清曾經所論大致中肯："西漢中晚以降，印文篆體纔見各種變化，如增篆、減篆、推移、挪讓，形成了印章特有的篆體。東漢以後，印文篆意漸少，隸筆增加，字體的結構變化更大，盤旋、曲折，或變換字體偏旁位置等，更顯現出繆篆的特質。"林文指出可以廣義的裝飾性字體的觀念來討論繆篆問題①。馬國權認為繆篆是把印中文字離合有倫，疏密協調，力求實用好看，歸納出繆篆的三個顯著特點：一是結構勻稱，就是筆畫的均等，如方形4字印，4字大小同一。通過盤曲、減省、挪讓、穿插等，使之均衡。二是筆畫飽滿，為了印文清楚，要求筆道豐滿。三是綫條平正，為了與方印配合，所以綫條平直方正。他認為平正方直為繆篆的顯著特徵。馬氏又談到方法，有屈滿、減省、挪讓、穿插②。

繆篆就是和美之篆，和是對正篆而言，美是對本身而言，因此繆篆就是出於正篆之美篆。繆篆之美，不是崇尚神似的寫意之美，而是圖案性的靜態美，它是均衡、和諧、對稱的集中體現。當然廣義的繆篆應該包括文字以外的章法部分。朱文、白文相間的各種配合，同樣起著調節印文的作用。印文周圍的圖案裝飾，它與文字融合為一個整體，其民俗意義和優美的造型，錦上添花，美感無窮。

其一，充盈，意味著在印面把文字分佈到每個平面，包括中心和周邊四角。文字分佈於中間，自不待言，不然文字居於何處？所以無論先秦印璽或者後代印章均是如此，這是共性。但是文字要達到每個角落並非每種印章都能做到，這是特性。漢印絕大部分是方形，為了充盈，最佳的選擇是與邊平行的筆畫，上下則為橫筆，左右則為豎筆，邊是直綫，筆畫自然選擇直筆。因此漢印的每字字形儘量正方，多字組合還是要正方。而且，方形字可以解決四至，卻不能保證印面內，包括字與字、一字之內的空白缺憾。解決這個空白，增加筆畫和筆畫屈曲是有效的辦法。

其二，均衡，均衡之美在於平衡，璽印之均衡要求印面文字筆畫所佔空間大致間距等同，避免過於或疏或密。對稱是左右的均衡，是均衡的一種形式，也是主要的形式，要做到左右平衡，不能倚重倚輕。均衡印文方法很多，大字大之，小字小之，唯筆畫多寡為標準。不過絕對的對稱要求是鳥蟲書的寫法，它違反實用的原則。此外是用筆畫、結構的增損來調節。筆畫的增損不僅是數量的變化，也是長度、寬度上的變化。為了補白，有些筆畫可以長出本字之外，伸到別的字的輪廓之內。宋米芾《辨印帖》："繆篆乃今所謂填篆也。"所謂填，是填滿、不留空缺的意思，寓意均衡。

其三，多變，筆畫多變、結構多變，以致形體多變。多樣性是美感的重要因素，繆

① 林素清：《兩漢鏡銘初探》，《"中央研究院"歷史語言研究所集刊》第63本，第2分，1993年版，第351頁。
② 馬國權：《繆篆研究》，《古文字研究》第五輯，中華書局1981年版，第271—272頁。

篆在這方面是非常突出的。一是個人的美感不同,要求不同。二是處理方式不同,同樣是充盈,可以採用屈筆,也可以採用增筆;同樣屈筆,有一方折,也可以圓轉;同樣增筆,處理也不同。結構變化更是出神入化,可以在正篆結構内加以變化,也可以改變正篆結構再加變化。筆畫粗細之變,數量之變,結構之變,既有程式,也有隨機,千變萬化。

漢代的印章以文字充實平衡為原則,但是官印、私印的要求是不同的,採用的方法大相徑庭,筆者依然把這個内容作為私印的特點。繆篆為了獲得美感動用了多種藝術技巧,筆者歸納為四法:增減、屈曲、挪移、變化。具體而言:增減包括增減筆畫和部件,減就是減少,增就是增加,其中減者多,增者少,而增加部件最晚。屈曲就是給筆畫加屈,使之彎曲重疊。以前"屈滿"的説法也是這個意思,但是"滿"是目的,增的目的也是滿,並没有必要説"增滿"。屈曲的方法有重疊和迴轉、硬折和圓轉的區别,視情況施用。挪移就是推移,把筆畫、部件從原來位置推向其他空間,彼處之筆畫、部件往往會作出挪動,騰出相應空間。這是繆篆最常用的方法。官印一般作左右兩半的挪移,私印因地制宜,花樣百出。挪移的空間有大有小,窄小空間需要擠入,以前稱為穿插。變化是在以上三法之外的變化手段,包括改變筆畫形式和部件,它也是繆篆廣泛使用的方法,與以前説的變篆有點接近。變化之一是變幻,就是無中生有的變化,但大多數是依托認可而來,例如把隸書或者草書再篆書化作為新的印文形體。

繆篆是文字形體歷史發展的一個環節,從歷史上看是戰國、秦民間璽印的延續;從横向看,有些方法是移用了鳥蟲書的方法。繆篆稱為新莽六書,這個名稱為王莽時期所定,但它不是一蹴而就的,而是有一個兩百年的形成過程。西漢前期出現萌芽,到了中期不斷充實,西漢後期基本形成,唯有增篆一類到東漢纔完滿。

在繆篆形成的過程中,摹篆始終存在,而且也在不斷完善。但是它們涇渭分明,各走各的路。官印不會為了美觀而犧牲字形的規範性。相反,私印求美不惜出格,違背正篆的結構。

北魏王愔《古今文字志目》有"刻符篆""摹篆""繆書"和"殳書",可以對應秦八體之刻符、摹印、殳書和王莽六書之繆篆。王愔去古未遠,能區别繆篆和摹印。許慎謂"繆篆,所以摹印也",則可知繆篆為體,用以摹印,但是不能反過來説,摹印衹用繆篆,也不能説繆篆衹能用於摹印,就如"鳥蟲書,所以書幡信也",鳥蟲書是一種字體,既可用於書幡信,也可用於摹印。同時,幡信不必就是鳥蟲書。因此繆篆與鳥蟲書都是一種字體,繆篆可用於摹印,也可用於其他;鳥蟲書可以書幡信,也可用於其他。摹印是規模印璽,是指此類印璽上的文字處理,摹印與繆篆不能等同。摹印是秦以來的印璽文字形體,而繆篆是獨立字體,不專用於印章。繆篆施於摹印,説明摹印衹是它的用途之一。繆篆是一種美術化字體,用於莊重的、具有紀念意義或者其他重要場合,印章衹是其中之一。作為繆篆的一種獨立字體,形成自己完整的體系,包括方法、使用場合。它使用於需要美化處理的文字載體之上，最有代表性的是瓦當文，它是實用兼有裝飾性的建築構件，因其華美，稱為文當。漢班固《西都賦》："雕玉瑱以居楹，裁金璧以飾璫。"漢陳琳《神武賦》："華璫玉瑤，金麟牙琢。"三國魏何晏《景福殿賦》："列髹彤之繡桷，垂琬琰之文璫。"瓦當有一字、二字、三字、四字以及更多字數，一般是四字為大宗。印文也是少字文字形式。不僅如此，秦漢印文有界欄、邊欄，瓦當也有界欄、邊欄。最重要的是，兩者都是使用篆字，講究文字的裝飾美，私印採用的增減、屈曲、挪移、變化，完全齊備。它的藝術特點與印璽的飽滿、均衡、多變一樣，瓦當文的原理與繆篆是一樣的。

第五節　曹熹篆興起

繆篆的出現，引起了漢字形體史上的連鎖反應。據傳章帝建初中(76—84)，扶風曹熹善篆書，稍異於李斯小篆。這個異於正篆的篆文與流行的繆篆不無關係。清代陳澧《摹印述》："漢延光碑、張遷、韓仁銘額，即繆篆體，漢晉銅器及瓦當文亦多此體。"其實繆篆作為和美之篆，漢代後期開始與正篆並行於世，高調流行於南北朝乃至隋唐，是不可忽視的漢字字形形式。

曹熹，字仲則，生卒年不詳，東漢扶風平陵(今陝西咸陽北)人，漢章帝時為祕書郎。工篆、隸，擅長篆書，相傳以創懸針垂露之法著名。他是一個傳奇式人物。對於漢代篆文來説，其貢獻不小於許慎，是俗篆的開拓者，曹熹篆風靡了700年，直到唐代中期纔轉入低潮。歷史對曹熹的記載不少，不過都是零零碎碎的，給人一個模糊的印象。

晉衛恒《四體書勢》論述小篆變遷："及漢祭酒許慎撰《説文》，用篆書為正，以為體例，最新可得而論也。秦時李斯號為工篆，諸山及銅人銘皆斯書也。漢建初中，扶風曹熹善篆，少異於斯，而亦稱善。邯鄲淳師焉，略究其妙，韋誕師淳而不及。太和中，誕為武都太守，以能書，留補侍中，……漢末又有蔡邕為侍中、中郎將，善篆，採斯、熹之法，為古今雜形，然精密閑理不如淳也。"南朝宋羊欣《采古來能書人名》："扶風曹熹，後漢人，不知其官。善篆、隸，篆小異於斯，見師一時。""陳留蔡邕，後漢左中郎將。善篆、隸，採斯、熹之法，眞定《宣父碑》文猶傳於世，篆者師焉。"

入漢以來，隸書是通行文字，小篆衹在禮儀場合使用，講究書體典雅。篆體的實用功能降低，裝飾性功能上升。先秦的美術篆影子漸漸浮現，西漢的繆篆是集中體現，它採用了各種藝術性手段改變正篆，曹熹篆應運而生。漢代篆書的特點包括隸書偏旁的摻入、增繁與簡省隨意、穿插與挪移隨意、盤曲裝飾①。

① 張桂光：《篆書發展史綜述》，《中國書法》2010年第4期。

蔡邕《篆勢》:“字畫之始,因於鳥跡。蒼頡循聖,作則制文。體有六篆,要妙入神。或象龜文,或比龍鱗。紆體放尾,長翅短身。頹若黍稷之垂穎,蘊若蟲蛇之棼蘊。揚波振激,鷹跱鳥震。延頸脇翼,勢似淩雲。或輕舉內投,微本濃末,若絕若連;似露緣絲,凝垂下端;從者如懸,衡者如編;杳杪邪趣,不方不圓;若行若飛,蚑蚑翾翾。遠而望之,若鴻鵠群遊,絡繹遷延;迫而視之,湍潦不可得見,指撝不可勝原。研桑不能數其詰屈,離婁不能睹其隙間,般倕揖讓而辭巧,籀誦拱手而韜翰。處篇籍之首目,粲粲彬彬其可觀。摛華豔於紈素,為學藝之範閑,嘉文德之弘蘊,懿作者之莫刊。思字體之俯仰,舉大略而論旃。”六篆是什麼?《三老趙寬碑》記趙寬“博貫史略,雕篆六體”,指古文、奇字、篆書、隸書、繆篆、蟲書。《漢書·藝文志》:“六體者,古文、奇字、篆書、隸書、繆篆、蟲書,皆所以通古今文字,摹印章,書幡信也。”繆篆為六篆之一,後漢演變為曹熹篆。

唐張懷瓘《書斷》卷中:“曹熹篆、隸之工收名天下。蔡邕云:扶風曹熹,建初稱善。衛恒云:熹善篆,小異於李斯,邯鄲淳師焉,略究其妙,韋誕師淳而不及也。善懸針垂露之法,後世行之。”宋僧夢英《十八體書》亦云:“懸針、垂露,曹熹所作。懸針篆者,抽其勢,有若針之懸鋒芒。垂露篆者,以書表章奏事,謂其點綴如輕露。”新莽時期的“貨布”“大布黃千”用的是垂芒篆[①](圖 1 下 3 - 54)。可知懸針垂露早在西漢末已經存在,曹熹之貢獻在於熟悉和利用。曹熹之後篆體發生了很大變化,生發出各種花俏的形體。

圖 1 下 3 - 54

圖 1 下 3 - 55

東漢中期垂芒之書開始見於銘刻,桓靈之世大行其道,懸針垂露之書隨處可見,可能與曹熹有關。曹熹篆的基礎是繆篆,繆篆的宗旨是美觀,改變篆字形體,應該説曹熹的理念和某些方法來源於此。

綏德黃家塔 7 號遼東太守墓畫像石橫額右邊為“遼東太守左官”,左邊為“永元二年(90 年)太歲在此造”(圖 1 下 3 - 55),邊款為“巧工王□□所作”,[②]字體為鳥篆。

① 中國社會科學院考古研究所:《漢長安城武庫》,文物出版社 2005 年版,圖版 76。
② 李貴龍、王建勤:《綏德漢代畫像石》,陝西人民美術出版社 2001 年版。

傳世銅洗中有雲篆，銅洗有銘："蜀郡嚴氏富昌吉利傳子孫宜主萬年"。有銘："嚴氏造作吉羊傳子孫宜主"(圖 1 下 3－56)[①]。

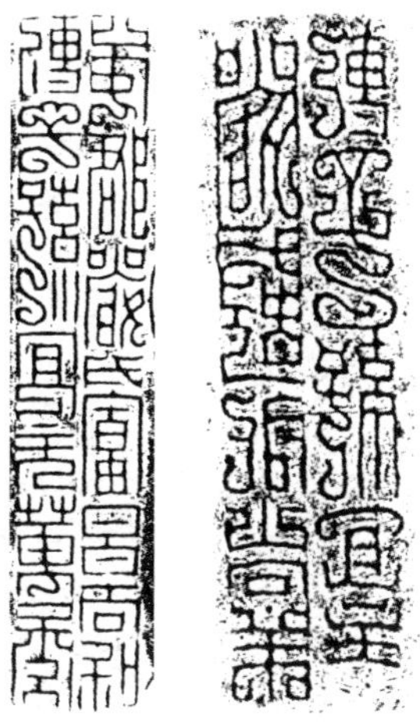

圖 1 下 3－56

延光二年(123 年)稍後，少室闕內月宮圖篆文：與，與，與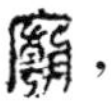，與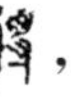，與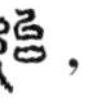，皆與正篆少異[②]。

東漢後期，曹熹與蔡邕並稱，實際是蔡邕糅合李斯秦篆與曹熹的俗篆，形成了八分篆法，把曹熹篆、秦篆吸收到史書中去，即所謂古今雜形。蔡邕(132—192)，字伯喈，陳留圉(今河南省開封市陳留鎮)人，東漢文學家、書法家。權臣董卓當政時拜左中郎將，故後人也稱他"蔡中郎"。邕親自書經於碑，命工鐫刻，立於太學門外，稱《鴻都石經》，亦稱《熹平石經》。

《書斷》卷下："後漢班固，字孟堅，扶風安陵人。官至中郎將。工篆，李斯、曹熹之法，悉能究之。"張懷瓘《六體書論》："小篆者，李斯造也。或鏤纖屈盤，或懸針狀貌。鱗羽參差而互進，珪璧錯落以爭明。其勢飛騰，其形端儼。李斯是祖，曹熹、蔡邕為嗣。"鏤纖屈盤就是雲篆。雲篆以盤曲纏繞為特徵，很明顯它由繆篆中盤曲筆畫的極端發展而來，雲漢代稱為雲氣，是徵祥的重要內容。

《隸續》卷二有"司農劉夫人碑"，殘餘數十百字。洪适云："字畫多雜篆體"，"其碑在光和之前無疑"。靈帝光和(178—184)正在熹平(172—178)之後，蔡邕才情充盈，環宇皆披其光，碑刻文字採蔡之法，古今雜形在此碑得到體現。《魏書・江式傳》："左中郎將陳留蔡邕採李斯、曹熹之法為古今雜形，詔於太學立石碑，刊載五經，題書楷法，多是邕書也。後開鴻都，書畫奇能莫不雲集，於時諸方獻篆無出邕者。"

東漢時期，漢字形體發生了巨大變化，曹熹篆就是這個背景的產物，是多種因素催生的複雜形體。筆者認為曹熹篆有兩個方面的特點：一是鳥蟲書歷來不在正篆之內，繆篆也不包括鳥蟲書，當然曹熹篆也不把蟲篆、鳥篆納入。而東漢流行垂露、懸針本來就是筆畫形態，曹熹篆吸收到筆法之中。二是所謂少異斯法，明確説明曹熹篆與李斯秦篆稍有不同，所謂"古今雜形"，蔡邕之古就是曹熹篆，從漢末八分篆字結構中可以窺探曹熹篆的概貌。曹熹篆同時開了隨意改篆之風氣，使得俗篆流行數百年。

曹熹把嚴肅的秦篆改變為民間喜聞樂見的花體篆文，使得篆書得以流行，帶來的副作用也是明顯的，直到李陽冰纔把這隨意的篆體驅逐出正篆。

① 孫慰祖、徐谷甫：《秦漢金文彙編》，上海書店出版社 1997 年版，第 301、307 頁。

② 河南省博物館、河南省文物研究所、河南省古代建築研究所：《中嶽漢三闕》，文物出版社 1990 年版，圖版 170、171。

第四章 傳寫古文

第一節 漢晉時代古文之發現

“古文”的説法見於漢代。東漢以來所謂“古文”專指壁中書。《漢書・藝文志》：“《古文尚書》者出孔子壁中，武帝末魯共王壞孔子宅，欲以廣其宮，而得《古文尚書》及《禮記》《論語》《孝經》，凡數十篇，皆古字也。”顔師古曰：“《家語》云：孔騰字子襄，畏秦法峻急，藏《尚書》《孝經》《論語》於夫子舊堂壁中。而《漢記・尹敏傳》云孔鮒所藏。二説不同，未知孰是。”漢代的古文還有其他來源，張倉獻出古本《春秋左氏傳》、河間獻王、杜林古文以及中祕所藏古文等。《漢書・藝文志》“六藝略”：“《孝經》古孔氏一篇，二十二章。”顔師古注：“劉向云：古文字也。”此書有爭議。顧實《漢志藝文志講疏》謂孔壁古文《孝經》，與古文《尚書》同出。而姚際恒《古今僞書考》謂此書出於漢儒，非古本。

孔壁古文的年代認定，古今時差很大。漢孔氏《尚書序》：“魯共王好治宮室，壞孔子舊宅，以廣其居。於壁中得先人所藏古文虞夏商周之《書》及傳、《論語》《孝經》，皆科斗文字。”王鳴盛《十七史商榷》卷二十二“漢書十六・史籀十五篇”：“所謂古文者，黄帝史官蒼頡所作，乃書之本也。史籀所作即是周代之通俗文字，與古文並行。彼時書即有兩體，但《志》直云‘與古文異體’，而《説文・敍》‘或異’，下一‘或’字極有斟酌，蓋雖變古不全異也。”按照這種説法，壁中書文字是蒼頡造字之初的古文字，比西周史籀更早的正體。許慎《説文・敍》：“孔子書六經，左丘明述《春秋傳》，皆以古文，……取史籀大篆，或頗省改，所謂小篆者也。是時秦燒滅經書，滌除舊典，……初有隸書，以趣約易，而古文由此而絕。”古人以為造字以來形體不曾變化，以至蒼頡到壁中書形體依舊，現代學者對這個觀點持批評態度。其一，形體中不僅有正體和俗體之别，還有銘刻與手書之别，在各個歷史階段中，這種差别有變化，但是客觀存在。其二，形體歷史在發展，甲骨文到戰國文字變化很大，不是固定不變的。入藏壁中書的年代在秦代，據蔣善國考證，不管是孔鮒還是孔騰所為，入藏年代在秦始皇三十四年（前 213 年），秦禁《詩》《書》之時。孔壁古文是戰國文字書寫的經籍，“它的書寫年代，當在三十四年以前，時期大約近在數年，遠不過二三十年”①。

① 蔣善國：《漢字形體學》，文字改革出版社 1959 年版，第 132 頁。

壁中書等古文原貌不存，後人衹能從《三體石經》的古文觀察漢代古文形體。王國維的"東土西土文字説"中已經把古文劃為東土文字，而裘錫圭觀點清晰明確："這種古文其實就是簡帛文字，不過由於屢經傳寫，免不了有一些錯誤。"[①]簡帛文字在 20 世紀已經大量出土，東方文字之一的楚簡發現多次，推測孔壁古文的面貌基本如此。

漢代經學門派林立，以今古文為鴻溝。古文經崇尚前代戰國文獻，戰國文獻是古文字抄寫的傳本。《説文・敘》云："及亡新居攝，使大司空甄豐等校文書之部，自以為應制作，頗改定古文。時有六書：一曰古文，孔子壁中書也；二曰奇字，即古文而異者也。"又云："郡國亦往往於山川得鼎彝，其銘即前代之古文。"王鳴盛《十七史商榷》卷二十二"漢書十六・試學童六體首古文誤"："惟古文及奇字秦時已絕，直至王莽復出，西漢無之。"

西晉武帝時在汲郡（今河南汲縣）發現戰國魏竹簡，是文獻發現歷史的重大里程碑。《晉書・武帝紀》載咸寧五年（279 年）冬十月，"汲郡人不準掘魏襄王冢，得竹簡小篆古書十餘萬言，藏於祕府。""武帝以其書付祕書校綴次第，尋考指歸，而以今文寫之。皙在著作，得觀竹書，隨疑分釋，皆有義證。"《晉書・王接傳》："時祕書丞衛恒考正汲冢書，未訖而遭難。佐著作郎束皙述而成之，事多證異義。時東萊太守陳留王庭堅難之，亦有證據。皙又釋難，而庭堅已亡。散騎侍郎潘滔謂接曰：'卿才學理議，足解二子之紛，可試論之。'接遂詳其得失。"《晉書・荀勖傳》："（荀勖）及得汲郡冢中古文竹書，詔勖撰次之，以為中經，列在祕書。"《晉書・續咸傳》："（續咸）著《遠遊志》《異物志》《汲冢古文釋》，皆十卷，行於世。"《晉書・司馬彪傳》："彪復以周為未盡善也，條《古史考》中凡百二十二事為不當，多據《汲冢紀年》之義，亦行於世。"

汲冢書其實有兩傳本：其一為今文轉寫本，也就是隸定本，"其書付祕書校綴次第，尋考指歸，而以今文寫之。"今文本用於流通，《穆天子傳》雖有古字，實為今文本。其二為古文摹寫本，《晉書・衛恒傳》："太康元年，汲縣人盜發魏襄王冢，得策書十餘萬言。按敬侯所書，猶有髣髴。"敬侯即衛覬，書寫古文幾乎亂真，他書寫的汲冢書古文形體大致保存原貌，是一種摹寫複製本，可惜没有傳於後世。

晉咸寧五年（279 年），一作太康元年（280 年）或二年，汲郡人偷盜魏襄王的陵墓，得到竹書數十車，簡文皆用科斗文寫成，難認難讀[②]。經過晉代學者荀勖、束皙等人多年的釋讀與整理，最終寫定先秦古書約十餘種共 75 篇，稱為《汲冢書》，或名《竹

---

① 裘錫圭：《文字學概要》，商務印書館 1988 年版，第 56 頁。

② 關於竹簡出土的具體時間，傳世文獻中總共記有：咸寧五年（279 年），見《晉書・武帝紀》；太康元年（280 年），見《春秋左傳集解・後序》；太康二年（281 年），見《晉書・束皙傳》；及太康八年（287 年），見《尚書・咸有一德》正義等 4 種説法。

書》《汲冢古文》等。編年史《紀年》13 篇(《隋書·經籍志》作 12 卷)。以其原本寫於竹簡,故又被後人稱作《竹書紀年》。此書以三代帝王紀年,先記夏、商、西周之事;再用晉國紀年去記錄春秋之事;最後以魏國紀年記錄戰國之事,至"今王"二十年而止,為《汲冢書》中最為重要、學術價值最高的一種古籍。晉代整理本《紀年》約傳至宋元之際散佚。今有多種輯本流傳,為研究先秦史的重要資料。唐張懷瓘《書斷》中"妙品"古文四:杜林、衛密、邯鄲淳、衛恒;"能品"古文張敞、衛覬、衛瓘、韋昶。又:"巨山善古文,得汲冢古文論楚事者最妙,恒常玩之。……古文、章草入妙。"可惜原簡未傳後世。

由以上説法可以整理出以下觀點:其一,古文即古文字,可通稱漢以前的古代文字,既有傳抄本古字,也有出土的鼎彝銘文。其二,古文之中有差異,史籀大篆不同於孔壁古文。其三,小篆、隸書之後無古文,所以古文不包括小篆,更不包括隸書。其四,經學家之古文專指傳抄自孔子、左丘明的經書所書之古文。其五,後世文獻學者所稱"古文"專指傳寫古文字。

第二節 《三體石經》的刊造

《三體石經》刊於三國魏正始二年(241 年),又稱《正始石經》或《魏石經》。經文包括《尚書》《春秋》和《左傳》(未刊全),共 35 石。經文同字用三種字體對照刊刻,三體共計 147 000 字。《三體石經》命運多舛,不僅没有把經文刻完,而且不久發生永嘉喪亂,經石崩塌毀壞,剩餘經石又經東魏、北周以及隋朝的往來搬運,從洛陽運到鄴城,又回搬洛陽,再搬移到長安。《魏書·外戚傳上·馮熙》:"洛陽雖經破亂,而舊《三字石經》宛然猶在,至熙與常伯夫相繼為州,廢毁分用,大至頹落。"《三體石經》到北魏時期還保存在洛陽,孝文帝時,馮熙、常伯夫先後任洛州(今洛陽)刺史,取石板以建寺廟,這部石經遂遭毁壞①。

《三體石經》有古文、篆書、隸書,形體書法各個不同。古文書丹者必有名家主其事,其人史籍並無明文記載,歷來猜測多方,疑雲重重,大致涉及邯鄲淳、衛覬和嵇康三人。

(一) 邯鄲淳所書説

江式《論書表》稱邯鄲淳善八體、六書,"以書教諸皇子。又建《三字石經》於漢碑之西,其文蔚煥,三體復宣。校之《説文》,篆、隸大同,而古字少異"。江式此語或為邯鄲淳書《三體石經》之據。

---

① 事見《魏書·崔光傳》《馮熙傳》。

邯鄲淳(約 132—221),漢魏著名書法家。《三國志·魏志·王粲傳》"自潁川邯鄲淳"注引《魏略》曰:"淳一名竺,字子叔。博學有才章,又善《蒼》《雅》、蟲、篆、許氏字指。"工書,諸體皆能,古文師承曹熹。唐張懷瓘《書斷》卷中云:邯鄲淳,字子淑,潁川陽翟(今河南禹州)人。"書則八體悉工,師於曹熹,尤精古文、大篆、八分、隸書,自杜林、衛密以來,古文泯絕,由淳復著。"邯鄲淳復興古文,功不可没。《三體石經》建於齊王曹芳時期,時淳已亡,故邯鄲淳所書説不可信。

(二) 衛覬所書説

衛覬(155—229),漢魏時安邑(今山西夏縣西北)人。《三國志·魏志·衛覬傳》載衛覬字伯儒,……好古文,鳥篆、隸草無所不善。按《晉書·衛恒傳》:"漢世祕藏,希得見之。魏初傳古文者,出於邯鄲淳。恒祖敬侯寫淳《尚書》,後以示淳,而淳不別。至正始中,立《三字石經》,轉失淳法,因科斗之名,遂效其形。"南朝宋羊欣《采古來能書人名》:"河東衛覬字伯儒,魏尚書僕射,善草及古文,略盡其妙。"據此,衛覬最有可能是石經的書丹者,而刻成石經在若干年之後。

(三) 嵇康所書説

嵇康(224—263,一説 223—262),字叔夜,三國魏譙郡銍縣(今安徽宿州市西)人,正始(240—249)末年與阮籍等名士共倡玄學,竹林七賢之一。官曹魏中散大夫,世稱嵇中散。《晉書·趙至傳》:"年十四,詣洛陽,遊太學,遇嵇康於學寫石經,徘徊視之,不能去,而請問姓名。康曰:'年少,何以問邪?'曰:'觀君風器非常,所以問耳。'"又《世説新語·言語》"嵇中散語趙景真"注引嵇紹《趙至敍》:"(趙至)年十四,入太學觀,時先君在學寫石經古文,事訖去,遂隨車問先君姓名。"嵇紹先君為嵇康,此嵇康寫《三體石經》之本。朱彝尊《經義考》卷二百八十八據《晉書》以及嵇紹所記,謂"然則《正始石經》,實嵇康等書也"。這種説法完全是誤會。古所謂寫,是謄寫也。《漢書·藝文志》:"建藏書之策,置寫書之官。"《抱樸子·遐覽》:"書三寫,魚成魯,虚成虎。"古人之寫經就是抄經,故嵇康在太學寫石經古文實為傳寫其古文也,余嘉錫辯之甚詳[①]。

《太平御覽》卷五百八十九"碑類"引晉戴延之《西征記》:"國子堂前有列碑,南北行三十五枚,刻之表裏,書《春秋經》《尚書》二部,大篆、隸、科斗三種,碑長八尺。今有十八枚存,餘皆崩。"漢建武中立,時草創未備,永建六年(131 年)詔下:"國字堂前有刻碑南北行三十版表裏刻《春秋》《尚書》二部,大篆、隸、科斗三種。"此云表裏刻與今新出土 3 石 2 面刻者正相符合。《西征記》又曰:"太學堂前石碑四十枚,亦表裏隸書《尚書》《周易》《公羊傳》《禮記》四部,本石墤相連,多崩敗。"則恐是別碑,非三體碑。

① 劉義慶撰,劉孝標注,余嘉錫箋疏:《世説新語箋疏》,上海古籍出版社 1993 年版,第 74—76 頁。

果為三體碑,《尚書》不應重見也。北魏酈道元《水經注·穀水》:"魏正始中,又立古、篆、隸《三字石經》,古文出於黃帝之世,蒼頡本鳥跡為字,取其孳乳相生,故文字有六義焉。"

《三體石經》當時似僅刻《尚書》《左傳》兩種,故《隋書·經籍志》載《三體石經》僅有《石經尚書》九卷、《春秋》三卷。《舊唐書·經籍志二》有《三字石經尚書》古篆三卷、《三字石經左傳》古篆書十三卷,《新唐書·藝文志》所載相同,但《三字石經左傳》古篆書為十二卷。據近代學者王國維等考證,唐宋時已有此石經的摹本,悉無傳世。黃伯思《東觀餘論·記石經與今文不同》:"三字者不見眞刻。"宋人洪适《隸續》卷十四"魏《三體石經左傳》遺字",是根據宋代蘇望的摹本重刻的。記曰:"魏《三體石經左傳》遺字,《左傳》遺字古文三百七,篆文二百十七,隸書二百九十五,有一字而三體不具者。皇祐癸巳年洛陽蘇望氏所刻。""今石不存,本亦罕見。茲者近於故相王文康家得《左傳》拓本數紙,其石斷剝,字多亡缺,取其完者摹刻,凡八百一十九,題曰《石經遺字》,即小歐陽《集古目》中所有者。慶曆中夏文莊公集《古文四聲韻》所載石經十字,蓋有此碑所無者,而碑中古文亦有韻所不收者,則淪落之餘,兩家所得自不同耳。"

從清代光緒年間(1875—1908)起,《三體石經》殘石數次在洛陽地區發現,僅 20 世紀 20 年代就出土百餘塊殘石,成為當時學術界的大事,人們給予高度重視。其中民國 11 年(1922 年)出土的一塊殘石(圖 1 下 4-1),正面為《尚書·無逸》《君奭》,凡 34 行,背面為《春秋》僖公、文公,凡 32 行。這塊殘碑下部略有缺損,為出土殘石中最大者。此石由洛陽城東一個姓朱的村民在洛水南岸採藥時在田間發現,洛陽城內的謝氏用重金購回,叫石匠將殘碑從中一剖為二,既便於運送,拆開又可多賣錢財。據説碑在未鑿之前,拓碑匠私下拓了 14 份(或説 13 份)。這種未鑿本的拓片,有緣見到的人很少。現所知國內僅存的未鑿本拓片,衹有兩份:一份為馬衡舊藏,有王國維的題識,藏北京故宮博物院。一份為于右任原藏,現在上海圖書館。整紙拓,《尚書》《春秋經》兩面分作二軸,均保存完好。民國時期孫海波印的《三體石經集釋》,也收入一個割裱過的未鑿本,可是迄今未鑿本尚未見有割裱本,未知孫氏是根據原拓片還是印本割裱的。殘碑剖解,鑿損了 20 多字。鑿損的拓本,稱已鑿本,能存其原貌的衹有最初的 10 餘份拓片了。這 10 餘份拓片中,北京故宮博物院、上海圖書館各藏一份,其餘落於何處,不得而知[①]。近代學者研究漢魏石經,以馬衡用力最勤,定魏石經碑數為 28 石。他於 1928 年作《集拓新出漢魏石經殘字目》和《集拓新出漢魏石經殘字目二編》,其中魏石經《尚書》分別為 61 石和 16 石,合計 77 石,其經文分屬於《堯典》《咎繇

① 孫啟治:《未鑿本〈正始石經〉殘石》,《圖書館雜誌》1999 年第 11 期。

圖 1 下 4 - 1

謨》《高宗肜日》《微子》《梓材》《多士》《無逸》《顧命》《君奭》《多方》《立政》《仲虺之誥》等篇，《無逸》佔 7 石①。

1957 年，西安北大街青年路修下水道掘得《三體石經》殘石 1 塊，石經厚 16.5 厘米、高 41 厘米、寬 31 厘米，左方有結合榫鉚口 3 處，處於石經基部。殘石正面《尚書·梓材》文 10 行 30 字，背面《春秋·成西元年》文 10 行 50 字。《梓材》殘石右邊刻“始二年三”。1945 年在此 200 米許士廟街初曾經出土三字石經《尚書·康誥》殘石，

① 馬衡：《凡將齋金石叢稿》，中華書局 1977 年版，第 354—365 頁。

在《尚書・梓材》左下方刻"第十七石"①。按照記載，這些《三體石經》是隋代從洛陽移去長安的。

1978年，洛陽漢魏太學遺址東南約18公里的偃師焦村之野發現1塊《三體石經》殘石，高14.5厘米、寬18.5厘米、厚13厘米，有字6行，每行多則5字，少則1字，有陰刻界格，縱向每字間距3厘米，横向每3字劃一界綫，間距9厘米。現存完整者12字，殘缺者7字，共19字。經文有"家……勤勞……不則……昔在……寧……外"，是《尚書・無逸》篇開首，為石經第廿石中心略偏下左部位殘石②。

河南省文史研究館藏有西晉石經《尚書・皋陶謨》1件，民國年間洛陽東龍虎灘村出土，殘高18.5厘米、寬8.5厘米，殘存5行。上為古文，下為小篆、隸書八分，呈品字形排列。字體近似《正始石經》③。新發現品字形西晉石經為《皋陶謨》《益稷》殘石拓本4紙13石(圖1下4-2)④。近日筆者參觀洛陽博物館，見到洛陽太學遺址新發現的品字形三字石經實物(圖1下4-3)。

圖1下4-2

圖1下4-3

第三節　科斗文與奇字

古人稱古文為科斗文字。

《尚書序》："於壁中得先人所藏古文，虞夏商周之《書》及傳、《論語》《孝經》，皆科斗文字。""科斗"即"蝌蚪"，蛙類的幼體。《後漢書・盧植傳》："願得將能書生二人，共詣東觀，就官財糧，專心研精，合《尚書》章句，考《禮記》失得，庶裁定聖典，刊正碑文。古文科斗近於為實，而厭抑流俗，降在小學。"

① 田野：《魏三體石經在長安出土》，《文物參考資料》1957年第9期；陝西省博物館：《西安碑林書法藝術》，陝西人民美術出版社1983年版，第34、35頁。

② 趙振華、王學春：《談偃師焦村魏石經〈尚書・無逸〉殘石》，《古籍整理研究學刊》2005年第5期。

③ 宮大中：《中原貞石墨影》上冊，河南美術出版社2004年版，第70頁。

④ 宮萬琳：《西晉石經〈尚書〉皋陶謨、益稷殘石拓本》，《中原文物》2014年第1期。

《晉書·束皙傳》記汲冢竹書"漆書皆科斗字",又"嵩高山下得竹簡一枚,上兩行科斗書",為東漢明帝顯節陵中策文。所謂科斗書是對古文的泛稱,以後多以科斗書稱古文。《南史·王曇首傳》:"文惠太子鎮雍州,有盜發古冢者,相傳云是楚王冢,大獲寶物:玉履、玉屏風、竹簡書、青絲綸。簡廣數分,長二尺,皮節如新。有得十餘簡以示僧虔,云是科斗書《考工記》,《周官》所闕文也。"《河東記·銅鐘書》:"義熙十一年,霍山崩毀,出銅鐘六枚,上有文科斗書,人莫能識。"《衍極·至樸》注:"大曆初,霸上人耕得石函,中有絹素古文科斗《孝經》,凡二十卷。"唐張懷瓘《書斷》卷上:"甄豐刪定舊文,製為六書,一曰古文,即此也,以壁中書為正。周幽王時,又有省古文者,今汲冢書中多有是也。滕公冢內得石銘,人無識者,惟叔孫通云:此古文科斗書也。科斗者,即上古之別名也。"科斗書是古文的別名。史籍所載科斗書,皆是古文。以後凡是當時人不能辨別的古文字,都以蝌蚪文稱之,可知蝌蚪文範圍超出古文。唐宋以來,甚至道教符書、狀如文字的紋理都可以托名科斗文。

科斗文字又稱科斗文、科斗書,科斗也寫作蝌蚪,頭粗尾細因像蝌蚪而得名。鄭玄《書贊》:"書初出屋壁,皆周時象形文字,今所謂科斗書。"《晉書·束皙傳》:"科斗文者,周時古文也,其頭粗尾細,似科斗之蟲,故俗名之焉。"晉索靖《草書狀》曰:"蒼頡既生,書契是為。科斗鳥篆,類物象形。睿哲變通,意巧滋生。"晉王隱《晉書》:"蝌蚪文者,周時古文也。其頭粗尾細,似科斗之蟲,故俗名之焉。"《尚書序》陸德明釋文:"科斗,蟲名,蝦蟆子,書形似之。"《後漢書·盧植傳》唐李賢注:"古文謂孔子壁中書也。形似科斗,因以為名。《前書》謂文字為'小學'也。"科斗文頭端粗而尾梢細,後人傳寫古文,以科斗之形為常例。《宋史·文苑傳·李建中》載其善書札:"嘗手寫郭忠恕《汗簡集》以獻,皆科斗文字,有詔嘉獎。"孔穎達《尚書序疏》:"言古文者,科斗書也,所謂蒼頡本體,周所用之。以今所不識,是古人所為,故名古文。形多頭粗尾細,狀腹團圓,似水蟲之科斗,故名科斗也。"蔣善國認為《三體石經》古文筆畫兩頭尖細,在古文字中少見,衹有《齊陳曼簠》等可見到,唐代把這種筆畫普及化,古文的筆畫形狀由此而來[①]。對照出土戰國手書文字,羅福頤說:"現在看到了長沙竹簡,纔明瞭了這些相像的錯誤,知道所謂科斗文的書體,實際就是古文俗名尖頭篆。"[②]現在出土的春秋戰國手書文字,可見到尾尖之形。如仰天湖楚簡、望山楚簡中:

從仰天湖楚簡、郭店楚簡、望山楚簡都可以看到有尖銳的收筆,但是起筆有尖也有圓,

① 蔣善國:《漢字形體學》,文字改革出版社 1959 年版,第 143 頁。
② 羅福頤:《談長沙發現的戰國竹簡》,《文物參考資料》1954 年第 9 期。

兩頭尖的筆畫也有。因而可以認定戰國楚簡筆畫比較隨意，大多没有漢隸和眞書的回鋒起收的習慣，並非是故意為之。

其實，《三體石經》的古文形體中有一種特別的寫法，有些（曰）字類型用左右對稱的兩斜筆交會而成，“自”“白”“會”等均可見到。先秦古文字書寫體比較隨意，類似的筆畫既可用從右到左的大圓畫，也可以左右兩筆匯成一圓畫，也可以如《三字石經》那樣兩筆相交成尖底。這種寫法從《侯馬盟書》到武帝時期的銀雀山漢簡中都有用例：

侯馬盟書 （自） （吉） （舍）

侯馬盟書 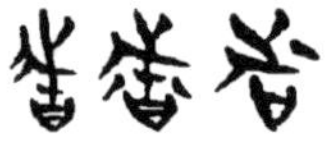（者）

銀雀山漢簡 （者）

這個寫法衹是古文字中的一種選擇，而《三體石經》古文把它作為標準化形體來處理。從以上兩點可知，古文形體是選擇性地採用了先秦乃至漢代前期的某些形體因素，人為地構建區別於篆體的做法。

漢晉人所書的科斗文：一是《説文》古文。《説文》歷代輾轉流傳，反復摹寫、傳抄，或加以美化，或加以改易，字形大變，已非昔日形體，所以《説文》古文不能視為漢代科斗文形體。二是《三體石經》。《三體石經》刻諸銘石，衹要刻石未經損毀或磨泐，可以保持形體不變。實際是近代發現的《三體石經》殘石沉睡地下，一朝面世，光潔如新，古文形體纖毫不失，是眞實的科斗形體。《三體石經》最有可能為衛覬所書，西晉衛恒《四體書勢》云：“正始中，立《三字石經》，轉失淳法，因科斗之名，遂效其形。”邯鄲淳傳壁中書古文，字法已經失傳。章炳麟早就認為“轉失淳法”是“筆勢微傷於鋭”的書法問題，形體結構是得到傳承的。“轉失淳法”的《三體石經》古文誇大了古文的某些特點，寫成科斗形。王國維《科斗文字説》云：“今殘石存字皆豐中鋭末，與科斗之頭粗尾細者略近。”指出邯鄲淳之書法必不同於科斗形，後人衹能依據蝌蚪的特點，寫成《三體石經》古文的字樣。實際上銘刻書法與手寫體有差別，以書法整飭、典雅、美觀為追求，與手書不能等同，即使不失淳法，《三體石經》古文形體必異於邯鄲淳之古文。《三體石經》立於經堂，傳於學林，於是科斗形體成為傳寫古文的標準形體。

奇字也是一種古文。《漢書・揚雄傳下》：“史篇莫善於蒼頡，作訓纂。”“劉棻嘗從雄作奇字。”顏師古注：“古文之異者。”揚雄（前53—18），字子雲，西漢蜀郡成都（今四川成都郫都區）人。所謂作奇字，就是創作奇字。《晉書・郭璞傳》：“璞好經術，博學有高才，而訥於言論，詞賦為中興之冠。好古文奇字，妙於陰陽算曆。”《舊唐書・經籍志上》有郭訓《古文奇字》二卷。

《説文·敍》:“(新莽六書)二曰奇字,即古文而異者也。”段玉裁注:“張懷瓘謂奇字即籀文,其跡有《石鼓文》存,非是。”宋王楙《野客叢書·古文奇字》:“所謂奇字者,古文之變體者也。”“郭璞好古文奇字,韓退之謂略識奇字是也。”奇字是一種人為的怪物,没有實用價值,傳承者寥寥,因而幾乎没有流傳下來。不過還是有一些蛛絲馬跡可供尋蹤。

《晉書·束晳傳》:“時有人於嵩高山下得竹簡一枚,上兩行科斗書,傳以相示,莫有知者。司空張華以問晳,晳曰:‘此漢明帝顯節陵中策文也。’檢驗果然,時人伏其博識。”東漢明帝之事距西晉未遠,科斗書者代有傳人,未嘗斷絕,為何莫有知者?這些蝌蚪文可能是難解的奇字,明帝時代是揚雄在世之後的數十年,揚雄奇字的影響不能忽視。

曹魏《大饗記碑》碑額一行三字。洪适《隸續》卷四“魏大饗記殘碑”:“《大饗記》古文額”,卷五《碑圖》云:“其文十二行,行十七字,非全碑也。黄初三年及千秋萬代字平闕。”洪适釋:“《大饗記》三古文為額,其第三字不能識,以其辭中有記字,故名之。”“饗”作“嚮”,或是假借。洪氏謂其字書法頗與魏《受禪碑》相近,《受禪碑》蓋鍾繇所書,故疑此碑為鍾繇書。

其額雖稱古文,但是結構奇特,“嚮”字變化最小,“大”字用雙體,而“記”字省“言”,“己”為三體,此字形僅見於《古文四聲韻》和《集篆古文韻海》,是轉錄《大饗記》額而來,是“己”變化而來。此非古文實有,而是漢人自創,即所謂繆篆之法,以奇字視之。黄伯思《東觀餘論·跋蘇氏篆後》:“漢甄豐稽正古文字,其一古文,魯堂壁中書也;其二奇字,即古文而異者也。古文高質而難遽造,若三代鼎彝遺篆是已,奇字怪巧而差異正(工)。若漢劉棻從揚雄所學,及近世夏鄭公集《四聲韻》所載是已,今人往往不能辨之,遂盡以奇字為古文焉。武功君於篆法工矣,必能辯耳。予恨不獲一面。弟觀遺跡,使人慨然。”

明豐坊《書訣》:“奇字,黄帝史沮誦增損古文。”在《説文》中注明“奇字”的字不到10個,蔣善國指出,“”(舞)就是甄豐等所改造的奇字,許慎誤作古文。《説文》:“無,奇字作无。”“无”作“無”字,在西漢馬王堆帛書中有用例,其結構與“無”相去很遠,無法從形體解釋來源。此類形體可能是上古所遺,被認作奇字。明孫承澤《硯山齋雜記》:“今人又以字之新僻者為奇字,至以名齋、名書,皆謬也。所謂奇字,乃大篆耳。”此奇字雖然與《説文》無關,不過道理相同。奇字不必先秦,漢魏以來繆篆、曹熹篆雜厠文中,以及古書中莫名之字不能分辨者,皆可以奇字視之。

第四節 《説文》古文與《三體石經》古文

關於《説文》古文，章太炎《小學説略》云："許君去漢武時已三百餘年，歷年既久，識古文者自漸寥落。而一二古文大師，得壁中經後，師弟相傳。……《説文》所錄古文不過三百餘字，今《三體石經》尚有異體，緣壁經古文，結體淩亂，有不能以六書解者。許君不願穿鑿，因即屏去不錄。"《説文》雖然歷代輾轉抄寫、多次刊行，所收古文還是比較接近原貌的。古文與小篆不同的纔會列出，相同的似乎没有必要，因為列出是為了溝通字形差異。《説文・敍》："今敍篆文，合以古、籀。"許慎把古文、篆文、籀文三者分列，在正文後作為重文列出古文字形。古文與籀文、篆文屬於一個文字系統内部的字形差别，段玉裁注："其不云'古文作某，籀文作某'者，古、籀同小篆也；其既出小篆，又云'古文作某、籀文作某'者，則所謂或頗省改者也。"對於段玉裁的説法，筆者作必要的説明：古文從古代典籍中提出，數量有限，未必能全面對應小篆，所以不一定皆"同小篆"。同理，《説文》所曰"或頗省改"，也衹是在所收古文數量的範圍之内。

《説文》是字學專書，其謂"今敍篆文，合以古、籀"，"古"即古文，收錄的古文附於小篆之下，並一一注明。研究《説文》者，必定關注古文，古今研究者甚衆。20 世紀以來，先秦簡帛、金文噴湧，得以復原古文時代的文字情狀。因此，此項研究成果質量更高，認識也有所突破。

《説文》所收的古文，除了壁中書外，還有多種古文。《説文・敍》："其偁《易》，孟氏；《書》，孔氏；《詩》，毛氏；《禮》《周官》《春秋左氏》《論語》《孝經》，皆古文也。"這些古文與現今出土古文字有距離，商承祚指出，"就小篆及甲骨文、金文觀之，相合者不過十之二三，不合者十之七八"。[①] 當然古物不斷現世，可資對照之字更多。這些古文已經不是發現時的原貌。《説文・敍》："及亡新居攝，使大司空甄豐等校文書之部，自以為應製作，頗改定古文。"如何改定？唯一的參考是大篆或者小篆，否則無從改起，再根據甄豐等人的經驗和理解，對某些古文進行改動。文獻依靠手抄手摹，輾轉抄寫，會不斷地替换原來的字形，以訛傳訛在所難免。所以等到把古文錄入《説文》已經與原來形體有一段距離了。《説文》古文來源於戰國魯國的手寫體，經過有意加工或者無意訛誤，已經不是戰國古文的原來形體。蔣善國認為："古文是六國的手頭字，不過《説文》裡面有些古文已在王莽時跟甄豐等改造的奇字相混。"[②]《説文》古文，許慎曰："工，巧飾也。……飞古文工從彡。"商承祚曰："，晚周之别字。"但未舉出字例。

① 商承祚：《説文中之古文考》，上海古籍出版社 1983 年版，第 2 頁。
② 蔣善國：《漢字形體學》，文字改革出版社 1959 年版，第 138 頁。

筆者懷疑乃漢人所創。古文“曲”作，西漢早期大墳頭1號漢墓畫“”與“”實同。古文“勇”作，睡虎地秦簡《日書》“勇”從“心”，武帝時期銀雀山漢簡中“勇”字多見，既有從“心”的，也有從“力”的。“簠”之古文，先秦之“簠”多寫作匿，西周頌簠、義地崗曾國墓簠自銘皆作匿，知“簠”可從匚，而戰國陳逆簠自銘“笑”，知“簠”讀同“夫”，可見在先秦文字中有據。“泰”之古文作，段玉裁謂當作，轉寫失其眞。新莽時代《儀禮・泰射》簡正作夳。《説文》之古文謂轉寫之誤，亦非古體。《説文》古文“中”作，段玉裁謂“淺人誤以屈中之蟲入此”；古文“乃”作，字畫盤曲，鄙以為多屈之寫法起於漢代，故《説文》中古文混雜古今，有些尚能找到根據，有些似無來由，似為後人杜撰。

《三體石經》古文的來源，章太炎認為是收集民間古文經師而來。何琳儀專門研究《三體石經》，據統計，石經古文與《説文》古文相同者70餘字，其中一些字形與戰國文字吻合無間。“這充分説明石經古文與《説文》古文實乃一家之眷屬，他們都與戰國文字有著不可分割的血緣關係。”①

《後漢書・儒林傳序》記《三體石經》“為古文、篆、隸三體書法以相參檢，樹之學門”。《三體石經》由古文、小篆、八分三種字體組成，其古文來源不同於《説文》。古文內容混雜，多有譏議。顧炎武《日知錄》卷二十一“五經古文”載：“《晉書・衛恒傳》言：‘魏初傳古文者，出於邯鄲淳，至正始中立《三字石經》，轉失淳法。因科斗之名，遂效其形。’未知所立幾經。而唐初魏徵等作《隋書・經籍志》，但有《三字石經尚書》五卷、《三字石經春秋》三卷，則他經亦不存矣。”《三體石經》的流傳主要依靠拓本，宋皇祐五年(1053年)洛陽蘇望據拓本摹刻，共819字，其中古文307字，稱《石經遺字》，洪适《隸續》收入，題作《魏三體石經左傳遺字》。據後人考證，《石經遺字》裏面還有《尚書》《春秋》殘篇。宋郭忠恕《汗簡》古文引《三體石經》132字，夏竦《古文四聲韻》引《三體石經》121字。《汗簡》和《古文四聲韻》中的古文來源比較廣，《三體石經》不過是其中之一。有失傳古籍、前人收集的古文、字書、碑刻，其中不乏後人僞造的“古文”，內容龐雜，眞假莫辨。

趙立偉專門研究《三體石經》，對其中的古文形體作過詳細研究②，總結《三體石經》古文形體有以下特點：一是一字異體比較常見。如“信”有、，“馬”有、，“庶”有、，“辰”有、，“孫”有、，“専”有、。簡化者如“螽”作，省一虫，“蔡”作；繁化者如“卻”作，“征”作，“累”作纍；偏旁替換者如“徐”作、“崩”作、“趙”作、“謹”作。二是統一偏旁。三是刻意修飾。

① 何琳儀：《戰國文字與傳抄古文》，《古文字研究》第十五輯，中華書局1986年版，第116—119頁。
② 趙立偉：《魏三體石經古文輯證》，社會科學文獻出版社2007年版，第212—224頁。

他認為:“不但石經古文的用筆由於刻石者的精心修飾而更具視覺美感,而且其構形也同樣保留著人為統一和規範的痕跡,這些特點是我們在出土戰國文字甚至同類傳抄古文中所不曾見到的。”①如“工”,《三體石經》作,來自於《説文》古文,從彡。又如“殺”,《説文》作、、,段注:“轉寫譌變耳。”《三體石經》作、。又如“蔡”,作,來源於東周蔡國金文。再如“邑”,侯馬盟書中作,包山楚簡作,九店楚簡作,《三體石經》作,明顯是加工而來。

總體而言,《三體石經》是銘石書,銘石書自有自身的規範。並不是所有的石刻文字都是銘石書,銘石書衹限於重大紀念性的石刻文字,而且它在東漢後期纔正式形成,其核心是八分書為主的文字規範,以八分碑刻作為代表。這些八分碑刻古今兼容,字跡工整,書法優美,講究文字裝飾,善於同字變化形體。這些特點為後來的碑刻所繼承,作為西晉的重要經籍碑刻,《三體石經》也沿用了這些成例。

戰國文字資料出土後,尤其是楚簡的出土,人們自然會加以對照。在 1953 年仰天湖楚墓發現的 42 枚竹簡,羅福頤認為,墨書文字“與《正始石經》的古文和郭、夏二書的記録類似”。②

何琳儀列舉石經文字與戰國六國文字吻合者 30 例,戰國文字主要採自印璽、金文,證據確鑿,認為“《三體石經》文字點畫的準確度,要略高於《説文》古文那種輾轉摹寫的形體”。③

朱德熙、裘錫圭、李家浩考察望山楚簡時發現,《説文》中“聞”之古文、“保”之古文及《説文》和《三體石經》“死”之古文、《三體石經》“因”之古文在 1 號墓遣策內有相近之形體;《説文》中“厚”之古文、“鞭”之古文、“屋”之古文、“衡”之古文、“弁”之古文,在 2 號墓遣策內有相同或相近的形體④。

第五節　古文之今文本與隸古定

漢晉發現的古文文獻如何流傳? 古今文獻之間存在兩種轉換辦法。

一種是直接把古文改寫為隸書,相當於釋文,隸書是通用文字,稱作今文本。《後漢書·賈逵傳》:“(章帝)令逵自選《公羊》嚴、顏諸生高才者二十人,教以《左氏》,與簡紙經傳各一通。”章太炎《小學説略》:“漢時通行載籍,沿用隸書,取其便於誦習,而授受弟子,則參用古文。……蓋簡載古文,而紙則隸寫,至鄭康成猶然。”皮錫瑞曰:“凡

① 趙立偉:《魏三體石經古文輯證》,社會科學文獻出版社 2007 年版,第 232 頁。
② 羅福頤:《談長沙發現的戰國竹簡》,《文物參考資料》1954 年第 9 期。
③ 何琳儀:《戰國文字與傳抄古文》,《古文字研究》第十五輯,中華書局 1986 年版,第 116—117 頁。
④ 朱德熙、裘錫圭、李家浩:《望山一、二號墓竹簡釋文與考釋》,載湖北省文物考古研究所:《江陵望山沙冢楚墓》,文物出版社 1996 年版。

文字必人人盡識，方可以教初學。許慎謂孔子寫定六經，皆用古文；然則，孔氏與伏生所藏書，亦必是古文。漢初發藏以授生徒，必改為通行之今文，乃便學者誦習。"[1]《經典釋文・序錄》："《尚書》之字本為隸古，既是隸寫古文，則不全為古字。今宋、齊舊本及徐、李等音所有古字，蓋亦無幾。穿鑿之徒務欲立異，依傍字部，改變經文，疑惑後生，不可承用。"

一種是轉寫。如何轉寫？裘錫圭說"隸定"是"用隸書的筆法來寫古文的字形"[2]。現在也有人稱為描寫式。如果再精確些説，隸古是指通過隸書的筆畫把古文的字形轉換為隸書的過程[3]。筆者認為不是筆法，而是古文的部件結構。

古文經籍没有以原貌流傳下來，而是以轉寫本傳於後世。甄豐等人改定古文，未必是第一次，恐怕也不是最後一次。

傳寫，即流傳抄寫，或者傳授抄寫。如《漢書・師丹傳》："大臣奏事，不宜漏泄，令吏民傳寫，流聞四方。"《晉書・左思傳》記："司空張華見而歎曰：'班張之流也，使讀之者盡而有餘，久而更新。'於是豪貴之家競相傳寫，洛陽為之紙貴。"輾轉傳寫，難免失眞。《漢書・敘例》："《漢書》舊文多有古字，解説之後，屢經遷易，後人習讀，以意刊改，傳寫既多，彌更淺俗。今則曲覈古本，歸其眞正，一往難識者，皆從而釋之。"

壁中書是孔氏舊居發現的古文。古文也稱作古字，《漢書・藝文志》："武帝末，魯共王壞孔子宅，欲以廣其宮，而得《古文尚書》及《禮記》《孝經》凡數十篇，皆古字也。"《漢書・劉歆傳》："初《左氏傳》多古字古言，學者傳訓詁而已。及歆治《左氏》，引傳文以解經，轉相發明，由是章句義理備焉。"《後漢書・儒林列傳上》："有東萊費直，傳《易》，授琅邪王橫，為費氏學。本以古字，號《古文易》。"顧炎武《日知錄》卷二十一"五經古文"："西漢之時，所云古文者，不過隸書之近古，而共王所得科斗文字，久已不傳。玄宗所謂六體奇文，蓋正始之書法也。"隸書近古者，本身就與古文不同。古文名稱是對今文而言的，西漢後期有今文經和古文經之對立。今文是通行文字，即秦篆、漢隸，古文主要是傳抄戰國文字。

陸德明所言隸古，即郭忠恕隸寫古文，明白如言。隸古文獻的來源是古代流傳的古文隸寫本。古本經隸書轉寫而定者，稱為隸古定。孔安國《尚書序》："科斗書廢已久，時人無能知者，以所聞伏生之書，考論文義，定其可知者，為隸古定，更以竹簡寫之。"陸德明《經典釋文》卷三《尚書音義》曰："隸古，謂用隸書寫古文。"因為隸古是漢唐的説法，這裡需要解釋一下。漢代之隸書是與篆書相對的概念，簡單地説就是當時的通行字體，通行字體是變化的，漢代的漢隸到唐代眞書，是隸書不同的形式，都稱為

---

① 皮錫瑞：《經學歷史》，中華書局 1959 年版，第 88 頁。
② 裘錫圭：《文字學概要》，商務印書館 1988 年版，第 78 頁。
③ 黃德寬：《隸定古文疏證・序》，安徽大學出版社 2002 年版，第 1 頁。

隸書,因此隸古實際就是漢代以來通行文字與古文的關係。此其一。其二,古文內容非常複雜,本來漢代以來發現的古文就有多處,不僅有壁中書魯國古文、汲冢竹簡魏國古文等,還有字書、韻書中散見的古文,徐在國《隸定古文疏證》研究的隸定古文就是來自隸古定《尚書》以及《説文解字》《原本玉篇殘卷》等 13 種材料,但“散見於一些經書(如《古文孝經》)、史書(如《漢書》)、子書(如《老子》)、小説(如《穆天子傳》)等書中,没有納入研究範圍之中”①。當然隸古文獻還不止以上指出的內容,依據隸書轉寫古文的定義,還有很多遺漏。

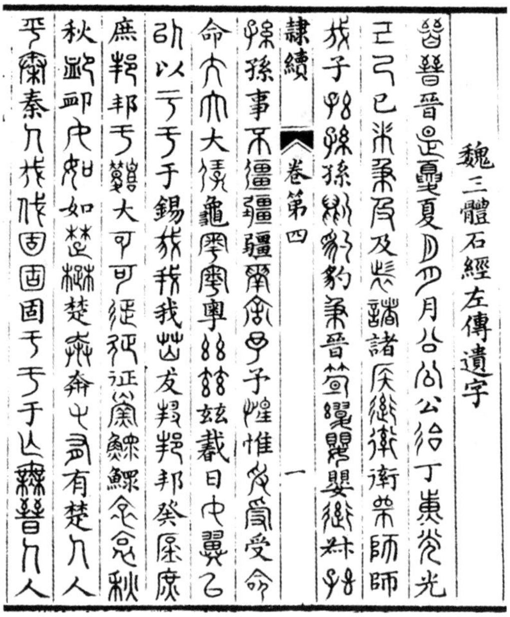

圖 1 下 4－4

東漢把八分書碑刻用八分篆,它不是直接寫篆字原形,而是用隸古的辦法寫篆字。東漢中期以來篆字已經不是正篆,漢隸中的篆字寫法帶有隸書成分,不是自然演變,而是按照隸書筆法書寫篆體,是地道的隸古定。漢刻保存一定數量的隸古定字形。能見到的最早隸定文字就是漢代碑刻材料,不過不是隸古定,而是篆字的隸定,廣義的隸古定,宋人《隸續》內有《三體石經》隸古定文字(圖 1 下 4－4)。

隸定的情況有三:

其一,同字的原字寫法不同,隸定字不同,並不一致。

“晉”,作,《隸釋》作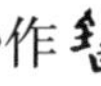,與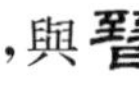(苑鎮碑)不同。

“瀍”(華山亭碑),《隸釋》作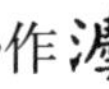;(無極山碑),《隸釋》作。

其二,隸定字與通行字結構不同。

“壹”>(祝睦碑),通行字作“壹”。

“農”>(司農劉夫人碑),通行字作“農”。

“栗”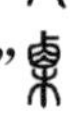>(無極山碑),《隸釋》作,通行字作“栗”。

“舜”>(脩華嶽碑),《隸釋》作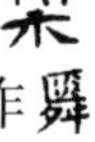。

“無”>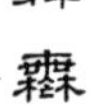(袁良碑)等為隸古定,通行字作“無”。

“仙”(袁良碑),通行字作“仙”。

“遷”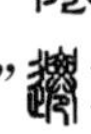>(孔宙碑),《隸釋》作,通行字作“遷”。

① 黄德寬:《隸定古文疏證・序》,安徽大學出版社 2002 年版,第 1 頁。

其三，漢隸的隸古定與古文已經有一定差距，實際上作了一定改變，但是依然有古今文字不相容的問題。《老子銘》、《隸釋》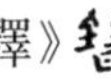，後者有向左斜上筆畫，眞書無。＞（鮮于璜碑）、（曹眞殘碑），此類盤曲裝飾筆畫，眞書不取。

第六節　隸古文之傳佈

宋郭忠恕《佩觿》卷上："佩觿者，童子之事，得立言於小學者也。其一曰造字之旨始於象形，中則止戈反正而省聲生焉。至若春秋姓字地名更見《尚書》宋齊舊本隸寫古文，學者知之不可具舉。"清顧藹吉《隸辨・序》："漢人傳經，多用隸寫，變隸為楷，益失本眞。"林志強談到："古本《尚書》的文字特點是正體楷字、隸古定和俗字兼而有之。存古形、顯新體、示變化，體現出懷舊與趨新兼備、尊經與從俗並存的風格。"①

明焦竑《俗書刊誤・略記字義》："彥遠有《古文集類》，敍云：孔安國以隸古易科斗，故漢人不識古字。開元又廢漢隸易以今文，故唐人不識隸古。"隸古定的含義是用隸書的筆畫描寫古文結構，具體地説，隸古定字是隸書的筆畫、古文的結構。唐孔穎達《正義》："就古文體，而從隸定之，故曰隸古，以雖隸而猶古也。"宋黄伯思《東觀餘論》卷上"張仲匜辨"："劉原父張仲匜銘以隸寫之。"

傳寫古文也叫傳抄古文。徐在國《傳抄古文字編・前言》説："傳抄古文是指漢以後歷代輾轉抄寫的古文字（主要指戰國文字）。我們認為傳抄古文應該分為篆體和隸定兩部分。"

漢魏以來古文學發展為獨立的一支，由傳抄文獻古字延伸出《説文》中古文，到《三體石經》中古文，研究解釋的專門著作陸續出現。東漢衛宏《古文官書》、三國魏張揖《古今字詁》等流行於世。

到了西漢中期以後，戰國文字與漢代隸書形體差距越來越遠，能通曉漢初的文字者少傳人，釋讀古文本經本成為專門學問。從古文經本轉換出今文傳本，經與傳分離，《史記・儒林列傳・伏生者》："孔氏有古文《尚書》，而安國以今文讀之，因以起其家。"《漢書・劉歆傳》："初《左氏傳》多古字古言，學者傳訓詁而已。"孔安國存其古文《尚書》，而傳今文（隸書），"古經、傳皆別行"是古文經的普遍做法。對古文作文字處理，一是識別，二是正字。識別是古體釋讀為今文，正字是異體換成正字。古文學充分利用注文，或者經存古文、注文正讀，或者經、注迭出，都妥善地解決了訓釋中保存古文舊文的問題。這對於後來的古籍整理規範産生了深遠影響，也最大限度地保護

① 林志強：《古本〈尚書〉文字研究》，中山大學出版社 2009 年版，第 19 頁。

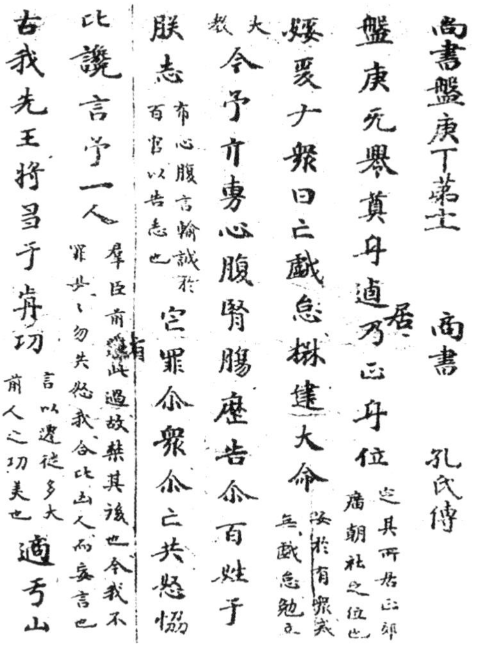

圖 1 下 4－5

了古文的文字[①]。

伯2516《古文尚書》隸寫本(圖 1 下 4－5),為初唐未改前古文本,其中含有多個隸古文。隸古定的字形是描寫式,它會把不同階段、不同體系的形體作不適當的套用移植。其結果會產生嚴重的問題,比如看似相同的眞書,構造體系不同造成不兼容性,這種彆扭衹是表面的,其中有些字因為形體阻隔造成誤解。

天寶三載(744 年)衛包奉詔改《古文尚書》從今文,衛包改經僅見於《新唐書・藝文志》"《今文尚書》十三卷"下注言:"(玄宗)詔集賢學士衛包改古文從今文。"所謂大事小記,簡之又簡。開元二十四年(736 年)衛包在梁州都督府(治在漢中)戶曹參軍任上,當值集賢院。《新唐書・百官志二》:"(集賢殿院)掌刊輯經籍。凡圖書遺逸、賢才隱滯,則承旨以求之。謀慮可施於時,著述可行於世者,考其學術以聞。"衛包可能是以賢才推薦去集賢院從事經籍整理的。八年之後奉詔改《古文尚書》為今文就很自然了。

今文是唐代通用眞書,唐時稱為隸書,經學家稱為俗字。宋王觀國《學林》卷一:"明皇不好隸古,天寶三載詔集賢學士衛包改《古文尚書》從今文,故有《今文尚書》,今世所傳《尚書》乃《今文尚書》也。《今文尚書》多用俗字,如改'説'為'悦'、改'景'為'影'之類,皆用後世俗書,良因明皇不好隸古故。"

此改經之事,歷代經學家疾首痛心,認為改經不能存古。清代閻若璩《尚書古文疏證》卷二:"蓋唐明皇不喜古文,詔集賢學士衛包改古文從今文,而孔《書》亦復因之而一變矣。嘗思《書》藏屋壁之中,純是科斗古文,及孔安國以今文字讀之,始易以隸書,然猶古隸並存。孔穎達所謂存古為可慕,以隸為可識,故《大序》云隸古定是也。至天寶三載始詔改定,凡不合於開元文字者,則謂之野書,不特古文廢絕,即兩漢來所傳之隸書亦多寖失。由是字既舛譌,書復簡陋,久假不歸,積習成俗。此又論古今經學者之所掩卷而三歎也。"

經籍文字變易,並非善舉,這是對保存祕本而言。對於衆多讀經者,還是以直接、方便的通行字為佳。隸古雖好,缺點也明顯。例如"答"字,古字作"合"字。睡虎地秦

① 陸錫興:《經古文保存舊文説》,《文獻》1985 年第 2 期。

簡《封診式》:"問其同居,以合其故。""荅"就作"合"字。相比後起之"荅",缺了"竹"字頭。而"合"字,先秦有多種形體,上海博物館楚簡作、,郭店楚簡作、,多餘的筆畫是飾筆,無關意義。隸古定就出現這種字形:—、—,輕則增加閱讀困難,重則誤讀①。古字今寫不僅發生在先秦典籍中,如"第"字古作"弟","弟"字居延漢簡的簡俗字寫成、,后隸古定為弖、弓、弜,魏晉已經不識此字。根據書篇卷幾套用第幾,誤認作"卷"字,後來專門造了一個合成字"弮"來找合理性。《龍龕手鏡・弓部》:"弓,古文音卷,今作卷,書卷。"毛病就出在隸古定不問古字體制,照樣描寫所致②。隸古定本存在人為閱讀障礙,因而衛包改古文從今文的事件就不可避免了。

第七節　唐衛包之古文

北魏王愔《古今文字志目》記古書三十六種中有龍書、古文篆、象形、篆繆書等。王愔是文字書法家,所論皆與書體有關,可知當時已有書寫古文者。至晚三國時代已有善寫古文名家。好古者把古文書銘刻碑,則在唐代已有之。唐代稱古文為古篆,納入篆書範圍,故有時也叫篆。如《舊唐書・經籍志上》記有《三字石經尚書古篆》三卷、《三字石經左傳古篆書》十三卷。唐代尚存《三字石經》多種,歷歷在目,觀瞻有本。唐朝專設古文課目,教習有序也。《唐六典》卷二十一"國子監"設"書學博士二人","書學博士掌教文武官八品已下及庶人子之為生者,以《石經》《説文》《字林》為專業,餘字書亦兼習之。《石經》三體書,限三年業成。"書學博士傳授,學子不失古文規範。

金仙公主墓位於陝西省蒲城縣橋陵南武家村東南。《金仙長公主墓碑》早年發現,1974 年出土《金仙長公主墓誌》,墓誌之誌、蓋齊全,誌石高 106 厘米、寬 108 厘米。誌文前記"大唐故金仙公主誌石銘并序。玉眞公主書。中大夫大理少卿集賢院學士上柱國慈源縣開國公臣徐嶠奉敕撰"。刻於唐玄宗開元二十四年(736 年)七月。誌文為眞書,33 行,行 32 字,周邊刻四神蔓草花紋。誌文書者玉眞公主。玉眞公主書法端方清秀,規整不失靈動,與顔眞卿《多寶塔銘》筆意相近,而結體略扁,是唐代皇室書法佳作。誌蓋"大唐古金仙長公主誌石之銘"(圖 1 下 4 - 6)為古文,書法工整,字形規整,筆畫粗頭尖尾。尾署"梁州都督府戶曹參軍直集賢院衛靈鶴奉教檢校鐫勒并題篆額"③。

圖 1 下 4 - 6

① 參見趙立偉:《古本〈尚書〉隸古定源流書證》,2013 年中國文字學會第七屆學術年會論文。

② 陸錫興:《"弖"字辨》,《中華文史論叢》1989 年第 1 期。

③ 賀正全:《蒲城總概述》,《書法叢刊》2007 年第 1 期。

1998年洛陽伊川縣萬安山南出土《張説墓誌》，墓誌全稱“唐故尚書左丞相燕國公贈太師張公墓誌銘并序”，高、寬各79厘米。誌文八分書，32行，滿行33字。“工部侍郎集賢院學士族孫張九齡撰”，“朝散大夫中書舍人梁昇卿書”題在前，“鄜州三川縣丞衛靈鶴刻字”署於尾。衛靈鶴之“鶴”字，兩墓誌寫法不一，前者作鸖，後者作鶴。

金仙公主古文誌蓋中間有兩條裂紋，裂紋交匯處破損較甚，文字保存尚可。除了“銘”字，其他字大致完整。筆畫首尾尖筆或起筆圓而收筆尖，為漢魏垂芒體之制。對照現見古文《三體石經》、《説文》古文等，形體基本符合，《金仙長公主墓誌》古文額形體皆可找到旁證，晚出的《汗簡》可能從此額收集古文字形，可見衛靈鶴的古文造詣非同尋常。

同《三體石經》；見於《碧落碑》，《説文》古文從“口”；見於《汗簡》；
同《三體石經》；右側與《説文》“遷”古文近；近於《説文》古文；
見於《三體石經》；見於《三體石經》；言旁與《三體石經》《汗簡》小異；

見於《三體石經》；同《春秋僖公》石經；見於《三體石經》。

古文直合矩、圓中規，起筆可見細微頓筆，收筆尖如針芒，纖毫畢現。衛靈鶴親手“鐫勒”，出手不凡。可以説此誌古文書法、鐫刻雙璧，此古文篆蓋難能可貴。

衛包在集賢院從事經籍整理，他的字學功底，特别是古文學養十分豐厚。天寶三載(744年)，奉詔改《古文尚書》為今文，後官至尚書郎。因著名的“二王三恪”事，天寶十二載(753年)衛包貶官夜郎尉。此事在《唐會要》卷二十四“二王三恪”、《新唐書·文藝傳·王勃》《資治通鑑·唐天寶九載》《宋史·律曆三》等俱有記載。衛包精於篆書，聞名當時，排位僅次於李陽冰，為三大家之一。天寶數年衛包題寫碑石甚夥，歐陽修《集古録》與趙明誠《金石録》均有收録，南宋《寶刻類編》《寶刻叢編》亦有彙集。

綜上，衛包所書有：單題篆額4處，八分書并篆額1處，古文或古文篆3處，正書2處。衛包除撰文外，能正書、八分、篆書、古文。書法四體，佔有其三(篆與古文為一)，即使是唐代書道鼎盛之世亦為翹楚。

天寶年間書法家、書論家竇臮《述書賦》卷上云“翰墨之妙，可入品流者”，衛包為“皇唐四十五人”之一，列於蔡有鄰之前。卷下又云：“衛包、蔡有鄰，功夫亦到。出於人意，乃近天造。衛包，京兆人，工八分、小篆，通字學，兼象緯之術，官至尚書郎。”衛包不僅精於八分、小篆，且通文字之學，並非單純書家。這解釋了為何授命衛包改《古文尚書》的原因。

《宣和書譜·篆書》“唐”以下僅列李陽冰、衛包、唐元度、釋元雅，“唐衛包，京兆人，官至尚書郎。史無其傳，獨見於書家。工八分、小篆，且通字學。其作字點畫不妄發,落筆必左規右矩,以倒薤篆書《鷦鷯賦》,信由積學所致,故為《書品》所錄。……今御府所藏薤葉篆書《鷦鷯賦》。"倒薤書起於西漢,東漢漸盛,唐代書寫者甚衆,至今墓誌、碑刻常見。衛包書寫薤葉篆書並不奇怪。

衛包最有成就的是古文。歐陽修兼通古今文字,收集唐代刻石,閱碑無數,古今金石無不經眼。古文之難,不通於世,故於衛包古文理解尤深。歐陽修《集古録跋尾》:"雖不著書人姓氏,而字為古文,實為包書也。唐世華山碑刻為古文者,皆包所書。包以古文見稱,當時甚盛。蓋古文世俗罕通,徒見其字畫多奇,而不知其筆法非工也。余以《集録》,所見三代以來古字尤多,遂識之爾。"南宋陳思《書小史》卷十稱"包以古文見稱於當時甚盛",明顯是繼承歐陽修的説法。《唐靈臺觀修三方功德頌》記唐右補闕内供奉集賢院修書衛包撰并書,字為古文。

縱覽衛包經歷,學術素養與衛靈鶴契合,鄙意衛靈鶴即衛包。衛靈鶴之古文篆額,即為衛包古文篆額,大致不錯。衛包在入朝之前無聞,貶官之後杳無消息,是國學歷史的憾事。現將衛靈鶴與衛包事跡連接,排出簡單年表。

731 年:開元十九年,刻《張説墓誌》。"朝散大夫中書舍人梁昇卿書","鄜州三川縣丞衛靈鶴刻字"。

736 年:開元二十四年《金仙長公主墓碑》,玉真公主書,衛靈鶴檢校鐫勒并題篆額。

740 年:《太子賓客龐承宗碑》,蘇頲撰,梁昇卿八分書,衛包篆額,開元二十八年八月。

740 年:《長安合廨食堂記》,李朏撰,羅希奭分書,衛包篆額,開元二十八年。

744 年:天寶三載,奉詔改《古文尚書》從今文。

746 年:《洪福寺彌勒石像碑》,韓涀撰并書,衛包題額,天寶五載立。

749 年:《陽城郡太守趙公奭碑》,馮用之撰,韓擇木八分書,衛包篆額,天寶八載五月五日建。

749 年:《石門湯泉記》,李幼卿撰,衛包書并篆額,天寶八載立。

750 年:《唐金天王廟靈異述》,衛包撰并正書,天寶九載四月。

750 年:《唐靈臺觀金籙齋頌》,衛包撰并古文,天寶九載四月。

750 年:《唐靈臺觀修三方功德頌》,衛包撰并篆書,天寶九載四月。

750 年:《御書華嶽碑堂飾記》,衛包撰并正書,天寶九載正月。

750 年:《修金天王廟靈異述》,衛包撰并書,天寶九載四月。

750 年:《嶽廟古松詩》,弟元志撰,衛包古文篆,天寶九載。

753 年:天寶十二載,衛包貶官。

根據史料大致推測衛包簡歷如下：開元十九年(731年)任三川(今陝西省富縣西南)縣丞，為地方小官，能為名相張說墓誌刻字，而書寫者是中書舍人梁昇卿，梁為唐代八分大家。雖然刻字僅署於誌尾，但已經顯示出衛包的書藝名聲。開元二十四年(736年)在梁州都督府(治在漢中)戶曹參軍任上，當值集賢院。此時衛包為金仙公主墓誌鐫刻、查核文字，書寫者是玉眞公主。不僅如此，他還被邀書寫當時少見的古文篆額，足見衛包書藝、字學獲得上層認可，古文獨樹一幟。至晚在開元二十八年(740年)，衛靈鶴更名衛包，同年他依然與梁昇卿搭配合書《太子賓客龐承宗碑》，梁書八分，包書篆額，題名位置前移。此年包的名聲大振，書寫碑刻墓誌衆多，從開元二十八年到天寶九載(750年)的11年中書碑誌11通，這是宋人所見所記之數，此前湮没者不在少數。唐人稱其"出於人意，乃近天造"，就是對這段書作的評價。

史籍記録之衛包所書古文石刻原石大多泯滅無存，但是部分文字散見於宋人古文彙編中，衛包古文《唐靈臺觀金籙齋頌》在《古文四聲韻》中題作《雲臺碑》《華嶽碑》《三方碑》，共110餘文，"衛包所採之字中，有不少不僅來源甚古，而且可信"[①]。《金仙長公主》古文篆額與《古文四聲韻》保存的《華嶽碑》古文的嚴謹結構完全一致。

第八節　唐代以來之古篆

漢代以來古文如篆書例，題銘於宮門之額。北魏酈道元《水經注・穀水》："昔在漢世，洛陽宮殿門題，多是大篆，言是蔡邕諸子。"又："南宮既建，明帝令侍中京兆韋誕以古篆書之。皇都遷洛，始令中書舍人沈含馨以隸書書之，景明、正始之年，又敕符節令江式以大篆易之。今諸桁榜題，皆是式書。"

虞翻《又上書注奏》："古大篆'丣'字讀當言柳，古'柳''丣'同字，而以為昧。……古篆'丣'字反以為昧，甚違不知蓋闕之義。"《拾遺記・夏禹》："書契之作，肇跡軒史，……故使玉牒金繩之書、蟲章鳥篆之記，或祕諸巖藪，藏於屋壁，或逢喪亂，經籍事寢，前史舊章，或流散異域。故字體與俗訛移，其音旨隨方互改。"又："龜頷下有印，文皆古篆，字作九州山川之字。"《拾遺記・殷湯》："及武伐紂，樵夫牧豎探高鳥之巢，得玉璽，文曰：'水德將滅，木祚方盛。'文皆大篆。"王愔記古書三十六種有"古文篆、大篆、象形篆、科斗篆、小篆"。可知大篆區別於古文篆。

篆有大篆、小篆，漢代以來單稱篆者一般指小篆，以《說文》所見的篆體字，形體構造明確，有客觀的標準。唐代以來的古篆是區別於小篆的廣義篆體，名義上就是早於小篆的文字，可以是籀文、大篆、古文，實際上是大篆和古文等的混合體。故唐李陽冰

① 黃錫全：《汗簡注釋》，武漢大學出版社1990年版，第57頁。

《論古篆》斥之，曰："常痛孔壁遺文、汲冢舊簡，年代浸遠，謬誤滋多。"

唐代流行曹憙篆，充斥不經之俗體，古文情況也魚龍混雜，這是有客觀原因的。首先，流傳古文有限，難以滿足作文的需要，必須用其他古體填補。其次，古文的形體不如小篆有規則，字形不易掌握，容易走形，而人們也難以區別。同時唐代道教興盛，道教使用雲篆、真文等各種符書，形體怪異，似篆非篆，民間難以區別，混雜古文之中。

唐《碧落碑》是用古文書寫的著名碑刻。龍興宫在宋代改為佛教寺院龍興寺，到明代末年，碧落碑移至州衙内。1976 年，文物管理部門再將此碑遷回龍興寺。《碧落碑》，全稱《李訓等為亡父母造大道尊像》，位於山西絳州（今新絳縣）龍興寺（古稱碧落觀），唐咸亨元年（670 年）立，在絳州龍興觀。此碑高 2.26 米、寬 1.03 米、厚 0.21 米，碑文 21 行，每行 32 字，實有 630 個字，係唐高宗李治總章三年（670 年）高祖李淵第十一子韓王元嘉之子為其亡母房氏祈福而立。對於碑名的由來：一說取碑文中的"碧落"兩字。唐李肇《唐國史補》卷上："絳州有碑，篆字與古文不同，頗為怪異。李陽冰見而寢處其下，數日不能去。驗其文是唐初，不載書者姓名。碑上有'碧落'二字，人謂之《碧落碑》。"一說碑文刻在碧落尊像之背。宋歐陽修《集古錄跋尾》卷五"唐龍興宫碧落碑"："《碧落碑》在絳州龍興宫，宫有碧落尊像，篆文刻其背，故世傳為《碧落碑》。"一說碑在碧落觀，故名。唐咸通十一年（870 年）七月，鄭承規奉命用正書釋出碑文，《寶刻類編》卷六記"識文在《碧落碑》之側"。鄭承規釋文距離造碑已有 200 年，所釋文字不周，後顧炎武、錢大昕有所舉正。

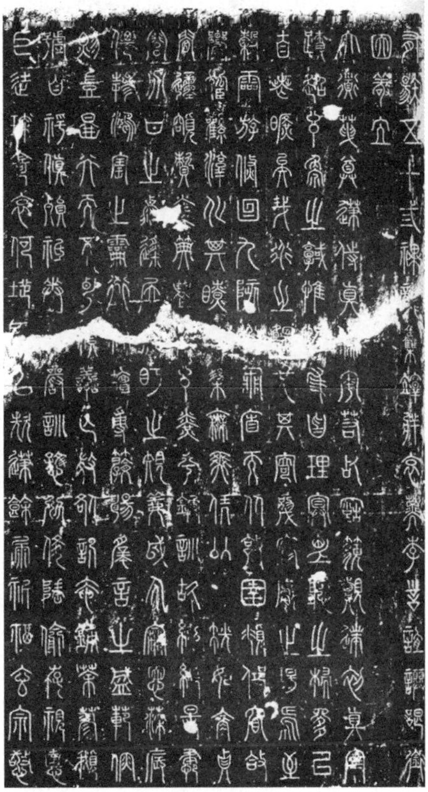

圖 1 下 4 - 7

現在完整的碑文僅有拓本，故宫博物院藏明代拓本，石未斷，有釋文，即施安昌《唐代石刻篆文》著錄的《碧落碑》拓本（圖 1 下 4 - 7）。被槌斷的《碧落碑》陳列在大殿後的前後碑亭、碑廊内，近 10 通古代碑刻。李零、劉新光整理的《汗簡　古文四聲韻》所附拓本，即槌斷本。

絳州碧落觀和《碧落碑》係唐代皇家家族建立，始立於道教宫觀之内。《碧落碑》鐫刻有一則神話，《洛中紀異》："（碑文）文成而未刻，有二道士來請刻之。閉戶三日，不聞人聲，人怪而破戶，惟見二白鴿飛去，而篆刻宛然。今世未知其詳,但云道士寫畢化鶴而去。"唐代道教文字十分活躍,似篆非篆,外人無法辨認,故而《碧落碑》非常之篆文,當是神仙道士的傑作。

《碧落碑》的文字歷來議論紛紛。唐宋以來一直稱《碧落碑》為篆字,實際碑文基本也就是篆字,形體特別是因為摻入古文等其他字形。諸體夾雜是為了炫燿文字功力,抬高碑刻身價。

清代錢大昕《潛研堂金石文跋尾》卷四"碧落碑"説"篆字奇古,小儒咋舌不能讀",文字假借之外,多有收羅《周禮》古文、《石鼓文》、《漢書》古文、《説文》籀文,所以"略舉一隅,足見古人精於小學,非不知而妄作也"。于省吾説"非深於古文之學者,不能為也",從聲韻角度,對比《古文四聲韻》等文獻,考釋數字①。

陳煒湛據鄭承規釋文及清儒考釋,認為碑文主體為小篆,約佔單字的半數以上;其次纔是古文和籀文,合於《説文》古文、《三體石經》古文或"遠承銅器竹帛文字乃至暗合於甲骨文者",或為《汗簡》《古文四聲韵》所引者逾百字,指出一字異形及假借用字尤為突出,"碑文使用大量異體字,使文字形體富於變化,同時又增加觀賞價值。特別是有些句子,一個字出現兩次,一用小篆,一用古文,前後交相輝映",如"玄之又玄""惟怳惟忽"便是其例。"若是接連幾個字筆畫均較少","便將其中某字寫為筆畫較多的異體字"。"在小篆基礎上改易偏旁,增損筆畫,乃至棄本字而用借字,以求美觀勻稱,實為唐代篆書家之習尚。《碧落碑》之書者乃綜合運用這些手法,把它們推到了登峰造極的地步,遂致艱深難讀,令常人望而卻步也。"②

總結諸家之説,《碧落碑》的古文有以下特點:其一,諸體夾雜。明王世貞《弇州四部稿·墨刻跋·碧落碑》:"字書雜出頡、籀、鐘鼎款識,以故與斯體小異。"其二,形體奇譎。清方以智《通雅·疑始·論古篆古音》:"碧落寺碑尤尚古僻,皆後人追仿前跡,多有取法奇矯而失其本指者。"其三,同一字形體多變。其四,有杜撰之文。章太炎《小學説略》:"唐高宗時之《碧落碑》,有眞古文,亦有自造之字。"

《碧落碑》十分神祕,傳説李陽冰臥看三日,歐陽修認為此説尤怪,不足為信。唐代古文流行,以古文所書刻銘不在少數,列舉如下:

陽華巖位於湖南省永州市江華瑤族自治縣縣城東南竹園寨鄉的回山之下,巖上小山矗立,為當地名勝。唐代元結在道州刺史任上多次遊覽,作《陽華巖銘》。永泰二年(766年)縣令瞿令問以隸書、大篆、小篆三體抄錄,刻於崖壁之上(圖1下4-8)。明代曹昭《格古要論》卷三"陽華巖銘":"元結作,邑令瞿令問篆刻之崖上。在道州東南七里。"錢大昕《潛研堂目錄》:"序以八分書,銘古文、篆、隸三體書。"《陽華巖銘》仿

① 于省吾:《〈碧落碑〉跋》,《考古》1936年第5期。
② 陳煒湛:《碧落碑研究》,《故宫博物院院刊》2002年第2期。

照《三字石經》，也以古文、篆、八分書寫。清陸增祥《八瓊室金石補正》卷六十"陽華巖銘"："瞿令問所用古文，恒見者居多，大多稍變其文。疑，《王庶子碑》作，此作；華，王存乂《切韻》作，此作；家，史書作，此作；為，《華嶽碑》作，此作；端，楊氏阡銘《碧落》文作，此作；洞，《義雲章》作，此作；深，《碧落》文作，此作；士，《華嶽碑》作，此作；懼，《古尚書》作，此作；官，古文作，此作；名，《華嶽碑》作，此作，為小異耳。至其所用篆文，作，不合於古。"其書古文多創造，此為唐代書風。

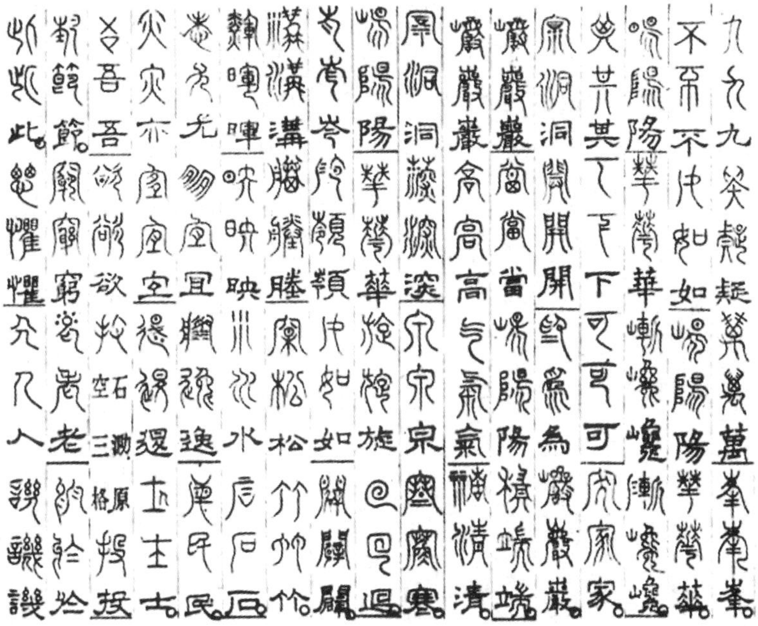

圖 1 下 4 - 8

天寶三載(744 年)《豆盧建墓誌》，天寶靈符長樂觀主裴炫書篆書"大唐太僕卿駙馬都尉河南豆盧公墓誌"(圖 1 下 4 - 9)，裴炫所作篆書尚有兩種。《寶刻叢編》卷八："《唐太原王四娘塔銘》，道士裴炫撰，張少悌書。天寶六年六月。京兆(金石錄)。"又："裴炫《崇福觀主魏隱碑》，宋遙撰，分書，開元二十九年。京兆。"

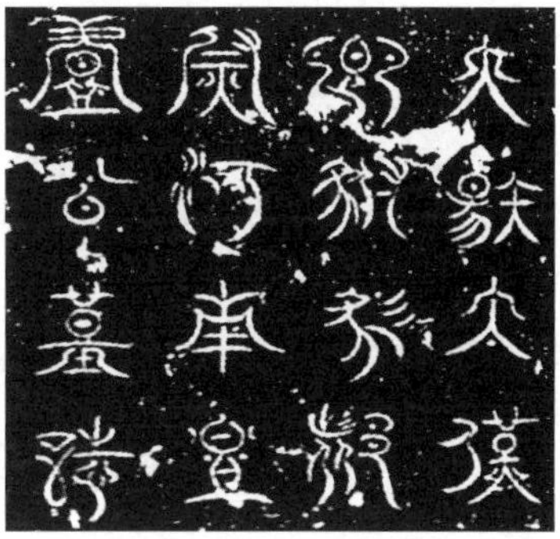

圖 1 下 4 - 9

對照已見古文，除了"唐"字與《碧落碑》完全相同外，其他均大同小異，如"馬"字近《說文》古文，"都"字近《汗簡》，"豆"字近《說文》古文，其他字略有一些部件與傳本古文相似。足見唐代的道士有設計字形的自由，古文尤其如此。由此推想，宋代《汗簡》《古文四聲韻》等奇怪的形體來源於此類創作。

第九節　宋代以來之古文纂集

宋代慕古風氣盛行，篆字、古文浮現，掀起熱潮。纂集的古文字書如《汗簡》《古文四聲韻》等相繼出現。

《汗簡》徵引資料 71 種，引《三體石經》122 字。黃錫全指出，郭忠恕古文收錄的原始材料有古文篆體和隸古定體，古文篆體者照錄，不合《汗簡》部首者改從部首。隸古定者以隸作古，隸古定古參考石經、《說文》《碧落碑》等古文。這些古文在流傳中產生了錯誤。[①]《義雲章》(包括《義雲切韻》)古文，黃錫全認為它在《汗簡》約 497 個古文中佔有很大比例。而《義雲章》的古文見於《三體石經》，《說文》之古文、籀文、或體和小篆，先秦古文字、漢唐碑文、漢印文以及《玉篇》《一切經音義》等。其中，漢唐碑文和《玉篇》等為隸古定，翻轉為古文。“由於歷代輾轉傳抄，又經郭忠恕、夏竦的摘錄，後人的翻刻，致使某些古文失去原貌。”[②]

《宋史・李建中傳》：“建中善書札，行筆尤工，多構新體。草、隸、篆、籀、八分亦妙，人多摹習，爭取以為楷法。嘗手寫郭忠恕《汗簡集》以獻，皆科斗文字。”李建中為宋代著名書法家，抄錄《汗簡》，文人重視古文可見一斑(圖 1 下 4－10)。

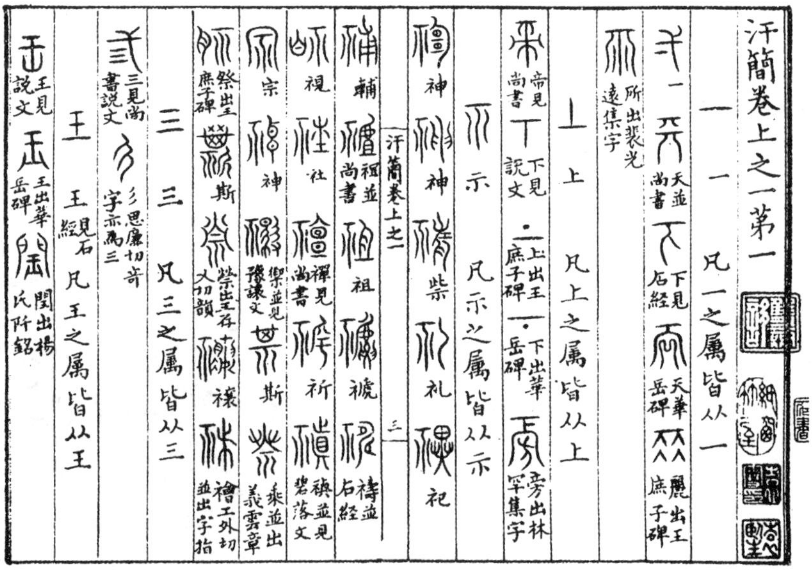

圖 1 下 4－10

① 黃錫全：《〈汗簡〉〈古文四聲韻〉中之〈義雲章〉古文的研究》，《古文字研究》第二十輯，中華書局 2000 年版，第 242 頁。

② 黃錫全：《〈汗簡〉〈古文四聲韻〉中之〈義雲章〉古文的研究》，《古文字研究》第二十輯，中華書局 2000 年版，第 249 頁。

夏竦《古文四聲韻》徵引資料 97 種，實則多取《汗簡》，筆畫小有差異，而分韻錄之(圖 1 下 4－11)。《古文四聲韻》受當時名家注目。黄伯思《東觀餘論・跋蘇氏篆後》："正若漢劉棻從揚雄所學及近世夏鄭公集《四聲韻》所載是已。今人往往不能辨之，遂盡以奇字為古文焉。武功君於篆法工矣，必能辯耳。予恨不獲一面。弟觀遺跡，使人慨然。"且作為考古家博古之用。呂大臨《考古圖》"釋文"："今者有古文《尚書》、《孝經》、陳倉《石鼓集》、郭氏《汗簡》、夏氏集《韻》等書，尚可參考。"《古文四聲韻》是繼《汗簡》之後重要的傳抄古文集，字形除來自《汗簡》之外，也有自行收集之功。但是這些纂集文字，為字學家嗤笑，以為無稽之字炫燿於世。

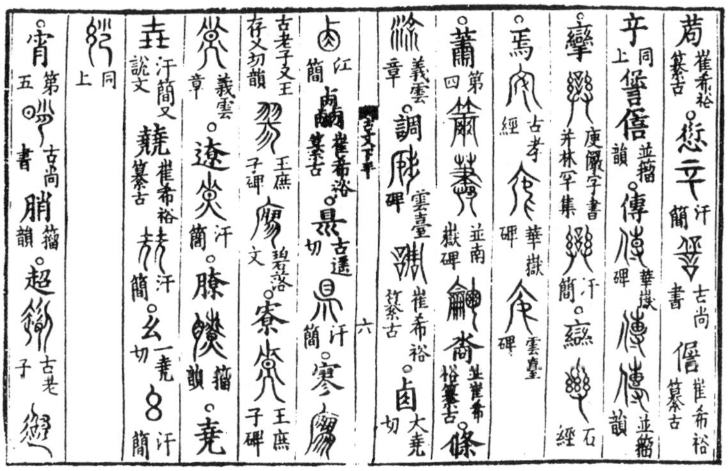

圖 1 下 4－11

古文在宋代得到了充分重視，在《汗簡》《古文四聲韻》問世之後，屢有續作。

宋杜從古《集篆古文韻海》共五卷(圖 1 下 4－12)。杜從古，《宋史》無傳，元明間陶宗儀《書史會要》卷六"宋"："杜從古，字唐稽，官至禮部郎。宣和中與米友仁、徐兢同為書學博士。高宗云：'先皇帝喜書，致立學養士，獨得杜唐稽一人，餘皆體仿了無神氣。'"這是趙構對杜從古在書法藝術方面的評價。宣和元年(1119 年)杜從古《集篆古文韻海・序》："臣嘗懼朝廷有大典册，垂之萬世，而百氏濡毫，體法不備，豈不累太平之盛舉?""今輒以所集鐘鼎之文，周秦之刻，下及崔瑗、李陽冰筆意，近古之字，句中正、郭忠恕碑記集古之文，有可取者，摭之不遺，猶以為未也，又爬羅《篇》《韻》所載古文，詳考其當，收之略盡。於今《韻略》字有不足，則又取許慎《說文》，參以鼎篆偏旁補之，庶足於用而無闕焉。比《集韻》則不足，校《韻略》則有餘，視竦所集則增廣數十倍矣。" 金石學興起，鐘鼎文納入古文，故此篇古文除了傳抄古文外，還有著錄的銅器銘文，兼收字書、韻書的隸古之文。元楊桓《六書統》自序："讀《周禮》始知書學為六藝之一，保氏掌之以教國子者。雖屢目之，而趨進無門。繼觀前宋杜從古《集篆古文韻海》,但博聞多識而已。”杜序之“偏旁補之”其實就是拼合字形,湊成篇章。古來難免,此唐宋古文常則。

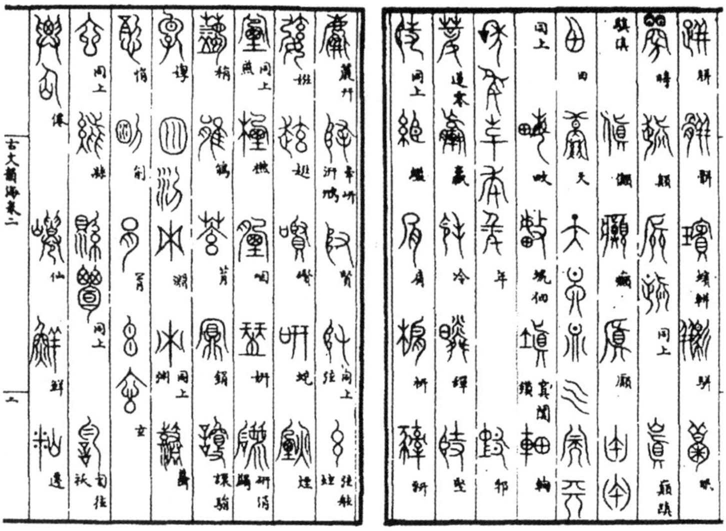

圖 1 下 4 - 12

金朝韓道昭編纂《五音集韻》韻書,全稱《改併五音集韻》,成書於崇慶元年(1212 年)。韓道昭,字伯暉,真定松水(今河北靈壽)人。全書分 160 韻,收字多達 53 525 餘個,其中收錄古文重文 1 000 餘例[①]。《五音集韻》中的隸定古文形體龐雜,一字多形,一形多變。如“長”:

《五音》:“長,、、、、並古文同上;、並古。”

《説文》篆文之隸定,且下半部從隸書部件。

《汗簡》隸定。、即《説文》古文之隸定,且第三例形體上部微訛。《四聲》卷二陽韻引《汗簡》作,與古文同。

《説文》古文之隸定。《四聲》卷二陽韻引《古孝經》作、《汗簡》作,與此形同。“長”長鼎作,長日戊鼎作,長子鼎作,郭店楚簡作、等形,均與同,正其所源。與廿年距作、戰國印作形近,或由其衍變而來。如:《汗簡》、《古文四聲韻》、《古孝經》、《汗簡》、《古老子》、《古尚書》、《貝丘長》、《雲臺碑》、《崔希裕纂古》。

清代學者對曹魏《三體石經》、宋郭忠恕《汗簡》、夏竦《古文四聲韻》多持輕視態度。現在比較長沙楚簡,發現與傳世古文有類似之處,“就印證了前人著作的真實性”[②]。曾

① 邱龍昇:《〈五音集韻〉重文考辨》,中國社會科學出版社 2019 年版。此書對隸古定字形引援甚富,分析入理,可資參考。

② 羅福頤:《談長沙發現的戰國竹簡》,《文物參考資料》1954 年第 9 期。

憲通指出，傳世古文可以在楚漢簡帛中找到證據，許多字形與“古文”一脈相承。這個“古文”包括《説文》所見和後世的《汗簡》《古文四聲韻》等。如，正：《説文》古文，楚帛書；共：《説文》古文，楚帛書；侯：《説文》古文；長：《説文》古文，楚帛書；其：《説文》古文，楚帛書；道：《汗簡》，《老子甲》；達：《古文四聲韻》，《老子甲》；淫：《古文四聲韻》，《尊德義》；昆：《汗簡》，《六德》；手：《説文》古文，《五行》[①]。不能否認唐宋以來纂集古文中有戰國文字的字形，也不能盡證傳寫混雜的私造不經文字。

第十節　宋元以來古文興起與古篆書法

北宋中期以來金石學興起，人們對古文的興趣濃厚，出現了一些熟悉古篆的書法家。古文碑刻首推郭忠恕書三體《陰符經》，此碑每字三體，篆書居中，隸書、古文略小，分列左右。三體《陰符經》刻於唐懷惲禪師碑（又名隆闡大法師懷惲碑）碑陰，乾德四年（966 年）立，高 144 厘米、寬 87 厘米。錢大昕《潛研堂金石文跋尾》卷十二“三體書陰符經”：“郭忠恕三體書《陰符經》。三體者，古文、篆、隸也。大書篆體而古文與隸注於下，雖兼三體實以篆為主。忠恕書法方駕陽冰，實在同時二徐之上，夢英已下遠不逮矣。”

北宋以來，古文用途漸廣，題跋常見於古文之書。宋皇祐辛卯年（1051 年）王仁壽題刻：《古泉山館金石文編》稱“右古篆一行，刻於修復《浯溪記》元友讓詩碑後”，“皇祐辛卯歲中冬廿有二日王仁壽國叟題”。辛本王存乂；卯，石經，小變其形；仁古文。南、歲、冬、日，見《汗簡》，出諸家碑；國《古文四聲韻》內見《義雲章》；叟本《華嶽碑》；題本《義雲章》。

唐代少見的古文墓誌，宋代卻不罕見，古文用法如篆文。考古發現的古文篆額未得盡數報道，粗粗蒐索，有以下幾例。

河南千唐誌齋博物館藏篆額“宋故中山劉君之墓銘”（圖 1 下 4 - 13），慶曆八年（1048 年）成石[②]。其字古篆“中”，從《古文四聲韻》中之《道德經》化出。“墓”，《汗簡》作，即“慕”字，假借用作“墓”。宋代古文“墓”字均有形訛。

江西南城宋陳肅墓，出土墓誌，誌蓋古文尖收筆，刻篆文“宋故都官陳公墓誌銘”（圖 1 下 4 - 14），李覯撰文，蔡通書，陳備篆蓋。陳肅至和元年（1054 年）卒，明年入葬[③]。“銘”字之“金”從，乃自行湊合。

① 曾憲通：《戰國楚地簡帛文字書法淺析》，《古文字與出土文獻叢考》，中山大學出版社 2005 年版。
② 河南省文物研究所、洛陽地區文管會：《千唐誌齋藏誌》，文物出版社 1989 年版，第 1268 頁。
③ 南城縣博物館：《南城宋陳肅墓清理記》，《江西文物》1989 年第 2 期。

圖 1 下 4－13

圖 1 下 4－14

圖 1 下 4－15

山西平陸縣文化館收藏北宋神宗熙寧二年（1069 年）《魏閑墓誌》，司馬光撰文，誌文為楷書，672 字。誌蓋"大宋故清逸處士魏君墓誌銘"（圖 1 下 4－15），古文，外甥太廟室長司馬雍篆蓋①。篆額古文，"清""魏"來自《雲臺碑》，"逸"來自《三體石經》。

上海嘉定發現北宋治平三年（1066 年）《孫偁墓誌》，蓋為古篆文"宋姑蘇孫府君墓誌銘"（圖 1 下 4－16），誌文為分書②。篆額基本為小篆體而用古文尖筆，其中"君"近於《古文四聲韻》之《古孝經》而小異，"誌"以及"口"仿古文。誌石題"朝奉郎守祕書丞賜緋魚袋章楶書"。章楶（1027—1102），字質夫，北宋名臣，經略西北，屢敗西夏。《宋史》有傳。

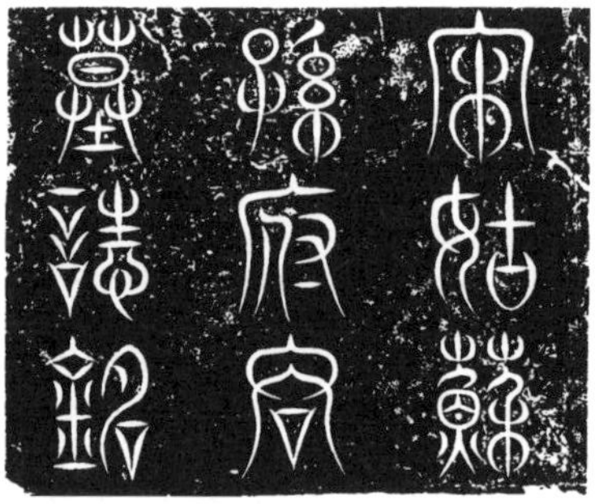

圖 1 下 4－16

圖 1 下 4－17

山東濟南南郊張安新村北宋張約墓，墓内墓誌一合，誌蓋古文"大宋故鄉貢進士張君墓誌銘"（圖 1 下 4－17），書篆蓋者為鄉貢進士胡安道，張掞熙寧四年（1071 年）撰文。據考，誌蓋古文來源於《古文四聲韻》，"大"見於《古孝經》，"宋""故""公"見於《李氏摭古》，"鄉""進"見於《古老子》，"貢"見於《昭卿字指》，"士"見於《光遠集輟》，"張"見於《義雲章》，"誌"見於《六書統》，"墓"見於《六書精藴》，"銘"見於《古文》，"公"

① 戴尊德：《司馬光撰魏閑墓誌之研究》，《文物》1990 年第 12 期。

② 上海博物館編著、何繼英主編：《上海唐宋元墓》，科學出版社 2014 年版，第 104—105 頁。

“墓”“誌”“銘”筆畫有增減，但不失《六書分類》所輯篆書法度[①]。

山東濟南長清崮雲湖 2 號宋墓篆蓋“宋故將士郎宋公墓誌名”（圖 1 下 4－18），政和元年（1111 年）刊。3 號墓篆蓋“助教宋明叔墓”（圖 1 下 4－19），大觀元年（1107 年）刊。墓誌書丹者孟孝孫，先後“知滄州樂陵縣事”“通判寧化軍管勾學事兼管內勸農事”。古文書法與誌文楷書一樣，工整謹嚴[②]。

圖 1 下 4－18

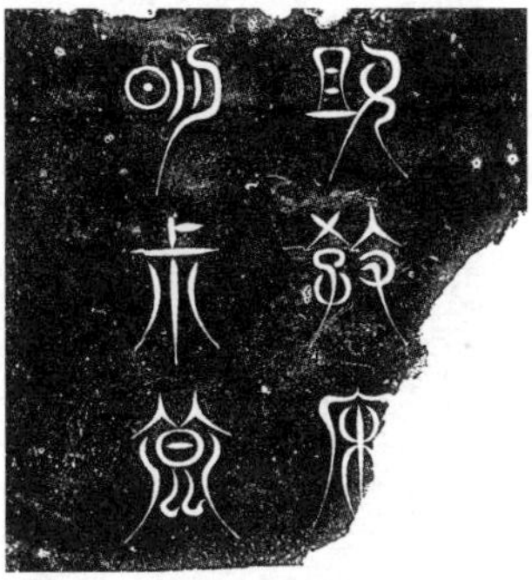

圖 1 下 4－19

2010 年在鄭州黄崗寺村挖出北宋夫婦合葬墓，甬道和墓室壁繪有精美壁畫。墓內出土墓誌兩合，一為賈正之墓誌，一為賈正之妻蔡氏墓誌。蔡氏卒於熙寧五年（1072 年），元祐五年（1090 年）葬入賈氏墓地。誌文全文為傳寫古文（圖 1 下 4－20），書法端正，形體規範，鐫刻精緻，整篇誌文字跡清晰，恍如新製。誌文有“西水（今閬中以西）陳佸篆於石”。陳佸精於傳寫古文，具有很深造詣，卻未聞名學林，足見當時熟習古文之人甚多，故不驚人[③]。

宋代金石大家黄伯思，字長睿，自號雲林子。元符三年（1100 年）進士，官至祕書郎。學貫文史，嗜古文奇字，彝器、碑刻銘文、法帖釋文、簡牘文字，悉能辨識是非。各種字體，無論大篆、章草，無不通其源流，於漢字歷史之殊有貢獻者。《宋史・文苑傳五・黄伯思》：“伯思好古文奇字，洛下公卿家商、周、秦、漢彝器款識，研究字畫體制，悉能辨正是非，道其本末，遂以古文名家，凡字書討論備盡。”黄伯思精研金石文字，有《東觀餘論》存世。《東觀餘論・鶡雀賦辨》論及市井作古篆，思王眞跡《鶡雀賦》者為僞帖，“末有武攸暨題字，乃作今市井人所作俗古篆。”所謂俗古篆，即民間流傳之自創或改造之古篆，以利流俗使用。

米芾（1051—1107），初名黻，後改芾，字元章。曾任校書郎、書畫博士，是北宋

① 韓明祥：《〈張約墓誌銘〉的撰文者張掞》，《文物》1987 年第 3 期。

② 濟南市考古研究所：《山東濟南長清崮雲湖宋墓發掘簡報》，《文物》2016 年第 2 期。

③ 鄭州市文物考古研究院、河南省南水北調文物保護管理辦公室：《鄭州黄崗寺北宋紀年壁畫墓》，《中原文物》2013 年第 1 期。

圖 1 下 4－20

圖 1 下 4－21

蘇、黄、米、蔡四大家之一，善行草，少見古篆之書。其古篆之作見於御製碑（圖 1 下 4－21）。“茀”作、“風”作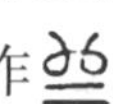，比較罕見。此即俗古篆一例。

金代與南宋並列於北，承接北宋之餘風，少有精篆籀者，党懷英（1134—1211），字世傑，金朝著名文學家、書法家。《金史・文藝傳上・党懷英》載其為故宋太尉党進十一代孫，“能屬文，工篆籀，當時稱為第一，學者宗之。”金趙秉文《滏水文集》謂党懷英篆籀入神，李陽冰之後，一人而已。金元好問《續夷堅志・湯盤周鼎》：“秀巖安常，字順之，常從党承旨學大篆，多識古文奇字。泰和末，嘗見内府所藏湯盤，……底銘九字，即‘德日新，又日新，日日新’者也。章宗有旨，令辨之。”党懷英書《王荆公詩》，明昌六年（1195 年）立石，原在濟寧州學宫。其一首云：“紅梨無葉莊花身，黄藕分香骫路塵。歲晚蒼官才自保，日高青女尚橫陳。”（圖 1 下 4－22）《漢書》顔師古注：“骫，古委字。”“自”為《碧落碑》與《三體石經》的結合體。“青”字來自《古文四聲韻》，“日”“保”字來自《集篆古文韻海》，“陳”來自《説文》古文。“紅”字右半“工”從《汗簡》古文，左半用篆字。

圖 1 下 4－23

圖 1 下 4－22

圖 1 下 4－24

山東高唐縣西金虞寅墓出土的墓誌蓋有古文“金故信武將軍騎都尉致仕虞公墓誌銘”（圖 1 下 4－23），墓主金承安二年（1197 年）卒。原報告誤為女真文[①]。

山西古青蓮寺内金泰和六年（1206 年）碑，上面古篆額“福巖禪院之記”（圖 1 下 4－24），“禪”來自《汗簡》之《華嶽碑》，“院”來自《汗簡》引《義雲章》，“記”僅採用古文“言”旁，“之”仿古文“日”雙疊。

元明以來，古文進入低潮，楊桓作《六書溯源》，備列古文、篆、籀，“所載古文，自憑胸臆增損改易，乃因後世增益之訛文，為之推原作篆”，所以枉生穿鑿，不足為憑。趙孟頫為元初著名書法家。《書史會要》卷七稱“篆法取石鼓、《詛楚》”。趙孟頫的《六體千字文》（圖 1 下 4－25），延祐七年（1320 年）所書，六體之中首列大篆，再列小篆、隸書、章草、楷書、今草。大篆中有《説文》大篆、鐘鼎文和傳本古文，衆體融為一爐，尖筆起訖，筆畫取古文之法，與小篆玉箸相區別。來自《説文》古文，來自《汗簡》，來自《古文四聲韻》，來自《集篆古文韻海》而稍有改動。書法家的習慣是發揮和求

① 聊城地區博物館：《山東高唐金代虞寅墓發掘簡報》，《文物》1982 年第 1 期。

異,因此有些變化是合理的。趙孟頫是宋宗室,中國歷史上的著名書法家,精於行楷、行草、章草,傳統古文字方面功力頗深。《六體千字文》在書法文字歷史上有很高地位,涵蓋了古文、小篆、隸書、章草、楷書、草書,可以說是歷史上第一部將大篆納入古文的字帖。趙孟頫書作是元代古篆書法的代表。

圖 1 下 4 - 25

圖 1 下 4 - 26

古文也用來裝點器物,作為高古象徵,富於道教色彩。元明以來,古人把古文等同科斗文字,鐘鼎文納入古文,因而當時對鐘鼎文在摹錄時作了改造,寫出了道教符書意味的形體。《貞隱園法帖》又名《貞隱園古篆法帖》(圖 1 下 4 - 26),摹錄了周秦到明代的金石文字及法帖,為清嘉慶十八年(1813 年)張維屏所書,經清代中期葉夢龍重刊。此帖所收商夾鐘銘(本文所收為後半片),可見形體完全不似商周金文,與宋代以來的古篆風格一致[①]。

山東威海寨子村發現一塊明代碑刻,題名"辛汪巡檢司創寨記"(圖 1 下 4 - 27),正文為楷書,東牟崔仕書丹,崑崙山六度寺住持智整家篆額,創作意味比較大[②]。此為俗篆一類文字,各字均為不經形體,冒充古文。

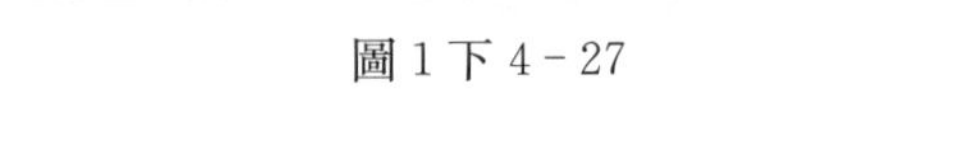

圖 1 下 4 - 27

① 何碧琪:《貞隱園法帖》,《書法叢刊》2015 年第 5 期。
② 張雲濤:《山東威海發現明初創寨碑》,《文物》1997 年第 9 期。

1958 年發現河南省方城縣鹽店莊村北宋晚期墓葬，墓内出土“篆文”磚（圖 1 下 4－28），鋪在棺床上面，約有 30 餘塊，現僅存 8 塊，磚文為模印，故文字相同。簡報僅發表了磚的拓片，其中 6 行的，每行有 16 個字，第 3 行缺 1 字，未發表釋文①。磚文除個別字不清晰，大多可釋。古文字體頗為龐雜，有傳抄古文，還有鐘鼎文，符合當時的風尚。

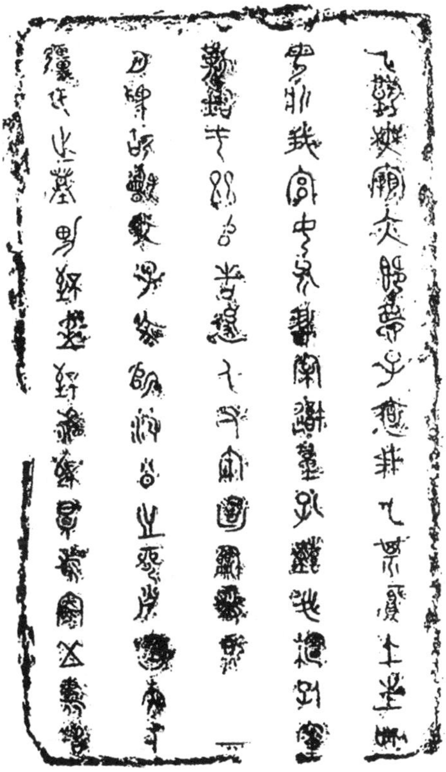

圖 1 下 4－28

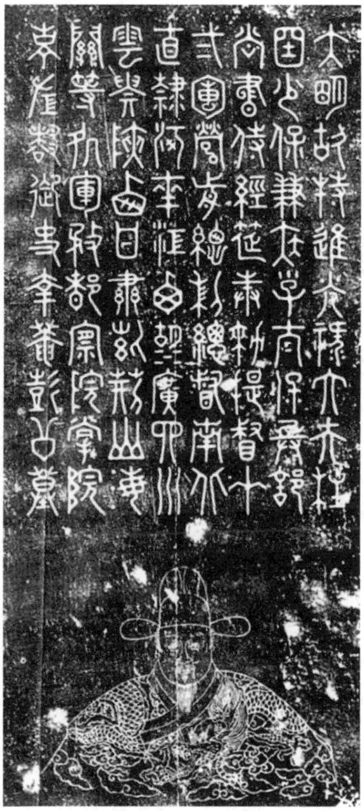

圖 1 下 4－29

彭澤墓出土彭澤石墓誌，長 1.81 米、寬 1.17 米、厚 13 厘米。蓋右端上刻古文：“大明故特進光祿大夫柱國少保兼太子太保兵部尚書侍經筵奉敕提督十二團營前總制總督南北直隸河南江西湖廣四川雲貴陝西甘肅紫荊山海關等處軍務都察院掌院事左都御史幸菴彭公墓”（圖 1 下 4－29），下刻彭澤像，左邊連下石為楷書墓誌②。彭澤見於《明史·彭澤傳》，正德、嘉靖間為官。墓誌是少見的古篆石刻，採用古篆字，外廓長方，筆畫等粗為玉箸篆，文字小篆、古篆夾雜，渾然一體。其古篆大多來自《汗簡》《古文四聲韻》，如來自《汗簡》，、、來自《古文四聲韻》，之旋雲寫法出

① 河南省文化局文物工作隊：《河南方城鹽店莊村宋墓》，《文物参考資料》1958 年第 11 期。
② 甘肅省文物管理委員會：《蘭州上西園明彭澤墓清理簡報》，《考古通訊》1957 年第 1 期。

於漢代之後，如北齊《臨淮王像碑》篆額，唐代上官婉兒篆蓋的“昭”寫作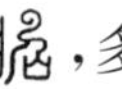，多見此裝飾辦法。

元明時代，文人已經把古文等同古篆，成為摹古書法的新手段。把唐宋時代拼湊古文的辦法理論化，大大擴大古文來源，手法越來越純熟，以此指導書法創作。元吾丘衍《學古篇》卷上“三十五舉”：“以鼎篆、古文錯雜為用時，無跡為上，但皆以小篆法寫自然一法，此雖易求，却甚難記。”明豐坊《書訣》：“古大家之書，必通篆籀，然後結構淳古。”“古文，見《宣和博古圖》、吕與叔《考古圖》、李伯時《甲秀堂帖》、鄭漁仲《泉譜》、趙明誠《古器物銘》、胡世將《資古錄》、薛用敏《鐘鼎款識》、王子弁《嘯堂集古錄》、王子端《雪溪堂帖》、曹貞素《款識續錄》。”“大篆，結體本於古文，而垂筆圓齊，蓋小篆之所從出。……世以大宗為周太史籀，又損益潤色，別號籀文，垂筆銛利，以此為別。”此後書壇僞古風勁吹，終於明代。

圖 1 下 4－30

明代出現了一些善於書寫古篆的文人，依據古篆創造理論，從《説文》《汗簡》《古文四聲韻》以及明閔齊伋《六書通》等選擇、拼湊，經再創造書寫書法作品。其中明末傅山成果卓著，風格獨特。傅山（1607—1684），字青主，明遺民，書畫家、醫學家。他以善寫草書聞名，他的古篆即從古文傳本中取得。如以《無題・五言古詩》為例，據統計此詩古文草書七成多來自《汗簡》《古文四聲韻》《六書通》，二成來自《説文》，剩下小部分來源不清楚。傅山有學問功底，儘可能使用古字，如用“廧”不用“牆”。傅山寫的大篆，大篆所無之字則用《説文》之小篆結體大篆寫法。他為了書法藝術的需要，用楷體形體作為篆文的框架，再作草寫等加工，變成光怪陸離的古文字（圖 1 下 4－30）[①]。乾隆（1736—1795）以後，詁經之學兼及鐘鼎彝器款識大盛，考證古文引義博聞，古文的書法引入了學術領域，這樣寫的人反而少了。

① ［日］堀山英嗣：《傅山草篆來源考證》，《中國書法》2004 年第 12 期。

第五章　俗篆盛行之魏晉南北朝

第一節　魏晉以來之篆文

東吴雖居江東一隅，然文士薈萃，雅好文字，鍾愛篆字不乏其人。

《三國志・吴志・張紘傳》引《吴書》："紘既好文學，又善楷篆，與孔融書，自書。融遺紘書曰：'前勞手筆，多篆書。每舉篇見字，欣然獨笑，如復睹其人也。'"張紘把篆字當作日常使用的字體，連信札都用篆字書寫。"楷篆"是端正的篆字，但是不能確知是曹熹篆還是《説文》小篆。《三國志・吴志・嚴畯傳》："善《詩》《書》、三《禮》，又好《説文》。"嚴畯熟悉《説文》，自然也熟悉小篆，可知東吴之篆依然保留正統的小篆。

東吴時期是盛行古體的時代，在一些特殊場合，篆體、八分依然會出現。南昌南郊磚室墓的墓磚上有模印文字兩種：一種為"吴永安六年八月熊西城葬"（圖 1 下 5－1），另一種為"熊南城君小□孫墓"，皆為帶八分味的篆字[①]。

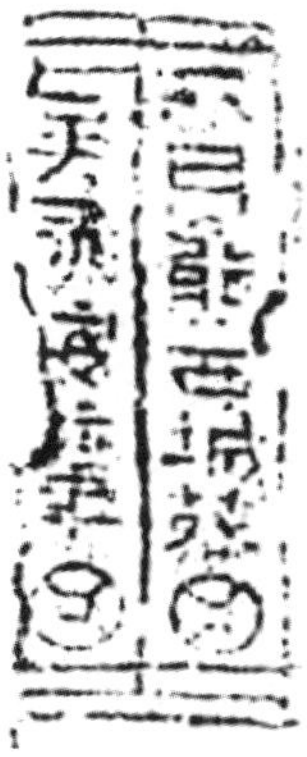

圖 1 下 5－1

圖 1 下 5－2

漢代以來，小篆成規模出現的機會不多，留存於世的衹有兩件，一是東漢時期的《説文》篆字，一是《三體石經》中的篆字（圖 1 下 5－2）。兩處的篆字都具有很高的權

① 秦光傑：《江西南昌市郊吴永安六年墓》，《考古》1965 年第 5 期。

威性，前者是經師著作，字形皆有依據，信而有徵；後者是帝王集衆儒之力，選字學優異者任之，其學養堪比肩許叔重。江式比較《三體石經》與《説文》篆字，説“大同”，證明兩者篆字差别不大。《三體石經》與《説文》篆字小有差異，總體而言，結構性差異小，書寫形成的差異大。具體説來，有以下幾點：

一是形體變化，大輪廓没有變化，内部結構筆畫有變化。

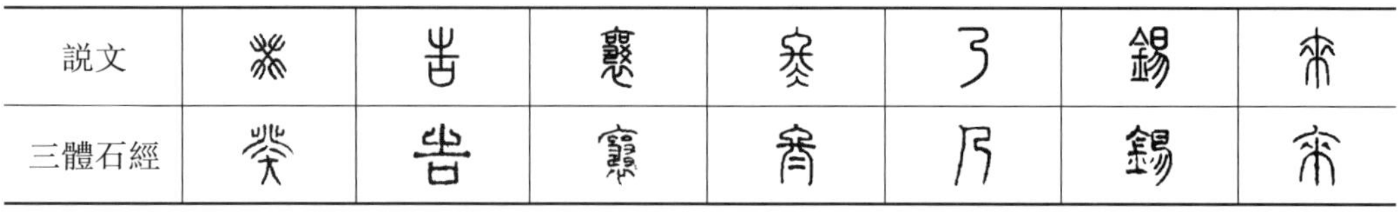

以上字例中所謂形體差異，多為局部，完全不同的例子很少，衹有“癸”字，《説文》篆字作，籀文為癸，《三體石經》用籀文。此籀文乃小篆的訛變，卻便於書寫，這是《三體石經》捨《説文》小篆的原因。，《説文》：“牛觸人，角著横木，所以告人也。從口從牛。”《三體石經》形訛，與（鄭古碑、桐柏廟碑）同。《説文》小篆内從二乂，《三體石經》誤從二又（手），與（孔宙碑陰）同。《説文》從仌，《三體石經》從＝，與漢印（冬譚私印）、（冬彤印信）同。《説文》篆作，《三體石經》變與（北海相景君銘、魯君峻碑）同，徐鉉云：“乃，左旁不當引筆下垂，蓋前作筆勢如此，後代因而不改。”《説文》作，《三體石經》作，金旁寫法與（劉熊碑）同。《説文》作，《三體石經》斷竪為點，作，與（史晨奏銘）同。小有差異者尚有，如“薨”，《説文》作，《三體石經》作；“即”，《説文》作，《三體石經》作，後者均有小訛。《三體石經》與《説文》篆字小有差異的字形不少，如《説文》與《三體石經》、《説文》與《三體石經》的“曰”不同。但是《三體石經》單寫“曰”為，與《説文》同。

二是書法差異。所謂書法差異就是字形書寫上的安排，大致可分幾種情景：

甲、變屈為直，縮短筆畫，如“春”，《説文》作，《三體石經》作，“屯”長筆減為短筆。

乙、加以盤曲，延長筆畫，如“正”，《説文》作，《三體石經》作，末筆彎曲下垂；“巳”，《説文》小篆本來已經盤曲，《三體石經》再回筆成 S 形盤曲。《三體石經》之（今）、（元）屬同類例子。

丙、變彎斜，如“師”，《説文》作，《三體石經》作，右側部件向左斜；又如“年”，《三體石經》末筆向右斜出；“之”，《説文》作，《三體石經》作，上端兩筆向左右對稱彎曲伸展。

丁、變斜為直，如“出”，《説文》作，幾乎没有挺直的筆畫，《三體石經》作，横向、縱向筆畫成平行直綫。長筆裁作短筆。“耳”，《説文》作，共 3 筆，《三體石經》作，斷為 5 筆，去掉反復往返的長筆。“革”，《説文》作，《三體石經》中部“口”增加了，“月”《説文》作，《三體石經》作，同例。

戊、方體、方折，如“國”，《説文》作，《三體石經》作；又如“四”，《説文》作，《三體石經》作，不僅外框為方形，内“八”字形彎筆也改為方折。“己”，《説文》作，《三體石經》作，全是方折。

己、採用長垂筆，尾端尖鋭狀，這是懸針筆法，如、、、、。漢代懸針一般採用垂直的竪筆，《三體石經》的懸針使用範圍有所擴大，斜置的撇，如、、；横，如；甚至點，如、，都引筆拉出垂芒。這在垂芒書中較為少見。

庚、結體多變，《三體石經》的結體作出虚實變化，一般是實上虚下，如（丑）、（殷）；根據形勢，也有下實上虚，如（曰）；有的更加平實飽滿，如“晉”，《説文》作，《三體石經》作。

歷來研究《三體石經》，著眼古文，不重篆文。篆字是三體之一，重要性不低於古文，尚且魏晉篆字傳世甚少，是探究魏晉篆字的唯一途徑。它是一種不同於傳統正篆的篆字。商承祚認為石中多有未見之篆文。趙立偉在《魏〈三體石經〉古文輯證》中把它與《説文》篆文作了比較，發現《三體石經》部分篆字“已非隸變之前的篆文原形”，究其緣故，或是隸書影響，或是隸書轉寫為小篆的“以隸作篆”。趙氏認為《三體石經》受隸書的影響改變字形結構，造成異體①。趙氏稍後作了進一步闡述，認為當時通行隸書，《三體石經》中難免出現“以隸作古”或“以隸作篆”的情況，這正是《三體石經》篆文字形的一大特徵②。

漢代以來的篆字受隸書的影響造成形體變化，這個説法是合乎邏輯的。事物發展是相互影響的，不是孤立的，而隸書作為實用字體使用日久，人們會自然而然地把隸書的因素滲透到篆文中去。例如前面談到的《三體石經》採用方折、方體，少量字如甚至用磔筆，有些結構發生訛變，如中從雙人等，都是明顯的例子。但是作為《石經》文字並非普通人能書寫，亦非可以隨意書寫，不至於篆、隸含混，黑白不分。因

① 趙立偉：《魏〈三體石經〉古文輯證》，社會科學文獻出版社 2007 年版，第 190—192 頁。
② 趙立偉：《孫海波〈魏三字石經集録〉所收〈君奭〉、〈多方〉殘石眞僞辨》，《平頂山學院學報》2010 年第 1 期。

而造成《三體石經》篆字特點並不是直接來自隸書，確切地説也不是來自八分書，而是來自對新派篆體的繼承，所謂新派篆書就是曹熹篆。曹熹篆在前文已經論述，它是在繆篆基礎上完善的藝術性篆體，是不同於傳統小篆的新體。繆篆的主要部分為曹熹篆吸收。曹熹篆失傳，但是並非没有辦法瞭解它的內容，繆篆可以從漢印中尋找蹤跡，我們也可從漢代碑刻中尋找到曹熹篆的規則。其實筆者在《三體石經》與《説文》篆字比較中，已經指出石經篆文與繆篆漢印、八分漢碑字形的共同點。

繆篆與曹熹篆都是美篆，都是強調篆字的藝術效果，兩者還有更多的共同點。例如《三體石經》篆字的盤繞彎曲之法，與（成元私印），與漢印（狡胠巳）、（賈連巳）同。盤曲之法致使曹熹篆充盈飽滿，《説文》，《三體石經》，與漢晉印（晉烏丸歸義）、（歸德尉印）同。《三體石經》的書寫注重結體充盈，結體均勻。以上有些方法是途徑而已。如《説文》篆，改，取法漢印（建春門侯）；《三體石經》中的兩“東”字取法漢印（曹辟兵印），與稍早的三國曹休印一樣，都是裁剪筆畫取得結體緊密和平衡，同時注意虛實變化，不是一味平衡佈局。

《三體石經》篆字出於誰之手？至今無人提及。

韋誕（179—253），字仲將，京兆（今西安）人。漢魏書法家、製墨家。《三國志·魏志·劉劭傳》“頗傳於世”注引《文章敍錄》：韋誕有文才，善屬辭章，建安中為郡上計吏，特拜郎中，稍遷侍中、中書監。韋誕的書法在曹魏時大放異彩。明帝太和（227—232）年間，誕為武都太守，“以能書留補侍中，魏氏寶器題銘，皆誕書也。”北魏酈道元《水經注·穀水》：“南宫既建，明帝令侍中京兆韋誕以古篆書之。”可知明帝時韋誕之篆題牓魏宫、銘刻寶器。《魏書·江式傳》云：“（曹魏）建《三字石經》於漢碑之西，其文蔚焕，三體復宣。校之《説文》，篆、隸大同，而古字少異。又有京兆韋誕、河東衛覬二家，並號能篆。當時臺觀榜題、寶器之銘，悉是誕書。咸傳之子孫，世稱其妙。”江式雖未明言，但書寫石經篆文非韋誕莫屬。韋誕善於曹熹篆。晉衛恒《四體書勢》：建初（76—84）中曹熹善篆，“邯鄲淳師焉，略究其妙，韋誕師淳而不及也。”曹熹篆法傳邯鄲淳，邯鄲淳再傳韋誕。曹熹篆的特點是富於裝飾性，善懸針篆。顧起元《説略》卷十六：“韋誕作剪刀篆。”剪刀篆是由曹熹懸針書變化而來。《三體石經》為國之典籍，篆體書丹者很可能出於韋誕之手。

魏晉是流行曹熹篆的時代，可以見於各個場合。

《郛休碑》為西晉重要碑刻，道光十九年（1839 年）於掖縣出土。西晉泰始六年（270 年）立。碑文隸書，方整規矩。篆額題“晉故明威將軍南鄉太守郛府君侯之碑”（圖 1 下 5－3）。細看寥寥數字，與《三體石經》相似處卻不少。其一，筆畫多盤曲，部分字用隸書波磔。如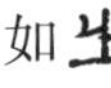、、，垂筆為懸針書。其二，字形相同。如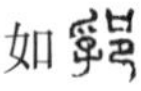之與《三體石經》之相同，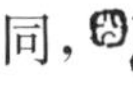之與《三體石經》相近。

圖 1 下 5－3

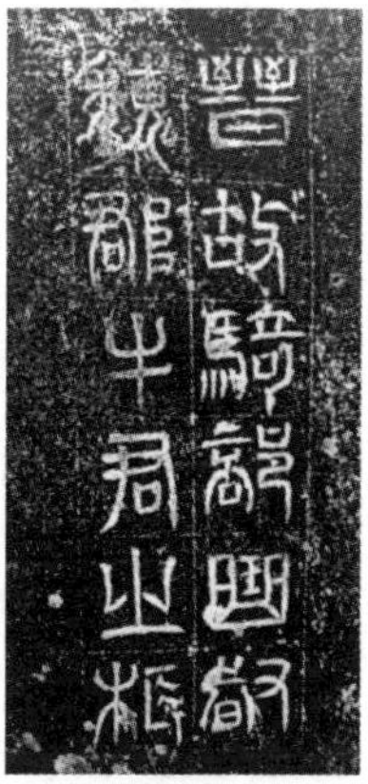

圖 1 下 5－4

元康八年(298 年)牛君之柩之篆"晉故騎部曲督魏郡牛君之柩"(圖 1 下 5－4)。其字"騎""郡",字形不合小篆,"督""柩"草率,多俗態。

嘉峪關觀蒲 9 號西晉墓出土龜鈕鎏金印 1 方,通高 2.5 厘米、長寬各 2.4 厘米,印文為"武鄉亭侯"①(圖 1 下 5－5)。墓葬年代在魏晉之際。印文規整,具有漢代官印風格,當為小篆,足見《説文》正篆並未失傳。晉衛恒《四體書勢》:"許慎撰《説文》,用篆書為正,以為體例,最可得而論也。"但是咸陽師院附中發現西晉墓銅印,上篆書"軍曲侯印"(圖 1 下 5－6)。"侯"字累增"人"旁,不合正篆,而為曹熹篆。②

圖 1 下 5－5

圖 1 下 5－6

圖 1 下 5－7

南京市石子崗發現 1 號墓銅印,鈕頂文字為"白記",底面印文為"孫寔",四周印文分别為"孫公遠""孫寔白事""孫寔白箋""臣寔"③,印文均為陰文篆體。

咸陽市頭道塬十六國墓出土印章兩枚,3 號墓一印有邊欄,一面刻"侯休",另一面刻"臣休"。另一印圓柱形,上有穿孔堅圓鈕。刻陰文篆書"李"字④(圖 1 下 5－7)。"休"字具有裝飾性筆畫。

東晉的篆書傳世很少,所以《晉朱曼妻薛買地宅券》顯得特别重要。1896 年平陽縣宜山鄉鯨頭村發現,長期祕不示人。券石長 30 厘米、寬 17.2 厘米、厚 8.5 厘米(圖

① 甘肅省博物館:《酒泉、嘉峪關晉墓的發掘》,《文物》1979 年第 6 期。
② 咸陽市文物考古研究所:《咸陽師院附中西晉墓清理簡報》,《考古與文物》2012 年第 1 期。
③ 南京市博物館:《南京市石子崗東晉墓的發掘》,《考古》2005 年第 2 期。
④ 咸陽市文物考古研究所:《陝西咸陽市頭道塬十六國墓葬》,《考古》2005 年第 6 期。

1下5－8)[1]。篆體字形中摻合了隸書,如:(尉)、(買)、(丁)、(丙)、(西)、(泉)、(直)、(母)、(令)、(丹),半篆半隸,既非《説文》小篆,又非曹熹篆,這是民間篆書的寫法。

圖1下5－8

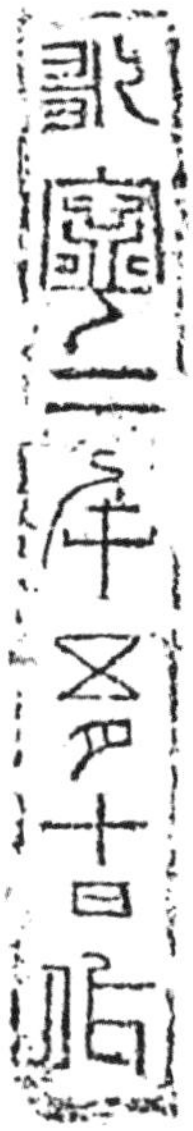

圖1下5－9

長沙金盆嶺晉墓墓磚側印有篆體陽文"永寧二年五月十日作"(圖1下5－9)。筆畫曲折多彎,如(作)、(年)省寫加曲。有的繁化加曲,如(永)、(寧)。這些篆字為追求美觀,不惜形體錯謬,應該是曹熹篆的路數[2]。

第二節　東晉南北朝之正篆與俗篆

北朝時期曹熹篆基本取代正篆,篆法處於危亡之秋。

北朝史籍屢次有記載"善篆"之家,篆法未有失傳,但是多用曹熹俗篆。如:《魏書・竇瑾傳》載其子竇遵,"善楷篆,北京諸碑及臺殿樓觀、宫門題署,多遵書也。"《周書・藝術傳・黎景熙》:黎景熙,字季明,"其從祖廣,太武時為尚書郎,善古學。嘗從吏部尚書清河崔玄伯受字義,又從司徒崔浩學楷篆,自是家傳其法。季明亦傳習之,頗與許氏有異"。《周書・樊深傳》:"太祖置學東館,教諸將子弟,以深為博士。深經學通贍,每解書,嘗多引漢魏以來諸家義而説之。""深既專經,又讀諸史及《蒼》《雅》、篆籀、

① 方介堪:《晉朱曼妻薛買地宅券》,《文物》1965年第6期。
② 湖南省博物館:《長沙兩晉南朝隋墓發掘報告》,《考古學報》1959年第3期。

陰陽、卜筮之書。"《隋書·禮儀志四》:"文之集書,書皆篆字,哀冊、贈冊亦同。"篆字在當時已經完全退出日常使用的範圍,除了少數場合,例如墓誌書篆額之外,使用篆文純粹是一種懷古情懷和存古心理。但是在社會上層的博學之士依舊力圖整頓字學,把篆文作為隸書結構的依據來對待,所以對於篆書念念不忘,曾經希圖利用朝廷的行政力量啟動篆文。

北朝所傳篆書,皆出邯鄲淳、衛覬。精於篆書者,有清河崔氏,有楷篆,即正篆;另一派為陳留江氏,名門江氏,江統、江瓊受學衛覬,西晉末年江瓊在河西避亂,其後在439年江強、江紹興內遷,北魏移都洛陽,江紹興子江式纔彰顯家學,"篆體尤工",倡《說文》,恐怕也是正篆一路。

《魏書·江式傳》:"江式,字法安,陳留濟陽人。六世祖瓊,字孟琚,晉馮翊太守,善蟲篆、詁訓。永嘉大亂,瓊棄官,西投張軌,子孫因居涼土,世傳家業。"祖強,太延五年(439年)涼州平,內徙代京,獻經史諸子千餘卷,拜中書博士。父紹興掌國史二十餘年。式"以書文昭太后尊號謚冊,特除奉朝請,仍符節郎。式篆體尤工,洛京宮殿諸門板題,皆式書也"。

江式作為北朝著名的文字學家,善書篆文、蟲篆,精通訓詁,他上表朝廷,陳述文字興廢,希圖昌明字學。延昌三年(514年)三月,江式上表曰:"後漢郎中扶風曹熹號曰工篆,小異斯法,而甚精巧,自是後學皆其法也。""皇魏承百王之季,紹五運之緒,世易風移,文字改變,篆形謬錯,隸體失真。俗學鄙習,復加虛巧,談辯之士,又以意說,炫惑於時,難以釐改。故傳曰,以衆非,非行正。信哉得之於斯情矣。"

江式謀求恢復正篆,復興字學。"輒求撰集古來文字,以許慎《說文》為主,爰採孔氏《尚書》、《五經》音注、《籀篇》《爾雅》《三蒼》《凡將》《方言》《通俗文》《祖文宗》《埤》《蒼》《廣雅》《古今字詁》《三字石經》《字林》《韻集》、諸賦文字有六書之誼者,皆以次類編聯,文無復重,糾為一部。其古籀、奇惑、俗隸諸體,咸使班於篆下,各有區別。詁訓假借之誼,僉隨文而解,音讀楚夏之聲,並逐字而注。其所不知者,則闕如也。脫蒙遂許,冀省百氏之觀,而同文字之域。典書祕書,所須之書,乞垂敕給,並學士五人嘗習文字者,助臣披覽,書生五人,專令抄寫。"詔曰:"可如所請,並就太常,冀兼教八書史也。""式於是撰集字書,號曰《古今文字志目》,凡四十卷,大體依許氏《說文》為本,上篆下隸。又除宣威將軍、符璽郎,尋加輕車將軍。正光中,除驍騎將軍、兼著作佐郎,正史中字。四年卒,增右將軍、巴州刺史。其書竟未能成。式兄子征虜將軍順和,亦工篆書。"

南北朝時期,字學一度衰微,俗書橫行,篆書的形體錯誤百出,正書和私造的結果充斥其間。

篆蓋,因刻篆書而命名。它從碑刻演變而來,篆額分開稱為篆蓋,因此是漢碑的變化形式。葉昌熾《語石》卷四:"後魏齊郡王簡,始有篆蓋。"最早見於太和二十二年

(498 年)《元簡墓誌》,北魏後期常用雜體書。《韓弩眞妻王億變墓碑》,興安三年(454 年)篆額“平國侯韓弩眞妻碑”(圖 1 下 5 - 10),正始五年(508 年)《元淑墓誌》篆額“魏元公之墓誌”(圖 1 下 5 - 11)。

圖 1 下 5 - 10

圖 1 下 5 - 11

圖 1 下 5 - 12

西安發現北魏《司馬芳殘碑》,正書碑文,篆額“漢故司隸校尉京兆尹司馬君之碑頌”(圖 1 下 5 - 12)。篆額的篆文除了“之”字外,幾乎都是錯體,而且筆畫任意加以扭曲。司馬芳即司馬防,東漢建安年間任司隸校尉、京兆尹,建安二十四年(219 年)卒。司馬芳為晉武帝司馬炎曾祖,八世孫司馬準投北魏,為遠祖追立此碑,受到禮遇。此背景下書刻的碑刻竟然如此亂書篆字,可見當時字之頽廢①。

《邢僧蘭墓誌》,誌文 27 行,行 28 字,共 746 字,無重捺重撇,筆畫娟秀,與南朝楷體接近。篆額“魏故李光州部夫人銘”②(圖 1 下 5 - 13)。

圖 1 下 5 - 13

圖 1 下 5 - 14

北魏正光五年(524 年)《趙孟墓誌》誌文為魏碑體,18 行,行 18 字,誌蓋篆字“趙府君墓志銘”(圖 1 下 5 - 14),用行草書法寫篆字,“趙”之“走”用草書連筆,“志”之“心”為眞書,有些字的筆畫彎曲,筆畫的收尾上翹,且尖而出鋒,類似虎爪書③。

① 楊勵三:《司馬芳殘碑》,《文物》1965 年第 9 期。
② 中國社會科學院考古研究所河北工作隊:《河北贊皇縣北魏李仲胤夫婦墓發掘簡報》,《考古》2015 年第 8 期。
③ 楊明珠、楊二斌:《河東歷代書法述略》,《書法叢刊》2012 年第 2 期。

山東青州博物館藏北齊《臨淮王像碑》，篆額“司空公青州刺史臨淮王像碑”（圖1下5－15），陽文，“刺”字飾雲紋①。

圖1下5－15

圖1下5－16

大象元年（579年）北周《安伽墓誌》篆額“大周同州薩保安君之墓誌記”（圖1下5－16），陽刻，篆文多加變形，筆端圓形②。

北周崔宣靖、崔宣默兩兄弟墓誌，皆楷書，篆蓋分別為篆文“魏故祕書郎中崔宣靖墓誌銘”（圖1下5－17）、“魏故廣平王開府祭酒崔宣默墓誌之銘”（圖1下5－18），皆鐫刻於北周大象元年（579年）。博陵崔氏河北望族，漢魏以來，文風鬱鬱。自東漢崔瑗以來，書法名家，家法傳承。“其家人誌銘必倩名手操觚，或更有家法傳承”③。兩誌蓋的篆書，形體方正，多有楷書結構，如“廣”“靖”，包含楷書筆畫，如“之”“崔”；有的有八分筆意，如“崔宣靖”之“宣”“靖”，橫畫均帶波磔；有的字直書楷字，如“王”“中”；大部分篆字不合篆字結構，如“魏”“祕”“崔”“銘”；有的加疊筆，如“故”“平”等。這樣能書者的篆字尚且如此，其他的可想而知。

圖1下5－17

圖1下5－18

① 孫新生：《山東青州北齊〈臨淮王像碑〉》，《文物》1999年第9期。
② 陝西省考古研究所：《西安發現的北周安伽墓》，《文物》2001年第1期。
③ 劉恒：《北朝墓誌題跋二則》，《書法叢刊》2002年第2期。

魏蘇君墓誌,刻有“魏故騎督平寇將軍關中侯廣平曲梁蘇君之神道”(圖 1 下 5－19),“曲”寫作古文,見於漢碑,所謂古今雜形。

圖 1 下 5－19

圖 1 下 5－20

咸陽渭城底張鎮龍棗村發現北周獨孤賓墓,墓内發現建德元年(572 年)墓誌一合,蓋銘篆書“武陽簡公墓誌”(圖 1 下 5－20),行體,“武”字内“止”反書[①]。

北齊《□□墓誌》,誌文為八分,多古文結構,誌蓋篆文方正,“大齊太尉公平梁王劉君墓誌”(圖 1 下 5－21),反書,正篆[②]。

圖 1 下 5－21

圖 1 下 5－22

《隋書・禮儀志三》載陳永定三年國子博士、知儀禮沈文阿等謂:“哀策篆書,藏於玄宫。”《禮儀志四》:“(後齊)諸王、三公、儀同、尚書令、五等開國、太妃、妃、公主恭拜冊,軸一枚,長二尺,以白練衣之。用竹簡十二枚,六枚與軸等,六枚長尺二寸。文出集書,書皆篆字。哀冊、贈冊亦同。”篆字在喪儀上的使用法定化,但是正篆依然不行。

墓誌篆蓋“隋漢王司法蕭君墓誌”(圖 1 下 5－22),有界欄,綫刻字形,其中“隋”“漢”“王”“法”“蕭”“誌”均違背篆字結構[③]。

---

① 陝西省考古研究院:《北周獨孤賓墓發掘簡報》,《考古與文物》2011 年第 5 期。

② 《拿雲美術博物館藏墓誌選・齊□□墓誌》,《書法叢刊》2006 年第 2 期。

③ 咸陽市文物考古研究所:《咸陽隋代蕭紹墓》,《文物》2006 年第 9 期。

洛陽龍門新村隋墓出土的隋故記室衛侗墓誌，誌蓋篆文“隋故記室衛君墓誌銘”(圖 1 下 5－23)，其“隋”字右半寫錯以外，“月”加花，成為杜撰結構[①]。

圖 1 下 5－23

圖 1 下 5－24

《趙羅墓誌》誌文 21 行，滿行 21 字，有陽文篆額“故河陰功曹趙君之銘”(圖 1 下 5－24)。篆額中的形體大部分與小篆不合，如“河”之“水”中斷，“陰”之左右皆為省體，“曹”字上二“東”形體不全，“趙”字之“走”形訛等[②]。其筆畫多用方折，亦非等粗圓綫，而是兩頭略粗尾端出鋒，模仿鳥書寫法。

亂寫篆書的風氣一直延續到隋唐。爾朱休祖輩兄弟在北魏末年握重兵、據要職，其父歷經西魏以來數朝，至隋受封邊城公，爾朱休襲父爵，卒於隋仁壽元年(601 年)，唐顯慶六年(661 年)入葬，碑文用方筆，橫捺平直取勢，具魏碑遺風。

河北平山兩河鄉西嶽村崔氏家族李麗儀墓出土墓誌一合，誌蓋俗篆體“范陽公故妻李氏誌銘”(圖 1 下 5－25)，字屈勾。誌文皆楷書。據誌文載墓主卒於北周天和六年(571 年)，隋開皇五年(585 年)遷葬於西嶽村墓地[③]。

北朝墓誌行曹熹篆法，字形多變，裝飾技法繁多，是書法藝術的寶庫，可惜有識者寡，未能發揚光大。

圖 1 下 5－25

① 洛陽市文物工作隊：《洛陽龍門新村出土隋代墓誌》，《文物》2009 年第 11 期。
② 王其禕、周曉薇：《洛陽新見隋代墓誌銘輯釋三種》，《華夏考古》2011 年第 4 期。
③ 河北省文物研究所、平山縣博物館：《河北平山縣西嶽村隋唐崔氏墓》，《考古》2001 年第 2 期。

第六章　唐代俗篆之流行與正篆之復興

第一節　唐代前期流行俗篆

宋朱長文《續書斷》："歷兩漢、魏、晉至隋、唐，逾千餘載，學書者惟眞、草是攻，窮英擷華，浮功相尚，而不曾省其根本，由是篆學中廢。"主要的原因還是東漢曹熹篆流行，由魏晉而南北朝，流風愈演愈烈，至唐代正篆不傳。曹熹篆普遍為世俗接受，有人編成字編推向社會。南朝末年的《千字文》流行以來，眞書、眞草書範本有了寄托，曹熹篆也有《千字文》。《隋書・經籍志一》有《篆書千字文》一卷，敦煌文書中有唐人書《篆書千字文》殘件，伯 3658 存 7 行，伯 4702 存 7 行，總共衹有一百餘字。《篆書千字文》以篆字為主體，旁注眞書(圖 1 下 6－1)。

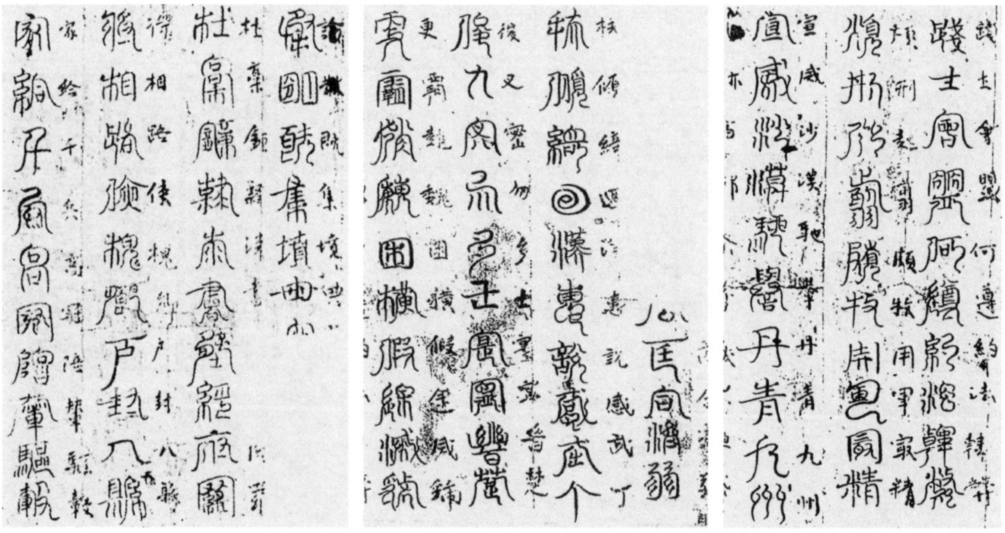

圖 1 下 6－1

《篆書千字文》內篆書近乎行書，不甚工整，採用眞書筆法，有頓挫，筆尖出鋒，衹是長筆柔曲尚有篆書意味。結構在篆字與眞書之間，除了個別字如（，川）基本保持篆體外，大多與正篆不類，可以分為以下幾種狀況(前正篆，後《篆書千字文》)：

一是完全是眞書形體。如(丹)、(踐)、(精)、(弱)。

二是半篆半眞。如(刑)、(馳)、(譽)、(軍)、

(霸)、(假);此類字内有的部件是眞書結構。

三是眞書寫篆字。如(最)、(何)、(韓)、(宣)、(用)、(威)、(丁);又如(扶)内"手"楷化。這些處理類似隸古定。

四是雜用古文。如(回)不用小篆,而寫作古文,當然是俗寫,形體與古文有一定差異。

五是隨意俗寫。如(起)左邊的"走"是虛化的草法寫成,之"去",是草書(可見於銀雀山漢簡)變化而來。"趙",《説文》從"走"從"肖",寫作,而之"走"草寫,"肖"中二横繁化為雙"人"。"楚",《説文》作,從雙"木",而中雙"木"省寫。(勿)篆字的斜勢改為横平豎直。(魏)變化過大,形體失眞。

六是部件類化。如(匡)内誤從"壬";(武)内誤從"出";(晉)内誤從"幺"。又如"盟",《説文》從從,作,篆文從朙,睡虎地秦簡從明;而《篆書千字文》作,采《説文》字形,但是變單為雙。

七是筆畫加曲加長。如(沙)之短筆畫均有加曲,而(九)大反鉤中間折後再加曲。再如(翦)之"止"向下拖筆,左筆長筆,而左右皆有拖筆延伸。

以上這些書寫習慣實際是一個有機整體,它是以曹熹篆為基礎,參照眞書筆法的俗篆,流行了很長的歷史時期,是北朝時期的主流篆書。從北魏到唐代的中期以前的墓誌篆蓋,大部分是曹熹篆寫成的。因為用於日常書寫,寫法草率,如(濟)、(號),雖然結構尚在,面目已非。同一個"莫",在、二字中寫法不同,後者明顯是個錯字。這些反映了《篆書千字文》歷久轉抄,形體失眞。

日僧空海(774—835),於德宗貞元二十年(804年)來大唐,受業於惠果,至憲宗元和元年(806年)東渡返國,攜走中國書籍甚多,删去原書《玉篇》所引經傳以及顧野王的按語,並在部分字頭增加篆字,成《篆隸萬象名義》。現見抄本為日本山城國高山寺藏鳥漁永久二年(1114年)之傳寫本[①](圖1下6-2)。但是,與隸字對應的篆字不全。"一"部、"上"部、"示"部、"二三王玉"部、"玨"部、"土"部、"垚"部、"里"部、"田"部、"目"部、"省明見覞"等部、"耳"部、"口"部、"心"部、"尸"部、"木"部、"禾"部、"山"部,大部篆字不全,"山"部僅僅數字而已。至於為何衹有少量附加篆字,作者並沒有説明,很可能不是從當時的《説文》成套移植,而是從各處收集得到,這個推斷似乎滑稽,以下的論述可以證明。

《篆隸萬象名義》(圖1下6-2)(以下簡稱《萬象》)的篆字不多,面貌卻十分鮮明:

---

① [日]僧空海編:《篆隸萬象名義》,中華書局1995年版。

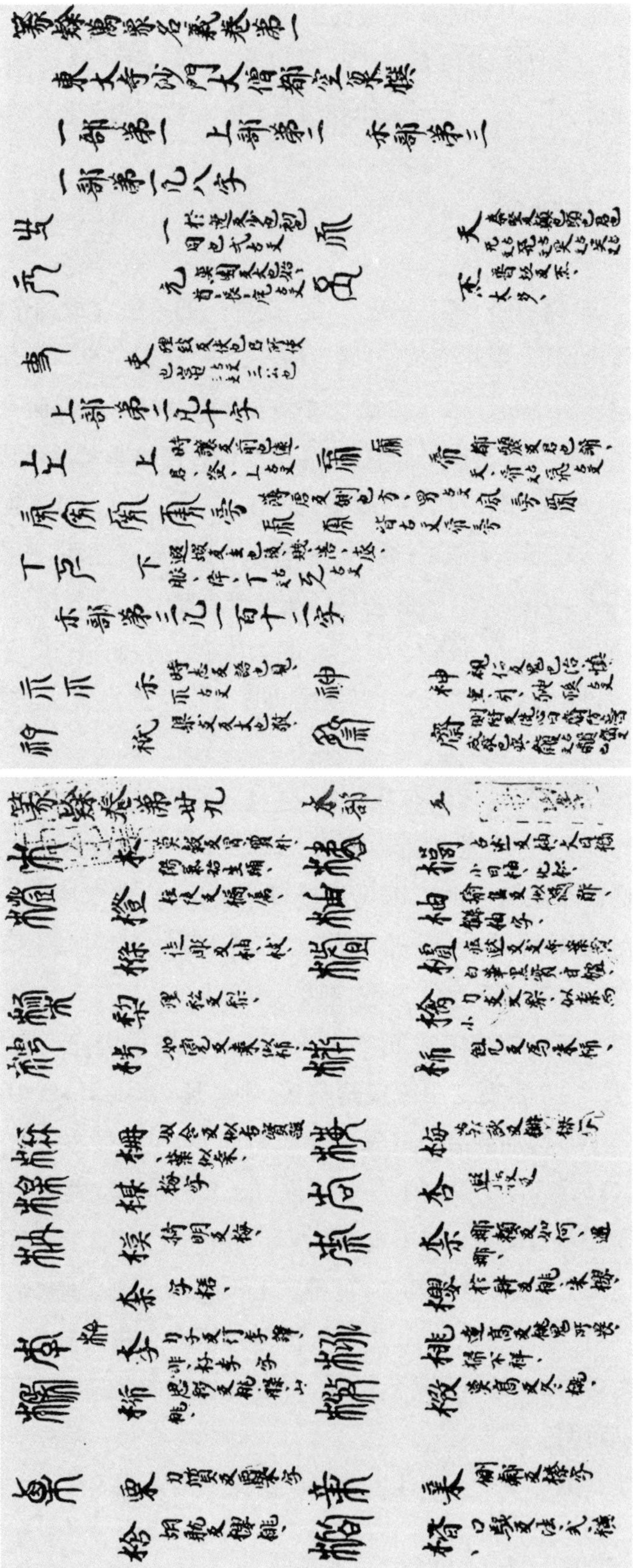

圖1下6-2

一是有濃重的眞書成分，如、，左半“示”雖然用了兩長筆，基本是眞書，右半完全是眞書。有的部件筆畫是半篆半眞，如比較小篆，《萬象》的“木”上部雖然是篆字形體，卻是眞書的寫法；有些整字是篆字結構，而採用眞書筆畫，如“嘆”字，類似隸古定。

二是隨意俗寫，不遵守篆法，這是《萬象》的普遍現象。如“梨”小篆作，《萬象》作，其右上部件竪置。又如＞（祖）、＞（橙）、＞（祿），都有俗寫部件。再如內“口”上横寫成“山”形，是當時俗篆的習慣。有些形體完全是書寫草率造成，積習既深，漸出異體。如＞（桃）、＞（祭）、＞（嗥）。

三是減筆揖讓。如雙“木”省寫；＞變化過大，形體失眞。這種寫法至少可以見於《三體石經》，如字。

四是筆畫下垂重疊。如、、都增加隸下垂筆，＞、＞、小篆原有彎曲或小彎，《萬象》篆文都加大彎曲程度。可見《萬象》所收篆書不僅是結構楷化，而且直接採用楷書，半篆半眞，實質是隸古定形體。

現見的唐代俗篆字書、字編唯有《篆書千字文》《萬象》，兩者有些形體相似，如＞，“哨”與“趙”中，“”中“二”畫皆變“人”；又如＞，兩“戊”寫法近似；而且書寫正篆的《説文》也是俗寫，下例前字為《説文・口部》，後字為《萬象》：

＞、＞、＞、＞；

＞（殼）、＞（咼）

唐代的篆文可以分為兩個時期，前期大部分碑刻繼北朝之餘風，俗篆流行，處處皆是，錯篆迭出。《篆書千字文》是用來給人學習篆書的帖本，人們藉助它一邊臨摹篆字書法，一邊認讀篆字，一舉兩得。不過這些結構摻雜了眞書，即使篆字結構也不可靠。與篆額上的俗篆字對照，面貌一致，可知當時寫篆字都是從此類字帖中學習來的。

河南新鄉電視臺唐墓出土墓誌，蓋篆“唐故張公夫人墓之銘”（圖 1 下 6－3），大和元年（827 年）入葬。篆字採用俗體，（人）字是楷體篆字，（公）是杜撰形體，（張）、（銘）加了一些裝飾性的成分，而（墓）之“土”連筆，完全是行書的用筆①。

圖 1 下 6－3

永徽六年（655 年）《孫剛墓誌》蓋篆“唐故明威將軍左驍衛懷遠府折衝都尉上柱國沔陽縣開國公孫君墓誌銘”（圖 1 下 6－4）。上元三年（676 年）《張狼墓誌》篆蓋

① 新鄉市文物考古研究所：《河南新鄉市仿木結構磚室墓發掘簡報》，《華夏考古》2010 年第 2 期。

“大唐故人張君之墓誌”(圖 1 下 6－5)。調露元年(679 年)《韓相墓誌》蓋篆“大唐營州故官韓君銘”(圖 1 下 6－6)。長壽二年(693 年)《駱英墓誌》蓋篆“大周故果毅駱君之誌”①(圖 1 下 6－7)。

圖 1 下 6－4

圖 1 下 6－5

圖 1 下 6－6

圖 1 下 6－7

圖 1 下 6－8

以上篆額可見：汅寫作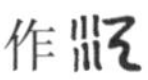，唐作、、，人作，州作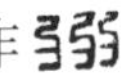、，王作。

大多數篆文比較隨意，似乎並不在意篆字結構是否正確。如天寶十三載(754 年)墓誌文為行書，誌蓋篆書“大唐故李府君墓誌銘”(圖 1 下 6－8)，篆字結構大多為不經，多為杜撰②。

以《千唐誌齋藏誌》内的篆蓋作觀察，俗篆的形體比較隨意，有的有楷化，有的自造，很明顯這些書寫者篆法不精。貞觀四年(630 年)《大唐故李府君墓誌銘》之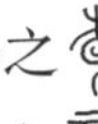(李)、麟德元年(664 年)《邊君之誌》之(邊)、麟德二年《大唐故房府君墓誌銘》之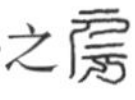(房)，咸亨三年(672 年)《康君墓誌》之(康)、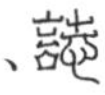(誌)，儀鳳四年(679 年)《大唐故亡宮墓誌之銘》之(誌)、垂拱元年(685 年)《丁君之銘》之(丁)、(君)、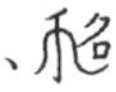(銘)，垂拱四年(688 年)《大唐故亡宮八品墓誌》之(品)、(誌)，長壽二年(693 年)《大周故張

① 遼寧省文物考古研究所、日本奈良文化財研究所：《朝陽隋唐墓葬發現與研究》，科學出版社 2012 年版，第 15、27、53、64、70 頁。

② 李珧：《陝西高陵新出土〈大唐故李府君墓誌銘〉》，《中國書法》2005 年第 2 期。

府君墓誌銘》之（張）、（周），久視元年（700年）《大周故袁府君墓誌銘》之（周）、（袁），開元八年（720年）《大唐故公孫府君墓誌》之（孫），開元十三年（725年）《唐故德州司倉鄭君銘》之（德）、（倉）、（鄭），開元二十一年（733年）《大唐故梁府君墓誌銘》之（梁）等。開元十九年（731年）《大唐故皇甫公墓誌銘》中大部分篆字是錯的（圖1下6－9），可以説唐代前期的俗篆已經到了令人無法容忍的地步。

圖1下6－9

第二節　李陽冰對正篆之貢獻

《唐六典・國子監》："書學博士掌教文武官八品已下及庶人子之為生者，以《石經》《説文》《字林》為專業，餘字書亦兼習之。《石經》三體書限三年業成，《説文》二年，《字林》一年。"小篆列入國子課程，專修《説文》二年，這些人熟悉小篆，小篆書法精能，形體結構正確，正篆從未斷絕，從出土的墓誌可以證實。

唐代前期有少量的墓誌用正篆書寫，形體結構規範，與俗篆判然不同。這些墓誌大多用於王公貴族，或者帝王碑刻。

武德八年（625年）《虢王李鳳墓誌》，篆額有界欄，誌蓋綫刻篆書36字，文曰"大唐故使持節青州諸軍事行青州刺史上柱國贈司徒楊州大都督虢莊王墓誌之銘并序"（圖1下6－10），字形端莊厚重，均為規整小篆①。

圖1下6－10

圖1下6－11

禮泉縣發現唐代唐阿史那忠夫婦墓，墓内長達46.7米的墓道都有壁畫，墓室出土墓誌一合，誌蓋一方和鎮墓石一方。墓誌記載，其妻死於永徽四年（653年），阿史那忠死於上元二年（675年），誌蓋為正篆"大唐故右驍衛大將軍贈荆州大都督上柱國薛國公阿史那貞公墓誌之銘"②（圖1下6－11）。

① 富平縣文化館、陝西省博物館、陝西省文物管理委員會：《唐李鳳墓發掘簡報》，《考古》1977年第5期。
② 陝西省文物管理委員會、禮泉縣昭陵文管所：《唐阿史那忠墓發掘簡報》，《考古》1977年第2期。

陝西長安縣郭杜發現殷仲容夫婦合葬墓,出土墓誌兩合,分别為“大周故麟臺丞殷府君墓誌銘”(圖 1 下 6 – 12)和“大唐相王府諮議殷府君故妻顔夫人墓誌銘并序”(圖 1 下 6 – 13),殷仲容墓誌為武周長安三年(703 年),顔頎墓誌為唐高宗永隆二年(681 年)。殷仲容墓誌為其子殷承業書,顔頎墓誌未標書寫者人名。二碑篆額風格不同,殷取方,顔取圓,而以後者更近秦篆。二碑篆字入法,無俗篆之肆意妄作之態,皆緒正篆。殷仲容擅長篆、八分,尤善榜書題額,其子殷承業承繼家法,自然精於篆法,而棄俗篆而就正篆。殷仲容之妻顔頎,為顔師古之女,而顔氏自北朝以來,文字訓詁之學累代不絶,從顔元孫、顔師古到後來的顔真卿無一不精於字學,倡導以小篆為準規整真書,自然家學淵源,其篆額可能是顔氏家族所書①。

圖 1 下 6 – 12

圖 1 下 6 – 13

唐代正篆書家多為字學、書學名家。開元十三年(725 年)《鄎國長公主碑》(圖 1 下 6 – 14),碑文“御書”者,乃唐玄宗所書。唐代八分依照舊則,夾用小篆,所以八分名家多兼通篆字。玄宗親寫玉箸篆額,稍有俗態,近乎正篆。

圖 1 下 6 – 14

圖 1 下 6 – 15

2001 年於河南伊川縣彭婆鄉出土唐《盧正容墓誌》,刻於開元十九年(731 年),篆蓋“大唐故盧府君墓誌銘”(圖 1 下 6 – 15),誌文由墓誌主之侄盧絢撰文,盧踐微書丹。

① 陝西省考古研究所:《唐殷仲容夫婦墓發掘簡報》,《考古與文物》2007 年第 5 期。

盧氏為河北望族，盧正容先祖盧諶等皆有書名，許多唐代墓誌就由盧姓書丹。此誌蓋篆字端莊，形體規範，為流行的懸針書[①]。

圖 1 下 6－16

1999 年在洛陽市伊川縣萬安山新發現開元二十一年(733 年)《張悅墓誌》一合，蓋篆“唐贈太師燕文貞公張公墓誌”(圖 1 下 6－16)，“朝散大夫中書舍人梁昇卿書”[②]。梁昇卿乃著名書學大家，精於八分、篆。

唐代中期以李陽冰為代表，振興篆書。李陽冰，字少溫。大約生於唐玄宗開元九年(721 年)。據周祖譔考證，肅宗乾元之初為處州縉雲令、寶應初遷宣州當塗令、代宗大曆中擢集賢院學士、建中初領國子丞、興元初以將作少監致仕，人稱李監[③]，卒於貞元二年至五年(786—789)。唐竇蒙《述書賦》注：李陽冰“工於小篆，初師李斯《嶧山碑》，後見仲尼《吳季札墓誌》，便變化開闔”，稱讚他“文字之本，悉在心胸，識者謂之蒼頡後身”。

李陽冰《論古篆》：“常痛孔壁遺文、汲冢舊簡，年代浸遠，謬誤滋多。”他對於篆書的貢獻有三：其一，刊定《說文》；其二，於篆體去俗就正；其三，推廣玉箸篆。

其一，刊定《說文》。

現存的唐寫本《說文》有兩種：一是“木部”殘本(圖 1 下 6－17)，一是“口部”殘本(圖 1 下 6－18)。“木部”殘本為清代同治二年(1863 年)莫友芝從黟縣縣令張仁法

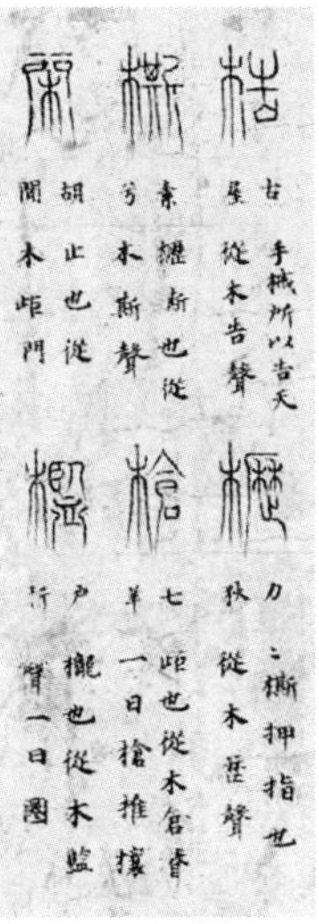

圖 1 下 6－17

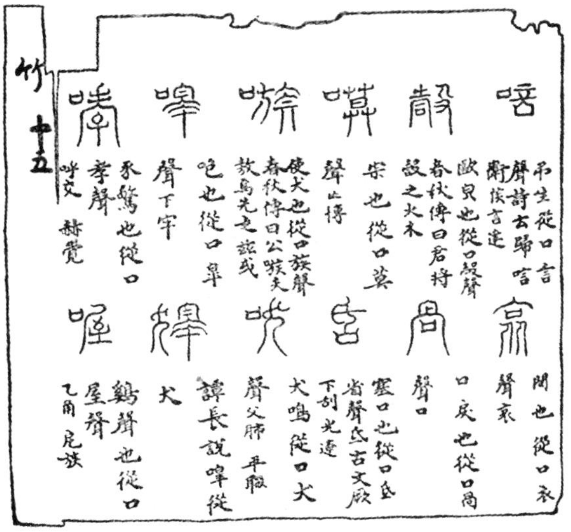

圖 1 下 6－18

① 劉小磊、田麗：《唐盧正容墓誌及綫刻墓門考釋》，《中原文物》2009 年第 4 期。
② 李獻奇：《唐張説墓誌考釋》，《文物》2000 年第 10 期。
③ 周祖譔：《李陽冰篆書考》，《問學集》，中華書局 1966 年版，第 805 頁。

處得到，共6紙，“口部”存字極少。就字形來説，“木部”篆字為垂芒書，與魏晉時代的篆書體勢相同。

今通行本《説文》為宋初徐鉉奉詔就李陽冰改本和當時所見各本重加整理而成，唐寫本内容往往今本《説文》所無，唐宋典籍中所引《説文》則有之。梁光華將唐寫本《説文》“口部”殘紙與“木部”殘卷與玄應、慧琳等撰《一切經音義》所引《説文》及今本《説文》逐條加以比勘，就其異同之處對《一切經音義》所引《説文》的版本及唐寫本《説文》的原貌進行了考探，根據《一切經音義》所引《説文》可證唐代流傳的《説文》當不止一種版本，唐寫本《説文》“口部”殘紙與“木部”殘卷確為唐本[①]。

其二，於篆體去俗就正。

莫友芝定“木部”為中唐之人所書，為李陽冰未改之舊本。敦煌遺書唐代寫本《篆書千字文》，篆字尾筆向上彎曲，不作垂芒狀，可知“口部”寫本是輾轉摹録魏晉古本而來。李陽冰篆體用玉箸體，可知此本亦非李氏改本。繼承李氏改本之大徐本與“口部”殘本比較，部分字形結構説解有異、篆字寫法不同，或恐為李氏之功。最引人矚目的是的寫法，莫友芝本“口”部寫成，與唐代的俗篆寫法相同，比較同一部件的寫法：中“言”正篆的寫法為，不同於正篆；中“孝”的正篆寫法為；中“族”的正篆寫法為；（哀）正篆寫法為；、中“皋”的正篆寫法為，皆有差別。

説文正篆				
説文木部				
篆隸萬象名義				

現存的唐代寫本《説文》都是俗篆，説明唐世篆體失去標準。要恢復正篆，最有效的辦法是重新刊定《説文》，從而使朝廷到民間篆字不至迷失。

徐鉉《〈説文解字〉校本·序》：“唐大曆中，李陽冰篆跡殊絕，獨冠古今，……於是刊定《説文》，修正筆法，學者師慕，篆籀中興。”李陽冰刊正《説文》俗篆的依據是什麽？筆者認為有三個來源：首先，唐代正篆没有消亡，衹是藏於深宫而已。當時俗篆流行，可是在重要場合，皇家或者重臣的碑刻上依然採用嚴肅的正篆，這點可以從出土的碑誌得到證實。其次，唐代去古未遠，可能庫藏有祕本《説文》，平時祕不示人。再次，秦漢以來的碑刻存世，李陽冰可以看到正篆形體。其正篆無非由此三途獲得。宋

① 梁光華：《唐寫本〈説文·木部〉殘卷“一曰”之訓解研究》，《黔南民族師範學院學報》2016年第1期。

朱長文《續書斷》:"陽冰生於開元,始學李斯《嶧山碑》,後見仲尼《吳季札墓誌》,精探小學,得其淵源,遍現前人遺跡,以謂未有點畫,但偏傍模刻而已。嘗嘆曰:'天下未喪斯文也,故小子得篆籀之宗旨。'"以此李陽冰刊定《説文》三十卷,正篆可靠。李陽冰本《説文》今已不存,徐鉉《説文解字》和徐鍇《説文解字繫傳》,去其重複,説解共有68條①,可略窺陽冰之舊。

其三,推廣玉箸篆。

箸即筷子,筷子通體圓匀,玉箸形容所謂篆書光潤無瑕,所謂玉箸篆意為圓匀光潔的篆體。

這種經過修飾的筆畫早在秦刻石中就已經出現,《石鼓文》稍顯肥態,秦始皇刻石已經完備,如或恐後世翻刻所至,那麼漢代的袁安、袁敞碑篆字則是毫無爭議的玉箸篆。因此玉箸篆並非李陽冰所創,而是恢復秦法而已,這點唐人都有共識。唐釋齊己《謝西川曇域大師玉箸篆書》:"玉箸真文久不興,李斯傳到李陽冰。"篆本玉箸,何來恢復?後漢以來懸針、垂芒之體風靡篆隸,一片鋒芒改變了剛柔相濟的篆字面目,不堪入目,此為俗體的標誌,不除不足以扭轉正篆頹勢。唐舒元輿(791—835)《玉箸篆志》給予很高評價:"秦丞相斯變蒼頡籀文為玉箸篆,體尚太古,謂古若無人。當時議書者皆輸伏之,故拔乎能成一家法式,歷兩漢、三國至隋代更八姓,無有出其右者。嗚呼,天意謂篆之道不可以終絕,故受之以趙郡李氏子陽冰。陽冰生皇唐開元天子時,不聞外獎,躬入篆室,獨能隔一千年而與秦斯相見,可謂能不孤天意矣。"顔真卿曾提到"折釵股",其言為折釵,曲而圓,譬喻筆畫彎曲,依然圓潤飽滿,充滿力量。南宋姜夔《續書譜》稱:"折釵股者,欲其屈折,圓而有力。"唐韋續《書品優劣》:篆一人,"李陽冰書,若古釵倚物,力有萬夫,李斯之後,一人而已"。唐之後宋元明清一千餘年,寫篆無不寫正篆、無不寫玉箸篆,並且在禮制中規定,玉箸篆為印璽之正體。

李陽冰的篆字多用玉箸,筆畫柔中帶剛,姿態婀娜,綫條如鋼絲之屈,轉折均匀,筆端起收自然停駐,呈微圓之態。放大觀察,尤其明白:

李陽冰的篆書多受時人重視,是一代篆書大家,留下手蹟無數,千餘年來,歲月滄桑,依然可目睹神韻。

宋朱長文《續書斷》云:"魯公之碑,陽冰多題其顔。"其實當時豐碑大碣多請李篆

① 史文磊、金碩:《李陽冰刊改〈説文〉之統計分析》,載《中國文字研究》第七輯,廣西教育出版社2006年版,第93頁。

額。《顔家廟碑》建中元年(780 年)立,現存西安碑林博物館。顔眞卿撰文,并書丹眞書。李陽冰篆額“顔氏家廟之碑”(圖 1 下 6－19)。

圖 1 下 6－19

圖 1 下 6－20

《高力士神道碑》,現在陝西蒲城,大曆十二年(777 年)立,《金石萃編》錄殘碑存文,1963 年、1973 年分别發現下截和上截。銘文記有“京兆府戶曹參軍李陽冰篆額”。額 4 行,行 5 字:“大唐故開府儀同三司贈揚州大都督高公神道碑”[①](圖 1 下 6－20)。玉箸篆,筆畫遒勁,用筆直下不欹,鋒在畫中。結構嚴謹,遵法度,此額 (神)字與《縉雲城隍廟碑》完全相同。李陽冰碑刻存世多係重刻,此額完好。洛陽博物院藏建中元年(780 年)《崔祐甫墓誌》篆蓋“有唐相國贈太傅崔公墓誌銘”,3 行 12 字,為李陽冰所書[②](圖 1 下 6－21)。

圖 1 下 6－21

圖 1 下 6－22

李陽冰篆字碑石中聞名者《城隍神記》亦稱《縉雲縣城隍廟記》(圖 1 下 6－22)、唐大曆二年(767 年)刻《三墳記》和《栖先塋記》,皆傳世既久,後世覆刻,現存西安碑林。其中尤以《城隍神記》書法圓勁婉通。《城隍神記》在浙江省縉雲縣,唐乾元二年(759

① 吴桂英:《唐高力士神道碑》,《書法叢刊》2007 年第 1 期。
② 譚淑琴:《河南省博物院藏碑誌書法藝術價值綜述》,《書法叢刊》2016 年第 5 期。

年)刻,載李陽冰任縉雲令,大旱向城隍禱雨有應之事,陽冰撰文并書丹。篆書 8 行,行 16 字。宋宣和間碑石斷裂,文字殘缺,原石已佚,宋宣和五年(1123 年)縉雲縣令吳延年據拓片重刻,傳至今日。宋歐陽修《集古錄跋尾》卷七:李陽冰《城隍神記》,李陽冰撰并書。文曰:"城隍神,祀典無之,吳越有之。風俗水旱疾疫必禱焉。有唐乾元二年秋,七月不雨,八月既望,縉雲縣令李陽冰躬禱於神,與神約曰:五日不雨,將焚其廟。及期大雨,合境告足。具官與耆耋群吏,乃自西穀遷廟於山巔,以答神休。"

李陽冰的篆書,遵守正篆的寫法,亦著意形體變化,不失書法之美。以《城隍廟碑》為例:

一種是筆畫加曲,類似雲篆。如:"有"字正篆作,李篆作,亦加曲;"神"字作回紋,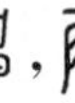作、、三體,作,作等。一種是結構小異,如:"禱"字正篆作,李篆作、;作,作等。亦有形體小訛。或採用俗篆,如李篆有將(日)寫成(曰)者。

李陽冰篆字集中見於李騰集《説文字源》。《集古錄目》記:"義成軍節度使賈耽撰敍,前揚府戶曹參軍徐璹書,祕書少監李陽冰重修漢許慎《説文字源》,陽冰從子檢校祠部員外郎騰篆,凡五百四十字,碑以貞元五年(789 年)十月立。"此石雖然泯滅,但後蜀林罕《字源偏傍小説》以及宋代釋夢英《篆書偏旁字源》(見後文),均依據李陽冰刊定《説文》,所以現存的夢英碑中尚得窺李陽冰篆字。林罕《林氏小説》:"迨三國之後歷晉魏陳隋,隸書盛行,篆書殆將泯滅,至唐將作少監李陽冰就許氏重加刊正,展作三十卷,今之所以行者是也。"《新唐書・藝文志一》小學類内有李騰《説文字源》一卷。

中唐以來,銘石書以正篆為多,且多署名,書寫者多為名家。明陸容《菽園雜記》卷十二:"晉以前碑,皆不著撰人姓名。唐人併著書人姓名,然其書多是名公親筆。"

涇陽縣掃宋鄉元和元年(806 年)楊良瑤神道碑,篆額"唐故楊府君神道之碑"(圖 1 下 6-23),由翰林待詔趙良裔書,翰林待詔湯陟篆額[①]。湯陟不見於新舊《唐書》,唯唐因亮提及,《顏魯公集行狀》:"公初在平原,未有兵革之日,著《韻海鏡源》,成一家之作。始創條目,遂遇祿山之亂,寢而不修者二十餘年。及至湖州以俸錢為紙筆之資,延江東文士蕭存、陸士修、裴澄、陸鴻漸、顏祭、朱弁、李莆、清河寺僧智海,兼善小篆書吳士湯陟等十餘人,筆削舊章,該搜羣籍,撰定為三百六十卷。大凡據法言《切韻》次其字,按經史及諸子語,據音韻次字成句者刊成文,裁以類編。又按《蒼》《雅》及《説文》《玉篇》等,其義各注其下,謂之字脚。韻海者,以牢籠經史之語,依韻次之,其多如海。《鏡源》者,八體之本,究形聲之義,故曰《鏡源》。綿亘數載,其功乃畢。表奏上之,有詔付所司藏之於書府。"可知湯陟為吳人,與刻碑"吳郡朱士良刻字"之朱士良為

① 張世民:《楊良瑤:中國最早航海下西洋的外交使節》,《咸陽師範學院學報》2005 年第 3 期。

同鄉。湯陟在文士之中更“兼善小篆書”。在唐天寶十二載(753 年)春,顔眞卿離京出任平原太守,時參與《韻海鏡源》之事。顔眞卿為刺史,集文士撰《韻海鏡源》。《舊唐書·代宗紀》大曆十二年(777 年),“刑部尚書顔眞卿獻所著《韻海鏡源》三百六十卷”。

圖 1 下 6－23

圖 1 下 6－24

圖 1 下 6－25

新發現元和十二年(817 年)《獨孤士衡墓誌》,書丹者為盧元卿,唐德宗時人,太清宫道士,誌蓋篆書“唐故殿中侍御史獨孤公墓誌”12 字(圖 1 下 6－24),合乎小篆字法,權德輿《太宗飛白記》稱盧元卿“工為篆、隸、八分書”。王建《贈太清盧道士》稱“書賣八分通字學”[1]。此篆當為盧元卿所書,這是在李陽冰影響之下正篆流行的證明。

《千唐誌齋藏誌》之 935 大曆十三年(778 年)誌蓋,又有“有唐著作佐郎崔公墓”,純為小篆(圖 1 下 6－25),字形規整,筆畫圓轉遒勁。

《千唐誌齋藏誌》之 1043 大和五年(831 年)“唐故東都留守檢校尚書左僕射贈司空崔公墓誌”(圖 1 下 6－26),為小篆。權德輿書。權璩,權德輿之子也,權德輿元和初為相。

圖 1 下 6－26

圖 1 下 6－27

《唐齊州豐齊縣令程府君墓誌銘》,貞元六年(790 年)洛陽縣丞李同系書并篆。唐齊州豐齊縣令程府君(俊)墓誌銘并序,誌文為八分,篆蓋,刻“唐故程府君墓誌之銘”。李同系篆額(圖 1 下 6－27)。《金石文字記》卷四記“贈揚州都督段行琛碑,張增

① 王連龍:《新見唐〈獨孤士衡墓誌〉考略》,《書法叢刊》2011 年第 5 期。

正書，李同系篆額，大曆十四年閏五月”，亦為李同系篆額。

2008年洛陽偃師出土大和三年（829年）李益墓誌。李益，晚唐著名詩人，《舊唐書》《新唐書》均有傳。墓誌李行方楷書，習緩篆額。蓋篆“唐故禮部尚書致仕贈太子少師姑臧李公墓誌銘”（圖1下6－28），碑文末尾記“五從姪前安南經略判官承奉郎監察御史裏行行方書，處士襄陽習緩篆額”。習緩，襄陽人，估計是擅長篆書的書家。篆法李陽冰，玉箸篆，字形規正，已無俗篆習氣①。

圖1下6－28

圖1下6－29

圖1下6－30

唐崔元略墓誌，蓋篆“唐故義成軍節度贈尚書右僕射博陵崔公墓誌銘”（圖1下6－29）。崔元略葬於大和五年（831年）。篆文圓勻，形體規正，書者為嗣子崔鉉②。

中唐之後，雖然正篆蓋過俗篆，但是俗篆並未絕跡。

成都南郊桂溪鄉發掘唐爨子華墓，出土貞元二年（786年）墓誌，篆蓋“大唐故河東爨府君墓誌之銘”（圖1下6－30）。篆體取方，“東”“爨”“墓”等字承俗篆形體③。

葉昌熾《語石》卷七：“唐代篆書，世稱李陽冰無異詞。不知唐時工大小篆者，尚有三家：一為尹元凱，有《美原神泉詩碑》。一為袁滋，有《軒轅鑄鼎原銘》。一為瞿令問，《道州元刺史摩崖》多其所書也。”

袁滋（749—818），字德深，陳郡汝南人，弱歲強學。《舊唐書·良吏傳下·袁滋》稱之“工篆、籀書，雅有古法”。貞元（785—805）中拜中書侍郎平章事，嗣為劍南西川節度使。元和八年（813年）許孟容撰《唐尚書省新修記》，滋為篆額。袁滋留下書作不多，今有雲南《豆沙關題名》、湖南祁陽浯溪碑林《唐亭銘》（圖1下6－31）、《中條山靖院道堂銘》（圖1下6－32）。《中條山靖院道堂銘》建於唐貞元十四年（798年），王顏撰文，袁滋書碑，19行，滿行36字，共650字。刻石原在山西省芮城縣大王鎮後坪村，現藏芮城縣博物館。碑文記載道民王顏家世以及道教在當地流行的情況④。此碑篆形多取於秦刻

① 朱關田：《〈李益誌〉淺釋》，《書法叢刊》2009年第5期。
② 洛陽市第二文物工作隊：《唐崔元略夫婦合葬墓》，《文物》2005年第2期。
③ 成都市文物考古研究所：《成都市南郊唐代爨公墓清理簡報》，《文物》2002年第1期。
④ 景宏波：《〈中條山靖院道堂銘碑〉考》，《文物世界》2009年第1期。

石、石鼓文等，但亦不乏自創之形。篆體非純正篆，如“首”“薨”“會”“力”“素”“志”“白”“逆旅”“永”“出”“俸”“留”“嵐”“翠”等，變形的字有“下”“袁”“雷”“匪”等。

圖 1 下 6－31

圖 1 下 6－32

中唐以來雖然篆書的書寫水準總體上提高了，不過精於篆書者依然不甚講究字法，袁滋雖為著名的書法家，但是錯篆衆多，不過形體比較整飭，採用鐵綫篆的筆法而已。袁滋與舒元輿的篆書代表了有唐一代篆書書法的特點，看重變化，而不重字法，乃曹熹篆法遺制。

圖 1 下 6－33

五代多繼承前朝制度，現在發現的墓誌篆額都以正篆書刻。

五代後蜀廣政十八年（955 年）孫漢韶墓誌一合，正文楷書，篆額“大蜀故守太傅樂安郡王贈太尉梁州牧賜謚忠簡孫公内誌”（圖 1 下 6－33）。“試祕書省祕書郎白守謙書并篆”。白守謙為後蜀書法名人①。《寶刻類編》卷七記白守謙篆書，有《朱眞君寫眞贊記》，周德正撰，廣政十三年（950 年）立。《太原夫人捨墳莊記》，辛仲虎撰，書并篆額，廣政二十六年（963 年）立。

① 成都市博物館考古隊：《五代後蜀孫漢韶墓》，《文物》1991 年第 5 期。

四川成都北郊後蜀孟知祥與福慶長公主墓出土長興三年(932 年)福慶長公主墓誌銘,篆額“大唐福慶長公主墓誌”(圖 1 下 6－34),正文楷書,“將仕郎前守祕書省祕書郎令狐嶠奉命書”篆額[①]。《十國春秋》卷五十六《後蜀九》有簡單傳記:“令狐嶠,仕高祖父子。官至祕書監,工吟詠,兼擅敏才,口佔詩句多所謿誳,好事者時傳其詩。”是以文學聞名,未聞書法文字之長。

圖 1 下 6－34

圖 1 下 6－35

南京鐵心橋出土五代十國之吳宣懿皇后墓誌,蓋篆額題“故吳宣懿皇后墓銘”(圖 1 下 6－35),周圍有八卦文。筆畫纖柔婉轉、勻潤如玉箸。宣懿皇后墓誌係由“文秉刻字”,此篆額書者即南唐至北宋初的著名碑刻刻手工文秉。王文秉,丹陽人,家業刻石。王文秉的傳世書跡,有宋建隆元年(960 年)所書位於茅山的《小篆千字文》等[②]。

契丹原來是唐之藩屬,唐末建立地方政權,國號契丹、大遼。契丹實行雙字制,通用漢、契丹兩種文字,各字又有篆隸多體。因為地域分割,中原的變化没有及時傳遞到達,契丹依然是先唐俗篆舊俗。如,阜新縣關山 2 號墓出土咸雍九年(1073 年)蕭德恭墓誌蓋篆,從中讀。“大遼國節度使墓誌銘”,9 號墓出土乾統七年(1107 年)墓誌蓋篆“梁國太妃耶律氏誌銘”[③]。比較兩誌篆字,前者幾乎是隨心所欲地胡寫,無論行款還是篆字充滿了“創造”精神,書寫者完全没有篆體素養,因而將眞書圓綫化,充當篆體,這是唐代俗篆的路數。

① 成都市文物管理處:《後蜀孟知祥墓與福慶長公主墓誌銘》,《文物》1982 年第 3 期。
② 邵磊、賀雲翱:《南京鐵心橋楊吳宣懿皇后墓的考古發掘與初步認識》,《東南文化》2012 年第 6 期。
③ 遼寧省文物考古研究所:《關山遼墓》,文物出版社 2011 年版,圖版 50、53。

第七章　宋代以來正篆之復興

第一節　徐氏兄弟與《説文解字》

宋代是比較富有學術氣氛的時代，衆多大家關心古文、篆法，字學著作迭出，篆書書寫態度嚴峻，結構正確，掃除唐代俗篆，面貌煥然一新。宋代正篆的發揚，首功為徐鉉、徐鍇兄弟，對《説文解字》的全面整理，於《説文》之學有復興之功。徐鉉(917—992)，字鼎臣，南唐官御史大夫，入宋遷右散騎常侍，後稱騎省。宋朱長文《續書斷》稱之："尤精篆、八分，精於字學。蓋陽冰之後，篆法中絕，而騎省於危亂之間存其法，歸遇眞主，字學復興，其為功豈淺哉！"徐鍇(921—975)，字楚金，鉉之弟，四歲而孤，能自知書，南唐李璟見其文，以為祕書正字，終內史舍人。鍇特善小學，傳世至今有《説文解字繫傳》四十卷、《説文解字韻譜》十卷。晁公武《郡齋讀書志》卷四："《説文解字韻譜》十卷。鍇以許慎學絕，取其字分譜四聲，殊便檢閲，然不具載其解為可恨，頗意再編之。"又："《篆韻》五卷，徐鉉序，蓋其弟鍇所集也。"可知此書衹是為了方便查檢形體，按韻排列而已。

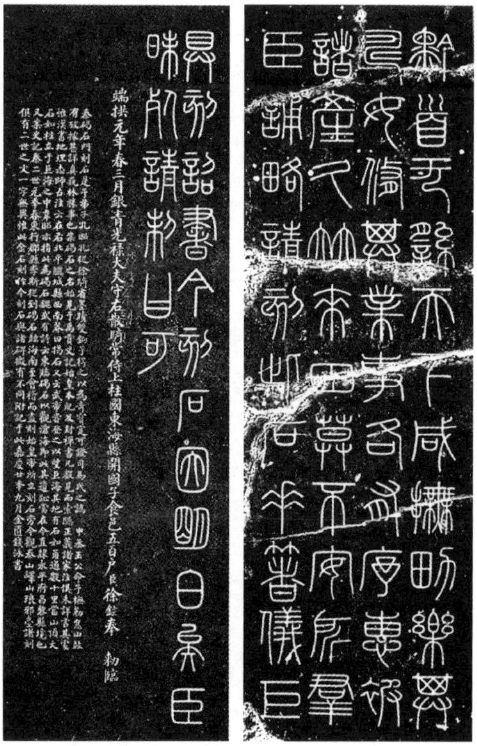

圖 1 下 7－1

《宣和書譜・篆書》："(徐鉉)尤善篆與八分，識者謂自陽冰之後，續篆法者，惟鉉而已。在江左日，書猶未工，及歸於我朝，見李斯《嶧山》字摹本，自謂冥契，乃搜求舊字，焚擲略盡，悟昨非而今是耳。"《嶧山碑》淳化五年(994 年)刻於長安國子學(圖 1 下 7－1)。趙明誠《金石錄》卷十三："右秦嶧山刻石者，鄭文寶得其摹本於徐鉉，刻石寘之長安，此本是也。"清代錢泳以為據徐鉉雙鉤本重刻。

徐鉉精於小學，初宗李陽冰篆法，骨力稍遜，後見《嶧山碑》摹本，復追李斯秦篆之法。徐鉉小篆有《篆書千字文》《成武王廟碑》《徐眞人井銘》(圖 1 下 7－2),摹《嶧山銘》,《寶刻叢編》卷十五載:保大十年(952 年)《貞素先生王棲霞碑》,徐鉉篆額、徐鍇分書。今不存。

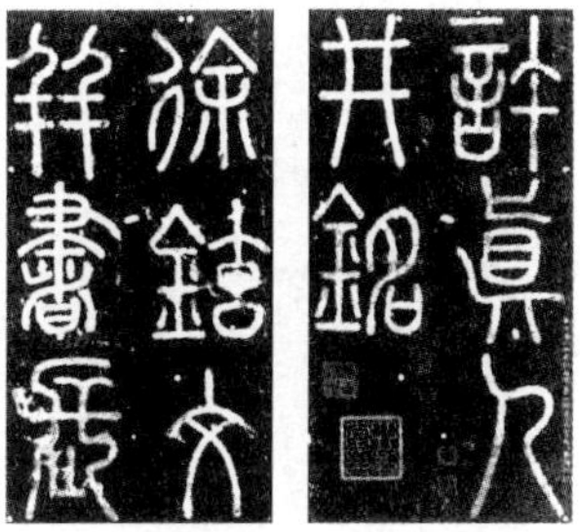

圖 1 下 7－2

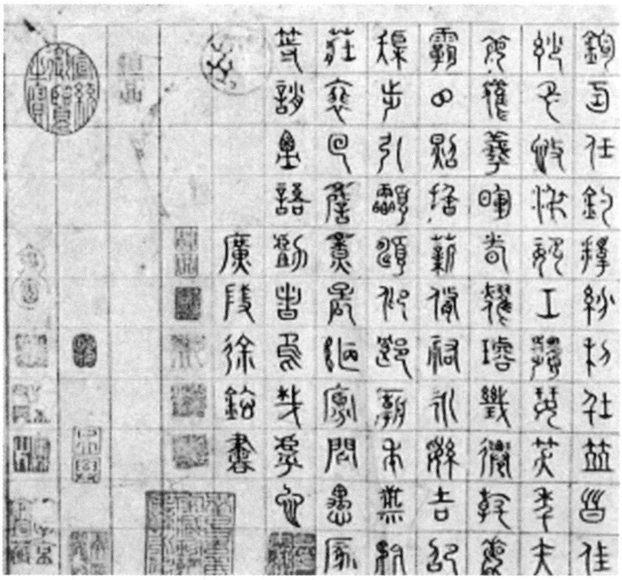

圖 1 下 7－3

《宣和書譜・篆書》載今御府所藏徐鉉篆書有《千文》二。宋晁公武《郡齋讀書志》附志:《篆書千字文》一卷。右徐鉉篆,周興嗣之韻也。《篆書千字文》殘卷(圖 1 下 7－3)現存黑龍江省博物館,此卷雖是宋代的摹本,然而亦可以反映出其篆書風格的基本面貌,即字形端莊,綫條勁暢圓潤。宋沈括《夢溪筆談・書畫》:"江南徐鉉善小篆,映日視之,畫之中心有一縷濃墨,正當其中;至於屈折處亦當中,無有偏側處。乃筆鋒直下不倒側,故鋒常在畫中。此用筆之法也。"為保持篆綫圓匀,必以中鋒行筆,故濃墨載筆畫之中。明何良俊《四友齋叢説》卷二十七"書":"唐時稱李陽冰,陽冰時作柳葉,殊乏古意,間亦作小篆,然不見有勁挺圓潤之意,去李斯遠矣。南唐徐鼎臣始為玉箸,骨肉匀圓,可謂盡善。"

徐鉉鋭志字學,循李陽冰之跡,追許慎之旨,最大貢獻是校定《説文解字》。《〈説文解字〉校本・序》:"夫聖人創製皆有依據,不知而作,君子慎之,及史闕文,格言斯在。若草、木、魚、鳥,形聲相從,觸類長之,良無窮極,苟不折之以古義,何足以觀? 故叔重之後,《玉篇》《切韻》所載,習俗雖久,要不可施之於篆文。往者,李陽冰天縱其能,中興斯學。贊明許氏,奂矣英發。然古法背俗,易為堙微。方今許、李之書僅存於世,學者殊寡,舊章罕存。秉筆操觚,要資檢閲,而偏傍奥密,不可意知,尋求一字,往往終卷。力省功倍,思得其宜。舍弟鍇特善小學,因命取叔重所記,以《切韻》次之,聲韻區分,開卷可睹。鍇又集《通釋》四十篇，考先賢之微言，暢許氏之玄旨，正陽冰之新義，折流俗之異端，文字之學，善則盡矣。”宋陳振孫《直齋書錄解題·小學類》有《説文解字》三十卷云：“雍熙中，右散騎常侍徐鉉奉詔校定，以唐李陽冰排斥許氏為臆説，末有新定字義三條。”

校定本《説文解字》成，徐鉉親為之篆，鏤板以行於世，世稱大徐本。“模印頒行，太宗覽之嘉賞”。雍熙三年(986年)敕：新校定《説文解字》“宜遣雕鐫，用廣流佈”，“其書宜付史館，仍令國子監雕為印版，依九經書例，許人納紙墨價錢收贖”。晁公武《郡齋讀書志》卷四：“(《説文解字》三十卷)漢許慎纂，李陽冰刊定。偽唐徐鉉再是正之，又增加其闕字。”

大徐本《説文解字》雕版印刷，不僅保證在流通中字形和內容的正確性，而且依靠便利的印刷複製技術，獲得了前所未有的流通空間。有知識修養的官員文人從此很容易接受正確的小篆形體和解釋，書寫標準小篆形體得以實現，正篆深入人心。北宋以來無論篆書名家還是其他書法家、或是有修養的文人書寫的篆字皆擺脱了俗篆，回歸到許慎正篆。《説文解字》同時出現了通俗本，現在日本的《新雕入篆説文正字》，對通行的《説文解字》解説和注音多有省略，是在民間流傳的簡省本《説文解字》。《説文解字》覆蓋了宋代以來的文字學、經學，漸漸成為一門專門學問。據《宋史·藝文志》載有不少續作，如《補説文解字》三十卷。元代以來的《説文》著作迭出，都是有賴大徐本之功，可以説無大徐本，無今日之《説文》學。

圖1下7-4

眞書的規範要依據《説文》，所以提高了正篆在宋代的地位。在慶曆元年(1041年)開雕《二體石經》，到嘉祐六年(1061年)完成，又稱《嘉祐石經》。所刻儒家經書有《周易》《詩經》《尚書》《周禮》《禮記》《春秋》《孝經》《論語》《孟子》，共九經。石經採用眞書、篆書雙體，一行楷書、一行篆書，這是曹魏《正始石經》三體之後又一增列篆文的石經。書丹者不乏篆書名家。《宣和書譜·篆書》載：“嘉祐中，章友直與楊南仲篆《石經》於國子監，當時稱之。”《續資治通鑑·仁宗嘉祐六年》：“友直篆國子監《石經》成。”周密《癸辛雜識·別集上·汴梁雜事》：“羅壽可丙申再游汴梁，……古碑數種，如宋初翰苑題名，開封教授題名，九經石板，堆積如山，一行篆字，一行眞字。”由《二體石經·周易》殘石(圖1下7-4)可見一斑。

徐鉉辨證訛誤，校定《説文解字》，依靠朝廷推行於世。參與《説文》校定的還有多位學者。《宋史·文苑傳三》：太平興國四年(979 年)，受詔與句中正、葛湍、王惟恭等同校定《說文》，其中句中正是字學大家。句中正(929—1002)，字坦然，益州華陽人。《宋史・句中正傳》載：孟昶時，句中正為毋昭裔所重，奏授崇文館校書郎。“精於字學，古文、篆、隸、行、草無不工。”“太宗神主及謚寶篆文，皆詔中正書之。”十餘年間以大小篆、八分三體書《孝經》摹石。咸平三年(1000 年)表上之，真宗藏之祕閣。“時乾州獻古銅鼎……有古文二十一字，人莫能曉，命中正與杜鎬詳驗以聞，援據甚悉。”《續書斷》卷下：“精於篆籀，太平興國獻八體書。太宗雅好其名，擢授直館，與徐鉉校定《說文》。”宋文瑩《玉壺清話》卷一：“長安一巨冢壞，得古銅鼎，狀方而四足，古文一十六字，人莫之曉。命句中正辨其篆，曰：‘此鳥跡文也。’”乾州在今湖南，長安在今陝西，二處古銅鼎都由句中正釋讀。句中正各體皆通讀，皆先秦金文，乃宋金石學之翹楚。

釋夢英，北宋初篆書名家，號臥雲叟，“與郭忠恕同時習篆，皆宗李陽冰”。宋朱文長《墨池編》載：“釋夢英，衡州人，效十八體書，尤工玉箸。”曾書《十八體篆書碑》《篆書千字文》《偏旁字源碑》(也稱《篆書目錄偏旁字源碑》)(圖 1 下 7－5)。《偏旁字源碑》刻於咸平二年(999 年)，把《說文解字》中的篆體部首分別列出，用楷書注釋，自作序文。錢大昕《潛研堂金石文跋尾》卷十二有乾德三年(965 年)立“篆書千字文”，碑題稱“南嶽講華嚴法界觀賜紫沙門夢瑛篆并古文題額”。如果說《偏旁字源碑》寫的是正篆，那麼“篆書千字文”(圖 1 下 7－6)帶有雲篆意趣，如、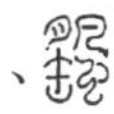、，筆畫盤曲，依然

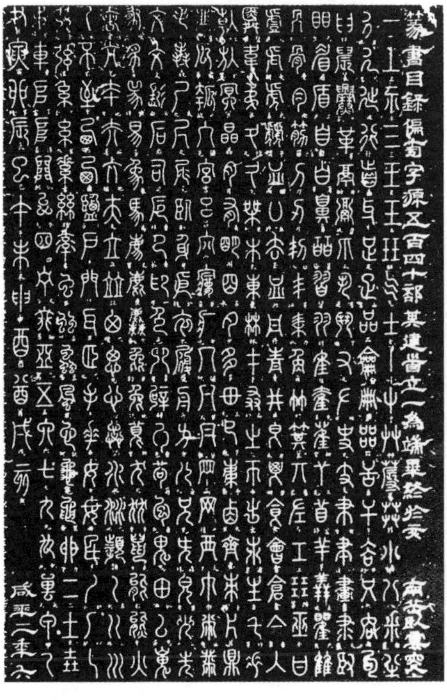

圖 1 下 7－5

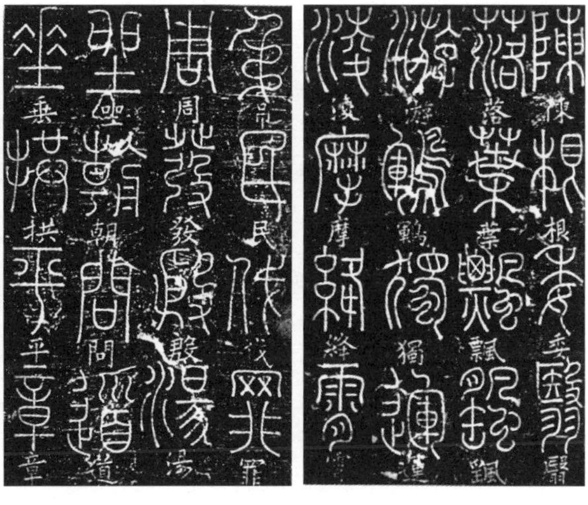

圖 1 下 7－6

是李陽冰碑篆之一派，也是篆書之一格。

宋代初年，篆書大家不少，王文秉、郭忠恕、王洙即為傑出人物。

宋歐陽修《五代王文秉小篆千字文》："文秉在江南，篆書遠過徐鉉，而鉉以文學名重當時。文秉人罕知者，學者皆云'鉉筆雖未工而有字學，一點一畫皆有法也'。"朱長文《續書斷》："江南有王文秉者，篆體精勁，遺跡可寶。"

宋郭忠恕三體《陰符經》刻於乾德四年（966 年），模仿魏《三體石經》而來，三體書《陰符經》，以小篆為主體，下列古文和八分，小篆為玉箸體，八分為唐八分。立石京兆府學（在今陝西西安）。

明陶宗儀《輟耕錄》卷六："王洙，字原叔，應天宋城人，官至翰林學士，少聰悟博學，通篆隸書。"《説郛》卷二十四上王洙《王氏談錄·小篆奇古》："公亦習古文小篆，嘗謂古文至少，至許慎所不載，及不出孔氏書者，悉後人所造，學之少所根據。小篆源流可究，便於施用。公用筆奇古，慶曆中士大夫家墓銘蓋多公筆也。今上景祐徽號玉冊，宣獻宋公受詔寫，宋公不習篆，公以代書也。又章郇公受詔書相國寶奎殿，太宗、眞宗詩額亦公代之。"又《碑額》："公所書石，隸書則獻穆大長公主碑、曹襄悼碑、范文正碑、晏元獻碑、伊先生隔山庵記，正字則張少監墓誌、濠州四望亭詩、莊生臺詩、宋宣獻詩。書額：濠州四望亭、南京御史臺、讀易堂、襄州硯山亭、臨芳亭、華嚴寺、羊太傅廟、西京教忠積慶寺、東都李氏閑燕堂、來鷩堂、連亭、篍篍亭、劉氏芸筆堂。"又《王氏談錄·古器》："景祐中內出古銅鐘鼎尊三器，詔公辨其款識。公驗其文，稱有周立玉字法參以篆隸，形製不與經典相合，非遠古時物，疑宇文氏時器，具上其事，詔藏於龍圖閣。"

蘇唐卿（1044 年前後），字致堯，武功人，宋代篆書名家。《宋史·輿服志六》載，仁宗景祐三年（1036 年）"命知制誥邵必、殿中丞蘇唐卿詳定天下印文，必、唐卿皆通篆籀"。其著名的篆書有幾處：一是小篆《祖無擇三言詩刻》，刻於宋慶曆四年（1044 年），在江蘇省連雲港花果山，巖面高 5 米、寬 6 米，面北，共 102 字，分刻 12 行，每行 7 字，字徑 26 厘米。此由祖無擇擬文，蘇唐卿篆書，王君章鐫刻，集文、筆、刻之長，世稱"三絕碑"[①]。二是篆書竹鶴雙碑（圖 1 下 7－7），南宋立，在蘇州文廟。三是篆書《滁州琅琊山醉翁亭記》刻石樹立於縣齋（圖 1 下 7－8）。篆文石様寫就後，曾寄送歐陽修審定。其石様篇末有"廬陵歐陽州琅琊山醉翁亭記脩也"。黃伯思《東觀餘論·跋蘇氏書後》："今觀蘇君書規橅，雖法李監而端勁方隐，殊可珍傳信哉，未易重古而忽今也。"

---

① 劉洪石：《唐宋風韻，絕壁生輝》，《書法叢刊》1997 年第 4 期。

圖 1 下 7－7

圖 1 下 7－8

宋代博古成風，商周鐘鼎彝器乃至秦漢銅器，由鑒賞到彙編著錄，金石學驟然而起，由士林漸染帝王。《宋史・藝文志一》除了薛尚功的《歷代鐘鼎彝器款識法帖》二十卷外，還有《重廣鐘鼎篆韻》七卷、王楚《鐘鼎篆韻》二卷。金石書中更有繪製圖形摹拓銘文，呂大臨《考古圖》、薛尚功《歷代鐘鼎彝器款識法帖》以及王黻奉敕撰《宣和博古圖》，都有先秦金文。

宋何薳《春渚紀聞》卷五《雜記》："畢少董，文簡之孫，妙於鼎篆，而亦多見周秦以前盤盂之銘。其論'水'字云：'中間一豎更不須曲，衹是畫一坎卦耳，蓋坎為水，見於鼎銘多如此者。'"宋代的篆書富於學養，並非一般臨摹習篆。黃伯思《東觀餘論・跋蘇氏書後》記敍自己學篆的經歷："僕自弱齡喜篆法，初得岱宗秦刻及朝那石章學之。後得岐鼓壇山字及三代彝器文識，又學之。仰其高古，惟是之師。而漢魏碑首、印章亦時寓目。下此者未嘗過而問焉。"對於普通人，因為没有接受嚴格的教學，篆書幾乎是胡寫的，自己杜撰結構，向壁虛造篆字。

宋代的金石學無疑提高了篆字的書寫水準，但是對於古代彝器的愛好究竟不同於嚴肅的學術，因此民間的篆字並不是很正確，甚至是錯誤百出。四川彭州發現一處南宋窖藏，出土 70 餘件器物，除了 1 件瓷器、2 件石硯外，其他均為銅器。70 餘件(套)銅器中有琮、壺、甗、鬲、盤、鼎、尊等，是仿三代及漢之器。銘文字多誤，如鼎內壁口部有銘文"漢鼎隹其子孫"，甗之足平頂內側篆文"圓篆甗漢□男平永寶用"，字形錯誤明顯[①]。

① 成都市文物考古研究所、彭州市博物館：《四川彭州宋代青銅器窖藏》，《文物》2009 年第 1 期。

第二節　宋代崇尚正篆

正篆得到文人的普遍重視。在宋室帝王的宣導下，朝野酷愛書法，探究字學，很少見到俗寫篆體。

宋代重視書畫的學習制度，宣和書畫學中專門安排篆書課程，有專門人員教習，這些課程中一定會有字學的內容。宋趙彥衛《雲麓漫鈔》卷二："宣和書畫學之制：學生習篆者，蟲魚古今大小二篆；習隸者，習羲、獻、歐、虞、顔、柳眞行；習草者，習章草、張芝；兼習諸家者聽。"宋代的篆書書寫品質是一流的，一律採用鐵綫篆法，字形合乎小篆，與唐代相比，面貌一新。能夠精於書寫篆書的人，不限於文字學家和考古學家，具有一定文化修養的文人，甚至帝王大臣也會寫出一手好篆字來。

宋人重視墓誌書法。宋陳振孫《直齋書錄解題》卷三："《復古編》二卷。吳興道士張有謙中撰。有工篆書，專本許氏《説文》，一點畫不妄錯。林中書攄母《魏國夫人墓道碑》，有書之，'魏'字從'山'。攄以為非，有曰：'世俗以從山者為巍，不從山者為魏，非也。其實二字皆當從山，蓋一字而二音爾。《説文》所無，手可斷，子不可易也。'攄不能彊。晚著此書，專辨俗體之訛，手自書之。"宋人篆額碑文常請名人書寫，正篆書寫，一絲不苟。

圖 1 下 7－9

宋仁宗趙禎、大臣文彥博都有工整的篆書。《范仲淹神道碑》，歐陽修撰文，碑額由宋仁宗親篆"褒賢之碑"(圖 1 下 7－9)。宋王闢之《澠水燕談錄》卷四"忠孝"：賜寇萊公"忠愍"，"景祐初，上知公忠鯁，詔學士與公撰碑，上親篆額曰'旌忠之碑'。"又卷六"文儒"："趙師民周翰，博學醇德，為本朝名儒，尤為仁宗所眷。"後"題其額曰'儒林舊德之碑'，世以為榮"。仁宗篆書題額並非僅此二碑。卷九"雜錄"：宋仁宗尤精書學，"勳賢神道，率賜篆螭首。王曾之碑曰'旌賢'，寇準曰'旌忠'，李迪曰'遺直'，晏殊曰'舊學'，丁度曰'崇儒'，王旦曰'全德元老'，文彥博父均曰'教忠積慶'，李用和曰'親賢'，范仲淹曰'褒賢'，曹利用曰'旌功'，呂夷簡曰'懷忠'，張士遜曰'舊德'，狄青曰'旌忠元勳'，其餘不可悉記。或云，初，王子融守河中，模唐明皇題裴耀卿碑額獻之，仁宗乃賜文正碑曰'旌賢'，大臣碑額賜篆，蓋始於此。其後英廟、神考，亦屢有賜者。"由此知，仁宗給勳賢賜篆額，范仲淹"褒賢"衹是其中之一，其字工整、筆力遒勁。為了四字整體協調，其"褒"字，有的部分作了挪移，使得結構對稱，合乎篆體的優美書法。

宋眞宗趙恒大中祥符四年(1011 年)親臨后土祠祭祀，修葺后土祠，并御書篆額《汾陰二聖配饗之銘》(圖 1 下 7－10)。

圖 1 下 7－10

圖 1 下 7－11

河南安陽宋代韓琦家族墓地出土了 3 通墓誌，皆有誌蓋，熙寧八年(1075 年)韓琦墓誌，長 1.55 米，誌文 6 000 餘字。蓋篆“宋故司徒兼侍中贈尚書令魏國忠獻韓公墓誌銘”(圖 1 下 7－11)。宋敏求書，文彦博篆。嘉祐七年(1062 年)安國夫人崔氏墓誌，蓋篆“宋安國夫人崔氏墓銘”(圖 1 下 7－12)，陸經書丹，章友直篆蓋，中書省玉冊官王克明鐫。章友直是篆書名家，與楊南仲篆《二體石經》。《集古錄》卷八稱之“今世以小篆名家，如邵不疑、楊南仲、章友直”。卷一又云：“自余集錄古文所得三代器銘必問於楊南仲、章友直。”《宣和書譜·篆書》：章友直工玉箸字學，東吴之地多其篆跡，“説者云：自李斯篆法之亡而得一陽冰，陽冰之後得一徐鉉，而友直在玄之門，其猶游、夏歟！”大觀三年(1109 年)普安郡太君崔氏墓誌，蓋篆“宋故普安郡太君崔氏墓誌銘”(圖 1 下 7－13)，范坦書丹，孫斐篆蓋，大名程章刻石。孫斐，《宋史》無傳。

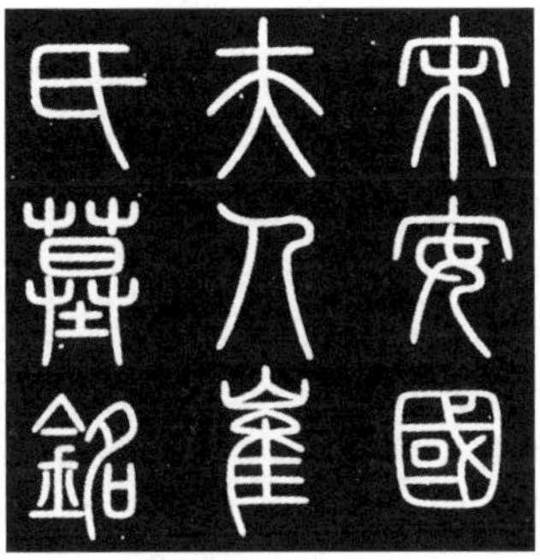

圖 1 下 7－12

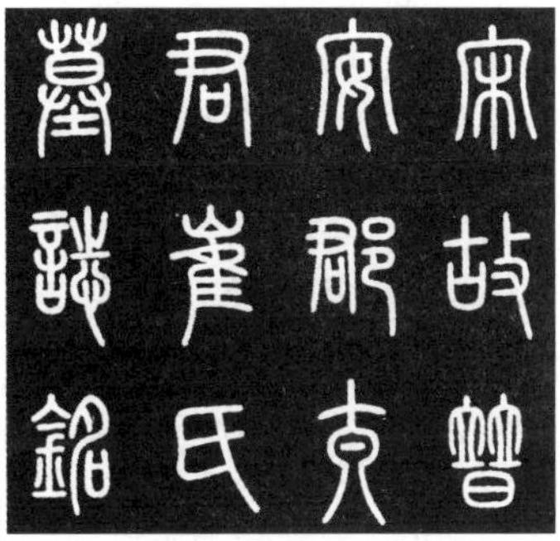

圖 1 下 7－13

王闢之《澠水燕談録》卷六“文儒”：“慶曆中，滕子京謫守巴陵，治最為天下第一。政成，重修岳陽樓，屬范文正公為記，詞極清麗。蘇子美書石，邵餗篆額，亦皆一時精筆。世謂之四絕云。”宋朱長文《續書斷·序》：“天下多士，向風趨學，間有俊哲，自為名家。古文則郭忠恕、句中正，篆簡則徐騎省、邵餗、章友直，分隸則王原叔。”又：“邵餗，丹陽人，以篆顯於天聖之間。范文正公作《嚴子陵釣臺處》，書請之曰：先生篆高出四海，或能枉神筆於片石，則嚴子之風復千百年未泯。餗為之篆，至今為奇觀。”

元豐八年（1085年）之王拱辰墓誌在伊川縣城關鎮窰底村出土，文彥博篆書蓋“宋彰德軍節度使北京留守贈開府儀同三司謚懿悫王公墓銘”（圖1下7－14）。蘇轍楷書[1]。文彥博，生於宋眞宗景德三年（1006年），卒於宋哲宗紹聖四年（1097年），字寬夫，號伊叟，汾州介休（今屬山西）人，官至左僕射，封潞國公，北宋政治家、書法家。宋朱長文《續書斷》：“今列於廊廟，佈於臺閣，復有數公，有若韓魏公骨力壯偉，文潞公風格英豪。”明陶宗儀《書史會要》卷六：文彥博工書，“筆執清勁，眞不愧古人。”

圖1下7－14

圖1下7－15

章岷墓誌銘，墓主章岷為天聖進士，與范仲淹有詩交。誌文楷書，篆額“宋故光祿卿致仕章公墓誌銘”（圖1下7－15），左上角殘缺，書丹者闕失，蓋當時名家所作，篆法精嚴，為宋代篆字之代表[2]。

河北臨城縣徵集兩方北宋墓誌：《王礹墓誌》《江氏墓誌》。《王礹墓誌》正文為楷書，篆蓋書“宋故贈戶部尚書謚忠穆太原王公墓銘”（圖1下7－16）。此篆由宋選書寫，與誌主王礹為妻舅關係。此篆字雖然工整，可是裝飾性很強，雜有古文的寫法，有些字可能是創造性的，如“書”的寫法，說明宋代文人篆書的一種風格。政和元年（1111年）江氏墓誌，篆額“宋蓬萊縣君江氏墓銘”（圖1下7－17），賀鑄篆額。賀鑄為宋代詞章名家，亦工文史。《宋史・文苑傳五・賀鑄》稱其“家藏書萬餘卷，手自校讎，無一字誤”，但是未見其篆字書法的記載。《江氏墓誌》篆字嚴整，鐵綫篆法勁挺，可以證明宋代上層文人具有很高的篆書修養[3]。

① 拓影見於《書法叢刊》1996年第2期。
② 屠紀軍：《焦山碑林墓誌集粹》，《書法叢刊》2004年第6期。
③ 謝飛、張志忠：《〈王礹墓誌〉〈江氏墓誌〉考》，《文物》2008年第2期。

圖 1 下 7 - 16

圖 1 下 7 - 17

河北臨城縣文物保護管理所在磁溝村一帶徵集墓誌三方，其中向氏墓誌和張氏墓誌德篆蓋均由王旉書寫。元祐三年（1088 年）向氏墓誌篆“宋齊安郡君向氏墓銘”（圖 1 下 7 - 18）、政和元年（1111 年）張氏墓誌篆“宋建安郡君張氏墓銘”（圖 1 下 7 - 19），書寫者皆為同一人，“朝議大夫、充徽猷閣待制、河北路計度都轉運使兼勸農使、護軍、賜紫金魚袋王旉篆”。兩通墓誌篆蓋前後相距 23 年，篆字完全相同，如模印一般，可能是按照帖本書寫，但是形體結構工穩，篆綫勁挺，足見功力非凡，是長期習篆的結果。①

圖 1 下 7 - 18

圖 1 下 7 - 19

近年出土的《馬氏墓誌》，全稱“宋故扶風馬氏墓誌銘”，墓誌方形，邊長 57 厘米、厚 16 厘米，誌文滿行 17 字，共 23 行，計 371 字（圖 1 下 7 - 20）。誌文紀年“建中靖國元年”（1101 年），以誌文“前事其子謂王壽卿曰：子以吾母銘”，知為王壽卿所篆②。

王壽卿，北宋陳留（今開封陳留）人，入太學，究覽群書，擅長小篆，取李陽冰玉箸篆法，與黃庭堅同時人。《書史會要》卷六：“王壽卿，字魯翁，陳留人，祖擇之之外

① 謝飛、張志忠：《〈王康墓誌〉〈向氏墓誌〉〈張氏墓誌〉淺釋》，《文物》2009 年第 8 期。
② 楊慶興：《新見宋代〈馬氏墓誌〉篆書研究》，《中原文物》2014 年第 3 期。

圖 1 下 7－20

甥。……召至京師，使篆字説辭，以與王氏之學異，後以命李孝揚，而壽卿終身布衣。”又：“陳晞、畢仲詢、李孝揚俱工篆，與王壽卿同時，而不及也。”《王壽卿墓誌》載：“翰墨得歐、顔之要，因病近世篆法不傳，作者無天成之妙，杜門刻意，絕人事學之，一以李監為師，沈研鑽極，遂名其家。太史黃公庭堅稱其篆法俊偉，甚逼陽冰，於今為天下第一。如章伯益、陳規聖，皆出其下風。復戲之曰：杜元凱左氏之忠臣，王魯翁李監之上嗣。見其用筆，可以酒酹陽冰之冢。由是聲聞四海。”又記：“宣和四年，被旨篆《周禮》石經，乃幡然喜曰：李陽冰篆絕古今，舒元輿曰：天以字寶瑞吾唐，陽冰又嘗自舉於時，願刻石備書六經，立於明堂，為不刊之典，迄無受者。今聖天子在上，恢崇文化，聿新先聖祠宫，鑾輿臨幸，大發揮千載儒者之光。何期得以篆籀，仰承休命，完一代之典，垂法於後世，固所願也。”王壽卿精於金石之學，通上古鐘鼎文。宋趙明誠《金石錄》卷十一：“楚鐘銘，政和三年獲於鄂州嘉魚縣，以獻。字畫奇怪，友人王壽卿魯翁得其墨本見遺。按銘文云：楚公自作。”王壽卿的篆書刻石早有發現。清王士禛《居易錄》卷十六：“章邱縣北一里女郎山有宋隱士穆賓廷秀墓，洛陽王壽卿魯翁題墓表，篆書。黃魯直有贊，刻於碑額。明萬曆間大名董復亨為令，移置文昌祠，稱二絕。”王壽卿精於篆書，取李陽冰之法。黃庭堅《跋翟公巽所藏石刻》：“文章骫骳而得韓退之，詩道敝而得杜子美，篆籀如畫而得李陽冰，皆千載人也。陳留有王壽卿，得陽冰筆意，非章友直、陳晞、畢仲詢、文勛所能管攝也。”黄庭堅的讚譽，在新發現的《扶風馬氏墓誌銘》中得到證實。此碑篆字筆畫圓匀，圓起圓收。正篆字體，結構左右平衡，為玉箸篆式。無論書法以及形體結構，皆取李陽冰之法，為宋代正篆的代表。

第三節　疊篆之結構

漢字的印章文字發生了多次變化，秦八體摹印、漢六體繆印有明文記載，對璽印文字的發展産生了深遠的影響。在宋金時期印章文字出現了重疊筆畫形體，史稱疊篆。

古今璽印文字發展由印泥封檢轉變為鈐紙帛，印文由陰款變為陽款，印面由小變大。這個過程大約在南北朝時期。《魏書・盧同傳》載盧同上表：“若名級相應者，即於黄素楷書大字，具件階級數，令本曹尚書以朱印印之。”此為官印使用朱印。又《北齊書・陸法和傳》：“梁元帝以法和為都督、郢州刺史，封江乘縣公。法和不稱臣，其啟文朱印名上，自稱司徒。”現在所見最早的朱印實物為南齊官印“永興郡印”大印，鈐於古寫本《雜阿毗曇心論》殘卷之末及其背上。肅宗即孝明帝，於 515 年至 528 年在位，梁元帝於 552 年至 555 年在位，看來朱印的使用最晚在 6 世紀初。

朱文印章的使用，促進了印章章法的重大變革。唐代的朱印大行於世，流傳下來的朱文鈐印很多。唐代有些官印是把筆畫焊成印章銅片，所以印文筆畫纖細，結構鬆散，印文笨拙，與正篆相比，殊無章法，可以確定為俗篆。入宋以來廢棄唐印制度，朱文印面的文字得到了明顯提高，由疏變密，整齊緊湊，筆畫均匀，横竪筆畫平直規整，有些文字筆畫反復盤曲，形成筆畫多疊的印文。

宋釋夢英《十八體書》之“填篆”正是此書，但是他解釋為：“王廙、王隱皆云：‘字間滿密’，故云‘填篆’，亦曰‘方填書’，至今圖書印記並用此書。”所謂“填”就是充滿，筆畫把印面填滿。

北宋印章使用疊篆見於史載。宋太祖乾德三年（965 年）中央官署及京城改鑄疊篆。《宋史・輿服志六》：

> 乾德三年，太祖詔重鑄中書門下、樞密院、三司使印。先是，舊印五代所鑄，篆刻非工。及得蜀中鑄印官祝温柔，自言其祖思言，唐禮部鑄印官，世習繆篆，即《漢書・藝文志》所謂“屈曲纏繞，以模印章”者也。思言隨僖宗入蜀，子孫遂為蜀人。自是，臺、省、寺、監及開封府、興元尹印，悉令温柔重改鑄焉。

宋徽宗大觀元年（1107 年）琢玉皇帝六璽，也用疊篆。《宋史・輿服志六》：“大觀元年，又得玉工，用元豐中玉琢天子、皇帝六璽，疊篆。”

靖康之變，北宋寶璽被劫，中央官署遭到徹底毀壞，此類印璽多散失，湮没無聞，現在僅有零星存世。傳世的“内府圖書之印”①(圖1下7-21)，諸字均纏曲反復，其中“之”字十三疊、“印”字九疊，都是特地留出空間給疊筆的。吉林舒蘭徵集到北宋鎏金印，據説是金人劫掠之物。“中書門下之印”(圖1下7-22)，折疊筆畫繁複、流暢，中書門下為中央官署，此印也為疊篆②。江蘇丹陽發現的南宋爵號印“弋陽開國”(圖1下7-23)，也是疊篆，字均有疊筆③。此三印風格接近，筆畫中粗，剛柔相濟，“内府圖書之印”尤其精美，呈現皇家風範。

圖1下7-21

圖1下7-22

圖1下7-23

對於一般官印，史籍並無疊篆的記錄，從各地發現的數量龐大的宋代官印看，雖然偶見疊筆，卻摸不到規則。例如河北昌黎出土不晚於宋太祖開寶七年(974年)的“歸化左曹第一軍使記”(圖1下7-24)，“化”左旁疊筆，“第”下疊筆，“記”左側疊筆，“曹”字下“日”字變成空框内“吉”字，上部筆畫反而簡化了④。陝西三原縣高渠鄉發現的仁宗天聖五年(1027年)少府監鑄的“蕃落第四副指揮使朱記”(圖1下7-25)，僅“第”末筆往返成疊，“蕃”字上部四畫加疊，“朱” 字明顯，也僅二疊⑤。

圖1下7-24

圖1下7-25

金代官印在各地發現的數量不少，尤以河北省為多。如，承德發現的金代早期的“元帥府印”、保定徵集甲申“都元帥府之印”、承德發現的“元帥監軍之印”、保定發現的“元帥府監軍印”、隆化發現的“興安西北等路元帥府印”、唐縣發現的“都統之印”、

① 黑龍江省文物考古工作隊：《黑龍江古代官印集》，黑龍江人民出版社1981年版，第13頁。曾廣慶：《宋代官印制度略論》，《中原文物》2000年第5期。

② 董學增、高素心：《“中書門下之印”小考》，《文物》1984年第9期。

③ 徐鐵城：《江蘇丹陽出土“弋陽開國”銅印》，《文物》1986年第11期。

④ 鄭紹宗：《介紹幾方宋、金、元的官印》，《文物》1973年第11期。

⑤ 王天喜：《陝西三原發現一枚宋代官印》，《文物》1995年第10期。

易縣發現的“副統之印”、懷來發現的“山東路副統軍之印”、岳城發現的“行軍万戶地字之印”、平泉發現的“万戶往字号印”等[①]。金代的官印有幾點值得注意：一是所有官印無一例外，均有疊筆。二是每印並非每字皆疊，如“行軍万戶地字之印”中“行軍”“印”三字和“山東路副統軍之印”中“統軍”“印”三字没有疊筆。三是同樣的印文疊筆並不相同，如“都統之印”，唐縣發現的和內蒙古發現的疊筆並不相同。四是使用疊筆是為了增加横畫數，為了平衡筆畫，過繁的字要減少筆畫，如“行軍万戶地字之印”和“万戶往字号印”，其中“萬”“號”均用簡俗字“万”“号”替代。

宋金時代的疊篆制度記載很有限，特别是具體的疊篆之法，更是語焉不詳。我們可以根據實際情況推測疊篆字形的處理辦法，至少包括四個方面：

其一，直綫變曲綫。通過對直綫的加屈，把相對簡單的綫條變得複雜，使得稀疏的筆畫變得茂密。這是疊篆的主要標誌，所謂八疊、九疊等均以此為準。北宋“內府圖書之印”是典型的例子。“內”“之”“印”等字都是在尾端伸展處加疊。“府”字中“付”之“寸”是尾筆伸展疊筆，而“亻”卻是把兩筆直綫改成平行的曲綫。由此可以發現一個規律，即印面越大，疊得越多，字數越少，疊得越多。“元帥府印”四字，“元”字六疊、“帥”字七疊；“都元帥府印”五字，“元”字四疊、“帥”字五疊；“元帥監軍之印”六字，“元”字三疊、“帥”字四疊；“元帥府監軍印”六字，“元”字二疊、“帥”字三疊。

其二，單綫變複綫。如山東蒼山興明鄉出土金末銅印，疊篆“虎威副都尉印”(圖 1 下 7 - 26)。右側鑿刻“壬辰年正月丑”，印鈕上端刻“上”字。其中，“印”字上部少一筆，“副”字內“田”中“十”，寫成雙鉤“十”[②]。

圖 1 下 7 - 26

其三，改變結構。為了增加疊筆，或者便於處理疊筆，改變結構是常見的現象。如上述金代兩個監軍印相同，一個比較工整，一個比較粗放，兩者字形、疊筆不同。其中“監”字，前者下部“皿”字似“亞”，後者似“巫”，寫法不一。有的衹是筆畫的改變，牽動了整個結構的改變。如“元帥府監軍印”中“印”字下面部分行筆方向相反，便於順勢加疊。

其四，採用減筆字。某些筆畫繁多的字，没有空間可以加疊，就採用它的異體字，無論俗體或者古體，衹要筆畫少即可。疊篆的“疊”要害在於用增筆來平衡疏密，因此手段是多樣化的。宋之疊篆，雖未成為普遍的官印制度，卻成為遼、西夏的官印格式。契丹文、西夏文是採用漢字形式創製的民族文字，它們與漢字關係密切，依然沿用漢

① 鄭紹宗：《介紹幾方宋、金、元的官印》，《文物》1973 年第 11 期；鄭紹宗：《河北古代官印集釋》，《文物》1984 年第 9 期。

② 林茂法、宋振啟：《山東蒼山縣出土金代“虎威副都尉印”》，《考古》1988 年第 7 期。

圖 1 下 7－27

字的一些制度，楷書、篆書、草書具備，印文也採用疊篆，如遼之契丹文官印、遼寧鳳城發現的契丹大字官印（圖 1 下 7－27）①。

官印的疊篆制度在明代得到完善。成化時陸容《菽園雜記》卷十五："本朝文武衙門印章，一品二品用銀，三品至九品用銅，方幅大小，各有一定分寸。惟御史印比他七品衙門印特小，且用鐵鑄，篆文皆九疊。"《明史·輿服志四》：百官印信，正一品至正從九品，乃至未入流者銅條記，"俱直紐，九疊篆文"。又"其他文武大臣，有領敕而權重者，或給以銅關防，直紐，……九疊篆文"。又洪武二十三年，"巡按某處監察御史"，"銅印直紐，有眼，方一寸五分，厚三分，八疊篆文"。明代正史出現了"九疊篆"這個名稱。所謂九疊，就是印文中有字的筆畫相疊九層，八疊也就是相疊八層，此制明代十分嚴格。御史印用八疊之説僅見於《明史》，至今尚未發現此類八疊印章。"九疊"之"九"含義多有説辭。萬曆年間沈德符《萬曆野獲編·列朝二·符印之式》：

> 臣下印信，則文武一品二品衙門，得用銀造，三品以下俱用銅，惟以式之大小分高卑，兩京兆雖三品，印亦銀鑄，則以天府重也。以上俱用九疊篆文，不知取義謂何，唐宋以來並無此篆法，蓋創自本朝，意者乾元用九之意乎？

沈德符唯知當朝，不知宋以來已經流行疊篆之法，"乾元用九"作為九疊之意純屬猜測。按，《易·乾·文言》："乾元用九，天下治也。"朱熹本義："君道剛而能柔，天下無不治矣。"九疊篆柔屈盤纏，字之至柔，體現以君道之陽剛馭臣下之陰柔，所以天下大治。不過這是猜測。明豐坊《書訣》："疊篆，今官府印信所用，禮部鑄印局所掌，亦宜習知，以防詐偽。"篆文九疊，字形變幻，迷惑認字，一般人識字不多，何況變體篆文，所以具有加密作用，防止偽造詐騙。

明代印制，官印疊數多寡與官職高低無關。監察御史選用八疊，衹是為了與其他官印區別，顯示其特殊身份而已。清姚晏《再續三十五舉》之十二舉曰："後世官印有九疊、八疊、七疊，皆朱文，私印亦間為之，九疊又名上方大篆。劉昌曰：取乾元用九之義；八疊，明監察御史印用之，取唐臺儀八印義；七疊，曆日用之，取日月五星七政義也。"明代官印除了"八疊"有史載外，其他疊篆還沒有實證。明代官印存世數量不少，羅福頤《古璽印概論》收錄了 3 方明代九疊篆官印，都是九品以上的方印，其中 1 枚印文為："禾屯吉衛指揮使司印　禮部造　永樂七年九月日　禮字四十三號"。它

① 武家昌：《遼寧近年出土、徵集的宋遼金官印選輯》，《文物》1984 年第 9 期。

在1974年吉林洮安出土[①]。各地的考古發現數量較多,例如內蒙古發現明代銅印,印文"木答里山衛指揮使司印"(圖1下7－28),圓柄左方刻"禮部造""永樂四年十月日"[②]。

圖1下7－28

圖1下7－29

圖1下7－30

雲南大理洱海退水時,經常發現明代衛所官印,截至1986年為止,計有28方。除永樂元年(1403年)、弘治七年(1494年)、嘉靖四年(1525年)各1枚外,均為洪武年款印,最早洪武十六年(1383年),最晚嘉靖四年(1525年),為大理、洱海、蒙化、瀾滄、大羅衛所建制,為九疊篆。值得注意的是,印文筆畫之間距離均衡,而且滿印面多見橫綫,與元代八思巴篆體印相似。它是經過處理的,筆畫簡單加疊,如"戶"變直綫為折綫,見於"洱海衛右千戶所百戶印"(圖1下7－29),同一個字在一個印面中加疊有變化。此印中行"千戶"之"戶",下成四橫,後"百戶"之"戶"下成六橫。甚至不惜在不宜變化的部件中也加疊,如"大理衛右千戶所百戶印"之"理"字,左旁"王"就在最末橫筆向上延伸加疊外,右旁"里"之"田"左右兩側加疊多出四短橫,形成整字左右相仿的格局。"大理衛指揮使司經歷司之印",雖同為九疊,"理"字"王"旁中間寫成一個"田"字,沒有前二印加疊,而"印"字疊文完全相同[③]。湖南城步苗族自治縣發現明代千戶所正千戶玉印,印面陽刻"湖廣靖州衛守禦城步正千戶所千戶張關防"(圖1下7－30),為明弘治年間正千戶張昇之印。此印規整嚴謹,無論每字筆畫多寡,所佔空間相等,每筆之間距離完全相等。它是九疊篆中章法最佳的作品之一[④]。嘉善縣鳳桐鄉發現南明關防銅官印,印面刻陽文九疊篆書"總理兩淮鹽法兼督江防軍務關防",印體右側楷書刻款:"弘光元年四月　日",印背紐左側刻款"敕字五百十四號　禮部造"。此印寬邊,字形茂密,筆畫較粗,除了"江""防"有明顯

① 羅福頤:《古璽印概論》,文物出版社1981年版,第92頁。
② 汪宇平:《呼盟烏蘭浩特市北方發現明代銅印》,《文物參考資料》1958年第6期。
③ 楊益清:《雲南大理發現一批明代官印》,《文物》1986年第7期。
④ 丁中炎、魏人楝:《湖南城步苗族自治縣發現明代玉印》,《考古》1986年第1期。

圖 1 下 7－31

的九疊外，大多數字衹是稍有加疊，"鹽""法""兼""督""關"根本没有疊筆①。

西藏、青海收藏有明代敕賜地方的印章。永樂五年（1407 年）二臺銀印"朵甘衛都指揮使司印"（圖 1 下 7－31），九疊篆，綫條剛勁挺拔，後世稱為鐵綫篆。洪武五年（1372 年）螭紐玉印"灌頂國師之印"，九疊篆，筆畫粗方，有棱角。永樂四年（1406 年）螭紐玉印"灌頂國師闡化王印"，九疊篆，綫篆，雙邊，粗框內加細框。永樂十一年（1413 年）駝紐金印"闡教王印"，也為九疊大方篆②。宣德二年（1427 年）象牙印章"真修無礙"，綫框，字形規正，方中見圓，類似後世之閒章。成化二十二年（1486 年）鎏金銅印"廣慧悟法淨覺妙善翊國衍教灌頂戒定西天佛子大國師印"。印面文字大小錯落，筆畫均匀③。兩印皆九疊篆，但是疊筆很少。

明代的官印文字基本上繼承了宋代以來的疊篆制度，並且具有時代的特點。首先，嚴格遵照傳統小篆的字形結構，放棄宋金官印違背文字結構的各種離奇寫法。其次，印內各字所佔的空間相等，同樣大小，而且不管筆畫衆寡，各字筆畫密度統一，大大減少大小字錯落，儘量做到各字空間相等，使得文字排列更加整齊。再次，字形整飭嚴謹，筆畫方圓合度，新創的鐵綫篆細如毫髮，一絲不苟。總之，明代的九疊篆在各個規範方面均有很大的提高。

九疊篆是一種非常特殊的篆體，它並非篆體本有的體勢。它的來源很少有人論及。

《宋史・輿服志六》説，蜀中鑄印官祝溫柔，自言其祖為唐禮部鑄印官，世習繆篆，這暗示了九疊篆出於漢代的繆篆。漢代之繆篆，在本書繆篆一節已作説明，它是用多種手法美化的印文。筆者反觀漢印的實際情況，衹是印文方正，印面較為飽滿，並没有見到反復重疊的文字，所以認為疊篆出於漢代繆篆並不是客觀的。元吾丘衍早就指出："漢有摹印篆，其法衹是方正篆法，與隸相通。後人不識古印，妄意盤屈，且以為法，大可笑也。"④

不過唐代流行雲篆，可見於各種銘刻書，顔師古誤將所見雲篆當作繆篆。如果將祝溫柔世習繆篆改為世習雲篆的話，那就不錯了。

唐代的印章篆文是否有疊篆呢？唐代官印的篆文帶有南北朝以來的俗體篆字，筆畫疏散，伸張自由，字形不甚規整，與一般書寫體勢没有太大的差別。印面的文字

---

① 朱瑞明：《浙江嘉善出土一方南明官印》，《文物》1990 年第 3 期。
② 西藏自治區文物管理委員會：《明朝封授西藏地方官員的印章》，《文物》1981 年第 11 期。
③ 白萬榮：《明代敕賜樂都縣瞿曇寺二印》，《文物》1984 年第 9 期。
④ 見元陶宗儀《南村輟耕錄》卷三十"印章制度"引。

安排不甚講究，體現不出漢魏以來茂密的章法，同時没有發現類似九疊篆格式的印文或者類似風格的官印。元吾丘衍《學古篇·三十五舉》："凡屈曲盤回，唐篆始如此。今碑刻有顔魯公官誥尚書省印，可考其説。"顔魯公官誥也稱顔魯公自書告身，現在有紙本存世。墨書文字之下鈐滿尚書省印，可惜印文不甚清楚。河南靈寶徵集的"東都尚書吏部之印"[①]，為玄宗以後留守東都洛陽尚書省吏部官員之印。兩個"尚書"官印基本格式相同，但是印文中僅有"之"字有曲折，並與上字"部"之"邑"下之曲折相連成六疊。唐代官印雖有疊筆，但是與宋金的疊篆不同，兩者是前因後果的關係。清陳澧《摹印述》已經指出："昔人謂唐時印皆九疊篆，其實不盡然，厲萬樹嘗扁之矣，九疊篆甚俗，然實出於繆篆屈曲填滿之法，但加甚耳。"

在宋代以前就存在屈曲纏繞的篆法，疊筆是一種成熟的書法技巧，流傳有緒。洛陽東郊發現的鄭（隋末王世充所建政權）"孟夫人銘"，"夫"下為疊筆，成"亞"字狀[②]。

山西長治唐代王惠墓發現高宗上元三年（676 年）的墓誌一合，誌文楷中帶行，筆畫柔勁，字跡精美。誌蓋俗體篆文"唐故王君墓誌之銘"，係雙鉤字體，筆畫體形均呈方形。其字結構多有疊筆，横畫兩端向上短竪，或短竪再加二疊，"口"成山字形，其中間竪筆呈長"口"字形[③]。可見疊筆的歷史相當悠久，至少隋唐時期就流行了。不過唐代疊篆不成規模，而且與官印無關，兩者没有直接的繼承關係。

道教祕文是一種宗教字式，它來源於東漢時期的民間俗體，早就與通行字分道揚鑣。漢代複文是較早的祕文，以堆疊同樣文字（主要是"日"字）為特徵，南北朝時期形成了一種篆體祕文——雲篆，就是在此基礎上發展起來的。雲篆的特徵是破壞字的原來結構，筆畫往來盤曲，似祥雲纏繞連綿不斷。雲篆在唐宋時期得到了很大的發展，成為道教隱祕文獻的重要形式，唐宋墓葬出土的鎮墓眞文就是此類祕文。鎮墓眞文已經發現了多處。唐代有咸陽梁王武三思墓内出土一合，為"靈寶赤帝三炁天文"。西安龐留村唐壽王第六女清源縣主墓，出土鎮墓石全套五合。陝西蒲縣唐橋陵發現兩方鎮墓石，稱為"南方鎮符瘞石""西方鎮墓鎮符瘞石"[④]。宋代眞文鎮石的年代集中在北宋後期，以徽宗朝最多。

官印疊篆是從祕文或者直接從道教印章文字借用過來，但是道教的雲篆隨機性變化很多，如果照搬的話，文字會變得無法辨認。宋金以來官印的疊篆，排除了那些過度變異的方法，基本保持了篆文的框架。因此疊篆出於雲篆，卻有别於雲篆，是可

① 郭敬書：《靈寶縣發現唐"東都尚書吏部之印"》，《文物》1989 年第 7 期。
② 馬三鴻、張書良：《洛陽發現"鄭"劉開妻孟夫人墓誌》，《文物》1999 年第 1 期。
③ 長治市博物館：《山西長治唐代王惠墓》，《文物》2003 年第 8 期。
④ 雷武新：《唐橋陵五方精石》，《書法叢刊》2007 年第 1 期。

以識別的，並没有釋讀的問題。西夏文、契丹文和八思巴文採用疊篆的形式，因為這些文字結構上没有漢字複雜，筆畫少，特別是八思巴文是字母文字，形體簡單，疊筆來回繁複，根本無法辨認。唐宋時期因為朝廷尊奉，道教盛極一時，採用疊篆有其宗教和政治背景。祕文不是一般的文字，道教認為它是具有法力的，能鎮鬼驅魔，號令天下。官印採用疊篆，不僅給人以神祕感，同時寓意了道教的無邊法力。

第四節　《説文》學昌明之元明清篆書

元明時期深化了宋人字學，偏重於解釋文字、訂正舊説、自創新見。這個階段，重要的文字學著作不斷推出。《説文》學有元周伯琦《説文字原》、明趙宧光《説文長箋》，六書學有元初戴侗《六書故》、元楊桓《六書統》以及《六書統溯源》、明趙古則《六書本義》。不過字學大家中不乏爭議者。《六書故》"以六書明字義"，但是多出己意。"其文皆從鐘鼎，其注既明隸書，又改從篆體，非今非古"[1]。元代楊桓精於篆籀之學，作《六書統》，羅列古文、大篆、鐘鼎文、小篆，觀文字之變；又作《六書溯源》，但"所載古文，自憑胸臆，增損改易，其字已多不足信。至於此書，皆《説文》不載之字，本無篆體，乃因後世增益之訛文，為之推原作篆"[2]。唐宋以來的古篆中常常有托古私造古文、篆字的，後來篆字難免不受影響。元代之古篆之學大致思索多於考證，謹嚴不足。

元代能篆之人甚多，其中不乏文字學家。較為著名的有周伯琦、楊桓、趙孟頫等。周伯琦，江浙行省左丞，後依附張士誠。"工眞、草、篆、隸，而篆尤精也，元人無出其右，世行其《六書正訛》《説文字原》。"[3]楊桓工書法，與他學養相稱，精通篆籀。除了篆書刻石留世外，有墨蹟《尚書・無逸》(圖 1 下 7－32)，筆致精謹。趙孟頫，元代書法巨擘，雖未記載字學修養，卻精於篆書書法。《元史・趙孟頫傳》稱其"篆、籀、分、隸、眞、行、草書，無不冠絕古今"。篆書《六體千字文》中的篆書，取法《石鼓文》《詛楚文》，多有創造。

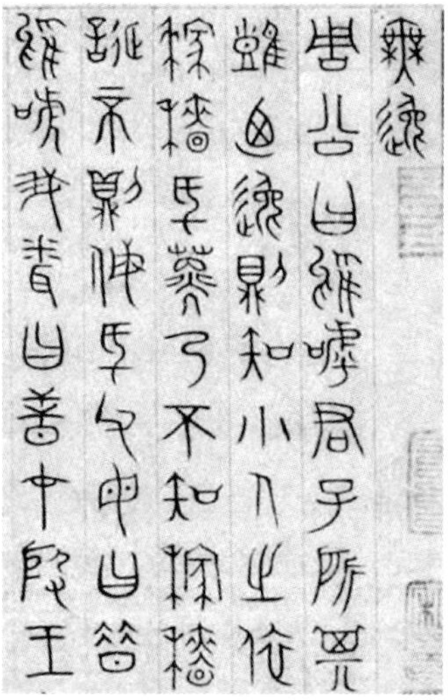

圖 1 下 7－32

洛陽西呂廟遺址元賽因赤答忽墓出土至正二十五年(1365 年)墓誌一合，蓋篆額陰刻"大元故太尉翰林學士承

① 《四庫全書總目提要》，中華書局 1965 年版，第 351 頁。
② 《四庫全書總目提要》，中華書局 1965 年版，第 371 頁。
③ 見郎瑛《七修類稿・詩文類・理公巖碑》。

旨銀青榮祿大夫賽因赤答忽公之墓”(圖1下7-33),篆額書者為集賢大學士光祿大夫滕國公張璨[①]。張璨未以字學稱名,然篆字純正,書法溫潤靜穆,顯示出不弱的功力。

圖1下7-33

總之,元代篆字規範,作為書法藝術,從創作的角度來説,足具創新,成就可觀;若從形體學而言,糅雜古今,不足取則。

明焦竑《玉堂叢話》卷七“巧藝”:“滕用亨,初名權,字用衡,避諱更今名,蘇人。自少遊學四方,頗多見聞,問學辯博,文詞爾雅,尤精六書之學,篆法之妙,高出近世。永樂三年被薦,時年幾七十矣。召見,面試篆書,用亨作‘麟鳳龜龍’四大字,又獻禎符三詩,稱旨,授翰林待詔,預修《永樂大典》。在官四年卒。”明代前期朝廷看重書法,書法優良者得以重用。故讀書人留心字學,且寫字光潤、規矩。很多士人識篆、能篆,熟悉篆字結構。明葉盛《水東日記》卷四“盧公武兄弟”:“昆山盧熊,字公武,洪武初名儒,大通篆籀之學。嘗為兗州知州,既視篆,即具奏,以印文‘兗’字誤類‘衮’字,上不怡,曰:‘秀才無禮,便道我衮哩。’幾被禍。”透過這種社會風尚,我們可以看到篆書在當時讀書人心中的地位和知曉程度。同時社會對篆書的要求也比較高,延請名家、官宦書篆。

明代的篆書使用於碑石、墓誌等場合,範圍有限。明豐坊《書訣》:“小篆,李斯製,碑額、誌蓋、齋匾用之。”士紳之家延請名家書篆。而明代有很多精於篆字的讀書人,書法家對於篆字功力很深,一絲不苟,在規矩上追求藝術風格。所以明代的篆書總體上是遵守《説文》小篆之法,不在結構上創新。出土的誌蓋上,可以見到溫潤端莊的玉箸篆體。

南京將軍山明代沐昂夫婦合葬墓出土沐昂及夫人文氏二墓誌銘,魏驥書丹,篆蓋:“故特進榮祿大夫右軍都督府左都督追封定邊伯謚武襄沐公墓誌銘”(圖1下7-34),“中憲大夫、南京太常寺少卿四明鄭雍言篆蓋”。後者“故定邊伯夫人文氏墓誌銘”(圖1下7-35),“賜進士中憲大夫、南京太常寺少卿四明鄭雍言篆并書”。沐昂卒於正統十年(1445年),文氏卒於正統十一年(1446年)[②]。

鄭雍言,浙江鄞縣人,明永樂十三年(1415年)洪英榜進士,選庶吉士,曾參與編修《永樂大典》,擅《春秋》,終官太常少卿。明朱謀垔《續書史會要》:“鄭雍言,四明人,舉進士,官中書舍人。工行草、小楷、篆書。”

---

① 洛陽市鐵路北站編組站聯合考古發掘隊:《元賽因赤答忽墓的發掘》,《文物》1996年第2期。

② 南京市博物館、江寧區博物館:《南京將軍山明代沐昂夫婦合葬墓及M6發掘簡報》,《東南文化》2013年第2期。

圖 1 下 7 - 34

圖 1 下 7 - 35

明憲宗孝貞皇后王氏家族墓位於南京南郊，1987 年到 1988 年發掘，出土完整墓誌六合。一是王鉞墓誌，成化己亥(1479 年)“賜進士嘉議大夫南京禮部侍郎前太常少卿翰林侍讀經筵講官直東閣同修國史西蜀李本篆蓋”。二是王詮妻李玉墓誌，弘治丙辰(1496 年)“太子少保戶部尚書侍經筵官山陽葉淇書丹，太子少保都察院左都御史經筵官四明屠滽篆蓋”。《佩文齋書畫譜》卷四十二“書家傳”：“屠滽字朝宗，號丹山，鄞縣人。成化丙戌舉進士，試監察御史，弘治中為吏部尚書。”三是王銳墓誌，弘治丙辰(1496 年)“奉敕協同守備兼管南京右軍都督府事提督大小教場神機新江口等營總兵官柱國武靖伯鳳陽趙承慶篆蓋，賜進士出身通議大夫南京刑部右侍郎前都察院右副都御史泰和蕭禎書丹”。四是王銳妻楊氏墓誌，弘治元年(1488 年)“賜進士出身中憲大夫南京太常少卿前翰林侍講經筵官兼修國史莆田陳音書丹，賜進士出身南京工科給事中東嘉章玄應篆蓋”。五是王洪墓誌，弘治己酉(1489 年)“賜進士出身奉議大夫南京吏部文選郎中東嘉杜整書丹，奉議大夫南京尚寶司卿吳郡李應禎篆蓋”。李應禎事迹詳後文。六是王洪妻成氏墓誌，弘治丁巳(1497 年)“朝列大夫廣東布政使司左參議檇李羅麟書”。①

現存明碑《重修雞鳴禪寺記》現在横置大悲殿東北角，已經斷為兩截。立碑在弘治六年夏之後。“南京左軍都督府前掌府事、柱國、隆平侯鳳陽張祐書丹，賜進士出身、資政大夫、奉敕參贊機務、南京兵部尚書、前都察院左僉都御史、工部尚書古雄侯瓚篆額。”篆額者侯瓚，字奉章，保定府雄縣(今河北省雄縣)人②。

沐斌夫婦合葬墓發現徐氏墓誌，誌蓋刻“黔國夫人徐氏墓誌銘”，兵部尚書東鹿王驥書眞書，“雲南按察司副使、前中書舍人姑蘇姜濬篆”③。徐氏卒於景泰五年(1454 年)。

① 邵磊、駱鵬：《明憲宗孝貞皇后王氏家族墓的考古發現與初步研究》，《東南文化》2013 年第 5 期。

② 楊曉春：《南京雞鳴寺現存明碑〈重修雞鳴禪寺記〉探析》，《東南文化》2013 年第 5 期。

③ 南京市博物館、江寧區博物館：《南京將軍山明代沐斌夫婦合葬墓發掘簡報》，《東南文化》2013 年第 2 期。

宣德五年(1430 年)宦官楊慶墓墓誌蓋篆:“大明故都知監太監楊公墓誌銘”(圖 1 下 7－36),“徵仕郎中書舍人姑蘇姜濬書丹,徵仕郎中書舍人劉素篆蓋”[1]。姜濬,字子澄,江寧人,善於楷書,尤精小楷。洪熙元年(1425 年)授中書舍人,宣德年間出使南京。所書篆字形體工整,結構嚴謹。劉素,字太初,永樂間擅長楷書,入選翰林供奉。其父劉理洪武間為中書舍人,工於篆書。可見劉素之篆源於家學,所書篆蓋字形合於小篆,而少有變化,具有書法意趣。

圖 1 下 7－36

南京市江寧祖堂山明墓,出土宣德九年(1434 年)壽藏銘,誌蓋銘“大明都知監太監洪公壽藏銘”(圖 1 下 7－37),“徵仕郎中書舍人姑蘇姜孟圭篆額”[2]。

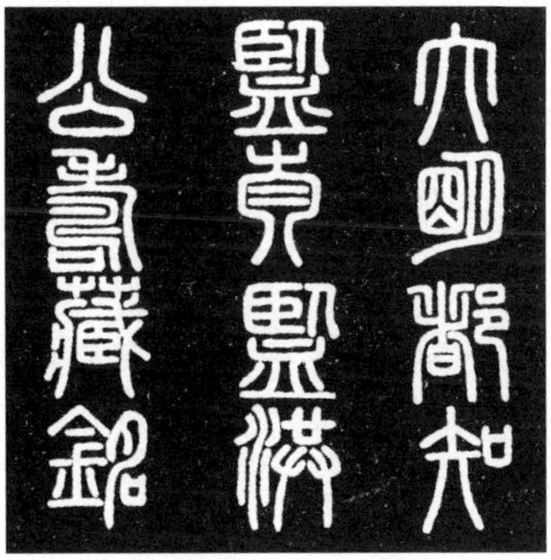

圖 1 下 7－37

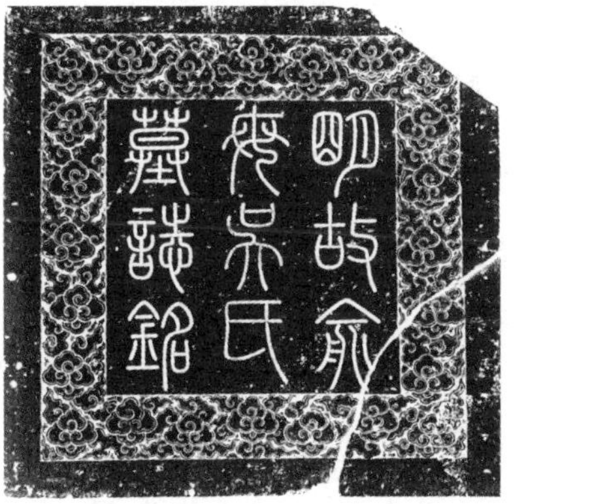

圖 1 下 7－38

成化二年(1466 年)明吳善智墓誌,南京禮部郎中致仕雲間金鈍書丹,容臺印史致仕四明楊準篆額“明故俞母吳氏墓誌銘”(圖 1 下 7－38)。成化七年(1471 年)杜妙音墓誌,由奉訓大夫南京刑部員外郎仁和項麟書丹,徵仕郎中書舍人直文華殿吳郡李應禎篆額“明故俞母杜孺人之墓”。整理者認為楊準“官至容臺印史,他的官職很可能和他的篆刻才能有關”。[3] 李應禎,《明史・文苑傳・文徵明》:“徵明幼不慧,稍長,穎異挺發。學文於吳寬,學書於李應禎,學畫於沈周,皆文友也。”《分隸偶存》卷下:“李應禎名甡,以字行,更字貞伯。長洲人。景泰癸酉舉鄉試,入太學,授中書舍人,宏治中為太僕少卿。博學好古,篆楷俱入格。”

① 邵磊:《明代宦官楊慶墓的考古發掘與初步認識》,《東南文化》2010 年第 2 期。
② 南京市博物館、江寧區博物館:《南京市祖堂山明代洪保墓》,《考古》2012 年第 5 期。
③ 賀晏然:《明吳善智、杜妙音墓誌銘考》,《東南文化》2011 年第 3 期。

圖 1 下 7－39

洛陽考古隊在新安電廠基建工程中發現明末崇禎十年(1637 年)徐玄初夫婦合葬墓,墓誌蓋篆“明正貢徐伯子玄初公暨配王太孺人合葬墓誌銘”(圖 1 下 7－39)。根據誌文“賜進士第協理府事少詹事兼翰林院侍讀學士盟津眷生覺斯王鐸頓首拜篆”①,“明”出頭一字,末行 3 字,與常規寫法不同可知,篆蓋者是大書法家王鐸。王鐸(1592—1652),明末清初著名書畫家,與董其昌齊名,累擢禮部尚書。清軍入關後被授予禮部尚書,官弘文院學士,加太子少保。擅長行草,未聞書篆。誌篆書法不佳,或恐為托名,或恐王不�篆書,此乃眞實面目。

明代民間多有喜好篆書者。明蘇伯衡《景古齋記》記,平陽有好古之士曰吳元范氏,凡一言一行皆師古之人,而性嗜篆、隸、眞行諸書。至於流俗,大致是粗知篆文,其錯誤、隨意省減是常見的。

清代樸學興起,《説文》學超逸前代,達到鼎盛時期,出現了段玉裁、桂馥、朱駿聲、王筠等為代表的一大批學者,他們以《説文解字》為中心,研究文字結構,探索文字源流,明確本字和本義,著述甚衆。這極大地普及了篆文知識,使得小篆成為高端士人的必備知識之一。他們研習《説文》,熟悉小篆,進而以書寫篆文為樂,並以正篆為規範。清人對古文字的態度嚴肅,出現諸多篆書名家,他們尊奉李斯秦篆、李陽冰玉箸篆,以圓潤規整為尚。

繼承宋明以來的金石學傳統,著錄古代鐘鼎彝器之文,自雍正、乾隆到嘉慶、道光年間,商周重器現世,諸如毛公鼎、虢季子白盤、大盂鼎、大克鼎相繼出土,拓本傳世,士大夫嗜之如蜜,發現的先秦漢代的金石文字材料越來越多,金石考據學進入了全盛時期。阮元完成了《積古齋鐘鼎彝器款識》(圖 1 下 7－40),直接宋代《歷代鐘鼎彝器款識法帖》,研習之風漸開,由學者推廣到社會,一代專門書寫篆文的書法家應運而生,給書法藝術帶來了一批新秀。以書寫篆書聞名者,有康熙朝的王澍,乾隆朝的桂馥、洪亮吉、孫星衍、錢坫等,以及乾嘉時期的鄧石如等。特別是鄧石如,他瀏覽古來的金石碑帖、三代金文、秦漢碑額瓦當乃至《石鼓文》,融會篆隸,直追大篆意趣。他採用長鋒羊毫作書,以玉箸篆為基礎改變了勻稱纖細的形式,開創了篆書的新體勢。與此同時,清代篆刻學達到頂峰,篆刻大家輩出,從小篆到戰國印文,無不搜索入印,每字講究來歷,拓展了金石學範圍。

① 謝新建、李永強:《洛陽發現的王鐸篆書墓誌銘》,《文物》1999 年第 7 期。

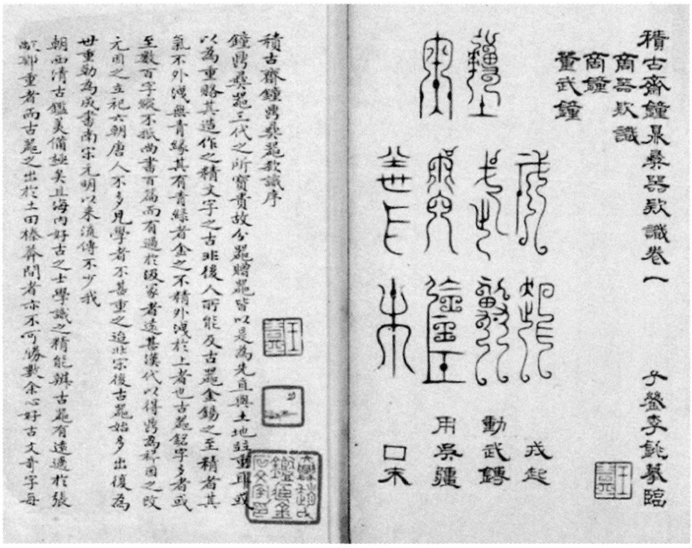

圖 1 下 7－40

圖 1 下 7－41

吴大澂(1835—1902),字止敬,號恒軒,晚年又號愙齋。金石大家,專精《説文》,於大篆深有研究,編撰《説文古籀補》,收字三千五百餘字,是把傳統《説文》研究與出土文獻結合的先例(圖 1 下 7－41)。陳介祺《説文古籀補・敍》云:"許氏之書至宋始著,傳寫自多失眞。"吴自敍云:"是編所集多許氏之未收,有可正俗書之謬誤者,間有一二與許書重複之字,並存之以資考證。"利用三代金文資料逐條補充《説文》大篆不足,拓寬了《説文》學的領域,而且寫刻俱精,字形不失本形,開創近代金文研究的新局面。其後模仿或者接續之作漸起,其中丁佛言《説文古籀補補》充實了古籀的内容,擴大了範圍。其後吴昌碩選擇大篆,直接從《石鼓文》著手,臨摹復活了秦代大篆。吴昌碩,原名俊卿,字昌碩,晚清民國初著名篆刻家、書法家、畫家,學術功力深厚,藝術服從於學術,對於大篆的書法實踐重視字學,從不妄自創造,所以忠實於先秦金文實際構造,他的擬古大篆也表現出書寫之美。吴昌碩的《石鼓文》書法在濃重的金石學氛圍中,以臨作面世,不越雷池一步,在文字結構上絕不造次,不過在筆畫綫條的雄渾肥碩與鄧石如一脈相承,而自如隨意更加具有書寫的靈動之氣。總之,以大篆、小篆為明代古文字學,在有清一代大放光明,作為古文字的書法取得了豐碩的成果。楊守敬《學術邇言》云:"國朝行草不及明代,而篆分則超軼前代。"事實確實如此,在秦漢以後,無論篆字的研究還是書法,清代是一個高峰。

第二编上

汉隶形体史

第一章　隸書之產生

第一節　廣義之隸書和史籍中之隸書

隸書是漢字史研究中使用最頻繁的名詞，但是它的概念確實很含糊。

隸書的説法始見於《漢書》和《説文》。清代桂馥《説文解字義證》收集了“隸書”名詞的用法，羅列了大量的材料。隸書之得名有兩種説法：一種是施之徒隸説，一種是輔佐説。

施之徒隸的説法較為普遍。《漢書·藝文志》：“六體者，古文、奇字、篆書、隸書、繆篆、蟲書。”顏師古注：“隸書，程邈所獻，主於徒隸，從簡易也。”“是時始造隸書矣，起於官獄多事，苟趨省易，施之於徒隸也。”《説文解字·敍》：“（秦時）初有隸書，以趣約易。”段玉裁云：“以便於官獄職務也。”《魏書·江式傳》：“隸書者，始皇使下杜人程邈附於小篆所作也，以邈徒隸，即謂之隸書。”徒隸是什麼呢？《管子·輕重乙》：“今發徒隸而作之，則逃亡而不守。”這個徒隸是勞作的刑徒，以此説隸書是給刑徒使用的。魯國堯在前人研究的基礎上，對“隸書”這個名詞作了大量的梳理，認為“隸書”在王充《論衡·正説》、許慎《説文解字·敍》以後就流行開了。至於隸書之“隸”之含義，他支持刑徒的説法：“為了處理如此多的刑事犯罪案件和公務文書，就要求快速、簡易。因而產生了施加於徒隸，對付、處理其他犯罪案件的簡率的新書體。罪犯們叫‘徒隸’或‘隸’，因此這種書體就叫隸書。”①除了刑徒，徒隸還有小吏的意思。《周禮·天官》：“胥十有二人，徒百有二十人。”賈公彥云：“胥有才智，為什長。徒給使役，故一胥十徒也。”《左傳·昭公四年》：“輿人納之，隸人藏之。”杜預注：“輿、隸皆賤官。”司馬相如《上林賦》：“地可墾辟，悉為農郊，以贍萌隸。”郭璞引司馬彪云：“隸，小臣也。”徒隸是義複詞，就是衆小雜吏。《晉書·衛恒傳》：“秦既用篆，奏事繁多，篆字難成，即令隸人佐書，曰隸字。”衛恒《四體書勢》：“或曰下杜人程邈為衙吏，……從獄中改大篆，少者增益，多者損減，方者使圓，圓者使方。”程邈就是此類雜吏。因此隸書是供低級吏員日常書寫的字體。

隸書又稱左書，或寫作佐書。《説文解字·敍》：亡新居攝，時有六書，“四曰左書，即秦隸書。”段玉裁注：“左，今之佐字。”“左書，謂其法便捷，可以佐助篆所不逮。”左書的含義是輔佐篆體的意思，這是對於隸、篆兩種字體的關係而言。漢代的佐也稱

① 魯國堯：《“隸書”辨》，《語言學論叢》第七輯，商務印書館1981年版，第111頁。

佐史，是漢代管理系統中的佐僚、屬吏。《漢書·百官公卿表上·縣令長》：“百石以下有斗食、佐史之秩，是為少吏。”師古注引《漢官名秩簿》云：“斗食月俸十一斛，佐史月俸八斛也。”《漢書·惠帝紀》：“賜給喪事者，二千石錢二萬，六百石以上萬，五百石、二百石以下至佐史五千。”如淳曰：“律有斗食、佐史。”韋昭曰：“若今曹史、書佐也。”秦代的隸書衹是隸人所用，進入漢代，隸書的地位提高，成為上下通行的常用字體，但是不能作為典雅的字體，重要場合不能使用，因此叫左書，明確其性質，故隸書的別名為佐書。所謂佐書即佐所書也。《漢書·王尊傳》：“原其所以，出御史丞楊輔，故為尊書佐，素行陰賊，惡口不信，好以刀筆陷人於法。”《後漢書·百官志五》：“(州郡)皆有從事史、假佐。”“閣下及諸曹各有書佐，幹主文書。”《後漢書·蔡邕傳》：“郃為司隸，又托河内郡吏李奇為州書佐。”注引《續漢志》曰：“書佐，主幹文書。”《華山碑》：“遣書佐新豐郭香察書，刻者潁川邯鄲公修、蘇張。”新豐郭香察書，勘定碑文，則書佐郭香行勘察之職，依然為主幹文書。

關於隸書的形體特徵，董志翹認為：“除字形方正、綫條平直外，更關鍵的條件是：結構的簡省，以筆畫取代綫條，進一步符合人們書寫的生理特點，不再出現逆筆。”從形體結構上看，由繁趨簡，由綫條化趨筆畫化，逆筆逐漸消失。從書法的角度來看，戰國時期的隸書已經開始具備了波磔和出鋒這兩種典型的隸書筆法①。

隸書的形體，《漢書》謂之“苟趨省易”，《説文》謂之“以趣約易”，其特點在於省易和簡約。隸書是篆書的輔體，它不是一個固定的形體概念，不同階段的形體是不一樣的。清桂馥《説隸》：“作隸不明篆體則不能知其變通之意，不多見碑版則不能知其增減假借之意。隸之初變乎篆也，尚近於篆，既而一變再變，若兒孫之於鼻祖矣，又若水之同源異派矣，又如酒之脱郤米形矣。”“蓋篆有定體，隸無專形。”有人認為隸書是篆書的俗體。王筠《説文釋例》卷五引印林曰：“《説文》重文於古文、籀文、奇字外，又有或體、俗體者，皆以紀小篆之異文也。”“累溯而上之，一時有一時之俗，許君所謂俗，秦篆之俗也，而秦篆即籀文之俗，籀文又即古文之俗也。不然，鄉壁虚造不可知之書，許君而猶録之。”王筠曰：“漢人所行者隸楷也。”裘錫圭説：“可以把秦簡所代表的字體看作由篆文俗體演變而成的一種新字體，很多人認為簡上的文字就是秦隸，這應該是可信的。”②這裡説的俗書就是俗體，不過篆之俗體未必都是簡省，還有異體，兩者有所區別。

應該指出，從隸書的名稱看，或是徒隸所作、或施之徒隸、或者佐書，説明何人造、何人用、什麽地位，都没有對它的具體形體作任何的透露。有一點可以肯定，隸書比篆體簡捷方便，這種簡捷的程度就是它的形體並無規定。它隨著時代前進而變換，秦隸與漢隸不同、今隸與古隸不同，即使漢隸，早期與後期也不同，因此隸書之為體，變

① 董志翹：《從出土戰國文字材料看“隸變”》，《淮北煤師院學報(社會科學版)》1987 年第 4 期。
② 裘錫圭：《文字學概要》，商務印書館 1988 年版，第 68 頁。

化最大，可以説隸書無定體。

何謂古隸？

一種是把秦隸叫作古隸，是與漢隸相對立的概念。秦代銅權刻銘為古隸，其説起於顔之推。北齊顔之推《顔氏家訓·書證》：“開皇二年五月，長安民掘得秦時鐵稱權，旁有銅塗鐫銘二所。其一所曰：‘廿六年，皇帝盡并兼天下諸侯，黔首大安，立號為皇帝，乃詔丞相狀、綰，法度量則不壹嫌疑者，皆明壹之。’凡四十字。其一所曰：‘元年，制詔丞相斯、去疾，法度量，盡始皇帝為之，皆有刻辭焉。今襲號而刻辭不稱始皇帝，其於久遠也，如後嗣為之者，不稱成功盛德，刻此詔□左，使毋疑。’凡五十八字，一字磨滅，見有五十七字，了了分明。其書兼為古隸。”蔣善國認為秦權二十六年詔版是小篆，不是古隸。但是，“秦二世元年詔版上面的字，形體在小篆和今隸之間，纔是古隸。”[①]蔣善國説的古隸就是秦隸：“古隸也叫秦隸，是漢字從古文字變到今文字的過渡形式，因而它是古文字跟今文字之間的一種形式。”“古隸是古文字形體最後的簡化形式，是各階段古文字形式簡化的總彙，是由小篆演變到漢隸的一種過渡形式。”[②]蔣善國的古隸不僅指秦隸，還包括西漢前期的隸書。“古隸通行的時期很短，從秦始皇末年起，到了漢宣帝的時候，漢隸已經定型了，因而流傳到後世的古隸很少。”[③]總之，蔣善國之古隸是秦隸加上初漢時期的漢隸，是區別類似八分的隸書。

一種是把與今隸對立的概念叫古隸。《西京雜記》卷六：“杜陵秋胡者，能通《尚書》，善為古隸字。”晉王羲之（303—361）《題衛夫人〈筆陣圖〉後》：“其草書，亦復須篆勢、八分、古隸相雜，亦不得急。”晉唐時，稱眞書為隸，漢代隸書就是古隸。明陶宗儀《書史會要》卷七“大元”載王務道、吳志浮“古隸學《孫叔敖碑》”。《孫叔敖碑》是漢隸，在後世稱為古隸。蔣善國也把古隸、今隸相對，但是他將古隸定為秦隸，今隸定為漢隸。因此漢代隸書可以分出古隸和八分，古隸指早期隸書。“一般把隸書分成古隸和八分兩個階段。八分指的是結體方整、筆畫有明顯的波勢和挑法的隸書，也就是通常所説的隸書。八分形成以前的隸書就是古隸。馬王堆1號漢墓的隸書顯然屬於古隸。”[④]

李學勤指出：“馬王堆簡帛向我們展示了這一轉化時期的種種文字現象。例如可能寫於秦始皇二十五、六年的帛書《式法》（舊題《篆書陰陽五行》），保存大量楚國古文的寫

① 蔣善國：《漢字形體學》，文字改革出版社1959年版，第172頁。
② 蔣善國：《漢字形體學》，文字改革出版社1959年版，第166、169頁。
③ 蔣善國：《漢字形體學》，文字改革出版社1959年版，第171—172頁。
④ 裘錫圭：《從馬王堆一號漢墓“遣策”談關於古隸的一些問題》，《考古》1974年第1期。

法，又兼有篆隸的筆意，大約是一位生長於楚，不很嫻熟秦文字的人的手跡。同樣書寫時間較早的帛書《五十二病方》，寫者應是秦人，字體是帶有濃烈篆書意味的隸書。”[①]“也許我們可以把武帝中晚期看作隸書發展的前後兩個階段之間的過渡時期。前一階段的隸書既可以稱為早期隸書，也可以稱為古隸，後一階段的隸書既可以稱為成熟的隸書，也可以稱為八分（昭帝時代的隸書，有些還帶有比較濃厚的古隸意味，也許可以把昭帝時代也包括在過程中）。”[②]學術界大都採用這個古隸概念。不過這個概念不甚嚴密，八分是漢魏對於漢代後期流行的碑刻字體的稱呼，它的形體特點不僅僅體現在方正和波挑上，而且八分的前身是史書，古今兼形。因此，把秦隸排除在古隸之外，古隸專門定為西漢前期隸書，少波勢，帶有濃厚篆體結構，但是它不包括馬王堆帛書《老子》乙本的那種形體。

元代吾丘衍《學源七辨》分秦隸、八分、漢隸為三，云“秦隸分未有挑法之隸也”。容庚認為：“從無點畫俯仰之勢之秦隸，漸變為方折有挑法之漢隸。”[③]

宋人把漢代八分改稱隸書，可見諸宋人著述。宋婁機《漢隸字源》收錄漢碑三百有九，魏晉碑三百有一。洪适《隸釋・序》：“本朝歐陽公、趙明誠，好藏金石刻漢隸之著錄者。”《隸釋》卷二“殽阬神碑陰”跋“漢隸之神品也”。明王世貞《古今法書苑・序》：“秦隸復省而為漢隸。”八分是漢隸中較為特殊的字體，它不能指代整個漢隸，宋人把八分當作漢隸，並不確切。這個錯誤概念流傳久遠，根深蒂固，直至現在依然很有影響。今人蔣善國在論述古今文字分期的時候，把秦隸作為古隸，把今隸作為漢隸，[④]依然是以八分作為漢隸主體。筆者認為所謂漢隸應該還是它本來的含義，即漢代的隸書，體制較為特殊的八分衹是漢隸之一。

第二節　隸書之起源

關於隸書的起源有以下幾種説法。

一是隸書起於秦代説，這是傳統的主流説法。《説文・敘》：“是時秦燒滅經書，滌除舊典，大發吏卒，興戍役，官獄職務繁，初有隸書，以趣約易，而古文由此絕矣。自爾秦書有八體：……八曰隸書。”這個説法得到肯定。如《宣和書譜・隸書敘論》：“秦并六國，一天下，欲愚黔首，自我作古，往往非昔而是今，故以李斯變大篆，以程邈作隸文，種種有不勝言者，然而或足以垂法而利民，宜後世有取焉，此隸所由作。”

二是隸書起於周代説。北魏酈道元《水經注・穀水》“又東過河南縣北，東南入於

① 李學勤：《馬王堆簡帛文字編・序》，文物出版社 2001 年版。
② 裘錫圭：《文字學概要》，商務印書館 1988 年版，第 169 頁。
③ 容庚：《中國文字學》，中華書局 2012 年版，第 103 頁。
④ 蔣善國：《漢字形體學》，文字改革出版社 1959 年版，第 15 頁。

洛”下：“孫暢之嘗見青州刺史傅弘仁説臨淄人發古冢，得銅棺，前和外隱起為隸字，言齊太公六世孫胡公之棺也。惟三字是古，餘同今書，證知隸自出古，非始於秦。”前蜀杜光庭《隸書解》：“隸書之興，興於周代。……當時未全行，猶與古文相參。自秦程邈以來，乃廢古文，全行隸體，故程邈等擅其名，非創造也。”此説恐怕也是依據臨淄銅棺隸字而來。

三是隸書起於大篆説。衛恒《四體書勢》：“或曰下杜人程邈為衙吏，得罪始皇，幽繫雲陽十年，從獄中改大篆，少者增益，多者損減，方者使圓，圓者使方。奏之始皇，始皇善之，出為御史，使定書。或曰邈定乃隸字也。”《隸釋》卷二十“曹娥碑”洪适跋：“齊胡公以周孝王時卒，歷數世至宣王時始有大篆，又數百年至秦有小篆。既云隸出於篆，不應篆未萌而隸先作也。”

蔣善國把甲骨文的方體看作隸書的特徵。他説：“隸書不是程邈創作的這點是正確的，不過他還不知道殷代以前應當早就有這種簡化的寫法，跟工整的寫法並行，不是到了周代纔有的。單就方整的形式看，如甲骨文裡面的日字作 ，跟古隸日字的形式是完全一樣的。從這個觀點出發，我們可以肯定古文字形式簡略的，多是古隸的雛形。”並引《水經注・穀水》“臨淄得銅棺，前和外隱起為隸字”為“有力證據”，根據胡公死期推算隸書產生日期。“那麼在公元前八九百年間已有了古隸，到了程邈整理隸書的時候，它已經有了七百年的歷史了。”[①]郭沫若謂西周中葉的胡公，“他的棺銘不可能使用草篆，更不可能便是‘隸字’”[②]。

拿先秦銅棺銘文作為隸書的依據，是靠不住的。首先，以上所引銅棺文字没有確鑿實物可考；其次，古代使用銅棺的墓主是有很高地位的人，不可能使用類似草書或者簡略的隸書。

自從科學考古發掘以來，人們注意用地下實物來考察歷史。早在 1939 年陳夢家根據“五年”呂不韋等戟銘推測隸書產生的年代：“此兩戟文字草率，介乎篆隸之間，此可以説是匠工所作的民書篆文，亦即隸書的濫觴。戟與劍上刻某年相邦者，大都皆秦器，文字自相似，亦是草率的篆書，初期的隸書。”[③]郭沫若以戰國秦銅權鑄辭，將秦隸推至戰國。1964 年 3 月秦阿房宫遺址發現高奴銅石權，一面是秦始皇二十六年詔文，後面是秦二世元年補刻詔文，另一面有秦昭王三十三年（前 274 年）鑄銘：“□三年，漆工配、臣詘造。工隸臣牢、禾石。高奴。”郭沫若指出，鑄銘中好些字跡和隸書差不多，“（奴）”字不像篆書的寫法，同於隸書。“隸書並不始於秦始皇時的程邈。同時也可以證明：秦始皇和秦二世的刻辭大體上也就是秦代的隸書了。”[④]

① 蔣善國：《漢字形體學》，文字改革出版社 1959 年版，第 168、169 頁。
② 郭沫若：《古代文字之辯證的發展》，《考古》1972 年第 3 期。
③ 陳夢家：《中國文字學》，中華書局 2006 年版，第 194 頁。
④ 郭沫若：《古代文字之辯證的發展》，《考古》1972 年第 3 期。

簡牘的墨書比金石銘文更有説服力,北文認為:“廣義的隸書在戰國時期已經出現了。我們看到的楚國竹簡上的文字,有的寫得很草率,結構和用筆都已有隸書的意味。拿秦國文字來説,許多兵器上的銘文寫得比較草率,這種文字雖然還没有根本改變篆文的結構,但是已經出現了向隸書過渡的明顯跡象。”並指出兩種趨勢:一是出現把篆文的圓轉綫條改為方折,二是出現與隸書一樣的簡體,如把水旁寫成三點(筆者按:其實是三短横)①。“就拿天水秦簡來説,它的創作年代在統一之前的戰國,而字體已經是相對穩定且大大簡化和比較成熟的隸書了。”②

裘錫圭認為秦隸全面地繼承了戰國秦篆裡的那些新因素,是在秦國文字簡率寫法的基礎上形成的;並且指出,用方折筆法“解散”篆文的圓轉筆道,對隸書的形成也有巨大意義,但是刻得草率的權量詔文還是應該看作草率的小篆,不能看作隸書。“正式法令當時必然要求用小篆來寫,決不會允許用剛出現的‘施之於徒隸’的隸書來寫。”“事實上,詔文大部分字還是篆文的結構。”他堅持這個觀點,“隸書和小篆都形成於秦始皇時代”,“如果認為先有小篆,然後纔從小篆發展出隸書,隸書的孕育期就未免太短了”③。裘錫圭的説法是正確的,在隸書形成之前,秦文字中已經孕育了隸書的某些因素和某些與秦隸相近、相同的字,但是它在正體上還是篆文,不是隸書。事實上,任何文字都有銘刻體與手寫體、正體與行草體的差異,應該承認秦代的隸書是承接以前的手寫體而來。但是把手寫行草體都當作隸書的話,那麼隸書的概念就無限擴大了,因此從理論上説,隸書就是小篆的輔體,離開小篆就没有隸書了。總而言之,傳統的隸書起源於秦代是合理的,我們没有必要無限往上推。

秦隸就是秦代的隸書。《説文·敍》謂新莽六書之一的左書,即“秦隸書”。《北史·江式傳》:“時有六書,……四曰佐書,秦隸書也。”明王世貞《古今法書苑·序》:“籀省而斯小篆,及邈秦隸繇起。”籀文省為秦篆,秦篆省為秦隸,邏輯推理可知秦隸當是篆書草寫而來。郭沫若認為:篆書時代有草篆,隸書時代有草隸,隸書是草篆變成的,隸書無疑是由草篆演變而來④。篆書至草書是一個自然過程。“今傳秦代度量衡上和兵器上的刻文,和《泰山石刻》等比較起來是草率急就的,無疑是草篆,大約也就是秦代的隸書吧。”據此説明秦隸的形體,主要是筆畫上的差異。“在字的結構上,初期的隸書和小篆没有多大差别,衹是在用筆上有所不同。例如,變圓形為方形,變弧綫為直綫,這就是最大的區别。畫弧綫没有畫直綫快,畫圓形没有畫方形省。”“此外還有一些不同因素,如省繁就簡,變連為斷,變多點為一劃,變多劃為數點,筆畫可以有粗細,部

① 北文:《秦始皇“書同文字”的歷史作用》,《文物》1973年第11期。
② 毛惠明:《從天水秦簡看秦統一前的文字及其書法藝術》,《書法》1990年第4期。
③ 裘錫圭:《從馬王堆一號漢墓“遣策”談關於古隸的一些問題》,《考古》1974年第1期。
④ 郭沫若:《古代文字之辯證的發展》,《考古》1972年第3期。

首可以有混同。”[①]北文也從秦代的金文中找隸書，秦代權量詔版刻字“寫得很草率，帶有濃厚的隸書意味”，並且比較了權量詔版上的正規小篆、草率字體和漢代隸書[②]。

正規小篆	草率字體	漢代隸書

		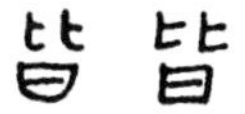

秦代的竹木簡書，當時尚無發現，而銘刻體不同於書寫體，僅僅依照銘刻體來判斷秦隸顯然是先天不足。

20 世紀 70 年代以來，陸續有秦代簡牘出土，人們首次接觸秦文字的眞實面目，重新審視秦隸問題。出土秦簡的年代不一，四川北部青川縣郝家坪木牘在秦武王二年（前 309 年），為戰國後期。甘肅放馬灘 1 號秦墓的兩種《日書》以及《墓主記》、睡虎地 4 號書信木牘、龍崗 6 號秦墓法律文書的竹簡和乞鞫免罪內容的木牘以及睡虎地 11 號墓的法律文書等簡牘，大部分在戰國末期所寫。秦簡的發現對認識秦隸來説是一個非常難得的際遇，因為秦篆有石刻和銅器銘文，秦隸卻從來没有墨書，這些有關律法的出土文書正符合“官獄職務繁，初有隸書”的條件。裘錫圭首次指出，秦隸的簡率破壞了小篆的原有結構。“適應文字實際使用的需要，在那些破壞篆文結構的簡率寫法的基礎上，還形成了一種比較簡便的輔助字體。這就是隸書。”[③]吳白匋也持這種觀點，認為秦隸與秦篆有結構上的不同。“我們判斷某種字體是否隸書，就要首先看它是否出現有破壞篆書結構失掉象形原意之處。過去有人認為秦權量詔版的文字筆畫方折，就是秦隸書。這是不對的。因為它們還是保持著篆書結構，衹能稱為‘草篆’，不能稱為隸書。草篆是篆書的草率急就的書寫體，隸書起源於草篆，並不等於草篆。”吳白匋以睡虎地秦簡和睡虎地 7 號墓門刻字的文字為證，列舉了“曲”為過渡形體，“陽”比小篆省兩筆，“徒”內之“止”省作 2 畫，在秦墓簡牘中的“道”“遺”“避”“過”，認為凡是從辶都簡化了，這個偏旁作辶是從秦隸開始的；又提出秦隸不是從小篆演變而成，秦隸與小篆的關係是哥哥與弟弟，兩者都出於大篆。他具體討論了篆書隸變的規

① 郭沫若：《古代文字之辯證的發展》，《考古》1972 年第 3 期。
② 北文：《秦始皇“書同文字”的歷史作用》，《文物》1973 年第 11 期。
③ 裘錫圭：《從馬王堆一號漢墓“遣策”談關於古隸的一些問題》，《考古》1974 年第 1 期。

律是不斷簡化,所使用的方法達到 11 種：變圓為方、變曲綫為直綫、改斷為連、改連為斷、短筆改點、省減偏旁筆畫、省減部分結構、減到以一種符號代表幾種形體繁複而約略近似的篆文、用筆有輕重而減省筆畫、為便利書寫增加筆畫、用假借字①。他列舉現象,没有進一步歸納,所以條理不甚清楚。實際上,吳白匋認為秦隸就是一種草率的秦篆,所提的現象都是省簡的具體做法。

"所謂程邈'作'隸書,其實際情況大概就是把秦國文字中接近隸書的那些新因素集中起來,加以系統化,使之初步形成一種獨立的字體。在整理過程中很可能會根據類推的原則對某些文字作些改造,不過數量大概也不會很多。"②既然改造的字數量不會很多,筆者認為秦隸這種形體尚不足以形成一種獨立字體,有點類似行書對於楷書的關係,是一種書寫的變化。"所謂'小篆''秦隸'(即古隸)都是漢代纔有的名目,秦人本無這種區分。質言之,'小篆'與'秦隸'是一'體'二'用'的關係。"③

第三節　漢隸之分期與發展

古代看到的漢隸,僅僅是八分碑刻,這些材料不足以正確分析漢隸的年代劃分。直至清代末年,文字學家見到的漢代隸書,最早是西漢宣帝地節二年(前 68 年)的《楊量買山記》刻石。20 世紀初,甘肅陸續發現大批簡牘,最早年代在武帝太初三年(前 102 年)。20 世紀 70 年代以來湖南、湖北、山東、河北、江蘇、甘肅、陝西、廣西、廣東不斷出土漢簡,簡牘的年代從文帝時期提早到秦漢之交和漢代高祖時期。居延漢簡最晚年代是東漢前期,前幾年東漢晚期的長沙東牌樓簡牘也發現了,形成了從漢初到漢末的墨書文字連續的環節。有了考古實物的科學依據,漢隸的分期纔會有新面目。

漢隸的發展呈現出階段性,學術界一般分為古隸和八分兩個階段,也有的分為三個階段。任平三分漢代隸書為早期、成熟期、後期,各個階段的時限,他衹説成熟隸書在西漢中晚期到東漢,而早期和後期依然没有明確。根據他所舉的永和二年(137 年)和熹平元年(172 年)簡推測,晚期大約定在東漢末年。早期"仍有在形體上與篆書完全一致的,也有一些字跟後來的草書相似"。成熟階段"都呈規整扁方形,横平豎直向右下方的斜筆或較長的横畫,一般都呈波挑",最明顯的特點是左伸右展,結構上構件的獨立性強。後期"字形長短大小不一,雖仍多波磔,但已少有上仰的形狀,而且呈現頓筆捺筆"④。任平的分期把不同内容煮成一鍋粥,例如與篆書結構相同,東漢八

① 吳白匋:《從出土秦簡帛書看秦漢早期隸書》,《文物》1978 年第 2 期。
② 裘錫圭:《從馬王堆一號漢墓"遣策"談關於古隸的一些問題》,《考古》1974 年第 1 期。
③ 王煥林:《里耶秦簡文字書法論略》,《中國書法》2005 年第 9 期。
④ 任平:《説隸》,杭州大學出版社 1997 年版,第 66—73 頁。

分最為明顯,不祇在初期。規整扁方形,横平豎直代波挑的形體不僅在成熟期可以找到,在文帝時期已經存在。再者,所謂成熟隸書八分出現在東漢中期以後,正是後期階段,這點矛盾並没有説明。

胡長春也主張漢隸三階段:“隸書的發展經歷了古隸、漢隸和八分三個階段(或者三個形態),漢隸大致在漢武帝中晚期形成,至漢宣帝時期成熟,可以五鳳元年簡和定縣漢簡為標誌;八分書法在漢成帝時期形成,至西漢末年已相當成熟,可以尹灣名謁木牘為標誌。”他解釋,古隸包括戰國末秦隸和漢武帝晚期的漢隸,八分在西漢末形成,在東漢廣泛流行;並説漢隸分廣義和狹義兩種,“狹義的漢隸是指西漢使用最廣泛的隸書體,五鳳元年簡和定縣漢簡是其成熟的形態。漢隸較古隸規範,又不像八分那樣具有裝飾性,是西漢直至漢末的通用書體”。古隸縱向取勢,横不平,豎不直。漢隸突出横畫,横平豎直為其特徵。八分取左右分佈之勢,突出挑畫和捺畫①。從名稱上看,胡長春的寬狹漢隸概念,實體與名稱不協,可能一時間想不出合適的名稱的緣故。他的分類幾乎是立足於書法,建立在筆畫的横直關係之上,恐怕過於單一。隸書的發展主要在於文字結構,書法不是主要方面,而且絕不是那樣簡單。

漢代隸書不僅在不斷變化中,而且不是一種單一的形體,它的發展由三個系統組成:一是史書和八分,二是草書,三是散隸。我們以三種字體綜合考察呢,還是選其中一種作為主要考察依據?

史書一直存在爭議,主要是材料不足産生的誤會,歷史上看不到漢代的書寫體,祇能在漢碑、漢代金文銘刻資料以及歷史記載中對號入座,容易誤入歧途。但段玉裁説史書就是隸書的楷書,大致不錯。史書注意規範,有存古的形體,與一般隸書不同,它在東漢中期以後又演變出八分。八分與史書書寫以外的因素,是富於裝飾性成分的,所以不能正確反映隸書發展的眞實情況。草書自武帝期間成為獨立字體,逐步向今草行進,它有特殊的形體規則,不能作為隸書的代表形體。雖然兩者都會對隸書整體産生影響,但是不能作為隸書演變的主要考察對象。

去掉史書與八分、草書,剩下的日常使用的隸書,就是簡牘上最常見的字體,拿後世的名稱來説,或者是行楷、行書,或者是行草,正確的稱名叫作散隸。《南史·周朗傳附周顒》:“少從外氏車騎將軍臧質家得衛恒散隸書法,學之甚工。文惠太子使顒書玄圃茅齋壁。國子祭酒何胤以倒薤書求就顒換之。顒笑答曰:‘天下有道,丘不與易也。’”周顒為南朝劉宋時人,得衛恒行散隸之法。宋沈括《夢溪筆談·技藝》:“古人以散筆作隸書,謂之散隸。”何為“散”?《荀子·修身》:“庸衆駑散。”唐楊倞解釋道:“散,

① 胡長春:《從尹灣漢墓名謁木牘談關於隸八分的一些問題》,《文字學論叢》第三輯,中國戲劇出版社2006年版,第217、207、208頁。

不拘檢也。”所謂散隸就是無拘束書寫的隸書。晉衛恒《四體書勢》中没有散隸這個名詞，衹有“行書”，云：“魏初，有鍾、胡二家為行書法，俱學之於劉德升，而鍾氏小異，然亦各有其巧，今盛行於世。”散隸就是行書的别稱。散隸近正體而稍有變化，苟趨省易而已，本身尚不成規則。張懷瓘《書斷》卷上：“建初中，以隸草作楷法，字方八分，言有模楷。”這個“隸草”不是草書，而是類似於隸書的行書。漢魏之時，隸書已經從漢隸演變為眞書，但是散隸亦可用來稱名漢代的隨意書寫的隸書。

研究早期漢隸，馬王堆漢墓簡帛是一個突破口，裘錫圭把早期漢隸的下限定在漢武帝以前。那麼漢隸的後期，敦煌漢簡是突破口，羅振玉謂“永和二年簡則楷七而隸三矣”①。永和二年（137 年）為東漢後期，眞書基本成形，可視為漢隸後期的標誌，實際上眞書出現要早於此時。

筆者認為漢隸的發展分為三個階段是比較合理的。武帝以前為早期，西漢中期到東漢中期為中期，東漢中期到末期為後期。早期為孵化期，尚未從篆書中完全脱胎出來；中期為成形期，隸書形體基本形成；後期為轉化期，隸書漸變為眞書。

早期漢代隸書形體帶有濃重的母體影子，所以早期漢隸與秦隸十分接近。

裘錫圭列表對比了秦篆與馬王堆遣策等漢代隸書，“秦篆中的簡率寫法跟漢代古隸的密切關係説明了一個重要問題：隸書是在戰國時代秦國文字的簡率寫法的基礎上形成的”②。據此，秦隸是漢隸的來源是毫無問題的。

早期漢隸繼承秦隸的痕跡是很清楚的。我們可以拿一些常用字觀察其間的發展脈絡，如“者”“之”“受”“大”“水”“安”的例子：

“者”：

小篆	里耶秦簡	馬王堆簡帛	銀雀山漢簡
	j1(16)6	春 057　遣一 296　合 105	69　139　124　107

“之”：

小篆	里耶秦簡	馬王堆簡帛	銀雀山漢簡
	j1(9)3　j1(9)4　j1(9)5　j1(9)5	陰 135　刑丙 053　043　戰 092　合 118　馬星 010	320　293　296　297

① 《屯戍叢殘·簿書類》二十三。

② 裘錫圭：《從馬王堆一號漢墓“遣策”談關於古隸的一些問題》，《考古》1974 年第 1 期。

“受”：

小篆	里耶秦簡	馬王堆簡帛	銀雀山漢簡
	j1(9)4 j1(9)5	戰 030　陰乙 021 經 009　星 046　星 010	614　630　737 885

“大”：

小篆	放馬灘秦簡	馬王堆簡帛	銀雀山漢簡
	乙 乙	陰甲 150　戰 006 陰一 108　星一 029	688　774　243 542　546

“水”：

小篆	放馬灘秦簡	馬王堆簡帛	銀雀山漢簡
	乙　乙	養 016　057 老 216　星 017	93　345　186 34

“安”：

小篆	放馬灘秦簡	馬王堆簡帛	銀雀山漢簡
	甲 甲	陰甲 166　陰乙 063 戰 024　036	328　387　261 434　557　876

對照秦隸與早期漢隸書形體，有兩個方面現象。

其一，形體基本一致，這幾個字的大部分形體難分前後，其中“者”字一個形體毫無變化。“大”字秦簡的兩種寫法，漢簡均有保存。“水”字秦簡的兩種寫法，漢簡延續，衹是筆畫形態有點變化。“安”字基本結構依舊，個別字形可能是地方性的因素。

其二，稍有變化，“受”字秦漢形體的各部件向不同方向變化，馬王堆簡帛變化明顯，銀雀山漢簡向草書演變。“之”字在里耶秦簡的三種寫法為馬王堆簡帛、銀雀山漢簡繼承，同時中豎筆縮短為點，逐漸向隸書寫法轉化，這一點在馬王堆簡帛、銀雀山漢簡都有反映。

秦簡和早期漢簡隸書有的現象值得注意，在一種文獻內同時出現多種寫法。例如里耶秦簡“洞”字左邊的“水”，既有不省寫為“　”的，也有省體為三點的，不省的又寫作五筆或者六筆，如　、　→　、　，這兩類形體在當時不過是自由書寫的書體。馬王堆簡帛“水”依然有省與不省兩種寫法，如“汁”字→，這種異寫實際上為“水”字的偏旁形體演變提供了條件。

漢代隸書的來源是複雜的，暴秦吞滅六國，國祚短暫，六國文字的殘餘依然存在，六國故地的書寫者會有意無意地把六國文字的寫法帶入漢代隸書名中去。黃文傑著文指出漢初簡帛字形深受六國古文影響①。請看：

“基”（小篆）（包山楚簡）、（馬王堆帛書）

“道”（小篆）（侯馬盟書）（青川秦牘）（里耶秦簡）（馬王堆帛書）

“而”（小篆）戰國時期的楚文字如（包山楚簡）、（郭店楚簡）

（放馬灘秦簡）、（馬王堆帛書）

先秦文字的形體與後者類似的形體不少，如：

“亞”（包山楚簡）（詛楚文）、、（馬王堆帛書）（銀雀山漢簡）

總的來看，秦隸到早期漢隸變化不是非常大，可是變化的種子已經深埋其中並發了新芽。中期的隸書承上啟下，進入生長期，枝葉復蘇，儼然是大樹。這個階段隸書顯示出嶄新的面貌，基本擺脫了篆體的象形框架。武威《儀禮》簡書寫端正，代表了當時隸書的形體。

銀雀山漢簡是武帝偏早時期竹簡，武威磨咀子 6 號漢墓《儀禮》木簡在成帝河平年間（前 28—前 25）抄本，兩者前後相差大約百來年，均為書寫工整的文獻，有共同性。筆者把這兩者作為兩個時期隸書的代表進行形體比較，隨意抽取字形，並未作選擇，因此大致可以反映出隸書的變化。從整體上看，《儀禮》簡字形趨於方正，筆畫取向水平和垂直。

以下字例，篆字之後，前者為銀雀山簡（簡稱“銀”），後者為武威《儀禮》簡（簡稱“武”）：

“臣”（小篆）　、（銀）→（武）

“君”（小篆）　、（銀）→（武）

“久”（小篆）　（銀）→（武）

省略部件：

“夏”（小篆）　（銀）→（武）

“卒”（小篆）　、（銀）→（武）

筆畫形態發生變化，象形性的大圓點變為橫：

“主”（小篆）　（銀）→（武）

“入”（小篆）　（銀）→（武）

“人”（小篆）　（銀）→（武）

---

① 黃文傑：《秦至漢初簡帛文字研究》，商務印書館 2008 年版，第 34—37 頁。

"拜"(小篆)　、(銀)→(武)
"求"(小篆)　(銀)→(武)
"受"(小篆)　(銀)→(武)
"見"(小篆)　、(銀)→(武)
"有"(小篆)　(銀)→(武)

斷筆變一横：

"夜"(小篆)　(銀)→(武)
"奉"(小篆)　(銀)→(武)
"則"(小篆)　(銀)→(武)
"者"(小篆)　(銀)→(武)
"取"(小篆)　(銀)→(武)

消除彎曲之長筆：

"於"(小篆)　(銀)→(武)
"足"(小篆)　、(銀)→(武)

長筆分解為方折：

"曰"(小篆)　(銀)→(武)
"外"(小篆)　(銀)→(武)
"出"(小篆)　、(銀)→(武)

出現了便於書寫的勾、捺：

"門"(小篆)　(銀)→(武)
"使"(小篆)　、、(銀)→(武)

《儀禮·士相見禮》:"主人(　)揖,入(　)門右。賓奉摯,入(　)門左。主人(　)再拜受。"

居延甲渠候官漢代遺址出土《候粟君所責寇恩事》冊 36 枚簡,有明確的"建武三年"(27 年)紀年,距離河平年間(前 28—前 25)約 50 年,時間不長,形體變化卻很大,越來越向眞書方向發展。以下字例,前者為小篆,後面依次為馬王堆(簡稱"馬")、銀雀山(簡稱"銀")以及《候粟君所責寇恩事》(簡稱"候")。

"者"(小篆)　(馬)　(候)
"出"(小篆)　(馬)　(銀)　(候)
"石"(小篆)　(馬)　(銀)　(候)
"侯"(小篆)　(馬)　(銀)　(候)
"來"(小篆)　(馬)　(銀)　(候)
"在"(小篆)　(馬)　(銀)　、(候)

“業”（小篆） （馬） （銀） （候）
“移”（小篆） （馬） （銀） （候）
“凡”（小篆） （馬） （銀） （候）
“時”（小篆） （馬） 、（銀） （候）
“就”（小篆） （馬） （候）
“牛”（小篆） （馬） （銀） （候）
“將”（小篆） （馬） （銀） （候）
“以”（小篆） 、、（馬） （候）
“到”（小篆） （馬） （銀） （候）
“居”（小篆） （馬） （銀） 、（候）
“延”（小篆） （馬） （銀） （候）
“魚”（小篆） （馬） （銀） （候）
“後”（小篆） （馬） （銀） 、（候）
“頭”（小篆） （馬） （候）
“月”（小篆） （馬） （銀） （候）
“既”（小篆） （馬） （銀） （候）
“歲”（小篆） （馬） （候）
“予”（小篆） 、（馬） （銀） （候）
“齒”（小篆） （馬） （銀） （候）
“南”（小篆） （馬） （銀） （候）
“萬”（小篆） （馬） （銀） （候）
“穀”（小篆） （馬） （銀） （候）
“部”（小篆） （馬） （銀） （候）
“平”（小篆） （馬） （銀） （候）
“器”（小篆） （馬） （銀） （候）
“粟”（小篆） （馬） （銀） （候）
“千”（小篆） 、（馬） （銀） 、（候）
“索”（小篆） （馬） （銀） （候）
“六”（小篆） 、（馬） 、（銀） （候）
“為”（小篆） （銀） 、、（候）
“欲”（小篆） 、（馬） （銀） （候）
“麥”（小篆） （馬） （候）
“弟”（小篆） （馬） （銀） （候）

“妻”(小篆)　(馬)　(銀)　(候)
“行”(小篆)　、(馬)　(銀)　(候)
“少”(小篆)　(馬)　(銀)　(候)
“八”(小篆)　(馬)　(銀)　(候)
“百”(小篆)　、(馬)　(銀)　、(候)
“黑”(小篆)　、(馬)　(銀)　(候)
“去”(小篆)　、(馬)　(銀)　、(候)
“爰”(小篆)　、(馬)　(候)
“直”(小篆)　、(馬)　(銀)　、(候)
“賣”(小篆)　(馬)　(候)
“盧”(小篆)　(馬)　(銀)　(候)
“盡”(小篆)　(馬)　(候)
“俱”(小篆)　、(馬)　、(銀)　(候)
“與”(小篆)　(銀)　(候)
“肥”(小篆)　(馬)　(銀)　(候)
“用”(小篆)　(馬)　(銀)　(候)
“言”(小篆)　、(馬)　、、(銀)　(候)
“不”(小篆)　、(馬)　(候)
“商”(小篆)　、(馬)　(銀)　(候)
“賈”(小篆)　(馬)　(銀)　(候)
“今”(小篆)　(馬)　(銀)　(候)
“敢”(小篆)　(馬)　(銀)　、、(候)
“道”(小篆)　(馬)　(銀)　(候)
“積”(小篆)　(馬)　(銀)　(候)
“決”(小篆)　(馬)　(銀)　(候)
“皆”(小篆)　、(馬)　、(銀)　、(候)
“君”(小篆)　(馬)　(銀)　、(候)
“還”(小篆)　(馬)　、(候)
“可”(小篆)　、、、(候)
“得”(小篆)　(馬)　(銀)　、(候)
“乃”(小篆)　(馬)　(銀)　(候)
“更”(小篆)　、(馬)　(候)
“五”(小篆)　、(馬)　(銀)　(候)

《建武三年候粟君所責寇恩事》行草形體比較

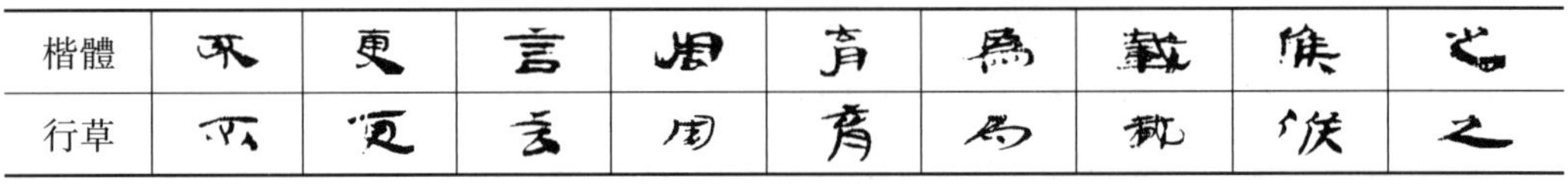

漢代隸書是流通最廣的字體，也是實用書寫體，是漢代主體字形。作為一種日常使用的字體，它存在於文書檔案和信札等，這些文字在古代不為人重視。即使被視為重要的典籍，也因為簡牘帛書不易保存，後人無從得見。直到 20 世紀以前，文字研究者認識的所謂隸書衹是漢代的銘刻文字，主要是石刻，它自古以來屬於金石學的範疇。

宋代以來學人把隸書的概念與八分搞混，把八分當隸書來研究，這種偏差是歷史局限造成的，秦漢的簡帛書發現以後，認識纔有了實質性的飛躍。“小篆發展成為隸書之後，字形又由長方變為扁平，一些在小篆裡寫起來很方便、很整齊地由上下兩部分組成的字到了隸書、楷書裡都變成了左右並列式。”①

裘錫圭指出馬王堆 1 號墓隸書屬於古隸。他總結了隸書的特點：結構顯得很不方整；字形有相當一部分跟篆文還很接近；出現了草書式的寫法；形體不統一，同一個字或偏旁往往有不同的寫法。“以上所說的四點，都反映出這種隸書的不成熟和不穩定。”並且指出銀雀山漢簡、大墳頭漢墓的簡牘與馬王堆 1 號漢墓遣策字形相似，漢代銅器銘文中有不少相似的隸書。②

① 梁東漢：《漢字的結構及其流變》，上海教育出版社 1959 年版，第 75 頁。
② 裘錫圭：《從馬王堆一號漢墓“遣策”談關於古隸的一些問題》，《考古》1974 年第 1 期。

新隸體，即早期楷體，屬於今隸之前期。

隸書的俗體，裘錫圭把新隸體的前身叫作“俗體隸書”，西漢前期的隸書，如：

小　篆	馬王堆簡帛	銀雀山漢簡
	縱橫家書 養生方 123  008 刑甲 035 合 105	 951  118  857  88  125  22  345  354

裘錫圭指出：“大約在東漢中期，從日常使用的隸書裡演變出了一種跟八分有明顯區別的比較簡便的俗體。在東漢後半期，雖然士大夫們競相用工整的八分書勒石刻碑，一般人日常所用的隸書卻大都已經是這種俗體了。上述這種俗體隸書在很大程度上拋棄了收筆時上挑的筆法，同時還接受了草書的一些影響，如較多地使用尖撇等，呈現出由八分向楷書過渡的面貌。”他舉出了敦煌漢簡中“永和二年”(137 年)簡和傳世的熹平元年(172 年)陶瓶朱書等①。後來裘錫圭進一步指出，新隸體“溶入了草書筆法，如較多地使用尖撇和接近後來楷書硬鉤的筆法，呈現出由隸書向楷書過渡的面貌”②。裘錫圭的俗體隸書與八分是一對概念，後來有人提出了通俗隸體的說法，通俗隸書與典型隸書是相應概念。賴非、王思禮《漢代通俗隸書類型》中把漢代隸書分為草書類型、美術隸書類型、典型隸書類型和通俗隸書類型。所謂美術隸書類型“主觀表現為刻意的形式裝飾”，典型隸書類型“具備鮮明波磔筆畫”，通俗隸書的特點是“無波挑”，“筆畫樸實，寫法簡捷、通俗，是一種以實用為主的隸書”③。有關無波磔為通俗隸書的說法，漸為人們接受，採用它來表示這類隸書。不過這個俗體隸書和通俗隸書從本質上來説就是隸書的概念，隸書本來就是日常使用的、簡捷的書體，原本就没有必要用“俗體”“通俗”來限制，這個名稱主要是為了區別八分書。有關八分與古隸的區別早有討論。比較青川秦簡、睡虎地秦簡和張家山漢簡，其中張家山漢簡字形結構與篆書相去不遠，但在運筆與章法方面，已大異其趣，用筆方圓兼備。有明顯的提按變化，結體舒展，參差錯落，寫得都較為輕鬆自由。看來，這就是自戰國後期至西漢時期所經常使用的日用書體——隸書的基本風貌。前人由於没有見到過這方面的資料，因此誤以為西漢時期的隸書“未有點畫俯仰之勢”(語見洪适《隸釋》)，並且把隸書分為古隸(無點畫俯仰之勢)和八分(皆似八字，勢有偃波)兩種。朱氏認為：“現在我們從戰國到西漢早期的隸書墨蹟來看，這些筆勢其實早已存在了，至多是程度不同罷了，所

① 裘錫圭：《文字學概要》，商務印書館 1988 年版，第 89 頁。

② 裘錫圭：《秦漢時代的字體》，載《中國書法全集・秦漢篇・秦漢刻石卷》，榮寶齋出版社 1993 年版，第 49 頁。

③ 賴非、王思禮：《漢代通俗隸書類型》，載《漢碑研究》，齊魯書社 1990 年版，第 196—200 頁。

以以此為標準把隸書劃分為古隸和八分，既不恰當，而且也無從劃分。”[①]一般來説八分是指東漢碑石上那種波挑優美的書體（實際上八分很複雜，後文有專論），類似八分的書體在西漢早期已經存在了，它的名稱叫史書。這樣的話，我們就以史書和隸書對應，不必另用其他名稱了。再説所謂的典型隸書和通俗隸書的分野早在西漢，並非在東漢。如果一定要區别，漢代隸書從一開始就要區别通俗和典型了。請看以下例子：

圖 2 上 1－1

陶倉 32 件，分别在 7 座墓出土，15 號鐵墓陶倉書“鞠”“麻”“粟”“黍”“麥”等字，也有“大麥五百石”等名詞、量詞組合，字體基本為隸書[②]（圖 2 上 1－1）。

陶器皿有彩繪，腹部有墨書文字，如“粟萬石”“水器”“麻萬石”“米萬石”“錢萬石”“飯”“大豆萬石”“百米萬石”等[③]。

東漢中期墓陶倉之窗兩側劃字，左為“屯（囤）耑（端）大吉利，內穀”，右為“屯上鳥，名鳳皇，宜富昌，辟（避）央（殃）”[④]（圖 2 上 1－2）。

圖 2 上 1－2

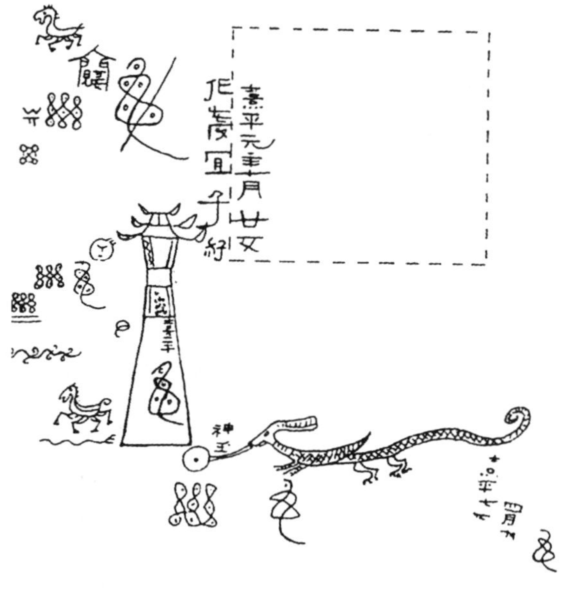

圖 2 上 1－3

長寧縣飛泉鄉 7 個洞崖墓群 1 號墓墓外側壁有“熹平元年十月廿□作此冢宜子孫”（圖 2 上 1－3），2 號墓墓外右側有刻字“熹平七年十月二日易”（圖 2 上 1－4），3 號

① 朱由：《介紹近年江陵張家山出土的西漢簡書》，《書法》1986 年第 5 期。
② 河南省文化局文物工作隊：《河南新安鐵門鎮西漢墓葬發掘報告》，《考古學報》1959 年第 2 期。
③ 洛陽市第二文物工作隊：《洛陽郵電局 372 號西漢墓》，《文物》1994 年第 7 期。
④ 李健廣：《江蘇邗江甘泉順利東漢墓清理簡報》，《東南文化》2009 年第 4 期。

墓墓外崖壁有刻字“延光□年□月十一日作……”,4 號墓墓外右側有刻字,7 號墓墓外有刻字①(圖 2 上 1 - 5)。

圖 2 上 1 - 4

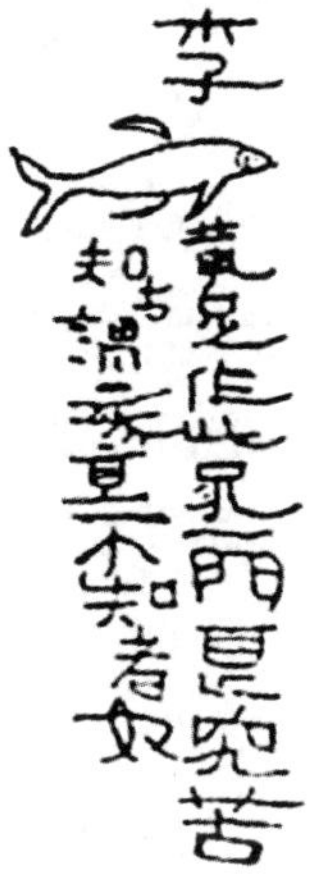

圖 2 上 1 - 5

① 羅二虎:《長寧七個洞崖墓群漢畫像研究》,《考古學報》2005 年第 3 期。

第二章　漢代隸書之發現

第一節　漢代簡牘之發現與整理

20 世紀初繼甲骨文的發現之後，甘肅、新疆的烽燧等古代遺址陸續發現了為數衆多的漢晉簡牘，其中以西漢簡牘為多。在 20 世紀中期之後，全國多個省區發現漢代簡牘，其中甘肅、湖南、湖北、江蘇、陝西、山東、廣東、廣西、河北等地皆有重大發現，基本改變了漢代原始文字資料的匱乏狀態。鄭孝胥《海藏書法抉微》第一篇“建立合理書法之理論”謂：“自斯坦因入新疆，發掘漢晉木簡縑素，上虞羅氏叔藴輯為《流沙墜簡》，由是漢人隸法之祕，盡洩於世，不復受墨本之蔽。”發掘者常常認為居延簡牘文字包含了各種字體，這裡有個如何看待形體的問題，恰恰可以説明這個時期形體變化幅度很大，多種形體交匯，它對漢代的草書、隸書以及眞書形成的研究提供了關鍵的資料。

甘肅省

敦煌漢簡

敦煌漢簡是指在漢代敦煌郡遺址、疏勒河流域漢代關塞烽燧遺址發現的簡牘。

英籍探險家斯坦因(Mark Aurel Stein)1906 年第二次到中亞探險，1907 年在敦煌漢代長城烽燧遺址發現了 700 多枚簡牘。此部分文書由法籍漢學家沙畹(Édouard Chavannes)整理，簡影編入《奥萊爾・斯坦因在東土耳其斯坦沙漠中所獲漢文文書考釋》①。羅振玉、王國維據沙氏釋文進行研究，撰成《流沙墜簡》②，簡影收入其中，亦收入《漢晉西陲木簡彙編》之“初編”③。

1913 年至 1915 年斯坦因第三次在敦煌漢代烽燧遺址，即漢代的玉門都尉、中部都尉、宜禾都尉所在地，又獲 84 枚簡；在安西、酒泉，漢代屬於酒泉郡西部都尉和北部都尉所在地，獲 105 簡。簡影發表於馬伯樂《斯坦因第三次中亞考察所獲漢文文書》④，簡影

---

① *Les Document Chinois Decouverts par Aurel Stein dans les Turkestan Oriental*, *Ivol*, *Oxford 1913*.

② 羅振玉、王國維：《流沙墜簡》，日本東山學社 1914 初版、1934 年再版。收入《永慕園叢書》，中華書局影印 1993 年版。

③ 張鳳：《漢晉西陲木簡彙編》，有正書局 1931 年版。

④ *Heri MasperoLes Documents Chinois Troisieme Expedition de sir Aurel stein en Asie centrale*, *lvol*, *London*, *1953*.

收入《漢晉西陲木簡彙編》之“二編”。

1920年周炳南在敦煌小方盤古城附近掘得漢簡17枚，簡存敦煌研究院[①]。

1944年前西北科學考察團歷史考古組夏鼐、閻文儒對小方盤城以東的敦煌烽燧遺址試掘，得漢簡830枚左右。簡影全部發表[②]。

1979年敦煌馬圈灣漢代烽燧遺址出土簡牘1 217枚，以木簡為主，少量竹簡，有簡、牘、符、觚、簽、封檢、削衣等。紀年有宣帝之元康、神爵、五鳳、甘露等，元帝、成帝、哀帝亦有，以平帝至王莽簡為多[③]，2013年整理出版了專集《敦煌馬圈灣漢簡集釋》[④]。

1981年，在敦煌酥油土漢代烽燧遺址採集漢簡76枚，1986年到1988年又在敦煌烽燧採集漢簡，除3枚竹簡外，均為木簡。具體情況如下：敦煌後坑墩發現17枚；敦煌馬圈灣墩4枚；敦煌小方盤城2枚；敦煌臭墩子墩2枚；敦煌小方盤城南第一烽隧5枚；敦煌小方盤城南第二烽隧12枚；敦煌鹽池灣墩11枚；敦煌小月牙湖東墩19枚；敦煌懸泉遺址64枚；敦煌大坡墩1枚。共計137枚。字跡漫漶不清，有西漢昭帝始元七年（前80年）紀年，以昭、宣年間為多。初期報道僅僅公佈部分簡影，經整理後，在《敦煌漢簡》內公佈全部簡影[⑤]。

1998年10月，敦煌市博物館在小方盤城漢代遺址清理一批漢簡，在論證小方盤城為西漢玉門都護府過程中，援引了部分新出木簡材料，有鴻嘉四年（前17年）的紀年，在圖版17、18辨識出了15枚簡簡影[⑥]。

2004年8月，第三次文物普查中，敦煌市博物館在檢查西段長城一棵樹漢代烽燧遺址時拾獲簡牘16枚，其中1枚封檢文字完整。紀年簡有2枚，為宣帝元康三年（前63年）、元帝初元四年（前45年）年號。一棵樹烽燧遺址位於敦煌小方盤城遺址西南65公里處[⑦]。

2009年在敦煌一棵樹遺址採集有字簡牘9枚，大部分是漢簡[⑧]。

懸泉漢簡

甘肅省敦煌甜水井附近漢代懸泉置遺址，為西漢武帝元鼎時建立，在東漢安帝永初後漸漸衰敗，魏晉時期改為烽燧。懸泉在敦煌境內，按照習慣另稱為懸泉漢簡。

① 甘肅省文物考古研究所：《敦煌漢簡》，中華書局1991年版，“前言”第1頁。

② 夏鼐：《新獲之敦煌漢簡》，載《考古學論文集》，科學出版社1961年版。

③ 甘肅省博物館、敦煌縣文化館：《敦煌馬圈灣漢代烽燧遺址發掘簡報》，《文物》1981年第10期。

④ 張德芳：《敦煌馬圈灣漢簡集釋》，甘肅文化出版社2013年版。

⑤ 敦煌市博物館：《敦煌漢代烽燧遺址調查所獲簡牘釋文》，《文物》1981年第8期；敦煌縣文化館：《敦煌酥油土漢代烽燧遺址出土的木簡》，載甘肅省文物工作隊、甘肅省博物館《漢簡研究文集》，甘肅人民出版社1984年版；甘肅省文物考古研究所：《敦煌漢簡》，中華書局1991年版，“前言”第2頁。

⑥ 李巖雲、傅立誠：《漢代玉門關址考》，《敦煌研究》2006年第4期。

⑦ 楊俊：《敦煌一棵樹漢代烽燧遺址出土的簡牘》，《敦煌研究》2010年第4期；《光明日報》2012年2月2日第14—15版“踏尋遺珍”。

⑧ 楊俊：《敦煌一棵樹漢代烽燧遺址出土的簡牘》，《敦煌研究》2010年第4期。

1986年到1988年間此地已經採集到64枚簡(見前文)。在1990年至1992年作了清理發掘,獲得了大量的簡帛等文獻資料,有字漢簡多達23 000餘枚,年號有元鼎、太始、征和等,以西漢昭帝到東漢光武帝建武初數量最多。文獻種類很多,有詔書和郡、縣、鄉、置等各級官府文件,包括中央到地方往來文書,還有品令、爰書和各類簿籍、信札等。帛書10件,均為私人信件。紙質文獻發現了10件,其中1件是西晉文書。根據同地層簡牘的年代,紙質文書可分三個時期:西漢武帝、昭帝時期3件,紙白,粗糙不平整,各書藥名"付子""細辛""薰力",為包藥用紙。西漢宣帝至成帝4件,黃色間白,質地細而薄,有韌性,平整光滑。宣帝時紙有草書2行,"……持書來……致嗇……"。東漢初2件,質地疏鬆,1件隸書2行:"巨陽大利上繕皂五匹"。西晉是書信紙1件,質地細密,均勻,光滑有韌性,殘存7行31字。在房屋的牆皮上有墨書題記,長222厘米、寬48厘米,粗黑綫邊框,中間有紅色界欄,為《使者和中所督察詔書四時月令五十條》。簡牘文字的字體有隸書、史書、草隸和零星的篆書等,隸書和草隸簿籍、草書用於書信[①]。2019年底已經出版了《懸泉漢簡》(一),其餘各卷以後陸續出版[②]。

居延漢簡

在今額濟納河流域一帶(以前歸甘肅省,後劃歸內蒙古自治區),為漢代邊塞居延故地,在烽燧遺址共有3批漢簡發現。

第一批,1930年到1931年中瑞西北科學考察團在破城子,甲渠候官遺址收集漢簡一萬餘枚,不久中央研究院勞榦寫出釋文,没有公佈簡影[③]。中國社會科學院考古研究所"據收集到的一部分照片","先行製版刊行",名曰《居延漢簡甲編》,此編正文編號2554(其中部分兩面有字,在同號內分A、B)附編號41。在《甲編》出版後,即著手《乙編》的編集,因為得到1930年居延簡出土地點的清冊,重新排定編號,並且將《甲編》的簡影(圖版)再排在《乙編》之前。《甲乙編》共有圖版475面,其中《甲編》2436—2442為羅布淖爾簡誤入者,"乙附"11、15為河北博物院藏簡,"乙附"46—49為商承祚藏簡。至此這批漢簡基本全部面世[④]。1998年臺灣出版《居延漢簡補編》收入《居延漢簡—圖版之部》未收入的漢簡,包括《居延漢簡—考釋之部》漏收的漢簡、臺灣圖書館所藏裘善元之漢簡,此外還有居延地之外的黃文弼發現的58簡,夏鼐、閻文儒1944年在敦煌小方盤城北發現的76簡和1945年在武威南山喇嘛灣發現的7簡,

① 甘肅省文物考古研究所:《甘肅敦煌漢代懸泉置遺址發掘簡報》,《文物》2000年第5期;甘肅省文物考古研究所:《敦煌懸泉漢簡釋文選》,《文物》2000年第5期。

② 甘肅簡牘博物館、甘肅省文物考古研究所、陝西師範大學人文社會科學高等研究院、清華大學出土文獻研究與保護中心:《懸泉漢簡》,中西書局2019年版。

③ 勞榦:《居延漢簡考釋釋文之部一》,四川南溪石印本1947年,商務印書館1949年版。

④ 中國社會科學院考古研究所:《居延漢簡甲編》,科學出版社1959年版;中國社會科學院考古研究所:《居延漢簡甲乙篇》,中華書局1980年版。

悉數收入[①]。

1972年到1974年發現了第二批。在甲渠塞第四燧、金關等處出土漢簡19 637枚,主要是木簡,竹簡很少,形式有簡、牘、兩行、檢、符、觚、冊等,其中有的編聯成冊。從簡文的紀年看,從武帝時期到東漢建武年間,西漢的宣帝時期數量最多。這些簡牘為邊塞日用文字,書體為隸書和隸草[②]。1994年甲渠候官簡影和釋文已經發表[③]。《肩水金關漢簡》從2011年開始陸續推出,共5卷,《肩水金關漢簡》每卷分3冊,有彩色圖版、紅外圖版,附釋文。現在已經全部出版[④]。肩水金關是漢代張掖郡肩水都尉所轄一個關卡,在今甘肅省金塔縣北部。

1976年在額濟納河下游、居延北部作了廣泛調查,採集到漢簡164枚漢簡(後説173枚),其中在"次東燧"出土了156枚,紀年多為西漢晚期,有哀帝建平二年(前5年)、新莽始建國元年(9年)、天鳳元年(14年),報告僅公佈了少量簡影[⑤]。1994年簡影全部發表[⑥]。

1982年在甲渠候官遺址又採獲木簡20枚。簡影已經發表[⑦]。

內蒙古自治區考古人員自1999年以來5次來到額濟納河的漢代居延遺址,2001年在漢代居延都尉府最北端的四個烽燧(甲渠侯官之七、九、十四、十六烽燧)及灰堆中出土簡牘500餘枚,有年號"甘露""建平""和平""居攝""建武"等[⑧]。由內蒙古文物考古研究所著手清理,地在額濟納旗,故名"額濟納漢簡"。年代以西漢中期到東漢早期為多,宣帝神爵三年(前59年)到光武帝建武四年(28年),以文書居多,有兩件較為完整的編冊。簡影、釋文已經全部發表[⑨]。

甘肅金塔地灣遺址在肩水金關稍南500米處,漢代為肩水候官駐地。1930年在此出土漢簡2 383枚,收錄在《居延漢簡甲乙編》等書中,屬於居延漢簡的一部分。1986年甘肅省文物考古研究所進行考察,獲得1 000多枚,這是地灣第2次出土漢簡。這批簡牘稱為地灣漢簡。經整理編號者772枚,完整者一般在23厘米左右,大

---

① "中央研究院"歷史語言研究所簡牘整理小組:《居延漢簡補編》,文淵企業有限公司1998年版。

② 甘肅居延考古隊:《居延漢代遺址的發掘和新出土的簡冊文物》,《文物》1978年第1期。

③ 甘肅省文物考古研究所、甘肅省博物館、中國文物研究所、中國社會科學院歷史研究所:《居延新簡—甲渠候官》,中華書局1994年版。

④ 甘肅簡牘保護研究中心、甘肅省文物考古研究所、甘肅省博物館、中國文化遺產研究院古文獻研究室、中國社會科學院簡帛研究中心:《肩水金關漢簡》,中西書局2011—2016年版。

⑤ 甘肅省文物工作隊:《額濟納河下游漢代烽燧遺址調查報告》,載甘肅省文物工作隊、甘肅省博物館《漢簡研究文集》,甘肅人民出版社1984年版。

⑥ 甘肅省文物考古研究所、甘肅省博物館、中國文物研究所、中國社會科學院歷史研究所:《居延新簡—甲渠候官》,中華書局1994年版。

⑦ 甘肅省文物考古研究所、甘肅省博物館、中國文物研究所、中國社會科學院歷史研究所:《居延新簡—甲渠候官》,中華書局1994年版,"前言"第1頁。

⑧ 魏堅:《去居延》,《文物天地》2002年第6期。

⑨ 魏堅:《額濟納漢簡》,廣西師範大學出版社2005年版。

都為松木、胡楊和檉柳。最早的紀年簡為始元六年(前 81 年),最晚為建武三年(27 年),内容與 1930 年所出相同,2017 年出版《地灣漢簡》[①]。

武威漢簡

甘肅武威地區出土的漢簡,目前所知有王杖十簡、武威儀禮簡、武威醫簡、王杖詔令冊、旱灘坡漢簡等。

1959 年在武威磨咀子 6 號漢墓出土 469 枚簡。長者為《儀禮》,共有 9 篇,3 種抄本,即甲本《士相見之禮》、甲本《服傳》、甲本《特牲》、甲本《少牢》、甲本《有司》、甲本《燕禮》、甲本《泰射》、乙本《服傳》、丙本《喪服》。短者為日忌簡。《儀禮》簡影清晰,墨書頗精。木簡為河平年間(前 28—前 25)抄本,新莽時期入葬[②]。後由陳夢家整理,專冊發表《武威漢簡》,簡影、摹本及釋文俱全[③]。

1959 年武威磨咀子 18 號墓出土著名的"王杖十簡",此簡最後年代為東漢明帝永平十五年(72 年),字體為漢隸,從結構和點畫看,已經明顯具有向楷書轉化的跡象,發現時纏在鳩杖之上。此墓為東漢前期墓葬[④]。

1972 年在甘肅武威縣柏樹鄉旱灘坡,發現一處漢墓,墓主頭部有麻袋 1 個,内有 92 枚木質簡牘,主要内容為藥方。這批簡牘以草書為主,説明在東漢中期已經用於一般文獻書寫[⑤]。1975 年整理出全部釋文,與簡影、摹本一同發表。92 簡中有 10 枚木牘,1 枚簡為雙面書寫[⑥]。

1981 年武威新華公社纏山大隊得到近年在磨咀子漢墓出土的木簡 26 枚,為"王杖詔書令",隸書,有元延三年(前 10 年)紀年。報告公佈了全部簡影,但是圖版太小,不易看清[⑦]。

1989 年 8 月武威柏樹鄉旱灘坡出土東漢初期簡牘,共有 17 枚,為法律文書。可分成兩類:第一類内容為養老受王杖之制書及關於王杖授受之律令,與以前武威磨咀子出土的王杖簡内容略有不同;第二類内容為坐贓為盜、蟲災、火災等刑律。

1989 年在武威旱灘坡漢墓發現建武十九年(43 年)王杖令木簡,字跡清晰,是帶史書意味的隸書[⑧]。

---

① 甘肅簡牘博物館、甘肅省文物考古研究所、出土文獻與中國古代文明研究協同創新中心中國人民大學分中心:《地灣漢簡》,中西書局 2017 年版。

② 甘肅省博物館:《甘肅武威磨咀子 6 號漢墓》,《考古》1960 年第 5 期。

③ 甘肅省博物館、中國科學院考古研究所:《武威漢簡》,文物出版社 1964 年版。

④ 甘肅省博物館:《甘肅武威磨咀子漢墓發掘》,《考古》1960 年第 9 期;甘肅省博物館、中國科學院考古研究所:《武威漢簡》,文物出版社 1964 年版,第 148—149 頁,圖版 22。

⑤ 甘肅省博物館、甘肅省武威縣文化館:《武威旱灘坡漢墓發掘簡報——出土大批醫藥簡牘》,《文物》1973 年第 12 期。

⑥ 甘肅省博物館、武威縣文化館:《武威漢代醫簡》,文物出版社 1975 年版。

⑦ 武威縣博物館:《武威新出土王杖詔令冊》,載甘肅省文物工作隊、甘肅省博物館《漢簡研究文集》,甘肅人民出版社 1984 年版。

⑧ 武威地區博物館:《甘肅武威旱灘坡東漢墓》,《文物》1993 年第 10 期。

2000 年 5 月，甘肅武都琵琶鄉趙坪村出土漢簡 12 枚，簡文墨蹟不同，10 號簡有“陽朔元年”（前 24 年），内容與戍邊有關。從刊出簡影看，為行草書簡①。

甘谷漢簡

1971 年甘肅甘谷劉家坪東漢墓出土漢簡 23 支，為東漢桓帝延熹年間（158—167）。内容是宗正府卿劉櫃關於宗室事務上書給皇帝的奏章，經批准後轉發給各州郡的官方文書。一枚兩行，存 960 餘字。簡寬 2.5 厘米、長 23.5 厘米。字體為史書，形體扁方，筆畫向兩面伸展，書法純熟。報告公佈了部分簡影和全部摹本②。值得注意的是，這是後漢晚期的史書，此時正值碑刻興盛，史書的書寫達到高峰，書法藝術日臻完美之時。甘谷漢簡都是採用兩行木簡，有相當的寬度，字形扁方，横畫特長，如、、伸出的長度相當或超出文字主體的寬度。、起筆有明顯的先向下出鋒，然後再向右行筆按下出波。這種起筆即是所謂的金針八分之稱。同時在這些史書中，已經出現楷書的筆畫，如字，撇、捺與勾均具有楷書的特點。

水泉子漢墓簡牘

2008 年在甘肅省永昌水泉子 5 號漢墓出土了一批漢簡，較為完整者有 700 多枚，連同殘片共 1 400 餘枚，内容為字書、日書及宣帝本始二年（前 72 年）的 1 枚文書③。字書簡包括殘簡 130 枚，約 900 字，字形方正，與篆書接近。内容與敦煌馬圈灣出土的《蒼頡篇》相近，但是句子是七言，每句押韻。“字形大都呈長方形或正方形，較少方扁形，與篆書的形體相近，而與隸書的形體相異；從用筆上分析，圓筆多而方筆少，藏頭回護多於折筆出鋒，與篆書的用筆也較為接近。再從文字構造上分析，大多字形保留古形古意，甚至有些字的偏旁為篆書構形。這種字形應是漢代人對先秦古文字的隸書寫法，即通常所謂的‘隸古定’，是由篆到隸的一種過渡字體。”此墓為東漢中期墓葬④。

2012 年永昌水泉子 8 號墓出土竹木簡 35 枚，34 枚有字，内容為五鳳二年（前 56 年）曆譜，編冊横讀⑤。

趙坪村漢簡

據傳甘肅武都琵琶鄉趙坪村出土漢簡 12 枚，為陝西歷史博物館收藏。除 2 支完整外，其餘均殘。隸書為主，少量為草書⑥。

---

① 王子今、申秦雁：《陝西歷史博物館藏武都漢簡》，《文物》2003 年第 4 期。
② 甘肅省文物工作隊、甘肅省博物館：《漢簡研究文集》，甘肅人民出版社 1984 年版。
③ 甘肅省文物考古研究所：《甘肅永昌水泉子漢墓發掘簡報》，《文物》2009 年第 10 期。
④ 張存良、吳葒：《水泉子漢簡初識》，《文物》2009 年第 10 期。
⑤ 甘肅省文物考古研究所：《甘肅永昌縣水泉子漢墓群 2012 年發掘簡報》，《考古》2017 年第 12 期。
⑥ 王子今、申秦雁：《陝西歷史博物館藏武都漢簡》，《文物》2003 年第 4 期。

玉門花海漢簡

1977 年在甘肅玉門花海農場漢代邊塞遺址發現漢簡，有字木簡 91 枚，無字簡 12 枚。較為重要的有七面棱形觚 1 枚，前半部抄錄詔書 133 字，後半部為書信。《蒼頡篇》共 3 簡，字書衹有《蒼頡篇》，没有《急就篇》，可知簡牘的年代較早。在論文集的圖版中有部分簡影[①]。

新疆

羅布淖爾漢簡

1927 年中德（瑞）雙方聯合組成西北科學考察團。黄文弼（1893—1966）在羅布泊北岸發現了土垠遺址，即漢代居倉故址。在羅布淖爾古烽燧遺址中發現漢代簡牘 71 枚，紀年有宣帝黄龍五年（前 45 年）、元帝永光五年（前 39 年）、成帝河平四年（前 25 年）、元延五年（前 8 年），皆為西漢後期簡牘，字體有草書、隸書。黄文弼整理本有簡影、摹本和釋文。全部木簡的簡影和摹本刊登在《羅布淖爾考古記》[②]。

斯坦因發現的新疆簡牘

斯坦因在四次中亞考察中，在新疆、甘肅、内蒙古等地帶走了大量簡牘，至今有部分得到整理、刊佈，多達 2 000 餘片削衣、柹片還未得到整理與刊佈。中英合作將此内容整理出版了《英國國家圖書館藏斯坦因所獲未刊漢文簡牘》。張存良等再度檢視，發現仍有 100 多枚削衣、柹片未得面世，整理後發表在《文物》2016 年第 6 期雜誌上，這批漢簡字跡清楚，書法工整。因為出土地點不詳，故歸入新疆簡牘[③]。

山東

銀雀山西漢簡

1972 年山東臨沂銀雀山 2 號西漢墓為武帝時期墓葬，出土 32 枚簡，為《漢武帝元光元年曆譜》，已經發表摹本[④]。臨沂銀雀山 1 號墓出土竹簡 4 942 枚，其内容大致可分成現今還有傳本的書籍和古佚書兩大類。現有傳本的書籍包括：《孫子兵法》及四篇佚文、《六韜》14 組、《尉繚子》5 篇、《晏子》16 章；佚書類有：《孫臏兵法》16 篇、《守法守令等十三篇》10 篇、“論政論兵之類”50 篇。其中《孫子兵法》《孫臏兵法》《尉繚子》《晏子》《六韜》《守法守令等十三篇》簡影、摹本、釋文已經公開發表。銀雀山漢簡

---

① 嘉峪關市文物保管所：《玉門花海漢代烽燧遺址出土的簡牘》，載甘肅省文物工作隊、甘肅省博物館《漢簡研究文集》，甘肅人民出版社 1984 年版。

② 黄文弼：中國西北科學考察團叢刊《羅布淖爾考古記》，國立北京大學出版部 1948 年承印版。

③ 張存良、巨虹：《英國國家圖書館藏斯坦因所獲漢文簡牘未刊部分》，《文物》2016 年第 6 期；汪濤、胡平生、吳芳思：《英國國家圖書館藏斯坦因所獲未刊漢文簡牘》，上海辭書出版社 2007 年版。

④ 陳久金、陳美東：《臨沂出土漢初古曆初探》，《文物》1974 年第 3 期。

分三輯出版，到2012年為止，已出2輯。綫裝本收入《孫子兵法》《孫臏兵法》[①]。精裝本收入《孫子兵法》《孫臏兵法》《尉繚子》《晏子》《六韜》《守法守令》[②]。第2輯2010年已經出版，"論政論兵之類"50篇、"陰陽、時令、占候"之類12篇以及其他内容13篇。前半部分為竹簡圖版，後半部分為釋文注釋[③]。

駢宇騫依據《銀雀山漢墓竹簡》(壹)一書編著《銀雀山漢簡文字編》。凡原書文字完整者全數收錄，為了保證文字清晰，採用原書的傅熹年摹本。正文字頭1 368字，重文11 908字，注明簡號。按照《説文》排列，首列篆文，或加古文、籀文、異體，每字前注楷字。"從字體結構看，這些墨蹟多數為規整的漢代隸書，有些仍存在著明顯的篆意，還有一部分是較草率的隸書(草隸)。由此可知，這些珍貴的墨蹟並非抄於一時，也非出自一人之手。它基本上較系統地反映了秦漢之際漢字演變和發展的一些面貌。""銀雀山漢簡上的'草書'基本上是隸書的潦草速寫，它的書體仍是隸書的結構，所以我們稱之為'草隸'是比較符合實際的。"[④]

金雀山漢簡

山東臨沂金雀山11號以及13號西漢墓出土木牘碎片8件，内容當為遣策，有摹本[⑤]。

土山屯漢墓

青島土山屯147號漢墓出土木牘有堂邑元壽二年(前1年)要具簿、堂邑元壽二年庫兵要完堅簿、堂邑令劉君衣物名、名刺。堂邑令木牘書體可分二類，其中一類是日常隸書，劉君衣物名體勢端正，而"要具簿""庫兵要完堅簿"體勢略方，結題茂密。名刺則用偏鋒書寫，横筆粗而豎筆細，外形呈方形或長方形。第157號墓木牘左曹中郎劉仲子衣物疏則為日常隸書，考古報告發表了全部簡影和釋文。[⑥]

日照漢簡

山東日照海曲106號西漢墓發掘工作評為2002年十大考古發現，2003年報道稱，殘存的部分竹簡和木牘字跡依然清晰，初步從竹簡記載的内容看，可能與曆譜有關[⑦]。墓内出土木牘4件，未見書寫痕跡。竹簡39枚，簡文字迹清晰，為漢武帝後元

① 銀雀山漢墓竹簡整理小組：《銀雀山漢墓竹簡》(壹)，宣紙綫裝大函本，文物出版社1975年版。
② 銀雀山漢墓竹簡整理小組：《銀雀山漢墓竹簡》(壹)，文物出版社1985年版。
③ 銀雀山漢墓竹簡整理小組：《銀雀山漢墓竹簡》(貳)，文物出版社2010年版。
④ 駢宇騫：《銀雀山漢簡文字編》，文物出版社2001年版，"前言"第6、11頁。
⑤ 臨沂市博物館：《山東臨沂金雀山周氏墓群發掘簡報》，《文物》1984年第11期。
⑥ 青島市文物保護考古研究所、黃島區博物館：《山東青島土山屯墓群四號封土與墓葬的發掘》，《考古學報》2019年第3期。
⑦ 山東省文物考古研究所：《北方最美的500件漆器——山東日照海曲漢墓》，《文物天地》2003年第3期。

二年(前 87 年)視日簡,一殘簡上書寫有"天漢二年城陽十一年"。報告為發表簡影①。

河南

劉家渠木簡

1955 年河南陝縣劉家渠 23 號漢墓出土木簡 2 件,均一端殘斷,1 枚僅存 3 字。殘長 18.4 厘米、寬 3.15 厘米、厚 3.5 厘米。似屬檢封類木簡。有簡影,模糊不清②。

淺井頭木牘

1992 年河南洛陽淺井頭西漢墓出土木牘 1 枚,有朱書殘跡,示意圖僅見長方形,不見其他任何信息③。

河北

定縣八角廊竹簡

1973 年河北定縣(現改名為定州)的第 40 號漢墓中出土竹簡,主要內容有《論語》《儒家者言》《太公》《文子》《六安王朝五鳳二年正月起居記》《日書・占卜》等六種。這 6 種古籍中,除《論語》《文子》外,其餘均無傳本。墓主為中山懷王劉修,死於五鳳三年(前 55 年)。《文子》的全部釋文刊登在《文物》1995 年第 12 期。釋文的公佈速度很慢,目前衹公佈三種,除上述《論語》《文子》外,《儒家者言》公佈最早,釋文刊出,但是至今為止簡影尚未發表,僅見部分摹本。竹簡文字為史書,字跡端正,與真書有較多共同點④。

湖南

長沙馬王堆簡牘

1972 年馬王堆 1 號漢墓出土竹簡 312 枚,報告稱"隸體,部分帶有小篆筆法"為遣策。報告提供全部簡影和釋文。在竹笥上掛有楬(簽)49 枚,字跡接近遣策。並有封泥匣 37 個,篆體,其中"軑侯家丞"27 枚。這是首次完整地提供了西漢前期文帝時期的墨書字跡,對漢代漢字形體史的研究具有劃時代的意義。全部簡影已經發表,字跡

① 山東省文物考古研究所:《山東日照海曲西漢墓(M106)發掘簡報》,《文物》2010 年第 1 期。

② 黃河水庫考古工作隊:《一九五六年河南陝縣劉家渠漢唐墓葬發掘簡報》,《考古通訊》1957 年第 4 期;黃河水庫考古工作隊:《河南陝縣劉家渠漢墓》,《考古》1965 年第 1 期。

③ 洛陽市第二文物工作隊:《洛陽淺井頭西漢壁畫墓發掘簡報》,《文物》1993 年第 5 期。

④ 國家文物局古文獻研究室、河北省博物館、河北省文物研究所、定縣漢墓竹簡整理組:《定縣 40 號漢墓出土竹簡簡介》,《文物》1981 年第 8 期;河北省文物研究所、定州漢墓竹簡整理小組:《定州漢墓竹簡論語》,文物出版社 1997 年版;河北省文物研究所定州漢簡整理小組:《定州西漢中山懷王墓竹簡〈文子〉釋文》,《文物》1995 年第 12 期。

清晰[①]。

馬王堆 3 號墓入葬時間為文帝十二年（前 168 年），1973 年出土簡牘和帛書兩種文獻。帛書内容豐富，文字圖版大部分公開發表。簡牘 610 枚，有《老子》甲乙本以及乙本前古佚書、甲本後古佚書圖版、釋文發表[②]。甲本後古佚書列出《十大經》等篇目。《春秋事語》《戰國縱横家書》圖版、釋文發表[③]。醫書部分有《足臂十一脈灸經》《五十二病方》等 11 種帛書和竹簡《十問》《合陰陽》《天下至道談》，木簡《雜禁方》簡影均一同發表[④]。2004 年馬王堆 3 號墓遣策簡影發表，並將竹木簡醫書簡影再次發表[⑤]。圖文結合的《導引圖》[⑥]《天文氣象雜占》[⑦]《長沙國南部地圖》《駐軍圖》[⑧]皆已發表。此外在多種專門發表的帛書文獻釋文中，也附有部分簡影。

馬王堆 3 號墓帛書主要是典籍，其中相當部分是失傳的文獻。抄錄的年代大致在西漢早期的文帝之前，因其年代早、文獻量大，倍受重視。它的文字字體出於篆隸交替階段，帶有較重的篆書結構，抄本不同，字體也稍有差異。有近於草篆的、近於史書的、介於此兩者之間的，如 3 號墓的《式法》就屬於最後一類。

陳松長《馬王堆簡帛文字編》每字頭小篆或者楷書（無小篆者），以馬王堆 1 號、3 號簡帛文字，包括帛書、竹簡（遣策、醫簡、木揭）窮盡性地收錄字形[⑨]。以字形清晰為收取標準，字形相同者祇收 1 個，共收單字 3 226 個、重文 9 566 個，合文 15 個。字形採用攝影圖像，不添不改。按照《説文》排列字頭，每字以字形演變為序列。編者重新細分帛書的篇目，共得 6 類 44 種，得以詳細表明字形出處。

7 卷本繁體豎版《長沙馬王堆漢墓簡帛集成》由湖南省博物館、復旦大學出土文獻與古文字研究中心和中華書局三方合作推出，這是我國首部完整的馬王堆帛書的釋文和注釋本，被譽為 40 年來帛書研究整理的“集大成者”。1974 年至 1976 年，唐蘭、張政烺、朱德熙和裘錫圭整理的《老子》甲本及卷後古佚書、《老子》乙本及卷前古佚書，唐蘭與馬雍整理的《戰國縱横家書》，張政烺負責的《春秋事語》釋文以及《五星占》《地形圖》《導引圖》、馬王堆帛醫書、《駐軍圖》《相馬經》《天文氣象雜占》《六十四

① 湖南省博物館、中國科學院考古研究所：《長沙馬王堆一號漢墓》，文物出版社 1973 年版，第 130 頁。

② 馬王堆漢墓帛書整理小組：《馬王堆漢墓帛書》（壹），宣紙綫裝大函本，文物出版社 1975 年版。甲本後古佚書無篇目；國家文物局古文獻研究室：《馬王堆漢墓帛書》（壹），8 開精裝本，文物出版社 1980 年版，圖版第 270—292 頁。

③ 馬王堆漢墓帛書整理小組：《馬王堆漢墓帛書》（叁），宣紙綫裝大函本，文物出版社 1978 年版；馬王堆漢墓帛書整理小組：《馬王堆漢墓帛書》（叁），精裝本，文物出版社 1983 年版。

④ 馬王堆漢墓帛書整理小組：《馬王堆漢墓帛書》（肆），文物出版社 1985 年版。

⑤ 湖南省博物館、湖南省文物考古研究所：《長沙馬王堆二、三號漢墓》第 1 卷，文物出版社 2004 年版。

⑥ 馬王堆漢墓帛書整理小組：《馬王堆漢墓帛書導引圖》，文物出版社 1979 年版。

⑦ 馬王堆漢墓帛書整理小組：《西漢帛書〈天文氣象雜占〉釋文》，《中國文物》第一期，文物出版社 1979 年版。

⑧ 馬王堆漢墓帛書整理小組：《馬王堆漢墓帛書古地圖》，文物出版社 1977 年版。

⑨ 陳松長：《馬王堆簡帛文字編・序》，文物出版社 2001 年版。

卦》等篇目都完成了拼接、釋文工作，有的還做了校注，分別刊載於 1980 年、1983 年、1985 年由文物出版社出版的《馬王堆漢墓帛書》(壹)、(叁)、(肆)中。但張政烺先生整理的馬王堆簡帛中篇幅最長的《周易》經傳，以及一些重要的術數類文獻，如《刑德》《陰陽五行》等未見收錄，更缺少對已有成果的全面總結。2014 年由裘錫圭主編的《長沙馬王堆漢墓簡帛集成》出版，該集成共分 7 卷，前 2 卷為整理圖版，中間 4 卷是釋文注釋，第 7 卷是原始圖版，馬王堆漢墓簡帛圖版首次集中完整公佈[①]。

走馬樓西漢簡牘

2003 年在長沙走馬樓街東側的 J8 號井內出土西漢簡牘 2 000 餘枚。根據簡文記錄長沙國年代，應在武帝元狩元年(前 122 年)至三年(前 120 年)，為官私文書，字體不帶篆意[②]。

東牌樓簡牘

2004 年湖南長沙市東牌樓第 7 號古井發掘東漢簡牘 426 餘枚，有字簡牘 218 枚。這批簡牘是東漢後期之物，有漢靈帝在位(168—189)時的"建甯""熹平""光和""中平"年號，主要是長沙郡和臨湘縣通過郵亭往來的公私文書[③]。

2011 年長沙市芙蓉區東牌樓工地在部分古井內出土兩漢、魏晉時期的簡牘數百枚，没有整理發表。[④]

走馬樓五一廣場東漢簡牘

2010 年 6 月長沙市五一大道與走馬樓巷交界處五一廣場西側的平和堂大廈，在 14 年前該處發現走馬樓三國時期吳簡後，又出土了東漢簡牘。23 日淩晨，在地表下 6 米處，1 號窖內出土一批東漢簡牘。1 號窖距離地面近 4 米，出土陶質建築構件、木器以及簡牘。僅僅暴露部分就有萬枚漢簡，其中木簡較完整的約兩千枚，形製有大木簡、木牘、封簡、簽牌等。這批木簡質地好，上面字跡清晰規整，內容豐富，有"長沙大守""臨湘令"等稱署，簡牘大多為官方文書正本，書寫者為各級官吏，書體端正。有波磔分明的隸書，也有楷化寫法，此外還有一些草書。長沙市文物管理所專家稱："我們連夜清理，發現這批文物有竹簡，也有木牘，簡牘所載紀年文字為'永元十四年''永元十五年'等，由此確認該批簡牘為東漢和帝時期(88—105)長沙地方政府的官方文書，而古井為東漢前期官方簡牘檔案埋藏地。簡牘的紀年有'章和''永元''永興''延平''永初'，最早者為章帝四年(實為和帝永元二年，90 年)，最晚為安帝永初五年(112

---

① 裘錫圭主編，湖南省博物館、復旦大學出土文獻與古文字研究中心編纂：《長沙馬王堆漢墓簡帛集成》，中華書局 2014 年版。

② 湖南省文物局：《湖南簡牘名跡》，湖南美術出版社 2012 年版。

③ 長沙市文物考古研究所、中國文物研究所：《長沙東牌樓東漢簡牘》，文物出版社 2006 年版。

④ 黄樸華、何佳：《2011 年長沙東牌樓工地考古發掘情況簡報》，載《湖南省博物館館刊》2011 年第 8 輯，嶽麓書社 2012 年版。

年)，在出土漢簡中，東漢早期實物較少，這批簡牘可以補充歷史的缺環，而且是楷法漢隸，具有獨特的價值。”①

古人堤簡牘

1987 年在湖南張家界城西澧水北岸古人堤遺址中發現簡牘 90 片，均為當時的廢棄物，有牘、楬、封檢，内容有漢律、官府文書、醫方、尺牘、名刺等。簡牘中有“永元”“永初”年號，此為東漢之物。文章僅僅發表了數片簡牘簡影，且黑糊不清。②

伍家嶺漢簡

1951 年到 1952 年湖南長沙伍家嶺西漢墓(M203)發現 10 枚漢簡，僅 1 枚可識，1 枚封檢“魚鲊一斛”。簡影已經公開。③

徐家灣木楬

1951 年到 1952 年長沙徐家灣西漢後期劉驕墓(M401)，有木楬“被絳函”3 字，字跡清晰，是帶行書意味的隸書。報告發表了簡影。④

漁陽楬牌

長沙望城坡西漢漁陽墓出土木揭、簽牌和封泥匣共 100 多件，木揭圓首。封泥匣篆書“長沙后府”。出土墨書文字有工整、行書和草書三種。出土木揭 100 餘枚，字數達 2 000 字以上。另外在槨板和漆器上有大量刻銘。墓主為漢初吳氏長沙國某代王后，年代在西漢文景時期。⑤

虎溪山竹簡

1999 年湖南省沅陵縣虎溪山 1 號漢墓出土漢簡 1 336 枚，現存簡頭 600 餘枚，包括黃簿、《日書》《美食方》。墓主人吳陽，係前漢長沙王吳臣之子，為第一代沅陵侯。吳陽死於文帝後元二年(前 162 年)，竹簡的内容經初步整理，發現有日書、刑德、黃籍、美食方等。發掘簡報刊出部分簡影⑥。

2013 年益陽赫山區三里橋山崗上的兔子山遺址進行搶救性發掘，有 11 口古井中出土了簡牘，其中 7 號井出土簡牘甚為豐富。簡牘散亂分佈於填土中，共出土 2 392

---

① 宗和：《古井“吐”出萬枚漢簡 長沙再現東漢簡牘》，《東方早報》2010 年 6 月 25 日；長沙市文物考古研究所：《湖南長沙五一廣場東漢簡牘發掘簡報》，《文物》2013 年第 6 期；王曉光：《論新出長沙五一廣場簡牘墨書及相關問題》，《書法叢刊》2013 年第 5 期。

② 湖南省文物考古研究所、中國文物研究所：《湖南張家界古人堤遺址與出土簡牘概述》，《中國歷史文物》2003 年第 2 期。

③ 中國科學院考古研究所：《長沙發掘報告》，科學出版社 1957 年版，第 124 頁。

④ 中國科學院考古研究所：《長沙發掘報告》，科學出版社 1957 年版，第 124 頁，圖版 85。

⑤ 長沙市文物考古研究所、長沙簡牘博物館：《湖南長沙望城坡西漢漁陽墓發掘簡報》，《文物》2010 年第 4 期。

⑥ 郭偉民：《湖南漢代考古又一重大發現——虎溪山漢墓搶救發掘圓滿結束》，《中國文物報》1999 年 9 月 15 日；郭偉民、張春龍：《虎溪山一號漢墓後期發掘整理又獲成果》，《中國文物報》1999 年 10 月 17 日；郭偉民：《沅陵虎溪山一號漢墓發掘記》，《文物天地》1999 年第 6 期；湖南省文物考古研究所、懷化市文物處、沅陵縣博物館：《沅陵虎溪山一號漢墓發掘簡報》，《文物》2003 年第 1 期。

枚,其中有字簡 2 302 枚、無字簡 90 枚。簡牘多為木簡,個別為竹簡,削衣(杮)數量尤為龐大,保存狀況極差,殘斷嚴重,多為長沙國縣衙的行政類文書。紀年簡最早的是西漢高祖十一年(前 196 年)。發掘報告公佈了部分簡影,簡文為隸書。①

湖北

老河口竹簡

1973 年湖北省光化縣老河口五座墳發掘了 3 號西漢早期墓,該墓出土竹簡約 30 枚,已經成為殘片,僅 5 枚可見字跡,筆畫模糊,似有"十一""臣"等字樣,似屬遣策。報告刊出簡影。②

大墳頭木牘

湖北雲夢城關西南角大墳頭 1 號西漢墓,出土衆多漆器,漆器有刻銘、烙印文字。墓內木牘 1 件,正背有字,為遣策,字跡近於篆文,與馬王堆 1 號漢墓遣策相似。報告發表了簡影、摹本和釋文。年代為西漢初年,早於文帝十三年(前 167 年)。③

鳳凰山漢簡

1973 年在鳳凰山 8、9、10 號三座漢墓,共出土 400 多枚簡牘。8 號墓及 9 號墓的竹簡內容主要是隨葬器物的清單。10 號墓簡牘的內容主要記載西漢文帝和景帝時期的鄉里行政文書,涉及算賦、田租、貸種等方面,還有隨葬器物清單及承包契約等。其中 10 號墓有木牘、竹牘,2 號木牘為《中販共侍約》,帶有草書筆意,有些字兼帶肥捺以及長挑。篆意雖未脫淨,與秦隸已經有明顯區別。這個區別在於輪廓呈現正方,字勢左傾,筆畫粗細變化明顯,具有真書的某些特點。④

1975 年湖北江陵鳳凰山西漢墓 168 號漢墓出土 67 枚,其中竹簡 66 枚,文字清晰,為遣策;竹牘 1 枚,67 字,為"告地下丞"。並有天平衡杆的墨書,其文字帶有篆意,為古隸。1975 年發表部分簡影、衡杆文字摹本。1993 年發表全部釋文、簡影。下葬時期為文帝前元十三年(前 167 年)。⑤

鳳凰山西漢墓 8 號墓、9 號墓、10 號墓、167 號墓、168 號墓、169 號墓之簡影、摹本及釋文於 2012 年發佈。⑥

---

① 湖南省文物考古研究所、益陽市文物考古研究所:《湖南益陽兔子山遺址七號井發掘簡報》,《文物》2021 年第 6 期。

② 湖北省博物館:《光化五座墳西漢墓》,《考古學報》1976 年第 2 期。

③ 湖北省博物館、孝感地區文教局、雲夢縣文化館:《湖北雲夢西漢墓發掘簡報》,《文物》1973 年第 9 期;湖北省博物館:《雲夢大墳頭一號漢墓》,《文物資料叢刊》1981 年第 4 輯。

④ 金立:《江陵鳳凰山八號漢墓竹簡試釋》,《文物》1976 年第 6 期;弘一:《江陵鳳凰山十號漢墓簡牘初探》,《文物》1974 年第 6 期。

⑤ 紀南城鳳凰山一六八號漢墓發掘整理組:《湖北江陵鳳凰山一六八號漢墓發掘簡報》,《文物》1975 年第 9 期;湖北省文物考古研究所:《江陵鳳凰山一六八號漢墓》,《考古學報》1993 年第 4 期。

⑥ 湖北省文物考古研究所:《江陵鳳凰山西漢簡牘》,中華書局 2012 年版。

藤店簡牘

江陵藤店1號漢墓邊箱西部發現殘簡，有24枚，字數最多的1片7字，共47個字，書於竹片背面。所有簡影模糊不清。①

張家山竹簡

1983年湖北江陵縣張家山247號漢墓，墓主去世時為西漢呂后二年(前186年)，為西漢早期墓葬，簡書獨立成卷，置於竹笥之內。竹簡共1236枚(不計殘片)，雖有殘損，簡影文字清晰。內容有曆譜、《二年律令》《奏讞書》《脈書》《算數書》《蓋廬》《引書》和遣策。該墓的竹簡已經全部整理完畢，簡影、釋文均已公開②。

高臺木牘

1993年報告荊州高臺18號漢墓發現木牘，木牘記"七年十月丙子朔庚子"為西漢文帝前元七年(前173年)，並且發表了圖版和釋文③。專門報告在2000年發表，共木牘4方，保存較好，編號為M18：35甲、乙、丙、丁。甲長14.8厘米、寬3.15厘米、厚0.4厘米，文字分別寫於上下兩端，上為"安都"，下為"江陵丞印"。乙長23厘米、寬3.7厘米、厚0.4厘米，正面墨書5行26字。丙長23.2厘米、寬4.5厘米、厚0.4厘米，正面墨書4行63字，背面"產干"。丁長23.1厘米、寬5～5.7厘米、厚0.4厘米，正面墨書2排12行，為遣策。6號墓的頭廂內出土竹簡共53枚，編號M6：49，保存不佳，拳曲一團，少數成篾絲狀。完整者長5～23厘米、寬0.5～0.8厘米、厚1厘米，有字者僅14枚。內容為遣策，字體類似馬王堆1號漢墓遣策。另有漆器文字、烙印、針刻和漆書，內容多為"成市××""成市草""成市員"等，與雲夢睡虎地、江陵鳳凰山漆器相同，有篆書和隸書兩種字體。④

睡虎地漢簡

2006年湖北雲夢睡虎地77號漢墓的竹笥內發現成束、成卷的簡牘，總共2137枚。竹簡內容為質日、日書、書籍、算術、法律，竹牘和木牘較完整者128枚，部分牘正反皆書有墨書。簡牘文字字跡清楚，大多書寫工整，肥挑肥捺顯示古隸的風格。報告公佈部分彩色簡影，大致清晰。墓葬年代在文帝末年至景帝時期。⑤

孔家坡簡牘

1999年12月湖北隨州孔家坡8號漢墓出土竹簡二組，《日書》一組700餘枚，《曆

---

① 荊州地區博物館：《湖北江陵藤店一號墓發掘簡報》，《文物》1973年第9期。

② 張家山二四七號漢墓竹簡整理小組：《張家山漢墓竹簡》，文物出版社2001年版。

③ 湖北省荊州地區博物館：《江陵高臺18號墓發掘簡報》，《文物》1993年第8期。

④ 湖北省荊州地區博物館：《江陵高臺18號墓發掘簡報》，《文物》1993年第8期；湖北省荊州博物館：《荊州高臺秦漢墓》，科學出版社2000年版，第222—229頁。

⑤ 湖北省文物考古研究所、雲夢縣博物館：《湖北雲夢睡虎地M77發掘簡報》，《江漢考古》2008年第4期。筆者按：2019年開始陸續整理文獻，有陳偉、熊北生《睡虎地漢簡中的券與相關文書》，蔡丹、譚競男《睡虎地漢簡中的〈算術〉簡冊》等，均見於《文物》2019年第12期。

日》78 枚，尚有無字簡 7 枚。木牘二組 4 方，為告地書。根據告地書“二年正月壬子朔甲辰”推算下葬時間為景帝後元二年（前 142 年）。①

松柏村木牘

湖北荆州紀南鎮松柏村 1 號漢墓，發現木牘 63 枚，其中 6 枚無字，31 枚單面有字，26 枚雙面有字，內容主要有遣策、各種簿冊、律令、曆譜和牒書，牒書記載秦昭襄王到漢武帝七年歷代帝王在位年數，説明此墓為漢武帝早期墓葬。另有木簡 10 枚，木簡為簿冊的標題。報告附 1 枚木牘正背彩影和 1 枚簡的簡影。木牘字跡略扁，反勾及捺肥碩。②

謝家橋竹簡

2007 年 11 月湖北荆州沙市區關沮鄉清河村發掘謝家橋 1 號漢墓，出土竹簡 208 枚，其中 197 枚為遣策，另有竹牘 3 枚，內容為告地書，竹牘有“五年十一月癸卯朔庚午”，即西漢呂后五年（前 184 年）紀年③。

岳橋村簡牘

2002 年湖北荆州沙市關沮鄉岳橋村之岳家草場及印臺 9 座西漢墓出土竹木簡 2 300 餘枚，木牘 69 餘方。60 號墓出土竹簡 200 枚、木簡 11 枚、木牘 22 方。61 號墓出土木牘 3 枚。59 號墓出土竹簡 800 餘枚、木牘 1 方。62 號墓出土木牘 1 方。63 號墓出土 16 枚殘簡、木牘 8 方，83 號墓出土木牘 1 方。97 號墓出土竹簡 1 198 枚、殘簡 100 餘枚。112 號墓出土竹簡 44 枚。115 號墓出土木牘 33 方。內容為文書、簿籍、曆譜、遣策、器簿、編年記等，簡牘中有景帝前元二年（前 155 年）紀年。報告無簡影和釋文④。

雲夢睡虎地 77 號西漢墓

2006 年湖北雲夢睡虎地 77 號西漢墓出土簡牘，存放於竹笥中。初步整理，竹簡總數多達 2 137 枚。內容為質日、官府文書、私人簿籍、律典、算術、日書、書籍，從發表的簡影看，字跡端正，屬於史書形體。⑤

胡家草場竹簡木牘

荆州市胡家草場墓地 12 號墓為西漢文帝時期墓葬，墓主為小吏。竹笥內裝有簡牘、石研、研石。除了小部分因竹笥破損散落在外，大部分簡牘出土時裝在竹笥內，基本保持了入葬時的原貌。初步整理，簡牘達 4 642 枚。據簡牘出土時的位置關係將簡

---

① 湖北省文物考古研究所、隨州市文物局：《隨州市孔家坡墓地 M8 發掘簡報》，《文物》2001 年第 9 期；湖北省文物考古研究所、隨州市考古隊：《隨州孔家坡漢墓簡牘》，文物出版社 2006 年版。

② 荆州博物館：《湖北荆州紀南松柏漢墓發掘簡報》，《文物》2008 年第 4 期。

③ 荆州博物館：《湖北荆州謝家橋一號漢墓發掘簡報》，《文物》2009 年第 4 期；楊開勇：《謝家橋 1 號漢墓》，載荆州博物館《荆州重要考古發現》，文物出版社 2009 年版，第 188—194 頁。

④ 鄭忠華：《荆州市岳橋秦漢墓葬》，載《中國考古學年鑒 2003》，文物出版社 2004 年版，第 250—251 頁；鄭忠華：《印臺墓地出土大批西漢簡牘》，載荆州博物館《荆州重要考古發現》，文物出版社 2009 年版，第 204—208 頁。

⑤ 熊北生、陳偉、蔡丹：《湖北雲夢睡虎地 77 號西漢墓出土簡牘概述》，《文物》2018 年第 3 期。

牘分為 4 組，竹簡和木簡編號為簡 1—4636（含殘損簡），木牘單獨編號為牘 1—6。經過進行紅外綫掃描和內容釋讀，這批簡牘初步分為歲紀、曆、日至、法律文獻、醫方及雜方、日書、簿籍、遣策等幾類，每一類分為數量不等的卷，有的有卷題，有的有篇題和目錄。曆和日至類分别有卷題，法律文獻類有卷題、篇題、目錄，日書類有卷題，醫方及雜方類有目錄。各類簡牘的尺寸以及書寫手法也不盡相同。①

江西

西漢海昏侯墓簡牘

江西南昌海昏侯西漢墓經過整理，劉賀墓主槨室發現 5 200 余枚簡牘（包含殘斷簡牘），另在主槨室各處發現 110 枚簽牌。簡牘放置在 4 個漆笥中，漆笥大部分已腐朽，可見部分織物與竹編織物的殘片。竹簡放置在 3 個漆笥內，竹簡各卷之間雜有木牘，公文奏牘被單獨放在一個漆笥內。簡牘出土時保存情況較差，存字完整的簡牘不足什一。竹簡基本屬於古代典籍，另有 500 餘枚竹簡與昌邑王國、海昏侯國的政務等有關。木牘 60 餘件，內容除典籍外，另有遣策、雜用文書，以及隨葬物之簽牌，標明隨葬衣、物的內容與數量。這些字體的選擇恐怕與內容有關。典籍內容大約包括《論語》《易經》《禮記》《孝經》、詩賦，以及術數、方技類書籍。這些文獻與傳本文獻和已經在其他漢墓中發現的同名文獻有一定的差别。② 這批簡牘為隸書，有些字體如馬王堆 1 號墓遣策之古隸，有的類似馬王堆帛書乙本之史書。

北京

大葆臺竹簡

1974 年在北京西南郊郭公莊發現大葆臺漢墓，1 號墓西面黄腸題湊處發現竹簡 1 枚，長 20.5 厘米、寬 0.7 厘米、厚 0.1 厘米，墨書 6 字“樵中格吳子運”，行草書。墓葬年代為西漢中晚期③。

北京大學漢簡

2009 年初，北京大學接受捐贈獲得了從海外搶救回歸的一批西漢竹書，總數達 3 300 多枚，近 20 種典籍，遍佈《漢書・藝文志》之六藝、諸子、詩賦、兵書、數術、方技六大門類。竹簡文字書法精美絕倫，形體整飭，字跡清楚，為史書實例。竹簡的年代

---

① 荆州博物館：《湖北荆州市胡家草場墓地 M12 發掘簡報》，《考古》2020 年第 2 期；李志芳、蔣魯敬：《湖北荆州市胡家草場西漢墓 M12 出土簡牘概述》，《考古》2020 年第 2 期。

② 江西省文物考古研究所、南昌市博物館、南昌市新建區博物館：《南昌市西漢海昏侯墓》，《考古》2016 年第 7 期；江西省文物考古研究院、北京大學出土文獻研究所、荆州文物保護中心：《江西南昌西漢海昏侯劉賀墓出土簡牘》，《文物》2018 年第 11 期。

③ 大葆臺漢墓發掘組、中國社會科學院考古研究所：《北京大葆臺漢墓》，文物出版社 1989 年版，第 13 頁，圖版 18－3。

約在西漢中期的武帝、宣帝時期①。北京大學藏西漢竹書是又一座漢代典籍寶庫，對於中國上古歷史、思想、文化、科技、書法藝術等領域的研究均具有重大學術價值。②北京大學漢代竹書由上海古籍出版社陸續出版：《北京大學藏西漢竹書》第一卷為《蒼頡篇》，第二卷為《老子》，第三卷為諸子四種，第四卷及第五卷為數術，第六卷為數術之三種日書，第七卷為醫書。

安徽

雙古堆漢墓漢簡

1977 年安徽省阜陽縣發掘雙古堆 1 號漢墓，墓主為第二代汝陰侯夏侯竈，墓葬年代為文帝十五年(前 165 年)。出土 6 000 餘枚殘簡，主要內容為古籍，有《蒼頡篇》《詩經》《周易》《年表》《雜方》《相狗經》《作務員程》等。部分簡影及摹本已發表③，如《蒼頡篇》摹本④、《詩經》的簡影和摹本⑤、《萬物》(舊題《雜方》)部分簡影⑥。

紀莊村木牘

2004 年安徽天長市安樂鎮紀莊村發現 19 號西漢墓，發現木牘 34 件，共約 2 500 字。內容有戶口名簿籍、算簿、藥方、遺策、書信等。年代為西漢中期偏早。字體風格多樣，既有拘謹的扁體楷體，也有行草書，其名刺書法突出，字跡工整，但是“足下”兩字筆畫舒展⑦。

陝西

漢長安城未央宮木簡

漢長安城未央宮遺址進行考古科學發掘時，在未央宮前殿 A 區建築遺址發現木簡，在 F13 和 F26 之內，F13 的木簡是没有書寫的白簡，F26 共有杉木質木簡 115 枚，為焚燒之餘的殘損之物。簡文為草書，釋文和摹本均已經發表⑧。此簡發現後，其中一些可辨識的簡被發掘者誤定為藥方，有學者説在一醫方上端題“馮宗山女方”⑨，此

---

① 北京大學出土文獻研究所：《北京大學藏西漢竹書概説》，《文物》2011 年第 6 期。

② 韓巍：《北大珍藏西漢竹書》，《光明日報》2013 年 2 月 19 日。

③ 文物局古文獻研究室、安徽阜陽地區博物館阜陽漢簡整理組：《阜陽漢簡簡介》，《文物》1983 年第 2 期；文物局古文獻研究室、安徽阜陽地區博物館阜陽漢簡整理組：《阜陽漢簡〈詩經〉》，《文物》1984 年第 8 期。

④ 文物局古文獻研究室、安徽阜陽地區博物館阜陽漢簡整理組：《阜陽漢簡〈蒼頡篇〉》，《文物》1983 年第 2 期。

⑤ 胡平生、韓自強：《阜陽漢簡詩經研究》，上海古籍出版社 1988 年版。

⑥ 文化部古文獻研究室、安徽阜陽地區博物館阜陽漢簡整理組：《阜陽漢簡〈萬物〉》，《文物》1988 年第 4 期。

⑦ 天長市文物管理所、天長市博物館：《安徽天長西漢墓發掘簡報》，《文物》2006 年第 11 期。

⑧ 中國社會科學院考古研究所：《漢長安城未央宮：1980～1989 年考古發掘報告》，中國大百科全書出版社 1996 年版，第 238—248 頁，簡影在圖版 278—289。

⑨ 戴應新：《解放後發現的醫藥資料考述》，《考古》1983 年第 2 期。

幾字實為"謂宗曰女盡"。報告釋文錯誤很多，可參考胡平生《未央宮前殿遺址出土王莽簡牘校釋》[①]，實際是西漢後期到新莽時期的祥瑞簡。

馬泉竹簡

1975 年咸陽馬泉西漢墓，在槨內發現竹簡 3 截，3 截分屬 3 簡，字跡不清。墓內有圓形琥珀印章，上有篆字"惠君"二字，此墓年代為西漢晚期。[②]

杜陵木牘

2001 年 8 月在杜陵區內，杜陵南 300 米、滻河西 500 米處，緊靠杜陵邑遺址，出土木牘 1 件，內容為日書。古隸帶草，清晰可辨[③]。

江蘇

網疃莊漢木槨墓木牘

1962 年連雲港海州網疃莊大雨沖刷出漢墓一座，墓葬年代在西漢末或東漢初。墓內男女棺中各出土木牘 1 件，為遣策，從上到下 5 排，有"□□衣一領"等。字跡模糊不清，報告刊出女棺出土的簡影。[④]

侍其繇墓木牘

1973 年 12 月江蘇省連雲港市海州區南門大隊網疃莊附近發掘了一座西漢中晚期夫妻雙棺合葬墓。從出土龜鈕銀印的印文得知男性墓主姓名為侍其繇。該墓出土了木牘 2 枚，分別出土於兩棺。每塊長 23 厘米、寬 7.5 厘米、厚 0.5 厘米。南棺出土的一塊字跡已經消失；北棺出土的一塊正面字跡尚清晰，分上、中、下三欄書寫，墨蹟隸體。背面上端亦有字跡，但已漫漶不清。木牘的內容為遣策。報告刊出北棺遣策摹本[⑤]。

東陽木牘

1974 年在盱眙東陽漢墓發現木牘 1 件，長 23.6 厘米、寬 4.2 厘米，墨書 3 行，32 字，與五銖錢束縛在一起，為致鬼神之文。報告發表了簡影。字體帶草，還保留墨團之古法，年代在西漢到新莽時期。[⑥]

高高頂木方

1979 年連雲港市雲臺山唐莊高高頂漢墓發現木方 1 枚，為遣策，報告有簡影，模糊不清。[⑦]

---

① 胡平生：《未央宮前殿遺址出土王莽簡牘校釋》，載《出土文獻研究》第 6 輯，上海古籍出版社 2004 年版。
② 咸陽市博物館：《陝西咸陽馬泉西漢墓》，《考古》1979 年第 2 期。
③ 陝西歷史博物館：《尋覓散落的瑰寶——陝西歷史博物館徵集文物精粹》，三秦出版社 2001 年版。
④ 南京博物院：《江蘇連雲港市海州網疃莊漢木槨墓》，《考古》1963 年第 6 期。
⑤ 南波：《江蘇連雲港市海州西漢侍其繇墓》，《考古》1975 年第 3 期。
⑥ 南京博物院：《江蘇盱眙東陽漢墓》，《考古》1979 年第 5 期。
⑦ 周錦屏：《連雲港市唐莊高高頂漢墓發掘報告》，《東南文化》1995 年第 4 期。

西郭寶木牘

1985 年連雲港市錦屏鎮陶灣村黄石崖西漢西郭寶墓出土了 2 件遣策。1988 年整理者公佈了簡影和釋文，但是簡影模糊。[①] 1996 年石雪萬重新公佈了較為清晰的簡影。[②]

淩惠平墓木牘

2002 年江蘇海州區雙龍村漢淩惠平墓出土木牘 1 件，未有詳細報告。[③] 1 號西漢墓出土木牘 13 件，2 號棺 11 件，8 件有字，7 件為名謁，1 件為衣物疏。3 號棺 1 件，遣策，正背有字。4 號棺 1 件，無字。3 號棺遣策刊出圖版與釋文。名謁為史書。[④]

煙袋山木牘

1985 年江蘇儀徵煙袋山漢墓發現木牘 26 件，已殘，文字無法辨認，因此無任何字形信息[⑤]。但從其形製和質料判斷，應為遣策。

霍賀墓木牘

1973 年江蘇省連雲港市海州網疃莊小礁山北麓發現了一座西漢晚期墓，根據出土的墓主左指骨邊的銅印"霍賀"，判斷為墓主姓名。墓內共出土木牘 7 枚，為遣策。其他 6 枚不見字跡。墓內出土的木硯盒，內置硯板，盒蓋裡面有墨書一組。報告刊出文字摹本，並有簡單釋文。發掘者認為字體帶有篆意。另有鐵環首書刀，近環處陰刻"宜官腆二千石"。腆，美好義。[⑥]

胡場木牘

1979 年揚州邗江胡場 5 號漢墓發現 13 件木牘，有文字可辨的 6 件，其中有神靈名位牘、日記牘、文告牘等，木簽 6 件、封泥匣 7 件。報告公佈了部分簡影和摹本，書寫端正，字小波筆長而肥，有史書的書法格局。下葬日期為宣帝本始三年(前 71 年)[⑦]。

三羊墩木牘

1963 年在江蘇鹽城伍佑三羊墩 1 號漢墓發現木牘，大半已經殘缺，為遣策，分 4 排，字跡大多不清。背面字很少。有簡影。此為東漢早期墓葬。[⑧]

邵家溝木簡

1957 年江蘇高郵邵家溝 2 號灰溝發現厭勝木簡，上端為北斗星及道符，右下有

---

① 連雲港市博物館：《連雲港市陶灣黄石崖西漢西郭寶墓》，《東南文化》第三輯，江蘇古籍出版社 1988 年版。

② 石學萬：《西郭寶墓出土木謁及其釋義再探》一文所附圖版，《簡帛研究》第二輯，法律出版社 1996 年版。

③ 見 2002 年 7 月 23 日《新華每日電訊》。

④ 連雲港市博物館：《江蘇連雲港海州西漢墓發掘簡報》，《文物》2012 年第 3 期。

⑤ 南京博物院：《江蘇儀徵煙袋山漢墓》，《考古學報》1987 年第 4 期。

⑥ 南京博物院、連雲港市博物館：《海州西漢霍賀墓清理簡報》，《考古》1974 年第 3 期。

⑦ 揚州博物館、邗江縣圖書館：《江蘇邗江胡場五號漢墓》，《文物》1981 年第 11 期。

⑧ 江蘇省文物管理委員會、南京博物院：《江蘇鹽城三羊墩漢墓清理報告》，《考古》1964 年第 8 期。

字，從摹本看，近於眞書。在同一地點還發現“天帝使者”封泥。在 2 號灰溝內出土陶瓶 1 個，有朱書文 55 個，可惜報告未出任何字形資料。此為東漢末期的文物。[①]

胥浦簡牘

1987 年之前，江蘇儀徵發掘了胥浦 101 號西漢墓，出土了竹簡、木牘、木觚。竹簡內容有“元始五年”(5 年)先令券書 18 枚、何賀山錢 1 枚、賻贈木牘 1 枚、木觚 1 件、遣策 1 件。報告發表了全部摹本以及先令券書的簡影。先令券書為行隸帶槽，其他簡牘書寫工整，具有史書的波磔。[②]

雲臺山磚廠簡牘

1978 年江蘇連雲港花果山下雲臺磚廠漢墓出土破碎漢代簡牘，共 13 片，發掘者認為其中 11 片波磔、燕尾分明，兩簡如《急就章》體勢，年代在哀帝元壽二年(前 1 年)。簡影與摹本全部發表。[③]

平山養殖場漢墓

揚州城西北郊平山養殖場漢墓，1983 年發掘時發現墓內有薄木胎鑲嵌的石板硯 1 方，簡 3 件，報告刊出摹本[④]。

尹灣簡牘

1993 年在江蘇省連雲港市東海縣尹灣村的 2 號及 6 號漢墓出土簡牘一批，6 號墓為西漢成帝時期的墓葬，2 號墓稍晚，年代為新莽。2 號墓出土的是 1 枚衣物疏木牘，6 號墓出土木牘 23 枚，竹簡 133 枚。內容有《集簿》《名籍》《神龜占》《六甲占雨》《博局占》《元延元年曆譜》《元延三年五月曆譜》《君兄衣物疏》《神烏傅》以及名刺等。簡影、釋文全部發表。[⑤]

劉毋智墓封泥匣墨書

2004 年 9 月揚州邗江區楊廟村西漢劉毋智墓，墓內有“劉毋智”印，耳杯上有銘“郜陽侯家”，並出土封泥匣 5 件，有“張皇”等字。[⑥]

大青墩木牘

2002 年江蘇泗陽三莊鄉夫廟村大青墩西漢墓，外槨藏蓋板烙印“泗水王冢”，出土數十枚木牘，疑為遣策。没有發表任何圖片。[⑦]

---

① 江蘇省文物管理委員會：《江蘇高郵邵家溝漢代遺址的清理》，《考古》1960 年第 10 期。

② 揚州博物館：《江蘇儀徵胥浦 101 號西漢墓》，《文物》1987 年第 1 期；儀徵市博物館：《儀徵出土文物集粹》，文物出版社 2008 年版，第 60—61 頁。

③ 李洪甫：《江蘇連雲港市花果山出土的漢代簡牘》，《考古》1982 年第 5 期。

④ 揚州博物館：《揚州平山養殖場漢墓清理簡報》，《文物》1987 年第 1 期。

⑤ 連雲港市博物館、東海縣博物館、中國社會科學院簡帛研究中心、中國文物研究所：《尹灣漢墓簡牘》，中華書局 1997 年版。

⑥ 揚州市文物考古研究所：《江蘇揚州西漢劉毋智墓發掘簡報》，《文物》2010 年第 3 期。

⑦ 陸建方、杭濤：《泗陽縣大青墩漢墓》，載《中國考古學年鑒 2003》，文物出版社 2004 年版，第 176 頁。

小礁山漢代簡牘

1976 年海州小礁山發現漢代簡牘 13 枚,另有殘片 17 片。未見報道,情況不詳。[①]

廣東

南越國宫署木簡

2002 年在南越國井内(J264)清理出百餘枚木簡,完整者長約 25 厘米、寬 1.7～2.4 厘米、厚 0.19～0.2 厘米。除 1 枚簡有兩行半文字外,其餘皆為 1 行。字大而疏,字數不等,多者 23 字,少者僅 3 字,一般以 12 字為主。墨書隸體,為籍簿和法律文書。簡長 25 厘米,相當於秦漢一尺一寸。報告公佈了部分簡影[②]。

廣西

羅泊灣簡牘

1976 年廣西貴縣羅泊灣 1 號漢墓發現木牘 5 件、木簡 9 枚,封泥匣 5 件。内容為《從器志》等。墓葬的年代較早,上限在秦末,下限在文景之時,當地屬於南越國境内。簡影和釋文均已經發表。[③]

深釘嶺木牘

1991 年發掘廣西貴港深釘嶺漢墓,時代為西漢中期早段,在 31 號漢墓發現殘木牘 1 枚,殘長 6 厘米、寬 1.7 厘米、厚 0.5 厘米。正面書"水一石",背面"□□□冷"。有摹本。[④]

内蒙古自治區

石灣木牘

内蒙古自治區石灣 62 號漢墓出土名刺木牘"大守書佐趙嵩,叩頭叩頭"。殘長 10 厘米、寬 2.9 厘米。另有兩殘片,各書"叩頭口頭"。有摹本。[⑤]

貴州

龍泉寺木牘

貴州安順南郊寧穀龍泉寺遺址出土木牘 1 件,上端有一缺口,表面光滑,上面隸

---

① 李洪甫:《江蘇連雲港市花果山出土的漢代簡牘》,《考古》1982 年第 5 期。

② 廣州市文物考古研究所、中國社會科學院考古研究所、南越王宫博物館籌建處:《廣州市南越國宫署遺址西漢木簡發掘簡報》,《考古》2006 年第 3 期。

③ 廣西壯族自治區博物館:《廣西貴縣羅泊灣漢墓》,文物出版社 1988 年版。

④ 廣西壯族自治區文物工作隊、貴港市文物管理所:《廣西貴港深釘嶺漢墓發掘報告》,《考古學報》2006 年第 1 期。

⑤ 魏堅:《内蒙古中南部漢代墓葬》,中國大百科全書出版社 1998 年版,第 249 頁。

書 13 字，長 15 厘米、寬 5.2 厘米、厚 0.5 厘米。①

四川

天迴鎮老官山木牘

天迴鎮老官山 1 號漢墓為武帝時期墓葬，出土木牘約 50 枚，内容為官府文書和巫術兩大類。3 號墓為景帝、武帝時期墓葬，出土竹簡 736 枚（含殘簡），為 8 種醫書，分别是《五色脈臟論》《敝昔醫論》《脈死候》《六十病方》《病源論》《諸病症候》《經脈書》《歸脈數》等，律令 1 種為《尺簡》。② 簡報發表了部分釋文、部分圖版，但文字一點兒都無法看到。

四川渠縣城壩簡牘

渠縣城壩郭家臺城址内水井出土竹木簡牘 200 餘件③，主要見於郭家臺城址内的水井、窖穴和城外的津關區。材質分為竹、木兩種。除了用毛筆墨書外，還發現少量刻字後涂朱墨者。從簡牘内容看，可分為書信、爰書、戶籍、簿籍、蒙書等。斷簡牘年代主要為兩漢時期。部分簡文中可見"竟寧""河平""元延"等年號，均屬西漢晚期，從書體來看，還有西漢早期、東漢時期的簡牘。④

重慶

雲陽舊縣坪簡牘

2002 年重慶市雲陽舊縣坪遺址的深穴内發現 20 餘枚漢代簡牘，有 4 枚木簡（牘），為漢初隸書，總計 50 餘字，其中 1 枚方形木牘上有"東陽""年""月""廿廿日"等字，另一枚木簡上有"五石"等字。1994 年曾在雲陽李家壩遺址發現一件"朐忍丞印"封泥。⑤

青海

上孫家寨木簡

1978 年，青海大通縣上孫家寨 115 號漢墓墓内出土一批殘斷木簡，共 400 片，内容

① 貴州省文物考古研究所：《貴州安順市寧穀漢代遺址與墓葬的發掘》，《考古》2004 年第 6 期。

② 成都文物考古研究所、荊州文物保護中心：《成都市天迴鎮老官山漢墓》，《考古》2014 年第 7 期。

③ 中央電視臺 10 套 2020 年 1 月 2 日"探索發現・渠縣城壩遺址探祕"報道渠縣漢宕渠縣遺址水井中發現漢簡 10 餘枚，200 多字，為西漢中晚期、東漢中晚期之物。竹簡上有"和平二年""竟寧元年"年號，大多為官方文書，另有《蒼頡篇》殘簡一枚。

④ 四川省文物考古研究院、渠縣歷史博物館：《四川渠縣城壩遺址》，《考古》2019 年第 7 期。

⑤ 東方網 2002 年 2 月 4 日消息："吉林省文物考古研究所考古隊近日在重慶雲陽舊縣坪遺址發現 20 餘枚漢代簡牘"。王松濤：《重慶三峽庫區首次發現木簡》，《中國文物報》2002 年 8 月 16 日。重慶三峽庫區發現木簡，5 片較為清晰，並且出土了"萬歲未英"瓦當，年代在武帝時期。

為軍事律令、軍隊陣法標誌以及《孫子兵法》等兵書等。墓中出土了“馬良私印”，墓主馬良可能是名將趙充國部下。1981 年整理報告發表了部分簡影①。經過整理發現，這批木簡可以分作甲乙兩類，甲類是兵法，乙類是軍法、軍令，最後附目錄 1 篇，這是一件抄本。此後發表了更多簡影。字體為隸書，實用字體，字跡端正，但是書法普通。②

香港中文大學漢簡

香港中文大學文物館館藏簡牘 240 枚，其中絕大部分為漢簡，包含日書、奴婢廩食粟出入簿、河堤、序寧、遣策等 5 種。日書簡 109 枚，可分為歸行、陷日、取妻出女、禹須臾、稷辰、玄戈、吏篇、日夜表、干支表，共 24 個篇章，有“孝惠三年”的紀年，與睡虎地秦簡《日書》存在對應關係，是秦漢數術資料的新發現；奴婢廩食粟出入簿簡 69 枚，有“元鳳二年”的紀年，是對西北簡牘簿籍文書的重要補充；河堤簡 26 枚，記載有關江河堤壩規制，可與《九章算術》相印證；序寧簡 14 枚，因各簡均書“序寧”二字而命名，其中有東漢章帝建初四年的紀年；遣策 11 枚。另有 1 枚東晉木牘，上面既有圖像，又有長篇關於“松人”解除的文字。③

境外　朝鮮半島

大同江王光墓木簡

朝鮮日據時代，發掘大同江一帶的漢墓，其中東漢太守掾王光墓出土木簡、王光木印等文字資料，木簡僅 6 枚斷簡，有簡文“縑三匹，故吏朝鮮丞田肱遣吏再拜祭”等。木印“王光私印”，雙面木印“臣光”“樂浪太守掾王光之印”。④

第二節　漢代石刻之發現與整理

漢代的文字刻石是重要的文字資料，是研究漢代字形發展的主要依據之一。漢代刻石很早就引起注意，南朝梁已經有專門收集整理之作，可惜湮没無聞。宋代形成的金石學之石以漢代刻石為主要目標，此後莫不視漢代刻石為拱璧，每通漢刻著錄不輟，新出一石，傳播者、考據者蜂起。後代學書者多從漢代碑刻觀摩學習八分，唐代八分書的復興與臨習漢代八分碑刻直接有關。但是因為時代變遷，人為或者自然損傷，

---

① 青海省文物考古工作隊：《青海大通縣上孫家寨一一五號漢墓》，《文物》1981 年第 2 期；朱國炤：《上孫家寨木簡初探》，《文物》1981 年第 2 期。

② 陳公柔、徐元邦、曹延尊、格桑本：《青海大通馬良墓出土漢簡的整理與研究》，《考古學集刊》第六集，中國社會科學出版社 1989 年版；青海省文物考古研究所：《上孫家寨漢晉墓》，文物出版社 1993 年版，第 168 頁。

③ 陳松長：《香港中文大學文物館藏簡牘》，香港中文大學文物館 2001 年版。

④ 朝鮮古跡研究會：《樂浪王光墓》，桑名文星堂 1936 年版，圖 27、28。

碑石能長期保存的並不多。那些名碑，因為捶拓頻繁，損壞嚴重，最後字口磨損，字跡模糊，失去了原來的面貌。最嚴重的是早在漢代已經挪用碑石作墓石，此類事以後歷代皆有，把碑石作為建築材料，成批地裁開，碑刻毀壞殆盡。宋代王闢之《澠水燕談録》卷八："長安故都，多古碑石。景祐初，莊獻太后遣中使建塔城中，時姜遵知永興，盡力於塔，悉取碑碣以為塔材。漢、唐公卿墓石，十亡八九。"自然地貌變遷也是碑刻消失的重要原因，如四川《何君尊楗閣刻石》在宋代發現後又失蹤，近年在江面潮水下降後，再次顯現。

現代出版的漢代碑刻總集已有多種，重要的有：《北京圖書館藏中國歷代石刻拓本彙編》，中州古籍出版社，1990 年。《中國書法全集》，收秦刻 3 件、漢刻 194 件（有的一件中有多石），共 197 件，榮寶齋，1993 年。《漢碑全集》（一—六卷），河南美術出版社，2006 年。該書收録兩漢碑刻文字最多最全，編者從全國 50 餘家文博單位及私人藏家徵集兩漢石刻拓本 285 種，合計 360 件。收録品種有闕銘墓表、墳壇題記、祠廟碑、功德碑、畫像石、黄腸石等石刻拓本，覆蓋全部漢刻品種。全書以碑刻年代為序編排，用全碑（含碑額）拓片刊行，局部原大，每通有鐫刻、發現時間、保存地及詳細釋文。

漢代文字刻石根據用途大致可以分為幾個大類，下面是其中的重要部分。

碑碣墓誌

五鳳刻石於五鳳二年（前 56 年）立，刻字為"五鳳二年魯卅四年六月四日成"，金章宗明昌二年（1191 年）在重修孔廟時發現。此石發現年代比較早，刻石年代亦早，歷來受到金石家的重視。關於刻石的字體，有的認為是隸書，有的認為是篆書。因為是早期隸書，因此有明顯的篆書成分而誤認。此時正值篆隸之變，自然成為重要的研究資料。清翁方綱《兩漢金石記》卷七："此刻乃漢初篆變隸之書，然可謂之隸，不可謂之篆，且止可謂之隸，不可謂之分。""六字下畫尚餘篆勢，'鳳'之'鳥'、'魯'之'魚'皆於篆理相合。渾淪朴古，隸法之未雕鑿者也。"

山東平邑麃孝禹刻石，雙鳥下有字兩行"河平三年八月丁亥平邑成里麃孝禹"。徐森玉認為"它可以看作是東漢盛行的墓碑的先聲"，字體為隸書，但是"平"字內兩點、"孝"字內"子"一横均加屈折，有篆字遺風[①]。

圖 2 上 2－1

《萊子侯刻石》在山東嶧山西南鄒縣和滕縣之間。刻於新莽天鳳三年（16 年），亦稱《萊子侯封田刻石》（圖 2 上 2－1）、《天鳳刻石》。刻字 7 行，行 5 字，計 35 字，其文曰："始建國天鳳三年二月十三日，萊子侯為

① 徐森玉：《西漢石刻文字初探》，《文物》1964 年第 5 期。山東省博物館、山東省文物考古研究所：《山東漢畫像石選集》，齊魯書社 1982 年版，圖 359。

丈人為封,使者子良等用百餘人,後子孫毋壞敗。”

《禳盜刻石》於 1980 年在山東金鄉縣郭山口村 2 號漢墓出土(圖 2 上 2－2),時間約在西漢後期,隸書帶有篆書遺存。出土時已經斷為幾塊,某些殘石遺失。剩下兩石:“諸敢發我丘者,令絕毋戶後。疾設不詳者,使絕毋戶後,毋諫賣人毋……”“□□使犯□□罪,天利之,居欲孝思貞廉,率衆為善,天利之,身禮毛釜,父毋所生,慎毋毀傷,天利之,分……”其筆畫多取斜勢,如“毋”“孝”,尚有一些篆書的部件和寫法,如“者”“敢”“衆”“丘”“利”“之”。“發”是草書寫法,這是因為西漢隸書與篆書關係密切的緣故。[①]

圖 2 上 2－2

建武初年《新富里刻石》,1992 年在山東曲阜城北原漢代城牆邊發現,長 114 厘米、寬 39 厘米、厚 18.5 厘米,鐫刻“建武廿二年十月作瀆新富里”。字體為綫體,“建武”兩字捺腳較長,似有波磔意味,但是整石字形方正,實為隸書[②]。

四川昭覺縣發現光和四年(181 年)邛都安斯鄉石表 1 座,表身已斷。正面文字 9 行,側面文字 3 行,約 400 字[③]。

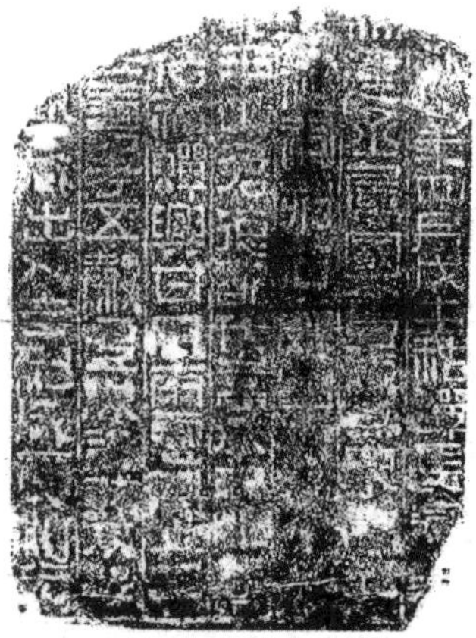

圖 2 上 2－3

《秥蟬碑》也稱《秥蟬縣神祠碑》(圖 2 上 2－3),也稱《漢平山君碑》。1913 年在朝鮮平安南道龍岡郡海雲面龍井里發現。碑身通高 150 厘米,7 行。同時發現秥蟬縣長、縣丞印泥。此地屬漢樂浪郡。元和二年(85 年)為東漢章帝年號,此碑是比較早的大型漢刻,受了字形横平豎直、少波磔的迷惑,學界曾誤認為篆書。此碑没有一點篆體的成分,總體上説,它是方體隸書,流行於東漢早中期。筆畫和結構,如(屬)、(興)、(出)與隸書完全一樣。但是此碑的筆畫圓勻,稍有粗細變化,與篆體相近。不過(考)、(入)等字,捺筆和横筆波勢還

① 顧承銀、卓先勝、李登科:《山東金鄉魚山發現兩座漢墓》,《考古》1995 年第 5 期。

② 孟繼新:《曲阜發現東漢初期刻石》,《書法》1992 年第 5 期;孟繼新:《山東曲阜市出土漢代建武石刻》,《考古》1996 年第 10 期。

③ 吉木布初、關榮華:《四川昭覺縣發現東漢石表和石闕殘石》,《考古》1987 年第 5 期。

是清晰的,甚至有蠶頭以及横筆的起伏變化,衹是碑刻模糊,没有注意而已。此類方體字在東漢初年流行,不僅見於此碑,也見於其他石刻銘文。《秥蟬縣神祠碑》碑文如下:

元和二年四月戊午,秥蟬長涥興□建丞屬國會陵,為衆修秥蟬神祠,刻石辭曰:惟平山君,德配代嵩,威如雷電。福佑秥蟬,興甘風雨,惠閏土田。百姓壽考,五穀豐成,盜賊不起,妖邪蟄臧,出入吉利,咸受神光。

摩崖石刻

内蒙古自治區阿拉善盟發現石刻在 2.25 平方米的面積上有 20 行字,每字 5 平方厘米,能看清的字有"漢武帝詔書""出塞遠目""出上郡""勒石記焉""張掖""安樂"等,此為漢武帝時期遠征漠北時的記功刻石①。

連雲港市連島鎮東連島村蘇馬灣崖壁、羊窩頭崖壁均發現刻石,為西漢東海琅琊郡界域標記。蘇馬灣刻石有"始建國四年四月朔乙卯",羊窩頭刻石没有確切紀年文字,大致在秦末到東漢初,可以肯定東連島界域刻石是較為完整並有確切紀年的西漢晚期刻石②。

《何君尊楗閣刻石》,東漢建武中元二年(57 年)立,亦稱《蜀郡太守何君閣道碑》,又名《尊楗閣碑》,此刻在南宋紹興二十一年(1151 年)發現,但是此刻不久失蹤,惟有拓本存世,清代光緒年間重新摹刻。清葉奕苞《金石錄補》卷二曾謂"碑或在人間",2004 年 3 月,在四川滎經縣城西面滎河南岸陡崖峭壁上發現原刻,成為石刻歷史的一件盛事③。此刻為方體隸書,承繼方體篆書而來,隸書結構之中略帶篆意,除"鮪"字上端蜷曲如雲篆外,亦無故意摻雜篆體成分,與桓、靈八分明顯不同(圖 2 上 2-4)。

圖 2 上 2-4

《開通褒斜道刻石》,全稱《漢鄐君開通褒斜道刻石》(圖 2 上 2-5),東漢永平六年(63 年)立。

---

① 《阿拉善盟范縣漢武帝時期石刻銘文》,《中國文物報》1994 年第 9 期第 1 版。

② 周錦屏:《連島西漢界域刻石以及書法價值》,《書法叢刊》1997 年第 4 期;連雲港市文管會辦公室、連雲港市博物館:《連雲港市東連島東海琅琊郡界域刻石調查報告》,《文物》2001 年第 8 期。

③ 魏啟鵬:《跋〈何君閣道銘〉再發現》,《四川文物》2004 年第 6 期,拓影採自《四川文物》2005 年第 1 期。

圖 2 上 2 - 5

東漢安帝永初七年（113 年）的摩崖石刻，地處偏僻，得以長期保存。近年發現《吳房長張氾以詔詣山請雨銘》，石在河南駐馬店驛城區胡廟鄉石龍山頂。銘文四周有綫框，四角有捲雲飾。高 51 厘米、寬 59 厘米。凡 16 行，滿行 13 字，字徑 3 厘米。內容為“張氾請雨銘”（圖 2 上 2 - 6）。張氾為東漢汝南郡吳房縣長官，他奉詔祈雨。《吳房長張氾以詔詣山請雨銘》比熹平四年（175 年）《堂谿典嵩高山請雨銘》早 60 多年。

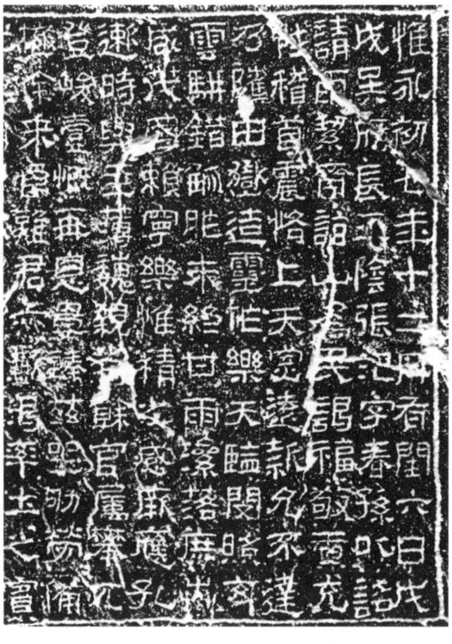

圖 2 上 2 - 6

圖 2 上 2 - 7

建和二年（148 年）《石門頌》（圖 2 上 2 - 7），全稱《漢司隸校尉楗為楊君頌》，又稱《楊孟文頌》。20 行，行 30、31 字不等，縱 261 厘米、橫 205 厘米。原在陝西褒城縣（今勉縣）褒斜谷石門崖壁，為著名的摩崖刻石，藏漢中博物館。

和平元年(150年)《故漢陽太守劉福功德頌》(圖2上2-8)在甘肅天水張家川縣恭門鎮河峪村摩崖。石壁粗糙呈麻面狀。刻石為不規則形,上有“漢”字凸出為額,底部向左伸出。高130厘米、寬102厘米。刻字中下部脱落,凡15行、殘存3～14字不等,存字114字,字徑6厘米。此為當地吏民為故漢陽太守劉福所刊刻的功德頌文,較建寧四年(171年)《漢武都太守西狹頌》早21年[①]。

圖2上2-8

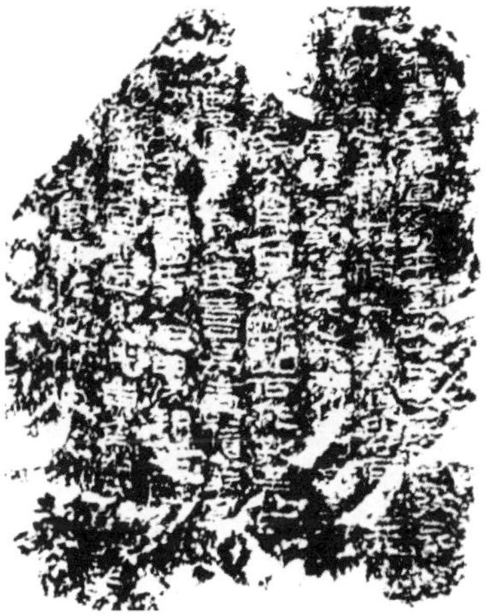

圖2上2-9

永壽四年(158年)《劉平國刻石》,全稱《龜茲左將軍劉平國摩崖》。刻文在新疆庫車賽里木城東北大山巖壁,此地古屬龜茲國。清代光緒五年(1879年)發現,不久即毀損。有拓片保存原貌(圖2上2-9)。

建寧四年(171年)《西狹頌》,全稱《漢武都太守漢陽河陽李翕西狹頌》,亦稱《李翕碑》《惠安西表》。刻文在甘肅成縣摩崖。

建寧五年(172年)《郙閣頌》,全稱《漢武都太守李翕析里橋郙閣頌》(圖2上2-10),為武都太守李翕重修郙閣棧道而書刻。

圖2上2-10

《洞溝銅礦刻石》在山西運城洞溝東漢銅礦附近摩

① 張馳:《新見東漢摩崖刻石文字兩種》,《書法叢刊》2016年第2期。

崖上，有石刻“光和二年”(179 年)、“中平二年”(185 年)等文字[①]。

建築類石刻文字

這類石刻文字比較廣泛，用在建築石料上，記錄建造年月、主人以及建材施工時的方位編號，主要有宮殿建築、墓葬建築等。

魯北陛石題字，小篆“魯六年九月所造北陛”“六五乙”，在山東曲阜城北靈光殿舊址出土，是景帝中元元年(前 149 年)之物。

廣陵王中殿石題字，篆書，“中殿第廿八”“第百卌”等，江蘇江都甘泉山發現，為西漢厲王胥時期遺物。

祝其卿墳壇、上谷府墳壇皆為居攝二年(7 年)造，刻文為“祝其卿墳臺居攝二年二月造”“上古府卿墳壇居攝二年二月造”。

2003 年在鄧州元莊鄉灘地發現漢代刻字石塊，大者高 150 厘米、寬 50 厘米。字跡多漫漶不清，可識者僅數十塊，有“石渠下部基石文甫”。此處漢代為六門堰水利工程，這些刻字石塊是石渠用材。西漢建昭南陽太守所建，東漢太守杜詩再度修復，以後不斷修建[②]。

石闕銘

石闕是在建築基址入口兩側的石構塔式建築。石闕高大，石面雕刻人物神獸等畫像，且刻銘文。

著名的漢代石闕可以分為三組：(1) 河南嵩山的太室(元初五年，118 年建)、少室(延光二年，123 年建)、啟母(延光二年，123 年建)3 闕，刻有龍、虎、麟、鳳、象、羊、鶴、人物等。(2) 山東除武氏祠的石闕外，還有平邑縣的漢闕，因為這些石闕所在地是漢朝的南武陽縣，所以又稱為“南武陽闕”，現存 3 座，兩座是“皇聖卿闕”(元和三年，86 年建)，一座是“功曹闕”(章和元年，87 年建)，上面雕刻圖像的方式及內容大體和武氏祠石闕相近。(3) 四川西部一帶保存的石闕及闕式的碑最多，可知已發現 17 處。例如渠縣有 6 處，梓潼有 4 處，蘆山有 2 處，其他如新安、新都、綿州、德陽、重慶、夾江也都有發現。其中有一部分為研究漢代美術提供了很重要的材料。梓潼的李業闕是已知現存最早的一座漢闕，雖準確年代不知，但知道李業是光武帝劉秀時人。綿州平陽闕(建造年代也不明)，以結構複雜著稱，並且和新都王稚子闕(元興元年，105 年造)等同為最早被發現的，宋代《隸釋》一書中已經著錄。渠縣馮煥闕(馮煥死於元初八年，121 年)的簷下刻有飛龍逐鬼及龜蛇等浮雕圖案。沈府君闕，在四川渠縣城北水口鄉漢亭村，約建於延光年間(122—125)。雖然其子闕已毀，仍為漢闕中唯一的

---

① 安志敏、陳存洗：《山西運城洞溝的東漢銅礦和題記》，《考古》1962 年第 10 期。

② 李維：《南陽新發現漢代六門堰水利刻石書法研究》，《中國書法》2011 年第 4 期。

圖 2 上 2－11

雙闕倖存者，兩闕東西相距 21.62 米，闕高 4.84 米。左闕刻銘“漢謁者北屯司馬左都侯沈府君神道”（圖 2 上 2－11），右闕刻銘“漢新豐令交都尉沈府君神道”。上刻飛騰姿勢的朱雀形象，與同一闕上其他富於藝術效果的畫像，如有角的虎首、銜環的飛龍等，表現得比較成功。雅安高頤墓前的雙闕、碑及石獸，成為較有系統的一組。一對石獸中的左側一獸較完整，是漢代雕塑藝術中的代表作品。高頤墓的營造雕飾，都是東漢末建安十四年（209 年）建造的。

祠堂、墓誌與墓銘

墓誌是敍述姓名和生平事蹟，稱頌其品德的文字，它銘刻在石塊之上。頌文多採用韻文，故也叫墓誌銘。漢代之後墓誌也用磚塊鐫刻，甚至用木牌書寫而成，這些不是正規的墓誌。北朝後期，墓誌成方形，並加誌蓋，蓋上有篆額，由此形成較為固定的形式。漢代墓誌起源於畫像石的題字，內容逐步完善，但是依然流行不廣，內容並不豐茂。

碑刻

1949 年以來新發現的碑刻有《張景造土牛碑》《鮮于璜碑》《肥致碑》《李君碑》《裴君碑》[①]。

山東鄒城嶧山北龍河宋金墓出土漢安元年（142 年）《文通祠堂題記》，已經釋讀 580 字，41 行，行寬 2.3 厘米，每行 12～18 字不等。字徑 0.8～4 厘米[②]。

元嘉元年（151 年）東漢彭城相繆宇墓東壁象徵墓主的住宅，後室橫額刻墓誌一方（圖 2 上 2－12），全文 11 行，每行字數不等，初步識讀如下：“故彭城相行長史事，呂長繆宇，字叔異。巖巖繆君，禮性純淑，……君以和平元年七月七日物故，元嘉元年三月廿日葬”[③]。誌文字形略扁，波磔分明，為純熟隸書。

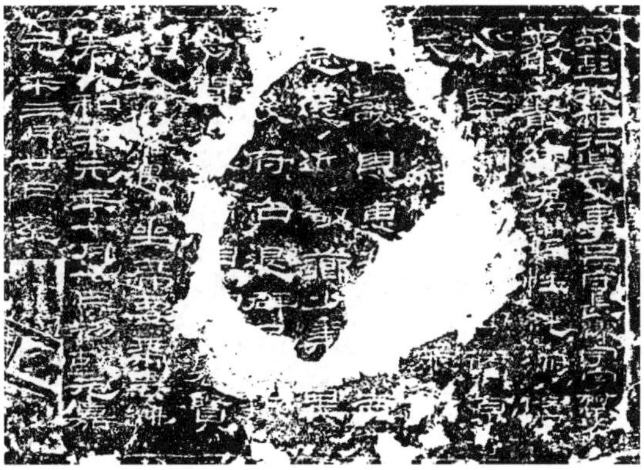

圖 2 上 2－12

邳縣燕子埠附近從早年發現的畫像石墓的門楣石上，有石刻墓誌 1 通。墓誌範圍高 33 厘米、寬 38 厘米。字徑 2 厘米，個別字達 3 厘米。17 行，行字

① 趙超、趙久湘：《成都新出漢碑兩種釋讀》，《文物》2012 年第 9 期。
② 鄒城市博物館：《山東鄒城嶧山北龍河宋金墓發掘簡報》，《文物》2017 年第 1 期。
③ 南京博物院、邳縣文化館：《東漢彭城相繆宇墓》，《文物》1984 年第 8 期。

數 10 至 19 字不等，共 241 字，少數字漫漶不清。誌文為：“君者諱紅字季為其徐州客郡位周竞徐州從事□長行事民四佩里歿年七十一永壽元年太歲乙未十二月丙寅遭疾終卒至丙申十月太歲旋夫周迄于乙巳夫人亦七十一七有(月)□□已不橙徹疾其十月葬有四子為□□□學問□軌經往時已更□□□□□□或黃或黑性清儉醇□□□喪舊棺照掩身衣服因故□□□□之物為得□丁甯夫人勿□□氏為藏喪葬節雕文從令順□□林荒珍造□戴花明堂之卒石□□宮天地相望君王□霸亡則多靈□□舊慶多孫義承恐五世後有□□春秋之義□諱辟尊字可□卒不宜同名氏時皇漢之世武原□屬彭城君父關內侯冢左封□吉位造迫故徙于茲”(圖 2 上 2－13)。墓主永壽元年(155 年)12 月病卒，10 年後延熹八年(165 年)夫人入葬[①]。

圖 2 上 2－13

安徽宿縣褚蘭鎮 2 號漢畫像石墓有建寧四年(171 年)墓碑。在祠堂北壁的畫像石正中，有一方凸形的小墓碑，上端突出部分為額題。碑通高 18.8 厘米、寬 12.6 厘米。碑面漫漶剝落。四周起邊框，行間有界格。隸體，筆畫平直。額題為：“辟陽胡元壬□墓”。碑文為：“建寧四年二月壬子……為冢墓石……父以九月乙巳母以六月……多子孫……上人馬皆食大倉……律令……祿慕高榮壽四敬要帶朱紫車……金銀在懷何取不得貴延年……德子孫常為……”。字跡漫漶不清，拓片更加模糊[②]。

墓葬刻石

內蒙古自治區包頭市郊黃河乳牛場召灣村 91 號漢墓出土殘石 3 塊，2 塊較小，1 塊較大，長 73 厘米、寬 48 厘米，9 行，存 90 餘字。有銘：“下邳令平原相”“建寧三年”等字，銘文雖殘，字口如新。形體規整，端莊穩健，為漢代八分典型風格。又觀音廟 1 號漢墓除了發現“富樂未央，子孫益昌”篆文字磚外，還發現殘石 1 塊，長 27 厘米、寬 26 厘米，兩面有字，年代不詳[③]。

黃腸石

黃腸題湊是漢代王侯的葬制，用柏木堆成的框形結構，頭端向內，故稱黃腸題湊。

① 李銀德、陳永清：《東漢永壽元年徐州從事墓誌》，《文物》1994 年第 8 期。
② 王步毅：《安徽宿縣褚蘭漢畫像石墓》，《考古學報》1993 年第 4 期。
③ 魏堅：《內蒙古中南部漢代墓葬》，中國大百科全書出版社 1998 年版，第 265、288 頁。

用石塊堆壘，類似黄腸題湊形式的石材，嚴格地説黄腸石是指這種石材，也泛指漢代的石室墓的石材。黄腸石上面多有刻文，或有少量的書寫文字。它起自西漢前期，一直延續到漢末。羅振玉《丙寅稿・黄腸石拓本跋》、周進（字季木）《居貞草堂漢晉石影》均有著録。趙振華《洛陽東漢黄腸石題銘研究》（國家圖書館出版社，2008 年）介紹了黄腸石的產生發展以及利用、收藏研究，其中第五節“帝陵北兆域出土的黄腸石及其收藏、著録”特别介紹了河南黄腸石保存情況，是目前可見的比較專門的黄腸石資料性和研究性兼備的著作。

山東昌樂縣東圈漢墓封墓石中有 12 塊為陰綫刻文，8 塊為紅漆書文字，字體為端正、帶有篆字結構的半隸半篆。文字内容如“王公石”“高公石”“甲一”“丙一”等。此墓出土“菑川后府”封泥，為西漢宣帝、元帝間的王后墓①。

河北定縣北三里北莊漢墓内大量墓石組成石槨，有刻銘和墨書的 174 塊，内容多為地名“北莊”“望都”與人名等。字形多為隸書，因為出於衆人之手，有的帶有史書風格②。北莊漢墓墓葬年代在明帝或者章帝時期，即公元 56 年至 88 年。墓室採用大量石塊，多達 4 000 塊，每塊長 1 米左右，其中銘刻和墨書題字 174 塊。大多數見於頂部第 1 層石塊上面。銘刻内容為地名和工匠名。此字為工匠所刻，書法稚拙。一般是單綫刻，方形，有的略扁。文字結構帶篆字，有如史書。墓室用長方形或扇形磚砌成。其背面，刻畫“丈八”“二丈”，脊背上印有“丈四”“二丈”的戳記。有些陶器上也有銘文，如陶釜上刻“大官釜”，“釜”字捺為空心③。

南孟津送莊漢黄腸石墓，在前室北壁有幾處彩繪壁畫，已殘。在長方形磚的一端可見“永□二年”“永興□□粟□”等篆書戳記。墓壁全部用方形石塊砌成，石塊有刻文，刻文有“劉仲石長三尺二寸廣四尺厚尺五寸第三十五　劉仲石”“孟□石尹□治”“郤文石室巨治”（圖 2 上 2－14）等，為隸草體④。

圖 2 上 2－14

河南南陽楊官寺漢畫像石墓是用石材砌成的石墓室，在頂蓋石和石壁上有各種文字和符號，大致表示方位和工匠名字，如“隹東夫戶”

① 濰坊市博物館、昌樂縣文管所：《山東昌樂縣東圈漢墓》，《考古》1993 年第 6 期。
② 河北省文化局文物工作隊：《定縣北莊漢墓出土文物簡報》，《文物》1964 年第 12 期。
③ 河北省文化局文物工作隊：《河北定縣北莊漢墓發掘報告》，《考古學報》1964 年第 2 期。
④ 郭建邦：《河南孟津送莊漢黄腸石墓》，《文物參考資料》第 4 輯，文物出版社 1981 年版。

“□史甲”“宋威甲”等 10 多處(圖 2 上 2－15)。石面毛糙,字跡粗率,為石工所作[1]。

圖 2 上 2－15

墓室刻石

石材構建的墓室內常常有文字刻在上面,在門楣、柱子等處多見刻字。

樂山市沱溝嘴東漢崖墓為前堂後室墓葬,前室後壁中部刻“張君”“張君神舍”,隸書[2]。

成都市新都區三河鎮 3 號東漢崖墓,以雙扇石門封門,右門背後刻 74 字,上端有“石門關”三字,正文 56 字:“惟自舊杺,段本東州。祖考倈西,乃徙於慈。因處廣漢,造墓定基。魂零不甯,於斯革之。永建三年八月,段仲孟造此萬歲之宅,刻勒石門,以示子孫。”刻在高 101 厘米、寬 65 厘米的方框內。外框有一行字:“段仲孟年八十一,以永和三年八月物故。”永和三年(138 年)為順帝年號[3]。

山東肥城桃源區西里村發現一塊畫像石,中間有樓,樓頂立珍禽異獸,右柱刻銘:“永平十六年八月廿五日,過中時誦梁里羽記去循馬……”,在第 1 層樓內見 2 人,榜題“孔子□子”,身後題 20 餘字,大部模糊。樓外人物榜題“為□□大夫”“□侯”等。據畫像石特點,應是東漢明帝的永平十六年(73 年),是較早的題銘[4]。

綏德四十里鋪畫像石漢墓墓室中柱,永元十年(98 年)陽刻:“徐無令樂君永元十年造作萬歲吉宅”。其中“徐”“令”為篆字,“宅”“君”字帶篆字意味,其餘為隸書,樂、歲二字有省筆,造、永二字採用草書連寫筆畫,均有俗體書的跡象,與後世的真書接近[5]。

綏德漢王德元畫像石墓後室口中柱。題記為“永元十二年四月八日王德元室宅”,此刻在永元十二年(100 年)立。字形呈方形,筆畫均為水平和垂直,這是新出現的一種隸書體。它的結構與後代的真書接近,但是筆畫受到當時篆書、史書的影響,

① 河南省文化局文物工作隊:《河南南陽楊官寺漢畫像石墓發掘報告》,《考古學報》1963 年第 1 期。
② 樂山市崖墓博物館:《四川樂山市沱溝嘴東漢崖墓清理簡報》,《文物》1993 年第 1 期。
③ 成都文物考古研究所、新都區文物管理所:《成都市新都區東漢崖墓的發掘》,《考古》2007 年第 9 期。
④ 程少奎:《山東肥城發現“永平”紀年畫像石》,《文物》1990 年第 2 期。
⑤ 李貴龍、王建勤主編,綏德漢畫像石展覽館編:《綏德漢代畫像石》,陝西人民美術出版社 2001 年版,第 192 頁。

開創了一種新體,是現代黑體的先驅[①]。

四川郫縣犀浦二門橋三國時期殘墓發現永建三年(128年)石刻,正面上部浮雕朱雀,男女像和跪女像各一,下部為文字,共13行,大部剝蝕損壞,可認得以下文字:“永初二年七月四日丁巳,故縣功曹郡掾□□孝淵卒。嗚呼!□孝之先,元□關東,□秦□益,功爍縱横。漢徙豪傑,遷□□梁,建宅處業,汶山之陽。崇譽□□,□與比功,故刊石紀,□悳所行。其辭曰:惟王孝淵,嚴重毅□,□懷慷慨……”,末幾行有:“爰示後世,臺臺勿忘,子子孫孫,秉承久長。永建三年六月始旬丁未,造此石碑,羊吉萬歲。子孫自貴。工人張伯嚴□”(圖2上2-16)。此刻自稱石碑,為隸書,少些横筆帶波,似仿造史書而為。同墓又出土了1塊“資簿”石刻,上面還有綫刻的侍者像,是舊簿書碑的再利用。此碑有東漢晚期風格,為史書碑刻[②]。

圖2上2-16

畫像石題字

一部分大型畫像石上會刻一些文字,文字的内容大多是解釋圖像内容的,特别是人物的榜題比較多。畫像石又稱畫石、畫像。畫像石在西漢開始流行,在畫像石上刻字也始於西漢。20世紀50年代初,傅惜華將所收集的大量山東地區的漢畫像石拓片,編輯出版了《漢代畫像全集》(包括初編、二編,1950年、1951年)。河南南陽唐河新店鬱平大尹馮君孺人畫像石墓有題字“鬱平大尹馮君孺人始建國天鳳五年十月十桼日癸巳葬,千歲不發”“鬱平大尹馮君孺人車庫”等,皆為隸書[③],是現見較早的畫像石刻字。

賴非就山東出土的畫像石的榜題發表了文章,明確了刻在畫像石旁專門留出處為榜,在這榜的方框内的文字叫榜題,刻在畫外的叫題記[④]。歐陽摩一説,截止到他研究之時,在發現的1萬多件畫像石中,有榜題和題字者約有250多件,時代多為東漢的中晚期,[⑤]與漢代碑刻的發展同步。因此畫像石刻銘可以看成是漢代刻石的一個組成部分,其實文字的字體書法風格大致有兩類,但是也有自身的特點。

---

① 李貴龍、王建勤主編,綏德漢畫像石展覽館編:《綏德漢代畫像石》,陝西人民美術出版社2001年版,第95頁。

② 謝雁翔:《四川郫縣犀浦出土的東漢殘碑》,《文物》1974年第4期;蒙默:《犀浦出土東漢殘碑是泐石“資簿”説》,《文物》1980年第4期;張勳燎、劉磐石:《四川郫縣東漢殘碑的性質和年代》,《文物》1980年第4期。

③ 南陽地區文物隊、南陽博物館:《唐河漢鬱平大尹馮君孺人畫像石墓》,《考古學報》1980年第2期。

④ 賴非:《山東漢代畫像石榜題》,《美術研究》1994年第2期。

⑤ 歐陽摩一:《論漢畫像石文字榜題和題記》,《東南文化》2008年第1期。

榜題所記是畫像石的人物、仙人的名字、職位和動物、神獸的名稱。至於題記的內容大多是有關墓主人的生平和昇仙等。宋代金石家把榜題和題記視為一類，不加區別。北朝酈道元《水經注》卷八引東晉戴延之《西征記》記漢司隸校尉魯恭冢，"冢前有石祠、石廟，四壁皆青石隱起，自書契以來，忠臣、孝子、貞婦、孔子及弟子七十二人形象，像邊皆刻石記之，文字分明。"最早引起注意的是武梁祠堂畫像榜題，宋趙明誠《金石錄》卷十九"漢武氏石室畫像"："墓前有石室，四壁刻古聖賢畫像，小字八分書題記姓名，往往為贊於其上，文詞古雅，字畫遒勁可喜，故盡錄之，以資博覽。"洪适《隸續》卷六"碑圖下"收"武梁祠堂畫記"，云"七十六人其名氏磨滅與初無題識者又八十六人"，稱為"題識"。清翁方綱《蘇齋題跋》卷上有"畫石題字"，"武梁祠堂畫像之前，而中間無題記人物之字。"又稱之"題記"。金石學對畫像石的注意，著眼於榜題文字，而無文字的畫像石往往棄之不顧。世人對畫像石漠然處之，考古發現多處漢墓用畫像石作為建墓石材，至宋尚有毀畫像石作石材者。

武梁祠堂的石室規模宏大，畫像石蜚聲學界，清乾隆年間黄易等掘出，正值金石學興起之時，其題字"八分精妙"，故競相傳拓，廣為流傳。近年來有人對武梁祠堂畫像石作了系統研究，已經有多種專門著作問世。畫像石的榜題很多，至今大部分保存完整（圖 2 上 2－17）。翁方綱《兩漢金石記》卷十五稱此畫像是榜題，"分隸為漢代刻字之極小者"，這些畫像石因為字形細小，大部分是單綫鐫刻，因此波磔不顯，衹有少數字在波筆處做雙綫鐫刻，顯示出八分的筆畫形態。

圖 2 上 2－17

朱彝尊《武梁祠碑跋》："《隸續》所摹失其眞矣。"《隸續》的刻本刻成雙綫豐腴的筆畫了，對比石刻原字（前）或者説明輾轉翻刻的字形是靠不住的①。

東安漢里漢代畫像石側的題字，刻銘"魯市東安漢里禺石也"，全為大字篆書。此刻石為 1937 年於曲阜城東 8 公里的八寶山漢墓出土。

山東鄒城麵粉廠北宋末年單室石槨墓，墓内發現"政和通寶"銅錢。此墓利用東漢時代的墓葬内畫像石建造，作為石材的畫像石保留下來了。墓室東壁上層為漢畫

① 蔣英炬、吳文祺：《漢代武氏墓群石刻研究》，山東美術出版社 1995 年版。

像石，畫像石一面畫面分上、下層，上層 24 個人物，每人皆有榜題，有“琴牢”“顔僑”“孔忠”“上書□”等。蠶頭燕尾明顯，筆畫簡潔，書法不精，似為工匠所為[①]。

江蘇省泗洪縣曹廟搜集到一批東漢畫像石，内容豐富，多有榜題，第 9 幅上層和下層僚屬像題榜密佈，值得注意的是這些榜題似乎是雙刀鐫刻，如“令”“小吏”點畫均肥厚，有粗細變化[②]。

近年來漢代墓葬的科學發掘，畫像石得到充分重視，發現的畫像石榜題數量越來越多。畫像石是石刻的壁畫，顯然畫像石榜題是從墓室壁畫的榜題發展而來的。20 世紀 50 年代前期發掘的河北望都漢墓，墓室壁畫的榜題中的人物身份，如“門下小史”“門下史”“主記吏”“主簿”“白事吏”“侍閣”“伍伯”“寺門卒”等，有的榜題下有説明，如“門下史”下腳處有“□□□下□□皆食太倉”等。鳥獸榜題有“羊酒”“芝草”“鸞鳥”“鴛鴦”“白兔遊東(山)”“雞”“鶩”等，有的榜題下有説明，如“雞”側有“雞候夜，不失更，信也”[③]，都是用的史書，在墓頂的題字更是舒展，長挑長波，而且筆端向上揚起。

河南滎陽萇村漢墓壁畫甬道兩側和前室四壁及頂部滿繪彩色壁畫，達 300 平方米。壁畫中有許多墨書榜題，關於身份的有“門下賊曹”“功曹”“騎吏”“主薄”“郡官□”等，關於車騎的有“郎中時車”“供北陵令時車”“長水校尉時車”“巴郡太守時車”“濟陰太守時車”“齊相時車”等，圖畫生動鮮艷，用壁畫替代刻石史書[④]。

邳縣青龍山南麓東漢繆宇墓，後室門口左側畫像石第 1 層有榜題“守閣吏”；第 3 層有榜題“騏驎”“福德羊”；第 4 層有榜題“戲禽”“玄武”“朱鳥”，字形扁方，波磔圓潤，“禽”字寫法特別，為民間俗體[⑤]。

山西離石石盤漢代桓靈時期畫像石墓，畫像施彩，從畫像石的痕跡看出其製作方法是，先將石材打磨，墨綫勾勒綫圖，再將畫外剔地平鏟，圖像部分墨綫彩繪。部分畫像下有墨書文字。如天馬圖下：“馬頭牛蹄之名浮□”。此墨書是漏刻，還是故意安排墨書，不得而知。不過墨書要比石刻的字形更能傳達當時眞實的書體，這些字雖然平實如史書，但是字形方正，多有楷書筆畫[⑥]。山西離石馬茂莊 2 號東漢後期墓，墓中畫像石剔地綫刻，畫面凝重醒目，有 6 處隸書墨蹟，都是標墓室方位，用史

---

① 劉培桂、鄭建芳、王彦：《鄒城出土東漢畫像石》，《文物》1994 年第 6 期。

② 尤振堯：《江蘇泗洪曹廟東漢畫像石》，《文物》1986 年第 4 期。

③ 姚鑒：《河北望都縣漢墓的墓室結構和壁畫》，《文物參考資料》1954 年第 12 期。

④ 鄭州市文物考古研究所、滎陽市文物保護管理所：《河南滎陽萇村漢代壁畫墓調查》，《文物》1996 年第 3 期。

⑤ 南京博物院、邳縣文化館：《東漢彭城相繆宇墓》，《文物》1984 年第 8 期。

⑥ 王金元：《山西離石石盤漢代畫像石墓》，《文物》2005 年第 2 期。

書體[1]。

畫像石榜題的文字因為字形較小，清晰的不是很多。請看：

山東沂南縣北寨村的將軍墳發現了東漢晚期墓，1954 年經過發掘整理，此為石室大墓，分前、中、後三個主室且有東西側室，東三室、西二室。墓室有畫像石 42 塊，畫像精美，綫刻精細，人物造型生動，體裁廣泛，是東漢畫像石中的精品。畫像人物有的有榜題，有的留出方形白地，但未刻文字，榜題一般在人物上方，如發掘報告圖版 53 "管叔"；有的就隨機處理，如圖版 55 人物持盾，盾右側榜題"鐵盾"。榜題文字單綫，可稱為隸書[2]。

泰安大汶口漢墓出土畫像石的榜題不光有簡單的一個名字，還有判斷句。如丁蘭故事畫面，有"此丁蘭父""孝子丁蘭父"；如沙公前婦子孝敬後母故事畫像，有榜題"此後母離居也"，"此晉沙公貝離莫"，"此沙公前婦子"[3]。榜題文字較長，刻字清晰，筆畫細而少肉，但是一些波磔特地鐫刻肥大，明顯為了合乎史書規範。

畫像石題記是泛指在榜題之外的銘刻文字，一般篇幅要比榜題大，內容多是介紹墓主生平和祈求平安的文字。莒縣東莞村發現利用漢代畫像石建造的石槨墓，墓內 1 號石原是墓闕，原墓主孫熹，立於漢靈帝光和元年(178 年)，題記 8 行，行 13 至 18 字，文字遭到鑿毀。題記下有 5 層人物像，有榜題。2 號石背面 7 層人物像，第 2 層 7 人，皆有榜無題[4]。

徐州銅山縣大廟村發現一魏晉石室墓，石材取自漢代畫像石。東壁畫像石邊框右上部題字："此□室中人馬皆食大倉"。西壁南面畫像石右側邊框外題記："起石室□直五萬二千，《孝經》曰：'卜其宅兆，而安措之，為家廟以鬼神饗之。'"字跡草率，為日用的隸書[5]。

山東諸城前涼臺村漢墓為磚石合建，講學圖上方題銘："密都鄉安持里孫琮字威石之郭藏"。字跡波挑飛起，筆端出鋒，屬於漢代後期八分風格[6]。

嘉祥縣宋山 2 號石室墓出土 31 塊漢畫像石，從題字中的"徐養凌柏""造立此堂"看，這些石料原來是漢代石祠建築構件。第 29 石題記 10 行、460 字，是桓帝永壽三年(157 年)十二月頌揚"許卒史安國"美德、建造石祠的緣由、經過等。旁題"國子男字伯孝，年適六歲，在東道邊。孝有小弟，字閏，得天年俱去，皆隨□"。文字似為單綫鐫

---

① 山西省考古研究所、呂梁地區文物工作室、離石縣文物管理所：《山西離石馬茂莊東漢畫像石墓》，《文物》1992 年第 4 期。

② 曾昭燏、蔣寶庚、黎忠義：《沂南古畫像石墓發掘報告》，文化部文物管理局 1956 年。

③ 程繼林：《泰安大汶口漢畫像石墓》，《文物》1989 年第 1 期；王恩田：《泰安大汶口漢畫像石歷史故事考》，《文物》1992 年第 12 期。

④ 劉雲濤：《山東莒縣東莞出土漢畫像石》，《文物》2005 年第 3 期。

⑤ 徐州博物館：《江蘇徐州大廟晉漢畫像石墓》，《文物》2003 年第 4 期。

⑥ 任日新：《山東諸城漢墓畫像石》，《文物》1981 年第 10 期。

刻，帶有史書意味，但是草行兼有，這與手書的差別已經相差無幾了(局部拓影經反色處理)①。

南陽東關李相公莊出土建寧三年(170 年)畫像石，畫像分上下兩組，上組為墓主燕賞圖，左邊刻墓誌，6 行，共 136 字，末兩行字跡漫漶。開端"惟漢建寧，號政三年，三月戊午，甲寅中旬，痛哉可愛，許阿瞿身，年甫五歲，去離世榮"，字跡隨意，無復古意味②。

山東蒼山城前村北發現南朝墓，墓內利用漢代畫像石作建材。畫像石有元嘉元年(151 年)題記兩方，兩方連續，15 行，328 字(圖 2 上 2－18)，內容為："朱雀對游栗扯(仙)人中行，白虎後，鳳皇中，□柱隻結龍主守中□辟邪……僮女隨後駕鯉魚，前有白虎青龍，車後□被輪雷公君從者……"③

圖 2 上 2－18

圖 2 上 2－19

呂梁中陽縣道棠村發現桓帝和平元年(150 年)畫像石，石柱陰刻"和平元年十月五日甲午故中郎將□集椽平定沐拊孫家舍"(圖 2 上 2－19)④。

---

① 濟寧地區文物組、嘉祥縣文管所：《山東嘉祥宋山 1980 年出土的漢畫像石》,《文物》1982 年第 5 期。

② 王建中、閃修山：《南陽兩漢畫像石》，文物出版社 1990 年版，第 282、284 頁。

③ 山東省博物館、蒼山縣文化館：《山東蒼山元嘉元年畫像石墓》,《考古》1975 年第 2 期；山東省博物館、山東省文物考古研究所：《山東漢畫像石選集》，齊魯書社 1982 年版，圖 403。

④ 呂梁地區文物局：《山西呂梁地區徵集的漢畫像石》,《文物》2008 年第 7 期。

圖 2 上 2－20

畫像棺是濃縮了石室和棺槨的特殊葬具，因而也有畫像石。畫像棺主要在西南四川、重慶、雲南、貴州一帶發現，雖然早在宋代的《隸釋》中已有記載，眞正引起學術界的注意是在 20 世紀的二三十年代。據羅二虎《漢代畫像石棺》[①]統計，至今發現畫像棺 250 件，但是有銘刻的數量非常之少。1941 年四川蘆山漢代磚室墓出土了一件完整的畫像棺，石棺鐫刻銘文，共 35 字，有建安年號（圖 2 上 2－20），此為著名的《王暉石棺》[②]。

簡陽縣鬼頭山東漢崖墓出土 6 具石棺，其中 3 號畫像棺畫像有榜題 14 處，29 字。3 號棺後檔畫像為伏羲、女媧，榜題"茲武""九"，左壁有六博圖榜題"先人博"、騎馬、騎鹿圖，榜題"先人騎"，二羽人像榜題"日月"，樹榜題"柱銖"，鳥榜題"白雉"，一動物榜題"離利"。3 號棺右壁倉房圖榜題"大倉"，雙闕圖榜題"天門"，闕左榜題"大□"，虎榜題"白虎"[③]。

石像、石獸題字

霍去病墓石獸題字，霍去病卒於武帝元狩六年（前 117 年），墓前的士人石獸是現見最早的石像生。1957 年發現在石獸以及一塊大石上，有小篆"左司空"，隸書"平原樂陵""宿伯牙"。

1999 年山東煙臺牟平發現 1 座墓葬和 3 尊石人，墓葬內出土五銖錢等，石人為粗糙的砂石，分別埋在墓的 6 米到 10 米處。其中 1 號石人比較完整，高 110～140 厘米，身穿長袍，兩手交叉於胸前，寬 40 厘米、厚 20 厘米。這些石人身上均刻字，有兩面刻，有三面刻，每面刻數十字不等，但是字跡漫漶不清。字體在篆隸之間，結構嚴謹，筆畫蒼勁，波磔分明，可辨"古胡文曰吉墓伯急急如律令"，有東漢桓帝"建和元年"（147 年）、靈帝建寧元年（168 年）年號[④]（圖 2 上 2－21）。

圖 2 上 2－21

1974 年在都江堰發現李冰石像，石像完整，拱手而立，石像左袖刻銘："建寧元年閏月戊申朔廿五日，都水掾。"右袖："尹龍長陳壹造三神石人，珍水萬世焉。"中行："故蜀郡李府君諱

① 羅二虎：《漢代畫像石棺》，巴蜀書社 2002 年版。

② 高文：《四川漢代畫像石》，巴蜀書社 1987 年版，第 56 頁。

③ 雷建金：《簡陽縣鬼頭山發現榜題畫像石棺》，《四川文物》1988 年第 6 期；內江市文管所、簡陽縣文化館：《四川簡陽縣鬼頭山東漢崖墓》，《文物》1991 年第 3 期。

④ 張淩波：《牟平出土刻鎮墓文石人》，《中國文物報》2000 年 3 月 19 日。

冰。”（圖 2 上 2－22）建寧元年（168 年）為東漢後期靈帝年號。此石像用於鎮水[①]。

石獸題字歷史悠久，《西京雜記》卷三：“樹下有石麒麟二枚，刊其脅為文字，是秦始皇驪山墓上物也。”洛陽博物館有石辟邪的頸部、背部刻字。東漢的石室墓增加，石獸也增多了，其中有些刻有銘文。1955 年在河南洛陽澗西出土石辟邪，頸後刻“緱氏蒿聚成奴作”。山東省博物館藏石獅，頸背銘“洛陽中東門外劉漢所作師子一雙”“劉漢所作獅子”。臨沂石羊嶺出土石羊，胸部刻銘：“孝子徐侯”“永和五年大□□□月九日西郭記子丁次漁孫仲喬所作羊”，字跡類《熹平石經》。永和五年（140 年）為順帝年號[②]。

圖 2 上 2－22

石器刻銘

漢代刻石文字存在的兩個問題：一個是鐫刻的複綫和單綫問題。鐫刻文字有兩種辦法：一種是單綫刻，就是用一刀刻成，刻成的綫是兩邊毛邊；另一種是一邊毛邊。另一個是複刀，是各從兩側下刀，筆畫邊緣光潔。單刀鐫刻不僅筆畫毛糙，而且無法顯示筆畫的粗細變化，不能正確反映字形的狀態。

河南鄲城縣漢墓内出土一件石榻，長 87.5 厘米、寬 72 厘米、高 19 厘米。榻面刻隸字一行：“漢故博士常山大傅王君坐檐。”（圖 2 上 2－23）[③]

山東肥城安駕莊欒鎮村漢代畫像石墓，畫像石内容為建築和人物等，在前面雙闕的右闕有“建初八年八月成，孝子張文思哭父而禮，石直三千，王次作□□□”等字[④]。單綫刻成，其中“建”“八”“成”“孝”“子”“張”“文”“思”“父”“禮”“直”“三”“王”“次”“作”的波筆用複刀刻出，成空心狀（圖 2 上 2－24）。建初八年（83 年）為章帝年號。

圖 2 上 2－23

圖 2 上 2－24

① 王文才：《東漢李冰石像與都江堰“水則”》，《文物》1974 年第 7 期。
② 秦臻：《東漢墓前石獸與石雕工匠》，《文物世界》2010 年第 3 期。
③ 曹桂岑：《河南鄲城發現漢代石坐榻》，《考古》1965 年第 5 期。
④ 王思禮：《山東肥城漢畫像石墓調查》，《文物參考資料》1958 年第 4 期。

孝堂山畫像石的榜題文字内容非常豐富，是榜題最多的畫像石之一，此石文字也有類似情況，如、、、等。孝堂山畫像石文字與肥城畫像石手法如同出於一人之手，文字也是單綫陰刻，個別挑筆等用雙綫勾刻，所以其年代大約也在東漢前期①。簡陽鬼頭山東漢崖墓題榜的字似非單刀刻成，但是筆畫不很粗，也用雙刀勾刻波磔。

壁畫墓榜題、墨書

1952年，發掘河北望都1號東漢墓，墓室東、西上有精美壁畫，人物衣紋使用渲染技法，濃淡得宜。壁畫榜題為史書(圖2上2－25)，筆勢平緩，點畫精到，形體規正，比碑刻文字更富有韻味②。

圖2上2－25

圖2上2－26

1971年發掘内蒙古自治區和林格爾東漢墓，墓分前、中、後3主室和3耳室，全長約20米。墓壁、墓頂及甬道兩側有壁畫，因被盜掘，壁畫殘損，還有46組57幅畫面。壁畫中可以辨識的榜題有250多條，近700字，是墨書文字較多的壁畫墓。字體扁寬或者方形不等，筆致自然流暢。榜題内容為孔子及其門生名字、其他歷史人物名、祥瑞、墓主的活動場景名稱(2上2－26)③。

四川中江塔梁子崖3號墓發現壁畫及墨書榜題，在3室左耳室後壁、正壁。榜書約200字，分别位於上層3幅壁畫之上，其他壁畫可能也有墨書，蓋時間久遠失落了④。

---

① 蔣英炬：《孝堂山石祠管見》，載《漢代畫像石研究》，文物出版社1987年版，第213頁。

② 中國科學院考古研究所：《新中國的考古收獲》，文物出版社1961年版，圖版82。

③ 内蒙古自治區博物館文物工作隊：《和林格爾漢墓壁畫》，文物出版社1978年版，第35頁。

④ 四川省文物考古研究所、德陽市文物考古研究所、中江縣文物保護管理所：《四川中江塔梁子崖墓發掘簡報》，《文物》2004年第9期；王子今、高大倫：《中江塔梁子崖墓壁畫榜題考論》，《文物》2004年第9期。

第三節　漢代陶文之發現

漢代陶文有兩種：一種是刻印在泥質陶甕、盆、罐和器座上。以刻畫為主，鈐印法極少。刻字內容多窯場記號或工匠姓名等。書寫流暢，文字結構隨意，多係陶工信手刻畫而成。另一種是墓誌，是刻畫在磚上的文字，文字簡率、馬虎。

河南襄城茨溝漢畫像石墓為磚砌墓室，墓磚除花紋之外，有一些模印文字，"陵二百百八十""中間角""右行""左行""後廣百八十"，"三百五十十"中的"五"反書(圖2上2－27)。另外磚面有朱書"永建七年正月十四日造磚工張伯和""八石工，褚置"，字體有眞書意味①。

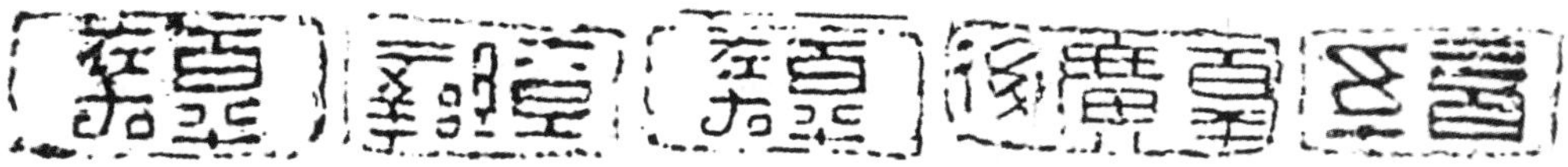

圖2上2－27

河南焦作待王鎮白莊村東漢墓出土明器陶樓上有朱書文、方位及數字；陶院落的門樓亦有文字，如"蒼前""男方"，閣道文字為"中央""北方"等，字體為行體②。

西漢後期出現用朱書或者白堊在陶倉上書寫的糧食名稱，東漢流行在陶瓶上用硃砂書寫壓勝文，稱為朱書文，用於驅鬼鎮邪。

刑徒磚銘

光緒年間在河南靈寶就有刑徒磚出土，端方收入《陶齋藏磚記》，羅振玉選出31方將銘文雙鉤，1915年刊行《恒農冢墓遺文》，後與新獲拓片241種，合編為《恒農磚錄》，1917年刊行，年號從東漢永平到熹平。1956年河南偃師佃莊鄉漢魏刑徒墓地發現刑徒磚10塊，是燒成的磚刻的字，每塊3～4行不等。最少者僅2字，最多者22字。從永和三年(86年)到建寧三年(170年)③(圖2上2－28)。

圖2上2－28

① 河南省文化局文物工作隊：《河南襄城茨溝漢畫像石墓》，《考古學報》1964年第1期。

② 索全星：《河南焦作白莊6號東漢墓》，《考古》1995年第5期。

③ 黃士斌：《漢魏洛陽城刑徒墳場調查記》，《考古通訊》1958年第6期。

1964年洛陽城南郊發掘刑徒墓522座，得刑徒墓磚822塊，文字陰刻在磚的正、反面，先用朱筆書寫，然後依照朱筆字跡刻出。刑徒磚全部是隸書，有的比較草率，但大多數字跡清楚。這些墓磚的年代從永初元年（107年）至永寧元年（120年）年底或永寧二年年初（即建光元年，121年），共計十餘年時間。

陶瓶朱書

河南陝縣劉家渠漢墓出土陽嘉四年（135年）朱書陶瓶1件，腹上朱書："陽嘉四年□□戊子朔廿一戊申天帝神師臣□謹為唐氏合衆□□四……東……前……主□子……律令"。書寫隨意，正書的結構基本成熟，橫筆梢略成波勢。另1件陶瓶肩部刻"羊長卩"，"卩"字草書簡寫，腹部朱書，惜字跡漫漶，僅見"黄神越章"等，史書字體①。

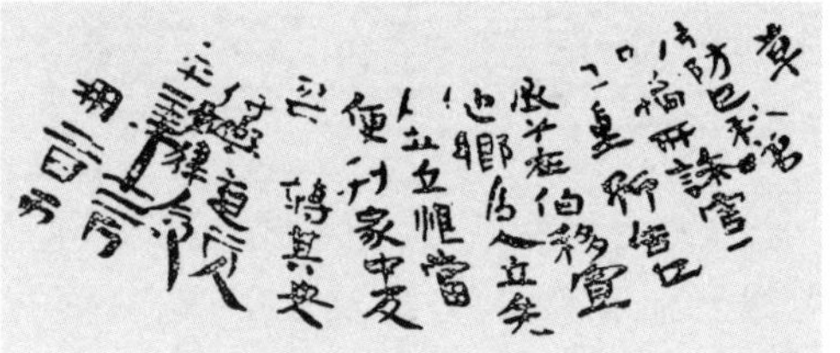

圖2上2－29

洛陽中州路（西工區）813號漢墓出土朱書陶瓶，"□平二年三月□□朔二日丙……□□草□□□□防已□□□□□所誅害□□重行告丘丞墓伯移置他鄉為人立□□□立□當便□家中及□□轉其央□付與道行人如律令"（圖2上2－29）。"□平二年"當為"初平二年"（191年）②。

墓葬中的陶瓶朱書文是用來鎮邪、驅鬼的文字。朱書用硃砂寫成，硃砂也是鎮鬼的特殊材料。陶瓶朱書文流行於東漢時期，瓶内有時還裝有五方石，西安初平四年（193年）朱書文："和以五石之精，安冢墓，利子孫。"朱書文隨葬主要是給黄泉下的鬼魂看的，所以一般不十分注意書法，很少用史書書寫，而是採用通常字體，即一般日用的隸書書寫。可惜朱書文入土既久，大多字跡漫漶，因此發表的是摹本，衹能看到大致的字跡，這多少有點遺憾。

洛陽郊區李屯鄉東漢墓出土了陶瓶，卷沿、直頸、圓肩、淺腹、大平底，表面塗白或塗紅。上有朱書12行，可識者93字。紀年為元嘉二年（152年）。③ 1987年在西安昆侖機械廠發現東漢磚室墓，墓内有陶瓶3件，大小成序，其中2件有泥書書寫的字，1件保存尚可，1件較差，但見"延熹九年"等30餘字④。

始興縣禾場嶺東漢墓出土1件青灰色泥質硬陶，出土時被鐵器套住。高22.5厘米、口徑11.5厘米，最大腹徑21.5厘米。肩部上書"銚容三斗"（原釋"能容三斗"）⑤。

洛陽機車工廠1號墓出土平底陶瓶3件，其中2件破殘，瓶面書文字，1件為白底

① 黄河水庫考古工作隊：《河南陝縣劉家渠漢墓》，《考古》1965年第1期。
② 中國科學院考古研究所：《洛陽中州路（西工段）》，科學出版社1959年版。
③ 洛陽市文物工作隊：《洛陽李屯東漢元嘉二年墓發掘簡報》，《考古與文物》1997年第2期。
④ 王育龍：《西安昆侖廠東漢墓清理記》，《考古與文物》1989年第2期。
⑤ 始興縣博物館：《廣東始興縣禾場嶺發現東漢墓》，《考古》1991年第1期。

墨書，有“千”“生”等字；1 件為粉底朱書。1 件完整的表面塗紅，墨書：“三人□精□□勝固西方□……”，高 12 厘米、口徑 7.5 厘米、底徑 14.5 厘米[①]。

西安西南高新技術開發區中華小區内發現 10 座東漢墓，其中 15 號墓朱書瓶有“陽嘉四年”(135 年)朱書文(圖 2 上 2－30)、22 號墓有“熹平六年”(177 年)朱書文(圖 2 上 2－31)，18 號朱書文年代殘缺，後附符咒和文字[②]。

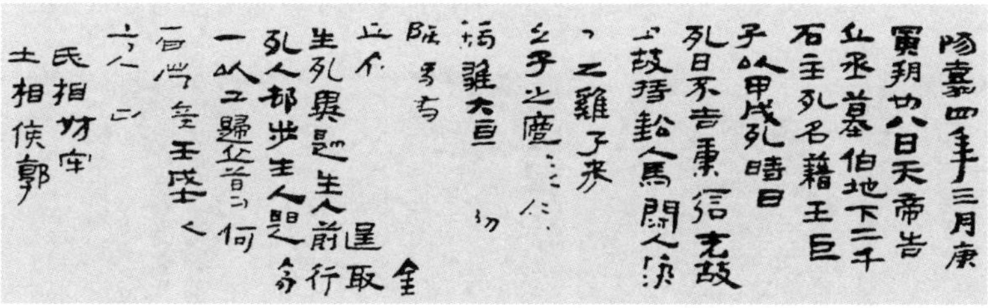

圖 2 上 2－30

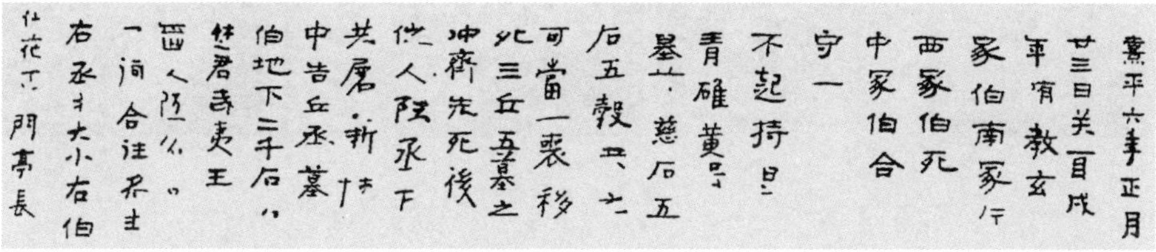

圖 2 上 2－31

漢代瓦當文字很少見到是隸書，“長樂未央”為隸書，而且“長”字為草書寫法[③]。

1974 年到 1977 年安徽亳縣發掘曹操宗族墓地，曹氏墓分為元寶坑村和董園村兩處，共出土 383 塊有字磚，另有少量朱書文字磚和 1 塊殘石碑。磚上的字跡是在磚坯未乾硬時用細棒刻寫上去的，一般衹有綫條，没有粗細變化。修墓者是一些匠人和伐作勞役的官吏，有一定文化水準。字磚的字體較多，有隸書、篆書和草書。元寶坑村刻的年代是漢靈帝建寧三年(170 年)，董園墓字磚刻的年代是漢桓帝延熹七年(164 年)[④]。

第四節　骨刻、鉛券、漆器刻文等其他銘文

骨刻

1980 年到 1989 年在陝西西安漢長安城未央宫遺址進行科學發掘，發現大量文字

① 洛陽市文物工作隊：《洛陽發掘的四座東漢玉衣墓》，《考古與文物》1999 年第 1 期。

② 西安市文物保護考古所：《西安中華小區東漢墓發掘簡報》，《文物》2002 年第 12 期。

③ 聊城市文物管理委員會：《山東陽谷縣吳樓一號漢墓的發掘》，《考古》1999 年第 11 期。

④ 亳縣博物館：《安徽亳縣發現一批漢代字磚和石刻》，《文物資料叢刊》第 2 期，文物出版社 1978 年版；安徽省亳縣博物館：《亳縣曹操宗族墓葬》，《文物》1978 年第 8 期。

資料。在中央官署建築遺址出土骨簽刻字57 000餘片，無字骨簽近萬片。據當地農民説，以前曾經發現過骨簽，當作無用之物廢棄。1995年首次發表了漢未央宮骨簽的消息，骨簽在牆體地面上，絕大多數為牛股骨製作，在骨簽上部磨平面刻字，有1行字和2～4行字的。年代在西漢初年到西漢晚期。文字拓片部分發表①。報告發表以後更加詳細地説明了骨簽的情況。骨簽為長條形，一般長5.8～7.2厘米、2.1～3.2厘米、0.2～0.4厘米。文字刻於正面，並且發表了部分骨簽的照片②(圖2上2-32)。

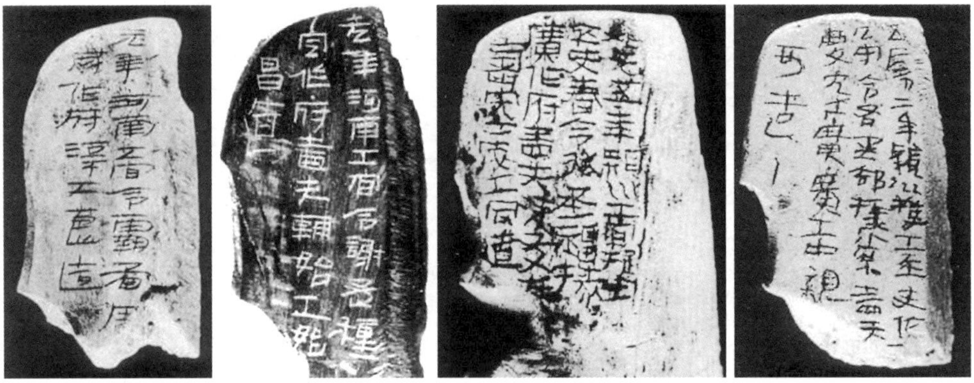

圖2上2-32

徐州西漢宛朐侯劉埶墓出土殘骨片，上面陰刻篆字，内填金粉或金絲③。

買地券

楚墓中已經用鉛來製作冥幣，漢代不僅用鉛做假金餅，還做鉛人和鉛券。地券是墓主在地下的土地所有權的證明，西漢時期江陵鳳凰山漢墓就有類似的簡牘。鉛地券流行於東漢，買地券是為死者入葬購買田地的券約，現見最早的是延熹四年(161年)鍾仲游妻買地鉛券，考古出土最早的是光和二年(179年)王當買地鉛券(圖2上2-33)。山東省博物館藏的是建武中元元年(56年)鉛券，是年代很早的，十分難得。鉛券長47厘米、寬約4厘米、厚0.2厘米。有隸書3行，共122字④。字跡刻畫而成，筆畫清晰。字體雖未能脱盡篆意，卻與真書接近，並無太大差異，已經真書化了。

2008年在鞏義市北窰灣71號漢墓出土鉛券，錘製而成，長39.1厘米、寬4.27～4.82厘米、厚0.66～1.56毫米，重259.5克。文字用刀刻成，表面塗硃砂。鉛券有"光和元年"(178年)等字(圖2上2-34)，4行，144字⑤。

---

① 李毓芳：《漢長安城未央宮的考古發掘與研究》，《文博》1995年第3期。

② 中國社會科學院考古研究所：《漢長安城未央宮：1980～1989年考古發掘報告》，中國大百科全書出版社1996年版，部分釋文見第92—116頁。簡影見圖版107—144。

③ 徐州博物館：《徐州西漢宛朐侯劉埶墓》，《文物》1997年第2期。

④ 魯波：《漢代徐勝買地鉛券簡介》，《文物》1972年第5期。

⑤ 張雷：《河南鞏義市北窯灣漢墓出土東漢買地券研究》，《華夏考古》2014年第1期。

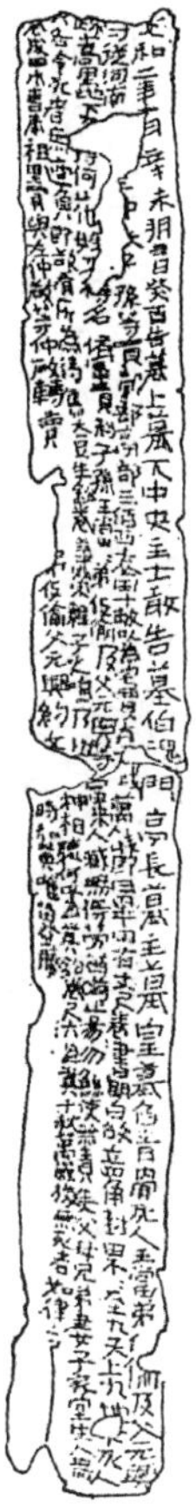

圖 2 上 2－33

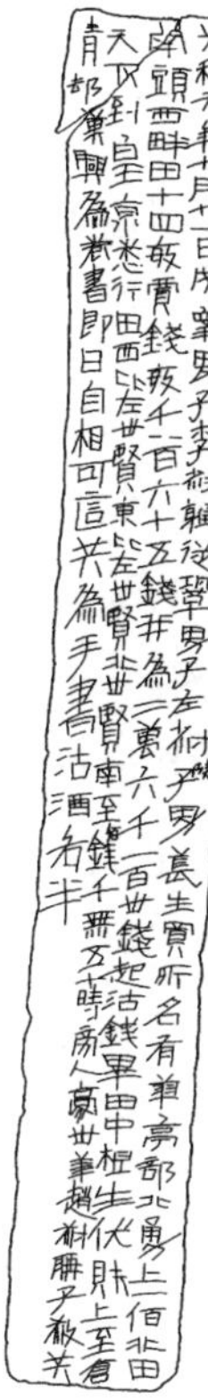

圖 2 上 2－34

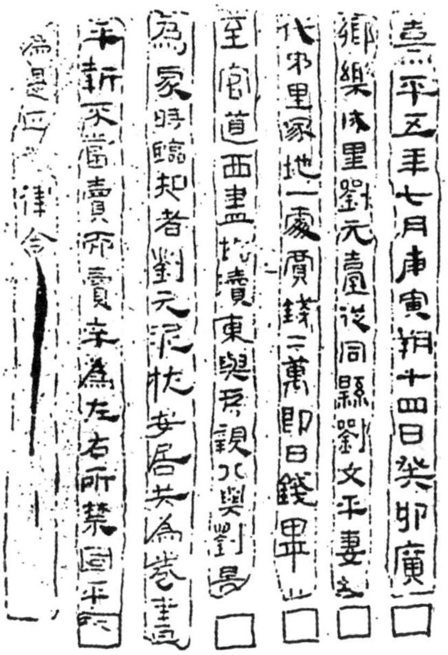

圖 2 上 2－35

《東漢雒陽縣男子□□卿買地鉛券》出土有年，私人間輾轉收藏，鉛質，中部略彎。一側長 38.8 厘米、一側長 38 厘米，寬 4.4 厘米、厚 0.35 厘米。兩面均刻文字，正面 5 行，滿行 43～50 字不等；背面 2 行，滿行 36 字。表面和字痕內殘留有硃砂，總計約 276 字。有“中平五年”(188 年)紀年①。

1974 年洛陽拖拉機廠 40 分廠東漢墓出土 1 件鉛券，“王當，當弟伎偷及父元興”買地券，長 40.5 厘米、寬 4 厘米、厚 0.2 厘米，5 行，250 多字。刻綫中隱約可見硃色。買地券有“光和二年”(179 年)紀年。

鉛是製作買地券的材料之一，石頭、陶土也是製作買地券的材料。揚州甘泉山以南、老虎山以西發掘漢墓，出土熹平五年(176 年)買地磚券，七角柱體，中心圓形空心。每面刻 1 行字，字體帶史書筆意的隸書②(圖 2 上 2－35)。

2007 年南京濱江開發區天成路西東吳墓，在墓室西南角發現磚質買地券，陰刻，

① 趙振華、董延壽：《東漢雒陽縣男子□□卿買地鉛券研究》，《中原文物》2010 年第 3 期。
② 蔣華：《揚州甘泉山出土東漢劉元臺買地磚券》，《文物》1980 年第 6 期。

4行71字[①]。此券為東吳末帝孫皓"建衡元年"(269年),即晉武帝泰始五年。此誌大致完整,字體為方八分體。

漆器銘文

漆器是古代重要的生活用品,是中國特色的工藝製品,漆器以其輕盈、美觀受到古人的重視,因為製作工序多、工藝複雜,需要耗費大量的人力物力,成為一種奢侈消費品。

長沙馬王堆1號漢墓為文帝時期墓葬,出土了大批漆器,製作精美,有鼎、鈁、杯、盤、卮等,149件有銘漆器,用朱漆、紅漆或黑漆書寫,物主標記"軑侯家"、祝頌語"君幸酒""君幸食"和容量"石""四斗""二升"等。在73件漆器上打烙印戳記,因為打後上漆,字跡不甚清楚。馬王堆漆器的文字為篆書和早期史書,筆畫濃重,提按變化明顯[②]。姚莊102號西漢墓、大雲山西漢江都王陵1號墓、貴州清鎮平壩東漢墓以及漢代樂浪郡(在今朝鮮)墓葬出土的漆杯等器皿上有漆書銘文。近年在南昌發現的西漢昌邑王墓出土的漆屏風上有題銘。

① 南京市江寧區博物館:《南京濱江開發區15號路六朝墓清理簡報》,《東南文化》2009年第3期。

② 湖南省博物館、中國科學院考古研究所:《長沙馬王堆一號漢墓》,文物出版社1973年版,上冊第78頁;下冊第155、171、172頁。

第三章　漢魏經籍之正字活動

第一節　《説文解字》規範隸書形體之努力[①]

西漢到東漢中期，漢字的形體發生了翻天覆地的變化。隸書已經從輔體上升為主要通行體，成為主流字體。隸變引起形體的巨變，形體在日常的書寫中由於產生省減，難以照顧到形體的結構原理。

隸書帶來了便利，同時帶來了嚴重的問題，草隸的隨機變異，導致形體缺乏規範。體現製字意義的結構遭到破壞，形體的邏輯意義斷裂，漢字形體逐步淪為無本之木。如果任其發展，嚴密的形體系統會變成一堆碎片，最終整個文字因為無法維持而走向消亡。人們却習以為常，把俗隸當作眞理化身，由此再生發出荒誕的觀念，文字俗態風靡社會。許慎《説文・敍》斥之，曰："詭更正文，鄉壁虛造不可知之書，變亂常行，以耀於世。"

西漢讖緯之説興起，曲解形體，散佈迷信，曲解形體成為某些政治力量製造輿論、誘導民衆的手段，成為形體之大害。王莽奪政，字讖是一個重要手段。《漢書・王莽傳中》："今百姓咸言皇天革漢而立新，廢劉而興王。夫'劉'之為字'卯、金、刀'也，正月剛卯，金刀之利，皆不得行。"又《後漢書・光武帝紀》："王莽篡位，忌惡劉氏，以錢文有金刀，故改為貨泉。或以貨泉字文為白水眞人。"如果説"劉"字拆成"卯、金、刀"尚屬合理，把"泉"字拆成"白水"就很荒唐了。《説文》："泉，水原也。象水流出成川形。"字隸變為泉，勉強可以分解為"白""小"，此"小"並非是"水"，居延漢簡中有泉，其"小"類化為"水"，是形變的結果。因而從字學上來説，"泉"不能作"白水"講。新莽居然以此胡亂分拆形體，去剛卯之佩，除刀錢，而改行"貨泉"（圖 2 上 3－1）。這種拆字言讖的辦法當時叫作別字，是依照自己的意思來附會文字形體的含義。光武中興，此風愈演愈烈，難以抑制。尹敏本來對文字讖書持懷疑態度，《後漢書・儒林傳》載："敏對曰：'讖書非聖人所作，其中多近鄙別字，頗類世俗之辭，恐疑後生。'敏因其闕文增之曰：'君無口，為漢輔。'"敏雖自作別字，把"君"字可以分拆為"尹"與"口"，將

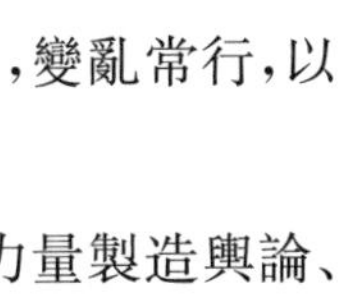

圖 2 上 3－1

---

① 陸錫興：《〈説文解字〉以篆正隸，構建形體規範》，《中國文字學報》第五輯，商務印書館 2014 年版。

“尹”説成“君”之無“口”，預言尹敏之才可以作為漢之輔臣，能使得君主滿意，而不必動口。當時朝野皆是如此，民間也利用字識達到某種不可告人的目的。《説文·敘》：“乃猥曰馬頭人為長，人持十為斗，蟲者屈中也。”皆屬此類胡亂別字，北大漢簡《老子》有字、字，居延漢簡有“長”，寫如、，肥致碑作（《肥致碑》上部似“馬”，下部成“人”，即此“馬頭人為長”之所由）。居延漢簡“斗”有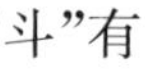、形，似“人”與“十”兩字合成，此“十人持”之所本。馬王堆帛書“蟲”字有形，似“中”而尾屈，此“曲中為蟲”所本。許慎據此為例，但未深言何意。睡虎地秦簡《日書》甲：“卯，兔也。盜者大面，……髡在鼻，藏於草中。”“寅，虎也。盜者壯，希須，面有黑焉。”“丑，牛也。盜者大鼻長頸，……藏牛廄中，草木下。”“子，鼠也。盜者兑口希須，善弄，手黑色，面有黑子焉，疵在耳，藏於垣中糞蔡下。”“馬頭人”的説法與此相似。東漢流行五斗米道，入道者須出米五斗，“十人持斗”可能與此有關。古代諸侯大臣酋長均稱君長，此“馬頭人”之為長或恐是民間隱祕組織的頭領。總之，這三個別字與東漢道巫有某種關係，與王莽一樣，曲解字形來製造輿論。《説文·敘》又云：“廷尉説律，至以字斷法，苛人受錢，‘苛’之字，‘止句’也。”居延漢簡從艸可聲，本無從“止可”。居延漢簡從“止”在“舟”上。草書“艸”與“止”形體相似，“可”與“句”似，故有“苛之字止句”附會之説。許慎斥之曰：“若此者甚衆，皆不合孔氏古文，謬於史籀。俗儒鄙夫，玩其所習，蔽其希聞，不見通學，未嘗睹字例之條，舊藝而野言，以其所知為祕妙。”不遵字學之原理，根據手書俗寫而胡亂會意，為朝野俗儒鄙夫利用。《後漢書·明帝紀》元和二年詔曰：“《春秋》於春每月書‘王’者，重三正，慎三微也。”李賢注曰：“三正謂天、地、人之正。”《説文》：“王，天下所歸往也。董仲舒曰：古之造文者，三畫而連其中為王。三者天地人也。而參通之者，王也。孔子曰：一貫三為王。”“王”字之此解，實俗儒謬論，亦不合字理，許慎信之，歎其不能免俗也。

巫覡在古代社會中非常活躍，它們統治著人們的心靈世界，文字是它們的工具之一。巫覡並不滿足於別字預言，還直接創造了專用形體。趁隸書形體混亂的狀態，由省簡和重疊二法得到啟發，杜撰了專門用於與神鬼交流的祕文，離奇的祕文遊走於祕密社會之中，儼然是字外之字，無疑是擾亂形體的大害。

《後漢書·儒林傳》載：光武中興，愛好經術，未及下車，先訪儒雅，採求闕文，補綴漏逸。“四方學士莫不抱負墳策，雲會京師，范升、陳元、鄭興、杜林、衛宏、劉昆、桓榮之徒，繼踵而集。於是立五經博士，各以家法教授。”經學學派爭奪學派生存空間，家法、師法繁衍。支派林立，改易經傳，曲解經義。章帝“建初中，大會諸儒於白虎觀，考詳同異，連月乃罷”。經學家有解字説經的傳統，平帝時，徵爰禮等“令説文字於未央宮廷中”，東漢學派競爭，師法家法繁衍，皆以文字為依托，“諸生競逐説字解經誼”，以致文字形義不彰，嚴重妨礙正常的文字功能。

漢代的淺人把秦之隸書認為蒼頡時書，父子相傳，未曾變化，根本不信它是從小篆發展來的。要消除隸書形體上的種種迷信，發揮文字的正常作用，必須明確小篆的正體地位。“本立而道生”，正本清源，以小篆重建正隸。至晚從東漢開始，人們留意隸書的規範化，把草隸有規律地轉換成史書。史書相當於隸書的楷體，是一種注意形體規律、講究書寫技巧的典雅書體。規範文字，端正形體，是一件專業性很強的事情，没有豐富的經學典籍修養、深厚文字知識、精於書法者，難以擔任此項大業，因而此項工作唯由學林擔任。《漢書·敍傳下》：“通古今，正文字，惟學林。”《漢書·杜鄴傳》：前漢杜鄴“尤長小學”，其子杜林，建武歷位列卿，至大司空。其正文字過於鄴等，“故言小學者由杜公”。顔師古注：“小學者，文字之學也。”東漢建武時期，劉睦寫史書，頗有法度，成為範本。《後漢書·宗室四王三侯傳·北海靖王興》：劉睦少好學，博通書傳，光武愛之。“睦能屬文，作《春秋旨義始終論》及賦頌數十篇。又善史書，當世以為楷則。”東漢明帝時期，劉黨就注意史書的規範，在書法藝術之中，追求形體的正確性。《後漢書·孝明八王傳》：“（樂成靖王劉黨）善史書，喜正文字。”相傳章帝建初年間（76—84）出現有楷模的八分，史書的規範更上了一個臺階。《書斷》卷上引王愔曰：“（王次仲）以古書方廣，少波勢。建初中，以隸、草作楷法，字方八分，言有楷模。”從這些零星的記載，足見正確書寫隸書、提高字形規範，是人心所向，大勢所趨，《説文解字》就在這個背景下出現。對隸書的規範和整理，《説文解字》確立了隸書的形體準則。當然，文字的統一性，也是政治上的需要。《後漢書·祭祀志上》載建武三十二年（56年）刻石云：“黎庶得居爾田，安爾宅。書同文，車同軌，人同倫。”因此無論社會正常交流、提振經學，都需要文字規範。

隸書是不同於篆字的新體，是漢字形體史上的一個巨變，它基本上是隸變的產物，形體結構上與古文字存在很大差别。它經過數百年的演變後受到篆書的制約並不大。因為它是通過草化來形成的。草書的省、簡、連三法在方便書寫的進程中，重新組成了新的筆畫和結構，而最初的書寫者是文化下層的隸卒或者小吏。這樣一來，隸書先天的缺陷使得它不能倚靠自身來確定字形標準。字形的規範衹能從歷史發展的軌道決定，其形體標準衹能從源頭來尋求。篆書是秦代的官方標準字形，漢承秦制，代表官方權威的字體。因此隸書的標準無疑衹有一個選擇，以篆體結構作為隸書的準則。《魏書·江式傳》：“後（許）慎嗟時人之好奇，歎儒俗之穿鑿，惋文毁於譽，痛字敗於訾，更詭任情，變亂於世，故撰《説文解字》十五篇，首一終亥，各有部屬，包括六藝群書之詁，評釋百氏諸子之訓，天地、山川、草木、鳥獸、昆蟲、雜物、奇怪珍異、王制禮儀、世間人事莫不畢載。可謂類聚群分，雜而不越，文質彬彬，最可得而論也。”

許慎（58？—147？），約生於東漢明帝永平初，卒於桓帝建和初。《後漢書·儒林傳·許慎》:“許慎字叔重,汝南召陵人也。性淳篤,少博學經籍,馬融常推敬之,時人為之語曰:‘五經無雙許叔重。’為郡功曹,舉孝廉,再遷除洨長,卒於家。初,慎以五經傳説臧否不同,於是撰為《五經異義》,又作《説文解字》十四篇,皆傳於世。”許慎授業於賈逵,逵史稱通儒,精於古學。許慎是經學家,受詔校書東觀。經學是一門綜合學問,古文經學特别擅長文字訓詁,這不僅奠定了他的學術地位,也為他著《説文解字》準備了豐富豐厚的學養。《説文解字》成於和帝永元十二年(100 年),安帝建光元年(121 年)其子許沖上表獻之於朝。此書以類相從,分 540 部。《説文解字》的名稱就説明是一種側重分析字形的著作。

為了引起人們對於文字規範的重視,許慎《説文解字·敍》論述了文字的重要作用:“蓋文字者,經藝之本,王政之始,前人所以垂後,後人所以識古。故曰本立而道生,至天下之至嘖而不可亂也。”文字是經學書面媒介,是行政不可缺少的工具,為垂今識古超時空的交流符號,為文明社會重要標誌。一個歷史悠久、地域廣大的民族如果失去健全的文字,其危害性不可估量。漢代文字規範有過種種形式,官方通過教育機構頒佈字書、官辦蒙學、行政處罰等,也有私家著述辨正。許慎首次用字典形式,全面收羅文字,分析字形、字義,從理論上確立了漢字形體規範。

漢字的字書,先秦字少,多以假借轉注功能補充。秦漢以還,文字逐步由標形向標義轉變,字義合一,字義固定下來,原則上一個字代表一個詞,藉助形聲結構,字的數量不斷擴大。周王時期《史籀篇》15 篇,未詳確切字數,秦代李斯《蒼頡篇》7 章、趙高《爰曆篇》6 章、胡毋敬《博學篇》7 章,西漢塾師合此三篇為一篇,統稱《蒼頡篇》,斷 60 字為 1 章,共 55 章,3 300 字,西漢中期出現的《急就篇》字數没有超出西漢的《蒼頡篇》。平帝時,徵沛人爰禮等百餘人説文字於未央宫中,揚雄採集作《訓纂篇》,加上以前《蒼頡篇》等共四篇,達 5 340 字,群書所載初備。東漢和帝時,字數又有增長,獲 7 384 字。而《説文解字》博採通人,共收 9 353 字,重文 1 163 字,後世文字有所變化,可是字數基本已經足以敷用,從而制止了字數進一步的膨脹,歷史上首次確定了漢字的規模。唐封演《封氏聞見記》卷二“文字”:“安帝時,許慎特加搜採,九千之文始備,著為《説文》,凡五百四十部,皆從古為證,備論字體,詳舉音訓。其鄙俗所傳,涉於訛妄者,皆許氏之所不取,故《説文》至今為字學之宗。”

許慎在敍言中介紹了文字結構和功能的六書:指事者,視而可識,察而見義;象形者,畫成其物,隨體詰詘;形聲者,以事為名,取譬相成;會意者,比類合誼,以見指撝;轉注者,建類一首,同意相受;假借者,本無其字,以聲托事。轉注、假借屬於文字功能,可供閱讀古典文獻之用,東漢已經不再使用,因此在各字的字形分析中無法體現。此外指事、象形、會意、形聲四種結構類型在各字下一一指明,指導構形原理,並説明字義所本。

第二節　《説文解字》為正字之綱

篆書是隸書的源頭，也是隸書結構的理論依據，在形體迷失方向之時，用篆文來規範隸書成為一種必然的歷史的選擇。史籍記載了一些隸書正字的零星例子。

《史記・萬石張叔列傳》："（武帝元狩間，石）建為郎中令，書奏事，事下，建讀之，曰：'誤書馬者與尾當五，今乃四，不足一。上譴死矣！'甚惶恐。"集解引服虔曰："作馬字下曲而五，建時上事疏書誤作四。"《漢書・石奮傳》記載相同："（石）建為郎中令，奏事下，建讀之，驚恐曰：'書馬者與尾而五，今乃四，不足一，獲譴死矣。'"顔師古注："馬字下曲者為尾，並四點為四足，凡五。"《説文》："，象馬頭髦尾四足之形。"隸書把髦尾省去，變為三足。這個字形至少從漢代以前就流行了，如里耶秦簡，漢代就更多了，如馬王堆簡作、居延簡作。由此可知並非石建一時誤書，而是沿襲社會習慣。宋王觀國《學林・讀史》："石建奏牘以書馬字下少一點，乃拖三點以當四點，古今書馬字皆為此，亦小疵，未至於得罪，而建驚曰：'獲譴死矣。'其憂如此之甚者。按《前漢・藝文志》曰：'漢興，蕭何草律，亦著其法：太史試學童，能諷書九千字以上，乃得為史。又以六體試之，課最者以為尚書御史、史書令史。吏民上書，字或不正，輒舉劾。'蓋吏者百官上書也，民者萬民上書也，吏民上書字或不正，則令史舉劾，石建憂其譴死，慮有舉劾之者，故其憂如此之甚也。"朝廷使用的是史書，有專司管理，但是流俗所書已經侵入史書，是非無正，唯一辦法是追溯源頭，從造字原理判斷形體得當與否。

此"馬"字之證誤，是以小篆結構作為標準的。晉衛恒《四體書勢》："許慎撰《説文》，用篆書為正，以為體例，最可得而論也。"《説文》立小篆為首字，當然著眼於篆體字形。小篆是秦漢的官方文字的正體，是詔書等重要文獻、金石銘文、璽印以及宮殿建築等處文字所必用的形體。它形體穩定、莊嚴、典雅，其地位高於日常使用的隸書，具有隸書不可替代的作用。但是俗篆的興起，削弱了小篆的權威性，干擾了篆文的形體。

小篆婉轉流美是建立在西周舊文的基礎之上的，字形結構大體保持了造字的本義。西漢後期到東漢前期，唯美的繆篆、曹熹新篆卻以形體美的誘惑力迅速流行開來，大有取代小篆之勢。"繆篆"意為"和美之篆"。為了獲得美感動用了多種藝術處理，筆畫增減、屈曲，部件挪移，形體變化是主要方式。曹熹篆與李斯篆並列，為後漢之流行篆體。參考漢代璽印和石刻篆文，曹熹篆屬於俗篆，在東漢晚期的碑刻中，有明顯不同於小篆者皆屬曹熹篆，其形體離奇，任意變化，迎合了社會求美的需要。馬援是東漢初年大將，嘗受《齊詩》，馬援於俗體不滿，曾上書："臣所假伏波將軍印，書

‘伏’字，‘犬’外向。成皋令印，‘皋’字為‘白’下‘羊’；丞印‘四’下‘羊’，尉印‘白’下‘人’，‘人’下‘羊’。即一縣長吏，印文不同，恐天下不正者多。符印所以為信也，所宜齊同。”“薦曉古文字者，事下大司空正郡國印章。奏可。”，小篆從犬廾聲。其“犬”字外向未見字例。，小篆從本從白。《繆篆分韻》可檢得、、等，接近馬援所舉的字例[①]。漢代的官方印章字體採用小篆，不是古文，馬援所謂“曉古文字”，就是熟悉正篆。官方專司印章的官吏當然使用篆文，不過這已經不是正篆了。俗篆與小篆正偽莫辨，損害了正篆的規範性，因而使得篆體形體錯誤橫生，流佈廣遠。

古文學派以古文經為經本，與今文學派的今文本不同，兩者對於今文和古文的態度不同。漢代今文就是隸書，小篆是隸書的經典形式。所謂古文是不同於秦文的戰國古文，本質上是秦文之外地區的行草手寫體，其形體不僅與周秦篆文有差別，與本地對應的銘刻形體亦有差別。西漢後期古文經學的興起，東漢又得到進一步發展，古文地位大大提高，古文形體對篆文權威性構成了威脅。必須說明的是，古時經、傳別行，古文經用古字，傳用今文，也用隸書。古文經學重視古本，傳注中保存舊文，以此詮釋文字，辨別古今，溝通經義。錢基博《經學通志・總志》曰：“古者漆書竹簡，傳寫為艱，師弟相傳，多有口授，往往同音異字，輾轉多歧。又六體孳生，形聲兼備，毫釐辨別，後世乃詳。”古文經學就經文作訓，不辨正字。阮元《十三經注疏校勘記・序》謂之：“大抵依文立解，不依字以求訓，非熟於《周官》之假借字，不可讀《毛傳》也。”如《詩經・鄭風・大叔于田》：“火烈具舉。”《毛傳》：“烈，列也；具，俱也。”可知“烈”“具”皆非正字，而為假借字。又《詩經・小雅・天保》：“俾爾單厚。”《毛傳》：“單，信也。或曰單，厚也。”段玉裁《詩經小學》謂：“《釋詁》：亶，信也。是以毛以‘單’為‘亶’之假借也。”古文經的文字既有古體，亦有同音假借，文字複雜，釋讀比較困難。史載傳自先秦的古本不獨儒家經籍，皆有正讀之難。湖北荊門出土的郭店楚簡、上海博物館藏楚簡，甚至馬王堆 3 號漢墓出土的典籍，皆是夾雜大量古字、假借字，這種文字現象是釋讀的主要障礙。從西漢前期起今文逐步完善，古文與今文分野漸明，兩者的差距拉開，熟悉今文的人釋讀古字文獻成為大難。“孝宣皇帝重申不害《君臣篇》，使黃門郎張子喬正其字。”[②]可證西漢中後期已經有古書正讀的記錄。相反，今文經用今文，字體與日俱進，不斷轉換成當時的通行字，並無文字帶來的問題。古文經、今文經有關字形、字義的規範矛盾日益突出，帶來了文字規範的困惑。

單就形體而言，古文是戰國的古文字形體，它早於小篆，又是儒家經籍的載體，無論從年代或者經典性，都是不可忽視的。班固博貫載籍，九流百家之言，無不窮究，傍

① 《後漢書・馬援傳》注引《東觀記》。
② 《太平御覽》卷二百二十一引劉向《七略》。

貫五經，上下洽通，為《春秋》考、紀、志、傳凡百篇。班固《漢書》“多古字”，其古字有篆文，亦有古文。如“𡰥”，顔師古曰：“古夷字。”“㚅”，顔師古曰：“古奔字耳。”有籀文“遬”，顔師古曰：“古速字。”古字中並雜有假借字。因此班固的古文為先秦流傳古文字，可能是傳本古文中字。《説文解字》列小篆，把籀文、古文列為重文，正體、異體體例分明。這個處理既強調了小篆的正字地位，又給予籀文、古文應有的重視，排除了古文對於小篆的干擾，小篆形體的權威性在理論上得到了確認。

隸書從篆書變化而來，隨著隸書廣泛使用，漸漸脱離篆書獨立出來，獨立性既體現在使用上，更體現在形體上。便捷是它的優點，因陋就簡是它的缺點。如果用書寫形成的習慣任其發展的話，自身建立不起規則，隸書將與篆書失去聯繫，變成無本之木，形體不能表達意義，動搖了標義文字的體制。衹有在隸書形體漸行漸遠之際，回到它的出發點，找回失去的形體構造，用小篆作依據規範隸書形體。

《説文解字》雖然説解小篆形體結構，目標卻是雙重的，既要規範篆體，也要用小篆來規範隸體。許慎之書雖不列隸書，卻是隸書規範之本。晉衛恒《四體書勢》：“漢祭酒許慎撰《説文》，用篆書為正，以為體例。”唐張參《五經文字・序》：“後漢許叔重，收集籀篆古文、諸家之學，就隸為訓注，謂之《説文》。”

西漢乃至東漢前期的碑刻字形是跟著時間走的，碑刻字形與手書隸書基本同步，西漢隸書帶有古隸成分，那麼碑刻也是如此：

建武中元二年（57 年）《何君尊楗閣刻石》形體結構與手書隸書没有本質差别。至於黄腸石刻字與少量篆文碑刻則是依照銘刻文字要求，與篆書齊同，不關隸書規範問題。

在東漢中後期，隸書發生了重大的變化。東漢後期的碑刻篆書成分劇增，隸書中大量出現的篆字成分，包括局部和整體的隸篆混合的形體，把行將退出歷史舞臺的篆書在隸書中復活了。學術界對此抱著負面的看法，認為這是一種倒退的文字現象。隸書對篆書的破壞，再通過篆書重建符合標義邏輯的結構，是對混亂的形體作必要的調整，否定之否定，促使漢字形體回歸到正途上來。

安帝建光元年（121 年）許慎之子許沖上表獻《説文解字》之後，從順帝開始，到桓帝、靈帝、獻帝時期進入鼎盛時期，大量的典雅、優美的八分書碑刻湧現出來，呈現出令人嘖嘖稱道的漢代書法黄金時期。這種帶有篆體的史書碑刻目前所見以《冀州從事馮君碑》（簡稱《馮君碑》）為最早，約在東漢順帝永和六年（141 年）。

我們可以比較一下碑刻、小篆、漢簡的形體有什麼差異，為了方便起見，我們選用建寧三年（170 年）的《下邳令碑》殘石，該碑字數不多，但是字跡清楚，可資比較。漢簡選自西漢中期到東漢前期的居延、武威、敦煌漢簡中具有代表性者。在年代上，小篆最早，漢簡次之，漢碑最晚。但是從此表可以清楚看到碑文形體不是按照時間順序繼承漢簡，而是越過漢簡，直接靠攏小篆。呼、于、允三字模仿篆字，筆畫加以曲折，於、喪二字修正隸書的類化部件，撫、孤二字是隸古定，顯然認為隸書過度變形，不能反映造字原意。因此東漢後期碑刻利用小篆來糾正隸書的形體，其意圖十分清楚。所以桓、靈之間碑刻八分字形總體上不是一種復古，而是為了追求規範，向小篆回歸的嘗試。

小篆	呼	于	於	撫	孤	喪	允
漢簡	呼	于	於	撫	孤	喪	允
下邳令碑	呼	于	於	撫	孤	喪	允

東漢後期八分雖然受到《說文解字》的影響，但碑刻書寫是一種個人的藝術化的書寫行為，同一字各人掌握不一，體現出來的小篆的成分也不同，還錯雜了古文、曹熹篆的成分。史傳《熹平石經》出於蔡邕，他希望提供一個權威的經本共用，這是一種經過改良的史書形體。蔡邕提出八分之法混合形體，由八分小篆與二分隸書相加而成。八分的意義非常明確，史書要以小篆為主要要素，體現在結構上就是回歸到篆體，替換掉相應的隸書結構。

隸變之際，形體大變，擺脫了篆字結構的約束，字形由造字原理向書寫便利過渡。書寫以便捷為原則，衝擊了字形的邏輯意義，形體漫無標準。根據個人的習慣和文化程度，可以自由地選擇認為合適的字形，字形的分歧在所難免。史書是隸書的楷書，如何將帶有草法的隸書楷化，理解不一。因此隸書不僅背離結構原理，也出現了一字多形的現象。漢代隸書實際是分了三個層次，一是草書，二是草化後的隸書，三是楷化的史書。草書自有草法，另搞一套。草化而來的隸書，以及隸書楷化亟需制定原則，這就是參照篆書結構來引導隸書的楷化，使之在隸變之後，依然可以承襲篆字的表意精神。

許慎以經學大家的號召力，又藉助政治力量，推出合乎理論的字學著作，獲得了社會的良好反應，起到了推動形體規範的效果。這一點在文字史上很少有人注意，《說文解字》問世之後，對隸書形體產生了巨大影響。

第四章　《熹平石經》與《正始石經》

第一節　《熹平石經》始末

漢武帝罷黜百家，獨尊儒術，元帝、成帝重儒，官吏莫不以經術為用。東漢以來經學進入鼎盛時期，章帝、安帝、順帝極力推崇，以及鄧后、梁太后大力扶持，經學益盛。漢代立五經於學官，置十四博士。各家經文皆憑師門家法所見，並無統一定本，常因章句異同引起爭議。漢代處於文字變遷之時，官本隸書經文的文字亦有前後形體變化，因而五經雖立於學官，文字始終不能統一。宣帝等召來諸儒討論經文異同。《漢書·宣帝紀》載甘露三年（前 51 年）宣帝於石渠閣與諸儒講五經異同。《後漢書·章帝紀》：建初四年（79 年）"下太常，將、大夫、博士、議郎、郎官及諸生、諸儒會白虎觀，講議五經異同"，"帝親稱制臨決，如孝宣甘露石渠故事"。經籍文字都有正字之舉。《太平御覽》卷二百二十一引劉向《七略》："孝宣皇帝重申不害《君臣篇》，使黄門郎張子喬正其字。"但是儒家經籍也獲得特别的關注。

經學成為宦途捷徑，謀利工具，投身儒門者甚衆。《後漢書·儒林傳序》："遊學增盛，至三萬餘生。"儒學之世俗化，導致了逐利行為的滋長，學風日益敗壞，以致"章句漸疏，而多以浮華相尚，儒者之風蓋衰矣"，竟然"私行金貨，定蘭臺漆書經字，以合其私文"。東觀為藏書之府，在此整理典籍，通儒馬融曾於此校理祕書。《後漢書·馬融傳》：馬融為世通儒，盧植、鄭玄為其徒。安帝永初四年（110 年），拜為校書郎中，"詣東觀典校祕書"。《後漢書·蔡邕傳》載：建寧三年（170 年）蔡邕"召拜郎中，校書東觀。遷議郎。邕以經籍去聖久遠，文字多謬，俗儒穿鑿，疑誤後學。熹平四年，乃與五官中郎將堂谿典、光祿大夫楊賜、諫議大夫馬日磾、議郎張馴、韓説、太史令單颺等，奏求正定六經文字"。當年（175 年），靈帝乃詔諸儒正定五經，刊於石碑，樹之學門，使天下咸以為準。刊刻石經，主要是提供標準經文。《後漢書·盧植傳》："時始立太學石經，以正五經文字。"

《熹平石經》為區别於後代的石經，也稱"漢石經"，由蔡邕等用隸書一體寫成，故又稱"一字石經"。創始於熹平四年（175 年），歷時九年，共鐫刻 46 碑，立於洛陽城南太學講堂（遺址在今河南偃師朱家圪壋村）前。《洛陽記》："太學在洛城南開陽門外，講堂長十丈，廣二丈。堂前石經四部，本碑凡四十六枚，西行，《尚書》《周易》《公羊傳》

十六碑存，十二碑毁。南行，《禮記》十五碑悉崩壞。東行，《論語》三碑，二碑毁。《禮記》碑上有諫議大夫馬日磾、議郎蔡邕名。”碑高一丈許，廣四尺。所刻經書《易》《書》《詩》《禮》《春秋》《公羊傳》《論語》，除《論語》外，皆當時學官所立。石經以一家本為主而各有校記，備列學官所立諸家異同於後。共約 200 911 字。相傳石經為蔡邕所書。《水經注・穀水》：“邕乃自書丹於碑，使工鐫刻，立於太學門外，於是後儒晚學咸取正焉。及碑始立，其觀視及筆寫者，車乘日千餘輛，填塞街陌矣。”從《水經注》這段文字可以看出《熹平石經》立碑的盛況。蔡邕親自書丹之説，歷來受到懷疑。宋黄伯思《東觀餘論・記石經與今文不同》：“此蓋鴻都《一字石經》，然經各異，手書不必皆蔡邕也。”宋洪适（1117—1184）《隸辨》卷十四：“史稱蔡邕自書丹，使工鐫刻，今所存諸經字體各不同，雖邕能分善隸，兼備衆體，但文字之多，恐非一人可辦。”馬衡（1881—1955）指出，東漢光和元年（178 年）蔡邕因陳災變事得罪徙朔方，明年遇赦，亡命江海，居吴會達 20 年，不可能始終參與石經諸事務。但是不能排除蔡邕參與石經的文字形體的確定和書寫事宜，他不直接書碑，並不妨礙石經貫徹史書之法。從出土石經實物可見並非一人所書，蔡邕一人書丹之説不攻自破。《熹平石經》出於衆人之手，但是形體一致，並無差别，説明書寫者有嚴格的形體標準。這個範本很可能是蔡邕書寫，這樣便可以解釋蔡邕書石經的問題。

《熹平石經》刻成之後，經過漢末董卓之亂，略有損殘。北魏初之毁廢分用，東魏遷都，石經墮落於水，北周遷還，隋又西遷長安，亂中曾有採石經為柱礎，至唐魏徵收聚殘碑，十不存一。北宋以來屢有殘石出土，《隸釋》《隸續》共收得 2 167 字。20 世紀以來洛陽偃師太學遺址陸續有殘石出土，近人收羅成集，前有羅振玉《漢熹平石經殘字集錄》，後有馬衡《漢石經集存》[①]，以後者更為完備，存 8 000 餘字（圖 2 上 4－1）。《漢石經集存》在出版後，石經還有重要發現。河南省偃師縣佃莊太學村為漢魏時期的太學所在地，1973 年起在太學村圍牆北邊地下瓦礫層中發現 7 塊石經殘石，其中 3 塊有字，隨後擴大範圍挖掘，清理出石經殘石 600 餘塊，兩次發掘共得殘石 661 塊，其中有字者 96 塊，共存 366 字，確切可辨者 293 字。各殘石存字不等，有的 10 字，有的 10 多字，最多一塊兩面存 26 字。内容主要為《儀禮》，還有《春秋》《魯詩》《論語》《儀禮》《魯詩》校記等，據説近年還發現了《樂經》[②]。石經字體大小相似，寬 2.1～2.4 厘米、高 1.4～1.9 厘米。石經字體風格不同，由多人執筆書丹所致[③]。

---

① 馬衡：《漢石經集存》，科學出版社 1957 年版。

② 王錦生：《〈樂經〉——佚失的儒家經籍——河南博物院藏熹平石經殘石内容管窺》，《中原文物》2014 年第 1 期。

③ 中國社會科學院考古研究所洛陽工作隊：《漢魏洛陽故城太學遺址新出土的漢石經殘石》，《考古》1982 年第 4 期。

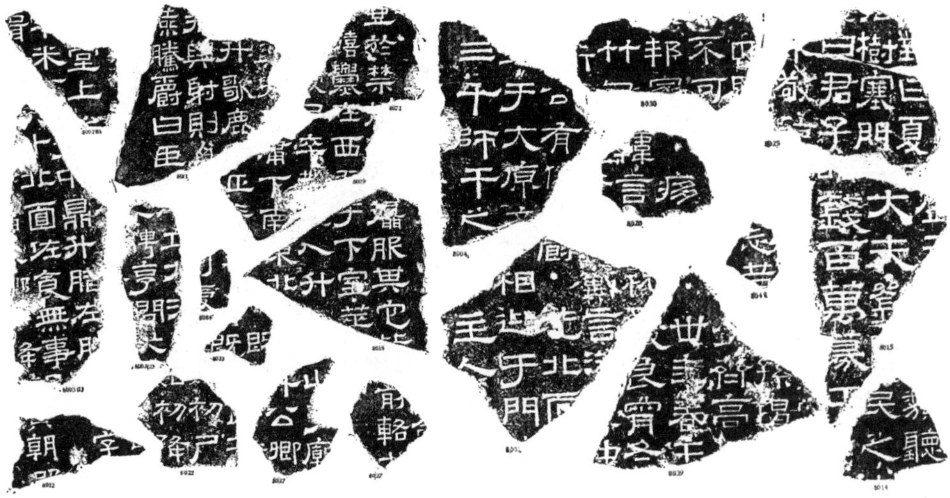

圖 2 上 4－1

1984 年在晉太學遺址發現漢石經殘石 1 塊，兩面刻字，為《春秋》經，次年附近發現漢石經及其後記殘石 5 塊，《詩經》一石兩面、《儀禮》一石一面、《公羊傳》一石兩面、後記頌碑二石三面，共五石八面，約 200 字①（圖 2 上 4－2）。

圖 2 上 4－2

上海博物館收藏兩塊石經《詩》殘石（圖 2 上 4－3），均正、背面刻字，一石 134 字、一石 105 字。估計 20 世紀 30 年代出土後，輾轉流入滬上，1949 年後入藏上海博物館，此殘石未收入《漢石經集存》②。

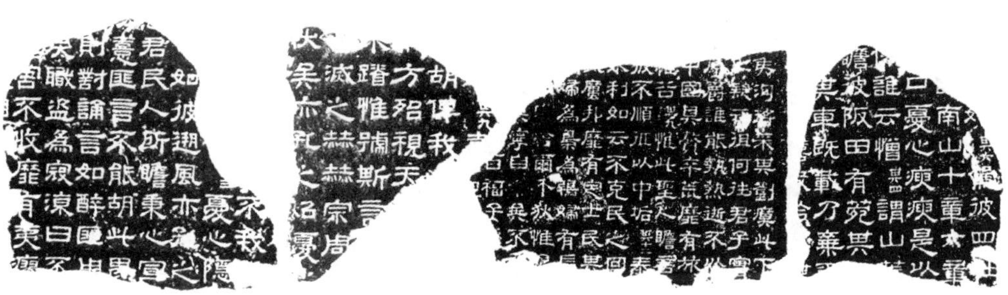

圖 2 上 4－3

① 王竹林、許景元：《洛陽近年出土的漢石經》，《中原文物》1988 年第 2 期。
② 范邦瑾：《兩塊未見著錄的〈熹平石經・詩〉殘石的校釋及綴接》，《文物》1986 年第 5 期。

第二節 《熹平石經》字體之特點

“八分”名稱最早見於漢末蔡邕之説,《古文書苑》載蔡文姬:“臣父造八分,割程隸八分取二分,割李篆二分取八分。”史傳《熹平石經》為蔡邕書寫,《魏書·江式傳》:“左中郎將陳留蔡邕採李斯、曹熹之法,為古今雜形,詔於太學立石碑,刊載五經,題書楷法,多是邕書也。”這可能是古今一貫的托名權貴名人的陋習,但是蔡邕倡議刊刻石經是可靠的,石經字體由蔡邕設計,甚至不能排除他親自書寫部分經文的可能。石經字形經過精心設計,結構嚴謹,成為以篆正隸的範例,是真書取法的主要標準。

《熹平石經》是經學上的重要舉措,為以後一系列的校理經文、是正文字起到了示範作用。石經在經學上的地位無可爭議,但是它對漢字正體形成的關鍵作用不為人們重視。東漢時期史書人為地古今錯雜,字體出現了返古的現象。從小篆、古文、俗篆隸定的形體以及俗隸融入史書,形體乖謬,異體叢生。《熹平石經》形體排斥俗篆,以小篆為標準,部分採用規正隸書,雖存古而不謬。《後漢書·宦者傳·呂強》:“與諸儒共刻五經文於石,於是詔蔡邕等正其文字,自後五經一定,爭者用息。”石經以朝廷經典為依托,建立起以八分為核心的形體標準,成為諸儒遵循的規範。唐張參《五經文字·序》:“蔡伯喈亦以滅學之後,經義分散,儒者師門,各滯所習,傳記交亂,訛偽相蒙,乃請刊定五經,備體刻石,立於太學之門外,謂之石經。學者得以取法焉。”五經離不開文字,《熹平石經》刊立自然會惠及文字。石經與其他漢碑字形是有差別的,這個差別大致相當於官印用摹印,而私印用繆篆。石經是官方的經文,以規範和整飭為要,民間的碑刻屬於私家作品,唯求華美,不僅書法精美,而且形體多變,裝飾性相當濃重。具體地説,《熹平石經》一字一形,不求形體變化,炫耀光彩。形體規範體現在以隸定小篆為基準,排斥流行俗體。清方以智《通雅·疑始·論古篆古音》:“蔡伯喈奉熹平之詔,列鴻都之碑,晚學咸所取正,未嘗一字好奇也。”

《熹平石經》的字體是著名的史書,多保留篆體,以篆體為基礎。

《熹平石經》從篆,主要採用篆書結構,把篆體轉寫為隸書,實際是一個隸定的過程。隸變與隸定不同,隸變即使稱為突變,也有一個過程。這個過程不僅有一段時間而且會出現多個形體。隸定而來的字形,是直接按照篆體轉寫,如果採用正確的字學法則,能夠得到合乎規範的形體。《熹平石經》的隸定從兩個方面轉寫,即結構和筆畫。

《熹平石經》的結構轉寫是用史書的筆畫來寫篆體,把篆書圓勻的綫條變為有方向和粗細變化的筆畫。例如“鹿”字,從篆體自然流變出來的武威漢簡,與甘谷漢簡的兩個隸變形體,前者楷化為史書體,如《靈臺碑》《澠池武瑞碑》等所示,後者為後來的眞書接受。但是《熹平石經》的字形直接用隸書轉寫篆體，與前兩個形體比較，顯然更加符合篆體的結構。請看：

“鹿”　馬王堆1號漢墓木揭作，馬王堆帛書作、，馬王堆竹簡作，武威漢簡作，甘谷漢簡作，《靈臺碑》作，《澠池武瑞碑》作，《熹平石經》作，《孔宙碑》《韓敕碑》同，《受禪碑》從篆。

“楚”“龍”“受”等字，比起其他八分字形，《熹平石經》是最忠實於小篆結構的：

“楚”　《熹平石經》作，《郭仲奇碑》《老子銘》《費鳳別碑》同，《校官碑》作，下為草書。《三體石經》改從疋作。

“龍”　《白石神君碑》《受禪碑》同。《孔彪碑》作、《韓敕碑》作、《魯峻碑》作。《熹平石經》作，從篆。

“受”　從𠬪，舟省聲。《史晨奏銘》《夏承碑》《魏孔羨碑》同，《北海相景君銘》作、《唐扶頌》作、《肥致碑》作。《熹平石經》作，從篆。

“殺”　從殳殺聲。馬王堆帛書作、，《熹平石經》作，其他漢碑此字形皆不同，《樊敏碑》作、《武梁祠堂畫像》作、《孫叔敖碑》作。《熹平石經》的“殺”與馬王堆帛書字形近似，合乎篆體。

《熹平石經》隸定的形體與篆體比較，形體完全依照篆體，無變動，不增不減：

“在”　《說文》從土才聲。秦簡以來“在”字沒有左邊的短豎，如馬王堆帛書作、，馬王堆竹簡作，漢碑如《韓敕碑》也作，《曹全碑》《華山廟碑》《桐柏廟碑》同。但是東漢後期的八分有加羨筆和短豎的，如《蔡湛頌》《夏承碑》作，《孔耽神祠碑》《造橋碑》作，加筆畫的用意在於區別。《熹平石經》作，與小篆同形。

“存”　《說文》從子才聲。秦簡以來“存”字無短豎，《北海相景君銘》《韓敕碑》《曹全碑》作，無短豎。但是《婁壽碑》《華山廟碑》作，《熹平石經》作，皆同篆字結構。

《熹平石經》字形也有與隸書形體差別很大的，如“雪”，採用小篆全形，而隸書多為省體：

“雪”　《說文》：“凝雨，說物者。從雨彗聲。”《復民租碑》同。《祝睦後碑》作，《夏堪碑》《張遷碑》下從丑，如虎頭。《熹平石經》為，同小篆，保留“彗”聲。

《熹平石經》遵從小篆結構，衹是注重結構，並不拘泥筆畫形態：

“前”　《說文》從止在舟上。“止”在隸變中變形，如馬王堆帛書作、、，銀雀山漢簡作，居延漢簡作、、，《華山廟碑》《三老趙寬碑》上部從“止”，《孔龢碑》《桐柏廟碑》形體省作兩點，造成“止”與“艸”混淆。《熹平石經》作，《衡方碑》寫法同，沒有直接寫作“止”，而是一横前加了一個短豎，再加兩點，是簡化的

"止"，合乎篆體結構。

《熹平石經》隸定辦法，是依照八分來消化篆體結構的，某些篆字特有的部件，它無法原樣保持，必須依照隸書的寫法處理。例如"其"字內的斜×，要改為十，"塞"字內的雙手堵塞空洞的形象完全没有了，衹是筆畫數量嚴格依照篆體，一筆不少。因此隸定不是復古，是標意文字對標形文字的轉寫，八分轉寫篆體，衹能從結構上保留信息，象形特徵無法留存。請看：

"卒"　《説文》："隸人給事者衣為卒。卒，衣有題識者。"漢簡草書作、，史書亦有從草書者，如《孔龢碑》作、《郭仲奇碑》作。《熹平石經》寫作，斜交叉筆畫，變為直角交叉，結構上合乎篆形結構，《北海相景君銘》同為此形。

"其"　《熹平石經》作，與《孔宙碑》等同，《袁良碑》《武榮碑》《韓敕碑》《三老趙寬碑》隸體作。《熹平石經》改斜交叉為直角交叉。

"告"　《説文》："牛觸人，角著横木，所以告人也。"碑刻史書有多種寫法，如《桐柏廟碑》作、《鄭固碑》作，豎筆皆没有出頭，不成"牛"字，而《鄭固碑》雙彎純是篆書寫法。《熹平石經》作，上部從"牛"，但是按照隸法衹用左邊一個彎折。同樣也没有寫成之兩彎，而是一横畫。

"乎"　《説文》："語之餘也。"《熹平石經》作。"于"，《説文》："象氣之舒。"《熹平石經》作。、衹作一彎，不從小篆二彎寫成如之類，衹是表明象徵意義，不强調酷肖。

"塞"　《熹平石經》作、《賜馮焕詔》作、《無極山碑》作、《楊統碑》作。

篆體與隸書有的並不是結構差異，有的衹是筆畫形態的差異。例如篆體中有大量的對稱性結構和筆畫，有反復彎曲的筆畫，這些筆畫大部分無法為隸書所吸收，更難以保存在真書之中。《熹平石經》的隸定也處理了這個部分。如"丘"字，上部對稱筆畫，雖然大部分史書已經演變為一撇一横，而《熹平石經》在把篆體的圓綫變為由粗而細的隸書筆畫形態時，同時保留了對稱的格局。如：

"丘"　《熹平石經》作，《韓敕碑》《孔宙碑》同。《北海相景君銘》作。《熹平石經》"丘"上兩對稱筆畫忠實於篆體。

"下"　豎筆反復彎曲，從馬王堆簡帛書開始，有彎和直筆，後來隸書没有這種筆畫。《熹平石經》"下"字豎筆略向右彎作，示意篆體"下"之曲筆，既不同於曲筆，也不同於直筆，為隸書形體內處理篆體筆畫的例子。

因此，我們不能忽略《熹平石經》的細小部分，隸定不全在結構上。《熹平石經》的形體有的與其他八分往往存在細微的差異，恰恰是這些差異反映了形體的傳承性。如：

"犬"　犬字篆體與（大）字迴然不同，隸書混同。如《鮮于璜碑》，"犬"作"大"。《熹平石經》用筆端上挑保留篆字象形痕跡，區別於"大"字，《熹平石經》像篆體一樣，不論什麼部位，部件的形體一致。如與、與，"狄""哭"的"犬"字均用一個彎折，不用點，更加合乎篆體。

"救"　從求聲，隸書把彎筆變直，如《郙閣頌》作，即從隸書寫法。《熹平石經》作，"求"上之上横尾端右翹，四點向下，留存篆體原來的筆畫意味。

"用"　《説文》從卜從中。《熹平石經》作，依然可以分析出"卜""中"，從中追索構形原意。《説文》從用、口。《熹平石經》作。從用之字上不封口。隸書"用""周"上封口，如《孔和碑》《韓敕碑》之"用"字。

"予"　《説文》推予也，象相予之形。《熹平石經》作。"子"，李陽冰曰："子在繦褓中。"《熹平石經》作。此、二字第一筆均呈圓弧形，保留了篆體的象形信息。再如，《熹平石經》作，亦如此例。

適當從隸，保留隸書慣常結構，給予合理定形。

《熹平石經》的年代是東漢末期，字形基本定形，八分作為隸書的一種字體，它就不能脱離隸書的現實。因此八分雖然是以篆為主，也無法完全摒棄隸變而來的一些形體，所以就有部分形體從隸而不從篆的情況。分析《熹平石經》八分從隸的情況，大致有類化、連寫、草化、隸減、隸增等類型。

類化是隸變中最常見的現象，因為形似，把不相干的形體統一了，如：隸變之中，某些部件簡化了，依據相似類化的規律，大量出現違背造字原義的類化形體。類化既有非理性的一面，又有有利的一面，是組成新的形體系統不可缺少的部件，這類類化不能一概否定。《熹平石經》承認合理類化。《説文》："烏，象古文烏省。"段玉裁注："此即今之於字也，象古文烏而省之。"隸書兩形皆有，如馬王堆帛書、、、，居延漢簡、，但是隸書後多用類化而來的"於"，如敦煌漢簡、武威漢簡、定縣漢簡。但是《北海相景君銘》《曹全碑》《武榮碑》等皆作從古文而來的。如果否認類化採用古文隸書體，會多生出一個無法容納到系統的獨立部件，採用類化形體是合理的。《新加九經字樣》云："篆文作，隸變作於。"《熹平石經》作，採用隸書，與《史晨後碑》《張遷碑》同。

"厚"　從從厂。從子為隸書類化。《婁壽碑》作、《三公山碑》作、《韓敕碑》作、《度尚碑》作、《袁良碑》作等。《熹平石經》作。

"膠"　《熹平石經》作，漢碑"翏"之"彡"類化為"小"，《熹平石經》從隸。

連寫是指本來分别的獨立部件連寫而變形，如"年"之連寫，"禾""千"不能分辨，"侯"之"矢"與其他部件合為一體。

"年"　《説文》從禾千聲。《下邳令碑》作、《景雲碑》作、《曹全碑》作丰、《熹平石經》作丰，寫法不一。

“侯”侯 《熹平石經》作侯，《華山廟碑》同，從人。《韓敕碑》《曹全碑》《孔龢碑》《尹宙碑》皆從刀頭，從篆。“矢”不能獨立出來，而且改變了形態，石經從隸。

“以”以 碑刻八分篆隸兼有，從隸者，有《夏承碑》作以、《曹全碑》作以；從篆者，有《北海相景君銘》《樊安碑》作以。《熹平石經》作以，從隸書，並統一隸書形體。

草化是隸書形成的主要因素，大多手寫體隸書與草體有關，有些隸書本身就是草書，有的進行了楷化，東漢碑刻中不乏這類形體。“走”的帶草隸書，與篆文走相去甚遠，《熹平石經》没有採用篆書結構，而是隸書結構。如《熹平石經》的徒與起就是從草體徒、徒與起、起楷化而來，走是草書楷化體。《熹平石經》來，未回歸到來篆文結構，無也未用隸定，而是採用習見的草化隸書，保持與篆文不同形體。

“繩”繩 《居延漢簡》作繩，《武梁祠堂畫像》刻石、《老子銘》等同，《劉熊碑》《郭究碑》作繩。《熹平石經》從草隸書作繩。《楊震碑》繩，從篆隸定。

隸減是隸變過程中減少了一些部件或筆畫。如：

“夏”夏 《孔宙碑》《繁陽令楊君碑》從篆作夏。《熹平石經》隸省作夏，《曹全碑》《鄭固碑》《魯峻碑》同。石經從隸書。

“朝”朝 銀雀山漢簡作朝、朝，《鄭季宣碑》作朝、《度尚碑》作朝、《楊統碑》作朝，從篆。《熹平石經》作朝，《北海相景君銘》同，從隸書。

“寬”寬 《居延漢簡》作寬、寬，敦煌漢簡作寬，兩簡本有點，而漢碑多省點，如《陳球碑》作寬，《衡方碑》《趙寬碑》同；又如《楊震碑》作寬、《武斑碑》作寬，顧藹吉按：“寬，《説文》寬從萈，上從𦫳，下從見，非莧菜之莧也。”《熹平石經》從隸書省作寬。

“棄”棄 《曹全碑》作棄，《北海相景君銘》《郯令景君闕銘》作弃，顧云：“《説文》棄古文作弃，碑蓋合弃、棄為一字也。”《熹平石經》作棄，省減了一部分筆畫，從隸省，《老子銘》同。

“上”上 篆書“上”豎筆往返彎曲，隸書或彎或直。馬王堆帛書作上、上，《鮮于璜碑》作上，《熹平石經》作上，《孔和碑》同，從隸書。改變篆書筆畫形態，去彎就直，是一種省減的做法，廣義地説也可以認作隸減。

隸增是隸變過程中增加了一些部件或者筆畫，這種增加有的是類化造成的，有的是從古文的羨筆演變過來的。隸增的形體大部分没有為真書所接受。如：

“京”京 《説文》：“從高省，丨象高形。”《熹平石經》作京，從隸增，唐代的真書亦有此體，影響久遠。

"步"　《熹平石經》中"步"下從"少"，漢碑同。

古文字的羨筆在漢代大多用於區別，如區別"玉"和"王"，就在"玉"上加點。同樣"土"與"士"，就在"土"上加點，但是東漢後期"土""士"定形，依靠平行兩橫長短區別，加點的習慣卻保留下來。不加點的有《曹全碑》，加一點的有《衡方碑》《白石神君碑》《熹平石經》，加兩點的有《桐柏廟碑》。

有的隸增是形體平衡的需要，如："乃"，《説文》："象氣之出難。"《熹平石經》作，《鄭固碑》《韓敕碑》《史晨奏銘》《魏孔羨碑》同，《北海相景君銘》《魯峻碑》作。《熹平石經》從隸增。

《熹平石經》從隸的情況多種多樣，亦有似是而非者。如：

"邢"　《説文》："從邑、聲。"春秋金文寫作"井"，戰國時期從井從邑，馬王堆帛書寫作，從"井"，古、同字。《熹平石經》作，《劉寬碑》《孫叔敖碑》同，《正始石經》古文從之。《熹平石經》似從《説文》古文，實從隸書。從篆文者，如《孔耽神祠碑》《魯峻碑》作"邢"，以後眞書皆作"邢"。

"面"　馬王堆帛書作、、，銀雀山漢簡作，武威漢簡作、。《熹平石經》作，《東海廟碑》作，《曹全碑》作，皆為由內翻外的部件，因而皆從隸書。

隸書包括漢代碑刻把竹頭與草頭混同起來，《熹平石經》承襲了隸書這種習慣，竹頭依然寫作艸頭，如"篤"寫作、"答"寫作"荅"等。

第三節　《熹平石經》《正始石經》正隸之首次實踐

東漢後期碑刻八分書雖然進行了返古的嘗試，但是有的過於泥古，有的採用俗篆，有的隸定方式錯誤，有的篆、隸分配不當，都沒有取得承認而流佈後世。《熹平石經》對於規範隸書的形體，回歸到小篆結構，有選擇地作不同處理。對於相承已久、不違背造字原則的隸書形體適當保留，對於造成表意錯誤的形體加以糾正。從大量的事實看，立足隸書，在隸書形體系統的條件下，採用小篆結構，這是主要方面；有理有節，保留相承已久的隸書形體，這是次要方面。這種以隸書化篆書結構和部分隸書結構相加，大概就是八分的具體體現。《熹平石經》篆、隸互補，篆不泥古，隸不迷今，排除俗篆等干擾因素，首次建立起隸書規範形體——正隸。《熹平石經》是東漢後期的正字字形的代表，它糾正了世俗流行的古體、草體以及各種向壁虛造的字形，以篆文結構規正形體。這個做法無疑有助於將隸變推上正確的軌道。很顯然，《熹平石經》堅持小篆為形體標準，又不刻板處理，對後世的形體規範具有深遠影響。《説文解字》的功績在於提出了小篆是隸書的形體標準，並收集了衆多字形，提供了每字的字形和理論依據。如果説《説文解字》提出了隸書規範的理論,《熹平石經》則把這個理論付諸實踐,兩者對正隸的形成,缺一不可。

《熹平石經》對正隸的貢獻,體現在兩個方面。

其一,樹立正隸的標準,為統一隸書形體打下基礎。《熹平石經》吸收了八分返古的經驗,擇善而從,排除俗隸,提出正隸。自東漢中期以來,形體紛亂,幾乎處於失控狀態,隨意隸定和楷化,異體字噴湧而出。《熹平石經》的正隸無疑樹立起一個範本,抑制了俗體的氾濫。

"曹" 《説文》小篆上從二東,漢簡中變體很多,碑刻亦有多種形體,有從小篆的,《曹全碑》作、《張景造土牛碑》作;有省體的,《柳敏碑》作、《夏承碑》作。《熹平石經》没有按照小篆隸定,採用與《桐柏廟碑》相同的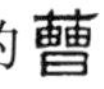。和林格爾漢墓壁畫榜題"功曹"作"曹",與《熹平石經》字形同①,採用一種省體,與後世眞書"曹"接近。雖然没有為眞書沿用,卻為統一的眞書形體提供了一個臺階。

"禮" 碑刻史書形體分歧,如《桐柏廟碑》《孔龢碑》從不從,《魯峻碑》《夏承碑》從,《北海相景君銘》作,《肥致碑》作。《熹平石經》採用類化"曲"與"豆"結合的,字形與《韓敕碑》同,以後眞書繼承了這個形體。

"之" 《説文》:"出也,象艸過中,枝莖益大,有所之,一者,地也。"西漢前期就出現了有草書隸書的"之",而且長期沿用。但是八分返古,有用摹寫篆體的篆式隸書,如《王舍人碑》等,用篆體摹寫為,在構形上確實優於隸書,體現了"一者,地也",但是這種象形描寫形體無法為隸書形體所接受。《熹平石經》再定隸書為正體,排除了返古的干擾,也為後來的眞書延續。《熹平石經》的正隸雖然没有全部為眞書繼承,但是這個原則被確立下來,並且得到不斷完善。這些正隸依靠官定經典的強力支撐,其字形得到推廣,正隸逐步取代俗隸,取得了相對的字形統一,《熹平石經》的正隸在漢字正體規範的形成過程中起到了一個奠基的作用。

其二,促進形成眞書形態。史書發展而來的八分,體勢的基本特點是字體略扁,有波磔,筆畫有時帶有粗細變化和某些眞書筆畫形態。《熹平石經》體勢卻以正方為主。東漢前期、中期的畫像石墓出現的夾篆的隸書,八分多少受到影響,正方或者近於正方者亦不在少數。清王澍謂:"世之為隸者,多以扁闊為漢,方整為唐,其實漢隸何嘗不方整。"②王澍説的"方整"就是指此類形體,如《冀州從事馮君碑》《圉令趙君碑》等。《熹平石經》大部分字的形體外形方正、棱角分明,尤其是那些形體飽滿的字更加突出。

① 内蒙古自治區博物館文物工作隊:《和林格爾漢墓壁畫》,文物出版社1978年版,第48頁。
② 王澍:《虛州題跋》,載《歷代書法論文選續編》,上海書畫出版社1993年版,第675頁。

從篆體到隸書，再到眞書，筆畫有從綫到面的變化。《熹平石經》有強烈的平面意識，筆畫肥厚，且有出鋒。如公、師等，起筆重而呈方形，收筆急而出鋒，多含眞書筆畫。隸書是波筆，眞書是捺腳，形態是不同的。《熹平石經》大捺已經形成，如大。隸書衹有挑筆，没有尖撇。《熹平石經》的撇出鋒鋭利，如乎之上撇、六之左下撇。隸書多保持篆書的圓轉，眞書一般用硬折。《熹平石經》彎轉方、圓兼用，硬折成熟，如降之左耳第一折，弭之“弓”之最末兩筆，其轉折與眞書完全一樣。《熹平石經》勾法完全成熟，有向左的正勾，如司；亦有向右的反勾，如良，與眞書無異。

《熹平石經》筆畫依然保留了史書的許多特點，如結體無斜勢，左右平衡，如凶、貞、吉、乚，大部分筆畫均直，粗細一致，左挑，大波，平畫並向上出鋒等，但是總體來看它具有較多的眞書的點畫因素。

《熹平石經》是過渡性質的形體，處於漢隸向眞書的轉變之中，它既改變了漢隸自發的混亂現象，又在隸定形體中產生了新的問題，兩者都有待進一步改進、完善。這種不完善性體現在兩個方面：一是《熹平石經》部分字形為後世廢棄；二是大部分字形被後世繼續改進，成為正字的先導。

第一，為後世廢棄者，從隸、從篆均有，從隸書被淘汰者似乎更多，《干祿字書》內涉及《熹平石經》隸書多數列為“通字”，而非“正字”，如“龍”“歸”“徒”“兮”“坤”“含”“光”“京”“留”“繩”“土”“正”“叔”等；有的乾脆打入俗字，如“寬”字。《熹平石經》入隸未為後世列入正字者，舉例分析如下：

顯　從頁㬎聲。《楊統碑》作顯、《夏承碑》作顯、《唐公房碑》作顯、《史晨後碑》作顯。《熹平石經》作顯，某些結構返篆，基本還是隸書，雖然比較合理，仍未被正字採納。

叔　《説文》：“從又、尗聲，……叔或從寸。”馬王堆木揭為草化形體叔，《熹平石經》作叔，與《韓敕碑》《三公山碑》同，《孔宙碑陰》從少、小、寸，《韓敕碑題》之叔有小異，皆從俗隸。而《曹全碑》從《説文》作叔，《宙華山亭碑》從寸。以後楷字或作叔、或作叔，最後正體取叔為正體。

師　《熹平石經》作師，《孔彪碑》《尹宙銘》同；《韓敕碑》右從市，《衡方碑》左變“阝”；《魯峻碑》作師，為繆篆之法；《老子銘》作師。正字取隸定之師，而師被淘汰。

柔　武威漢簡作柔，《熹平石經》從隸書作柔，《楊統碑》同。《桐柏廟碑》《費鳳碑》從篆作柔。正字作“柔”，而淘汰柔。

從篆隸定而遭淘汰者，如下：

復　馬王堆帛書作復，《熹平石經》從篆作復，《楊著碑》《受禪碑》作復，同。

《韓敕碑》作 。正字從“復”，而淘汰 。

 居延漢簡原作 ，後作 ，甘谷漢簡作 ，《熹平石經》從篆隸定為 ，正字從隸書作“庚”，廢 。

第二，為後世改進者，有隸定形體，這種字形多為半隸半篆，也有隸書形體，這種字形缺乏系統性，難以融入正字構形系統。如“鹿”字的“广”還開著口，“予”字用圓筆，“良”字還不是點，“塞”字中間多了一橫等，以上足以證明這些漢代隸書與眞書楷體的字形尚有一定距離。

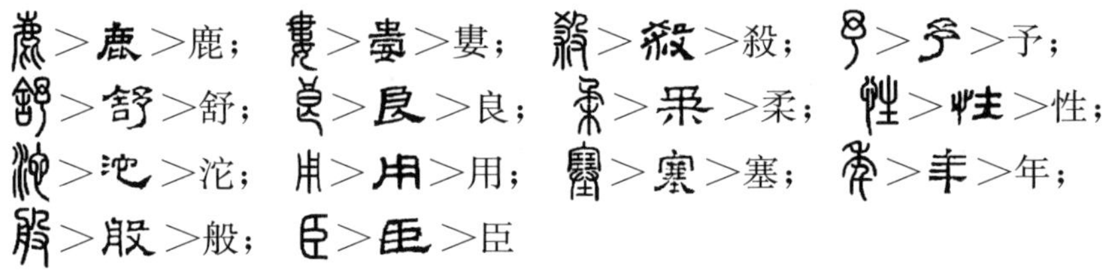

隸定形體混同了隸書與篆書，有兩套不同的識別系統，《熹平石經》難以避免兩套形體交叉產生的問題，較為典型的是形體混同帶來的區別不清。例如：“ ”隸書草化近似“正”，如從“ ”之“茝”，馬王堆竹簡作 ，“頤”字《鄭固碑》作 ，顧藹吉云：“諸碑從 之字或省作正，如熙為 、姬為 之類。”“頤”，《高頤碑》《李翊夫人碑》等作 。《孔宙碑》《劉寬碑》“熙”皆從“正”。而隸書“正”作 （孔宙碑）與“ ”形不同。《熹平石經》形體是篆、隸兩脈，不完全是一個模式。如“正”把從篆 隸定作 ，而“ ”卻從隸書，把“姬”定作 ，此與《鄭固碑》同。顧藹吉按：“即姬字，姬從 變 為正。”《孫叔敖碑》《李翊夫人碑》皆作 。這樣造成“ ”與“正”形體混同。

《熹平石經》提供的經驗尚待進一步完善，某些措施尚待進一步實施，提出的字形尚需在以後的隸變進程中加以改進。《熹平石經》的價值在於用小篆來規範流行的隸書，給後代利用篆體作為結構標準創造了一個先例，隋唐的字樣學就是它的發展和延續。

三國八分是東漢的延續，當時的八分具有漢代八分的風格，特別是東漢末期八分的特點。字形呈方整，筆畫粗細變化大，帶有眞書筆法，如筆端出鋒等。這些情況充分説明八分書在逐步向眞書靠攏，大有分書、眞書合一的趨勢。按照形體類型，三國魏的八分可以分為兩大類，一類以《正始石經》為代表，另一類以《曹眞碑》（圖 2 上 4 - 4）為代表，兩類的差別相當明顯。

北魏酈道元《水經注・穀水》：“魏正始中，又立古、篆、隸《三字石經》。”它承襲了《熹平石經》的正隸，並不是代表，因為採用正隸八分的碑刻早就出現了。重要碑刻有黃初元年（220 年）《孔羨碑》（又名《封孔羨碑》），青龍三年（235 年）《受禪碑》（又名《受

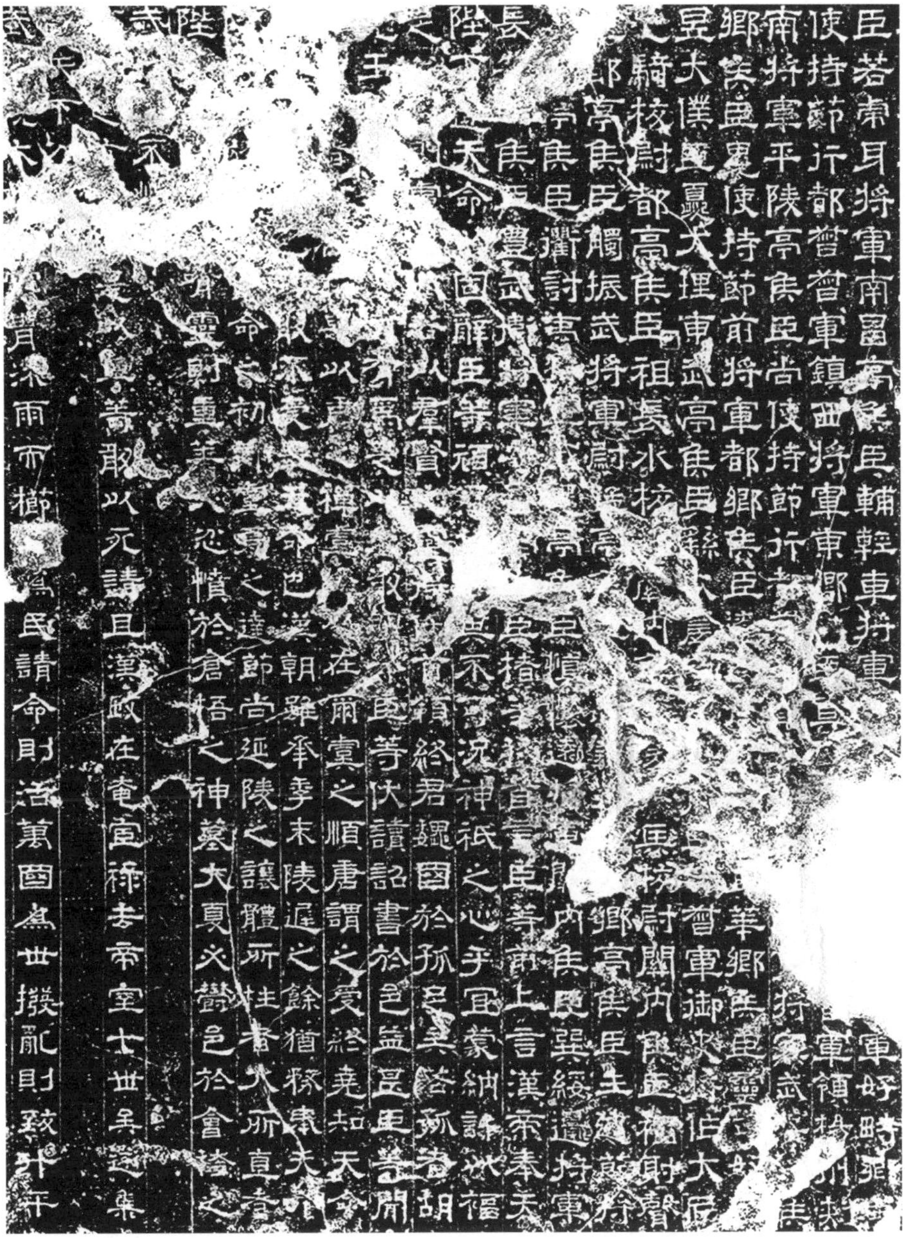

圖 2 上 4－4

禪表》)，青龍三年《范式碑》(又名《范巨卿碑》)以及《張君殘碑》(又名《征羌侯張君殘碑》)。這些碑刻的八分今本面貌與《熹平石經》相似。

《正始石經》又稱《三體石經》(圖 2 上 4－5)，刻於三國魏正始年間(240—249)，距離《熹平石經》刊刻的時間僅為六七十年。兩個石經不僅時間接近，而且建在太學講堂之前的同一地點，《水經注・穀水》載，漢靈帝刻石鏤碑載五經，立於太學講堂前，悉在東側。魏正始中，又立《三字石經》樹於堂西。兩石皆為儒家經籍刻石，屬於同類、同等級的石刻文獻。《熹平石經》是一體石經，衹有八分一體，而《三體石經》有古文、小篆和八分，人們自然而然會比較兩石刻的八分。但是現在兩刻石均是殘石，眞正相同的字並没有多少。趙立偉列出了 200 多字，認為："《三體石經》與《熹平石經》隸書結構相同者佔絕大多數，僅有個別字在構形上存在著差異。"[①]筆者以手邊的資料找到了 30 多字，觀察兩碑字形，粗看兩者的字形絕大部分是相同的，仔細觀察的話，兩者同中有異、異中有理。

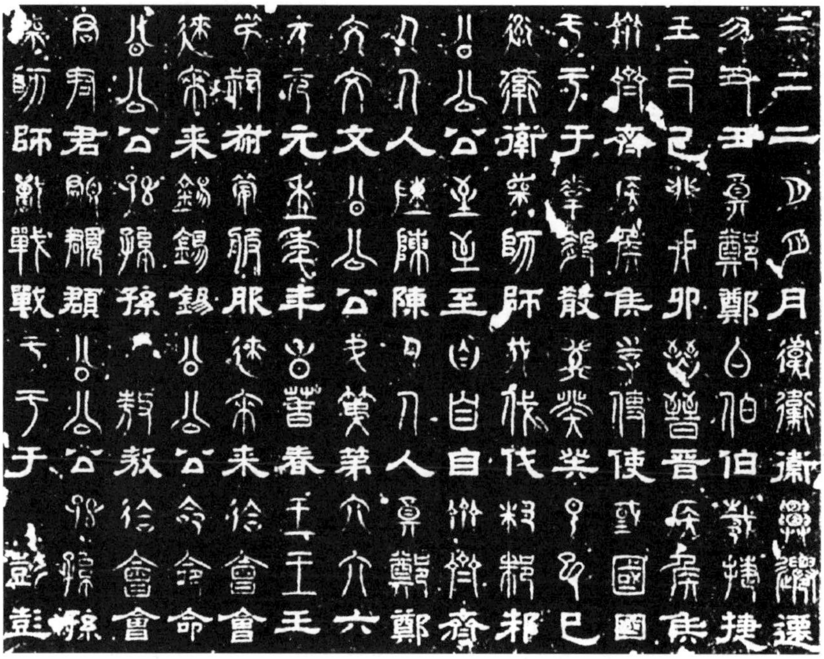

圖 2 上 4－5

先説書法上的差別，《熹平石經》與《正始石經》是一脈相承，如《熹平石經》、《正始石經》，筆法也十分相似，但這不是普遍情況。筆畫形態上，兩刻皆有眞書的成分，如"六"字同樣出現尖撇，"大"字、"狄"字的捺腳不肥不長，"鄭"字右"阝"都用了小尖鉤等。但是《熹平石經》細微處保留的信息十分重要，如"予""子"横畫微彎表示篆意，而《正始石經》已經是直筆了。外形上，《熹平石經》波挑收斂，整字呈正方形，《正始石經》波勢較為開張，内密外疏，整字略帶扁形，如"於""丘""春""齊"等字十分明顯。《熹平石經》筆畫近於眞書，而《正始石經》的筆畫史書裝飾意味更強，規範性略差，一個字會有不同的寫法。例如，同是"鄭"，作或，"奠"之上端作不同的結構。

兩者有些字的結構明顯不同，如《熹平石經》作，而《正始石經》作，後者採

① 趙立偉：《魏三體石經古文輯證》，社會科學文獻出版社 2007 年版，第 198—201 頁。

用了省文，這兩個字形均没有被後世列為正字。再如《熹平石經》作歸，《正始石經》作歸；《熹平石經》心與《正始石經》心兩字雖然結構相同，但是筆意差別很大，後者用懸針體。與後來的正字相比，《正始石經》更加接近，如表四所示，“立”“夷”“無”“前”“敵”“厲”已經是眞書寫法，衹有“含”倒退了。總體而言，兩石經基本面貌相同，這點是毋庸置疑的。

表一

熹平石經	師	六	公	鄭	術	大	辛	予	用
正始石經	師	六	公	鄭	術	大	辛	予	用

表二

熹平石經	伯	于	曰	其	正	止	夏	焦	春
正始石經	伯	于	曰	其	正	止	夏	焦	春

表三

熹平石經	晉	秦	楚	朝	子	狄	殺	齊	爾
正始石經	晉	秦	楚	朝	子	狄	殺	齊	爾

表四

熹平石經	立	夷	含	無	前	敵	厲	曹
正始石經	立	夷	含	無	前	敵	厲	曹

厲、厲　《説文·厂部》段玉裁注曰：“漢人隸多作厲，不省。”知《正始石經》用省體。“前”歬上從“止”，《熹平石經》前從篆，而《正始石經》前從隸省。“曹”字，《熹平石經》字形已經省減，而《正始石經》用更省之體。“立”中間從兩豎筆，篆字作立，《熹平石經》立從篆，《正始石經》立從俗隸。至於“夷”“含”“無”“敵”屬於隸定的差別，彼此並可。差異之字傳於後世者，《正始石經》多於《熹平石經》，這是由隸書發展的大背景下的必然趨勢決定的。

北朝的眞書有存古傾向，主要取法於《熹平石經》《正始石經》，《北史·劉芳傳》：“昔漢世造《三字石經》於太學，學者文字不正，多往質焉。芳音義明辯，疑者皆往詢訪，故時人號為劉石經。”可見劉氏對漢魏石經的造詣頗深。

第五章　史書之謎

第一節　史書之種種推測

史書出現在《漢書》等正史之中，是有確鑿記載的歷史事實，歷來受到重視，成為文字研究的重要問題。可惜史書記載，語言簡約，不甚詳盡，因而爭議很大。它到底是什麼字體？或是哪種書體？是單指一種書體還是多種書體的合稱，是一般書寫技能還是書法藝術？“史”是什麼？“書”是什麼？衆説紛紜，迷霧重重。至今為止，重要的説法有幾種，主要分為大篆説、隸書説、書法説、諸書體説、古文字書法範本説。

大篆説

此説認為史書是史籀大篆或是《史籀篇》。此説相當古老，為唐代顏師古引用東漢後期應劭的説法。《漢書・元帝傳贊》：“元帝多材藝，善史書。”顏師古注引應劭曰：“周宣王太史史籀所作大篆。”

《宣和書譜・篆書敍論》：“籀在周宣王時為太史氏，其書今之所存者，《石鼓》是也。以其籀之所創，故名之曰籀書。以其為太史氏而得名，故又謂之史書。”按，唐代採用顏師古之説，把史書當作《史籀篇》，如唐張懷瓘《書斷》卷上“大篆”：“八體書法，一曰大篆。又《漢書・藝文志》云《史籀》十五篇，並此也。以史官製之，用以教授，謂之史書，凡九千字。”

顏師古注過《急就篇》，由此可見他對古代字書的熟悉和關心。不過當隋唐之時，《史籀篇》已經亡佚，大篆僅散見於《説文》，他可能是把“史書”當作“史篇”，而後者就是《史籀篇》的別名。《漢書》中的“史書”又非“史篇”能解釋，故作大篆書體之名。應劭此語原來没有用在此處，而在別處，是顏師古拿來作為證明材料的。錢大昕力斥大篆説，“應説非也”，認為《漢書》所提到的這些人“豈能盡通《史籀》十五篇乎”①。錢大昕就把注文“大篆”理解為《史籀》十五篇。唐代以來稱大篆為史書，以《史籀》十五篇得名。唐代所論史書，採用顏師古之説，如《書斷》卷中：“時趙高為中車府令，善史

① 引自王先謙《漢書補注》，中華書局影印本 1983 年版，第 126 頁。

書。”又卷下：“嚴延年，字次卿，東海人，河南太守。雅工史書，規模趙高，時稱其妙。”此史書即籀文也。《漢書·酷吏傳·嚴延年》：“然疾惡泰甚，中傷者多，尤巧為獄文，善史書，所欲誅殺，奏成於手中，主簿親近史，不得聞知。奏可論死，奄忽如神。”其中“巧為獄文，善史書”，“獄文”與“史書”并舉，可知“史書”與文書有關，“善史書”者，非謂善於大篆，西漢已不通行大篆，何必要用大篆書寫官文？故知張懷瓘誤讀《漢書》明矣。徐學標沿用舊説認定史書都是《史籀篇》十五篇。“通過對《張家山漢墓竹簡》《漢書》《論衡》中諸多材料的分析，我們可以得出，‘史書’至遲在東漢王充之時，一直指的是《史籀篇》，没有發生過意義與能指方面的變遷。”①

隸書説

隸書是漢代使用最廣泛的日用字體，用來解釋漢代有關名詞自然有其邏輯意義。此説自錢大昕首創之後，一直頗受贊同，清代《説文》四大家之首段玉裁及現代史學大家、文字學大家如蔣善國力主此説。

錢大昕之隸書説，篇幅不大，卻内容全面，從立論的依據到引證的材料皆具備：

> 漢律太史試學童，能諷書九千字以上，乃得為史。《貢禹傳》武帝時，盜賊起，郡國擇便巧史書者，以為右職。俗皆曰：“何以禮儀為，史書而仕宦。”《酷吏傳》嚴延年善史書，所欲誅殺，奏成於手中，主簿親近史，不得聞知。蓋史書者，令史所習之書，猶言隸書也。善史書者，謂能識字作隸書耳。豈能盡通《史籀》十五篇乎？《外戚傳》許皇后聰慧善史書。《西域傳》楚主侍者馮嫽能史書。《王尊傳》少善史書。《後漢書·安帝紀》年十歲，好學史書。《皇后紀》皇后六歲能史書。梁皇后少好史書。《章八王傳》安帝所生母左姬善史書。《齊武王傳》北海敬王睦善史書，當世以為楷則。《明八王傳》樂成靖王黨善史書，喜正文字。諸所稱善史書者無非諸王后妃嬪侍之流，略知隸書已足成名，非眞精通篆籀也。《魏志·管寧傳》：“潁川胡昭善史書，與鍾繇、邯鄲淳、衛覬、韋誕並有名，尺牘之跡，動見楷模。”則史書之即隸書明矣②。

段玉裁贊成隸書之説，並説“仿佛今人之工楷書”：

> 又謂籀文亦名史書，尤非。凡《漢書·元帝紀》《王尊傳》《嚴延年傳》、《西域

① 謝光輝、徐學標：《兩漢“史書”名實考辨》，《古籍整理研究學刊》2005年第5期。

② 《漢書補注》王先謙補注引《三史拾遺》，中華書局影印本1983年版，第126頁。按，王鳴盛《十七史商榷》卷二十二引文大致相同。

傳》之《馮嫽》、《後漢書・皇后紀》之和熹鄧皇后、順烈梁皇后,或云"善史書",或云"能史書",皆謂便習隸書,適於時用,猶今人之工楷書耳。而自應仲遠注《漢》,云:"周宣王太史籀所作大篆十五篇也。"殊為繆解。[①]

陳直説:"善史書者為當時之古隸書,由篆向隸蜕化時期。元帝書體可能與竟寧、建昭兩雁足鐙相似,或指為周宣王時之史籀書,非也。"[②]蔣善國説:"'史書'根據錢大昕説是隸書,比較可信。"[③]啟功也説:"什麽又叫史書?前人常誤以為指《史籀篇》字,《説文・敍》段注辨明是指隸書。"[④]

于豪亮以漢代簡牘文字證明隸書説。"所謂'史書'決不是大篆,而是當時流行的、也是居延漢簡使用的隸書。所謂'善史書'是説善於寫這種字。稱之為史書,是因為令史、書佐這樣的人草擬、誊寫公文,常常寫這樣的字的緣故。"[⑤]

筆者認為史書為隸書説比大篆説合理,但是並不確切。道理很簡單,如果是隸書,那麽《漢書》《後漢書》為什麽不直説隸書而説史書呢,所以段玉裁之"仿佛今人之工楷書"更有道理。

書法説

錢大昕、王鳴盛羅列了《漢書》《後漢書》各"史書"記載,未有分辨,至呂思勉始區別其事:"書法之成為藝事,實自東漢以還。西漢稱人善史書,無專指書法者。"他指出《漢書》《後漢書》内"史書"一詞並非專指書法,《貢禹傳》《王尊傳》《嚴延年傳》《張安世傳》《孝成許皇后傳》《西域傳》《元帝紀》都是指文法。"至《後漢》則異於是",《安帝紀》《鄧皇后紀》《梁皇后紀》之"史書","其必指書法無疑矣"。且指出"然當時好樂史書者,亦非皆限於書法,具有文字、文學等因素"。例如《後漢書・孝明八王列傳》言樂成靖王黨"善史書,喜正文字"[⑥]。劉濤觀點近之,認為史書即書法,也指諸書體,可以泛指,也可專指,而所謂善史書相當於現代人説"書法好":"'史書',這個詞既可以指'史'所通習的'八體'或者'六體',這是廣義的泛稱;也可以指其中的某一種書體,則是狹義的特指。古人稱某人善史書,終究是個模糊的説法,相當於我們今天説某人書法好,如果看不到他的書跡,不太瞭解其人,則無從明瞭。所以,我們還是從泛稱的意

① 見《説文解字注・敍》"及宣王大史籀著大篆十五篇,與古文或異"段玉裁注,上海古籍出版社 1981 年版,第 757 頁。
② 陳直:《漢書新證》,天津人民出版社 1979 年第 2 版,第 49 頁。
③ 蔣善國:《漢字形體學》,文字改革出版社 1959 年版,第 110 頁。
④ 啟功:《古代字體論稿》,文物出版社 1999 年版,第 27 頁。
⑤ 于豪亮:《居延漢簡叢釋・史、不史》,載《于豪亮學術文存》,中華書局 1985 年版,第 203 頁。
⑥ 呂思勉:《文字學四種》,上海教育出版社 1985 年版,第 127、128 頁。

義上理解史書為妥。”①

諸書體説

現在有人把“史書”具體為“秦八體”或“漢六體”。它總括秦漢的各種書體，包括篆、隸等，並且包括一些正字之法。叢文俊秉持此説，觀點與呂思勉接近：“在西漢，史書指秦書八體，即大篆、小篆、刻符、蟲書、摹印、署書、殳書、隸書，要求學童和文職官吏能掌握並應用於不同場合。”在東漢晚期，“‘工書鳥篆’在於‘善史書’之例，則無問題”。“從漢末到三國時期，史書之名還在沿用，書體則僅餘大篆、小篆、鳥篆、隸書四種。”“善史書的主要目的在於通曉古今文字和正字，包括應會各種書體的字形結構標準式樣。”②近年汪桂海主張：“史書在漢代是當時較為常用的幾種書體的代名詞，既可指隸書，也可指草書。”③但是又説史書的本義是大篆，如《漢書・元帝紀》元帝善史書，《後漢書・孝明八王列傳》劉黨善史書，喜正文字，皆為大篆。隨著隸書的產生和普及，人們開始用來指代隸書，繼而又成為草書的别稱。此説模棱兩可，把握不住究竟為何。

古文字書法範本説

冨谷至謂：“散見於《漢書》《後漢書》等書中的‘史書’，是指被人們學習書法和書體的史作。本來，那衹是供下級官吏學習的。但是，隨著時代的推移，古文字的書體變得為多數人所生疏，以至精通古文字也要以讚揚的口吻作出特别的記録。”④話比較拗口，他的史書概念大概是被人當作學習書法和書體的古文字歷史文獻。從抽象的書法擴展到學習書法的歷史範本，他把“史”解釋為歷史，“書”為“書法”，可惜没有歷史根據。

各種看法不一致，首先是諸家對文獻理解不同。

文獻上的史書並不是一個含義，呂思勉的辨别基本上是正確的。《漢書・貢禹傳》：“擇便巧史書，習於計簿，能欺上府者，以為右職。”“便巧”之“便”讀“便宜”之“便”，是善辯的意思。“便巧”是巧言善辯。《漢書・酷吏傳・嚴延年》中“善史書”之“善”是“便巧”之省語。又《貢禹傳》“欺謾而善書者尊於朝”，此“善書”即“便巧”之意。此史書乃為官行政之書。

對文獻的實際情況不加分析，不及其餘，這樣説法又走向另一個極端，退到呂思

① 劉濤：《“史學”與“八體六書”》，《書法研究》2003 年第 4 期。
② 叢文俊：《論“善史書”及其文化涵義》，《書法研究》1998 年第 2 期。
③ 汪桂海：《漢代的“史書”》，《文獻》2004 年第 2 期。
④ 冨谷至：《“史書”考》，《西北大學學報(哲學社會科學版)》1983 年第 1 期。

勉以前的認識水準。《史籀篇》是先秦之小學書,屬於知識範疇。《漢書・元帝傳贊》:"元帝多材藝,善史書。"《後漢書・宗室四王三侯傳》載:"(魯敬王劉睦)能屬文,作《春秋旨義終始論》及賦頌數十篇。又善史書,當世以為楷則。"帝王之家豈能以熟悉小學書而沾沾自喜?然而呂思勉輩之説也不確,觀《元帝傳贊》,非文學、文書之類可以解釋,衹能是書寫因素上的考慮。"書法之成為藝事,實自東漢以還"之謂不確,書法飽含藝術,既具修養,又顯個性,符合帝王之身份。但是史書之體,應有獨特之書法境界,是富於技巧之書體。

史書之"史"指史官,史書由此得名,這是比較一致的認識。"為什麼管隸書叫作史書呢?我想這與史的身份有關。"[①]史是文職,他們執掌卜筮、紀事、文牘、教育等,與文字的關係比較密切。

史的培養從幼時開始,八歲入小學,先教六書。《秦律十八種・內史雜》:"非史子毆,毋敢學學室,犯令者有罪。"看來史還是世襲制。學生成為史,要經過太史的考核。《説文・敍》載《漢律》:"太史試學童,能諷書九千字以上,乃得為史。"新發現的張家山漢簡《二年律令・史律》:"[試]史學童以十五篇,能風(諷)書五千字以上,乃得為吏。有(又)以八體試之,郡移其八體課大史,大史誦課,取最一人以為其縣令史,殿者勿以為史。三歲壹並課,取最一人以為尚書卒史。""[卜學]童能風(諷)書史書三千字,徵卜書三千字,卜九發中七以上,乃得為卜,以為官□。其能誦三萬以上者,以為卜上計六更。缺,試脩法並課,取最一人以為尚書卒史。""[卜學]童能風(諷)書史書三千字,征卜書三千字,以六發中三以上者補之。"[②]

張家山竹簡的文字比《説文・敍》內容更加完整。可以看出,史對於文字修養的要求很全面,要能認識、書寫五千字以上。不過後文又強調"有(又)以八體試之","八體"中包含大篆等所有字體,但是睡虎地1號墓秦簡中《為吏之道》,疑即此類文書。它的內容不僅有常用知識性的識字內容,也有為官的準則,如"除害興利,茲(慈)愛萬姓""書命時會,事不且須""倨驕毋人,苛難留民""夬(決)獄不正,不精於財"等,全書必有更多此類內容,甚至可能包括重要的法律條文。《漢書》記嚴延年"巧為獄文,善史書",《論衡・程材》:"是以世俗學問者,不肯競經明學,深知古今,忽欲成一家章句。義理略具,同超(趨)學史書,讀律諷令,治作情奏,習對向,滑習跪拜,家成室就,召署輒能。"此史書也作這個解釋。

古代專職文字的官史,無論大官小吏,他們經常接觸文字,書寫文字是主要工作之一。掌起草文書修史藏書,典正星曆,並掌管貴族子弟教育,此為太史;《禮記・玉

① 啟功:《古代字體論稿》,文物出版社1999年版,第27頁。
② 張家山二四七號漢墓竹簡整理小組:《張家山漢墓竹簡》,文物出版社2001年版,第203頁。

藻》:“動則左史書之,言則右史書之。”此為書史;令史、卒史、佐史,都是副職或屬吏,此為書吏;書寫是他們重要的工作。漢代的簡文有很多記載,能書、會計、頗知律令文,其中“能書”是第一條。“能書”之“能”是精熟的意思。識字和寫字不同,前者是知識,後者是技能,技能是需要長期訓練的,一般要從幼時開始練習,要消耗大量精力。《後漢書・百官志五》:“(其監屬縣)合下及諸曹各有書佐,幹主文書。”劉昭注引《漢官》河南尹員吏九百二十七人,“書佐五十人”。書佐就是從事包括繕寫等文書的工作者。《晉書・職官志》有“功曹書佐門吏,門下書吏各一人”。《論衡・程材》:“文吏幼則筆墨,手習而行,無篇章之頌,不聞仁義之語。”書寫技能是做吏的必備條件,為了達到能書,幾乎拋棄了其他修養。當然不是能書就能做官,秦代對此就有禁令。《秦律十八種・內史雜》:“下吏能書者,毋敢從史之事。”但是無官而能書者也可謀生,如班超原來以傭書為生。傭書之專業者稱為書生,即抄經生,多為能書之人。《後漢書・盧植傳》:“願得將能書生二人,共詣東觀,就官財糧,專心研精,合《尚書》章句,考《禮記》失得。”“能書”是對較好書法修養的稱呼,能書之上還有善書,書藝更勝一籌。《漢書・陳遵傳》:“召善書吏十人於前,治私書謝京師故人。”善書恐怕有一些藝術細胞,靠一點天賦,所以“善史書”是讚揚書法藝術性質的說法。因為史書與書吏搭上關係,所以“史書”也稱“吏書”。《太平御覽》卷七百四十七引《東觀漢記》:“樂成靜王黨善吏書,喜正文字也。”

稱史書是隸書也不確切。隸書是篆書的輔體,並不是一個明確的字體概念。史書不同,形體格式應該是明確的。史載的“能史書”,不可能去寫隨手而來的隸書。這並不是說史書與隸書無關。漢代隸書大行其道,史書不可能脫離這個大環境,所以史書雖然不是隸書,卻與隸書必定有密切的關係,史書衹能是其中之一,所謂白馬非馬之辨。

當然不是史寫的字都是史書,作為藝術性書法和平時實用書法是不同的,而且史有高低,並不是所有的史都寫史書,其日常文書没有特別要求,還是寫隸書。總之,史書是史所創所用的不同尋常的書體,段玉裁所謂“仿佛今人之工楷書”,則大有意味。

第二節　史書之興起

史書結構規範、形體端正,它用於書寫重要的文獻和銘刻。漢代史書的分期,起源期為西漢初,成熟期為西漢中期,鼎盛期為東漢中期到漢末。

史書的書體最初的特徵是外輪廓呈方形,筆畫平直,横筆、捺筆帶有波磔,史書的起源就是依照這個標準來看的。江陵縣在嶽山崗地 36 號的秦代墓葬中發現《日

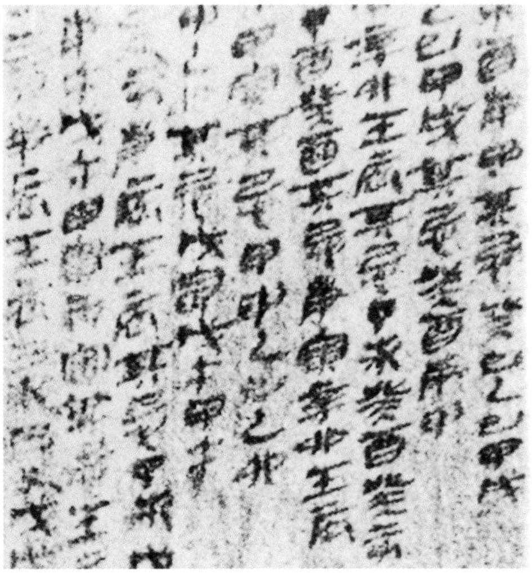

圖 2 上 5－1

書》木牘(圖 2 上 5－1)，整體上有秦隸的特點，是一種早期的隸書。如"忌""辰""卯"等結構基本是篆字，但是"壬""其"的橫畫既長又平，而且起筆有頓，收筆有波尾，"癸"字的短撇和捺筆伸長，從整個面貌看這個文字與秦漢間的散亂形體不同，接近於史書。應該注意到，這些筆畫的書法並非是形體結構上的需要，純粹是書法風格上的意趣，秦代書寫者主觀上追求字形外廓的方正、筆畫平行舒展，取得穩重、整齊的感覺。史書的生成和發展都是在美的歷程之中。

西漢初，史書基本成體，出土文獻中已經發現多處。西漢時期的出土實物已經表明史書廣泛用於各個場合。文帝時期的馬王堆 3 號漢墓的帛書有兩種本子，甲本、乙本書體存在明顯的差異。甲本系統包括《老子》以及卷後《五行》《九主》等古佚書，乙本包括《老子》以及卷前《經法》《十六經》《道原》古佚書。① 甲本系統是草篆，乙本系統是史書，整理者稱為隸書，也有人稱為分書。乙本字形工整，筆畫規則性很強，橫平豎直，捺筆和橫筆有波磔，收尾有停頓，出鋒向上。這種體勢與漢唐八分相似，但不是八分。根據書中不避漢高祖劉邦之"邦"字諱，甲本推算抄寫年代最晚在高祖稱帝以前，即公元前 206 年到前 195 年之間。乙本已經避劉邦之"邦"，改為"國"字，但不避惠帝劉盈之"盈"字，抄寫年代在惠帝或呂后時期，略晚於甲本，或認為乙本抄寫時期在漢高祖時期或稍晚。

圖 2 上 5－2

史書作為一種書體，在西漢早期開始大行其道，成為漢代最有藝術性的書法實體之一，如馬王堆 3 號墓乙本《老子》之史書(圖 2 上 5－2)。

北京大學入藏了一批西漢竹簡，文字為典型的史書竹簡。竹簡不是日用文書，全部為典籍，近 20 種，遍佈《漢書・藝文志》之六藝、諸子、詩歌、兵書、數術、方技六大門類。竹簡文字書法精美絕倫，形體整飭，字跡清楚，

① 馬王堆漢墓帛書整理小組：《馬王堆漢墓帛書》(三)，文物出版社 1983 年版。

為出土的漢代竹簡中罕見。北京大學藏西漢簡的抄寫年代不同，大致在武帝中晚期、宣帝時期。其中《蒼頡篇》竹簡的書寫年代約在漢武帝時期，字形略呈方形，字體具隸書筆意而又保留有小篆字形結構(圖2上5－3)。

圖2上5－3

這批竹簡字跡清楚如新，抄寫工整，一絲不苟，因為簡影放大了，顯示出筆畫的細節。從這些竹簡看，基本已經形成了成熟史書的形態。裘錫圭説："在宣帝時代的簡上，出現了相當標準的八分書，如居延的本始二年(前72年)水門隧長尹野簡和敦煌的五鳳元年(前57年)簡等。由此可見，至遲在昭宣之際，八分已經完全形成。按照這種看法，古隸大體上跟早期隸書相當，八分是成熟的隸書的標準字體。"①裘錫圭所説的八分是史書的分勢，因此判定史書的書體成熟最晚在宣帝時代，大概没有問題。

河北定縣八角廊40號漢墓，墓主為中山懷王劉修，墓葬年代為宣帝五鳳二年(前56年)，晚馬王堆3號墓約100年。出土竹簡内容豐富，因為早年被盜，殘碎嚴重(圖2上5－4)。竹簡為儒家經典，有《論語》《儒家者言》《哀公穩五義》《大戴禮記》《孔子家語》《太公》《文子》等。王東明等將竹簡文字與《熹平石經》《曹全碑》《史晨碑》同字進行比較，發現兩者的筆畫和筆法是一致的，逆鋒入筆，平過提出，蠶頭燕尾，挑捺重

圖2上5－4

① 裘錫圭：《秦漢時代的字體》，載《中國書法全集·秦漢篇·秦漢刻石卷》，榮寶齋1993年版，第45頁。

按，字形左右對稱，外形扁方。“隸書在西漢中晚期已擺脱篆意，達到成熟階段，到東漢中晚期則衹是更為普遍更加提高罷了。”①

西漢簡帛書所呈現出的優美典雅的書體引得上層社會青睞。《漢書》所載，漢元帝、漢成帝后許氏等“善史書”，從單純的專業人員的整飭字體到貴族官僚所欣賞的藝術形式，自然會有些改變。

圖2上5-5

甘肅省永昌水泉子5號東漢墓出土了一種蒙書，内容與《蒼頡篇》相近，用史書書寫。字形大都呈長方形或正方形，較少呈方扁形，結構近於篆體，藏頭迴護多於折筆出鋒(圖2上5-5)②。

史的最基本技能既然是“能書”，它必定有一定的書寫標準。這個標準是什麽？史料没有記載，不過我們可以用後世的類似情況推測。魏晉南北朝隋唐出現抄寫經書的抄經生，經生書有幾個特點：其一，字形工整，絶對不潦草、馬虎。一般用工楷，至少是行楷，絶對不用草書。其二，筆法精到，書法優美。這些都是以實用為基礎，有良好的書法修養為保證的。抄經生與書佐之類的史相比，特别注重書寫，這些共同點使兩者書法風格標準相近。不同的是，史是官吏，而經生是平民。馬王堆3號墓墓主是第二代軑侯利豨，還是他的兄弟，尚存爭議，但是王侯之家並無分歧。八角廊漢墓為中山王之墓。總之，發現史書的文獻都是王侯之墓，這應該不是偶然。王侯的身份有機會使喚高級别善書之史，或者能書學人，也有能力支付相應的高報酬。

同時在漢代前期的一些文書中，雖然有較多的篆書結構成分，卻出現了一些筆畫形態的變化，出現了水平的横畫，横畫上平下尖收尾，呈現出波勢狀態，並且在下垂的筆畫中故意拉長加彎，頭端肥碩，與史書的挑無異。以馬王堆1號漢墓遣策為例，上述的筆畫形態都具備。

宣帝以來史書使用漸廣，重要的經書如八角廊《論語》簡文寫的是史書。甘肅省敦煌甜水井附近漢代懸泉置遺址，出土帛書10件，均為私人書信，其中1件黄色絹，長34.5厘米、寬10厘米，10行，總322字，因受潮，折疊造成墨色滲透③。使用史書抄寫，足見此信重要。但是更多的是用來點綴，用作題籤等。如海昏侯墓的簽牌(圖2上5-6)，西漢成帝6號墓名刺(圖2上5-7)，其他場所此類題署一般是史書。

① 王東明、馮景昶、羅揚：《從定縣漢墓竹簡看西漢隸書》，《文物》1981年第8期。
② 張存良、吴葒：《水泉子漢簡初識》，《文物》2009年第10期。
③ 甘肅省文物考古研究所：《甘肅敦煌漢代懸泉置遺址發掘簡報》，《文物》2000年第5期。

圖 2 上 5－6

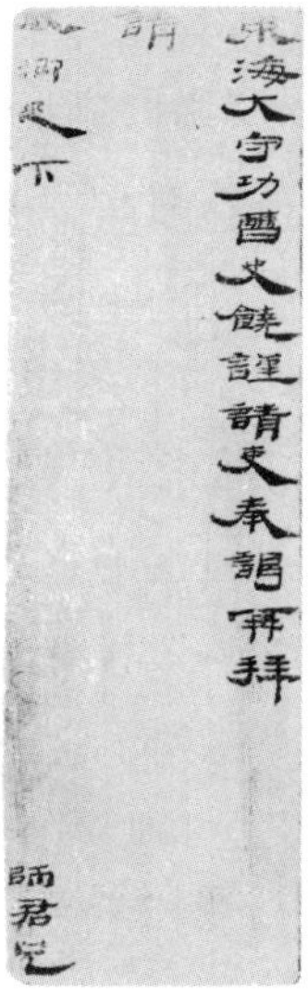

圖 2 上 5－7

圖 2 上 5－8

圖 2 上 5－9

山西夏縣王村東漢晚期墓葬，殘碑僅存“有”“艾”等字，壁畫榜題史書，有“安定大守裴將軍”等，字如《曹全碑》(圖 2 上 5－8)[①]。

1952 年，河北望都 1 號東漢墓，在墓室的東西壁上繪有士吏的畫像，高達 70～80 厘米。右側有大字榜書，史書書法精美[②]，參見“壁畫墓榜題”。

在陶缶上題字，早期是刻畫，在徐州獅子山漢墓，該墓下葬年代在公元前 175 年到前 154 年間。出土陶瓮 12 件，肩部陰刻文字“司甲”“木”，亦有“芘醬二石食官第二”等，顯然不是單純説明缶內的食品。字形也是草篆，非史書。[③]

1996 年在洛陽五女冢村 267 號新莽墓發現灰陶器 70 餘件，缶 8 件，腹部朱書“辯醬”“醯”“肉醬”“鹽”“豉”；陶倉 10 件，朱書“小麥萬石”（圖 2 上 5－9)、“粟萬石”“大豆萬石”“大麥萬石”“稻穬”“麻”“粱粟”“秶”“無清”；陶壺 8 件，有朱書“沐”“水”[④]。

四川綿陽市朱家梁子東漢 3 號崖墓有梯形銘文磚(圖 2 上 5－10)。磚的正面模印陽文 3 行，前幾字為“□天□予宜富貴賢”。長方形磚，長 33.1 厘米、寬 26.2 厘米、厚 9.5 厘米。正面、背面光素無紋，側面分別模印陽文和花紋，殘存“元和二年已戌就，蘇萬”“元和二年已戌就，萬年書”[⑤]。“就”，即成功。如漢桓寬《鹽鐵論・國疾》：“女工難成而易弊，車器難就而易敗。”第一磚“天……予”，“予”，賜予，《荀子・修身》：

① 山西省考古研究所、運城地區文化局、夏縣文化局博物館：《山西夏縣王村東漢壁畫墓》，《文物》1994 年第 8 期。

② 河北省文物管理委員會、北京歷史博物館：《望都漢墓壁畫》，中國古典藝術出版社 1955 年版。

③ 獅子山楚王陵考古發掘隊：《徐州獅子山西漢楚王陵發掘簡報》，《文物》1998 年第 8 期。

④ 洛陽市第二文物工作隊：《洛陽五女冢 267 號新莽墓發掘簡報》，《文物》1996 年第 7 期。

⑤ 綿陽博物館、綿陽市文物稽查勘探隊：《四川綿陽市朱家梁子東漢崖墓》，《考古》2003 年第 9 期。

“怒不過奪,喜不過予。”楊倞注:“予,賜也。”字體為史書,有明顯的橫和捺,都有波磔。東漢元和二年(85 年)的史書已經逐步普及,開始個性化的創作。這個磚銘的史書作品,很明顯有圖畫性的成分。“萬年”應該是人名。漢代有用吉祥詞語作人名的習俗。《急就篇》第二有“鄧萬歲”,以“萬歲”為名,“萬年”與“萬歲”同義,也常用作人名。居延漢簡內有“解萬年”(258・7)、“錢萬年”(227・8)、“王萬年”(E・P・T51:193、44・11),磚銘的“萬年”也是一例。居延漢簡中有“杜未央”(E・P・T59:3),也有“未央”(18・5),雖然兩者不是一人,但可以推知當時姓名有時連用有時單用名,那麼磚銘中的“萬年”就是單用名了。這個“萬年書”是以個人署名的書法作品,這個“書”和後代的用法一樣。“書”這樣的用法已經不是首次見到了。清錢泳《履園叢話・古磚》:“漢建平磚,文僅‘建平’二字,下缺。按哀帝紀元曰建平,磚右側有一‘宜’字,上有‘廷尉書’三字。”不過建平磚銘不是以人名,而是用了“廷尉”這個官名,可能是官名比一般的人名更有權威性。東漢多有陽文史書磚銘,不再一一介紹。

圖 2 上 5－10

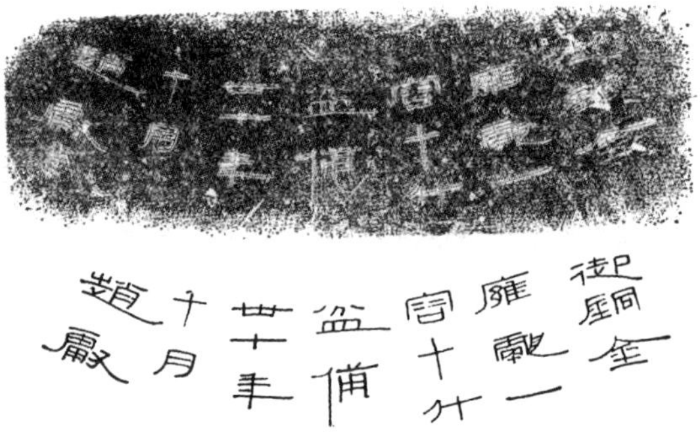

圖 2 上 5－11

漢代的金文篆隸兼有,但是純粹的篆體比較少見,一般是篆中帶有隸意,大致以方正為主,因為銅器刻銘採用等綫體筆畫,並不方便表現粗細變化的波磔和挑法。但還是有這樣的例子,不過没有粗細變化罷了,體形扁方,波勢兩面伸展,八分的特點還是明顯的。如陵山 1 號漢墓的銅鏤銘文就是一個例子(圖 2 上 5－11)。

第三節　史書之形體

先秦的筆畫是繪綫,圓勻曲綫,衹要達到描繪的目的就可以了。它並不注意綫條本身,在技術上對筆畫没有特殊要求,我們在戰國文字中可以發現種種不同的筆畫形態,例如起筆重行筆收筆輕的蝌蚪形,起筆收筆兩頭尖的針梭形,這些差異都是無意識的自然行筆狀態,毛筆衹是完成綫條的使命,筆者稱為畫字。戰國以來文字圖形性不斷地消弱,符號綫條架構性不斷增強,結字的美觀從圖形美變化為符號形式美,筆畫不再是圖形上無關輕重的綫條，而是字形的重要組成部分。最明顯的特徵是筆畫的起訖，作必要的調整，形成了漢字特有的筆畫形式。由綫到面再到筆畫變化，人們注意調節，由自然到必然，初步形成書法用筆的意識。漢代前期出現了一種書體，具有緩起緩收的波筆。馬王堆帛書甲本的字形筆畫不規則，無論起、落筆都接近出土戰國楚和秦的字形。乙本字形扁方，起筆圓或方，收筆略圓或小有出鋒，捺和挑波勢完整，漸漸展毫，達到最肥處，緩收筆。曲筆柔中帶剛，直筆挺拔，兩者剛柔相濟，規矩合度。不僅同墓出土甲本系統書法水準不如它，文帝初期的張家山 247 號漢墓竹簡書法的整飭和成熟也不如它，可見當時書法優劣之分是客觀存在的。甲、乙本雖然有時間上的先後，但是文字形體多歧異，是兩種不同的傳本。

筆法的變化引領了形體的變化，這是史書進展的主要內因。史書有三個特徵。

其一，筆畫平正，外形方正。筆者在古文字金文一節説過，金文由自由輪廓漸變為整齊的長方形輪廓，這是與筆畫的齊整規則為表裏的。史書繼續這個進程，繼續追求銘刻體篆字的方正外形，邊緣相對整齊。整齊的外廓需要平整的筆畫構成，横平豎直是方正形體的前提。筆畫垂直相交，字形平整穩重。同時横平豎直與草篆發展而來的散亂的隸書有明顯的區別，倒與東漢碑刻八分相近。如：

、、、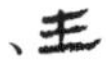（生）、（之）、、、、、、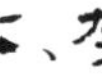、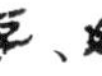（乙本老子）

為求平整，不惜改變筆畫形式，如北大簡：（荆決）、（荆決），捺波改為横畫，特別注意筆畫之間的距離相等，如北大簡注意筆畫之間等距離，（荆決）、（荆決）無論平筆或者斜筆都有勻稱的距離。

手寫文字受到生理的控制，字跡自然偏向右上方，横畫呈現出左低右高的狀態。因此，筆畫平正需要書寫人具有平衡感和一定的控制能力，寫起來比較吃力，對於小字尤其如此。有的小字文書略帶左仄，無傷大雅。馬王堆帛書乙本就是如此，北大漢簡稍好一些。八角廊文書就没有左仄了，東漢碑刻均用大字，更無右上的毛病了。

消除左仄不僅要求書寫者具有較高的書法修養，而且需要平靜的心境和安寧的書寫環境，能夠從容不迫地慢慢書寫。這些都決定了史書不能等同於一般隸書，不能在日常使用。此外，要把肥筆書寫周正、飽滿，需要相當的書寫技巧。北大漢簡如：

、、、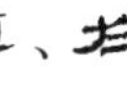、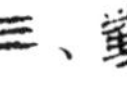、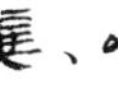、、、、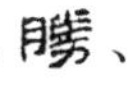、、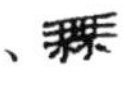、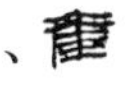、、、

其二，波挑雙飛，體勢扁平。波筆有兩种，一种是捺波，一种是横波。捺波近於眞書的捺筆，史書的横波是最有特色的，漢隸也用作裝飾性書法。馬王堆帛書乙本字形，横畫處向上出鋒收筆，清楚呈現波筆。横波的發展有一個漸進的過程，比如多波變為一波，早期史書不在乎波之多少，馬王堆帛書乙本文字就是多波，如、（生）。北大簡也如此，如（荆決）。荆州紀南鎮松柏 1 號漢墓武帝早期墓葬，出土

遣策和簿冊的墨書文字，字形近扁方，大捺肥碩，但是橫波發展尚不完善，起筆停駐，略呈方形，尾稍水平出鋒。但是有少量字，如“歸”“道”“宜”以及個別“廿”字有長橫波，尾稍略肥，挑波雖不典型，但是“免”“老”等字的挑筆筆端已經因為停駐而形成回鋒[①]。胡小石《書藝略論》：“隸書既成，漸加波磔，以增花飾，則為八分。”[②]波勢確實是隸書的附加物，它從史書起。

北大漢簡的波筆和挑筆左右雙飛，比較兩簡的“不”字寫法：（馬）—（北），筆畫分主次，主筆長大，而且有筆畫形狀的變化；次筆一般是帶過，稍有變化。主筆就是波和挑，左挑下端肥大，向上收筆，右波重捺緩收。史書為了節約簡牘縱向面積，儘可能向兩邊伸展，而壓縮長度，形成了略扁的外形。

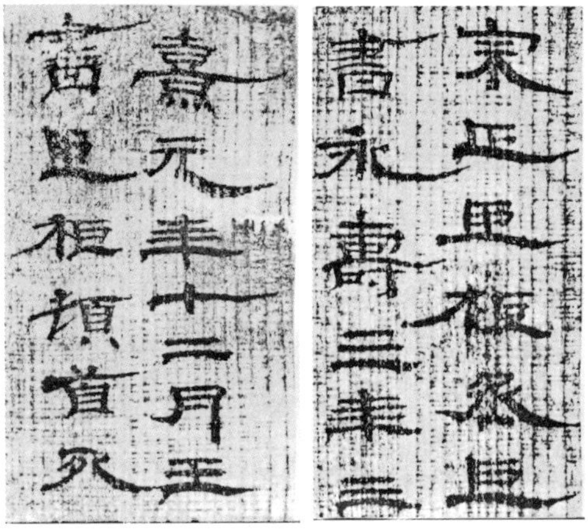
圖 2 上 5－12

到了東漢簡兩邊開張的情勢達到頂峰，如甘谷漢簡（圖 2 上 5－12）的、、、。這樣的筆畫使得形體向兩邊伸展，呈現出扁體。左挑右波平衡，如北大簡與，它是綜合整個字形的力量，並非是靜態的等長。甘谷延熹二年（159 年）詔書律令，一木兩行。字體橫畫平長，挑筆飛揚，捺波肥碩圓勻，整理者稱為隸書，實際是史書，此亦證明史書用於策書[③]。

其三，起筆收筆有回鋒，講究藏鋒。史書是講究筆法的，就是起筆、行筆、收筆加以控制，以求完美。北大簡起筆、收筆基本可以分為兩種：一種是出鋒，呈尖端形；一種是呈圓形或弧形，有的還大於行筆，可能是筆鋒直下停頓而成。以北大《老子》簡為例，起筆有停駐，如：、、、、、、、、、、、、等可以清楚看到起筆、收筆處的變化。起筆處變為蠶頭，收筆舒展出現燕尾，如：（荊決）、（老子）、（老子）。

史書的扁體是因為波挑向兩邊伸展造成的外形，這是人們一直在探索的問題。

牛克誠從簡牘制度出發，認為取橫勢的緣故是：“一種字體採用縱勢與橫勢主要是通過放任某一方向（豎或橫向）的筆畫、加寬其結構的距離，並限制另一方向（橫或豎向）的筆畫、縮短其結構間的距離而實現的；而一旦選擇了某一方向為取勢基準，則另一方的發展就幾乎同時被扼止了。”“在隸書的生成過程中，體勢左右分馳的形成與

① 荊州博物館：《湖北荊州紀南松柏漢墓發掘簡報》，《文物》2008 年第 4 期。
② 胡小石：《胡小石論文集》，上海古籍出版社 1982 年版，第 209 頁。
③ 張學正：《甘谷漢簡考釋》，載《漢簡研究文集》，甘肅人民出版社 1984 年版。

筆畫波磔的出現是兩個很重要的標誌。而我們發現，在東南的冊的書法中，由於界欄憂慮的存在，它的字體便必須恪守縱勢，這樣左右分馳便無法產生，而其橫畫、捺畫的收斂也斷送了向上方飛揚的波磔。”[①]牛克誠的東南冊的標本是長臺關楚簡、望山楚簡、睡虎地秦簡、雙古堆漢簡馬王堆 1 號墓遣策、銀雀山漢簡、張家山漢簡，而西北簡的標本是敦煌漢簡、居延漢簡等，排除了西北的武威《禮儀》簡。這是一個最大誤導，他舉的冊書寫時間在武帝和武帝以前，屬於早期隸書。而所舉的簡書寫年代在武帝以後到建武。這段時期正發生隸書劇變，形體差別很大。此外，他作為冊的材料多為竹簡，而作為簡的材料多為木材，兩者裁出的寬度是不一樣的。而且兩者書寫者不同，一是文籍，一是簿冊，前者書寫較為拘謹，後者書寫隨意灑脫，風格不同，這些差異被隱藏起來了，因而没有所謂東冊西簡的説法。不過章法空間對書法肯定有影響，哪裡有空間，形體就能向哪裡伸展。狹窄的空間衹能向下，寬闊的空間就向兩邊發展。例如尹灣漢簡中名謁寬牘就出現波磔伸展的扁形字體，而其他簡牘並没有此類形體。延光年間(122—125)左右闕刻銘，由於兩側空間寬裕，左挑右波特長，如：、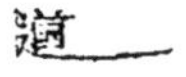、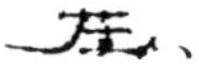、、，可知史書的書法風格特徵。

史書的點是濃縮的筆畫，每點都有起、收，如北大簡、二字。撇筆分化出兩種形式：一種為短撇，如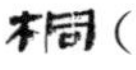(反淫)、(荆決)；一種為長撇，變作挑，如(老子)、(荆決)；橫，長橫變波筆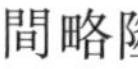(反淫)；橫波有變化，起筆呈蠶頭，中間略隆起，緩收尾，一波有三折。特出主筆，如(老子)、(老子)。

北京大學的西漢竹簡文字的書法與書體特徵不盡相同，抄寫年代不在同一時期，大致在武帝後期到宣帝時期。竹簡文字筆畫更加精細，有的形體更扁，有的茂密，有的疏朗。[②] 文字字形與馬王堆帛書乙本字形相似，帶有篆意，如(左)、(右)字尚帶篆體之手形。同時改篆綫之圓轉為方折，如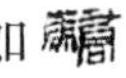(驕)、(天)等字不僅外形方正，筆畫亦以直角相交為骨架。筆畫飽滿，(可)磔筆、起筆有逆入、收尾有漸收出鋒，(六)、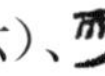(耐)波筆肥碩，磔筆依勢造形，字短小，字長而平，(也)、(氏)彎曲有度，豐盈而柔美，足見書寫者是善寫史書的高手。

在八角廊《論語》簡的整理中，人們發現東漢八分形體在西漢八角廊漢簡中已經存在，並作出表格有力地證明了這一點[③](圖 2 上 5－13)。史書的形體是基於篆體而改造的隸書美術體，優雅莊重，以後的銘刻體，也就是八分，全盤繼承，以至於稱作八分的特點。

① 牛克誠：《簡、冊體制與隸書的形成》，《美術史論》1994 年第 2 期。

② 北京大學出土文獻研究所：《北京大學藏西漢竹書概説》，《文物》2011 年第 6 期。

③ 國家文物局古文獻研究室、河北省博物館、河北省文物研究所、定縣漢墓竹簡整理組：《定縣 40 號漢墓出土竹簡簡介》，《文物》1981 年第 8 期。

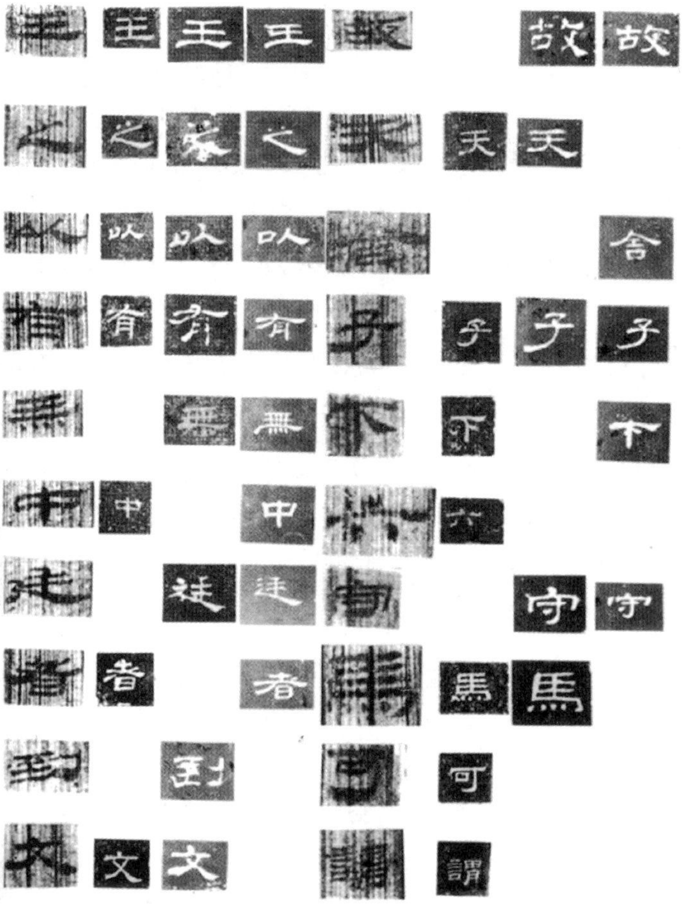

圖 2 上 5－13

東漢後期，史書中添加越來越多的曹熹篆，這類史書轉變為八分，而未添加的史書依然存在，優美的史書書法造就了傑出的書法家。《三國志・魏志・管寧傳》："初，（胡）昭善史書，與鍾繇、邯鄲淳、衛覬、韋誕並有名，尺牘之跡，動見楷模焉。"《抱樸子內篇・辨問》："善史書之絕時者，則謂之書聖，故皇象、胡昭於今有書聖之名焉。"南北朝以來，形體發展，漢隸為眞書取代，史書也被眞書楷體取代了。

第二编下

八分形體史

第一章 漢代八分

第一節 八分書之解釋

八分書通常稱作八分,漢代没有見到使用這個名稱,到唐代纔被認可為正式的字體名稱,一直沿用到現代。八分的别名,有分隸、分書。分隸説法始於宋代,北宋晚期金石家黄伯思《東觀餘論·記與劉無言論書》:"所謂章草上章用之,不因漢章帝好之,因謂之章草也。蓋此雖草書而有波磔,若正書之有分隸。"宋洪适《隸釋》卷三"白石神君碑"跋:"漢人分隸固有不工者。"明趙古則《六書本義》云:"古篆廢而分隸興,分隸興而字學昧。"分隸是八分隸書之省。此外,還有分、分書的説法。洪适《隸釋》卷十"安平相孫根碑":"今之言漢字者則謂之隸,言唐字者則謂之分。殆不知在秦漢時,分隸已兼有之。"唐張懷瓘《書斷》云:"蔡邕八分入神,隸入妙。"又云:"張昶八分碑在華陰。今華山所存漢碑凡四:華亭一碑乃昶分書也。"元末陶宗儀《書史會要·秦·程邈》:"東漢和帝時,賈魴以隸字寫《三蒼》,隸法始廣,而八分兼行。至蔡邕則銘刻多分書矣。"分、分書分别是八分、八分書之省。

八分書究竟為何物,始終没有一個明確的説法。到了宋代甚至把八分與隸書混在一起,質疑八分是否存在。《宣和書譜·八分書敘論》:"然而自漢以來至於唐,千百載間,金石遺文之所載特存篆、隸、行、草,所謂八分者何有?"竟然還有人認為隸書名稱流傳有緒,八分不是一個字體的名稱。"在當代書法學、文字學著作中,把八分或分書作為字體的正式名稱缺少學術根據,是不妥當的。"①

八分概念是歷史上客觀存在的,不過認識混亂而已。宋代以來有關八分議論紛紛,有幾種説法影響較大。

一是八分篆書説。《古今法書苑》引蔡文姬曰:"臣父造八分,割程隸八分取二分,割李篆二分取八分。"這句話的解釋很明白:程邈隸書(十分)割捨其八分而取二分,割捨李斯小篆二分而取八分。蔡邕所創的字體為綜合形體,由八分小篆與二分隸書相加而成,因為八分是指有八分篆體的成分。《宣和書譜·八分書敘論》:"一曰去隸字八分取二分,去小篆二分取八分,故謂之八分。"清顧炎武《金石文字記》卷一:"石經

① 宋開羅:《隸書與八分之名實考辨》,《書法研究》第122期,上海書畫出版社2005年版,第9頁。

之文大抵其變而從省者也。省者謂之隸，其稍繁而猶雜篆法者謂之八分。”啟功認為："蔡文姬的話衹是説明八成古體或雅體，二成俗體而已。”[①]這個説法受到的質疑頗多。

二是八分形體説。唐張懷瓘《書斷》卷上“八分”：“蓋其歲深，漸若‘八’字分散，又名之為八分。”啟功認為此説甚謬，“這是毫無根據的。難道因‘五’字有交午之義，便可解《五經》為‘交叉綫’嗎？”[②]

三是八寸見方説。《書斷》卷上引北魏王愔：“建初中，以隸、草作楷法，字方八分，言有楷模。”唐蘭認為：“衛恒説師宜官‘大則一字徑丈，小則方寸千言’，而毛弘的教祕書卻衹是八分。這很像近代的所謂寸楷，一般要學書，非得從八分楷法入手不可。像漢石經之類，正是八分的樣式。所以名為八分，實際衹是一種尺度，慢慢就演變成一種書體，反替代了楷法的舊名了。”[③]施安昌根據故宫博物院藏的漢《熹平石經》拓片，作了計算，“每字大小基本一致，平均長寬各為 2 厘米，略小於界格。（界格大小可以測出：以每竪行的長度除以含字數，得界格之長；以每横排長度除以含字數，得界格之寬；均為 2.3 厘米。）”古尺測石經字，恰合八分[④]。啟功不以為然，“尺度概念，更無根據。即如《上尊號》《受禪》二碑的字，每字長寬各邊，都遠遠超過今尺八十厘，何況漢尺還小於今尺呢。”[⑤]

四是過渡字體説。康有為贊成劉熙載之説，《廣藝舟雙楫・分變》：“惟時時轉變，形體少異，得舊日之八分，因以八分為名。蓋漢人相傳口説，如秦篆變《石鼓》體而得其八分；西漢人變秦篆長體為扁體，亦得秦篆之八分；東漢又變西漢而為增挑法，且極扁，又得西漢之八分；正書變東漢隸體而為方形圓筆，又得東漢之八分。八分以度言，本是活稱，伸縮無施不可。”“劉督學熙載曰：‘漢隸可當小篆之八分，是小篆亦大篆之八分，正書亦漢隸之八分。’眞知古今分合轉變之由，其識甚通。”[⑥]對此，蒼舒加以説明。“據此，我們可以得出結論説：八分，不是一種穩定的書體名稱，也絕不是隸書的别名。八分是書法發展史上存在於各種書體變易過程中的一種過渡書體。它倘不屬於母體（如篆書、隸書），便歸屬於子體（如隸書、楷書），它始終没有也絕不可能是成熟的、穩定的書體。”[⑦]對於八分泛指過渡字體的説法，有人駁議，錢今凡指出：“八分乃是專名，隸纔是活稱。”[⑧]

五是隸書作楷法説。宋郭忠恕《佩觿》卷上“變八分則筆削難安”自注：“八分之説流俗有二：或曰八分篆法二分隸文；又云皆似八字，勢有偃波。臣以為二説皆非也。謹案：書有八體，一曰大篆，二曰小篆，三曰刻符，四曰蟲書，五曰摹印，六曰署書，七曰殳書，八

① 啟功：《古代字體論稿》，文物出版社 1979 年版，第 34 頁。
② 啟功：《古代字體論稿》，文物出版社 1979 年版，第 34 頁。
③ 唐蘭：《中國文字學》，上海古籍出版社 1979 年版，第 170 頁。
④ 施安昌：《漢熹平石經與八分書》，載《故宫博物院院刊》1989 年第 4 期。
⑤ 啟功：《古代字體論稿》，文物出版社 1979 年版，第 34 頁。
⑥ 康有為：《廣藝舟雙楫注》，上海書畫出版社 1981 年版，第 87 頁。
⑦ 蒼舒：《“八分”之我見》，《書法研究》1983 年第 3 期。
⑧ 錢今凡：《字體變遷管見》，《書法研究》1983 年第 3 期。

曰隸書。漢蔡邕以隸作八分體,蓋八體之後,又分此法,謂之八分,近矣。”郭氏謂“以隸作八分體”,即指《熹平石經》之體,為規範之隸。啟功説:“漢碑字體的特點,在於規矩整齊,所以稱為楷法。楷是‘標準’‘整齊’,可為‘楷模’的意思,這也即是它得升為雅體的一種資格。後來楷這一形容詞當作書體的專名,則是晉代以後的事。所以在漢魏之際八分與舊隸體的分別,衹是稱呼不同而已。”①對於這種説法,有人不以為然,提出“八分為後期成熟之隸書”,也即章程書,“章程書即與隸書同屬一字體之八分”②。

六是未有挑法之漢隸。元代吾丘衍《學古編》:“八分者,漢隸之未有挑法者也。比秦隸則易識,比漢隸則微似篆,若用篆筆作漢隸字,即得之矣。八分與隸,人多不分,故言其法。”明代徐官《古今印史・隸書大略》:“程邈始變篆為隸,所以便隸佐所書,故曰隸書,亦曰佐書。……王次仲又小變其法曰八分書,比隸大同小異,但無點畫俯仰之勢耳。”以上皆説八分為無波挑的隸書,古人認為程隸是帶波挑,故以為八分改變漢隸,是減去了波挑。

七是有挑法之漢隸。《唐六典》記五體:“四曰八分,謂《石經》、碑碣所用;五曰隸書,典籍、表奏及公私文疏所用。”蔣善國説:“有人把魏晉以後的眞書(正書)叫作隸書,因而把眞書叫作今隸,把漢代的八分書叫作古隸。現在我們把古隸歸到秦代,把今隸歸到漢代,因而把秦隸叫作古隸,把漢隸叫作今隸。”“由於今隸有波勢挑法,又把它叫作八分書。”③蔣善國之謂今隸者,漢隸也。蔣善國所謂有波挑的今隸,實際就是指漢碑的字形。

以上各家的説法五花八門,莫衷一是,都與八分形體有密切關係,有些是猜測,有些是誤解,大多有一定原因。不過從八分的特徵來説,有些説法是經不起考驗的。史書與八分是兩個概念,史書在西漢就見於史載,早於八分,兩者是不一樣的。“八”字分開確是此類字的特徵之一,但是衹是史書的特點,也是八分的特點,這個特徵無法區分八分與史書。“八分見方”之説被事實否定。碑有大小,漢唐各碑不是統一的,刻字没有八分長短的規矩。河南省偃師縣佃莊太學村清理出《石經》殘石,字體大小雖然相似,實測字寬 2.1～2.4 厘米、高 1.4～1.9 厘米,亦非八分之數,故宫藏《石經》拓片,得出漢代八分的尺寸也衹是其中部分的規格。因此八分見方説不是普遍現象。過渡字體説聽起來有道理,實際是一個認識的誤區。篆之變,一為散隸書,一為史書。東漢史書為了糾正俗體,保持篆字結構,成為八分。八分不屬於篆書到隸書的自然過渡,而是存古、復古。此説雖然也用了八分篆説,但是弄錯了發展階段。隸書作楷法之説本來有一定道理,但是把楷法理解成“標準、整齊”,顯然是偏了。段玉裁提出史

---

① 啟功:《古代字體論稿》,載《古代字體論稿》,文物出版社 1979 年版,第 34—35 頁。

② 王宏理:《八分説》,《書法研究》1999 年第 5 期。

③ 蔣善國:《漢字形體學》,文字改革出版社 1959 年版,第 292 頁。

書為隸之楷，但僅僅是規整、整齊不足以稱為一種字體。此楷法可以理解為規範，楷模應該理解為楷則。八分大部分不是直接從隸書發展來的，而是史書的一種變化，它與隸書分別在兩條道路上前進，應該精確地說史書作楷法。八分為無波挑隸書的説法值得商榷。用篆筆作漢隸是什麼意思？僅僅用圓勻的篆綫寫漢隸確實存在。但是，主此説者的要點在於"篆筆作漢隸字"，並不是指篆字結構，也是抓住一點，不及其餘了。總之，以上衆多説法，不符合客觀實際。

所謂八分，古人説得明明白白，八分篆、二分隸是一種用篆、隸融合的字體。八分篆意味著採用十分之八的篆字結構，二分隸意味著採用了十分之二的隸書結構，八分篆與二分隸不是篆體與隸體的拼湊，無論篆、隸皆統一在史書的間架和筆畫之中。此其一。江式《論書表》："左中郎將陳留蔡邕採李斯、曹熹之法為古今雜形，詔於太學立石碑，刊載五經，題書楷法，多是邕書也。"可見，八分書不僅有李斯小篆，還有曹熹的花式俗篆，古今雜形是八分書的實質。此其二。《唐六典》記五體很清楚，"四曰八分，謂《石經》、碑碣所用。"八分是漢代的銘刻體，不是一般的形體。它與書寫體、史書、章程書是不同的形體。此其三。八分是由史書發展而來，保持傳統的史書的特點，最顯著的特徵就是普遍有波挑。此其四。

清代萬經《分隸偶存》卷一："郭忠恕謂蔡邕以隸作八分體，是以隸在八分先矣；乃又云：小篆散而八分生，八分破而隸書出，是又以隸在八分後，豈不自相矛盾乎？洪适則謂：東漢時分、隸已兼有之。今漢碑具在，試問何碑為隸，何碑為分？適將何從措詞也。吾丘衍《字源七辨》則分秦隸、八分、漢隸為三。且云秦隸、八分乃未有挑法之隸，夫秦隸無可見，何從而知？且既云皆未有挑法，何從別其為秦隸、為八分。至以石經及漢人諸碑為漢隸是已，又云與秦隸同名，其實則異。又謂之八分，支離遷就毫無定見矣。"筆者可以回答萬經之問，作為本節結尾：小篆散而漢隸生，非八分生；八分在漢隸之後，非隸在八分後。東漢後期八分出現，漢碑中具有正篆、曹熹篆隸定者為八分。現代考古文字蜂擁而出，可以知道：秦隸如睡虎地秦簡者，漢隸前漢、後漢變化甚大，有楷體、行草之分，又有手書和銘刻之別，觸目皆是，無用列舉矣。

第二節　何人為八分創製者

東漢中期以來的史書融入了篆體等古體成分，改造為篆、隸結合體，為八分書。

判斷一個事物的出現，可以從名與實兩方面進行。先説八分名稱出現的時間。清錢泳《履園叢話・隸書》："隸書之名見前、後《漢書》，又曰八分，見《晉書・衛恒傳》。八分者，即隸書也。"同時西晉的成公綏《隸書體》中有曰："八分璽法，殊好異制。"八分名稱見於西晉，但不是最早的。《古文苑》卷十七引三國魏牟準《衛敬侯碑陰文》中提到“金針八分書”，可提前一個朝代。文獻中還能把“八分”出現的時間推到東漢中、晚期，這些文獻下文要談到。有人認為後人編集或者引用的內容不甚可靠，因此不可採信，筆者認為值得商榷。歷史上的事物有的先有名稱，有的先有事實，名稱出現得晚不能證明該事物也出現得晚。而且在没有過硬的證據下，不能隨便否定文獻記載，筆者認為蔡文姬敍述蔡邕的言語應該可信。名稱衹是標誌，八分出現的時間關鍵在於事實，所以更重要的是，用歷史事實來證明八分到底何時創建。

八分的首創者，或説王次仲，或説蔡邕。

王次仲為何代人，記載不一，有秦代説和後漢説。

秦人王次仲説。唐張懷瓘主張秦時説，《書斷》卷上：“案八分者，秦羽人上谷王次仲所作也。”“案《序仙記》云：‘王次仲，上谷人，少有異志，少年入學，屢有靈奇。年未弱冠，變蒼頡書為今隸書。始皇時官務煩多，得次仲文簡略，赴急疾之用，甚喜，遣使召之。三徵不至，始皇大怒，製檻車送之，於道化為大鳥，出在檻外，翻然長引，至於西山，落二翮於山上，今為大翮、小翮山，山上立祠，水旱祈焉。’又《魏土地記》云：‘沮陽縣城東北六十里，有大翮、小翮山。’又楊固《北都賦》云：‘王次仲匿術於秦皇，落雙翮而沖天。’案數家之言，明次仲是秦人。既變蒼頡書，即非效程邈隸也。”考訂王次仲為秦時人。北魏酈道元《水經注・灅水》引《魏土地記》文字稍小異，“變蒼頡舊文為今隸書”，又“沮陽城東北六十里，有大翮、小翮山，山上神名大翮神，山屋東有溫湯水口。其山在縣西北二十里，峰舉四十里，上廟則次仲廟也”。

《書斷》卷上“八分”：“蔡邕《勸學篇》‘上谷王次仲，初變古形’是也。始皇之世，出其數書。小篆古形，猶存其半。八分已減小篆之半，隸又減八分之半，然可云子似父，不可云父似子。故知隸不能生八分矣。”張懷瓘以蔡邕“初變古形”為依據，因小篆、八分、隸中古形不斷遞減，所以八分先於隸書，在秦代產生八分。為了與後漢王次仲照應，因此説“王次仲即八分之祖也”，而後漢王次仲又做了“八分楷法”，這樣秦、漢王次仲的八分都能成立。當然這個説法是不符合事實的，因為它違背了八分的概念。

後漢王次仲説。南朝宋羊欣《采古來能書人名》：“上谷王次仲，後漢人，作八分楷法。”《書斷》卷上“八分”：“蕭子良云：‘靈帝時，王次仲飾隸為八分。’”王次仲年代雖有爭議，後漢王次仲創八分並無異議。唐韋續《五十六種書》之四十四：“八分書，漢靈帝時上谷王次仲所作，魏鍾繇謂之章程書。”唐蔡希綜《法書論》：“東漢上谷王次仲以隸書改為楷法，仲又以楷法變為八分，其後繼跡者，伯喈得之極，元常或其亞。”唐徐浩《古跡記》：“王次仲為八分體。”這些説法的共同點是後漢王次仲創八分，蔡邕推至極致。至於八分創製年代，依照王愔説法，《書斷》卷上引王愔云：“建初中，以隸草作楷法，字方八分，言有楷模。”在東漢建初中，漢章帝建初共 9 年，即 76 年到 84 年，時間明確。章帝在形體史上扮演了一個重要的角色，傳説中歸入他名下的，除了八分，還有章草。

八分，當時多稱為"楷書"，北魏王愔《古今文字志目》載隸書之外，又有"草書、行書、楷書"。《書斷》卷上："（八分）本謂之楷書，楷者，法也，式也，模也。"晉衛恒《四體書勢》云"上谷王次仲始作楷法，至靈帝好書，時多能者"，"今八分皆弘之法也"。北朝詔書已經正式使用八分這個名稱，唐代八分的説法就是常用的名稱。唐代開元時期的《書斷》羅列字體為古文、大篆、籀文、小篆、八分、隸書、章草、行書、飛白、草書，其中八分在列。在《書斷》卷中神品，八分有蔡邕，妙品八分有九人：張旭、皇象、邯鄲淳、韋誕、鍾繇、師宜官、梁鴻、索靖、王羲之；能品八分有三人：毛弘、左伯、王獻之。唐代李林甫《唐六典》卷十："四曰八分，謂《石經》、碑碣所用。"唐人八分與隸概念清楚，但是至宋，八分逐漸式微，隸書稱作楷書，於是隸書之名用來稱呼八分了。王應麟曰："自唐以來，皆謂楷字為隸，歐陽公《集古錄》始誤以八分為隸。"洪邁以晚漢之隸書為八分。明清以來，隸書與八分之名混用。近代以來，就直接用隸書取代八分了。史書幾乎與隸書同時脱胎於篆書，以後作為隸書的一枝獨立發展，又不斷影響隸書發展，此為八分之源。

第三節　銘石書八分之形成

漢代的碑刻在中國文化史上有特別重要的地位。《釋名・釋典藝》："碑，被也。此本葬時所設也，施轆轤以繩被其上，引以下棺也。臣子追述君父之功美，以書其上，後人因焉。故建於道陌之頭，顯見之處，名其文，就謂之碑也。"陝西秦公 1 號大墓位於陝西鳳翔境內，墓主為秦景公，係秦穆公四世孫、秦始皇十四代先祖。槨室兩壁外側的"木碑"是中國墓葬史上的引以下棺的木碑實物。承載漢代文字的所謂碑，是後人為稱頌先人功德的銘文石刻。西漢時代把一切石上刻字叫刻石，當然並不專指文字，還包括石雕造型。碑是漢代刻石的一種，廣義的漢代刻石碑之外，用於喪葬的還有碣、墓誌、畫像石題字，此外有許多其他用途的刻石。

刻石在西漢並不流行，僅見霍去病墓石刻字、群臣上壽刻石、五鳳刻石、麃孝禹刻石、上古府卿墳壇、萊子侯刻石等，字體為篆書，至少没有典型的史書。唐河縣新店發現 1 座新莽天鳳五年（18 年）畫像石墓，墓室為磚石結構。墓石 6 處有榜題，後室門柱上有紀年題刻："鬱平大尹馮君孺人始建國天鳳五年十月十柒日癸巳葬千歲不發"[①]。題字扁方，篆中夾隸，亦篆亦隸。

西漢到東漢早期，是大方篆演變而來的隸書，少波勢。這些大多是摩崖刻石，雖然客觀的條件不容許精工細刻，但是其他筆道清楚，波筆細弱，可知書刻者原貌如此。

---

① 南陽地區文化局考古隊、南陽市博物館：《唐河縣新店發現一座有紀年的漢畫像石墓》，《中原文物》1978 年第 3 期。

圖 2 下 1－1

光武帝末期的建武二十八年(52 年)《三老諱字忌日記》,刻石分左右兩部分,右方以格欄刻字 4 列,每列 4 至 6 行;左方大欄題名 3 行(圖 2 下 1－1)。清代咸豐年間在浙江餘姚客星山下發現。

《何君尊楗閣刻石》,亦稱《何君閣道碑》,建武中元二年(57 年)立,2004 年在四川滎經縣城西面滎河南岸陡崖峭壁上發現。此刻下臨滎河 5 米,字形完整。高 65 厘米、上寬 73 厘米、下寬 76 厘米。9 行,行 7 字,共 52 字。文曰:“蜀郡太守平陵何君,遣掾臨邛舒鮪將徙治道,造尊楗閣,袤五十五丈,用功千一百九十八日,建武中元二年六月就,道史任雲、陳春主。”[①]此刻在南宋紹興二十一年(1151 年)發現,但是此刻不久失傳,以拓本和覆刻本流行。洪适《隸釋》於《何君閣道碑》有記載,稱之“東漢隸書,斯為之首。字法方勁,古意有餘”。魏啟鵬認為:“雖用圓筆,而結字力求破篆體之圓而立隸書之方,波挑之法尚不嫺熟。”“書寫者不經意之間使用篆字”,“尊”純為篆體,“舒”“鮪”“有”等雜有篆法[②]。此刻字形方正,取法史書,排字緊密,仿佛治印,波挑不伸。

東漢永平六年(63 年)《開通褒斜道刻石》,全稱《鄐君開通褒斜道刻石》,16 行,行 5 到 11 字不等,錯落排列,字形方正,幾乎無波。

章帝建初二年(77 年)《漢侍廷里父老僤買田約束石券》,還是點畫未顯波磔的隸書,這是承襲了西漢的風尚,石刻字體與日常實用的字體相同。

東漢中期出現了一些新體,基本合乎方廣形體。建武中元二年(57 年)《何君尊楗閣刻石》、元和二年(85 年)《秥蟬神祠碑》,刻文用方體隸書,並用等粗篆綫。

在陝北綏德發現畫像石墓的刻字,皆為隸書結構,一種是方體和篆書筆畫無波挑,另一種是隸體微有波挑。

八分之形成,來源於小篆,還是來源於隸?清萬經《分隸偶存》卷上:“郭忠恕謂蔡邕以隸作八分體,是以隸在八分先矣,乃又云小篆散而八分生,八分破而隸書出。是又以隸在八分後,豈不自相矛盾乎?”定縣八角廊 40 號漢墓的漢簡,與傳統的東漢碑刻相似。有人把 40 號漢墓竹簡與東漢末年漢碑文字一一排列比較,它們用筆都是逆鋒入筆,中鋒行筆,撇捺重按,蠶頭燕尾。扁方結構,左右均衡,橫畫水平,無左仄[③]。這批竹簡早於漢碑,説明八分書體是套用史書。但兩者還是有一定的差别,

① 雅安市文物管理所:《〈何君尊楗閣刻石〉發現及考釋》,《四川文物》2004 年第 6 期。
② 魏啟鵬:《跋〈何君閣道銘〉再發現》,《四川文物》2004 年第 6 期。
③ 王東明、馮景昶、羅揚:《從定縣漢墓竹簡看西漢竹簡》,《文物》1981 年第 5 期。

八角廊竹簡的文字有的行筆略有左仄，筆畫有粗細相背變化，不如東漢碑圓均水平，這是手寫體與銘刻體的固有差異。

八分書形體來源於史書，又融合篆。如果要定一個先後，那麼是篆在先，八分繼承史書，這個過程在西漢末開始，東漢中期初具格局，桓、靈間完善。

綏德四十里鋪前街田魴墓畫像石墓發現石室中柱陰刻，上段 2 行，下段 4 行。永元四年(92 年)立，八分略帶篆意[①](圖 2 下 1－2)。

綏德漢楊孟元畫像石墓中柱永元八年(96 年)陰刻“西河大守行長史事離石守長楊君孟元舍，永元八年三月廿一日作”(圖 2 下 1－3)。

綏德四十鋪出土永元十年(98 年)徐無令畫像石墓刻石陽刻“徐無令樂君永元十年造作萬歲吉宅”(圖 2 下 1－4)。

綏德永元十二年(100 年)王得元畫像石墓後室中柱題刻陽文“永元十二年四月八日王得元室宅”(圖 2 下 1－5)。

圖 2 下 1－2

圖 2 下 1－3

圖 2 下 1－4

圖 2 下 1－5

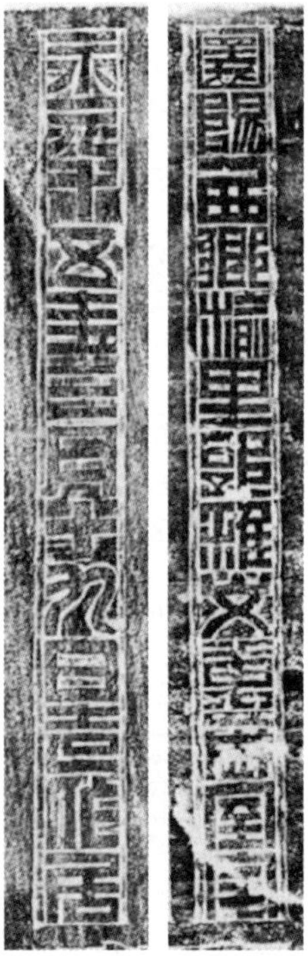
圖 2 下 1－6

綏德永元十五年(103 年)郭稚文畫像石墓石柱題刻陽文，左欄“永元十五年三月十九日造作居”，右欄“圜陽西鄉榆里郭稚文萬歲室宅”(圖 2 下 1－6)。

① 綏德漢畫像石展覽館編，李貴龍、王建勤主編：《綏德漢代畫像石》，陝西人民美術出版社 2001 年版，第 19 頁；榆林地區文管會、綏德縣博物館：《陝西綏德縣四十里鋪畫像石墓調查簡報》，《考古與文物》2002 年第 3 期。本書索引綏德畫像石刻文皆出於《綏德漢代畫像石》一書，不再一一注明。

綏德四十鋪出土永元十六年(104 年)任孝孫畫像石墓刻石陰刻“永元十六年三月廿五日甲申西河太守掾任孝孫之室”(圖 2 下 1－7)。

綏德白家山永元十六年(104 年)張文卿畫像石墓墓室中柱石陰刻“西河圜陽張文卿永元十六年十月造萬歲堂”,下刻陽文“張公之室”(圖 2 下 1－8)。史書字形方正筆畫肥碩少波,此類風格漢末魏晉大行其道。字形大致規範,衹有“圜”“陽”“歲”等字字形變異,恐是補白原因。

圖 2 下 1－7

圖 2 下 1－8

圖 2 下 1－9

圖 2 下 1－10

圖 2 下 1－11

綏德四十里鋪延平元年(106 年)田文成畫像石墓墓室中柱陽刻“西河大守掾圜陽榆里田文成萬年室延平元年十月十七日葬”(圖 2 下 1－9)。黃家塔 6 號永元十六年(104 年)王聖序墓畫像石題刻“王聖序萬歲室宅永元十六年十二月一日祖下”(圖 2 下 1－10)。字形基本是隸書,其中夾有篆體,筆畫等粗。永元是和帝年號,永元十六年(104 年)距離章帝建初年間(76—84)衹有 20 多年,就是説此類篆隸交融的字體與相傳王次仲創八分時間接近。而且,形體上似乎符合“比漢隸則微似篆”,“漢隸之未有挑法者”。

嗚咽泉畫像石墓門陽刻左欄“帷居上寬和貴齊殹勤同恩愛述神道喜苗裔”,右欄“覽樊姬列女崇禮讓尊大雅貴□□富支子”(圖 2 下 1－11)。黃家塔漢王君威墓室畫像石橫額方形題刻“使者持節護烏桓校尉王君威府舍”(圖 2 下 1－12)。未見其他文字,大約與王聖序墓年代接近。文字類似篆額,字形方形,半篆半隸。

圖 2 下 1－12

以上這些石室墓柱刻石年代主要在和帝永元年間(89—105)，距離桓帝、靈帝約 60 年，處於東漢碑刻興盛期之前。刻銘以陽文為主，字體篆、隸夾雜，以隸的成分為多。其中以充盈空間的方體最為優美，其內篆、隸融為一體，亦篆亦隸，難以分辨，無波挑。田魴、楊孟元、任孝孫、田文成刻銘略帶波挑，可稱少波勢。因此在和帝之前石刻採用少波勢之方體。田文成刻銘比較特別，篆與隸筆畫結構完全不同，“西河大守”四字為篆文外，其餘多為隸書，其隸書筆畫部件沒有大波大挑，“文”“成”“鳥”波筆不興，酷似眞書，與八角廊漢簡字形相同。此為後來八分書所無。

曹熹篆是以繆篆為基礎發展而來的俗篆，以大衆化為樂見，體勢篆隸混合，講究裝飾美。回看王君威畫像石篆字是隸書化的篆體，比較正篆，差別十分明顯：

持與持，節與節，校與校，烏與烏，府與府，告與告，護與護

其中自創部件，隸寫篆體是主要手法。“節”隸從“艸”寫作艹，“鳥”篆改形，“護”自“言”旁縮於一邊，全是為了字形的飽滿。這些處理符合曹熹篆俗篆的特點，而史載曹熹篆正在此時形成，不無巧合。

許慎《說文解字》正值銘刻體發展時期，即和帝、安帝時，該書編纂成於和帝永元十二年(100 年)，著作的年代恐怕更早。和帝永元四年(92 年)《袁安碑》、安帝元初四年(117 年)《袁敞碑》篆書體勢標準，為正篆的典型代表。李篆與曹篆，亦即正篆與俗篆之水火形勢瞭然，左右了東漢後期銘刻書的走向。永元(89—105)緊接建初(76—84)之後，可以證實建初王次仲“以隸草作楷法”，這個楷法是以篆字作為基礎的，它與整個社會篆字回歸風潮密切有關，八分出現決非偶然。蔡文姬曰：“臣父造八分，割程隸八分取二分，割李篆二分取八分。”這個做法其實是承襲建初、永和以來銘刻書。篆隸結合是難以克服的趨勢，唯一能強調的是採用李篆，即《說文》之篆。當然銘刻書的發展有其自身的規律，需要典雅、美觀。蔣善國認為：“用蔡文姬‘八分’的意義名漢代有挑法的隸書，是不恰當的。八分篆、二分隸的字形，純是秦時的古隸，已經程邈整理通行，哪能等到數百年後的蔡邕來創造它？”[①]西漢初的隸書，剛從篆書中蛻化出來，篆意自然濃重，這是隸書變化之初的現象，後來篆字成分逐步減少，而八分中的篆字成分是從俗篆中融合而來。蔡邕的八分觀念多少受到許慎《說文》的影響，主張一個八分比例，亦有以篆正隸的意味，抵制俗篆，排斥俗隸。意圖如此，效果未必如愿，這不是蔡邕所能左右的。所以八分書中八分篆衹是蔡邕的理想：八分書中篆佔八成，而

① 蔣善國：《漢字形體學》，文字改革出版社 1959 年版，第 293 頁。

隸佔兩成。八分書並不是蔡邕創造的。

2010 年成都天府廣場發現陽嘉二年(133 年)《李君碑》(圖 2 下 1－13)和建康元年(144 年)《裴君碑》[①]。《李君碑》依然為扁形方體,少量字有波挑,然筆意馬虎,僅為畫綫而已,整個石刻風格近於《何君尊楗閣刻石》,與後起八分碑刻有明顯差異。

圖 2 下 1－13

圖 2 下 1－14

建和二年(148 年)《石門頌》,全稱《漢故司隸校尉犍為楊君頌》,又稱《楊孟文頌》,原在陝西褒城縣褒斜谷石門崖壁。20 行,行 30～31 字不等。字大小不一,含古體而不雜,挑細而尖,波不豐腴(圖 2 下 1－14)。

近年河南長葛出土初平三年(192 年)《陳寔碑》殘石(圖 2 下 1－15),拓片高 81.5 厘米、寬 81 厘米,界格方 5 厘米,字徑縱 3 厘米、横 4.5 厘米。凡 17 行,可辨識 211 字。此碑為蔡邕撰文,唐代已經聞名,在《金石錄》《隸續》都有著錄,稱《漢陳仲弓碑》《司空掾陳寔殘碑》[②]。殘碑文字揮灑自如,風格飄逸,與常見的莊重、嚴謹銘刻書不同。

圖 2 下 1－15

偶然性包含著必然性,篆隸銘石書是篆字銘刻的自然延續,由篆中帶隸轉變為隸中含篆,筆畫也由篆綫漸出波挑,大致可以看出漢代銘刻書在順帝末桓帝初為轉折點。此時古隸變為八分,八分在桓帝中期到靈帝時期達到極盛。

西漢的石刻基本是早期日用隸書的面貌,用小筆尖書寫,筆畫局促,東漢初期尚未顯示銘石書的特點。東漢中期開始,石刻還是用篆書,到了東漢後期銘石書的波磔輪廓清晰,形態特徵完善,眞正達到了渾厚飛逸的狀態。同時在結構上摻入了篆字成

① 羅開玉:《成都新出土東漢〈李君碑〉〈裴君碑〉初探》,《南方民族考古》第八輯,科學出版社 2012 年版。
② 張馳:《新見東漢〈陳寔碑〉殘石小考》,《青少年書法》2020 年第 2 期。

分，保留了漸漸遠去的古老筆法。不久史書形態的石刻風起雲湧，層出不窮。永興元年(153 年)《乙瑛碑》等碑刻内容重要，字形遠遠超過日用文字，追求毛筆上下起伏變動下出現的美感。碑刻上的方寸大字賦予了新的施展空間，創造出一個書法的新境界。圓勻飄逸、方勁雄健，或舒展，或内斂，或雍容，或密實，各派書風盡情展示，使得漢字的書法由美術圖案走向抽象點綫形式的根本性變革。

因此，結合歷史文獻記載，由出土材料的佐證，章帝、和帝之時是八分書的形成階段，八分的基本元素已經具備，順帝時期大體成形，到桓帝、靈帝進入盛行階段，此時八分花樣百出，存世最多。重要碑刻如下：

《冀州從事馮君碑》，簡稱《馮君碑》，約刻於永和六年(141 年)。

《北海相景君銘》，簡稱《景君銘》(圖 2 下 1 - 16)，刻於漢安二年(143 年)。

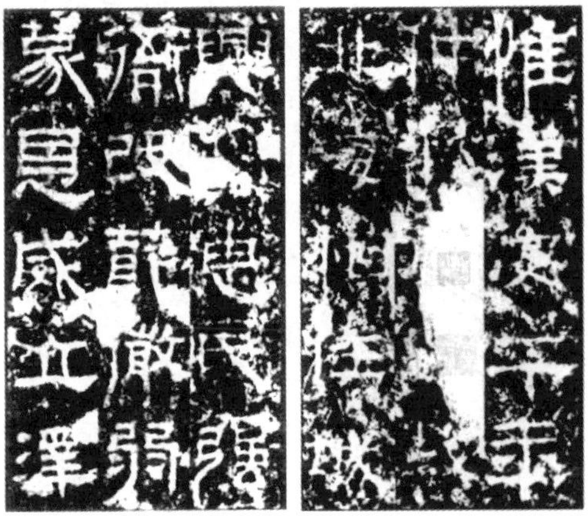

圖 2 下 1 - 16

圖 2 下 1 - 17

《堂邑令費鳳碑》，簡稱《費鳳碑》，刻於漢安二年(143 年)。

《三公山神碑》，刻於本初元年(146 年)。

圖 2 下 1 - 18

《裴君碑》，刻於元嘉二年(152 年)。

《魯相乙瑛請置百石卒史碑》，簡稱《乙瑛碑》(圖 2 下 1 - 17)，刻於永興元年(153 年)。

《李孟初神祠碑》位於河南省南陽市。永興二年(154 年)刻石，清道光最初拓本，何紹基釋文，收藏於上海圖書館(圖 2 下 1 - 18)。

《魯相韓敕造孔廟禮器碑》，簡稱《禮器碑》(圖 2 下 1 - 19)，刻於永壽二年(156 年)。

《郎中鄭固碑》，簡稱《鄭固碑》，刻於延熹元年(158年)。

《張景造土牛碑》，簡稱《張景碑》(圖2下1－20)，刻於延熹二年(159年)。

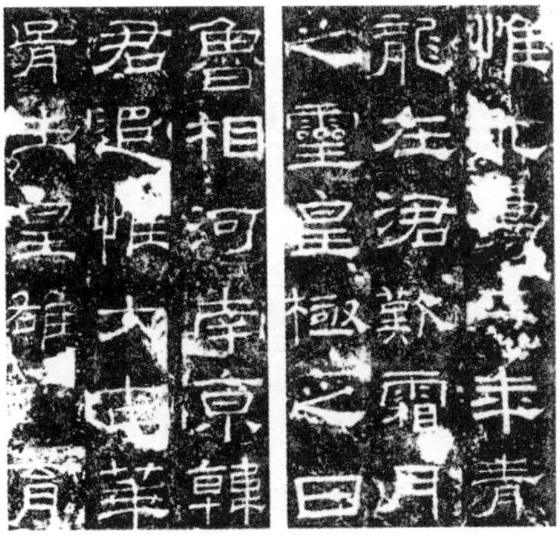

圖2下1－19

圖2下1－20

圖2下1－21

《故行事渡君之碑》，簡稱《渡君碑》，刻於延熹四年(161年)。

《泰山都尉孔宙碑》，簡稱《孔宙碑》(圖2下1－21)，刻於延熹七年(164年)。

《封龍山頌》，也稱《元氏封龍山頌》(圖2下1－22)。延熹七年(164年)十月立。隸書15行，行26字，無撰書者姓名。在河北元氏王村山下。此碑出土較晚，然氣魄之雄偉，書法方正古健，點畫之中有篆籀之意，粗獷俊朗，有獨特的陽剛之美。

《西嶽華山廟碑》，刻於延熹八年(165年)。

圖2下1－22

圖2下1－23

圖2下1－24

《雁門太守鮮于璜碑》，簡稱《鮮于璜碑》(圖2下1－23)，刻於延熹八年(165年)。

《執金吾丞武榮碑》(圖2下1－24)立於永康元年(167年)。碑文記武榮學優則仕及因桓帝"駕崩"悲痛過甚而逝等事。書風淳古而峭健，流麗而圓活，為漢碑佳品，

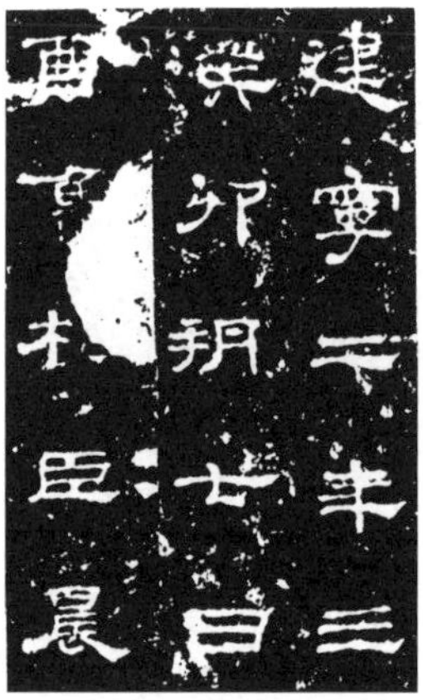

圖 2 下 1－25

亦書法正宗。碑現藏山東濟寧博物館漢碑室。

《魯相史晨饗孔子廟碑》，簡稱《史晨後碑》（圖 2 下 1－25），刻於建寧元年（168 年）。

《衛尉衡方碑》，簡稱《衡方碑》，刻於建寧元年（168 年）。

《魯相史晨祀孔子奏銘》，簡稱《史晨前碑》，刻於建寧二年（169 年）。

《肥致碑》，刻於建寧二年（169 年）。

《北海相淳于長夏承碑》，簡稱《夏承碑》，又稱《夏仲兖碑》，刻於建寧三年（170 年）。

《下邳令碑》，刻於建寧三年（170 年）。

《博陵太守孔彪碑》，簡稱《孔彪碑》（圖 2 下 1－26），刻於建寧四年（171 年）。

《漢武都太守漢陽阿陽李翕西狹頌》，或稱《惠安西表》《李翕頌》（圖 2 下 1－27），刻於建寧四年（171 年）。

圖 2 下 1－26

圖 2 下 1－27

圖 2 下 1－28

《郙閣頌》（圖 2 下 1－28），刻於建寧五年（172 年）。

《司隸校尉魯峻碑》，簡稱《魯峻碑》，刻於熹平二年（173 年）。

《漢巴郡朐忍令廣漢景雲碑》（圖 2 下 1－29），簡稱《景雲碑》，刻於熹平二年（173 年）。

《漢玄儒先生婁壽碑》（圖 2 下 1－30），簡稱《婁壽碑》，刻於熹平三年（174 年）。

《張山子熹平三年殘碑》，也稱《伯興妻殘碑》（圖 2 下 1－31），長 86 厘米、寬 32 厘米、厚 13 厘米，存字 5 行，共計 69 字。1980 年在山東臺兒莊區張山子發現。此碑刻於漢靈帝熹平三年（174 年）。

圖 2 下 1－29

圖 2 下 1－30

圖 2 下 1－31

《聞喜長韓仁銘》(圖 2 下 1－32)，簡稱《韓仁銘》，刻於熹平四年(175 年)。

《豫州從事尹宙銘》(圖 2 下 1－33)，簡稱《尹宙銘》，刻於熹平六年(177 年)。

圖 2 下 1－32

圖 2 下 1－33

《三老掾趙寬碑》，簡稱《趙寬碑》，刻於光和三年(180 年)。

《溧陽長潘乾校官碑》，簡稱《校官碑》，刻於光和四年(181 年)。

《三公之碑》，亦稱《無極山碑》，刻於光和四年(181 年)。

《涼州刺史魏元丕碑》，簡稱《魏元丕碑》，刻於光和四年(181 年)。

《舍人王君碑》，簡稱《王舍人碑》(圖 2 下 1－34)，刻於光和六年(183 年)。

《白石神君碑》，刻於光和六年(183 年)。

《曹全碑》(圖 2 下 1－35)，刻於中平二年(185 年)。

《穀城長蕩陰令張遷表頌》(圖 2 下 1－36)，簡稱《張遷碑》，刻於中平三年(186 年)。

圖 2 下 1 - 34

圖 2 下 1 - 35

圖 2 下 1 - 36

《尉氏令鄭季宣殘碑》,刻於中平三年(186 年)。

《圉令趙君碑》(圖 2 下 1 - 37),刻於初平元年(190 年)。

《建安四年北江塴碑》,簡稱《北江碑》,刻於建安四年(199 年)。

《領校巴郡太守樊敏碑》,簡稱《樊敏碑》,刻於建安十年(205 年)。

1974 年到 1977 年安徽亳縣發掘漢魏曹操宗族墓地,在袁牌坊村 2 號墓出土殘碑 1 塊,高 36 厘米、寬 25 厘米、厚 4.2 厘米,共有字 6 行,另一塊小殘碑未作報道(圖 2 下 1 - 38)[①]。

圖 2 下 1 - 37

圖 2 下 1 - 38

靈帝有建寧、熹平、光和、中平 4 個年號,已知漢碑大部分屬於這段時期。建安時期的八分書跡不多,僅有很少碑刻流傳下來。2006 年在都江堰渠首安瀾索橋墩的河

① 安徽省亳縣博物館:《亳縣曹操宗族墓葬》,《文物》1978 年第 8 期。

床出土了兩尊石像和一塊石碑，此碑定名《建安四年北江塴碑》。此碑有穿，碑文有綫框，高 1.8 米、寬 1.5 米、厚 0.2 米左右。15 行，滿行 28 字。發表的碑影很小，無法看清字跡[①]。漢建安二十四年(219 年)，曹操駐兵漢中褒谷口，見褒河流水洶湧而下，撞石飛花，題書“衮雪”二字，後刻於河中巨石，流傳至今，字近於《祝睦後碑》之。相傳漢中的“衮雪”等字為曹操所書，不過三國時期此種風格的八分很少，可以視為存疑碑刻。

第四節　八分之形體

“八分之篆”反映了史書書體保留了相當的篆書成分，這種特點在史書全盛時期的漢碑中表現得尤其強烈。那些東漢隸書早已經消失的古文、篆書結構在漢碑中大量出現。清代桂馥《説隸》：“作隸不明篆體則不能知其變通之意，不多見碑版則不能知其增減假借之意。”這説明史書之變多出於篆書，無論欣賞或者釋讀都需要古文字的基礎。隸書是通過草書發展而來的，它的筆畫已經向真書的筆畫轉換，至少撇、捺、横等寫法與後世接近。但是漢代史書除了波與挑之外，其他筆畫幾乎都是渾圓的直綫，很明顯是採用篆書的筆法。所以從筆法和結構來説，八分都具有復古傾向，刻意追求一種古典的美感。

從筆畫上看，八分的筆畫形態基本是繼承史書而來，左挑右波，兩面伸展。這是後人將其看作隸書特徵，實際上是史書也即八分的寫法。習慣上稱八分筆畫為蠶頭燕尾，這個説法最早是形容顔字筆勢的。《宣和書譜・正書》：謂後之俗學顔真卿書法，“乃求其形似之末，以謂蠶頭燕尾僅乃得之，曾不知以錐畫沙之妙，其心通而性得者”。後來纔用到八分書上。宋洪适《隸韻・序》：“元初以後法度漸整，至熹平、光和間亦極妙矣。魏初稍變蠶頭燕尾之體。”明孫鑛《書畫題跋》卷二上“《蔡中郎書夏仲兖碑》(王氏跋)”：“漢碑惟此最為完好，其隸法多蠶頭燕尾筆，與汝帖中中郎書數行相似，亦未知果是中郎手蹟否?”蠶頭燕尾的蠶頭是指八分横波的起筆與收筆，起筆向下然後行筆叫蠶頭，波筆收尾下頓緩緩向上收起叫燕尾。如果蠶頭燕尾形容後代書寫八分還算可以，如果描寫漢代八分波挑就太簡單化了。

蠶頭即波筆起首，有方圓之分：《夏承碑》為圓，《華山碑》為尖，《張遷碑》為方，並不統一。燕尾是指波筆收筆，即波筆後部形態，可分作圓波與方波。圓波如《張景碑》平收，方波如《華山碑》與《張遷碑》等豐腴略翹起。

方波類，指波磔以方筆收尾，棱角分明，屬於全盛時期典型的八分筆畫形態。此

① 羅開玉：《關於〈建安四年北江塴碑〉的幾點認識》，《四川文物》2011 年第 3 期。

類刻石數量很多：

《西嶽華山碑》，延熹八年(165 年)立，碑文共 22 行，行 38 字，篆額“西嶽華山廟碑”，碑末有“書佐新豐郭香察書”，此碑在唐宋時期就受重視，宋代前期尚完好，晚期碑身中間偏右損百餘字。傳拓本子不少，現存最早為宋拓本①。

《漢故雁門太守鮮于璜碑》，簡稱《鮮于璜碑》，延熹八年(165 年)造。“圭”形碑，以減地雕作“凸”字形，額文陽刻篆書“漢故雁門太守鮮于君碑”，碑身陰陽面皆刻文字，碑陽銘文 17 行，滿行 35 字；碑陰銘文 15 行，滿行 25 字，共 827 字，僅 9 字泐損。字口清晰，有界格。字體嚴謹工整，筆法方折渾厚，挑、磔波勢分明②。

圓波類，指波磔收筆圓潤，横筆修長，尾尖出鋒。此類刻石有：

《張景碑》亦稱《張景造土牛碑》，碑殘，為東漢桓帝延熹二年(159 年)公文式碑文。字形端正工細，從容生動，筆畫秀麗，波筆修長圓潤。1958 年在南陽市南城門里路東發現③。

《淮源廟碑》立於延熹六年(163 年)。凡 16 行，滿行 33 字，共 453 字。《水經注》曾有記載，年久風雨剝蝕，文字漫滅不可辨認。元至正四年(1344 年)書法家吳炳用隸書重書碑文，流行至今。文字雖屬圓波，但是並非原貌。

《曹全碑》，東漢中平二年(185 年)造，20 行，行 45 字，保存基本完整，字跡清楚。此碑明萬曆初年在陝西郃陽縣莘里村發現，字形結構正確，少有漢碑熟見的破體俗字，主要採用圓筆，筆畫匀稱，秀麗多變，波筆蠶頭低垂，波磔腹圓尾尖，含波筆的字中間結構收縮，而波筆向兩邊伸展，如鳳凰展翅，飄飄欲舉，顯示出書者很高的文字修養和高超的書法藝術水準。

所謂波挑，横波之外還有捺波，捺波大致相似，近於眞書。如《張景碑》皷、追；《華山碑》不、之。挑筆有兩種，一種豐腴，一種盡瘦，大致視風格或者整體平衡而決定。八分基本繼承了史書的形態，波挑不僅没有削弱，有的還得到了強化，濃重的波挑是最明顯的標誌。根據八分的書法風格可以分為幾類。清朱彝尊《跋〈漢華山碑〉》：“漢隸凡三種：一種方整，《鴻都石經》《尹宙》《魯峻》《武榮》《鄭固》《衡方》《劉熊》《白石神君》諸碑是已。一種流麗，《韓敕》《曹全》《史晨》《乙瑛》《張表》《張遷》《孔彪》《孔伷》諸碑是已。一種奇古，《夏承》《戚伯著》諸碑是已。惟《延熹華山碑》正變乖合，靡所不有，兼三者之長，當為漢隸第一品。”朱彝尊所論皆是八分碑字的藝術風格，是從書寫的藝術處理來區分的，這是書學研究的範圍，不是文字學主要關心的問題。

① 馬子雲：《談西嶽華山廟碑的三本宋拓》，《文物》1961 年第 8 期。
② 天津市文物管理處考古隊：《武清東漢鮮于璜墓》，《考古學報》1982 年第 3 期。
③ 鄭傑祥：《南陽新出土的東漢張景造土牛碑》，《文物》1963 年第 11 期。

明趙宧光《寒山帚談・權輿》云:“篆勢有轉無折,隸筆有折無轉,分則兼之。”其實史書已具有楷書的筆畫和部件,點畫根據方便書寫原則,點有仰俯,隨形勢而變,轉折有轉也有折,如《張景碑》之景、治、寫,各處的點法不一。又如刻於建寧四年(171年)的《孔彪碑》:畏、尚、未、京、如、諾、禮、毛、人、東、大,“畏”“尚”“東”“如”的折筆向下,“京”“禮”的點,“毛”“人”的撇,“未”“人”“大”的捺,均與眞書無異。

《漢巴郡朐忍令景雲叔于碑》,簡稱《景雲碑》,碑主景雲叔于為東漢和帝時朐忍縣令,卒於永元十五年(103年),其後同鄉朐忍令雍陟在靈帝熹平二年(173年)為之立碑,13行,367字。2004年此碑在重慶市雲陽縣雙江鎮建民村發現,儘管碑石斷為兩截,但是整碑保存完好,字跡清楚,恍若新鐫。2005年《中國文物報》作了報道,並且公佈了拓片,後來在2005年出版的《重慶中國三峽博物館》、2005年《中國書法》、2006年《四川文物》、2008年《中國歷史文物》再次刊出拓片和整碑的照片,並經過多人考證史實和研究釋文[①]。《景雲碑》的出土是近年來又一次完整的巨碑發現,此碑的字形較以後的漢碑要規範得多,大致與正字相同,有些異體,如楙（楚）、業（業）、遰（滯）、資（資）、艾（艾）、惻（惻）、靈（靈）、壁（壁）、覆（覆）,在漢碑中是常見的,但是没有出現過於離奇的字形,所以書寫者具有相當的文字修養,書法精能,間架工穩,筆畫有致,靜穆之中寓意飛動,從立碑者縣令的身份來看,書寫者很可能是一員文吏。

此碑的一些筆畫形態引起了書體研究者的注意,叢文俊作出了較為詳細的研究,認為與習見的漢碑八分隸書頗不相類,對此碑文字的體裁評價道:“一字之中的波挑筆畫不避重複,式樣也未能劃一,表明作者對時尚的八分隸書筆法要領衹是粗知梗概,能寫而不能精純規範,但也少了許多束縛。其中長橫和部分捺畫的挑法大都重按而後直接提鋒上揚,有些完整地保留了燕尾的狀態,即古代書法論中講到的缺波,又名擎石波。”接著又引用了《書法三昧》《漢溪書法通解》等文獻。擎石波的説法始見於王羲之《題衛夫人〈筆陣圖〉後》:“惟有章草及章程、行狎等,不用此勢,但用擎石波而已。其擎石波者,缺波也。”元人《書法三昧・運用》:“有‘欣’字燕尾者,乃《急就章》之波法也。如水之自泉口流出,其下遇石激而過,故謂之激石波。”清戈守智《漢溪書法通解・運筆》:“激石波勢,原本章草,狀如水之自泉流出,其下遇石,激而上過也。《書法三昧》謂之欣字燕尾波,即指《蘭亭》‘欣’字也。”叢文俊認為:“擎石波是可以分解

① 重慶中國三峽博物館、重慶博物館:《重慶中國三峽博物館・重慶博物館》,文物出版社2005年版,第97、98頁;叢文俊:《〈漢巴郡朐忍令景雲碑〉考》,《中國書法》2005年第5期;魏啟鵬:《讀三峽新出東漢景雲碑》,《四川文物》2006年第1期;程地宇:《〈漢巴郡朐忍令景雲碑〉考釋》,《三峽大學學報(人文社會科學版)》2006年第5期;袁延勝:《新出〈漢景雲碑〉及相關問題》,《中原文物》2007年第3期;孫華:《漢朐忍令景雲碑考釋補遺》,《中國歷史文物》2008年第4期。

為衝擊,回勢上揚而激出的兩個動作,不一定都作缺波狀,直出也符合其義。”擊石波涉及《蘭亭序》、章草。下面我們具體看看這裡的擊石波的形象,如(馮承素本《蘭亭序》)、(虞世南本《蘭亭序》)、(趙孟頫本《急就章》)、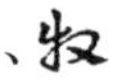(松江石本《急就章》),《蘭亭序》“欣”字之實物是短捺,筆勢向下,捺筆背凸弧,腹平或凹弧,方腹。《急就章》捺背平或微凹,腹下平或微凸,方腹。因為無論《蘭亭序》還是《急就章》都是經過唐以來傳寫的字跡,很難還原當時的眞實筆畫形態。大致上可見所謂擊石波根據當時的實際情況,水流突遇石頭激起,形成短而直的波浪。就波筆來説,就是類似反捺,方腹的筆畫。它區別於漸漸收尾的長捺,區別於圓腹的捺。如果考慮到漢代史書的波筆的變化,漢代的波筆的燕尾是圓腹,漸漸收筆,那麼這個擊石波就是方腹,急收尾。方腹與急收結合就是短方收尾。所謂無波就是指没有和緩的弧形圓腹,這種捺筆在漢碑中得到證實,《子遊殘碑》中正有這種短方捺筆,如字。《賢良方正殘石》字捺雖不短,但依然是短方尾筆。

《景云碑》的波筆没有出現類似章草的捺的情況,但波筆很有特色,有向上挑出者,如、、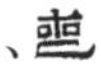、、等字,橫波向上挑起,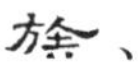、捺波斜下再向上挑起,比較兩者,捺波均為圓腹,橫波近方,字短橫波完全是方筆,它與《建寧三年殘碑》、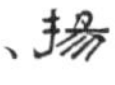橫波一樣。它是擊石波的一種類型。值得注意的是此碑起筆,如“伯”字短撇,先有短豎再起筆上挑,這種起筆形式流行於魏晉南北朝,直至唐代,成為開元體八分的一個基本特徵。

《王舍人碑》殘碑,中段殘缺。篆額“漢舍人王君之”(下殘),碑文下部字跡漫漶不清,清晰完好者僅存 180 餘字,碑文 12 行,光和六年(183 年)立。1982 年在山東省平度縣(今平度市)灰卜鄉侯家村西山坡發現①。書法不甚精美,用筆方圓相濟。波筆蠶頭向下,燕尾上翹出鋒。其用筆橫波收尾處重按後鋒尖從右上挑出,如、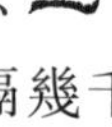、、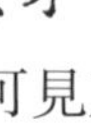、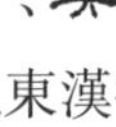、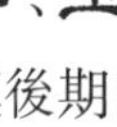,也是激石波。此碑晚《景雲碑》10 年,地處山東,兩地相隔幾千里,可見東漢後期的挑波已經形成風尚。

擊石波或稱激石波,不是一般的筆法,在八分書中具有重要含義。擊石波下按是為向上出鋒積蓄力量,為了飛起尖芒,這個尖芒正是垂芒的一種形式。所謂擊石波以及上挑起筆都不是單純的書法技巧,而與金針八分有關。總之,《景雲碑》等的筆畫發展是漢代向魏晉以後的轉化的重要因素。魏晉、北朝的一些特徵性八分書筆法就源於此。

從結構上看,八分受石刻篆文、史書影響,結構左右均衡,如(張景碑),取得靜態平衡;左右有變化,如橫波,通過輕重調節,如(夏承碑),取得動態平衡。

---

① 齊魯書社編:《漢王舍人碑》,齊魯書社 1986 年版。

圖 2 下 1－39

八分書外形多扁平，體勢多取横勢，波挑向左右兩邊舒展開來，主要是因為筆畫向兩側伸展的原因。如《曹全碑》的字形扁平，由於銘文的撇、捺及横畫都寫得較長，而竪畫寫得特别短。扁方體有《子遊殘碑》安陽殘石之一，元初二年(115 年)立石，殘為兩段(圖 2 下 1－39)。體呈扁方較為明顯，但是有些字不扁，如“書”“載”等横畫較多的字，需要均匀補白，不能過密，無法壓扁字形。所謂扁方衹是因為横波和左挑舒展形成的現象。

正方體有《冀州從事馮君碑》，碑主大約卒於永和六年(141 年)，在洛陽東漢皇陵兆域出土，尖首圭狀，衹剩碑之上半，碑額、碑文皆八分書(圖 2 下 1－40)。碑文 17 行[①]。碑額“冀州從事馮君碑”，碑文“進而遘凶袂永和六年”，但是不能定為永和六年立石。又有《校官碑》，光和四年(181 年)立石，碑文 16 行，共 492 字(圖 2 下 1－41)。南宋紹興年間在高淳縣發現，歷代對此碑屢有考證。碑額、正文均為八分，正文密匝排列，波磔不伸，形近正方。從字畫、結構的成熟程度判斷，當在更晚時期。此碑題額隸書與《孔宙碑》同，可作為參考時間，定為桓帝時碑為妥。《冀州從事馮君碑》與《校官碑》之所以呈正方形，如後、天、從、鄉、三、辭，是因為排列整齊而緊密，客觀條件限制了筆畫的伸展。再如《乙瑛碑》字形不一，有扁也有長，“一”“如”横畫少就扁，“書”“爵”本來横畫多，自然體就長。字的扁或方往往取決於筆畫伸縮的安排，同碑文字因此差異很大，如帝、上、年(華山碑)，分别形成方正“年”和扁方“帝”。所以文字外廓的形狀主要由筆畫條件、石碑的空間限制形成，並非書丹人主觀追求。不過正方形的字形可以充分利用空間，同樣面積能容納更多的文字，在魏晉碑刻多所採用，出現了與後漢不同的氣象。

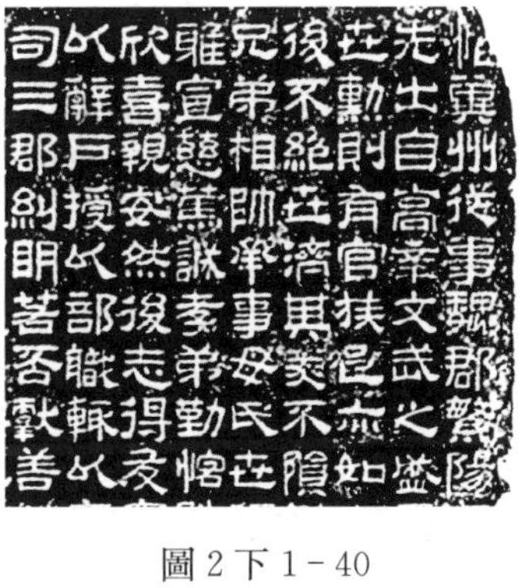

圖 2 下 1－40

圖 2 下 1－41

① 黄吉軍、許有欽：《洛陽東漢皇陵兆域新近出土冀州從事馮君碑》，《書法叢刊》2006 年第 4 期。

八分直接承襲篆書的結構模式，竪筆垂直，横筆水平，使得字的重心平穩，這不僅是對整字而言，也要每個部件不欹斜，都能站穩。以縱横平直、整齊為美，有的有界格，有的没有，如《孔彪碑》字形小，没有界格，有空疏感，估計書寫時都有界格，在碑石上就省略了。因為字形的長短有錯落，所以字與字的距離並不一定，而字的横面一般都可以使用挑和波，所以從行距來看，反而非常整齊。

八分書是一種藝術書體，書寫技術的要求比較高，它主要用於重要文獻和刻銘等場合。八分由史書與篆字混合而成，它的形體有一大特點，即古今雜形，具體地説是史書的體態、篆文的結構。史書是隸書的楷體，是規整的隸書，把草化形體加以規則化，並且添加了波磔等美化因素，莊重而清晰，便於在一些重要場合使用。八分的書風不僅有書法差異，還有形體差異，東漢後期文字形體以古為美，以變化為美，因此不同的書風往往有不同的形體。

八分與史書的本質區别在於雜篆法。早期史書的篆書成分是自然殘留，而八分是人為摻入，所以篆書成分來源不同。康有為《廣藝舟雙楫・説分》：“以隸筆作繆篆，亦可附於西漢八分。《慮傂尺》同（贊碑有五分之篆，有四分之篆，《天發神》。王弇州曰：‘《夏承碑》即所謂八分書是也。’）。”“吾於漢人書酷愛八分，以其在篆、隸之間，樸茂雄逸，古氣未漓。”篆隸之間是八分結構特點（《天發神讖碑》不是八分書）。

第一，八分採用古字結構，古字中主要是篆體。翁方綱《蘇齋題跋》卷上引朱彝尊謂《華山廟碑》：“以據六書以考是碑，可以見篆隸楷之遞變者有六：一曰本字，二曰古通字，三曰與小篆合，四曰變篆而意則存，五曰變篆作俗書之俑，六曰變篆而楷。”八分之中與篆字的關係最為密切。裘錫圭説：“在少數東漢晚期碑刻上，還可以看到有意按照小篆字形來寫隸書的復古現象。”[1]這篆字不是照樣搬家，裘錫圭指出是用“隸書的筆法來寫‘古文’的字形”的“隸定”。其中也有採用圓匀的筆畫，波磔故意收縮，點綴而已，有的根本没有，這是刻意用篆綫來書寫。如：

“還”還＞還（孔宙碑）；“栗”栗＞栗（無極山碑）；“無”無、無（袁良碑）等為隸古定。“農”農＞農（司農劉夫人碑）；“舜”舜＞舜（修華嶽碑）；“壹”壹＞壹（祝睦碑）；“瀌”瀌（華山亭碑）、瀌（無極山碑）；“仙”僊（袁良碑）；“晉”晉（老子銘）、晉（苑鎮碑）；㠯＞㠯（鮮于璜碑）、㠯（曹真殘碑）。

這些字基本是按照篆字隸定而來，但是與篆文有一定差異，體現在一些細節方面。原因有兩點：一是八分是一種藝術意味的字體，講究變化，不願意一成不變地照錄。二是東漢後期的篆體除了《説文》小篆以外，還有曹熹之篆，兩篆是不同的，這種

[1] 裘錫圭：《文字學概要》，商務印書館 1988 年版，第 78 頁。

不同於《説文》小篆的結構可能是書寫者選擇了曹熹篆。

第二，夾用傳世古文。漢代古文經興起，古文經本傳播，師法家法傳承，為士林所重。在東漢後期古文經學地位日隆，以為古文為蒼頡所造，早於李篆。八分的古今雜形，這個“古”有篆文，還有古文。顧藹吉《隸辨》一書中的説明就指明了有“古文”“俗改易”等説法。簡單地説，小篆之外還有《説文》古文、籀文、奇字以及其他不見於《説文》的傳抄古文字。如：

《隸辨》卷一：“《無極山碑》：旹《説文》時，古文作旹，從㞢日。”

《隸辨》卷一：龍（龍）（唐扶頌），顧藹吉按：“碑亦兼用古文，筆跡小異。”

《隸辨》卷二：礼《孔耽神祠碑》，顧藹吉按：“《説文》禮，古文礼。”

《隸辨》卷一：風《華山碑》、凬《夏承碑》，顧藹吉曰：“俗改易。”並説郭忠恕《汗簡》《碧落碑》作此形。凬《孔耽神祠碑》、凬《楊震碑》，顧稱此為《説文》古文，近年出土的《肥致碑》凬形體接近，這個字形是根據流傳的古文來的。曾憲通説：“帛文風字作風，從蟲凡聲，為小篆所本。但風字何以從蟲？《説文》古文又何以從日作凬？過去一直不明其理據，近將帛文之風與古文之凬，同南宮中鼎之鳳合觀，始悟風、凬乃由鳳所分化。鳳雖不見於古文字，然由鳳簡化為鳳乃情理中事。漢《夏承碑》作凬，《孟孝琚碑》作凬，均為鳳之變體，並可作為鳳字曾經流行的旁證。”[①]《楊震碑》的風字，顧藹吉謂此字為《説文》古文，可知漢碑八分中“風”字形體來自古文，是無疑的。

《隸釋》卷二：“鄰”，顧藹吉按：“《書・益稷》：臣哉，鄰哉。”《古文尚書》作㕕，“顏師古：㕕，古鄰字也。諸碑從厶之字或書作口，故㕕亦為吅。”

古文“曲”，《無極山碑》寫作𠚕。雲夢大墳頭1號漢墓遣策“𣓌汧畫𠚕一”，指的是六博的漆畫局，因為上有曲道，故稱畫𠚕“（曲）”。此墓在文帝時期，足見所謂古文流傳於世，並非皆壁中所遺也。兩個“曲”字形體相近。

《漢書・郊祀志》：“以山下戶幾三百封崇高，為之奉邑。”顏師古注：“崈，古崇字耳。”《孔龢碑》《校官碑》《華山廟碑》《孔羨碑》作崈，《袁良碑》作崈。顧藹吉曰：“《古文尚書》崇皆作崈。”

“文”字加撇，三撇者彣有《曹全碑》《孔宙碑》，《孔宙碑陰》加兩撇。顧藹吉云：“《説文》文，錯畫也，彣，彰也。《古文尚書》皆作彣，古蓋通用。”

古文字有飾筆的習慣，八分的飾筆由此發展而來，但是八分的裝飾性更強，使用也比較隨便。如《魯峻碑》“師”加横作師、“報”加點作報。

① 曾憲通：《戰國楚地簡帛文字書法淺析》，載《古文字與出土文獻叢考》，中山大學出版社2005年版，第63頁。

“要”篆文作，《魯峻碑》作，知此非篆體。《漢書·地理志下》：“義渠道，弋居，大，廉。”師古曰：“即古要字也。”

《無極山碑》之“天”字，實為篆書草寫，屬古文之流。

（楊著碑），為《説文》“秋”之籒文。《熹平石經》從篆體作。

（孔宙碑），則，《説文》籒文從鼎。

林志強比較漢碑八分與古文字的異同，分為五類：與《説文》小篆同構、與《説文》古文同構、與《説文》籒文同構、與《説文》奇字同構、與其他古文字同構。筆者認為所謂古，有一類托名篆體，實際是變形的漢篆。《隸續》卷一《防東衛司馬季德碑》字形奇古，多與漢碑俗篆相印，據此知俗篆之傳承有緒，變化有法度。如“曹”作、“雲”作、“風”作等，皆有同例。

第三，使用曹熹篆西漢末年的繆篆專用於璽印，很難避免在銘刻中使用。建初中曹熹善篆，亦有創新，稱為曹熹篆。《書斷》卷上引南朝梁蕭子良云：“靈帝時，王次仲飾隸為八分。”飾即修飾、裝飾的意思。先秦古文字有飾筆，就是當時在構形上没有意義，添加在字形上的羨餘的筆畫。進入秦代、漢初以來，飾筆一度衹在篆文或花體字中使用，如瓦當文字就有此類現象。東漢曹熹創花體篆，強化小篆的美術效果，把小篆變形、加裝飾筆畫，風行於世。東漢中期以來，漢隸越來越追求形體的優美，也把曹熹篆法引入隸書，轉變為八分。曹熹篆可能是綜合戰國古文的某些習慣，由繆篆發展而來，是裝飾性很強的篆體。東漢晚期的八分書中有些以前從未見過的篆體，以華飾為特徵，可能就是曹熹篆。最常見的有屈滿、增減之法，屈滿如“工”字，八分作（郙閣頌）、作（曹全碑）明顯是繆篆手法。

為了字形的飽滿均衡，俗篆有省文和增文之例。

增文有同一部件重複成為複文者：

漢印中部件重雙者，如“霍”字，《漢印文字徵》中有五例為雙“隹”，三例為單“隹”。“雲”作，“云”複文。《隸釋》卷九《北軍中候郭仲奇碑》：“基枝葉，佈列國郡。”洪适釋“”為“雲”。《郭仲奇碑》建於靈帝建寧五年（172年）。“曹”字漢印有、兩形。“曹”複文字從二“曰”，作。又卷五《梁相孔耽神祠碑》：“縣請署主簿功。”《隸辨·肴》：《孔耽神祠碑》作八分書。《孔耽神祠碑》建於靈帝光和四年（181年）。

有減少部件而成為省文者：

“楚”，從二木，侯馬盟書從一木，馬王堆帛書或作，或省寫從一木作，此承古文習慣。“曹”本從二東，中山王壺省刻銘作“𣍘”，漢代簡牘多有承襲，居延簡、武威簡可見，八分也有此寫法，《曹全碑》等“曹”寫作“𣍘”。

《郙閣頌》“闢”作，和林格爾東漢墓壁畫榜題“使君從繁陽遷度關時”之“關”也是這個省體寫法。

省形承襲古文而來，東漢時期納入繆篆或者曹熹篆之法。古今兼形之今就是隸書，八分結構雖以古為重，但是保留了部分隸書結構。

第四，使用隸草。王次仲“以隸草作楷法”。八分書中草法雖不多見，但是依然可以見到。簡化是草法之一，缺筆少畫，形體簡化。以“步”為例，依照篆書應該作如《楊著碑》步。但是草字楷化不一樣，居延漢簡草書作步，楷化出《衡方碑》的步。敦煌漢簡步整體均作草化，《孫叔敖碑》步是此種草化的八分字形。又如“歲”字，居延漢簡草書作歲，草化八分“止”變為三點一横，如《肥致碑》歲，《白石神君碑》同，再變從“山”之字，如《鄭固碑》歲。這個“歲”字成為流行的異體字。

使用代號是草法之一，代號替代繁瑣的部件。如“賦”字草書，銀雀山漢簡作賦、居延漢簡作賦，《張景造土牛碑》楷化作賦，以點代“止”。又，“幽”字《夏承碑》作幽，以兩點代𢆶；《羊竇道碑》“辨”作辨，以點代“辛”；川，潁川之“川”，建武三年(27 年)《候粟君所責寇恩事》竹、竹，馬王堆帛書之“竹”字頭作竹、竹、竹，居延簡作竹(候粟君所責寇恩事)。

俗字是一個很模糊的概念。顧藹吉《隸辨》中有指明“俗”，如趍(西狹頌)，顧藹吉按：“趨，俗作趍。”此字當然是俗字了。但大多數没有説明是俗字，如“湧”作湧(郙閣頌)，形體隨意分切、隨意類變，毫無法則。此類字很多，多數由草體轉换而來。漢碑八分俗字，其實是各種來源的形體，在楷化的過程中發生變異，由此産生了不同於小篆和後世眞書的變體。這種形體古怪精靈，錯體雜出，荒誕不經，開了北朝俗體之先。下面以“盧”“神”二字為例加以説明。

“盧”字的俗字可見 5 個形體，分作兩類：一類是草體代號楷化而來，用網格或田字替代部件；一類是一般隸書楷化，其中《孔宙碑》等是以小篆結構為正，形體正確。還有類化錯誤，把“廣”字頭誤為“病”字頭，是錯誤形體。“廬”字，《孔宙碑》等作廬，但是《鮮于璜碑》作廬，《韓敕碑兩側題銘》作廬，《衡方碑》作廬。

“神”字的俗體有三個來源：一是按照隸書結構；一是依照秦篆結構；一是曹熹篆的飾筆，加一點、一撇、一捺和彎筆側加兩點。而這種飾筆實際上是先秦文字的遺制。“神”字，神(北海相景君銘、華山廟碑)、神(繁陽令楊君碑)、神(靈臺碑)、神(吳仲山碑)、神(孔耽神祠碑)。

翁方綱《蘇齋題跋》卷上：《華嶽碑》雙鉤本，“若碑中字體，奇正互出，古今迭用，非邕隸勢所謂，修短相副，異體同勢，奇姿譎誕，非有常制者乎？即以二三字略言之，如‘克’字、‘陵’字，皆加點，與《説文》不合，與古籀奇字轉近。《夏承碑》‘克’字亦有點，世或謂《夏碑》自中郎，雖不可盡信，然必非無因也。”《夏承碑》等加點也屬先秦飾筆遺制。

八分古今兼形，實際是古體、今體糅合在一起，變化的因素十分複雜，資源非常豐富，形體千變萬化，它有古文、篆字、隸書所没有的鮮明特點。

八分的一字多體很普遍，多數是因為楷化缺乏規則造成的俗字，此類俗字是形成一字多體的主要原因。例如"靈"字有三個部分組成，每個部件都有不同的寫法，再組成不同的組合，甚至採用假借字，就目前能見到的就有10多種。各字的差别有大有小，祗有《鄭固碑》《熹平石經》寫的是正確的。請看：

靈靈　靈、靈（韓敕碑）、靈（郯令景君闕銘）、靈（鄭固碑）、靈（史晨奏銘）、靈（衡方碑）、靈（華山廟碑）、靈（李翊夫人碑）、靈（景北海碑陰）、靈（堯廟碑）、靈（夏堪碑）、靈（肥致碑）、靈（石門頌）、靈（唐公房碑）、靈（王稚子闕）、靈（帝堯碑）、靈（熹平石經）。

有的一字多形完全是飾筆造成的，如"中"字，除了《史晨後碑》是書寫差異外，其餘4個"中"字分别加了兩横，不同部位的四横和上下四點。這種寫法在實際書寫中不會出現，祗是在八分中使用，可以説是特殊的多形。請看：

《鄭固碑》作中、《史晨後碑》作中、《唐公房碑》作中、《劉修碑》作中、《夏承碑》作中、《戚伯著碑》作中。

與飾筆增加筆畫相反，有些字省略了某些成分，這樣省文與不省造成多形。如："變"變從二糸，糸下三點，有省筆和不省兩種形體。不省的，《華山廟碑》作變、《楊統碑》作變；省文的，《肥致碑》作變，《史晨奏銘》同。

當然八分異形問題不僅是羨筆造成的，有的是俗體、通假等。《隸釋》卷九"玄儒先生婁壽碑"："'朱爵司馬'而書作'朱时'者，猶《帝堯碑》以'繼'作'㡭'，《校官碑》以'剗'作'戔'，省其文也。又有兩'脩'字皆作'攸'，殆亦類此。"王楙《野客叢書·漢人作字》："《華山廟碑》以'中宗'為'仲宗'，《郭究碑》以'仲尼'為'仲泥'，民皆非之。謂帝者廟號，而假借以他字，不恭孰甚焉；以夫子為'仲泥'，則狎侮之罪，大於子雲之準《易》。僕謂不然，漢人作字不一，有省筆者，有增筆者，省筆如寫'爵'作'时'、寫'鶴'作'隺'之類是也；增筆如寫'春'作'春'、寫'秋'作'秋'之類是也；又有假借字體，如以'仲'為'中'、以'泥'為'尼'之類是也。此皆當時之習所尚。自後世觀之，則怪也。"又《野客叢書·隸釋》："蓋漢人書字，有增偏旁者，有損偏旁者。增偏旁者，如書'英'為'瑛'；損偏旁者，如書'繼'為'㡭'之例是也。"

有些一字多形是隸定原因，隸變之中，形體因勢而變，發生分化，彼此不同。如果這種不同變化發生在同一個字中，就出現一字多形。

哭"哭"　下從犬，隸變可為"大"，亦可為"犬"。從"大"者有《鮮于璜碑》作哭、《侯成碑》作哭；從"犬"者有《鄭固碑》作哭、《熹平石經》作哭，點與横連寫，真書從"犬"。

"野"　《説文》從里予聲，古文野從里省，從林。秦篆從古文，漢代簡牘"野"皆作田、予、土，如馬王堆帛書作、，銀雀山漢簡作，居延漢簡作，未見作從"里""予"聲者。八分依照草隸楷化，如《曹全碑》作、《魯峻碑》作、《孫叔敖碑》作。另有依照《説文》小篆楷化，從里予聲，如《白石神君碑》作。

八分中有篆體隸定，也有純粹照搬篆體，同字會有兩種寫法，形成一字多形。如"玄"，《尹宙碑》作，《史晨碑》《白石神君碑》《曹眞殘碑》作，前者是篆書，後者是隸書。

八分書是講究書法藝術的形體，因此注重形體的變化，不僅是筆畫形態的變化，還有結構的變化，這點與後世的書法是相同的。變化形體不僅體現在不同文獻中，在同一篇文章中也要變化字形。採用種種方法，使用種種手段，求得形體的豐富變化。如《曹全碑》一碑內"曹"分别寫作、，這是省體與不省之變；"泉"分别作、，一個是依照篆體隸定，一個是類化出"水"的形體，兩字是隸變不同而成；《三老趙寬碑》"金"分作、，二字也是隸變異形。《肥致碑》"神"作、二形，衹是加點造成的異形；"葵"作、、三形，前二字書寫差異，後一字是草書省體楷化的俗體字。有的異形比較複雜，如《曹全碑》"生"有加撇和不加撇兩種，單寫加撇作，在字內如、就不加撇。

一字多形在晚期漢碑中不是個别現象，大部分是人們追求的結果，對後世的形體有很大影響。八分古今兼形，既有仿古從篆體、古文而得的古體結構，同時因為它處於隸書的發展階段，楷化大量當時的不同草隸而得的今體結構。如果我們把它排列起來就是隸變的一個階段，如果再與早期隸書銜接，就可以展示出隸變的全過程：

"昔"　、（馬王堆帛書），、（馬王堆漢墓遣策），、、、、（銀雀山漢簡），（郙閣頌），（鄭固碑），（校官碑）。

"為"　、、、（銀雀山漢簡），（肥致碑）。

"思"　（鄭季宣殘碑），、（馬王堆帛書），（銀雀山），（居延漢簡），（孫叔敖碑），（北海相景君銘、韓敕碑等），、（肥致碑）。

"因"　、（馬王堆帛書），（銀雀山漢簡），、、（居延漢簡），（白石神君碑），（尹宙碑），（史晨後碑）。

"恩"　、、、、、（居延漢簡），（甘谷漢簡），（劉熊碑），（北海相景君銘、史晨奏銘、曹全碑），《隸釋》卷一"原誤書作"。

"西"　、、、（馬王堆帛書），、（銀雀山漢簡），、、、（居延漢簡），（華山廟碑）。

"康"　、（馬王堆帛書），、、（居延漢簡），（孔宙碑），（鄭季宣殘碑），（衡方碑）。

春秋末出現的祥瑞體，以雲書、鳥蟲書為主，形象具體而繁瑣。漢代以來限於文字形體的條件，祥瑞體發生了很大變化，具體就變為抽象了。先秦和西漢的祥瑞文字是裝飾在器物之上，與花紋混合為一體，八分書的祥瑞體則是刻在碑上。漢代是迷信的時代，讖緯流行於朝，天降祥瑞是整個社會的願望，在兩漢的史籍中有大量記載，近年出土的未央宮木簡就是專門記錄祥瑞的宮廷檔案。桓靈兩朝，祥瑞屢發，轟動朝野。《後漢書・蔡邕傳》："木生連理，遠近奇之，多往觀焉。"建寧三年(170 年)，蔡邕召拜郎中，校書東觀，遷議郎。蔡邕與祥瑞現象有不解之緣，古人認為《夏承碑》為蔡邕所書，不無道理。

八分祥瑞書的起源，一說起於東漢前期章帝建初年間，張懷瓘《書斷》卷中引蔡邕云："扶風曹熹，建初稱善，……善懸針、垂露之法，後世行之。"蔡邕處漢末，他的説法應該可靠。曹熹是俗篆的宣導者，東漢前期正是繆篆發展出祥瑞書法的大好時機。從實例看，如以篆書言，祥瑞書早在西漢前期已經出現，如以隸書看祥瑞書也在西漢中期出現，到東漢前期相當成熟了。祥瑞進入石刻，東漢以陝西黃家塔永元二年(90 年)遼東太守墓之鳥蟲書刻銘為最早，開碑刻祥瑞書之先河。

古文字的結構基本是圖案性的，它處於標形文字階段，把描繪客觀事物作造字依據，成為圖案式的書法藝術。古文字鳥蟲書的裝飾性非常強，裝飾部分就是一個圖像，如"鳥"就是鳥形。隨著字形圖畫結構的喪失，漢代文字衹能採用那些抽象性的筆畫表示。東漢碑刻屬於銘刻書，以莊重典雅為特徵，因其字徑大，又經精細鐫刻，在充分的空間施以圖形性加工。漢碑中祥瑞書分佈較廣，有的碑刻用一種，有的用多種，最多的數《夏承碑》。《金石錄》記載，此碑在北宋元祐年間出土，明成化己亥(1479 年)知府在府後堂，見此碑僕地，"復樹堂之東隅，創愛石軒以覆之。"至嘉靖時，此碑不知下落，嘉靖二十四年(1545 年)知府唐曜重刻於漳川書院，後加楷書跋："乃取模本臨石置亭中"。一般認為此碑僅有木刻本、翻刻本行世，近年有舊拓出現，做整紙拓裱，與唐曜重刻本不同，或恐為明代原石拓片①。《夏承碑》字體方正，集篆籀隸楷於一體，字形怪誕，奇詭多姿，多有篆字結構，故翁方綱《兩漢金石記》卷八云："是碑上承篆籀、下開正楷，為古今書道一大關折。"其實不是篆隸變化過程中的產物，而是東漢之美術體。《隸釋・淳于長夏承碑》，洪适釋："此碑字體頗奇怪，唐人蓋所祖述漢字有八分、有隸，其學中絕，不可分別，梁庾元威作《書論》載隸有十餘種，曰：芝英隸、花草隸、幡信隸、鐘鼎隸、龍虎隸、鳳魚隸、麒麟隸、仙人隸、科斗隸、雲隸、蟲隸、龜隸、鸞隸，此碑蓋其間之一體。"西漢之璽印之鳥蟲書，多字僅見一字，一字內常見一筆至二筆，非整篇為之，亦非筆筆為之，《夏承碑》也是這個辦法，據筆者研究至少有蟲書、垂露

---

① 陳耀林：《〈夏承碑〉校讀記》，《書法叢刊》2001 年第 2 期。

書、垂芒書、鳥書、芝英書，此類祥瑞書出現在某些字的部分筆畫中。

八分書不能像篆體一樣有裝飾性很強的蟠曲綫條，衹能用彎曲筆畫來表示。即使這樣，八分書的雲書還是非常罕見。《夏承碑》中如流、道二字，有 3 筆曲折纏繞的雲書。漢代有些蟲書實際就是雲書，環繞屈曲似蟲。《夏承碑》幽，因為筆畫限制，無法拉長盤曲，衹能如蟲之短小。河北陵山漢墓出土錯金土鳥蟲書銅壺兩件。乙壺下腹銘文："口味，充閏血膚，延壽卻病。"對照彩繪棺和畫像石的圖案，明顯就是由流雲組成，當然就是雲書了。未央宮木簡載"精星晨光明，青黃氣"，此言景星光明，伴有五彩雲氣。尼雅彩錦織字"五星出東方利中國"，出自《史記·天官書》"五星分天之中，積於東方，中國利；積於西方，外國用(兵)者利"。五星指歲星、熒惑星、填星、太白星和辰星。古人認為，上天預知人間的禍福，並且通過天象顯示出來。《易》曰："天垂象，見吉凶。"這些都是近來發現的有關吉星的考古材料。

雲氣本是一種天象，古代設置專職，觀察雲氣之變幻。祥雲是祥瑞之雲氣，以往返盤旋為特點。雲氣寄托了長壽、升天等美好願望。《史記·秦始皇本紀》："眞人者，陵雲氣，與天地久長。" 雲氣也是其他祥瑞常用的襯托圖案。

漢代龍鳳的圖像在各地畫像石中十分常見，八分書比較少見，鳥書中有朱雀和鳳凰。唐韋續《五十六種書》："周文王時赤雀銜書集戶，武王時丹鳥入室，以二祥瑞，故作鳥書。"《夏承碑》的鳥書十分清晰，如庶、前等字內都有鳥形，其中一有鳥頭和鳥身，起筆處是抬起的鳥首，末尾是展開的翅膀，整個筆畫是鳥首連結飛翼，高度概括整鳥圖像，即蔡邕所謂"延頸脅翼，體似淩雲"之象。《熹平石經》的鳥書置於起筆，如我，首筆點呈鳥形，形如站鳥。龍書僅僅以龍頭象徵，《熹平石經》伯字之"人"旁，首筆分叉，大嘴表示龍頭。

垂露書，垂露為甘甜之露水，需要它滋養萬物。未央宮簡文謂之"香味甘如密"。《論衡·是應》："亦有露甘味如飴蜜者，俱太平之應，非養萬物之甘露也。"漢代頻頻降落甘露，宣帝元康元年(前 65 年)，甘露降未央宮，大赦。以甘露連降，因改年號為甘露。《後漢書·明帝紀》："十七年春正月，甘露降於甘陵。""是歲，甘露仍降，樹枝內附，芝草生殿前，神雀五色翔集京師。"自西漢社會上層興起祥瑞之説，甘露是祥瑞中最重要者。

甘露如下垂的露水狀，呈懸膽形，稱為懸露。安徽天長 19 號西漢中期墓葬，字體風格多樣，既有拘謹的扁體楷體，也有行草書，有書信牘，末行"……馬□足下"之"下"字長垂，尾端畫成圓形。

1981 年在武威新華鄉收集到"王杖詔書令"，第 6 簡以前為建始元年(前 32 年)之制書，後面有漢成帝元延三年(前 10 年)正月壬申下制書。在"建始元年九月甲辰下""元延三年正月壬申下"之"下"字末筆也呈長圓。1957 年武威磨咀子漢墓出土的王杖十簡，為明帝永平十五年(72 年)幼伯受王杖之事。比較特別的是,第 3 簡“建始二年九月甲辰下”之“下”字,末筆特别肥大。“下”字墨筆有特大的上肩下圓的筆畫,與垂露形狀逼真。王愔云:“垂露書,如懸針而勢不遒勁阿那,若濃露之垂,故謂之垂露。”

甘露書在八分碑刻中多見,《夏承碑》中有些字撇分成兩筆,下筆加了滴露,如傳字;有些轉折處加滴露,如己字;有些横也用甘露書起筆,如尋字。中平二年(185 年)《曹全碑》中某些字,如所、無、存、世等字,横波起筆有下垂露滴狀,也是垂露書。

靈芝,漢代稱作芝或芝草,未央宫木簡稱為靈芝,古人認為服之可長生不老。《史記·秦始皇本紀》載盧生説始皇曰:“臣等求芝奇藥仙者常弗遇。”《史記·孝武本紀》:“元封二年夏有芝生殿防内中。天子為塞河,興通天臺,若有光雲,乃下詔曰:‘甘泉防生芝九莖,赦天下,毋有復作。’”如淳曰:“《瑞應圖》云王者敬事耆老,不失舊故,則芝草生。”未央宫木簡記“芝生石上”。《後漢書·章帝紀》:建初三年“零陵獻芝草”。建初五年(80 年)“靈陵獻芝草”。章和元年(87 年)詔曰:“乃者鳳凰仍集,麒麟並臻,甘露宵降,嘉穀孳生,芝草之類,歲月不絕。”

綏德延家岔漢墓前室南壁畫像石,左右構圖相同,分别為男女墓主,以下均為玉兔搗藥與仙人捧芝草,寓意食之長壽。芝草葉左右對生,芝蓋為俯看的圓形。芝草書較為少見,僅見於《夏承碑》之字、東等字,書於起筆之點,上面一點如蓋而斜,其下有柄,乃芝英之側像,稱為芝英書[①]。

嘉禾之説起源很早,古書記載唐叔獻禾於天子,周公因此作《嘉禾》。嘉禾又叫嘉穀,對嘉禾的解釋也稍稍不同。《白虎通·封禪》:“嘉禾者,大禾也。成王時有三苗異畝而生,同為一隧(穗),大幾盈車,長幾充箱。”嘉禾的神奇處在於多穗多穀,《詩含神霧》云“堯時嘉禾七莖”。未央宫木簡中“十枝相交錯,其五枝合為一心”,“穗俱出,或已收獲,復生莖葉”等均言嘉禾之靈異。嘉禾、嘉穀在漢代圖畫資料中多見,兩者側重不同,形狀不同。一種强調其穗之豐碩。蔡邕《篆勢》:“紓體放尾,長短復身,頹若黍稷之垂穎,蘊若蟲蛇之棼緼。”陝西米脂官莊牛文明墓畫像石有耕田圖,其上就是成熟的莊稼,其穀穗沉甸甸,應該是嘉禾形象。横畫起筆斜出,長圓頭,與甘露寫法不同,呈豐穗形象,當是嘉穀書。另一種嘉禾是未結穗的禾苗,其特徵是主稈上生成交叉的禾葉。陝西神木大保當東漢畫像石墓門楣在天馬、四靈瑞獸之間刻嘉禾。這些嘉禾姿態婀娜,修長葉片交替互生。這種形象在字形中很難表示,衹有再進一步提煉,以最簡單的筆畫顯示。居延新簡發現了不少長筆實例,東漢光武帝建武六年(30 年)簡“年”字及後“案”字長垂皆為嘉禾書。日用書寫嘉禾書很難達到完善,大致衹是意思

① 陸錫興:《漢魏之祥瑞書法》,《中國書法》2012 年第 5 期。

而已。光和六年(183 年)《王舍人碑》篆額殘字“漢舍人王君之”六字,除了“王”字之外,每字皆為嘉禾書,其中“之”字葉尖向上,這是祥瑞書中僅見的向上伸展的寫法。這些禾葉彎曲自然,形象逼真,是祥瑞書中上品。熹平六年(177 年)《尹宙銘》嘉禾書,垂筆挺拔爽利,尾端尖鋭,風格不同。還有一種是單葉嘉禾書橫向,彎曲度大,尾梢向上。如建寧四年(171 年)《孔彪碑》有向左的長筆,如、,倒看為、,禾葉形象生動。又如曹魏太和五年(231 年)《曹眞碑》作等,比照朱然墓漆盤與《曹眞碑》的嘉禾書,後者僅僅少了一葉,態勢完全相同,《孔彪碑》則是簡單化處理。

漢魏祥瑞書十分常見,名目繁,變化多,現在常見者有以下幾種:

垂芒書,是指吉星發光,垂於人間。古代天象大致上可以分成兩類:一類是星象,另一類是雲氣。當時專門觀察、分析的人能占星、占雲氣。馬王堆 3 號漢墓出土了《雲氣雜占》和《五星占》,不過這個垂芒是星象方面的。《隋書・經籍志四》:“天地不壞,則蘊而莫傳,刼運若開,其文自見。凡八字,盡道體之奥,謂之天書。字方一丈,八角垂芒,光輝照耀,驚心眩目,雖諸天仙,不能省視。”八角意味八極,八方極遠之地。八角垂芒,寓意普天之下,照耀光芒,受到恩澤。

光芒的形象很難捉摸,衹有強烈的光芒在一定條件下會有放射性的光柱出現。古人對於這種射光稱為芒,《晏子春秋・諫上》:“列舍無次,變星有芒。”芒的原始含義是稻麥籽實上的尖刺,引申為鋒利的尖刃。《文選・張協・七命》“啟雄芒”,李善注:“芒,鋒刃也。”垂芒書在書法上有點特殊,它與甘露書、嘉穀書相區別。北魏王愔《文字志》:“懸針,小篆體也,字必垂畫細末,細末纖直如懸針,故謂之懸針。又曰倒薤書者,小篆體也,垂支濃直,若薤葉也。”所謂懸針即垂芒,所謂倒薤即嘉禾。垂芒書與嘉禾書的共同點都是有尖尾,但是垂芒書更加尖鋭,有的出現棱角,這是明顯特點。

延熹二年(159 年)《張景造土牛碑》,簡稱《張景碑》,其中“府”字鉤筆寫成長垂筆,為了平衡,略帶彎曲,尾端尖鋭如刀(圖 2 下 1-42)。永興二年(154 年)《李孟初神祠碑》中“年”字垂筆本來居中,因此筆直向下漸大,近尾突然轉折形成尖鋒。此兩者皆是垂芒書。《曹全碑》“或”字短撇,垂直而尾尖,亦宜為垂芒書。垂芒最多出現在起筆處,在橫畫之前端加向下尖鋭筆畫,如《禮器碑》之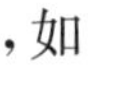、;也有斜出尖芒,如《夏承碑》之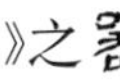、,《袁博碑》之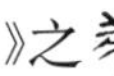,而挑筆有向上之芒。

圖 2 下 1-42

東吴天璽元年(276 年)《天發神讖碑》,又名《天璽記功碑》《孫皓記功碑》《天璽碑》等,宋代之前已經斷成 3 截。吴主孫皓十分迷信讖言,圖讖如潮起潮湧,連續不斷,兩次現出石讖,孫皓兩次改變年號,與石文相呼應。此碑文字形體古怪,古來多有議論。宋黃伯思曰:“建業有吴時《天發神讖碑》,若篆若隸,字勢雄偉,相傳乃象書也。"銘文從結構上看是篆書,但從筆畫看卻是方折,行筆有明顯的粗細變化,與魏晉時代的隸書接近,看起來若篆若隸。字形奇偉,下垂鋒芒陰森可怖。明郭宗昌稱為"牛鬼蛇神"。對於垂筆,人們已經聯想到當時背景。此碑筆畫轉折和横收筆處呈方形,如刀切一般,棱角分明,下垂如針之鋒芒。《天發神讖碑》既然是記載上天祥瑞的碑刻,它牽涉到"八角垂芒"。這些帶鋒芒形體就是一種篆字的垂芒書,這類垂芒書在當時十分盛行,漢代鏡銘採用較多。

垂芒書起於西漢後期,在東漢大行其道,影響所及,終於三國魏晉南北朝隋唐,遍於篆隸。靈帝時代是八分書的鼎盛時期,祥瑞書大放異彩。本文祥瑞書所引漢碑,除了《李孟初神祠碑》《張景碑》在桓帝時期,《尹宙銘》《夏承碑》《孔彪碑》《熹平石經》《曹全碑》《王舍人碑》皆在熹平年間,熹平時期是祥瑞書極盛階段。

第五節　八分之意義

隸書作為篆書的輔助形體,自漢代開始大量採用草書的結構,使得它與篆書的結構越來越遠,從規範性來説越來越差。篆書結構保存了大部分造字的依據,是標義文字的理論依據和邏輯關係,具有形體規範的作用,是隸書結構的標準。因此把那些離開篆字結構太遠的字形糾正過來,離開篆字結構太多的字減少一點,是一種比較好的選擇。隸書流行日久,有些字形已經廣為流通,進入了主流社會,適當保留是必要的。裘錫圭指出:"八分的形體實際上比這種'程隸'更接近小篆,所以纔會有取'程隸'二分取'李篆'八分的説法。"①陳淑梅説:"曾經在隸變過程中遭到破壞的漢字構形理據,在碑隸中得到了一定程度的回歸。東漢碑隸對隸變的直接結果——秦隸的規範,包括兩個方面:一是結構的規範,二是理據的規範。"②她説的"碑隸"應當理解為東漢後期的部分八分碑刻,八分書中採用了小篆的結構,可以起到規範的作用。八分畢竟不同於篆書,它被認為是加入篆書成分的史書,沒有全盤複製篆體,也與隸書保持一定的距離。東漢時期的篆體有兩種:一種是小篆,是秦漢的正篆,如《袁安碑》《袁良碑》即是代表。一種是改良篆體,即繆篆和曹熹篆,都是美化的俗篆。建初後曹熹創建篆體與李斯小篆不同,與繆篆也有所不同,繆篆用於印章,曹熹篆用法不限於印章,亦用於銘刻等場合,形體上很可能是在繆篆基礎之上的發展。八分書不僅採用秦篆,還採用了曹熹篆以及古文,它是一種類似繆篆的美化字體,從秦篆以及戰國古文字中演變而來,講究藝術性,要求均衡、飽滿、多變。曹熹篆作用與小篆相反,不是推動規範,而

① 裘錫圭:《文字學概要》,商務印書館1988年版,第79頁。
② 陳淑梅:《漢代碑隸構形系統研究》,上海教育出版社2005年版,第89頁。

是引起紛亂，八分書出現那些奇怪形體多出於此。八分的結構與篆字接軌，直接從篆體或者籀文楷化而來，因為楷化不同，形成了許多異構字，這些異構字與六朝的異構字相似，不為後世的楷體字接納，後人稱為“破體”。清丁傳《繆篆解》：“顧南原《隸辨》所輯之字，多破體，而核之六書，無一可説，次等尚是甄豐繆篆之餘習也。”這是説在史書中摻入了李斯之秦篆和曹熹之漢篆，所以史書中增加的篆書成分不是秦篆，而是曹熹篆。

林志強指出：“漢碑中除正常隸變者外，還有‘雖隸猶古’者和‘訛俗變體’者，都佔一定的比例，説明漢碑文字是一個糅雜的文字系統。”漢碑的訛混筆畫和結構，“俗字之所謂訛混，亦有一定規律可尋。”漢碑俗字約可分三類：即後世傳承之俗字、後世成為正字、後世無傳者[①]。漢碑的形體來源不一，來源不純，隸定多方。以後世的正體來決定哪些是俗體，哪些是正體。

《説文》：“從哭，從亾。”從亡，一為《鮮于璜碑》作 ，《武斑碑》作 ，《謁者景君墓表》作 ，《楊淮碑》作 。從亾，一為《楊著碑》作 ，後從此形為正體。類化誤從“衣”，《衡方碑》作 ，俗字。

粟　 、 (馬王堆帛書)， (曹全碑)，《白石神君碑》《西狹頌》作“粟”。

 、 (馬王堆帛書)， 、 (銀雀山漢簡)， (武威漢簡)， 、 、 (居延漢簡)。《説文》從人在宀下從草，下有仌。《隸釋》卷一：《九經字樣》曰，寒，隸省，《佩觿》云：寒，本作 ，是謂隸變。 (袁良碑)為正體， (復民租碑)為俗體。

 (馬王堆帛書)， 、 、 (居延漢簡)， 、 (曹全碑)， (劉熊碑)， (石門頌)， (孫叔敖碑)，以 為正體，其餘皆為俗體。

俗體的形體是錯體，淘汰是必然的。《隸辨》卷二“含”，顧按：“《説文》含，從口今聲，今俗從令，非。”又卷四“志”，顧按：“《説文》志，從心、從之，碑變從士，即士之異文，今俗因之。”俗體還會造成形體混淆，如《曹全碑》“陽”誤作為 ，與 之“易”相混，因而漢碑俗體後世不傳。

---

① 林志強：《漢碑俗字綴述》，《中國文字學報》第2期，商務印書館2008年版，第153—157頁。

第二章　承前啟後之魏晉八分

第一節　魏晉流行金針八分

《隋書・經籍志一》:"魏世又有八分書,其字義訓讀,有《史籀篇》《蒼頡篇》《三蒼》《埤蒼》《廣蒼》等諸篇章,訓詁、《説文》《字林》、音義、聲韻、體勢等諸書。""八分"之名在三國時期已為社會公識,但是史書之名依然有人使用。

八分書在後漢達到鼎盛期,它風格多樣,形體或規整、或靜穆、或華麗、或峻峭、或雄健、或纖柔、或有神仙氣。八分書是銘石書中的珍寶,是藝術作品。梁鵠,字孟皇,東漢末年書法家,受法於師宜官,以善八分書知名。史載曹操喜愛梁鵠八分書,懸之帳中,魏晉時宮中尚見梁鵠題署,傳《受禪碑》《孔羨碑》為梁鵠所書。《水經注・穀水》:"昔在漢世,洛陽宮殿門題,多是大篆,言是蔡邕諸子。自董卓焚宮殿,魏太祖平荆州,漢吏部尚書安定梁孟皇,善師宜官八分體,求以贖死。太祖善其法,常仰繫帳中,愛翫之,以為勝宜官。"晉衛恒《四體書勢》:"在祕書以勤書自效,是以今者多有鵠手跡。魏武帝懸著帳中,及以釘壁玩之,以為勝宜官。今宮殿題署多是鵠書。""鵠弟子毛弘教於祕書,今八分皆弘法也。"

三國時期緊接東漢末年,正當八分的鼎盛時期,但是入魏以後,風光不再,繁榮景象頓時消失。其原因有兩個:一是禁碑抑制了刻碑之風,使得八分書的使用場合減少。《宋書・禮志二》載建安十年(205年),曹操以天下凋敝,禁立石碑。禁碑詔令使得東漢以來立碑的風氣收斂,除了重大國事等,不能刻碑。二是眞書登上書壇,逐步成為正隸的代表形體。

文獻記載三國魏有很多善八分者。南朝宋羊欣《采古來能書人名》載:"陳留邯鄲淳,為魏臨淄侯文學。得次仲法,名在鵠後。毛弘,鵠弟子。今祕書八分,皆傳弘法。"《劉賓客嘉話錄》:"魏《受禪碑》,王朗文、梁鵠書、鍾繇刻,世謂之三絕。"

留存至今的三國魏的碑刻數量有限,且多為殘石。三國八分具有東漢後期八分的特點,字形方整,筆畫粗細變化大,帶有眞書筆法,筆端出鋒等。按照形體類型,三國魏的八分可以分為兩大類:一類以《正始石經》為代表,另一類以《曹眞碑》為代表。兩類的差別相當明顯。

重要碑刻有黃初元年(220年)《受禪碑》(又名《三絕碑》)、《上尊號碑》(又名《勸進碑》)(圖 2 下 2－1)、《孔羨碑》(圖 2 下 2－2)、青龍三年(235 年)《范式碑》、《張君殘碑》(圖 2 下 2－3)。這些碑刻的八分面貌與《熹平石經》相似，形體方正，筆畫多變，筆端出鋒，結構採用正隸，形體大體相同。有些特別的結構，如《范式碑》之、《張君殘碑》之、《熹平石經》一形一體，《張君殘碑》“”“”內“谷”寫法不同，一處兩點一畫，一處四點，與《熹平石經》完全一樣。

圖 2 下 2－1

圖 2 下 2－2

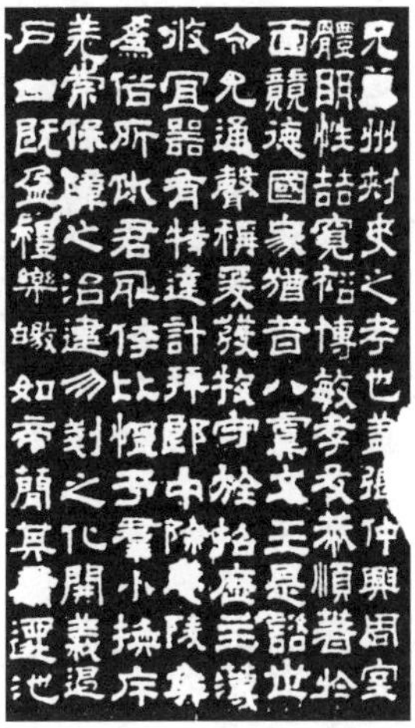

圖 2 下 2－3

《曹真碑》，碑陽正文，碑陰為題名。曹真卒於太和五年(231 年)，立碑在明帝末年。清代道光年間陝西西安出土。僅存殘石(圖 2 下 2－4)，現藏故宮博物院①。此碑縱橫劃綫成略扁的方格，文字充盈其內，基本成方形。《曹真碑》的八分呈現出奇怪的現象，眞書因素和古體因素從兩端發展，出現古今混雜的形體。此碑的眞書傾向十分明顯，點畫均用方筆，呈三角形，不同部位的點顯示出不同姿態，如之兩點；雙點如眞書一樣相互呼應，如；起筆蠶頭成頓筆，變為截方，橫畫起筆收筆有回鋒，如。波筆分出斜波，由細漸漸舒毫變粗，最後緩收右上出鋒；大捺替代波筆，如、之大捺，出鋒短撇用的更多，如、之撇；挑筆由長撇替代，尖出鋒，如字，僅有字等極少數保留挑筆；勾雖然保留大彎，但出鋒鋭利。豎筆上細下粗，有的有陰陽面的區別，如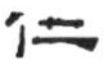之豎筆。勾已經出現如字的大反勾、內的小勾；從筆畫和結構來看，有些字已經是眞書，如。總之，大量眞書的筆畫在《曹真碑》顯現，而八分的基本特點已經不再佔重要的地位，衹是標誌性地保留在少數筆畫中，是唯一保留八分的字例。除此而外，漢代八分已經慣用隸書的字，此碑古風鬱鬱，刻意採用古體，好古用意昭然。如(若)同《斥彰長田君斷碑》，為籀文；從古文；、、

① 《曹真殘碑拓片》，《書法叢刊》1998 年第 1 期。

圖 2 下 2－4

圖 2 下 2－5

從小篆；有些結構没有差别的字，採用小篆筆畫，如仿小篆成，仿小篆成，此字與《尹宙銘》同。漢代後期八分結構以尊古、從俗為兩大特點。《曹真碑》中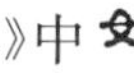（妖）、（其）、（能）等字，形體乖異，不合字法，為北朝俗書之前奏。

《王基碑》，全稱《東武侯王基碑》（圖 2 下 2－5）。魏元帝景元二年（261 年）立。清乾隆初河南洛陽城北 15 里處農民掘地得之，出土時，僅刻其半，碑之上段尚未刻鑿，鮮明書丹尚在。

《受禪碑》《上尊號碑》《曹真碑》《王基碑》近似，結法嚴整，用筆斬截，風神雄健清雋。

近年來，出土了一些民間的碑石和墓誌，雕刻之工不如大碑精細，卻反映了不同的風格。

四川都江堰渠首發現東漢建安四年（199 年）《大守守史郭擇、趙汜碑》，上寬 95 厘米、下寬 103 厘米、厚 25 厘米，通高 2.12 厘米。圓首，上有穿。碑文 15 行，414 字，可識别者 350 餘字。發掘報告發表了全碑拓影①。形體呈方，出鋒，與《王舍人碑》近，此後八分皆相似。

1999 年在山西晉城市澤州縣山河鎮拴驢泉發現摩崖石刻，稱為《拴驢泉石門銘》，據銘文所載，為正始五年（244 年）之物。9 行，共 95 字②（圖 2 下 2－6）。方體、方

① 成都文物考古研究院、都江堰市文物局：《四川都江堰渠首 2005、2014 年的發掘與調查》，《四川文物》2018 年第 6 期。

② 趙傑、趙瑞民：《晉城拴驢泉石門銘的勘查與研究》，《文物》2015 年第 2 期。

圖 2 下 2－6

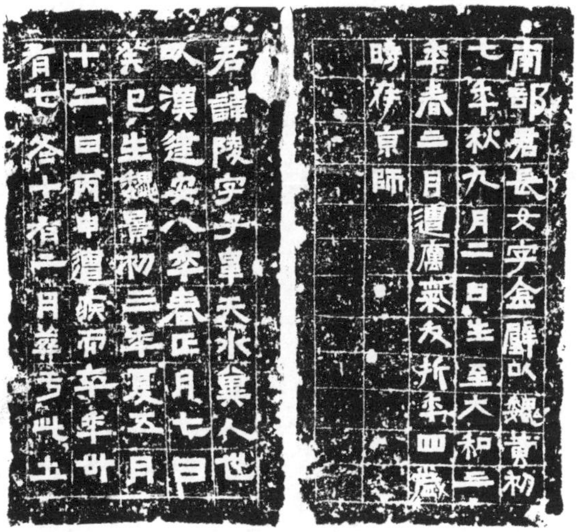

圖 2 下 2－7

筆，少有篆古，是當時的通行字形。

2015 年底河南新安磁澗鎮老井村古墓出土了一組家族墓誌，皆為灰青色磚，共 5 方，每方均高 28.5 厘米、寬 15 厘米。衹有 1 方兩面刻字（圖 2 下 2－7）。南部君生於東漢建安八年（203 年），卒於魏景初三年（239 年），5 方墓誌均為此時所刻[①]。墓磚字有方格，刻文較短，形體類似東晉墓磚，足見東晉磚文由來已久。

三國吳偏於東南一隅，雖不乏名士，留存八分很少，鳳凰元年（272 年）《谷朗碑》（又稱《吳九眞太守谷朗碑》）是較為著名的碑，宋代歐陽修《集古録》、趙誠《金石録》亦有著録。康有為把《谷朗碑》視作“眞楷之極”，審視此碑波磔收斂，氣息平和，多有眞書之態，但是間雜古體，依然是八分規模。但是東吳並非没有波磔舒展的八分，衹是留存至今比較少而已（圖 2 下 2－8）。

張王山東北坡 1 號、2 號東吳墓各出土磚地券 1 件，有“五鳳元年”（254 年）紀年。刻文，字内塗朱，不顯波磔，為簡陋史書[②]。

江寧縣棱角山東吳磚室墓出土墓磚，有“天册元年”（275 年）等字，書法簡陋[③]（圖 2 下 2－9）。

寧波市蜈蚣嶺 1 號磚室墓，墓内魚紋獸面磚右側有“永安三年”（260 年），左側字跡不清，右側有“太平三年”（258

圖 2 下 2－8

① 張宗子：《曹魏南部君墓誌》，《書法叢刊》2016 年第 4 期。
② 南京市博物館：《南京郊縣四座吳墓發掘簡報》，《文物資料叢刊》第 8 期，文物出版社 1983 年版，第 5 頁。
③ 南京市博物館：《南京郊縣四座吳墓發掘簡報》，《文物資料叢刊》第 8 期，文物出版社 1983 年版，第 10 頁。

年），為孫亮、孫休年號。左側似為“造□”，均為反書，年號字形橫畫伸展舒張，“永”字波舒緩，風格接近東漢八分[①]（圖 2 下 2－10）。

濱江開發區 15 號路六朝墓東吳末建衡元年（269 年）磚買地券，一面豎行陰刻券文，行間有綫相隔。4 行 71 字。簡陋分書（圖 2 下 2－11）[②]。

圖 2 下 2－9

圖 2 下 2－10

圖 2 下 2－11

圖 2 下 2－12

大塘嶺有大批漢代、六朝墓，1987 年發現四座東吳墓，93 號墓墓磚有模印八分銘文“永安六年作此冢”“永安六年師朱武所可安冢”（圖 2 下 2－12）。101 號墓南壁過

① 寧波市文物考古研究所、寧波市鄞州區文物管理委員會辦公室：《浙江寧波市蜈蚣嶺吳晉紀年墓葬》，《考古》2008 年第 11 期。

② 南京市江寧區博物館：《南京濱江開發區 15 號路六朝墓清理簡報》，《東南文化》2009 年第 3 期。

道兩旁各砌1方墓誌，墓誌刻“太平二年歲在乙丑七月六日建中校尉會稽剡番億作此墓圖冢師氏□□所處”“太平二年歲在乙丑七月六日建中校尉會稽剡番億作此圖冢客師未□處”[1]。

《古文苑》卷十七引三國魏牟準《衛敬侯碑陰文》：“魏《大饗群臣上尊號奏》及《受禪表》，覬並金針八分書也。”《上尊號碑》《受禪碑》為衛覬所書。《上尊號碑》又名《勸進碑》，全稱《魏公卿將軍上尊號奏》，又名《百官勸進表》《勸進碑》《上尊號奏》，與《受禪表》所刻時間、地點均相同，兩碑書風極相似，皆字形方峻。康有為《廣藝舟雙楫·分變》：“衛覬金針八分書及《受禪表》，皆有挑法者。”後人或以為“金針”是“金錯”之誤。康有為所説似有道理，然不確。金針者，近於懸針，本為篆法。如《天發神讖碑》橫畫起筆、豎筆之下垂如針者，如而、三所示。《熹平石經》中懸針收縮，藏於筆中，但是依然依稀可見，如人、在、與。至曹魏《三體石經》八分書變作放大的截面，如天、子、家。《曹真碑》針鋒四射，橫、點、波、鉤均有尖鋭出鋒，以像金針，如公、道、不、妖、貾。回到《受禪碑》十、未、皇，《上尊號碑》相、臣、大、若、月、軍，《受禪碑》與《上尊號碑》因為反復捶拓，使得字口變形失真，細微金針已經消失，但是基本形體還在，“十”“皇”“臣”等字橫之起筆處依稀可見上下皆有鋒芒，其他如“未”“大”“若”等字挑可見起筆處有類似的出鋒。景元二年(261年)《王基碑》，鋒芒尤其明顯，如府、永、烏、華、憐、哀、鑄、歎。《三體石經》刊於三國魏正始二年(241年)，其中八分書筆畫中有針芒，也是金針八分書。由此可知曹魏之時金針八分書形成帶鋒刃的筆畫，是主流的八分書。吾丘衍《三十五舉》之十七舉：“隸書人謂宜扁，殊不知妙在不扁，挑拔平硬，如折刀頭，方是漢隸。”

針是芒中最尖鋭者，垂芒當時稱之為金針。牟準謂《受禪表》是金針八分書。而王羲之《題衛夫人〈筆陣圖〉後》：“八分更有一波，謂之隼尾波，即鍾公《泰山銘》及《魏文帝受禪碑》中已有此體。”可知隼尾波即金針八分書。隼為猛禽，善於空中搏擊，其尾長，可以展開，強而有力。所謂隼尾波，左撇曰波，右捺曰磔，就是八分之左撇，最具特徵是撇之收筆。《受禪碑》之隼尾波為月，實際在橫畫起筆也用了，如愷。西晉成公綏《隸書體》：“若乃八分璽法，殊好異制。”有人認為璽法就是印章密排的章法，這是誤解。魏晉的印璽採用垂芒書，如新出土的三國曹休印和西晉劉弘印皆是這種書體，可以證明。但是八分不宜採用長垂筆畫，多用字內小筆畫或者筆畫出鋒出棱表示，如《曹全碑》。這種八分璽法影響甚大，形成魏晉時期八分筆畫鋒芒棱然。

[1] 張恒：《浙江嵊縣大塘嶺東吳墓》，《考古》1991年第3期。

第二節　昌盛之西晉八分

靈帝時期為八分鼎盛階段，直接傳佈西晉，西晉八分乃後漢的餘脈。西晉衛恒《四體書勢》云靈帝好書時多能者，梁鵠“在祕書以勤書自效”，今宮殿題署，多是鵠書，“鵠弟子毛弘教於祕書，今八分皆弘法也。”《法書要錄》卷一：“滎陽陳暢，晉祕書令史，善八分。晉宮觀城門皆暢書也。”

西晉把八分書當作篆書來寫門額，可見當時八分書的地位不低於篆書。從出土的石刻文字看，西晉社會的分隸使用很廣，使用的機會相當多，遠遠超過曹魏。

西晉延續曹魏做法，再申禁碑令。《宋書・禮志二》載西晉武帝咸寧四年(278年)詔曰：“此石獸碑表，既私褒美，興長虛偽，傷財害人，莫大於此，一禁斷之。”禁碑時間一長，人們也有辦法應對，把墓石縮小，埋於壙中，稱為墓誌，或者依然稱作碑，如《徐夫人管洛墓碑》《任城大守夫人孫氏之碑》等。有的形制類碑，稱作墓誌，如西晉《石尠墓誌》，長方形豎石，碑的正面、背面、側面都有銘文，卻自書“石尠墓誌”。這是古代石刻制度的一個重大轉折，墓誌由此成為大宗石刻文字的載體。

現見八分西晉碑誌比曹魏多。重要的有(依時間為序)：泰始六年(270年)《郛休碑》(圖2下2－13)、泰始八年(272年)《任城太守孫夫人碑》、咸寧四年(278年)《辟雍碑》(圖2下2－14)(亦稱《皇帝三臨辟雍碑》《大晉龍興皇帝三臨辟雍皇太子義再蒞之德隆熙之頌碑》)、太康元年(280年)《魯銓墓誌》、太康十年(289年)《齊太公呂望表》、泰熙元年(290年)《杜謖墓門題字》(圖2下2－15)、永平元年(291年)《徐夫人管洛墓碑》(圖2下2－16)、元康元年(291年)《成晃墓誌》(圖2下2－17)、元康三年(293年)《裴祗墓誌》、元康五年(295年)《荀岳墓誌》(圖2下2－18)、元康六年(296年)《賈充妻郭槐柩記》、元康九年(299年)《徐美人墓誌》(亦稱《徐義墓誌》)、永康元年(300年)

圖2下2－13

圖2下2－14

圖2下2－15

圖 2 下 2－16

圖 2 下 2－17

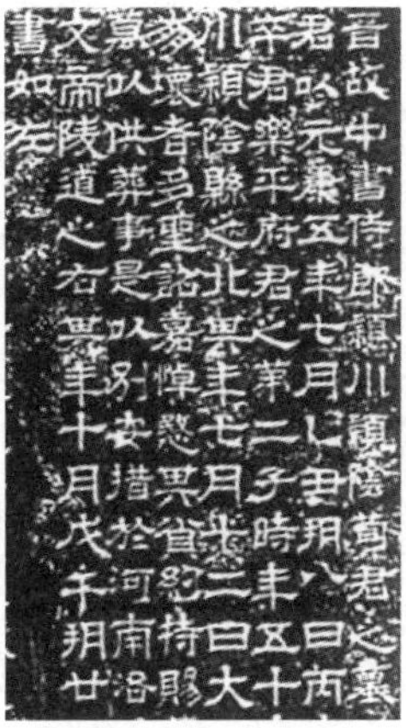

圖 2 下 2－18

圖 2 下 2－19

《左棻墓誌》(圖 2 下 2－19)、永康二年(301 年)《劉寶墓表》、永寧二年(302 年)《孫世蘭女墓誌》、永嘉元年(307 年)《王浚妻華芳墓誌》及魏晉時的《楊駿墓誌》等。

其中不少碑誌是近年來考古出土，主要在河南洛陽一帶。

孟縣文管所藏嘉慶初年河南孟縣西村出土石刻，“晉故振威將軍鬱林太守關内侯趙府君墓道”。

1925 年洛陽縣劉家坡村出土元康元年(291 年)《晉故處士成君之碑》(圖 2 下 2－20)，碑首有篆額，八分書[①]。

1953 年到 1955 年，在洛陽西晉都城城西發掘了西晉墓葬 54 座，出土了一些重要的碑刻，如 8 號墓的《徐美人墓誌》、第 22 號墓的《孫世蘭女墓誌》以及太康八年(287 年)殘墓誌[②]。

元康九年(299 年)《徐美人墓誌》題《晉賈皇后乳母

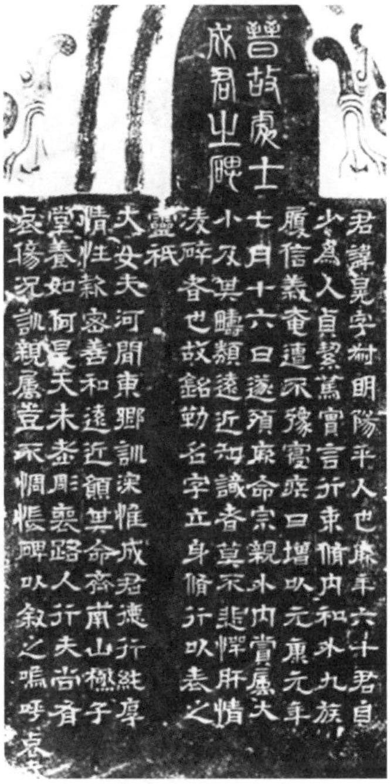

圖 2 下 2－20

① 河南省文物研究所、河南省洛陽地區文管處：《千唐誌齋藏誌》，文物出版社 1989 年版。
② 河南省文化局文物工作隊第二隊：《洛陽晉墓的發掘》，《考古學報》1957 年第 1 期。

美人徐氏之銘》(圖 2 下 2－21),圭首方趺,高 93 厘米、寬 52 厘米,正、背面皆有刻文,正面 22 行,滿行 33 字,背面 16 行,滿行 23 字,插圖為碑陰。

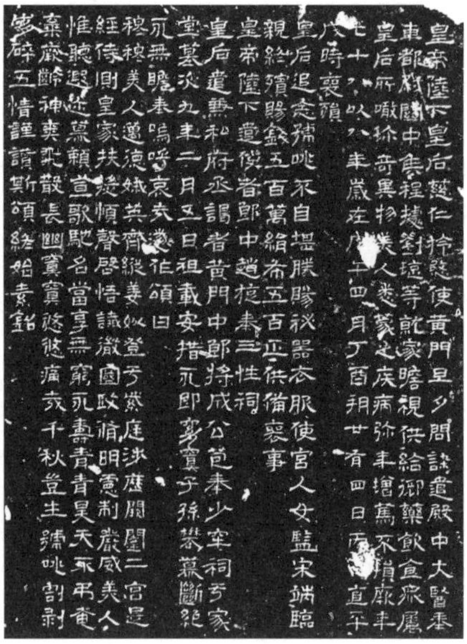

圖 2 下 2－21

圖 2 下 2－22

永寧二年(302 年)《孫世蘭女墓誌》(圖 2 下 2－22),為"晉尚書郎北地傳宣故命婦孫世蘭墓誌",11 行,滿行 14 字。字形扁,波筆肥碩,筆尖出鋒。

西晉都城城西 1 號墓出土太康八年(287 年)殘墓誌(圖 2 下 2－23),故字筆畫平直刻板,短捺直而微微向上收鋒,人字波、挑開張,筆尖上挑,開《爨寶子碑》字體的風氣。

圖 2 下 2－23

圖 2 下 2－24

泰始八年(272 年)《任城太守孫夫人碑》(圖 2 下 2－24),全稱《晉任城大守夫人孫氏之碑》,僅僅晚於《南鄉太守郛休碑》兩年,與吳鳳凰元年《九眞太守谷朗碑》同年立。此碑在山東新泰新甫山下,乾隆年間受到注意。碑有穿,沿襲漢代碑石制度。碑額、碑文皆八分書,碑文 20 行,滿行 37 字。碑文文字剝蝕嚴重。于航中認為此碑:"《衡方》《張遷》《孔羨》一路風格,方正板實,方筆出鋒,有些小部件用篆意圓筆,曲綫柔圓。"①

太熙元年(290 年)《杜謖墓門題字》(圖 2 下 2-25),四川成都雙流縣出土。題字:"君姓杜,諱謖,字偉輔,前縣功曹門下督議掾都督嗇夫,年五十八。以泰熙元年二月十一日,於成都萇樂鄉宜陽里,素有冢地,中造墓壹區入藏。"凡 55 字②。此刻為西晉中期,横畫基本無波,唯有捺筆上挑,其他筆畫方起方收,木訥稚拙,與《爨寶子碑》相近。《文氏墓表》與《杜謖墓門題字》風格類同,形體相近,為東晉墓誌形體的前奏。

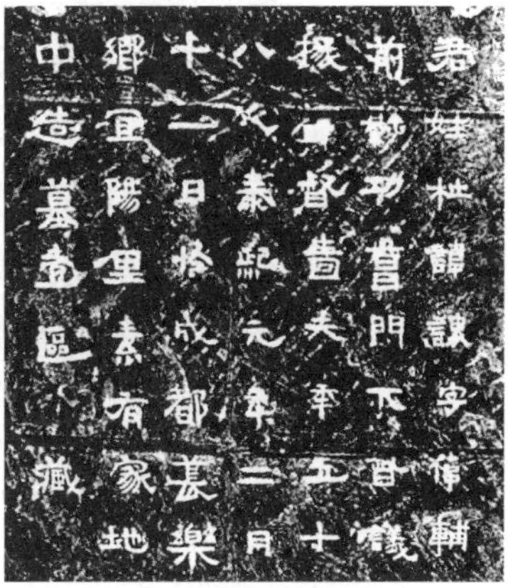

圖 2 下 2-25

太康元年(280 年)《涼州都尉魯銓墓表》,6 行,行 6 字(圖 2 下 2-26)。

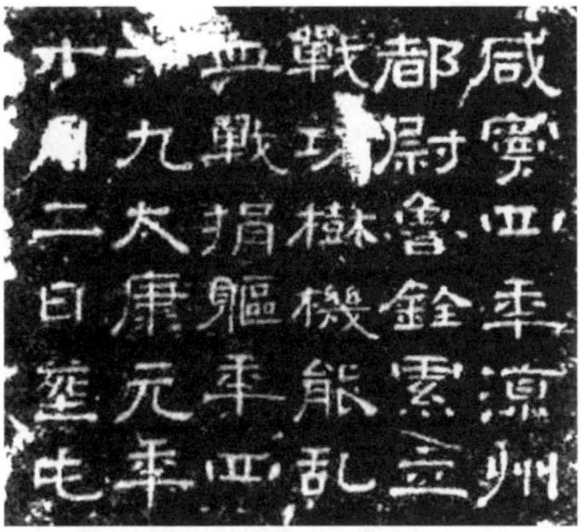

圖 2 下 2-26

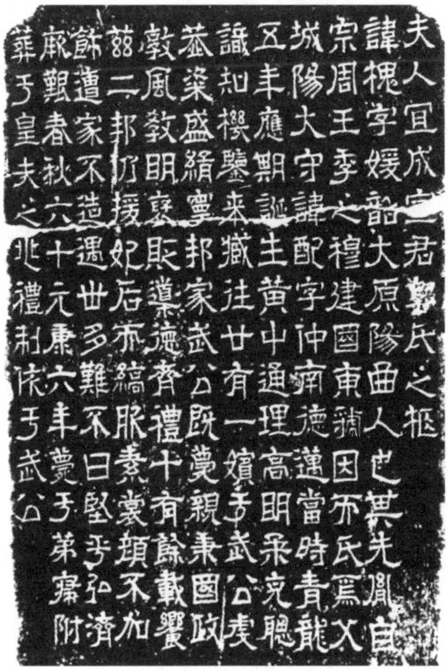

圖 2 下 2-27

元康六年(296 年)《賈充妻郭槐柩記》(圖 2 下 2-27),1930 年洛陽平樂村出土,圭首方趺,石高 76 厘米、寬 31.2 厘米。12 行,行 15 字。

① 于航中:《晉〈任城太守孫夫人碑〉》,《書法叢刊》1989 年第 18 期。
② 胡海帆:《晉〈杜謖墓門題字〉》,《書法叢刊》1996 年第 2 期。

《韓壽墓表》出土於邙山南坡，為圓柱方表，殘缺，全文“晉故散騎常侍驃騎將軍南陽堵陽韓府君墓神道”，現在完整的字僅存“侍驃騎將軍南陽堵陽韓”，帶隸意之正方真書[①](圖 2 下 2－28)。

圖 2 下 2－28

圖 2 下 2－29

圖 2 下 2－30

元康三年(293 年)《裴祇墓誌》，長方形，置於石座上，正、背面刻字，面有字 6 行，行 12 字。字體近《晉辟雍碑》，墓主死於晉惠帝元康三年七月，正八王之亂初起[②]。徐州市鼓樓區距地表 8 米深處出土殘碑 1 塊，殘長 42 厘米、寬 39.4 厘米、厚 16 厘米。字有界格，格長 4 厘米、寬 3.3 厘米。字體偏長，波小而上揚，似《爨寶子碑》而略收斂(圖 2 下 2－29)。根據殘文，此碑當為西晉元康或太康年間[③]。

元康八年(298 年)《西晉趙氾墓表》，碑首圓形有螭龍俯伏，下有長方趺座，碑額八分“晉故宣威將軍趙君墓中之表”，正文八分 15 行，行 23 字(圖 2 下 2－30)，洛陽出土[④]。

西晉《楊駿碑》(圖 2 下 2－31)，收入洛陽市文物工作隊《洛陽出土歷代墓誌輯繩》[⑤]。

永康二年(301 年)《劉寶墓表》(圖 2 下 2－32)，1974 年鄒城發現，篆書題額“晉故”，表文“侍中、使持

① 黃明蘭：《西晉散騎常侍韓壽墓墓表跋》，《文物》1982 年第 1 期。
② 黃明蘭：《西晉裴祇和北魏元暐兩墓拾零》，《文物》1982 年第 1 期。
③ 劉尊志：《徐州出土晉代記事碑及相關問題略考》，《中原文物》2004 年第 2 期。
④ 游學華：《西晉趙氾墓表》，《書法叢刊》2015 年第 5 期。
⑤ 洛陽市文物工作隊：《洛陽出土歷代墓誌輯繩》，中國社會科學出版社 1991 年版。

節、安北大將軍、領護烏丸校尉、都督幽并州諸軍事、關内侯高平劉公之銘表。公諱寶，字道眞，永康二年正月……二十九日……”[①]

圖 2 下 2－31

圖 2 下 2－32

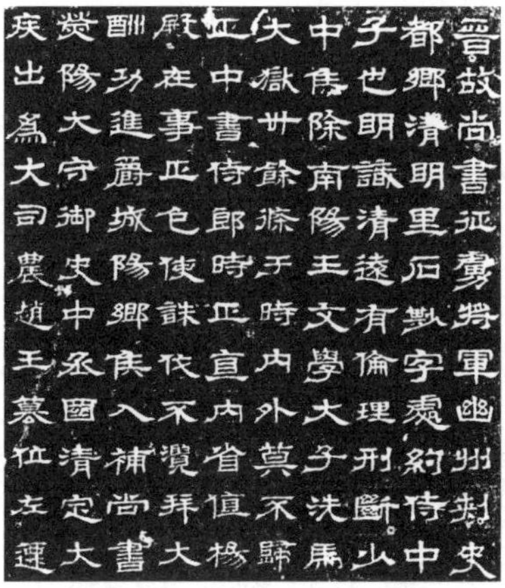

圖 2 下 2－33

永嘉二年(308 年)《石尠墓誌》(圖 2 下 2－33)，1919 年洛陽城北出土，全稱《征虜將軍幽州刺史城陽簡侯石尠墓誌》，碑文 19 行，正面 10 行，碑陰 9 行，滿行 20 字，碑側有小字刻文[②]。

偃師杏園村的兩座 34 號晉墓殘碑，有殘碑 1 通，殘高 44 厘米、寬 45 厘米、厚 11 厘米，下有榫頭，刻插於碑座(圖 2 下 2－34)[③]。

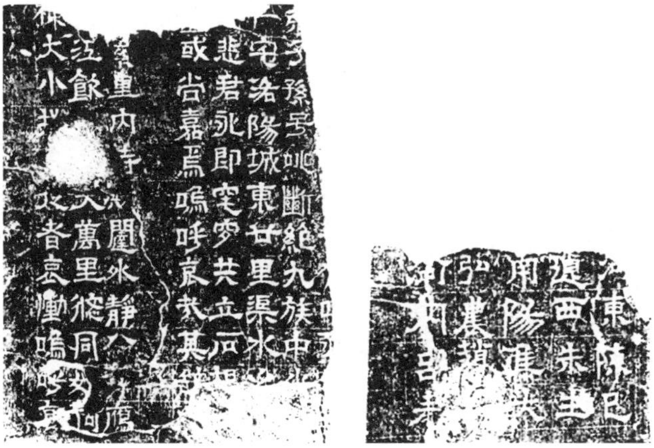

圖 2 下 2－34(正面、背面)

① 山東鄒城市文物局：《山東鄒城西晉劉寶墓》，《文物》2005 年第 1 期。

② 文物編輯委員會編：《晉〈石尠墓誌〉》，《書法叢刊》第 18 輯，文物出版社 1989 年版。

③ 中國社會科學院考古研究所河南第二工作隊：《河南偃師杏園村的兩座魏晉墓》，《考古》1985 年第 8 期。

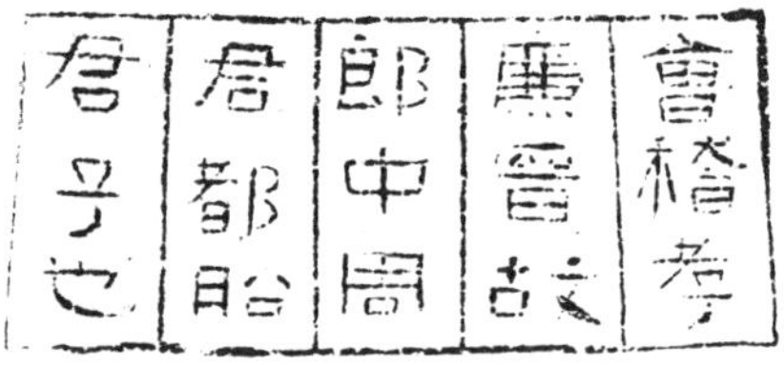

圖 2 下 2－35

西晉字體中的八分書一般用於紀念性場合，墓誌屬於此類，墓磚用眞書，但也有用八分的。例如浙江餘姚梁輝鎮九頂山墓出土墓磚 1 件，長 33 厘米、寬 17 厘米、厚 5.7 厘米。陽文“會稽孝廉晉故郎中周君都船君子也”（圖 2 下 2－35），磚側模印“太康八年八月己亥朔工張士所作”①。

晉隸扁平方直，如“永嘉世天下荒余廣州皆平康”“永嘉七年癸酉皆宜價市”②（圖 2 下 2－36）。

圖 2 下 2－36

圖 2 下 2－37

浙江寧波市北侖姚墅村鳳凰山 4 座兩晉紀年墓出土多件銘文磚，有“泰元元年八月孫浮立作”“寧康三年九月十日”“太康八年歲在丁未七月十五日康申造”“太安三年八月十一日會”“太熙元年八月韓朝作工”（反書）、“晉故都尉”“造功楊都熙□”等，大部為八分，衹是模印文字呆板而已（圖 2 下 2－37）③。

南京板橋鎮晉墓出土的砌牆墓磚有文字和花紋，絕大部分模印在磚的側面和兩端，文字多印於側面，個別字的偏旁為反體，皆為八分，或八分意味的眞書。文字有“太康九年八月十三日”“永寧元年七月十七日就作磚壁”“大中大夫高平太守侯府君年七十三薨”“居丹楊江寧賴鄉齊平里”“吳興陽羨人”等（圖 2 下 2－38）④。

寧波市蜈蚣嶺 16 號磚室墓，木磚側模印陽文有帶框“元康元年八月造作用吉土”“元康元年八月造作用”，又有“中夏里夏丹楊”“□安二年十月曹廣永”（反書）（圖 2 下 2－

① 王蓮瑛：《餘姚西晉太康八年墓出土文物》，《文物》1995 年第 6 期。

② 陳鴻鈞：《康寧廣州——廣州晉墓“永嘉”篆銘紀略》，《文物天地》2013 年第 12 期。

③ 寧波市文物考古研究所、浙江寧波市北侖博物館：《浙江寧波北侖鳳凰山兩晉紀年墓葬發掘簡報》，《南方文物》2013 年第 3 期。

④ 南京市文物保管委員會：《南京板橋鎮石閘湖晉墓清理簡報》，《文物》1965 年第 6 期。

39)，後者可能是利用舊磚①。元康元年(291 年)的磚文字跡呆板，八分平直的特徵清楚。後者字跡近於手書，但是依然保持八分的平直方正的格局。

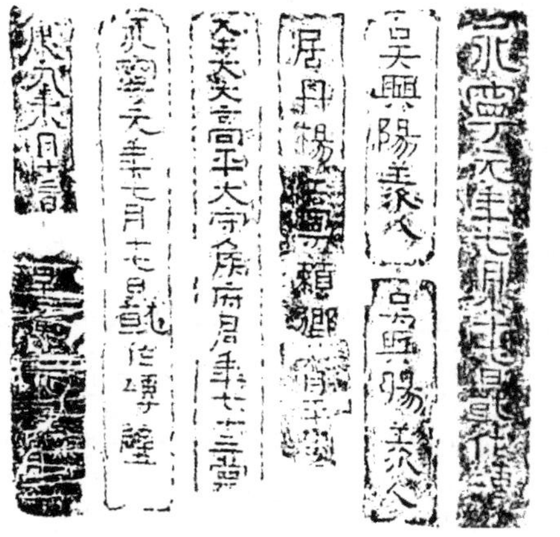

圖 2 下 2－38

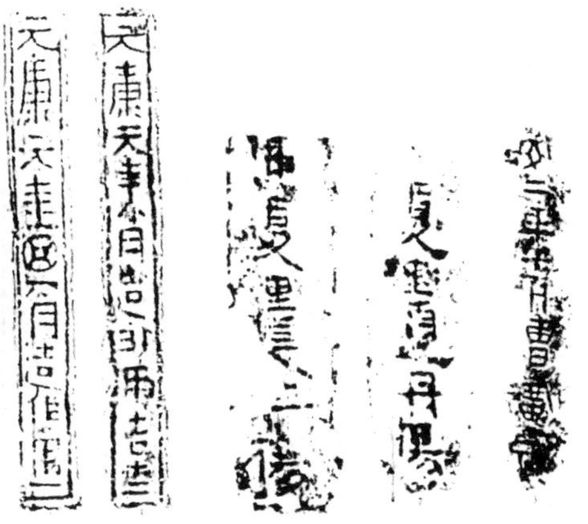

圖 2 下 2－39

馬鞍山桃沖村 2 號西晉墓墓磚側有“建興四年八月五日辛酉”“建興四年太歲在丙子”等字②。

西晉流行於漢魏洛陽和洛陽以東偃師一帶的碑刻文字，風格相同，筆法相近，施安昌稱為西晉洛陽體，“時間延續了四十年左右，因此可以認為反映了那時洛陽、偃師一帶的一種書體。《辟雍碑》立碑較早，書寫謹嚴，是這種書體的代表作”。西晉時期的八分與曹魏接近，《辟雍碑》與曹魏的《孔羨碑》《受禪表》等比較，“曹魏碑結體莊茂敦厚，筆法強勁挺拔”，《辟雍碑》“疏雋，雄強之勢減，造作之氣增”，“已無復漢隸醇茂之意”③。這是對西晉碑誌八分書體描寫，但不是形體結構的描寫。西晉碑誌的八分與曹魏有繼承關係，也有革新，且以革新為顯著。

西晉碑誌可以分為三類：一類形體略扁，波磔分明，以《成晃墓誌》《裴祗墓誌》《荀岳墓誌》《左棻墓誌》《劉寶墓表》《孫世蘭女墓誌》《楊駿墓誌》為代表；一類波磔不興，橫平豎直，方形，筆畫稚拙，但少量波磔誇張，筆尖翹起，以《杜謖墓門題字》、太康八年殘墓誌為代表；一類形體正方，多眞書意味，筆端鋒芒淩厲，以《三臨辟雍碑》《韓壽墓表》為代表。三類之中，以第一類為沿襲漢魏八分而來，屬於傳統派；第二類變化較大，與眞書接近，屬於革新派；第三類簡陋木訥，依靠少許筆畫虛張聲勢，無疑是八分之別派。三者對後世皆產生影響，東晉南北朝的八分都可以從中找到源頭。

金針八分書從此流行，西晉碑刻、東晉墓誌，如《爨寶子碑》的離奇銳角筆畫也由

---

① 寧波市文物考古研究所、寧波市鄞州區文物管理委員會辦公室：《浙江寧波市蜈蚣嶺吳晉紀年墓葬》，《考古》2008 年第 11 期。

② 馬鞍山市文物管理所、馬鞍山市博物館：《安徽馬鞍山桃沖村三座晉墓清理簡報》，《文物》1993 年第 11 期。

③ 施安昌：《西晉洛陽體析》，《書法叢刊》1992 年第 1 期。

此而來。北朝的魏碑體鋒芒畢露，後人稱為斷刀頭或折刀頭者，即金針之遺制。唐代天寶體八分書依然堅持金針寫法，可以唐玄宗的八分為最佳代表。

西晉金針八分書又比曹魏更加棱刺明顯，如《辟雍碑》之大、石、哉、在，也用在横畫，如士、皇；也用在挑筆，如於、久、有；也用於撇筆，如興、越，還出現了帶有3個針尖的短撇侵。横畫等收筆出兩個鋭角非常突出，如西、不。此後的隼尾波又有新的形態，兩角伸出，中間凹下，下角長於上角，如《孫世蘭女墓誌》波筆子、于、就，横畫起筆亦如波筆，如安、六。《石尠墓誌》波筆如大、史幾乎相同。比較《辟雍碑》于與《孫世蘭女墓誌》于，《辟雍碑》大與《石尠墓誌》大，顯示筆畫上的針鋒不斷鋭化。東晉《爨寶子碑》的波筆不僅尾端翹起，頭端也是如此，差不多時間的北涼八分體，其波磔特徵幾乎相同，波磔向上翹起，四面出鋒。這種筆畫起源於漢代的《夏承碑》，具有濃烈的裝飾性，對形體發展並没有意義，卻在一段時間内使得八分的形體特徵非常强烈，形象鮮明，與日益壯大的眞書相區别。

如果把個别因素撇開，西晉八分形體依然在向眞書靠攏，結體方正已經是常式，而且出現了新的輪廓，改扁方為長方，元康到太康年間的《賈充妻郭槐柩記》、徐州鼓樓殘碑即是實例。筆畫間眞書成分不斷滋長，横畫起筆的圓潤的蠶頭變作截方的折刀頭，挑筆尾稍向上出鋒，形成方頭，短撇起筆露鋒起筆又出鋒，形成上下兩個尖筆，部分捺筆變小，部分轉折採用方折，行筆提按雜用楷法等。

西晉碑誌採用正隸，形體與《熹平石經》和《正始石經》一致，大部分八分少有俗體，但是有少量古體。有些墓誌字形比較隨意，如《徐美人墓誌》中陸(陛)、醫(醫)、御(御)、疾(疾)、喪(喪)、哉(哉)、爽(爽)、飛(飛)、悠(悠)，字多錯體，有的是書寫隨意所致，在這樣高等級的墓碑出現以上情況，可見訛體錯字流行之廣。

第三節　變化中之東晉南朝八分

晉室南渡，喪亂之餘，碑禁廢弛，公卿世家乃至地方豪族刻碑已成風氣。《晉書·孫綽傳》："溫、王、郗、庾諸公之薨，必須綽為碑文，然後刊石焉。"又《江惇傳》："(永和九年卒，)友朋相與刊石立頌，以表德美云。"東晉碑刻少有巨製大碑，傳於今數量很少，現在能見到的都是清代發現的碑刻，最著名的是雲南的《爨寶子》《楊陽神道闕》、南京的《劉媚子墓誌》《王建之墓誌》以及遼東的《好大王碑》。《好大王碑》為高句麗所刻，歸入東晉碑刻。東晉用墓誌替代了墓碑，使用相當普遍，數量激增。現今發掘到東晉重要墓葬，壙内大多有墓誌，但是墓誌以磚誌為多，石誌為少。

江蘇吳縣張陵山張氏4號墓墓磚，銘文有"晉故蒼梧太守散騎常侍墓""君以太寧三年歲在乙酉六月四日戊申丙夜卒"等(圖2下2－40)。一方石墓誌置於墓道中間，碑圓首，有穿，通高 68.1 厘米、碑高 45.6 厘米、寬 29.5 厘米、厚 13.5 厘米，穿徑 4.7 厘米。座高 12.5 厘米、寬 34.5 厘米、厚 19.5 厘米。碑之正反兩面刻文，欄以綫格，横竪各 7 格，每面 49 字，為太寧三年(325 年)《晉故蒼梧太守散騎常侍張鎮墓誌銘》(圖 2 下 2－41)。報告祇出碑之照片，没有公佈拓影。另外，1 號墓除了發現眞書磚文，也發現分書墓磚，“永和十一年八月四日作”“上甫一千六百”(圖 2 下 2－42)。以上墓誌磚文皆為分書，墓誌書法凝重，而墓磚清逸，與手書相仿。[①]

圖 2 下 2－40

圖 2 下 2－41

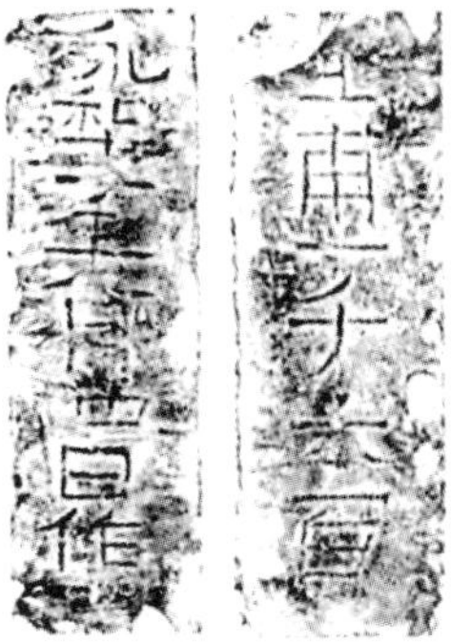

圖 2 下 2－42

南渡後東晉太和六年(371 年)《王建之墓誌》書、散及其妻《劉媚子墓誌》(石誌)為東晉新八分，如人、来、生，有眞書的點撇，而筆畫截方，筆畫粗實，少起伏，筆畫起訖有鋒芒。東晉的《爨寶子碑》，為東晉安帝乙巳年(405 年)刻，形體又變化。有横畫一變本加厲，不僅兩端飛翹，如春、晉。有的筆畫分叉成兩個尖角，而三角點開始大量使用，如秋、將。因為顯示鋭角，方折處寫成直角，如時的部件“日”和“晉”之“日”皆同。在河西走廊發現的十六國八分書，較為著名的《且渠安周造佛寺碑》，立於北涼且渠安周承平三年(445 年)。《且渠安周碑》發展了這種風格，飛翹出鋒更加鮮明。十六國時期的分隸是以横畫兩端飛翹、三角點、直角轉折為特點。這些特點在北魏《韓弩眞妻王億變碑》、龍門二十品中《鄭長猷刻石》等也能見到，是晉八分的延續。

八分體楷化是指用楷法寫八分，所謂八分楷寫是指用眞書筆畫和態勢寫八分。首見於永和十二年(356 年)《王康之墓誌》，文字分隸與眞書混合，筆畫之間尚有分隸

① 南京博物院：《江蘇吳縣張陵山張氏墓群發掘簡報》，《南方文物》2005 年第 4 期。

殘留,但是眞書斜勢得到體現,如永、男、子、石即為例子①。首見於南朝宋大明二年(458年)的《爨龍顔碑》,屬於此類書法,採取眞書的斜勢,如文、寧依然保留部分兩晉分隸的三角點和飛翹橫畫。前期用眞書楷法寫八分。

圖2下2-43

《爨寶子碑》全稱《晉故振威將軍建寧太守爨府君之碑》(圖2下2-43),清代阮元訪得,在今雲南省曲靖縣南揚旗田出土。碑石高5尺有餘,碑文13行,滿行30字,下列職官題名13行,共403字,字大徑寸。爨寶子生於東晉孝武帝太元七年(382年),卒於東晉安帝大亨四年(405年),撰碑文時未知大亨年號未行,實際為義熙元年。《爨寶子碑》,人稱"奇姿百出",或"在隸、楷之間"。筆者總結了三個特點:第一,眞書的架勢,外形成正方或長方,採用眞書筆畫,如歌、秋多用三角點,是眞書點的變形,因此雖然有誇張的波磔,大部分是眞書骨架,有的就是眞書,如其。這就是所謂"在隸、楷之間"説法的原因。第二,雜有八分及後期破體,寧(寧)、穆(穆)、顯(顯)、嚮(向)、集(集)、發(發)。細分的話,部分是異體字,寧從穴,見於《衡方碑》,衹是丁聲少了一横;顯見於《綏民校尉熊君碑》,嚮上"鄉"加點見於《曹全碑》,從"雍"類化為鄉,可見異體並非東晉新創。大部是異寫字,不過寫法上的變化,有的減省,有的小變,如集下之木、發内之弓。眞正可以算作異體的是穆,右下部分任意改變,把下面彡改為一横和兩八,而且把横畫搬家,三撇脱離,這樣的寫法恐怕是為了結構上的安排,嚴格地説也非異體,衹能算俗寫。第三,新的八分形態,比較顯眼的波磔,兩端飛翹,如太、春、軍,有的是波強而磔弱,如晉,還有多飛,如威有四飛,建有雙飛,字字出鋒,鋒芒逼人。西晉的八分已經出現隼尾波,特徵之一是波重、收筆出分叉翹起,《爨寶子碑》兩邊飛揚的分隸來源於西晉,如《辟雍碑》春、于、深等,飛勢明顯,《爨寶子碑》再加誇張而已。東晉使用折筆飛翹這類書法是有原因的:八分結構越來越弱化,失去本有的規則,與眞書難以區別,因而用誇張的波磔保持它形體的特徵。

20世紀50至60年代在南京多次發現東晉墓誌,南京挹江門外老虎山1號東晉墓出土了永和元年(345年)眞書磚刻《顔謙婦劉氏墓誌》②。這個簡陋的磚誌並没有

① 南京市博物館:《南京象山11號墓清理簡報》,《文物》2002年第7期。
② 南京市文物保管委員會:《南京老虎山晉墓》,《考古》1959年第6期。

引起人們的注意。在 60 年代中期，連續出土了數件東晉八分意味的墓誌。

1962 年鎮江磚瓦廠 2 號東晉墓發現磚誌 2 方，表面塗黑漆，文字面內向相對。兩磚連讀，為升平元年(357 年)《劉剋墓誌》(圖 2 下 2－44)，字體眞書底子，八分寫法。①

圖 2 下 2－44

1964 年 9 月南京中華門外戚家山東晉墓發現石墓誌，4 行 67 字，被鏟運機鏟去 4 字，此為太寧元年(323 年)的《謝鯤墓誌》，此誌波挑伸展，方圓筆兼用，是東晉墓誌中最優美的八分之一②(圖 2 下 2－45)。

圖 2 下 2－45

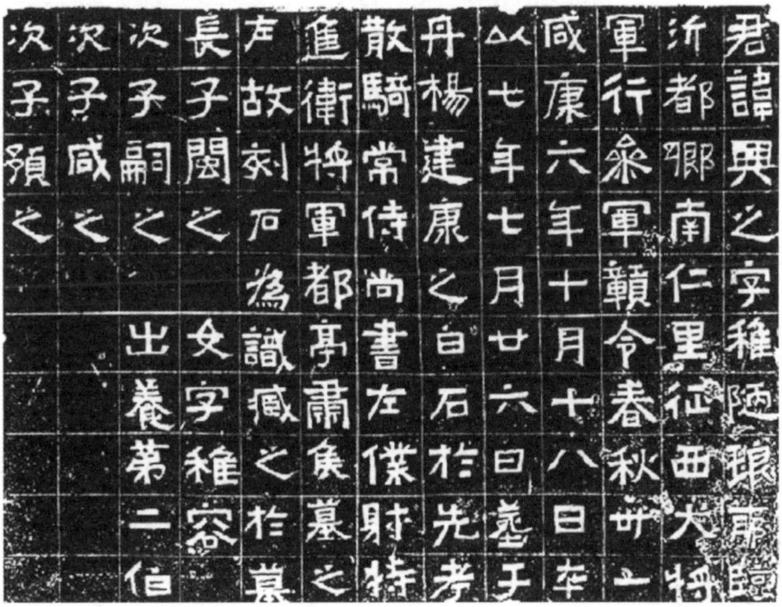

圖 2 下 2－46

1965 年在南京燕子磯人臺山東晉墓出土了 1 方石墓誌，表面塗漆，有綫格，兩面刻字，一面 115 字，為咸康六年(340 年)《王興之墓誌》(圖 2 下 2－46)；另一面 88 字，為永和四年(348 年)王興之妻《宋和之墓誌》。王興之為王羲之同祖父的從兄弟，所以此誌發現後格外受到重視③。

在清理王興之墓後，兩側相繼清理了東晉、南朝墓。3 號墓為東晉王丹虎墓。升平三年(359 年)《王丹虎墓誌》(圖 2 下 2－47)，為磚質，面長 48 厘米、寬 24.8 厘米，表

① 鎮江市博物館：《鎮江市東晉劉剋墓的清理》，《考古》1964 年第 5 期。
② 南京市文物保管委員會：《南京戚家山東晉謝鯤墓簡報》，《文物》1965 年第 6 期。
③ 南京市文物保管委員會：《南京人臺山東晉興之夫婦墓發掘報告》，《文物》1965 年第 6 期。

圖 2 下 2-47

圖 2 下 2-48

面磨平刻字。有方綫格，13 行，65 字①。

5 號墓出土升平二年(358 年)《王閩之墓誌》(圖 2 下 2-48)，磚質，兩面有字，正背連文，有界欄，字跡滿格。王閩之為王興之長子，任尚書左僕射。6 號墓出土太元十七年(392 年)《夏金虎墓誌》，磚質，刻工粗劣，筆畫兩端呈尖鋭狀。②

8 號墓出土太和二年(367 年)《王仙之墓誌》，磚誌長 51 厘米、寬 26 厘米、厚 7 厘米。正面 88 字。9 號墓出土墓誌 3 方，兩方石墓誌出於死者頭部，西邊為《王建之墓誌》，石質，長 47 厘米、寬 28 厘米、厚 5 厘米。正背連文，共 275 字。王建之為振威將軍，鄱陽太守，太和六年(371 年)去世，咸安二年(372 年)遷葬"刻石為識"(圖 2 下 2-49)。太和六年(371 年)《劉媚子墓誌》，石質，長 45 厘米、寬 35 厘米、厚 2.5 厘米(圖 2 下 2-50)。另一方磚墓誌《劉媚子墓誌》，長 51 厘米、寬 26 厘米、厚 7 厘米，內容略簡於石誌。粗劣之方體，出於墓坑填土中。劉媚子為王建之妻。10 號墓出土石墓誌，嚴重風化，字跡不清，長 48 厘米、寬 40 厘米、厚 6 厘米③。

南京市下關郭家山東晉溫嶠墓，出土《溫嶠墓誌》方形磚，劃綫格，共 10 行，104 字。背面一角陰刻一"平"字④。

① 南京市文物保管委員會：《南京象山東晉王丹虎墓和二、四號墓發掘簡報》，《文物》1965 年第 10 期。發掘者認為此誌可能與《王興之墓誌》有關。

② 南京市博物館：《南京象山 5 號、6 號、7 號墓清理簡報》，《文物》1972 年第 11 期。

③ 南京市博物館：《南京象山 8 號、9 號、10 號墓發掘簡報》，《文物》2000 年第 7 期。

④ 南京市博物館：《南京北郊東晉溫嶠墓》，《文物》2002 年第 7 期。

圖 2 下 2－49

圖 2 下 2－50

南京象山 11 號墓也是王氏家族墓之一，為王康之夫婦合葬墓。墓內出土了 2 方磚墓誌：永和十二年(356 年)《王康之墓誌》、太元十四年(389 年)《何法登墓誌》。前者長 50 厘米、寬 25 厘米，刻 44 字；後者長 49 厘米、寬 23.5 厘米①。最近發現的墓誌有一定數量，集中在江蘇南京市，此地是當時的都城。

南京仙鶴門外大塘村吕家山東晉李氏家族墓，有升平元年(357 年)《李緝夫人陳氏墓誌》，字口、界格內塗硃砂。

2 號墓，升平元年《李穆妻武氏誌》。未打磨，長 29.7 厘米、寬 14.5 厘米、厚 4.8 厘米。3 行 21 字。寧康三年(375 年)宜都太守《李纂墓誌》。字口塗硃砂。夫人《何氏墓誌》，長 29.4 厘米、寬 14.5 厘米、厚 4.7 厘米。3 號墓磚墓誌，上下兩塊扣合。有刻文一面朝內，誌蓋在上。長 31.2 厘米、寬 15.1 厘米、厚 5.3～5.6 厘米，正面中央刻“晉”字，上下相對字體一大一小。隸書。誌磚在下，長 31.1 厘米、寬 14.8 厘米、厚 5.3～5.6 厘米。表面磨光，施黑色漆狀物，正面及一側有誌文，正面 4 行 32 個細綫界欄，但格內刻文僅 3 行 17 字，為“晉故中軍参軍廣平郡廣平縣李摹字仲山”。側面刻“升平元年十二月廿日丙午”，刻處塗硃砂，帶波楷字②。

南昌青雲譜梅湖東晉墓，墓主喻襛從天紀二年(278 年)墓葬遷葬於此，咸和七年(332 年)立磚墓誌，共 92 字，字形樸拙，少波磔③。

南京仙鶴門外吕家山東晉李氏家族墓出土了多方墓誌，1 號墓升平元年(357 年)

① 南京市博物館：《南京象山 11 號墓清理簡報》，《文物》2002 年第 7 期。
② 南京市博物館：《南京吕家山東晉李氏家族墓》，《文物》2000 年第 7 期。
③ 江西省文物考古研究所、南昌市博物館：《南昌青雲譜梅湖東晉紀年墓發掘簡報》，《文物》2008 年第 12 期。

《李緝墓誌》,2 號墓升平元年(357 年)《武氏墓誌》、寧康三年(375 年)《李纂墓誌》,3 號墓《李摹墓誌》等,墓葬不同,字體少有差别[①]。《李緝墓誌》與《李纂墓誌》字形略方正,一用圓筆,一用方筆,前者近於眞書,後者魏晉八分。《李摹墓誌》稍扁平,波筆伸展。三種八分並非風格問題,衹是反映了書寫(或刻工)對八分書的掌握水準高低而已,皆是升平元年(357 年)所建。這些八分基本上是眞書架子加上八分的波磔而已,但是比較眞書而言,顯得笨拙呆板(圖 2 下 2－51)。

圖 2 下 2－51

鎮江東晉墓出土一些磚文,有咸和八年(333 年)、咸康元年(335 年)、嘉禾六年(237 年)年號,史書,字跡稚拙。晚期墓出土模印畫像磚,中間為玄武,左右兩側為銘文:"晉隆安二年造立冢郭","□陽山子孫安壽萬年"(圖 2 下 2－52)[②]。

圖 2 下 2－52

圖 2 下 2－53

鎮江諫壁磚瓦廠東晉墓出土劉庚之磚刻墓誌 3 通,"彭城郡呂縣司吾令劉庚之墓"(圖 2 下 2－53)。徐氏墓誌,"晉彭城劉碩之妻徐氏"。皆為八分書。

廣州下塘獅帶崗 6 號東晉墓,約咸和、永和間。棺室中有磚墓誌,長 35 厘米、寬 16

① 南京市博物館:《南京呂家山東晉李氏家族墓》,《文物》2000 年第 7 期。
② 劉建國:《鎮江東晉墓》,《文物資料叢刊》第 8 期,文物出版社 1983 年版,第 24 頁。

厘米、厚 4.5 厘米，上有棺釘，置於頭部。向上一面為“甄壽亡親”，向下一面為“解夫人墓”[①]（圖 2 下 2－54）。

圖 2 下 2－54

湖南開元博物館收藏東晉《曹夫人碑》，青石製成，圓首高 52 厘米、寬 22 厘米、厚 1.8 厘米。題額“晉故曹夫人碑”，正文有界格，共 8 行，滿行 14 字，共 108 字，字徑 2～2.5 厘米。正文首行：“永和四年八月辛亥朔十一日辛酉，晉故桂陽耒陽東鄉敖里程氏命婦曹夫人之神墓”。此碑刻於永和四年（348 年），早於王羲之書《蘭亭序》5 年[②]。

東晉繼承後漢以來的傳統，書碑用史書，但是因為時代變遷，晉代的史書已經不是漢代的史書了，晉代的楷書已經成熟，得到普遍使用，所以此時名曰古體、舊體，其實是新的史書，即史書的架勢、眞書的結構。所謂史書架勢就是橫平豎直，橫筆兩端以及大捺尾端翹起，點畫變化少，結構呆板，似有漢隸遺風而已。所謂眞書結構，除了一些轉變期的特有的俗體外，並無古體，全然是楷體了。同時因為東晉墓誌採用磚誌，遠不如嘉石貴重，因此刻工馬虎，似乎不出自巨匠之手，不管書寫如何精美，卻一貫依照他們的模式鐫刻，搞得千人一面。最新發現之史書值得研究者為王建之夫婦墓誌，此兩墓誌是精刻之石誌，書法一絲不苟，是史書之代表作，能眞實反映東晉的史書情狀。有人認為王建之夫婦墓誌，“書體介乎隸楷之間，仍有漢隸遺意，但楷意已多於隸意。橫畫雖有波勢挑腳，但波磔收斂，橫畫的蠶頭燕尾已淡化。體勢已具楷書規模，多為方筆方挑，筆畫轉折處外方內圓。有的字豎畫起筆作釘頭，下多懸針”。太和六年（371 年）王建之妻《劉媚子墓誌》（石誌）“書體應為楷書”[③]。前説兩誌“在隸楷之間”，後説其一“應為楷書”，可見判斷兩誌形體之難。筆者認為，兩誌當然是分隸，不過它們是處於分隸衰落時代的流行形體。它的形體是西晉後期的一路八分風格，其代表是《張鎮墓誌》，如興、晉、鎮、安、道、肅，多以方筆代替波挑，微微張大而已，但是挑筆依然可見，如夫、守，點呈三角形，如之上兩點，眞書的尖撇、捺筆夾雜其中，如太、德、奉，介於分隸與眞書之間。推想這種方體是墓誌界格方框限制所致，橫波不能伸展，挑筆無法飛出。

王建之夫婦墓誌有幾點應該注意：第一，發展繼西晉的隼尾波，多出鋒。總體而言，橫筆兩端平頭，稍上翹，有棱角，捺筆長而尾端尖挑，撇或尖或方，點圓而落筆收筆皆出鋒，勾短而鋭。以太和六年（371 年）《王建之墓誌》為例，波筆變為由細到粗形態，同時相應的磔筆也同質化，均為起筆細收筆粗的方形，如小、太、泰、衆，有時在橫起筆時也會用方筆，如五；方筆的極端就會四面出鋒，如子的起筆上下出鋒。撇的出鋒更加犀利，垂筆出鋒前所未有，如行、年、侯；捺筆出鋒是獨有的，如丞的

①　廣州市文物管理委員會：《廣州市下塘獅帶崗晉墓發掘簡報》，《考古》1996 年第 1 期。
②　梁厚能：《東晉曹夫人碑》，《書法叢刊》2016 年第 4 期。
③　胡舜慶、姜琳海：《南京出土東晉王氏四方墓誌書法分析》，《書法叢刊》2000 年第 4 期。

撇捺都帶芒刺。《劉媚子墓誌》筆畫粗細變化小，不過出鋒的筆畫依然明顯，如小之撇、捺和小勾，六之兩點。第二，取八分左右均衡、豎直衡平的結構，限於呆板。《王建之墓誌》筆畫平直，稍波勢，形體刻板，無論點畫和結構都如模具製作。筆畫呆板，一字之內的重筆不加變化，如王之橫豎皆同，並之兩豎、兩畫完全平行、筆直不變，轉折成直角，如乚（乙）。而且對稱點寫法相同，沂"沂"之 3 點都是橫短勾狀，"彬"之 3 點豎短鉤狀；同一字內，同樣部件完全相同，不加變化，如妣"妣"之雙"匕"、臨"臨"之 3"口"、彬"彬"之雙"木"，甚至不同字的相同部件形體完全相同，如"孫"孫、"給"給左右之"糸"寫法相同。《劉媚子墓誌》結體更加拘謹，如晉、太、琅、媚、泰、光、昌等，完全是圖案性構形，沒有書寫態勢。第三，間雜真書之態。《劉媚子墓誌》的刻銘精緻，每筆修飾光潤。筆畫形態更加接近正書，時時會出現真書筆畫，如長之反鉤和捺，人之撇和捺，陽之豎、折和撇。有的字形完全是真書，如《劉媚子墓誌》之張，《王建之墓誌》之進、尚、彭等。第四，東晉的八分摻入行書寫法，連續的筆畫就是特徵，如《王建之墓誌》之將、之、駕、為、東、従等，《劉媚子墓誌》之之、茂、"為"等，都有明連的筆畫以及暗連，有些圓弧形的筆畫因此而生。圓弧形筆畫始於《爨寶子碑》，如龐；但是《王建之墓誌》用得更多，如命。筆畫的連續使得整個形體具有動態感，這是以前的八分從未有過的。第五，異形字不少（以下所舉例，前為《劉媚子墓誌》，後為《王建之墓誌》）。鄉（鄉）、還（還）、寅（寅）、嗣（嗣）、亥（亥）、武（武）、璞（璞）、廬（廬）、宰（宰）、識（識）。兩誌形體類同，有些異形字兩誌共有，如薨（薨）與舊（舊）（《白石神君碑》作舊），如龜與龜；細部略有不同，陰（韓敕碑側近似）與陰，適與適；有的是一訛一正，如濟（濟）與濟。這些異形有的歷時已久，傳承有序，如鄉（見於曹全碑）、陰（韓敕碑側近似）、適（楊震碑）之類。"宀"與"穴"偏旁相混，漢代已然。嗣、璞、濟可以視為異體，餘下多為書寫變異，或省或簡，一時之便利而為之，薨字艸頭改為四點，窺見東晉流行一點代其他筆畫，在南北朝大行其道。《王建之墓誌》《劉媚子墓誌》與《爨寶子碑》碑誌主人均為太守（包括太守夫人），皆東晉少見的石刻文字。鐫刻年代相差 30 餘年，時間比較接近，形體有相近相似之處。《王建之墓誌》《劉媚子墓誌》字跡嚴整，字大小一致，波勢收斂，筆畫沒有突出形體之外。《爨寶子碑》字跡隨意，如肅（肅）、素（素）大小不甚協調，波勢張揚，兩端飛翹，有的波磔遠出字外，從書法水準上比王建之夫婦墓誌要略高一籌，應該說這 3 塊刻石代表了東晉時期的八分書形體。以墓主顯赫地位，作為重要的墓誌，其書法形體不可等閒視之。今人必須改變觀察的立場，不能再以漢代、西晉的八分形體作為標準來判斷優劣。的確，以上墓誌書體不同於西晉以前的書體，文字結構真書化、筆畫也有濃重的真書意味，似乎難以稱為八分書。其實這些墓誌與時俱進，不斷更新，是東晉八分的新八分。首先，保持了八分基本的橫平豎直的構架，這是明顯特徵。其次，筆畫端芒刺標誌八分祥瑞體。這些不過是書體變遷，史書已經眞書化，八分眞書化是很自然的變化。所以不能以此認為是簡陋稚拙之書。王建之、劉媚子是王氏家族成員，不可能以馬虎書法隨意上石。包括王建之、劉媚子墓誌選擇佳石，磨洗光潔，鐫刻精細，書法峻嚴，神態寂寞。《爨寶子碑》宏制巨碑，結體如奇石堆壘，如傷感之失態。此 3 石為東晉八分之佳作，必出於大書法家之手。這 3 種史書的共同點是或多或少地帶有眞書的影子，不僅是筆畫和結構處處顯露出這一點，同時又用誇張的筆畫、出鋒帶刺波磔來貼上八分的標籤。《書斷》曾載王羲之"八分入妙"，王獻之"八分入能"，但是出土的王氏家族碑誌未見漢魏八分書跡。繼魏晉的發展，日常使用的字體已經進入了眞書時代，眞書的楷體登堂入室，可施之表奏，鍾繇的眞書佔盡風流。南渡之後，東晉立足已穩，眞書全面發展，從楷書到行書，琅琊王氏父子更以新體風靡江左，人們皆以著力眞書以崇時尚。東晉時代八分已經少有人關注，特别是在上流社會，没有書寫八分的風氣。

儘管八分很難找到善書者，可是禮志或者習慣上在某些場合還是必須使用八分。《太平御覽》卷七百四十八引《書斷》："晉韋昶，字休文。太元中，孝武帝改治宮室及廟諸門，並欲使王獻之隸書題榜。獻之固辭，乃使劉瓌以八分書之。後又使文休以大篆改八分焉。"宮廟題署本須用八分，王獻之以隸書（眞書）聞名天下，因而可以替代，大篆比八分更加古老、經典，當然可以取代八分。從漢代開始，墓碑、墓誌衹用八分，兩晉遵守這個習俗，所以東晉的墓誌應該是八分書寫。出土的八分狀況，並不表示它們就是眞書，而是力不從心。

西晉已從傳統的漢魏八分中分化出簡易形體，如西晉《文氏墓表》與《杜謖墓門題字》，眞書意味濃重，波磔不張，略帶意思而已，它不用於大碑，衹用於墓葬。史書由漢入晉，古今變易，基礎形體改變八分面貌，如果今人的審美與時俱進，不再以漢代八分衡量東晉八分，字跡刻字的形體直接繼承這種西晉簡易八分而來。至於出土的其他東晉磚、石墓誌，皆似眞非眞，似分非分。如《王興之夫婦墓誌》與《王丹虎墓誌》面貌相似，筆畫平直，波磔不明顯，結構呆板，"興"字、"葬"字、"虎"字皆為俗字破體，顯示出書寫者文化素養有限，很可能是操辦喪事的人員所為，其文字與磚誌一樣馬虎。《溫嶠墓誌》基本上就是在眞書上添加一些八分書的特徵，如平横、方筆等。《王康之墓誌》基本是眞書，筆勢略斜，筆畫僵直，微帶八分意味，《李緝夫人陳氏墓誌》略帶波磔。大部分墓誌就是眞書，加點波磔而已，或者直接採用眞書。南昌的《喻襜從墓誌》僅是筆畫水平以示八分，與眞書區别。

東晉時代流行磚室墓，墓磚常有模印圖案和文字，匠人所作，字形樸拙，採用簡陋的八分。2009 年浙江溫州市甌海區金竹村發現東晉磚室墓，墓磚有模印文字，文字有三種：一為"泰（太）和二年□歲□丁□□□□日己未作"與"大泉五百"及"五五"錢紋、横條紋組合，二為“□□□年八月四日作”與“大錢當千”錢紋、斜格紋組合，三為“□□字□□□□第三□□□□□□泰(太)和二年□月六日□永寧□□到三月十四日□□到三月十九日中喪”與斜格紋、篦梳紋組合。另有方形磚，兩側和一端面印銘文“□□漢光武大將軍之後□姓也出自□同□□地東□□□墓□□祖□□”“□□□□澧之□臨江之□□羅祖之□神柩□曹君□□□始墓今移□□□□”“□□變□會□□□□為□”。第三類為楔形磚，窄側面印銘文：“晉故楊州臨海郡□□史永嘉郡□史□君之靈道□□□□□□□□□□□□□”，均為八分，筆畫勁細，略拖波磔，有《爨寶子墓誌》之餘韻。“泰和”即“太和”，東晉廢帝太和三年(368年)[①]。

浙江紹興碧波潭東晉磚室墓，墓磚側面模印“晉永和八年九月廿日太歲在壬子謝”[②]。

寧波上王村龍山發現東晉墓群，皆用磚砌墓室，墓磚上有圖案花和模印文字。1號墓出土“晉太元廿一年八月作”銘文磚，2號墓出土“永和十一年七月十日吳仲作”銘文磚，3號墓出土反書“太元十四□□□”和“太元十八閏月十六日作”兩種銘文磚。永和十一年(355年)為穆帝年間，太元十四年(389年)、太元十八年(393年)、太元二十一年(396年)在孝武帝年間，形體基本是眞書，不過平直依照八分而已[③]。

江蘇南部以至浙江東南部歷年來出土了相當數量的墓磚銘文，以從東吳到南朝梁為多，一般是陽文，其中有反書，内容為年號干支和人名、地名、職官名，以及墓磚建築的編號、用途。這些銘文是工匠的模印加工而成，書法不精，字體採用八分和眞書，八分很少有波磔，大致衹是横平豎直，其他一如眞書。這些説明墓葬依然保持古法，隨著時代前進，已經不要求規整八分，也證明當時八分處於衰退階段。

有人把東晉的“八分”分成四個類型：一是波磔斬截類型，如用扁筆畫成，是繼承魏晉之法。以《謝鯤墓誌》為例。二是方筆類型，筆畫方厚，形體方整。特點是横畫方頭斜截如楷式，無翻飛之勢，豎畫兩端方平，中間略細；平勾尖撇方捺，三角點。“仿佛挪用了楷書筆畫”。以《王興之墓誌》《王閩之墓誌》《王丹虎墓誌》以及《爨寶子墓誌》為例。三是草率類型，筆畫簡直生硬，翻挑分張不明顯，單結字依然横平豎直，以《孟府君墓誌》為例。四是美術化類型，數量很少，如《四靈畫像磚》，特點是“横向的筆比較突出，一律右高左低”[④]。筆者認為東晉的八分並没有那麼多的類型，所謂草率類型實際是不會書寫八分，衹是用眞書稍作打扮充數。所謂美術化的類型大致也是如此，並非作者刻意追求。《謝鯤墓誌》筆力軟弱，雖有眞書的成分，基本大體保持了漢魏以來的格局，無論字

---

① 施成哲：《浙江溫州市甌海區發現東晉紀年墓》，《考古》2010年第6期。
② 符杏華：《浙江紹興碧波潭發現紀年墓》，《南方文物》1992年第4期。
③ 浙江寧波市文物考古研究所：《浙江寧波梅墟龍山東晉紀年墓群的發掘》，《南方文物》2011年第4期。
④ 劉濤：《東晉銘刻書跡的體態及相關問題》，《書法叢刊》1999年第4期。

形還是波磔還是西晉的風範。它是目前唯一可見到的傳承漢魏的東晉八分書。

《王建之墓誌》《劉媚子墓誌》與《爨寶子墓誌》有共同點，方筆加上出鋒的波磔，前兩者收斂，筆畫收縮在方體之內，波磔不顯；後者張揚筆畫向外伸展，隼尾波飛揚。這種飛翹誇張在以往的八分並不多見，在五涼時期的手卷中常常可以見到。東晉與五涼中間有十六國阻隔，不可能頻繁交往，因此這種《爨寶子》式的新八分不是東晉時傳入五涼地區的，而是在西晉時代由中原傳入河西。因此東晉的爨式八分，實際在西晉形成，為隼尾波的餘脈。

當時名家漠視八分的原因是八分本身的問題。八分書自漢代創造以來，就是一種帶有美術性質的字體，出於慕古情感故意加入一些古體字的成分。對於崇尚清談，主張放浪形骸的文人雅士，觀念上是無法接受的。魏晉以來八分書在眞書的衝擊下已經失去活力，自身的特點被眞書逐步侵蝕，八分能剩下的就是水平筆畫和波磔的表面形式了。八分書者為了古樸，故意寫得木訥，四方四角，大勾大彎，古里古怪；又為了彰顯八分的特點，故意放大波磔的棱角和飛勢。這樣的八分失去了本有的古樸敦厚面貌，使得人們敬而遠之，追求書藝者也不願涉足了。

東晉之後，南方進入了宋、齊、梁、陳，史稱南朝，南北保持對峙狀態。南北文字形體差異日益明顯，八分在南朝一路走衰，現在少有發現。南京富貴山發現的八分書，為東晉恭帝玄宮石碣（圖 2 下 2－55），立於南朝宋永初二年（421 年）。銘曰："宋永初二年太歲辛酉十一月乙巳朔七日辛亥，晉恭皇帝之玄宮。"[1]石碣的文字筆畫纖細，波磔飛翹，間有眞書筆意，可以視為南朝初年官方的八分標本。

圖 2 下 2－55

圖 2 下 2－56

南朝宋泰始五年（469 年）石柱銘文（圖 2 下 2－56），圓柱方表，石柱在重慶忠縣

① 李蔚然：《南京富貴山發現晉恭帝玄宮石碣》，《考古》1961 年第 5 期。

烏陽鎮長江邊。石表正面刻字,10 行,共 85 字①。此刻略帶波磔,結構平正,少許字有欹仄,露出真書形態。

1955 年湖北武昌任家灣六朝鄭丑墓,六朝前期出土木簡 3 枚,其中 1 枚可見"道士鄭丑再拜"等字②。報告説是隸書,説明部分書寫體裁依然遵循舊法,採用史書,喪葬是傳統習慣最頑強的領地。

圖 2 下 2 - 57

杭州蕭山區聞堰鎮老虎洞 1 號南朝墓出土墓磚,其中 13 件有銘文,銘文有"宋景平元年太歲癸亥七月許作",知為 423 年南朝宋墓葬。根據銘文"會稽永興西鄉相藏里許督自書之",推測銘文為許姓墓主家屬所書,甚至為墓主生前所書③。銘文筆畫平直,筆觸呆板,知為堅硬竹籤類硬筆刻畫,屬於簡陋的史書(圖 2 下 2 - 57)。

東晉是八分歷史的一個轉折關口,魏晉以來的八分從此進一步衰落,在諸字體中的地位下落。八分形體一步一步異化,結構逐步被真書替代,惟有標誌性的波筆強迫別人認同這是八分。南朝時期書法藝術繁榮,真、草書藝受到上層統治者的熱捧,出現了許多書法家。八分幾乎是無人關注,最終在南方退出了歷史舞臺。

① 孫華:《重慶忠縣泰始五年石柱》,《文物》2006 年第 5 期。
② 武漢市文物管理委員會:《武昌任家灣六朝初期墓葬清理簡報》,《文物參考資料》1955 年第 12 期。
③ 張傳官、楊金東:《談杭州蕭山區南朝墓 M1 新出墓磚銘文》,《中國國家博物館館刊》2015 年第 9 期。

第三章　衰落之北朝八分

第一節　繼承魏晉之十六國分書

十六國時期社會動盪，文化不修，文字破敗：一是延續西晉舊習，一是流行俗體。現見銘文很少。十六國前秦(351—394)"大秦龍興化牟古聖"瓦當(圖 2 下 3-1)，河北易縣出土，現藏於國家博物館。

圖 2 下 3-1

圖 2 下 3-2

1979 年遼寧朝陽十二臺公社四家子大隊發現前燕墓，出土石刻墓表兩件(圖 2 下 3-2)，一件刻"燕建興十年昌黎太守清河武城崔遹"，高 30 厘米、寬 40 厘米、厚 10 厘米；另一件刻"燕建興十年昌黎太守清河東武城崔遹"，刻文粗陋，高 55 厘米、寬 62 厘米、厚 6.5 厘米。崔遹，《魏書》《北史》有傳①。建興乃西晉年號，但是僅有四年，前燕沿用西晉年號，實為東晉永昌元年(322 年)。

1992 年錦州發現前燕李廆墓，出土磚墓表 1 件。刻銘："燕國薊李廆永昌三年正月廿六日亡"。前燕名義上為晉屬，故用東晉"永昌"年號。但是東晉永昌元年後改元太寧，永昌三年實為太寧二年(324 年)，銘文粗糙②。

中原地區重要的八分碑刻有前秦建元三年(367 年)《鄧太尉祠碑》、建元四年(368 年)《廣武將軍碑》，後秦《呂憲墓表》《呂他墓表》等。

---

① 陳大為、李宇峰：《遼寧朝陽後燕崔遹墓的發現》，《考古》1982 年第 3 期。

② 辛發、魯寶林、吳鵬：《錦州前燕李廆墓清理簡報》，《文物》1995 年第 6 期。按：安陽市安豐鄉西高穴村西北距地表 2 米深處發現後趙建武十一年(345 年)《魯潛墓誌》，記載魯潛的墓葬情況。見龍振山《魯潛墓誌及其相關問題》，《華夏考古》2003 年第 2 期。發表後即有文章指出此為偽刻，因為爭議太大，本文暫時不列入。

前秦建元四年(368 年)《廣武將軍碑》,全稱《廣武將軍□產碑》(圖 2 下 3－3),1920 年在陝西白水縣史官村蒼頡廟內發現。碑陽 17 行,行 31 字。碑陰上一列 15 行,下為 18 行,有界格。碑兩側亦有刻字。此碑字跡稚拙,似學書之作,字跡中有行草體,如、,缺筆如等。碑陽字體略扁,碑陰正方,文字結構似分似眞,如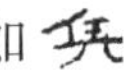、、。整碑是粗劣的分書,似出於蠻荒之地村夫所為,是偏遠地區文化的縮影。

圖 2 下 3－3

圖 2 下 3－4

圖 2 下 3－5

1975 年武威金沙公社趙家磨大隊發現"墓表"(圖 2 下 3－4),前秦建元十二年(376 年)立,9 行,行 8 字①。這個墓表波磔分明,雜有眞書筆法,間架並不平正,書法水準很低,是一種簡陋的八分。

圖 2 下 3－6

《呂他墓表》在咸陽渭城區密店鎮發現,刊刻於後秦弘始四年(402 年),呂他為呂光之弟。《呂他墓表》與光緒年間發現的《呂憲墓表》為一人所書,皆為分書②(圖 2 下 3－5)。

內蒙古烏審旗納林河鄉張馮畔村發現大夏國大夏二年(420 年)《田煛墓誌》(圖 2 下 3－6),墓內有墓誌一合,均為方形灰磚,邊長 53 厘米,上面一塊有字,6 行,共 53 字。墓主為十六國大夏國涼州刺史,此墓誌是少見的有明確大夏紀年的文字資料③。墓誌刻工精細,筆畫遒勁,八分波磔與眞書撇捺交相使用,豎頓筆右下,橫畫有斜勢,撇、勾、提多眞書筆態,是眞書骨子的八分體。

① 鍾長發、寧篤學:《武威金沙公社出土前秦建元十二年墓表》,《文物》1981 年第 2 期。

② 路遠:《述後秦〈呂他墓表〉》,《書法叢刊》2007 年第 5 期。

③ 內蒙古自治區文物考古研究所、鄂爾多斯博物館、烏審旗文物管理所:《內蒙古烏審旗郭家梁大夏國田煛墓》,《文物》2011 年第 3 期。

五涼建立在河西走廊乃至新疆部分地區，與中原相比，此地稍為安定。五胡與晉朝對峙之際，部分中原氏族遷徙西陲，前期奉東晉正朔，因而漢魏以來的文脈在此綿延不絕。五涼地區的八分書遺存較多，僅酒泉和敦煌的重要石塔分書銘文就有 10 多件。其中部分塔銘有紀年，那些没有紀年的塔銘大致在這段時間內。

塔銘有工整者，如酒泉承玄二年(429 年)《田弘石塔刻經》(圖 2 下 3－7)，行草體如酒泉緣禾三年(434 年)《白雙咀塔刻經》(圖 2 下 3－8)。

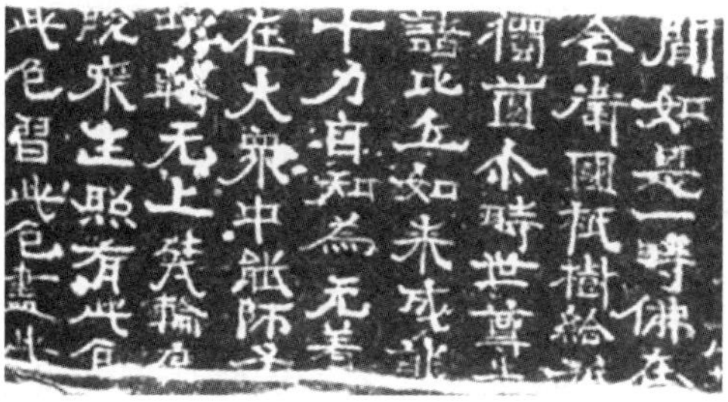

圖 2 下 3－7

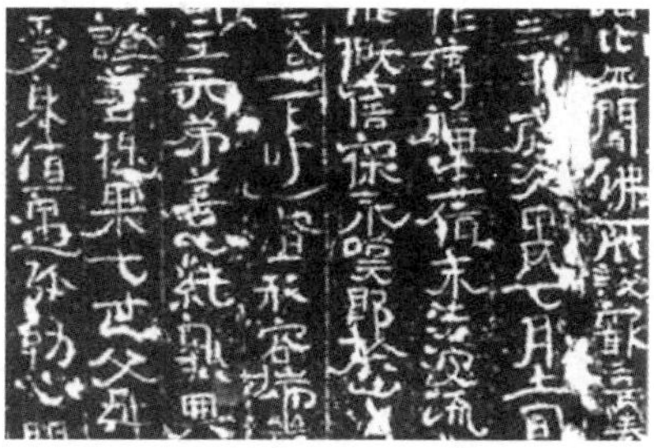

圖 2 下 3－8

1977 年酒泉丁家閘 1 號晉墓的墓室南側有磚墓表以及磚碑座，碑身木製已毀，墓表之首刻銘文“鎮軍梁府君之墓表”(圖 2 下 3－9)[①]。此墓的年代為東晉十六國時期墓葬。銘文為八分，三角點、畫出鋒，橫畫、波磔呈翹起，為五涼八分之開端。

圖 2 下 3－9

圖 2 下 3－10

著名的《且渠安周造佛寺碑》(圖 2 下 3－10)立於北涼且渠安周承平三年(445 年)，且渠安周是北涼國主且渠蒙遜第 10 子，記述了崇佛、建造佛寺的經過。光緒間在吐魯番高昌故城出土，後被德國人盜走，存於柏林國家博物院，現在國內僅有拓本。江左認為：“此碑字體淵源於魏晉，屬隸書，但點畫時具正書之筆法，更接近晉之《爨寶子碑》。”[②]此碑書寫規整，形體整飭，是一件成熟南朝八分字體的樣本。

施安昌以此碑作為北涼體的代表：字形扁方，在隸楷之間，上窄下寬，每每有一橫或者豎、撇、捺一筆甚長，豎筆往往向外拓展，加強了開張的體勢，富於跳躍感。特

① 甘肅省博物館：《酒泉、嘉峪關晉墓的發掘》，《文物》1979 年第 6 期。
② 江左：《北涼且渠安周造佛寺碑》，《書法叢刊》1981 年第 2 期。

別是橫畫，起筆出鋒又下頓，收筆有燕尾，中間是下曲的波勢，成兩頭上翹的形式，碑版上尤為突出。眞可謂犀利如刀，強勁如弓，是“北涼體為西北地方的一種形式”①。

翟萬益稱為“涼隸”，“以前的研究者把這種書體稱為隸書，我的意見，在五涼書風中稱為涼隸，比較便捷，這種書體在中國書法史有獨特之處”②。名詞不同，其實就是北涼特別的隸書的意思。

華人德認為：“北涼體是從魏晉京城洛陽的銘石書演化而來，屬於隸書中比較端莊的一種，特徵明顯，雖然結構和用筆中含有楷書成分，這時其實已經進入楷書書寫時代，楷法不自覺地孱入，而非隸書向楷書過渡時必然出現的一種書體。”③北涼體是魏晉時銘石書演變至 4 世紀末、5 世紀初形成的一種形態獨特的八分書，不是獨有的地方體。

這里有兩個問題需要澄清：一，是否有北涼體；二，它從哪裡來？

此碑形體飛揚，書者技法純熟，如我字，筆畫相互銜接，往來自如。形體具有西晉八分書風格，又有自身的特點。筆畫左右對稱，四面出鋒，即使封閉的筆畫也要出鋒，如四；點成三角，如浪；橫畫兩角飛翹，如万；甚至拉出尖細的長角，如告；波、撇並用，波筆向上挑起，如大、矣；有的已不成波，用眞書撇，如其、炎；即使是大撇（挑），也是尖收筆，如果。多有眞書結構，如之、及。字體中不乏新俗體，如興（興）、靈（靈）、望（望）、葦（葦）、龍（龍）、豈（豈）、德（德）、飛（飛）、翻（翻）、邈（邈）。

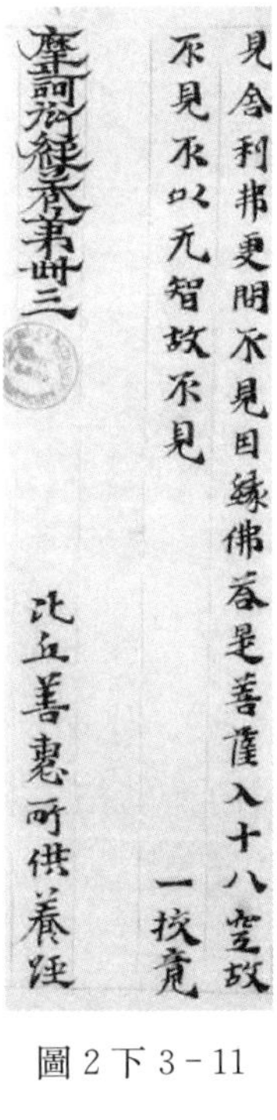

圖 2 下 3－11

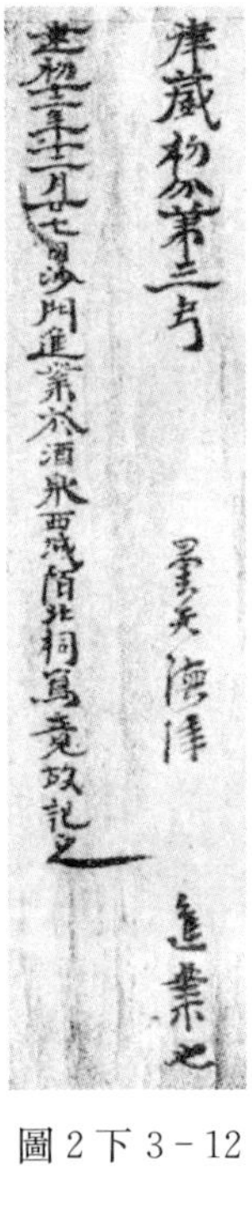

圖 2 下 3－12

《且渠安周造佛寺碑》不過是五涼的八分代表，《田弘石塔刻經》《白雙咀塔刻經》雖然是小字，單綫刻寫，略帶行書意味，張揚的翹起的波挑也同樣存在，衹不過不顯眼而已。

不僅在石刻中，在經卷中常常可見此種飛揚的八分，《摩訶衍經》的經名卷次，經文用眞書，卷次用分書（圖 2 下 3－11）。建初十二年（416 年）的《律藏初分》第三卷跋尾前面用分書（圖 2 下 3－12），年款一行後面寫眞書。但是眞書書體完全成熟，是日用字體，分書衹是用於莊重場合，如金石銘文和題署等。分書的書寫者習慣於眞書書寫，兩者

① 施安昌：《〈北涼體〉分析》，《書法》1993 年第 6 期。
② 翟萬益：《五涼書風》，《中國書法》2006 年第 5 期。
③ 華人德：《北涼體芻議》，《書法研究》2009 年第 3 期。

的結構趨同,因而衹能依靠左右平衡的安排和張揚的筆畫來強調了。以上兩卷佛經的八分題署,與《且渠安周造佛寺碑》形體一樣,其飛揚程度有過之無不及。《摩訶衍經》的八分是書寫小字時,毛筆連續運動中自然形成的,因而又細又飄,並非别有新體。

北涼八分的源頭是在兩晉時期。從筆畫特點看,橫畫、波磔兩頭上翹,東晉《爨寶子碑》與《且渠安周造佛寺碑》相同,如前者、與後者、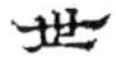。細看兩者略有差異,前者多用方筆,後者用圓筆,這類筆畫前者衹在少些字中使用,後者幾乎每字必用,但是這種差别衹是風格之異,並無根本區别。具有北涼體典型風格的《且渠安周造佛寺碑》(445 年),大大晚於《爨寶子碑》(382 年),兩者之相似性以及時間的前後,不能排除它們的繼承關係。河西地區雖然與南方路途遙遠,但是五涼與晉、宋往來不斷,接受封任與朝貢。在交流中,北涼完全可能採用晉、宋的銘石書體,引進諸如《爨寶子碑》風格的書體。其波磔特徵向上翹起,四面出鋒,就是東晉隼尾波的影子。南方碑刻少有傳於後世者,而河西保存較好,造成了所謂北涼體的假象。有人認為晉、宋流行二王書風,不是銘石書,推斷不可能是學習東晉而來,這個説法值得推敲。流行的二王書法適用於日常文獻信札等,不是銘石書使用的字體,兩者並行不悖。東晉銘刻中有些拙劣的八分書,基本是眞書面目,但從呆板的平直筆畫看,還保存了八分的架勢。總之,五涼地區流行的八分是魏晉八分的延續,其典型風格是從東晉引入,而非自創。

第二節　受冷落之北魏八分

北魏前期依然流行八分體,大興安嶺北部的嘎仙洞石壁上有北魏太平眞君四年(443 年)石刻銘文,現存銘刻的文字共 201 字,為太武帝遣中書侍郎李敞來致祭時所刻的祝文。嘎仙洞是鮮卑祖先居住的舊墟石室。太武帝拓跋燾,是北魏第 3 位皇帝,繼位後重用漢族大臣崔浩、高允等人,奠定北魏疆域[①]。刻文斑駁不清,恐是條件簡陋,粗粗刻就的分隸幾乎衹有綫條,無法顯示特徵(圖 2 下 3－13)。

在南北朝時期,人們開始關心留存的漢碑,收集漢碑文字。在宋代洪适的《隸釋》卷後集中附錄了《水經注》記錄的漢碑文字。南朝梁有《漢碑錄》,可惜書已經失傳。以上足見南北朝人對漢碑八分的重視和愛慕。但是這衹是少數人的學術興趣,並非書法界的共識,八分已然不為人重視,漢魏八分的傳統没有傳承,所謂的八分皆信手而來,把眞書略加改造而已。

① 米文平:《鮮卑石室的發現與初步研究》,《文物》1981 年第 2 期。

圖 2 下 3－13

圖 2 下 3－14

北魏拓跋氏立國百餘年留下墓誌無數，石碑卻不多。太武帝時的《華嶽廟碑》《中嶽嵩高靈廟碑》（圖 2 下 3－14）、《太武帝東巡之碑》，文成帝《皇帝南巡之頌》，獻文帝《南巡碑》，孝文帝《講武碑》等，這些碑大多久已殘缺或佚失。《中嶽嵩高靈廟碑》為道士寇謙之宣揚道教觀念、修中嶽廟事，現存的碑文中未見立碑年月以及撰文、書寫者姓名。但是《金石錄》謂“後魏《中嶽碑》，太安二年十二月”，太安二年為 456 年。碑陽 23 行，行 50 字，碑陰 7 行，字數不等。陽刻篆書額，碑文為八分書。

北魏時期很少有典型形體的八分，有點意味的僅有幾種，也是眞假莫辨。《嵩高靈廟碑》仍沿用了眞分夾雜的體制。張森認為它“以分隸筆法作正書，正隸相雜，隸意尤濃”，並且指出，“用筆猶如漢隸《張遷碑》，是繼承了漢隸方筆的用筆辦法”，結構“横平豎直”，“點畫偏旁皆能獨立成形”，都是八分的特點，衹是部分字“由於筆勢的關係横畫略呈左低右高”①。有人説此碑是“隸眞的化合體”，隸中有楷，隸中變楷，捺筆有分書韻味，如“天”“太”“之”“通”等字。有的字還殘留蠶頭燕尾，如“聖”字中的横畫。但亦有楷書的筆意，横平豎直，如“有”“古”等字②。此碑主要用方筆，字不甚平正，有斜勢，如及、野、楊、及、康、炭、龍略有八分波磔，更多的是眞書筆畫，如前之作分書磔，後作眞書之，證明書者平時習寫眞書，八分書生疏，故體在分、眞之間，而眞多於分。八分書古來有法，至北朝失傳，《北魏中嶽嵩高靈廟碑》書者意欲書分，但是窮於技，所謂“自然之趣”，實際是没有傳承，無奈率意而作，碑中多破體，如謂（謂）、乱（亂）、雜（雜）、宋（宗）。

① 張森：《嵩高靈廟碑的用筆和結構分析》，《書法》1988 年第 2 期。
② 蔡鴻茹：《明拓北魏中嶽嵩高靈廟碑》，《書法叢刊》1997 年第 3 期。

北魏和平三年(462 年)《邸元明碑》(圖 2 下 3－15),額兩行“邸府君之碑”,碑文 21 行,行 33～35 字不等。文字書法稚拙,方筆,筆畫粗細少變化,左右均衡,雖然波磔不明顯,可以認作八分。楊守敬認為:“簡陋最甚,不足貴也,頗與《爨寶子碑》相似。”①

圖 2 下 3－15

圖 2 下 3－16

有人認為:“正如其文風、碑式沿襲了漢碑餘緒一樣,北齊《邸元明碑》的書風也反映了漢隸向楷書演變的過程,大約漢隸泯滅掉波磔之後的正書,就是這副模樣。”②《邸元明碑》立碑,雖然與《爨寶子碑》時隔半個世紀,但是碑額與碑文連為一體的漢碑遺制完全一樣,而且稚拙簡陋的文字體勢也十分相近,可知當是八分失傳以後,後人以眞寫分的一種字體。漢代史書失去規範,拙劣書寫所造成的結果,大致就是粗寫筆畫,不會書寫波磔。《爨寶子碑》除了前面幾字生硬的波筆外,大部分字也是沒有波磔的,南朝的一些磚墓誌多屬於此類字形,所以並不是漢代史書向眞書演變的必然產物。

文成帝興安三年(454 年)《韓弩眞妻王億變碑》,石高 44 厘米、寬 24 厘米,碑文 9 行,凡 63 字。篆額“平國侯韓弩眞妻碑”八字。碑文:“維大代興安三年,歲次鶉火,春正月己亥朔廿六日,冥大幽州范陽郡方城縣民,平遠將軍,平國侯韓弩眞故妻王億變,春秋六十有二,壽終。故建立斯碑以記之耳。”(圖 2 下 3－16)銘文用西晉八分,橫平而兩頭上翹特徵明顯,與北涼體近似,屬北朝典型的八分書體。書者書藝不精,多摻

① 楊守敬:《評碑評帖記》,文物出版社 1990 年版,第 48 頁。
② 張永強:《河北曲陽北魏邸元明碑北齊邸珍碑考》,《書法叢刊》2009 年第 3 期。

入眞書筆法，甚至眞書字體，乃北朝八分衰落的標誌。此碑出土地點不詳，可能在山西大同周圍墓葬[①]。

曹天度石塔，北魏天安元年(466年)雕造，原在平城供奉，後輾轉到原朔縣(今朔州市朔城區)崇福寺，現存臺北"歷史博物館"。石塔底座背面的願文陰刻19行，共126字(圖2下3－17)。少量字跡剝落。石塔製作經歷多年，銘文完成時間大約在469年之後。[②] 刻文較為稚拙，與《爨寶子碑》相類。橫畫平且兩端飛翹，鋒芒畢露，起筆用方，三角點，皆是晉代八分風格。如：

寂(寂) 坤(坤) 沉(沉) 獲(獲) 登(登) 乾(乾)

圖2下3－17

北魏眞正的八分很少，而且並不有名。延興四年(474年)《欽文姬辰墓誌》是典型的八分體(圖2下3－18)[③]，可以明顯地看出它與北涼八分同出一源，如真、敬、甲、窕，筆筆露出鋒芒，折角帶有圭角，十分張揚。不過它已經是蛻化了的八分，不僅波磔緊縮，而且波磔變為眞書的撇捺，衹是筆畫濃重，初現魏碑體的趨勢，如使、啓、吏、使、大、代，處於魏碑體與八分的中間地帶。景明二年(501年)《鄭長猷為亡父母等造像記》(圖2下3－19)，此造像字畫平整，橫畫水平而兩端均有出鋒，顯示出八分的特點，但是字形方正，筆畫收斂，合乎眞書態勢，應該是北魏的八分實例。1998年山西大同東關商城工地出土北魏初期的瓦當，直徑21厘米，"大代萬歲"(圖2下3－20)4字依上下右左順序讀，井字界欄，四角四乳釘。此當形制巨大，製作精美，發掘者認為此為平城宮大型宮殿之當[④]。此瓦當是平城時期的建築構件，銘文具有典雅莊嚴的色彩，形體平直，無斜勢，橫畫、波挑皆上翹出鋒，與北涼八分完全相同，都是西晉八分的體勢。

① 殷憲：《大統魏碑述略》，《書法叢刊》1999年第1期。
② 葛鋼、葛世民：《北魏曹天度石塔考》，《文物春秋》2008年第4期。
③ 殷憲：《大統魏碑述略》，《書法叢刊》1999年第1期。
④ 左雁、張海嘯：《大同出土北魏〈大代萬歲〉當》，《中國文物報》1999年1月10日。

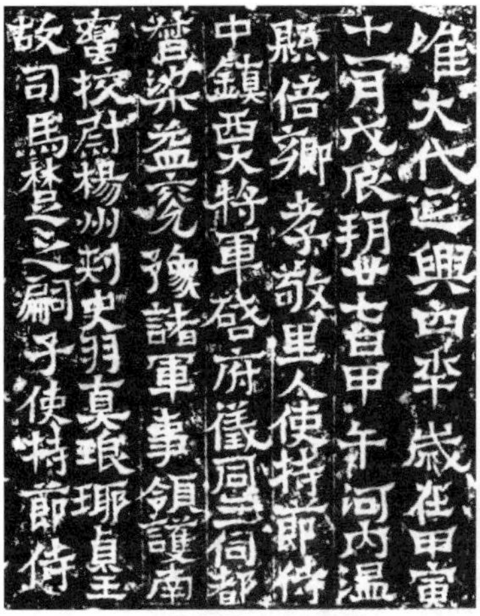

圖 2 下 3 - 18

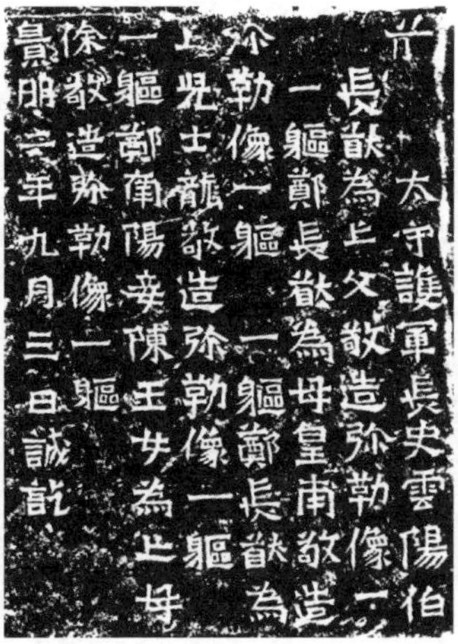

圖 2 下 3 - 19

圖 2 下 3 - 20

大同北魏西冊田製陶遺址平城時期的墓磚，其中有“丹揚王墓磚”（圖 2 下 3 - 21），丹揚王可能是劉宋文帝劉義隆第九子劉昶，和平六年（465 年）降魏，封丹揚王，卒於太和二十一年（497 年）[①]。《丹揚王墓磚》的八分筆畫平直，完全是眞書架勢，與東晉的墓誌有相似之感，不能視為北朝八分。

圖 2 下 3 - 21

太和十七年（493 年）孝文帝自平城（今山西大同）遷都洛陽，這是北魏八分的轉折期，此前繼承西晉八分，形體類似東晉和北涼八分，“大代萬歲”瓦當銘文是皇家用例，《欽文姬辰墓誌》是官員用例，《鄭長猷為亡父母等造像記》是轉變初期民間用例。此後北朝改變八分，創造新體，八分波磔改為眞書的大波大捺，左右平衡為右斜所打破，其餘內在的形體結構基本沿襲，改變後的八分就是後人稱的魏碑體，它取代八分，後者再無存在的空間。

東魏的八分石刻存世很少，而且是北魏風格。東魏武定七年（549 年）《比丘道寶造像碑》、天平三年（536 年）《須彌塔造像碑》，風格皆如《鄭長猷為亡父母等造像記》，筆畫截方。北朝的佛教造像石刻多使用分隸，這是追求古法莊嚴之感。

第三節　北朝後期八分之復興

北周和北齊屬於北朝後期，這個階段是重要的形體變革階段。北魏所創的元氏

① 王銀田、宋建忠、殷憲：《山西大同北魏西冊田製陶遺址調查簡報》，《文物》2010 年第 5 期；王銀田：《丹揚王墓主考》，《文物》2010 年第 5 期。

銘石書逐步衰落，魏碑體的雄渾逐漸消退，慢慢地向南朝眞書靠攏。八分作為漢魏以來的古雅正隸，自然獲得了復興機遇。北周、北齊兩朝時間不長，留下的八分碑刻倒相當可觀①。

北齊天保元年（550 年）《賀拔昌墓誌》（圖 2 下 3－22），無論字形結構和筆畫皆為眞書，某些波筆的書法十分拙劣，有些字卻有波筆，它是眞書式的八分書②。

天統元年（565 年）《張海翼墓誌》（圖 2 下 3－23），雖然有些字帶有波磔，間有“君”“之”“州”等篆字，但是非八分之舊體。

圖 2 下 3－22

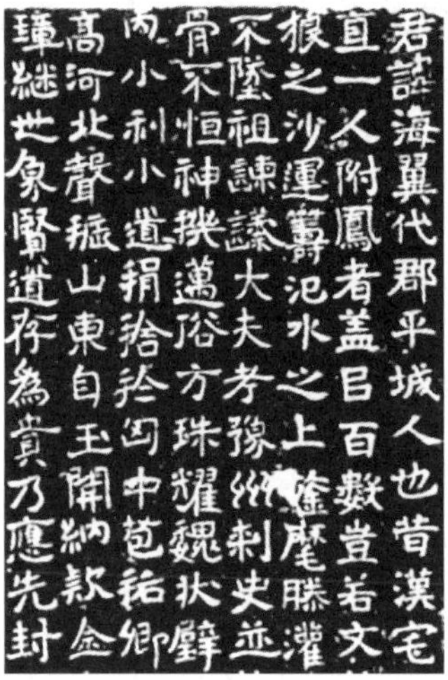

圖 2 下 3－23

天保六年（555 年）《婁黑女墓誌》（圖 2 下 3－24），河南博物院藏誌。結構點畫皆是眞書的形態，而飾以八分挑波，是帶八分筆意的眞書。北齊武平二年（571 年）《徐顯秀墓》字體結構大致為眞書，字跡嚴整，筆畫細勻，橫平豎直，波磔平和，但起筆首尾，雖然没有明顯的篆字嵌入，不過隸定之體頗有秩序，如（昔）、（於）、（野）、（邊）、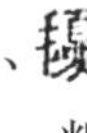（擾）、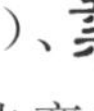（業）等字。此誌書法純熟，如、等字波筆美觀，書者精於八分。粗看北齊的兩碑字跡相近，八分、正書均可兩屬，這不過是假象而已。

北齊武平元年（570 年）《隴東王感孝頌》，碑在山東長清（今濟南市長清區）肥城孝堂山石室（圖 2 下 3－25）。全刻上下 1.2 米、左右 2.18 米。額題“隴東王感孝頌”，為篆書兩行。碑文凡 25 行，行 17 字，為著名北朝分隸碑刻。字形勁挺，波挑規整，近於漢八分，梁恭之書丹。歐陽修《集古錄》謂，恭之所書《老子碑》，字畫近古。《老子

① 譚淑琴：《河南博物院藏碑誌書法藝術價值綜述》，《書法叢刊》2016 年第 5 期。

② 太原市文物考古研究所：《太原北齊賀拔昌墓》，《文物》2003 年第 3 期。

圖 2 下 3－24

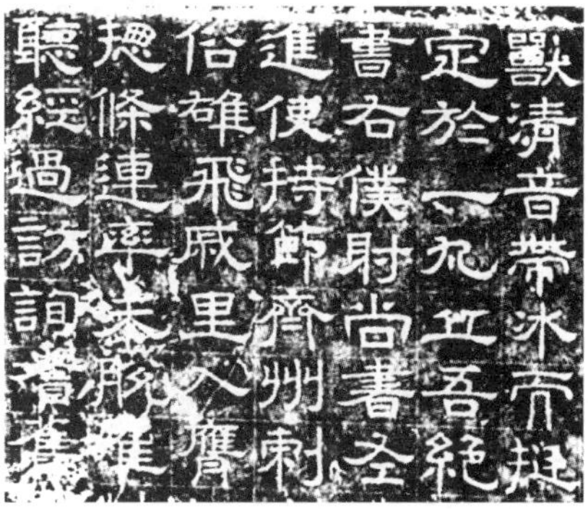

圖 2 下 3－25

碑》隋開皇三年刻碑，可知梁恭之隋時尚在世。《金石錄》卷三“隋《老子碑》”：“薛道衡撰，龐恭之八分書，開皇二年。”顧千里校於“龐”側書一“梁”字。知“龐恭之”為“梁恭之”之誤。[①] 隸古定如傍（傍）、壁（壁）、昔（昔）、勝（勝）、書（書）、捴（捴）、華（華）、前（前）、至（至）、斗（斗）、泉（泉）、隴（隴），這合乎八分之隸古定的習慣。相反，《隴東王感孝頌》的八分筆畫發生了一些變化：橫波不再用切刀頭，上平下彎，收筆和緩而圓，如一；挑筆輕而有尖鋒，向眞書的撇筆靠近，如齊、戚、府；有的就是眞書的撇，如公、於、根；偶見分隸挑法，如入、州；轉折如眞書而、刺，及吾之“口”；外輪廓或長，如賢；或扁，如雄，總體呈方形，如仁、飛、俗，如果去除波筆，與眞書無異。《隴東王感孝頌》的書風對北齊分隸和唐代前期分隸影響很大，北齊

① 焦德森：《山東北朝摩崖刻經》，《書法叢刊》1989 年第 18 期。

的真書分隸混合的字體成為主流風格。同時北齊分隸形成的結構和筆畫促進了隋唐楷書的完善。

靈壽縣幽居寺高睿造像3尊,均有天保七年(556年)刻文,文字介於八分真書之間,特點是橫平少斜勢,是當作八分使用①(圖2下3-26)。

圖2下3-26

《北齊臨淮王像碑》,北齊武平四年(573年)八分②(圖2下3-27)。

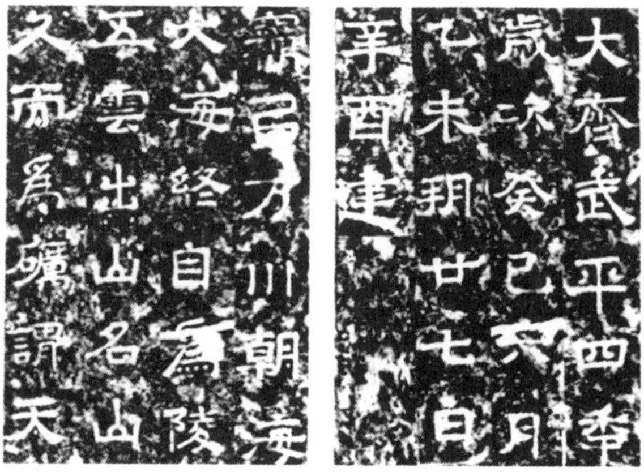

圖2下3-27

1977年山東歷城發現《北齊宜陽國太妃傅華墓誌銘》(圖2下3-28),誌蓋已失。誌高、寬各78厘米,大體完好,字跡清晰。29行,行32字。刊於武平七年(576年)。趙明誠《金石錄》卷三有《北齊宜陽國太妃傅氏碑》,可知墓前原來立碑③。誌文為八分書,字形方正,結構嚴整,筆畫圓潤,波揚磔肥,氣勢生動。夾雜篆體字形,如"乎""丘""晉""貴""嗟""首""山"等,皆合乎當時八分常態。

北齊河清三年(564年)《狄湛墓誌》,篆額"齊涇州刺史狄公墓誌",碑文29行,行

① 劉建華:《北齊趙郡王高睿造像及相關文物遺存》,《文物》1999年第8期。
② 見《書法叢刊》2015年第5期。
③ 韓明祥:《釋北齊宜陽國太妃傅華墓誌銘》,《文物》1985年第10期。

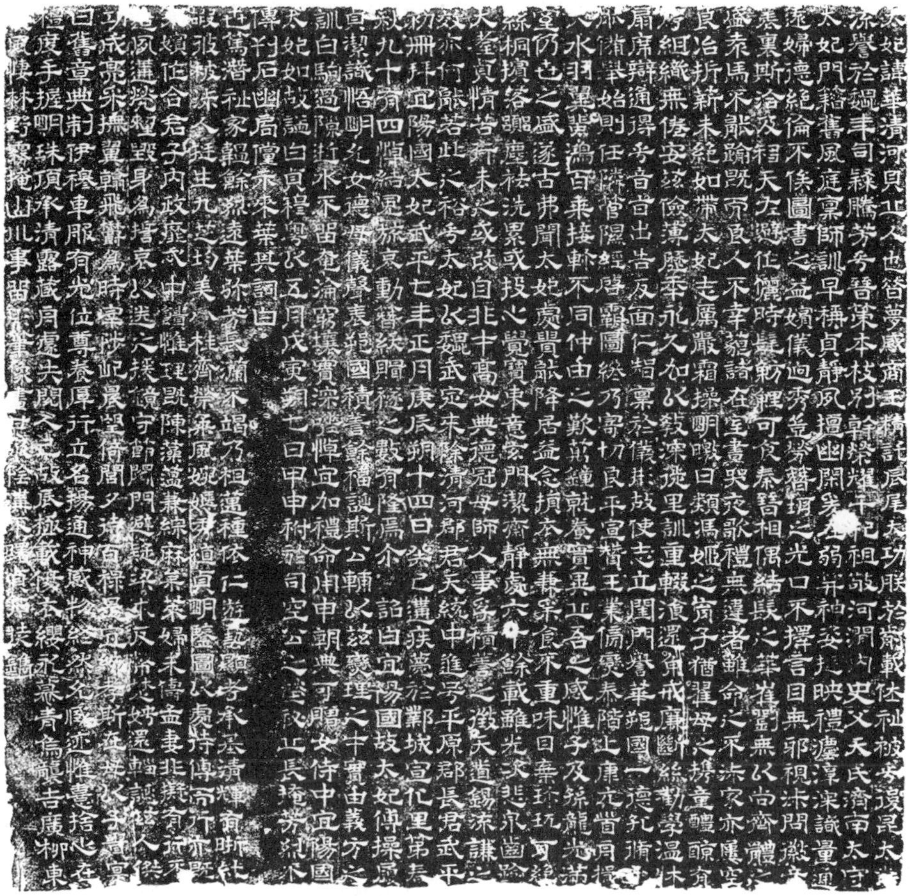

圖 2 下 3－28

28 字[①]。原報告稱此誌為“魏碑書體”，甚誤。

北齊武平元年(570 年)《婁叡墓誌》，蓋有“齊故假黄鉞右丞相東安婁王墓誌之銘”16 字，為空心分書。正文 30 行，滿行 30 字，共 866 字[②]。

武平二年(571 年)《徐顯秀墓誌》，誌文横波以及部分捺筆的用法具有八分的特徵之外，其餘均為正書，是眞書成分多於八分的典型代表。但是文字的結構保持了許多篆書的成分[③]。

北齊《梁王劉君墓誌》(圖 2 下 3－29)，篆蓋“大齊太尉公平梁王劉君墓誌”，墓誌有殘損，墓主名、立誌年均殘缺。25 行，滿行 25 字[④]。此碑肌豐肉滿，波磔和緩，如子、乘，横畫柔和有彈性，左右均衡，靈動優美，開八分之新風，為唐八分之先聲。

① 太原市文物考古研究所：《太原北齊狄湛墓》，《文物》2003 年第 3 期。
② 山西省考古研究所、太原市文物管理委員會：《太原市北齊婁叡墓發掘簡報》，《文物》1983 年第 10 期。
③ 山西省考古研究所、太原市文物考古研究所：《太原北齊徐顯秀墓發掘簡報》，《文物》2003 年第 10 期。
④ 《拿雲美術博物館藏墓誌選・齊□□墓誌》，《書法叢刊》2006 年第 2 期。

與北齊的八分一樣，多含眞書筆意和結構，均、俄近於眞書，禮除了最後一橫略帶燕尾，正體就是眞書。又有俗體，如哭（哭）；又有草法，如魯中四點化為一橫。字有隸古定而變體，如業（業）、不（不）、斯（斯）、終（終）、以（以）、山（山）、川（川）等。

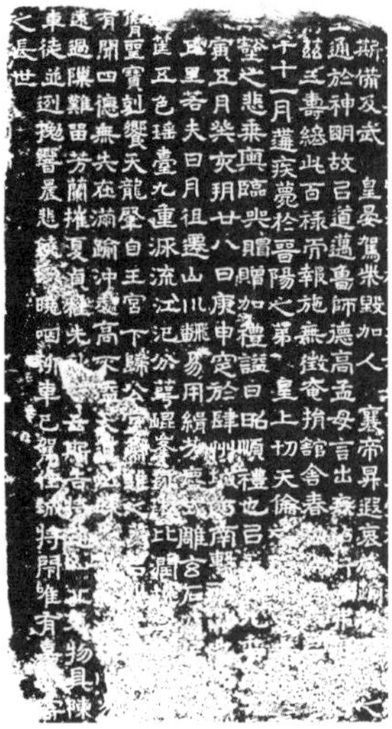
圖 2 下 3－29

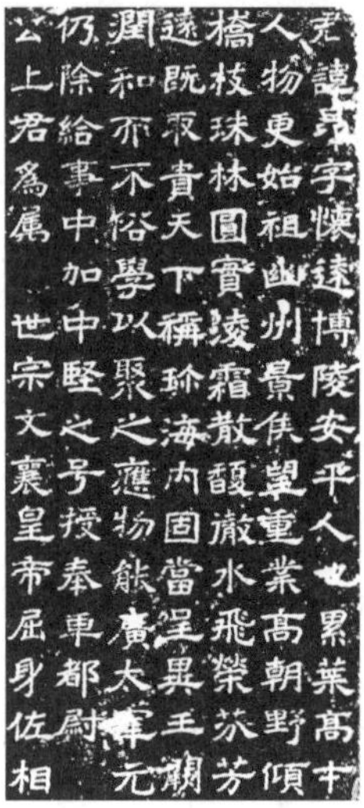
圖 2 下 3－30

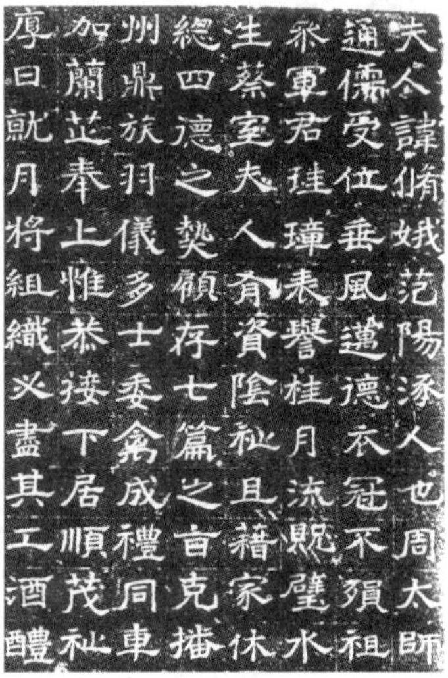
圖 2 下 3－31

《崔昂墓誌》，全稱《齊故祠部尚書趙州刺史崔公墓誌之銘》（圖 2 下 3－30），誌文 33 行，行 33 字不等，共 1 050 字。崔昂葬於北齊天統二年（566 年）。1968 年河北平山北齊墓出土，墓內還有前妻《盧修娥墓誌》（圖 2 下 3－31）、續妻《鄭仲華墓誌》各一。盧氏墓誌亦為八分、鄭氏墓誌為眞書①。北朝後期的八分已經高度眞書化，它没有從八分的傳統繼承發展，而是在楷書的基礎上加上一些八分的波挑等特別筆畫形式來充作八分書。具體地説，《崔昂墓誌》文字結構基本上没有古今相容的若干古體結構，也没有八分襲用的一些寫法，而是完全的眞書結構，加上八分的波，如年，挑，如子，帶芒的橫畫，如曾、公。如果没有波挑筆畫，這些字是十足的眞書，如九、之、山、水、爲、鄭，而且波挑也不能堅持一貫，有時就用眞書的筆畫，如人、外，有時還有一些篆意的圓筆，如帶之“巾”兩垂筆，偶爾可以看到篆體圓彎，如弘之“厶”，與眞書僅僅是一筆細微的差異。大多數的字衹是一條波筆區別於眞書，因此給人似眞似八分的感覺。再如北齊天統元年（565 年）《張海翼墓誌》②，形體是眞書，筆法亦同，衹是帶有燕尾而已。以前認為這類北朝晚期的八分書是一種眞書，充其量是眞書的變體。從文字結構上完全可以這樣認識，但是這類形體有八分書的波挑標

① 李建麗：《崔昂墓誌考》，《書法叢刊》2001 年第 2 期。
② 李愛國：《太原北齊張海翼墓》，《文物》2003 年第 10 期。

誌，是書寫者特意處理的結果，並非是轉變期無意的流露，從書寫者意願來看，是當八分來寫的，而且也與眞書有一定的形體區別，所以它是八分無疑。不過叫它八分，不如叫史書更加確切，原因是它缺乏八分應有的古今兼形的內容，這大概是八分没落的緣故吧。

北齊摩崖刻經，包括北齊亡國之後相同風格的刻經，這些刻經多用八分，有人分析刻經八分有四種類型。兩類在河北響堂山：一類是漢魏餘緒“隸書”。波挑分明，結構平正，以邯鄲北響堂山刻經《維摩諸經十三品》(圖2下3－32)為例，南響堂山《華嚴經》等亦屬此類型。一類是略带楷意的“隸書”。收斂翻挑，略帶楷意，以北響堂山《無量義經》(圖2下3－33)為例。兩類在山東：一類是雜有楷書寫法的“隸書”。結字正面取勢，寬綽凝重。以北齊天保間(550—559)摩崖石刻《泰山經石峪》為代表(圖2下3－34)。刻於泰山斗母宮東山谷之溪床上，無撰書人姓名。字徑50厘米，據民國初拓本計，存960餘字，是摩崖石刻中規模空前的巨製。字體亦隸亦楷，從容渾穆，一掃北魏銘石書舊習，去筆畫芒刺為圓潤，改結構斜結為寬平。一類是俗筆“隸書”。筆畫形態怪異，有方有圓，捺筆作燕尾式分叉。結字粗俗生獷，錯字別字多。“書寫者並不擅長隸書，又刻意模仿隸書，所以出現了如此怪模怪樣的隸書。”①

圖2下3－32

圖2下3－33

圖2下3－34

北齊的規範八分書不多(此文所謂隸書意為八分書)，北響堂山刻經《維摩諸經十三品》，撇、點出鋒，起筆取停駐以楷法，行筆帶斜勢，八分為表，楷書為裡。該文的第2種和第3種可以合二為一，差別不大。武平三年(572年)《唐邕寫經碑》(圖2下3－35)，在河南武安鼓山響堂寺外壁，也屬於這種八分書，看來肥厚的書體是北齊八分的主流。

① 劉濤：《北齊摩崖刻經的書體與隸書大字的書刻方法》，《文物》2003年第5期。

圖 2 下 3－35

圖 2 下 3－36

圖 2 下 3－37

至於後面一種，是八分書的祥瑞體變化而來，是特殊裝飾體裁的真書，北齊映佛崖刻《文殊大波若經》之額(圖 2 下 3－36)，波筆分叉，岡山刻經(圖 2 下 3－37)以及隋《曹植碑》也是此體範圍。不過並非怪異或者不擅長的原因，所謂古文鳥跡，篆隸雜體，它們是八分祥瑞體的幾種展示，各種怪異的筆畫都有出典。如果承認北齊八分的話，這當然也可納入八分範圍。

山東新泰映佛崖北齊徂徠山映佛崖刻《文殊大般若經》，高 141.5 厘米、寬 263.5 厘米，12 行，滿行 7 字，據題銘，北齊梁父令王子椿及其五子所造，氣勢宏大。因為其中有些字與楷書相近，如"洲""限""相""依"等，以前認為是楷書，但是通篇橫平豎直，波磔雖和緩，亦頗明顯，"亦""無"下四點，"蜜"之挑和捺均成左右八分姿態，"羅"之"糸"、"卽"均為篆書寫法，實為八分無疑①。

武平三年(572 年)《賈進墓誌》，賈進為賈詡第 11 代孫，位車騎將軍②。墓誌為真書，部分字有波筆，帶燕尾，"武平二年十二月十五日卒"，其"日"字為"⊙"。

北周的八分書少於北齊，近年有新發現。

北周武成二年(560 年)《獨孤渾貞墓誌》，咸陽渭城北杜鎮出土，23 行，滿行 23 字③。八分筆畫纖細，起筆有逆勢，橫畫呈波浪形，波磔以外借用楷書寫法，如軍、晉，並有隸古定字形，如鄉、節、亙。

北周建德四年(575 年)《田弘墓誌》④，36 行，滿行 38 字，全文共 1 341 字。報告稱此為"魏書體"，實為八分(圖 2 下 3－38)。

① 焦德森：《山東北朝摩崖刻經》，《書法叢刊》1989 年第 18 期。

② 河南省文物管理局南水北調文物保護管理辦公室、安陽市文物考古研究所：《河南安陽縣北齊賈進墓》，《考古》2011 年第 4 期。

③ 柳秀芳：《北周獨孤渾貞墓誌》，《書法叢刊》2007 年第 5 期。

④ 原州聯合考古隊：《北周田弘墓》，文物出版社 2009 年版，第 116 頁及插頁。

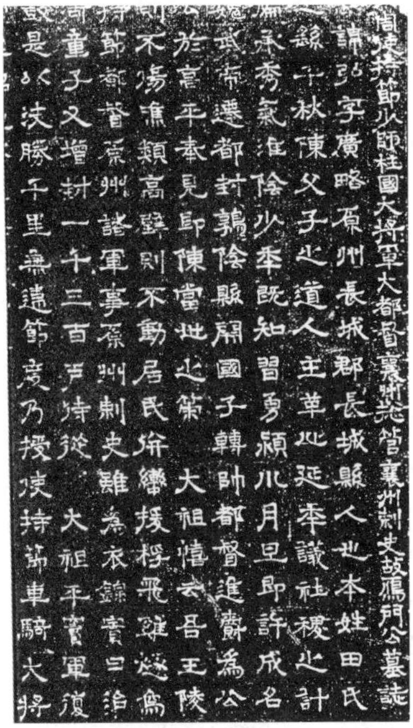

圖 2 下 3－38

圖 2 下 3－39

北周大象元年(579 年)《安伽墓誌》,誌文 18 行,滿行 19 字,全文 303 字(圖 2 下 3－39)。文字娟秀,筆畫靈動,結構整飭,少有别體、古體,雖然帶有眞書意味,總體還是八分書①。

鐵山摩崖是山東鄒縣的四山,即鐵山、崗山、葛山、尖山摩崖之首。乾隆年間金石家黄易訪得,引起學術界注意。鐵山摩崖又稱小鐵山刻石,位於鐵山之陽的斜面上。南北長 66.2 米、東西寬 16.4 米,右側刻佛教《大集經》,左側刻《頌文》,經文下部刻題名。經文共 944 字,尚存 795 字,排列整齊,界格清晰。《頌文》上端刻篆書"石頌"二字,字徑 90 厘米。原文 616 字,現在可辨者 476 字。題名部分現存 6 行,34 字。在頌文内有"皇周大象元年"(579 年),并"是有□大沙門安法師者……敬寫大集經穿菩提品九百卌(四)十字"。

隋開皇八年(588 年)《□子建墓誌》(圖 2 下 3－40)誌文 16 行,滿行 17 字,隸書。開皇九年(589 年)《趙羅墓誌》誌文 21 行,滿行 21 字,有陽文篆額②。此二墓誌文字共同點是書法不精,粗有架子,點畫率意,帶有眞書筆法,《趙羅墓誌》字形左斜,純為眞書體勢,可以看出書者習慣書寫眞書,不諳八分。形體上刻意摻入篆字結構,而又保持北朝俗體,其中不乏破體字、錯字。《□子建墓誌》"原""轉""副"缺筆,"祐"字從"禾"寫作"秙","臺"下從"口"從"土"作"臺","煥"寫作"焕","刺"字作"刺","前"字

① 陝西省考古研究所:《西安發現的北周安伽墓》,《文物》2001 年第 1 期。
② 王其禕、周曉薇:《洛陽新見隋代墓誌銘輯釋三種》,《華夏考古》2011 年第 4 期。

從“艸”，“俄”“儀”從雙人，“鋒”字“夆”從“峯”，而“復”字“彳”寫草書成三點，“年”字純為眞書。《趙羅墓誌》“鶴”作“鸖”，“皇”從“鳥”作“鷍”，“幼”從“糸”，“莫”從“田”作“萛”，“師”從“吕”作“師”，“繈褓”之“繈”作“繈”，“褓”從“示”從“呆”作“𥙔”，“妻”作“婁”。這些字明顯受到北朝後期破體字的影響。最引人注目的是《趙羅墓誌》的某些筆畫，它的一些起首短撇為鳥書，如“和”“傳”“信”“依”“邦”“公”“我”，皆把第一撇改為鳥形，“術”“衡”“銜”“從”把雙撇變為鳥形，“寤”俗體内有鳥形，繼承東漢以來八分書的祥瑞裝飾傳統。

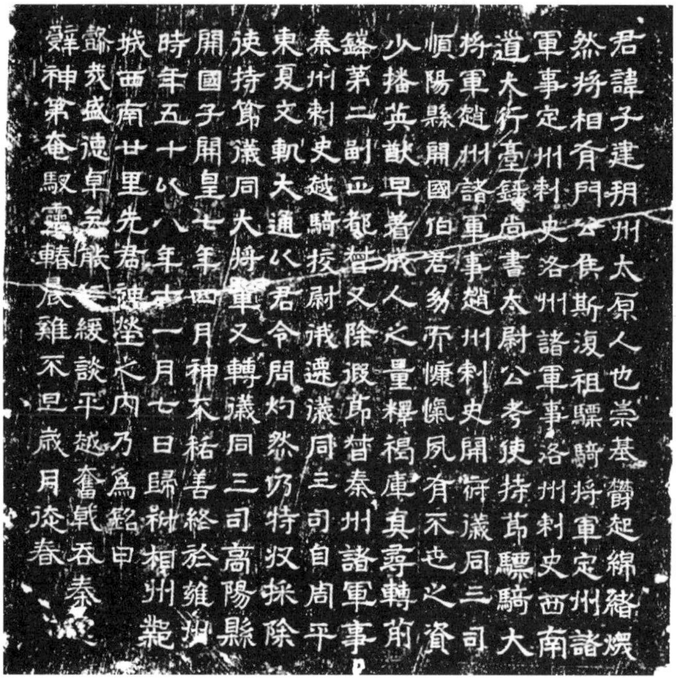

圖 2 下 3－40

隋唐乞扶令和夫婦墓出土墓誌銘 2 件：1 件開皇九年(589 年)《鬱久閭氏墓誌》，八分書帶波磔的楷書。1 件大業六年(610 年)《乞扶令和墓誌》則為楷書[①]。

1930 年洛陽張凹村出土開皇十一年(591 年)《隋故車騎歸化郡開國公爾朱公墓誌銘》誌文 25 行，行 25 字，八分(圖 2 下 3－41)[②]。

仁壽二年(602 年)《劉寶墓誌》(圖 2 下 3－42)，誌文為八分，字跡整飭，波磔分明，是北朝以來十分精緻的八分書跡[③]。此碑八分顯然受到東漢魏晉八分的影響，如公字就是脱胎於石經字形，有的點畫保留東漢祥瑞體的意味，如之、疾、悟上之點。

① 四川大學考古學系、河南省文物局南水北調文物保護辦公室：《河南衛輝市大司馬村隋唐乞扶令和夫婦墓》，《考古》2015 年第 2 期。

② 河南省文物研究所、河南省洛陽地區文管處：《千唐誌齋藏誌》之五，文物出版社 1989 年版。

③ 《唐〈劉寶墓誌〉》，《書法叢刊》2011 年第 5 期。

圖 2 下 3 - 41

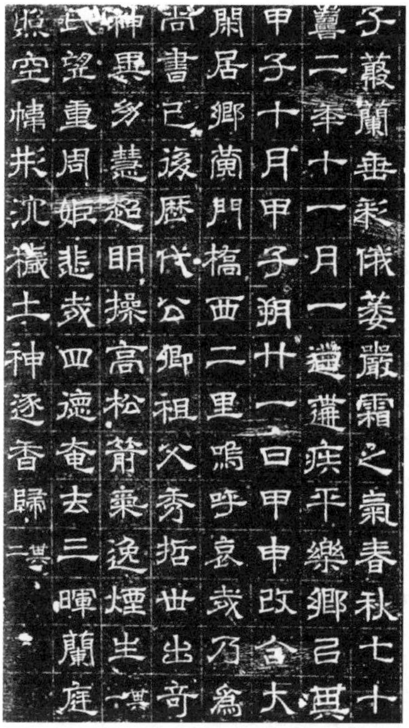

圖 2 下 3 - 42

刻意保留篆字寫法,如陳、包、生,但是錯雜俗篆,如出、南、善、劉、平,這些形體並非小篆所有,有曹熹篆等變體寫法。字形的裝飾性非常強,重複出現的字,儘量避免同形,如劉與劉、平與平、氣與氣、影與影,"年"之年、年、年、年,形體無一相同,其中夾雜俗體字。此碑依然承襲北朝之俗體、訛體,如"潁川"潁川,"潁"從"天","川"似八分"坤";秉字下從"水",靈字下不從"人"而從"㐅",哉字不從"口"而從"夕",望不從"壬"而從"立",操不從"木"而從"尔"等,皆為破體俗字。

圖 2 下 3 - 43

隋大業七年(611 年)《隋孔子廟碑》(圖 2 下 3 - 43)。通高 214 厘米、寬 82 厘米、厚 21 厘米。圓首,有額,陽文篆額"修孔子廟之碑"。碑文 21 行,行 47 字,記曲阜縣令陳叔毅維修孔廟事。

隋大業九年(613 年)《牛諒墓誌》,25 行,行 23 字(圖 2 下 3 - 44)[①],八分書,如有、在、以、及、不、乎、呂、山、而、日、華、象、金、日、曜。

① 喬棟、李獻奇:《〈洛陽新獲墓誌續編〉書法藝術概述》,《書法叢刊》2005 年第 6 期。

圖 2 下 3－44

圖 2 下 3－45

洛陽龍門新村大業十三年(617 年)隋墓出土“隋故記室衛君墓誌銘”,誌文 23 行、514 字,八分書①,如桼、屈、䙴(遷)、圭(封)、戜(國)、賢、逗、姿、桀(傑)、省、遵、味、生、召、臤(賢)、𠂇(有)、齒、發、𨛫(播)、斿(遊)、傑。

刻於大業九年(613 年)的《楊公墓誌銘》(圖 2 下 3－45),凡 42 行,滿行 43 字。②此誌雖然以眞書為底,但是保持了八分的筆畫姿態,是隋代八分中最有八分意味者。

張永強認為:“北朝後期的隸變現象是隸書最後演化成楷書的重要過程。”③八分的復興,以及眞書式八分的出現,不是一個自然流變的過程,而是人為造字的過程,所以它與隸變無關。北朝後期迎來了八分書的復興,但是經歷北魏廢八分而推行元氏銘石書之後,八分書已經失去傳承,所以這是一個恢復階段。

北朝後期的銘刻書法發生了大變,這是基於北魏元氏銘刻書的衰退,重新啟用傳統八分書。元氏銘石書是用眞書改造漢魏八分,以漢魏八分的理論構造新體。但是元氏銘石書的故作姿態,常常流露出眞書的底子,最后回歸眞書常體。北齊改朝換代,順勢恢復八分書是可以理解的。北齊依然是在眞書的底子上設計八分書,體態肥碩,眞書大橫、大撇、捺等改作波挑,以為標誌。有些碑刻注意採用篆字結構,儘量保

① 洛陽市文物工作隊:《洛陽龍門新村出土隋代墓誌》,《文物》2009 年第 11 期。
② 《大隋故內史令金紫光祿大夫楊公墓誌銘》,《中國書法》2008 年第 6 期。
③ 張永強:《河北曲陽北魏邸元明碑北齊邸珍碑考》,《書法叢刊》2009 年第 3 期。

持漢魏舊風。根據書者的修養,這個時代的八分有古風和新風之别,但是眞書為底、波折為飾的基本格局不變。

北朝後期的八分雖然與漢魏八分有較大距離,但是較為優秀者,波磔分明,結構平正,篆隸兼用,開唐代八分之先聲。

第四章　盛極一時的唐代八分

第一節　唐代八分之形成

以前學術界對於唐代的八分關心很少，因此存在很多的誤會。首先是名稱上的混亂，常常把唐朝的八分稱作隸書，其實八分纔是唐代人的説法。唐人對隸書和八分的概念清晰，涇渭分明，從來不會把兩者混為一談。隸書既不是史書，也不是八分。後人稱名的混亂造成認識上根本性的錯誤。唐代衹稱為八分，因為唐代隸書已經不同於漢代隸書，再混稱隸書就不合適了。

唐代八分是當時的流行書體，尤其在盛唐以後是重要的銘刻字體，不過以前重視漢魏，唐代的碑刻則矚目眞書。唐代八分歷來問津者少，專事收集者甚罕，故葉昌熾《語石》卷七："墓誌分書者，尤難得。"現代考古陸續發現，數量可觀。《北京圖書館藏中國歷代石刻拓本彙編》《千唐誌齋藏誌》《西安碑林全集》等合集，保存部分唐八分石刻，大部分是石刻墓誌，但是至今未有專門彙編成集①。現在發表的唐八分石刻保存完整，字口分明，大大充實了唐八分的研究材料，本文研究主要依據這些新出八分碑刻。

唐代八分一般用於典禮性的銘石，如《石臺孝經》《神德感應碑》等，大量用於墓誌和墓碑。銘刻碑石，一般是用篆額，唐代多用篆額外，也用楷書額和八分書額，説明八分書使用的範圍擴大，碑銘之外，重要的文字皆可八分書之。宋孔平仲《孔氏談苑》卷四記載："唐明皇命相，先以八分書書姓名，金甌覆之。"提名宰相是國家大事，唐玄宗採用八分書寫，表示鄭重之意。《新唐書・食貨志四》："武德四年鑄'開元通寶'，徑八分，重二銖四參，積十錢重一兩，得輕重大小之中。其文以八分、篆、隸三體。"開元錢是用隸書眞書，或八分書，相傳是名家歐陽詢所寫。南唐鑄造"永通泉貨"八分錢，看來是繼承唐朝舊制。

唐代官方把八分列為正式使用的字體之一。《唐六典》卷十："校書郎正字，掌讎校典籍，刊正文字。字體有五：一曰古文，廢而不用；二曰大篆，惟於《石經》再之；三

① 北京圖書館金石組：《北京圖書館藏中國歷代石刻拓本彙編》101 卷，中州古籍出版社 1989 年版；高峽主編，西安碑林博物館編纂：《西安碑林全集》，廣東經濟出版社、海天出版社 2000 年版。

曰小篆，謂印璽、旐旛所用；四曰八分，謂《石經》、碑碣所用；五曰隸書，謂典籍、表奏及公私文疏所用。”按照此規定，八分書體等級低於篆書，卻高於眞書（隸書），屬於一種古雅的莊重的字體，為銘刻碑碣的專用書體。但是唐代初期八分並不為人重視，與眞書相較，不在一個層次之上。

葉昌熾《語石》卷七：“唐承漢魏之後，分書宏偉，猶有古法。國初歐、虞、褚、薛諸家，惟信本兼工此體。今所傳有《宗聖觀》《房彥謙》兩碑。殷仲容號專家，垂拱以後，賈膺福、盧藏用、郭謙光、田羲晊接踵而起。”葉昌熾所言不確，北朝八分是唐代八分的前身，後者自然會沾染駁雜不純的形體，八分混合眞書。

初唐八分無疑以歐陽詢為代表，現見有兩碑。

武德九年（626 年）《宗聖觀碑》（圖 2 下 4－1），即《大唐宗聖觀記》，高 375 厘米、寬 93 厘米，凡 1 117 字。此碑元代對字跡作了鎪剔修整，恐改原貌。

圖 2 下 4－1

圖 2 下 4－2

貞觀五年（631 年）《房顏謙碑》（圖 2 下 4－2），全稱《唐故都督徐州五州諸軍事徐州刺史臨淄定公房公碑銘并序》，篆額“唐故徐州都督房公碑”，碑在今山東濟南章丘區，李百藥撰文，歐陽詢八分。碑文 36 行，行 78 字；碑陰 15 行，行 13 字；碑側 3 行，計 33 字。彥謙為房玄齡之父。此碑八分筆端，平波略仄，筆畫多楷法，橫法和撇尾還保留燕尾似的波挑，帶尖出鋒，在眞書和八分之間，因而有人誤認為眞書。結體端嚴，挑拔險峻，為八分、眞書混合體。

比較以上兩刻，前者略平和，取法北齊；後者氣勢淩厲，取法北魏《鄭長猷造像》、東魏《比丘道寶造像碑》。唐初八分於法不古。清錢泳《履園叢話・書學・隸書》：“唐人習者雖多，實與漢法愈遠，何也？唐人用楷法作隸書，非如漢人用篆法作隸書也。”筆者按：錢泳誤稱八分為隸書。

河北平山兩河鄉西嶽村出土《崔仲方墓誌》一合(圖2下4－3),誌蓋俗篆體“隋故禮部尚書固安公崔公墓誌銘”,誌蓋背面及誌文皆八分書。誌文38行,滿行38字,共1 393字。據誌文載墓主卒於隋大業十年(614年),唐貞觀十一年(637年)葬於西嶽村墓地,墓主是博陵崔氏家族。波磔和挑筆,出鋒,筆畫勁瘦,兼有古體,乃北朝末期八分風格[1]。《語石》卷八柯昌泗評:“初唐分書,承北朝用方體。明皇變以扁體,海內靡然從之。韓、梁、史、蔡,其體大同,所云唐隸也。”此誌為北朝方體之代表。

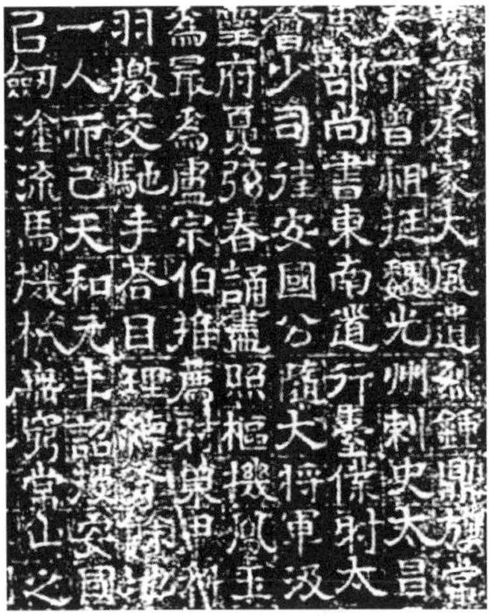
圖2下4－3

圖2下4－4

唐八分之面貌在高宗、武周時代逐步形成。唐代高宗到武則天時期有著名八分大家,上承隋代,下啟盛唐,為唐代分書發展起了重要作用。

盧藏用(約656—約713),高宗時人,於篆、八分、真書書法均有成就。《書斷》卷下:“盧藏用,字子潛,京兆長安人,官至黃門侍郎。書則幼尚孫草,晚師逸少,雖闕於工,稍閑體範。八分之製,頗傷疎野。若況之前列,則有奔馳之勞。如傳之後昆,亦有規矩之法。”武周時盧藏用雖然不以八分書稱著,但字體更加近於漢代八分。

殷仲容(633—703),字元凱,陳郡長平(今河南西華縣)人。三代並工書畫,其父殷令名為初唐書法家,殷仲容在《舊唐書》《新唐書》無傳,其事跡可見於他人傳記。2004年西安南郊發現了殷仲容與夫人顏頎合葬墓,其書法無疑集成乃父之風,卓有成就。上元元年(674年)《馬周碑》(圖2下4－4),螭首,高358厘米、下寬116厘米、厚39厘米。額篆“大唐故中書令高唐馬公之碑”。37行,行84字。許敬宗撰文,殷仲容書八分,碑文字形真、八分相雜,結構平實,挑、捺頗具八分筆法。《褚亮碑》“十四蕃君長像”基座題字與《馬周碑》絕似(圖2下4－5),殷仲容書作的可能性很大[2]。

① 河北省文物研究所、平山縣博物館:《河北平山縣西嶽村隋唐崔氏墓》,《考古》2001年第2期。
② 李明:《初唐書法名家殷仲容》,《考古與文物》2007年第5期。

圖 2 下 4－5

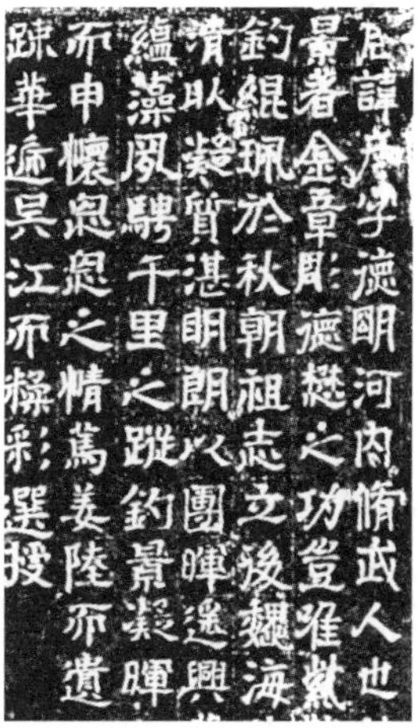

圖 2 下 4－6

唐高宗乾封三年(668 年)《唐故南和縣令□君(彥)墓誌銘》(圖 2 下 4－6),誌文 25 行,行 25 字[①]。文字略帶波磔,體勢縱長,類西晉碑字。此碑與《馬周碑》比較,殷仲容八分更接近漢魏八分。

唐代八分的興盛離不開帝王的推力,開元以來吹起了強勁的八分之風。唐玄宗(685—762)精於書藝,尤善八分。唐韋續《九品書》上上十九人:“至道大聖大明孝皇帝八分。”《述書賦》唐竇蒙注:“開元皇帝仁孝慈和,兼負英斷,好圖書,少工八分書及章草,殊異英特。開元中,八分書北京義堂《西嶽華山碑》《東嶽封禪碑》,雖有當時院中學士共相摹勒,然其風格大體皆出自聖心。”唐玄宗八分書摩崖刻石《紀泰山銘》(圖 2 下 4－7),亦稱《東嶽封禪碑》,刻於開元十四年(726 年),額題“紀泰山銘”,正文 24 行,滿行 51 字,現存 1 008 字,字方 16×25 厘米。

圖 2 下 4－7

圖 2 下 4－8

開元十三年(725 年)《鄎國長公主碑》(圖 2 下 4－8),鄎國長公主,唐睿宗李旦第

① 河南省文物研究所、河南省洛陽地區文管處:《千唐誌齋藏誌》之二四三,文物出版社 1989 年版。

七女，崔貴妃所生。開元十三年薨，年三十有七。此碑在橋陵園公主墓前。篆額“大唐故鄎國長公主神道之碑”。碑長 2.9 米、寬 1.5 米。張説撰文，李隆基書八分，保存完好。書法宏偉壯麗，筆法肥碩，挑筆及波筆上細下粗，似有出鋒，筆端多留有楷書的痕跡[①]。其中“其”“前”“貴”“於”“夏”“願”作篆體結構，“舜”作□，是漢魏時期的訛變結構。

開元二十二年(734 年)《大唐代國長公主碑》，額八分“大唐代國長公主碑”（圖 2 下 4－9)，碑文由其夫駙馬都尉鄭萬鈞撰文，其子鄭聰書。鄭聰為文豪、書法家，碑文楷書，字跡勁挺。碑文云“皇帝書額”，八分額肥碩沉著[②]。

圖 2 下 4－9

圖 2 下 4－10

天寶四載(745 年)《石臺孝經》(圖 2 下 4－10)，全稱《大唐開元天寶聖文神武皇帝注孝經臺》，碑文用八分書寫，玄宗李隆基作序、注解并書寫，李亨篆額。碑高 620 厘米，共 4 面，每面寬 132 厘米。四面刻文，頂有石蓋，形似石臺。正面起 3 面刻 18 行，第 4 面刻 7 行，行 55 字，特有的八分風格已經完全呈現。趙崡《石墨鐫華》稱之“老勁豐妍，如泉吐鳳，為海吞鯨”。

中唐時期，玄宗對八分的愛好，以及書寫實踐和獲得的成就，扭轉了南北朝以來八分的頹勢，引領了唐八分書寫的熱潮，出現了一大批好手。杜甫《送顧八分文學詩》:“中郎《石經》後，八分蓋憔悴。顧侯運爐錘，筆力破餘地。昔在開元中，韓蔡同贔屭。玄宗妙其書，是以數子至。”《宣和書譜・八分書》:“蓋唐自明皇御世，首以此道為

① 賀正全:《蒲城總概述》之《鄎國長公主碑》,《書法叢刊》2007 年第 1 期。
② 賀正全:《蒲城總概述》之《大唐代國公主神道碑》,《書法叢刊》2007 年第 1 期。

士大夫之習，於是上之所好下必甚矣，若李潮輩以八分名世。潮一字出，遂有百金之直。”開元、天寶年間對於八分書來説是一個重要的歷史時期。玄宗以帝王之尊，開元之盛，形成了前所未有的豐腴波動的八分書風格。由於他的特殊人格和獨特的風格，如草上之風，影響力量之大，所向披靡，帶動了唐代八分的書寫熱潮。葉昌熾《語石》卷七：“明皇酷嗜八分，海内書家翕然化之。尚書韓擇木、騎曹蔡有鄰，杜子美所稱也。蔡書傳世尚多，韓惟存《華嶽文》一刻。然大曆、貞元間，韓秀實之《薛嵩碑》《舜廟碑》、桂林《平蠻頌》《鮮于氏里門記》、韓秀弼之《李元諒楙功昭德頌》，皆豐碑無恙。墓誌分書者，尤難得。《肅國夫人李氏誌》，大曆十三年韓秀弼書，出土如新。韓氏一家之學，尚未墜地。此外如裴抗、戴伋、張廷珪、梁昇卿、史惟則，皆開天時能品也。王瑀、歸登、裴平，大曆後嗣音也。唐季漸成弩末，歐、趙所録以蓋巨源為最多，而今無一刻。”

唐玄宗的八分取法漢石經，摒棄北朝舊習，出現全新的面貌。它在漢代八分衰微破敗之後，能夠再度復活八分書，本身就是一個奇跡。

《熹平石經》與《石臺孝經》部分字形比較：

熹平石經	其	用	公	伯	子	秦	矣	於
石臺孝經	其	用	公	伯	子	秦	矣	於

《石臺孝經》與《熹平石經》相比，可知絕大部分結構點畫相同，略顯肥碩而已。

因玄宗八分筆畫豐腴，後人否認漢石經與玄宗八分兩者之關係。清代萬經《分隸偶存》卷上：“漢多拙樸，唐則日趨光潤；漢多錯雜，唐則專取整齊；漢多簡便如眞書，唐則偏增筆畫為變體。神情氣韻之間，迥不相同耳。至其面貌體格固優孟衣冠也，乃後人妄生議論必欲分而為二。《宣和書譜》謂唐變方廣作波勢，夫唐何嘗不方廣，漢何嘗無波勢耶？”唐八分雖與漢八分有異，但是繼承基本因素則不能否認。時代不同，唐代無法複製漢代八分，再説漢代八分亦非一個面目。玄宗筆畫肥厚豐腴，為盛唐審美意識的反映，結構嚴謹勻稱，為帝王莊嚴氣象。歷經魏晉南北朝的變化，以金針法為要素更加強調，筆畫之端可見鋭如針尖之鋒芒，垂芒之象畢現，為金針八分表率。所謂開元題就是玄宗八分，是官方示範字體，垂範翰墨。唐玄宗的書風影響了中唐以後的八分書的風格，形成了此後八分特有的優美形體。對於玄宗變法，前後之變，有的説玄宗之前為《石經》舊法。清錢泳《履園叢話·書學·隸書》：“唐人隸書，昔人謂皆出諸漢碑，非也。”完全否認唐八分與漢碑關聯。

柯昌泗《語石異同評》卷七：“唐人分書，明皇以前，《石經》舊法也，其體方而勢峻。明皇以後，帝之新法也，其體博而勢逸。韓、蔡諸人，承用新法，各自名家。”但是柯氏在卷八又説唐初為北朝方體：“初唐分書，承北朝用方體。明皇變以扁體，海内靡然從之。韓、梁、史、蔡,其體大同,所云唐隸也。元和中,歸登書《裴耀卿碑》,以瘦勁之筆,雖體勢不殊,而神采迥異。”

柯昌泗以玄宗為界,以前漢《石經》,後改新法,新法為何? 唐隸也。唐隸為何? 扁體也。漢代碑刻有扁有方,扁體漢碑早已有之。張小莊認為:“明皇變法後的唐隸,與初唐時期有了明顯的差異,字形由方趨扁、左舒右展,筆畫豐腴厚重,體現了李唐盛世泱泱大國的時代氣象。魏晉南北朝時圭角顯露,用筆如‘折刀頭’的風格特徵,至此得到了充分改觀。‘明皇新體’是在‘石經舊法’基礎上改易後的再創造,對於初唐隸書,它完成了一次很大意義上的審美突破,也更能體現大唐雄厚豐逸的時代特徵。”① 張氏觀點似是而非,如以扁體論法,實際與柯氏無別。所謂折刀頭就是垂芒體之一種形態,早在熹平二年(173 年)《景雲碑》已經出現,如、等,熹平四年(175 年)漢石經當然也有,如、等,而且形體近於正方。所以方正和圭角是漢石經和漢代碑刻的特點,玄宗的八分圭角進而為針芒。要強調一點,即開元以來八分不僅取法《熹平石經》,也取法八分漢碑。唐代八分是漢代八分的發揚光大。

唐人推崇《石經》,據《後漢書》所載,《石經》為蔡邕所書。蔡邕的八分達到最高境界,因而《熹平石經》對唐代的八分具有非常重要的示範作用。《新唐書・選舉志四》:“學書日紙一幅,間習時務策,讀《國語》《説文》《字林》《三蒼》《爾雅》。凡書學,《石經》《三體》,限三歲,《説文》二歲,《字林》一歲。”唐人崇拜蔡邕《石經》,多由於《石經》是納入朝廷書學,其權威不容挑戰。

《書斷》卷中:“蔡邕工書,篆、隸絕世,尤得八分之精微。體法百變,窮靈盡妙,獨步今古。”又卷下:“八分書則伯喈制勝,出世獨立,誰敢比肩。”唐人認為《劉熊碑》為蔡邕所書。王維《題酸棗令劉熊碑》:“蒼苔埋字土埋龜,風雨消磨絕妙詞。不向圖經中舊見,無人知是蔡邕碑。”《石經》之外,亦尊漢碑。唐徐浩《古跡記》:“蔡邕鴻都《三體石經》、八分《西嶽》《光和》《殷華》《馮敦》等數碑,並伯喈章草。”李嗣真《書後品》説:“蔡公諸體,惟有《范巨卿碑》風華豔麗,古今冠絕。”唐人矚目漢魏,稱魏《受禪碑》“三絕”,《劉賓客嘉話錄》:“魏《受禪碑》,王朗文、梁鵠書、鍾繇刻,世謂之三絕。”分析唐人的八分字跡,恐怕還取法諸如《夏承碑》之類的漢碑,並不單取一碑一體。所以玄宗八分,後來的諸家八分取法以《熹平石經》為主,廣採漢碑之法。

第二節　唐代八分名家輩出

進入盛唐以來,八分書作為一種書法的重要體勢得到了重視,大家迭出。唐竇臮

① 張小莊:《論唐隸》,《海南師範學院學報(人文社會科學版)》2002 年第 2 期。

《述書賦》卷下及其兄竇蒙談及八分名家,“韓常侍則八分中興,伯喈如在。”韓常侍,即韓擇木。田琦“工八分、小篆、署書”。“衛包、蔡鄰,功夫亦到。出於人意,乃近天造。”衛包工八分,通字學。蔡有鄰,善八分,天寶間遂至精妙。鄭遷及弟邁、遇及皇室李權並工八分。韋續《書品優劣》也説:“八分書五人:梁昇卿如驚波往來,巨石前卻。盧藏用如露潤花妍,煙凝修竹。張庭珪如枯木崩沙,閑花映竹。韓擇木如龜開萍葉,鳥散芳洲。史惟則如雁足印沙,深淵躍魚。”杜甫《李潮八分小篆歌》:“尚書韓擇木,騎曹蔡有鄰,開元以來數八分,潮也奄有二子成三人。”潮即李潮。唐代的八分書流傳到今天的非常多,不亞於漢代的史書碑刻。書寫者中有名家,也有名氣不大、卻書法優美者,足見在唐代八分書深受歡迎,且有一大批書法家。

梁昇卿,唐代八分書大家。《新唐書·韋安石傳》:“昇卿涉學工書,於八分尤工,歷廣州都督,書《東封朝覲碑》,為時絕筆。”唐呂總《續書評》評梁昇卿云:“善八分,體甚古,其書謂如擊波往來,巨石前卻。”可見書風以雄健見長,體制古今得當。傳世《御史臺精舍碑》,八分含篆法,細筆如鐵綫,波磔平衡。1998 年在洛陽市伊川縣呂店鄉萬安山新發現開元二十一年(733 年)《張説墓誌》一合(圖 2 下 4－11),蓋篆“唐贈太

圖 2 下 4－11

師燕文貞公張公墓誌”，誌文共 32 行，滿行 33 字，共 936 字。“工部侍郎集賢院學士族孫張九齡撰”，“朝散大夫中書舍人梁昇卿書”。用筆粗重，多處圭角，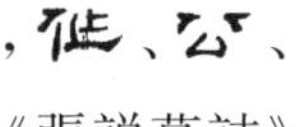、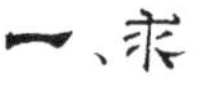 帶正書筆意，繼承魏晉以來方正肥碩八分書風①。以下字例可見《張説墓誌》篆定字情況：

篆定體：

韓擇木，生卒年不詳，生於武則天長壽年間，大曆初年卒，昌黎人，官至工部尚書，南宋《書小史》稱其師法蔡邕，風流閑媚，為伯喈中興。朱長文《續書斷》：“一時韓雲卿以文顯，李陽冰以篆顯，擇木以八分顯。天下欲銘其先人功者，不得此三人，不稱三服。……觀其跡，雖不及漢魏之奇偉，要之莊重有古法，而首唱於天寶之間，宜置妙品。”他在唐中葉超拔流俗，獨擅一時，書跡傳有開元五年(717 年)《歙州刺史葉慧明碑》(圖 2 下 4－12)、天寶元年(742 年)《祭西嶽神告文碑》(圖 2 下 4－13)，皆屬書法蘊秀。

圖 2 下 4－12

圖 2 下 4－13

蔡有鄰，生卒年不詳，開元、天寶年間人，蔡邕後裔。工隸書。《述書賦》注云：“有鄰善八分，本拙弱，至天寶間遂至精妙。”傳有《尉遲迴廟碑》等。董逌《廣川書跋》評蔡書《盧舍那碑》：“書法險勁，驅使筆墨，盡得如意，當與鴻都《石經》相繼也。”

史惟則，生卒年不詳，天寶年間人，原名浩，吳郡人。官至殿中侍御史。《書小史》

① 李獻奇：《唐張説墓誌考釋》，《文物》2000 年第 10 期；趙君平：《唐〈張説墓誌〉述要》，《書法叢刊》2000 年第 3 期。

稱其工隸書，字形俊美，發筆方廣。尤善篆、籀、飛白。吕總評其書謂如雁足印沙、深淵躍鯉。建於開元二十四年（736 年）的《大智禪師碑》（圖 2 下 4－14），端正豐厚，遒勁有力，體扁畫肥，當是明皇變法後之新體。近年在洛陽東花壇發現天寶元年（742 年）《福州刺史管元惠神道碑》，也為史惟則所書。鐫刻後没有運至北邙墓地，石刻完好，字跡類似《熹平石經》[1]。史惟則結體用筆較多保留，個别字用篆法，與《熹平石經》相類。改革點畫儘量沿用漢隸筆法，圓潤而有頓挫，有意將漢隸的篆味去掉，楷法入八分，比漢代史書稍方正，多數成正方。

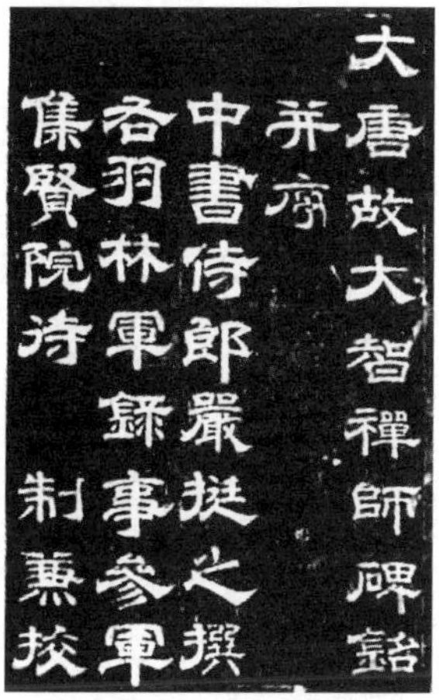

圖 2 下 4－14

圖 2 下 4－15

李潮，生卒年不詳，開元年間人，杜甫之甥，工隸書。杜甫作《李潮八分小篆歌》："惜哉李蔡不復得，吾甥李潮下筆親。"李潮與韓、蔡、史合稱四大名家。《集古錄》卷六："《唐植栢頌》。唐世八分四家而已，韓擇木、史惟則之書見於世者頗多，蔡有鄰甚難得，而李潮僅有，亦皆後人莫及也。不惟筆法難工，亦近時學者罕復專精如前輩也。"

平授，開元年間八分書法家。河南鶴壁大賚店先天元年（712 年）《平貞客碑》（圖 2 下 4－15）長期得不到保護，碑文剝蝕，字跡漫漶不清。篆額"大唐故偃師令蒲州長史平公之碑"，碑文 29 行，滿行 58 字，約 1 650 字。書丹者或為平貞客之孫平授，據《常州刺史平君神道碑》載："（平）授，八分之妙，獨善當時。"[2]

徐浩（703—782），字季海，越州（今浙江紹興）人。其父徐嶠善真書及八分，以法授肅宗時，授中書舍人，四方詔令，多由徐浩所書。浩擅長八分、行、草書，尤精於楷書，著有《法書論》，《新唐書》有傳。現見徐浩八分書碑刻不少。1977 年在河南伊川

① 宫大中：《地下碑林》，《書法》1985 年第 5 期。
② 王國宇：《鶴壁大賚店唐代平貞客碑考釋》，《中國國家博物館館刊》2015 年第 8 期。

縣出土天寶三載(744 年)《大唐嵩陽觀紀聖德感應頌》①(圖 2 下 4－16)。天寶十載(751 年)書《唐張庭珪墓誌銘》(圖 2 下 4－17),全稱《唐故贈工部尚書張公墓誌銘并序》,伊川縣坡頭寨發現,誌文 34 行,滿行 37 字,共計 852 字。此碑俊秀嚴謹,《新唐書》稱之"書法精緻""八體皆備",登封山腳下嵩陽觀前有徐浩書八分《嵩陽觀紀聖德感應頌》。此外徐浩書丹的還有《李峴墓誌》②、《崔暟墓誌》和《王媛墓誌》夫婦的兩套墓誌以及《崔沔墓誌》。徐浩子徐珙亦善八分,有所書《崔佑甫墓誌》(圖 2 下 4－18)、《慕容相墓誌》《樊騆墓誌》③。清王澍《虛舟題跋》:"按《金石錄》,徐季海隸書碑刻最多,唐人隸書之盛,無如季海,隸書之工,亦無如季海,而名出史惟則、韓擇木諸公下。"

圖 2 下 4－16

圖 2 下 4－17

圖 2 下 4－18

無名氏,開元六年(718 年)《李先嗣墓誌》(圖 2 下 4－19),蓋陰刻篆書"大唐故李府君墓誌銘",13 行,滿行 15 字,計 192 字。字跡飄逸生動,間雜古體,點畫精勁,有綫篆意味,但是細審八分之中多正書筆畫,帶有北朝的書寫習慣,整體上具有漢代史書的風韻,很可能是直接取法漢碑④。以下字例可證:

篆定體:生＞生;丹＞丹;曾＞曾;作＞作;設＞設;鄉＞鄉;山＞山;安＞安;辛＞辛。

① 伊川縣人民文化館:《河南省伊川縣出土徐浩書張庭珪墓誌》,《文物》1980 年第 3 期;王向理、謝槐青:《河南省伊川縣出土徐浩書張庭珪墓誌》,《書法叢刊》1996 年第 2 期;譚淑琴:《河南省博物院藏碑誌書法藝術價值綜述》,《書法叢刊》2016 年第 5 期。

② 宮大中:《地下碑林》,《書法》1985 年第 5 期。

③ 宮大中:《地下碑林》,《書法》1985 年第 5 期。

④ 喬棟、李獻奇:《洛陽新獲墓誌續編書法藝術概述》,《書法叢刊》2005 年第 6 期。

圖 2 下 4－19

圖 2 下 4－20

朱溫，唐玄宗天寶十一載（752 年）《睿宗大聖眞觀施食臺記》（圖 2 下 4－20），八棱石幢，八面皆有文字，下殘，記文不全，每面 3 行，滿行最多 30 字。八分字跡具有開元風格，但是挑筆圓潤，而波筆帶棱角[①]。洛陽縣尉朱溫撰文并書八分。

盧元卿，德宗、順宗時人，太清宮道士，權德輿《太宗飛白記》稱盧元卿“工為篆、隸、八分書”。王建《贈太清盧道士》：“上清道士未升天，南嶽中華作散仙。書賣八分通字學，丹燒九轉定人年。”近年發現元和十二年（817 年）《唐獨孤士衡墓誌》（圖 2 下 4－21），誌文有“太清宮道士盧元卿書”。凡 21 行，滿行 28 字[②]。

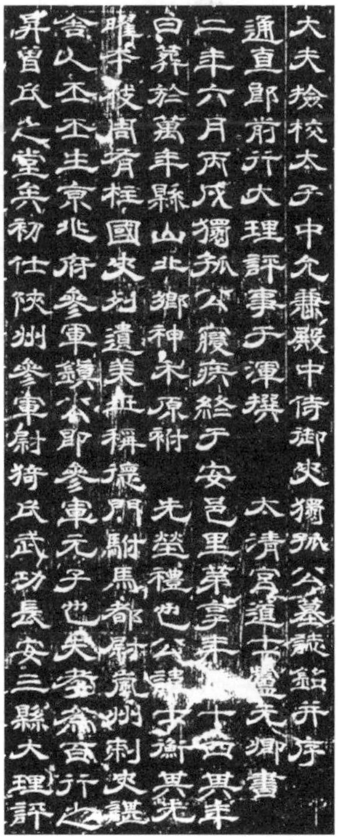

圖 2 下 4－21

張芬，西安高家溝村出土一合《朱元昊墓誌》（圖 2 下 4－22），誌蓋陰刻“大唐故朱府君墓誌銘”，誌文 26 行，行 26 字，共 615 字，天寶十一載（752 年）葬。誌文八分，于休烈撰文，張芬書八分[③]。于休烈，新、舊《唐書》有傳，為高宗、太宗名臣于志寧之曾孫，與墓主同在集賢殿共事。張

① 劉蓮香：《〈睿宗大聖眞觀施食臺記〉石幢考》，《華夏考古》2000 年第 1 期。
② 王連龍：《新見〈唐獨孤士衡墓誌〉考略》，《書法叢刊》2011 年第 5 期。
③ 馬驥：《唐代御書手〈朱元昊墓誌〉考略》，《書法叢刊》2007 年第 5 期。

芬時任朝議大夫，守壽王府司馬、翰林院供奉。唐段成式《酉陽雜俎》卷五“詭習”載：張芬曾為韋南康親隨行軍，力大藝高，力舉七尺碑，定雙輪水磑，蹵蹹高及半塔，彈力五斗。“嘗揀向陽巨筍，織竹籠之，隨長旋培，常留寸許，度竹籠高四尺，然後放長，秋深方去籠伐之。一尺十節，其色如金，用成弓焉。每塗牆方丈，彈成‘天下太平’字。字體端嚴，如人模成焉。”《書史會要》卷五曰：張芬“善草書，縷總謂如孤松聳身，弱草垂露”。均未言及他的八分書法。張芬此碑屬於典型的唐八分，字形整飭，多有篆字結構，保持漢代八分體勢，如“戊申”之“申”字，豎筆右曲，形如“电”字，在《李孟初》碑內可見。以下字例可見此碑篆、漢八分之成分：

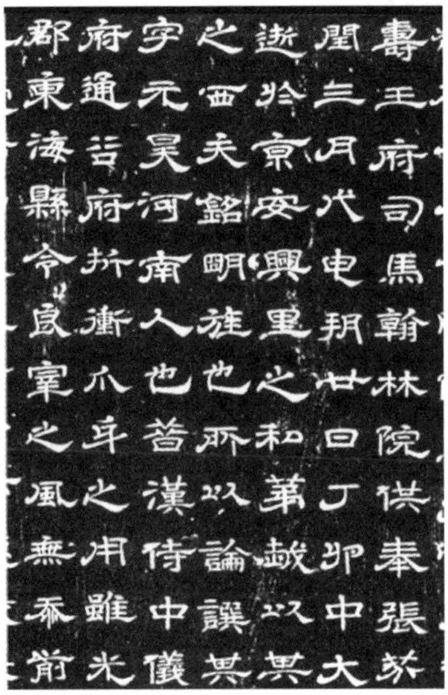

圖 2 下 4－22

圖 2 下 4－23

篆定體：尼＞尼；朔＞朔；壹＞壹（壹）；紫＞紫；菩＞菩。

漢八分：還、鄭、讓、用、前、出、电（申）。筆者按：电，可見漢碑《延光四年刻石》《孟孝琚碑》。

金針八分：懸、供、芬、越、侍。筆者按：《張説墓誌》也有類似字例，如：從、公、一、求。

盧曉，為德宗宰相盧杞之孫①。伊川縣彭波鄉萬安山發掘大曆十一年（776 年）《裴遵慶神道碑》（圖 2 下 4－23），篆額“唐故尚書右僕射贈司空裴府君神道碑”，29 行，滿行 58 字。《金石錄》載開元三年《杭州刺史裴惓碑》八分題額、大曆十一年《右僕射裴遵慶碑》八分書并篆額。

薛希昌，玄宗時八分書家。宋趙明誠《金石錄》卷七記有天寶四載（745 年）《唐窣

① 李獻奇、郭引強：《洛陽新獲墓誌》，《書法叢刊》1996 年第 2 期。

堵波幢銘》、天寶五載（746 年）《貪泉銘》《唐宴濟瀆記》等，均注明“薛希昌八分書”。此《唐閬州奉國縣令鄭融墓誌》（圖 2 下 4－24），未見著錄，青石質，22 行，行滿 22 字，共 460 字。首題《唐故閬州奉國縣令鄭府君靈誌文》，天寶四載入葬。楷法波磔誇張，畫取鐵綫篆法，“唐人楷法作隸，不如漢人用篆法作隸”，字形結構多北朝別體，可以求古而已[①]。《鄭融墓誌》文字形體有各種來源：

篆定體：書＞書，道＞道，禰＞禰，山＞山，霖＞霖，階＞階，氣＞氣，並＞並，晉＞晉，台＞台，亭＞亭，白＞白，還＞還，香＞香，琴＞琴，龝＞龝。

繆篆：“文”裝飾筆為文。

古文：風（風）。籀文：龝（秋）、王（王）。

避免形體重複，同字採用不同寫法，如：山與山；禰與祢；書與書。

祥瑞體：垂露一、千、千、十、千。金針八分：龍公、代、介。

圖 2 下 4－24

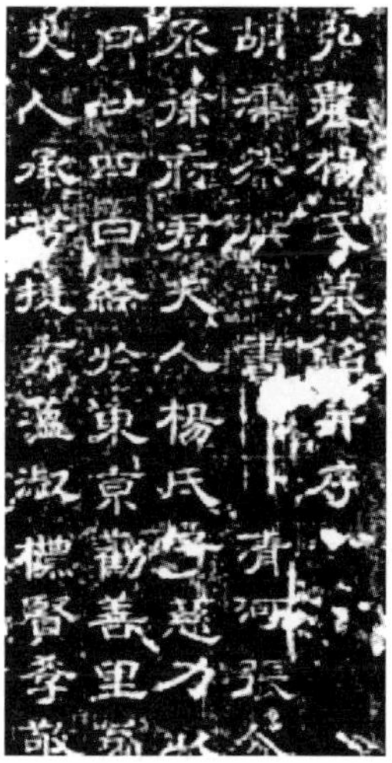

圖 2 下 4－25

胡沛然，開元、天寶間人，工行書、八分。近年河南洛陽新發現兩通八分墓誌。天寶九載（750 年）《楊慈力墓誌》（圖 2 下 4－25）全稱《唐故夫人弘農楊氏墓誌銘并序》，誌文 15 行，滿行 18 字，安定胡沛然撰并書[②]。

天寶十三載（754 年）《曹仁墓誌》（圖 2 下 4－26），河南洛陽發現。誌文 34 行，滿行 39 字。八分。安定胡沛然書[③]。

---

① 劉健：《〈唐閬州奉國縣令鄭融墓誌〉考釋》，《書法》2004 年第 1 期。
② 趙君平：《洛陽新獲唐誌二題》，《書法叢刊》2001 年第 3 期。
③ 趙君平：《唐〈曹仁墓誌〉研讀》，《書法叢刊》2003 年第 2 期。

圖 2 下 4－26

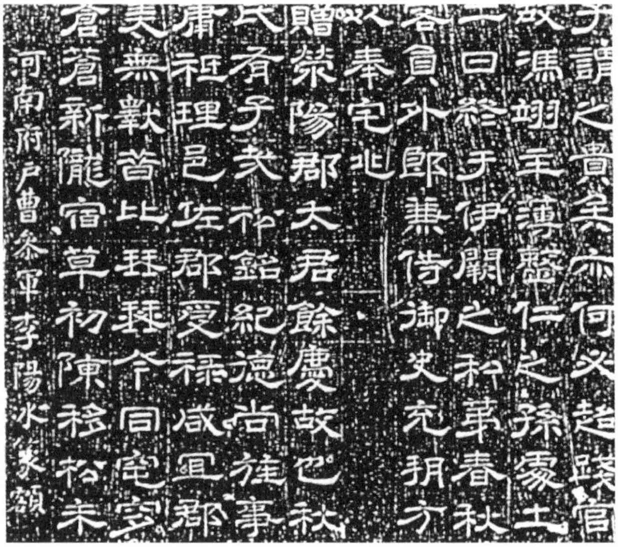

圖 2 下 4－27

天寶年間唐玄宗大力提倡，八分書正走向新的歷史巔峰。

趙惎，貞元間（785—805）《唐虞從道墓誌》（圖 2 下 4－27），全稱《唐故南平郡司馬贈祕書少監虞公墓誌》，誌文 28 行，滿行 31 字，有界格，2002 年在河南省伊川縣城關鎮出土。書丹者，“大中大夫前行國子司業上柱國趙惎”，代宗時為少詹事，善屬文，工行書，能正書碑文篆額，該碑文字意氣平和，字形整飭，用筆帶篆書意味，蠶頭燕尾近於漢代八分，雖然有唐八分的楷意，也屬於用筆稍淡者，其“處”“郎”“銘”“昔”“琴瑟”等均用篆法結構①。

李同系，代宗時人。善篆、八分。大曆十四年（779 年）《段行琛碑》，碑石已佚。有唯一的宋拓本存世。貞元六年（790 年）《唐州豐齊縣令程府君墓誌銘》，銘記“洛陽縣丞李同系書并篆”（圖 2 下 4－28）。

韓秀榮，代宗時人。建中三年（782 年）《第五琦墓誌》（圖 2 下 4－29），拓本高 75.5 厘米、寬 75.2 厘米。近年在西安出土。落款題“奉議郎行京兆府倉曹參軍韓秀榮書”。韓秀榮為代宗時書法家，八分大家韓擇木之子。此誌筆鋒剛健，結構端莊②。

《第五琦墓誌》篆定，如：

① 杜少虎、趙文成：《唐〈虞從道墓誌〉鉤沉》，《中國書法》2005 年第 4 期。

② 李舉綱、王亮亮：《西安新見〈唐第五琦墓誌〉考疏》，《書法叢刊》2010 年第 5 期。

圖 2 下 4－28

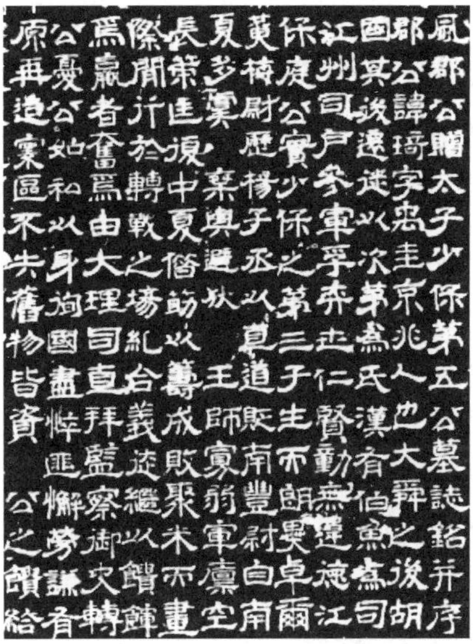

圖 2 下 4－29

漢代八分是一個自然的發展過程，在自身完善的時候不斷地吸收漢隸的成分，它没有統一的模式，除了漢末的蔡邕之外，也未聽説有公認的大家，所以按照規則各寫各的，自然風格多種多樣。唐代八分情況不同，它是追溯已經衰敗的古代雅體，不是自然發展而來，是遵循舊則的書體。唐代文字形體由專門機構管理，唐人的書寫字形講究規範，有玄宗的八分為範本，因此在形體上難免雷同。

唐張懷瓘《書斷》卷下："八分之制，頗傷踈野，若況之前列，則有奔馳之勞；如傳之後昆，亦有規矩之法。"從書法藝術標準評判，這就算是一個大的缺點。對於唐代八分的形體以及書法褒貶有天壤之别，貶低它的佔了很大部分。清錢泳《履園叢話・書學・隸書》："唐人隸書，昔人謂皆出諸漢碑，非也。漢人各種碑碣，一碑有一碑之面貌，無有同者，即瓦當印章以至銅器款識皆然，所謂俯拾皆是，都歸自然。若唐人則反是，無論玄宗、徐浩、張庭珪、史惟則、韓擇木、蔡有鄰、梁昇卿、李權、陸郢諸人書，同是一種戈法，一種面貌，既不通《説文》，則别體雜出，而有意圭角，擅用挑踢，與漢人迥殊。吾故曰：唐人以楷法作隸書，固不如漢人以篆法作隸書也。"錢泳言之過實，雖然唐代八分各大家有趨同，但是個人風格不完全一樣，瀏覽各家字跡，根本不存在"一種戈法，一種面貌"。至於"圭角""不通《説文》"，衹是無知，不值得批評。宫大中説："唐隸較之漢隸雖更加嫺熟，卻缺少那種波磔的變化和頓挫的韻致，顯得過於媚俗刻板，不如漢隸質樸天成，氣勢遒勁。"[①]方傳鑫指出："隸書的館閣體實從唐朝開始。"縱觀唐朝八分，以楷書入八分，"波磔之法千人一面，如出一人之手"，"故隸書發展到唐朝，不

① 宫大中：《洛陽關林碑誌的漢唐隸書》，《書法》1982 年第 2 期。

論從隸書理論、考證研究上，還是從隸書書體的藝術創造中，都降落到谷底，造成後世對隸書得到混亂認識也是從唐朝開始的”[①]。“唐隸以整齊為工，以方正為能，具有強烈的裝飾性和書風的趨同性，風格表現上有小異無大別。”[②]這些評論不實，貶低之詞缺乏根據，並不允當。唐代八分書者甚衆，能稱得上大家的，必有可以稱道之處。宋朱文長《續書斷》：“在唐中葉，以八分名家者四人，惟則與韓擇木、蔡有鄰、李潮也。擇木尤妙，名重當時，惟則可以亞之。或評云‘雁印平沙，魚躍深淵’也。李潮八分，世傳者幾稀。杜詩云：‘況潮小篆逼秦相，快劍長戟森相向。八分一字值千金，蛟龍蟠拏骨肉強。’歌詩不無溢美，亦足以知其能。時有王遹者，亦工分、篆，當時名不甚著，而其跡今有存者。”從以上列舉的各家八分看，不僅没有刻板雷同之感，而且並非意味肥碩、挑動之態的方正的字形。唐代八分發展了漢代史書的結體點畫，繼承創新，迎來了史書八分書一個新的高潮。唐代八分在漢字形體史上是突出的一頁，取得的成功可與眞書媲美。

第三節　唐代八分形體之特點

唐代八分無疑是藝術作品，書者從書法角度觀察、欣賞，一依慣例研究點畫、風格、流派，但它不是一種新生的形體，上承北朝，遠溯漢魏，自成規制，它講究傳承、講究規則，雖然缺乏漢代八分的創新意識，依然具有多樣化的鮮明個性。

清錢泳《履園叢話・書學》認為：“唐人用楷法作隸書，非如漢人用篆法作隸書也。”所謂楷法是指眞書點畫和間架，這種“楷法”在漢代簡牘隸書和漢碑八分中已經出現，魏晉以來碑刻已成習尚。漢代八分的底子是漢隸，唐代八分的底子是北朝八分，“楷法”多寡程度不同而已。比較而言，初唐字體具有較重的楷書成分，字形略方，與眞書常常衹是波磔之別。《宣和書譜・八分書敍論》：“至唐則八分書始盛，其典刑蓋類隸而變方廣作波勢，不古不嚴，豈在唐始有之耶？”所謂“類隸而變方”，“類隸”（筆者按：此隸指眞書）是説唐八分像採用了眞書的某些點畫形式，形體也略近方形。雖然不是所有的唐代八分均以楷法作八分，但多數是採用此種筆法。開元以後眞書態勢趨向漢八分靠攏，但是眞書點畫影響，書者不在乎。唐代八分有些起筆和落筆之間可以清楚地看到楷書的特點，側鋒下筆，向上收筆。如《第五琦墓誌》筆畫中多採用眞書的筆畫，如命、於兩字除了撇作挑以外均為眞書筆畫，其餘字的形體僅僅是保留了波磔的意味，略微保留八分平正的間架而已。

---

① 張同印：《蔡邕與唐隸》，《書法研究》總 122 期，上海書畫出版社 2005 年版，第 18 頁。
② 方傳鑫：《説隸》，《書法》1988 年第 3 期。

唐代八分書，後人為了區別漢八分，誤稱“唐體隸”。其實，兩者不僅年代不同，形體上也各有特點。唐代八分是以漢魏碑刻作範本，直接由北朝八分發展而來，和北齊的字體一脈相承。

第一，古今雜形，夾用曹熹篆、古文、籀文。

《干禄字書·自序》：“碑書多作八分，任別詢舊則。”《干禄字書》以干禄為名，排斥俗體，立眞書正體。但是唐八分遵循“舊則”，從東漢後期初創到北朝後期復古，結構遵循八分篆二分隸，即在八分用曹熹篆，沿襲篆、隸雜居安排。杜甫《李潮八分小篆歌》所云：“大小二篆生八分。”杜甫不是文字學家，篆生八分是唐人的常識。唐代八分中的篆字結構有使用習慣，哪些字用篆體，基本上有約定。採用的篆字結構，一般是隸古定，因為多為篆體字，為區別篆字，筆者稱為篆定。如：

《石臺孝經》：

《崔佑甫墓誌》：

《曹仁墓誌》：

《鄭融墓誌》：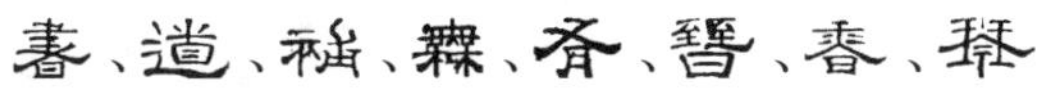

有些篆定形體直接來自漢碑。如《第五琦墓誌》：“史”字“口”下横成二點，可見於《史晨碑》；字篆文從“子”，故上不從口。“下”字一竪彎曲，見於《熹平石經》。

唐代書寫八分者多通篆文。殷仲文傳世有八分書《馬周碑》。張懷瓘《書斷》卷下：“殷侍御仲容善篆、隸，題署尤精。”《海錄碎事》卷十九引《法書苑》：“梁昇卿小篆如落玉垂珠。”唐竇臮《述書賦》卷下：“史侍御惟則心優世業，階乎籀篆，古今折衷，大小應變。”李同系善篆、八分，八分之外，多題篆額。八分、篆額同書一誌，如《唐州豐齊縣令程府君墓誌銘》，銘記“李同系書并篆”。李同系多有篆額：《金石文字記》卷四載有《贈揚州都督段行琛碑》，張增正書，李同系篆額。

唐代八分之篆字並非純粹的小篆，而是杜甫所謂的“大小二篆”，大篆或稱籀文，當時也包括古文。唐八分之篆、古字、籀文有兩個來源：一是直接來自《説文》小篆隸定；二是從舊時碑刻中取得，後者主要直接從漢碑中移用。如：

《鄭融墓誌》：“風”作，見《説文》古文，可見《楊震碑》；“王”作，可見（樊安碑）、（孔宙碑）>；

《張説墓誌》：“晉”篆定，見於《老子銘》；“秋”，籀文，見於《楊著碑》；“則”，籀文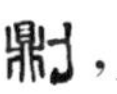，見於《孔宙碑》。

或者胡亂採用篆書結構，或者採用隸古定，有的是繆篆，甚至杜撰的篆書結構，舊則開了方便之門。顧炎武《金石文字記》卷一“石經”：“省者謂之隸，其稍繁而猶雜篆法者謂之八分。為八分者，已不必通六書之指矣。故韓退之《贈張祕書詩》云：‘阿買不識字，頗知書八分。'"謂"雜篆法者謂之八分"。顧炎武把八分的特徵勾畫得很清楚，至於"不識字"而能八分那是濫竽充數了。

第二，雅俗共處，俗別體雜廁。

唐八分多有來源於漢魏北朝的俗體、別體。如：

《第五琦墓誌》：舜，舜見於《費鳳碑》；舜見於《魏元丕碑》。

《曹仁墓誌》：遘（遘）、奄（奄）、私（私）、喪、夜、恒、泉（泉）、寒等，採用楷書的寫法，曰、佐人字旁保持漢隸的寫法。

怨是怨的俗字，《古今韻會舉要·願韻》："怨，亦作怨。"此字見於敦煌文獻，為南北朝以來《說文》俗字，是"怨"字加了一橫，類化而成，當為"怨"的形訛俗字。

孫（孫）為東漢以來俗字。《玉篇·子部》收此字。再如曹、前、刺（刺）等亦屬此類。從結構上來說，好用別體字。劉元春指出，唐隸（唐八分）"異體字并行迭出的局面"，"多數異體字的使用均屬有意為之"，同時分析了構成方式：大量使用俗字形體、取用篆書等古體字形（古寫體、隸古定、篆體），增加、拆分筆畫，形成新異體以及筆畫變形。以開元十五年（727 年）《楊孝公碑》為例，有 50 字出現各類異體并現的情況①。需要說明的是，唐代八分確實當時有意為之，但是主要出於"舊則"，除了部分異寫形體外，形體大多來源於漢魏八分。

第三，避免同形，同一碑誌，形體別異。

《楊孝公碑》同一字，形體多變；《鄭融墓誌》有：山與山、彌與彌、書與書；《張說墓誌》有：道與道、中與中、明與明；《曹仁墓誌》有：遷與遷、聲與聲、山與山；《第五琦墓誌》有：山與山。

同碑同字的不同寫法，致使一篇分別採用隸、篆、正、俗、異寫不同形體，如：

"其"有其、其、其、其、其、其、其、其；"四"有四、四；"至"有至、至、至；"山"有山、山；"善"有善、善；"者"有者、者；"禮"有禮、禮；"皇"有皇、皇；"九"有九、九；"八"有八、八；"長"有長、長；"恭"有恭、恭；"水"有水、水；"節"有節、節。

總之可以看出，此碑没有全部按照漢代的八分規則，也不遵守唐八分的習慣，在古今之間任意選擇、創造，雖然是"古今兼形"了，但是未免雜亂。八分筆法不精，字形過多摻入楷法，無法遮蓋其對八分的生疏，體現不出他父親的家學源流。這個現象說明中唐以來八分漸漸趨於没落，失去了文化生活的地位。

第四，祥瑞體發揚光大。

唐八分之祥瑞體主要有三類：金針書、垂露書和龍書。如：金針書（即垂芒書，所

① 劉元春：《唐隸用字初探》，《中國文字研究》第十三輯，大象出版社 2010 年版。

謂主角者),《石臺孝經》的金針書最多:、、、、、;《崔佑甫墓誌》金針書:;《朱元昊墓誌》垂露書、和龍書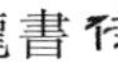、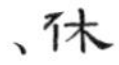。《鄭融墓誌》垂露書、、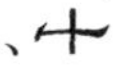;龍書、、;《曹仁墓誌》有龍書:。

唐八分形體錯雜情況,歷來褒貶不一。

明代趙宧光《寒山帚談》卷上:"唐隸視漢似古,而體稍不雅。然法度實備,取裁可也。"唐八分之古體多取自《説文》小篆、曹熹篆,漢魏碑刻看起來龐雜,實則如趙宧光所謂"法度實備,取裁可也"。這是正面的評價。

清代萬經《分隸偶存》卷上:"漢多拙樸,唐則日趨光潤;漢多錯雜,唐則專取整齊;漢多簡便如真書,唐則偏增筆畫為變體。神情氣韻之間,迥不相同耳。至其面貌體格,固優孟衣冠也。"

劉元春認為唐代八分(稱唐隸)異體是有意為之,大量的社會行用俗體字形,如"督""私"加撇等①。

唐八分相較漢八分確有差別。八分東漢肇始,古今兼形尚在摸索之中,雖雜而不繁。北齊重拾,已非舊貌,李唐繼踵,取為書藝,以古、變為尚,雖稱舊則一以貫之,漢唐之異,優孟衣冠固不足謂也。

八分本來就不是一種使用字體,是一種藝術性的銘刻體,以典雅、優美為標準。八分出現後,一度斷絕數百年,盛唐復興功莫大焉。唐八分規模遠大於漢八分,名家輩出,爭奇鬥艷,是形體史上燦爛的一章。唐八分盛極而衰,到唐代後期光輝不再。北宋字學興起,正篆受到重視,八分雖有佳作,惜難成氣候。

① 劉元春:《唐隸用字初探》,《中國文字研究》第十三輯,大象出版社2010年版,第109頁。

第五章　宋元以來八分

第一節　宋代復古之八分書

進入北宋以來，金石學興起，金石為人注目，所謂金，即商周吉金，所謂石，主要指漢代碑刻。終二宋之世，文人不遺餘力搜羅古碑，更有商賈販售，推波助瀾，漢刻進入書齋。周煇《清波雜誌》卷七"秦漢碑刻"："曾大父喜蓄古刻，承平時蓋亦易致，士大夫不甚祕惜。兵火後，散失一無遺者。"又"没字碑"："紹興九年，虜歸我河南地。商賈往來，攜長安秦漢間碑刻，求售於士大夫，多得善價。"當時拓影技術普遍使用，所以收藏、考證變得非常容易，摹錄衹費舉手之勞。當時好事者收藏拓本，得以窺視原石的文字形體，不差毫髮。如《金石錄・跋尾六》談到《漢淳于長夏承碑》："碑在今洺州，元祐間因治河堤，得於土壤中。建寧，靈帝時年號也，距今千歲矣，而刻畫完好如新。余家所藏漢碑二百餘卷，此碑最完。"文人對於古刻的好尚，進而考訂成為學問。歐陽修《集古錄》十卷，金石跋尾凡四百餘篇，以碑版為主，漢刻為重。此書嘉祐八年(1063年)成書，開漢碑研究風氣。趙明誠《金石錄》三十卷繼踵而成，成書於宋徽宗宣和末年。此二書皆雜金石、混漢唐之作。以漢碑為主者為南宋洪适《隸釋》二十七卷和《隸續》二十一卷。此二書前後成於乾道二年(1166年)和淳熙六年(1179年)，以隸古定錄文，並有文字訓釋和形體分析。《隸辨》總成了古今漢碑的收集和研究，在正文後輯錄了《水經注》中的漢魏碑目錄、歐陽修《集古錄》、歐陽棐《集古錄目》、趙明誠《金石錄》、宋無名氏《天下碑錄》之內的漢魏部分。後來又把整理的漢魏碑彙集為《隸續》。洪适是南宋時人，又在南方，收集的石刻與趙明誠《金石錄》不同。《隸釋・序》云："自中原厄於兵，南北壤斷，遺刻秏矣。予三十年訪求，尚缺趙錄四之一，而近歲新出者亦三十餘，趙蓋未見也。"《隸釋》少趙書四分之一，同時又新增30有餘，自有一定的差距。劉球《隸韻》全書分為十卷，計3 275個，皆依韻排列。眞書字頭下，輯錄了兩漢以來碑刻、墓謁、遺經殘石，乃至鏡等銅器上的文字，字下一一注明出處。宋婁機撰《漢隸字源》(圖2下5－1)，其書前列考碑分韻辨字3例，漢碑有300餘種，魏晉碑31種，次以《禮部韻略》206部，分為5卷，皆以眞書標目。而以字形排比其下，形體差異，亦隨字附注。《隸韻》之隸泛稱古代隸書，而《漢隸字源》之漢隸實為漢魏之八分。宋人對八分的收集當然不是僅僅簡單的資料彙集而已，他們必然包括文字的釋讀，

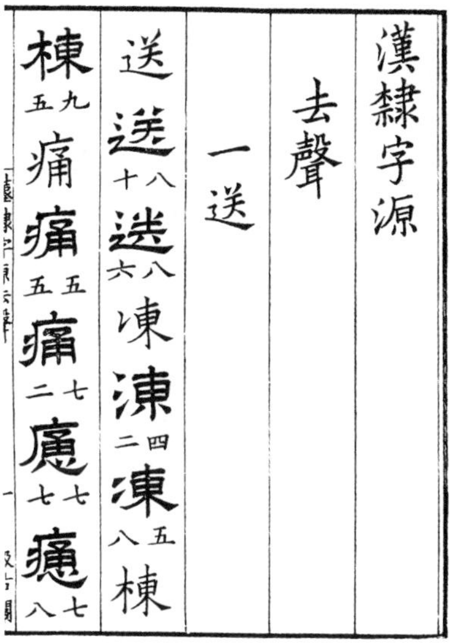

圖 2 下 5－1

這就不能不注意到文字形體的差異。洪适的《隸釋》《隸續》最大的貢獻在於做了釋文，把釋文作為著作的主體，這樣就把形體問題放到了明處，不能不對它做明確的交代。洪适的釋文為了忠實地記錄漢碑形體，採用了原字結構楷法筆畫的辦法，這種辦法過去叫作隸定或者隸古定。這樣雖然没有把八分的文字原貌保存下來，卻把結構特點記錄下來，方便讀者瞭解八分的形體特點，知道八分與宋代的隸書的差異不僅在於表面的波磔，更在於內在的結構。如果説《隸釋》《隸續》還是以文獻為主的漢碑研究著作，兼帶八分形體的研究，婁機的《漢隸字源》則是一種研究八分形體的專門字形編了。

宋人認為唐代以前無八分，將漢之史書或八分稱為隸。《宣和書譜・八分書敍論》："為八分之説者多矣，一曰東漢上谷王次仲以隸字改為楷法，又以楷法變八分，此蔡希綜之説也；一曰去隸字八分取二分，去小篆二分取八分，故謂之八分，此蔡琰述父中郎邕語也。前世之善書，類能言其書矣。然而自漢以來，至於唐，千百載間，金石遺文之所載，特存篆、隸、行、草，所謂八分者何有？至唐則八分書始盛，其典刑蓋類隸而變方廣作波勢，不古不嚴，豈在唐始有之耶？杜甫作《八分歌》，盛稱李潮、韓擇木、蔡有鄰，是皆唐之諸子。而今所存者又皆唐字，則希綜、蔡琰之論安在哉？蓋古之名稱與今或異，今所謂正書，則古所謂隸書，今所謂隸書，則古所謂八分；至唐則又於隸書中別為八分以名之。然則唐之所謂八分者，非古之所謂八分也。今御府所藏八分者四人：曰張彥遠、曰貝泠該、曰于僧翰、曰釋靈該。是四子俱唐人，則知今之八分出於唐明矣。"朱長文《續書斷》"王洙"："予內兄蔡君弼嘗為余言，隸即今之眞字，原叔之隸乃八分，特原叔強名之曰隸耳。余始惑之，然考劉向《列仙傳》，謂王次仲所作即今隸書；而衛恒所作《隸勢》，以王次仲、師宜官、梁鵠弟子毛弘教於祕書，今八分皆弘法也，恒去漢近，不宜誤謬。又蔡邕《三體石經》書隸及今所存漢碑，皆與眞字體異，乃知漢自有隸書，而今之八分乃漢、魏之際增隸而作者也，今之眞字乃漢、魏之際省隸而作也。隸廢已久，晉、唐諸公遂無復有知者，非原叔孰從而辨之。"

宋代八分書具有兩方面的特點：一是單純的書法實踐，所謂模仿漢唐的分書，衹是在楷字的基礎上，寫得平正，再加波磔而已，這個可以米芾的隸書為代表。二是八分書法藝術重個性，輕法則，書寫自由，風貌各異。有的注重技法的創新，有的使用特殊工具求得八分奇趣。宋王辟之《澠水燕談錄·書畫》:"陳文惠公善八分書,變古之法,自成一家,雖點畫肥重而筆力勁健。能為方丈字,謂之堆墨。"有的禿筆寫八分以顯古舊。宋陸游《老學庵筆記》卷四:"漢隸歲久風雨剝蝕,故其字無復鋒芒。近者杜仲微乃故用禿筆作隸,自謂得漢刻遺法,豈其然乎?"書者向往東漢鼎盛時期的八分或者唐八分,這是建立在一定文字修養和追摹漢唐八分基礎之上,吸收了金石學的成果,並注意八分內在結構筆畫的準確性。

北宋前期八分承接唐代餘緒,注意遵守舊則,古風鬱鬱。但是金石學興起之後,轉向漢刻。米芾《絳帖平》卷一:"國初以來多作唐體,自歐、趙著錄漢刻,士大夫始重漢而貶唐。"宋人棄唐尊漢,上溯漢代八分,學習觀摩漢刻,《書史會要》卷六:虞似良"家徒四壁,藏漢刻數千本,心摹手追,盡得旨趣,其分析波畫,正是偏旁,各有根據。"宋代是學術氣息很濃的時代,一般自擬、字形變化的形體很少,許多寫八分者兼工篆書。如李建中善篆、籀、八分,翟耆年工篆及八分,虞似良善篆、隸等,彭澤女楚珍草篆、八分皆工。他們有篆字的基礎,保障了八分內篆體形體的正確性。也有直接臨摹古代石刻碑帖,學習漢代八分者,如虞似良隸法尤工。有近取唐代八分者,如單夔仿唐八分,方勁有體。當然這也得益於當時發達的金石學,特別是漢代八分的收集和研究。《隸釋·序》云:"既法其字為之韻,復辨其字為之釋,使學隸者藉書以讀碑,則歷歷在目。"書寫八分者在臨摹漢刻之時,再檢閱《隸釋》《漢隸字源》等,從感性上升到理性,對於掌握八分形體是大有裨益的。

2003 年 4 月西安郵電學院(今西安郵電大學)南郊新校區長安郭杜鎮清理了 3 座宋代李唐王朝後裔家族墓,其中李保樞墓內出土了八分墓誌 1 合,正方形盝頂蓋,四邊海棠花紋,中間陰刻"大宋故李虞部墓誌銘"(圖 2 下 5 - 2),全稱"大宋故贈尚書虞部員外郎李公保樞墓誌"。誌石刻 12 生肖,邊長 62 厘米。誌文八分書,共 35 行,滿行 44 字,誌文末補刻楷書"鳳州團練推官將仕郎試祕書省校書郎權知萬年縣事彭乘書、刻字安晟"。墓內同時出土圭首楷書墓碑 1 件[①]。此墓地為唐代蔡王後裔家族墓地,整理者認為是唐高祖同族門李蔚或昭宗十七子李祐,墓主李保樞是李祐之後,在太平興國三年(978 年)奉使吉州,終於郡之官舍。夫人天禧三年(1019 年)終,夫婦合葬,此誌石書刻於此年。李保樞墓誌利用唐代舊誌打磨後改刻,墓主遵唐制,採用八分寫墓誌。此碑八分透出楷書架子,起筆收筆大部分是楷書的筆畫。八分波筆誇張,大挑大橫大捺,前細後粗,末端向上挑起,風格接近唐代八分。字形保存古體,如"昔""錫""翼""至""出""於""善""世"等,有篆字和漢代以來八分結構。書者彭乘,字利

---

① 西安市文物保護考古所:《西安長安區郭杜鎮清理的三座宋代李唐王朝後裔家族墓》,《文物》2008 年第 6 期。

圖 2 下 5－2

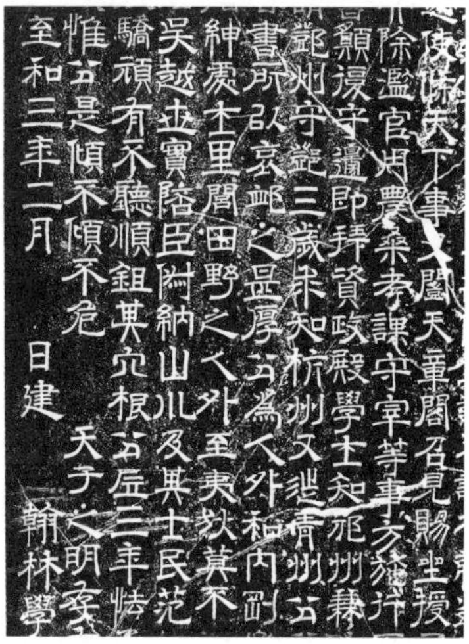

圖 2 下 5－3

建，益州華陽人，少以好學，稱州里，不事生業，北宋著名學者、藏書家，聚書萬卷，皆手自刊校。天禧初為館閣校勘，預校《南史》《北史》等，有《墨客揮犀》傳世。《宋史》有傳。彭乘極力按照唐代的八分銘刻書法，但是骨子裡透出楷字點畫架勢，是北宋八分的典型形體。

宋至和三年（1056 年）《范仲淹神道碑》，伊川縣彭婆鄉萬安山出土，全稱“宋推誠保德功臣資政殿學士金紫光祿大夫尚書戶部侍郎護軍汝南郡開國公食邑二千三百戶食實封陸佰戶贈兵部尚書謚文正公范公神道碑銘”，碑通高 408 厘米、寬 141 厘米、厚 48 厘米,碑文 30 行,滿行 72 字,風化尚存 1 511 字(圖 2 下 5-3)[①]。此碑八分眞書夾雜,多採用眞書筆畫,起、收筆有頓挫,勾、撇出鋒,波磔是楷書捺腳。在字形結構上注意使用篆書,似乎有點過分,如“邊”“徙”等字,有些部件照抄篆字,同時為了書法美感,隨意變化,如“鄧”字右邊“邑”,一從隸,一從篆,頗多自擬形體。此碑歐陽修撰文,書者王洙。王洙《宋史》有傳,字原叔,南京宋城人。博極群書,陰陽、律呂、星官、算術、訓詁、字音,無所不達。“晚喜隸書,尤得古法。”宋朱長文《續書斷·序》:“天下多士,風向趨學,間有俊哲,自為名家。……分隸則王原叔。”又:“當時學者翕然宗尚,而隸法復興。”八分聞名當時,求書者衆,所書八分碑不衹此一通。宋王洙《王氏談錄·隸書》:“公(王洙)素不習隸書,初但微作八分。皇祐中,受詔書,獻《穆公主碑》。李氏求以古隸寫,於是始作隸書。既出,人競愛。宋丞相曰:‘近世人家柏槨之刻所未及也。’君謨亦云:‘君之隸字’乃得漢世舊法,僕之所作,但唐體隸耳。”所謂“唐體隸”即米芾所謂“唐體”,是指含眞書筆法的八分,《范仲淹神道碑》實在看不出漢碑八分的書法,實實在在是唐八分翻版。可知習慣勢力之大,雖然尊漢卑唐,但是一時很難扭轉。

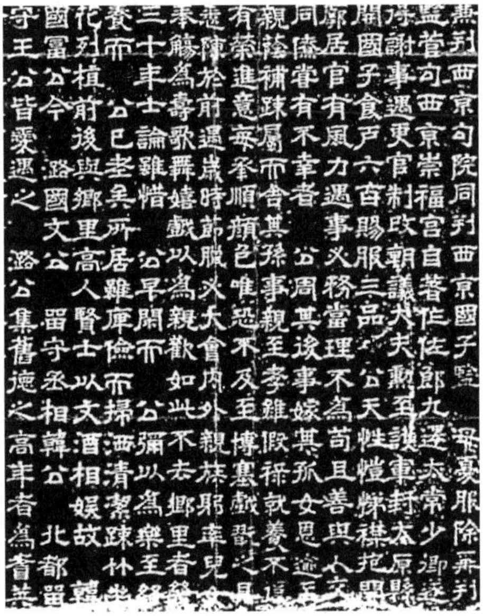

圖 2 下 5-4

元豐七年(1084 年)《王尚恭墓誌》,全稱《宋故朝議大夫致仕王公墓誌銘》,誌文分上下兩列,每列 14 行,每行 20 字。誌文有范純仁撰文,司馬光書丹(圖 2 下 5-4)。司馬光是北宋名相,以《資治通鑑》傳世,精於書法,他的書跡、書稿、尺牘、題跋等流傳至今,其中手書《資治通鑑》聞名古今。司馬光行楷書古質,與他的篆、八分功底有密切關係。八分書有南屏山興教寺《家人》《中庸》《大學》,此誌八分,字形略方,大多採用楷書結構,部分保留八分筆法,如公(公)、山(山)。結構兼有古體,一是量少,二是皆見漢唐用例,如其、愛、還、北之類。總體而言,司馬光的八分没有出現離奇的俗體怪字,反映出他書風嚴謹,同時遵守古今兼形的八分書原則。

上海嘉定發現北宋治平三年(1066 年)《孫僩墓誌》(圖 2 下 5-5),蓋為古文“宋姑蘇孫府君墓誌銘”,誌文為分書,25 行,滿行 25 字,為“朝奉郎守祕書丞賜緋魚袋章

① 《洛陽碑誌選刊》,《書法叢刊》1996 年第 2 期。

楶書”①。章楶，浦城(今屬福建省南平市浦城縣)人，北宋名將、詩人，治平二年(1065年)進士及第，曾多次大破西夏軍，威震西北，晉封秦國公。此墓誌是章楶剛入仕時所作，古文形體規整，筆畫精到。分書隸夾篆，合乎漢代八分規範，字形工整，一絲不苟，為北宋少見的八分書作品。

圖 2 下 5 - 5

宣和年間《宋京墓誌》及夫人《蒲氏墓誌》，在成都市東北郊龍潭鄉宋京夫婦墓內發現。墓內出土的石刻文字很多，有 10 方道教的鎮墓眞文券，但是完整者不多，有墓誌 2 通，細砂石刻成。《宋京墓誌》首題“炎宋陝西轉運副使宋公大卿內誌”。長 1.08 米、寬 0.765 米、厚 0.1 米。21 行，滿行 35 字，全文 638 字，眞書，具有蘇軾的蘇體意味。夫人《蒲氏墓誌》，首題篆文“宋故太令人蒲氏墓誌銘”，挖底陽文，長 1.41 米、寬 0.75 米、厚 0.09 米。碑文為八分，共 947 字。濛陽縣丞詹廷碩書八分，平泉縣丞許自強篆額(圖 2 下 5 - 6)。根據墓誌記載，墓主宋京字宏父，崇寧五年(1106 年)進士及第，曾官至太府卿，樞密院編修文字，知邠州，累遷至朝散大夫。生於宋神宗元豐元年(1078 年)，卒於徽宗宣和六年(1124 年)。宋京是蜀中有名官員，還是著名詩人，《全宋文》《全宋詩》均有記載。蒲氏卒於紹興二十年(1150 年)，紹興二十一年(1151 年)

① 上海博物館編著，何繼英主編：《上海唐宋元墓》，科學出版社 2014 年版，第 104—105 頁。

入葬①。此誌篆額字形嚴整，字畫勁挺，屬於玉箸篆。八分書風格平實，筆畫粗細適中，與唐代肥碩而飛動的八分有明顯的差別。字體錯雜篆字結構，如“曰”“予”、“泣”之“立”等；有的是古文結構，如“銘”之“金”旁；有的是創造的形體，如“四”之向上伸筆等。

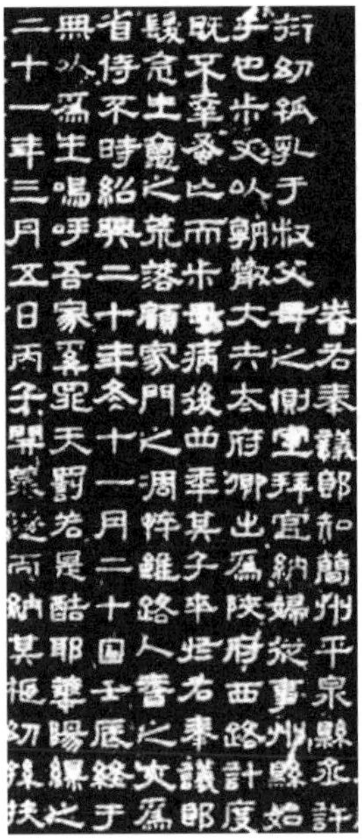

圖 2 下 5－6

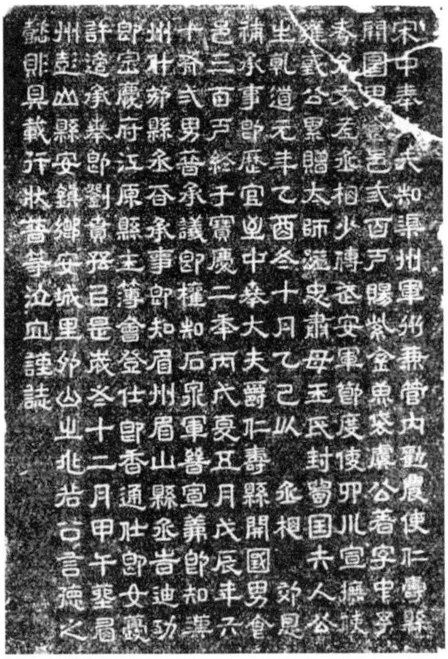

圖 2 下 5－7

南宋虞公著夫婦合葬墓在四川彭山縣，出土虞允文之次子《虞公著墓誌》，寶慶二年(1226 年)葬，有石碑形狀的墓誌 3 件，分別置於東、西墓室的享堂內，東室為八分書，西室仿照漢碑鑿暈，篆額楷書碑文(圖 2 下 5－7)②。此碑八分字形來源複雜，可分為六種：

一是來源於小篆，如(至)；

二是來源於《說文》古文，如(三)、(四)，《三體石經》；

三是來源於《說文》或體，如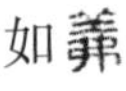(義)；

四是創造型，漢碑以及篆字並無此結構，如(知)、(戶)、(使)、(蜀)、(夫)、(奉)、(冬)；

五是漢碑形體，如(王)、(氏)、(相)；

六是改變型，在漢碑八分形體基礎上加以局部改變，如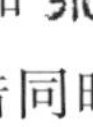(泉)、(晉)、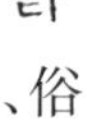(郎)。書者追求形體變化，重於八分的篆隸形體法度，不惜同時採用古文、俗篆、俗

① 成都市文物考古研究所：《四川成都北宋宋京夫婦墓》，《文物》2006 年第 12 期。

② 四川省文物管理委員會、彭山縣文化館：《南宋虞公著夫婦合葬墓》，《考古學報》1985 年第 3 期。

隸，如“國”字出現三個形體，古文、俗體、俗隸；“年”字分別為隸書、；“山”，漢碑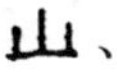、，來源於傳本古文的。

以上碑誌，書者名望不等，皆遵舊則，雜有篆、古形體，但是成分較雜，頗多創造，雖然出於唐八分，卻不如唐八分嚴謹。柯昌泗《語石異同評》卷八：“宋代以後金石之學興，學者多見古刻文字，所作分書，不隨時尚，各抒心得，而字體遂不盡同，不復若唐隸之黃茅白葦。”南宋流行摩崖石刻，名跡多有題鐫，留存至今尚見相當數量，其中不少是八分書，在西北一隅的隴南、陝南群山間尤其豐富①。這些摩崖八分除了少量上乘，一般書法平庸，卻好作古文奇字，有些形體完全是生造的。這並不奇怪，八分的筆畫本來簡單，不受永字八分的約束，衹要有波磔即可。因此唯一注重的就是形體結構了。漢唐的八分結構是相似的，卑唐重漢使得八分結構更無規範，在漢碑中搜覓離奇，再移入古篆，八分以獵奇為風尚，雜古為高古。元明間陶宗儀《書史會要》卷六：魏了翁，“學者稱鶴山先生，善篆，不規規然繩尺中，而有自然之埶。嘗以篆法寓諸隸，最為近古”。魏了翁以篆入隸之法，並非首創，而是當時風氣。可以説自北宋到南宋，八分書一直在走下坡路，它直接影響了元明八分。宋代的書法藝術是以行草為宗，蘇軾、黃庭堅、米芾、蔡襄四大家都是以行草見長，風氣所至，八分書少人問津。八分的特殊地位已經失落，不能成為一種重要的形體，八分由唐之極盛轉入宋之衰微時期。

第二節　形體不古之元明八分

元明時代八分繼續走下坡路。清錢泳《履園叢話・書學・隸書》：“五代、宋、元而下，全以眞、行為宗，隸書之學，亦漸泯没。雖有歐、趙、洪氏諸家著錄以發揚之，而學者殊少。至元之郝經、吾衍、趙子昂、虞伯生輩，亦未嘗不講論隸書，然郝經有云：‘漢之隸法，蔡中郎已不可得而見矣，存者唯鍾太傅。’又吾衍云：‘挑拔平硬如折刀頭。’又云：‘方勁古拙，斬釘截鐵，方稱能事。’則所論者，皆鍾法耳，非漢隸也。”

元代趙孟頫的八分書見於《六體千字文》中（圖 2 下 5－8），錢逵於眞草篆分隸均精，傳世有《四體千字文》，結字工穩，八分書亦遵舊則，筆端眞書顯露。

元代八分精細工穩，遵“舊則”，古體、古寫都十分留意，但其筆法基本是楷書，充其量達到魏晉八分的意趣。蕭𣁽所書八分《尚書・無逸》（圖 2 下 5－9），落款“大德辛丑中伏關中蕭𣁽作漢隸”。與唐代八分比較，脱盡飛揚之波磔，肥碩之態，峻峭嚴整，但是了無漢代八分氣息，規矩過之，寬綽不足。

① 蔡副全：《南宋隸書的覺醒——以隴南、陝南遺存的刻石隸書為例》，《中國書法》2011 年第 4 期。

圖 2 下 5－8

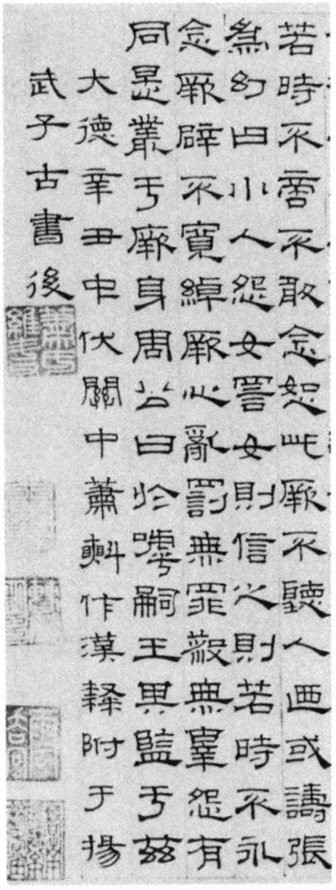

圖 2 下 5－9

考古出土的元明八分很少，甘肅漳縣元代汪世顯家族墓中，有“元故奉訓大夫汪公之墓”，乃八分書，其中“之”字取篆法，衹能算是一種點綴①。

圖 2 下 5－10

許莊鄉張營村元張楷墓出土泰定二年（1325 年）墓誌 1 合，誌文楷書，蓋八分“故朝列大夫大司農丞致仕張公墓誌銘”（圖 2 下 5－10），八分橫筆略帶斜勢，波磔不興，少許字形有別於眞書，模仿八分，符合當時風格。題蓋人是承務郎前雲需府經歷王益②。

明代八分並不受重視，少人問津，書八分者，多通篆書。

明初滕用亨（1336—?）、沈度（1357—1434）等善寫八分。明焦竑《玉堂叢話》卷七“巧藝”：滕用亨，尤精六書之學，“篆、八分”皆知名當世。沈度“兼篆八分，八分尤高古，渾然漢意”。又“黃諫，陝之蘭縣人，博學多通，工篆、隸、行、草，尤長八分，著《從古正文》五卷，藝林宗之”。元明以來，繼承宋代的以篆入隸。自由創造的習慣，依然不甚講究形體規範。

蘇州石湖景區謝家墳朱氏墓地出土元明墓誌多件，其中吳氏墓誌保存完好，字口清晰。誌蓋篆“朱立道妻吳氏之墓”，篆字尾尖，似為懸針篆法。誌文八分 14 行，滿行

① 甘肅省博物館、漳縣文化館：《甘肅漳縣元代汪世顯家族墓葬》，《文物》1982 年第 2 期。
② 濟寧市博物館：《山東濟寧發現兩座元代墓葬》，《考古》1994 年第 9 期。

14 字,共 196 字(圖 2 下 5－11)。八分之篆形得宜,雖有元代八分舊習,筆畫不純,但依然是嚴整八分。碑立於洪武二十一年(1388 年),或為同籍滕用亨所書[①]。

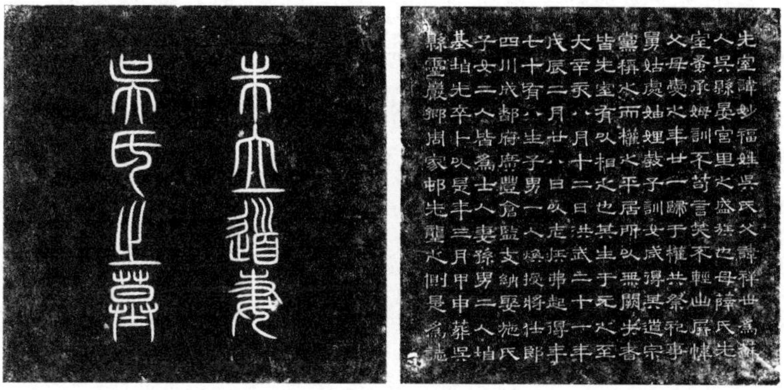

圖 2 下 5－11

總之,有明一代八分書法不入流,書家並不下大功夫,因而除了保留不太標準的波筆外,徒有其名。趙宧光《寒山帚談・權輿》曰:"近代隸書,頗謂淳雅,然皆倚眞書為骨,而遙想漢法為之,雖無徒隸之短,然并近於眞書,亦其流也。以上五種,通謂之隸,意亦溷溷。"沈德符《野獲篇・詞曲》:"嘗見友人以漢隸自誇,余誚之曰: 此不過於眞字上加一二筆飛撇,遂妄其名曰隸,此名隸楷,非隸漢也。"不止沈德符的友人,明代不懂八分的人大有人在,實際上直到今日,大部分人還是把波磔作為八分書的全部內容。

第三節　有清一代八分書藝放異彩

清代的書法藝術取得輝煌成就,篆書、八分成就突出,這與追摹古風、取法漢代八分有密切關係。清梁章鉅《退庵隨筆》:"隸書必須溯源漢碑,不可從唐隸入手。"

清代金石學昌盛,金石收集、傳拓、考據是八分書寫的一個主要因素。據施安昌的整理,從康熙六十一年(1722 年)起,到清朝末年,全國各地共發現漢魏碑刻 49 種。這些碑刻有的從未見於著錄,或者雖然有過記載,卻長期湮没無聞,可以説現在流傳的漢碑大部分是清代發現的[②]。同現在的考古發現一樣,清人極其重視漢代碑刻的發現,每次出土漢碑,如獲至寶,很快就摹拓裝裱成冊,從篆額到碑文完整地保存下來,用以觀摩、臨寫,並且以欣賞、收藏漢代碑帖為雅事,在文人中成為風氣。

清代的漢碑研究繼承了宋代的路子: 一是研究有關的歷史問題。二是記錄釋文,辨證文字,盡力填補缺損文字。主要有二法,仔細辨認漫漶的字跡,或者根據文獻

① 丁一:《江蘇蘇州石湖景區謝家墳朱氏墓地出土墓誌的初步考證》,《東南文化》2014 年第 4 期。
② 施安昌:《清代發現的漢碑及其對清人書法的影響》,《書法叢刊》1990 年第 22 輯。

文義進行邏輯推理,兩者兼而有之最佳。三是繼承《漢隸字源》的做法,摹錄漢碑的八分書。具體做法也有不同:一種如《隸辨》把碑刻字形規則化,好處是字形清晰,便於摹寫引用,作為文字學的材料。另一種如翟雲升的《隸篇》,雙鉤字形,忠實於碑刻文字的原貌,可作書法研究之用。咸豐年間錢慶曾《隸通》卷上:"取各書常用之字,不載於《説文》者,考其本體及義可相通者以附益之,略載變省各體,乖剌過甚,雖出漢碑,仍從擯棄,名之曰'隸通',俾操觚家有所依據。"清錢泳《履園叢話·書學·隸書》:"顧南原作《隸辨》,實有功於隸書,近人所學,賴為圭臬。惟所引漢碑,半用《字源》《隸韻》,或無原碑可考,其中亦有沿誤。而翁覃溪先生排擊之,幾至身無完膚,未免過當。"漢代八分並非漢代規範隸書,它是從俗篆中吸取營養,繼而作個性化的創作,所見八分奇形怪狀,本身就是不經之假古董。清人不僅承襲宋人金石古文之學,以寫古體為高古,書法也以寫古體為尚。

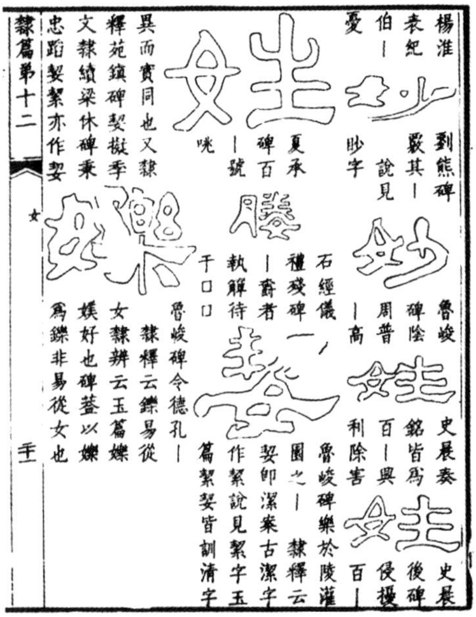

圖 2 下 5－12

《隸篇》15 卷,續 15 卷、再續 15 卷,共 45 卷,清翟雲升編,成書於道光十八年(1838 年),1985 年中華書影印出版(圖 2 下 5－12)。翟氏有感於劉球《隸韻》、婁機《字源》以下諸書,反復傳寫、翻刻,漸失本眞。而宋人載錄漢碑,僅見不足三分之一,而且隸書字形傳閱不易,故收羅石刻文字,同道相助,數十年中得漢魏吉金石刻 100 餘種,以石刻為主體,改變依韻分部排列,按照字書《類篇》之序,編成此書。尤為寶貴者,作者採可信之拓本,"手自雙鉤,豪芒必盡,一點一畫,疑似闕如"。雙鉤取影之法,古來用於複製古賢墨蹟,可以亂眞。而且依據原拓,字形大小由之,保持舊有風韻。每字標出出處,且出示例句,以為佐證。

接觸到大量原始的漢碑文字後,清人對漢代的碑刻文字產生了新的認識,對於隸書的產生、八分的結構特點,也有了新的認識。清錢泳《履園叢話·書學·隸書》:"篆用圓筆,隸用方筆,破圓為方,而為隸書。故兩漢金石器物俱用秦隸,至東京漢安以後漸有戈法波勢,各立面目,陳遵、蔡邕自成一體,又謂之漢隸。其中有減篆者,有添篆者,有篆、隸同文者,有全違篆體者,魯魚之惑,涇渭難分。"把宋代以來相混的漢隸與八分的概念加以嚴格區別。劉熙載《藝概·書概》:"夫隸體有古於八分者,故秦權上字為隸;有不及八分之古者,故鍾、王正書亦為隸。蓋隸其通名,而八分統矣。"清代的書法藝術受金石學的影響，注重從古代碑刻中吸取營養，使得消沉千餘年的字體獲得新的生命，作為書法藝術的一種形式存在。

清代卑唐尊漢，越過唐八分，直接從摹習漢碑著手，有研究的基礎。清人對八分的書法追求，運用篆法，摻合八分，更加接近漢人。鄭簠取法《石門頌》，伊秉綬取法《褒斜道刻石》《衡方碑》等，何紹基取法《張遷碑》《石門頌》，趙之謙取法《封龍山頌》《史晨碑》。清代書寫八分卓有成就者，如鄧石如、伊秉綬等流傳作品很多。

清代初期，有鄭簠、朱彝尊二家。鄭簠（1622—1693）精於書法篆刻，其書法學漢代碑刻，專精《曹全碑》《史晨碑》，廣採各色漢碑之長，以分隸聞世，名重一時（圖 2 下 5 - 13）。其八分參以草書，飛動中隱含古樸。雖然鄭簠的八分出於漢碑，但是自創的成分很多，開啟了清代藝術性八分書法的道路，形成了有清一代繁榮的分書藝術[①]。朱彝尊（1629—1709），字錫鬯，號竹垞。參修《明史》，長於金石考證，善八分，沉穩有風致（圖 2 下 5 - 14）。鄭簠、朱彝尊各有漢碑和金石學的底蘊，領導了分書的繼承與創新，扭轉元明以來分書不振的局面，乾嘉以來的八分書家或多或少受到影響，清代八分書法的繁榮與他有很大關係。清錢泳《履園叢話・書學・隸書》："國初有鄭谷口，始學漢碑，再從朱竹垞輩討論之，而漢隸之學復興。"這個評價是中肯的。

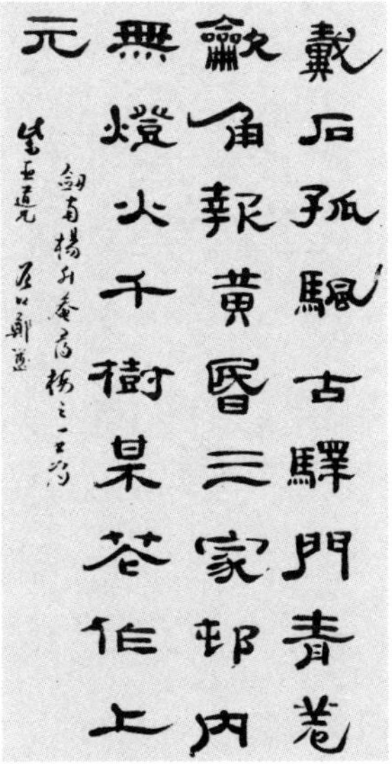

圖 2 下 5 - 13

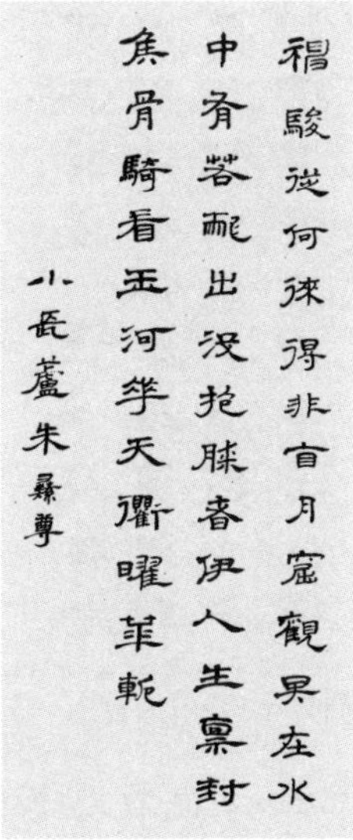

圖 2 下 5 - 14

乾、嘉、道以來，帖學走向衰弱，碑學興起。書法家上溯六朝、直至漢魏碑刻，開拓了書法藝術的新天地。八分書作為一種富於藝術性和歷史感的字體獲得了新生，又以一種書法藝術形式重新進入了社會，得到了普遍重視。大家輩出，金農、錢大昕、桂馥、鄧

① 萬璋：《隸書的復興——淺談鄭簠的書法藝術》，《書法叢刊》1993 年第 2 期。

石如、伊秉綬、錢泳、阮元、吳熙載、何紹基、俞樾、趙之謙等，皆是傑出的代表人物。

金農(1687—1763)，字壽門，又作司農、吉金，常用别號有冬心、稽留山民等。博學多才，富收藏，精鑒賞，善書畫。他在《冬心齋硯銘・序》云："石文自《五鳳石刻》，下於漢唐八分之流别。心摹手追，私謂得其神骨，不減李潮一字百金也。"但是他衹是仿其意，取漢代八分的意趣，包括結構、筆意等進行創作，並不拘束於形似。他所寫八分作品《臨華山碑》，行筆多用楷法，波勢微弱，收筆出鋒，是一種新潮八分。他創造了漆書，也稱方筆隸書，借鑒《天發神讖碑》，筆畫趨方，多帶棱角，筆法類似漢代扁書，結體與陝北東漢畫像石題字、東晉磚文暗合，釋放方體隸書的别樣風采。

鄧石如(1743—1805)，清代金石家，安徽懷寧人。初名琰，字石如，避嘉慶帝諱，遂以字行，後更字頑伯。自創八分，稱為鄧派(圖 2 下 5－15)。清陳康祺《郎潛紀聞四筆》卷九"隸書名手鄧石如"："顧性嗜學，暇即從長老問經書句讀，弱冠能為童子師。其嫺習篆隸，雖由乃父木齋家學，下筆即古雅有奇氣，亦緣江寧梅文穆孫鏐，賞其手跡，召至家，盡發其先世所藏古金石刻，俾之觀覽臨摹，以厚其蘊蓄，於是山人書法益進。"

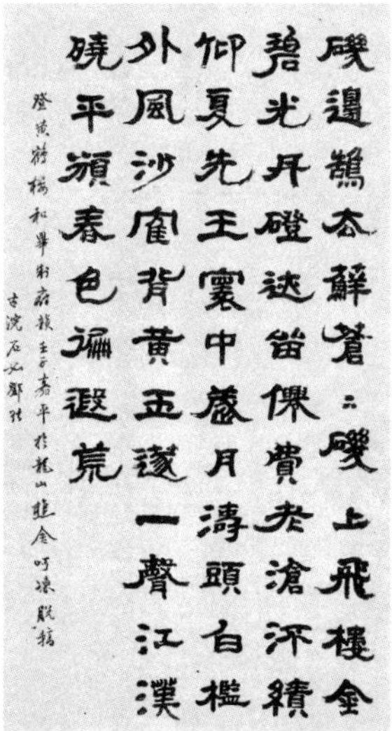

圖 2 下 5－15

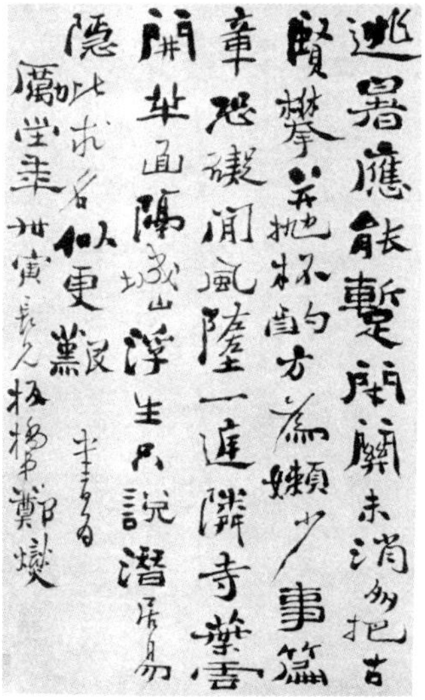

圖 2 下 5－16

鄭燮(1693—1766)，字克柔，號板橋，揚州八怪之一，以自創了一種新體而聞名於世。清乾隆間李斗所著《揚州畫舫錄・虹橋錄上》："(鄭燮)以八分書與楷書相雜，自成一派。"清蔣寶齡、蔣茝生《墨林今話》："板橋書隸，楷參半，自稱六分半書。"所謂"六分半"是八分中摻雜了一分半的楷書，這是新體的核心內容。錢泳《履園叢話・書學・小篆》謂鄭燮"將篆、隸、行、草鑄成一爐"(圖 2 下 5－16)，看來行草也在摻入的成分之内，至於篆，本來八分書多含篆體字，可以不必特地摻入。

鄭燮是書畫家，書寫中可能摻入畫法。鄧散木《臨池偶得》："楷書成分多，八分的成分少，另有少許蘭竹成分，所以自稱六分半書。”[①]蘭竹寫意有特殊的筆法，畫蘭葉，人稱寫蘭葉，不是描繪，而是直接用筆畫變化來作畫，畫竹的原理基本相同。畫蘭葉勁挺圓潤的筆法、畫竹枝的堅直而有節奏感，畫竹葉肥瘦、舒緩和短促的變化，融化到六分半的書法中去。所以六分半書不是簡單的古今形體混雜，而是包含了筆法在內的綜合性創造，產生出新的書法面貌和特有的藝術風格。細細觀察鄭燮書法，兼有八分、行草，多有篆體隸定形體，本來八分是二分隸、八分篆，鄭燮將八分篆中再減去一分半，讓與行草，大致如此。東漢中後期的八分，順應漢字形體發展，加強隸書規範，而六分半書完全是一種個人藝術創作，實在不能與八分同日而語。

何紹基(1799—1873)，字子貞，通經史，尤精小學，旁及金石碑板文字，有《説文段注駁正》等傳世。書法自成一家，上溯秦兩漢古篆隸，下至六朝南北碑。他臨寫漢碑極為專精，《張遷碑》《禮器碑》《石門頌》等竟臨寫百餘遍，心摹手追，不求形似，全出己意。對比《石門頌》原影與何氏臨寫書法(圖 2 下 5－17)(《何子貞臨石門頌眞跡》，中華書局，民國 36 年)，與其説是臨摹，還不如説借題創作，所謂取其精華而已。

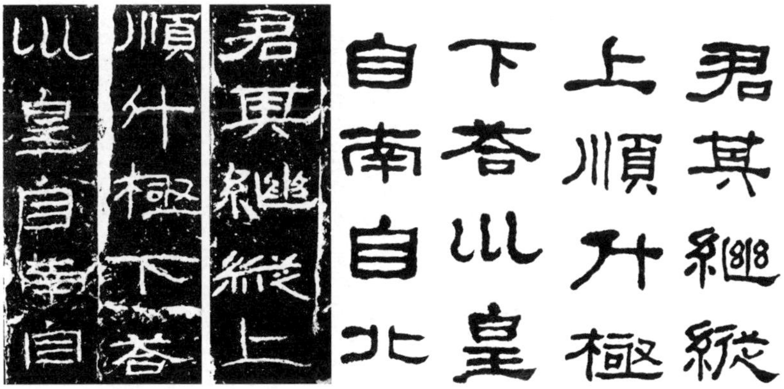

圖 2 下 5－17

清代分書名家輩出，各領風騷。鄧石如致力漢碑的摹寫，卓然成一家風韻。伊秉綬(1754—1815)，字組似，號墨卿，晚號默庵。八分書以玉箸行筆，少波磔，有北碑方折，字形扁平方正，稱為“集分書之成”，上追秦篆，下取漢魏，開八分新格局。俞樾(1821—1907)，字蔭甫，號曲園，長於考證，一生著述宏富，善篆書和八分，尤喜八分，書札筆記往往用八分寫成，八分書《重建詁經精舍記》方寸字，結體穩重，大小如一，大有古風。

陳方既總結了清代分書的特點，一是形體由長方變為扁方；二是章法上出現字距大於行距；三是筆畫以方折求竪勁；四是字勢有強烈的運動感，先後出現了波撇、蠶頭

① 本書編寫組:《現代書法論文選》，上海書畫出版社 1980 年版，第 216 頁。

燕尾和綫點的粗細變化,並指出"隸體與以往的書體告別,纔開始了眞正意義的書法的歷程"[①]。這些特點闡明了清代分書的藝術價值,把肅穆的古代銘石書變成與時代俱進的書法藝術書體。

清代的八分宗漢而不泥古,多出新姿,繁花似錦。在臨摹中出己意,如化蛹之蝶,一片異彩。

① 陳方既:《隸書的歷程》,《中國書法》2006年第11期。

第三編

草書形體史

第一章　草書之形成

第一節　草書名稱之解釋

東漢許慎《說文解字·敘》:"漢興有草書。"遠在西漢時期就有草書的說法。《史記·三王世家》褚少孫曰:"謹論次其眞、草詔書,編於左方。令覽者自通其意而解說之。"褚少孫為西漢元帝、成帝之間博士,這是傳本史籍中有關草書最早的記載。隨著草書的發展,草書演變出今草、章草等,皆可以草書通稱之。《後漢書·文苑傳下》載張超靈帝時為別部司馬,"又善於草書,妙絕時人,世共傳之。"《魏書·李寶傳附李思穆》:"善談論,工草隸。"《北齊書·文苑傳·劉逖》: 逖從子顗,"好文學,工草書。"草書生於草率,從書體到字體,從日用的字體到重要的文人書寫字體,反映了草書中豐富的信息。

漢唐的草書為隸之草者,故稱草隸、隸草書。隸書是當時的通行字體,篆意不斷脫落消退,東漢後期轉向眞書。東漢趙壹《非草書》:"蓋秦之末,刑峻網密,官書煩冗,戰功並作,軍書交馳,羽檄紛飛,故為隸草,趨急速耳,示簡易之指,非聖人之業也。"隸草或草隸就是隸書之草,就是草書。其實質隨著時代改變,東漢後期開始,今草流行,草隸和隸草實際就是今草。有人認為是草書、隸書的合稱,甚至認為還包括行書等,恐怕不確。漢魏以來,是草書的鼎盛期和轉變期,它從實用書體提升為藝術書體,這個名稱也漸漸流行開了。

史籍等材料常見隸草、草隸之說。請看:

《藝文類聚》卷四引《魏志》:"衛覬好古文,鳥篆、隸草無所不善也。"

《晉書·王羲之傳》: 王凝之"亦工草隸"。王獻之"工草隸,善丹青"。

南朝宋羊欣《采古來能書人名》: 王羲之"特善草隸"。

《梁書·王志傳》:"志善草隸,當時以為楷法。齊游擊將軍徐希秀亦號能書,常謂志為'書聖'。"

《北齊書·張景仁傳》:"張景仁者,濟北人也。幼孤家貧,以學書為業,遂工草隸。"

北齊《隴東王感孝頌》,額為陽刻篆書,碑文為八分,俱佳。碑文後有"居士慧朗侍從,至能草隸,世人稱朗公書者是也"。

《北史·閻慶之附毗傳》:“(毗)能篆書,草隸尤善。”

北齊顔之推《顔氏家訓·慕賢》:“梁孝元前在荆州,有丁覘者,洪亭民耳,頗善屬文,殊工草隸。”

阿斯塔那501號墓初唐《張懷寂墓表》:“雅善書劍,尤精草隸”,“落紙飛毫,行驚返鵲”。

《唐張懷瓌墓誌》:“宜春生盛王府司馬、翰林、集賢兩院侍書侍讀學士諱懷瓌,有文章,尤善隸草書,與兄懷瓘同時著名。”

《舊唐書·王紹宗傳》:“紹宗少勤學,遍覽經史,尤工草隸。”

《新唐書·盧藏用傳》:“藏用善蓍龜九宫術,工草隸、大小篆、八分,善琴、弈,思精遠,士貴其多能。”

草隸也叫草隸書。如:

《魏書·劉芳傳》:從子懋,字仲華,“聰敏好學,博綜經史,善草隸書,多識奇字”。

《魏書·王世弼傳》:世弼“善草隸書,好愛墳典”。

《梁書·蕭子雲傳》:“子雲善草隸書,為世楷法。自雲善效鍾元常、王逸少而微變字體。”

唐段成式《酉陽雜俎續集·支諾皋》:“斌兄陟,早以文學識度著名於時,善屬文,攻草隸書。”

第二節　草書起於何時

許慎説:“漢興有草書。”草書的含義實際並不明確,有人認為草書就是草寫,有人認為草書是按照草書規則來草寫,兩個概念是不一樣的,但是兩者有緊密的聯繫。草寫字體,是指有些筆畫綿連、結構有所省略的字形,但是不能形成一套書寫規則。嚴格意義的草書是指有一定省略、筆畫連續、用簡單替代繁重的字體,它有完整的草寫規則。在草書初期,不可能有完整的規則,所以此所謂草書衹能是草寫。草寫規則逐步完善,達到成熟階段的草書。前者衹能説是草書的起源,是草書的發生階段。郭沫若認為:“故篆書時代有草篆,隸書時代有草隸,楷書時代有行草。隸書是草篆變成的,楷書是草隸變成的。草率化與規整化之間,辯證地互為影響。”[①]

劉延濤(1908—1998)提出草書起源有五説:一,草書與文字俱來説;二,起於晚

① 郭沫若:《古代文字之辯證的發展》,《考古》1972年第3期。

周説；三，起於秦末説；四，起於漢初説；五，起於漢《急就章》説。“因就吾人所見之材料考之，西漢草書尚無完整之組織，而終漢之世，仍不失為創造之時代也！”①劉氏所謂“起於”就是草書的前夜——草寫，居然有五種説法。

五種説法中，憑常識可以排除二説，即文字俱來説、晚周説，《急就章》遲至西漢中期，顯然太晚，也可排除在外。衹有秦末説和漢初説值得探討，這樣恰恰與傳統的觀點相合。

漢代草書起源：一是秦末，因篆而起；前者草從篆生。孫星衍《急就章考異》有“草從篆生”的觀點。陳夢家認為：“秦世隸書省易的既是草書，古隸草本不能分，或即是一，隸書者指其為佐吏之屬所寫的低級官書，草書者指其為佐吏之屬所寫的草書。”

毛惠明指出，天水放馬灘秦簡已經出現了不少草書的寫法，如偏旁“止”“辵”“蟲”“色”，“天水秦簡中許多字的草書已經較為稔熟，證明當時已經有人將簡化的篆書與隸書等書體草化。”草書與隸書同時產生、發展起來，“起碼有一些字形中的偏旁是同隸書一樣來源於篆書和秦隸的。”②笔者已经在小篆一節説明，秦末的所謂草書，實際是草篆。

一是漢初，因隸書而起。南朝梁庾肩吾《書品》：“草勢起於漢時，解散隸法，用以赴急。本因草創之義，故曰草書。”

清王鳴盛《蛾術編・説字二・草書》：“草與隸同時而起，非有先後。……凡是隸書中帶草者甚多，無草則無隸，草與隸相為表裡也。”陳直認為：“自小篆以後，從西漢初起，即分兩個系統演變。一個系統由篆書變古隸書，再變成隸書、隸楷書，再變成純楷書。另一個系統，由隸書變為草隸書，在西漢木簡可以看出蛻變痕跡。由草隸書變為草書行書。”③

裘錫圭也贊同此觀點：草書的形成是“草從古隸生”。“古隸在使用過程中生成了孕育著草書的新因素，這跟秦篆在使用過程中產生了孕育著隸書的新因素是同類的現象。”④

湖北江陵鳳凰山 10 號墓 6 號遣策木牘(圖 3－1－1)，有明顯的草字出現，(會)、(櫝)、(食)、(檢)、(器)、(緁)，這幾個字中都有草書的成分，如“會”字下部之“曰”成三點，“櫝”字之“貝”省中間兩短横，“食”字之“艮”上部作空，“器”字下兩“口”作三點，(緁)右“兼”連筆，都是與漢代草書相同的草法。鳳凰山 10 號墓是西漢文帝、景帝時期墓葬，漢初出現草法是事實。⑤

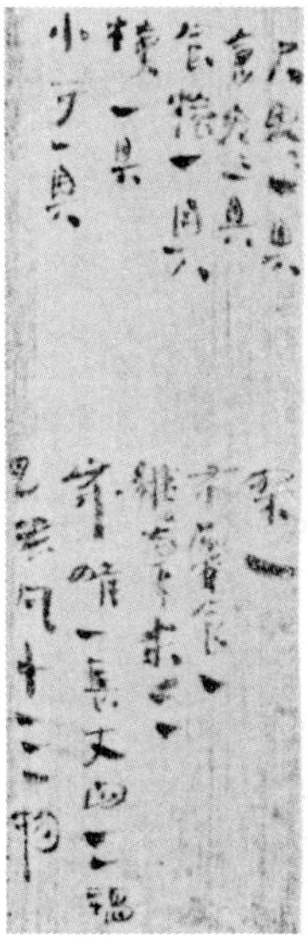
圖 3－1－1

① 劉延濤：《中國文字之演進——篆—隸—草》，《草書月刊》1941 年第 1 期第 1 卷，第 11 頁。
② 毛惠明：《從天水秦簡看統一前的文字及其書法藝術》，《書法》1990 年第 4 期。
③ 陳直：《東晉王興之墓誌跋兼論及蘭亭序問題》，載《文史考古論叢》，天津古籍出版社 1988 年版，第 485 頁。
④ 裘錫圭：《從馬王堆一號漢墓“遣策”談關於古隸的一些問題》，《考古》1974 年第 1 期。
⑤ 長江流域第二期文物考古工作人員訓練班：《江陵鳳凰山西漢墓發掘簡報》，《文物》1974 年第 6 期。

草書產生於何時?

裘錫圭主張草書的形成在西漢中期偏後,他説:"馬王堆'遣策'的古隸裡,已經出現了不少跟草書很接近的寫法。""從居延等地所出的有明確時代的漢簡上來看,武帝昭帝時代的漢簡上衹有草率的隸書和個別接近草書的字。宣帝簡中,如 271・17 的神爵二年簡、283・7 的甘露三年簡,元帝簡中,如 562・3 的永光元年簡,都已有濃厚的草書意味。成帝簡中,如《甲》1526 的陽朔元年簡和 170・5 的元延二年簡,則已是相當純粹的草書。由此看來,草書正式形成為一種字體,大概在西漢中期偏後。"①

從漢初的草隸到後世所稱的草書有一個形成過程,從出土的漢簡看,武帝時期臨沂銀雀山漢簡《守令》等簡,草勢明顯,但草法不甚完備,具有完整書寫法則的獨立字體,這個嚴格意義的草書大致在武帝之後。武帝時期隸書成熟,草書同時獨立出來。

西陲的敦煌、居延邊塞烽燧遺址發現的大量簡牘中,包含大量的草書簡,可以更全面地了解草書的確切出現時間。較為著名的編冊而成的永元器物簿②(圖 3－1－2),各種單簡的草書也十分精彩,《居延漢簡甲編》954A:"元延二年九月壬辰房日利以人備信。"③《羅布淖爾漢簡》:"永光七月癸卯朔壬子左部左曲侯。"④(圖 3－1－3)《居延漢簡甲編》954A:"元延二年九月壬辰房日利以人備信。"(圖 3－1－4)《額濟納漢簡》2000ES7S: 3A:"豐叩頭言守丞仁,皆皆仁,令史敞之……子嚴坐前善毋恙頃者起居得毋有它……。"(圖 3－1－5)⑤《肩水金關漢簡》73EJD: 32A/B:"褒伏地再拜子元足下身臨事辱賜書告以事甚厚叩＝頭＝謹奉教盡力不敢忽然""乎事察易頃必得為故得白狀事之非有所拜也且勿進也比數日間耳獨恐其主不在耳又得。"(圖 3－1－6)⑥《肩水金關漢簡》73EJT23: 731B:"大急身常恐不能自脱搒箠欲干□縣官菼自完在燔離中出公開之校。"⑦(圖 3－1－7)

江蘇連雲港尹灣 6 號漢墓有不少草書簡,如《集部》《贈錢名籍》《神烏賦》,其中尤其以《神烏賦》最為重要,草法精熟,字形規整,是成熟的草書⑧。這是西漢末到東漢初的草書。《集部》的草書也非常有特色,可能因為字小,筆畫多用點來代替,點法是草書很重要的筆畫,可以濃縮各種筆畫,是眞草成熟的標誌之一(圖 3－1－8),"以隸、

① 裘錫圭:《從馬王堆一號漢墓"遣策"談關於古隸的一些問題》,《考古》1974 年第 1 期。
② 中國科學院考古研究所:《居延漢簡甲編》,科學出版社 1959 年版,圖版 2、3、4、5、6。
③ 中國科學院考古研究所:《居延漢簡甲編》,科學出版社 1959 年版,圖版 75。
④ 黄文弼:《羅布淖爾考古記》,國立北京大學出版部 1948 年版,圖版 1。
⑤ 魏堅主編:《額濟納漢簡》,廣西師範大學出版社 2005 年版,第 185 頁。
⑥ 甘肅簡牘博物館、甘肅省文物考古研究所、甘肅省博物館、中國文化遺產研究院古文獻研究室、中國社會科學院簡帛研究中心:《肩水金關漢簡》(伍)中冊,中西書局 2016 年版,第 122 頁。
⑦ 甘肅簡牘博物館、甘肅省文物考古研究所、甘肅省博物館、中國文化遺產研究院古文獻研究室、中國社會科學院簡帛研究中心:《肩水金關漢簡》(貳)中冊,中西書局 2012 年版,第 206 頁。
⑧ 連雲港市博物館、東海縣博物館、中國社會科學院簡帛研究中心、中國文物研究所:《尹灣漢墓漢簡牘》,第 128、129 簡,中華書局 1997 年版,第 73 頁。

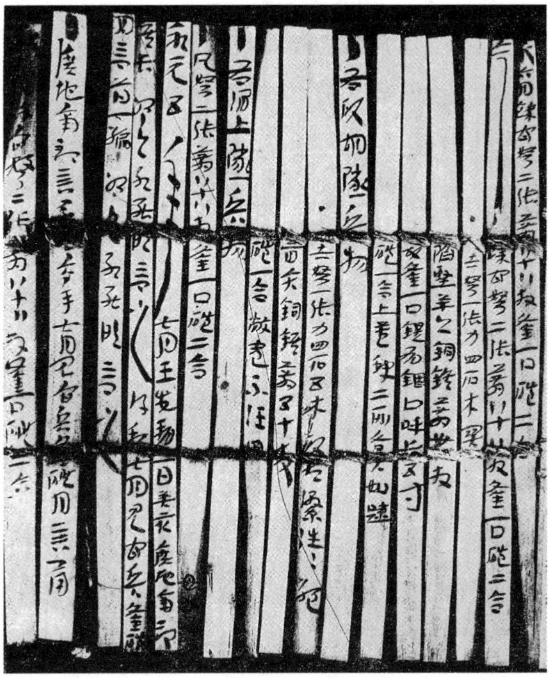

圖 3-1-2

圖 3-1-3

圖 3-1-4

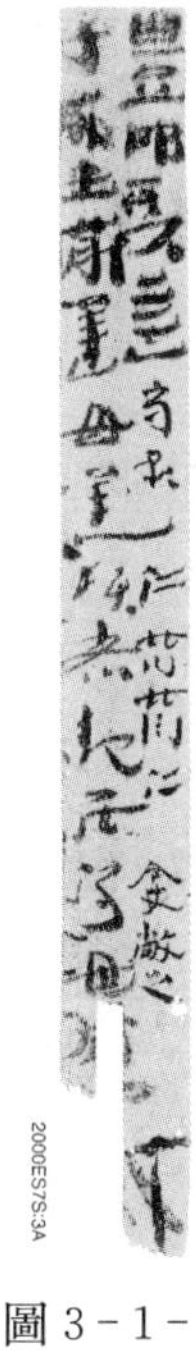

圖 3-1-5

圖 3-1-6

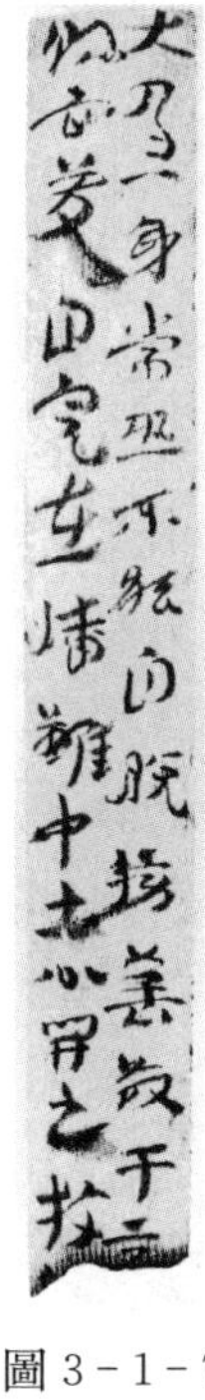

圖 3-1-7

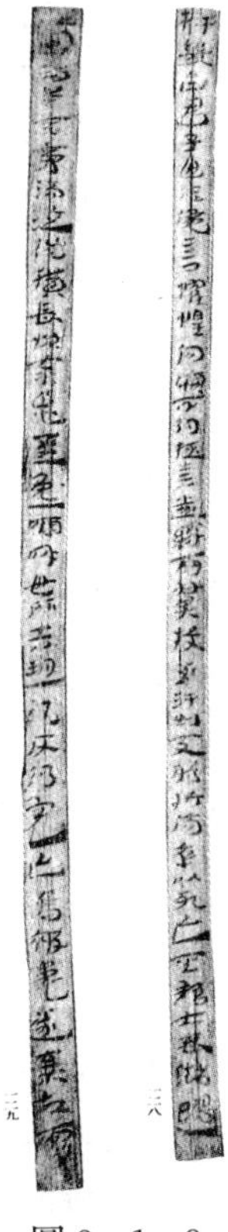

圖 3-1-8

草等多種書體書寫了賦的全文”。“皇”“之”“央”“此”“支”“孔”“昆”“德”等“形體與波磔方面都保持漢隸筆畫的固有姿態”,“陽”“姓”“隆”隸書筆畫的省略,文字方折變為環轉,如“行”“狗”“府”等。草體書體,有些字如“始”“鳥”“蟲”“可”“翔”“去”“為”“求”“羽”“身”,與今日草書相比較,幾乎没有什麼差異。西漢中期“草書結構有的已經成熟,有的則僅是隸書的快寫和簡約;有的草書結構正處於萌芽時期,草書還未能形成獨立的書體存在”[①]。這個説法不對,漢代眞、草分明,不會眞草相雜,因此此篇所謂隸,史籍上也是草書。

漢代未央宮遺址的木簡是重要的草書資料,未央宮前殿 A 區建築遺址發現木簡 115 枚,長短不一,没有一枝完整的簡,為焚燒之餘的殘損之物[②]。這是西漢後期到新莽時期的宮內的文書,書手有較高的草書修養。簡文草書字形點畫有致,形體端正,是草書之工整者,可以看作西漢後期的標準草書[③]。但是依然有些可以商榷:例如 16 簡胡釋“利王基本持玉三枚”,筆者按:“利王”應為“秋至”;32 簡整理小組謂“亭郵”,胡釋“高郵”,筆者按:應釋“亭鄣”;45 簡胡釋“□□連育,或”,筆者按:“育”字當為“正月”連書;52 簡胡釋“中土走”,筆者按:“土”應為“出”;59 簡胡釋“潤□”,筆者按:當為“潤其”;54 簡整理小組“自壇廣”,胡釋“自壇□”,筆者按:當作“自壇倉”;61 簡胡釋“步武相援”,筆者按:“武”當釋為“會”,前一字不清楚,但絕非“步”字;56 簡胡釋“之所足肉”,筆者按:字大彎筆與底小橫筆不連,即是“四”字;99 簡胡釋“甘露對”,筆者按:當為“甘露爵”,“爵”,古同雀;115 簡胡釋“□□二枚”,筆者按:當為“白爵二枚”,“白爵”即白雀;101 簡,整理小組等無釋,筆者按:為“□中”;101 簡皆無釋,筆者按:為“□丑”。

第三節　漢魏以來草書的發展

漢代草書以簡牘為主,安徽亳縣發掘曹操宗族墓地,在元寶坑村墓和董園墓地共出土 300 餘塊有字磚,其中部分是草書磚若干,草字結構與今草無異,“會稽曹君”結字穩健,近似章草(圖 3-1-9)。“為將奈何吾愁憚”字勢開張,有張芝草書風範。同墓出土的字磚有“建寧三年”(170 年),此草書當是此時之作[④]。

後漢兼用草書,《北海諸王傳》:“作草書尺牘。”蔡邕《答詔問災異八事》:“受詔書

① 武可榮:《連雲港市歷年出土的簡牘簡述》,《書法叢刊》1994 年第 4 期。

② 簡影在《漢長安城未央宮(一九八〇—一九八八年考古發掘報告)》下冊,中國大百科全書出版社 1996 年版,圖版 278—289。

③ 釋文依據中國社會科學院考古研究所釋文以及胡平生:《未央宮前殿遺址出土王莽簡牘校釋》,載中國文物研究所《出土文獻研究》第 6 輯,上海古籍出版社 2004 年版,第 216—237 頁。

④ 亳縣博物館:《安徽亳縣發現一批漢代字磚和石刻》,《文物資料叢刊》第 2 期,文物出版社 1978 年版。

各一通，木版草書。”《後漢書・北海敬王睦傳》："善史書，當時以為楷則。及寢病，帝驛令作草書尺牘十首。”《三國志・魏志・管寧傳》："胡昭善史書，與鍾繇、邯鄲淳、衛覬、衛誕並有名，尺牘之跡，動見楷模焉。”兩書均言“史書”，且都提到“尺牘”，從東晉王羲之的《十七帖》推想，他們善史書，恐怕都是草書。

圖 3-1-9

咸寧四年(278 年)磚，長 34.8 厘米、寬 17.2 厘米，頗似陸機《平復帖》，文為："咸寧四年七月呂氏造，是為晉即祚十四年事，泰歲在丙戌。”[①]（圖 3-1-10）

圖 3-1-10

圖 3-1-11

江蘇句容春城袁相村南朝宋墓磚室中有墓磚，其中有紀年磚和草書磚。一磚刻“乖闊久每委積”，一磚刻“以我惜遲後出告”（圖 3-1-11）。紀年磚為“元嘉十六年(439 年)太歲巳”[②]。

鄂城東吳孫將軍墓內有青瓷院落，正面大門有門樓，樓頂內面刻行書“孫將軍門樓也”[③]。

漢代的隸書和草書勢不可分，兩體並立，具有同等重要的地位。草書可以寫詔書、奏章。清顧炎武《日知錄》卷二十一“草書”："孝武時詔即已用草書也。”“漢魏之間

① 中國歷史博物館保管部資料組：《介紹幾件晉代的行草書磚刻》，《文物》1965 年第 12 期。
② 鎮江博物館、句容市博物館：《江蘇句容春城南朝宋元嘉十六年墓》，《東南文化》2010 年第 3 期。
③ 鄂城縣博物館：《鄂城東吳孫將軍墓》，《考古》1978 年第 3 期。

箋啟之文有用草書矣。”“自古以降，日趨於簡便，故大篆變小篆，小篆變隸，比其久也，復以隸為繁，則章奏文，悉以章草從事，亦自然之勢。”《史記・三王世家》載褚少孫曰：“謹論次其眞、草詔書，編於左方。令覽者自通其意而解説之。”在日常使用中，草書價值超過隸書，在邊塞的烽燧遺址出土的簡牘中，草書要多於隸書。草書也用來作文敍賦，尹灣發現的《神烏賦》就是用草書寫的。值得注意的是醫方，武威旱灘坡出土的醫方有 3 種字體，分别是行書、行草和草書，其中草書佔了近一半。其草書技法精熟，體態生動，形體合於草法，這是醫者長期從事繁重的書寫，從實用出發，熟練地使用草體所致。在其他漢簡中也常能見到此類草書醫方，如《居延新簡》EPT54. 14“治養生”簡、EPT9. 7A、7B“半夏五分”簡，有風格不一的草書，或粗獷或精細。唐代有長篇的文獻用草書書寫，如賀知章《孝經》長卷（圖 3－1－12）、唐人草書寫經（圖 3－1－13）①。宋代居然用草書鑄錢。宋趙令畤《侯鯖錄》卷二：“前世錢未有草書者，淳化中，太宗皇帝始以宸翰為之，既成，以賜近臣。崇寧、大觀御書錢，蓋襲故事也。”

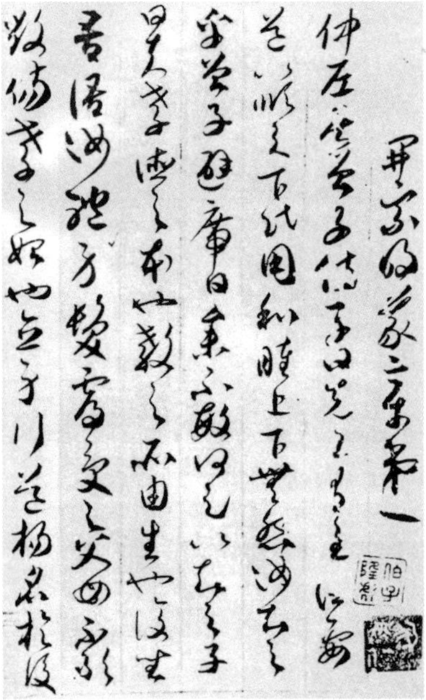

圖 3－1－12

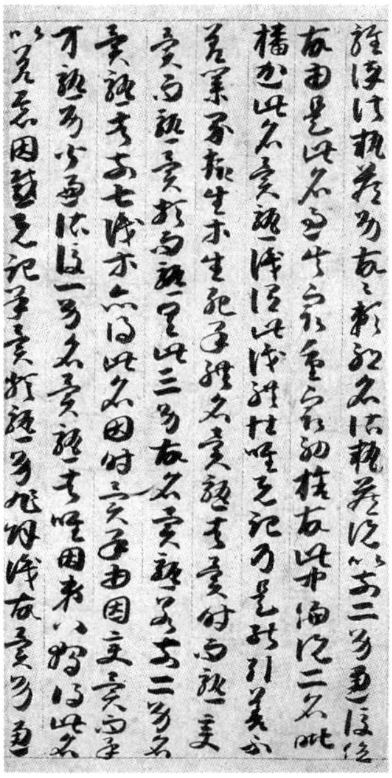

圖 3－1－13

東漢時期，草書的藝術性加強了，出現了一批以草書為書體的藝術家。草書作品受到了社會的推崇，人們欣賞、模仿，形成風氣，草書是文字進入藝術領域的開始。《後漢書・文苑傳・張超》：“著賦、頌、碑文、薦、檄、箋、書、謁文、嘲，凡十九篇。超又善於草書，妙絕時人，世共傳之。”《後漢書・宗室四王三侯傳・魯敬王劉睦》：“睦少好

① 見《書法叢刊》2004 年第 1 期。

學，博通書傳，……能屬文，作《春秋旨義終始論》及賦頌數十篇。又善史書，當世以為楷則。及寢病，帝驛馬令作草書尺牘十首。"隨著文人的推廣、帝王的重視和大量的草書書寫實踐，草書理論出現了。《後漢書・崔瑗傳》載崔瑗安帝時人，年十八，至京師，從侍中賈逵質正大義。年四十餘，始為郡吏，"瑗高於文辭，尤善為書、記、箴、銘，所著賦、碑、銘、箴、頌、《七蘇》《南陽文學官志》《歎辭》《移社文》《悔祈》《草書勢》、七言，凡五十七篇。"《草書勢》的出現標誌著草書在理論上正式進入藝術殿堂。

許多朝代的帝王愛好書法，對草書情有獨鍾，宋代的皇帝尤其如此，還常把自己的草書當作禮品贈與别人。"忠獻王宏佐長子也。……尤善翰牘，太宗取閲，深愛之，……以御書金花扇，及草寫《急就章》賜之。"《武林舊事・乾淳奉親》記淳熙三年五月二十一天申聖節，"太上（孝宗）賜官裏御書《急就章》并《金剛經》，官家卻進御書真草《千字文》，太上看了，甚喜云：'大哥近日筆力甚進。'上起謝。同皇太子步至蟠松下，看御書詩"。

劉延濤說："細研中國草書演進之歷史，兩漢之際最為實用，故樸而不華，而東漢已為貴族所識賞。明帝、章帝提倡於上，齊相杜度、濟北相崔瓘尤號善作，迄於魏晉，漸與大衆脱離，而專屬於統治階級。草書起源於日常的書寫工作，當它為上層接受的時候，纔會得到升華的機會，與此同時，它又與日常的書寫漸行漸遠，成為少數人書房中的玩物。"①

草書中有許多名堂。

所謂散草，就是寫法比較隨意的草書。《荀子・修身》："庸衆駑散。"楊倞注："散，不拘檢也。"《史記・孔子世家》："至於為春秋，筆則筆，削則削。"《衍極・至樸》劉有定注："初，蔡邕待詔鴻都門，見役人以堊帚成字，悦而作飛白書。君謨祖述，以散筆作草，謂之散草，亦曰飛草。自言每落筆為飛草，但覺煙雲龍蛇，隨手雲轉，奔騰上下，殊可駭愕。"

明趙宧光《寒山帚談》卷上："一曰行草，如二王帖中稍縱體，孫過庭《書譜》之類皆是也。一曰章草，如章帝《辰宿列張帖》、索靖《出師表》、二王帖中章草法帖皆是也。一曰稿草書，或真或行或草，大小疏密隨宜，如顔平原《坐位》《祭侄》二帖是也。一曰狂草，如張芝、張旭、懷素諸帖是也。已上五種，通稱草書，亦有分矣。"行草就是今草，也叫小草。章草，是古法草書，本文有專門介紹。稿草就是草書夾行書。《晉書・王羲之傳》："嘗詣門生家，見棐几滑淨，因書之，真草相半。"真草相半就是半草書，如東晉《大通方廣經》寫本（圖 3－1－14）、王羲之《得示帖》（圖 3－1－15）。

① 劉延濤：《由歷代草書作家之地位事業窺論草書之隆替》，《草書月刊》1941 年第 1 卷第 1 期，第 26 頁。

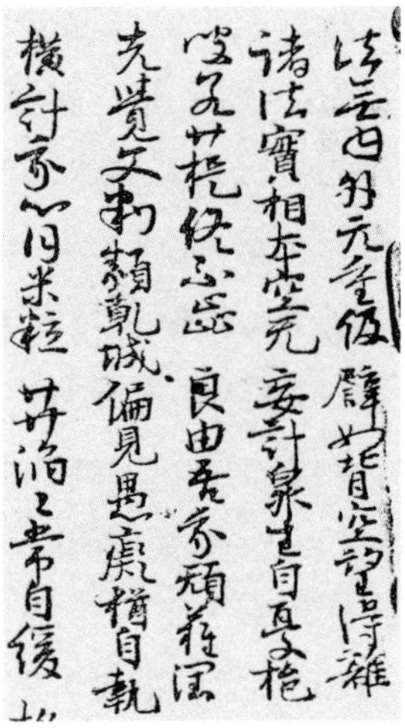

圖 3－1－14

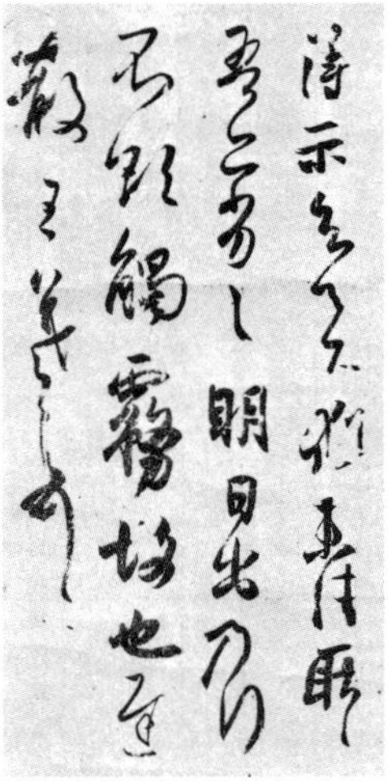

圖 3－1－15

南朝梁庾元威《論書》："宋中庶宗炳出九體書，所謂緤素書、簡奏書、牋表書、吊記書、行押書、檝書、藁書、半草書、全草書，此九法極眞草書之次第焉。"

新疆吐魯番阿斯塔那墓地西區發現的文書有相當數量，分別在 M395、M396、M398、M399，是從隨葬紙製品中分拆而來，年代在唐太宗、高宗時期，有唐某年西州高昌縣更簿、唐高昌縣李操領錢抄、西州高昌縣徵錢名簿等官方文件。M395：1－1 唐某年西州高昌縣更簿。長 26.6 厘米、寬 23.4 厘米。左肩文書 1 組，唐高昌縣李操領錢抄，由 M395、M398(M395：2、M395：4－6 和 M398：4－1)3 殘片綴合而成。右腳文書 1 件 M395：4－5，唐某年二月西州高昌縣更簿，長 29.3 厘米、寬 20.8 厘米。左腳文書 1 組，由 4 件(M395：4－3、4－2、4－4、4－1)合成。泥俑邊文書 1 件(M395：5)，唐某年二月西州高昌縣更簿，長 18.7 厘米、寬 14.7 厘米。字跡為行草，草多而行少。草法規範，行筆迅疾多連筆，草中夾行，大多是多筆畫的字。它代表了唐代初期實際應用字體，允許在官方文書上採用行草體，可以證明當時草書在文書執筆人中可以通用。

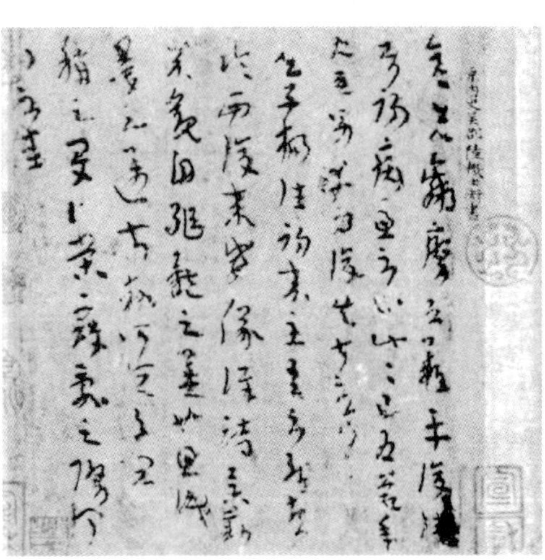

圖 3－1－16

漢晉簡牘中的草書皆是隸草之屬，流傳下來的《平復帖》(圖 3－1－16)不是章草而是隸草。陸機《平復帖》9 行，共 84 字，釋文為："彥先羸瘵，恐難平復。往屬初病，慮不止此，此已為慶。承使□(唯)男，幸為復失前憂耳。□(候)子楊往初來至，吾不能盡。臨西復來，威儀詳跱，舉動成觀，自軀體之美也。思識量之邁前，執所恒有，宜□稱之。夏（或釋閔）□伯榮寇亂之際，聞問不悉。"《宣和書譜》著録，言作於西晉武帝初年，早於《蘭亭序》百餘年。卷前唐人書"平原內史陸機士衡書"小字 1 行，宋徽宗泥金題簽，下鈐雙龍圓璽，卷前、卷後鈐宣和政和六璽。宋元以來流轉蹤跡，殆不可盡考。明代有董其昌跋，清代入宫，由乾隆之太后孝聖憲皇后賜成親王，1937 年除夕前，張伯駒（1898—1982）從溥心畬（1896—1963）處購得，免得流失國外[①]。因為書帖未署名，歷來對是否陸機所書具有爭議。曹寶麟從語詞和史實人物考證[②]，提出此帖非陸機所書，徐邦達（1911—2012）提出駁議[③]。謝光輝、徐學標贊同曹説，認為是陸機死後西北一帶的佚名作品[④]。不過大家公認《平復帖》是西晉時期書跡，字體介於章草和眞草之間，在形體史上有重要地位。"按帖凡九行八十四字，蓋為由隸變草之'初草'，謂為章草者非是。""惟字不可盡識。"[⑤]草書富於藝術性，但是實用性比較差。

第四節　漢代草書之結構特點

蕭衍《草書狀》："昔秦之時，諸侯爭長，簡檄相傳，望烽走驛，以篆、隸之難不能救速，遂作赴急之書，蓋今草書是也。其先出自杜氏，以張為祖，以衛為父，索、范者，伯叔也。"張懷瓘《書斷》卷上："懷瓘以為諸侯爭長之日，則小篆及楷隸未生，何但於草？""杜度，漢章帝時人，元帝朝史游已作草。"他認為秦時無草，史游作草。古人受到材料的局限，判斷衹能憑藉文獻，如果他們看到出土的漢代簡牘文字，恐怕就會改變觀點了。

陳直指出："自小篆以後，從西漢初起，即分兩個系統演變。一個系統由篆書變古隸書，再變成隸書、楷隸書。另一個系統，由隸書變為草隸書，在西漢木簡可以看出蜕化痕跡。由草隸書變為草書行書。"[⑥]叢文俊説："草書體出於隸變，隸為兄，草為弟。"[⑦]

《晉書・衛瓘傳》："瓘學問深博，明習文藝，與尚書郎敦煌索靖俱善草書，時人號

---

① 有關《平復帖》的流傳，可參考王世襄：《西晉陸機平復帖流傳考略》，《文物》1957 年第 1 期。

② 曹寶麟：《陸機〈平復帖〉商榷》，《書法研究》1985 年第 1 期；曹寶麟：《〈平復帖〉再辯》，《書法研究》1986 年第 4 期。

③ 徐邦達：《對〈陸機平復帖商榷〉一文的商榷》，《書法研究》1986 年第 2 期。

④ 謝光輝、徐學標：《〈平復帖〉蠡議》，《中國書法》2006 年第 5 期。

⑤ 張伯駒：《西晉陸機〈平復帖〉》，《書法》1979 年第 6 期；鄭春松：《循名考實向眞詮——〈平復帖〉蠡議之疑義》，《中國書法》2006 年第 7 期。

⑥ 陳直：《東晉王興之墓誌跋兼論及蘭亭序問題》，《文史考古論叢》，天津古籍出版社 1988 年版，第 485 頁。

⑦ 叢文俊：《章草及其相關問題考略》，《中國書法》2008 年第 10 期。

為‘一臺二妙’。漢末張芝亦善草書，論者為瓘得伯英筋，靖得伯英肉。”崔瑗《草書勢》曰：“草書之法，蓋又簡略。應時諭指，用於卒迫。兼功並用，愛日省力。純儉之變，豈必古式？觀其法象，俯仰有儀。方不中矩，圓不中規。抑左揚右，望之若崎。”

1989 年筆者依據出土的漢代簡牘草書，在充分調查的基礎上，總結出漢代草書的草法。漢代草法共有省法、簡法、連法三條，可以總括草書所有現象。以下是經過新的詮釋後的草法：

第一，省法。這是草書最重要的法則，直接省略部分結構內容。從省略的單位分，可分為省點、畫和省部件。省去部分筆畫，“曰”省作“口”，如“里”作、“東”作。省部件，有省相同的部件，艸省作屮，如“苓”作、“落”作、“蓬”作；“畺”內兩個“田”省去其一，如“彊”作。從省略的部位分，有省上部者，如“甚”作、“長”作、“等”作，“與”是省了上部而成；有省中部者，如“幸”草字僅留下了頭尾，作；漢代草書較為常見省右上角，如“詩”省作、“時”省作、“孫”省作；較為少見省右下角，如“禮”省作。

第二，簡法。即簡化草書的筆畫、部件，使之最小、最簡化。其下有兩法：一是點法。任何筆畫部件都可以濃縮為最小的點，因為用點法來處理形體最好用簡化辦法。草書中變畫為點，變部件為點，經常可以看到。如“器”四口為四點，簡為；“坐”兩人為兩點，簡為；“卿”右邊不同的複雜部件，均用點，簡為；“門”用點法寫作。一是用代號。這些代號往往與原來的形體毫無關係，衹是指代關係。如“遷”“要”“與”“農”，每字上部都有一個繁複的部件，寫法不同。但是都用、、田、田，簡為、、、。古字中不少非常複雜的部件，不易書寫，費神費時。“代號”原為“符號”，因為符號的概念太大，文字本身就是符號，衹要是表達某種意義的圖形、筆畫，都是符號。而草書的代號本身没有固定的意義，它衹有放在具體的形體中纔賦予它被替代部件的含義，所以稱為代號更合適。草書的代號所替代的部件由多筆畫組成，因此代號也是一個筆畫組合，這個組合一般為長方形，中間打上交叉綫條，示意其中有內容。

第三，連法。即連書，把本來逐筆書寫的筆畫連貫起來寫成一筆，連書往往會引起形體的改變。連法根據連接單位的大小，可分為連書筆畫和連書部件。連書筆畫比較簡單，如(馬)字本是三點或者四點，“心”字本來為分散四筆，草書都連成一畫。“女”本有三筆，草書連成兩筆作，“夫”原有五筆作，草書連寫作，衹有三筆。連書部件是把分散的部件連寫，結合成緊密的整體。左右連書，如“手”旁“捕”寫作，“水”旁“酒”寫作，“力”旁“功”寫作，“金”旁“錢”寫作，“寸”旁“封”寫作，“土”旁“地”寫作。上下連書，如“奉”寫成，“弩”寫成，“皆”寫成，“呼”寫成。一般兩個部件連書，也見到三個部件連書，如(樹)，也有極長的連筆，如(移)、(賦)等。

省、簡、連三個要素各有作用，又相互影響，互為作用，事實上常由諸因素共同發揮作用。例如“卿”草書作，形成過程為→→→，是三個因素的綜合。

草書不是臨時性的率意之書，形體經約定俗成，不能隨意改變。草書的形體不僅寫法統一，更重要的是可以類推組合新字。如“口”草化為，含“口”的字可以類推草字、、、、、、、、、、、。“言”作為偏旁，草化為，除了個別字外，以此為偏旁的字可以類推、、、、、、、、、、。

草書與楷體一樣，具有地域的統一性，無論西陲的居延、敦煌還是東海之濱的揚州形體相同。相同意味著草書的字形完全一樣，例如，未央宮漢簡，尹灣漢簡作，字體結構，包括連寫都一樣。

草書是實用字體，使用時有很大的靈活性，寫法不能絕對完全統一，它有一定數量的變體。如“門”既可寫作，又可寫作、，“長”有、、三種寫法，“始”有、兩種寫法。甚至一篇文章中草字形體不同，如《神烏賦》之“天”有、、、四種寫法。

由於草書簡約的特點，會造成某些字的辨認困難。對於此類字要特別處理，不能類推。例如“記”，其中“己”筆畫簡單，如果“言”類推的話，字就像一個波浪形，難以辨認。因而漢代簡牘對此字不類推，寫成、，傳本《急就章》也是這樣寫法。

第二章　章草始末

第一節　章草名義之辨

章草是漢字形體中最微妙的形體，它是一種草書，卻不如眞草那樣普及，衹有很少一部分人使用，留下的書跡也特別少，至於何時開始，創自何人，衆説紛紜，莫衷一是。章草似雲中之龍，隱隱約約見尾不見首。歷史上有關章草的內容零零星星，歷來研究章草者卻不乏其人。除了張懷瓘《書斷》專列章草之外，民國時期卓定謀（字君庸）所著《章草考》纂輯章草的文獻資料，有章草名稱、字體、源流、省變方法、歷代盛衰、章草書家小傳，以及有關參考資料等，此書由北京大慈商店發行，京華印書局印刷，民國 19 年（1930 年）初版，流傳不廣。此後蔣善國《漢字形體學》、范祥雍（1913—1993）《章草述略》[1]均有論述。近年來書學復興，關注者漸漸多起來。

圖 3-2-1

章草之名稱含義及其創製，歷來有多種説法：

一是章草説。史游作章草，章草之“章”就是從《急就章》而來。北魏王愔《文字志》：“漢元帝時史游作《急就章》，解散隸書草書之，漢俗簡惰，漸以行之。”這個説法肯定是錯的。不可能因為一種蒙學字書，專門去創造一種字體，理論上講這是不可能的。《漢書・藝文志》謂《急就》一篇，云元帝時黃門令史游，皆《蒼頡》中正字也。《隋書・經籍志》纔有《急就章》的説法。所以，漢代《急就篇》根本就没有一個“章”字。實際上居延、敦煌的漢代遺址發現的《急就篇》殘簡已經不少，如《敦煌漢簡》1972、2130、2185、2356[2]（圖 3-2-1），《居延漢簡甲乙篇》336. 14A、B，336. 34A、B《居延新簡》E. P. T5：14A、B，E. P. T49：50，這些《急就篇》均未用草書書寫。法國馬伯樂發表的眞草對照《急就篇》，是現在能見到的最早的章草書。所以，史游創章草之説並無依據。近日又見日本學者再申此説，“皇象本系統是研習章草的範本，兼具規範性和特殊性，

① 范祥雍：《章草述略》，《書法》1982 年第 1 期。

② 吳礽驤、李永良、馬建華：《敦煌漢簡釋文》之編號，甘肅人民出版社 1991 年版。

故當時皇象系統諸本《急就章》所用的書體便被冠名為‘章’，與通行的今草相區别。通過對西川寧先生論斷的再研究，筆者認為這應該是目前最妥當的解釋了。”①

二是漢章帝説。漢章帝所創或漢章帝好之，故曰章草。唐徐浩《古跡記》：“漢章帝始有章草名。”唐韋續《五十六種書》：“章草書者，漢齊相杜伯度援藁所作，因章帝所好，名焉。”范祥雍説：“最好笑的，煊赫後世的《淳化祕閣法帖》開卷第一帖即是漢章帝章草書八行，寫梁周興嗣的《千字文》句。……惟有此可推想當時漢章帝造章草之説流行，故有人作此贋物以充數。”②西漢草書的發現否認了漢章帝創章草之説。

三是章奏説。此説基於杜操作章草。晉衛恒《四體書勢》：“章帝時，齊相杜度（杜操，字伯度。一説原名操，因避魏武帝名諱，魏晉時改稱杜度）號稱善作，後有崔瑗、崔寔，亦皆稱工。”南朝齊蕭子良云：“章草者，漢齊相杜操始變藁法。”唐竇臮《述書賦》云：“草分章體，始於伯度。”竇蒙注：“章帝貴其跡，詔上章表，故號章草。”宋黄庭堅《跋章草千字文》：“章草言可以通章奏耳，非章帝書也。”宋趙彦衛《雲麓漫鈔》卷七：“米元章《淮鱗帖》卷内稱，章草乃章奏之章。今考之，既用於檄，則理容概施於章奏。蓋小學家流，由古以降，日趨於簡便，故大篆變小篆，小篆變隸。比其久也，復以隸為繁，則章奏文移，悉以章草從事，亦自然之勢，故雖曰草，而隸筆仍在，良由去隸未遠故也。”宋黄伯思《東觀餘論・法帖刊誤下・記與劉無言論書》：“見漢魏間人章表亦多用章草書，今猶有存者，如司馬孚、孫皓表奏，世或傳之。疑所謂章草上章用之，不因漢章帝好之，因謂之章草也。蓋此雖草書，而有波磔，若正書之有分隸，既不顛放易曉，又可赴急，宜漢人以此作檄書也。”陳夢家由此發揮章草為奏章之草稿：“草書一名章草，章草就是章奏者草藁。”③

四是章法説。近人多持此説。元人郝經《敍書》就有言：“以草為楷，則又謂之章草。”啟功説：“引申為章明之義，章明亦作彰明。現在試擬找出這些方面的共同意義，實有條理、法則、明顯的意思。”“再拿今草和章草相比較，章草是較為嚴格，今草是較為隨便的。那麼漢代舊草體之得章名，應是由於它的條理和法則的性質比較強烈。也可以説正由它具備了這種性質，纔有合乎章程、用於奏章的資格。”④已經由章程引申到奏章，故卓定謀贊成用於奏章説。范祥雍論之較詳：“我認為章有明義，又有法式義⑤。南齊王僧虔《論書》謂鍾繇書有三體，其第二書曰‘章程書，傳祕書教小學者也’。

---

① ［日］山元宣宏撰，石洋譯：《試論章草的名與義》，《書法叢刊》2006年第6期。
② 范祥雍：《章草述略》，《書法》1982年第1期。
③ 陳夢家：《中國文字學》，中華書局2006年版，第166頁。
④ 啟功：《古代字體論稿》，文物出版社1999年版，第34頁。
⑤ 《國語・周語》：“將以講事成章。”韋昭注：“章，程也。”《廣雅・釋器》：“章，程也。”程即法式。現代漢語中還有章程一詞。

章程書疑即章草之別稱。”[①]唐蘭也認為：“章楷與章草，意義完全相同。”[②]

五是張芝之草説。有人認為“章”通“張”，章草即張芝之草。林志鈞《章草考·序》：“又或以章草為張草，謂即張伯英書者，此則以章、張音近致誤，尤無足論耳。”[③]此説已經遭到否定。《廣韻》：章，諸良切；張，陟良切。兩字韻同而聲不同，古不同音，因此通假難以成立。

以上諸説，筆者以為章法説較為合理。章草的重點在於“章”，“章”理解為規範的意思。衛恒《四體書勢》稱張芝“下筆必為楷則”。張懷瓘《書議》：“草書，伯英創立規範，得物象之形，均造化之理。”“章”有章法之意，用於字體或者書寫都含有這個意思。史傳鍾繇之章程書，教小學者，必定是規範為先。稍晚，王廙“能章楷”，傳鍾繇之法。章楷是規範的楷書，章草是規範的草書，兩個名詞與所代表的字體的年代十分接近，不是偶然的。山元宣宏所謂章草為《急就章》説，自然是没有道理的，古代文章段落稱“篇”或“章”，用此用彼是使用的習慣問題，但是他把“章”解釋為規範性是合理的。叢文俊甚至認為章草是寫入字書後的特殊樣式，“藉助字書傳播承習的‘標準草書’”[④]。史書是規則化的字體，章程書是後來的説法。《廣雅·釋器》：“章，程也。”章草規則化以後，納入史書的範圍，章草意為章程書之草書。《抱樸子·内篇·辨問》：“善史書之絕時者，則謂之書聖，故皇象、胡昭於今有書聖之名焉。”這個史書不僅有八分，也包含了章草。

這樣看似圓滿的解釋還是值得進一步推敲。草書無草法，不成為草書，而是潦草字。漢代簡牘草字雖有異體，卻大致統一，因而規範並非章草獨有。楊春霖（1921—2005）曾經説：“章草、今草各有各的條理、法則。章草獨以此命名，説不過去。”原來章草也是出於漢隸，帶有隸意的。這種草書比漢隸好寫，而且規矩、易認，也可算標準字體[⑤]。同時，草書本來是簡捷之體，隨機性很大，很難做到刻板的一字一形。根據對於章草字形的比較，它的規範性並不強，規範最重要的是字形統一，實際不是這樣。因而此章草之“章”要深入挖掘意義。“章”字除規範義之外，有彰顯、顯著、分別的意義。《尚書·堯典》：“九族既睦，平章百姓。”孔疏：“教之以禮法，章顯之使之名著。”名著者，明白也。《國語·周語中》：“章怨外利，不義。”韋昭注：“章，明也。”《孔子家語·曲禮子貢問》：“孔子曰：季氏之婦，可謂知禮矣。愛而無上下有章。”王肅注：“章，別也。”別者，分別也。《後漢書·朱浮傳》：“宜下廷尉，章著其事。”章，顯示也。《説文》：“彰，文彰也。”文彰就是紋飾，後引申為顯著。《廣雅·釋詁四》：“彰，明也。”因而章之

---

① 范祥雍：《章草述略》，《書法》1982年第1期。
② 唐蘭：《中國文字學》，上海古籍出版社1979年版，第151頁。
③ 卓定謀：《章草考》，自青樹叢書之一，京華印書局中華民國19年3月初版，林序第2頁。
④ 叢文俊：《章草及其相關問題考略》，《中國書法》2008年第10期。
⑤ 楊春霖：《字體釋名》，《人文雜誌》1982年第5期。

名著義後多寫作“彰”。根據章草的實際情況，“章”宜作“彰”解，章草就是形體分明、分別清楚之草體。其實，彰明和章法兩個意義是引申關係，章法的目的是彰明，彰明也是章法的前提，互為因果，密不可分。要使得草書分辨清楚，規範是保障。規範不僅指形體，還有書寫規則，在一定的書寫規則指導下，形體有一定的靈活性。因此，筆者認為，章草之章是規範、彰明義，章草就是字形分辨清楚的草書。

第二節　傳世章草之形成

章草之發生，傳統有兩種説法。一説西漢史游為章草之祖。張懷瓘《書斷》卷上：“案章草者，漢黃門令史游所作也。”懷瓘案：“呼史游草為章，因張伯英草而謂也。”為區別後起的今草，因而稱史游所作草書為章草。二説始於杜操。唐竇臮《述書賦》：“草分章體，肇起伯度。時君重而立名，自我行而作故。”竇蒙注：“杜操字伯度，京兆人。終後漢齊相。章帝貴其跡，詔上章表，故號章草。”後避魏武帝曹操諱，改稱杜度，東漢章帝時為齊國之相。崔瑗，字子玉。傳説章草師承杜操，媚趣過之。《書議》評章草，崔瑗第一。張芝約卒於東漢初平三年(192年)。《書斷》卷中：張芝好書，“尤善章草書，出諸杜度。崔瑗云：‘龍驤豹變，青出於藍。’”明郎瑛《七修類稿》卷二十一“章草”：“章草者，漢元時黃門令史游作《急就章》，繼而杜操、皇象、張芝始變草法以書此章，故曰章草。”郎瑛總結此説，史游作草書，而杜操創章草，崔瑗、張芝先後繼承發揚之。古人無法見到漢代草書的眞跡，所見的張芝等草書眞眞假假，而且數量很少，因而衹能從理論上推導、猜測。因而，要眞正弄清章草的來由，必須依靠漢代草書的實物，再加以科學入理地分析。

章草的來源，傳統説法認為它是八分的草體，因而是來自八分。《書斷》卷上：“章草即隸書之捷。”胡小石(1888—1962)《書藝略論》：“隸書加波，而行筆又加簡疾，則為章草。其起與八分殆可同時，亦在西漢。”①

漢代草書本有草法，故有史游作章草的説法。西陲發現漢簡草書以來，人們即以章草視之。《流沙墜簡・簡牘遺文》六十七簡，羅振玉按：“諸簡牘中唯此及下第七十五書與《屯戍叢殘・簿書類》三十二至三十五簡為草書，與祕閣所載晉以來尺牘書體相同。此外皆章草，否則亦存章草及隸書遺意。其章草書具年月者，則如《屯戍叢殘・廩給類》第十一簡有建武三十一年字、第十二簡有永平十一年字，然則前人謂章草始於章帝者，迨不然矣。”②

① 胡小石：《書藝略論》，載《胡小石論文集》，上海古籍出版社1982年版，第209頁。
② 羅振玉、王國維：《流沙墜簡》，中華書局1993年影印本，第240頁。

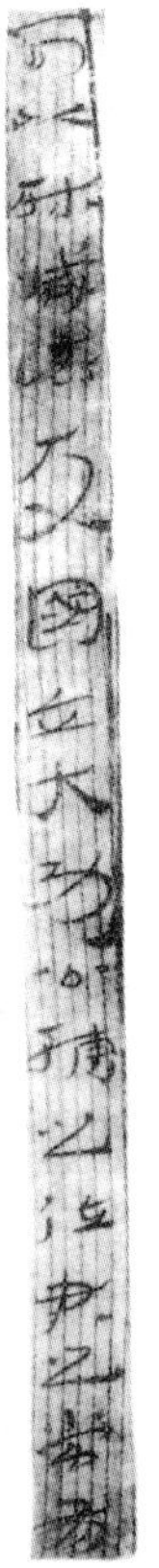

圖 3－2－2

特別是《簡牘遺文》二十一簡"可以殄滅諸反國立大功公輔之位君之當有"(圖 3－2－2),羅振玉斷為新莽始建國之後,云:"此簡章草精絕,雖寥寥不及二十字,然使過江十紙猶在人間,不足貴也。張索遺跡,唐人已不復見,況此更遠在張索以前,一旦寓目驚喜何可量也。"①此簡寬大,草書形體標準,書法精美,筆畫厚重,無論是書藝還是結構均屬最為完善。這些草書形體十分引人注目,難怪羅振玉以"過江十紙"比喻。蔣善國說:"許慎《說文・敘》所說的'漢興有草書',就是指章草這類字體說的。近代西北所出的木簡,更證明了這一點。"他還指出:"可是到了明帝的時候,纔漸漸引起了統治階級的重視,到了章帝的時候,纔正式承認了它在文字上的地位,成立了後來'章草'的名稱。"②

20 世紀 70 年代,西漢早期馬王堆 1 號墓遣策發現,裘錫圭指出章草來自古代隸草,論證了章草的起源,"古隸草書成分的主要繼承者是章草"③。章草不與草書同步,而是略晚於一般草書。大約在元帝時出現了一種類似"殄滅"簡草書,這種體態寬綽、筆畫舒展的新式草體,纔是早期章草。此類早期章草在漢簡中有一定數量,散見於敦煌和居延簡牘之內。如居延漢簡"稟諸當之延城甚赴難一也□乃逾法度訣辟為久……"④、"坐劾所無意卒當丞王元實一泥□"(圖 3－2－3)⑤、敦煌漢簡"慶檄也毋聞知"(圖 3－2－4)⑥,簡內"居""年""八"等字筆勢左右開張,有波磔。

陝西西安漢未央宮前殿遺址發現西漢晚期到新莽時期的《祥瑞》木簡,是難得一見的皇家文獻,記載祥瑞事多則,是焚燒之餘的殘簡,長度僅為 13～15.6 厘米,寬 1～1.3 厘米⑦。雖然衹有百餘殘片,卻十分珍貴,其字體符合章草體勢,唯無《殄滅簡》之成熟老到而已(圖 3－2－5)。此類草書簡面寬大,間架寬綽,結構規範,筆畫精到,特別是這些草字末尾有收筆,大捺十分明顯,與傳統章草面貌接近。未央宮殘簡與尹灣草書簡所書的內容十分重要。《神烏傅》是文學作品,不是一般的文書,自然具有較高的地位。祥瑞簡恐怕是皇家的重要政治檔案,關乎國家命運。對於這種內容重要的文字,書寫材料和書寫形體具有明顯特點。寬簡提供的充足空間,給認真書寫端正的

① 羅振玉、王國維:《流沙墜簡》,中華書局 1993 年影印本,第 221 頁。

② 蔣善國:《漢字形體學》,文字改革出版社 1959 年版,第 335 頁。

③ 裘錫圭:《從馬王堆一號漢墓"遣策"談關於古隸的一些問題》,《考古》1974 年第 1 期。

④ 《居延漢簡甲編》,科學出版社 1959 年版。

⑤ 《居延漢簡甲編》,科學出版社 1959 年版。

⑥ 《敦煌漢簡》934、馬圈灣漢簡"居攝二年八月辛亥"。

⑦ 中國社會科學院考古研究所:《漢長安城未央宮:1980～1989 年考古發掘報告》,中國大百科全書出版社 1996 年版,第 238 頁。

書法提供了充足餘地，這兩個方面決定了此類草書代表當時較為規範的草法。寬簡草書是最早的章草，它與傳統的章草接近，具備相同的特質。這些草書簡在成帝到新莽時期出現，足可證明章草卓然成為一體。東漢時期，章草經過杜度、張芝的加工，又經後人不斷提高，西漢早期章草與後世成熟章草還有一定的差異。

圖 3－2－3

圖 3－2－4

圖 3－2－5

章草在總體上是草書的一部分，早期章草具備漢代草書的草法，擺脫不了一般草書的弱點，形體並不能嚴格一致，規範依然是寬鬆的。以“心”為例，没有見到統一處理辦法，分别作“心”、三點、四點和一横。

江蘇尹灣 6 號漢墓出土西漢成帝時期的簡牘，其中 18 簡《神烏傅》亦屬此類草書（圖 3－2－6），竹簡 0.8～1 厘米，而其他草書簡在 0.3～0.4 厘米之間[1]。劉洪不僅認為《神烏傅》為章草，整個尹灣草書都是章草。“有較完整的書寫法則的獨立字體，已眞正成為草法完備的章草。”[2]他没有注意到尹灣漢代草書中存在兩種不同的草書，把章草泛化為漢代草書，並不妥當。

在《神烏傅》内，草書異形狀況比較普遍。如“然”有和、“高”有和兩種寫法，“天”有、、三種草書寫法。《神烏傅》的“心”部件寫法不同：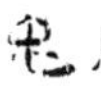息、患、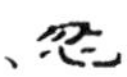忿、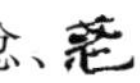惑、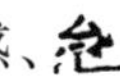怠；作三點、四點者有：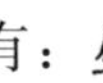恩、忽；作一横者

① 連雲港市博物館、東海縣博物館、中國社會科學院簡帛研究中心、中國文物研究所：《尹灣漢墓簡牘》，中華書局 1997 年版，第 73 頁，第 128、129 簡。

② 劉洪：《章草起源探索——兼論尹灣漢墓新出土簡牘的章草文字》，《尹灣漢墓簡牘綜論》，科學出版社 1999 年版，第 193 頁。

圖 3-2-6

有：怒、愈、意、懸、愁等。在《祥瑞簡》和《神烏傳》中處理並不統一，如"恩"，《祥瑞簡》作，《神烏傳》作。

西漢章草雖然比較穩定，形體清楚，但如果仔細觀察，它的形體處在不斷的變化之中。尹灣6號漢墓為成帝時期墓葬，出土《神烏傳》書寫年代在此之前不久。漢未央宮遺址的《祥瑞簡》年代在西漢末到新莽時期，兩種簡牘文字雖然相隔時間不久，有同有異，已有變化。如"樹"的連法相同，説明草法穩定，而"南""處"的省略，證明草書的不斷漸進。

自，（神烏傳）＞（祥瑞簡）； 樹，（神烏傳）＞（祥瑞簡）；

南，（神烏傳）＞、（祥瑞簡）； 處，、（神烏傳）＞（祥瑞簡）。

西漢的章草與後世的章草在形體上有明顯的傳承關係，共性大於差異性。把《神烏傳》與趙孟頫本《急就章》（下稱"趙急"）比較，相同形體的佔比大，有些特殊寫法一直保持不變，很容易找到兩者的發展脈絡。

不，（神烏傳）、（趙急）； 利，（神烏傳）、（趙急）；

亡，（神烏傳）、（趙急）； 行，（神烏傳）、（趙急）；

烏，（神烏傳）、（趙急）； 樹，（神烏傳）、（趙急）；

壽，（神烏傳）、（趙急）； 衆，、（神烏傳）、（趙急）。

第三節　早期章草與趙孟頫《急就章》的比較

未央宫《祥瑞簡》與趙孟頫本《急就章》(下稱"趙急")作一個詳細的比較,更加具有直觀性:

一是形體相同:形體結構基本一致,筆畫走向相同。

葦,(祥瑞簡)、(趙急);　居,(祥瑞簡)、(趙急);

見,(祥瑞簡)、(趙急);　通,(祥瑞簡)、(趙急);

國,(祥瑞簡)、(趙急);　心,(祥瑞簡)、(趙急);

為,(祥瑞簡)、(趙急);　不,(祥瑞簡)、(趙急);

書,(祥瑞簡)、(趙急);　葛,(祥瑞簡)、(趙急);

地,(祥瑞簡)、(趙急);　奉,(祥瑞簡)、(趙急);

報,(祥瑞簡)、(趙急);　時,(祥瑞簡)、(趙急);

樂,、(祥瑞簡)、、(趙急);　常,(祥瑞簡)、(趙急);

柏,(祥瑞簡)、(趙急);　左,(祥瑞簡)、(趙急);

李,(祥瑞簡)、(趙急);　氣,(祥瑞簡)、(趙急);

孔,(祥瑞簡)、(趙急);　長,(祥瑞簡)、(趙急);

上,(祥瑞簡)、(趙急);　丈,(祥瑞簡)、(趙急);

子,(祥瑞簡)、(趙急);　光,(祥瑞簡)、(趙急);

寸,(祥瑞簡)、(趙急);　母,(祥瑞簡)、(趙急);

食,(祥瑞簡)、(趙急);　亭,(祥瑞簡)、(趙急)。

二是形體差異:此類形體大多衹是小的差别,體現出古今不同發展階段的形體狀況。

爵,(祥瑞簡)、(趙急);　相,(祥瑞簡)、(趙急);

畫,(祥瑞簡)、(趙急);　葉,(祥瑞簡)、(趙急);

狀,(祥瑞簡)、(趙急);　宗,(祥瑞簡)、(趙急);

明,(祥瑞簡)、(趙急);　君,(祥瑞簡)、(趙急);

中,(祥瑞簡)、(趙急);　曰,(祥瑞簡)、(趙急);

磬,(祥瑞簡)、(趙急);　鐘,(祥瑞簡)、(趙急);

鐵,(祥瑞簡)、(趙急);　未,(祥瑞簡)、(趙急);

穀,(祥瑞簡)、(趙急);　出,(祥瑞簡)、(趙急);

鼎,(祥瑞簡)、(趙急);　會,(祥瑞簡)、(趙急);

柱,(祥瑞簡)、(趙急);　足,(祥瑞簡)、(趙急);

樹，(祥瑞簡)、(趙急)； 刻，、(祥瑞簡)、(趙急)；

榆，(祥瑞簡)、(趙急)； 白，(祥瑞簡)、(趙急)；

分，(祥瑞簡)、(趙急)； 黄，(祥瑞簡)、(趙急)；

語，(祥瑞簡)、(趙急)； 和，(祥瑞簡)、(趙急)；

所，(祥瑞簡)、(趙急)； 祠，(祥瑞簡)、(趙急)；

枝，(祥瑞簡)、(趙急)； 擊，(祥瑞簡)、(趙急)；

恩，(祥瑞簡)、(趙急)； 複，、(祥瑞簡)、(趙急)；

餘，(祥瑞簡)、(趙急)； 連，(祥瑞簡)、(趙急)；

來，(祥瑞簡)、(趙急)； 生，(祥瑞簡)、(趙急)；

與，(祥瑞簡)、(趙急)； 玉，(祥瑞簡)、(趙急)。

兩者相異部分有幾種情况：一種是體現了草法的完善，形體更加簡練明瞭。把散亂的筆畫整理得連貫有序，如“分”＞；把未草化的形體草化，如“榆”＞；把原來的草書進一步草化，如“君”＞；把草書部件規則化，如“複”＞；最後達到與今草形體相對統一，如“明”＞。一種是隨著隸變而變化，如“生”＞，“玉”＞，草書寫法與眞書取得一致。還有一種似乎不是進一步草化，而是把楷書替代了草體，如“未”＞和“祠”＞，後者基本採用楷書寫法。章草處在不斷變化之中，通過形體的内部調整，得到了章草的形體類型。

尹灣《神烏傅》、未央宫《祥瑞簡》與趙本《急就章》形體比較顯示出它們之間的淵源關係，體現了章草的發生和發展過程。前後兩種章草有變化，要素依舊——大字，慢節奏，帶重畫。即使一字多形的現象，也是它們的共性。總體而言，此類草書基本符合後世的章草特點，是早期的章草書。此類章草是草書的一支，在西漢元帝時逐步獨立出來，它是漢代草書成熟的標誌。

章草從早期到成熟期，從西漢、漢魏到東晉，可以發現走向今草的痕跡。如：

會，章草 (祥瑞簡)＞(趙急)＞(江東帖)＞今草(服食帖)；

誠，章草 (神烏傅)＞(江東帖)＞今草(東牌樓)。

成熟期章草是一種多個歷史層次的綜合體，上限採納了西漢的草書，下限採用東漢、魏晉的今草。很明顯有些形體是東漢晚期到魏晉時期纔有的。

自，(東牌樓)、(松急，松江本《急就章》略稱，下同)；

衆，(松急)寫法與(東牌樓)同；

解，(趙急)寫法與(東牌樓)同；

之，(趙急)寫法與(東牌樓)同；

歸，(趙急)寫法與(東牌樓)同；

馬，(趙急)寫法與同，又與(松急)同；

得，（豹奴帖）寫法與、（樓蘭）同；

絕，（松急）寫法與（樓蘭）近；

謹，（趙急）寫法與（樓蘭）同；

前，（趙急）寫法與（樓蘭）同；

到，（豹奴帖）寫法與（樓蘭）同；

消，（松急）寫法與（樓蘭）近。

趙孟頫本《急就章》、松江本《急就章》等傳本章草寫法不見於漢簡，卻與魏晉簡相同，説明章草形體來源複雜，至少説明不是完全來自漢代草書，也吸收了今草形體。

章草與今草的形體不能完全融合，因此，章草與今草始終保持一定距離，有些形體並没有進入章草。如“便”，（趙急）與（樓蘭），章草没有把單人旁草化為一豎。再如“要”，東漢末年已作（東牌樓），東晉作（天鼠帖），但是章草用近於楷體的（趙急）。

李洪智認為章草不同於隸草，帶有明顯的被人為整理、規範的痕跡[①]。章草的形體既不等同於漢代草書，又區别於魏晉以來的今草，它是在兩漢魏晉草書的基礎上綜合改造的結果。依據出土實物和歷史記載，大致可以明白章草的產生過程。在西漢後期出現了早期章草，它書寫在寬簡之上，字形較為規整，帶有反挑和磔，書寫舒緩，一般用於重要的文獻和文章。大概到了東漢章帝時期，杜度、張芝整理了草寫規則，融合了史書的筆畫和部分結構，成為與史書相對明晰的草書。魏晉時期章草吸收了今草的優點，經過名家的藝術化，形成流傳後世的成熟章草。

漢代衹有草書的説法，章草這個名稱是後起的。《書斷》卷上：“呼史游草為章，因張伯英草而謂也。亦猶篆，周宣王時作。及有秦篆，分别而有大小之名。魏晉之時，名流君子一概呼為草，惟知音者乃能辨焉。”慕黄説：“章草初稱隸草，以隸草生章楷，更與章楷對稱曰章草，迨後章楷之名混於隸，今楷但稱楷，衹以章草與今草對，章又遂不通曉矣。”[②]此兩説都認為是為了區别今草纔有章草的説法。

傳王羲之《題衛夫人〈筆陣圖〉後》：“夫書，先須引八分、章草入隸字中，發人意氣，若直取俗字，則不能先發。”可是此文疑為僞托。《晉書·王羲之傳》：“嘗以章草答庾亮，而翼深歎伏，因與羲之書云：‘吾昔有伯英章草十紙，過江顛狽，遂乃亡失，常歎妙跡永絕。忽見足下答家兄書，焕若神明，頓還舊觀。’”《晉書》中的“章草”記載，有人認為不可靠，因為《晉書》是後人成書，這個名稱有可能是後人的説法。

南朝宋羊欣《采古來能書人名》：“高平郗愔，晉司空、會稽內史。善章草，亦能

---

① 李洪智：《略論字體的典型——從隸草、章草之間的關係説起》，《中國書法》2006年第4期。

② 慕黄：《章草考》，《草書月刊》1941年第1卷第1期，第20頁。

隸。”《南齊書·王僧虔傳》:“郗愔章草亞於右軍。”西川寧據羊欣此文以及南朝宋虞龢宋明帝泰始六年(470年)上表的《論書表》,推測章草名稱遲至5世紀出現。

王羲之與郗愔(313—388)活動的時代接近,後人對他們記載都用了“章草”,這不是偶然發生的,必定有它內在的原因。東晉、南朝宋兩朝相接,時隔不遠,因此筆者認為《晉書》記晉事、晉語不可輕易懷疑,“章草”一詞出現在4世紀的可能性很大。

張芝、皇象諸人繼續在章草書法上的開拓,使之規範性和藝術性同時兼顧。唐蘭說:“因為把王氏弟兄(注:王羲之與王洽)的新體稱為今草,所以把張、索舊體稱為章草。”①唐蘭這話前半段是錯的,今草並非王氏所創,早在漢代後期已經存在,後半段是對的,確實是為了區別一般草書(今草),特別給予章草的名稱。所以章草起名年代不在東漢,也没有晚至南朝宋或者更晚,而在東晉時期。

第四節　章草之特點

成熟的章草書跡中,依然有不少的差別,有人細分為古隸章草和八分章草。沈曾植(1850—1922)說:“《急就》是古隸章草,《月儀》是八分章草,右軍父子則今隸今草也。《急就》止右波,《月儀》左方起處收處皆有作意。”②章草之內確實風格多樣,但是《急就章》與《月儀帖》區別不是最突出,章草中有近於今草者,如《出師頌》;有近於漢草者,如《八月九日帖》;有剛利者,如《急就章》;有綿柔者,如所謂漢章帝《千字文》,不一而足,文字形體差異也大。總的來看章草有共性,區別於今草。以前傳統的說法,有四大特點。

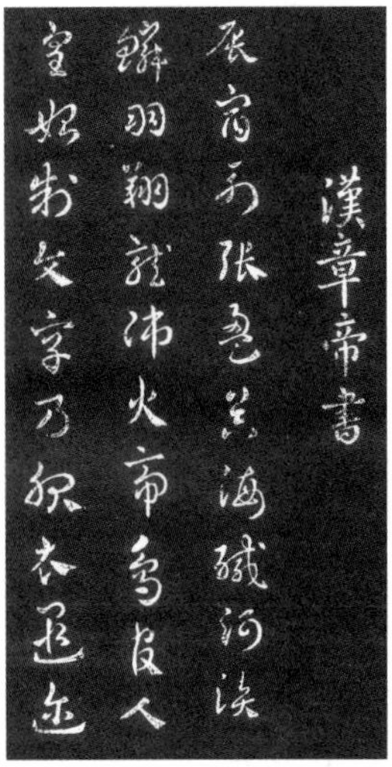

圖3-2-7

其一,有挑法;章草第一特徵有波磔。南朝齊王僧虔《論書》評索靖草書:“名其字勢曰銀鉤蠆尾。”“銀鉤蠆尾”指章草波、磔,筆畫遒勁,與史書八分不同。宋黄伯思《東觀餘論·法帖刊誤上·第一帝王書》:“凡草書分波磔者名章草。”

其二,章草以分“波磔”為前提。黄伯思是對《淳化閣帖》的第一帝王帖而言(圖3-2-7),此帖內容為傳漢章帝章草《千字文》,憑這點就可以斷其書寫年代在南朝梁之後。不過這不妨礙他判斷波磔為章草的特點。傳世的章草字跡,包括《淳化閣帖》中章草和傳本《急就章》的章草都有強勁的磔筆。

① 唐蘭:《中國文字學》,上海古籍出版社1979年影印本,第175頁。
② 沈曾植:《海日樓札叢》(外一種),中華書局1962年版,第322頁。

明郎瑛《七修類稿》卷二十一“章草”:“其曰‘分波磔者為章草’,蓋由杜操、皇象、張芝方草書《急就》後,惟黄之本傳焉。黄多波磔,今以分波磔者即曰章草,使張、杜之本亦傳,未可即以波磔者名之也,觀法帖張書可知矣。”顯然郎瑛並不認為波磔是章草的唯一標誌,他舉了同是《淳化閣帖》中的張芝章草帖,如“八月九日”帖,就很少波磔。反觀“漢章帝”章草,波磔也相當有限,衹是有而已。趙本《急就章》中的兩個“陳”,分别寫作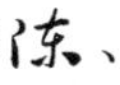、,一個有磔,一個没有,證明章草的磔不是必需。

客觀地觀察傳本章草書跡,筆畫上是有顯明特徵的,即採用了部分眞書的筆法。波磔原來用於史書和八分,是大挑與大捺。章草没有大挑,磔衹見於《急就章》,其他作品基本不用,磔筆的捺接近眞書的寫法,不過更加短促,急下急起,頗為奇特。挑筆改為撇,頭端尖鋭,完全是眞書寫法。此外,起筆接近眞書筆法。與眞書筆法最大不同是使用反波,本來向左的波筆用在向右的長筆,這是從漢代草書繼承下來的,今草、眞書皆無。漢草未必都帶波筆,章草波筆分外顯眼。明末孫承澤《硯山齋雜記》卷一:“雖曰草,而隸筆仍在,緣去隸未遠故也。”其實是先有草,後有波筆,孫説不確。筆者認為,漢代史書以波筆為標誌。章書要與史書匹配為正題,纔移用了波筆。

其三,字字獨立。《書斷》卷中:“草之書,字字區别。”這個草指章草,所謂“區别”是不相連帶,兩字之間筆畫不牽連,字字獨立。這本來是漢代草書的特點,除了合書之外,一般均不連書,今草常連書,於是常被看作章草的特點。其實今草字字獨立的情況也很普遍,例如著名的《十七帖》眞正連書衹有少數幾個字,有的段落幾乎没有連書,可是它不是章草。極端的例子如智永《眞草千字文》,今草無一相連,可它與章草無涉。因此連書不是章草都有的特徵。

其四,萬字皆同。《書斷》卷中:“右軍隸書以一形而衆相,萬字皆别;休明(皇象)章草雖相衆而形一,萬字皆同;各造其極。”這句話非常重要,西漢以及東漢早期的草書,筆者已整理過,異體異寫現象比較普遍,西漢早期的章草同樣如此。異形多對於文字的使用是十分不利的,整理目的之一就是要使得形體相對統一,少異體、少異寫。章草以易辨著稱,一字一形是一個重要條件。事實如何,我們不妨看看傳世章草的形體。趙孟頫臨本《急就章》,據筆者考證應該是索靖本系統,正是章草最興盛時期的代表作品。另外是帖本王羲之《豹奴帖》和王獻之《江東帖》,以及傳墨蹟本隋人書《出師頌》,不妨看看它們的形體情況。

相同的例字有:

張,(豹奴帖)、(江東帖);　深,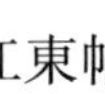(豹奴帖)、(出師頌);

既,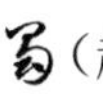(出師頌)、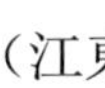(豹奴帖)、(江東帖);

蜀,(趙急)、(江東帖);　皇,(趙急)、(出師頌);

漢，（趙急）、（江東帖）；　盡，（豹奴帖）、（江東帖）；

始，（趙急）、（出師頌）；　賢，（江東帖）、（趙急）；

憂，（趙急）、（豹奴帖）；　業，（江東帖）、（出師頌）；

黄，（趙急）、（出師頌）；　命，（趙急）、（出師頌）；

將軍，（趙急）、（出師頌）、（江東帖）；

豹，（趙急）、（豹奴帖）；　歸，（趙急）、（豹奴帖）；

隨，（趙急）、（豹奴帖）。

成熟期的章草本質上是一種草書，難以擺脱隨機變化的習慣，因而不能過多地強調形體上的一致性，比較標準帖本《急就章》與其他章草帖本，可見形體並不完全統一，因而萬字皆同不能絶對化。章草同字不同形的例子舉例如下：

官，（趙急）、（豹奴帖）；　師，（趙急）、、（出師頌）；

禮，（趙急）、（出師頌）；　鼎，（趙急）、（出師頌）；

令，（趙急）、（出師頌）；　為，（豹奴帖）、（出師頌）；

用，（趙急）、（江東帖）；　惠，（趙急）、（豹奴帖）；

首，（趙急）、（豹奴帖）；　來，（趙急）、（江東帖）；

與，（趙急）、（江東帖）；　家，（趙急）、（豹奴帖）；

信，（趙急）、（江東帖）；　至，（豹奴帖）、（出師頌）；

所，（趙急）、（出師頌）、（豹奴帖）、（江東帖）；

武，（趙急）、（江東帖）、（出師頌）；

尚，（神烏傅）、（豹奴帖）、（出師頌）；

其，（趙急）、（江東帖）、（出師頌）；

故，、（趙急）、（豹奴帖）。

再看有關“心”旁的處理，與前文所示的早期章草差不多，在不同的字内形體不一：

作一横：意，（趙急）；忠，（趙急）；怒，（趙急）；忿，（趙急）；急，（趙急）；憂，（趙急）；念，（趙急）；恐，（趙急）；憂，（豹奴帖）；慮，（豹奴帖）；懸，（豹奴帖）；惠，（豹奴帖）；尉，（豹奴帖）。

作三點：急，（趙急）；惠，（趙急）；恩，（趙急）、（出師頌）；息，、（趙急）。

作四點：怒，（趙急）。

總體而言，傳本章草一如“心”的寫法，依然是百花齊放，並没有統一的形體。即使在《急就章》這樣的字書中，同一個字形體也不同，如“急”字還分、兩種形體。這説明，章草統一字形是不可能的，不僅是因為草書的傳統如此，也是因為書法作品的美學要求，須要避免單一化。

章草傳統的特點基本都靠不住，我們再看看稍後的説法。

1936年于右任提出章草之法："利用符號，一長也；字字獨立，二長也；一字萬同，三長也。"①所謂"符號"，特指草化後的部件。有專門的解釋，如"頓首"寫作，"菩薩""菩提""涅槃"等字，唐人寫經作、等，"斯皆衹可謂為約定俗成代表符號而已"②。實際上，于右任的觀點衹有"利用符號"是新見，但是草書皆有符號代替部件的規則，這不過是草書的通例，不是特點。

慕黄提出"章草實有其特別之組織"：一是字字區别。張懷瓘曰"章草之書，字字區别"，言字與字之間，分晝分明，非若今草、狂草之有牽上引下也。二是萬字皆同。張懷瓘曰：休明（皇象）章草，雖相衆而形一，萬字皆同。言一字有一定之草法，始終不變者也。三是筆斷意連。草書特徵本為筆避連絡，以連而後能速也。然不必實連，照應無間斯可矣。今狂末流，遊絲滿紙，主筆帶墨不分，不獨損及美麗，且足以影響實用。章太炎《駁中國採用萬國新語》而獨主用章草者，實亦以此。四是注重用點。草書組織多變畫為點，但今草狂草，又復連點為畫。章草以筆斷意連為尚，故用點特多。五是便於横寫。我國文字用豎行，故今、狂結筆多鋒向左下，以便銜接。章草結筆，善為波磔，鋒出右上③。慕黄並無新見，所謂"筆斷意連"不實連，這點並不是事實，不過是少連而已，傳本《急就章》是一個特例，即使這個特例練筆也相當普遍。至於"便於横寫"的説法，似乎還有漢隸、楷書都相類。

蔣善國對比了今草、章草、狂草，提出章草五個特點④：章草有挑法、變畫為點、筆畫獨立、字形扁方、草法有規律。王玉池比較隸書、今草，認為章草還存有隸書的一些用筆和體段，"章草雖採用了不少圓轉筆畫，但仍保留了隸字的匾形和比較平正的體勢，特别是保留了所謂八分的波撇。"⑤

慕黄之説，字字區别和萬字皆同是傳統觀點，便於横寫不是章草本身的特點，蔣善國的"挑法"也是傳統的觀點，所謂有規律意義近乎"萬字皆同"，没有新意。慕黄有兩點值得注意，即筆斷意連和注重用點，蔣善國的變畫為點、筆畫獨立内容與慕黄説法相似。兩者都強調章草用點較多，筆畫多意連，少實連。至於扁方，我們觀察章草可知，並非普遍現象。根據慕黄、蔣善國兩位的説法，可以肯定的是筆畫少連寫、注意用點。

筆者以為，如果不是先入為主地談章草的特點，而是從實際的形體結構歸納，章

① 于右任：《標準草書・自序》，上海古籍書店1983年版。
② 于右任：《標準草書・附錄》，上海古籍書店1983年版，第61頁。
③ 慕黄：《章草考》，《草書月刊》1941年第1卷第1期，第19—20頁。
④ 蔣善國：《漢字學》，上海教育出版社1987年版，第206—207頁。
⑤ 王玉池：《皇象、索靖和魏晉時期的章草》，《美術史論叢刊》1982年第4期，第151頁。

草有以下五個特點(前章草,後今草,排列並不表示字形發生的先後):

一是筆畫少連:其一,一字之內,章草的連筆少於今草,具體有三點。章草用點,今草連成一横,如:息,(趙急)—(樓蘭);章草連筆少,今草連筆多,如:憂,(松急)、(樓蘭);蔡,(趙急)—(東牌樓);章草雖連而寬鬆,部件間距遠,今草反之,如:報,(趙急)—(樓蘭)。其二,字字之間,不相連筆。此多有論述,不再贅述。

二是形體明瞭:避免過簡,簡而少略。如:遠,(趙急)—、(樓蘭);謝,(趙急)—(東牌樓);故,(趙急)、(豹奴帖)—(樓蘭);里,(松急)—(樓蘭);陳,(趙急)—(樓蘭);恐(趙急)—(東牌樓)—(樓蘭);不,、(豹奴帖)—(樓蘭)。

三是結字寬綽,筆畫的運動幅度大。如:案,(趙急)—(東牌樓)、(樓蘭);成,(趙急)—(東牌樓);別,(趙急)—(東牌樓);隨,(趙急)、(豹奴帖)—(樓蘭)。

四是參用楷法:採用楷體結構,章草中有些字直接採用眞書。元郝經《索靖月儀帖》:“索靖變體作章草,草法如眞楷為草。”如:、(八月九日帖),(江東帖),(漢章帝千字文),、、、、、(趙急)。這種結構很多是襲用楷書而來,不再草化,如:借(居新)、(趙急)—(樓蘭);曲(居延)、(趙急)—(樓蘭)。有的採用楷書的間架,横平豎直,重心穩定,如:狀(趙急),有的比較清楚,如:自,(趙急) —(東牌樓)。

五是採用史書和楷體筆畫。帶有史書的磔筆和反波。磔筆,如:委(豹奴帖)、府(趙急)。反波,如:是(江東帖)、邁(秋涼平善帖)、谷(豹奴帖)、彌(秋涼平善帖),波、綴、既、張(豹奴帖)。

以上五點使得章草書寫緩慢,字跡明白,達到分辨清楚的要求。這些是章草的外部現象,它的宗旨衹有一個,即容易辨認,這是與今草的最大差別。以“別”字為例,(居延漢簡)>(東牌樓)>、(急就章),章草比東漢的今草間架寬綽,每筆書寫起訖落實,没有含糊之處,比今草明白。這個例子説明成熟章草的特點。

為了便於辨認,就必須少連寫,不僅是字字獨立,而且要讓每字內部的連寫不妨礙認讀,不能有過多的連筆,筆畫之間保持距離,使得每畫行筆清楚。過於簡略的結構容易混淆,故而限制使用,不回避合理的結構,因而保留隸書結構。至於眞書的筆畫,或者磔筆,不僅為了增加特徵,也是為了行筆舒緩。總之,與今草相比,章草本質是慢節奏、明分辨。

第五節　章草之流傳

隨著西漢武帝以來草書不斷普及與發展，章草逐步發展起來，它與一般草書的差別在於平衡取勢、結構停勻、筆畫飽滿、儀態大方，最明顯的外形特徵是帶有波磔。草書是最具書法藝術魅力、最具有書寫情趣的書體之一。章草不是自然產生的，是經過改造出來的，書法大家的努力與它的興盛有密切的關係，特別在漢魏、東晉時期，名家輩出，促進了章草的發展，達到登峰造極的地步。

歷史上章草的著名人物不多。《書斷》列出章草“神品”有：張芝、杜度、崔瑗、皇象、索靖、衛瓘、王羲之、王獻之。

張芝，字伯英，為改進章草的重要人物。《晉書・王羲之傳》：“嘗以章草答庾亮，而翼深歎伏。因與羲之云：‘吾昔有伯英章草十紙，過江顛狽，遂乃亡失，常歎妙跡永絕。忽見足下答家兄書，煥若神明，頓還舊觀。’”《書斷》卷中：“其章草《金人銘》可謂精熟至極；其草書《急就章》，字皆一筆而成，合於自然，可謂變化至極。”《淳化閣帖》中的《秋涼平善帖》(圖 3－2－8)傳為張芝的作品。

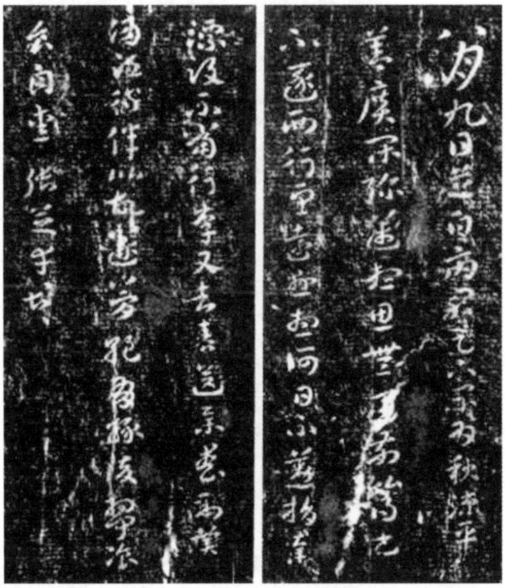

圖 3－2－8

皇象是三國吳人，他的作品尤其是章草字跡對後世影響最大。文獻對皇象的記錄豐富：

《三國志・吳志・趙達傳》引《吳錄》：“皇象字休明，廣陵江都人。幼工書。時有張子並、陳梁甫能書。甫恨逋，並恨峻，象斟酌其間，甚得其妙，中國善書者不能及也。”

唐張懷瓘《書斷》卷中：“(皇象)官至侍中，工章草，師於杜度。……抱樸云：‘書聖者，皇象。’……休明章草入神，八分入妙，小篆入能。”

《抱樸子・外篇・譏惑》：“吳之善書，則有皇象、劉纂、岑伯然、朱季平，皆一代之絕手，如中州有鍾元常、胡孔明、張芝、索靖，各一邦之妙。並用古體，俱足周事。余謂廢已習之法，更勤苦以學中國之書，尚可不須也。”

皇象留下的章草最多，《淳化閣帖》中有《文武將隊帖》(圖 3－2－9)，宋黃伯思《東觀餘論・漢魏吳晉人書》：“皇象《文武帖》，蓋寫漢東觀校書郎中高彪送幽州督軍御史弟五永箴耳。結字亦古。……象書人間殊少，……皇象後章草一表，蓋唐人偽作，其體正與世傳曹植書《鶡雀賦》同，皆非眞跡。"《淳化閣帖》多有托名之作，《文武將隊帖》筆意高古，或傳為張芝的作品，姑且以皇象視之。

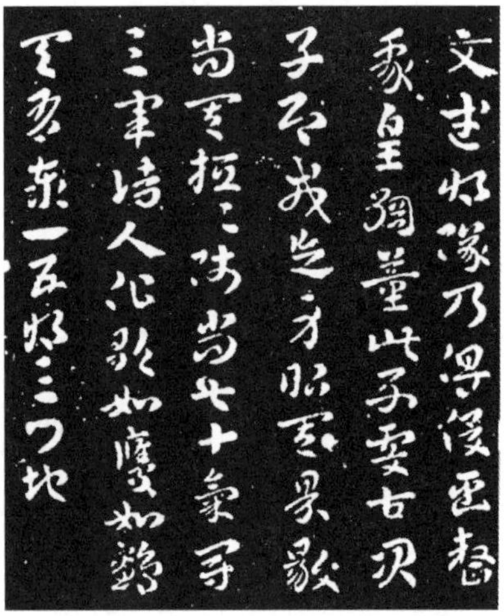

圖 3－2－9

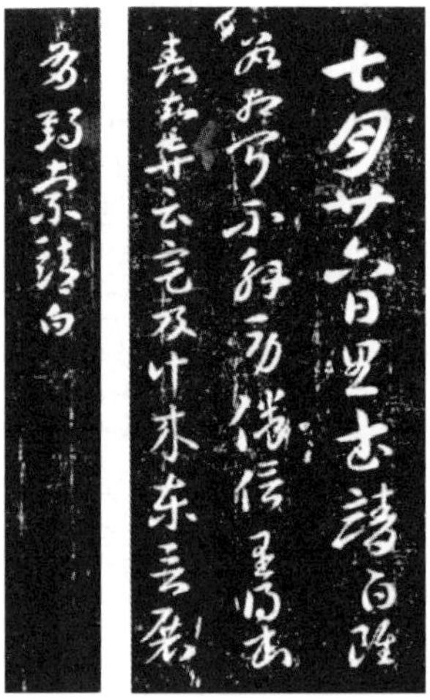

圖 3－2－10

唐竇蒙《述書賦注》：皇象帶名章草帖一表；並寫《春秋哀公上》第二十九卷首元年，餘自二年至十三年盡，尾足，其紙每一大幅有一縫綫，連合之六元顗押尾云："此是繭紙，緊薄有脈，似樺皮，以諸繭比類，殊有異者也。"

索靖為張芝姐之孫，傳張芝衣鉢，章草妙有餘資。《淳化閣帖》卷三《泉陶帖》《七月廿六日帖》（圖 3－2－10）以及《月儀帖》（圖 3－2－11），傳有章草《急就章》傳世。

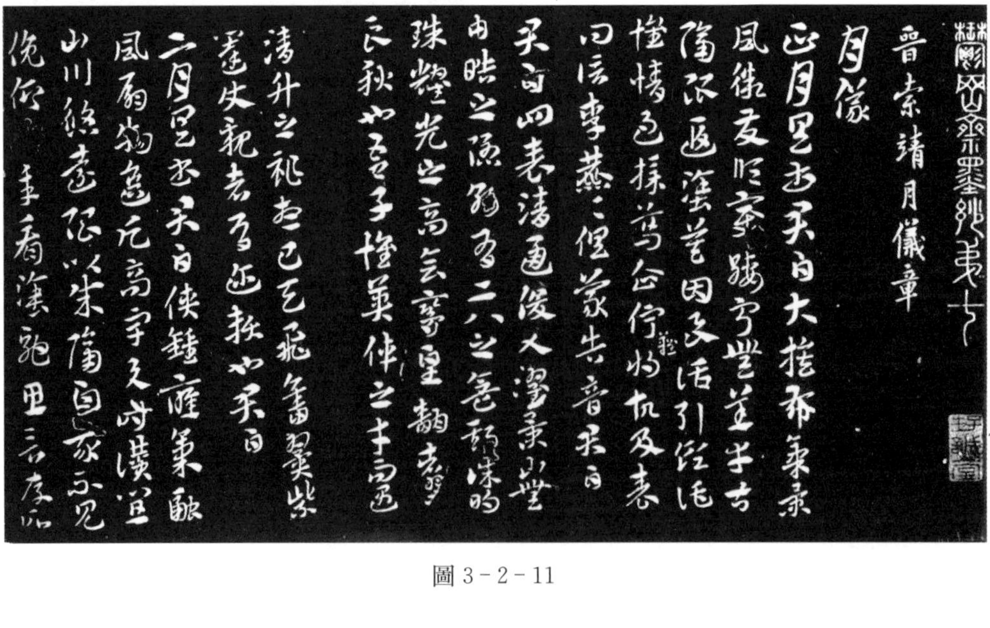

圖 3－2－11

宋黄伯思《東觀餘論·法帖刊誤下·論書八篇示蘇顯道》:"章草惟漢魏西晉人最妙,至逸少變索靖法,稍以華勝。世傳書諸葛武侯對蜀昭烈語及豹奴等章帖,皆逸少書也。"王羲之有章草《豹奴帖》(圖 3－2－12)、王獻之有《江東帖》(圖 3－2－13)。

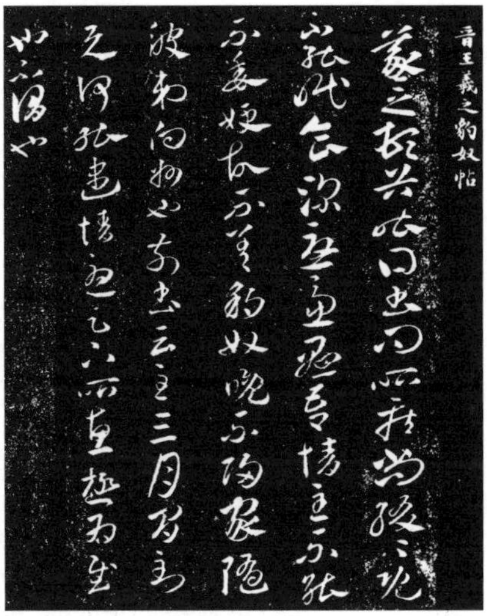

圖 3－2－12

章草始終是少部分人使用的字體,作為一種藝術性的字體存在於世。章草的字跡流傳下來的數量非常有限,除了《淳化閣帖》中的漢晉作品外,屈指可數的衹有幾種。宋黄伯思《東觀餘論·法帖刊誤下·記與劉無言論書》:"今世有蕭子雲章草書《出師頌》甚古雅,與子雲他書全不類,疑亦仿漢人書也。"傳世《出師頌》為有名的章草書跡,每字獨立,每筆獨立,合乎章草的字體。蔡襄跋:"章草法人世少傳,此書尤精勁。"宋黄伯思《東觀餘論·法帖刊誤下·論書八篇示蘇顯道》:"蕭景喬(子雲)《出師頌》雖不迨魏晉人,然高古尚有遺風,自其書中觀之,過正隸遠矣。隋智永又變此法,至唐人絕罕為之,近世遂寂然無聞,蓋去古既遠,妙旨弗傳,幾至於泯絕耶。"《出師頌》題史孝山(岑),宋人當作南朝梁蕭子雲,米友仁定為隋人所書。《出師頌》傳世有兩個帖本,字畫不甚相合。一本是紹興本,但是明代有人為證明此卷為晉人乃至索靖真跡,重裱時偽仿宋高宗篆書"晉墨"和"御府圖書"鈐印。此本清代為皇家收藏,後流出失蹤,2003 年 7 月,北京故宮博物院以重金購回入藏(圖 3－2－14)。另一本是文彭本,有"宣和"鈐印,明代一度為分宜嚴氏所藏。

圖 3－2－13

《戲鴻堂帖》《三希堂帖》皆以此本上石(圖3－2－15)。民國5年(1916年)曾經出版珂羅版《出師頌》,恐怕即是此本。兩種帖本,文彭本渺見影蹤,可能毁於內亂,紹興本卻頗具爭議[①]。有人將隋人書《出師頌》與《蘭亭續帖》中《出師頌》比較,斥之為"完全是書畫商賈的拙劣仿品"[②]。

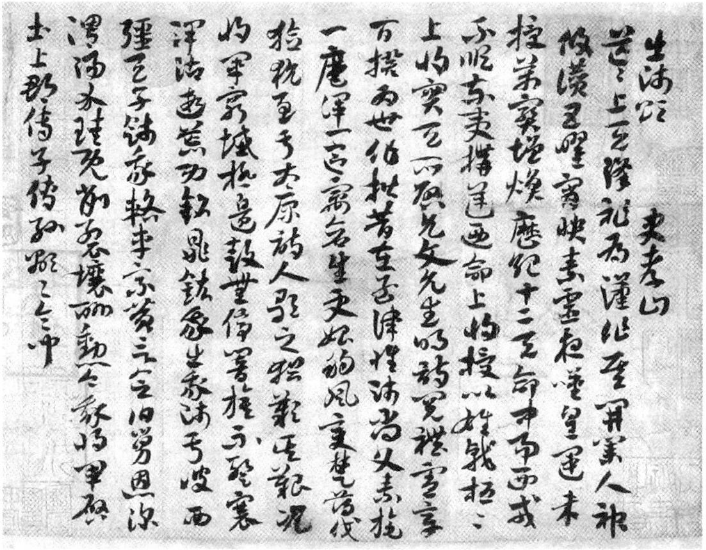

圖3－2－14

圖3－2－15

① 單國強:《〈出師頌〉鑒析》,《紫禁城》2003年第4期;周道振:《漫談另一卷〈出師頌〉》,《書法叢刊》2004年第1期。

② 王鐵:《辨疑〈出師頌〉》,《書法》2005年第2期。

《急就章》原來叫《急就篇》,《隋書・藝文志》始見《急就章》之稱,後代因襲此名。根據記載,漢代崔瑗、張芝,三國鍾繇、皇象,晉索靖、衛夫人、王羲之及北朝崔浩,都有手書《急就章》行世。唐顔師古《急就篇》注自序,謂舊得皇象、鍾繇、衛夫人、王羲之所書篇本,備加詳覈,足以定之。可見諸本由顔氏翻正成書,加上注解,故章草正書字法,每有異同錯雜,以及字句上下亦有倒置之處。竊謂顔籀既稱所得為皇、鍾等所書篇本,又經其詳覈審定,則署題為史游撰之一事,亦微有未盡準合(其實顔氏羼入焦滅胡以下 63 字,即已非史游原文矣)。此則從事章草書者不可不辨。

20 世紀初西陲曾經發現了西晉時眞草兩體《急就篇》的範本,收在馬伯樂《斯坦因第三次中亞探險所獲漢文文書》中①。它與現見的眞草對照帖本不同,不是一行草一行眞,而是一段草一段眞,其字跡不是一般的草書,而是章草(圖 3 - 2 - 16)。魏晉以來的名家章草本子都已失傳,現在能見到的就是皇象本的摹寫本和石刻本了,皇象的章草以《急就章》最為有名。《宣和書譜》載:吳皇象,"當時以象書為章草入神","今御府所藏章草書一:《急就章》。"又晉索靖:"今御府所藏章草四:《急就章》《月儀》《出師帖》《七月帖》。"宋代禁宮入藏的章草僅有皇象本和索靖本,宋代皇帝大多酷愛書法,尤其偏愛草書,常常臨寫《急就章》贈與臣下。趙孟頫係出宋之宗室,更有可能得到宋帝的臨本,所以趙孟頫的臨本不出皇、索二家(圖 3 - 2 - 17)。

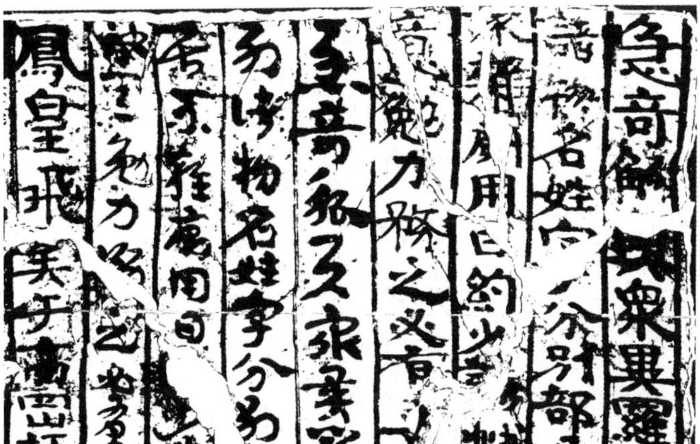

圖 3 - 2 - 16

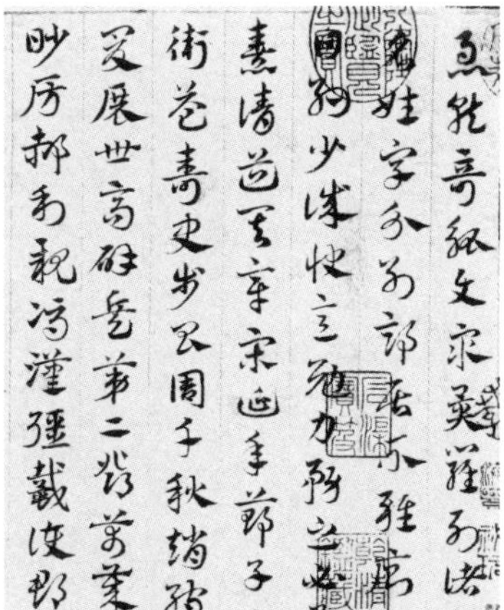

圖 3 - 2 - 17

宋趙彦衛《雲麓漫鈔》卷七:"按,章草今在世益少,唯《急就章》見在,並諸帖所傳耳。然《急就》轉模,失眞愈遠;《官帖章草》、皇象、索靖等書,與張芸叟所珍《鷃雀賦》,又率是贋作,黃長睿已嘗辨於《東觀餘論》。然則此檄,當為今章草第一也。"米芾見過

① Henri Maspero, *Les documents chinois do la froisieme Expedition de sir Aurel Stein en Asia Central*, London, 1953, NO. 169 - 170.

唐代摹本，在《書史》中載："唐摹皇象《急就章》，有隸法，在故相張齊賢孫直清處。"張齊賢即張鄧公，所藏為松江石刻之本。清桂馥《札樸·草書急就篇》："世所傳草書《急就篇》，無署名。以予考之，蓋北朝崔浩書也。"

《急就章》索本在宋世已經缺損三分之一，元代受慕古、復古的心理驅動，章草書又得到重視，但是僅限於對皇象《急就章》的傳佈，創作者並不多，所見即趙孟頫、鄧文原臨摹本。趙本為完本，如此看來，趙本衹能是皇象本的臨本了。除元代初年的趙本外，還有鄧文原寫本，草法波撇，均各自異，亦是皇象本之傳本。

鄧文原(1258—1328)，字善之，一字匪石，綿州(在今四川省)人。生於南宋而卒於元，元朝為官。有大德三年(1299 年)《临皇象急就章卷》傳世(圖 3－2－18)，為趙孟頫同時臨本。楊維楨"以此品入臨品之能云"。鄧文原之《急就章》所據何本，尚不得而知。鄧文原與趙孟頫、鮮于樞齊名，元初三大書法家之一，尤以擅章草而聞名。

趙孟頫大德八年(1304 年)《急就章》臨本傳世。或説 8 月 12 日所寫的《急就章》是俞和所臨，"因被人加了'趙子昂印'假印，長期被認為是趙書"①。從書法習慣和風格看，懷疑依據不足。元代重視章草《急就章》，可是創作章草的作品十分罕見，大抵是夾雜在草書之中，調節書法氣韻，有點獵奇意味。

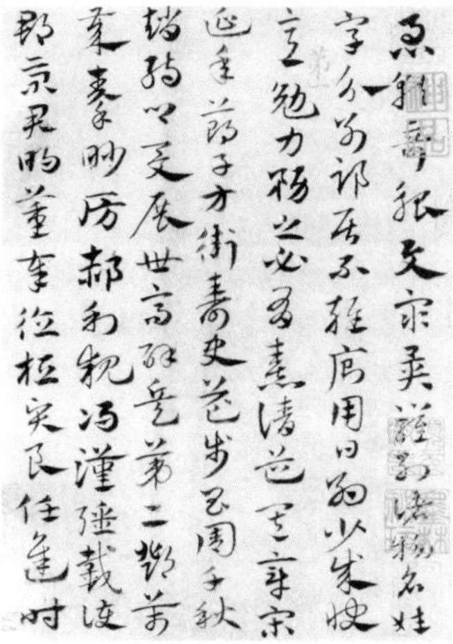

圖 3－2－18

圖 3－2－19

明代的章草有點起色，這和宋克(1327—1387)大有關係。宋克，字仲溫，長洲人(今江蘇蘇州)，尤精章草，結體精到而波法秀逸，具有優美簡練、古樸沉著的風格。他的成就促使社會重新認識章草，他是章草歷史上的功臣。宋克對章草《急就章》用力甚深，也臨摹《急就章》(圖 3－1－19)，上石後陳於松江府，石本稱松江本(圖 3－2－20)。王世貞

① 王連起：《〈中國法書全集〉元代卷·前言》，《書法叢刊》2009 年第 4 期。

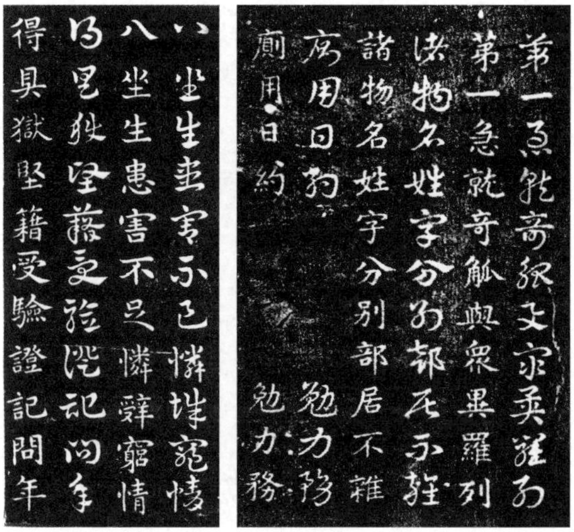

圖 3－2－20

《藝苑巵言》說："觀仲溫書《急就章》結意純美，以為征誅之後，獲睹揖讓，而後偶取皇象石本閱之，大小行模及前後缺處若一，惟波撇小異耳，此豈亦仲溫臨象本耶？"石本和墨蹟臨本幾乎分毫不差。松江石刻《急就章》體裁與諸臨寫本不同，章、正並列。它出自葉夢得本，相傳此本摹於北宋宣和二年，釋文為葉夢得所增。據葉夢得自跋，有"右章草《急就章》二千二十三字，相傳為吳皇象書，摹張鄧公家本"。葉氏認為此本"猶有蔡邕、鍾繇用筆意，雖不可定為象書，絕非近世所能偽為者"，"獨此書有顏師古注本尚在，乃相與參校，以正書並列。中間臨拓轉寫多，不無失實，好事者能因其遺法，以意自求於刻畫之外，庶幾絕學可復續也。宣和二年上巳日，知潁昌軍府事縉雲葉夢得題。"此墨蹟原件，後歸鄧聖求，又經程信安、趙伯暘、毛幵、尤袤遞藏，南宋末尤袤之孫尤焴又重刻於東淮澄清堂，跋："當承平時，石林葉公，嘗刻魚潁川郡齋。紹興中，又有以潁昌本覆刻於三衢者，因刻諸石。又得今軍器監謝公愈修所書釋文，並刻於後，以貽好事者。"此刻本見於舊拓《澄清堂帖》卷十一。唐代摹本到南宋末年尚存於無錫尤氏，以後不知去向[①]。連帶宋克補入，章草存古三十一章之舊。明正統年初始上石，傳之甚廣，現有多個帖本流傳。明世尚有宋模刻本流傳。明徐充《暖姝由筆》："章草在世無人學，故無人知其法。解散隸體粗書之，亦是一種，與大小篆眞草等並列。世有《急就章》刻本，眞行二行，要是解釋其字，耳說者遂謂眞字章草，寧復有眞篆字、眞隸字耶？故宋仲溫以章草體作眞書，所以為一大變也。"[②]據此刻本與石本出自一脈。宋克石本與趙孟頫寫本比較，寫本優於石本，石本反復臨摹，傳至明代紙碎字缺，已經失眞，宋克自行補字，間或修正，然後上石，再失其貌。所以，要說字跡的誤差，石本無意之形訛少，有意之改正多，趙本無意之形訛多，有意之改動少。現在看到的石本與趙本的差異，是古今面貌之別。皇象本《急就章》傳世千餘年來，儘管偶有後人字跡混入，但總的面貌還是合乎漢魏時期的規範，傳本的水字旁和言字旁，皆與今草相異，而與漢代草書契合，"記"字的"言"旁作特殊處理，傳本與漢代草書一致，此非後人可以作假。從文字面貌看，兩者不僅風格相

① 徐邦達：《鄧文原〈急就章〉——〈古書畫過眼要錄〉一例》，《書法叢刊》1994 年第 3 期。
② 見《說郛續》卷十九。

似，而且某些字形酷似，如同一個人所書。種種跡象表明，傳本《急就章》非漢魏人不能為之。宋克專精章草，善於章草書，有相當數量的章草書存世(圖 3－2－21)。

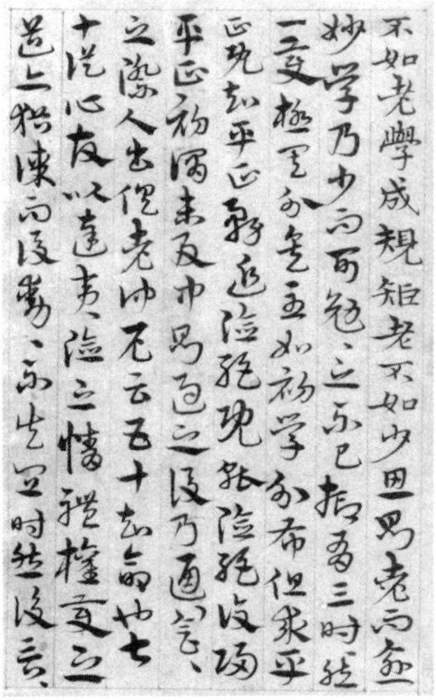
圖 3－2－21

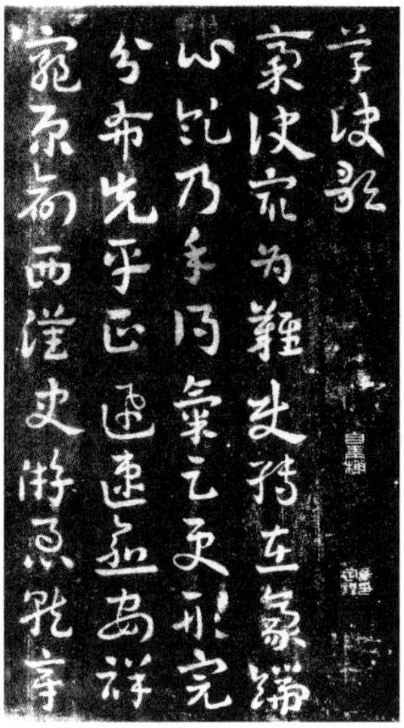
圖 3－2－22

章草書規矩嚴格，草書之簡捷失去意義，變為純粹的藝術書體。而且漢晉的章草書家寥寥，流傳書跡有限，因此後繼乏人，唐代起就瀕臨失傳。

章草是陽春白雪，和之者寡，讀寫皆不易。敦煌本和葉夢得本之眞、章對照可能就是出於便於學習的目的。章草的啟蒙臨習教材和其他的書法教材一樣，都是臨習古代名家的作品為主，也有一些專門的設計教材，因為學習章草有兩個方面問題，首先是認字，然後是臨摹。民國年間出現章草《草訣歌》(圖 3－2－22)，無書者姓名，沒有任何年代等題記，五字一句，共 266 句，1 330 字。此剪裱本僅此一見，原物為近代章草研究者卓定謀所藏。內容粗看似乎仿造《草訣百韻歌》，但是仔細一讀，差別很大。如首句“稿訣最為難，使轉在毫端。心領乃手得，氣足更形完。分佈先平正，迅速愈安詳”等等，談技法、談結構的內容要大大少於《草訣百韻歌》，卻講了許多臨書心得以及章草歷史等。所以章草《草訣歌》其實和《草訣百韻歌》有很大差別，它不像有卓定謀、余紹宋等章草名家題跋之實，羅氏謂：“《急就章草訣歌》向未經見，亦無書人姓名可考，其中有‘慨自趙宋後，章法始日亡’之語，疑為明朝人書，筆意絕似宋仲溫。”此帖下筆有源，草法精熟，氣勢沉穩，風格類似宋克，無疑是章草大家所書，至於是否名人所作，還需有力的證據。從此帖的內容看，多談意念宗旨技法，似乎是清代書家的風格，特別是關於“使轉”的問題，雖然明代已經有此說法，但是眞正流行卻在清代，所以此帖恐為後人所作。不論年代早晚，這是好事者力圖假借《草訣百韻歌》故技，來推行章草，是很可貴的舉措。徐毓泉指出此為王世鏜（1868—1933）所書，《章草草訣歌》也由他增改，非宋人舊本。王世鏜，祖籍天津，曾任褒城、西鄉、鎮巴知事，後在漢中定居，章草取法《月儀》《急就章》《出師頌》。王氏在任鎮巴知事時把自己改訂的《增改草訣歌》手書上石，因石工粗劣，錯漏百出，不堪卒讀，所以拓了 20 餘本後就棄置了。數年後，鎮巴有人覓得舊稿，在原石上補刻所缺 140 字，但新刻和舊刻的刀法有別。王定居漢中，重新改訂。正文從舊帖集字，注釋用書界，同道用楷、行、隸三體分別書寫，書名《稿訣集字》，1928 年刻石嵌於漢中寶鋒山道院牆上。卓定謀得到鎮巴《增改草訣歌》補刻本，偽托舊藏明人書跡，印行出售，並在題跋中誣稱王世鏜將晚明人書跡"改易數十字遂竊為己有"[1]。

章書出於簡捷，章草的規矩嚴格，形體相對一致，筆畫程式化，書法自由發揮受到限制。唐張懷瓘《書斷》卷上："獻之嘗白父云：'古之章草，未能宏逸，頓異眞體。今窮偽略之理，極草縱之致，不若藁行之間，於往法固殊也，大人宜改體。'"張懷瓘《書議》説法稍有不同："子敬年十五六時，嘗白其父云：古之章草，未能宏逸。今窮偽略之理，極草縱之致，不若藁行之間，於往法固殊，大人宜改體；且法既不定，事貴變通，然古法亦局而執。"章草拘執，不善變通，而書藝恰恰重視變化，兩者觀念水火不容。槁行的書寫比純草更加揮灑自如，與章草正好是一個強烈的對比。而且，章草是一種人為的草體，必須再熟悉一套新的規則和形體，這對已經熟悉今草的人是一種負擔。章草的書寫速度比今草慢，比眞書不易辨識，它的實用價值不高。在章草最光輝的西晉時期，也没有佔有主導地位，東晉以來今草繼續發展，還出現了更加自由的書體。范祥雍總結了章草的發展：無論是文獻記載還是出土實物，證明東漢到西晉是繁盛期，東晉二王父子今草窮態極妍，除了蕭子雲一二人外，未聞章草著名人物，因而認為東晉出現章草就進入了衰落期[2]。的確如此，南北朝時期，章草日漸衰微，到了唐代幾乎絕跡。《書斷》卷上引歐陽詢《與楊駙馬書章草〈千文〉批後》："張芝草聖，皇象八絕，並是章草，西晉悉然。迨乎東晉，王逸少與從弟洽變章草為今草，韻媚宛轉，大行於世，章草幾將絕矣。"宋黄伯思《東觀餘論・論書六條》："唐人更不作章草，近來有濟及洪府人強學之，所謂不堪位置，舉止羞澀，終不似眞。"從唐代開始，章草僅見於書法創作，宋代的書法家都懶得研習了。元明以及民國研習章草純屬個人行為，章草終究是傳統書法中的陽春白雪，和者益寡。

章草問題複雜，涉及多種書體，它是多種形體的交匯點。《集古求眞・草書》："蓋章草實書法之樞紐，前人謂由籀而篆而隸，是矣。謂之隸而眞，而行草，鄙意以為不

① 徐毓泉：《近代章草大家王世鏜——兼述一段離奇章草案》，《書法》1988 年第 4 期。
② 范祥雍：《章草述略》，《書法》1982 年第 1 期。

然，必於隸下加入章草，而軌道乃明。”“西漢末為由篆變隸世代，東漢為由隸變章，由章變草世代。草書人難盡識，故未久又變為真，真書無篆隸之繁重，又較草書為易識，故歷久而不再變，章草盛於章帝，草書始於桓靈，真書始於魏晉，草從章出，而加放縱，真亦有章出，而更齊正。”這段話不盡全對，但是“隸出章草”是對的。

第三章 今　　草

第一節　今草之來源

關於今草之來源，有來源於章草説、萌芽於漢草説。具體論述如下：

一是今草來源於章草之誤。

章草變為今草，是古今以來的通常説法。這一觀點不確，實際情況是今草源於漢草。唐張懷瓘《書斷》卷上："章草即隸書之捷，草（筆者按：指今草）亦章草之捷也。"宋黄伯思《東觀餘論・法帖刊誤上・第一帝王書》："凡草書分波磔者名章草，非此者但謂之草，猶古隸之生今正書，故章草當在草書先。"這個説法埋藏著很大的陷阱。首先，章草本來並不是一個清晰的概念，張懷瓘説過："章草者，漢黄門令史游所作也。"張懷瓘所謂的章草實際是泛指西漢以來的草書，而通常所指的章草是東漢杜度所創，這兩種説法之異實際上是西漢古草書還是後漢章草變為今草。其次，今草何時創製本來就有分歧，是後漢張芝所創還是東晉王氏所創，莫衷一是。《宣和書譜・草書敍論》："崔瑗、崔寔、羅暉、趙襲各以草書得名，世號章草。至張伯英出，遂復脱落前習，以成今草。"趙襲、羅暉，東漢末人，善章草。蔣善國據此表述十分清楚："今草是東漢末張芝從章草變化出來的。"[①]今草是產生於東漢的章草，這是現在的主流觀點。

現在今草的來源有了新的觀點，否定出於章草。徐邦達説出於草藁："以草藁同行書結合一下，就成為今草書。"[②]徐邦達的觀點出於王獻之向其父的進言：放棄章草，而"不若藁行之間"。可能是徐邦達誤會了這句話的意思，王獻之的意思是拋棄呆板的章草，選擇自由的草體和行書摻合書寫，獲得書藝發揮的自由。"藁行之間"並不是王羲之等創造的今草。今草會受到今隸的影響，但是行書近於眞書，不可能成為今草的源頭。侯開嘉認為出於民間隸草，可能是受到郭紹虞草書重横畫成為章草、重直筆成為今草的影響，侯開嘉由此展開，把郭紹虞的先後關係改變為並行關係，認為今草與章草同時發生。"我們説今草的書寫形式的源頭出自民間縱勢隸草而不是章草。""在漢末魏晉之際，章草、今草同屬新書體，那時的文獻從未見章、今之間有新舊

---

① 蔣善國：《漢字形體學》，文字改革出版社 1959 年版，第 346 頁。

② 徐邦達：《五體書新論》，載《現代書法論文選》，上海書畫出版社 1980 年版，第 284 頁。

之分的説法，它們都是發展中的書體。”[①]“民間草書”是什麽意思？民間對於官方而言，勉强點也可對於文人而言，看來侯開嘉以普通人與文人對立。“民間草書”是個模糊概念，筆者衹能理解為一般人平常日用的草書，大致就是現在看到的漢代的簡牘草書了。

今草出於章草説，前提是這個章草是什麽樣的形體，張芝的章草還是一個難以捉摸之物，以虛擬事實推導未知答案，就是X求X，永遠是X。我們要弄清源頭，就暫不理會章草虛實，換一個角度來觀察、探討。在討論今草來源之時，要説明兩組概念：一是關於草書的取勢，是縱勢還是横勢；二是草書的書寫，是自覺性還是自發性。郭紹虞認為章草變今草："草書而重在直筆，則不需要波磔之體，可以全部用圓筆，並可以把上下幾個字勾連起來。所以崔、杜諸人所寫的還是章草，而到了張芝，就變為今草。”[②]郭紹虞所説的横畫和直筆，即侯開嘉所説的縱勢和横勢。縱勢的草書，如東漢早期武威醫簡、東漢中期《永元兵物簿》，“筆跡自然流暢，上下字氣勢相通，也偶有二三字連筆而成”，張芝創今草以此縱勢草書為參考。侯開嘉又用書寫意識的自發性和自覺性，把章草、今草與隸草區别開來[③]。筆者認為，自覺性的書寫行為能把章草從漢草分離出來，而漢代草書自發性書寫行為可以演變為今草。因此，今草不是從章草蜕化而來，而是漢代草書自然發展的結果。蔣善國説："章草和八分隸書大致同一筆勢，屬於一個體系，今草和眞書也是大致同一筆勢，屬於一個體系。”[④]蔣善國的説法完全正確，草書與楷體對應，兩種字體相輔相成，相互影響。章草不是最早的草書，它是草書的一脈，越到後來，特徵越清晰。漢代草書分出章草之後，繼續發展，自然而然地形成了今草。今草是古草書發展的主脈，而章草衹是古草書中較為規整的一脈而已。

二是今草萌芽於漢草。

東漢中期以後，隸書逐步向眞書轉變，促成今草形成，與之匹配。史書是舊式規範，衹在碑刻等莊嚴場合使用，與之對應的章草也是一種老派的草書。正是因為今草是漢代草書自然發展而來，因而它就不必另外起一個名稱，仍然沿用草書的名稱，相當於隸書發展到眞書依然叫隸書一樣，今草衹叫隸草。衹是為了與章草比較之時，特别强調區别纔叫作今草。

今草創製者是東漢張芝，還是東晉的王羲之？唐張懷瓘《書斷》中出現了兩種説法：一説由王羲之和王洽變革章草而來。卷上引歐陽詢《與楊駙馬書章草〈千文〉批後》："張芝草聖，皇象八絕，並是章草，西晉悉然。迨乎東晉，王逸少與從弟洽變章草

① 侯開嘉：《隸草派生章草今草説》，《四川大學學報(哲學社會科學版)》2002年第5期。

② 郭紹虞：《從書法中窺測字體的演變》，原載《學術月刊》，1961年第9、11、12期，引自《現代書法論文選》，上海書畫出版社1980年版，第354頁。

③ 侯開嘉：《隸草派生章草今草説》，《四川大學學報(哲學社會科學版)》2002年第5期。

④ 蔣善國：《漢字形體學》，文字改革出版社1959年版，第347頁。

為今草，韻媚宛轉，大行於世，章草幾將絶矣。”一説為張芝所創。《書斷》卷上載懷瓘按語：“右軍之前，能今草者不可勝數，諸君之説，一何孟浪。欲杜衆口，亦猶躡履滅跡，扣鐘銷音也。”“然伯英學崔、杜之法，溫故知新，因而變之，以成今草，轉精其妙。字之體勢，一筆而成，偶有不連，而血脈不斷，及其連者，氣候通而隔行。”又卷中：“（張芝）又創為今草，天縱尤異，率意超曠，無惜是非。”張懷瓘力斥王羲之創今草之説，因為有東晉之前的今草書跡，事實勝於宏論。

那麼唐人是否看到今草之前的草書呢？這個似乎從未提到，縮小範圍來説，唐人能看到今草之前的崔、杜書跡嗎？漢唐相隔幾百年，因為缺乏可靠媒介，唐人不太可能看到，即使是崔、杜書跡，也是眞假相雜。因而唐人對今草發生的説法衹是理論上的推測。

在討論首創權是張還是王氏之前，要弄清何時有今草，必須先明確什麼是今草。容庚説：“草有章草今草之分，其在漢代尚具波磔，以一字自為起訖者為章草。晉以後盤繞連綿，以一行或一節為起訖者為今草。”①陳夢家説：“章草之後，又有今草，其別在漢世章草尚具波磔，以一字自為起訖，晉以後盤繞連綿以一行或一節為起訖的是今草。《流沙墜簡》中，《簡牘遺文》第六十七和六十八兩紙，近於今草，第二十八到三十五諸木簡是隸書的楷則，第二十一介乎隸草之間，是章草的代表。”②陳夢家認為今草的特徵是一筆書，但觀晉唐的今草，一筆書並不多。胡小石《書藝略論》：“章省波挑，上下文漸多縈連，縈連之度，與時俱增，遂成後世之草書。其起源至遲亦在西晉。”③胡小石拿今草與章草比，没有了波磔，字字之間多縈連。他把一行、一節連綿改作“多縈連”，靈活了一點。不過，這個説法還是有瑕疵。今草典型的《十七帖》中有帶波挑的20多字，難道不算今草，算章草？葛鴻楨提出今草的特點是圓轉連貫，“唯有去掉波磔，代之以圓轉之筆，纔能打破章草字字獨立的局面，形成上下呼應、氣脈流暢的今草。”④這個觀點闡述了傳統説法，是有價值的。

張懷瓘《六體書論》有“草書”一節，此草書即指今草。“草書者，張芝造也。”“其功鄰乎篆籀，探於萬象，取其元精，至於形似，最為近也。字勢生動，宛若天然，實得造化之姿，神變無極，然草法貴在簡易，而此公傷於太簡也。逸少雖損益合宜，其於風骨精熟，去之尚遠。伯英是其祖，逸少、子敬為嗣。”蔡希綜稱今草為新草，其《法書論》曰：“漢魏以來，章法彌盛，晉世右軍，特出不群，穎悟斯道，乃除繁就省，創立制度，謂之新草，今傳《十七帖》是也。”這個新草是王氏改良的今草，與原來草書的差別在於“除繁就省，創立制度”。

這些話裡有幾個要點。首先，今草為張芝所造。形體方面，取形似，字勢天然而

① 容庚：《中國文字學》，中華書局2012年版，第109—110頁。
② 陳夢家：《中國文字學》，中華書局2006年版，第166頁。
③ 胡小石：《胡小石論文集》，上海古籍出版社1982年版，第209頁。
④ 葛鴻楨：《張芝今草考》，載《書學論集》，上海書畫出版社1985年版，第123頁。

成，以簡易為尚，多變化。其次，伯英草書形體過於簡單，經過王氏父子損益，建立法則，達到完善。就形體特點來看是簡易得體，所謂形似，就是抽象，不計較具體細節，把主要的特徵表達出來而已；天然造化之姿，就是没有修飾成分；所謂簡易，這是草書的最大特點，簡單易行。這是今草形體的要點。

總結諸家的觀點，今草的特點是無波磔、上下連貫（實連和虛連），運筆多圓轉，形體更加省減，而且有特有的草法。根據這些條件，我們從出土的漢代、魏晉書跡來看今草的發生。

尹灣 6 號漢墓的草書，可以分為兩類：一類是寬簡草書，多帶波磔，如《神烏傅》，這一類，筆者把它歸入早期章草。另一類為窄簡草書，字跡較小，多以點代畫，少波磔，如“八反”[①]（圖 3－3－1）。

武威旱灘坡漢代醫簡大部分為草書，屬於此類窄簡少波磔的草書[②]（圖 3－3－2）。

《居延新簡》之 EPF22.187A 到 EPF22.201 簡“建武三年”（27 年）到“敢言之”，是完整的草書文書[③]（圖 3－3－3）。

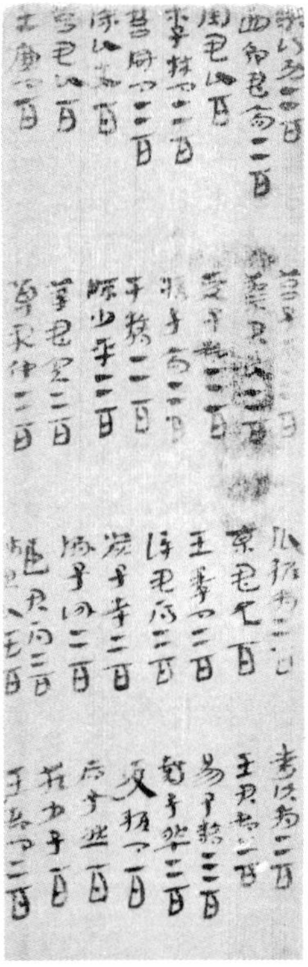

圖 3－3－1

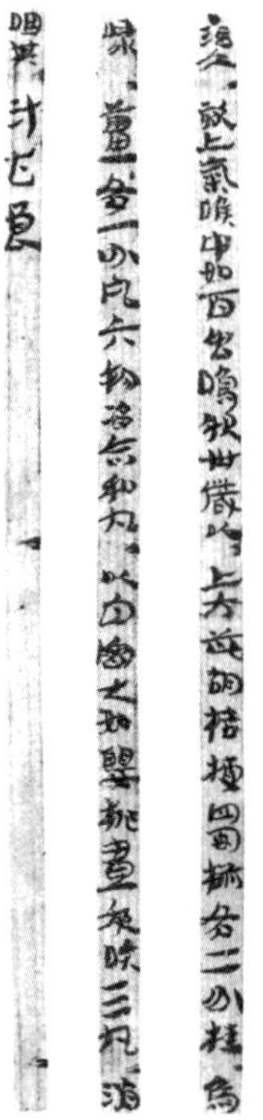

圖 3－3－2

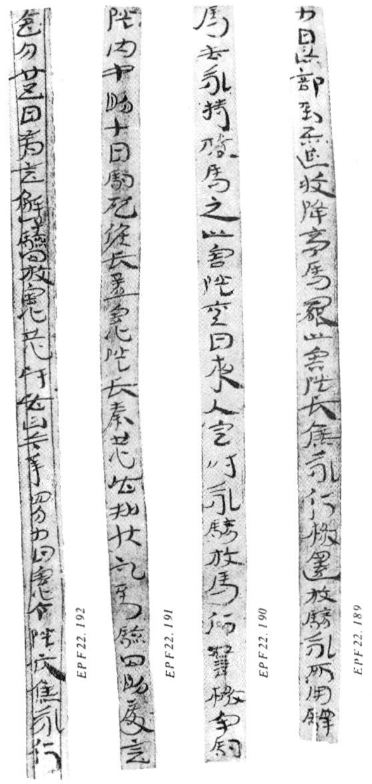

圖 3－3－3

① 連雲港市博物館、東海縣博物館、中國社會科學院簡帛研究中心、中國文物研究所：《尹灣漢墓簡牘》，中華書局 1997 年版，圖版 20。

② 甘肅省博物館、武威縣文化館：《武威漢代醫簡》，文物出版社 1975 年版，圖版第 1 頁。

③ 甘肅省文物考古研究所、甘肅省博物館、中國文物研究所、中國社會科學院歷史研究所：《居延新簡・甲渠候官》，中華書局 1994 年版，圖版 508。

大名鼎鼎的居延《永元兵物簿》首先發表在《居延漢簡甲編》[①]，由 77 枚木簡編聯成冊，記錄了永元五年（93 年）、六年（94 年）、七年（95 年）廣地南部燧長報告破胡燧、澗上燧的“兵物”使用情況（簡影見第一章）。馬衡参與整理居延漢簡，在《居延漢簡考釋兩種》中稱“字體為章草”[②]。此冊草書一直受到關注，作為章草的一個標準樣板，有人把它看作今草的先聲。客觀地説，《永元兵物簿》並不能代表當時的新穎草書，筆畫之間的連貫性不強，圓轉很少使用，保留了合書的舊習，而長垂也並非魏晉之後的長拖筆可以同日而語。總之，它還是比較老派的草書，不如前述的“建武三年”草書簡更加接近今草。

居延“建武三年”草書簡與尹灣、旱灘坡簡相比，變化是明顯的，短促的點少了，引長的圓轉筆畫多了，從重拙變為靈巧，筆畫之間、字字之間的連貫性加強，行筆的速度變快了。值得注意的是，這是東漢初年的草書，離開東漢結束尚有近二百年。這段漫長時間足以使得漢代草書中的今草發展起來，可惜這段時間內出土的草書簡太少，尤其是東漢中晚期的草書簡基本没有出土，這個缺環使得今草的形成過程變得撲朔迷離。

第二節　長沙東牌樓之東漢今草

以前發現的漢代簡牘，年代多在西漢武帝到東漢光武帝間，東漢中期及以後簡牘空缺。20 世紀 80 年代的東漢晚期的亳縣曹氏墓磚上有一些草字，數量很少。最近纔有湖南長沙東牌樓草書簡牘面世，數量上有一定規模，對於研究草書，這種墨蹟材料尤其珍貴。

安徽亳縣元寶坑村漢墓清理出陰刻磚 140 塊、朱書磚 6 塊，字磚上刻的年代是漢靈帝建寧三年（170 年），墓磚的文字中有數塊草字，除了前文已經列舉者之外，還有以下 3 塊，分别是“辰象為保溫潤”“為了素矢梨文為蒙思將報□□後”“愁㞕□□揚汲……”（圖 3－3－4）。這些草字一部分與今草相似，一部分與古草相近，處在新舊草書的交替時期[③]。

近年來發現的長沙東牌樓東漢簡牘（圖 3－3－5），有靈帝光和六年（183 年）、中平三年（186 年）的紀年，結合器物的比較，確定這批簡牘的年代在東漢末期的桓帝（146—167）、靈帝時期（167—189）。張芝卒於東漢獻帝初平三年（192 年），這些簡文草書年代大致處於張芝活動時代。東牌樓簡牘中有多枚草書，即 1009、1037、1063、

① 中國科學院考古研究所：《居延漢簡甲編》，科學出版社 1959 年版，圖版壹到陸。
② 馬衡：《凡將齋金石叢稿》，中華書局 1977 年版，第 288 頁。
③ 亳縣博物館：《安徽亳縣發現一批漢代字磚和石刻》，《文物資料叢刊》第 2 輯，文物出版社 1987 年版。

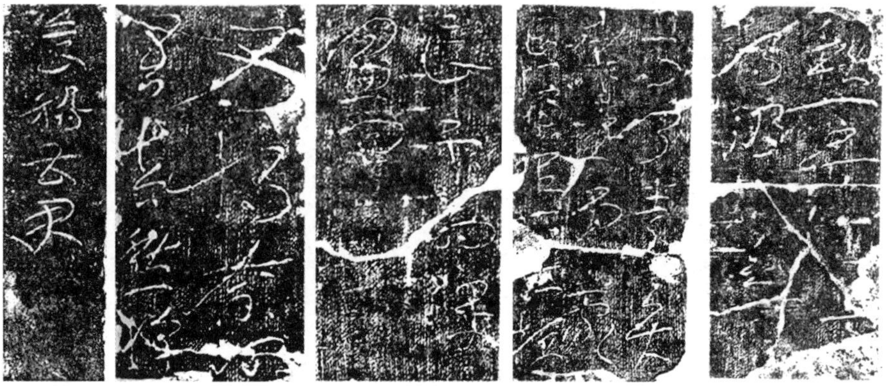

圖 3－3－4

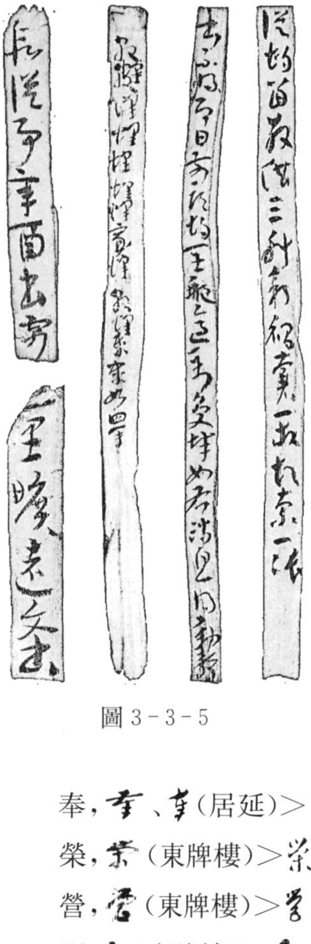

圖 3－3－5

1064、1065、1092、1095、1103、1117、1138、1140、1142、1143、1144、1150、1159、1168，基本上没有東漢中期以前草書的横勢，圓轉增多，無論行款、形體與傳世的今草都十分接近，而且有些簡的草字改變以前的筆法，採用中鋒，筆畫圓勻，更加便於使轉，這是今草的重要特徵。東牌樓草書的形體儘管還有古草的遺存，體現出古草到今草的過渡狀態，出現大批與傳世今草相同或者十分相近的形體。

意，、（居延）＞（東牌樓）＞（桓溫大事帖）

書，（漢）、（居延）＞（曹氏碑）、（東牌樓）、（東牌樓）

得，（居延）、（武威）＞、（東牌樓）＞（張華甎西帖）、（王廙二月十六日帖）

安，、（居延）＞（東牌樓）＞（王羲之虞安帖）

奉，、（居延）＞（東牌樓）＞（王羲之黄甘帖）

榮，（東牌樓）＞（智永千字文）

營，（東牌樓）＞（智永千字文）

别，（東牌樓）＞（智永千字文）

思，（東牌樓）＞（王羲之虞安帖）

復，（東牌樓）＞（王廙娗何如帖）

事，、（居延）、（東牌樓）＞（桓溫大事帖）

會，（居延）、（曹氏磚）＞（東牌樓）＞（索靖月儀帖）、（王羲之服食帖）

月，、（居延）＞（東牌樓）＞（杜預歲終帖）、（王羲之夜來腹痛帖）

惠，（東牌樓）＞（王羲之胡桃帖）

誠，（居延）、（東牌樓）＞（王獻之江東帖）

歸，（居延）、（東牌樓）＞（智永千字文）

制，（東牌樓）＞（王導省示帖）

抱，（東牌樓）＞（祝允明赤壁賦）

蔡，（居新）、（急就章）、（東牌樓）＞（王羲之桓公帖）

尚，（居延）、（東牌樓）＞（王導省示帖）

成，（居延）＞（東牌樓）＞（王羲之餘清齋帖）

屬，（東牌樓）＞（歐陽詢千字文）

既，、（東牌樓）＞（王羲之瞻遠帖）

言，、（居延）＞（東牌樓）＞（桓溫大事帖）

為，、（居延），、、（東牌樓）＞（張芝冠軍帖）、（王羲之成都帖）、（王羲之轉佳帖）

何，、（居延）＞（東牌樓）＞（王羲之舍子帖）

永，（居延）＞（東牌樓）＞（王獻之適奉帖）

謝，（東牌樓）＞（王羲之寒切帖）

出，、（居延）＞（東牌樓）＞（王羲之何當帖）

恐，（東牌樓）＞（王羲之七十帖）

命，（東牌樓）＞（王羲之都邑帖）

敕，（東牌樓）＞（王羲之安西帖）

來，（東牌樓）＞（王羲之瞻遠帖）

案，（東牌樓）＞（李懷琳絕交帖）

衆，（東牌樓）＞（孫虔禮景福殿賦）

死，（流）＞（東牌樓）＞（衛瓘頓首帖）

戰，（東牌樓）＞（王羲之破羌帖）

穢，（東牌樓）＞（俞和字書詩）

要，（東牌樓）＞（王羲之旃罽帖）

從漢代草書的發展過程考察，東漢末是草書發展的轉折點。今草的新因素取代了舊質因素，今草的格局基本形成。

中，（敦煌）、（居延）＞（東牌樓）＞（司馬睿中秋帖）、（王羲之虞安帖）

將，、（居延）＞（東牌樓）、（曹氏碑）＞（樓蘭）、（王獻之孤不度德量力帖）

求，（漢）、（居延）、（尹灣）＞（東牌樓）＞（王羲之蜀都帖）

今，、（居延）＞（東牌樓）＞（王羲之虞休帖）

解，（居延）＞（東牌樓）＞（索靖七月廿六日帖）

告，、（居延）＞、、（東牌樓）＞（索靖《月儀帖》）、（王羲之太常貼）

今草比之古草，點法使用更加普遍，連接更加密切，勢必出現新的寫法，導致形體產生變化。如"中"字壓縮到 3 筆，"將"字壓縮到 3～4 筆，"求"字壓縮到 4 筆，"今"字壓縮到 2 筆，"解"字壓縮到 2 筆，"告"字壓縮到 5 筆。這樣不衹是減少了筆畫，而且筆畫之間前仰後俯，左擁右抱，相互呼應，結構緊湊。

第三節　樓蘭出土之魏晉今草

樓蘭多次出土魏晉時代行書和草書簡牘，給我們展示了接近王羲之時代的眞實的草書面貌。樓蘭魏晉草書除了少數字外，完全擺脱了漢代草書草法，縱勢、圓轉與傳本今草無異，如：（借）、（斛）、（枚）、（胡）、（奈）、（張）、（從）、（事）、（避）、（隨）、（恐）等字得到充分顯示。

我們可以把它與東漢中期以前的簡牘草書作比較，看看變化在哪些方面，前為西漢及東漢前期的草書，後為長沙東牌樓東漢後起草書。從現在出土的漢魏簡牘看，西漢草書到東漢今草還是有些變化的。

東牌樓今草（前者）與樓蘭魏晉今草（後者）比較：

案＞；告＞；之＞；恐＞；留＞；

將＞；不＞；事＞；幸＞

從以上例子可以看到，東漢末期到魏晉這段不長的歷史時期中，東牌樓漢簡所代表的漢末草書所帶古草的成分，被陸續拋棄。儘管樓蘭處於邊塞地區，已經出現了成熟的今草形體，可以推想中原的今草還要更加完善，可以認為非常接近傳統帖本中的今草了。

樓蘭魏晉今草與傳本今草的比較：

郎，（樓蘭）＞（王羲之司州帖）

備，（流沙）＞（樓蘭）＞（王羲之講堂帖）

數，（居延）＞（樓蘭）＞（王羲之闊轉久帖）

報，、（居延）＞（樓蘭）＞（郗愔至慶帖）

謹，（居延）＞（樓蘭）＞（智永千字文）

曲，（樓蘭）＞（蕭衍腳氣帖）、（李懷琳絕交帖）

司，（居延）＞（樓蘭）＞（王羲之鄉里人帖）

軍，（樓蘭）＞（王獻之江東帖）

城，（居延）＞（樓蘭）＞（王羲之遠近清和帖）

內，（居延）＞（樓蘭）＞（王羲之兒女帖）

便，（武威）＞（樓蘭）＞（司馬睿中秋帖）

他，（胥浦）、（居延）＞（樓蘭）＞（皇象急就章）、（王羲之得西問帖）、（高閑千字文）

曠，（樓蘭）＞（智永千字文）

文，（流沙）＞（樓蘭）＞（智永千字文）

假，（流沙）、（居延）、、（樓蘭）＞（皇象急就章）、（歐陽詢千字文）

隨，、（居延）＞（樓蘭）＞（王羲之豹奴帖）

從，（武威）、（居延）＞、（樓蘭）＞（王羲之鄉里人帖）

胡，（居延）、（急就章）＞（樓蘭）＞（王羲之胡母帖）

斛，（流沙）、（居延）＞（樓蘭）＞（趙構草書禮部韻寶）

枚，（居延）＞（樓蘭）＞（王羲之平安帖）

奈，（樓蘭）＞（趙佶千字文）

張，（張）＞（王羲之賢室帖）

即，（居延）＞（樓蘭）＞（皇象文武將隊帖）、（王羲之邛竹帖）

前，（居延）＞（樓蘭）＞（王羲之黃甘帖）

過，（流沙）＞（居延）＞（樓蘭）＞（王羲之虞安帖）

消，（武威）＞（樓蘭）＞（王羲之散勢帖）、（皇象急就章）

至，、（居延）＞（樓蘭）＞（王羲之清和帖）

到，（居延）＞（樓蘭）＞（王羲之豹奴帖）

不，、（居延）＞、（樓蘭）＞（張芝終年帖）、（王羲之虞義興帖）

立，、（居延）＞（樓蘭）＞（王羲之致酒帖）

陳，（居延）＞（樓蘭）＞（孫過庭書譜）

寫，（居延）＞（樓蘭）＞（孫過庭書譜）

絕，（樓蘭）＞（王羲之見汝帖）＞（王獻之忽動帖）

息，(神烏傅)>(樓蘭)>(王羲之昨見帖)

之，(樓蘭)>(羊欣移屋帖)

避，(樓蘭)>(王羲之瞻近帖)

事，(樓蘭)>(桓溫大事帖)

憂，(樓蘭)>(王羲之寒切帖)

借，(居新)>(樓蘭)>(皇象頑闇帖)

案，(樓蘭)>(李懷琳絕交帖)

馬，(樓蘭)>(王羲之嚴君平帖)

下，、(居延)>(樓蘭)>(王導省示帖)、(王羲之七十帖)

辛，、(居延)>(樓蘭)>(王導省示帖)

當，、(居延)>(樓蘭)>(王導改朔帖)、(王羲之旦反帖)

里，(居延)>(樓蘭)>(王羲之胡桃帖)

鴛，(樓蘭)>(趙構草書禮部韻寶)

漢末、魏晉今草到傳本今草的改進，主要體現在兩個方面：第一，完善形體。草書的要素以簡單為要，但是以區別為前提，魏晉草書把某些部件虛化，用簡單的曲筆替代，使得形體缺損，失去原形。，貸字今草“貝”作“大”；(樓蘭)>(王羲之散勢帖)、(王羲之九月十七日帖)；穀，、(居延)>(樓蘭)>(趙構草書禮部韻寶)；、(居延)>(樓蘭)>(趙構草書禮部韻寶)；(居延)>(樓蘭)>(王衍麥秋帖)、(王羲之遠宦帖)。第二，調整筆順。魏晉的“員”字，先半口，再寫口的另半時，順勢拖下帶出底下一撇，再提筆向上行筆，筆畫下在上不合理，(樓蘭)>(智永千字文)。後今草改變筆順，採用自上向下依次行筆，不僅書寫順暢，而且保持了基本的字形輪廓。同時對於斷續的筆順以合理的筆順連接，如“種”(樓蘭)>(王羲之胡桃帖)，也是把散斷的筆畫連起來了。從這兩個方面的努力，改善了今草的形體與書寫規則，加強了今草的區別性和內部的系統性，在方便書寫的同時兼顧使用價值，提高了它的美學內涵。

李洪智、高淑燕談到今草形成時說：“從魏晉時期殘紙和簡牘墨蹟中的草書來看，雖然此時的草書仍然或多或少地帶有某些隸草的痕跡，但總的來看，無論是筆形、草法還是體勢，今草書的成分已超過了隸草。”[①]判斷草書屬於今草還是古草，要看形體，也要看筆法。通過以上比較，漢末與魏晉草書是一個快速發展階段，兩者應該區別開來。如果說漢末今草成分已經超過古草大致是可以的，對魏晉來說就過於保守了。

① 李洪智、高淑燕：《也談今草的產生》，《文化藝術研究》2009 年第 2 卷第 3 期。

今草來源於漢代縱勢草書，按照自身的條件不斷完善自己，特別是進入東晉以來，完全脫離了漢代古草的格局，脫胎換骨，變為一個嶄新的形體。今草與古草是繼承和發展的關係，兩者有同有異。

首先是繼承。即沿著原來的軌跡繼續發展，既有原有的基礎，又有新的成分。古草的形成是一個自然的過程，同字往往可以從不同方向草化，出現多個不同的草體。

如“天”，初期草法的筆畫走向不同，出現了兩種細微差別的寫法，以銀雀山漢簡為字例，有甲乙兩種：（甲）、（乙），由此兩者形成不同的草體：（甲）＞（居延）；（乙）＞（居延）。今草衹選擇了乙種，作（墨蹟本智永千字文）。

又如“左”“右”兩字古草亦有差別，今草選擇其中最合適者：

左，（上孫家寨）＞、、（居延），（羅布淖爾）＞（趙急）＞（王羲之蜀都帖），今草的“左”字是選用羅布淖爾漢簡這一種形體；

右，（上孫家寨）＞、、（居延）＞（孫虔禮書譜），僅居延漢簡“左”的寫法就有 3 種，今草衹能選用其中一種。

繼承不是一成不變，繼承中有改變是一種發展中的繼承，沒有改變就沒有新的面貌。改變是多方面的，既有形體，也有筆法，或者兩者兼而有之。今草中有一些不同於古草的偏旁寫法，如“糸”旁，古今是不同的，古草有：給，（銀）；縛，（居延）；練，（鳳凰山十號墓）；給，（居延）；終，（武威）；絕，（居延）。今草為：終，（杜預歲終帖）。“糸”的變化歷程是：（古草）、、、＞（今草）。

再如“馬”，古草中草化了一半，上部楷化，下部草化，今草再把上部用代號替代，作為今草。“馬”，（居延）＞（樓蘭）＞（王羲之嚴君平帖）；“馬”旁，如“騎”，（居延）＞早期今草（東牌樓），再進一步草化。

其次是另造。另造與改造的區別是部分與整體的區別，改造是繼承一部分，改變一部分，另造是整體上的改造。

漢代古草中有些字沒有草化，如“富”，（銀雀山）＞（拓本智永千字文）。東漢魏晉的今草中沿用了一些草書中沒有草化的形體，衹是行書體，與常體相同。成熟的今草繼續變化，今草給它另造草體，使得新體在形體上與其他草書同化，草書整體上獲得形體的和諧，如“酉”，（樓蘭）＞（辨體）；“自”，（東牌樓）＞（王羲之轉佳帖）。

古草到今草在整體間架、筆畫形態和筆畫之間的關聯都發生了巨大變化。首先，今草一般筆畫相對短促，筆畫之間距離小，縮短書寫時間。其次，今草轉折用圓轉，自然曲綫更加流暢。筆畫中唯有點加重，變為長點，使之顯明，不僅顯示點法重要，而且可以彰明結構，完善草書形體。

從東漢中期以前的古草、東牌樓東漢末年的草書到樓蘭魏晉草書看,反映了一個完整的草書演化過程,以傳世的東晉王羲之草書為今參照物件的話,兩漢之交已經出現今草的雛形,東漢後期基本形成,魏晉時代今草成熟,經過東晉的調整完善成為主流今草的形體。

唐代以來,草書為高端書法,不是普通人所能為之。草法穩定,小草、大草分明,為後世習草者遵從。書法理論家孫過庭(名虔禮,以字行)《書譜》用草書寫出(圖3-3-6),懷素為大草(狂草)大家,亦善小草,其面貌從《論書帖》(圖3-3-7)可見一斑。

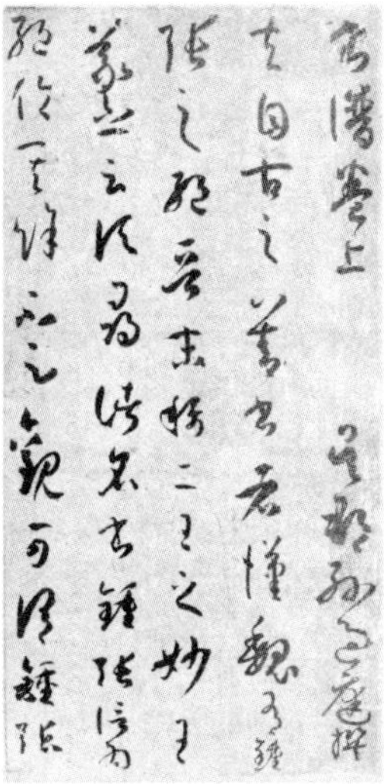

圖3-3-6

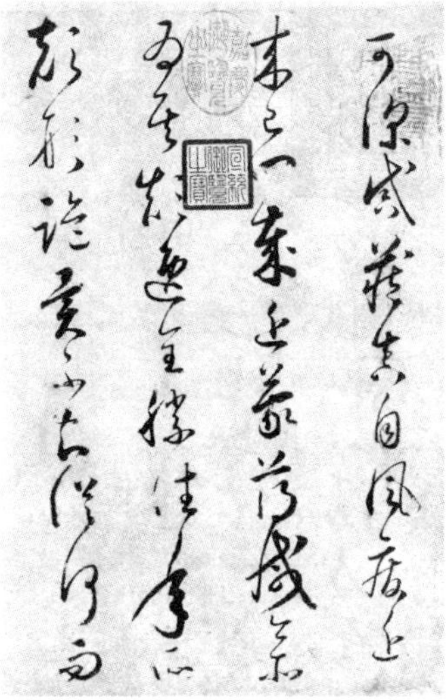

圖3-3-7

第四節　今草形體特點

傳統説的草書,一般就是指今草,以前研究草法,也就是今草的草法。草書有草法猶如楷書有楷法,是維持草書的生命綫。草法有兩個内容:一是結構,二是筆法。歷史上最早提到草法的人是南朝梁的蕭子雲,他打算論述"草隸法",可惜未果。《梁書·蕭子恪附弟子雲》:"子雲善草隸書,為世楷法,自雲善效鍾元常、王逸少而微變字體。""欲作論語草隸法,言不盡意,遂不能成。""言不盡意",就是説不清楚,不能把研究的心得完整地表達出來。

成熟的草書是字體,當然有特别的草寫規則。古人從臨摹草書帖中學習體會寫法,悟出規律,遵守這個規則。在宋代以來好事者編制口訣,便於學草者掌握草法。最早的口訣是宋代的《草書訣》。到明代的《草訣百韻歌》,用比喻説明草書的特點,用比較辨别草字異同,對草書的認識還停留在經驗的層面。1941年劉延濤提出有草法十事：一省，二藉，三連（筆與筆接為實連；形斷神接謂之意連），四縮（長畫縮為短畫或點），五搬家（搬移位置也），六諧聲（於形聲字，以同聲之筆畫少者代多者之謂也），七取半（於對稱字，僅取一半之謂也），八合併（於對稱字合而書之之謂也），九補筆（以一字之草體，旁加補筆，使之別為一字之謂也），十代表符號（以一符號代衆部首也）①。首次歸納草書條例，甚有創意，不過這十事還是對具體現象的描寫，没有上升為概括性的理論高度。劉延濤主要是為了推廣標準草書而歸納出的條例。草書大家白蕉傳"草書基本運筆法"，實際衹是部分草書偏旁的寫法②（圖 3－3－8）。

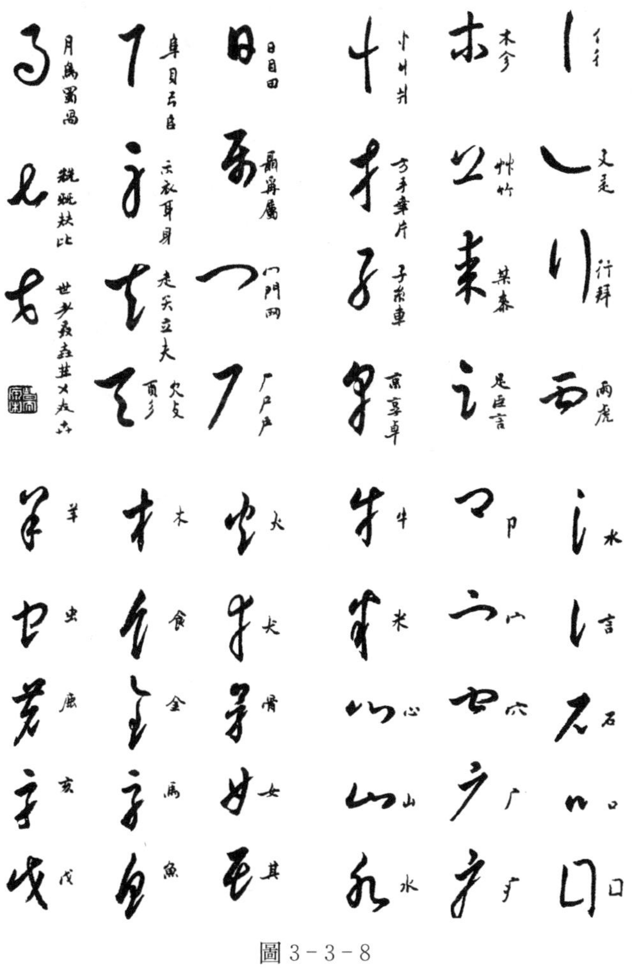

圖 3－3－8

著名書法家鄧散木《草書寫法》，在"前言"中説："編寫原則以草書的正規寫法為經，變化寫法為緯。"分為 8 個部分：專用偏旁、借用偏旁、二字近似、三字近似、四字以

① 劉延濤：《中國文字之演進——篆—隸—草》，《草書月刊》1941 年第 1 期第 1 卷，第 12—14 頁。
② 見於《書法大成》的"草書臨範"内，萬象圖書館 1949 年增删本。

上近似、同字異寫、異字同寫、特殊結構①。可見衹是一種學習草書寫法的入門書，包括常用部首以及辨別草書等。

今草草法的原理與漢代簡牘草法是相同的，漢崔瑗《草書勢》："草書之法，蓋又簡略，應時諭指，用於卒迫。"以簡為要，無非是省、簡、連三法。今草草法原則没變，具體的形體還是有一定的差異。此外，今草有 3 個特點，不是形體結構的變革，而是由於技法的改進引起的字勢方面的變化。

魏晉以來，書論中"使轉"漸漸多了起來。使轉是指行筆的圓勻的轉折和筆畫間的呼應，是書法技術上的革新，杜度運指出張芝回腕是一個飛躍，為使轉創造了前提。東漢晚期紙張的使用，寬綽的空間、平滑的表面，使使轉獲得了有利空間。三國吳皇象《與友人論草書》："欲見草書，宜得精毫蓫筆委曲宛轉不叛散者，紙當得滑密不粘汚者，墨又須多膠紺黝者。如逸豫之餘，手調適而心佳娱，可以小展。"西晉索靖《草書狀》云："蓋草書之為狀也，婉若銀鉤，漂若驚鸞，舒翼未發，若舉復安。蟲蛇虬蟉，或往或還。""使轉"是唐孫過庭首先使用的，《書譜》云："真以點畫為形質，使轉為情性；草以點畫為情性，使轉為形質。"指出了使轉在草書中的重要性。于右任謂今草之法："重形聯，去波磔，符號之用加多，使轉之運益敏。"②葛鴻楨的觀點與于右任相似："章草與今草主要的區別在於獨立還是連貫，波挑多還是使轉多。"③總之，使轉所代表的靈活婉轉的用筆和圓轉的筆畫確實是今草的明顯特徵。具體而言：

一是動態的美感。書法追求美感，不同形體的美感是不一樣的。今草之美與真書之美是相應的。抑左揚右的形體態勢、俯仰有儀的筆畫正反變化，構成了草書整體形象的勢態之美。崔瑗《草書勢》"抑左揚右，望之若欹"，字勢呈左低右高的傾斜態勢，在於更加適合人的生理習慣。書寫活動以右手的臂肘、腕指為圓心，畫出的綫條、筆畫自然是向右斜上，"抑左揚右"符合人體的生理結構，給自如發揮、充分調動器官的活動能力，提高書寫速度和施展書寫技巧，提供了基礎。方筆、圓筆是兩種不同筆法，今草把它作為變化的手段。宋姜夔《續書譜・方圓》："方圓者，真草之體用。真貴方，草貴圓。"康有為《廣藝舟雙楫・墨法》："方用頓筆，圓用提筆，提筆中含，頓筆外拓。中含者渾勁，外拓者雄強。中含者篆之法也，外拓者隸法也。"今草有隸法和篆法之分，將方筆、圓筆作為藝術手段調動，創造美感。

二是緊密的整體感。筆畫之間連續書寫、相互呼應，整個形體氣息相通，渾然一體。一個字的筆畫聯繫是客觀存在的，但是由於形體和筆畫形式不同，聯繫的方式是有差別的。先秦篆籀、漢代隸書和古草，形體從標形逐步到標意，筆畫從繪綫到書寫，

---

① 鄧散木：《草書寫法》，人民美術出版社 1963 年版。

② 于右任：《標準草書・自序》，上海古籍書店 1983 年版。

③ 葛鴻楨：《張芝今草考》，載《書學論集》，上海書畫出版社 1985 年版，第 123 頁。

運筆更加便利,筆畫之間的空間距離越來越小,行筆時間越來越短,前畫之末就是下畫的起筆,或者一畫與下一畫連貫書寫,整個形體似一筆而成。因為筆畫之間的間隙變小,整個字自然抱成一團。今草的急速與快捷不僅縮短了一個字内筆畫間的距離,也拉近了字字之間的距離,常常是上字與下字順勢連續,實筆、虛筆並無本質區别。通篇今草字内筆畫、字字之間,一氣呵成,氣脈貫通,輕重緩急,起伏跌宕,具有强烈的整體感。張懷瓘《書斷》卷上:"張芝變為今草,加其流速,拔茅連茹,上下牽連。或借上字之下,而為下字之上。奇形離合,數意兼包,若懸猿飲澗之象,鉤鎖連環之狀,神化自若,變態不窮。"統一性與靈活性是草書的靈魂。統一性保證草書的流通,靈活性保持草書的簡便,高度的統一性和靈活性給認讀、書寫帶來方便,是草書生存的前提。今草在書法藝術的創造性方面遠遠超過古草和章草,這是今草獨行的主要原因。

第五節　狂　　草

狂草也叫大草,嚴格地説不是一種字體,而是草書的一種變體。所謂狂,是縱情的意思。狂草就是縱情揮毫,不拘尋常的草法,自由揮灑,但求筆墨淋漓,變化萬狀,富於藝術魅力。于右任説狂草:"草書中之美術品也。其為法:重詞聯,師自然,以詭異鳴高,以博變為能。"[①]與一般的草書相比,狂草的技法使用更加誇張,字形的省略、字與字之間的勾連更加多一些,有時甚至對字形加以改變。明白了狂草的概念,我們可以進一步探討它的起源。明趙宧光《寒山帚談·權輿》:"狂草,如張芝、張旭、懷素諸帖是也。"漢代張芝是早期的草書家,成為草聖之一。唐張懷瓘《書斷》卷中:"羊欣云:'張芝、皇象、鍾繇、索靖,時並號書聖。'"張芝的記載確鑿,但是留下的手跡很少。《淳化閣帖》收了他的"冠軍帖"(圖3-3-9),通篇草法恣縱,"辨行動"三字筆畫連成一體,雖然没有唐代張旭、懷素之狂放,但是整篇的氣勢幾乎相同。漢代以來數百年之演進變化,到唐代終於出現了一種特殊的草書——狂草。

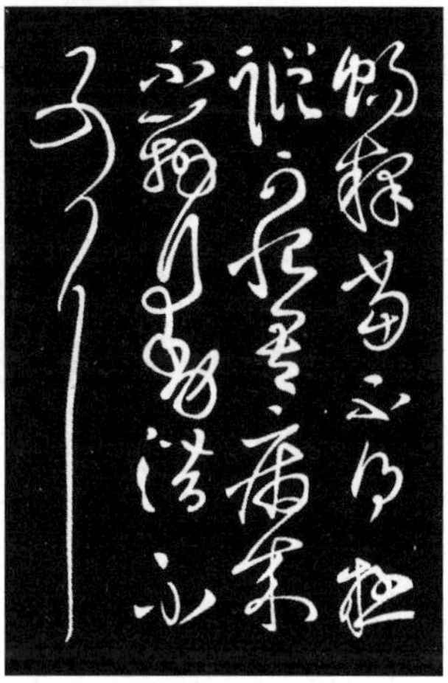

圖3-3-9

狂草最聞名者:張旭(658?—748?)[②],字伯高,唐蘇州吳人,曾為金吾長史,或説右率府長史,人稱張長史。善

① 于右任:《標準草書·自序》,上海古籍書店1983年版。
② 熊秉明:《張旭的生卒年代》,《中國書法》1993年第5期。

書，能詩。唐呂總《續書評》："張旭草書，立性顛逸，超絕今古。"張旭之顛逸，行為癲狂，書法不拘常規。唐蔡希綜《法書論》："（張旭）乘興之後，放肆其筆，或施於壁，或札於屏，則群象自形，有若飛動。"唐竇臮《述書賦》卷下："張長史則酒酣不羈，逸軌神澄。回眸而壁無全粉，揮筆而氣有餘興。若遺能於學知，遂獨荷其顛稱。"唐李肇《唐國史補》卷上："旭言：'始吾見公主擔夫爭路，而得筆法之意。後見公孫氏舞劍器，而得其神。'旭飲酒輒草書，揮筆而大叫，以頭揾水墨中而書之，天下呼為張顛。醒後自視，以為神異，不可復得。"傳世墨蹟不少，著名的有《千字文》《肚痛帖》（圖 3－3－10）、《春草帖》《古詩四帖》，流傳有北宋皇祐年間刻的《絳帖》本，是用眞跡上石本，現在看到的墨蹟本是遼寧博物館藏本。此帖有爭議，筆者取楊仁愷的觀點①，有人認為是明末清初根據項元汴藏《古詩四帖》偽造②，其中《古詩四帖》（圖 3－3－11）最為明顯的是"豈若上登天"。"若""登"字僅是示意，剩下的是曲折的綫條而已。大部分已經打破了字與字之間的界限，連綿流動，跌宕起伏，縱橫跳躍，一種強烈的綫條運動躍然紙上，但是它犧牲了很多字的結構，簡化了部件，到達難以辨認的地步，純粹為左右往復的長短不等的橫綫。張旭感情激昂，不能自制，所以狂草不是使用的書寫方式或者字體，衹能作為藝術作品的創作手段。

圖 3－3－10

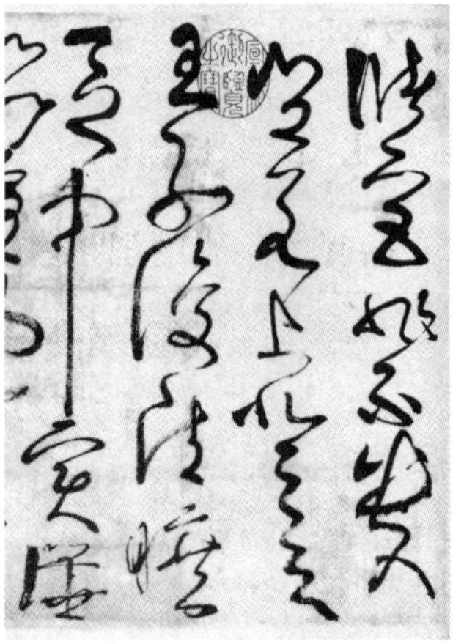

圖 3－3－11

懷素（725—785，一作 737—799），字藏眞，俗姓錢，僧人，喜飲酒，以草書聞名。李白專門作詩稱讚。《草書歌行》："少年上人號懷素，草書天下稱獨步。墨池飛出北溟魚，筆鋒殺盡中山兔。八月九月天氣涼，酒徒辭客滿高堂。牋麻素絹排數箱，宣州石硯墨色光。吾師醉後倚繩床，須臾掃盡數千張。飄風驟雨驚颯颯，落花飛雪何茫茫。

① 參見楊仁愷：《試談張旭的書法風貌和關於〈古詩四帖〉的初步探索》，《書法》1978 年第 1 期。

② 王鐵：《辨疑〈古詩四帖〉》，《書法》2006 年第 11 期。

起來向壁不停手，一行數字大如斗。恍恍如聞神鬼驚，時時祇見龍蛇走。左盤右蹙如驚電，狀同楚漢相攻戰。湖南七郡凡幾家，家假屏障書題遍。”李白用“須臾”形容懷素行筆迅疾，“龍蛇走”形容行筆的遊動，“左盤右蹙”形容筆畫橫向的盤曲和收放，“楚漢相攻戰”形容字形相互衝突和揖讓。唐呂總《續書評》：“懷素草書，援豪掣電，隨手萬變。”懷素的草法在於篇章的處理，字與字之間、行與行之間、上下左右關係，在《自敍帖》（圖 3－3－12）中得到充分反映。他把字當作了一個書寫單位，從整個佈局出發，在結構上綫條化，大小、輕重、徐疾用來控制節奏感，而不是文字結構的合理性，甚至犧牲了部分結構來完成這樣一件作品，參差錯落，顧盼照應，渾然一體。

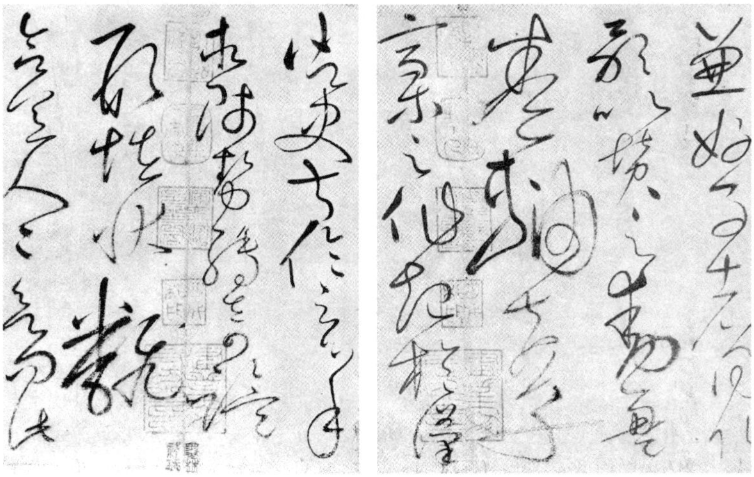

圖 3－3－12

黃庭堅（1045—1105）是北宋的狂草大家，較為有名的如《諸上座帖》（圖 3－3－13）。他在狂草的創作道路上更進了一步，更加注重具體筆畫綫條的變化，把楷書形態複雜的筆畫簡化為點和綫的運動，講究長綫的翻滾、迂回，向各個方向的伸展，又把綫濃縮為點，點的輕重、仰俯等各種姿態，每一筆、每一點都飽含著他充沛的情感。

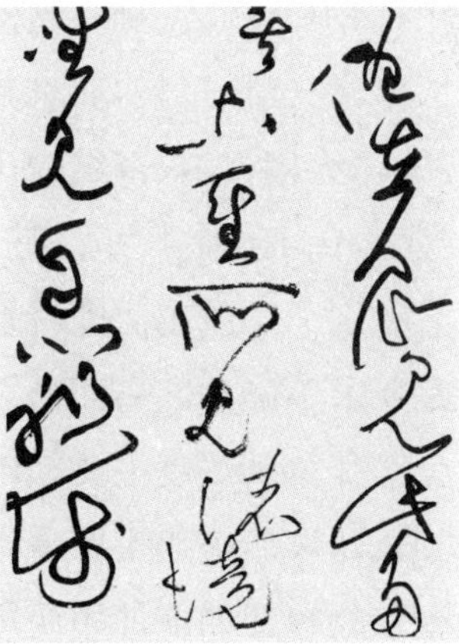

圖 3－3－13

張旭和懷素都是狂草大家，傳説中都是受到舞劍器的啟發。杜甫《觀公孫大娘弟子舞劍器行序》：“往時吳人張旭，善草書帖，數嘗於鄴縣見公孫大娘舞西河《劍器》。自此草書長進，豪蕩感激。”《樂府雜錄》：“開元中有公孫大娘善舞《劍器》，僧懷素見之，草書遂長，蓋準其頓挫之勢也。”公孫大娘的舞《劍器》，是一種舞蹈。舞蹈不僅富於動感，有縱橫上下之跳動，有剛柔相濟的身段，啟發草書的綫條變化，所謂“頓挫之勢”即遲疾之變化，借鑒為草書的節奏感。藝術的基本原理是可以相互溝通的,狂草作為一種高度抽象的空間藝術形式獲得舞蹈這種藝術啟迪不是偶然的。

宋徽宗趙佶(1082—1135)是一位富於藝術修養的帝王,金石書畫無一不通,書法的造詣不凡。他首創瘦金體,瘦硬之中透出秀麗飄逸。但是他的草書成就最高,又以狂草稱著。流傳到今的代表作有草字《千字文》(圖 3－3－14)。其字大小錯落,氣韻相通,富於節奏感,如疾風驟雨,驚濤駭浪。另一草書紈扇,雖然屬於小品,“掠水燕翎寒自轉,墮泥花片濕相重”,14 字一氣呵成,意氣飛揚(圖 3－3－15)。

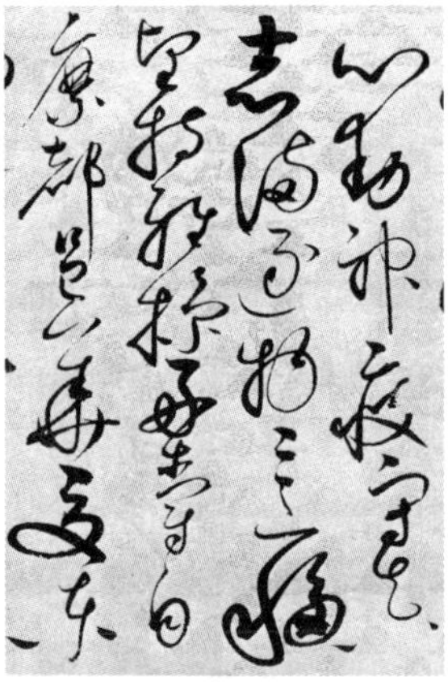

圖 3－3－14

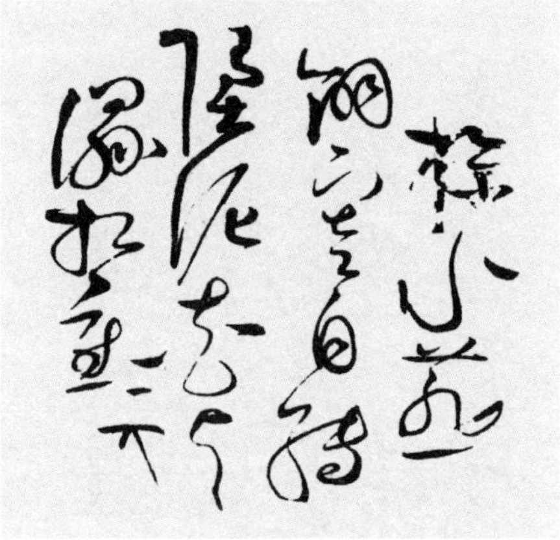

圖 3－3－15

狂草是眞草的延伸,作為草體没有法度是無法立足的,所以狂草依然是合於草法,不過是書寫放縱、草法寬鬆一點罷了。《宣和書譜·草書六》:“其草字雖奇怪百出,而求其源流,無一點畫不該規矩者。”明文徵明《藏眞〈自敍帖〉跋》:“藏眞書如散僧入聖,雖狂怪怒張,而求其點畫波發,有不合於規範者蓋鮮。”清高士奇《藏眞〈自敍帖〉跋》:“唐懷素書,奇縱變化,超邁前古。其《自敍》一卷,尤為生平狂草。然細以理度脈按之,仍不出於規矩法度也。”如果以抽象的法度來評判,那麼章草、今草和狂草就没有區别了。所謂法度就是法則,各種草書的法則是不同的,狂草的法度是寬鬆的,衹是要求不隨意亂寫而已。狂草在形體上有兩大特點,即虛化和連書。

狂草的法度主要體現在結構有依據,筆畫有來歷,特點是可以隨意地虛化,存其梗概即可。虛化主要是省略和簡化,省略就是不書寫,把這部分内容忽略了。簡化是把較為複雜的部件用簡單的綫條示意,有點代號化的意味,但又不是代號,因為没有一個明確的代號形式。連書就是字内筆畫連續書寫和字字之間的連續書寫。在今草中已經有連書的現象,但不是必須的,在狂草中連書是必備的要素。連書就是所謂的“一筆書”。一筆書,言氣息連綿,不停頓地書寫一字或者一行字。南朝梁庾元威《論書》:孔敬通“又能一筆草書,一行一斷,婉約流利,特出天性,頃來莫有繼者。”這是筆不離紙，連續書寫，字與字之間墨綫不斷，是實連。漢代草書的連寫是基本草法之一，一字之內連書十分普遍，偶然也能見到整字連書，除了前文舉的“移”外，還有(時)等，屬於實連。河北望都1號東漢墓中室券頂墨書有兩行字：“作事甚快與衆異”中的(快)兩個部分雖然不連，却筆勢貫通，屬於虛連，是一筆書的例子[①]。漢代是充滿吉祥語言的社會，瓦當上的長樂未央、長樂無極，希望人生延綿不絕，永無止境。漢代畫像石內有連理枝以及交尾龍等一筆畫成的圖畫。“幾何風格的一筆畫早在漢代就已經出現在畫像石、畫像磚和彩繪陶器上，其綫條婉轉盤桓，延綿不絕，形式與當今民間一筆畫十分接近。”“這些紋樣變化多端，最簡單的一種如8字形，似是常見蛟龍穿璧的簡化形式。”如山東微山兩城畫像石的兩棵連理樹，樹枝反復交叉勾連。同墓另一畫像石，西王母坐下，兩鳥長尾糾纏編聯(圖3-3-16)。在山東濟南章丘洛莊漢墓青銅錞上的鷹紋用突出的綫構成，從頭到尾一筆不斷(圖3-3-17)，這是最有代表性的一筆畫[②]。

圖3-3-16

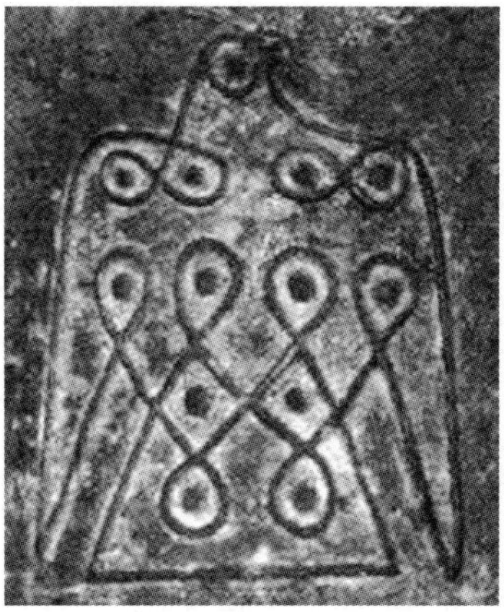

圖3-3-17

這些圖畫的連綿不絕、循環往復正是當時風尚的體現。一筆畫到一筆書是自然的發展過程，況且早在西漢、東漢中期草書就有連筆書寫的慣例了。傳張芝創一筆書，如果聯繫這個背景，是可信的。不過一筆書並不能在日常使用，因為既沒有必要，也沒有可能。狂草迅疾放縱，一筆書正可得其用武之地，它屬於狂草的一種書法形式。唐張懷瓘《書斷》卷上“草書”：“字之體勢，一筆而成，偶有不連，而血脈不斷。及其連者，氣候通而隔行。惟王子敬明其深指，故行首之字，往往繼前行之末，世稱一筆書者，起自張伯英，即此也。”唐韋續《五十六種書》：“一筆書，弘農張芝臨池所製，其狀崎險，有迴圈之趣。”張芝的一筆書基本是筆畫不斷，是實連，偶有不連筆勢和氣息上

① 河北省文物管理委員會、北京歷史博物館：《望都漢墓壁畫》，中國古典藝術出版社1955年版。
② 鄭巖：《一筆畫》，《文物天地》2002年第5期。

的意念連續，用虛連。記載的一筆書與傳張芝的《冠軍帖》的草書草字相符，此帖不是一般的今草作品，而是狂草作品。以後懷素、張旭等狂草都是一筆書，實連、虛連間相用之，因此一筆書是狂草的重要草法。

狂草形體上的最大特點是放浪形骸，寄情綫條的美感。狂草書把形體作為一種媒介，主要著眼於筆畫的種種變化，以綫條為中心，調節形體的仰俯、大小、左右，用綫條的徐疾、輕重、曲直，顯示出某種節奏，創造一種高度抽象的綫條美，抒發書寫者的情感。

前文在分析張旭的《古詩四帖》時已經談到字形的虛化，特別是“豈若上登天”內數字，未見往復折綫，不見字形。筆者再以比較規整的懷素《自敘帖》為例：

曾，（孫虔禮書譜）>；　姿，>（孫虔禮書譜）；

顛，（智永千字文）>；　超，（智永千字文）>；

挹，（孫虔禮書譜）>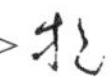；　聲，（智永千字文）>；

諸，（王羲之胡母帖）>；　澹，（孫虔禮書譜）>。

可見各種部件均以隨意的曲綫來表示，一帶而過，這些曲綫十分近似，如果不是十分熟悉草書或者所寫的內容，很難辨認。

狂草需要書寫者具有高超的技藝，深厚的文化素養，比起一般草書的書寫難度更高，所以歷史上能以狂草成名衹是鳳毛麟角。狂草的虛化和連書的特點，使得字跡不容易辨認，一般不能在實用文書的場合使用。相反，那些作為藝術品來説，豪放不羈的書法風格，多變的形體，是審美的對象，所以狂草一般是用作藝術創作，其書跡是珍貴的書法藝術作品，它是草書中非常特殊的一類。

一般字體是作為書面交流手段存在，即使是草書也是以公衆識讀為度，提出章草就是尋求草書的標準化，提高它的使用價值。狂草不同，它不要求別人能清楚辨析字形，當然人們可以根據已知內容反過來認讀文字。具體地説，它的重點不在結構，而是筆畫綫條，通過綫條的徐疾、縱橫、攲斜、曲直、粗細的抽象形式傳遞自己的心靈感受，因此它必須擺脱規整字形結構的束縛，解放手足，讓濡墨之毫無所拘束，跌宕飛揚起來。

狂草是一種完全藝術化的書體，它的形體特點是虛化草書形體，求異求新。唐戴叔倫《懷素上人草書歌》：“楚僧懷素工草書，古法盡能新有餘。神清骨竦意真率，醉來為我揮健毫。始從破體變風姿，一一花開春景遲。”狂草是寬鬆的字形規範，乘著興致，一路寫來，隨機而動，因勢造形，受到章法和上下字的影響，決定字形處置。

狂草與古代繪畫藝術的區別在於抽象和具象。繪畫是表現一定的物件，被畫的物件和繪畫作品之間有具體的形象聯繫，可以加以比較，因為有具體形象，誰都能看懂，從中體會情景，得到感染和享受。狂草没有具體的形象，甚至没有字形的標準，人們衹能從綫條的運動變化以及已知的書寫内容得到感染，獲得精神上的刺激，產生快感。所以它還要求書寫者和觀賞者要有一定的文化修養，一定的書法藝術素養，否則無法體會狂草的藝術魅力。

狂草是表現作者宣洩情緒、表達情感的書寫行為，創作特別需要創造一個良好的氛圍以及書寫的媒體。狂草帶有一定的表演色彩，適合在公共場合書寫，由衆人的欣賞和喝彩形成創作氣氛。因為狂草是一種情感的宣洩，平静狀態不利於發揮，需要激情，這種激情可以由人的歡聚、感情交流得來，也可以從酒精的刺激中促使感官衝動，使人在控制力削弱的情狀下，自然擺脱字法，即興發揮，迅疾中得到靈感。《新唐書·文藝傳中·李白附張旭》："每大醉，呼叫狂走，乃下筆，或以頭濡墨而書，既醒自視，以為神，不可復得也，世呼為張顛。"誠如唐陸羽《釋懷素與顔眞卿論草》所記懷素言："吾觀夏雲多奇峰，輒常師之，其痛快處如飛鳥出林，驚蛇入草。"夏日氣象遽變，風雲突起，瞬間雲象變幻，不可名狀，這是一個面，飛鳥出林，飛出是直綫，驚蛇入草，遊動的是曲綫，狂草是以面帶動綫的變化，字體、筆畫變化皆由形勢決定。

狂草不是實用的字體，很難書寫正式的文書，不能在正式的場合使用。它多半是粉壁、屏幛。竇冀《懷素上人草書歌》："長幼集，賢豪至，枕糟藉麴猶半酣。忽然絕叫三五聲，滿壁縱横萬千字。"魯收《懷素上人草書歌》："有時興酣發神機，抽毫吮墨縱横揮。風聲吼烈隨手起，龍蛇崩落空壁飛。……行路談君口不容，滿堂觀者空絕倒。"或者大幅的卷軸等，寫的内容以詩歌為主，如杜甫《飲中八仙歌》："張旭三杯草聖傳，脱帽露頂王公前，揮毫落紙如雲煙。"

狂草是草書的即興發揮，是草書的延伸。狂草與草書很難截然分開。狂草書家都是精於草書的大家，有堅實的楷書功夫，有很好的書法底子。張旭雖以狂草聞名，但是他的楷書作品開元二十九年(741 年)《郎官石柱記》和天寶元年(742 年)《嚴仁墓誌》，氣息沉穩，工整平和，楷法精熟。

高閑，烏程(今浙江吳興)人，在湖州開元寺出家，後入長安，住薦福寺、四明寺等，工草書，宣宗嘗詔入對御前草聖，賜紫衣。宋董逌《廣川書跋》卷八："其學出張顛，在唐得名甚顯。"宋陳思《書小史》云："高閑善草書，師懷素，深窮體勢。"高閑師出顛、素，兼有張旭肥勁和懷素的瘦硬，自成風格。韓愈與之相交，頗為稱道。韓愈《送高閑上人序》："往時張旭善草書，不治他技。喜怒窘窮，憂悲、愉佚、怨恨、思慕、酣醉、無聊、不平，有動於心，必於草書焉發之。觀於物，見山水崖谷，鳥獸蟲魚，草木之花實，日月列星，風雨水火，雷霆霹靂，歌舞戰鬥，天地事物之變，可喜可愕，一寓於書。故旭之書，變動猶鬼神，不可端倪，以此終其身而名後世。今閑之於草書，有旭之心哉！不得其心而逐其跡，未見其能旭也。為旭有道，利害必明，無遺錙銖，情炎於中，利欲鬥進，有得有喪，勃然不釋，然後一決於書，而後旭可幾也。"

草書自從在漢代獨立成體之後，風行了200多年，一度成為主流的常用字體，隨著不斷強化規範，使得草書與眞書的距離越來越遠，學習草書的難度不斷提高。魏晉時期草書的藝術性提高，運筆、結構以及藝術化，草書越來越靠近書法藝術，越來越離開大衆的日用。魏晉以來便捷的行書登上歷史舞臺，取代草書作為主流書體。草書出現了分流，一是作為一種藝術書法，它就是純草；一是融合於行書，部分常用草字存在於行草書中。宋代以來純草書實際已經退出實用領域，越來越顯示出造型藝術的傾向，因此其發展的方向要麽復古，寫章草，要麽寫狂草，純粹成為一種藝術品，充分彰顯書寫者的人格魅力，最為有名的是北宋黄庭堅。明代是思想活躍的時代，書法界鍾情於創造流派，草書是最少章法的書體，充分展示綫條和塊面的組合變化。

變異就是在書寫之時隨意改變形體，形成更多新的草書異體字。其實這種變異在草書形成之中一直存在，在漢魏草書已經具有比較規範的形體之後再出現這種現象，就顯得混亂了。隨便書寫草書在當時的文人中是一種常見現象，傳陸機的《平復帖》草字形體就與漢草多有差異，而精於草法的二王父子草書亦多不合草法。唐代以來，不遵循草書，自由發揮形成風氣。李洪智研究唐代以來的草書變異，指出這種現象更加突出，且帶有創作性質。他把智永《眞草千字文》、孫過庭《書譜》作為標準，比較傳張旭《古詩四帖》、懷素《自敍帖》、黄庭堅《憶李太白舊遊詩卷》、王鐸《五律四首草書詩卷》，看出了很大的差別。具體表現為：主筆和牽絲不分、改變筆順、改變部件、筆畫的順序、省略和增加環節[①]。不過唐代以來的草書有兩種：少部分是嚴格草法的草書，通篇草書，而且遵守草法；更多的是行草或者狂草，前者常以自變行書摻入草書，或者自造草書，狂草是藝術創作，按例可以變化草法。其實草書中的變異有兩種情況：一種是無意識的變化，無意為之；另一種是有意識的變化，故意為之。通過這種變異，取得了更大的藝術創作的自由。王獻之曾對他父親説過，希望王羲之取藁、行之間，藁是自由草書，可以變通草法，行就是行書，草書中夾有行書。這個思想對後世的草書使用產生了很大的影響。唐代以後的純草越來越少，行草書流行，而且草書形體的自由度很大，變體越來越多。明代陶宗儀《書史會要》卷七：元代高翼，“正、草、行書皆從晉宋規矩中來，但以不知六書偏旁，時作謬字，為識者所鄙耳。”這種不顧字法、追求書法效果的做法，在元明是時尚。

明代文人思想自由，審美趨於世俗，喜尚立異，此為狂草之時代溫床。著名的狂草書家有宋克、徐渭、祝枝山等。

宋克，明代初期書壇巨擘，精通今草、章草，用古法草書滲入今草，更有自由發揮，常常摒棄成法，另闢蹊徑，創造奇特的草書形體。宋克用非常規的書法改變了草書的形

① 李洪智：《談談唐代以來的草法變異現象》，《書法叢刊》2009年第1期。

體，造就了一個奇幻的草書藝術境界。以《進學解》墨蹟為例，草書變化的具體辦法有以下幾種：

一是改變筆畫形態。如：（國），將“或”之斜勾變作豎，（太）“太”下一點寫成一横，（春）、（必）引入章草筆畫形式。二是改變比例。如：（號），“号”小而“虎”大；（幾），上緊而下松，異於常體；（爬），“爪”小而“巴”特大。三是改變佈局。如：（剔）之“刀”改右置為下置；（選）之“巽”上部突出辶外，别有異趣。四是改變結構。如：（斥），“斤”内不出頭，而宋克草書出頭，因而“斥”字似“升”；（華），此字草書下横兩側有點，而宋克衹在右側一邊加點，且草字中心豎筆出頭，悖於常法。（年），不用今草習慣寫法，而從篆字結構從“禾”、從“千”，再加變化，面目大異。五是改變筆順。如：（渾），其中“軍”内之“車”，先横次豎再横，最後加兩横中的兩點。（搜）之“叟”與“軍”相同，也有逆筆順現象。（攘），其中“襄”之上筆與下“衣”之豎筆合為一豎，隨之三横、撇、捺，均依次鋪開。六是藁書草法。如：（時）、（聲），宋克棄用現成草字形體，另起爐灶，採用自擬行草寫法，創造新體。如“時”之“寺”本省“土”，而宋不省；“聲”之上部似“敖”，這類形體不易識别，（精）也不是今草寫法，而是行書夾草，“米”寫法變形，“青”下部把牽絲實寫，横畫介於左豎中間，“月(丹)”寫似“由”。

宋克草書之變，為變而變，刻意出奇。明詹景鳳《詹氏小辨》謂：“國朝楷、草推三宋，首稱仲溫，然未免爛熟之譏，又氣近俗，但體媚悦人目爾。”宋克素工草隸，深得鍾、王之法，筆精墨妙，草書放浪形骸，不拘常法，標新立異，如奇峰突起，開啟有明一代草書風氣。

江南為富庶之地，文化發達，書法藝術引領潮流。宋克之後，蘇、松一帶出現了兩位草書大家，皆以狂草聞名。張弼(1425—1487)，字汝弼，號東海，華亭(今上海松江)人，官南安(今江西大庾)知府，人稱張南安。公務之餘耽於詩書，讀書不治章句，獨慕古人奇節偉行，雅善作草書，尤以狂草名世。明王鏊《中議大夫江西知南安府張公墓表》：“其書尤多自得，酒酣興發，頃刻數十紙。疾如風雨，矯如龍蛇，欹如墮石，瘦如枯藤，狂書醉墨。流落人間，雖海外之國，皆購其跡，世以為顛張復出也。”張弼草書不拘成法，後來多有詬病。明楊慎《墨池瑣録》卷二：“黄山谷云，近時士夫罕得古法，但弄筆左右纏繞，遂號為草書。蓋前世已如此，今日尤甚。張東海名曰能草書，每草書，鑿字以意自撰，左右纏繞如鎮宅符篆。文徵明嘗笑之云：‘《草書集韻》尚未經目，何得為名書耶？’”草書過於簡省，虚化點畫，點畫牽連為曲綫，形體無法辨認，故斥之為符篆。金代的《草書韻會》改變而成《草書集韻》，為按韻編排的草字編，明代初年草書取法此書。文徵明以此譏笑張弼不通草法。

張駿，字天駿，號南山，與張弼同鄉。明王世貞《藝苑卮言》：“有張天駿者，亦華亭人，以書直內閣，至工部尚書。用南安體，更變輕弱。”他遠法懷素，學南安體而怪誕猶過之，筆走龍蛇戰鬥之勢，但筆力孺弱而傷於雕琢。此後南路體、梅花體皆發軔於張弼南安體，除了書法藝術方面遭到批評外，用筆狂放、強合鉤連、結體多疏，都是超越正規草書的狂草形體[①]。

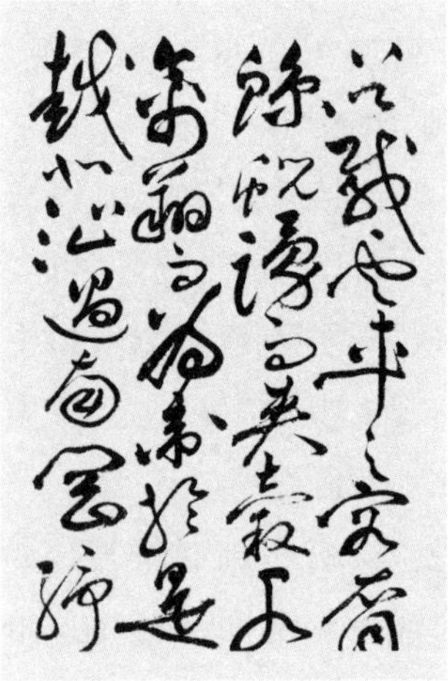

圖 3－3－18

祝允明(1461—1527)，字希哲，號枝山，長洲(今江蘇蘇州)人。他能詩文，工書法，《明史》稱之“尤工書法，名動海內”，是繼宋克之後的著名草書大家。草書宗法晉唐，揚張旭、懷素草書之勢，自成一體，狂草自成一家，頗受世人讚譽。他尊重傳統，又不屑於步鍾、索、羲、獻的後塵，成為奴書。楚漢項羽和五代史弘肇皆以勇猛稱著，祝允明以之自比，足見創作狂草之胸懷。代表作有草書長卷《洛神賦》(圖 3－3－18)。

在唐代狂草出現時就有欣賞者和反對者，兩者的出發點不同，欣賞者視為藝術神話，否定者視同兒戲。狂草從實用的字體演變為藝術作品，是一種事物的異化現象，是草書的快捷特點走向極端，也是草書的省、簡、連的形體特點發揮到極致，給草書帶來了很大的負面效應，人們草率地將草書與狂草混為一談，實用的草書和藝術的狂草難分場合，個性化的草書衝擊了傳統的草法，促使草書從實用的字體走向純藝術的書體。從宋代開始，純草字體已經難得見諸文牘，衹是書法藝術的專用字體了。因此草書無可奈何地没落下去了。

草書是一種簡易快捷的書體，最終形成一種不太規範的字體，隨意性比較大，大部分人行草夾雜，若行若草，有的還隨時自創草字。因此它像俗體字一樣，衹能在一定範圍內使用，不能作為正規字體流行。不過草書的便捷性與俗體字是相通的，部分俗簡字就是從草書轉化而來的。

① 參閱張金梁：《南安體、南路體、梅花體研究》，《中國書法》2005 年第 6 期。

第四章　推廣草書之努力

第一節　草書教學方式

草書是一種很特殊的字體，認草寫草不在識字之初，而是在掌握眞書之後，靠自學而成，主要通過臨摹名家的書跡學習草書。在東漢時代已有歷史記載，所謂的“楷則”就是這個意思。帖本是草書入門的必經之路，帖本大致有兩種：一種是草書帖，通篇草書。一種是旁注眞書的眞草兩體帖。眞草並出，以資認讀，方便學習。從理論上説，凡是書家的草書都可以採用，實際上衹是限於王羲之《十七帖》之類的少量名帖。這是因為草書難以寫得標準和優美，加之草書富於變化，有規範的，也有不甚規範的，名家書跡所具有的權威性，是人們選擇他們字跡作為範本的原因。宋姜夔《續書譜》：“大凡學草書，先當取法張芝、皇象、索靖等章草，則結體平正，下筆有源。然後仿王右軍，申之以變化，鼓之以奇崛。若泛學諸家，則字有工拙，筆多失誤，當連者反斷，當斷者反續，不識向背，不知起止，不悟轉換，隨意用筆，任筆賦形，失誤顛錯，反為新奇。自大令以來，已如此矣，況今世哉！”張芝、皇象、索靖都是歷史上的章草名家，宋代雖然學習章草的人已經不多，但是姜夔的觀念比較傳統，主張學習今草必須從章草這個源頭開始，所以先列章草名帖，再提出今草的王羲之諸草字帖。

王羲之《十七帖》是王羲之寫的信札，本為唐太宗李世民收藏的王羲之墨蹟之一，因第一帖以“十七”開頭，故稱。唐張彦遠《法書要錄·右軍書記》：“《十七帖》長一丈二尺，即貞觀中內本也，一百七行，九百四十三字，是煊赫著名帖也。”張彦遠所記與所見今本行字均不同，今傳本凡 27 帖，134 行，1 160 字（內含楷書 4 行 20 字）。傳世有兩種本子：有“敕”字唐弘文館館臣解無畏勒石、褚遂良校定之唐刻本，有唐賀知章臨本，被南唐李後主刻入《澄清堂帖》，後被摹刻入《淳化閣帖》中。宋以來，《十七帖》的摹刻本衆多，以姜宸英、邢侗、吳寬等藏本，以及文徵明朱釋本為佳。《十七帖》草法純正，歷來奉為草書圭臬。目前所見以上海博物館藏宋拓卷子本《十七帖》（圖 3－4－1）最佳。此類草書本來不是專供臨習之用，所以没有眞書釋文。

唐人摹本王羲之《漢時帖》墨蹟，又稱《講堂帖》（圖 3－4－2），一行眞書一行草書相對照，各 5 行。前 2 行為唐人摹本，後面為趙孟頫補書。《漢時帖》文字在《十七帖》，但此本與《十七帖》刻本有異。

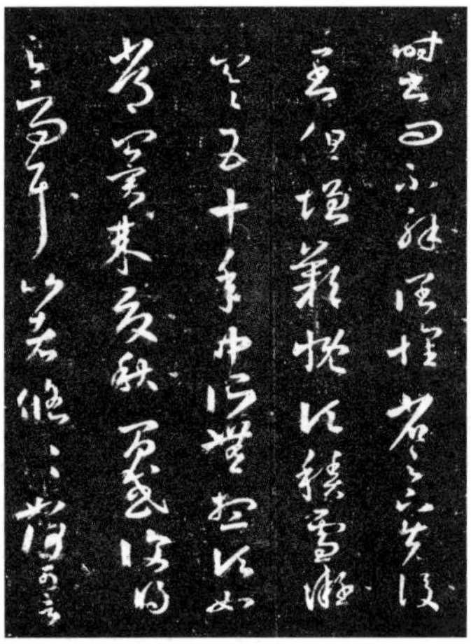

圖 3－4－1

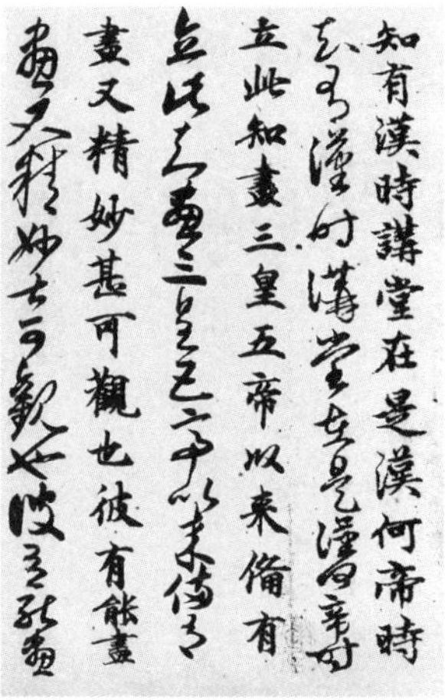

圖 3－4－2

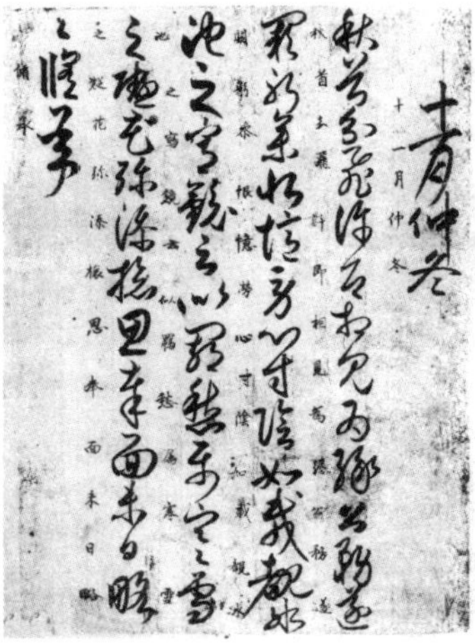

圖 3－4－3

《唐人月儀帖》(圖 3－4－3)黄麻紙本墨蹟,傳唐人書,又名《唐人二十月友朋相聞書》。現藏臺北"故宫博物院"。明初解縉在跋中指為唐人書。《石渠寶笈・三編》:草書 53 行,541 字,《月儀帖》草法純熟,在草書旁用小字注以眞書,這顯然是後人注上的字,為臨寫時認讀草字之用。因為草書大,眞書小,眞書衹是旁注,並不改變整個作品的格局,嚴格地説這種還是草書帖本。

今草帖本晚於章草帖本,採用《千字文》為内容,尤以王羲之傳人智永所書為最佳。智永,本名王法極,陳隋間人,在會稽永欣寺為僧,是王羲之七世孫。南朝梁的《千字文》一出,打破了《急就章》作為唯一蒙書字帖的狀況。

史傳《千字文》有兩種:《梁書・文學傳上・周興嗣》載周興嗣,字思纂,陳郡項人。博通記傳,善屬文,文美。高祖"《銅表銘》《栅塘碣》《北伐檄》《次韻王羲之書千字》,並使興嗣為文"。《梁書・蕭子恪傳附弟子範》:蕭子範字景則,除大司馬南平王戶曹屬,"使制《千字文》,其辭甚美,王命記室蔡薳注釋之。"《隋書・經籍志一》有《千字文》一卷,梁給事郎周興嗣撰,又《千字文》一卷,梁國子祭酒蕭子雲注。《舊唐書・經籍志上》:《千字文》一卷,蕭子範撰,又一卷周興嗣撰。《千字文》唯傳周興嗣本,蕭子範本不傳。《劉賓客嘉話録》記之稍詳:"《千字文》,梁周興嗣編次,而有王右軍書者,人皆不曉其始。梁武教諸王書,令殷鐵石於大王書中,撮一千字不重者,每字一片紙,雜碎無敍。武帝召興嗣,謂曰:'卿有才思,為我韵之。'興嗣一夕編次進上,鬢髮皆白,而賞賜甚厚。右軍孫智永禪師自臨八百本散與人外,江南諸寺各留一本。"

周氏書寫的眞草《千字文》800 餘本,分贈各個寺廟,各處流傳,風靡一時。當時智永書的《千字文》流傳多種寫本,現在剩下兩個完整的本子,一是流入日本的墨蹟本,有人認為是唐人的摹本(圖 3－4－4);一是西安碑林北宋大觀三年(1109 年)的薛嗣昌摹刻本,即所謂的石本(圖 3－4－5)。石本與墨蹟本形體基本一致,不過筆致緊結,不如墨蹟本飛揚。宋錢易《南部新書》壬集:“智永禪師,傳右軍父子筆法,居長安西明寺。從七十到八十,十年寫眞草《千字文》八百本。每了,人爭取之。但是‘律召調陽’即其眞本也。石本是內降,貞觀年中也。俗本稱‘律呂調陽’,誤也。蓋以草聖‘召’字似‘呂’字耳,以‘閏餘’對‘律召’,是其義也。徐散騎最博古,亦誤為‘呂’字。”此外,據啟功考證,還有兩個殘本:法藏敦煌墨蹟本和《群玉堂帖》中殘本。法藏《千字文》殘本為絹本,眞草共 34 行,尾題眞書:“貞觀十五年七月臨出此本,蔣善進記。”與墨蹟本相比,“衹有一個眞書字和幾個草書字與日本藏本稍有小差別外,其餘無一不似。”[①]《群玉堂帖》為南宋韓侂胄所刻,字跡與墨蹟本“十分一致”。兩個殘本與墨蹟本實為同一祖本,薛嗣昌摹刻本雖然稍遜,皆傳智永草書。智永寫本法度嚴謹,是唐宋以來草書入門的重要範本。

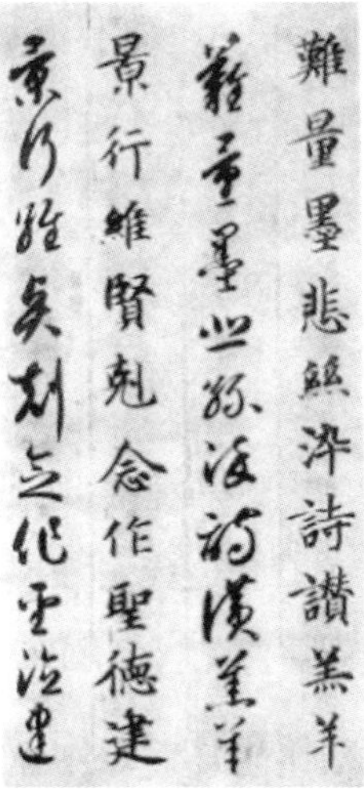

圖 3－4－4

圖 3－4－5

一代有一代的風氣,宋人書法重視行草書,寫草書的人不是很多,草書衹是私人領域內的消遣之物,藝術性多於實用性。宋代的草法不甚嚴格。蘇東坡說:“草書患無法。”[②]就是要人們重視學習草書結構,寫草書要講究草法。宋代諸帝都青睞草書,無論章草、眞草,均具有很高的修養。宋室對草書的酷愛,還破天荒地頒發了草書銘文錢。

宋代帝王流傳到後世的墨蹟也很多,最有名的是宋徽宗趙佶的草書《千字文》,草書紈扇,遒勁瀟灑。其子南宋高宗趙構也是草書大家,草書結構規範,筆畫精到,風格

① 啟功:《說〈千字文〉》,《文物》1988 年第 7 期。
② 見宋趙令畤《侯鯖錄》卷三引。

雅馴。眞草《千字文》深得智永神髓，眞草合璧的《嵇康養生論》長卷是其代表作（圖3－4－6）。因為帝王的提倡，草書的草法受到重視，南宋時出版的依照韻書編排的《草字編》與之不無關係。

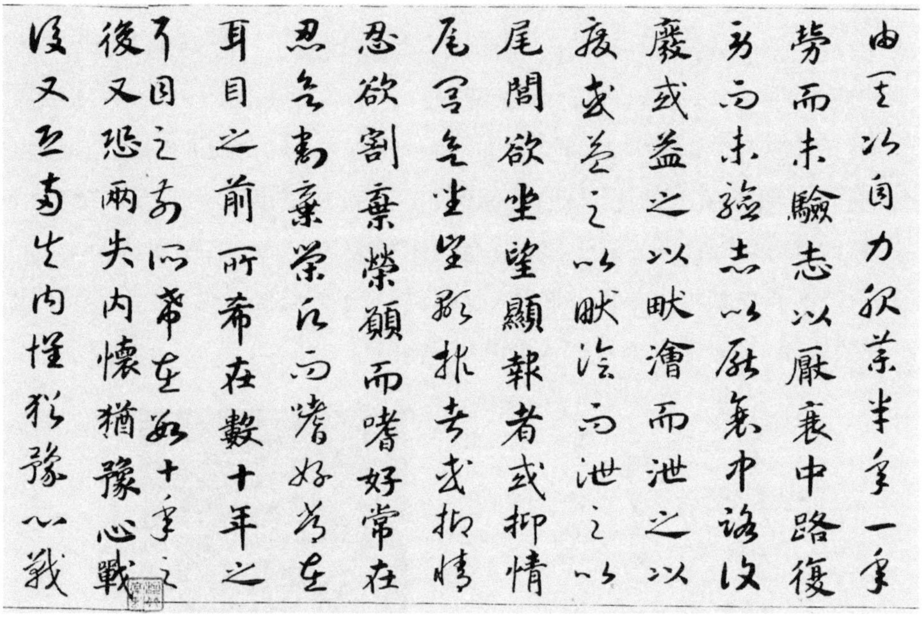

圖3－4－6

著名書法家的草書作品有限，要廣為流傳，就要複製。人們臨摹複製品的話，如果複製技術粗疏，就容易形體失眞。

雙鉤廓填也稱向拓，是古代常用的複製技術，費時之外，還需要高超技術。從石刻上捶拓是取得拓本的途徑，是有效的複製方法，至晚在南朝開始流行。唐張懷瓘《書斷》卷中記：張融書兼諸體，於草尤工，“然齊梁之際，殆無以過。或有鑒不至深，見其有古風，多誤寶之，以為張伯英書也，而拓本大行於世。”可見齊梁間名家書跡的拓本已經“大行於世”了。好的拓本可以保證字形不失眞，是當時重要的草書範本形式，許多草書帖本都是依靠拓本傳至後世的。中國的印刷術到宋代達到了成熟的階段，大量的書籍通過印刷廣為流傳，促進了文化的飛速發展。印刷技術也在草書推廣中發揮了作用，木板印刷的草書帖本無疑為社會提供了價格便宜、字形可靠的草書教材。

宋代是草書字書取得很大發展的時代，除了採用印刷術這個當時的先進技術外，還有兩點值得稱道：其一，採用韻書為媒介。其二，編成歌訣，這就是《草書禮部韻》和《草書百韻歌》的出現。從而湧現多種草書字書，促使草書從少數人的筆端，流向了更加廣泛的人群。

第二節　從《草書禮部韻寶》到《草書韻會》

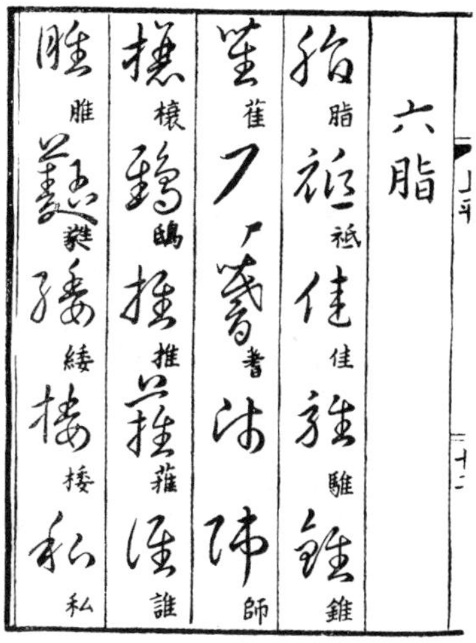

圖 3－4－7

南宋陳汶編集的《草書禮部韻寶》(圖 3－4－7),也叫《草書禮部韻》,它是以《禮部韻略》為藍本製作的。《禮部韻略》與《廣韻》《集韻》同時流行於世,同為 206 韻,但是收字較少,衹有 9 000 多字。此書是為科舉考試之用,科舉屬禮部,故稱《禮部韻略》。宋趙彥衛《雲麓漫鈔》卷五:"《禮部韻略》,始於科舉用律賦,取《六經》中字為之,故曰略。"全書按仁宗頒佈《禮部韻略》韻部排列,每一草字右下注明眞書小字,同一字通常列草字一個,偶然也採多字,凡 22 196 字。值得注意的是,這些草書皆出於當時皇帝之手。序云:"臣仰惟高宗皇帝釋去萬幾(機),遊戲翰墨,朝夕不倦,聖心沖澹,不累於物,合於道矣。宜其超妙入神,不可摹擬。御書《禮部韻》眞草兼備,凡二萬二千一百九十六字。臣與懃得而祕藏之。臣汶刊置墨妙亭以為萬世之寶。"陳汶得宋高宗手跡,由趙與懃摹刻於"墨妙亭"。好事者又根據"墨妙亭"刻本刊印行世。現見的本子是元刊本,鄭竇賢作序之至元二十五年(1288 年)刊本。元刊本鄭竇賢稱宋高宗為高廟,稱己為臣,還是對宋高宗君臣相稱。據鄭竇賢説,元本是得廬陵善本翻刻,可見《草書禮部韻》傳本之廣,早從南方流傳到金、元統治的北方了。這是第一本韻書體例的草字編,人們可以據韻查草字,對熟悉音韻的人非常方便。

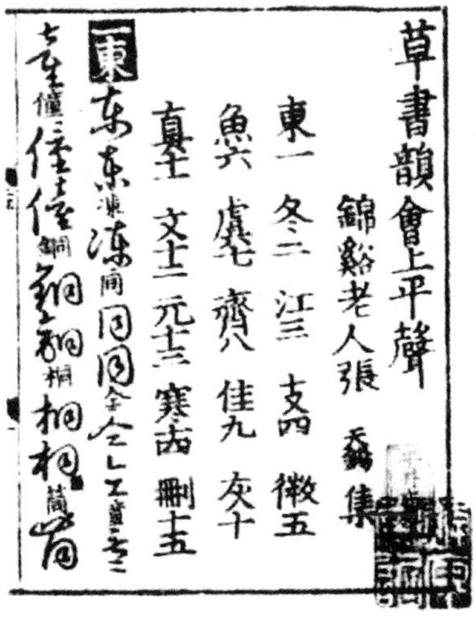

圖 3－4－8

金代的《草書韻會》是繼宋代《草書禮部韻》之後的草字韻書。

王羲之的草書墨蹟有限,如果要對應很多漢字,就不能宥於王羲之,而是採衆家之長。金代錦溪老人張天錫(字君用),草書師法晉宋,亦善大字,章宗時,諸殿宇匾皆出其手。張天錫收集歷代名家字跡,取漢章帝至金代善書者共 257 人草字,於金正大六年(1229 年)彙編成《草書韻會》(圖 3－4－8)。此書分 106 韻,草字依韻羅列,下注眞書小字,趙秉文為之序。趙為金代文學家、理學家,官至禮部尚書,可見此《草書韻會》的地位非同一般。入元,增添了書法家鮮于樞的名字,改名《草書集韻》。明代洪武初年去掉趙秉文序以及羅列的諸書家姓名,以《洪武正韻》編次重刊,但是刊刻粗劣。明楊慎曾經見過此書,至清代逐步湮没不傳,日本有慶安四年(1651年)翻刻洪武本,尚見存在。楊慎《墨池瑣録》:"金張天錫君用號錦溪,嘗集古名家草書一帖,名曰《草書韻會》。其所取歷代諸家,……余猶及見金人板刻,其精妙神彩,不減法帖。至元末,好事者又添鮮于樞字,改名《草書集韻》,刻已不精。洪武中,蜀邸又翻刻,并趙公序及諸名姓皆去之,刻又粗惡,重可惜也。"韻書一般用於科考和作詩,知韻者對草字韻書當然稱便,但是更多不熟悉音韻的習草者就不甚便利了。

口訣原本是道家、佛家口傳的訣法,念動口訣,能調動法術,極具神祕色彩。師徒之間傳授口訣,是傳承祕術的重要途徑。唐懷素《自敘帖》:"夫草稾之作,起於漢代,杜度、崔瑗始以妙聞,迨乎伯英,尤擅其美。羲獻兹降,虞陸相承,口訣手授。"學習草書,除了以親手傳授之外,就是通過口訣來學習草法,記住草體。依照懷素的説法,草書口訣由來已久,恐怕漢代就有這個辦法。宋代以來口訣在各個行當中盛行起來,把技藝的要點編成短句,句末有韻,琅琅上口,便於記頌。學習草書本身就是一種技術,但是口訣過於短小,容量有限,不能滿足草字結構的陳述,歌訣具有口訣的通俗和押韻優點,但是篇幅比較大,所以有人也採用歌訣來編寫草書的教材,《草書訣》就是這個背景下出現的。

第三節　草訣歌之流行

南宋陳元靚《事林廣記·文藝類》有"草書訣法""集王羲之書",序曰:"《草書訣》,其傳蓋久,早歲嘗見跌跌望書《千文》,標卷首者裁百許字,而喜頌記,唯患其不傳也。皇祐中,因官豫章,始得完本於溫希古,即故大參仲舒之孫,家藏最眞,至有一百二十韻,凡四百一十字,居常研玩,頗有所適。後益觀諸家之帖,沿波討源,聞見繁夥,乃刊其尤疏者三,重出者十九,偏旁之重者三十五,其字易曉,不涉疑似者三十六,正其誤者八,因補所缺漏者三十七。復泛言為書之旨,附三十字於首末,裁損共取一百韻,雖未大備,猶愈於曩之猥并,亦足發臨池之蒙云。"胡道靜認為,此本《草字訣》引文對於流傳原委,"交代最為明晰",後來唐順之《稗編》(卷七十八)、倪濤《六藝之一録》(卷一百七十三)、《古今圖書集成·字學典》(卷四十八)所載皆失[①]。從這段文字中,署名為采眞子的人敘述了《草書訣》的由來。這個《草書訣》自稱"集王羲之書",得百餘字,為便於記頌,編集成文,漸漸流傳開來。宋代編集的《草書訣》前面加注"集王羲之書",集王羲之書法成文,古代有成例,如懷仁《集王羲之聖教序》就是收集王羲之的墨蹟編輯成文,成為書法研究的經典範本。王羲之的眞草俱佳,號稱書聖,所以草書集王羲

① 見《〈事林廣記〉前言》,中華書局1963年影印本。

之書是很自然的事。但是所謂“王羲之書”並不代表是王羲之的作品。明楊慎《書品》曰:“《草書百韻歌》,乃宋人編成,以示初學者,托名王羲之。近有一庸中書,取以刻石,而一巨公序之,信以為然。有自京師來滇,持以問余,曰:‘此羲之《草韻》也。’余戲之曰:‘字莫高於羲之,得羲之自作《草書百韻歌》,奇矣。又如詩莫高於杜子美,子美有《詩學大成》,經書出於孔子,孔子有《四書活套》,若求得二書,與此為三絕矣!’其人愕然,曰:‘孔子豈有《四書活套》乎?’余曰:‘孔子既無《四書活套》,羲之豈有《草書百韻》乎?’其人始悟。信乎,偽物易售,信貨難市也。”[①]至於《草書訣》成書的年代,此序也可以透露一些消息。原來持有《草書訣》的溫希古,其祖溫仲舒為太平興國二年(977 年)進士,眞宗朝任參知政事。溫希古所謂“家藏”,説明是前輩傳下,很有可能源於溫仲舒。至少此書在北宋中期就已經流傳,成書的年代當然在此之前。

北宋仁宗皇祐年間(1049—1054)采眞子在南昌做官,從溫希古處得到比較完整的傳本,124 韻,凡 410 字。采眞子經過長期斟酌,對舊本作了重大的修改。集字不限於王羲之,廣取“諸家之帖”。删除重複,改正訛誤,成為一百韻(句),並且增加了本篇的宗旨。但是《事林廣記》裏的《百韻歌》為五言歌,152 句,兩句一韻,不足百韻之數。其實《事林廣記》衹是彙編之作,這個《草書訣》自北宋以來,已經在社會上流傳很久,之前有宋皇祐采眞子改編本存世。《草書訣》把那些常用的草字集中起來,採用五言歌訣形式,琅琅上口,便於記頌。因為此書是學習草書的橋樑,在元明流傳甚廣。早期的《事林廣記》本以楷字詩句為主,句端把説明的草字列出,説明結構的草字衹列 1 個,如“‘步’須牛引足”這句句端列草字“步”字。作比較的列出相關的 2 個或 3 個草字,如“常言‘孝’似‘存’”,句端列出“孝”“存”兩個草字,“‘方’‘勞’並若‘身’”,句端列出“方”“勞”“身”三個草字。後期的《草書訣》以全篇草字成文,在草字旁注明楷字。這樣不僅可以學習例字的草書,也可學習全文所涉的草字。可是坊間刻本粗劣,字形走樣,勢必以訛傳訛,違背了編者的本意。因此常有書法大家親筆抄寫,有元趙孟頫寫本、明董其昌寫本等。藏於故宫的明萬曆四十一年(1613 年)韓道亨寫本,書法優美,字形正確。這些大書法家的《草書百韻歌》不僅可以提供一個學習草字的教材,而且可作為供臨摹的字帖。元趙孟頫絹書《草字訣歌》跋:“世有《草書訣》,本非善書者所作,故多謬。然學便於誦習,兼其間亦有可取者,戲書一過,以示子久。”[②]同是元代的鮮于樞《草書歌訣》:“嘗見鮮于樞手編《草韻》,下用小楷音釋,類鍾元常,不可得也。”[③]這個手編的説法,可知與廣為流傳的《草書訣》不同,或是有所改動,或是自擬,按照趙孟頫本推測,鮮于樞手編之作亦為舊本加以增删改變而成。

---

① 見萬有文庫本《升庵全集》,第 787 頁。
② 見清阮癸生《茶餘客話》卷十七引。
③ 見明陶宗儀《書史會要》卷七引。

《事林廣記》的傳本也很多,有元本,還有明本,都收入《草書訣》。元至順年間(1330—1333)有建安椿莊書院刻本(圖 3-4-9)、元後至元六年(1340 年)鄭氏積誠堂刻本(圖 3-4-10)。兩書内容大同小異,編次不同。我們把至順年間建安椿莊書院刻本的《百韻歌》楷書釋文逐錄如下:

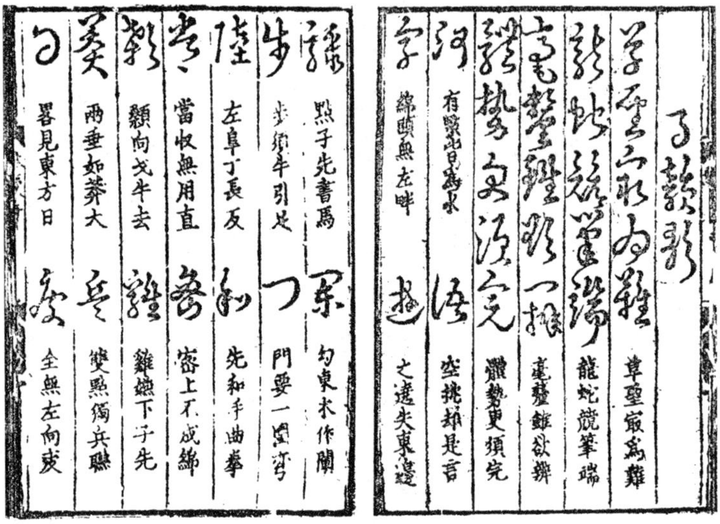

圖 3-4-9

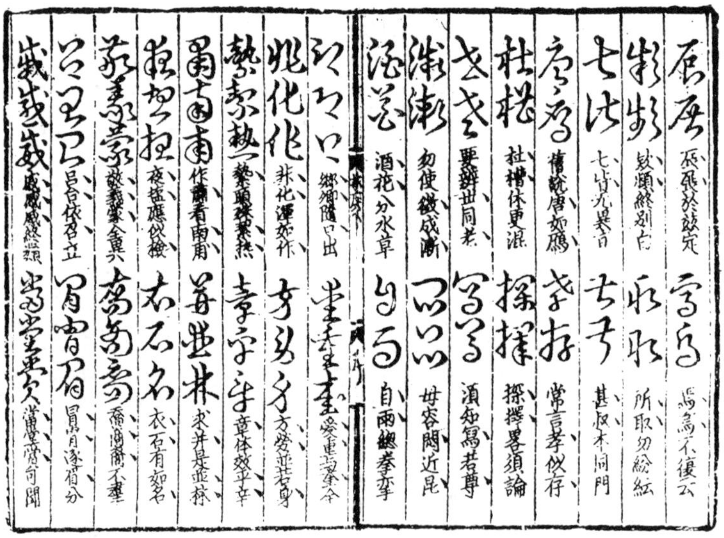

圖 3-4-10

草聖最為難,龍蛇競筆端。毫釐雖欲辨,體勢更須完。有點皆為水,空挑卻是言。

綿頭無左畔,之繞欠東邊。點子先書馬,勾東木作闌。步須牛引足,門要一圜彎。

左阜丁長反，先和手曲拳。當取無用直，密上不成綿。纇向戈牛去，雞嫌下子先。

兩垂如莽大，雙點獨兵聯。略見東方日，全無左向疲。匕大為賢字，十心是本支。

之如心上惡，兆戴免頭龜。點小看成不，勾斡本是卑。滿外仍知備，醫初尚類堅。

直須明謹解，亦合審求前。右邑月何異，傍金至或虧。如末推憂孟，肥長識弟韋。

齊齋曾不較，流染巧相依。領上哀衾別，胸中器穀非。燕藏元彷佛，袍絕自依稀。

戎或戈先設，皋華脚預施。祇知尊倚葛，不道樹多枝。慮逼都來近，論臨勿妄為。

起傍全似矩，遣上也如遺。用點分高馬，微長取既兒。寺專無失錯，樓接在思惟。

嘴碎將成處，麗琴初起時。豈教幾作願，勿遣雍為離。文畔微彎使，孫邊不續絲。

夏交當目記，友發更須知。頗訝劉如對，從來弈似垂。議誠猶隱約，退邑尚參差。

虞雲由縱縮，寒定在迂除。諸法何曾誤，搖擔未易追。士連多值出，叟減即成皮。

誰謂潛非借，那教賤作師。吳矣誠難測，先充各有倫。市於加一點，弦射勿重陳。

書盡情何密，余徐勢又勻。無妨知過急，自合定浮淳。合戒哉如歲，甯容泰近秦。

邪聽行復止，即斷屈難增。肉月千重依，宗縈不下成。懼懷容易失，會念等閒並。

宛轉郊臨郭，分毫事可爭。我家曾不遠，樂屬自宜精。與之聊委曲，次比要分明。

面添問點近，早帶子勾侵。率礬元非一，貌朝俄共臨。麝塵先著草，恭慕要安心。

出頭蚩似豈，帛下合如禽。辰展於茲定，焉烏不復雲。款頻終別白，所取勿紛紜。

七皆無異旨，甚叔本同門。舊説唐如雁，常言孝似存。偶寫潢成漢，曾看緑作緣。

欲傷傍近立，為善蓋頭先。杜槽休更混，探擇略須論。勿使微成漸，毋容悶近昆。

要辨世同老，須知寫若尊。酒花分水草，自雨總拳彎。鄉卿隨口出，愛重與奎全。

非化渾如作，方勞並若身。摯頭殊絜熱，章體效乎辛。作肅看南甫，求并是並林。

夜鹽應似檢，衣石有如名。敬異蒙全異，喬商啇不群。吕臺依召立，冒胄隨眉分。

戚感威終類，當堂賞可聞。天夫其有點，別外列頭平。失與眞空合，多從易兩般。

得湯將有辨，今令亦須評。添一車牛幸，點三上下心。思惠魚如畫，千乎手似年。

習觀羲獻跡，免守墨池渾。

全書凡152句，共760字。

日本元禄十二年(1699年)和刻本增加兩個章節：

第一章節：

半米初相似，學榮元一般。康庸頭不異，歸婦體同觀。長短分知去，微茫見每安。

列絲車一樣，反犬幸相看。即脚低侵恐，還身俯近遷。須防吉作古，更慎達為連。

慰賦由來切，聞中亦已偏。稱舌相疑似，棗來爭折旋。才畔詳箋牒，九余看水泉。

歙羸元自別，豆辱本相懸。得意聊同適，當愁或未然。帝虎應殊法，另虛亦欲傳。

第二章節：

撇生佳快利，點十等追隨。路左言殊假，時邊寸莫違。壽盤圭可近，齒記止加司。

四月王成野，七九了成聲。舉知為乙木，登亦似非之。七又傍加獲，玄勾引作亨。

草勾添反慶，乙九帖人飛。二下客為亂，綿頭了得寧。一安從此要，七可就中奇。

欲薄草下得，求參木上今。草夫游莫北，青遠下遼城。十朱知奉己，三口持言宣。

該刻本增 48 句，240 字。凡 200 句，共 1 000 字，合一百韻，正合《百韻歌》百韻之數。

此本增加句子之外，也有一些小的改動，例如："識誠猶隱約"，"識"改作"議"；"內月千重依"，"內"改作"肉"；"面添問點近"，"而"改作"面"；"思惠魚如晝"，"書"改作"晝"；"為善蓋頭先"，"無"改作"先"；"直須明謹解，亦合審求前"，"支"改作"直"，"就"改作"求"；"文畔微彎使"，"丈"改作"文"；"夏交當目記"，"自"改作"目"；"寒定在迂除"，"除"改作"徐"；"邪聽行復止，即斷屈難增"，"正"改作"止"，"郎"改作"即"；"麝塵先著草"，"看"改作"著"；"出頭蚩似豈"，"雖"改作"蚩"。有些句子順序有變化，"偶寫潢成漢，曾看綠作緣。欲傷傍近立，為善蓋頭先"應在"滿外仍知備，醫初尚類堅"之前，但是後置了。

萬曆十二年(1584 年)明神宗朱翊鈞將 3 種有關草訣的本子彙刻成書，內容較完備的叫作《草訣百韻歌》，106 韻，共 1 060 字；內容單薄的叫作《後韻草訣歌》，37 韻，共 370 字，《草訣續韻歌》，42 韻，共 420 字，且親自寫序、跋。明萬曆二十年(1592 年)，范文連奎館上石，刻有石刻本，名稱為《集古草訣》[①]，明萬曆十二年有御製增編本。

明本《草訣百韻歌》的改動就比較大了。明王圻、王思義纂《三才圖會》在萬曆三十七年(1609 年)刊版成書，書中《人事》卷三有《草訣百韻圖》草書，每行 10 字，每頁 3 行，草楷相對，計 36 頁，去首尾缺行，共 1 060 字(圖 3-4-11)。此當為萬曆御製增編

圖 3-4-11

① 該書由中國書店於 1991 年 9 月出版。

本。此本影響至大，後世《草訣百韻歌》大抵依照此本文字，如韓道亨寫本就是採用此種本子。

明韓道亨寫本 212 句，共 1 060 字，以兩句一韻算，共 106 韻，超過百韻之數，稱為《草訣百韻歌》，舉其整數而已，它多出和刻本 12 句，60 字(圖 3-4-12)。粗看與舊本差不多，以“草聖最為難，龍蛇競筆端。毫釐雖欲辨，體勢更須完。有點方為水，空挑卻是言。宀頭無左畔，辵遶闕東邊”開頭，以“習觀蕤獻跡，免使墨池渾”結尾。兩版本雖句子相同，但是內容就有差別了。有句內作文字小改動的，如“頮向戈牛去，雞嫌下子先”改作“頮向戈牛始，雞須下子先”；“之如心上惡，兆戴免頭龜”改作“之加心上惡，兆戴免頭龜”。但是句子的改動很大，新增的句子，有一韻上下兩句，如“六手宜為稟，七紅即是袁”“玉出頭為武，幹銜點是丹”等。較多情況是一韻兩句中改掉其中一句，一舊句，一新句，如“出頭蚩似豈，帛下合如禽”改作“隸頭眞似系，帛下即如禽”，“步須牛引足，門要一圍彎”改作“步觀牛引足，羞見羊踏田”。一韻之內，上下句都有改動，一句小改，一句大改，例如“土連多值出，叟減即成皮”改為“女懷丹是母，叟棄點成皮”。

圖 3-4-12

明本的改動是有益的：《草訣歌》中為了説明草字的結構或者細微的差別，没有辦法顧及句子，所以遣句文理不通，措辭更無文采可言。比較而言，明本在這方面有所改善。“出書觀項轉，別列看頭平”，此句由轉項到看頭，動作遞進連貫，合乎邏輯。有些內容本來説草字形體，句與句之間毫無關聯，“葛尊草上得，廊廟月邊生”，前句恍惚由草尋葛，後句“廊廟月邊生”，理通句順，詩中有畫，富於意味。“鹿頭眞帶草，狐足乃疑心”，鹿之戀草，狐之疑心，乃物之天性，“鹿頭”對“狐足”，“眞帶草”對“乃疑心”，對仗工整。在草字形體上，它用眞草對照，容納了更多的草字形體，提供了更多的信息量。它不拘泥於舊本例字全用整字,必要時就用偏旁取代正字。例如"有點方為水,空挑卻是言"中的"水""言","宀頭無左畔,辵邊闕東邊"中的"宀""辵","左阜貝丁反,右刀寸點彎"中的"阜""貝""刀""寸",草字例子也都是偏旁的寫法。人們掌握偏旁,可以以一當十,從而瞭解這一篇的草字。口訣是一種通俗的文學形式,它以內容淺近、琅琅上口為要點,明本無疑提高了《草訣百韻歌》的利用價值。明清年間的《草訣百韻歌》流傳很廣,流行的本子很多,多有增刪改動。至寶齋法帖董其昌本《草訣歌》,83 韻,830 字,最後有"意到形須似,體完神亦全。斯能達肝腑,落筆自通玄",與他本不同。《草訣百韻歌》多有坊刻本,雖不如名家手跡書法優美,但是也足以作為草書的啟蒙教材,以供識字、臨習之用。

把草字的結構、筆畫的要領、草字之間的差異之處一一指出,人們可以據此掌握草書的規律,以認草、寫草。《草訣百韻歌》除了兩句開場白外,没有任何廢話,通篇都是教人怎樣認識草字、草字的形體結構和如何辨別形似的草字。它採取了多種方式來達到人們熟悉草字的目的。

拼字法:"田月土成野,七九了收聲",前者指草字"野"由草字"田""月""土"聯合而成,後者説草字"聲"由"七""九""了"三字連接而來。

描寫法:如"步須牛引足",意思是"步"草字是"牛"草字末筆向下拖出而成。"狐足乃疑心",草字"狐"的右下收筆似草字"心"字。

比較法:列出相關的 2 個或 3 個草字加以比較,根據草書形體相似的特點,這種辦法在《草訣百韻歌》中用得最多。如"常言孝似存",比較"孝""存"兩個草字形體,自然明白兩字的不同結構;《草訣百韻歌》一般是明確地指出不能把所舉草字相混。"近息追微異,喬商喬不群""款頻終別白,所取豈容昏"中"微異""不群""終別白""豈容昏"都是明示必須注意它們的區別。

類舉法:把有關草字放在一起,指出相同的部分,以便類推。"黿鼉黽一類",意思是同偏旁的 3 個字放一起,"溝渫皆從戈"中的"溝""渫"右上部楷書寫法不同,但是草書都寫作"戈"形。"戚感威相等,馭敦殷可親",兩句的前 3 字可以類推草字寫法相同。

就其內容而言,衹是大致保留宋本的《百韻歌》,細看面目皆非。首先,句子的順序基本打亂了采真子《百韻歌》的次第,重新組合,没有與前書相同的完整段落。其次,句子的內容變化很大,有相當部分是重新寫的,有的改動很大,很少能找到相同的句子。

草書不是依照漢字的理性結構作出的規則簡化,而是以快捷書寫的習慣來改造漢字,所以人們無法用傳統文字構造規律來分析草書。《草書訣》首創用拼字、描寫、比較、類舉等方法分拆、比喻草字結構,使得複雜無序的草字變成具有一定邏輯意義的字形，讓人們能在理解的基礎上獲得記憶。而且用淺顯的語言分解説明草字，採用歌訣形式，便於誦讀，有助記憶。由此，《草訣百韻歌》在草字字書中影響最大，流傳最廣，最受歡迎，並非偶然。

第四節　從《草字彙》到當代草字編

石樑，字豎庵，號鎮南，浙江諸暨長瀾人。清初書法家，工書畫篆刻。《草字彙》於乾隆戊申年（1788 年）鐫刻行世，晚清時代開始藉助石印製版印刷，此書一再翻刻、翻印，流傳甚廣。俞樾《茶香室叢鈔》卷九："乾隆間，石樑豎庵撰《草字彙》，至今猶有印本，然在石君，已不知有錦溪之書矣。"錦溪之書指金代張天錫的《草書韻會》，此書仿照《草書韻會》的體例，亦以收集古代名家草書為宗旨，但是不再採用按韻排列的辦法。

《草字彙》分 12 卷，按《字彙》部首排列，採集石拓本草字，集字中有帝王 10 家、漢 3 家、晉 32 家、劉宋 2 家、梁 2 家、陳 4 家、唐 13 家、宋 11 家、元 3 家、明 10 家、清 10 家，共收字 5 295 個，每字下標明出書者姓名（圖 3－4－13）。此書對學習草書、比較形體異同尤其有用，它對近代草書的普及推廣發揮了很大的作用。

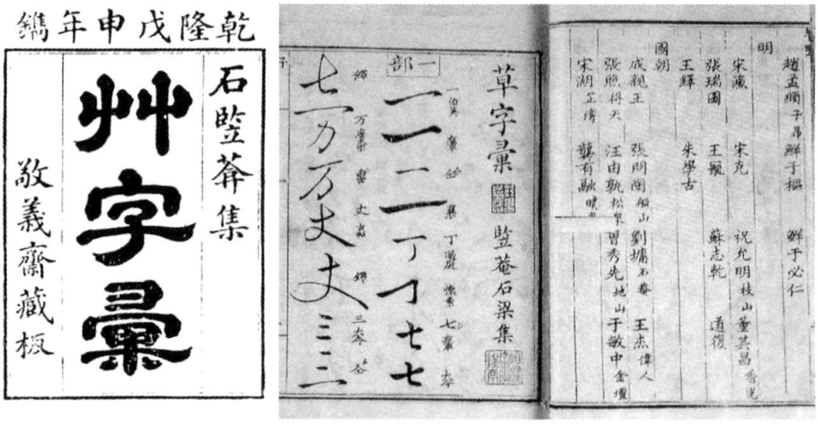

圖 3－4－13

清人李雲麟《草書要領》，光緒十三年（1887 年）整理上石，次年完工。現在僅有拓片流傳（圖 3－4－14）。據李雲麟説：《草書要領》"示人規矩準繩之正者，獨此集於步伐莊嚴之中，含珠圓玉潤之美。"李以帖本置行篋中，閒事臨摹。經過同治七年（1868 年）西陲兵變，其中"智""信"二集竟遭劫灰。後來二十餘年中僅得復見"信"集。為了不使草書正法斷絕，李雲麟把現存的"仁""義""禮""信"四集翻刻，而所缺的"智"集則以家藏臨本參互證補而成。此書自稱王羲之家藏本、歐陽詢臨、張旭補缺、米友仁補楷。前有賀知章天寶十一載(752 年)表文,但是史載賀知章天寶三載(744 年)辭朝還鄉,同年去世,故此書作偽的痕跡明顯。據説本來有帖本流傳,而原刻石存江左,也在太平天國的戰亂中毀滅。成書時在字頭前加《説文》篆文,"參考成法"共摹補 1 695 字。此書經過了大篇幅改造,已經不是原書的面貌,所以衹能看作晚清的書籍。《草書要領》按照五常分五集:"仁"集"類聚上"、"義"集"類聚下",均以偏旁帶字的草書,便於類推。"禮"集"旁裁",即偏旁。"智"集"奇字,怪字",大致是草書形體變化較大者;"眞草異同",一個眞字有多個草字形體者;"眞異草同",兩個眞字而草字相近者;"奇怪",草字變化之尤奇者。"信"集"疑似",形似草字的辯誤。該書是要領式認識草字的入門教材,根據它的幾個部分的材料,可以有規律地認識絕大部分草書,對於形體特別的草字特別提出,相似的草字作出辨別,相當實用。但是草字的字形不算上乘,筆畫有轉無折,連筆過多,所以衹宜辨認,不宜臨習。

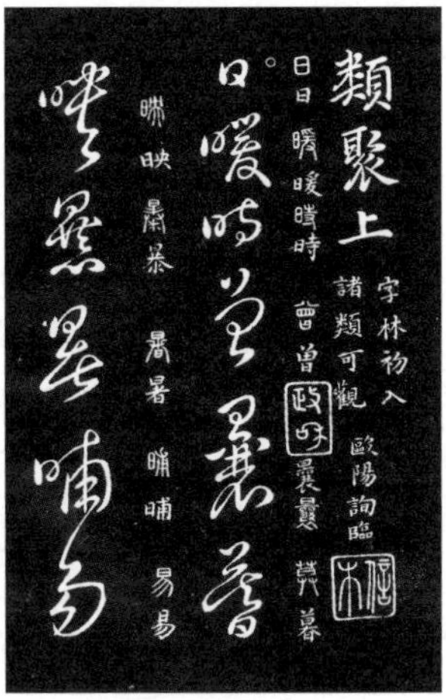

圖 3-4-14

漢字草書從廣義的角度説可以從先秦開始,狹義的、嚴格意義的草書大致要到漢武帝之後。草書在各個時代的價值是不一樣的,在漢代是一種日用的字體,上到詔書,下到帳冊,都是草書的使用範圍,魏晉時期眞書興起,草書使用受到擠壓,但是延至唐代依然有許多人寫草書,還是可以作為實用字體使用。宋代以來草字一般不再單獨使用,純屬個人修養領域,成為書法藝術的一個部分。這是有原因的。漢代草書與隸書相當接近,草、行不分,草字的普及程度很高。東漢後期草字與楷字兩者的形體結構漸行漸遠,草字形體的特殊性越來越強,以致使用草字的代價越來越高。草字的興衰直接在草字學習的帖本上反映出來。漢代草字書没有留存到現在,但是《急就篇》是漢代字書,草書《急就篇》很可能是漢代的遺制。《千字文》流行於南朝到唐,眞草《千字文》同樣説明當時人是按照識字的蒙書來學習草字。宋代以來興起的草字書已經不再是蒙書了,不是系統地按照通常識字那樣學習了。因為不能大批識字而熟能生巧,幾乎把它當作外國字,《草書訣》衹能另闢蹊徑,用巧妙的別解來分析草字,用隱祕的口訣傳授草字了。至於《草書韻會》和《草字彙》按韻或按部首編排書法名家草字,這分明是書法藝術的專用讀物了。總之,草字的字編從蒙書發展到歌訣,再到名家集字,標誌著草書的興衰和草字的使用價值。

洪鈞陶編《草字編》①,共收漢至明歷代名家 130 餘人的手跡,從傳世的碑帖、墨蹟

① 洪鈞陶:《草字編》,文物出版社 1983 年、1984 年版。

530餘件法帖中選出,保存原件的字形的神韻。按新部首排列,共有眞書字頭8 000餘字,下轄草書36 700餘字。草字不分今草和章草,排序章草在前,今草在後,按書寫者年代排列,每個草字注明出處,即書家姓名或法帖名稱。為了保持草字字形的原貌,作者採用剪貼的辦法,再照相複製,這與以前摹刻製版的品質有天壤之別。《草字編》出版後,作者又鼓其餘勇,選擇裁減,出版了《草字編簡編》①(圖3-4-15),呂叔湘對此書給予很高評價,指出:"草書研究,在今天確實有它的重要性。一,過去探討較少,與其在漢字形體史上的地位不相稱。二,許多古代和近代的文書,手稿是用草書書寫的,有待於辨認整理。三,在書法藝術上,草書也有它的特殊地位。為了向研究者提供方便,草書資料的搜集與整理實為當前一項重要的工作。"②

圖3-4-15

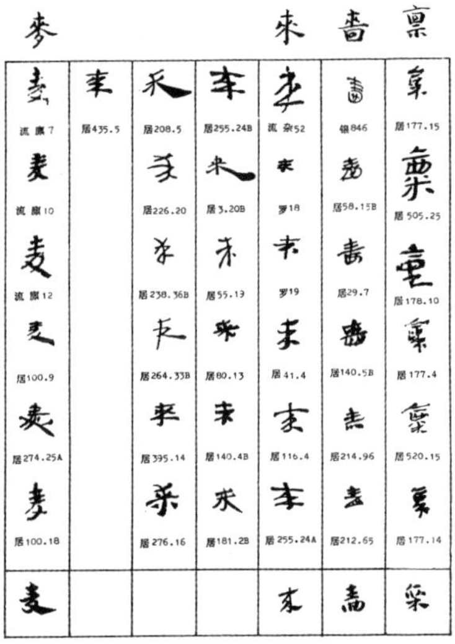
圖3-4-16

筆者曾編《漢代簡牘草字編》(圖3-4-16)③,以簡牘草字為收羅範圍,酌收少量磚文,為了與傳統草字比較,有關草字行末附上趙孟頫本《急就章》章草字形以資比較。此字編從19種漢代簡牘等出土文獻資料中收集草字,按《說文解字》部首排列,共有字頭1 400個,漢代草字7 000個,基本上把當時所公開發表的漢代草字全部收入了。每字下均標明簡牘編號,正文後面列出引用及參考文獻。漢代簡牘是19世紀和20世紀之交的考古新發現,主要是在西北敦煌、居延等軍事要塞遺址中發現的。20世紀下半葉,在湖北、山東等地陸續出土了草書簡牘。這些簡牘年代集中在西漢時期,它的草字結構與傳世的草字不同,是十分難得的資料。但是這些簡牘年代久

① 洪鈞陶:《草字編簡編》,文物出版社1989年版。
② 見呂叔湘《草字編簡編·序》。
③ 陸錫興:《漢代簡牘草字編》,上海書畫出版社1989年版。

遠，字跡漫漶，墨色淺淡，而且草字字形變化多端，筆畫似有似無，很難取得正確字影。所以一部分用複印取得草字，一部分就不得不用傳統的雙鉤填墨取得草字。草體字是簡牘考釋的難題，諸家的釋文往往不統一，需要斟酌取捨。同時對一些未釋草字，也作出了隸定。《漢代簡牘草字編》前以論文《論漢代草書》代序，論述了漢代草書的起源、結構特點以及它在漢字發展史上的作用，是首次論述漢代草書的論文。漢代簡牘大多在西漢時期，而傳世的草書資料衹能追溯到東漢後期，所以《漢代簡牘草字編》補充了傳世草書不足。總之，此字編的問世，對研究漢代草字、字形演變以及漢代草書的考釋具有重要的參考價值。

第五節　草書之缺陷

傳漢趙壹《非草書》："故為草書，趨急速耳，示簡易之指，非聖人之業也。但貴刪難省煩，損複為單，務取易為易知，非常儀也。故其贊曰：'臨時從宜。'而今之學草書者，不思其簡易之旨，直以為杜、崔之法，龜龍所見也。""齔齒以上，苟任涉學，皆廢蒼頡、史籀，竟以杜、崔為楷，私書相與，庶獨就書，雲適迫遽，故不及草。草本易而速，今返難而遲，失指多矣。""專用為務，鑽堅仰高，忘其疲勞，夕惕不息，仄不暇食。十日一筆，月數丸墨。領袖如皂，唇齒常黑，雖處衆座，不遑談戲，展指畫地，以草劌壁，臂穿皮刮，指爪摧折，見䚡出血，猶不休輟。"趙壹，字元叔，東漢陽西縣（今甘肅天水）人。從《非草書》一文所涉及的背景看，大約寫於漢靈帝年間，此時正值草書急速膨脹，今草、章草齊放，草書大家輩出，是草書的黃金時期。趙壹迎頭抨擊了這股浪潮，其勇氣來自儒家道德觀念和正統的文字觀念，力圖扭轉社會追捧草書"背經而趨俗"的風氣。當然，趙壹的《非草書》還有政治寓意，"是藉草書之題的發揮，批評不顧國家安危，毫無正義感地鑽入草書學習的志小者。"①

《魏書・江式傳》："又有草書，莫知誰始，考其書形，雖無厥誼，亦是一時之變通也。"草體出於簡捷、方便，隨機而變，喪失了構形本意，字形紛亂、辨識困難。草書簡便的形體集中了它的優點和缺陷。

蔣善國專門談到了草書的缺點，即牽連婉轉，上下相屬，千態百技，是草書的特點。在草書書法藝術性上，"草書家也變成了水墨寫意畫家了"，草書在書法藝術方面的優點，也就是它在實用文字方面的缺點。"這個缺點，表現在兩方面：一方面由於草書的創造紛歧，難以統一；另一方面，草書所混同的偏旁太多和濫借偏旁，容易發生

① 章建明：《論趙壹〈非草書〉》，《書法研究》1987 年第 3 期。

混淆，難以辨認。”[①]

草書的快捷是有代價的，比如造成了許多借用現象，一個草書的部件往往代表了多個楷字部件，大量的共用形體使得草字不易辨認。具體表現有：共用偏旁，如：艸、竹；口、日、曰；日、耳、田；屬、聶、再。異字同形，如：主、至；住往；之、足；送、道；處、虔；齋、高；拖、施。而且，高度簡化的草書形體，把辨別因素壓縮到細微的部件，一點、一畫、一折都不能有半點差錯，稍有疏忽，就會產生混淆，形體近似。如：來、成、賊、哉、歲、幾、手、禾、介、乎、餘、年。《草書百韻歌》：“草聖最為難，龍蛇競筆端。毫釐雖欲辨，體勢更須完。”教人分辨形體是草書口訣中的主要內容，如果書寫者草法不佳，或者比較隨意，筆走龍蛇，這類草書就成為天書。

同時，草書的草法從來就是靈活機動的，無論漢代草書，還是魏晉以後的今草皆如此。同字異寫的現象很普遍。如：、(具)、、(故)、、(問)。

魏晉以來，草書向著行草書靠攏，書寫者為了美感，常常標新立異，自創草體，一個草字生出了許多寫法，這樣學習草書、通過草書交流就更加困難了。

草體是一種字體，與行書不同，不能自然而然地掌握，而是要學習草法，除了書法以外，主要是草書的特殊的形體。草書形體自成系統，一般不能與楷體轉換，需要人們花費很大精力去記憶。草體看似簡單，但是法則繁多，形體複雜。宋趙令畤《侯鯖錄》卷三引東坡曰：“大字難結密，小字常局促，眞書患不放，草書患無法。”所以草書並不方便，反而難寫、難記。因為繁難，大部分人祇能使用少量草書，古人用鸜哥學人語——祇會一二句來打比方。蘇軾《仇池筆記·李十八草書》：“劉十五論李十八草書，謂之鸜哥嬌。意謂鸜鵒能言，不過數句，大率雜以鳥語。十八後稍進，以書問僕：‘近日比舊何如？’僕答曰：‘可作秦吉了矣。’”蘇軾《跋文與可草書》：“李公擇初學草書，所不能者，輒雜以眞、行。劉貢父謂之鸜哥嬌。”據此，劉十五即劉貢父，李十八即李公擇。

不僅如此，草體形體相似，極易混同，必須慢慢地小心書寫。因此名為簡捷的草書，結果先要付出極大的代價，草書成為極大的負擔。寫草書是為了迅速，結果走到了反面，變成慢而遲。草書難寫、難認，不能速就，這點是東漢以來的共識。東漢後期趙壹在《非草書》中指出：“草本易而速，今反難而遲。”《北齊書·趙彥深傳》：彥深子仲將，“學涉群書，善草隸。雖與弟書，書字楷正，云草不可不解，若施之於人，即似相輕易，若與當家中卑幼，又恐其疑所在宜爾，是以必須隸筆。”《宋朝事實類苑·書畫伎藝》：“凡章草、小草，點畫皆有法，不可率意輒書。近年李居簡善草書，太宗甚愛之，以

① 蔣善國：《漢字形體學》，文字改革出版社1959年版，第357—358頁。

贊書大夫直御書院。王嗣宗亦習而不能精，諺云：'信速不及草書，家貧不辦素食。'言其難卒置也，然小草尤難。"

草書與正書的形體差異太大，是另外一套書寫系統，如果在行書中夾用若干常用的草字，一般不會造成交流的困難，如果通篇草字，碰到不諳草字的人，況如天書。陳寅恪《〈大乘義章〉書後》："此書日本刊本，其卷一標題下，有草書'草書惑人，傷失之甚。傳者必眞，慎勿草書'之語。寅恪所見敦煌石室卷子佛經注疏，大抵草書。"隋唐抄寫佛經用眞書，注疏用草書，習慣如此，但是草書字形容易混淆，或者觀者不諳草書，閱讀不便，因此告誡"慎勿草書"。宋葉夢得《避暑錄話》卷下："祁公多為監司，及帥在外，公家文移書判皆作草字。人初不能辨，不敢白，必求能草書者問焉。久之，乃稍盡解。"平時對於不識的草書可以向人請教，有些時候卻沒有問人的機會，遇到這種情況，可能就耽誤大事了。清吳振棫《養吉齋叢錄》卷十："乾隆丁丑，浙江召試，詩題'循名貴實得田字'，御筆草書，諸生莫辨，押'因'字、'思'字者多，押'田'字僅二卷，難定去取。次日復試以'蠶月條桑'詩，第一童鳳三，即押田字卷也。"乾隆的書法缺乏才氣，但是草字倒不隨意亂寫，沒有想到大部分考生大不敬，不識御書，這個責任算誰的呢？

草書一旦脫離了規則就變成了潦草，潦草字是最難認的。古人就有寫後不識的故事。宋彭乘《續墨客揮犀》卷一："張丞相好草聖而不工，當時流輩皆譏笑之，丞相自若也。一日得句，索筆疾書，滿紙龍蛇飛動，使其侄錄之。當'波險'處，侄惘然而止，執所書問曰：'此何字？'丞相熟視久之，亦自不識，詬其侄曰：'胡不早來問，致吾忘之。'"①

葉昌熾《語石》卷八："江左六朝多行草，然但見於法帖。唐以下碑，行書者甚多，草書者絕少。"劉延濤云：草書始終未為大衆接受，"鑒賞者視為美術，臨池者視為畏途，甚且視為不敬，此何以故？草書組織本身有缺陷歟？抑是宣導倡者不得其道，或社會心理有阻止之歟？"②

第六節　草書標準化之嘗試

草書大量使用省、簡、連的辦法，使得形體壓縮到最簡單的地步，導致形體不同的字趨於同一，例如漢代"已""卿""叩"，原來三字形體分明，但是草化後皆呈，離開句子，無法辨識。再如"天"與"與"、"丈"與"支"、"亂"與"乳"等草字都有混同的現象。草字的區別要比楷書細微得多，《草書百韻歌》："毫釐雖欲辨，體勢更須完。"草書的辨

① 清獨一窩退士《笑笑錄・草書》："張丞相好草書而不工。一日得句，索筆疾書，滿紙龍蛇飛動，使侄錄之，當波險處，侄茫然，乃問曰：'此何字也？'丞相熟視之，亦自不識，詬其侄曰：'何不早問，致予忘之。'"記載語句稍異。

② 劉延濤：《中國文字之演進——篆一隸一草》，《草書月刊》1941 年第 1 期第 1 卷，第 14 頁。

異是不可缺少的工作,《草書百韻歌》中大量内容是辨别字例,不勝其煩。除了書法家之外,一般很難用純粹的草書書寫,而且一般人也很難看懂純草。所以草書大部分是與行書摻雜使用。行草混雜,草中有行,行中有草。草書的形體大致有一個原則,但是並没有一個規範,一個草字有多種寫法,特别是歷史上的名家,為了求得自己的特色,常常會在草字形體上加上自己的創造,形成一個個富有特點的不同形體。草書有便捷的優點,在20世紀的上半葉社會漢字處於危機階段,宣導平時使用草書,省去楷書的麻煩。有志於振興草書的一批書法家如李濱、卓君庸、于右任等人從章草研究開始,發起標準草書運動,其中于右任功勞顯著。于右任(1879—1964),原名伯循,以字行。陝西三原人,辛亥革命元老。擅長書法,尤善草書,創于右任草體,筆走龍蛇,雄健雅致。1931年主編《草書月刊》,1932年在南京創立了標準草書社,製定了標準草書四原則,即易識、易寫、準確、美麗。1936年組織草書研究社。為了節約寫字人的時間,提倡寫草字,他有個妙喻,即:楷書如行步,行書如乘輪船、坐火車,草書就如乘飛機。他融合百家草書,創立《標準草書》。此書依托《千字文》(圖3-4-17),删去冷僻字,易以常用字,選取歷代名家法帖手跡,有楷書釋文對照,並且注明出處。《標準草書》全書有百字令、自序、檢字表、標準草書千字文、凡例、釋例、後序。除了草書千字文正文外,"凡例"中的"通例""分例"提綱挈領地説明偏旁的寫法,雜例説明注意普通和特殊情況。"釋例"介紹部首之組織和原則,且立表羅列各個部首的寫法。這是《草書千字文》必要的補充,是《標準草書》的必要組成部分。《標準草書》於1936年編成,1937年已經出版第四次修訂,出版石印本。1941年著手《標準草書》的修訂工作,1943年上海説文出版社出版《標準草書》第五次修訂本。1948年中華書局出版第六次修訂本。于右任去臺灣後,對此工作依然繼續進行。1951年《標準草書》第七次修訂本在臺北"中國工學校友會"出版。1952年《標準草書》第八次修訂。1959年,臺灣林華堂出版《標準草書千字文》,此書由年屆81歲的于右任親自臨寫。1960年再次修訂《標準草書》。《標準草書》第九次修訂本在臺灣出版。《標準草書》的製定和修訂花費了于右任畢生精力①。

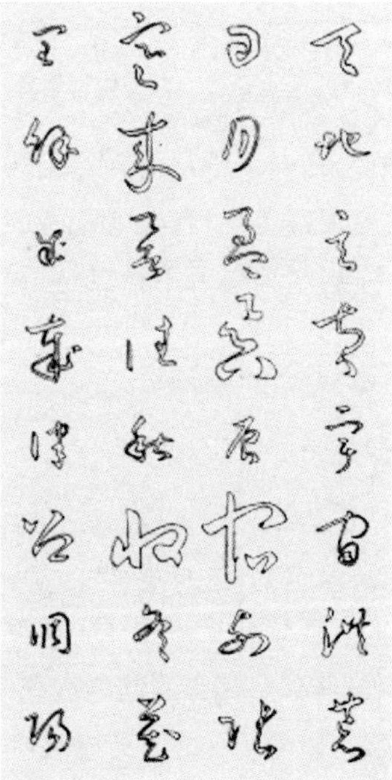

圖3-4-17

于右任等人身體力行,將無序的草書變成有序,本

① 陸鏗:《"于"草行兩岸,書藝慰國魂——于右任先生寫字的故事》,《參考消息》1986年5月17日第2版。

想掀起一個標準草書運動,改善漢字的書寫狀態,但是事與願違,草書的難識、難寫無法改變。眞正習草、鑽研草書者,往往是有心書法之人,他們把草書作為一種書法藝術,藝術的要素在於變化,出神入化的變化是草書魅力所在,奇詭多變的習慣難以改變,根本不可能像楷書那樣有較為統一的模式。對於一般人而言,大多祇能在行書夾用若干自己熟悉的草字,不會通篇使用草書。王南溟說:標準草書都要在每個草字邊上加上一個楷字釋文,"于右任的《標準草書》的這個釋文本身就告訴了我們《標準草書》與大衆化之間還是有著無法彌合的距離,也要讓草書成為大衆藝術是不恰當的"。又説:"字體意義上最能做到'易識、易寫、準確、美麗'標準的還是楷字而不是草書。"當然草書筆畫少,筆畫連續,書寫速度快,但是為了快捷,人們要花費很大精力去熟悉一套與楷書完全不同的字形,這樣並不經濟。所以草書依然是文人書齋的賞玩之物,難以為社會大衆接受。不過于右任的標準草書運動還是在文字領域發生了一些作用,20 世紀 50 年代的簡化字方案中,簡體字中有相當數量是草體楷化字,它成為簡化字的重要管道。但是,這兩種書體的雜交並不是很合適的,因為它本來在平時手頭中使用,發揮它應有的作用,一旦糅入楷書,大大降低了楷書的邏輯意義,得失相當①。

草書是簡化了的結構,而且這種結構可以不受規範嚴格的楷書形體的限制,具有相當的自由度,可以放開揮灑,是漢字書寫最自由的字體。因此士人常常會在詩歌中提到。如宋代陸游《草書歌》:"傾家釀酒三千石,閒愁萬斛酒不敵。今朝醉眼爛岩電,提筆四顧天地窄。忽然揮灑不自知,風雲入懷天藉力。神龍戰夜昏霧腥,奇鬼摧山太陰黑。此時驅盡胸中愁,捶床大叫狂墮幘。吳箋蜀素不快人,付與高堂三丈壁。"又《草書歌》:"有時寓意筆硯間,跌宕奔騰作詼詭。徂徠松盡玉池墨,雲夢澤乾蟾滴水。心空萬象提寸毫,睥睨醉僧窺長史。聯翩昏鴉斜著壁,郁屈瘦蛟蟠入紙。神馳意造起雷雨,坐覺乾坤眞一洗。小兒勸我當自珍,勿為門生書棐幾。"作者以詩歌誇張的語言來描寫書寫草書的親身感受。

① 王南溟:《反思〈標準草書〉》,《書法》2005 年第 5 期。

第四编上

真書形體史上

第一章　眞書之起源及發展

第一節　眞書之特點及有關名稱

什麽是眞書？蔣善國認為，眞書直接從八分漢隸演變而來，基本上没有區别。他比較眞書與漢隸的異同，論述非常詳細具體，歸納一下有三個要點，即用筆、字勢、筆畫。

第一，用筆：眞書與漢隸“衹在用筆方面略有些不同”，漢隸有波勢挑法，眞書以勾撇定型。蔣善國説眞書特點在於用筆，簡單地説就是點畫的不同，“自從眞書出現，直到現在，漢字完全是用丶一丨丿乀乛亅等筆畫所組成的方塊字，把原來隨曲綫畫的象形面貌脱得乾乾淨淨了”[①]。

第二，字勢：漢隸向外攤開，眞書向裹集中。

第三，筆畫：漢隸保持平直方正，眞書破壞平直方正，在寫小的方塊形時，上寬下窄；漢隸筆畫波動，眞書筆畫平穩；漢隸是慢彎撇尾不尖細，有時上挑，略帶勾形，眞書撇斜勢下，尾尖；漢隸反勾有波勢慢出，眞書為硬勾，上挑；漢隸勾一般慢彎，不上挑，眞書勾皆上挑；漢隸左竪筆末尾常有慢彎，右邊不彎，眞書左竪直，右面直畫一定帶硬勾；漢隸長横畫與捺同樣有波勢，眞書長横無波，停頓迴旋[②]。

蔣善國的説法是有缺陷的。首先他所説的漢隸主要限於東漢的八分，基本排除了日常手寫體，銘刻體與手寫體的差異很大，這樣比較不能眞實反映兩者差别。漢隸從西漢到東漢，不同階段形體結構差别很大，不能有所偏。漢隸不僅有手寫體與銘刻體之别，單是銘刻體就有夾雜隸古定的八分和普通隸書，即使同一分書字形也往往各寫各的，結構迥異。再説眞書也有變化，是北朝魏碑，還是南朝眞書，是魏晉眞書，還是唐代中期的眞書？如何能説眞書與漢隸“基本上没有什麽區别”呢？因此蔣善國的比較是不全面的、是粗疏的。不過蔣善國對眞書的筆畫特徵描寫是基本正確的，是可取的。

如果全面地描寫眞書特點的話，有兩個方面：一是筆畫形態成熟，其核心是筆畫

① 蔣善國：《漢字形體學》，文字改革出版社 1959 年版，第 309—314 頁。
② 蔣善國：《漢字形體學》，文字改革出版社 1959 年版，第 309—310 頁。

逐步由綫到面，圓筆到方筆，每種筆畫有一定書法和形狀，集中體現在楷書的“永”字八法上。二是通過隸變，每字的結構基本定型，大部分確立了正體、異體的關係。至於外輪廓，商周散體經過春秋戰國的長方體、漢代的扁方體，又回到了團狀，左右上下比例相當。判斷眞書形體必須結合筆畫和結構，綜合分析。

眞書，這個名詞出現很早，漢代文獻已經出現。《史記・三王世家》褚少孫論：“謹論次其眞草詔書，編於左方。”《後漢書・烈女傳・陳留董祀妻》：“乞給紙筆，眞草唯命。”此“眞”與“草”相對，就是與草體相對的端正的形體，後來叫作楷書，專門指稱與漢代散隸、篆書、草書相區別的字體。以後一直延續這個眞書説法。東晉衛鑠《筆陣圖》：“凡學書字，先學執筆，若眞書，去筆頭二寸一分，若行草書，去筆頭三寸一分，執之。”《筆陣圖》或者懷疑是王羲之所作，或疑乃六朝人僞托。南朝梁袁昂《古今書評》：“羊眞孔草，蕭行范篆，各一時妙絶。”南朝梁蕭衍《古今書人優劣評》：“范懷約眞書有力，而草行無功。”南朝梁庾肩吾《書品》：“眞、草既分於星芒。”“工拙兼效，眞草皆成。”唐虞世南《筆髓論》“釋眞”下云：“筆長不過六寸，捉管不過三寸，眞一、行二、草三，指實掌虛。”以上“眞書”均指端正的楷書。唐張懷瓘《六體書論》所列大篆、小篆、八分、隸書、行書、草書，六體中並無眞書之名，不過他提到了隸書的别名眞書，稍後徐浩《論書》：“程邈變隸體，邯鄲傳楷法，事則樸略，未有功能。厥後鍾善眞書，張稱草聖，右軍行法，小令破體，皆一時之妙。近世蕭、永、歐、虞頗傳筆勢。”宋代歐陽修《試筆》曰：“自此已後，隻日學草書，雙日學眞書。”現在把隸變之後的今隸稱爲眞書，是比較晚的事。明張紳《法書通釋》：“古無眞書之稱，後人謂之正書、楷書者，即隸書也。但自鍾繇以後，二王變體，世人謂之眞書。”眞書，後也叫眞楷。宋米芾《海岳名言》：“字之八面，唯尚眞楷見之，大小各自有分。”現今文字學界、書法界稱魏晉以來今隸爲眞書。蔣善國指出：“‘正’跟‘眞’音義相同，正書字體眞正，不潦草，眞書又可表示跟草書相對的意義（如眞本和草藁），遂有人把這種正書叫作眞書。”“魏晉眞書已成爲通行的書體。”[①]但是依然有人把眞書按傳統衹作正楷理解，如唐蘭“文字的變革”中羅列的字體有“行書・正書”，在“正書”中括注“眞書”[②]。啟功認爲：所謂字體，“或看它是屬於篆隸草眞行的哪一種”[③]。筆者贊同蔣善國的説法，把隸變以來的楷書稱爲眞書。唐張懷瓘《書斷》卷上：“獻之嘗白父云：‘古之章草，未能宏逸，頓異眞體。’”此眞體即眞書。眞書又叫眞字。宋米芾《寶章待訪録・顔眞卿〈疏拙帖〉》：“右麻紙書，眞字，清勁秀發。”明劉若愚《酌中志・内府衙門職掌》：“眞字我尚不識，這篆字誰能認得？”清梁紹壬《兩般秋雨盦隨筆》卷六：“十三經無眞字，蓋正字，即古眞字也。正鵠、正月、雨無

① 蔣善國：《漢字形體學》，文字改革出版社 1959 年版，第 304—305、306 頁。
② 唐蘭：《中國文字學》，上海古籍出版社 1979 年影印本，第 175 頁。
③ 啟功：《古代字體論稿》，文物出版社 1979 年版，第 1 頁。

正，結石。今廣東各藝招牌，如教識正銀，正山水，皆不作眞字，尚有古風。又經書中假字，皆作假借解，蓋眞假二字，古悉用誠僞也。”他的意思是古代的正字就是眞字。眞書又稱正書。容庚説：“正書者，隸書之變體，蓋始於魏，由晉至唐多沿隸書之稱，而改稱漢隸為八分。”[①]正書名稱起於南朝，用法與眞書一樣。南朝齊王僧虔《答齊高帝書》：“臣正書第一，草書第二。”但是正書有時特指今隸，限定為鍾繇變法之後的正楷書體。南朝梁庾肩吾《書品》：“尋隸體發源秦時，隸人下邳程邈所作，始皇見而奇之，以奏事繁多，篆字難製，遂作此法，故曰隸書，今時正書是也。”唐李嗣眞《書後品》：“鍾繇，正書。”又：“衛夫人，正書。”唐張懷瓘《書議》載有“正書、行書、章草、草書”。或者作隸書的今稱。《宣和書譜·八分書敍論》也説：“蓋古之名稱與今或異，今所謂正書，則古所謂隸書。”但是在《正書敍論》中又説：“在漢建初有王次仲者，始以隸字作楷法。所謂楷法者，今之正書是也。”在論及鍾繇時，云“工正、隸、行、草、八分，尤長於正、隸”，明確無誤地説明正書與隸書不同，正書是隸書以後的字體，而且區別於行書。

《宣和書譜·隸書敍論》：“後人發臨淄冢，得齊太公六世孫胡公之棺，棺之上有文隱起，字同今隸。”元明間陶宗儀《書史會要》卷一“程邈”：“建初中以隸書為楷法，本一書而二名。鍾王變體，始有古隸、今隸之分，則楷隸別為二書。夫以古法為隸，今法為楷，可也。”明陸深《書輯》所稱“鍾王變體，謂之今隸”，以眞書稱為今隸。蔣善國謂：“隸書的分為古隸和今隸，是個對待名稱。有人把魏晉以後的眞書（正書）叫作隸書，因而把眞書叫作今隸，把漢代的八分叫作古隸。現在我們把古隸歸到秦代，把今隸歸到漢代，因而把秦隸叫作古隸，把漢隸叫作今隸。古隸跟今隸的分別，是古隸的筆勢斂束無波，今隸的筆勢發揚，發筆舒展帶著波勢挑法。”[②]蔣善國的説法有悖於歷史。《北史·江式傳》：“太和中，兖州人沈法會能隸書，宣武之在東宫，敕法會侍者，後以隸跡見知於閭里者甚衆，未有如崔浩之妙。”沈法會之隸當然是眞書，晉唐的隸書都叫隸，區別於八分。蔣善國的今隸、古隸之分是没有根據的，顯然不是傳統的説法。總之，傳統的今隸是指眞書，古人今隸以鍾王變體為分水嶺，實際是以眞書形成為起點。

隸書之始，為了區別漢隸，把魏晉以後的眞書另稱今隸。畢竟漢唐隸書相差萬千，當代學者中也有人用今隸名稱，如徐邦達《五體書新論》就是這樣。

隸書中又有正俗之分，正隸與俗隸相對舉。北魏江式《論書表》：“晉世義陽王典詞令任城吕忱表上《字林》六卷，尋其況趣，附托許慎《説文》，而按偶章句，隱別古籀奇惑之字，文得正隸，不差篆意。”唐張懷瓘《書斷》卷下“能品”：“時又有張休，善隸書。初，羊欣愛子敬正隸法，其崇仰以右軍之體微古，不復見貴。休始改之，世乃大行。”

① 容庚：《中國文字學》，中華書局 2012 年版，第 110 頁。
② 蔣善國：《漢字形體學》，文字改革出版社 1959 年版，第 292 頁。

《宣和書譜·草書五》載梁蕭子云:"善正隸、行、草、小篆、飛白,而正隸、飛白尤工","而世多其草字、正隸。"俗隸自然是俗字,而正隸是規範隸字,即後來的正字。《顏氏家訓·書證》談到俗字之滋生:"簡策字,竹下施朿,末代隸書,似杞、宋之宋,亦有竹下遂為夾者;猶如刺字之傍應為朿,今亦作夾。徐仙民《春秋》《禮音》遂以筴為正字。"此正字之正與正隸之正相同,都是合乎規範的含義,與後來的正字意思相同。(正字另有規範字之義。《儀禮·士昏禮》"視諸衿鞶"鄭玄注:"視乃正字,今文作示,俗誤行之。")

楷書本來也是眞書的別稱。楷,本來是楷模、規範的意思。《廣雅·釋詁》:"楷,法也。"在漢晉常稱"楷則",是範本、法則的意思。漢趙壹《非草書》:"竟以杜、崔為楷,私書相見。""楷"就是"楷法"的意思。西晉衛恒《四體書勢》:"秦既用篆,奏事繁多,篆字難成,即令隸人佐書,曰隸字。漢因用之,獨符璽、幡信、題署用篆。隸書者,篆之捷也。上谷王次仲始作楷法,至靈帝好書,時多能者。"北魏江式《論書表》:"左中朗將陳留蔡邕採李斯、曹熹之法為古今雜形,詔於太學立石碑,刊載《五經》,題書楷法,多是邕書也。"此楷法指的是八分書的規範。《晉書·辛謐傳》:"謐少有志向,博學善屬文,工草隸書,為時楷法。"南朝齊王僧虔《論書》:"晉齊王攸書,京、洛以為楷法。""亡高祖丞相導,亦甚有楷法,以師鍾、衛,好愛無厭,喪亂狼狽,猶以鍾繇《宣示表》藏衣帶中。"唐張懷瓘《書估》:"父子眞、行,固為百代之楷法。"有時楷也叫楷正,《北齊書·趙彥深傳》載彥深子仲將,"學涉群書,善草隸。雖與弟書,書字楷正,云草不可不解,若施之於人,即似相輕易,若與當家中卑幼,又恐其疑所在宜爾,是以必須隸筆。"以上楷法指規範,可見"楷"並不限於正楷,凡是可用來作範本的,無論正楷、草書、行書,均可稱為"楷"。清劉熙載《藝概·書概》:"楷無定名,不獨正書當之。漢北海敬王睦善史書,世以為楷,是大篆可謂楷也。衛恒《書勢》云'王次仲始作楷法',是八分為楷也。又云'伯英下筆必為楷',則是草為楷也。"楷書是從楷則發展而來,南朝宋羊欣《采古來能書人名》載韋誕"善楷書"。南朝齊王僧虔《論書》:"韋誕,字仲將,京兆人,善楷書,漢魏宮觀題署,多出其手。"此楷書是指規範的字體,這裡指八分。北魏王愔《古書三十六種》:"有隸書、楷書。"《隋書·經籍志一》:"漢時以六體教學童,有古文、奇字、篆書、隸書、繆篆、蟲鳥,并藁書、楷書、懸針、垂露、飛白等二十餘種之勢。"《周書·趙文深傳》:"文深少學楷、隸,年十一,獻書於魏帝。"

自唐以來習慣稱工楷為楷書,楷書是隸變以來的標準字體,因而文字學著作也把眞書稱為楷書。裘錫圭《文字學概要》就是採用這個名稱。鑒於楷書的歧義,在楷書前面加了一個"今"字,以資區別,叫作今楷,在《流沙墜簡》中就是這麼用的。後世以楷書稱眞書。但是楷書之楷含義衆多,內容不甚確定。因此眞書或正書之名優於楷書。

章程書即正書。"章程"二字:章,典章。程,法式。章程就是規範、規則的意思,與正書的含義相同。蔣善國說:"'章程書'這個名稱在魏、晉時通行,後來把'章程'兩個字念快了，便切成‘正’字，變作‘正書’這個名稱，把‘章程書’的名稱廢掉了。”[①]最早出現“章程”這個名詞在王羲之《題衛夫人〈筆陣圖〉後》：“惟有章草及章程、行狎等。”此文把章草、章程和行狎並提，可知章程書是非草非行的楷體，與正書含義相合。南朝宋羊欣《采古來能書人名》：鍾繇“有三體：一曰銘石之書，最妙者也。二曰章程書，傳祕書、教小學者也。三曰行狎書，相聞者也。”羊欣提到的鍾繇三體一事，以後文獻屢屢提及，這銘石書即八分，行狎書即行書，那章程書即正書了。鍾繇被尊為眞書之祖，他的正書就是後世的眞書。章程書不僅指後世眞書，也包括漢隸的正書。唐張懷瓘《書斷》卷上論“八分”之後説：“楷隸初製，大範幾同，故後人惑之，學者務之，蓋其歲深，漸若‘八’字分散，又名之為八分。時人用寫篇章或寫法令，亦謂之章程書。故梁鴻云‘鍾繇善章程書’是也。”唐韋續《五十六種書》：“八分書者，王次仲所作，魏鍾繇謂之章程書。”章程本來就有規範的意思，鍾繇稱為章程書，完整地説為八分之章程書，更為妥帖。南朝宋羊欣《采古來能書人名》：“上谷王次仲，後漢人，作八分楷法。”就明確是“八分之楷法”，因而王次仲的八分叫作章程書是合理的。魏晉時代，眞書的用途是寫文章和法令，是當時的實際通用字體，八分用來寫碑石銘文，區别分明，因為規範嚴格，均可稱為章程書。章程書又簡稱為“章”，章楷就是正楷，如《采古來能書人名》載琅琊王廙“能章楷，謹傳鍾法”。

第二節　眞書在漢代出現

古來就是把“篆—隸—眞—草”當作字體發展的路綫，今人如果把隸局限為八分，自然而然地得出這樣的錯誤結論——眞書是從八分發展而來的。

徐邦達指出：“隸書形式從八分過渡到正書——由逐漸減少隸筆到蜕化淨盡，當然也不例外。”[②]姜亮夫認為：“眞書大概是從東漢桓靈之間的隸楷八分變來。”[③]“眞書體勢總的來説，是隸書的簡化。”傳統的説法是篆、隸、楷、草，這個順序大有問題。蔣善國認為：“眞書是從八分漢隸直接演變出來的，基本上没有什麽區别，現在認識眞書的人們看見漢隸是都可以認識的。”[④]這是普遍的看法，並非他的獨特見解。眞書和八分形體比較接近，但是衹是一部分，主要是與篆書比較而言的。

這些説法是有問題的，首先隸書不等於八分，不是日常書體，從大範圍來説，隸書包含八分，而八分是一種非常特殊的隸書。八分是東漢返古形體，又有裝飾性的成分，因

---

① 蔣善國：《漢字形體學》，文字改革出版社 1959 年版，第 304 頁。
② 徐邦達：《五體書新論》，載《現代書法論文選》，上海書畫出版社 1980 年版，第 278 頁。
③ 姜亮夫：《古文字學》，浙江人民出版社 1984 年版，第 61 頁。
④ 蔣善國：《漢字形體學》，文字改革出版社 1959 年版，第 309 頁。

而八分書不可能是眞書的直接來源。眞書的直接來源不是銘刻的八分，那麼它的直接來源衹有手寫體的隸書了。郭沫若指出："篆書時代有草篆，隸書時代有草隸，楷書時代有行草。隸書是草篆變成的，楷書是草隸變成的。草率化與規整化之間辯證地互為影響。"[①]裘錫圭認為："《宣示表》等帖的字體顯然是脱胎於早期行書的。如果把規整一派的早期行書寫得端正一點，把在早期行書裡已經出現的横畫收筆用頓勢的筆法普遍加以應用，再增加一些捺筆和硬勾的使用，就會形成《宣示表》那種字體。"[②]無論草篆、草隸、行隸，都是眞書的前身，這是毫無疑問的。

那麼眞書是從何來呢？眞書的來源確是漢代隸書，是日常使用手寫體。其特點有四：其一，不帶或少帶波磔，波挑不是特徵。其二，筆畫首尾有粗細變化、有尖出鋒。其三，畫有斜勢，抑左揚右。其四，結構無隸古定。

眞書之始古來已經有説法。《宣和書譜・正書敍論》："此書既始於漢，於是西漢之末，隸字石刻間雜為正書，若屬國《封陌茹君》等碑，亦斑斑可考矣。"按照這個説法，正書在西漢已經出現，但是不成系統，形不成一種字體。

《流沙墜簡・簡牘遺文》六十七簡，羅振玉按："神爵四年簡（圖 4 上 1－1）與二爨碑頗相近，為今楷之濫觴。至永和二年簡（圖 4 上 1－2）則楷七而隸三矣。魏景元四年簡（圖 4 上 1－3）則全為楷書。此卷魏晉以後諸書楷法亦大備，昔人疑鍾太傅諸帖

圖 4 上 1－1

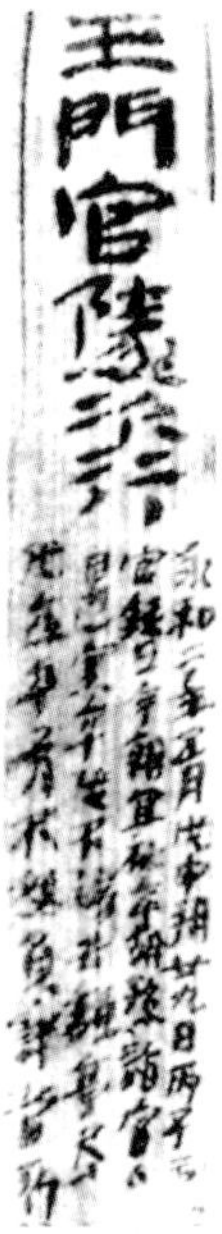
圖 4 上 1－2

圖 4 上 1－3

① 郭沫若：《古代文字之辯證的發展》，《考古》1972 年第 3 期。
② 裘錫圭：《文字學概要》，商務印書館 1988 年版，第 92 頁。

為傳模失眞或贋作者,以此卷證之,確知其不然也。”[①]神爵四年(前 58 年)是宣帝時期,在西漢的中後期。蔣善國承襲羅振玉之説,認為:“眞書在西漢宣帝的時候已有了萌芽,到了東漢末順帝的時候已成熟,魏、晉以後纔大盛起來。”[②]

鍾明善把眞書的萌芽期推到西漢早期,他認為:“遠在古隸盛行時期,西漢帛書就有了楷書的撇、捺等筆畫。其中‘賤’‘何’‘廷’‘六’四字是手寫的隸書,體方筆圓。但其中撇、捺已都是楷書寫法,這種撇、捺寫法遠在漢隸成熟之前的西漢就已經有了。這不能不説是楷書的萌芽。也可以這樣認為,楷書的產生不是在東漢隸書成熟之後,而是在古隸時已經萌芽,衹是其成熟是在標準隸書之後罷了。解放以後在甘肅武威出土的東漢初年的醫藥竹簡中,這種楷書的筆畫就更多了。如‘水’‘侯’‘精’‘少’‘六’‘曰’‘名’‘令’‘人’‘衰’‘苦’等字就已經是楷書成分很多的字了。撇、捺、橫折、點、橫、鉤已是楷法而不全是隸法了。到了魏晉,楷書發展到成熟就是自然的事了。”容庚指出:“正書者,隸書之變體,蓋始於魏,由晉至唐多沿隸書之稱,而改稱漢隸為八分。”[③]眞書是隸書發展的後期形式,因此在本質上是一回事,但是它的前後形態發生了很大變化。

隸書是漢唐對日常書寫體的泛稱,其中可以包括草化的隸書和楷化的隸書,隸書的後期階段形成點畫形態具備、合乎書寫的由各部件組成的眞書。眞書是隸書的高級階段,在隸書中孕育出來。這一點前人很早就有認識。

西漢時期的簡帛書相當複雜,其字體雖然可以統稱隸書,但是細細分別,其中有隸的楷書,就是史籍上的史書,有草書,還有楷、草中間的行書。其中草書的寫法最為激進,行書次之,楷書最保守。如果從行草書中尋找眞書的因素,要比楷書多得多。實際上,隸書作為一種從手寫體發展而來的字體,與古文字系統的篆書比較,自然接近眞書,這是理所當然的事。但是所謂萌芽是什麼呢?萌芽應該是向成熟個體發展的形態。西漢的簡帛中有没有這些內容呢?筆者認為這些內容表現在結構和筆畫的形態兩個方面。神爵四年(前 58 年)簡中、、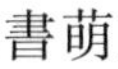、、、等字方形,無波磔,筆畫中含眞書寫法,形體接近眞書,因此王國維會有這樣的看法。

當然,有人提出在更早的武帝時期已經有眞書萌芽。黎泉説:“我們從簡牘中尋蹤追跡,《流沙墜簡》有武帝天漢三年(前 98 年)簡的隸書,已具有眞書的形體,這時眞書雖然還不成熟,在漢簡中所佔的數量也少,但它已是眞書的萌芽,它為流行三、四世紀魏晉兩代楷書的發展奠定了基礎。《居延漢簡》中所發現的寸楷大字‘詔書’,筆畫

① 羅振玉、王國維:《流沙墜簡》,中華書局 1993 年影印本,第 240 頁。
② 蔣善國:《漢字形體學》,文字改革出版社 1959 年版,第 316 頁。
③ 容庚:《中國文字學》,中華書局 2012 年版,第 110 頁。

直起直落，筆力在中鋒，並略帶挑法，還具漢隸痕跡，當是早期的魏楷了。”[①]漢字從古到今都是一脈相承，字形發展中各個形體表現是不同的，有的字變化大，有的字變化小，甚至個別字結構完全相同。同樣對於筆畫、間架的異同，不能憑感覺，上述“詔書”二字衹是筆畫的“直起直落，筆力在中鋒”，且不説這是一種特殊的書寫技術，即使是這樣也不足以此作為萌芽的依據。作為萌芽，也必須要有一定數量、一定品質的結構、筆畫形態的事實，從而作出具體客觀的分析。

河北定縣漢墓中出土有《論語》等典籍，墓主為中山懷王劉修，死於宣帝五鳳三年（前 55 年）。這些抄本用典雅的史書，文字結構已經與西漢早、中期有較大的差異。這些字本來捺筆接近眞書，如果去掉個別肥大挑筆，挑筆改回鋒為出鋒，許多字形與眞書無異。如：

絶、陸、長、从、為、請、天、比、敢、文、甚、死、與、殺、置、臨、臣、事、然、成、道、願、修、禮、是、新、取、親、重、國、賢、馬、民、予、隱、周

基本形成了非獨立之偏旁等部件，使得字形結合緊密，脱離古文字的每個部件靜態獨立的狀況。總之，從結構上來説，西漢後期部分字形結構已經完成眞書的轉化，總體向眞書漸近。

武威磨嘴子 6 號漢墓出土《儀禮》和日忌簡，日忌簡有成帝河平紀年（前 28—前 25），在新莽時期入葬。河平年間距離宣帝五鳳三年僅 20 多年，皆為西漢後期。但是，兩墓簡牘文字形體不同，前者是史書，後者是日常隸書，筆畫没有裝飾成分，眞實地反映了西漢後期隸書的筆畫形態。《儀禮》簡影清晰，墨書頗精，筆畫的微觀部分十分清晰，給我們提供了一個很好的考察機會。下面的字例，可以看到眞書的筆畫形態：

横筆，如司、夫起筆有明顯的停駐，没有向下的取勢。

折筆，如取之“又”，但之“日”，再如卿、既有明顯的轉折，東漢延熹年的甘谷簡完全是方折，如頓，與眞書無異，而不是圓弧。

撇筆，如射、反皆是上粗下細，尖筆出鋒，没有上翹回鋒。丘撇筆先頓，再快速撇出，與眞書完全相同。

捺筆，如取、取，與史書捺完全不同，向下逐漸鋪毫，水平方向收筆。

勾筆，如弓尖而鋭，如小、押，快速行筆形成，接近眞書的硬勾。

竪筆，如西，三竪不同，長竪略向左著力，短竪上粗下細，漸次收筆。

新莽始建國二年（10 年）《莫當燧守禦器簿》中狗、射、救、器等字，筆畫中也有尖撇、硬勾、方折，甚至一波三折的捺筆，印證了武威《儀禮》簡文字筆畫，這不是

① 黎泉：《漢簡書體淺析》，載《漢簡研究文集》，甘肅人民出版社 1984 年版，第 414 頁。

個別例子。這些用筆方式和顯示的筆畫形態，與眞書相同或者接近，以更加靈活的筆畫，書寫脱離象形的標意文字。

事實證明，在西漢早、中期，隸書形體發生劇烈變化之後，西漢後期眞書從萌芽到成長，眞書的點畫、結構已經初具形態。

東漢時期流行草書，或者史書，乃至八分，可資眞書形體比較的材料並不很多。東漢時期的朱書陶瓶字體類似眞書，有的完全是眞書，可惜基本上用摹本發表。這類朱書形體資料衹能作結構研究的參考，筆畫形態如何就靠不住了，所以簡牘墨蹟是不可替代的依據。

王國維以和帝永元二年（90 年）為證，謂東漢隸書已經“楷七而隸三”，這樣的説法意味著形體以眞書為主，以漢隸為次（王國維的“隸”，史籍指的是八分）。裘錫圭提出東漢中期出現了一種新體，稱為新隸體。“大約在東漢中期，從日常的隸書裏演變出了一種跟八分有明顯區别的比較簡便的俗體。在東漢後半期，雖然士大夫們相競用工整的八分書勒石刻碑，一般人日常所用的隸書卻大都已經是這種俗體了。上述這種俗體隸書在很大程度上拋棄了收筆上挑的筆法，同時還接受了草書的一些影響，如較多地使用尖撇等，呈現出由八分向楷書過渡的面貌。”他舉出了敦煌漢簡中永和二年（137 年）簡和傳世的熹平元年（172 年）陶瓶朱書等[①]。後來裘錫圭進一步指出，新隸體“溶入了草書筆法，如較多地使用尖撇和接近後來楷書硬鉤的筆法，呈現出由隸書向楷書過渡的面貌”[②]。這個新隸體就是早期眞書，出現的日期定為東漢中期。

現在有更加多的漢簡出土，亦可選擇清晰度更高、更典型的材料，考察眞書發生、發展的情況。甘肅武威磨咀子 18 號漢墓出土的王杖十簡（圖 4 上 1－4），簡文有 2 個文書，簡文的最後年代是明帝永平十五年（72 年），可以説是同時代的文獻。王杖十簡要比永元二年（90 年）簡略微工整，書寫者的文化程度也高，有一定書法修養。簡文是行書，筆畫周正，間架平實。此簡的形體不是史書，而是實用隸書，有兩個明顯的特徵：基本是眞書筆畫，大部是眞書結構。先説筆畫，如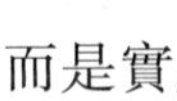、、，長撇出鋒尾尖，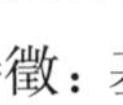字因為與下筆呼應，鋒尖自然向上；勾短而鋭利，如、，横畫起筆向上，然後逐步向右斜上，如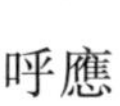、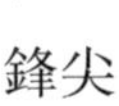、；豎筆先右後左，如短豎起筆重按，如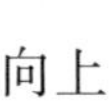豎筆先輕後重，有回鋒；點多變化，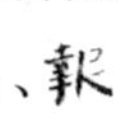、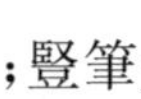三角形，所謂高山墮石；轉用方折，如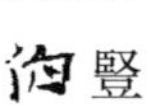、。結構雖然有篆體殘存，如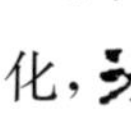、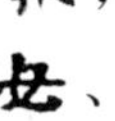，但是大部轉變為眞書，如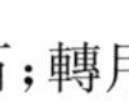（七）與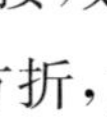（十）之類，尚有少許史書筆畫遺留，如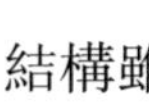之横畫尚有燕尾，不過起筆卻是眞書筆法。因此這是早期的眞書，或者稱為眞書的雛形，大概是可以的。

---

① 裘錫圭：《文字學概要》，商務印書館 1988 年版，第 89 頁。

② 裘錫圭：《秦漢時代的字體》，載《中國書法全集・秦漢篇・秦漢刻石卷》，榮寶齋 1993 年版，第 49 頁。

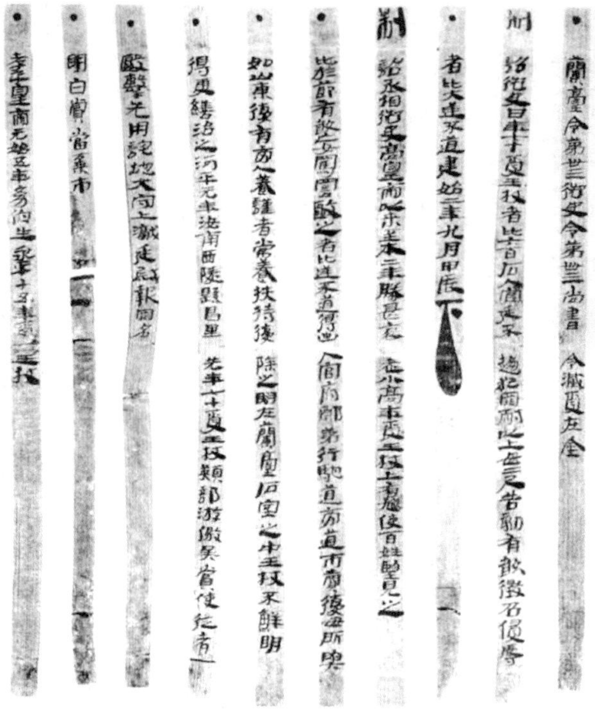

圖4上1-4

湖南長沙東牌樓7號古井清理出有字簡牘206枚,紀年有建寧、熹平、光和、中平四個年號,皆為東漢靈帝年號,年代在東漢偏晚[①]。長沙五一廣場1號窖內出土一批東漢簡牘。簡牘的紀年有章和、永元、元興、永興、延平、永初,最早者為章帝四年(實為和帝永元二年,90年),最晚為安帝永初五年(111年),年代在東漢中期偏早。[②] 長沙五一廣場1號窖與長沙東牌樓7號古井相隔咫尺,文獻內容相似,前後相差百年,簡牘文字是研究早期眞書的絕好材料。

長沙五一廣場古井J1③: 129木牘(圖4上1-5),其字方正,如、,筆畫左仄,如、,筆畫有向背,如,起筆轉折有輕重,如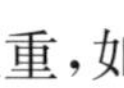、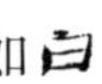,漢隸之波筆收斂變形,如 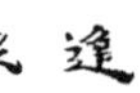。長沙東牌樓7號古井的簡牘中,斷為靈帝中平五年(188年)後的12號《臨湘守令臣肅上言荆南頻遇軍寇文書》木牘,純為小字眞書,字體方形,結構緊湊,有鍾繇書的風格。1127號130簡"雇東津卒五人四月直"(圖4上1-6),"東""卒""五""直"的橫畫起筆有明顯的調整筆毫動作,而收筆有回鋒。"四""東"的竪向右折採用硬折。這些都是眞書的用筆要素[③]。點畫形態與眞書更加接近,而且筆勢向內收攏,方框形成上大狹小的形狀,所以其中"旦""府""門" "內""人""果""君"完全是眞

① 長沙市文物考古研究所、中國文物研究所:《長沙東牌樓東漢簡牘》,文物出版社2006年版。
② 長沙市文物考古研究所:《湖南長沙五一廣場東漢簡牘發掘簡報》,《文物》2013年第6期。
③ 長沙市文物考古研究所、中國文物研究所:《長沙東牌樓東漢簡牘》,文物出版社2006年版。

書了。不過成熟的眞書和形成中的眞書還是有差別的，體現在兩點：首先具備眞書的點畫形態和内向筆勢，其次必須是通篇使用這種字形。比照這個標準，漢代簡牘的書跡雖然某些筆畫、某些字與眞書相仿，但不是整個字體面貌，所以不能视為純粹的眞書[①]。

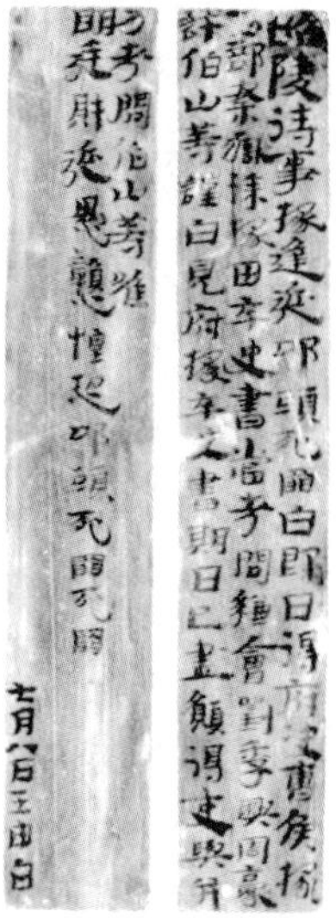

圖 4 上 1－5

圖 4 上 1－6

寶雞市五里廟 1 號墓、2 號墓發現東漢光和、永元年間的朱書陶瓶，其中 1 號墓陶瓶朱書值得注意，雖然大部脱落，依然可以看出有左行 15 行，約 230 字，朱書有“光……”紀年，應為“光和”年間（178—184）。發掘者指出，除了部分字為漢隸筆法外，如“世”“黄”“神”“豆”“王”“生”“所”“凶”等完全没有波磔，“從這篇陶文看，在東漢晚期眞書和行書都已産生了”[②]。

第三節　佔主流地位之三國眞書

三國時代眞書成熟，這是古今一致的看法。後人認識三國魏眞書，依靠傳世的書跡。碑帖書跡在字體發展史上具有重要的地位，在相當長的歷史時期是研究字體史的材料，現代依然不能輕視它，仍需發掘它的科學價值。

康有為《廣藝舟雙楫・本漢》：“眞書之變，其在魏、漢間乎？漢以前無眞書體。眞書之傳於今者，自吴碑之《葛府君》及元常《力命》《戎輅》《宣示》《薦季直》諸帖始。”鍾繇，字元常，潁川人，曹魏明帝時，遷太傅。南朝宋羊欣《采古來能書人名》記鍾繇有三

① 長沙市文物考古研究所、中國文物研究所：《長沙東牌樓東漢簡牘》，文物出版社 2006 年版。
② 王光永：《寶雞市漢墓發現光和與永元年間朱書陶器》，《文物》1981 年第 3 期。

體：銘石書、行狎書和章程書。三書不是正面談形體特徵，而是談形體的不同用途。

銘石書，石刻碑誌之銘。東漢後期銘石之書很多，書者多不署名。清顧藹吉《隸辨》卷八認為："鍾繇《泰山銘》《受禪表》皆銘石書也，羲之謂之八分，今見拓本，亦是八分，而謂銘石為'正書'乎?"鍾繇時代銘石書皆為八分，並無例外，相傳八分書魏《上尊號碑》《受禅碑》為鍾繇所書，但無確論。唐張懷瓘《書斷》卷中：鍾繇"八分則有魏《受禪碑》，稱之為最。"至今為止，西晉以前的碑誌均以八分書寫，鍾繇的銘石書即八分書，而非眞書。

行狎書即為行書，根據喜好和習慣，間或帶有行草意。東漢時名人尺牘受到追捧，到了漢魏也成為書法關注的對象，尺牘是行狎書内的主要部分，以鍾繇書藝為妙。

"章程書，傳祕書教小學者也。"章程者，為規章條理，祕書者，祕書監官吏，典司圖書經籍。《書斷》卷中載，東漢曹熹篆隸之工收名天下，建初中曾為祕書郎。東漢末毛弘研精八分，亦成一家法。獻帝時教於祕書。祕書整理經籍，必須通字學，知曉形體古今之變。鍾繇之章程書當是祕書所用的端正楷法之形體，用於書寫經籍、皇帝詔書和朝廷法令。

小學即文字之學。《説文解字·序》："《周禮》八歲入小學，保氏教國子先以六書。"兩者皆需傳以文字規矩，不能以鄉壁之書充任。《漢書》所謂楷則，即為章程書。章程書，就是眞書，現在所傳皆章程書。《書斷》卷中："(鍾繇)眞書絕世，剛柔備矣。點畫之間，多有異趣，可謂幽深無際，古雅有餘，秦漢以來，一人而已。"到唐代為止，衹是敬奉鍾繇高明的眞書書藝，到宋代纔出現"眞書之祖"的説法。《宣和書譜·正書敍論》："降及三國鍾繇者乃有《賀克捷表》，備盡法度，為正書之祖。"

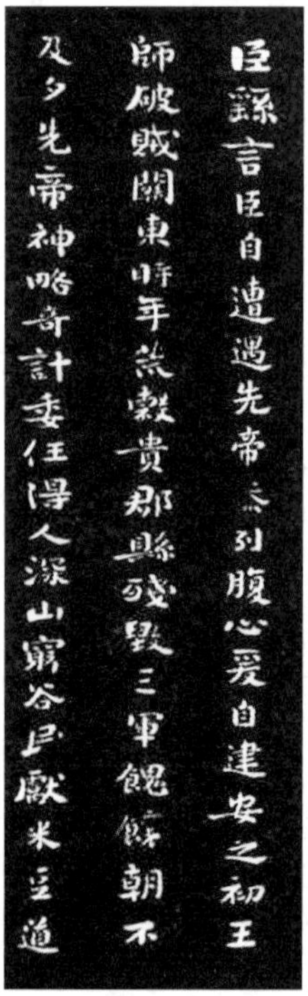
圖 4 上 1－7

鍾繇《宣示表》(圖 4 上 1－7)、《薦季直表》等皆為刻帖，反復摹刻字形難免失眞，細微的點畫形態尤其不可依托。此兩帖的字形是完善的眞書，屬於早期的眞書，與東漢的雛形眞書相比，相同點在於横畫較長，竪筆短而弱，勾也出鋒小，總體感覺楷中含行；不同點是横畫收筆頓筆回鋒，點有明顯的停頓，點畫力量均衡飽滿，富於變化。尹一梅認為："漢簡中這種較隸書易寫，形體比章草規整，棱角突出，結體扁方，尚參隸法，具左欹體勢特點的書體，有人稱為隸楷。其書法特點，也同樣在刻帖的鍾書中體現。對比兩者，具備相同的時代特點。"[①]約在西晉泰

① 尹一梅：《簡牘書法與刻帖中的鍾繇書》，《書法叢刊》2007 年第 2 期。

始十年(274 年)設立書博士,《晉書・荀勖傳》:"又立書博士,置弟子教習,以鍾、胡為法。"朝廷以鍾繇、胡昭眞書為範本。胡昭(162—250),字孔明,潁川(治今河南禹州)人,擅長眞書,與鍾繇齊名。《三國志・魏志・管寧傳》:"初,昭善史書,與鍾繇、邯鄲淳、衛覬、韋誕並有名,尺牘之跡,動見模楷焉。"

傳世的鍾繇、王羲之的眞書書跡都是小字楷書,小字楷書摹寫上石,有先天的缺陷。所以判斷字體最好依據出土的墨蹟,碑刻次之。清代以前觀察漢代書跡衹能依據碑刻,近代考古發掘得到大量漢晉墨蹟文書,不僅年代可靠,形體眞實,就材料條件,今人勝出古人一籌。以下我們分曹魏、東吳、西晉分別敘述。

武威市新華鄉紅崖支渠出土青龍四年(236 年)衣物疏,木牘長 24 厘米、寬 3.7 厘米、厚 0.4 厘米,正反墨書①,可惜簡影模糊不清。

眞書見於早年出土魏甘露元年(256 年)《譬喻經》寫本,字跡工整。蔣善國認為:"近代西北出土的魏甘露元年寫的《譬喻經》,純是眞書。甘露元年寫的《譬喻經》跟景元四年(263 年)簡相離七年,都是眞書,足證當時眞書已普遍通行。"②

《流沙墜簡》收入斯坦因在西域所得的魏景元五年(264 年)簡和咸熙二年(265 年)簡,皆為行草。

1996 年 10 月 17 日,長沙市五一廣場東南側走馬樓整理東吳時期古代廢井 50 多口,在 22 號古井(J22)中出土大量三國孫吳紀年簡牘。經清理,簡牘共計 16 萬餘枚(一説 10 萬餘枚),文字達數十萬字。簡牘紀年從東漢獻帝建安二十五年(220 年)到東吳孫權嘉禾六年(237 年)。有符券、簿籍、書檄、信札,內容涉及政治、軍事、租稅、戶籍、司法、職官等諸多方面文書③。這批簡牘數量很多,以行書和行楷為主,是當時實用的文字形體(圖 4 上 1-8、圖 4 上 1-9、圖 4 上 1-10、圖 4 上 1-11)。卷帙浩大,整理工作進展緩慢,到 2019 年為止,出版了 9 卷④。

安徽馬鞍山市雨山鄉東吳朱然墓出土名刺 14 件,正面墨書,內容有"丹楊朱然再拜　問起居　故鄣字義封""故鄣朱然再拜　問起居　字義封""弟子朱然再拜,問起居　字義封"。謁 3 件,正面頂端中央墨書"謁",右邊直書"□節右軍師左大司馬當陽侯丹楊朱然再拜"⑤(圖 4 上 1-12)。大將朱然死於赤烏年間(238—251),此簡牘文書是東吳初期的字形,刺上字跡端正,眞書工楷,取橫勢,為當時眞書風格。謁為小楷,字跡稍扁,捺肥,豎筆稍粗,結構沉穩,有分書的意味。

---

① 梁繼紅:《武威出土的漢代衣物疏木牘》,《隴右文博》1997 年第 2 期。

② 蔣善國:《漢字形體學》,文字改革出版社 1959 年版,第 317 頁。

③ 長沙市文物工作隊、長沙市文物考古研究所:《長沙走馬樓 J22 發掘簡報》,《文物》1999 年第 5 期;湖南省文物局:《湖南簡牘名跡》,湖南美術出版社 2012 年版。

④ 長沙簡牘博物館、中國文化遺產研究院、北京大學歷史學系、故宮研究院古文獻研究所、走馬樓簡牘整理組:《長沙走馬樓三國吳簡・竹簡》,文物出版社 2019 年版。

⑤ 安徽省文物考古研究所、馬鞍山市文化局:《安徽馬鞍山東吳朱然墓發掘簡報》,《文物》1986 年第 3 期。

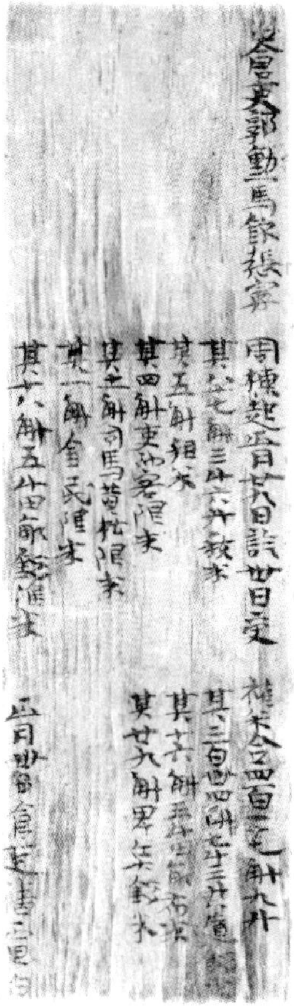

圖 4 上 1－8

圖 4 上 1－9

圖 4 上 1－10

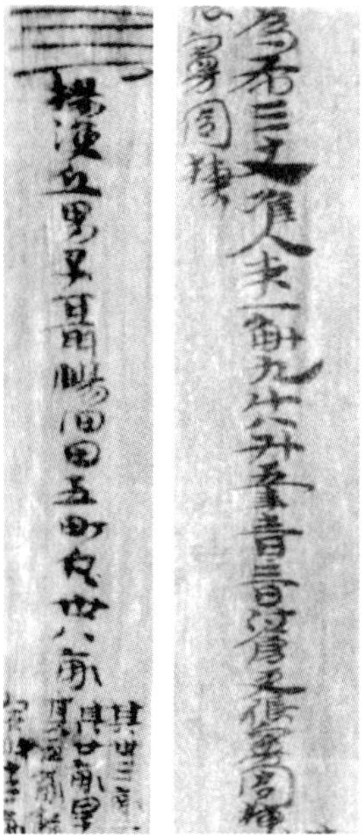

圖 4 上 1－11

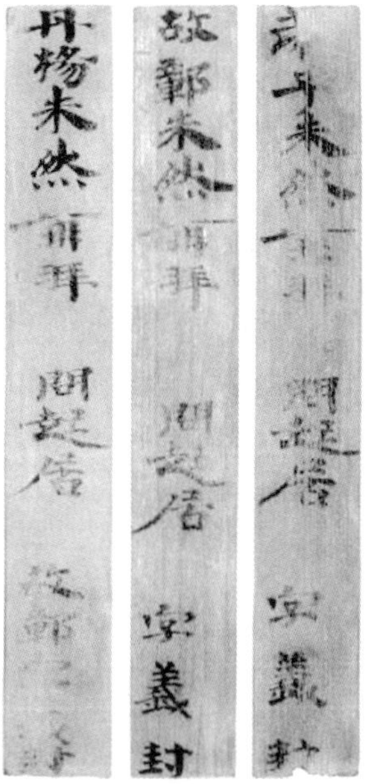

圖 4 上 1－12

江西南昌市陽明路發現東吳前期墓葬，墓主高榮，墓內共3棺，高榮棺及另一棺均發現衣物疏木方，高榮棺內木方看得出字跡，兩面書寫，眞書，簡影不甚清楚，另一棺木方字跡模糊不清。高榮棺內還出土名刺21件，長24.5厘米、寬3.5厘米、厚1厘米。內容相同，墨書眞書："弟子高榮再拜　問起居　沛國相字萬綬。"[①]（圖4上1－13）安徽南陵縣麻橋發現3座早期東吳墓，1號墓出土赤烏八年（245年）買地券，兩面刻文。其2號、3號墓均發現衣物疏木方，2號墓木方兩面書寫，正面31行，116字；反面33行，156字。3號墓一件木方15行45字，另一木方12行56字。字跡稍淡，考古報告刊出2號墓木方的一面簡影以及全文摹本（圖4上1－14）[②]。湖北鄂城鄂鋼544工地1號墓出土東吳名刺6件，長4～25厘米、寬3.3厘米、厚0.4厘米，文曰："童子史綽再拜問起居，廣陵高郵字澆瑜""廣陵史綽再拜……"等。字跡與高榮名刺相類，大字為史書，小字近眞書（圖4上1－15）。此墓有黃龍二年（230年）銅權在墓，當屬吳初物[③]（圖4上1－15）。

圖4上1－13

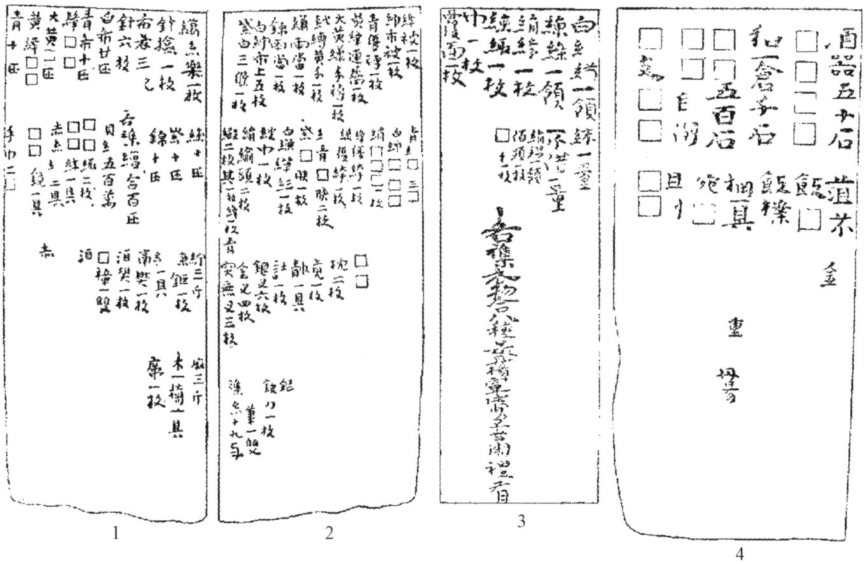

圖4上1－14

---

① 江西省歷史博物館：《江西南昌市東吳高榮墓的發掘》，《考古》1980年第3期。
② 安徽省文物工作隊：《安徽南陵縣麻橋東吳墓》，《考古》1984年第11期。
③ 鄂城縣博物館：《湖北鄂城四座吳墓發掘報告》，《考古》1982年第3期。

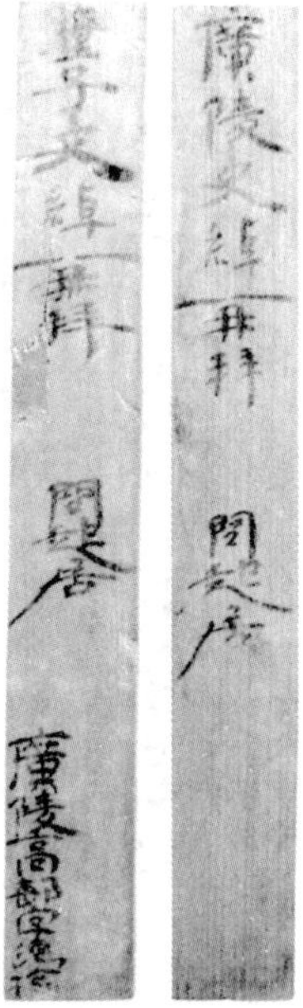

圖 4 上 1－15

圖 4 上 1－16

圖 4 上 1－17

2003 年 12 月在郴州蘇仙橋古遺址 4 號井清理出 140 枚簡，整簡長 23～25 厘米，寬 1.4～2.1 厘米，殘片較多，有的還有焚燒的痕跡（圖 4 上 1－16）。根據簡文所記，這批簡書寫年代在赤烏二年至赤烏六年間（239—243）。

南京大光路東吳薛秋墓為東吳中晚期墓葬，出土名刺 5 件，其中 3 件出於男棺，格式一樣，正面刻畫界欄分成兩部分，上部居中墨書："折鋒校尉沛國竹邑東鄉安平里公乘薛秋年六十六字子春"（圖 4 上 1－17），下部没有文字。摹本字跡過小，無法看清。另 2 件出於墓室，文字殘缺[①]。

我們觀察這幾處東吳墓的簡牘，可以看出明顯有字形上的差别。高榮名刺字跡端正，"再""起""局""沛"有筆畫横向展開，形成長横、長捺、長撇，其他名刺也有此類幾字兩邊展開的情況。麻橋 3 號東吳墓木方標題中，"右""衣""合""八"等字也取横勢，用長横、長捺。長沙市走馬樓東吳單行木牘，有的字的筆畫向兩邊張開。但是多行排列的字，並没有這種寫法。因此這種長横、長捺祇是一種書法，是在直行上下緊密而左右開闊的條件下，寫成大字的狀態。值得注意的是，這種寫法與五涼的標題處理一樣，而後者寫的是史書。因此，這種寫法既有文書的習慣，也有漢隸中形成的書寫習慣，自然而然地，這種横向張開的形體是仿照史書或者史書的變體，不過祇剩下

① 南京市博物館：《南京大光路孫吳薛秋墓發掘簡報》，《文物》2008 年第 3 期。

一點筆畫,在結構上與眞書並無異樣。出土的簡牘與隋唐眞書尚有一定的距離,因為簡牘不是正楷而是行書,書體不同,可比性不強。但是其他地道的正楷簡牘,可以補充不足。魏甘露元年(256 年)寫的《譬喻經》顯示出眞書進入成熟階段,不過看來依然有點差別,横畫是前細後粗,捺筆短而肥,兩者與隸書的波筆相似。這不是字體的差異,而是書寫風格的差異,小字與大字不同,在很小的面積内不能從容書毫,做不到大字筆畫那麽周到圓滿。提按衹能從簡,輕入筆,然後重按起筆,短節奏,高效率。這種小字與傳統眞書没有本質的區别,僅僅是風格之異。鍾繇眞書除了體扁、肥捺之外,與唐代眞書幾乎相同,出土書跡體或扁、或方,捺略肥,少許字有大肥捺,筆致不周正。出土書跡與鍾繇的法書差别是明顯的,這種差異是書法家與文吏的差距,也有鍾繇帖經過後人有意無意加工形成與原始書跡的差異。

第四節　成長中之西晉眞書

在書法歷史上西晉是一個重要的時期,名家輩出,遠遠超過三國,衛恒的《四體書勢》首次論述古文、篆、隸、草的歷史,在書法理論上有極大意義。荀勖博學,工書藝,鍾繇為其從外祖,由曹魏入晉。西晉時期是連接南北、承上啟下的紐帶,是探討南北文字形體分歧的關鍵,作為簡牘與紙張的交替階段,出土的書跡也是以紙質為多,簡牘為少,紙張成為大宗書寫材料之後,書寫更加便捷、更加舒展。

樓蘭西晉簡在 20 世紀初由西方探險家所得,收錄在《流沙墜簡》中,有泰始五年(269 年)、六年(270 年)簡(圖 4 上 1 - 18)。1980 年 4 月我國學者在樓蘭又發現了西晉泰始年間的木簡。泰始二年(266 年)1 枚,泰始四年(268 年)2 枚,泰始五年(269 年)1 枚(圖 4 上 1 - 19),有"長史"官銜的 1 枚,且有"樓蘭"地名的紙文書 1 件[①]。

2010 年中央電視臺 10 套"探索發現"的"流沙墜簡"節目報道 2009 年甘肅敦煌馬圈灣遺址發現簡牘,聲言是漢宣帝元康三年(前 63 年)大型封檢木牘(圖 4 上 1 - 20),不過從字跡來看,絕對不是漢簡,而是西晉惠帝的元康三年(293 年),二者相差 350 多年。後來正

圖 4 上 1 - 18

圖 4 上 1 - 19

① 侯燦:《論樓蘭城的發展及其衰廢》,《中國社會科學》1984 年第 2 期。

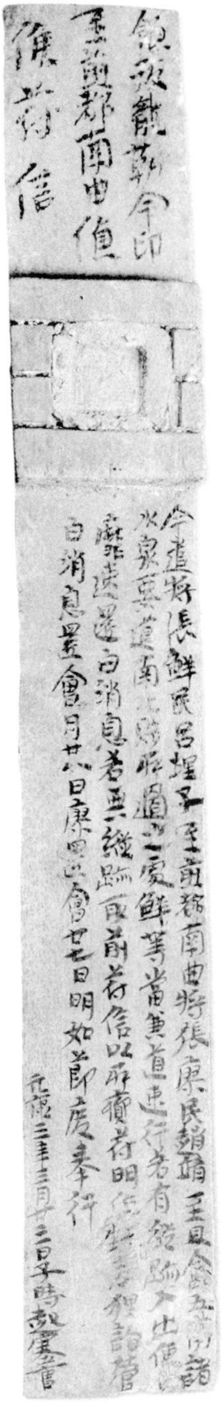
圖 4 上 1－20

式發表時名為"一棵樹簡牘",簡牘年代也作了糾正。在一棵樹遺址採集有字簡牘 9 枚,其中有西晉簡。元康三年(293 年)"符信"牘字數多、字跡清楚,為眞書,無論點畫、結構,脱盡漢隸[①]。這些字不取横勢,没有漢隸的意味,是成熟的眞書。

這些字基本上是眞書形體:

一是眞書的偏旁基本形成:信、度、行、符、張、若、消、息、時、府、康、縱、趙、道、蹤、大、出、奉、節、當、賫、起、由、寡。偏旁寫法固定化,位置固定化,各部件結合緊密。

二是筆畫基本形成:信、行之撇重入輕出,"行"之"亍"上面二短横上仰下俯,合乎眞書習慣。如如,豎、横、撇、折與眞書相同。以落筆直接斜入,再按或轉折,起筆與行筆分明;"人"起筆頓筆斜入。翻轉回鋒收筆,均為眞書運筆方法。民之短、長反勾,横畫與轉折與眞書無異。轉折從硬折軟化,如白、南,是眞書轉折的發展。

三是態勢基本形成:明、由二字"日"上大下小,"如""信"之"口"運筆結構完全是眞書態勢。而且"如"之"女"原來由短横加二彎豎組成,左彎豎分拆成短豎與反捺,這是三國後纔廣泛使用的眞書寫法。字勢左傾、横畫右上的眞書形勢基本形成,如要、呂、前、等等。

四是行書成為主體:如會、鮮、置、處,均有省簡的筆畫、相互呼應的結構。

甘肅武威新華鄉頭壩村 2 座墓葬中出土了"升平十二年"木牘 2 件,1 枚長 27.5 厘米、寬 4.3 厘米、厚 0.4 厘米。兩面朱書,潦草。1 件長 32 厘米、寬 4.3 厘米、厚 0.6 厘米。"十三年"木牘,1 枚長 38 厘米、寬 4.3 厘米、厚 0.5 厘米。1 枚長 41 厘米、寬 4.1 厘米、厚 0.6 厘米。上面繪道符,右側 1 行,下面墨書文字 4 行。正面墨書 3 行。均為衣物疏。照片字跡不清[②]。

紙質文書在新疆、甘肅多地發現,字跡清晰,足資研究之用。

---

① 楊俊:《敦煌一棵樹漢代烽燧遺址出土的簡牘》,《敦煌研究》2010 年第 4 期;石明秀:《敦煌一棵樹烽燧新獲簡牘釋考》,《中國國家博物館館刊》2012 年第 6 期。

② 梁繼紅:《武威出土的漢代衣物疏木牘》,《隴右文博》1997 年第 3 期。

敦煌懸泉置西晉"以下"(以開始二字命名)書信 1 件,質地細密均勻,光滑有韌性。殘存 7 行 31 字(圖 4 上 1－21)[①]。此紙完全是真書結構,但是筆畫忽輕忽重,某些筆畫的提按不足,是漢隸舊習。

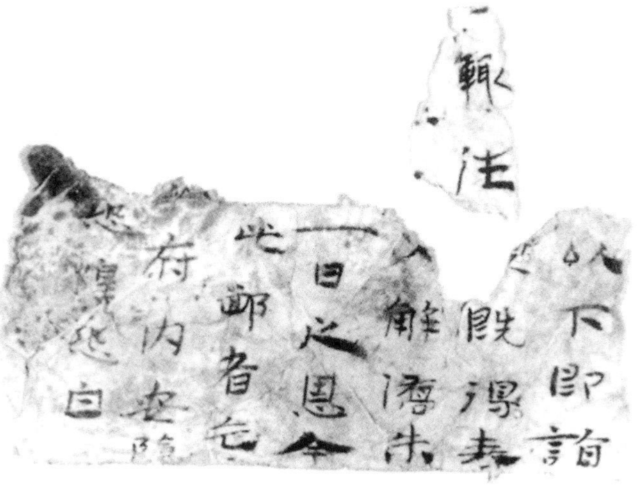

圖 4 上 1－21

新疆多次出土《三國志》殘卷,1924 年鄯善發現《三國志》殘卷,起於《虞翻傳》,終於《張溫傳》,共 80 行,存 1 900 多字,已經流入日本,收入羅振玉的《漢晉書影》(1926 年增訂本)以及中華書局版《三國志》插頁。1965 年吐魯番發現又一種殘卷,在蘇公塔附近佛塔遺址內,為《三國志・吳志・孫權傳》(圖 4 上 1－22),共 40 行,570 餘字。郭沫若認為兩種《三國志》抄本年代相去不遠,前者是東晉抄本,後者是西晉抄本,並說:"兩種殘卷比較,字跡十分類似,捺筆極重,隸書氣味很濃厚。"實際上,《虞翻傳》與《譬喻經》字體相似,輕橫重捺,《孫權傳》寫本捺短而肥,粗細反差更大,筆法精熟,書法更加優美。這三種寫本都是地道的真書,接近鍾繇的《宣示表》風格,與隋唐的小楷祇是風格的不同。郭沫若過於看重那些肥捺,由肥捺聯想波磔,從而斷定為隸書(八分)[②]。

旅順博物館收藏了西域佛經寫本,是日本人大谷光瑞 20 世紀初在新疆吐魯番吐峪溝收集的殘片。在 1915 年出版的《西域考古圖譜》中,著錄了 76 篇佛經殘片,其中有西晉"元康六年"寫經題記的《諸佛要集經》[③](圖 4 上 1－23),是"世界上最早的漢文佛經寫本"。此寫本重捺已經減輕,呈現出真書的本來面貌。

2004 年郴州蘇仙橋 10 號井發現一批簡牘,共 909 枚。除 2 枚竹簡外,均為杉木

① 甘肅省文物考古研究所:《甘肅敦煌漢代懸泉置遺址發掘簡報》,《文物》2000 年第 5 期。
② 《新疆新出土的晉人寫本〈三國志〉殘卷》,《文物》1972 年第 8 期。
③ 郭富純:《旅順博物館藏漢文佛教寫經綜述》,《書法叢刊》2006 年第 6 期。

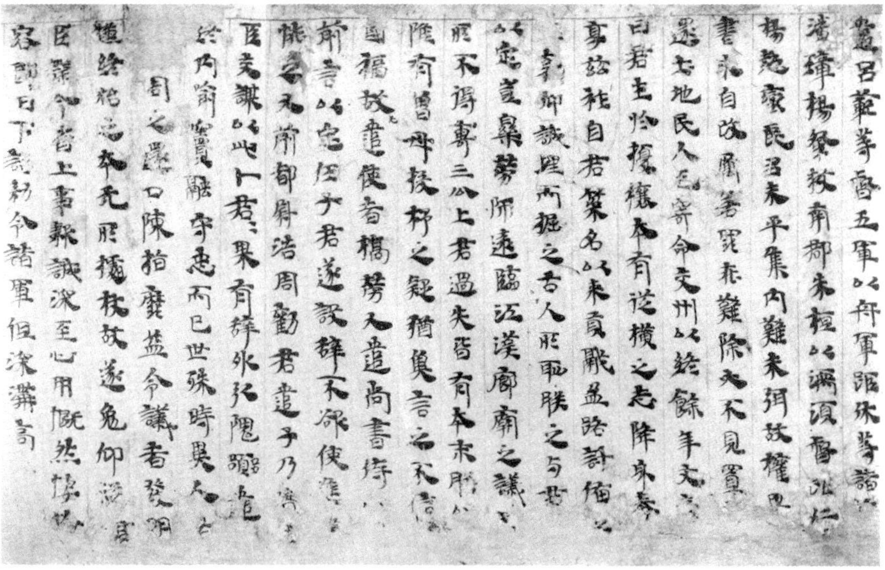

圖 4 上 1－22

圖 4 上 1－23

簡，其中 5 枚簡 5 字。簡文紀年有西晉惠帝的永熙、元康、永康、永寧、太安等年號，在公元 300 年前後(圖 4 上 1－24)，形體完全與眞書無異[①]。如：

湖北黄梅縣松林咀西晉墓為磚墓室，墓牆和墓頂發現若干墓磚摹印銘文"元康四年九月大歲甲寅晉故中郎汝南馮氏造"[②]。

滕州市西晉墓出土男陶俑刻"王君令□"和"元康九年"，女俑正面刻"女子姓季字阿多"，側刻"下邳任令明所作"，背刻"元康九年所作，有三日"，另一件女俑背刻"女"字。胡人俑 2 件，背刻"胡"字，長横筆楷書[③]。

① 湖南省文物局：《湖南簡牘名跡》，湖南美術出版社 2012 年版，第 367—491 頁。
② 劉松山：《湖北黄梅縣松林咀西晉紀年墓》，《考古》2004 年第 8 期。
③ 滕州市文化局、滕州市博物館：《山東滕州市西晉元康九年墓》，《考古》1999 年第 12 期。

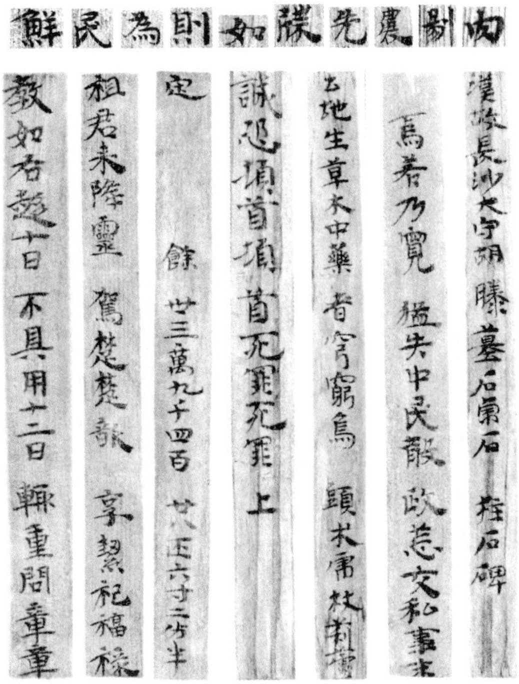

圖 4 上 1－24

酒泉果園鄉西溝村 6 號魏晉墓出土朱書陶瓶 1 件，陶瓶深直腹，表面塗泥，赭色顔料書鎮墓文，字際大部隨泥面脱落，字跡為行書(圖 4 上 1－25)[①]。

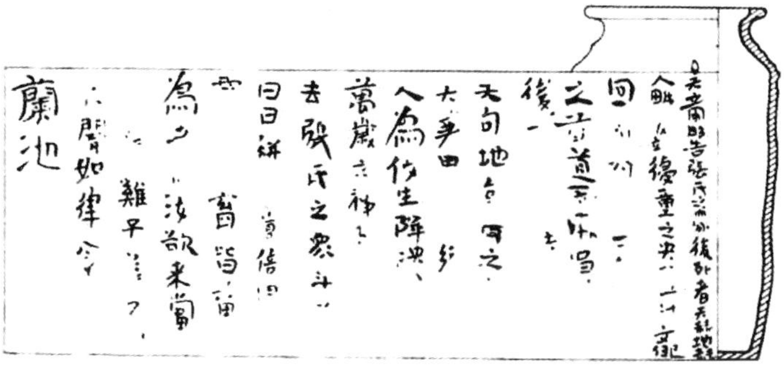

圖 4 上 1－25

西晉的字跡非常清楚，出現兩種面貌，其中一種以敦煌西晉簡、馬圈灣西晉木檢、懸泉以下帖代表日用書體，結構脱淨漢隸，字形取方，筆畫靈動，點畫提按多變，輕重得中，是當時日用眞書的眞實面貌。而《諸佛要集經》寫本是正楷的寫法，《三國志・吴志・孫權傳》殘卷重捺特徵是仿古的書法，這種書法以後在北朝大行其道。

山東龍口市蘆頭鎮東梧桐村發現晉墓，其中西晉墓出土墓磚，模印“泰康七年九

① 甘肅省文物考古研究所：《甘肅酒泉西溝村魏晉墓發掘報告》，《文物》1996 年第 7 期。

月十一日”;東晉墓出土墓磚文字兩種：一種模印八分“泰元廿年四月二日王康”，一種刻畫眞書“泰元廿年四月四日東萊郡弦縣”(圖 4 上 1－26)、“晉□建威將軍東□”。在 1 號墓的白陶盒內側刻字“太元十一年七月廿五日造”(圖 4 上 1－27)①。

圖 4 上 1－26

圖 4 上 1－27

圖 4 上 1－28

吳縣張陵山張氏 3 號墓出土墓磚，除了“元康九年”的八分磚外，還有兩塊眞書墓磚，一塊是“□康元年七月廿八日作甓飢無食人得所□□□□遇中不而作但相將眠此□一夫不舉□□伯□念郎窮昔欲各饗日顧各飢無可從□者願見明也”的長銘，一塊刻“吳郡張君造補壁□□□□張□”，皆為行書②(圖 4 上 1－28)。綜觀西晉出土墨蹟等足以證明，西晉時期眞書為當時的主流字體，雖風格有新舊，書法有優劣，但並不影響我們對西晉文字形體的判斷。

第五節　繼承漢魏之河西眞書

自西漢經營河西以來，設郡縣，人口遷入，中原文化浸染邊地，文化繁榮，甚至出現了書法家的群落。晉室南遷以後，北方中原相繼有 16 個政權更替，史稱“十六國”。在此時期，河西交迭建立 5 個地方政權，漢人張氏的前涼(301—376)、氐人呂氏的後涼(386—403)、鮮卑禿髮氏的南涼(397—414)、漢人李氏的西涼(400—421)、匈奴盧水沮渠氏的北涼(397—439)，即歷史上的“五涼”。五涼疆域以河西走廊為中心，南括青海北部，西達新疆吐魯番。這個地區遠離中原，避開了頻繁的戰亂，社會相對穩定，物質豐饒。雖然河西與中原文化聯繫中斷，造成半封閉和獨立的局面，中原文化卻得

① 煙臺市博物館、龍口市博物館：《山東龍口市東梧桐晉墓發掘簡報》，《考古》2013 年第 4 期。
② 南京博物院：《江蘇吳縣張陵山張氏墓群發掘簡報》，《南方文物》2005 年第 4 期。

到很好地保存和發展。張軌為西涼刺史，安境保民，選賢任能，恢復發展漢人文化傳統，習詩書，講禮儀，修文學。李暠建立西涼後，興教辦學，復興儒學。北涼沮渠氏雖為北胡，崇尚佛教，使得涼州成為佛教勝地。此間，佛教經籍被大量翻譯成漢文，是五涼文化中的重要一頁。沮渠氏鼓勵中原士人定居河西，著書立説，整理經籍。《魏書・闞駰傳》記，北涼主蒙遜重視名士，拜闞駰為祕書考課郎中，“給文吏三十人，典校經籍，刊定諸子三千餘卷。”《宋書・氐胡傳》載，南朝宋元嘉三年(426年)，北涼“世子與國遣使奉表，請《周易》及子集諸書，太祖並賜之，合四百七十五卷。蒙遜又就司徒王弘求《搜神記》，弘寫與之”。五涼不僅保存了中原文化典籍，還保存了中原已經失落的傳統，如喪禮用遣策、紙疏，河西地區依然流行，考古發掘出土的大量衣物疏就是證明。在五涼時期，河西上承魏晉，下開魏齊，對中原文化的承前啟後作出了重要貢獻。

五涼時期大量的文獻有墨書和石刻，墨書材料主要在新疆吐魯番和甘肅敦煌等地發現，有紙質文書和朱書陶瓶。紙質文書中又以佛經居多，還有一些官方文獻和民間契約。這些文獻眞書居多，如升平十二年(368年)的《道行品法句經》明顯是承襲魏晉眞書的習慣(圖4上1－29)，不過筆力稍重，點畫輕重對比強烈。另外一種是點畫開張，重撇重捺，帶有八分餘韻。如1972年新疆吐魯番阿斯塔那177號墓出土北涼承平十三年(455年)《沮渠封戴墓表》(圖4上1－30)，即屬此類。

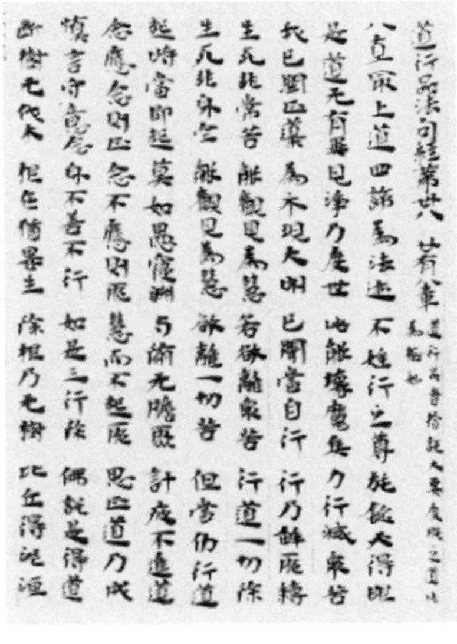

圖4上1－29

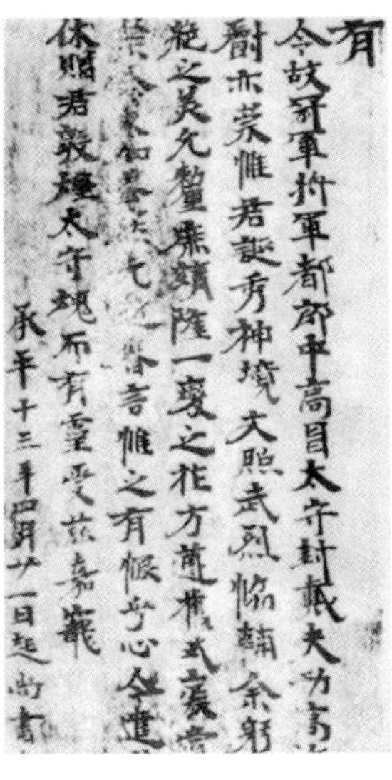

圖4上1－30

北涼神璽三年(399年)，即北涼天璽元年、東晉隆安三年，是目前發現的敦煌寫經中署名紀年最早的卷子。此卷正面題“賢劫九百佛品第九”，卷末題“神璽三年太歲己亥正月廿日道人寶賢於高昌寫此千佛名”等(圖4上1－31)。字體為楷書。今藏於安徽博物館①。有的眞書撇長向上挑起，有的間架向下開張，偶見長横等，足見這是摻合了分書的眞書。民間日用的書跡也呈現出眞書面貌，比較經本更加接近形體發展的實際情況。

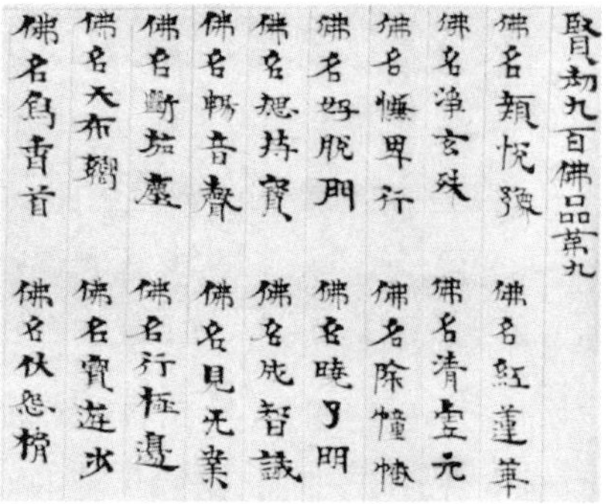

圖 4 上 1－31

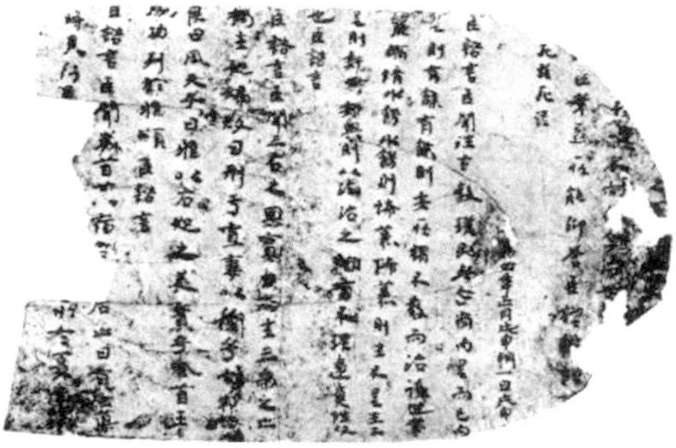

圖 4 上 1－32

如果説以上尚是特殊場合使用的字體，那麼西涼建初四年（408 年）《秀才對策文》（圖 4 上 1－32）就代表當時通行的字體，雖然捺脚稍肥，但是横畫起筆、行筆、收筆粗細一致，没有輕起的習慣，與南朝眞書相近。

圖 4 上 1－33

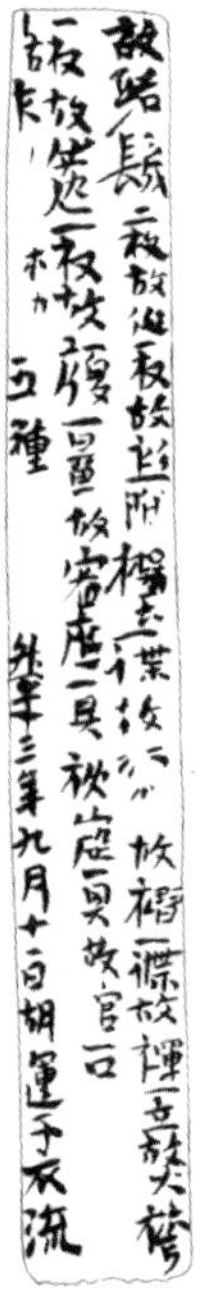

圖 4 上 1－34

近年來河西地區墓葬常有五涼時期的遣策和紙書，但是因為保存不好，無法看清，或者為行草書，没有眞書楷法的代表性。

建興五年（317 年）高臺駱駝城前涼墓出土衣物疏兩方：《趙雙衣物疏》《趙阿茲衣物疏》②。遣策小字近於東吳、東晉的遣策，不過字跡略為草率，大字“都中趙雙衣疏”六字工整眞書，衹是捺筆稍肥。因為圖片過於灰暗，無法移録，殊為遺憾。

樓蘭出土多件建興年間木牘，如建興四十七年（359 年）木牘為眞書行書（圖 4 上 1－33）③。2001 年甘肅高臺駱駝城 5 號前涼墓，出土升平三年（359 年）衣物疏木牘 1 件，墨書 3 行，77 字（圖 4 上 1－34）。2 號墓陶瓶有垩書鎮墓文，字跡不清④。眞書的概貌與南昌衣物疏相似。

2002 年甘肅玉門花海畢家灘五涼十六國時期墓葬出土一批衣物疏木牘，1 號、3 號、20 號、26 號、30 號、37

① 黃秀英：《韞玉懷珠——安徽省博物館館藏書法精品述》，《書法叢刊》2002 年第 1 期。
② 寇克紅：《高臺駱駝城前涼墓葬出土衣物疏考釋》，《考古與文物》2011 年第 2 期。
③ 侯燦：《魏晉簡書風》，重慶出版社 2000 年版。
④ 甘肅省文物考古研究所、高臺縣博物館：《甘肅高臺縣駱駝城墓葬的發掘》，《考古》2003 年第 6 期。

號、38號、40號、51號墓均有發現。木牘用榆木、松木、胡楊木製成。報告發表了升平十四年(370年)26號墓衣物疏簡影,為行書[1]。

敦煌石室的《譬喻經》之《出廣演品》和《出地獄品》殘卷(圖4上1－35),現藏東京書道博物館。最早由中村不折《禹域出土墨寶書法源流考》刊出,其後為學術界重視,於漢字形體研究尤其重要。但是其"甘露"年號歷朝多見,有西漢宣帝、三國魏高貴鄉公、三國吳末帝、十六國苻秦等,皆用此年號。有的定為曹魏,有的定為苻秦等。蔣善國採用曹魏説,且附《出廣演品》作形體資料。現有吳震辯證,此甘露元年為闞氏高昌甘露元年(460年),即北魏和平元年、南朝宋大明四年,大致可信[2]。殘卷字體古質,結構純為眞書,但是横畫輕入重收,捺筆肥大,短而急收,猶有魏晉遺風,是西陲固有的眞書面貌。

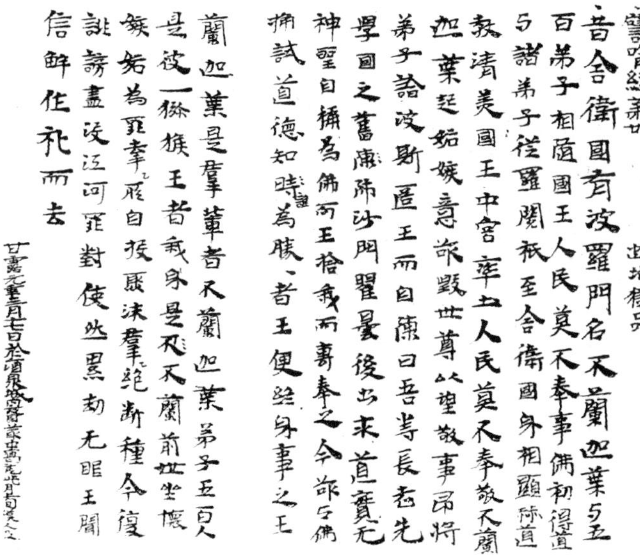

圖4上1－35

第六節　北朝眞書之發現

自從匈奴、鮮卑等進入中原之後,北方先後建立十六國,北方士族逃離,文化凋敝,唯有河西到西域一帶保存了中原文化。東晉、北魏開始,南北分治,天下稍安,北方少數民族重新認識漢文化,恢復漢文化,使漢字形體變革進入到一個轉折階段。最顯著的通行眞書在南北兩地呈現出不同面貌。南方眞書沿襲魏晉自然軌跡,以新體

① 張俊民:《甘肅玉門畢家灘出土的衣物疏初探》,《湖南省博物館館刊》2010年第7輯。
② 吳震:《敦煌吐魯番寫經題記中"甘露"年號考辨》,《西域研究》1995年第1期。

主導，逐步與八分分道揚鑣，結構簡明，書寫筆畫自然，是眞書發展的一個環節。北方眞書卻走上與南方不同的道路，簡單地説，就是把眞書分流，一方面在日用場合依然沿用自然發展的形體，與南方相似；另一方面改變八分，造就了新穎的銘刻體。

西晉末年以來，隨著世家大族大多南遷，中原文化墮入低谷，文化中心由北方轉移到南方。五胡十六國時期，戰亂不斷，遍地哀鴻，經籍文字無暇顧及。鮮卑拓跋氏統一北方，建立北魏，結束了混亂局面，形成南北對立局面，史稱北朝。北魏太武帝統一黄河流域，中原北方社會稍得安定。後來北魏拓跋氏加強了鮮卑貴族與漢族士族的融合，採用漢族制度，中原文化得到了初步恢復。534 年北魏分裂為東魏、西魏，此後東魏被北齊取代，西魏也被北周取代。這些朝代更替頻繁，基本由北方少數民族統治北方。

北朝的墨書資料多出自敦煌遺書，以寫經為主，近年考古發掘中不斷有一些資料出土，如刻石、紙片乃至漆書，彌足珍貴。

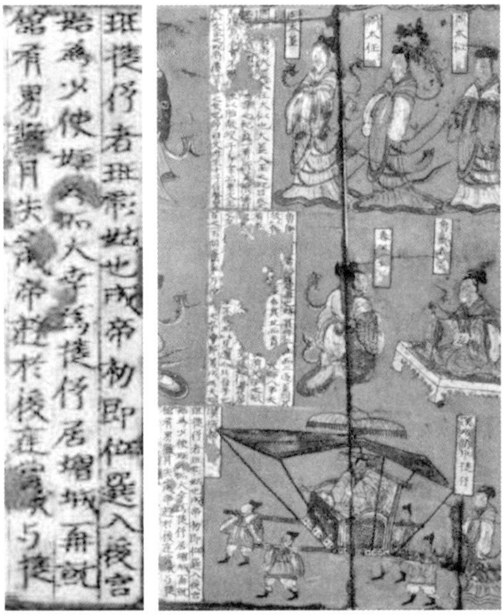

圖 4 上 1－36

1966 年大同石家寨司馬金龍墓發現了 3 種文字材料：石刻、墨書和磚文。北魏司馬金龍墓内出土漆屏風，有《列女傳》等圖畫，人物旁有榜題，有的有題記，如“周太姜”“周太任”“周太似”，左側題記 4 行；“春姜女”“魯師春姜”，左側題記 6 行；“漢成帝”“漢成帝班倢伃”，左側題記 4 行；“孫叔敖”，左側題記 5 行等。漆屏表面塗紅色，題記及榜題處再塗黄色，題記及榜題為眞書（圖 4 上 1－36）。墨書結字平正，體態寬博，筆畫勁挺爽利。墓内有石墓誌 3 種，為《司馬金龍墓表》《司馬金龍墓誌銘》和《姬辰墓銘》。墓表為石碑形，額篆書“司空琅琊康王墓表”，表文 10 行。墓誌未發表，考古報告説，“銘文基本同墓表”。據報告，《姬辰墓銘》正面 8 行，背面 4 行，兩面相連。墓表紀年為“大代太和八年”（484 年），《姬辰墓銘》紀年為“大代延興四年”（474 年）。摹印磚文採用隸意眞書，文為“琅琊司馬金龍墓壽磚”①。石刻字跡完好，字體呈扁方形，横畫略呈斜勢，筆畫兩端方粗，横畫方尾，右上收筆，具有分書意味。表和墓誌的書寫人，據推測是北魏大書法家劉芳。字體風格與魏晉接近，是魏碑體之前的北朝典型書體，如司馬金龍漆屏題書形體近於東晉王氏眞書。再如大同市沙嶺村東北 7 號北

① 山西省大同市博物館、山西省文物工作委員會：《山西大同石家寨北魏司馬金龍墓》，《文物》1972 年第 3 期。

魏墓,墓内彩繪漆皮有隸書題記,是太武帝時期所書。墨書 3 行,有朱欄綫,可辨者 73 字,字跡類似鍾繇眞書[①](圖 4 上 1－37)。

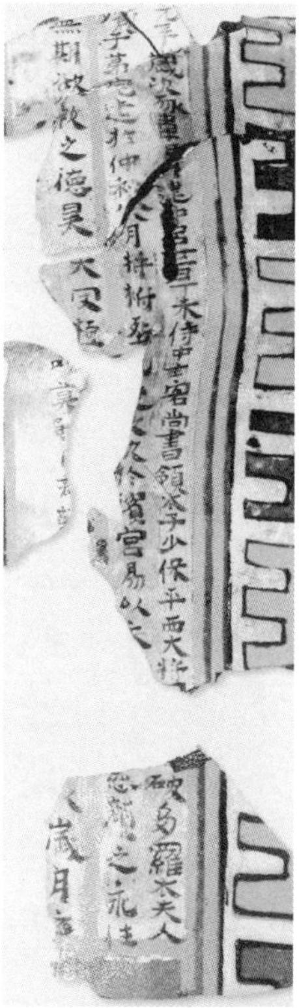

圖 4 上 1－37

北魏碑刻中也不是全用魏碑體,用於文書的眞書也會用於碑刻。太和五年(481 年)舍利石函銘文雖取横勢,捺微重,總體還是魏晉眞書面貌[②]。北魏景明到永安(500—530)貼金彩繪釋迦立像背面題字、北魏太昌元年(532 年)造像題記,字跡清秀,筆致精到,體態平和,無魏碑氣息[③]。

北魏皇興二年(468 年)《康那造幡發願文》為敦煌藏經洞發現文書,此為民間楷書墨蹟,書法稚拙,近於晉人書跡。大同魏辛莊出土北魏永安二年(529 年)石棺墨書《四耶耶骨》(圖 4 上 1－38),文曰:"明堂西南正是四耶₌骨,長男蔣公全、次男蔣公壽。長孫蔣愿、次孫蔣潤、次孫蔣建喜、次孫蔣通喜、次孫蔣通□。永安二年十一日,蔣潤為三□之□。""耶耶"稱父親,為行楷眞書,書法流暢,無論用筆與形體並無北朝碑刻形體的特點,為魏晉以來的眞書的延續[④]。北魏神龜三年(520 年)造像碑,現存陝西永壽縣文化館,20 世紀 80 年代發現(圖 4 上 1－39)[⑤]。正光二年(521)造像碑發願文,9 行,書風近於南朝(圖 4 上 1－40)[⑥]。

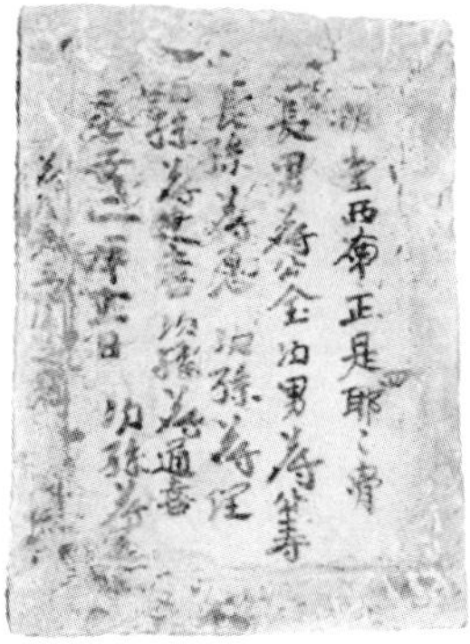

圖 4 上 1－38

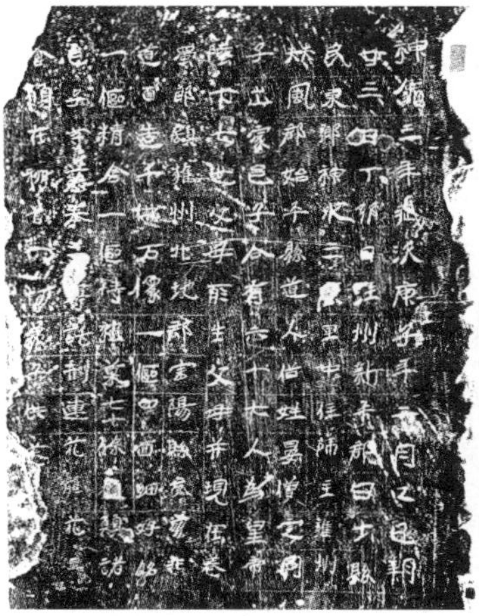

圖 4 上 1－39

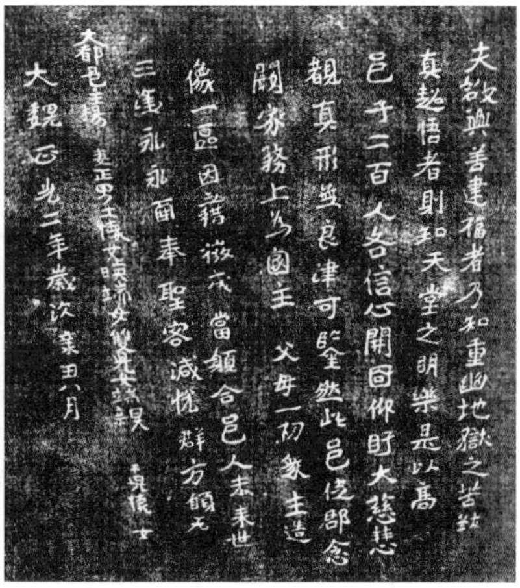

圖 4 上 1－40

① 大同市考古研究所:《山西大同沙嶺北魏壁畫墓發掘簡報》,《文物》2006 年第 10 期。
② 楊泓:《中國古代和韓國古代的佛教舍利容器》,《考古》2009 年第 1 期。
③ 夏名采、王瑞霞:《青州龍興寺出土背屏式佛教石造像分期初探》,《文物》2000 年第 5 期。
④ 殷憲:《近年所見北魏書跡二則》,《書法叢刊》2005 年第 3 期。
⑤ 羅宏才:《佛、道造像碑師匠題名、位序的探討與"北地樣式"的初步研究》,《考古與文物》2007 年第 6 期。
⑥ 李學文:《山西襄汾北魏、隋唐造像碑》,《文物》2014 年第 11 期。

北魏的眞書實際可分兩路：一路是由鍾繇的章程書而來，如上述司馬金龍漆屏題字和太昌元年造像題記、北魏太和十一年(487 年)寫經(圖 4 上 1－41)、《大般涅盤經》(圖 4 上 1－42)為代表，《大般涅盤經》楊魯安定為北魏孝文帝太和年間(477—499)寫本，中宮收緊，四體開張，字體亦扁亦方，“堪與六朝名碑媲美”①。另一路是受到西晉八分的影響，如北魏經本中撇、捺飛動者，接近所謂北涼體。因而南北固然分派，但是異中有同，而且同是由歷史淵源決定的。

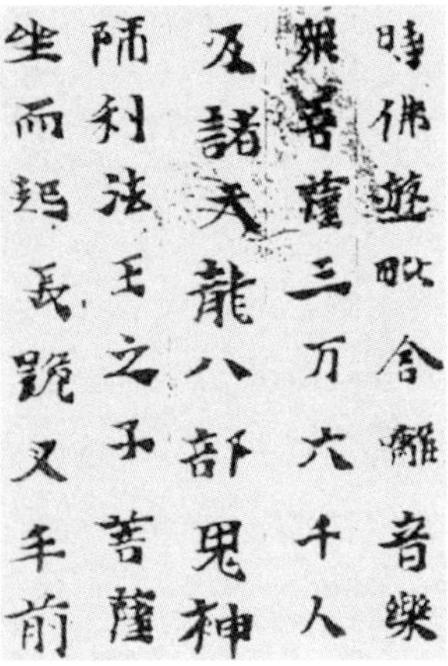
圖 4 上 1－41

圖 4 上 1－42

① 北魏寫經《大般涅盤經》，《書法》1996 年第 2 期。

第二章　北朝銘刻眞書

第一節　魏碑與元氏魏碑

北朝時期的石刻文字資料相當豐富，主要得益於當時的葬俗流行鐫刻碑誌的風氣。大量碑誌保存至今，雖然歷經 1 500 多年，文字依然整潔如新。北朝除了層出不窮、不計其數的墓誌外，大碑、造像也豐富多彩，遍佈北方。特別是摩崖刻石興起，刻銘氣勢恢宏，多姿多彩，各呈風騷，歎為壯觀。康有為《廣藝舟雙楫・餘論》："魏碑大種有三：一曰《龍門造像》，一曰《雲峰石刻》，一曰《岡山尖山鐵山摩崖》，皆數十種同一體者。《龍門》為方筆之極軌，《雲峰》為圓筆之極軌，二種爭盟，可謂極盛。《四山摩崖》通隸楷，備方圓，高渾簡穆，為壁窠之極軌也。"字跡宏大，氣勢雄強。

北朝碑誌衆多，可資參考的石刻大小不等，刻工精細和粗劣的都有，其形體風格多樣，清人概以魏碑稱之。儘管北朝刻石數量龐大，古來不為金石家重視，直至清代尊碑抑帖以來，其書法藝術價值漸漸為人認識，收集者、摹習者、研究者日益增多。清代咸豐、同治崇尚北碑，以魏碑為最佳。康有為《廣藝舟雙楫・備魏》："凡魏碑，隨取一家，皆足成體，盡合諸家，則為具美。雖南碑之綿麗，齊碑之逋峭，隋碑之洞達，皆涵蓋渟蓄，蘊於其中。"北朝時期的眞書與南朝是有差異的，而北朝最為突出的字體為北魏所創，這種字體體勢以誇張、雄健有力稱著，清代中期以來魏碑體逐漸為人注目，相與研習，斐然有成，引起有清一代書法藝術的革新。

近年來，北朝碑刻成為學術界關心的熱點，文字、書法學界不斷有重要的成果推出。他們關心的角度不光停留在書法藝術，也開始關注文字結構。陸明君《魏晉南北朝碑別字研究》（文化藝術出版社，2009 年）、郭瑞《魏晉南北朝石刻文字》（南方日報出版社，2010 年）、毛遠明《漢魏六朝碑刻異體字研究》（商務印書館，2012 年）、毛遠明《漢魏六朝碑刻異體字典》（中華書局，2014 年），都是北碑字體的資料彙集、研究的專門著作。

北碑是相對於南朝碑帖而言，廣義上北朝可以包含十六國、五涼及北朝，狹義上衹包括北魏、東魏、北齊、北周，而魏碑衹是其中最富特色的部分。魏之國名，歷史多見，而語碑石，古來"魏碑"專指曹魏碑刻，自宋以來亦稱北魏碑石。宋歐陽修《集古錄》:“魏自道武天興元年議定國號,羣臣欲稱代,而道武不許,乃仍稱魏。自是之後,無改國稱代之事。今魏碑數數有之。”至清代以來書法界追摹北碑,“魏碑”纔專指北魏之碑誌。魏碑體有兩個概念,一是泛指北朝時期那種硬朗、開張風格的碑刻眞書,一是指狹義上的北魏遷都洛陽後流行的主流書體。

在太和十九年(495年)詔建邙山陵區之後,太和二十三年(499年)孝文帝葬於洛陽西北之邙山,此後邙山一帶成為北魏皇家元氏一族的墓地。趙萬里在《漢魏南北朝墓誌集釋》中編錄的北魏墓誌銘共286塊,以元氏宗室墓誌為多,共達159塊,以後陸續有新的出土。北魏墓誌由上下兩片合成,下面為誌文,墓銘為眞書,上面為誌蓋,蓋如碑額,文字以篆為多。多選取優良石材,精工打磨,文字鐫刻優良,保持了原來的神韻。墓誌文字,前期書法誇張,後期清雅修麗,接近南風。康有為《廣藝舟雙楫·備魏》:“孝文黼黻,篤好文術,潤色鴻業,故太和之後,碑版尤盛,佳書妙製,率在其時。延昌正光,染被斯暢。考其體裁俊偉,筆氣深厚,恢恢乎有太平之象。”又說:“北碑莫盛於魏,莫備於魏。”

北魏墓誌多出邙山,施安昌據此提出改稱魏碑體為邙山體。“以《元楨墓誌》為典型的流行於洛陽邙山墓誌上的書法風格,可以稱為北魏邙山體。”同時指出:“同屬於邙山體的作品,彼此之間仍有或肥或瘦,或方或圓,或蕭散或謹栗,或平實或峻肆的不同,也有生熟、優劣分別,那是因為不同的書者與刻工造成的。”①叢文俊認為,此類碑刻不僅見於邙山,也見於洛陽地區,故認為稱作洛陽體為好②。

“邙山體”“洛陽體”兩種説法均有缺陷,這段時間邙山出土的碑誌文字不盡符合這個特徵,如果放大到洛陽地區的話,書體風格更不相同。洛陽龍門北魏刻石不僅有類似魏碑的眞書,還有《鄭長猷》之類的八分,字體十分龐雜。從地域來説,不僅洛陽地區有,遠在山東雲峰山也有相同的字體,而且不限於墓誌,還有其他石刻形式。既然是以元氏碑刻為特色,所以筆者認為最好叫元氏魏碑,意即具有拓跋元氏特點的北魏銘刻書體。

元氏魏碑有一個生成、發展、衰落的過程,它經歷三個階段:一是北魏前期醞釀期:自明元帝到獻文帝(420—471)。二是北魏後期鼎盛期:孝文帝到孝武帝(472—532)。三是衰退期:東西魏、北齊、北周為一期(534—589)。

北魏前期,延續魏晉以來的銘刻字體,用眞書法寫分隸,間或露出雙翹横畫,方頭、起筆收筆生硬,點畫有鋒棱,間架右高而有不穩之感。代表刻石有太武帝太延三年(437年)《魏太武帝東巡碑》(圖4上2-1)、太延五年(439年)《華嶽廟碑》(圖4上

① 施安昌:《“北魏邙山體”析》,《書法叢刊》1994年第1期。
② 叢文俊:《魏碑體考論》,《中國書法》2003年第3期。

2－2)。和平二年(461年)二月文成帝南巡,三月返經靈丘,勒碑成頌。現存靈丘縣城東南15公里河階臺地上,全稱《皇帝南巡之頌》,紀念北魏文成帝拓跋濬南巡而立。碑斷殘,拼合後可識文字2 600餘[①]。

圖4上2－1

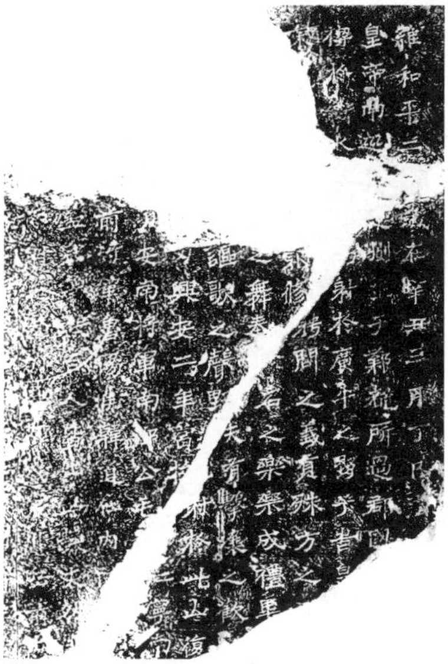

圖4上2－2

《東巡碑》《南巡碑》皆亦分亦眞,字跡與《爨龍顔》相近。其字大撇大捺,字形開張,横畫截方,或者兩端略翹,皆八分之法,字勢向抑左揚右之勢,有雜眞書點畫,此為用眞書筆法寫八分,為元氏魏碑的雛形,初露端倪。這些碑刻的地位十分顯赫,《東巡碑》直接歌頌帝皇之行,等級最高。《華嶽廟碑》為道教領袖寇謙之所作,寇謙之是太武帝征討的決策謀士,而且道教新興,氣勢如日中天。因此碑文書法文字代表了當時的最高水準,其文字形體得到上層社會廣泛的認可,必定出於大家之手。

山西大同石家寨北魏司馬金龍墓出土《石墓誌》《司馬金龍墓表》《司馬金龍墓誌銘》及《姬辰墓銘》。《司馬金龍墓表》篆額"司空琅琊康王墓表"(圖4上2－3),另有墓磚,其一端有模印陽文分隸"琅琊王司馬金龍壽磚"[②](圖4上2－4)。司馬金龍卒於太和八年(484年),孝文帝實行"班俸祿"等改革,太和十七年(493年)遷都洛陽。墓表文字10行,字體是楷法寫分隸,字體呈扁方形,横畫略呈斜勢,筆畫兩端方粗,方體、方筆,風格近於東晉《王建之墓誌》《劉媚子墓誌》。

① 山西省考古研究所、靈丘縣文物局:《山西靈丘北魏文成帝〈南巡碑〉》,《文物》1997年第12期。

② 山西省大同市博物館、山西省文物工作委員會:《山西大同石家寨北魏司馬金龍墓》,《文物》1972年第3期。

圖 4 上 2－3

圖 4 上 2－4

第二節　元氏魏碑的重要碑誌

北魏銘刻書的主體是墓表和墓誌，還有大量的碑銘、摩崖、造像刻字。

元氏魏碑以太和二十年（496 年）《南安王元楨墓誌》與太元二十三年（499 年）刻的《齊郡王元簡墓誌》為最早，以永安三年（530 年）《元液墓誌》和《寇霄墓誌》最晚，前後流行 40 年。墓誌使用遒勁、濃重、張揚的書體，歷經孝文、宣武、孝明、孝莊四朝不衰。

太和十七年（493 年）孝文帝自平城（今山西大同）遷都洛陽，接著進行一系列的漢化改革。《魏書·高祖紀下》：太和十九年（495 年）六月，詔不得以北俗之語言於朝廷，又詔遷洛之民，死葬河南，不得還北。太和二十年（496 年）春正月，詔拓跋氏改姓元氏。孝文帝繼承前朝制度，這個前朝不是在混亂短促的少數民族為主體的十六國，而是華夏正統的魏晉，鬱鬱乎文哉，可與南朝的文化禮儀傳統一比高低。

圖 4 上 2－5

1926 年夏出土於洛陽城北高溝村東南的太和二十年（496 年）《南安王元楨墓誌》，誌文凡 17 行，行 18 字，共 306 字，整個筆畫左低右高，字形向左傾斜，所謂雄奇者，與整個筆畫高低一致，即筆斜字不斜有所不同（圖 4 上 2－5）。

太和二十二年（498 年）佛龕題記《始平公造像記》，全稱《比丘慧成為亡父洛州刺史始平公造像題記》。朱義章書，10 行，行 20 字，字有方格，陽文（圖 4 上 2－6）。康有為稱為方筆之極規。

圖 4 上 2－6

圖 4 上 2－7

圖 4 上 2－8

正始元年(504 年)《封和突墓誌銘》,點畫豐滿,起筆重按出鋒(圖 4 上 2－7)①。

正始元年(504 年)《王遇墓誌》(圖 4 上 2－8),全稱《魏故安西將軍泰州刺史澄城公之少子使持節鎮西將軍侍中吏部尚書太府卿光祿大夫皇構都將領將作大匠雍華二州刺史宕昌恭公霸城王遇之墓誌》,16 行,滿行 20 字。在偃師市北邙山上出土②,為孝文遷洛 10 餘年後鼎盛期元氏魏碑。

景明五年(即正始元年,504 年)《城陽宣王墓誌》,篆額"魏故城陽宣王墓誌"③。河北贊皇縣北魏李仲胤夫婦墓出土墓誌 2 合,墓主為趙郡李仲胤及夫人河間邢僧蘭。正始三年(506 年)李仲胤墓誌誌文 12 行,275 字,魏碑體略帶行書意味。永熙三年(534 年)邢僧蘭誌文 27 行,746 字,無重捺重撇,筆畫娟秀,與南朝楷體接近。可惜圖片太小,字跡不很清楚。邢僧蘭太昌元年(532 年)卒於陳留,二年後歸葬趙郡④。

永平元年(508 年)《元淑墓誌》,1982 年 4 月在大同市城東十餘里白登山下的東王莊村出土。篆額"魏元公之墓誌"。此 2 誌為立碑墓誌,是早期的形式。

永平五年(即延昌元年,512 年)《元詮墓誌》有《魏使持節驃騎將軍冀州刺史尚書左僕射安樂王墓誌銘》(圖 4 上 2－9)。

① 殷憲:《大同魏碑述略》,《書法叢刊》1999 年第 1 期。
② 趙君平:《北魏〈王遇墓誌〉釋略》,《書法叢刊》2013 年第 5 期。
③ 殷憲:《〈魏故城陽宣王(拓跋忠)墓誌〉考》,《中國國家博物館館刊》2014 年第 3 期。
④ 中國社會科學院考古研究所河北工作隊:《河北贊皇縣北魏李仲胤夫婦墓發掘簡報》,《考古》2015 年第 8 期。

永平中鄭道昭(？—516),字僖伯,滎陽開封人,自號中嶽先生。刻石有《鄭文公上碑》《鄭文公下碑》以及《白駒谷題名》(圖 4 上 2－10),方筆之極致,雄渾深厚。清楊守敬《學書邇言》:"雲峰鄭道昭諸碑,道勁奇偉,與南朝之《瘞鶴銘》,異曲同工。"

圖 4 上 2－9

圖 4 上 2－10

圖 4 上 2－11

熙平元年(516 年)《楊熙仙墓誌》(圖 4 上 2－11),26 行,行 26 字,首行題"魏故華州主簿楊秀才之墓誌銘"①。多古體,與漢碑八分同。如:華與《漢劉寬碑》同,農與《司農劉夫人碑》同,气與《繁陽令楊君碑》同,繇與《孔宙碑》同,僊與《華山廟碑》近,賢與《嚴發殘碑》近。

2003 年春,河南濟源市發現熙平二年(517 年)《元萇墓誌》,首題為"魏故侍中鎮北大將軍定州刺史松滋成公元君墓誌銘"。墓誌長、寬均 79 厘米,誌文凡 26 行,滿行 26 字,共 664 字(圖 4 上 2－12)。刀法細膩精微,完好如新,誌文書法筆畫飽滿,棱角鈍厚,圓潤流暢,肥碩光潤,遒健莊重,斜勢誇張,是元氏魏碑的典型代表②。元萇歷奉五帝,是北魏重臣,《魏書》有傳。

河南省博物院藏熙平二年(517 年)《元懷墓誌》書刻精妙端勁秀拔,是元氏宗室墓誌中極佳者(圖 4 上 2－13)③。

神龜元年(518 年)《常敬蘭墓誌》全稱"夏州刺史趙郡李緬妻常夫人墓誌銘",16

① 喬棟、李獻奇:《〈洛陽新獲墓誌續編〉書法藝術概述》,《書法叢刊》2005 年第 6 期。

② 劉蓮香、蔡運章:《北魏元萇墓誌考略》,《中國歷史文物》2006 年第 2 期;黄吉軍、馬寅清:《北魏元萇墓誌淺釋》,《書法叢刊》2007 年第 2 期。

③ 譚淑琴:《河南省博物院藏碑誌書法藝術價值綜述》,《書法叢刊》2016 年第 5 期。

行，滿行 19 字，有界格，2009 年關林鎮出土[①]。此碑方勁之中不乏圓潤，秀麗儒雅，具有南朝之風，可貴之處在於刻工極佳，點畫變化，仰俯、纖穠、起筆收筆細微之處均傳達無遺，刻石宛如手跡（圖 4 上 2－14）。

圖 4 上 2－12

圖 4 上 2－13

圖 4 上 2－14

神龜三年（520 年）《辛祥墓誌》，全稱《魏故征虜安定王長史義陽太守辛府君墓誌銘》，1975 年山西太原東太堡出土（圖 4 上 2－15），誌文 34 行，滿行 33 字，凡 961 字，有界欄[②]。楷法純熟，是最近正楷之作，結體運筆，圓潤挺拔。

圖 4 上 2－15

圖 4 上 2－16

正光三年（522 年）《張猛龍碑》，全稱《魏魯郡太守張府君清頌之碑》（圖 4 上 2－16）。無書寫者姓名，碑陽 26 行，行 46 字。碑陰刻立碑官吏名計 12 列。額眞書“魏魯郡太

---

① 趙君平：《北魏〈常敬蘭墓誌〉摭談》，《書法叢刊》2010 年第 3 期。
② 劉軍、董如亮：《北魏辛祥墓誌芻議》，《書法叢刊》2001 年第 1 期。

守張府君清頌之碑”12字。書法勁健雄俊，一向稱為北碑正宗，魏碑第一。清楊守敬《學書邇言》：“張猛龍碑，整練方折。”

正光四年（523年）《元倪墓誌》（圖4上2－17），全稱《魏故寧遠將軍敦煌鎮將元君墓誌銘》，19行，行22字。民國初年在河南洛陽姚凹村出土，現藏上海博物館。

圖4上2－17

圖4上2－18

圖4上2－19

普泰元年（531年）《張玄墓誌銘》，全稱《魏故南陽張玄墓誌銘》（圖4上2－18），即《張黑女墓誌》，原石已逸，僅存拓本。拓本共12頁，每頁4行，滿行8字，藏上海博物館。此誌楷中帶行，用筆方圓兼備，長捺一波三折，有南朝韻緻。但是字形依然依照元氏魏碑的寫法，如稟、陰、陽、氣、純等。

1996年洛陽孟津出土正光元年（520年）《王曦墓誌》，墓誌首題“魏故鎮南長史王府君墓誌”（圖4上2－19），墓誌形製少見。誌文斜勢略平，雖有橫勢，無大捺大撇，撇捺漸收，少俗體，已經呈現元氏魏碑向南朝眞書過渡的狀態①。

元氏魏碑風格多樣，有渾厚型，也有清勁型，有規整型，亦有散逸型。北魏武泰元年（528年）《元暐墓誌》從雄渾到溫雅，是轉變的典型代表②。孝昌二年（526年）《元乂墓誌》，寬博平和，與唐楷相似③。永安二年（529年）《慕容纂墓誌》豎筆用方筆，橫筆尖鋒入筆，捺筆收尾略上挑，字形略扁，字形帶隸意④。此碑字勢開張而不怒發，與後來《張黑女碑》風格相近。

① 王沛、王木鐸：《北魏〈王曦墓誌〉簡析》，《書法叢刊》2016年第4期。
② 曾廣：《〈元暐墓誌〉考辯》，《中國書法》2004年第6期。
③ 見《中國書法》2008年第11期。
④ 郭宏濤、趙振華、董炳磊：《偃師新出北魏慕容纂墓誌及其書藝》，《書法叢刊》2008年第3期。

第三節　元氏魏碑的特點

前人對魏碑主要是從書法藝術上來認識，就書寫風格而言，大致上可以分成兩種：一種是劍拔弩張的元氏魏碑體，另外一種是與南朝一樣的自然體勢。元氏魏碑體與當時南朝眞書，特别是我們熟悉的唐宋以來的眞書楷體比較，具有鮮明的特點。需要説明兩點：首先，風格特點和形體特點二者，前者是抽象的，有很強的主觀性，而且難以具體描述。古人之言“虎卧鳳闕”，妙在空靈，妙不可言，不可名狀。後者有具體内容可資分析提煉，可以用清晰明白的語言加以説明。其次，由於書寫者個性修養的緣故，元氏魏碑各石面貌各異，並不一律，往往一通碑誌，衹具備部分特點。具體内容如下：

其一，筆勢開張。即指筆畫向左右拓展，左挑右波，撇化作挑，捺為重捺，如兩翼飛揚。魏碑體把分書的框架，化入眞書。從體勢上説，分書框架主要是開張的波磔。

人（熹平石經）———人（元萇碑）

大（史晨前碑）———大（辟雍碑）———大（元萇碑）

史（史晨後碑）———史（後秦呂他墓表）——史（元萇碑）

其二，點畫方尖如截鐵。康有為《廣藝舟雙楫・餘論》：“龍門，方筆之極軌也。”康有為認為龍門石刻的方筆是最好的，所謂方筆其實就是起筆落筆方正帶棱角，點呈三角形。如《張猛龍碑》的方筆體現在筆筆有鋒刃，如之、守、頌、府、郡等字，點有三角、横筆起筆出鋒，收筆露鋒、撇筆同樣出鋒，以“頌”字最明顯。東晉的分隸、十六國時期的分隸呈現出以前未見的方體，不僅整體為方形，筆畫也方起方收，波挑不展而鋒鋭，收縮在方體之内。如以《張鎮碑》為起點，向兩個方向發展：無波挑的方頭體《王建之墓誌》《劉媚子墓誌》和波挑等筆奇出的《爨寶子碑》。後者方筆進而為尖筆，筆畫端處出斜鋒之外，有的上下斜出，造成魚尾狀分叉，一筆得兩尖鋒。筆者在漢魏八分中提到金針八分書，即金針筆畫端處有向外突出的尖鋒，隼尾波是金針書的發展，即筆端向上下突出的尖鋒。隼為猛禽，善於空中搏擊，其尾長，可以展開，強而有力，兩端有尖羽。這個隼尾波就是魚尾狀分叉。《受禪碑》磔之隼尾波為月，横畫如愷。西晉《辟雍碑》之大、后、教、在，也用在横畫，如士、皇，收筆處兩個鋭角非常突出。此後的隼尾波又有新的形態，兩角伸出，中間凹下，下角長於上角。如《孫世蘭女墓誌》波筆子、于、就，横畫起筆亦如波筆，如安、六。《石尠墓誌》波筆如大、史幾乎相同。東晉《爨寶子碑》的波筆不僅尾端翹起，頭端也是如此，差不多時間的北涼八分書，其波磔特徵幾乎相同，波磔向上翹起，四面出鋒。這種筆畫具有濃烈的裝飾性。北碑吸收了金針八分的筆法，筆畫端為隼尾波，多出芒刺，如《封和突墓誌》之二、六、子的横畫起筆即是。元氏的金針八分是形體特徵之一，現代人視為少數民族風格者，實為中原民族的文字形式。

其三，體勢斜縱，結體緊密。沙孟海説："北碑結體大致可分'斜畫緊結'和'平畫寬結'兩個類型。過去也少有人注意。《張猛龍》《根法師》、龍門各造像是前者的代表。《吊比干文》《泰山金剛經》《唐邕寫經頌》是後者的代表。"①元氏魏碑屬於"斜畫緊結"的北魏代表書體。不過"斜畫緊結"是簡略的説法，如果作全面的描寫，應該從結構、筆畫、形體各個角度作出説明。形體略扁，上抑下揚，傾於右方，左右開張；棱角分明，點畫用方，重撇長捺，横畫長亘，勾大而長。

元氏魏碑體的基本原理是分隸楷寫，改水平為左仄。歷來手寫體是從左到右略向上傾斜，這是因為右手的寫字動作自然形成。無論以肘為圓心還是以腕為圓心，寫字都是圓弧的左邊，一旦運筆就向上拋出。漢隸也不例外，史書也難免是這個狀態。無論馬王堆 3 號墓乙本帛書，還是北大本竹簡，從漢隸演變來的眞書依然繼承左仄，衹是分隸作為一種銘刻體，人為地把左仄給拉平了，可比較八分《張鎮墓誌》(字例前)與魏碑《元倪墓誌》(字例後)左仄變化：之 ＞ 之、元 ＞ 元、太 ＞ 大。

體勢斜縱，實際是兩種情況：一是整個字態斜置，出現左低右高傾斜，《元楨碑》可以作為典型。二是部分筆畫左低右高特別强調，如《元萇墓誌》的大部分字處於這個狀態。斜縱是追求一種力度，取得運動的靈動。眞書的成分有兩個：一是傾斜，早期眞書是右傾，魏碑保持這個態勢。二是上小下大、略扁梯形的間架，也是繼承魏晉眞書而來。兩者結合，改分書筆畫為眞書點畫，包括撇、捺，東漢八分筆畫本來在向眞書靠攏，魏碑不過是順勢推舟。下面的例子直觀地呈現這個過程：

子北大竹簡《老子》 子《史晨碑》 子《熹平石經》 子晉《辟雍碑》 子《劉媚子墓誌》 子《爨龍顔碑》 子《南巡之頌》碑陰 子《司馬金龍墓銘》 子、子《楊大眼造像》 子《封和突墓誌》 子《元思墓誌》 子《元倪墓誌》 子、子《元珍墓誌》 子魏《解不失衣界羯磨文》 子智永《眞草千字文》墨蹟本 子虞世南《孔子廟堂碑》 子歐陽詢《九成宫醴泉銘》

康有為《廣藝舟雙楫・十六宗》："魏碑無不佳者，雖窮鄉兒女造像，而骨血峻宕，拙厚中皆有異態，構字亦緊密非常。"構字就是結體，就是字形内筆畫安排。如果筆畫交接緊湊，結構就緊密了。大部分魏碑體比南派眞書的筆畫粗重，加之採取斜勢，不光擠壓筆畫之間空間，而且筆畫攪拗在一起。所謂結構緊密有兩個要素：一是魏碑筆畫濃重，筆畫之間空間小；一是斜置，把方正的空間壓扁。兩種因素疊加，結構緊密衹是現象。緊密與疏朗相對，魏碑的筆畫盡力向外，特別是撇、捺，原出於整體之外，

① 沙孟海：《略論兩晉南北朝隋代的書法》，《書法研究》1985 年第 4 期。

給人外疏内密的感覺，這是所謂結構緊密的原因。

元氏魏碑的文字結構特點有四：

其一，古今兼容。阮元《北碑南帖論》："北朝碑字破體太多，特因字雜分隸，兵戈之間，無人講習，遂致六書混淆，鄉壁虛造。"阮元關注北碑的眞書字雜分隸，確為元氏魏碑形體特徵。以上主要是從書體角度説明了魏碑形體的來源，這是書學界目光就停留在此。但是作為魏碑體的内容絕不僅僅是書法問題，它與它的母體八分一樣，也有結構上的特點。魏碑體的結構保留八分的舊則，雜有古體、俗體、行草的字形。

其二，採用隸定篆古。如熙平元年（516 年）《楊熙仙墓誌》中華州華陰之崋（華）（同《修華嶽碑》）、農（農）、鄉（鄉）、貴（貴）、聰（聰）、兼（兼）、朝（朝）等。

其三，採用行草體。《元萇墓誌》為魏碑體中最典型者，行草楷化來的有将、従、歴、年、朔、霜、凝、叢。神龜元年（518 年）《常敬蘭墓誌》結構中帶有行草書的成分，採用楷化寫法，其中採用了部分行草法，例如連寫，把某些筆畫連接起來書寫，如無下四點、将之左邊兩點，徒、従右下之止、趙左下之止，碎之右上之筆畫卒上部橫和左側之點，都是連成一起，盡中四點直接連成一橫。有些字雖然未連接書寫，但是筆畫相互呼應，如止（止）用草法，連筆之外，用點代橫豎，其兩點中左點成挑，為了呼應右點，右點向左收筆，照應左點。善、需、靈、龜的局部變異也是行書的慣用簡易方法，乇（屯）是採用行草形體楷化而來，流行已久。如北朝字體一樣，本碑依然保留部分異體，如与，以局部代替整字，源、范（範）三點省作兩點，基、宅、墜凡土均加點，隴（壟）、秉（秉）、寛（寬）為訛體。與隋唐的楷書比較，此碑形體重心在下，底盤較大，所謂開張之勢，並非整體，而是用力向左下、右下，大字下密上疏，撇捺左右開張，雲字底筆特寬，鄉字左撇向外，縣字底四點皆重。筆畫不甚規範，如后（后）起筆橫寫作撇，王（壬）起筆撇寫作橫之類，多是北朝碑刻常見的現象。又如東魏興和二年（540 年）《劉懿墓誌》劉、復、莊、備；北齊天保二年（551 年）《崔芬墓誌》烈、驤、騰、坐、劉、挨（族）、復、陰、降、碎、将。

其四，多俗體。《元萇墓誌》是魏碑中比較嚴整的書法，字跡一絲不苟，可以代表北朝正統銘刻字體。但是在嚴整的書法風格下，掩藏著一些不十分嚴格的正書字形。一是偏旁混亂。如：佂、侓，此二字應從雙人旁，皆誤作單人旁；莭字應為竹頭，誤作艸頭；寵、賓應為宀頭，誤作穴頭；㓛字應從力，誤為刀。二是鄙陋別字。如：巔（顛）、關（關）、氣（氣）、秉（秉）、睦（睦）、變（變）。三是字形多變。如：遷與遷。四是多用八分舊體。如：将同《張表碑》，歴同《韓敕碑》，舊同《上尊號碑》，莭同《韓敕碑》《北海相景君銘》，寵同《樊安碑》，㓛同《衡方碑》，氣同《史晨碑》，秉同《造橋碑》，曹同《曹全碑》，遷同《北海相景君銘》。

此類字遍見於元氏銘石書，如正光五年（524 年）《侯掌墓誌》：佂（征）、伏（伏）、靈(靈)、礼(礼)、裔(裔)、雜(雜)、賛(贊)、业(丘)、執(執)。熙平三年(518年)《宇文永泰韓氏墓誌》：爽(爽)、擁(擁)、傳(傳)。又如東魏興和二年(540年)《劉懿墓誌》：世、衆、罪、懿、臺、御、棘(棘)、舒、兒(兒)。再如北齊天保二年(551年)《崔芬墓誌》：宅(宅)、臺(臺)、爵(爵)、土(土)、匡(匡)、辔(轡)、沃(沃)、孺(孺)、坐(坐)、極(極)、榜(榜)、冠(冠)、職(職)、寄(寄)、族(族)、爵(爵)、奕(奕)、涉(涉)、獵(獵)、稽(稽)、鄉(鄉)、參參(参)、礼(礼)、黼(黼)、匹(匹)、万(萬)、牆(牆)、峻(峻)、器(器)、搏(搏)、淚(淚)、哭(哭)、桑(桑)、靈(靈)、赫(赫)、璞(璞)、乘(乘)、辭(辭)、亂(亂)、傳(傳)、嗟(嗟)。

這些隸定篆古、行草體和俗體並非是元氏銘石書創造，大部分是從八分書中繼承來的，可以從漢碑中找到原形。元氏銘石書具有正統地位，給北朝文字投下了很深的影響，古體、俗體、行草體皆是規範字形的麻煩，是唐代字樣學中主要的掃除對象。

漢代分隸尚古，常用篆文結構的字形，筆者稱為篆定八分，有部分字還直接寫篆體字形。如"以"，《説文》㠯，從反巳，漢碑《樊安碑》作㠯，《景君銘》作㠯。魏晉分隸保持了這個習慣，如西晉《王基碑》作㠯，《呂達墓誌》出現3處，分别為㠯、㠯、㠯，而與《呂達墓誌》同墓的《呂通墓誌》卻寫作"以"。

元氏魏碑的所有特點來自漢魏八分，漢魏重要碑誌，如石經以及重要記事碑等，絕大部分散落在河洛之間，元氏魏碑繼承漢魏八分有地域優勢。在北魏晚期的酈道元《水經注》中記錄留存秦漢碑300餘處，給元氏魏碑繼承漢魏八分提供了雄厚物質基礎。

第四節　元氏魏碑是北魏字學之成果

元氏魏碑具有明顯的特徵，以前都是從風格來觀察，因而也是從精神因素來找它的來源。一種觀點認為是北方少數民族驍悍的精神所致，北方尚武，遊牧民族強健驍悍的氣質，形成雄渾奇崛書風。洛陽周圍出土的皇室和元姓貴族墓誌多用魏碑體，北方民族尚武，因而生出氣勢雄渾的邙山體。"北魏王朝是少數民族政權，在歷史上不是正統，魏碑書法更是以出鋒露角悍勁峻拔見長。"[①]認為糅合了少數民族的豪放，書法上摻用了粗狂剛健的綫條和錯落自然的結構，表現出雄強潑辣和樸拙渾厚的特有風格。

同時佛教盛行，造像題記數量龐大，匠人們採取簡化刀法，"把筆畫一律刻成直綫，點刻成三角"，將創造出來的書體，形成特有書風。"北魏時期的碑體書法有兩個特點：一是民族和民族文化融合的結晶，一是石刻藝術和書法藝術的結合。"[②]叢文俊

① 傅期松：《魏碑書體源流淺探》，《書法研究》1984年第3期。
② 傅期松：《魏碑書體源流淺探》，《書法研究》1984年第3期。

認為在平城時期魏碑體已經趨於成熟，並且提出了魏碑體是多種因素形成的觀點。它發源於銘石書，由士人規範和鑿刻改造而成。“在北魏刻石書法中，刀斧之跡幾乎囊括所有的作品”，“在刻風的改造和掩飾下，書寫原貌已經變得相當模糊。”“魏碑體濫觴於蛻化銘石書，借力於寫經，規範於士人楷法，既成樣勢與風格變化完成於鑿刻的改造和掩飾，缺一不可。”[①]筆者對此看法不同，刻工之優劣、刻工之習慣都會對鐫刻的字體產生影響，如《元暉墓誌》一石中，筆畫前細後粗，前柔後剛，判若兩人所書。此碑當然不可能是拼合的，而是刻工的作用。但是不能無限擴大刻工的作用，墓誌的主人既然要求高手書丹，不會容忍書手的精美書風被掩蔽在刻工之下。而且比較衆多的元氏墓誌，書法皆屬上乘，但風格不同，並非刻工能左右，所以刻工之影響有限，創造魏碑體是主觀的要求所致。

無論是民族剽悍風尚，還是匠人鑿刻馬虎，多是從文化角度來查找魏碑體的成因，這些説法的前提是魏碑體屬於低層次，筆畫形體不佳。其實這段時間，南朝有限的幾通碑誌的書法也不精到，結體筆畫簡陋，為什麼不説石匠刻壞呢？因此這些説法都是想當然，不過它卻事出有因。匠人以一種職業的習慣在把書寫的字形鐫刻上石時，可能不是忠實於原作，而是按照自己的行業規矩作出了修改。但是，石刻匠人不能創造一種書體。魏碑體眞實存在，不僅有碑刻，而且還有墨書。如高昌延昌十一年(571年)《令狐天恩墓表》(圖4上2－20)，相當於北齊武平二年(571年)，筆端尖而出鋒，體勢斜勢強勁。它體現了典型的魏碑體的體態[②]。相當於東西魏之間的高句麗《冉牟墓誌》(圖4上2－21)，約5世紀末到6世紀中葉，挑、捺用重筆，皆類元氏魏碑

圖4上2－20

圖4上2－21

---

① 叢文俊：《魏碑體考論》，《中國書法》2003年第3期。
② 《南北朝高昌令狐天恩墓表磚》，《書法》1985年第5期。

生硬的筆畫。以上可以證明這種尖鋭的筆畫是可以直接書寫出來的，不必藉助刻工來實現。

八王之亂，從十六國到北朝，北方多為少數民族建立政權，漢族政權據有南方，視北方為文化榛莽之地。不過也有例外，這就是北魏朝廷拓跋漢化政策，善待漢人士族，尊經崇儒，依照秦漢成例，整理文字。史籍可見零星記載：

《魏書・太祖紀》載天興二年(399 年)三月，“初令《五經》群書各置博士，贈國子太學生員三千人”。四年春十二月，“集博士儒生，比衆經文字，義類相從，凡四萬餘字，號曰衆文經。”《太宗紀》：泰常八年(423 年)夏，帝遂至洛陽，觀石經，“禮愛儒生，好覽史傳，以劉向所撰《新序》《説苑》於經典正義多有所闕，乃撰《新集》三十篇，採諸經史該洽古義。”

《魏書・世祖紀上》：“篆隸草楷，並行於世。然經歷久遠，傳習多失其眞，故令文體錯謬，會義不愜。”而且篆、隸、草、楷雜用，傳習變形，構造錯誤，無法正確表達意義，因此頒佈 1 000 多個新字作為標準，以備長久使用。

實際上，北朝字學更勝南朝，依托家族傳承，書學、字學未嘗斷絕，傳承有序。西晉末年有范陽盧諶、清河崔悦兩大書法家。盧師法鍾繇，崔師衛瓘，皆學索靖草書。盧、崔兩家家學遞授，代有傳人。北魏初年工書者，稱崔盧二門，因此，北方書法不出鍾繇、衛瓘之門。北魏士族中工書的大家，首推崔氏家族。清河崔氏的書法，流傳之廣遠，300 年不衰。北魏朝廷多有漢人從政，佈文史，掌樞要，承繼中原之舊。魏晉以還的書藝傳承有序，未嘗斷絕。請看：

《魏書・崔玄伯傳》：崔宏(？—418)，字玄伯。“玄伯祖悦與范陽盧諶，並以博藝著名。諶法鍾繇，悦法衛瓘，而俱習索靖之草，皆盡其妙。諶傳子偃，偃傳子邈；悦傳子潛，潛傳玄伯。世不替業，故魏初重崔、盧之書。”玄伯繼承先祖之衛瓘之法，書法自成一家，“尤善草、隸、行押之書，為世摹楷。”

崔玄伯乃北魏開國功臣，初期掌管機要，參與草創制度，天興元年(398 年)十一月總裁官爵、律吕、朝廷禮儀、考天象，深得道武帝與明元帝信任，是著名政治家、書法家。

玄伯子崔浩(？—450)，字伯淵。《魏書・崔浩傳》：“少好文學，博覽經史，玄象陰陽，百家之言，無不關綜，研精義理，時人莫及。……天興中，給事祕書，轉著作郎。太祖以其工書，常置左右。”崔浩才藝通博，尤善書藝，書法優美，人多托寫《急就章》，世寶其跡，多裁割綴連以為模楷，善於書道者甚衆。

沈法會，《魏書・江式傳》：“先是太和中，兖州人沈法會能隸書，世宗之在東宫，敕法會侍書。已後隸跡見知於閭里者甚衆，未有如崔浩之妙。”

劉芳(453—513)，字伯文，彭城(今江蘇徐州市)人。漢楚元王之後，六世祖劉訥。

芳祖母，崔浩之姑。芳聰敏過人，篤志墳典，晝則傭書，以自資給。精於書藝，常為諸僧寫經論，筆記稱善，一卷值以一縑，如此數十年。初為中書博士，遷中書侍郎，宣武帝即位，遷中書令，國子祭酒如故，延昌二年(513 年)卒，年六十一，芳才思深敏，特精經義，入授宣武帝(元恪)經學。博聞強記，兼覽《蒼》《雅》，尤長音訓，辨析無疑。《三字石經》學者文字不正，前往對校。芳音義明辨，有疑問者詢訪就教，人號“劉石經”。太和十七年(493 年)高祖(孝文帝)遷洛，路經朝歌，見殷比干墓，愴然悼懷，作文以吊之，劉芳為注解。芳斟酌古今，為大議之主，其中損益多出芳意也。朝廷吉凶大事皆就諮訪焉。以上史實《魏書・劉芳傳》皆有記載。

《魏書・鄭羲傳》載：鄭道昭，字僖伯。滎陽開封(今屬河南)人，為滎陽鄭氏之後。少而好學，縱覽群言，初為中書學生，遷祕書郎。太和十九年(495 年)隨孝文帝南征，宣武帝初，遷祕書監，出為光州刺史，轉青州刺史，後復入為祕書監。鄭道昭書法雄健，書跡刻於青、光二州山崖的衆多題刻。筆毫鋪展，多用正鋒，間用側鋒取勢，妙在方圓並用，結體寬博，筆力雄強。

江式，字法安，陳留濟陽人。《魏書・江式傳》:“臣六世祖瓊家世陳留，往晉之初，與從父兄應元俱受學於衛覬，古篆之法，《蒼》《雅》《方言》《說文》之誼，當時並收善譽。……值洛陽之亂，避地河西，數世傳習，斯業所以不墜也。世祖太延中，……臣亡祖文威杖策歸國，奉獻五世傳掌之書，古篆八體之法，……敍列於儒林，官班文省，家號世業。”式少專家學。數年之中，常夢兩人時相教授；及寤，每有記識。以書文昭太后尊號謚冊，特除奉朝請，仍符節令。式篆體尤工，洛京宮殿諸門板題，皆式書也。

《魏書・江式傳》:“於是撰集字書，號曰《古今文字志目》，凡四十卷，大體依許氏《說文》為本，上篆下隸。”正光四年(523 年)卒，書竟未能成。延昌三年到正光四年，長達九年，奉敕編纂的《古今文字志目》雖未完成，當有一定規模，也造就了一些字學文士。江式收集的字體很值得注意，在《說文》正篆之下，不僅聚集了衆多經典、字書文字，還收集了古籀、奇惑、俗隸諸體。這些內容足以滿足元氏魏碑古體、俗體等字體的需要。曹魏聞人牟準《衛敬侯碑陰文》所云：“《尊號奏鍾元常書》《受禪表衛覬》並金針八分書也。”江式之祖俱受學於衛覬古篆之法，而衛覬以善書金針八分書而聞名，元氏魏碑恰恰採用此法。

可見北魏朝廷不乏飽學之士，他們具有深厚的家族文化傳承，受華夏禮儀浸潤，擅長字學、書藝，這是創造元氏魏碑的雄厚基礎。

太和十八年(494 年)，魏孝文帝遷都洛陽後，纔出現典型的元氏體。此時崔玄伯已經去世近 80 年，崔浩也去世近 50 年，他們在世時銘刻體尚在變化之中。沈法會書藝不如崔浩，身份不高，不足為論。劉芳書法精能，通音訓，精經義，主禮儀，銘刻書屬於重大禮節專用字體。江式家有淵源，字學既深又博，正俗兼顧，但是成事稍晚。祇有劉芳名能二者皆備，活動時間正在魏孝文帝遷都前後，所以筆者推想元氏魏碑體之設計者，蓋非此人莫屬。

阮元在《南北書派論》謂南北方書法判若江河，“南派乃江左風流，疏放妍妙，長於尺牘”。“北派則是中原古法，拘謹拙陋，長於碑榜。”什麼是中原古法？表面上看是南方流利自然的眞書，古法是北方魏碑。胡小石《書藝略論》：“鍾為北書之祖，而王為南書之祖。北朝多師鍾，故眞書皆多分勢，乃至篆書亦以分意入之。”[①]這是深度分析今法與古法的由來，鍾、王之鍾是鍾繇，王是王羲之，兩人不是一個時代的人。王羲之稱為南方眞書之祖大約就是所書《蘭亭序》的緣故，而鍾繇的古法無疑是因《宣示表》《薦季直表》，字體都具左右橫勢，帶有八分波挑筆意的眞書，即所謂分勢。胡小石說的“篆書以分意”如何理解，這就涉及問題的關鍵了。

魏晉以來，眞書與分書融合成為時尚。葉昌熾《語石》卷八：“兩晉六朝，由分變隸之時。北之《郛休》，南之《谷朗》，波磔遒斂，已駸駸入隸室。北朝碑正書者，無不兼帶分書筆法，蓋變之未盡耳。”不過，葉昌熾所言“變之未盡”，實在是皮相之説，顛倒了因果關係。元氏魏碑是眞書產生之後，人為合成的字體，它以眞書為基點，摻和八分筆畫形態和結構。眞書在前，魏碑在後，魏碑並非漢隸過渡到眞書的過渡字體。

南朝從劉宋以來銘石書基本採用章程書，兩書合流，合二為一。北朝泥古守舊，北魏士族接受了漢晉銘刻書的原則，採用區別於章程書和行狎書的字體，即由八分改造來的新型眞書，元氏魏碑是繼承漢魏三書觀念的創造性產物。

---

① 胡小石：《書藝略論》，載《胡小石論文集》，上海古籍出版社 1983 年版，第 212 頁。

第三章　盛唐楷書之形成

第一節　東晉南朝眞書

永嘉之際，中原喪亂，南北分裂，書風分流。北有諸崔氏、南有諸王氏。北方尊漢魏碑誌，延續舊制，氣勢張揚；南方禁碑，以行草縱情。統一的眞書字形發生了秦漢以來的第二次分裂。

東晉在南方立足之後，眞書繼續向自然簡約的方向發展，這個過程中不斷改變漢隸結構和書寫習慣，進入了成熟的境界。書風字跡清淡，雋永柔美。東晉的文字資料較多，簡牘、磚石刻銘都存在。

南昌市永外正街1號墓，墓主吳應，為東晉墓葬。墓内有名刺和衣物疏，皆眞書。木簡5件，大小相同，長25.3厘米、寬3厘米、厚0.6厘米，一件文為："中郎豫章南昌都鄉吉陽里吳應年七十三字子遠"，3件名刺相同："弟子吳應再拜　問起居　南昌字子遠"。衣物疏木方長26.2厘米、寬15.1厘米、厚1.2厘米[①]（圖4上3-1）。木方保存情況良好，木如剛裁，墨蹟依然新鮮，十分難得（圖4上3-2）。小字用硬毫寫就，纖毫畢現，書法精練。

南昌南郊梅湖晉墓出土木簡1件，根據網上公開的簡影，墨書為："豫章郡海昏縣都鄉吉陽里騎都尉周涉年五十六字子常"（圖4上3-3）。南昌的東晉簡牘墨書，以吳應墓木簡書法最為優美，與傳世的晉唐行書無異。

南昌火車站晉墓進行搶救性發掘，墓内也有木牘、木名刺、木印文字資料出土，3號墓永和九年（353年）"衣物疏"木牘，殘斷，長方形，長31.7厘米、寬17.8厘米、厚1.0厘米。正背有字。有兩件名刺，其中1件殘長24.6厘米、寬3厘米、厚0.8厘米。頂格書："弟子雷陔再拜　問起居　鄱陽字仲之"。可惜字跡非常模糊，幾乎没法看清[②]。

江蘇、安徽發現多座東晉墓葬，出土相當數量的銘刻文字資料，這些文字形體的爭議比較大，有人認為是隸書（分書），有人認為是楷書，判斷居然完全相背。原因很簡單，首先是對於隸書認識的偏差，其次對於八分書的使用認識不深，把主要由八分書刻成的磚文看作當時的主流字體。東晉八分已經不同於漢魏，不僅是眞書結構，而

① 江西省博物館：《江西南昌晉墓》，《考古》1974年第6期。
② 江西省文物考古研究所、南昌市博物館：《南昌火車站東晉墓葬群發掘簡報》，《文物》2001年第2期。

圖 4 上 3－1

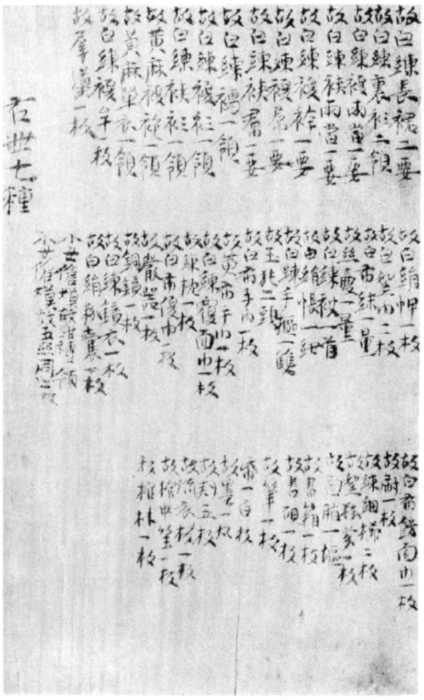

圖 4 上 3－2

圖 4 上 3－3

且波筆不彰，與眞書相似。東晉墓中發現的磚刻墓誌，屬於眞書的比例很小，但是眞書刻文字形較大，不再是小楷字了。

南京老虎山晉墓出土永和元年(345 年)《顔謙婦劉氏墓誌》，眞書磚刻，長 32 厘米，24 字[①]。

南京師範大學仙林校區發現東晉廣陵高崧家族墓。《高崧墓誌》為青灰磚磨平鐫刻，誌長 48.1 厘米、寬 24.8 厘米、厚 5.7 厘米。誌文 4 行 31 字(圖 4 上 3－4，左)。謝氏墓誌長 50.5 厘米、寬 25.2 厘米、厚 6 厘米(圖 4 上 3－4，右)。高崧卒於太和元年(366 年)，謝氏卒於永和十一年(355 年)，王羲之卒於 361 年，他們是同時代的人。有人認為：《高崧墓誌》為圓筆，多為中鋒，筆畫秀勁雍容。"誌文中'廣''陵''高''元''月'五字結構趨長，取縱勢，無波磔，從結體到用筆與後來的規範楷書並無二致。"[②]實際上，這是帶分書意味的眞書。

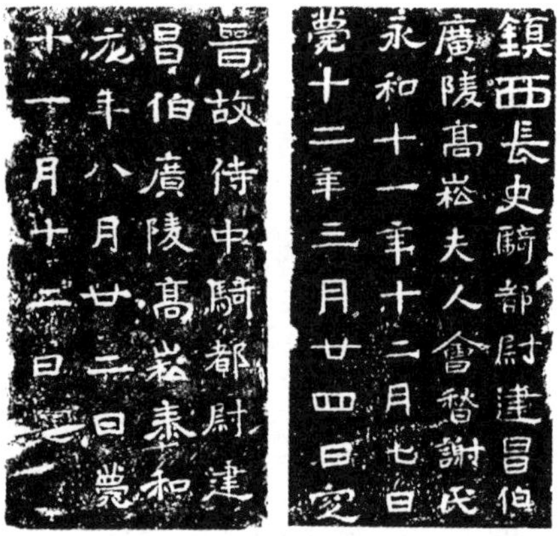

圖 4 上 3－4

① 南京市文物保管委員會：《南京老虎山晉墓》，《考古》1959 年第 6 期。

② 胡舜慶、王志高：《南京出土東晉高嵩暨夫人謝氏墓誌書法探討》，《書法叢刊》2002 年第 4 期。

1949 年春朝鮮黃海北道安嶽發現高句麗 3 號墓，墓室有壁畫和題字。在前室進西側的左壁上有墨書題記，共 7 行 68 字，楷書略帶肥波(圖 4 上 3－5)。在東晉永和十三年(357 年)壁畫上還有朱書榜題①。

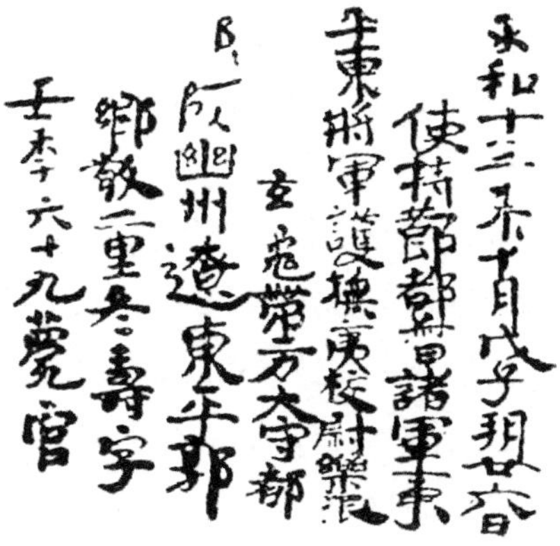

圖 4 上 3－5

南京北郊郭家山西端，發現東晉溫氏家族墓，内有東晉中期“泰和六年”(371 年)陶墓誌 2 方，仿造石碑，圓首，有暈有穿，下有榫，可插誌座内。正反均有文字，字有界郭，滿行 18 字，殘文共 265 字。字體為眞書楷體，方正，橫平豎直，少斜勢，筆端有大捺，有八分意味②。

無錫赤墩里桃花山太和五年(370 年)東晉墓，楔形磚，頭端模印陽文“江”字之“工”中豎筆加曲。其中甬道頂部一塊磚側刻畫“太和五八月四日作小釜”，字為眞書③。

江蘇灌雲陡溝鄉張薛村發現東晉義熙九年(413 年)墓葬，墓磚模印“義熙九年為卞府君作”，為眞書行草體④。

1972 年溧陽上興公社發現寧康二年(374 年)東晉殘墓，内有磚墓誌 1 塊，字跡不清，有“遷”“令給”“中散騎常”“太原”等字。墓内還出土磚銘 1 塊，反書“□□陽令寧康二年”⑤。

20 世紀 50 年代發掘的 1 號東晉墓出土升平五年(361 年)石質衣物疏 1 件，正反兩面有字，綫刻而成，字跡為眞書，書法簡樸⑥。

王羲之、王獻之以眞書、行草稱著，小楷有兩種，《黄庭經》原本為黄素絹本，宋代摹刻上石，有拓本流傳(圖 4 上 3－6)，趙孟頫《黄庭經》臨本最近王書(圖 4 上 3－7)。永和四年(348 年)之《樂毅論》有帖本傳世(圖 4 上 3－8)，此二帖本有多種，有一定的差異，因為是小楷，毫髮之間也有差別，要精確到這種程度是摹刻難以達到的，因此對此帖的眞實程度應該有所保留。王獻之《洛神賦》眞跡書於麻紙，唐代傳硬黄本，僅存 13 行，北宋末年宋徽宗把摹本刊於石上(圖 4 上 3－9)。就現見的王羲之《樂毅論》《黄庭經》、王獻之《洛神賦》帖本而言，其形體與唐代以來的眞書完全没有區别，從筆

① 洪晴玉：《關於冬壽墓的發現和研究》，《考古》1959 年第 1 期。
② 南京市博物院：《南京市郭家山東晉溫氏家族墓》，《考古》2008 年第 6 期。
③ 無錫市博物館：《無錫赤墩里東晉墓》，《考古》1985 年第 11 期。
④ 陳龍山：《江蘇灌雲發現東晉紀年磚》，《文物》1988 年第 1 期。
⑤ 曉光：《江蘇溧陽發現東晉墓誌》，《考古》1973 年第 3 期。
⑥ 湖南省博物館：《長沙兩晉南朝隋墓發掘報告》，《考古學報》1959 年第 3 期。

畫到結構，基本消除了曹魏、西晉眞書中的漢隸遺存。但是號稱正隸的王獻之眞書，依然有漢代八分的習慣，形體中夾雜行草，如“晉”中雙口用三點替代，“攘”中雙口用兩點替代，“書”下之“曰”為行草等，與北朝眞書有同工之妙。從出土的東晉書跡看，王羲之作為新朝書法的宣導者，完全可能書寫這樣的眞書。他不是專業寫經人，不必顧及抄書舊傳統，需要用古法寫字，拖一個肥大的捺腳。至少從魏晉開始，眞書有兩種書體：一種是筆畫長短得當的日用眞書；一種是遵舊體，帶有漢隸舊習的夾雜長横、大捺或者形體略扁的眞書。兩者並存的局面在三國時期已經存在，王氏不過順應了形體發展，從而選擇了日用的書體，並作了提煉。王氏父子，一代新於一代，王羲之新體到王獻之時方纔完善。王氏新體雖符合士人好尚，但眞正風靡社會要到劉宋元嘉年間(424—453)。

圖 4 上 3 - 6

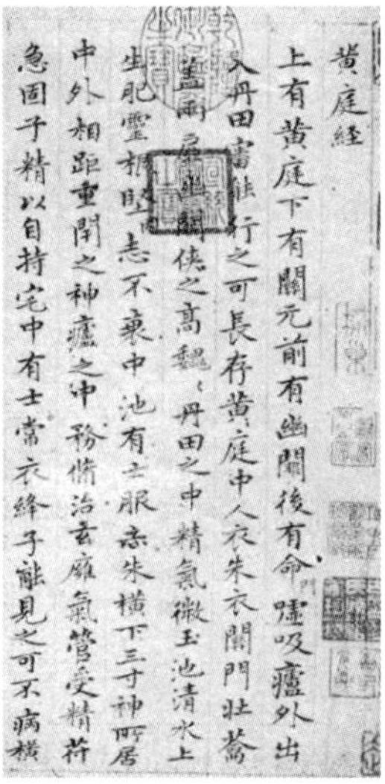
圖 4 上 3 - 7

圖 4 上 3 - 8

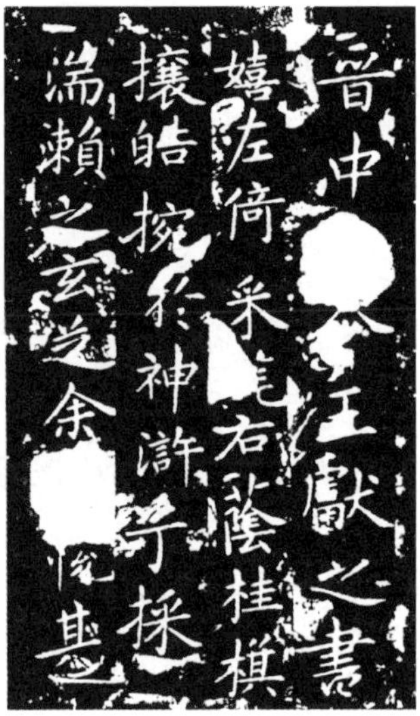
圖 4 上 3 - 9

二王的點畫、結構完全可以從當時的書寫資料中找到相似點，如吳應墓木簡木方的文字書法就能找到王書的影子。王氏父子的眞書藝術是歷時幾百年眞書發展的結晶，是文字書寫技術的升華。經過他們天才提煉加工個性化的創造，形成流暢嫵媚的字體。《南齊書・劉休傳》：“元嘉世，羊欣受子敬正隸法，世共宗之。右軍之體微古，不復見貴。休始好此法，至今此體大行。”羊欣(370—442)，字敬元，泰山南城(今山東省平邑西南)人。王獻之之甥。著名書法家。《宋書・羊欣傳》：“泛覽經籍，尤長隸書。不疑初為烏程令，欣時年十二，時王獻之為吳興太守，甚知愛之。獻之嘗夏月入縣，欣著新絹裙晝寢，獻之書裙數幅而去。欣本工書，因此彌善。”

南朝歷宋、齊、梁、陳共 170 年，這個時期書法名家輩出，既擅長書藝又通字學，聞名者如羊欣、王僧虔、蕭子雲、蕭衍、虞龢、庾元威、袁昂等，其中有名臣，有貴至帝王者。真書書法在南朝得到進一步推崇，後人竭力收羅他們存世的字跡。

宋王闢之《澠水燕談錄·事志》："慶曆中，洪州江岸崩，得謝朓撰并書《宋海陵王墓銘》石。朓文固奇，而書亦有法，類鍾繇書。石入沈括家十餘年，後為夏元昭匿之，今不知所在。"

《南齊書·禮志下》："有司奏：大明故事，太子妃玄宮中有石誌。參議墓銘不出禮典。近宋元嘉中，顔延作王球石誌。素族無碑策，故以紀德。自爾以來，王公以下，咸共遵用。儲妃之重，禮殊恒列，既有哀策，謂不須石誌。"南朝與北朝不同，並不推崇碑誌，因此刻石本來不多，歷代毀棄，剩餘數量相當有限，且大部漫漶不清。劉宋以來流傳碑誌極少，且基本是真書，八分實際上退出了銘石。汪慶正曾經對南朝的石刻文字作了甄别，去偽存真，詳細羅列了四朝的石刻文字名稱和年代，對研究這段石刻文字提供了便利[①]。

《爨龍顔碑》是最重要的南朝真書碑石，全稱《宋故龍驤將軍護鎮蠻校尉寧州刺史邛都縣侯爨使君之碑》，南朝宋大明二年（458 年）立，長期沉默無聞，清道光六年（1826 年）阮元在雲南陸良縣貞元堡訪得。碑文 24 行，滿行 45 字，共約 1 000 字，字直徑 1 寸有餘。因為書體不同於唐宋以來的真書，有人把它歸入八分，有人把它歸入真書，康有為稱其"隸楷之極致"，稱為"正書第一"。有人解釋康氏之意，"此處所謂之隸楷，亦則剛從隸書中脱胎而出的楷書，亦即以隸為骨，以楷為形的楷書。"[②]此碑主為劉宋將軍，形體理應是南方習慣，雖是真書，不過其欹斜之態與以王羲之為代表的真書相去甚遠。《爨龍顔碑》的文字結構有若干俗體，如"樂""蠻"用點替代，並不妨礙它是真書。但在筆畫上不同於成熟的真書，如"字"字用接近慢彎的大勾，點為三角形，横畫長收筆處微有方磔，捺腳大而長等，這雖然衹是部分字，但影響了總體的感覺。這一點筆者在前文談到，如果將《爨龍顔碑》與《爨寶子碑》比較，二者在筆畫上有類似之處。但前者形體左低右高，間架隨勢而變，時時露出真書的本來面目。因此"二爨"分屬不同的形體，在真書作為日常使用的時代，復古程度不同所出現的兩種形態，顯然《爨龍顔碑》屬於真書，與溧陽上興寧康年東晉墓磚墓誌的形體相似，可知這是一種融入八分的真書銘石體，與北魏同類銘石書相同。從前面所列的考古資料所示，至晚三國時期真書已經成熟，所以《爨龍顔碑》的形體並非真書形成過程中的現象，而是一種有點返古的特殊現象。

2013 年南京市棲霞區燕子磯上坊莊發現南朝齊墓葬，出土磚誌，長方形，長 45 厘米、寬 22.5 厘米、厚 5.5 厘米。陰刻三面有框。計 5 行，滿行 26～27 字，總計 92 字。

---

① 汪慶正：《南朝石刻文字概述》，《文物》1985 年第 3 期。
② 安旗：《二爨論》，《中國書法》1994 年第 4 期。

字體行楷,筆畫纖細如綫,似為刻工草率為之。王珪之卒於永明六年(488年),同年入葬①。

1990年成都市商業街發現南朝石刻造像,發現南朝齊建武二年(495年)和梁天監十年(511年)刻銘。建武二年刻銘清晰,純為眞書,並無漢代遺存的別體②(圖4上3-10)。

圖4上3-10

圖4上3-11

江蘇丹陽胡橋、建山兩座南朝齊墓磚有模印文字"大鴨舌""中鴨舌""小鴨舌""正方""中方"等③。

吉安長壙發現永明十一年(493年)南朝墓,有平磚2塊,一塊一面模印反書"萬世大吉",一面為"京兆皮氏",另一塊為反書"齊永明十一年立墓"④。

劉宋大明八年(464年)《劉懷民墓誌》(圖4上3-11),全稱《宋故建威將軍齊北海二郡太守笠鄉侯東陽城主劉府君墓誌銘》。清代晚期出土於山東益都,光緒十四年(1888年)由王懿榮購藏,後輾轉他手。

劉宋元徽三年(475年)《明曇憘墓誌》,全稱《宋故員外散騎侍郎明府君墓誌銘》。南京太平門外劉宋明曇憘墓出土,墓誌30行,行22字。眞書,結構嚴謹⑤(圖4上3-12)。

南京西善橋南朝齊大墓墓室有大型模印磚面壁畫,並有兩種文字:一種是刻畫文字"右師子下行""左□□第十三盡""愁下行第廿四""大虎上行第二"等,在泥坯

① 駱鵬:《南京出土南齊王珪之墓誌考釋》,《東南文化》2015年第3期。
② 張肖馬、雷玉華:《成都市商業街南朝石刻造像》,《文物》2001年第10期。
③ 南京博物院:《江蘇丹陽縣胡橋、建山兩座南朝墓葬》,《文物》1980年第2期。
④ 平江、許智範:《江西吉安縣南朝齊墓》,《文物》1980年第2期。
⑤ 南京市文物管理委員會:《南京太平門外劉宋明曇憘墓》,《考古》1976年第1期。

上刻畫陰文，再燒製而成(圖 4 上 3－13)。另一種是模印文字，在磚端面，表示磚之使用，如“正方磚□”“大鴨舌磚□”等(圖 4 上 3－14)。陰刻文字是匠人的手書，這些磚刻文字為行書，是當時使用的書體，整理者據此認為南朝字體的發展早於北朝①。

圖 4 上 3－12

圖 4 上 3－13

圖 4 上 3－14

齊永明五年(487 年)《劉岱墓誌》(圖 4 上 3－15)，全稱《齊故監餘杭縣劉府君墓誌銘》，1969 年在江蘇句容袁巷小龍口出土，誌文 361 字②。

---

① 南京博物院：《江蘇丹陽胡橋南朝大墓及磚刻壁畫》，《文物》1974 年第 2 期。

② 鎮江市博物館：《劉岱墓誌簡述》，《文物》1977 年第 6 期。

圖 4 上 3－15

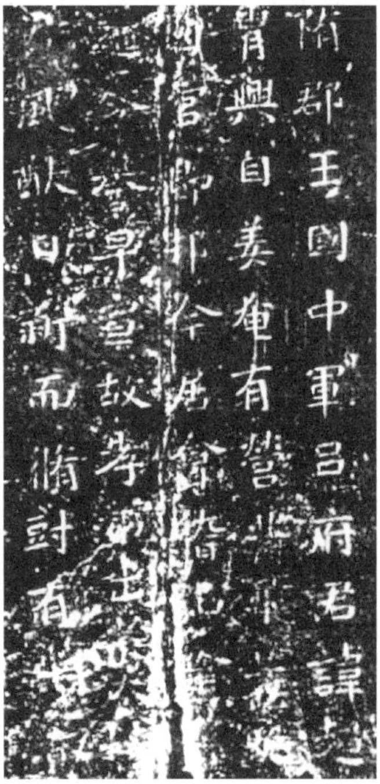

圖 4 上 3－16

南朝齊呂超静墓誌，1916 年在紹興嶀陽之謝塢發現，出土時就斷為 3 截，原初稱為“呂超墓誌”，後剔除清楚，纔發現應為“呂超静墓誌”（圖 4 上 3－16），誌文衹有 17 行字可以辨認。字體近小楷，與《樂毅論》《黄庭經》風氣相通①。

梁代《瘞鶴銘》發現於江蘇焦山，正書，内容另文討論。

南京中央門外燕子磯南朝殘墓出土梁普通二年（521 年）墓誌 1 方，65 行，行 57 字，部分文字漫漶不清，不知姓名，僅見官職“輔國將軍”②。南京太平門外甘家巷發現南朝梁桂陽王蕭融夫婦墓，出土 2 方石墓誌，墓誌保存完整，字口清晰。天監元年（502 年）《梁桂陽王蕭融墓誌》長 60 厘米、寬 60 厘米，20 行，行 28 字，起首缺 3 字（圖 4 上 3－17）。

南朝梁天監十三年（514 年）《梁桂陽王妃王慕韶墓

① 蘇子愚：《魯迅先生〈南齊呂超墓誌跋〉與〈呂超静墓誌〉》，《書法》1978 年第 2 期。

② 南京市文物保管委員會：《南京郊區兩座南朝墓清理簡報》，《文物》1980 年第 2 期；汪慶正《南朝石刻文字概述》，《文物》1985 年第 3 期。

誌》長 49 厘米、寬 64.4 厘米，31 行，行 23 字[①]。這是 1949 年以來發現的最完整的南朝梁墓誌。任昉所書《蕭融墓誌》，眞書，發表拓影過小，看不清細部。王暕《王慕韶墓誌》所書楷法嚴謹，工整秀媚。王暕為東晉王導七世孫，屬於琅琊王氏書法傳統。墓內還有楷字模印磚文，風格稚拙，似為匠人所為。

圖 4 上 3－17

圖 4 上 3－18

圖 4 上 3－19

梁朝在南京、丹陽、句容一帶的陵墓建築中有石刻文字，其中部分有反書：天監元年(502 年)梁太祖蕭順之神道石柱刻字，西柱正寫、東柱反寫(圖 4 上 3－18)；天監十七年(518 年)安成康王蕭秀東、西碑，二神道石柱題字；梁《桂陽王蕭融墓誌》及妃《王慕韶墓誌》；普通元年(520 年)《永陽昭王蕭敷墓誌》及《永陽敬太妃墓誌》；普通三年(522 年)始興忠武王《蕭憺碑》；普通四年(523 年)吳平忠侯蕭景神道石柱題字；普通七年(526 年)臨川靖惠王蕭宏神道石柱題字(圖 4 上 3－19)；大通三年(529 年)《南康簡王蕭績神道石柱題字》，在江蘇句容，東西石柱皆正書；大同十年冬或十一年(544—545 年)新渝寬侯蕭暎神道西石柱題字；大同十年(544 年)《陳寶齊造像題記》；太清二年(548 年)建安敏侯蕭正立神道兩石柱題字；梁吳郡太守墓誌銘，可惜石灰石

① 阮國林：《南京梁桂陽王蕭融夫婦合葬墓》，《文物》1981 年第 12 期。

墓誌殘缺甚多①。

四川省博物館藏萬佛寺石刻造像共 63 件，部分造像有刻文，尤其在方座上的刻文篇幅長，字形清晰，並有紀年，南朝梁年號有 7 件，在普通（520—527）、中大通（529—531）、大同（535—546）年間。字體為眞書，已無八分痕跡②。

1979 年在南京堯化門發現南朝梁陵墓，出土石墓誌 4 塊，墓誌上尚存 112 字，墓誌皆為成熟眞書。在墓磚上可見模印楷字，有“大鴨”“中鴨”等字，正書反書均有③。

浙江瑞安市塘下區鳳山鄉發現南朝梁磚室墓，墓磚中銘文磚兩種：其一，兩端兩側均有銘文。其二，僅兩側有銘文。銘文連續讀作：“梁天監九年太歲庚寅九月己亥朔十五日癸丑晉安太守李四世孫沙陽建塊孫峻等為母陳氏作此大墎。”字體為眞書④（圖 4 上 3 - 20）。

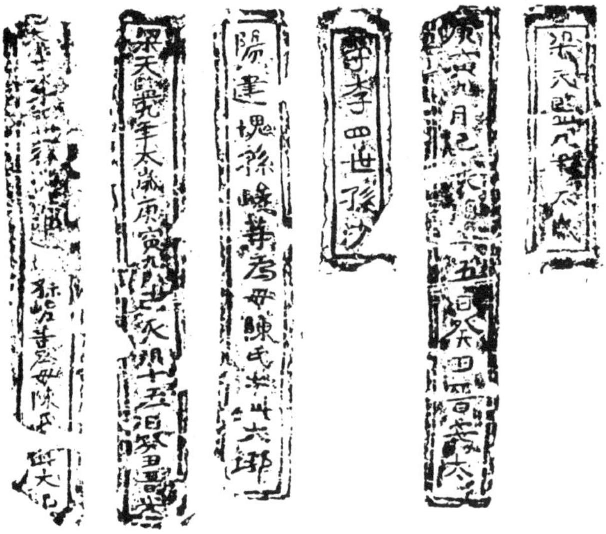

圖 4 上 3 - 20

湖南邵陽神灘村南朝梁墓，墓磚模印“梁普通十年□月十六日”“李府君”“之事本州主簿”“陽王議□”。磚文為眞書，衹是比較呆板，恐怕是工匠所作，説明當時眞書已經是日常使用的字體。年號“普通”衹有 7 年，遠離都城南京的邵陽在更改年號三年之後仍沿用，此當為大通三年（529 年）⑤。

南京市棲霞區仙林靈山 2 號南朝梁墓出土石墓誌 1 件，首題“梁故侍中中書令□

① 南京市博物館：《南京市靈山南朝墓發掘簡報》，《考古》2012 年第 11 期。
② 袁曙光：《四川省博物館藏萬佛寺石刻造像整理簡報》，《文物》2001 年第 10 期。
③ 南京博物院：《南京堯化門南朝梁墓發掘簡報》，《文物》1981 年第 12 期。
④ 潘知山：《浙江瑞安梁天監九年墓》，《文物》1993 年第 11 期。
⑤ 邵陽市文物局：《湖南邵陽南朝紀年磚室墓》，《文物》2001 年第 2 期。

遠將軍吳郡太守□”，誌石漫漶，誌文無法卒讀，但可以從中看出誌文字形是眞楷①。

南京棲霞獅子沖南朝大墓1號墓、2號墓有大量文字磚，既有模印，也有刻畫，數量較大，內容豐富。梁蕭明太子墓蕭統與其生母丁貴嬪墓，有1號墓“中大通二年”，2號墓“普通七年”銘②。

南朝陳的墓葬比較稀少，但1989年南京雨花區西善橋鎮南朝墓發現墓誌，長65厘米、寬75厘米。經整理知為黃法氍墓誌，黃法氍在《陳書》《南史》有傳，是陳朝著名大將。墓誌存40行，行34字，字跡大部漫漶，但是可以看出是眞書③。

對南朝文字的評價並不一致，羅宗眞認為東晉中期到南朝宋中期出土的墓誌，隸書尚存，但是楷書已經逐步形成。此後楷書成主流，梁代幾乎全用楷書④。羅宗眞的“隸書尚存”觀點，無非是指《爨龍顔碑》，此碑類似魏碑的特殊銘刻體，以適用老派墓葬刻石需要。但是從已見的刻石看，此類字體南朝僅此一例，在《爨龍顔碑》之後也不再出現。從東晉《爨寶子碑》、王建之夫婦墓誌的眞書骨子的八分到《爨龍顔碑》以八分點綴的眞書，南方的老派字體無奈走到了頭。南朝的眞書在樸素清雅的書風支配下更趨完善，下從工匠，上到士人，從日用擴大到重要的陵墓碑刻墓誌，眞書已經全面取代了八分。

第二節　北朝銘石書之衰微

元氏魏碑的眞書與南朝銘刻眞書南北判然，南北眞書的差別主要體現在銘石書。

北魏元氏銘石書是一種人為的混合形體，並不符合形體的發展方向。它本來就是眞書變化形式，與日常眞書息息相通，日積月累，誇張的體勢日趨淡化，是必然的發展趨勢。

北魏後期魏碑體正逐步消弱人為誇張成分，在左抑右揚、雄健努發的形體中，不乏左右平衡，氣態平和者。如延昌元年(512年)《崔猷墓誌銘》，刻工馬虎，出鋒，有斜右勢，不努發⑤。越到後期，趨勢越明顯，魏碑部分形體向南方風格轉變。如正光五年(524年)《杜祖悅墓誌》，刻工精緻，“初步擺脫了北魏早期較為普遍的中宮緊密、四邊疏朗、字形多欹側等特點。”⑥

① 南京市博物館：《南京市靈山南朝墓發掘簡報》，《考古》2012年第11期。
② 南京市考古研究所：《南京棲霞獅子沖南朝大墓發掘簡報》，《東南文化》2015年第4期。
③ 南京市博物館：《南京西善橋南朝墓》，《文物》1993年第11期。
④ 羅宗眞：《南京新出土梁代墓誌評述》，《文物》1981年第12期。
⑤ 見《書法》1995年第3期。
⑥ 薛海洋：《從新發現北魏〈杜祖悅墓誌銘〉談起》，《中國書法》2011年第6期。

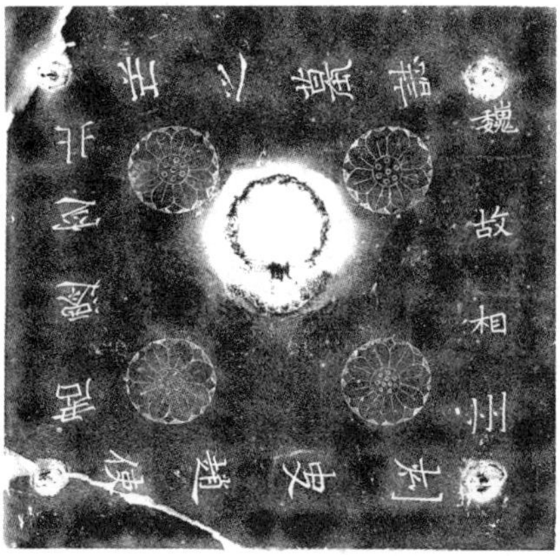

圖 4 上 3 - 21

洛陽孟津朱倉北魏晚期 M60 墓僅存誌蓋(圖 4 上 3 - 21),“魏故相州刺史趙使君遷窆北芒之墓誌”①。此誌元氏體基本消退。

洛陽市吉利區北魏 C9M315 墓出土 3 方墓誌,1 方為正光五年(524 年)《呂達墓誌》,1 方為正光五年(524 年)《呂通墓誌》,1 方為普泰二年(532 年)《呂仁墓誌》。前 2 誌均為 28 行,滿行 28 字,後 1 誌 27 行,滿行 27 字。3 誌中《呂通墓誌》雄健飽滿,《呂達墓誌》楷中帶行,較為少見,《呂仁墓誌》書、刻稍遜②。

河南省博物院藏太昌元年(532 年)《元延明墓誌》(圖 4 上 3 - 22),書法仿佛是唐代碑刻,筆致平和,點畫自然,富有變化,絕無劍拔弩張的氣勢。而且字形很少夾雜俗別字,與元氏魏碑無相似之處,譚淑琴認為此誌繼承二王妍美流便之態,筆畫細緻輕盈,很難説是元氏魏碑退化而來③。如果説《張玄墓誌銘》尚有元氏魏碑餘風,那麽《元延明墓誌》的形體是更換門戶。元氏魏碑陡然消失,回歸傳統眞書。

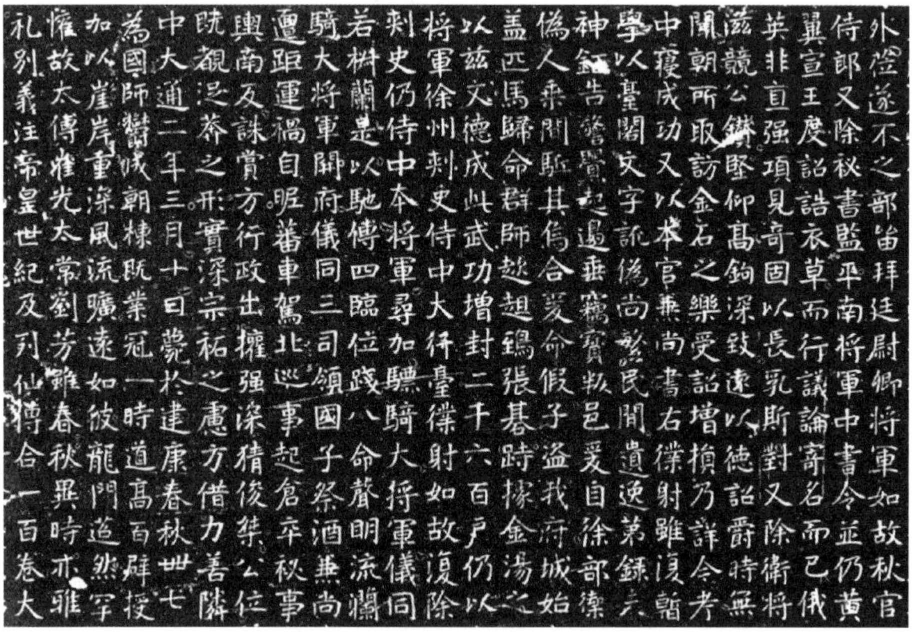

圖 4 上 3 - 22

① 洛陽市文物考古研究院:《洛陽孟津朱倉北魏墓》,《文物》2012 年第 12 期。
② 洛陽市文物工作隊:《河南洛陽市吉利區兩座北魏墓》,《考古》2011 年第 9 期。
③ 譚淑琴:《河南省博物院藏碑誌書法藝術價值綜述》,《書法叢刊》2016 年第 5 期。

永熙二年(533年)高樹生及妻韓期姬墓誌(圖4上3－23),在2005年偃師府店鎮出土,洛陽師範學院河洛古代石刻藝術館收藏。高樹生墓誌,長81厘米、寬77厘米,誌文31行,滿行45字,共922字。妻韓期姬墓誌長70厘米、寬73厘米,誌文26行,滿行44字,共651字[①]。趙萬里曾經感嘆《元延明墓誌》為誌中罕見,今又見高樹生及妻韓期姬墓誌,皆南風自然流麗,不為北魏元氏銘石書所掩[②]。

圖4上3－23

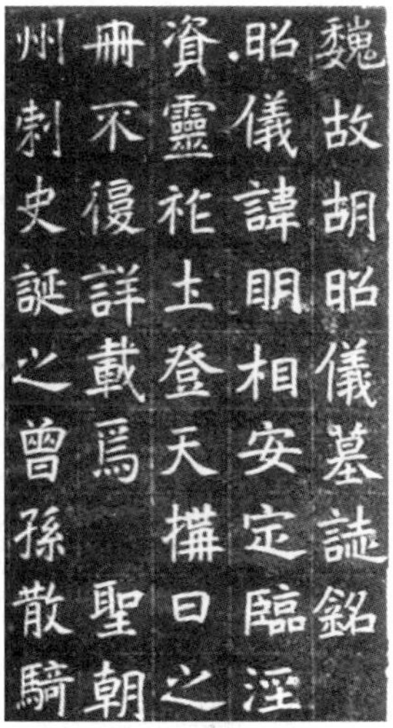

圖4上3－24

北魏孝昌三年(527年)《胡昭儀墓誌》,又稱《肅宗昭儀胡昭名相墓誌》(圖4上3－24),23行,滿行21字,1919年洛陽北凹村出土,此為北魏名碑。書法"精整峻峭,質樸勁挺"[③]。字體寬博雅馴,無北碑張狂之氣,結構平正,無欹斜猙獰之態,頗具南朝風韻,與虞世南楷書相類。

山東青州龍興寺出土北朝殘毀佛像,北魏太昌元年(532年)比丘尼惠照造彌勒像,其背刻銘[④]。

北魏後期魏碑體的微妙變化,既有自身變化趨勢的因素,也有南方的直接作用。在發現的北朝碑刻中,南北交流促使南朝真書北上。

① 王連龍:《北魏高樹生及妻韓期姬墓誌考》,《文物》2014年第2期。
② 見《中國書法》2011年第6期。
③ 趙君平:《北魏〈胡昭儀墓誌〉》,《中國書法》2010年第12期。
④ 夏名采、王瑞霞:《青州龍興寺出土背屏式佛教石造像分期初探》,《文物》2000年第5期。

山東淄博發現永熙三年(534年)北魏墓,出土《傅豎眼墓誌》(圖4上3-25),誌蓋銘文及誌文皆為眞書,體裁勁秀静穆,無肥筆,具有南朝書風①。但是"寅"從"穴"頭、"營"從"帶"頭,乃北朝俗書。墓誌主人多次對南朝作戰,其中兩次的對手是蕭梁,多與南朝人員接觸。且山東之地近於南朝都城,這種字體很可能出自南朝書手,或由南朝書手傳授。此為南風書法北吹的一個例子。

西魏大統二年(536年)《趙超宗妻王氏墓誌》(圖4上3-26),全稱《魏故使持節征虜將軍岐華二州刺史尋陽成伯趙使君命婦王夫人墓誌銘》,誌文28行,行字不等,後7行下有雙行小字②。其父為南朝宋青州刺史,祖為南朝宋南城、懷安二郡太守,墓主在北地做官,本是南朝人,慣於南朝的風尚。此碑可能是南朝人書寫,或者延請北朝書手書寫的眞書,體勢與魏碑右斜相反,微微左傾,略無北碑意味。

圖4上3-25

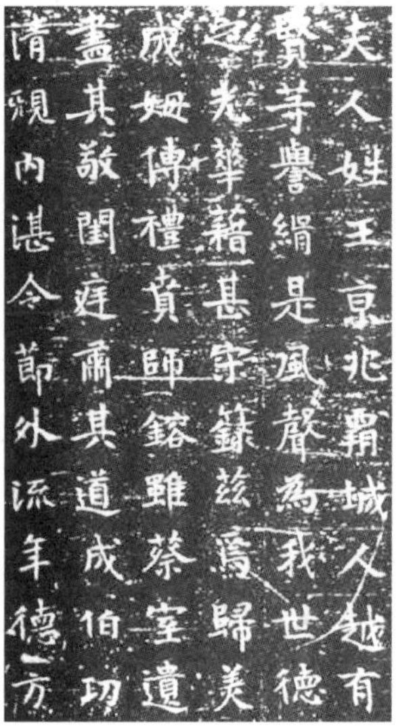

圖4上3-26

圖4上3-27

東魏興和二年(540年)《劉懿墓誌》(圖4上3-27),32行,行33字,凡896字。清代山西忻州九原崗出土,石刻著作多有著録③。此石字體整飭,基本採用正體,但是隱含草體楷化。此碑結字寬博,氣勢雄渾,用筆方圓兼備,長橫方折,間架平正,端如坐鐘。

北碑主流派形體與南朝風格以及南朝傳承下來的傳統風格有一定差異,但是不必過於強調它的差異,不能過於誇大。魏碑體經歷了數十年的顯赫時光,最終由生猛漸至精熟,由粗獷到文質,結體方正精嚴,點畫收放周到,筆法起落自然。北朝與南朝

① 張光明:《山東淄博市發現北魏傅豎眼墓誌》,《考古》1987年第2期。
② 趙力光:《西魏〈趙超宗妻王氏墓誌〉》,《書法叢刊》2007年第5期。
③ 李獻奇、郭引強:《〈洛陽新獲墓誌〉書法藝術概述》,《書法叢刊》1996年第2期。

的形體本來是一棵樹的分枝，一個源頭分流，相同點是主要的。北魏後期的眞書已經開始分化，一路依然是劍拔弩張的架勢，另一路則是清新淡雅的南風，到了東魏、西魏，兩路分野逐漸明顯。東魏的眞書本來延續了北魏字體，以斜畫大捺為特徵，改變起於微小的變化，不再強調撇筆、捺筆的開張和翻挑，淡化上緊下放的結構以及斜筆和長捺。横向筆畫的斜度也不那麼陡斜，點畫方峻，間以圓轉點畫，結構方正，重心偏上。北魏元氏魏碑是創造出來的銘石書，到北魏後期漸漸廢用，逐步回歸到平常的形體筆畫形態，呈現出南北風格和同的景象。但是，銘石書異於普通形體的觀念並未放棄。東魏又重新啟用漢代八分，字體豐茂，風格古雅，仿佛回到漢魏時期。

第三節　南北眞書之和同

錢泳《履園叢話・書學》："嘉慶甲戌春三月，余至淮陰謁阮雲臺先生。時先生為七省漕務總督，款留者竟日，論及書法一道，先生出示《南北書派論》一篇，其略曰：'書法變遷，流派混淆，非溯其源，曷反於古。蓋由篆變為隸，隸變為眞書、行草，其轉移皆在漢末、魏晉之間；而眞書、行草之分為南北兩派者，則東晉、宋、齊、梁、陳為南派，趙、燕、魏、齊、周、隋為北派也。南派由鍾繇、衛瓘及王羲之、獻之、僧虔等以至智永、虞世南、褚遂良，北派由鍾繇、衛瓘、索靖及崔悅、盧諶、高遵、沈馥、姚元標、趙文深、丁道護等以至歐陽詢、顏眞卿、柳公權。南派不顯於齊、隋，至貞觀初乃大顯。'"這是著名的南北書派之論，其精華在於南派妍妙，北派厚重。此論一出，論書者奉為圭臬，其實阮元之言，南北碑牌，言過其實，並不正確。如僅言南北碑牌分派，尚接近事實，如説南北眞書、行草分派，則屬誤判。碑牌北派固厚重，南派亦有厚重者，如《爨龍顏碑》近於北碑。沙孟海也説，南齊《呂超靜墓誌》、梁《蕭憺碑》、蕭敷夫婦兩墓誌，"書體與北方幾無區別"。行草姑且不論，眞書南朝固妍妙，北朝亦有妍妙者。河北贊皇縣北魏李翼夫婦墓出土 2 方墓誌：《李翼墓誌》及夫人《徽華墓誌》。後者為永熙三年（534 年）墓誌，體勢平和，無明顯斜勢，筆畫圓潤，長短得當，無重捺大撇。《李翼墓誌》風格接近，筆畫略重而已，可能是受南朝眞書的影響所致①。

南北朝後期無論戰爭還是人員來往，南方的文化不斷向北方浸潤。北方統治者為了爭取華夏的正統地位，也有意識地招納人才，吸納南方士人。《北齊書・文苑傳序》："廣延髦儁，開四門以納之，舉八紘以掩之，鄴京之下，煙霏霧集。"北朝名士，盡集北齊。北齊重視書學，能書者得以富貴。《北齊書・儒林傳・張景仁》載張景仁以學書為業，工草隸，與姚元標、韓毅、袁買奴、李超等齊名。北齊帝王重書學，皇室子弟習

① 中國社會科學院考古研究所河北工作隊：《河北贊皇縣北魏李翼夫婦墓》，《考古》2015 年第 12 期。

書，當時因書藝獲富貴者衆多，因而顔之推云：“以能書拔擢者多矣。”南方是文化影響北方，對於文字而言，南北差異的消弭勢在必行。眞書繼續走向自然、實用，嗣後北齊、北周為平畫寬結，書風向南朝靠攏。

2004 年河北臨漳漢魏鄴城故地發現北齊河清三年（564 年）《魏故司空廣陵惠王元羽妻鄭太妃墓誌銘》磚誌（圖 4 上 3－28），長、寬各 37 厘米，正方，墨書，有烏絲欄，凡 21 行，行 25～30 字不等[①]。

北齊《文殊般若碑》（圖 4 上 3－29），高 2 米、寬 0.86 米，原在山東汶上水牛山頂。包世臣認為書體敦厚渾雄，定為西晉人書寫，“實古今第一眞書石本也”。孫星衍《寰宇訪碑錄》則定此碑於北齊末年。本碑形體端正平和，楷法齊備，一絲不苟，是東魏以來眞書端楷的標誌[②]。

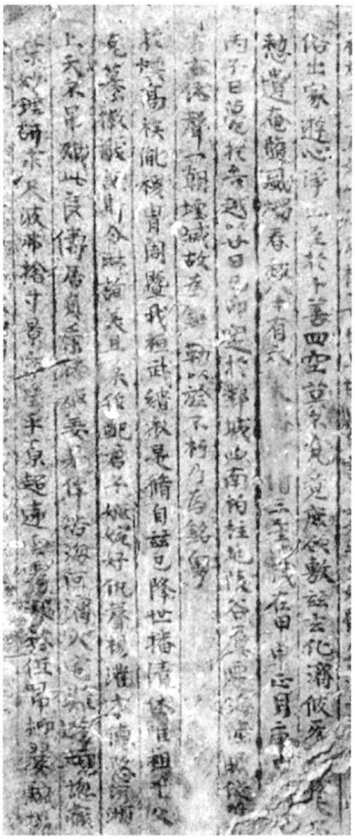

圖 4 上 3－28

圖 4 上 3－29

圖 4 上 3－30

北齊天統五年（569 年）《蔡府月璣袁氏墓誌》（圖 4 上 3－30），全稱《故散騎常侍蔡府君夫人袁氏墓誌文》，誌文 23 行，滿行 16 字，眞書。有些字的長橫畫平而帶波

① 叢文俊：《新出土·北朝小楷墓磚墨蹟（墨書未刻）〈魏廣陵王元羽妻鄭太妃墓誌〉考》，《中國書法》2005 年第 9 期。

② 焦德森：《山東北朝摩崖刻經》，《書法叢刊》第 18 輯，文物出版社 1989 年版。

磔，如“十”“書”等，有的字如“彤”從“月”不從“丹”，“棘”從雙“來”，“妖”之“夭”右側加點、撇，“苗裔”之“裔”從商從水①。

北齊天保二年(551 年)崔芬壁畫墓出土的《崔芬墓誌》，全稱《魏威烈將軍行臺府長史崔公之墓頌》，26 行，滿行 27 字，共 663 字②。此誌微左傾，筆畫稍濃重，其他與南朝眞書已經別無二致。

554 年西魏對南朝梁的江陵之戰，攻佔了荆州，帶走了一批江左擅書名士，也擄掠了不少南朝法書，極大地影響了北朝的書體。王褒(513—576)，字子淵，出自琅琊臨沂王氏。《周書・王褒傳》：王褒博覽史傳，尤工屬文。“蕭子雲，褒之姑父也，特善草隸。”王褒師從蕭子雲，是典型的“二王”書風。王褒北上，直接傳播了南方優美的眞書書體。北周皇帝禮待王褒等，世宗愛好文學，每游宴，王褒等常在左右。王褒入關，貴遊等風從之。《周書・趙文深傳》：“文深少學楷、隸，年十一，獻書於魏帝。立義歸朝，除大丞相府法曹參軍。文深雅有鍾、王之則，筆勢可觀。當時碑牓，唯文深及冀儁而已。……及平江陵之後，王褒入關，貴遊等翕然並學褒書。文深之書，遂被遐棄。文深慚恨，形於言色。後知好尚難返，亦攻習褒書，然竟無所成，轉被譏議，謂之學步邯鄲焉。”趙文深，北朝眞書書法名家，深得鍾、王之法，精通字學，不得不學習王褒書法。南風之盛，風靡北朝，逐漸改變了魏碑遺風。北齊滅亡之後，北周統一北方，建都長安，取得了中原政治文化中心的位置，南北交流範圍擴大，文化趨同。胡小石《書藝略論》：“自元魏分裂為東西以來，鄴下晉陽書風，有一部忽趨秀發。此殆因有南方士族流入，熏染所致。洛下長安，保守舊習之力特強，其末流書勢崚嶒，如趙文淵之《華嶽頌》，漸不為人所好。故王褒入北，而北人群習褒書。”③

圖 4 上 3 - 31

北周《崔宣靖墓誌》(圖 4 上 3 - 31)、《崔宣默墓誌》，二誌均刻於大象元年(579 年)，1998 年河南安陽出土。二崔之父崔孝芬、祖崔挺，皆為北魏高官。博陵崔氏為河北望族，多經史辭章之士，也是書法世家。二誌為一人所書，結體寬博，體態閒雅，具有南方風格④。

北周大象二年(580 年)釋迦佛像基座正面刻發願文(圖 4 上 3 - 32)，20 行，滿行 12 字，尾題 21 行，共 245 字⑤。

---

① 許萬順：《新出土北齊蔡府月璣袁氏墓誌文》，《中國書法》2005 年第 4 期。
② 山東省文物考古研究所、臨朐縣博物館：《山東臨朐北齊崔芬壁畫墓》，《文物》2002 年第 4 期。
③ 胡小石：《書藝略論》，《胡小石論文集》，上海古籍出版社 1983 年版，第 212 頁。
④ 劉恒：《北朝墓誌題跋二則》，《書法叢刊》2002 年第 2 期。
⑤ 趙力光、裴建平：《西安市東郊出土北周佛立像》，《文物》2005 年第 9 期。

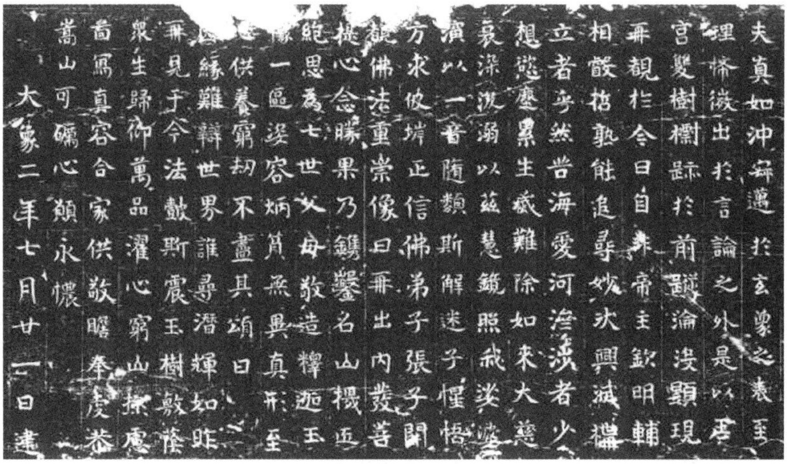

圖 4 上 3－32

以上二刻的書體完全没有北朝的風格，無論筆畫和架勢很難找到北碑的特徵，所以説，就書體而言，在北朝末年南北趨於統一，已成大局。到了隋唐，魏碑體衹能作為一種風格存在，作為一種書法流派偶露崢嶸而已。

第四節　隋代完備的楷書書法

隋滅陳，南方的書家陸續遷移到長安地區，其中就有著名的歐陽詢、虞世南等。隋朝的顯貴以能書為美。《隋書・楊素傳》云其家中文人有“殷胄者，工草、隸”。隋代出現了遵循南風、書法優美的書法家和楷書作品。楊守敬《丁戊金石跋》云：“此隋代變南北書體之始，以《蘇慈志》《尉富娘志》照之，可知其時風尚矣。”類似的《董美人墓誌》《陶貴墓誌》等多是隋代南方風格的端莊淡雅平和書跡的代表。這是從淺層而言南北的書法風格，其實質問題是字形的規範問題。“由於當時缺乏統一的楷書規範，不同的書寫者都依照自己認定的標準去書寫，這就造成了不同書寫者的書跡在字形上的差異。”[1]正如顏之推所指出的那樣，文字不規範，北朝較南朝為甚，南方文字書法家的活動無疑有助於文字的規範化。隋代統一了中國，南北之間的隔閡全面消除，文化交流暢通。政令一致，促進了字體的規範化。《隋書・百官志下》：國子寺，“統國子、太學、四門、書算學，各置博士（國子、太學、四門各五人，書、算各二人）、助教（國子、太學、四門各五人，書、算各二人）、學生（國子一百四十人，太學、四門各三百六十人，書四十人，算八十八人）等員。”朝廷的教育機構設置書學博士，教授學員，培養書學人才，具有導向作用，促使士人認眞對待書寫技術，不斷地提高水準。

---

① 虞曉勇：《論隋代書法發展的隸釋文化契機》，《書法》2005 年第 1 期。

葉昌熾《語石》卷一："隋碑上承六代，下啟三唐，由小篆八分趨於隸楷，至是而巧力兼至。神明變化，而不離於規矩。蓋承險怪之後，漸入坦夷。"隋唐眞楷的完善，奠定了楷書規範化的基礎。眞書在社會上的地位提高，使用價值得到了體現，大量眞書碑刻出現。

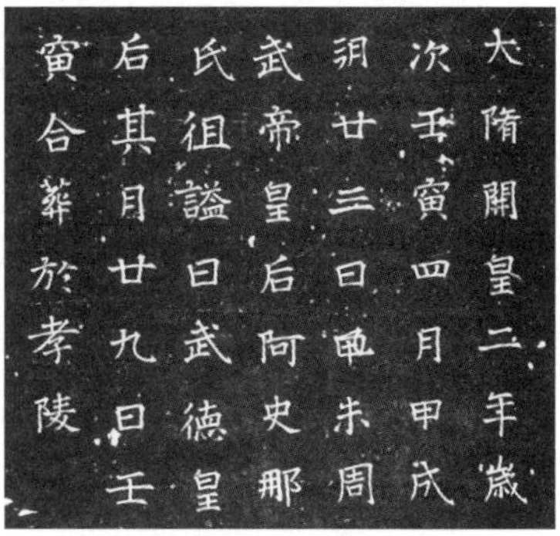

圖 4 上 3－33

北周武帝孝陵出土《武德皇后誌石》（圖 4 上 3－33），楷書，7 行，於隋開皇二年（582 年）刻誌入葬[①]。

《龍藏寺碑》（圖 4 上 3－34），立於隋開皇六年（586 年），記載了隋恒州刺史鄂國公王孝仙奉命為勸獎州內士庶萬餘人修造龍藏寺之事。碑陽 30 行，行 50 字，約 1 500 字，碑陰題名 5 列，左側題名 3 列。據光緒元年《正定縣誌》載："龍藏寺碑并陰，張公禮撰并書。楷書，其書法瘦勁平厚，稱隋碑第一。"包世臣《藝舟雙楫》稱："《藏龍寺》足繼右軍，皆於平正通達之中，迷離變化而不可思議。"康有為《廣藝舟雙楫》把《龍藏寺碑》評為精品，贊其書法"如金花滿地，細碎玲瓏"。

圖 4 上 3－34

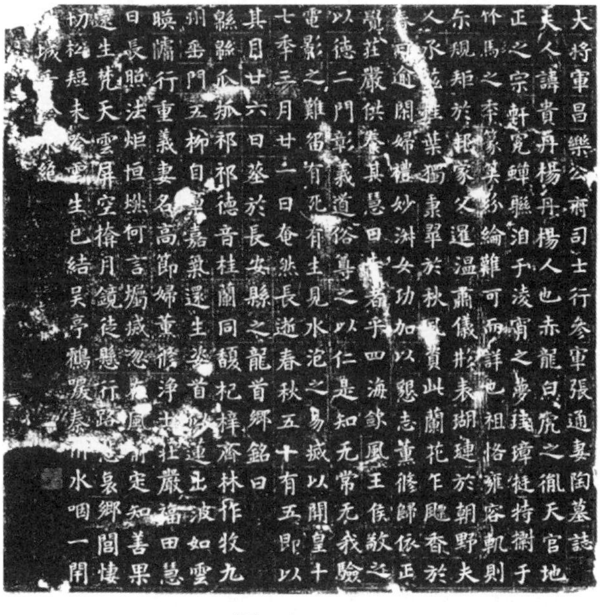

圖 4 上 3－35

隋開皇十七年（597 年）《張通妻陶貴墓誌》（圖 4 上 3－35），19 行，滿行 19 字，楷書。

隋《沙彌墓誌》，蓋用楷書"齊故儀同三司東豫州刺史李公妻王夫人墓誌銘"（圖 4

① 陝西省考古研究所、咸陽市考古研究所：《北周武帝孝陵發掘簡報》，《考古與文物》1997 年第 2 期。

上 3－36)，墓主王氏，名沙彌。結字平正，綿麗遒勁[①]。

隋仁壽三年(603 年)《蘇孝慈墓誌》(圖 4 上 3－37)，字跡工整，優美楷法純熟，稱為“楷法精健絕倫”[②]。

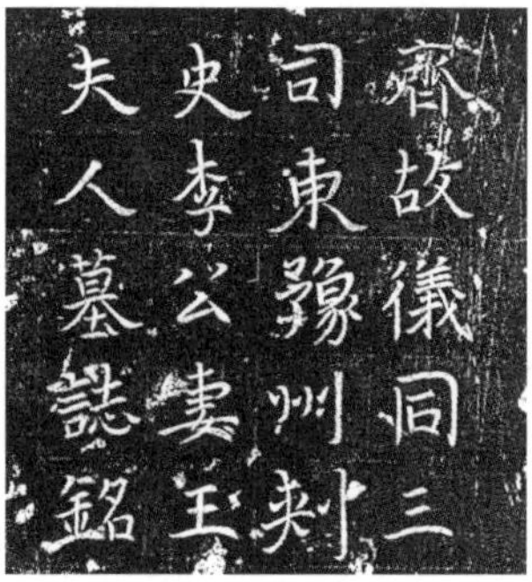
齊故儀同三
司東豫州刺
史李公妻王
夫人墓誌銘

圖 4 上 3－36

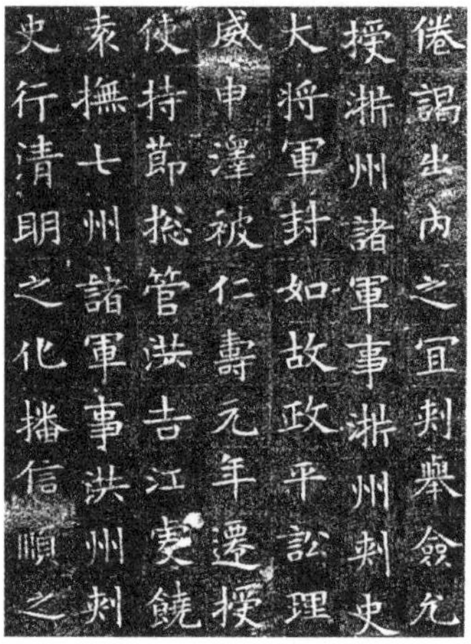
倦謁出內之宜剋舉僉允
授洪州諸軍事洪州刺史
大將軍封如故政平訟理
咸申澤被仁壽元年遷授
使持節揔管洪吉江虔饒
袁撫七州諸軍事洪州刺
史行清朗之化播信順之

圖 4 上 3－37

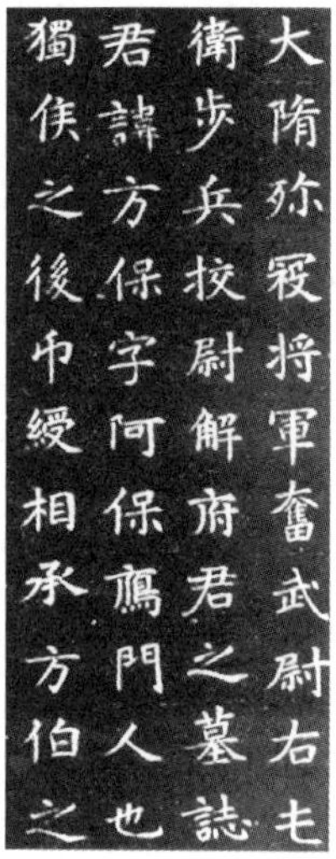
大隋殄寇將軍奮武尉右屯
衛步兵校尉解府君之墓誌
君諱方保字阿保鴈門人也
獨佚之後印綬相承方伯之

圖 4 上 3－38

隋大業六年(610 年)《解方保墓誌》(圖 4 上 3－38)，全稱《大隋殄寇將軍奮武尉右屯衛步兵校尉解府君之墓誌》，19 行，滿行 19 字。結構平正，清疏婉麗，用筆方圓結合。字形規範，稍有俗字。“殄”字右從“尒”，“寇”字下從“示”“殳”，“步”下從“少”，“屯”下作二橫，“印”字如“币”，其他字體皆正體。即使是唐碑，使用俗字也在所難免，因此此碑文字工整規範不在唐楷之下。

智永和尚，陳隋間人，本名王法極，字智永，會稽山陰(今浙江紹興)人，王羲之七世孫。智永善書，繼承王氏家法。王羲之《蘭亭序》墨蹟為傳家之寶。有《眞書千字文》為後代楷書範本。

第五節　唐代為楷書藝術之高峰

隋代的眞書碑刻傳世衆多，《龍藏寺碑》聞名於世。由此可見，眞書的端正楷書在隋代已經完善，付之社會廣泛使用，所謂唐楷的説法應該修正，稱為隋唐楷書，如貞觀十六年(642 年)《史善應墓誌》(圖 4 上 3－39)[③]。

---

① 許萬順:《新出土隋沙彌墓誌》,《中國書法》2004 年第 1 期。
② 賀正全:《隋蘇孝慈墓誌》,《書法叢刊》2007 年第 1 期。
③ 王慶衛:《新見唐代突厥王族史善應墓誌》,《中國國家博物館館刊》2014 年第 4 期。

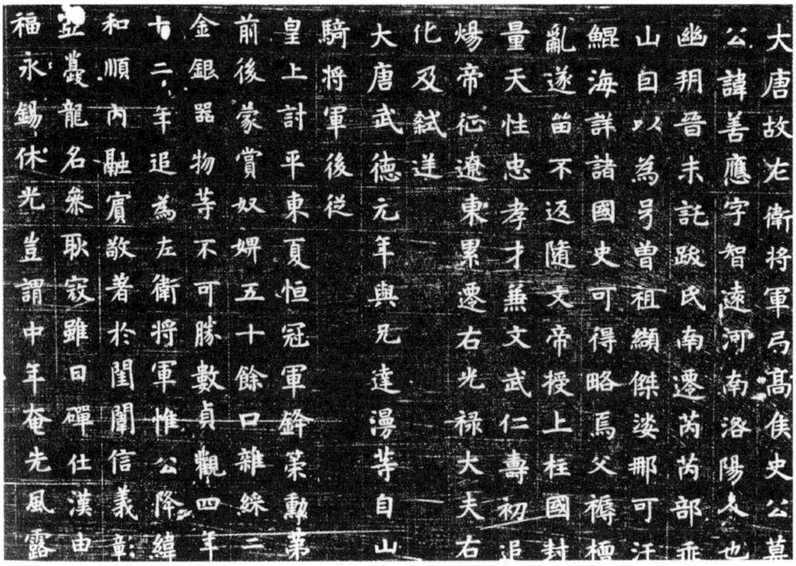

圖 4 上 3－39

唐代楷書與隋代的區別在於有專門的書學機構作保障，規範制度化，書寫理論化。因為楷書在社會中的作用得到了普遍承認，出現了以楷書為書寫專長的大家，其代表人物有歐陽詢（圖 4 上 3－40）、虞世南（圖 4 上 3－41）、褚遂良、顏眞卿、柳公權。

圖 4 上 3－40

圖 4 上 3－41

唐代的楷書，一個重要的標誌是形成了統一的模式，這個標準化的形式就是唐楷。唐代的筆畫來源，"碑刻對這種楷書的筆畫發展起重要的作用，如果没有碑刻，楷書的筆法可能不會是這樣的，至少不會完全是'永字八法'，甚至更往上推，没有碑刻可能隸書也不會有波磔筆法的定型。而且也有可能從隸書到楷書就一直繼續了篆書的筆畫"①。唐代實行科舉，專設弘文館，由歐陽詢、虞世南負責教授楷法，書學大振，

① 王南溟：《唐楷是唐代的美術體》，《書法》2005 年第 12 期。

為統一模式的出現創造了條件。

楷書是官府文件的字體，漢代的史書在晉代變為楷書，官方有專職的書寫人員，稱為楷書吏。隋唐以來，楷書日益成熟，在諸字體中作用凸顯，朝廷越發重視楷書手的培養和使用。宋高似孫《緯略・楷書吏》："廣內置楷書吏，自晉始。"唐宋以來中書、祕書均有楷書吏專職文書抄錄等事。唐代朝廷有專職機構培養能書之士，擅長楷書，稱書手。《新唐書・百官志二》載弘文館學士掌詳正圖籍，教授生徒。校書郎，掌校理典籍、刊正錯謬。"有學生三十八人，令史二人，楷書十二人，供進筆二人，典書二人，拓書手三人，筆匠三人，熟紙裝潢匠八人。"中書省，主書，有"能書"四人。集賢殿書院，掌刊緝經籍，凡承旨撰集文章、校理經籍。玄宗"募能書者為書直及寫御書人"。後校書、正字下有"書直、寫御書手九十人"。史館，掌修國史。有"楷書十二人，寫國史楷書十八人，楷書手二十五人"。祕書省，監掌經籍圖書之事，領著作局。"有典書四人，楷書十人"。其下著作局有"楷書五人，書令史一人"。司天臺，凡天文圖書、器物，非其任不得與焉。有"五官楷書手五人，掌寫御書"。內侍省之掖庭局，掌宮人簿帳、女工。宮博士掌教習宮人書、算、衆藝。"有內教博士十八人，經學五人，史、子、集綴文三人，楷書二人，《莊老》、太一、篆書、律令、吟詠、飛白書、算、棋各一人。"《新唐書・百官志三》載國子監有書學，掌教八品以下及庶人子為生者。"石經、《説文》《字林》為顓業，兼習餘書。"

"書手"的説法見於垂拱元年(685 年)《丁君墓誌》，丁範"雅好柔翰，觀檻之歲，頗□群書。至於墨化圓池，縑濡健筆，起騰猿於□於杪，驚反鵲於毫端，既窮雲□之姿，用極蟲魚之勢，弱冠知名，召為蘭臺書手"[①]。《新唐書・百官志四上》：崇文館，掌經籍圖書。有"楷書手十人"。司經局掌經籍，出入侍從。有"楷書二十五人"。《新唐書・藝文志》："貞觀中，魏徵、虞世南、顏師古繼祕書監，請購天下書，選五品以上子孫工書者為書手，繕寫藏於內庫，以宮人掌之。"

西安市東郊高家溝村出土了 1 合唐朱元昊墓誌，首行題"大唐故中大夫行盛王府諮議直集賢院朱府君墓誌銘并序"，天寶十一載(752 年)蓋篆"大唐故朱府君墓誌銘"。這是少見的唐代御書手墓誌，誌文有云："公幼而聰敏，長而願恪。尤精翰墨，雅善進對。跡必履於無過，心不渝於在公。年十九，補麗正殿御書手，調授左衛翊一府兵曹參軍，仍留集賢院，尋轉工部主事。"集賢院是玄宗時期設立的專門從事撰集文章、校理經籍的機構，屬中書省所轄[②]。御書手是等級最高的書手，專事繕寫重要文告。

自古有法書之説。《易・繫辭上》："制而用之謂之法。"唐孔穎達疏："言聖人裁制其物而施用之，垂為模範。"法書就是合乎標準的書法，法書之説起於南北朝。南朝宋

① 《千唐誌齋藏誌》上冊，第 353 號，文物出版社 1989 年版。
② 馬驥：《唐御書手朱元昊墓誌考略——兼議唐代的隸書》，《碑林集刊》第九輯，三秦出版社 2003 年版。

虞龢《論書表》:“桓玄愛重書法,每宴集,輒出法書示賓客。”北齊顏之推《顏氏家訓·雜藝》:“吾幼承門業,加性愛重,所見法書亦多。”這個法書是指大書法家的書法作品,因為書法之最佳,被後人奉為圭臬。劉禹錫《國學新修五經壁記》:“申命國子能通法書者,分章揆日,遜其業而繕寫焉。”這個法書是指具有法度的書法,其意義與官楷有關。我們從唐代的開成石經看,書法文字屬於官楷一類,筆畫均勻,結構穩健,筆致精勁,是典型的唐代楷書。

對於規範端楷,唐代有專門名稱叫“官楷”。唐段成式《酉陽雜俎·前集·詭習》:“大曆中,東都天津橋有乞兒,無兩手,以右足夾筆,寫經乞錢。欲書時,先再三擲筆,高尺餘,未曾失落。書跡官楷,手書不如也。”《新唐書·百官志》內有“楷書”“楷書手”,這個官楷應當是楷書手所書的標準楷書。唐代前期,以歐陽詢、褚遂良書法等為官楷範本,中唐以後可能是以柳公權書法為官楷範本。

柳公權(778—865),字誠懸,京兆華原(今陝西銅川市耀州區)人。唐代著名書法家,歷仕憲、穆、敬、文、武、宣、懿七朝,官至太子少師,封河東郡公,以太子太保致仕。柳公權書法以楷書著稱,與顏真卿齊名,人稱“顏柳”,又與歐陽詢、顏真卿、趙孟頫並稱楷書四大家。他的書法初學王羲之,吸取了顏、歐之長,在晉人勁媚和顏書雍容雄渾之間,創“柳體”,以骨力勁健見長,後世有“顏筋柳骨”之稱。傳世有唐開成元年(836 年)《金剛經》《迴元觀鐘樓銘》①,開成二年(837 年)《馮宿碑》,會昌元年 (841 年)《玄祕塔碑》(圖 4 上 3 - 42)、會昌三年(843 年)《神策軍碑》,後二碑為工楷典範。米芾《海岳名言》:“自柳世始有俗書。唐官誥在世,為褚、陸、徐嶠之體,殊有不俗者。開元已來,緣明皇字體肥俗,始有徐浩,以合時君所好,經生字亦自此肥。開元已前,古氣無復有矣。”所謂俗書,為流行書體,這是柳字流行當時之故。

圖 4 上 3 - 42

法門寺唐代地宮出土 2 方石碑,《大唐咸通啟送岐陽真身誌文碑》《應從重真寺隨真身供養道具及恩賜金銀器物寶函等并新恩賜到金銀寶器衣物帳碑》(圖 4 上 3 - 43),均刻於唐咸通十五年(874 年),碑文記載了皇室貴戚、宦官僧衆所施供養物品的詳細情況。《誌文碑》書者為內講論賜紫沙門令真,《物帳碑》書者是興善寺僧覺支。二碑皆為工楷,靜穆恬淡,但是刻工未能嚴格按照書丹鐫刻,二碑的文字大小、界欄都相似。仔細看碑文,兩者都有“柳體”的影響,特別是《物帳碑》更加接近“柳體”。此類

① 倪麗燁:《唐柳公權書迴元觀鐘樓銘》,《書法叢刊》2007 年第 5 期。

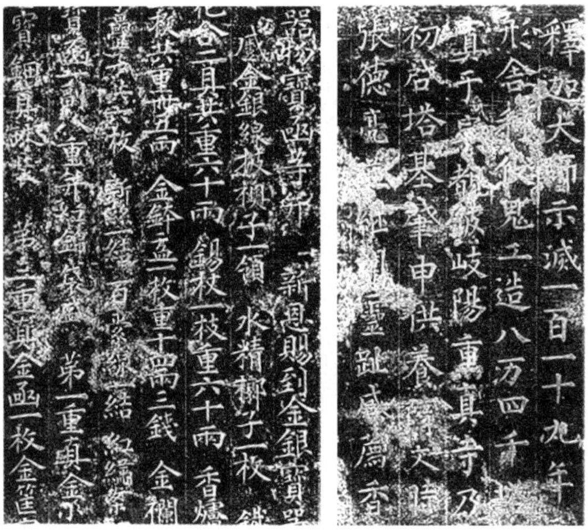

圖 4 上 3 - 43

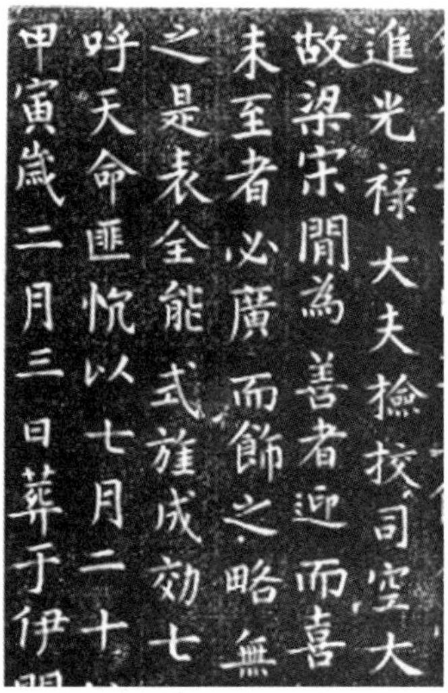

圖 4 上 3 - 44

字跡工穩，筆畫精到，應該是當時官楷[1]。

唐大和七年(833 年)《楊元卿墓誌》(圖 4 上 3 - 44)，全稱《唐光祿大夫太子太保贈司徒弘農楊公墓誌銘》，楷書 38 行，滿行 39 字，共 1 323 字。裴度撰文，舒元輿篆額，權璩書。權璩，《新唐書》有傳，大和三年到九年(829—835)為宰相。米芾《書史》、朱長文《墨池篇》有其事蹟。楷書出於歐陽詢、虞世南書法，整飭秀美，清朗勁挺，靜穆雅馴，無明顯習氣，個性色彩不濃，屬於官楷一類[2]。

關於唐代的楷書，後代多有評價。宋馬永卿《嬾眞子》卷三"唐以字畫取士"："唐人字畫，見於經幢碑刻文字者，其楷法往往多造精妙，非今人所能及。蓋唐世以此取士，而吏部以此為選官之法，故世競學之，遂至於妙。唐《選舉志》云：'凡擇人之法有四：一曰身，體貌豐偉；二曰言，言辭辨正；三曰書，楷法遒美；四曰判，文理優長。'或曰：'此敝政也，豈可以字畫取人乎？'難之者曰：'今之士人於此狀貌奇偉，言辭辨博，判斷公事既極優長，而更加以字畫遒美，有歐、虞、褚、薛、顏、柳之法，士大夫能全此美者，亦自難得，況銓選之間乎？'聞之者皆服。"

宋趙彥衛《雲麓漫鈔》卷五："唐人書皆有楷法，今得唐碑，雖無書人姓氏，往往可觀。説者以為唐以書判試選人，故人競學書，理或然也。國朝亦重楷法，如歐陽永叔、蔡君謨諸公是也。自蘇、黄、米一洗翰墨蹊徑，而行書多矣。"總之，唐代楷書成為後世書寫標準。宋朱翌《猗覺寮雜記》卷下："唐人無不善書，遠至邊裔書史里儒，莫不書字有法，至今碑刻可見也。"

---

① 胡海帆：《法門寺地宫唐代〈誌文碑〉與〈物帳碑〉》，《書法叢刊》2004 年第 4 期。

② 李獻奇、王木鐸：《唐楊元卿墓誌考述》，《書法叢刊》2002 年第 2 期。

第四章　行書與蘭亭論辯

第一節　行書之含義

唐張懷瓘《六體書論》："大率眞書如立，行書如行，草書如走。""行書如行"是一種比喻，其動感處於眞書和草書之間。那麼行書之"行"如何解釋呢？蘇軾《書唐氏六家書後》："今世稱善草書者或不能眞、行，此大妄也。眞生行，行生草，眞如立，行如行，草如走，未有未能行立而能走者也。"行書的名稱是什麼含義呢？

比較普遍的解釋由張懷瓘的"行書如行"説法引申而來，認為行書之"行"是取行走之意。徐邦達謂行書與八分楷法及以後的正書非常接近，"衹不過流走一些罷了，所以稱為'行'。"①楊春霖説："行書之'行'也正是這個意思，具體指筆畫連綿而表現流動之勢。"②此説成為主流觀點，如行書"因筆勢流動，即所謂'相間流行'而得名"。③蔣善國説得直白："眞書如立，今草如跑，行書如行（一般走路的姿勢），所以叫作行書。"④他曾認為："行書最初叫行押書（見《書斷》），也叫押書，押書就是署名的書。"後又説："行書所以又叫行押書，就是因為名書家鍾繇用行書給人寫信，自署名字的緣故。""眞書寫得快了，如人行走的兩腳連續不停，便成了行書，所以説：'眞書如立，行書如行。'它是一種介乎眞書和草書之間的形式，因此行書的發生，約在東漢末今草和眞書盛行的時候。"⑤

行書得名來自行狎書是對的，但是行書原意並不是"行書如行"。行狎書，也寫作行押書。（漢晉以來，"犭"旁與"扌"旁相似，故"狎"誤作"押"。）傳王羲之《題衛夫人〈筆陣圖〉後》："惟有章草及章程、行狎等，不用此勢。"南朝宋羊欣《采古來能書人名》記鍾有三體："三曰行狎書，廂聞者也。"《魏書・崔玄伯傳》載其"尤善草隸、行押之書，為世摹楷。"又："玄伯之行押，特盡精巧，而不見遺跡。"皆將行書稱為行狎書。

行狎之義要在"狎"。狎，本是親近義。《左傳・襄公六年》："宋華弱與樂轡少相狎。"晉杜預注："狎，親習也。"親習為親近熟悉義。《戰國策・秦策三》："臣無諸侯之

---

① 徐邦達：《五體書新論》，見《現代書法論文選》，上海書畫出版社 1980 年版，第 286 頁。
② 楊春霖：《字體釋名》，《書法研究》1982 年第 4 期。
③ 陳海洋主編：《中國語言學大辭典》，江西教育出版社 1991 年版，第 38 頁。
④ 蔣善國：《漢字學》，上海教育出版社 1987 年版，第 226 頁。
⑤ 蔣善國：《漢字形體學》，文字改革出版社 1959 年版，第 362 頁。

援，親習之故。”鮑彪注：“習猶狎，故舊也。言非王近習之舊。”行狎書用於相聞者之間。羊欣謂“廂聞者也”，此書他處亦作“相聞”之説。“廂聞”就是“相聞”的異寫，《老子》：“鄰國相望，雞犬之聲相聞。”“相聞”形容距離很小，表示親近的意思。《後漢書・隗囂傳》：“自今以後，手書相聞，勿用傍人解構之言。”相聞書就是親人友朋之間書信所用的書體，比較隨意，不必正楷，可簡便書寫。唐張懷瓘《書斷》：“（行書者）務從簡易，相間流行，故謂之行書。”其中“相間流行”不辭，應為“相聞流行”，即行狎書之相聞者。南朝宋羊欣《采古來能書人名》：“（衛）覬子伯玉，為晉太保。採張芝法，以覬法參之，更為草藁。草藁是相聞書也。”草藁是行草書，在草書一章介紹。由此可見，行書之義，非行走之義，而是行狎書之省稱。押署是唐宋以後的説法，蔣善國説行押為署名是没有根據的。南朝齊王僧虔《論書》：“三曰行狎書，行書是也。”行狎書後來省去“狎”，簡稱行書，又縮略為“行”。而狎字已可見漢晉字形變化極大，不易辨識，不合行書之義。

行書是相聞書，是關係密切之人交流使用的書體，它並没有嚴格的形體規定。裘錫圭説：“要在早期行書跟草率的新隸體（筆者按：指早期楷書）之間劃出一條很明確的界綫，也是有困難的。拿我們現在所寫的字來説，有些字究竟應該看作草率的楷書，還是應該看作行書，是兩可的。”[①]唐虞世南《筆髓論》：“行書之體，略同於眞。至於頓挫磅礴，若猛獸之搏噬，進退鉤距，若秋鷹之迅擊。”唐韋續《五十六種書》：“行書者，正之小偽也，鍾繇謂之行狎書。”《書斷》卷上：“獻之嘗白父云：‘古之章草，未能宏逸，頓異眞體。今窮偽略之理，極草縱之致，不若藁行之間，於往法固殊也，大人宜改體。’”贊曰：“非草非眞，發揮柔翰。”總結以上説法，可以這樣認識：總體上“略同於眞”，與眞書大體相同，因為“務從簡易”造成局部“小訛”，“非草非眞”，是介於正楷與草書之間的形體。王瑉《行書狀》：“資胡氏之壯傑，兼鍾公之精密，總二妙之所長，盡衆美乎文質。詳覽字體，究尋筆跡，爍乎偉乎，如圭如璧，宛若盤螭之仰勢，翼若翔鸞之舒翮。或乃放手飛筆，雨下風馳，綺靡婉娩，縱横流離。”行書之美出乎自然，其魅力如此。行書有幾個別名：行隸、散隸。《五十六種書》：“散隸者，衛恒所作，跡同飛白也。”又九品：“魏鍾繇正書、散隸。”隸與篆相對，指平時日用形體，散是隨意的意思，散隸即行書。飛白不經意而出，所以把散隸與飛白聯系起來了。既然明白了隸的含義，行書叫行隸就明白了。

現代人把字體分成楷書、行書、草書，因行書是楷書的快寫，但是不改變形體結構和部件，它可以連寫，可採用少量常見的草書部件，所以没有釋讀困難。也有人説篆體、隸書都有行書，但是行書一般用來稱呼眞書的行書。

---

① 裘錫圭：《文字學概要》，商務印書館 2013 年版，第 96 頁。

行書是處於邊緣的書體，其穩定性不強，如果寫得端正一點，就是行楷，相反就是行草。唐張懷瓘《書議》："夫行書，非草非眞，離方遁圓，在乎季孟之間。兼眞者，謂之眞行；帶草者，謂之行草。" 蔣善國說："行書是今草和眞書之間的一種形式，今草成分多的，叫作草行，眞書成分多的，叫作眞行。"[①]這個現象陪伴行書的整個使用過程，特别是在唐代以來，行書的概念幾乎就包括了兩個方面的書體。

第二節　行書之產生

宋姜夔《續書譜·行書》："行出於眞。"這是普遍的觀念。行書是眞書的一部分，用來判斷眞書的材料一般是行書，從這個意義上看，行書與眞書是一回事，難分先後。眞書包括行書和正楷，此兩者要分先後的話，那就是先行書後眞書。

行書形成早於眞書，漢末有了眞書也就有了行書。史載漢代隸書衹分史書（楷體）與草書，行押書是在魏晉時纔提出來的。楷體是一筆一畫、端端正正地寫，結構上不省簡，筆畫不連、不缺，草體用省、簡、連三法，改變字形的結構，别創一體。除了特别要求外，人們不會認眞到一絲不苟地寫楷體，為了書寫方便，在不改變基本格局的前提下，點畫簡單一點，結構簡略一點，筆勢稍有連貫，我們依然可以稱為楷體，也可以另外命名為行楷或行書。魏晉時期眞書逐漸成熟，提升為銘刻體，眞書進入大雅之堂，嚴格的楷體眞書出現了。為了有所區别，把那些日常使用的比較隨意書寫的書體，就稱為行書，相應地要求行書也要有行書書寫規範。行書作為一種實用的書寫體，其寬鬆的文字結構和多變點畫，便於自如揮灑，推動它向書寫藝術的方向發展。傳統的説法認為行書是眞書的快寫，人們自然而然地認為行書出於眞書。唐蘭說："行書的出現，是楷隸簡化的結果。"[②]這是"行出於眞"的翻版。事實正好相反，行書的生成要早於眞書，是眞書的母體，眞書是在行書的這個坯子上加工而成。裘錫圭指出："在東漢晚期還出現了一種新字體，就是行書。""行書可以認為是在新隸體的基礎上，進一步溶入草書筆法，並從筆法和字體的結構上再加美化而形成的一種字體。"[③]又説："《宣示表》等帖的字體顯然是脫胎於早期行書的。如果把規整一派的早期行書寫得端正一點，把在早期行書裡已經出現的横畫收筆用頓勢的筆法普遍加以應用，再增加一些捺筆和硬勾的使用，就會形成《宣示表》那種字體。"[④]這樣表達行書與眞書的先後關係是正確的，漢隸在不斷演變為眞書的過程中，先形成了行書，行書的楷化纔

① 蔣善國：《漢字形體學》，文字改革出版社 1959 年版，第 362—363 頁。
② 唐蘭：《中國文字學》，開明書店 1949 年初版，上海古籍出版社 1979 年影印本，第 176 頁。
③ 裘錫圭：《秦漢時代的字體》，載《中國書法全集·秦漢篇·秦漢刻石卷》，榮寶齋 1993 年版，第 50 頁。
④ 裘錫圭：《文字學概要》，商務印書館 1988 年版，第 92 頁。

成為眞書。

就漢隸來説，有史書作為楷書，邏輯上説就出現了漢隸行書，可惜那時没有行書的地位，行書是隸書的日常用體，並不被看成一種字書或者書體，實際是那時行書並没有作為一種字體的特徵。據文獻記載，行書在東漢形成。南朝宋羊欣《采古來能書人名》：“劉德升善為行書，不詳何許人。”唐張懷瓘《書斷》卷上：“行書者，後漢潁川劉德升所造也，即正書之小訛。務從簡易，相間流行，故謂之行書。”劉德升，字君嗣，桓、靈間人。東漢後期，正是各種字體逐步成熟的階段，八分的結構特點日臻彰顯，眞書正獨立成體，在民間長期流行之後，終於得到士人的重視，把行書當作一種書體看待。

在出土的文字資料中不斷有東漢中、晚期的行書出現。

河北省滄縣官廳鄉北塔村發現漢代朱書磚(圖 4 上 4－1)，字在行草之間，是早期行書的例子，可惜没有年代記録[①]。

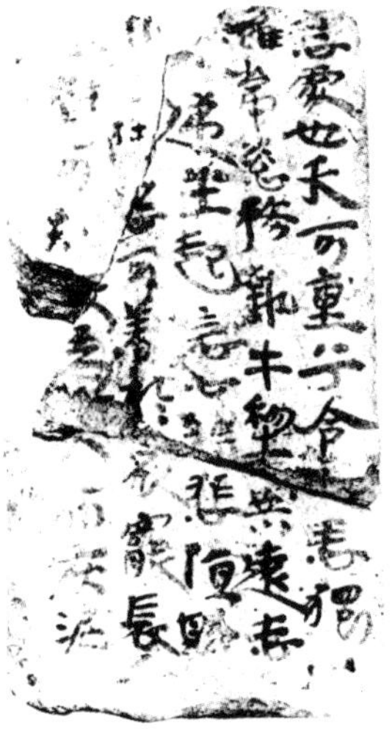

圖 4 上 4－1

圖 4 上 4－2

長沙五一廣場 1 號窖内出土一批東漢簡牘。簡牘的紀年有“章和”“永元”“永興”“延平”“永初”(圖 4 上 4－2)，最早者為章帝四年(實為和帝永元二年，90 年)，最晚者為安帝永初五年(111 年)，年代在東漢中期偏早。在出土漢簡中，王曉光認為：“新隸體依草率一路發展，並與早期今草、早期楷書互為作用，漸成早期行書。”“東漢實用書寫往往是隨意的、粗陋的、缺少法則的、多體合一的樣式，它需要進一步的社會書寫實踐、需要名家在技術上的整理提升，新體(楷、行)方能加速成熟。”[②]

---

① 劉化一：《記新出土的一塊漢代朱書磚》，《書法》1987 年第 1 期。
② 王曉光：《論新出長沙五一廣場簡牘墨書及相關問題》，《書法叢刊》2013 年第 5 期。

長沙東牌樓簡號 55 的書信正面存文 2 行、背面 3 行。為行書,有少數草字夾雜。此簡約在靈帝光和年前[①](圖 4 上 4－3)。

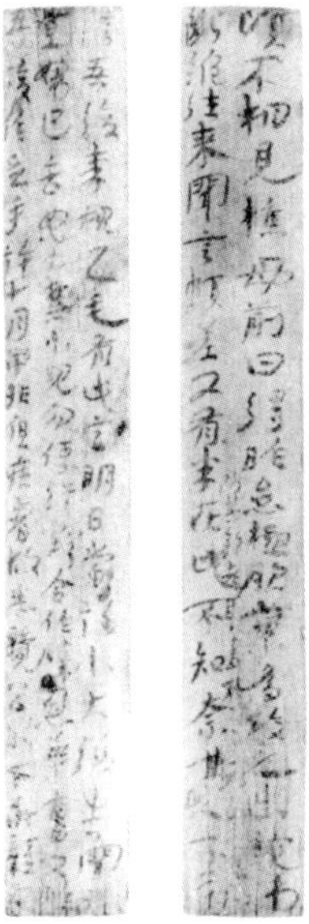

圖 4 上 4－3

圖 4 上 4－4

朱書陶瓶出現在東漢中期,有的字形帶有八分的波磔,形略扁,到東漢晚期朱書中出現了早期行書。

早年發現的永壽二年(156 年)陶瓶的文字,除了"永壽二年"是用史書寫的,其餘均為行書(圖 4 上 4－4)。1957 年西安市雁塔路東 4 號漢墓出土朱書陶瓶 1 件(圖 4 上 4－5),18 行行書,共 138 字,有初平四年(193 年)紀年[②]。陳直認為這是漢隸向真書轉變階段的字形,字形富於變化。"凡有相同之字,結構儀態,必不重複。例如全文中四'墓'字,三'冢'字,三'千'字,三'黄'字,三'無'字,三'人'字,兩'十'字,兩'謹'字,兩'王'字,兩

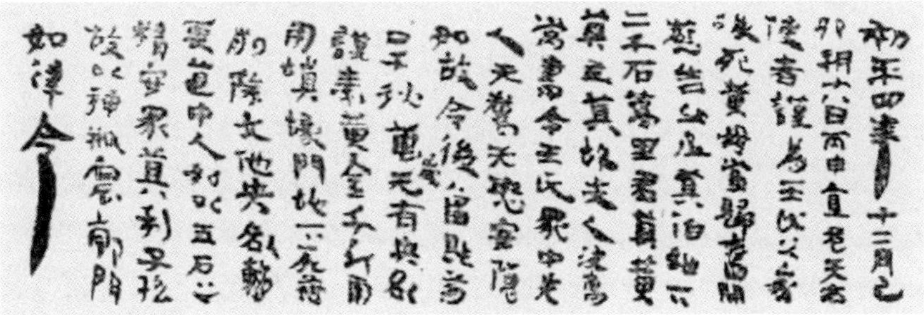

圖 4 上 4－5

① 長沙市文物考古研究所、中國文物研究所:《長沙東牌樓東漢簡牘》,文物出版社 2006 年版,第 97 頁。
② 唐金裕:《漢初平四年王氏朱書陶瓶》,《文物》1980 年第 1 期。

'氏'字,兩'後'字,兩'死'字,兩'地下'字,兩'石'字,兩'故'字,兩'安'字,兩'令'字,兩'央咎'字,兩'門'字,其結構無一雷同者。昔人謂王右軍草《蘭亭序》,字同而字形不同,唐睿宗書景龍鍾,亦用其法。今觀本陶瓶在東漢時已開此先例,似非右軍所特創。"①

1979 年寶雞市鏟車廠 1 號墓出土朱書陶瓶 2 件,各有朱書文 6 行(圖 4 上 4-6)。發掘者稱朱書文為行楷,認為是民間的手跡,寫法不嚴謹。"從瓶上字跡可以肯定,在我國東漢時期,楷書、行書字體確已出現,並且在當時社會上已經流行。"②這 2 件陶瓶朱書是摹本,筆畫的微觀部分可能會有現代人的筆法帶入,不過從大的方面來看,並不影響我們的判斷。朱書文多少帶點漢隸的筆畫,總體而言是行書形體了。兩處朱書風格不同,一種厚實,近於行楷;一種流暢,偶見草書,除了個別字以外,這些文字結構上是眞書,筆畫也是眞書,而且注意書法上的變化,這是美感對於形體的作用,這正是行書成為一種書體的原因。劉德升的行書没有保留至今,我們可以從木牘和朱書中看到劉德升時代行書的影子。木牘書信和朱書陶瓶出現行書正在靈帝、獻帝時期,證明劉德升造行書是有根據的。

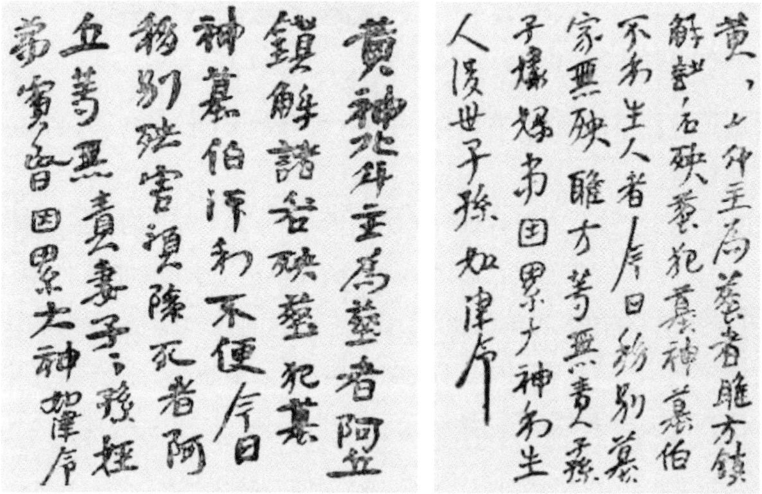

圖 4 上 4-6

陶瓶朱書文字證明東漢後期行書已經有藝術化的傾向。到了魏晉時期,行書書法上了一個臺階,為它的流行打開了大門。西晉衛恒《四體書勢》:"魏初,有鍾、胡二家為行書法,俱學之於劉德升,而鍾氏小異,然亦各有其巧,今盛行於世。"魏晉以來的行書,是日常形體的主體,它使用最頻繁、使用面最廣,無論在西陲邊疆還是東南腹地,都可以看到生動的形體。

---

① 陳直:《漢初平四年王氏朱書陶瓶考釋》,《考古與文物》1981 年第 4 期。
② 寶雞市博物館:《寶雞市鏟車廠漢墓——兼談 M1 出土的行楷體朱書陶瓶》,《文物》1981 年第 3 期。

2005年西安市長安縣郭杜鎮三國墓出土朱書陶瓶，上書朱書銘文21列，有“景元元年”(260年)的紀年。字跡不甚清楚，而且有剝落，有摹本可觀大略[①]。

湖南郴州蘇仙橋東出土吳簡，其中有行書簡(圖4上4－7)[②]。2004年南京秦淮河南岸船板巷旁的皇冊家園工地發現40多枚簡牘，屬於東吳、西晉時期，孫吳紀年有“赤烏元年”(238年)、“赤烏十三年”(250年)、“永安四年”(261年)，西晉紀年有“建興三年”(315年)。內容有文書、名刺、符券等。這些簡牘部分字跡較為清晰[③](圖4上4－8)。從發表的部分簡影看，這批簡牘為行書和草書，行書中有近於楷書的行楷，還有少量草率的史書。這些簡牘反映了行書和草書是當時日常書寫體勢。

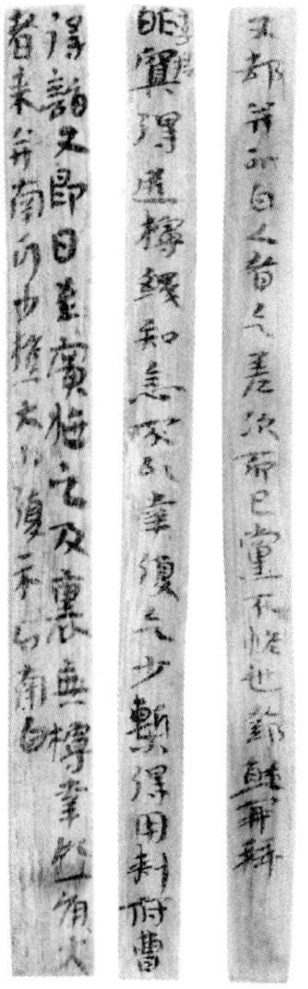

圖4上4－7

圖4上4－8

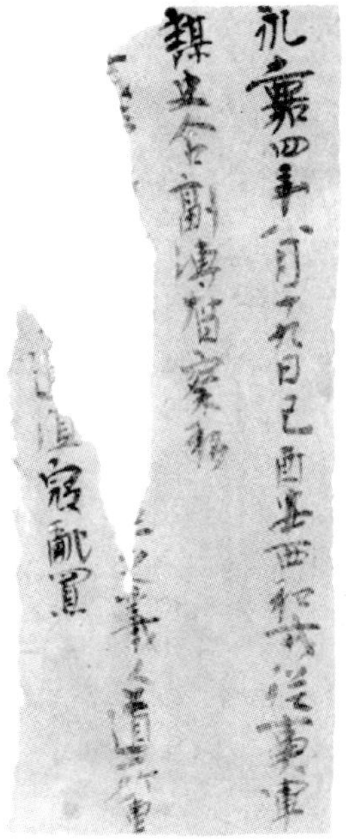

圖4上4－9

新疆樓蘭發現西晉永嘉四年(310年)殘紙(圖4上4－9)，文字已無漢隸意味，沒有草體字。它比起東漢陶瓶的字形更加流暢，更加靈動，氣息貫通。東晉的紙質書劄即所謂相聞書。1910年日人橘瑞超在樓蘭故地發現紙質文書，題“西域長史李柏書”，為東晉咸和三年(328年)《李柏文書》，墨蹟保存在《流沙墜簡·簡牘遺文》內(圖4上4－10)。對照南昌吳應簡文(在眞書一節)，《李柏文書》字跡不豐滿，筆畫不精，間架欠穩，流妍不足，氣息連貫不足。書寫者技藝不甚高明，《李柏文書》是《蘭亭序》同時代的墨蹟，可能

① 張全民：《曹魏景元元年朱書鎮墓文讀解》，《考古與文物》2007年第2期。
② 湖南省文物局：《湖南簡牘名跡》，湖南美術出版社2012年版，第248、258、259頁。
③ 賈維勇、胡舜慶、王志高：《讀南京新近出土的孫吳簡牘書法劄記》，《書法叢刊》2005年第3期。

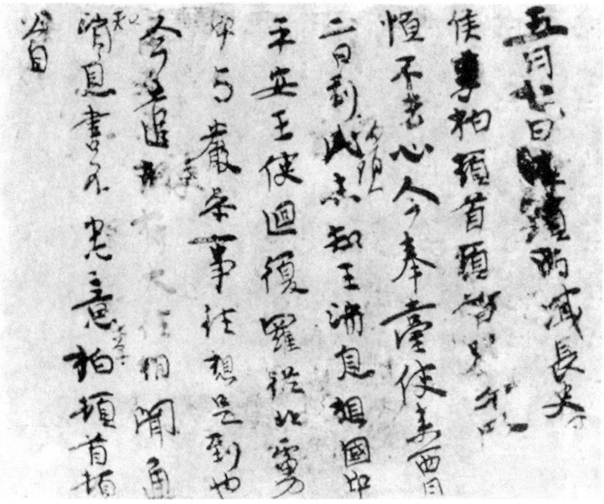

圖 4 上 4 - 10

就是實用文書與藝術作品之間的差别,衹有比較纔能體現王羲之的書法藝術價值。

行書的藝術特性在東晉得到充分發揮,一度成為書法藝術最重要的載體。

唐張懷瓘《書斷》卷上引王愔:"晉世以來,工書者多以行書著名。昔鍾元常善行狎書是也。爾後王羲之、獻之並造其極焉。"對於講究情調、閒適的東晉士族來説,這實在是最佳的怡情和抒情的形式。東晉精於行書的名家輩出,文獻衹保留了少量的書家。

南朝宋羊欣《采古來能書人名》:晉丞相王導善藁、行。王洽尤善隸、行。王珝,晉中書令,善隸、行。王獻之兄玄之、徽之,兄子淳之,"並善草、行"。王允之善草、行。王濛善隸、行。王綏善隸、行。庾亮善隸、行,時與羲之齊名。謝安,晉太傅,善隸、行。潁川庾亮"善草、行"。庾翼"善隸、行,時與羲之齊名"。《晉書・謝安傳》:"及總角,神識沈敏,風宇條暢,善行書。"

王羲之、王獻之父子的行書帖是書法藝術的結晶,王羲之的成就與他的生活環境和藝術天賦密不可分。王羲之,字逸少,琅琊臨沂人,徙居會稽山陰。出身世家,王導之從子,祖父王正為尚書郎、父王曠為淮南太守。王羲之曾任右軍將軍,會稽內史,世稱王右軍。他少學衛夫人(衛鑠),衛夫人師承鍾繇,鍾繇善行狎書,可知王羲之的行書是傳承鍾繇而來。《晉書・王羲之傳》稱其:"尤善隸書,為古今之冠,論者稱其筆勢,以為飄若浮雲,矯若驚龍。"王羲之的行書作品在東晉已經聞名,流傳下來的字跡多收入法帖之中,摹本以《蘭亭序》最著名,成為千古不朽的絕唱。唐代《蘭亭序》摹本有多種,其中以馮承素摹本最近原作(圖 4 上 4 - 11)。《蘭亭序》,28 行,324 字,是行書書體的代表,全篇行書,没有草書。再如《奉橘帖》(圖 4 上 4 - 12),每字的結構內没有草書的部件,《喪亂帖》(圖 4 上 4 - 13)、《平安帖》(圖 4 上 4 - 14)則是先行後草,即魏晉典型的行書書體。

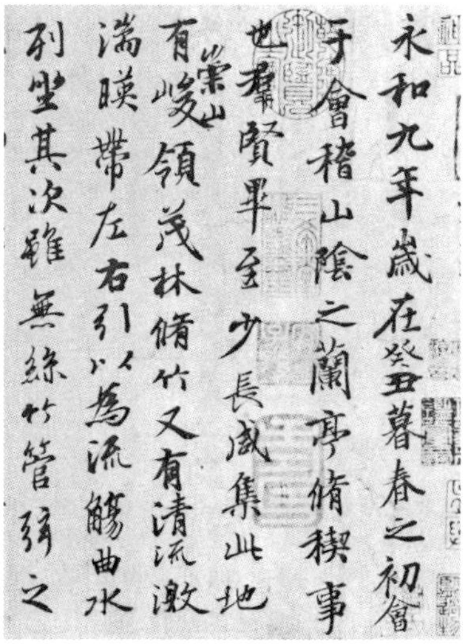

圖 4 上 4－11

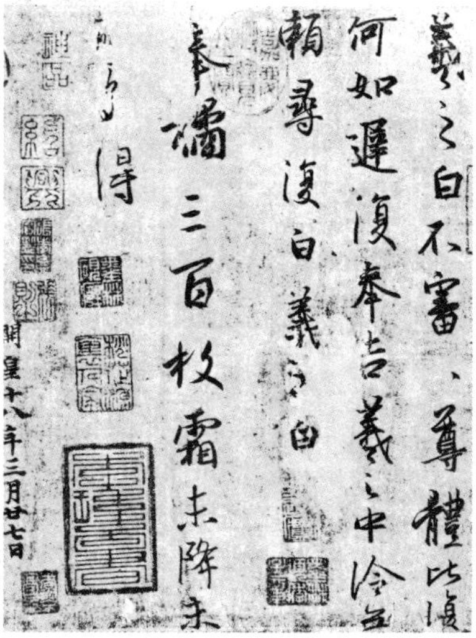

圖 4 上 4－12

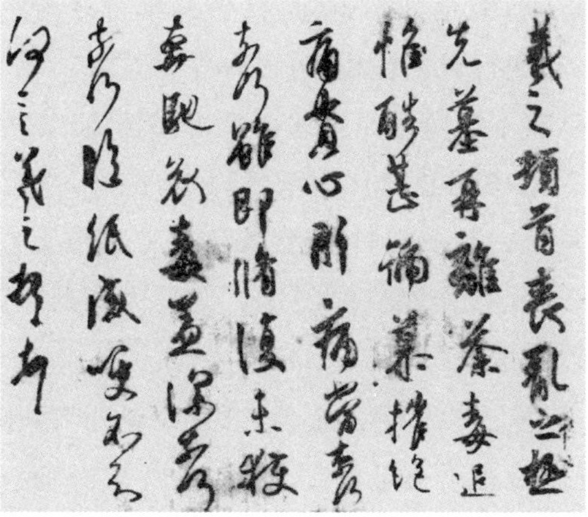

圖 4 上 4－13

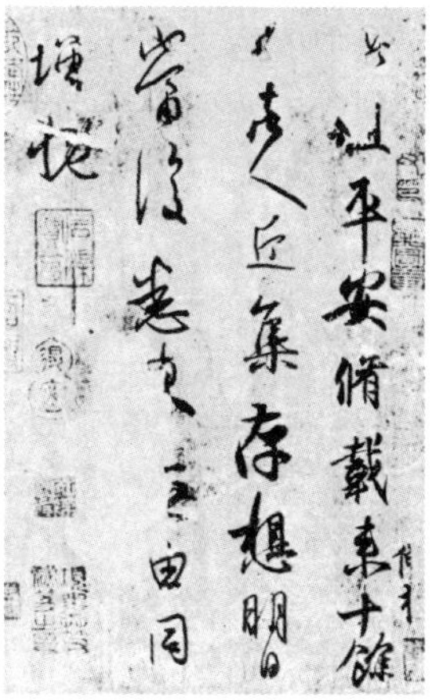

圖 4 上 4－14

藁書也寫作稿書，是很費解的概念，西晉到北朝時經常提到。《采古來能書人名》記：王導善藁、行。又："王獻之，晉中書令，善隸、藁，骨力不及父。"北魏王愔《古今文字志目》記古書三十六種內有草書、藁書，《隋書・經籍志一》：漢時以六體教學童，"并藁書、楷書、懸針、垂露、飛白等二十餘種之勢"。這個概念，學術界很少論及。

《采古來能書人名》載："（衛覬）善草及古文，略盡其妙。"衛覬子瓘，字伯玉，"採張芝法，以覬法參之，更為草藁。草藁是相聞書也。瓘子恒亦善書，博識古文。""京兆杜畿，魏尚書僕射；子恕，東郡太守；孫預，荆州刺史。三世善草藁。"藁書、行書皆是相聞書，用法相同，因而兩者接近。衛瓘以草法參之，更為草藁，此又與草書密切。有人認為："出現了過渡時期的書法，被稱為'草藁'，由衛瓘創立，《淳化閣帖》中刻有他的《頓首州民帖》。陸機的《平復帖》墨蹟，基本屬於這種書體。”[1]陸機《平復帖》、衛瓘《頓首州民帖》皆為西晉草書，肯定不是藁書，古人已經把草書排除在藁書之外了，説明藁書不是草書，也不是行書。唐韋續《五十六種書》：“稿書，行草之文也。……晉衛瓘、索靖善之，亦云相聞之用也。”藁書明言是行草書。但早在張懷瓘《書斷》卷上：“王愔云‘藁書者，若草非草，草行之際’者，非也。案：藁亦草也。因草呼藁，正如眞正書寫而又塗改，亦謂之草藁，豈必草行之際謂之草者。蓋取諸渾沌，天造草昧之意也，變而為草法此也。……姚察曰：‘草猶粗也，粗書為本曰藁。’蓋草書之文祖出於此，草書之先因於起草。”言作文起稿，文必潦草，馬虎書寫，其説似是而非。馬虎書寫隨時有之，本無體裁，如何列為一體？西晉成公綏《隸書體》：“蟲篆既繁，草藁近偽。”藁書是魏晉南北朝的説法，藁書即行草，即《書議》所曰：“子敬之法，非草非行，流便於草，開張於行，草又處其中間。”唐李嗣眞《書後品》載：“（王獻之）草、行書、半草半行。”唐段成式《酉陽雜俎·廣知》記，百體書中，也有“半草書、草書”。此即藁書。這是一種比較自由的行書中帶草法的書體。因為草書有法度，純草並不省力，行書結構受眞書約束，因而在行書的結構中部分摻入草書部件，它與行書面貌相似，而為草法之初。藁書在草書形成之初發生，在草書形成之後，依然有不完全遵照草法而率意書寫，此王導、王羲之父子所鍾，實為隨意的草書，可以在書寫中隨意變化。宋代以還，純草之書讓位於藁書或行草。王羲之也善藁書，《頻有哀禍帖》《平安帖》為代表作品。實際上，日常自用的起草文稿多為藁書，因為簡陋馬虎不足以作為作品展示。但是大家的藁書依然有傑出的作品傳世，顏眞卿著名的《祭侄文稿》就是千古不朽的名作。

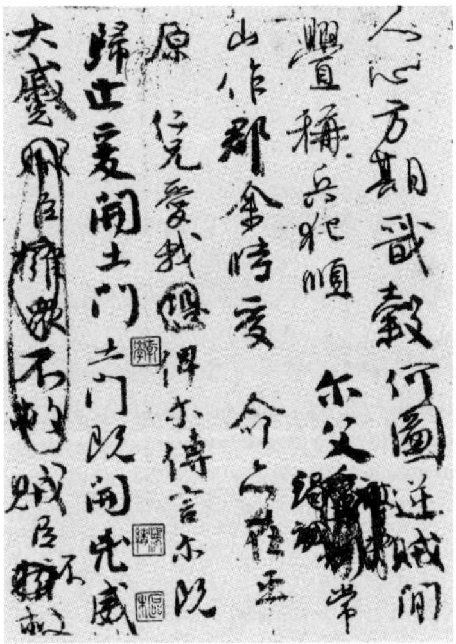

圖 4 上 4－15

同樣成為行書的王羲之《喪亂帖》行書中夾草書，在結尾處幾乎全是草書，能反映出書寫者哀痛莫名的情緒，相同的還有《頻有哀禍帖》。此篇雖可以叫行書，但是稱為行草更加妥帖。王獻之《歲盡帖》以行楷開始，節奏漸漸加快，行書中草書相間，最後以草書收尾，其徐疾有律，書體變化帶來的節奏變化，魅力無窮。

《祭侄文稿》全稱為《祭侄贈贊善大夫季明文》，於唐玄宗天寶十四載（755 年），安史之亂中史思明部攻陷常山，顏杲卿及其少子季明先後遇害。唐肅宗乾元元年（758 年），顏眞卿命人到河北尋訪季明的首骨攜歸，悲憤揮淚寫下這篇祭文（圖 4 上 4－15）。

① 單國強：《〈出師頌〉鑒析》，《紫禁城》2003 年第 4 期。

《爭座位帖》又名《與郭僕射書》，是一篇書信草稿，為《祭侄文稿》後 6 年書法作品。《爭座位帖》是顏眞卿 56 歲時於唐廣德二年（764 年）十一月十四日寫給僕射郭英乂的直諍書稿。出於對朝廷紀綱的維護、對功臣秉義的佑護、對奸佞驕横的不滿，顏眞卿書寫此稿，可見其忠義之氣節（圖 4 上 4－16）。

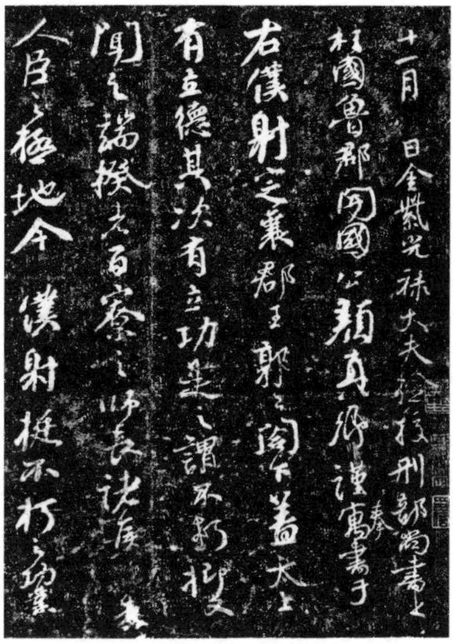

圖 4 上 4－16

後來行書與藁書並行不悖，各有千秋。掌握一定技巧後，藁書不拘於書體，更加自如方便，因此更具書法一書魅力，更能表達書寫者情感。

魏晉以後無論南北，皆以行書為日常書體，這是自然形成的局面。

河西地區朱書延續了漢代的風俗。敦煌縣城東戈壁新店臺 1 號墓出土五穀瓶 2 件，文字相同："升平十三年潤（閏）月甲子朔廿一（日）壬寅張弘妻氾心容（盛）五穀瓶。"（圖 4 上 4－17）晉穆帝升平十三年（369 年）即晉廢帝太和四年[①]。行書中稍微帶有横勢，當地古風感染所致，並非眞實行書的形體。

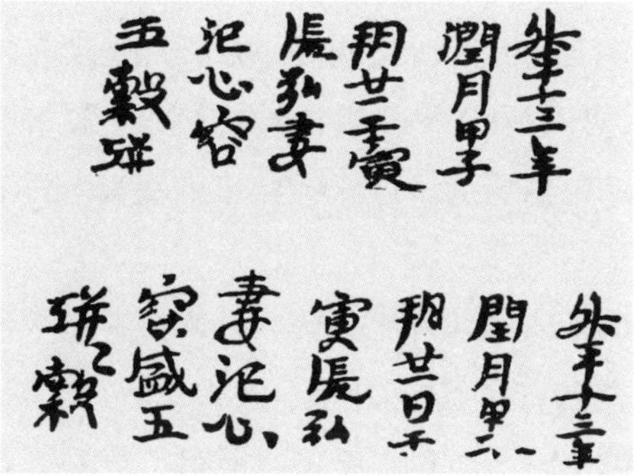

圖 4 上 4－17

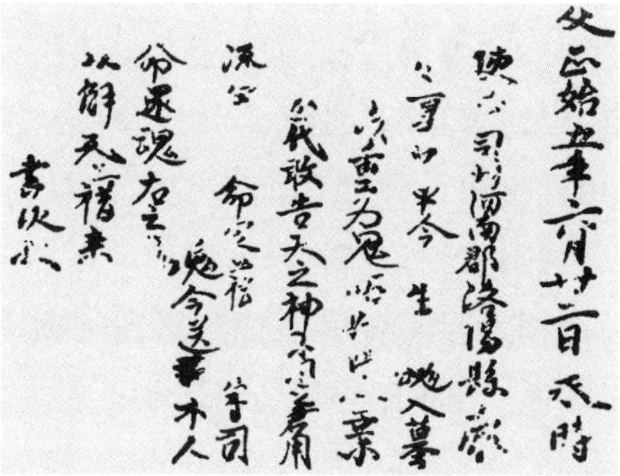

圖 4 上 4－18

河南洛陽偃師杏園村 YDM4031 北魏墓出土正始五年（508 年）陶瓶 1 件，上有朱書文，可見："父正始五年六月廿二日未時，使□司州河南郡洛陽縣……生魂入墓……重為鬼……敢告天之神……今送……外人命還魂右出……以解天□書次……"等[②]（圖 4 上 4－18）。雖為民間書法，卻純為行書，筆法精練老到，媲美南朝行書，足見書者的熟練程度。

① 敦煌文物研究所考古組：《敦煌晉墓》，《考古》1974 年第 3 期。
② 中國社會科學院考古研究所河南二隊：《河南偃師縣杏園村的四座北魏墓》，《考古》1991 年第 9 期。

傳統認為北方的文字是保守的,這是被摹古的魏碑體所蒙蔽,事實上北朝的行書與南朝基本一致,因為南北日用書體没有差别。

第三節　行書之特點

行書不是字體,而是一種書體,是隨意的書寫體,並没有嚴格的體勢,衹要把正楷隨意地書寫自然得到的就是行書,可以無師自通,是漢字中使用範圍最廣、時間最久的書體。

唐張懷瓘《書議》:"夫行書,非草非眞,離方遁圓,在乎季孟之間。兼眞者,謂之眞行;帶草者,謂之行草。"行草書的特點是草書的草法而簡化之,衹是部分採用草法。《千唐誌齋藏誌》載開元十二年(724 年)《大唐故錦州刺史趙府君墓誌文并序》。"字行草,多省連筆。"省、連即是草法。

東漢以還,草書退出實用以後,草書的大部分功用為行書取代,到了唐代行書正式獨立為一體。張懷瓘《書斷》卷上列出"古文、大篆、籀文、小篆、八分、隸書、章草、行書、飛白、草書",行書為十體之一,在《六體書論》列出"大篆、小篆、八分、隸書、行書、草書",行書為六體之一。《書議》提到"古文、篆籀,時罕行用者,皆闕而不議",列行用者為"眞書、行書、章草、草書"四體之一。唐封演《封氏聞見記》卷二"文字":"近代小篆、八分、草書、行書等並見施用,餘多不行。"柯昌泗《語石異同評》卷一:"隋以前碑無行書,以行書寫碑,自唐太宗《晉祠銘》始。南朝人行書入碑版,波及北朝。梁始興王碑,用行書法。碑額顯而易見。北朝行書,時見寫經及高昌朱墨書諸磚誌,恒帶分隸。""齊隋石刻,正書全碑,時有一二行書雜於其間。"

南朝對行書偏好,在唐代得到延續,繼續提升,這與崇尚王氏父子書法得到重視有密切關係。唐太宗嘗以金帛求購王羲之書跡,搜訪右軍眞跡,得眞、行 290 紙、草書 2 000 紙,天下王字幾盡。唐太宗以行書入碑,有貞觀二十一年(647 年)《晉祠銘》、貞觀二十二年(648 年)《溫泉銘》(圖 4 上 4－19)。柯昌泗《語石異同評》卷一:"太宗《晉祠銘》,純用王右軍筆法,為石刻新式。"此後武則天也有行書《昇仙太子碑》,有唐一代因而銘刻刮起行書風。李邕(675—747),字泰和,玄宗時官北海太守,人稱李北海,早年學王羲之,後變法自成一家。行書聞名當時,骨力勁挺,體態妍麗,氣象雄偉,專以行書書碑。《金石錄》卷六記有開元十八年(730 年)《唐嶽麓寺碑》、開元十八年(730 年)《唐冠軍大將軍臧希亮碑》、開元十九年(731 年)《唐東林寺碑》、開元二十三年(735 年)《唐秦望山法華寺碑》、開元二十五年(737 年)《唐懷道律師碑》、天寶元年(742 年)《唐雲麾將軍李秀碑》(圖 4 上 4－20)、天寶元年(742 年)《唐大照禪師碑》、天寶元年(742 年)《唐鄂州刺史盧府君碑》,皆李邕撰并行書。傳世有《嶽麓寺碑》《雲麾將軍李思訓碑》(圖 4 上 4－21)等。

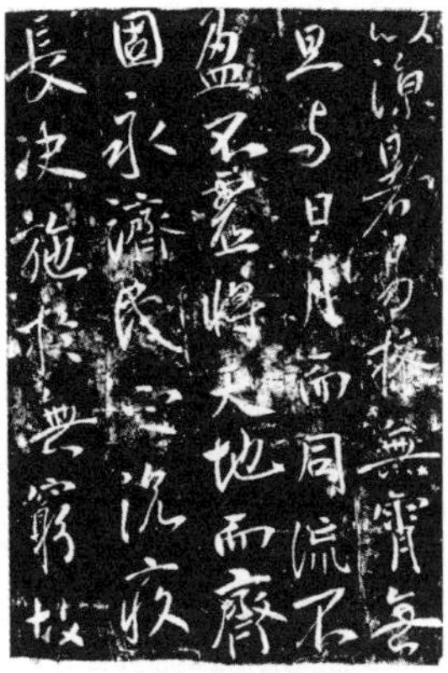
圖 4 上 4 - 19

圖 4 上 4 - 20

圖 4 上 4 - 21

史載善行書碑者還有張少悌,《石墨鐫華》稱其“深得右軍行草遺意”。《金石錄》卷七有天寶六載《唐王四娘塔銘》裴炫詞、張少悌行書,廣德二年(764 年)《唐太尉李光弼碑》,顔眞卿撰、張少悌行書,卷八有大曆三年(768 年)《唐邠寧馬璘德政碑》,韓雲卿撰、張少悌行書。以寶應二年(763 年)《高力士墓誌》為例(圖 4 上 4 - 22),全稱《大唐故開府儀同三司兼內侍監上柱國齊國公贈揚州大都督高公墓誌》,誌文 45 行,滿行 34 字。20 世紀末在陝西出土,旋為蒲城文管會收藏。書丹者為“太中大夫將作少監翰林待詔張少悌”[①]。此墓誌為行書,但是節奏徐疾有度,行楷與行書相間出現,偶見草字雜廁,書法優美,氣韻穩健。行書書碑在唐代與八分書、正書一樣流行,書寫八分聞名的如唐明皇、徐浩也有行書碑的記錄。元和元年(806 年)《楊良瑤墓誌》(圖 4 上 4 - 23),篆額《唐故楊府君神道之碑》,碑文為行書,承務郎、守郴州司兵參事、雲

圖 4 上 4 - 22

圖 4 上 4 - 23

① 趙君平:《唐〈高力士墓誌〉抉微》,《書法叢刊》2002 年第 2 期;朱關田:《〈高力士墓誌〉與書人張少悌》,《書法叢刊》2007 年第 1 期。

騎尉、翰林待詔趙良裔書丹；給事郎、守洪州都督府兵曹參事、雲騎尉、翰林待詔湯陟篆額[①]。承務郎，從八品下，給侍郎正八品上。書法亦具王氏風韻。唐代以行書入碑，為前代所無，宋代以來雖有此舉，依然罕見。

魏晉以來行書成為社會認可的書體，是由它的優越性決定的。其形體接近楷體，因流暢卻較之便易，它快捷近於草書，卻不必另外掌握一套複雜的規則，可以在書寫中自然掌握，而且可以融入若干草字。楷書結構取法篆字，筆畫一絲不苟，草書取法簡易，省、簡、連綜合運用，筆畫遊動，兩者水火不容。行書的靈活性卻把兩者貫通，楷書略帶行意，為行楷，摻入草字為行草，進退自如。行書的簡捷流便迅速獲得普遍喜愛，登上了日常使用字體的寶座。蔣善國説得好："因為行書兼有眞書和草書的優點，它的書寫效率比眞書還大，能速寫，可是它的形式並不像草書那樣難認。從魏晉以來，在實用方面差不多和眞書同樣被人們重視和使用，代替了草書的基本作用。"[②]行書和楷書都是眞書的組成部分，除了必要的場合，如公文、紀念性文字等使用楷書外，日常實用皆為行書，甚至碑刻也用行書，因此行書在使用頻率上肯定在楷書之上。因此對於書寫而言，可以不會寫正楷，卻没有人不會寫行書。宋代以來，行書以其實用性和藝術性成為書法家的主要書體，宋四家蘇軾、黄庭堅、米芾、蔡襄皆有優秀的行書作品傳世。本書不是書法專論著作，其藝術性不屬討論範圍，故不一一介紹。

第四節　蘭亭序辯論之經過[*]

1965 年的蘭亭論辯是 1949 年以來文史、藝術學界的大事，其背景複雜、曲折起伏、展開面之寬、涉及人員之廣都是空前的。根據發展形勢，可以明顯劃分不同階段。毛萬寶把 1965 年郭沫若文章發表形成順風倒的局面，稱作第一次高潮；到 80 年代人們解放思想，湧現出大批高品質論文，絕大多數的立場觀點都與郭氏相左，稱作第二次高潮[③]。如果第一次高潮以《蘭亭論辨》[④]結集為標誌的話，第二次高潮就是以《蘭亭論集》[⑤]出版為代表，第二次討論來了個否定之否定，人們深信《蘭亭序》為王羲之所作所書。隨著時間推移，幾年之後，稍晚的陳雅飛卻把蘭亭論辯分成了三個階段。第一階段從 1965 年到 1973 年為論辯的肇端期，拓展了古人成果的繼承和研究方法，辯

---

① 張世民：《楊良瑤——中國最早下西洋的外交使節》，《書法叢刊》2013 年第 5 期。

② 蔣善國：《漢字學》，上海教育出版社 1987 年版，第 226 頁。

* 本節部分內容出自筆者"漢字形體史"課題階段性成果：《從魏晉時期字體發展看〈蘭亭〉論辯》，載《勵耘叢刊(語言卷)》，2013 年第 1 期(總 17 期)，學苑出版社。

③ 毛萬寶：《1965 年以來蘭亭論辨之透視》，《書法研究》1994 年第 4 期。

④ 文物出版社編：《蘭亭論辨》，文物出版社 1977 年版。

⑤ 華人德、白謙慎主編：《蘭亭論集》，蘇州大學出版社 2000 年版。

論取得突破性進展，此階段否定論者佔上風。第二階段從 70 年代後期到 80 年代為論辯發展期，維護傳統，反駁否定觀點，肯定論者佔了壓倒性優勢。第三階段從 20 世紀 90 年代到 21 世紀初為論辯思考期，反思傳統，進入客觀冷靜、科學分析的學術研究①。

《蘭亭序》墨蹟是書法藝術的顛頂之作，是書法藝術的經典。相傳東晉永和九年（353 年）三月，王羲之與謝安、孫綽等人“會於會稽之蘭亭，修禊事也”，諸詩友“臨流賦詩”，得詩 37 首，王羲之寫了序。《蘭亭序》手跡傳至智永和尚，他在圓寂之前，又傳給了徒弟辯才，最後唐太宗所得。傳世的圖畫《蕭翼賺蘭亭》就是描繪了騙取的情景。唐太宗死時，高宗李治將《蘭亭序》置於太宗枕邊，作為陪葬品入昭陵。宋代以來，對《蘭亭序》和《蘭亭帖》一直存在爭議，懷疑此文此字跡為王羲之所作的，大有人在。特別是在清代碑學興起之後，帖學遭到冷遇，對《蘭亭帖》的懷疑加重，李文田是持這種觀點的代表人物。

《蘭亭序》墨蹟 28 行，324 字，文字結構完美而多變，筆法精到而靈動，章法自然而妥帖，筆跡之中滲透出書寫者的感情起伏，達到了書法的最高境界，是書聖王羲之的得意之作，被歷代書家推為行書第一。太宗生前曾經命高手用雙鉤摹拓等方法複製成一批副本，其中以褚遂良本最為神似，以馮承素本最為接近原貌。唐代摹本墨蹟或藏於深宮，或奉為祕寶，不以示人，唯有石刻摹本行世。

20 世紀的論辯主要是由《蘭亭序》墨蹟出版引起的，至今為止，没有人注意這個重要環節。1963 年春夏北京出版社陸續出版了由編輯委員會編集的《蘭亭墨蹟彙編》8 種，有《唐虞世南臨蘭亭序》《唐褚遂良摹蘭亭序》（圖 4 上 4－24）、《唐馮承素摹蘭亭序》《唐褚遂良摹蘭亭序》（清梁章鉅藏本）、《唐褚遂良摹蘭亭序》（明陳鑒摹本）、《唐柳公權書蘭亭詩》《元趙孟頫臨定武本蘭亭序》《元俞和臨定武本蘭亭序》。這對書法藝術愛好者來説，可謂盛況空前。《蘭亭墨蹟彙編》中的部分墨蹟是故宫舊藏，世間難得一見，這個龐大的出版物面世，自然也會引起包括郭沫若等博古型書法家的關注。

圖 4 上 4－24

郭沫若在《文物》1965 年第 6 期發表《由王謝墓誌

① 陳雅飛：《近四十年來〈蘭亭序〉真偽的三次論辨》，《文史知識》2003 年第 2 期；陳雅飛：《中國大陸〈蘭亭序〉真偽論辨回顧》，《浙江大學學報（人文社會科學版）》2004 年第 3 期。兩文內容基本相同。

的出土論到蘭亭序的眞僞》,從《蘭亭序》的文章內容和書跡兩個方面否定《蘭亭序》是王羲之所作。文章方面,他認為:"《蘭亭序》是在《臨河序》的基礎之上加以刪改、移易、擴大而成的。"他同意清代學者李文田的看法:"文尚難信,何有於字?"書跡方面,他的結論是:"在南朝的晉宋時代,無論在中央或極僻遠的地方,文字結構和北朝的碑刻完全是一個體段,對於兩漢的隸書都是一脈相承的。"因此,尚處於"隸書時代"的王羲之,不可能寫出那麼柔美的行書,《蘭亭序帖》是僞托之作。文章一出引起了文史界、書法界人士的強烈反映,展開了一場空前的大辯論,一直持續了三四十年,涉及書法藝術、歷史、漢字形體等方面問題。

7月初,香港《大公報》發表東方雨《〈蘭亭〉趣味》,內地報紙雜誌接連載高二適《〈蘭亭序〉的眞僞駁議》、唐風《關於〈蘭亭序〉的眞僞問題》、嚴北溟《從東晉書法藝術的發展看〈蘭亭序〉眞僞》、商承祚《論東晉的書法風格并及〈蘭亭序〉》等文章,皆表示不同意郭氏的觀點。《蘭亭序》的眞僞問題,清代學者李文田和包世臣早就提出來了,但缺乏資料,無從爭議。郭沫若"依托説"的提出,引起學術界的震動。南京市文史館館員高二適《〈蘭亭序〉的眞僞駁議》,稱郭氏此説為"驚心動魄之論",對郭沫若進行指名道姓的辯駁。高二適引以為證的,有文獻資料,也有法帖資料。法帖中引證了吳炳藏《定武蘭亭》《澄清堂帖》和《淳化初刻》,從郭沫若到包世臣、李文田,一一駁議,認為"《蘭亭序》為羲之所作是不可更易的鐵案",旨在從根本上動搖乃至推翻郭沫若的"依托説"。高二適在《駁議》中説這樣的爭論"事本無可非難,然竟有隨意否定一部史籍,而專肆力於突梯苟冒之言以矜乎當世者,甚可怪也"。

郭沫若為此又發表了《〈蘭亭序〉與老莊思想》《〈駁議〉的商討》《〈蘭亭序〉並非鐵案》《東吳已有"暮"字》(後兩篇署名"于碩",郭沫若的夫人于立群的筆名)等文章,進一步重申了自己的觀點。

有很多人希望投入辯論,積極撰寫文章。高二適投寄報社,被退稿處理。他不服氣,又通過章士釗希望毛澤東出面幫忙:"鄙稿倘邀我主席毛公評鑒,得以公表,亦當今至要之圖也(個人報國之忱在此)。"7月16日,章士釗致函毛澤東,見下:

潤公主席座右:

茲有讀者江南高生二適,巍然一碩書也(按"碩書"字出《柳集》)。專攻章草,頗有發明,自作草亦見功力,興酣時並窺得我公筆意,想公將自瀏覽而喜。此釗三十年前論文小友,入此歲來已白髮盈顛、年逾甲子矣。然猶篤志不渝,可望大就。乃者郭沫若同志主帖學革命,該生翼翼著文駁之。釗兩度細核,覺論據都有來歷,非同隨言塗抹。郭公扛此大旗,想樂得天下勁敵而周旋之。(此論學也,百花齊放,知者皆應有言,郭公雅懷,定會體會國家政策。)……該生來書,欲得我公評鑒，得以公表，自承報國之具在此，其望雖奢，求卻非妄。鄙意此人民政權文治昌明之效，釗乃敢冒嚴威，遽行推薦。我公弘奬為懷，惟(望)酌量賜予處理，感逾身受。此籍叩

政綏

章士釗　謹狀

七月十六日

毛澤東於7月18日即覆信章士釗，信中說：

高先生評郭文已讀過，他的論點是地下不可能發掘出眞、行、草墓石。草書不會書碑，可以斷言。至於眞、行是否曾經書碑，尚待地下發掘證實。但爭論是應該有的，我當勸説郭老……諸同志贊成高二適一文公諸於世。

毛澤東

一九六五年七月十八日

同一天，毛澤東又致信郭沫若：

郭老：

章行嚴先生一信，高二適先生一文均寄上，請研究酌處。我復章行嚴先生信亦先寄你一閲。筆墨官司，有比無好，未知尊意如何？

敬頌安吉！並問立群同志好。

章信、高文留你處。我復章信，請閲後退回。

毛澤東

一九六五年七月十八日

數日後，章士釗對《光明日報》記者説：《蘭亭序》的眞僞問題，是一個大問題，會引起大家關注的。但是這一件事與政治無關，純粹是學術問題，可以讓大家寫文章進行研究和探討。昨天見到郭老，他還説，歡迎大家討論①。

從現有材料看來，郭沫若對自己寫"蘭亭"文章的動機也是看得相當單純的。1965年8月23日，郭沫若致信陳明遠説："《蘭亭序》之辯論，已不僅是王羲之文章、書法眞僞問題，更涉及文化史上一個重要的原則，即時代風尚與藝術潮流的問

① 穆欣：《辦〈光明日報〉十年自述》，中央黨校出版社1994年版。筆者按：信件内容均引自此書。

題。歷史是發展的,人類文化的審美觀點是逐步積累的,也是不斷變化的。當然,同一時代的人們,由於歷史地位、生活環境和個人經歷的種種影響,會產生出不同的風格;但是,歷史的比較研究表明:從大的方面看來,共同時代總會形成若干共同的特點。商周青銅器是如此,漢唐石雕是如此,歷代詩詞、繪畫、書法等等,更何嘗不是如此。必須有嚴格科學的方法和刻苦的鑽研,經過認眞反復的討論,才能作出新的成果來。衹有在許多細緻深入的分析基礎上,纔可以對我國歷代文化的系統演變,進行綜合、總結。這恐怕需要經過幾代人的持續不斷的努力。我衹能做一塊鋪路石罷了。"①

1973年《蘭亭論辨》由文物出版社出版,共收入18篇文章。"上編"15篇,即郭沫若以及與之觀點一致的文章,"下編"3篇,是與郭沫若等觀點相對立的具有代表性的文章。在這本書裡,"持相反的看法"僅為章士釗、高二適、商承祚3人。"出版説明"往往是組織者的核心觀點:"這種爭論反映了唯物史觀同唯心史觀的鬥爭。""通過本書的出版,讀者可以比較清楚地瞭解到這次爭論的梗概及其實質,……如何堅持辯證唯物主義和歷史唯物主義的科學態度,將會有所啟發。"

第五節　蘭亭論辯之學術問題

這次論辯反映了各種不同認識有各方面參與,包含了非常多的內容。

一是文章的內容方面。《臨河序》與《蘭亭序》文字有出入,啟功、李長路認為《臨河序》纔是王羲之原作,則《蘭亭序》自然非王所作了。高二適、商承祚持相反看法,《臨河序》衹是刪節《蘭亭序》而來。文章風格方面,郭沫若認為《蘭亭序》後半段興感無端,李長路認為王羲之不會作此悲觀之詞。章士釗提出謝安《蘭亭詩》有與《蘭亭序》對應之句,商承祚認為這種傷懷悲觀是士大夫普遍情緒,反駁了由此否定《蘭亭序》的風格不出王羲之之手的説法。

二是關於智永依托問題。郭沫若認為現在的神龍本《蘭亭序》是智永所書稿本,擁護郭氏觀點的龍潛、趙萬里、史樹青卻並不明言智永,李長路提出僞帖是仿智永手筆。商承祚、章士釗肯定《蘭亭序》為王羲之眞跡,當然否認此説。

三是六朝士人不屑碑誌。王元軍提出六朝士人的價值觀,崇尚清談,不好務實,追求超脫的藝術,對技藝性的碑誌更不屑一顧,即使宮廷的題榜也退避三舍。"兩晉是中國書法史上的一個高峰,但士人書家多以書札的形式參與書法活動。迄今為止,還沒有發現名士在墓誌上留下一星半點的墨蹟,直至南朝時仍是如此。"平民書法和

① 黃淳浩編:《郭沫若書信集》下冊,中國社會科學出版社1992年版。

士人書法之間有十分明顯的差異,“導致以出自平民之手的碑誌書法與士人尺牘書法相提並論,從而使《蘭亭序》為偽的論爭失去了根基”①。

《蘭亭序》墨蹟原作是否出於王羲之之手,撇開其他問題不談,確實存在一個學術問題,特別是關於漢字形體研究。這裡有幾個方面的問題值得討論,這就是晉人刻碑問題、隸書的概念、出土的書跡問題、辨別眞書的標準等。

一是隸書的概念問題。隸書是一個開放概念,它原本没有波磔,如果以波磔來推,秦代草篆没有波磔,就是眞書了。這顯然是錯誤的。波磔不是隸書的特點,而是史書、東漢八分的特點。

《蘭亭》墨蹟彙編的編者在《前言》中說道:“我國書法在漢魏之間起了很大變革,兩漢時期通行的隸書和章草,逐漸為眞書和行、草所代替了。”②認為字體演變的轉折點在魏晉,此時隸書被取代了。郭沫若等人的《蘭亭》觀點可能就是因此生發的,並且抓住了“隸書”,做足了文章。

郭沫若在文中說,有人認為:“王羲之的字跡,具體地説來,應當是没有脱離隸書的筆意。這和傳世《蘭亭序》和王羲之的某些字帖,是大有徑庭的。”有人為此專門在文獻中探索,找出《世説新語》等 5 條證據支持郭沫若③。

(一)“羲之少朗拔,為叔父廙所賞,善草隸。”(見《世説新語・言語篇》“謝太傅語王右軍”條下劉孝標注。)

(二)“羲之書在始未有奇,殊不勝庾翼、郗愔,迨其末年,乃造其極。嘗以章草答庾亮,亮以示翼。翼嘆服,因與羲之書云:‘吾昔有伯英章草書十紙,過江亡失,常痛妙跡永絕。忽見足下答家兄書,煥若神明,頓還舊觀。’”(見梁代虞龢《論書表》,亦見《晉書・王羲之傳》)

(三)“及長,辯贍,以骨鯁稱,尤善隸書,為古今之冠。”(見《晉書・王羲之傳》)

(四)“有七子,知名者五人。玄之早卒。次凝之,亦工草隸。”(見《晉書・王羲之傳》)

(五)“獻之……工草隸,善丹青。……時議者以為羲之草隸,江左中朝,莫有及者。獻之骨力遠不及父,而頗有媚趣。”(見《晉書・王羲之傳》)

支持郭沫若觀點者無不抓住隸書不放,作為有力的證據。但是,他們所謂“隸書”應該正確地稱名為八分,八分在點畫上的特點是波磔,結構上雜篆法,所以僅僅歸結為波磔,這是片面的。而東晉的八分幾乎没有波磔,東晉的隸書實際是眞書。

郭沫若指出:“上述兩種《三國志》抄本都是隸書體,雖是殘卷,但我們可據以推定兩種《三國志》抄本的全卷都必然是以隸書體抄寫的。《三國志》的晉寫本既是隸書

---

① 王元軍:《從六朝士人不屑碑誌看“蘭亭論辯”的失誤》,《光明日報》1998 年 12 月 4 日。
② 《唐褚遂良摹蘭亭序》,北京出版社 1964 年版,“前言”第 2 頁。
③ 郭沫若:《由王謝墓誌的出土論到蘭亭序的眞偽》,《蘭亭論辨》,文物出版社 1973 年版,第 19 頁。

體,則其他一切晉寫本都必然是隸書體。新疆出土的晉寫本是隸書體,則天下的晉代書都必然是隸書體。”又説:“天下的書法都是隸書體的晉代,而《蘭亭序帖》卻是後來的楷書體,那麼,《蘭亭序帖》必然是僞跡,這樣的論斷正是合乎邏輯的,而且也合乎辯證邏輯。”①

至於漢字書法史上大量存在的僅有一筆或兩筆含隸書筆意的字,是不能簡單地稱爲隸書體的。例如章草,其有隸書筆意,仍爲草書,至今誰也不會把傳本史游《急就章》叫隸書,更不會把有隸書筆意的宋克書杜甫《壯遊詩》叫隸書。郭沫若把晉人寫本《三國志》定爲隸書,看來也是把隸書筆意無限擴大,把隸書筆意與隸體混爲一談的一種誤斷。我們仔細分析晉人寫本《三國志》殘卷,雖然其中存在蠶頭、磔尾的隸書筆意,但與介於隸楷之間的《爨寶子》差別顯著。因之,筆者認爲晉人寫本《三國志》殘卷不能定爲隸書,它屬於有隸書筆意的楷書。②

“其間有與王羲之同時之《李柏文書》亦早出土,以吾觀之,直是近代行楷熟手之書法。”“毫無隸法可言。”③“由於對漢字形態的不同理解,在筆法、筆勢、筆意上存在著不同的看法,對同一件文物上的書體就產生了多種説法。如對前涼文物《李柏文書》,有的説‘是行草書’,有的説‘行楷書寫,而隸意盎然’,有的則認爲‘是用章草寫的’。”“隸書和楷書的區分,主要是在筆勢的不同。”④同樣是磚文,那些簡陋的文字反映不出當時的書體變化。

二是關於隸意問題。南朝梁庾肩吾《書品》:“隸書,今時正書是也。”郭沫若《由王謝墓誌的出土論到蘭亭序的眞僞》指出:“隸書的筆意究竟是怎樣的呢?具體地説來,是在使用方筆,逆入平出,下筆藏鋒而落筆不收鋒,形成所謂‘蠶頭’和‘燕尾’。南北朝人的碑刻字或寫經書,雖已收鋒,仍用方筆;凡一點一畫、一收一起,筆鋒在紙絹等上轉折如畫三角形。這樣的用筆法,就是所謂隸書筆意。”認爲:“隸書筆意衹有從有隸書的結構和筆勢中表現出來。離開漢字的結構和筆勢,也就無從劃清各種書體的分野了。”⑤

李長路認爲東晉永和年間所作《李柏文書》饒有“隸意”。黄任軻批評説:“實際上,今人所謂‘隸書’,是指漢碑字體。但在唐代以及唐代以前相當長的一個歷史時期中,這種字體卻並不叫作‘隸書’,而叫作‘八分’。至於那一時期的文獻中所説的‘隸書’,則是指眞書或正書,亦即今人所謂‘楷書’。”⑥

---

① 郭沫若:《新疆新出土的晉人寫本〈三國志〉殘卷》,《文物》1972 年第 8 期。
② 鍾明善:《談談晉寫本〈三國志〉的書體》,《語言教育與研究》1980 年第 2 期,第 124—125 頁。
③ 高二適:《蘭亭序眞僞之再駁議》,《書法研究》1982 年第 1 期。
④ 庾人俊:《關於晉朝的書體問題》,《書法研究》1982 年第 1 期。
⑤ 郭沫若:《由王謝墓誌的出土論到蘭亭序的眞僞》,《蘭亭論辨》,文物出版社 1973 年版。
⑥ 黄任軻:《評蘭亭論辨中的隸書筆意説》,《臨沂師專學報》1996 年第 1 期。

翁翶認為:"在談到'隸書筆意'的時候,列舉了很多古文物作證,方法是好的,也是對的。但他們在運用這些資料時卻常常是帶著框框看問題。帶了這個'隸書筆意'框框來看,就必然會看不到古文物上的楷書筆意了。所以我們以為所謂'隸書筆意'究竟佔多少,主要是在看的人主觀怎樣來決定,看法不同,差距就大,什麼'楷四隸六''楷隸各半',是怎樣衡量的呢?""我們反對看到古文物上的一波一磔,就大嚷'隸法、隸法',這衹是不顧楷法存在的獨賞而已。"①

三是王羲之的創新問題。"所謂創新就是指擺脱隸法而言,鍾繇的楷法還是帶些隸法的,二王突破隸法,這纔夠得上稱為創新。齊王僧虔《論書》説:'亡曾祖領軍洽書與右軍書俱變古形,不爾,至今猶法鍾、張。'梁虞龢《論書表》説:'夫古質而今妍,數之常也,愛妍而薄質,人之情也。鍾、張方之二王,可謂古矣,豈得無妍質之殊。'《梁武帝觀鍾繇書法十二章》中也説:'元常謂之古肥,子敬謂之今瘦,今古既殊,肥瘦頗反。'""後漢到三國時代楷法已接近成熟,代表作者是鍾繇,鍾繇的楷法傳到東晉,王、謝、郗、庾之倫繼承了並有創新,這創新就是楷書和今草的成熟,而王羲之父子則是其中最傑出的代表作者。"②

四是關於章楷、隸楷等問題。漢隸向眞書演變過程中,出現的早期眞書有種種説法,如章楷、隸楷等,它們到底是什麼?

章楷,慕黃《章草考》:"唯章草今草,一目可驗,章楷今楷,人或不別。然若細審鍾書諸表,其結體與波磔處,純是隸法。"與東晉以後的楷體相較,大不相同。"迨後章楷之名混於隸,今楷但稱楷。"③隸楷,尹一梅認為:"漢簡中這種較隸書易寫,形體比章草規整,棱角突出,結體扁方,尚參隸法,具左欹體勢特點的書體,有人稱為隸楷。"④

在蘭亭論辯中,在看待東晉以來的字形上,分歧很大,同樣一件字跡,有人説是隸書(八分),有人卻説是眞書。這種分歧不能排除指鹿為馬心懷叵測的人,但是對這個問題認識不清也是事實,因為南北朝時期的書寫字體具有各體混同的傾向,雌雄莫辨,撲朔迷離。

1998 年 6 月南京師範大學仙林校區發現古代磚室墓,其中東晉墓為東晉廣陵高崧家族墓。其中有《高崧墓誌》(圖 4 上 4－25)和夫人《謝氏墓誌》(圖 4 上 4－26),高崧卒於太和元年(366 年),謝氏卒於永和十一年(355 年),王羲之卒於 361 年,他們是同時代的人。"總的來看,二誌多數字體勢仍存平正橫扁之勢,波挑尚見,字形結構仍屬隸書體階段,但已不像漢隸那樣嚴謹,波挑已趨淡化。同時二誌中,特別是《高崧墓

---

① 翁翶:《蘭亭序之管見》,《書法研究》1982 年第 1 期。
② 翁翶:《蘭亭序之管見》,《書法研究》1982 年第 1 期。
③ 慕黃:《章草考》,《草書月刊》1941 年第 1 卷第 1 期。
④ 尹一梅:《簡牘書法與刻帖中的鍾繇書》,《書法叢刊》2007 年第 2 期。

誌》又具一定楷書筆意。《高崧墓誌》不似王興之、王建之兩誌以方筆為主，而易方筆為圓筆，除個别横畫有尖筆偏鋒外，多為中鋒，筆畫秀勁雍容，誌文中'廣''陵''高''元''月'五字結構趨長，取縱勢，無波磔，從結體到用筆，與後來的規範楷書並無二致，書風類於梁貝義淵所書《始興忠武王蕭憺碑》，而《蕭憺碑》後來影響到唐代虞世南、歐陽詢書風的形成。《高崧墓誌》中隸楷相兼，這充分説明東晉書法百花齊放的特徵。書體演變是漸變的過程，隸楷書體不可能截然分開，中間有遞變演化過程。"①二誌當然都是眞書，不可否認《謝氏墓誌》眞書中有模仿八分的筆畫，如"永"字之撇、捺，有上挑筆勢，"二""三"字等横畫也有重按後上挑出鋒的筆勢，與《爨寶子碑》相似。但這是不成功的模仿，兩誌整體上還是眞書。

圖 4 上 4－25

圖 4 上 4－26

就此出現了交叉概念的説法。"我們認為隸楷交叉的銘石書大體可分為兩類：一類是以隸書為體，楷法為用；另一類以楷書為體，隸法為用。所謂某書為體，即言這種字的主體屬性。如'隸書為體'，則其主體為隸書，以'楷法為用'，則又説明其中或少量筆法來自楷書，或部分結構已經楷化，或章法已變為楷書章法，二者結合起來判斷隸重於楷，故以'隸楷'名之。反之則稱為'楷隸'。"②黄惇指出："由於很難用二體交叉的比例來量化分析某墓誌的成分，所以我們將其分成兩大類。一類是'以隸書為體，以楷書為用者'，另一類是'以楷書為體，以隸書為用者'。所謂'以隸書為體'，是指其主體屬性仍是隸書，而'以楷書為用者'，是説其中或少量筆法已經楷化，或部分結構已經楷化，或章法已變為楷書的章法。兩者結合起來判斷，隸重於楷，故稱為'隸楷'，反之，則為'楷隸'，舉例説來，東晉隸書墓誌如《謝鯤墓誌》《李纂妻武氏墓誌》《李

① 胡舜慶、王志高：《南京出土東晉高嵩暨夫人謝氏墓誌書法探討》，《書法叢刊》2002 年第 4 期。
② 黄惇：《東晉碑刻隸楷書體辨》，《全國首届碑帖學術研討會論文集》，文物出版社 2005 年版，第 194 頁。

纂墓誌》,隸楷墓誌如《王興之夫婦墓誌》《王閩之墓誌》《王建之墓誌》《王建之妻劉媚子墓誌》等。"這些東晉墓誌上與東吳《谷朗碑》西晉洛陽地區碑刻字體相銜接,下開後期《爨寶子》風格。"至於《夏金虎墓誌》等,可稱為東晉時期楷隸的代表。但迄今為止,我們尚未發現一方東晉時代純粹楷書的墓誌。"①

八分與正書的交叉地帶當然是存在的,似八分又似正書的現象也是客觀的,但是在科學的研究上不允許存在含糊的説法,不允許可此可彼的觀念。用體用説法,"主體""少量"含糊不清的概念根本無濟於事。至於書丹與刊刻刀法尚不統一,雖然我們需要加以考慮,但是還没有要作為一個區别的指標來對待。

八分書與正書的區别本來不成問題,八分書的形體特點是: 有波磔,横水平竪垂直,圓匀等綫體點畫形態,此其一;結構上部分字形採用篆書,以求存古,此其二。反之,正書的特點是具備"永"字八法的多種點撇形態,有明顯起收筆的變化,横竪筆有斜勢,此其一;文字結構不存古,不刻意保留篆書結構,此其二。

魏晉以來八分形體變化很大: 一是以芒角替代波磔,筆勢上揚。一是筆畫等粗,端處截方。與此同時,早期眞書依然保留某些漢晉筆畫特徵,如大捺大撇、扁體等。所謂隸意就是這些遺留成分,而不是八分的特徵。《蘭亭序》是行狎書,與章程書、銘刻書完全不同。因此大多數的八分和正書是容易區别的,大部分魏碑筆畫結構屬於正書没有爭議,西晉的碑石雖然帶有圭角之類的楷書痕跡,可定為八分也没有分歧。

五是諸體並行問題。歷來文字日用體和銘刻體有區别,三國時代明確記載有三體: 銘刻書、章程書、行狎書,還没有把草書、篆書等計算在内。高二適引劉宋羊欣《采古來能書人名》潁川鍾繇云"鍾書有三體"(銘石、章程、行押)。②

人們認識到不同場合要使用不同書體、字體。"章程書和行押書已向今行楷發展的兩晉南北朝,碑字還用隸書,碑額甚至用篆書。"③樓蘭出土木簡、紙文書再次表明,魏晉時期正處於隸書(筆者按: 指八分)、楷書、行書、草書並行的階段。④ 所以在一個時代内,同時存在多種書體是正常的狀態。

劉濤認為東晉銘刻文字存在"變態現象":"銘刻碑誌的主流書體由隸書向楷書轉换,不會晚於東晉時期。那麽東晉的銘刻書法,準確地説,是出於隸書時代的尾聲。"⑤東晉時期眞書是主流書體,八分書在銘刻中發揮作用。不過八分形體向眞書靠攏,有時把眞書當作銘刻體使用,出現兩者共存共融的現象,很能迷惑後人。

---

① 黄惇:《談東晉的墓誌》,《書法》2004 年第 4 期。
② 高二適:《〈蘭亭序〉的眞僞駁議》,《蘭亭論辨》下編,第 4—10 頁。
③ 馬千里:《晉代書體與蘭亭序帖》,《書法研究》1982 年第 1 期。
④ 侯燦:《樓蘭新發現木簡紙文書考釋》,《文物》1988 年第 7 期。
⑤ 劉濤:《東晉銘刻書法的體態及相關問題》,《蘭亭論集》,蘇州大學出版社 2000 年版,第 393 頁。

六是一體多面問題。一種書體不同寫法會出現不同面貌,如果不明白這點,就會判斷失誤。

1976年10月,安徽馬鞍山市教育局營建湖東路小學,墓室内共出土磚刻墓誌5塊(圖4上4-27,其中3塊),棺前1塊,四隅各1塊。每塊長35厘米、寬17厘米、厚5厘米。墓磚先經磨平,然後寫刻文字。各誌内容相同:"泰元元年十二月十二日晉故平昌郡安丘縣始興相散騎常侍孟府君墓"。東晉太元元年(376年),原籍平昌郡安丘縣(在今山東省境内)南遷避亂的孟君葬於當時的丹陽郡(今馬鞍山屬丹陽郡)。奇怪的是,不僅5塊磚誌内容相同,書體卻有差異,原文説:"有三塊基本上是今隸,接近後來的魏碑書法,另兩塊則已形成為眞書體勢。"楊德標認為:"東晉孟君2塊墓誌,比起同時期的顔謙婦《劉氏墓誌》和《周叔宣母黄夫墓誌》更為眞體化,隸書筆法幾乎完全消失。這兩塊眞書墓誌時間衹比王羲之寫《蘭亭序》時的永和九年(353年)晚23年,是和《蘭亭序》同時期的書法藝術作品,它的結體、用筆多和《蘭亭序》近似。像'日''故''興''相'等字的風格,和《神龍本蘭亭序》是很相近的,清人李文田在《定武蘭亭》跋語中説:'世無右軍書則已,苟或有之,必其與《爨寶子》《爨龍顔》相近而後可。'""其中兩塊眞書與三塊今隸書同時存在,足以説明《蘭亭序》在東晉時是完全可能存在的。"[①]在稍後發表的清理簡報又發表了5方墓誌中的1方,最妙的是前幾個字接近楷書,後面的字接近隸書。專家認為:"五方墓誌基本屬隸書體,但某些筆畫又擺脱了隸書的作風。"[②]楊德標的分析大致是對的。這次發現一個墓葬的幾塊眞書磚銘,面貌不一,説明一個時期,不僅有篆、隸、眞等諸體並存,而且一種字體也有多種體勢。

圖4上4-27

① 楊德標:《從東晉孟君墓誌看我國書體的演變》,《光明日報》1978年4月14日副刊。

② 安徽省文物工作隊:《安徽馬鞍山東晉墓清理》,《考古》1980年第6期。

就《孟府君墓誌》而言，一種是帶隸書意味的眞書，一種是接近手書的眞書。可以看出那種接近楷體的字是隨意而就，而那些像八分的字卻是隨意刻成。銘刻體的特點是要便於走刀，筆畫粗、平直者比較適合。同樣道理，大字便於雕刻，相反完全自由手書的眞書、行書，角度多變、粗細多變、細微處秋毫差别，小字就不適合銘刻。因此銘刻書脱離手書成為專門一體，不過不能説凡是銘刻的都是銘刻書，偶然也有手書刻字的，如《孟府君》磚銘之行楷磚就是一個例外。

第五章　別字氾濫之北朝

第一節　北朝別體字之發現和研究

南北朝政權分裂，各行其政，文字不僅承襲了前代留下的形體誤差，而且通過政令擴大了南北差異。北朝的文字比較獨特，銘石書遵循漢代八分，保存俗書與古體，形體追求變化，民間則較為自由，既有古法銘石書的慕古字，也有自造的怪體，呈現一派混亂景象。

漢魏六朝以來的字形非常複雜，字形不定，同一個字構形不同，或是部件差異，或是組織不同，更多的是寫法小異。現代的文字學可以泛稱為異體，而傳統的説法也不統一。別字本來指白字，就是用錯了同音字。顧炎武《日知錄》卷十八“別字”：“近鄙者，猶今俗用之字；別字者，本當用此字，而誤為彼字也。”《漢書・藝文志》《後漢書・光武十王・東平憲王蒼傳》中的“別字”非字體，而是分拆字形，《後漢書・尹敏傳》：“讖書非聖人所作，其中多近鄙別字。”“鄙別字”，指離合字形，附會説事，屬於讖緯家之鄙俗之舉①。此顧炎武所誤，現在説的碑別字另有説法。顧炎武稱為“別構”和“別體”。《吊比干文》，全稱《孝文皇帝吊殷比干墓文》，北魏太和十八年（494 年）刻，傳為崔浩書。顧炎武《金石文字記》卷二：孝文皇帝吊比干墓文，“字多別構”，不可勝記。“今觀此碑，則知別體之興自是當時風氣，而孝文之世即已如此，不待喪亂之餘也。”“蓋文字之不同，而人心之好異，莫甚於魏齊周隋之世，別體之字莫多於此碑。雜體之書莫過於李仲璿。”王鳴盛稱為“別體”，《十七史商榷》卷六十四“文字淆訛”：“文字最易淆訛，漢人碑刻字體已有不正者，沿至六朝愈亂矣。”此指錯別字、白字的使用。卷六十八“字體不正”：“顧氏此論最為精確，愚謂史以紀事傳信。較碑版尤要，南北各書既多別體，李延壽全不知小學，仍訛踵謬，觸目皆是，前於《南史》已論之矣。今觀《北史》，……字體不正如此，未能饒舌，隨舉若干條以明之。”容庚云：“六朝碑誌，點畫偏旁隨意增損，怪誕紕繆，觸目皆然。”②

羅振鋆稱為“別字”。羅振玉《碑別字・序》謂“採輯碑版別構諸字之不載字

---

① 參見陸錫興：《漢字的隱祕世界——漢字民俗史》之“字讖”一節，上海辭書出版社 2003 年版，第 31—41 頁。

② 容庚：《中國文字學》，中華書局 2012 年版，第 114—115 頁。

書者”，知此別字就是別構字的省略説法。所以此別字已非白字的解釋。碑刻容易保存，拓本流傳亦廣，研究者多取碑刻別構字，故稱“碑別字”。碑別字以北朝文字稱著。孫貫文説：“所謂別者，謂有別於後世所通行之字體而言。而在當時固為舉國上下所通用之字體，觀石刻及寫本可見。”[①]北朝字形是比較複雜的，這是對於篆文和宋代以來的楷書的比較而言，有些字形在當時也是合理的，甚至是正確的。

漢魏六朝以來的異體字研究一直受到金石學家的關注，從宋代洪适的《隸釋》開始，就專門列出，在碑文後面專門作出辨證，指出正異之間的關係。對於漢魏以來的異體字收集整理是在石刻學全盛的清代中期開始的。顧南原的《隸辨》收錄漢碑字形，其中大部分是異體字。葉昌熾《語石》卷八：“碑版別字，六朝為甚。自唐以下，一代之碑，皆有一代風行之別體。”對於漢魏六朝以來的異體字，邢澍曾輯《金石文字辨異》十二卷，取漢魏唐宋碑石文字，以平水韻編排。同治年間，趙撝叔摘取六朝碑刻的異體字 500 個，彙編成《六朝別字記》。光緒十一年（1885 年），羅振鋆編《碑別字》五卷（圖 4 上 5－1），按照平水韻排次，前列別構、異體，後説明正體，皆注明出處。自漢魏、南北朝、隋唐之石刻中別構、異體之字，從借來的 800 餘通碑刻中摘錄，與孫星衍《寰宇訪碑錄》、王昶《金石萃編》比較異同，具有相當規模。光緒二十七年（1901 年）羅振玉在伯兄《碑別字》基礎上增補，成《碑別字補》五卷。民國初年，羅振玉將兩書合為《增訂碑別字》五卷。此後羅振玉《碑別字拾遺》，其子羅福葆《碑別字續拾》，皆為續作。20 世紀 80 年代，秦公出《碑別字新編》，收錄 2 000 種碑石的別字，又援引羅氏《增訂碑別字》以及《碑別字續拾》二書內容彙輯而成，按照筆畫多少排列，共 12 844 字，所收範圍上起秦漢，下訖民國，實際主要是北朝石刻文字，此時內容豐富使然。不久又出《廣碑別字新編》，收羅其前書所遺漏之字。2016 年出版了秦公、劉大新《碑別字新編（修訂本）》（文物出版社，2016 年）。此書是 1985 年版《碑別字新編》增補本，增加了 3 000 種碑石的別字，全書 3 500 餘字，重文別字 21 300 餘字。至此，漢魏六朝的碑別字整理蔚為大觀。任昉、王昕依據《新中國出土墓誌》之“河南〔壹〕”（文物出版社，1994 年）部分 235 方墓誌內，選出別字彙編為“《新中國出土墓誌》之‘河南〔壹〕’別字選

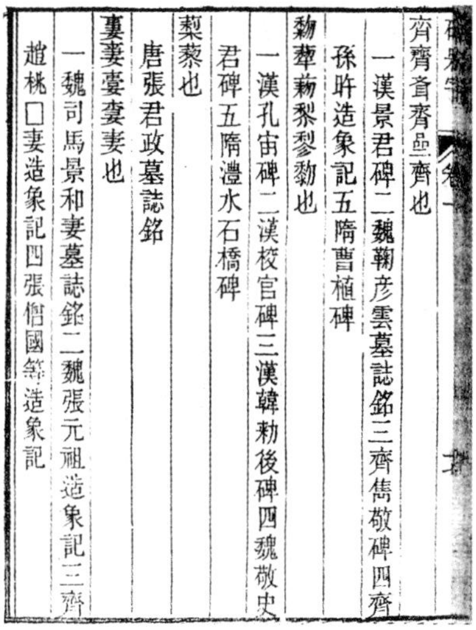
齊齎齌齍齊也
一漢景君碑二魏鞠彥雲墓誌銘三齊雋敬碑四齊
孫昕造象記五隋曹植碑
𪎭䕸蔾梨黎䴏也
一漢孔宙碑二漢校官碑三漢韓勑後碑四魏敬史
君碑五隋澧水石橋碑
𥟖蔾也
唐張君政墓誌銘
𡜟妻㚃妻妻也
一魏司馬景和妻墓誌銘二魏張元祖造象記三齊
趙桃□妻造象記四張僧國等造象記

圖 4 上 5－1

---

① 孫貫文：《龍門造像題記簡介》，《考古與文物》1983 年第 6 期。

編”(《出土文獻研究》第五集，科學出版社，1999年)，此編“別字”，“既包括不常見的俗字、別字、異體字，也包括常見的俗字、別字、異體字”。因為墓誌的年代直到民國，所以俗字較為龐雜，不盡為北朝、隋唐的別字，不過仍有一些其他別字編所未見之別體異體。

近年來學術界有關南北朝別字的研究論著日益增多。孫貫文《龍門造像題記簡介》是較早研究北朝碑別字的專文，以石刻實物和文獻字例為依據，探討規律，頗有心得①。歐昌俊、李海霞《六朝唐五代石刻俗字研究》(巴蜀書社，2004年)首次對這段時間的石刻俗字作全面研究，對俗字類型、特點、產生原因有了新的認識。陸明君《魏晉南北朝碑別字研究》②對於碑別字的類型和形成因素有新的見解，其中“書體演進”“書寫性變異”強調了書寫的重要作用，字例引用充分，條分縷析，最為詳盡。近年發表的郭瑞《魏晉南北朝石刻文字類化現象分析》③探討別體類化的各種原因，可資參考。

第二節　北朝碑別字之形成

專輒造字，這是三國以來特有的文字現象，東吳孫休造字是始作俑者。

《三國志·吳志·三嗣主傳》引《吳錄》載孫休詔曰：“人之有名，以相紀別，長為作字，憚其名耳。禮，名子欲令難犯易避，五十稱伯仲，古或一字。今人競作好名好字，又令相配，所行不副，此瞽字伯明者也，孤嘗哂之。或師友父兄所作，或自己為；師友尚可，父兄猶非，自為最不謙。孤令為四男作名字：太子名𩅦，𩅦音如湖水灣澳之灣，字𦌣，𦌣音如迄今之迄；次子名𩃙，𩃙音如兕觥之觥，字㒩，㒩音如《玄礥》首之礥；次子名壾，壾音如草莽之莽，字昷，昷音如舉物之舉；次子名𠅪，𠅪音如褒衣下寬大之褒，字㸋，㸋音如有所擁持之擁。此都不與世所用者同，故鈔舊文會合作之。夫書八體損益，因事而生，今造此名字，既不相配，又字但一，庶易棄避，其普告天下，使咸聞知。”裴松之云：“休欲令難犯，何患無名，而乃造無況之字，制不典之音，違明誥於前修，垂嗤駭於後代，不亦異乎！是以墳土未乾而妻子夷滅。”《三國志·吳志·虞翻傳》引《會稽典錄》：“孫亮時，有山陰朱育，少好奇字，凡所特達，依體象類，造作異字千名以上。任郡門下書佐。”“育後仕朝，常在臺閣，為東觀令，遙拜清河太守，加位侍中，推刺占射，文藝多通。”

《魏書·世祖紀上》：太武帝始光二年(425年)春，“初造新字千餘，詔曰：‘在昔帝軒，創製造物，乃命蒼頡因鳥獸之跡以立文字。自茲以降，隨時改作，故篆隸草楷，並

① 孫貫文：《龍門造像題記簡介》，《考古與文物》1983年第6期。
② 陸明君：《魏晉南北朝碑別字研究》，文化藝術出版社2009年版。
③ 郭瑞：《魏晉南北朝石刻文字類化現象分析》，《中國文字研究》第十四輯，大象出版社2011年版。

行於世。然經歷久遠，傳習多失其眞，故令文體錯謬，會義不愜，非所以示軌則於來世也。孔子曰，名不正則事不成，此之謂矣。今制定文字，世所用者，頒下遠近，永為楷式。'”這 1 000 多個新字，缺乏明確的記載。顧炎武《金石文字記》卷二：“太武帝始光二年三月初，造新字千餘，頒之遠近，以為楷式。天興之所集者，經傳之所有也，始光之所造者，時俗之所行而衆文經之不及收者也。則知《説文》所無後人續添之字，大都出此。《三國志》注引《會稽典錄》言，孫亮時，有山陰朱育依體像類造作異字千名以上，是別撰之字自漢而有矣。”這是孫吳到武周之前，唯一一次朝廷造新字的舉措。新造的目的是為了改善漢字的表意功能，“文體錯謬，會義不愜”，因此要增加字形中的意義部分，主要採用新的會意結構。始光新字與通行漢字不同，不循字形源流，而是另起爐灶，別出心裁。《魏書》中始光新字並無具體的內容記載，我們衹能按照它造字的宗旨推想。《魏書・江式傳》：“皇魏承百王之季，紹五運之緒，世易風移，文字改變，篆形謬錯，隸體失眞。俗學鄙習，復加虛巧，談辯之士，又以意説，炫惑於時，難以釐改。故傳曰，以衆非，非行正。信哉得之於斯情矣。乃曰追來為歸，巧言為辯，小兔為䨲，神蟲為蠶，如斯甚衆，皆不合孔氏古書、史籀大篆、許氏《説文》、《石經》三字也。凡所闕古，莫不惆悵焉。”顏之推稱之為取義鄙陋。《顏氏家訓・雜藝》：“北朝喪亂之餘，書跡鄙陋，加以專輒造字，猥拙甚於江南。乃以百念為憂，言反為變，不用為罷，追來為歸，更生為蘇，先人為老，如此非一，遍滿經傳。”宋宋祁《宋景文公筆記》云：北齊時俚俗多為訛字，“始以巧言為辯，至隋有柳䛒”。巧言為辯當為䛒，作䛒又為異體。這些記錄的會意字，不盡為北朝所造。有些字早在東漢已經存在，例如𠂒，見於漢《孔宙碑》、劉宋《張猛龍碑》，北朝流行，“先人為老”之𠂒，見於北魏《元昭墓誌》《元乂墓誌》、東魏《王偃墓誌》等。其他字始見於北朝碑刻，如“神蟲為蠶”之䖩，見於東魏《三級浮圖頌》；“言反為變”之䛂，見於北齊《高叡修寺碑》等；“追來為歸”之䢜，見於《魏比丘僧智造像》《魏呂望表》等；“更生為蘇”之甦，見於北魏《元冏墓誌》《崔隆墓誌》。

北碑中還有些新造會意字，如囻(國)，見於東魏《三級浮圖頌》；嘿(默)，見於北魏《鄭文公下碑》《元略墓誌》等；寡，見於北魏《元顯墓誌》《元延明墓誌》等；殀，見於北魏《李端墓誌》、北周《周智侃墓誌》；卡(弄)，見於北魏《高貞碑》《孝文帝吊殷比干碑》等；笔(筆)，見於北齊《雋敬碑》等。會意新字又有新的俗體，如䢜→𨒝；卡→拤，“𨒝”是同意不同字組成的新會意字，而“拤”是加強表意的新形聲字。可以説異體字是無窮無盡的。這些新造的字角度不同，使得字義更加明白，更加通俗。始光新字很可能就在其中，即增加字形中表意成分，標義文字的性質決定，形體是表意的，因而人們會自然而然地把自己的觀念在文字結構中顯示出來。它可以分為兩種：一種是造新字，另一種是改變結構部件。意化的造字多採用會意結構。《八瓊室金石補正》卷十七東魏

《朱舍興等造四面像碑》有“奆”字，陸增祥指出：“奆字，字書所無。”筆者按：乃“棄”之別體。去世就是死亡的意思。唐李肇《唐國史補》卷中：“在它處聞禪師去世，哭之甚哀。”

始光新字初造 1 000 餘字，是否有續造，不得而知，但是時俗會不斷製造，不斷沉澱。延昌三年(514 年)，精篆體、注重傳承的江式上表，“俗學鄙習，復加虛巧，談辯之士，又以意説”來定性新會意字，顏之推稱作“專輒造字”，貶低得一文不值。從始光以來的碑刻看，新字使用並不順利，實際使用不多，而且新字與原有的“舊字”同時使用。始光新字是表達統治者權威的人為文字行為，既没有必要，也没有基礎，失敗是必然的。它是在南北分治的狀態之下，單獨採取的文字措施，徒然增加了一些異體字，衹能加劇南北的差異。在漢字史上，它除了留下極少數幾個別體外，消失得無影無蹤。

北朝沿襲漢代八分書，這是北朝碑別字形成的主要原因，因此北朝的碑別字原則上是兩套不同的形體系統形成的差別。隋唐的正字採用了南朝的形體系統，於是將北朝的形體差異看作俗體。同時北朝專輒造字和民間處理字形自由度過大，導致形體陷入混亂。

八分的特點是慕古、融入草書和形體多變。經過《熹平石經》的整治，結果分化出兩路：一路是走《熹平石經》的路，繼續以篆正隸，逐步完善眞書的形體系統，《三體石經》之八分為其代表。另一路繼續保持舊式八分的習慣，以舊式八分形體和形體習慣為正統，堅守不移。這兩路就是形體上的老派和新派之分。漢代銘刻體是八分的主要載體，魏晉的銘刻體基本遵守了這個傳統，南北分治初期，南北並無差別。東晉《爨寶子碑》《王建之墓誌》《劉媚子墓誌》文字中依然有不少俗體怪字，與漢代八分銘石書無異。但是進入南北朝以來，南朝全面用新體，它的銘石書放棄了漢代碑刻的習慣，這個可以以劉宋元徽二年(474 年)《明曇憘墓誌》為標誌。墓誌不用八分，而採用眞書，雖遺留一些舊法，如“騎”字四點用一横之類草法、勃(勃)上改“十”為“小”、叅(參)下改“彡”為“心”等俗别字，然而整體面貌煥然一新。以後南朝碑刻寫眞書用新法，直接與後來隋唐眞書碑刻相銜接。北朝碑刻遵循舊法，依然是漢代銘石書的習慣，把八分形體作了改良，造出一個有八分架勢的魏碑，保留了八分的形體結構和多變化的習慣。

第一，行草體充當了篆體到眞書的過渡形體，八分書把它看作標準隸書的組成部分，《熹平石經》也没有把它完全驅逐出去，魏碑體卻在碑刻中保留了行草體。如《元冏墓誌》將、馳、靜，《元瑛墓誌》馳、復、從、亡、起，《常敬蘭墓誌》將、徒、從等。草體有的直接來自漢代八分，如《張表碑》將——《元萇墓誌》將；《韓敕碑》起——《元瑛墓誌》起等。草化帶來了便利，因而魏碑中會隨機草寫，如東魏《慧光墓誌》先寫總、紀，“糸”從三點，後寫總、紀，“糸”下三點連成一横。不同碑刻草化更加自由，如《元冏墓誌》作練，《慧光墓誌》作練，由此可知誌文“糸”下從一橫者，並非楷體，而是行草書，不當以異體視之。

第二，在先秦古文字羨餘的點畫，没有構形的作用。北朝採用漢代八分書羨筆之法，有加點的習尚。例如北魏《元瑛墓誌》，加點字如：墓（墓）、墳（墳）、在（在）、塟（葬）、基（基），並不限於"土"旁，如：友（友）、程（程）、神（神）、降（降）、氏（氏）、閨（閨）、既（既）、溢（溢）。甚至此碑中既有不加的神，也有加的神，兩者同時存在。這些加的"點"是可有可無的，屬於裝飾性的書法。羨筆並不限於點，也包括各種長短的畫，如"中"，漢碑多羨筆，《劉修碑》中、《唐公房碑》中、《夏承碑》中、《戚伯著碑》中。《説文》"中"，籀文有《唐公房碑》之形，《侯馬盟書》有《夏承碑》之形，但是《劉修碑》《戚伯著碑》之形並不見古文字依據，本來這些字形是繆篆、曹熹篆的寫法。《隸辨》中《祝睦碑》碑、《周公禮殿記》碑，顧藹吉云："《説文》辟從辛，碑變從亲。"北魏正光五年（524 年）《侯掌墓誌》執，此字寫法是根據漢法而來。

第三，漢代八分銘刻書的重要特點是一字多體。八分書處在隸變過程中，形體不穩定，同時接受了繆篆、曹熹篆的影響，為了美感可以改變字形，從變化中求得美的快感。北朝的銘刻書依照老規矩，把不斷變換形體作為一種書法藝術手段，而不認為是破壞了形體。北朝繼承了漢代八分書的習慣，取得形體相對自由，從形體中體現出追求個性、追求卓越、追求不朽，個性化的變化製造出千人千面的別體。

變化可以發生在同一墓誌內，也可發生在不同墓誌之間，如"参"，北齊《崔芬墓誌》有兩形参與参，《劉懿墓誌》有一形参，加起來有 3 個形體。一字多體一般是在不同的碑刻中比較而得，如"妻"：北齊《道明墓誌》妻，隋《磨子敬造像》妻；兩誌共有 2 個形體。北朝碑刻一字多體現象比較多，但不是所有的墓誌、碑刻都一樣。凡是有官方背景的貴族、高官的墓誌，這種現象比較少，而民間色彩的碑刻異體字就很多。後者的別體字中不僅有為書法美而創造的變體，還有不同字法而產生的破體，真假莫辨。東漢碑刻，在衆碑中收集，一字多達幾十個別體，北朝碑刻繼之，別體亦蔚為大觀，兩者內在關係昭然若揭。

所謂碑別字，是對於正體而言。這個正體有兩個含義：一是後起的正體，如唐代所定的正體，這個不能作為判斷魏碑別體的標準。一是早就客觀存在，以《説文》篆文為基準的正體，這個正體實際上在北朝依然發揮作用，本文判斷別體就是依據後者。

華：《石婉墓誌》華、《元冏墓誌》華為正體，而《元瑛墓誌》華、《天保五年造像》華用別體；

秉：北魏《元冏墓誌》秉為正體，而《常敬蘭墓誌》秉、《元萇墓誌》秉、《慧光墓誌》秉、《石婉墓誌》秉用別體；

禮：《南巡之頌》禮為正體，《元冏墓誌》礼用別體；

氣：《石婉墓誌》氣為正體，《元冏墓誌》氣用別體；

聲：《石婉墓誌》聲、《慧光墓誌》聲為正體，《元冏墓誌》聲用別體；

齡：《元倪墓誌》齡為正體，《慧光墓誌》齡用別體；

壽：《元倪墓誌》壽為正體，《道明墓誌》壽用別體。

不用正體的寫法，而採用別體，衹能有一個解釋，即為了變化而變化。一字多體，有兩個途徑得到：主觀創造和利用現成的歷史資源。歷史資源就是已有的古體、草體和古代異體。例如"聰"字，隸變的過程很長，漢魏碑中出現了多個不同形體，能為魏碑提供充足的選擇機會。如《鄭烈碑》聦＞《石婉墓誌》聡；《議郎元賓碑》聦＞《楊熙仙墓誌》聰，很明顯北碑形體是從漢魏碑中移用而來。一個字有了正體的寫法，依然採用別體，也是出於變化的原因。

第四，漢代八分古今兼形，今體、古體錯雜。魏碑把古體、今體當作書法變化的手段。如《元瑛墓誌》丹與彤（彤）二字中，同一"丹"的寫法不同，單體從今，合體從古，此古是古隸。永平元年（508 年）《石婉墓誌》"琴"寫作琴，為《說文》古文隸定。《南巡之頌》"都"寫作都，右用隸古定"邑"。《楊熙仙墓誌》採用隸古定字形，如農（農）、鄉（鄉）、貴（貴）、兼（兼）、朝（朝）等。

北朝銘刻字體不僅承襲漢代銘石書的舊制，還大量地直接繼承它的形體，後人當作別體的字形大部分來自漢代與魏晉。北朝碑刻的"万""噐""与"見於馬王堆帛書、敦煌漢簡、居延漢簡，有些似乎是北朝獨有的字形，實際在漢魏碑刻早已出現。

氣：《史晨後碑》氣＞南朝宋《明憘墓誌》氣＞北魏《元冏墓誌》氣，《元萇墓誌》氣；

礼：《華山亭碑》礼＞北魏《元冏墓誌》礼，北魏《侯掌墓誌》礼，北齊《道明墓誌》礼，北齊《崔芬墓誌》礼；

嗣：漢《李翊碑》嗣＞北魏《欽文姬辰墓誌》嗣；

興：漢《張遷碑》興＞《太和五年舍利函》興；

葬：漢《衡方碑》葬＞北魏《元瑛墓誌》葬，《石婉墓誌》葬；

喪：漢《武斑碑》喪、漢《楊淮碑》喪＞北魏《元瑛墓誌》喪；

爽：《孔彪碑》爽＞北魏《宇文永泰韓氏墓誌》爽；

曆：《曹全碑》曆＞《元萇墓誌》曆；

秉：《造橋碑》秉，顧藹吉云："即秉字。《說文》從禾，碑變從水。"＞北魏《常敬蘭墓誌》秉，《元萇墓誌》秉，東魏《慧光墓誌》秉；

兩：《周憬功勛銘》兩＞《元珍墓誌》兩；

寄：《劉熊碑陰》寄＞《崔芬墓誌》寄；

伏：三國魏《老子銘》伏＞《侯掌墓誌》伏；

孤：《夏承碑》孤，《魏上尊號碑》孤＞《道明墓誌》孤；

桑：《韓敕碑》桒，《韓敕碑》桒＞《崔芬墓誌》桒；

開：《郙閣頌》開＞《元倪墓誌》開，隋《磨子敬造像》開；

靜：《老子銘》静＞《元冏墓誌》静；

處：《楊信碑》處《道明墓誌》處。

東晉、南朝早期與北朝的碑刻中有些字形相同，證明這些字並非北朝所創，也是繼承而來。如：

武：東晉《王媚子墓誌》武＞北魏《元冏墓誌》武；

璞：東晉《王媚子墓誌》璞＞北魏《崔芬墓誌》璞；

為：東晉《王建之墓誌》為＞北齊《道明墓誌》為；

參：南朝宋《明憘墓誌》參＞北齊《崔芬墓誌》參；

聲：南朝宋《明憘墓誌》聲＞北魏《元冏墓誌》聲（筆者按：部件位置相同）；

霜：南朝宋《明憘墓誌》霜＞《元萇墓誌》霜；

發：南朝宋《明憘墓誌》發＞北魏《元瑛墓誌》發；

騎：南朝宋《明憘墓誌》騎＞北魏《元倪墓誌》騎；

穎：南朝宋《謝珫墓誌》穎＞《侯掌墓誌》穎，東魏《道明墓誌》穎；

壤：南朝宋《明憘墓誌》壤＞北齊《道明墓誌》壤（筆者按：兩字的"襄"形體相同）。

以上例子可以説明北朝的碑別字實際是傳承下來的，並非北朝特有。

總之，北朝的別字情況複雜，不能以後代的觀念看待，大多是規範不同形成的各種異寫，大部分不能當作異體來看，即使那些離奇的形體，多數也是著眼書法之美，故意變化所致。

第三節　北朝碑別字之延續

南北朝別字，後人一般是以唐代的正體為標準而言，如果以當時的實際使用來看，相當部分並非別體。孫貫文説：南北朝楷書，"後人每稱此種字體為別字。所謂別者，謂有別於後世之通用之字體而言。而在當時固為舉國上下所通用之字體，觀石刻及抄本可見。"[①]如魏碑繼承漢碑，竹頭常寫作草頭，雙人旁與單人旁交錯使用等，以歷史觀點來説，不算別體。再如當時流行的形體，雖與篆體結構不同，也不能作別體。如"墻"，北魏《元瑛墓誌》作墻，北齊《崔芬墓誌》作墻；"辞"，北魏《元冏墓誌》作辞，北齊《崔芬墓誌》作辞。

① 孫貫文：《龍門造像題記簡介》，《考古與文物》1983 年第 6 期。

南北朝的碑别字主要是指北朝的别字，這有兩個原因。其一，南朝一直受到禁碑觀念的束縛，留存至今的碑誌十分有限，相對來説，能收集到的文字材料也少。北朝碑刻盛行，墓誌入葬成風，數量巨大，提供了豐富的形體資料。其二，南朝文人嚴於字學，北朝取法寬鬆，傾向不同，前者書風自然，形體整飭，後者風格濃重，形體多變。

南北朝銘石書與唐以來正體的形體差别很大，它可以劃分為兩個部分：其一為隸變過程中出現的形體變化，漢魏直至隋唐，它們有共性，這種共同性的問題不是碑别字的主體。其二為當時特有條件產生的特有形體現象，這是碑别字的重點。

筆者通過幾個例子，説明北朝的别字情況。

北魏永平四年（511年）《元冏墓誌》，1991年在孟津縣朝陽鄉的一座北魏墓葬出土，長方形，共17行，行3～21字不等，全文289字。用方筆、三角點，但是斜勢不甚明顯，平和中帶剛强。墓誌中别構和别字衆多。别字如"擒華晚歲"之"擒"當為"噙"，"猛虎出江"之"江"當為"疆"，"萬撩崩叫"之"崩"當為"蹦"[①]。碑刻中的字形看來比較紛亂，可以視為碑别字的不少，仔細分析的話，可分為行草書和俗體。俗體的特點是結構和部件不合正體。如：穆、胤（胤）、流、蓴（蓴）、崩（崩）、搆、陵、朔、固、壘、康、農、庭、殯、彩、擒、野、第、肅、邑、辰、美、恭、氣、舒、虛、祀、弗、福、儵、叫（叫）、刊、敗、辭、贖、鳳、聲（聲）、猎、鏤。而⿺鬼圭為另造的新字。

北魏孝昌二年（526年）《元瑛墓誌》，全稱《魏故司空勃海郡開國公高猛夫人長樂公主墓誌銘》，墓誌22行，行29字。俗體，如毅、柔、召、超、鄣、肅、墻、暎、李、富、顧、匹（匹）、匹（匹）、菌、秘、器、宦、堅、歌、爲、儀、寄、攸（攸）、儦、發、遙。

東魏元象元年（538年）《慧光墓誌》，全稱《魏故昭玄沙門大統墓誌銘》，50行，滿行25字。與魏碑形神俱變，儀態安詳[②]，如陰、國、賢、緇（緇）、齡（齡）、操（操）、罔（罔）、寰（寰）、寥（寥）。

北齊天保三年（552年）《道明墓誌》，共22行，滿行19字，計405字。墓主歷北魏、東魏[③]。此碑楷書，字跡端正，屬於魏碑與真書的過渡風格。碑字書法不甚精練，筆有稚拙，為中等書者所書。文字形體多有不合規範者，此碑雖然是楷書，其中不少是行書楷寫，如為、將、起、從、當、卒（卒）、關採用行書的連筆和省筆，有的採

---

① 310國道孟津考古隊：《洛陽孟津邙山西晉北魏墓發掘報告》，《華夏考古》1993年第1期；周錚：《元冏墓誌析》，《華夏考古》2000年第1期。

② 趙生泉：《新出土東魏〈慧光墓誌〉考評》，《中國書法》2005年第3期。

③ 任軍偉：《北齊道明墓誌及其相關問題》，《中國書法》2010年第2期。

用行草寫法，如雲、泰、給、無、騰，無論2點、3點、4點皆連點成畫；相反魏用點代表"厶"、尋用4點代替2個部件。

異體字也比較多，可以分為兩種：一種是比較習見的，有的是古體，如国、万、礼、尒、与，這類字都比原字筆畫簡單，是出於方便的選擇。另一種是北朝時期特有的不甚規範的字體，細分也有兩種，如靈、愛、類、辞、恵、歸、常、秌（科）、後，另有對、稱、妻，常見於北朝石刻。至於如坦（坦）、撣、幼、初（初）、稟（稟）、揚（揚）、壽（壽）、喜（喜）、發（發）、嶺、模、璧、真、孤、算（算）、適（適）、哀（哀）、冥（冥）、壞、旌，或者部件錯誤、或者少筆多畫、或者甲字乙用，顯然不合字法，皆為鄙陋俗字。江，《魯峻碑》《郙閣頌》作江，《許阿瞿畫像石》作江，此墓誌江、土之類承接漢代篆字、史書寫法，一直流傳有緒。

北朝碑刻文字幾乎都存在各種別構字，無論民間紀事還是貴族墓誌，幾乎没有例外。

《顏氏家訓・雜藝》："唯有姚元標工於楷隸，留心小學，後生師之者衆。洎於齊末，祕書繕寫，賢於往日多矣。"顏之推在北齊後期，眞書的規範大有改善，不過衹是限於繕寫典籍，而民間日用愈發多變。

民間的刻石，如河北藁城北賈同村數件北齊石造像刻字（圖4上5－2），"員"之口作"厶"，"國"從"王"，"使""像"從"亻"，"緣"作從行書之"纟"，"徒""超"從行書之"辵"，"軀"從"丘"，多俗體字①。

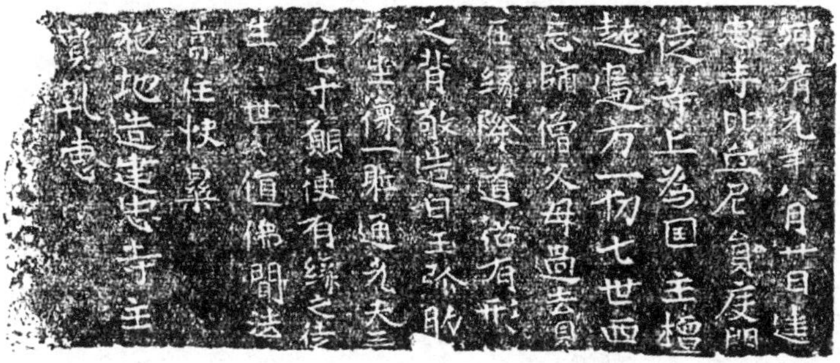

圖4上5－2

北齊天保五年（554年）造像題字，傳出於河南許昌，未見著錄。楷書16行，滿行15字，共214字②。《天保五年造像》的字形離奇，有人認為這是漢隸至唐楷間之書體蟬蛻過程，眞率不拘的緣故。眞率是眞情流露，如果流露出大量錯別字，那就説明書寫者的文字修養十分低下。此題字的別體字幾乎全是訛字，皆是因為不熟悉字形，或者一直

① 程紀中：《河北藁城縣發現一批北齊石造像》，《考古》1980年第3期。
② 鄭志剛：《北齊石刻五種》，《書法叢刊》2011年第3期。

誤書誤寫形成的字形。其中缺筆、增筆、不當類化、部件舛誤,不能以書體演變和藝術風格解釋。如:敬(敬)、豈(罡)、曉(曉)、逥(迴)、路(路)、攺(改)、轍(轍)、託(托)、迹(跡)、顔(顔)、渴(渴)、率(率)、像(像)、巖(巖)、偹(備)、池(池)、研(妍)、延(延)、願(願)、華(華)、界(界)、果(果)、塔(塔)、過(過)、切(切)。這塊民間石刻反映了北朝下層的文字水準,不通字學,缺乏正隸的意識。

山西蒲城北周保定五年(565 年)《觀世音坐像》(圖 4 上 5-3),民國元年在縣城城隍廟大殿地下發現,一面勒文,字體眞書之中夾雜篆隸,字形可以作古,但是多為俗字別體[①]。如:舄(寫)、保(保)、歳(歲)、月(月)、辛(辛)、卄(廿)、日(日)、發(發)、願(願)、世(世)、就(就)、及(及)、師(師)、僧(僧)、亡(亡)、屬(屬)、正(正)、覺(覺)、藏(藏)、朔(朔),這些字都是別構字,其中"師"的寫法在漢代史書中已見,"發""及"是草化字,"保""月""日"似乎是從篆文而來,"正"字、"世"字之大彎誤從辶旁,"覺"上部混同"興","藏"字"艸"頭誤從"業"字頭,與同墓誌之"發"字相似,"廿"字混同"艸","寫""歲""願"別寫過遠,"就""朔"缺筆畫,總之集中了古今異體、破體。

圖 4 上 5-3

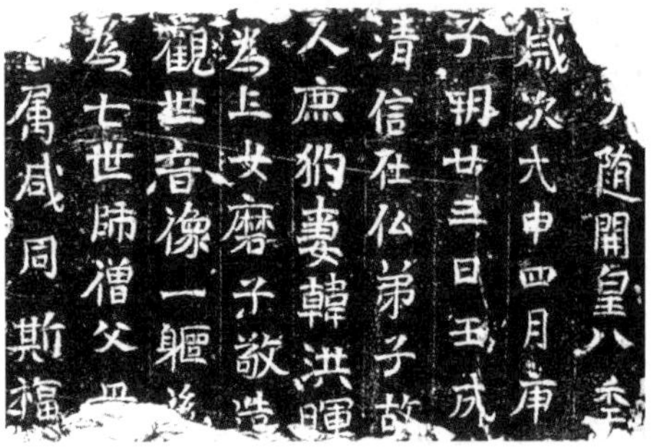

圖 4 上 5-4

隋《磨子敬造像》[②](圖 4 上 5-4)有俗別字,如:随(隋)、開(開)、戊(戊)、庚(庚)、在(在)、犳(豹)、妻(妻)、亡(亡)、像(像)、軀(軀)、師(師)、僧(僧)、屬(屬)、為(為)。

南朝歷來講究字法,訛別字稍好於北方,衹是梁末別字稍增。《顔氏家訓・雜藝》:"晉、宋以來,多能書者。故其時俗,遞相染

① 賀正全:《蒲城總概述》,《書法叢刊》2007 年第 1 期。
② 《拿雲美術博物館藏墓誌選》,《書法叢刊》2006 年第 2 期。

尚,所有部帙,楷正可觀,不無俗字,非為大損。至梁天監之間,斯風未變;大同之末,訛替滋生。蕭子雲改易字體,邵陵王頗行偽字,朝野翕然,以為楷式,畫虎不成,多所傷敗。至為一字,唯見數點,或妄斟酌,逐便轉移。”宋本注云:“前上為草,能傍作長之類是也。”“前上為草”見於《隋元鍾墓誌》,“能傍作長”,漢《桐柏廟碑》《孔宙碑》等,右傍似草書“長”,《魏嵩高靈廟碑》右傍訛作“長”。“至為一字,唯見數點”,點法是草書的省減之法,北朝文字摻和草書,點法使用,如北魏《元冏墓誌》(蕚)、(氣)、(聲),北齊《道明墓誌》(尋),北齊《崔芬墓誌》,用3點、4點替代了簡、繁各種部件。以上談及梁末等南朝之俗字,雖然有些可以上溯到東漢,主要是北朝别字,因此南朝之俗字乃北方浸染。

唐代從南北朝走來,其前期的文字使用雖然稍好於前代,但是字形混亂狀態依然嚴重。

唐高宗永徽五年(654年)《杜節墓誌》,誌文12行,滿行22字。墓主杜節之杜氏很可能是代北氏族獨孤渾氏改作的杜氏,其家族從北齊以來世代為官。碑文為真書,但是多用八分筆法,大凡長畫多用波筆,蠶頭燕尾,波磔完備。結構上多俗字,如“寅”上從“穴”、“聯”右下從“心”、“搖”右下從“王”、“族”左從“示”、“導”下從“口”、“悴”從“艸”、“萎”不從“草”從“歹”、“幽”加“口”、“窈窕”從“雨”、“蕭”用“曉”,這在北朝石刻中也少見[①]。

有些學者在整理唐代碑刻時注意到這些現象,專門編纂了别字編。羅豐整理了《史射勿墓誌》《史索巖墓誌》《安娘墓誌》《史訶耽墓誌》《史鐵棒墓誌》《史道德墓誌》《梁元珍墓誌》的别體字,專門編纂了《墓誌中所見異體字輯錄》,説墓誌的别體字情況:“六朝以來漢字處於一個極大的變革時期,各種詭異字體紛紛出籠,最多運用者莫過於墓誌,隋唐綿延不斷,至宋以後辨别異體字竟成一種學問。唐人十分重視墓誌的撰寫,能者高價重金聘之,著名文人韓愈、柳宗元等君善操為文,有名的書法家歐陽詢、顔真卿等無一不書墓誌,其中大量使用異體字、别體字或古體字成為撰寫者學問深淺的一種標誌,可以毫不誇張地説幾乎没有不使用異體字的唐人墓誌。”[②]

吳剛、吳大敏收羅《全唐文》未收的唐代碑刻,作為《全唐文補編》之用,十多年來把碑刻中特有寫法的字記錄下來,編成《唐碑俗字錄》(三秦出版社,2004年出版)。作者整理之餘,頗有心得。在《唐碑字辨(代序)》中指出:初唐碑碣直接繼承了魏晉和隋的寫法,明顯具有漢代八分的痕跡,字形扁方,沿用漢代以來的結構。俗寫字也有相似情況,初唐較多,中唐開始減少;並且論述了“簡化的傾向”“古奥與繁雜的傾

① 殷憲:《〈唐故驍騎尉杜君墓誌銘〉簡述》,《中國書法》2005年第10期。

② 羅豐:《固原南郊隋唐墓地》,文物出版社1996年版,第169頁。

向”。總之，經過專門的收集整理，對唐碑俗字有了初步認識。從發展的趨勢來看，唐代的碑別字是六朝的延續，所以具有前者的特點，而且大部分別構也是襲用的。

第四節　北朝別體字之構造方式

關於南北朝的碑別字的分類各家不同，歐昌俊、李海霞分為 8 類：筆畫增減和改變，部件增減、改造和移位，形旁增減和改造，聲旁增減和改造，草書楷化，字形同化，同音代替，全新創造。這個分類很詳細，是從來源區別的。陸明君衹説來源，似乎分類寄寓其中了。可惜不是從同一出發點劃分，各類之間內容交叉。別體中有因果關係，因是形成的原因，果是呈現的狀態，筆者認為先要打定主意，到底從因分，還是從果分，兩者不能眉毛鬍子一把抓。

先來説因，實際上筆者在本文已經説過，北朝襲用漢代八分書的習慣，這是碑別字形成的主要原因。這裡需要説的是具體環節，有規則的演化並不體現在碑別字上，形體誤訛纔是產生碑別字的重要原因，這是無意識的變化。

導致形體訛誤，就不能回避類化。類化，是指漢字在使用中，在類推的作用下，使得有關的漢字結構趨同。類化的本質是混同，本來不同形體，因為某種原因，而當成同形了。它可以分為兩種：一種是形似類化，是視覺上的混同；另一種是字義上接近引起字形混同。

視覺混同比較簡單，因為形體相近，把甲寫成乙了，這種現象先秦古文字就存在，在漢代的銘刻體中是常見現象。它能細分出單純形似類化和草法引起的形似類化。

單純形似類化比較簡單，如“昜”“易”衹有一筆之差，而後者使用頻率高於前者，結果都寫成一字了。《華山廟碑》昜不誤，《張遷碑》訛作易。由此造成一系列有關合體字形體訛誤。如，《桐柏廟碑》賜、《史晨碑》賜不誤，《堯廟碑》誤作賜。北朝銘石書繼承、發展了這種訛誤，更為普遍。如《元萇墓誌》式（式）之從“戈”，恐怕受到“或”字的迷惑，《慧光墓誌》寥（寥）之從“心”顯然受到“恭”等字的影響，太和五年《舍利石函》逕（逕）誤為“坐”，《元診墓誌》旅（旅）誤為“衣”，《元萇墓誌》變（變）之從“火”，北齊天統二年《皇甫豔墓誌》變（變）之从“友”，保定五年《觀世音坐像》“廿”變為艹，混同於艸，這是受到強勢的更常用部件的影響。一個字內也有類化現象，相鄰不同部件同質化。如《元萇墓誌》巔（顛），保定五年《觀世音坐像》願（願），兩字右邊“頁”與左部件齊同。

草法引起的形似類化，特點是經過草法的過渡。本來不相似的形體，經過草化，引起混同。它類化不是一步完成的，過程比較複雜。例如漢代“魚”，草書近於“角”，於是“魚”傍字變為“角”傍字，如《北海相景君銘》《曹全碑》“鰥”寫作觽，東晉《謝鯤墓誌》“鯤”寫作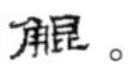。南北朝在這方面尤其突出。宋王觀國《學林・參》：“草字法，喿字與參字同形，故晉人書操字皆作摻，今法帖碑本中王操之書皆作摻之。”“參”下“彡”又與“心”發生類化，這樣形成了《慧光墓誌》的。如“能”字，漢碑寫作草書“長”形，《桐柏廟碑》作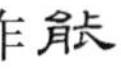，北朝俗字又把草書“長”楷化，形成。孫貫文云：“南北朝楷書從‘匚’之字多變從‘辵’。”如“匠”“匣”“匹”“匱”等，又如《八瓊室金石補正》卷十七：《潘與□題記》“敬造菩薩二區”，“區”字下從“辶”。這個類化其實還是草書形成的。“辶”，草書寫作乚，與匚的左下彎同，匚下楷化為辶。《元瑛墓誌》中的“匹”字能顯示此過程：（乚）>（辶）。孫貫文又說：“南北朝從止、從心、從山之字每互用。”如“恥”“曆”“延”都由此組合造成三體，如《天保五年造像》。這也是草書形體混同的類化。

字義類化，是意義上的和同，引起字形的同質化。因字義、字境影響而形體趨同，這是書寫者觀念錯覺造成的形體訛誤。此種類化在漢代已經出現，如“鼎”因金屬製作而加“金”，作“鼎”等，有點像專輒造字，不過没有另起爐灶而已。如北魏永平五年（512年）《元珍墓誌》“堂堂武略”之“堂”呼應後文“金鏘玉響”，寫作從“玉”之堂。唐《李德深外甥造像》與《安善進等戶□□》中“外”字因“甥”加“男”作舅，《楊婆為己身為亡女為外甥造像》中“外”因“甥”加“生”作𡉉。毛遠明研究魏晉南北朝碑刻同形字，其中不少同形字就是觀念錯誤形成的。如“庠塾”，“塾”字加“廣”；“鼎湖”，“鼎”字加水旁；“懷抱”，“抱”改從“心”旁；“酸悼”，“酸”改從“心”；“子息”之“息”加“子”旁；“鑣”因與馬有關改從“馬”旁；“舅姑”之“舅”加“女”旁之類。毛遠明進一步指出：“形旁類化字，完全是一種錯誤的類推。”這是一種臨時性的文字現象，是個人隨興而發，任意添改，因為缺乏字理，“很難被社會成員所承用”①。

北朝以來類化尤甚，成為文字混亂的一大因素。但是當時並不完全當作一種消極現象，人們會利用它，作為一種積極的形體處理手段。如：《元瑛墓誌》內“匹”既有原形，也有類化，使得形體多樣化。有的類化字，字形飽滿，滿足審美需求。

書法變體與類化一樣，都是改變形體，但是出發點和形式不同。書法變體是一種主動創造，為了達到主觀要求，改變形體。為了形體的美感、為了追求某種風格，或者為了書寫方便，因而有意識地將形體加以改造。因為它是沿襲八分的習慣，不僅變體幅度大，形式多，而且有其合理性。它的變體大體與八分相仿，甚至有所發展，動用了各種變化形式。

一是草化體。六朝銘刻體本來就有草書的形體，把其他字形草化是很自然的事。

① 毛遠明、章紅梅：《漢魏晉南北朝碑刻同形字舉證》，載《中國文字研究》第六輯，廣西教育出版社2005年版。

一種是直接寫草字，一種是部分草化。神龜元年(518 年)《常敬蘭墓誌》“止”寫作𠂇；東魏《□中遷題記》“遷”寫作迁，屬於前者。《石婉墓誌》岀(罡)，岡從罒從山，山為草書；天保五年《造像題記》俻(備)，半邊草寫楷化，過(過)，“咼”上部草寫；東魏《慧光墓誌》號(號)右“虎”草寫，崩(崩)上“山”草寫，屬於後者。

二是古體。北魏銘刻體繼承八分，摻和曹熹篆，故北朝眞書多有古體，不過這個古體往往是加工過的形體，是仿古體。特別到了北齊，此類古體大量出現。如，保定五年《觀世音坐像》保(保)、月(月)、日(日)，它與隸古定不同，採用篆書的圓綫，所以儘管形體不合篆字結構，卻在眞書中十分突出。

三是結構變異。包括移位、增文、省文。移位是指部件的位置調換，並列結構變為上下結構，或反之。《八瓊室金石補正》卷十七《劉塙題記》“塙”字中“土”右置，陸增祥云：“移土於右耳。”又卷三十三《唐嚴景明等二人題名》“朗”字中“月”在左。南京西善橋南朝齊大墓模印磚面“鴨”字左右部件位置對調作“鴄”。《石婉墓誌》“海”的兩個部件由左右改作上下，作𣶒，“水”從左旁改為全形。移位也有局部小部件的調動。又卷十七東魏《惠暈題字》“造像一區”、《何僧安題銘》“造像一區”、《造觀世音佛殘字》“造觀世音佛一區”之“區”，內二“口”均在上，卷十七東魏《長孫僧濟等題記》龕上刻銘有“造觀世音像一區”，“區”字內二“口”在左。又卷三十二《普光師題名》“菩薩一區”，內僅二“口”。

省文就是形體簡化。一種是以簡代繁，《太和五年舍利石函》繼，用 4 點替代 4 個幺；《八瓊室金石補正》卷十三永平四年(511 年)《比因法興造像題記》中的“俱得斉上”，“齊”作“斉”。又卷十七東魏《□中遷題記》：“佛弟子”之“佛”作“仭”，疑從“人”。東魏《慧光墓誌》“罔”省作冈。一種是省略部件，《太和五年舍利石函》觀，省了兩個口。北魏《元倪墓誌》靈，含三“口”；《侯掌墓誌》靈、北齊《道明墓誌》靈、北齊《崔芬墓誌》靈，含二“口”，省了一“口”。又卷三十一唐總章二年(669 年)《姜義琮題記》“造阿彌佗像一軀”中“軀”之“區”內省一“口”。永平五年(512 年)《元珍墓誌》号，省了“虎”。有的省略筆畫，如北齊《道明墓誌》嶺(嶺)、真、笄(筭)、適(適)、哀(哀)，各字都缺少了一到二個點畫，看起來怪怪的。

形體繁化比較少用，主要是增加筆畫。如《太和五年舍利石函》達、陸，北魏《元萇墓誌》作睦，右旁加複筆；《侯掌墓誌》執，“執”字之“辛”加點成“亲”，皆是繆篆之屈滿法。至於民間刻石，類似天保五年《造像題記》路(路)、改(改)、轍(轍)，都加了點畫，恐怕就是亂寫字。

四是改形。改形特指改變部件的形態，並非類化，而是出於某種慣例。如北魏《元倪墓誌》“將”寫作将，似“牛”旁，《石婉墓誌》“豫”寫作豫，似“矛”旁，並沒有把甲錯為乙。漢代以來，“口”與“厶”常常可以互換，也變出不同的形體。《太和五年舍利石函》"險"，兩"口"改兩"厶"，寫作険。北齊《崔芬墓誌》兩個部件隨意轉換，坐（坐）、叅（參）、叅（參）、哭（哭），包括東魏《劉懿墓誌》叅，生出多個別體。碑別字改變形體往往是綜合性地創造，不分增、省、移位，亦可能有類化的因素。許多別體是難以用一兩種原因來分析的。如《太和五年舍利石函》移，多出一横；又如天保五年《造像題記》罡（罡）、迴（廻）、率（率）、巖（巖），《隋磨子敬造像》之戊（戊）、豹（豹）、亡（亡）等，很難找出規律，可能是字學不修，錯亂之舉，這種情況可見於北朝後起的民間刻石。北朝的文字兼及古今、雅俗，五花八門，還有一些文字現象值得注意。

五是合文。合文是古文字的制度，北朝依然保留。《八瓊室金石補正》卷十三延昌元年（512年）《劉洛真題記》："劉洛真為亡兄惠寶敬造釋迦像一區，敬造巷。"陸增祥云："巷，疑是供養二字之併省。"筆者按：北朝造像題字常有"供養佛時"之語。東晉《大通方廣經》寫本"卄滔滔常自緩"，《八瓊室金石補正》卷三十三唐《蔡宏節題名》："造卄一軀。"卄即"菩薩"二字合文。

六是同音假借。它是古文字的功能之一，是彌補造字之困。在隸變之後，字詞關係固定化，就不再適用假借之法了。北朝碑刻隨意使用同音字，實際上是一種寫別字，當時重要碑誌很少見到隨意使用同音字。《金石萃編》卷三十五武平六年（575年）《到興造像記并治疾病方》"陰乾"之"乾"作"幹"。延昌三年《張□伯卅人題記》"受命延長"，以"受"代"壽"。兄弟三人造像碑，也稱千佛碑，北周保定五年（565年）立於洛寧縣牛曲村《千佛寺造像》："保定五年三月二十日，夫眞至玄遠，無已（以）軆（體）其願，積行如頃弥（珍），乃至三千之世（界），擬（凝）光玄照，則悟大乘之里（理），極清（請）信佛弟子□□□□、□□、□□□兄弟三人等，減蓋（割）家弥（珍），敬造問（文）石像一區。"①

六朝到隋唐的碑別字是漢字歷史上的一個值得重視的問題，學術界談得不多。考察了碑誌的實際用字狀況，總體而言，南北朝處於隸變階段，字形不穩定，規範尚未完善。北朝碑誌文字，有其特殊性：一是沿襲八分的制度，用字法則寬鬆，字形處理機動，求美可以犧牲規範。二是人性簡惰，以變為尚，以簡易為求。深層原因是文化衰敗，字學不修，背離了正確的形體構造，導致文字改變，篆形謬錯，隸體失眞。

第五節　敦煌文書俗字之特點

敦煌莫高窟石室寶藏是宋代封閉的文獻寶庫，在20世紀初，一次偶然的機會被寄居的道士發現。不久，道士在連哄帶騙的唆使下，給斯坦因打開了石室。"那天早

① 徐蕊：《洛寧縣北周兄弟三人造像碑》，《中原文物》2004年第1期。

晨將通至藏有瑰寶的石室一扇門打開，從道士所掌微暗的油燈光中，我的眼睛前忽然為之開朗，卷子緊緊的一層一層的亂堆在地上，高達十呎左右。”①他進入石室後挑選了大批文書，擄掠回國，有人估計在 15 000 卷左右。1908 年法國人伯希和接踵而至，帶走了大約 5 000 餘件遺書。此情況經披露後，引起國人極大憤慨，1910 年清朝學部終於下令把剩餘的敦煌文書運回北京。聞訊而至的日本人、俄國人雖然遲到，還是用了各種手段弄到一批散落在民間的卷子。1944 年民國政府國立敦煌藝術研究所成立，常書鴻又發現了莫高窟土地廟塑像內的藏經，豐富了敦煌文獻。目前收藏在各國的敦煌文書，除了寫本外，還有少量木刻本以及其他紙質文獻。現在敦煌文獻藏於北京、上海、甘肅、遼寧、浙江等地，中國本土外，還藏於英國、法國、俄羅斯、日本等國家。敦煌文獻的出版最早由西方開始，但是不系統，且規模不大，但是這些文書是開放的，可以供研究者閱讀。國內出版的大型敦煌文獻有《敦煌寶藏》，計 143 冊，臺灣新文豐出版公司在 1981 年到 1986 年出版，可惜某些圖像不很清晰。20 世紀 90 年代開始，大陸啟動了敦煌文獻的系統整理出版工程，陸續出版的有《英藏敦煌文獻(漢文佛經以外部分)》，共 14 冊，四川人民出版社 1990 年到 1995 年出版；《俄藏敦煌文獻》17 冊，上海古籍出版社 1992 年到 2001 年出版；《法藏敦煌西域文獻》34 冊，上海古籍出版社 1995 年到 2010 年出版；《上海博物館藏敦煌文獻》2 冊，上海古籍出版社 1993 年出版；《北京大學藏敦煌文獻》2 冊，上海古籍出版社 1995 年出版；《天津藝術博物館藏敦煌文獻》7 冊，上海古籍出版社 1996 年到 1998 年出版；《上海圖書館藏敦煌文獻》4 冊，上海古籍出版社 1999 年出版；《甘肅省藏敦煌文獻》6 冊，甘肅人民出版社 1999 年出版；《浙藏敦煌文獻》1 冊，浙江教育出版社 2000 年出版。

敦煌文書是指在敦煌莫高窟藏經洞發現的文獻資料，莫高窟的藏經書寫年代最早在西晉，最晚在北宋初年真宗咸平五年(1002 年)，北魏時期的文書有相當數量，而以唐、五代時期為最多。敦煌文書中，佛籍佔了大部分，其他如契約戶籍、儒道經典、文學作品等。新疆鄯善縣吐峪溝東區北側石窟出土文書以紙質為主，並有少量樺樹皮寫本。書寫有漢文、婆羅謎文、藏文、回鶻文等。主要是佛經，其中有《放光般若經》《金光明經》《大般若涅槃經》《金剛經》《思益梵天所問經》等②。

敦煌的書法作品多出於專業書手，文字比較規範，是承襲南北朝以來文字發展的手書材料。它與出土銘刻文字相為表裡，顯示出了漢字字形的另一種面貌，與碑刻文字組成了完整的北朝到唐漢字形體的全部面貌。敦煌文書延續了 800 年左右這樣一個相當長的歷史時期，此時正當漢字形體從混亂到同一、從散漫到規範的過渡階段，

① 斯坦因著，向達譯：《斯坦因西域考古記》，中華書局、上海書店據 1936 年中華書局版影印，第 144 頁。

② 中國社會科學院考古研究所邊疆民族考古研究室、吐魯番學研究院、龜茲研究院：《新疆鄯善縣吐峪溝東區北側石窟發掘簡報》，《考古》2012 年第 1 期。

考察它的文字形體情況可以瞭解漢字俗字的詳細情況和正字系統的逐步建立過程。因此敦煌俗字在漢字形體史上具有不可替代的重要意義。但是敦煌文書尚不能反映當時整個漢字的面貌,特别是東晉以來南方的漢字形體發展。黄征就認為王羲之創造的行書字體,没有影響到敦煌文獻的演變,在 50 000 餘號文獻中"並無絲毫影響"。可是在南方出土的文字中,王羲之行書類型的形體是的確存在的。河西和吐魯番、高昌不斷出土紙質文書,一半是實用文書,使用的是日常形體。雖然其規模没有敦煌文獻大,但可以補充敦煌文獻的不足,對於研究北朝到唐的形體演變同樣彌足珍貴。再説,敦煌文書是當時漢文文獻的一角,不能完全包容漢字形體的全部内容,它既不能脱離整個漢字俗字體系,又不能囊括所謂的俗字問題。因此我們既不能無限擴大它的作用,又不能忽視它的重要作用,這是我們必須認識到的。

所稱的俗字,是從隋唐以來字樣書傳授給我們的認識,這個系統不是一成不變的。敦煌學興起之後,敦煌文書的研究延伸到語言文字的研究,從疑難語詞、文字的考證,逐步深入到敦煌文字本體研究,由正字再到俗字,已經取得了相當成績。1978 年潘重規主編《敦煌俗字譜》(臺北石門圖書公司),内容限於臺灣地區所藏敦煌卷子,僅録字形,且不甚清楚。大陸從事敦煌俗字研究比較晚,儘管敦煌文獻的研究者在文字訓詁中涉及文字形體時接觸到俗字,但不是把俗字作為一個專門問題對待。筆者最早見到的是北京大學中文系研究生吴可穎的《敦煌曲子詞俗字表》,署為 1986 年 10 月北京的油印本,此表儘管簡單,卻為草創,值得一提。"俗字表"的字形來源為英藏卷子的縮微膠卷,並參考了任二北《敦煌曲校録》、王重民《敦煌曲子詞集》、饒宗頤《敦煌曲》、太田辰夫《唐宋俗字譜》等著作。"俗字表"前有"説明",正表以拉丁字母為音序。他把俗字分成 7 類: 把複雜的部件换成簡單的部件;部件位置或筆畫調换;簡化;添加筆畫和部件;形旁互通;新造的字;採用正字。

1996 年張涌泉出版了《敦煌俗字研究導論》,詳細介紹了敦煌俗字的 11 種類型: 一是偏旁增減,其中細分為加表意偏旁、有重複已有表意偏旁顯化意符、另增表意偏旁以明字義;省略表意偏旁;省略表聲的偏旁。二是偏旁改换,其中細分為改换表意偏旁,有意近换用、形近换用、改變偏旁便於書寫、因事物質地或觀察角度變化而换用、改偏旁表意為表聲、改表意為表聲等。改换表聲偏旁,有音近换用、改换聲旁以求更確切地反映字音、改换聲旁簡化字形、形近變誤、改偏旁表聲為表意。三是偏旁移位。四是書寫變易。五是整體創造: 新造會意字、新造形聲字、新造象形字。六是正字蜕變。七是異形借用: 音借、形借。八是合文。九是類化。十是簡化。十一是繁化[①]。

2005 年黄征出版了《敦煌俗字典》,正文是以敦煌文書的掃描字形立目,異形依

① 張涌泉:《敦煌俗字研究》,上海教育出版社 1995 年版,第 212—219 頁。

次羅列，每個字形都有文獻出處，並有書證。字形不限書體，唯草書、篆書不闌入。字頭按照《漢語大字典》字序排列，前有“音序檢字表”，後附“原卷字形筆畫索引”。“前言”對俗字的定義、俗字的起源、俗字的種類等問題均有較為深入的討論，這是一本全面的研究敦煌俗字形體的著作。他在“前言”中歸納出了敦煌俗字的 10 類 41 種。一是類化俗字，其下又分：涉上、涉下、涉左、涉右、涉內和部首類化俗字各類。二是簡化俗字，其下又分：省筆畫、省偏旁、換偏旁、遞減、聲旁、形旁諸項簡化俗字。三是繁化俗字，增筆畫、增偏旁、累增、換旁、聲旁、形旁、初筆點丟、末筆點丟諸項繁化俗字。四是位移俗字，其下又分：左右、上下、內外各項俗字。五是避諱俗字，其下又分：缺筆、變形、改編偏旁各項俗字。六是隸變俗字，其下又分：增筆、減筆、形訛各項俗字。七是楷化俗字，其下又分：隸書、草書兩項楷化俗字。八是新造六書俗字，其下又分：象形、會意、形聲、指事四項俗字。九是混用俗字，其下又分：部首、偏旁、部件三項混用俗字。十是准俗字，其下又分：合文、隸古、武周新字三項所謂准俗字[①]。

兩者對於敦煌俗字的類型研究透徹，分類很細，比較具體地描寫了敦煌俗字的情況。但是分類內容交叉，甚至有點龐雜，反而顯得條理不甚清晰。這些俗字中，有些可以屬於俗字內容，但不是形體的問題，如“異形借用”中的“音借”，這就是寫白字，是用字問題。黃書中“新造六書俗字”中“象形俗字”和“准俗字”，皆有武周新字。“武周新字”是由政府頒佈，全國通行，它本身具有權威性，雖然實質上是一種俗字的產物，但是不能算作俗體。缺筆等形式的避諱字是一種書寫習慣，是在特定時期的字形處理，雖然看起來變動了字形，但是整個框架沒有變化，也不影響交流，因此也不能算作俗體。再有那些加“點”的字，它們是先秦古文字羨筆習慣的延續，這個羨筆一向沒有固定的程式，可以加，也可以不加，加與不加並不改變字形結構，因此也可以列入俗體的範圍。

有些俗體的形成相當複雜，例如列入“整體創造”的“新造會意字”，“𠁽”字在北魏墓誌中常見，但是“人”字寫得極小，成為包孕形式。漢代隸書中“老”字從“匕”，也訛變成從“止”，“止”又分解，一部分歸屬左上，形成“先”，餘下部分草化成“人”[②]。所以，它不是單純的另造會意字。“蜚”，《干祿字書》已有記錄，是傳承久遠的俗字。張涌泉把它列入“改換聲旁以求確切地反映字音”，不過這並不是刻意修改，而是字形訛誤而改。草書寫作（懷素），然後楷化為“蜚”，上部的“北”是草書變化而來，此字本來也不是出於增強表音功能。因此，段玉裁《説文解字注》釋“蜚”字“俗從北，非聲也”是有道理的。再如列入“改表聲的偏旁為表意偏旁”的“迯”，在漢簡草書中為（《居延漢

① 黃征：《敦煌俗字典》，上海教育出版社 2005 年版，“前言”第 11—33 頁。
② 陸明君：《魏晉南北朝碑別字研究》，文化藝術出版社 2009 年版，第 227 頁。

簡》157.1)，明顯在“兆”的右邊寫成“卜”，所以它是草書楷化的字形，以後改寫為“外”，它也是草書楷化成的會意字，並非拋棄原字，重新組合成字。如果把這些字列入“書寫變易”更加妥當。列入“整體創造”的敦煌俗字有“凹”和“凸”，説它們是象形字没錯，但是創造的説法值得商榷。《説文・曲部》：“𠃊，古文曲。”西漢初年的大墳頭1號漢墓遣策載“䣛沜畫𠃍一”，指的是隨葬的六博，因為有曲道，故稱[①]。𠃊或者𠃍完全是象形構字，“凹”“凸”兩字形體相似，也是象形構字，應該説後者是在前者基礎上的改造。

敦煌文書内的俗字既有繼承的普遍性，也有自己的特點。黄征説：“我們不難看出：這吳越國王錢俶所造、杭州雷峰塔出土的《一切如來心祕密全身舍利寶篋印陀羅尼經》，其用字與敦煌寫本用字基本一致。一個是西北沙漠中出土的，一個是東南磚塔中出土的，二者在政治地域上的限隔不啻萬里之遙，它們的高度近似，證明敦煌俗字與國内其他地區的俗字時代共性大於地域個性。”[②]例如合書是古文字流傳下來的書寫習慣，在漢代以後，正式文書中已經很少見到。但是在民間日常的書寫中依然保存，敦煌文書就比較突出。在佛籍中經常使用的複合詞就依然使用合書，但是它的合書形式是古來所無。“菩薩”合書為𦬇，可以理解為截取“菩薩”的兩個“艸”，此字又寫作艹〻，用重文號表示相同的部件。有的字無法分離出合適的部件就用正體參與合成，“菩提”成為䒬，又用代號取代“提”，成為𦬇，其下“卄”與“提”形體上無共同點，變為一個代號了。“涅槃”的合書為卅、卅、卌，此卌與原來的字形毫無關涉，衹是以此做個記號替代原來字形，所以完全是代號化了。在漢代的隸書中經常用類似卌來表示複雜部件，如“農”“要”“遷”之上部都是這種代號，因此這個代號並非敦煌時代所創。但是，純粹用代號來組成合書是前所未有的。這是以前的合書所無。“某乙”之合書厶乙，“乙”是什麽，學界有點爭議，姑且不論，“厶”是一個代號則無問題，此合書是代號成分構成。

敦煌俗字不止在當時使用，其實在此之前和之後成其流行，敦煌文書不過是其中的一段經歷而已。

一是，非唐代專有，比如合文，這是先秦文字的常則，使用相當廣泛，而且大部分合文有合用筆畫或者省減形體的現象。敦煌佛籍中的合文大致也是採用了省減的辦法。

二是，非敦煌專有，如“宝”字是省貝、省缶聲而來，戰國中山王印已用此字，古文字“玉”“王”形近似，抑或俗書省“玉”之點成“王”，成為“宝”字，唐以後依然流行，

---

① 湖北省博物館：《雲夢大墳頭一號漢墓》，載《文物資料叢刊》第4輯，文物出版社1981年版，第19頁。
② 黄征：《敦煌俗字典》，上海教育出版社2005年版，第17頁。

所以宋代《履齋示兒編》引《字譜總論訛字》把“宝”“宔”列入俗字。又如“鐳”字,列入增加表意偏旁類型,此字在漢代銅器銘文中常見,如“昆陽乘御鐳”,在後代也沿用,如清《閩雜記》中有此字。

三是,屬於流行的俗字,如“麗質”寫成“孋嬻”。

四是,“幼”,《正名要錄》列為“婦”之“訛俗”字。

五是,某些不屬於俗字類型,偏旁位置的變動是俗字經常發生的,既是古文字遺留的習慣,也是書法藝術和個人的書寫習慣。從總體上來説,它應該納入俗字範圍,但是不必納入俗體。“鵞”也寫作“鵝”,“鵞”還有上下包孕式,無獨有偶,南朝梁墓磚銘把“鴨”寫成“鴠”,這些一般視為書法領域現象。例如“囂”與“矋”,這種不同的安排完全是出於書法間架考慮,因而此類字很少當作俗體字。北朝“軀”常寫作“區”,“區”內的三個“品”,或者顛倒,或者向右翻,變化多端。“皂”也寫作“阜”,法門寺唐代《應從重眞寺隨眞身供養道具及恩賜金銀器物寶函等并新恩賜到金銀寶器衣物帳》寫作“皀”,刻意視作書法藝術現象。“裹”寫作“褁”,包孕結構變為上下結構,字形變化較大,超出了書法的範圍,可以視為俗體。

六是,書寫變易是俗體的特殊現象,這種變易超出了字形變化的合理範圍,使得比較有序的字形聯繫、區別出現混亂。

七是,雖然有些分類值得商榷,有待進一步完善,但比較張涌泉和黃征的分類,各有異同,交叉錯互。這反映了敦煌俗字的複雜性。敦煌俗字是當時民間流行的俗寫字形,字形混亂,不利於文字的順利流通,增加了文字使用者的負擔。而且這種隨意書寫字形的風氣彌漫,破壞了文字的嚴肅性和合法性,客觀上起了破壞文字的不良作用。

八是,“捕”字少了右上一點,黃征列入簡化俗字,實際是草書。“觀”字下兩口變一横也是草書,“把”字內心一短豎省略也是草書。“末筆點丟繁化俗字”中“涉”右加點,“神”“升”“淑”右邊加點。

“隸變形訛俗字”中“永”字作(甘博 003《佛説觀佛三昧海經》),此字並非形訛,是舊法的漢隸寫法,衹是捺筆特長而已。大部分字例皆為書寫風格形成的形體,很難成為一種俗體。“弘”作(敦研 270《佛經》),漢《陳球碑》已經有此寫法,北朝碑刻中多寫此形。又如“繫”字有、、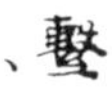、、五種寫法[①],黃征指出,前三例都是隸書,第四例是行書,第五例是楷書。它們被分列為 5 個俗字的字形,寫法是有些差異的。“車”的寫法一致,並無異樣,可以撇開不論。具體的差異在“殳”,第一、二、四種與第三、五種不同,不合規範寫法。但是我們無法給它一個確當的隸定。再

① 黃征:《敦煌俗字典》,上海教育出版社 2005 年版,第 7、442 頁。

看部件"糸"下之"小",第二、三種與第一、四、五種不同,不合規範。第二種成平行三點,第三種是一横。但是我們依然無法給予一個適當的楷書部件來對應。實質的問題在於這些字都不是嚴格的楷書,特别是前 4 個字形,基本是行書,其中一些部件還是草法,發生異形的恰恰就是用草法書寫的。草法與楷法不是一個平面上可以比較的,除非把草法楷化,現代來源於草書的楷體簡體字,如"長""專"等字的繁體與簡體。因此筆者認為俗體字是楷書一個平面上的形體比較,行草因素應該排除,按照這個道理,這 5 個字就不宜當作不同的俗體來羅列。而且隸書和楷書雖然没有像篆書與楷書那樣明顯的差别,但是也不宜放在一個平面上作比較,因為兩者整體的筆畫形態和某些結構可比性不强,比較起來很容易出偏差。不過這 5 個字形都是眞書,没有"隸書",它們的體略扁、横略輕,捺、横收尾重,衹是書法風格而已。總之,寫本的俗字形體研究必須避免不同書體的比較,注意行草書法的形體特點,避免把帶有個性化色彩的隨意連帶省略當作不同的形體。

第六章　古今混合之書風與武周新字

第一節　眞書夾用篆字之風尚

在眞書中夾用篆字，是指兩個含義：一是夾用隸古定體，二是兼用篆體字。從廣義上來説，這是古今兼形的一種做法。首創者是曹熹，東漢後期到三國的刻石出現了這種慕古現象，如《西嶽華山碑》《曹眞碑》今體夾古體，是此類代表。元氏魏碑體承襲八分格局，相容古體，夾用隸古定的字形。顧炎武稱為雜體書，《金石文字記》卷二：東魏興和三年（541 年）“李仲璇修孔子廟碑并陰”：“其文一行之中有篆有分有隸有草，雜亂無倫，而或者以為奇。”西林昭一認為此類雜體以北魏正平至和平年間（452—465）的《劉賢墓誌》為最早，此外還有永平四年（511 年）《楊穎墓誌》、永平四年（511 年）《楊阿南墓誌》①。

現以北魏孝昌三年（527 年）《胡昭儀墓誌》為例，誌主為肅宗昭儀，為北魏名刻，魏碑體的典型。墓誌中有不少隸古定的字形。如：

與篆書比較，魏碑體有摹寫篆字結構，如金、復、祥，有部件摹寫篆字，如歲、教，有筆畫摹寫篆字，如丂、五。有的是強調篆字部件的意義，如“寒”下從“二”，與“冰”部首保持統一。這些字形不同於通行字形，是代表古體的部分。

北朝墓誌的古體繼承了它的前身——八分的制度，是從娘胎帶來的。它的古體與八分一樣，内容比較複雜。東漢以及後來的隸古定絕大部分來自小篆，部分來自傳世古文和以前文獻中的雜體，如“曾”字中間兩個“人”的寫法，可能來自傳世古文。有的不過是以前碑刻中的俗體，如原字等。夾用古體有的有積極作用，如“寒”之二横，“魏”之從“山”，更加符合造字的原意。北朝碑刻的兼用古體祇是沿用八分銘石書習慣，無文字學的意圖，對文字無實用價值。

“北朝後期隸楷雜糅的銘石書，生硬嫁接，甚至還夾雜著篆書，簡單的拼湊，顯得不倫不類，其結果必然是降生出既缺古法又少新意的怪胎。”②北魏時期出現的古今兼

① ［日］小川博章：《曹植廟碑考》，淑德大學書學文化中心《書學文化》第二號，2001 年，第 66 頁。
② 張同印：《北朝後期的文字復古與刻經書法》，《書法叢刊》2008 年第 3 期。

用形體的現象，没有隨著魏碑體的南朝真書化而消退，依然繼續存在，而且在北朝後期還不斷地發展，得到加強。

北朝的銘石書雜用古體、隸古定，而真書與篆字，兩者有一個難以逾越的門檻。在北齊、北周打破了這個界限，可以直接夾用隸古定，甚至直接使用篆字。從目前發現的碑誌看，最早的夾篆刻石見於北齊的天保年間(550—559)。

北齊天保元年(550年)《賀拔昌墓誌》正書，間雜八分波筆，其中衹有一個篆體“君”字，“君”字多次出現，除去破殘無法看清外，“君夙誕龍萌”之“(君)”為篆書，前二“君”字為八分，為隸古定①。

在隋代南北真書書體基本趨向一致時，古今兼形卻没有走上消退之路，反而越發厲害，夾用古體從隸古定變為篆體；不僅如此，篆體中還摻入雜體書，光怪陸離，出現一個奇怪的字體現象。

開皇九年(589年)《賈府君之神碑》，真書②。通篇真書碑文中，夾篆體字(君)，、(之)，、(珠)，、(浦)，、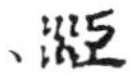(江)，(前)，皆用篆字結構；(南)、(君)、(軍)用圓筆之篆。

圖4上6-1

開皇十三年(593年)《曹植碑》(圖4上6-1)，亦稱《陳思王曹子建廟碑》《曹植墓神道碑》等，碑在山東東阿。通高2.7米、寬1.03米、厚0.21米，22行，行43字。楊守敬《平碑記》：“《曹植廟碑》用筆本之齊人，體兼篆隸，則沿北魏舊習。然其筆法實精，真有篆隸遺意，不第如《李仲璇》等碑之貌也。”③《曹植碑》真書與篆、八分相容，交融一體。碑文實際是真書碑，篆、八分衹是參雜其間。篆書的成分有兩種形式：一種是直接寫篆字，如(年)、(壹)、(懷)、(文)、(容)、(之)、(安)、(清)。一種是真書和篆字相結合，如似乎是篆字形體，可下面的“口”卻是真書，一半是篆字，一半是真書；再如(子)、(山)是用真書筆畫來寫篆字，有的字衹是偏旁用隸定，如之“心”，有的臆造出古體，如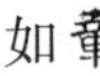之“彡”加了彎曲。這些篆字的結構大多不合規範，“容”“懷”字的結構是錯的，“壹”字結構不錯，可是中心的“吉”字是真書。“之”字結構大致可以，可是筆畫是真書和八分。，《説文》中列為古文，可能也是傳本中的古字。並非篆字，而是東漢以來流行的俗體，《高彪碑》《孔宙碑》可見此字。《曹植碑》採用的八分成分不多，(有)、(年)大致是八

① 太原市文物考古研究所：《太原北齊賀拔昌墓》，《文物》2003年第3期。
② 許萬順：《新發現隋開皇九年〈賈府君之神碑〉》，《中國書法》2006年第7期。
③ 楊道讓：《聊城與東阿魚山〈曹植碑〉》，《書法叢刊》2004年第4期。

分的結構和筆法，但是很多情況在一個眞書中衹採用了一筆橫波，如雜、言、事，三字中衹有一筆。此碑是楷書，也間雜行書，如須字的偏旁是行草的寫法。此碑書法藝術水準很高，筆致精煉，結體生動，文字的選體經過精心安排，透露了北朝以來的很多字體消息。同碑中既有古體，也有今體，古今並存，如寶和式、南和丰等，這是北朝以來的夾篆碑刻中常見的現象。《曹植碑》中有些字寄意很深，當時盛行，後人已經完全不知。如火字捺筆是重筆，這麼一通碑刻，不能看作粗疏失誤。又如任字短撇似鳥形，也非隨意而為，而是鳥書。

開皇九年（589 年）《章仇禹生等造經像碑》在山東汶上，17 行，行 48 字，碑已斷為二。據小川博章考證，此碑與《曹植碑》為一人所書，從他作出的比較看，可以相信[①]。

山西省襄垣煤運公司家屬樓工地發現隋代磚室墓。其中，大業三年（607 年）《浩喆墓誌》（圖 4 上 6－2），誌文正書和篆體夾雜。楷書中雜有篆字結構的字，此外楷字還帶有波筆，如無、異具有八分意味，又如心（心）、河（河）、竹（竹）、陸（陸）、孝（孝）等，但是這些篆字大部分是楷化篆字，而且是杜撰的結構，如尉（尉）、然（然）、軍（軍）、獄（獄）、奇（奇）及東、東（東），部分正書採用篆書隸定的形體，如“郡”“響”字中的右“阝”寫作“邑”，為篆體，但是採用正書的筆畫形式。不過總體而言，文字錯體、破體比比皆是，這是由當時風尚決定的[②]。

圖 4 上 6－2

圖 4 上 6－3

山西省襄垣煤運公司家屬樓工地發現唐代磚室墓葬，出土浩寬（圖 4 上 6－3）、浩頊、浩廉 3 件墓誌。浩寬墓誌有蓋，蓋中心為高浮雕獸首銜環，兩側篆書“唐故浩君之

① ［日］小川博章：《曹植廟碑考》，淑德大學書學文化中心《書學文化》第二號，2001 年，第 67 頁。
② 襄垣縣文物考古博物館、山西省文物考古研究所：《山西襄垣隋代浩喆墓》，《文物》2004 年第 10 期。

墓誌銘”，永徽六年（655 年）墓誌曰：“恐後湖田變易，陵谷遷移，勒此遺芳，銘之泉戶。”文 14 行，滿行 14 字，共 189 字。正楷，字跡端飭流美，其中有篆字“君”“字”“文”“上”“黨”“浩”“之”“高”“長”“欽”“天”“不”“年”“遺”“芳”“傳”“千”，大致規整，帶正書筆意，個別有俗體，如“”字、“”字，與篆字有別，而“”雜有正書的筆法。這是六朝以來的篆字面貌。細味篆字的用法似乎對墓主的名字（君、字、文），其家世淵源（上、黨）、父名（欽）、其死之年（不、年）以及身後令名（遺、芳、傳、千）皆有意強調。值得注意的是，墓誌中同樣一個字分別用了兩種字體，同樣的篆字，字形也不相同①。

夾篆的風氣在隋朝達到頂峰，體例也趨完備，從形體到用法形成整套規矩，成為當時銘石書的特有體裁。這個習慣一直延續到唐代前期，可以視為老派書法，為少數墨守者保持。

貞觀五年（631 年）《□褘墓誌》（圖 4 上 6－4），墓主姓氏不詳，但知名褘。19 行，行 18 字②。此誌楷篆相雜，兼有八分。篆文似乎集中在朝代、官銜、籍貫、干支、年月等，如“貞觀四年十一月卒，五年歲次辛卯二月辛卯朔十六日丙午”（加橫綫者都是篆字），但是不盡然。比如“齊”“隋”為篆文，但是“周”卻為楷書，似有褒貶之意。形體駁

圖 4 上 6－4

① 山西大學文博學院、襄垣縣文物博物館：《山西襄垣唐代浩氏家族墓》，《文物》2004 年第 10 期。
② 郭也生：《〈千唐誌齋〉誌石選粹》，《書法叢刊》第 4 輯，文物出版社 1982 年版，第 54 頁。

雜，雖然大部分為篆文，如生>生、五>五等，但大多數是寫法不規範的俗篆。寫法古怪，雜有俗體，如齊>齊、孫>孫、也>也、商>商，墓誌的篆文很少合乎正篆形體，不是結構有小訛，如豈>豈、鼓>鼓、涅>涅、陽>陽、南>南、淄>淄、金>金、辛>辛；就是筆畫有欠缺，如車>車、嬌>嬌、貞>貞、鈴>鈴、那>那；還有根據楷書來寫篆字，如權>權；更有以楷書來杜撰的，如乎>乎、山>山；還有帶有篆體成分的似篆非篆的楷書，如秋>秋、足>足等。又見古文，如"逝水難回"之"回"作"◎"。高古文象高形，墓誌俗寫作高。這些篆字似乎更多是從書法美觀角度考慮，如"月"正篆字作月，墓誌有月、月二形，又有楷書字形。又"濟濟容儀"之"濟濟"，正篆作濟，墓誌有不同的兩個形體"濟""濟"，皆為俗體，後者還是省文。此外，楷書中也含有篆書的成分，如"泉"之"水"，又如"清"依照正篆清之下從"丹"，雖然楷書碑中一般不摻雜草書，但是"風"字中間就用草書。

第二節　武周新字始末

古代幾次帝王造字，以武周造字影響最大，遺留下不少問題。自 20 世紀 80 年代以來陸續有文章發表，結合出土的碑石文獻資料，探討製字的一系列問題，製字的經過、字形構造和來源等，取得了相當的成果。但是這個武周新字並不是文字學的熱點，在文字學界基本上沒有給予很大的關注，對此比較陌生。

武周改字，也稱武氏製字，製出之字稱作新字，用新字取代通用的字。所涉之字，主要有三類：天象日月類有天、地、日、月、星、年、正；國家君臣類有國、君、臣、人、曌；年號類有載、初、證、聖、授。所改的字非常有限，但因武周終朝皆在使用，是武則天的一種文化標誌。新字在《新唐書》等歷史文獻上雖有記載，但略而不詳。一是沒有系統記錄，內容簡略、零星，許多方面沒有涉及，留下了缺憾；二是碑刻文字形體變化，日久漫漶，武周新字字形多有錯誤；三是流傳古籍中，傳抄之誤、版本之訛，留下疑問，至今疑竇重重。所幸河南、山西、陝西一帶地下文物豐富，出土的唐代墓誌衆多，陸續公開。我們把出土墓誌與傳本文獻兩相對照，不僅可以補充史載不足，並且能糾正傳寫謬誤，加深認識。

永昌元年(689 年)十一月初一，武則天正式登基，頒佈《改元載初敕》，頒佈新創 12 字，以利輔政。"習俗多時，良難頓改。特創製一十二字，率先百辟。上有依於古體，下有改於新文。庶保可久之基，方表還淳之意。"此 12 字史籍皆有記載：《新唐書・后妃傳上》："(載初中)作曌、丙、埊、㋀、囝、〇、凬、思、㐰、䍃、𠀑、𠁈十有二文，太后自名曌。"[①]

① 歐陽修等：《新唐書》，中華書局 1975 年版，第 3481 頁。

《宣和書譜·歷代諸帝》:"(武則天)考其出新意,持臆説,增減前人筆畫,自我作古,為十九字,曰:𠀑天、埊地、𡆠日、囝月、〇星、𠺞君、𠡦年、𠙺正、𢘑臣、曌照、𡕀戴、𡕀載、圀國、𡔈初、𨗍證、𥠢授、𤯔人、𨲢聖、𤯓生。當時臣下奏章與天下書契,咸用其字,然能獨行於一世而止。唐之石刻載其字者,知其在則天時也。"①

鄭樵《通志·六書略五》:"𠀑代天、埊代地、𡆠代日、囝代月(又作匨)、〇代星、𢘑代臣、𡕀代戴、𡔈代初、𠦚代年、𠙺代正又作𠙺、曌代照、𨗍代證、𨲢代聖、𥠢代授、𡕀代載、圀代國。右武后更造十八字代舊十六字,史臣儒生皆謂其草創無義。以臣觀之,'天'作'𠀑','日'作'𡆠',並篆文也。'年'作'𠦚','正'作'𠙺',並古文行於世者。'授'古文亦有作'𥠢''𥠢'者。'國'亦有作'圀'者,'地'籀文或有作'埊'者。崔希裕纂古而作,孰謂其草創而無所本歟?"②

《資治通鑑·則天后天授元年》:改永昌元年十一月為載初元年正月,"鳳閣侍郎河東宗秦客,改造'天''地'等十二字以獻。丁亥,行之。太后自名為曌,改詔曰制。"胡三省注:"十二字:'照'為'曌','天'為'𠀑','地'為'埊','日'為'𡆠','月'為'囝','星'為'〇','君'為'𠺞','臣'為'𢘑','人'為'𤯔','載'為'𡕀','年'為'𠡦','正'為'𠙺'。又有'證'為'𨗍','聖'為'𨲢'。"③

武則天的改字是有一個過程的,頒佈有先後,也有改正。根據出土的墓誌加以考察,施安昌提出這個過程前後共分五期:一是載初元年正月八日(689年12月25日),製字12個:天、地、日、月、星、年、正、君、臣、載、初,以及武則天自名曌;二是天授元年九月(690年10月)製"授"字;三是證聖年正月(695年11月)製"證""聖",四、五月(695年5月、6月)增"國"字;四是聖曆元年(698年)增"𤯔"(人)字,又"月"字廢𠥱改為匨;五是長安四年(704年)十一月武則天卒,中宗李顯改元神龍年號,武則天的製字遂廢[4]。從載初元年(689年)到長安四年(704年),共製18字④。

宋王觀國《學林·孫休四子名》曰:"《唐書》則天武氏自製十有二字,曰:曌(照)、而(天)、埊(地)、𡆠(日)、囝(月)、〇(星)、𠺞(君)、𢘑(臣)、𡕀(載)、𡔈(初)、𠦚(年)、𠙺(正)。"又:"《集韻》載則天自製者十有八字,於唐史十有二字外,復有六字,如𤯔、圀之類,皆見於當時薛稷所書之碑。"⑤武氏造字衹此18字,史籍有19字或更多字,18字以外的字都是誤傳、誤識。

"載"改字:《宣和書譜》武后製字"𡕀戴"、《通志》"𡕀代戴",武則天並未為"戴"字

① 佚名:《宣和書譜》,上海書畫出版社1984年版,第7頁。
② 鄭樵:《通志》,浙江古籍出版社1988年影印本,第509—510頁。
③ 司馬光:《資治通鑑》,中華書局1956年版,第6463頁。
④ 施安昌:《從院藏拓本探討武則天造字》,《故宮博物院院刊》1983年第4期。
⑤ 王觀國:《學林》,中華書局1988年版,第317頁。

製字。《契苾明碑》:“業盛後昆,道隆前𡕀(載),遐邇欽挹,夷夏欣戴。”很明白,“前載”之“載”改了,而“戴”未改。而且𡕀或者𡔾從“黑”或者從“車”,是“載”字的製字,本不是“戴”字。𠧋字出於《新唐書》,而此書未表明此字所屬,留下了猜想空間,導致《宣和書譜》把𠧋當作“載”之製字。金石學家歐陽修不知是從哪個唐刻上發現此字的。施安昌認為:“由於本字在音、義上的相似,引起對改字的混淆,宋人將‘載’的改字誤作‘戴’的改字,並以為兩字都改寫過也就不足為奇了。”[①]明初陶宗儀《書史會要》卷五:“(皇后武氏)出其新意,持臆說,增減前人筆畫,自我作古,為十九字,曰:𠀑(天)、埊(地)、𡆠(日)、囝(月)、𠁅(初)、𤩽(證)、𥠢(授)、𤯔(人)、𨲢(聖)、𠥱(生)、〇(星)、𠁈(君)、𠡦(年)、𠙺(正)、𢘑(臣)、曌(照)、𡕀(載)、𠧋(除)、圀(國),當時臣下章奏與天下文契咸用其字,然獨行於一世而止。”[②]知道其𡕀為“載”字,並無“戴”字。

“應”新字:“𢈔”,源於顧炎武《求古錄》對武后時具有武氏字的《博城縣令詩》刻石,“緹幕灰初𢈔”,顧按:“疑是應字。”《字彙補》:“疑是應字,武則天製,見《大周泰山碑》。”此後《康熙字典》《中華大詞典》都承襲其說。《漢語大字典》收此字云:同“應”,引《字彙補》內容,默認了此說。但是在考古出土的唐代文字資料中找不到證明,實為以訛傳訛。

《宣和書譜》:𠥱為“生”之改字。後人因此誤認此為武周新字之一。但《集韻·平聲四》:“生、𠥄”,“唐武后作𠥄”。很顯然,𠥱即𠥄之訛字,不是“生”之製字。究其錯誤的原因,可能是宋人不知“月”字兩次製字,祇知改作卐,不知後改之𠥄。實際上,𠥄內之“出”字近似篆書之“生”,因而發生錯誤,影響後人的判斷。

武周新字隨著武周朝結束而廢止,但是没有禁絕,依然有個別字為後人使用。唐代西南的南詔國也使用漢字,雲南安寧市小石莊的《王仁求碑》為武周聖曆元年(698年)所立,天、地、日、月、國、聖皆用武周字。中原武周新字廢除後,南詔旋即棄用。後來南詔與唐交惡,南詔又復採用“圀”字。如:南詔豐祐十一年(850年)《張傍龍造像記》“圀王”、大理國元亨二年(1186年)《興寶寺德化銘》“大理圀”。最妙的是大理國分別使用“國”和“圀”。如文治九年(1118年)《維摩詰經卷》內一“大理圀”“大宋國”分別書寫。“國”字,武則天認為“國中或惑也”,這是後人繼續使用“圀”的原因[③]。武周新字當時就傳入日本,日本人對“圀”字有好感,長期以來魅力不減。江戶時代藩主德川光圀(1628—1701)正是武周新字[④]。中原的使用例子不多見,敦煌卷子後晉天福

① 施安昌:《關於武則天造字的誤識與結構》,《故宮博物院院刊》1984年第4期。

② 陶宗儀:《書史會要》,上海書店1984年影印本,第132頁。

③ 陸錫興:《漢字傳播史》,語文出版社2002年版,第143頁。

④ 梁曉虹:《日本古寫本佛經音義與漢字俗字研究》,《中國文字學報》第二輯,商務印書館2008年版,第124頁。

九年（944年）寫本《四獸因緣》：“過去久遠，往昔世時，有一大圀，號曰迦屍。”抑或是傳抄而來？如果是孤例就很難説明問題了。

第三節　武周新字辨僞

武周新字雖然衹有18個字，但是形體問題卻非常複雜。新字通行體用楷體，又有草體、八分及象形體。通行楷體以方折筆畫為主，如埊、𢘑、圀等，兼有古字圓轉綫條，如𠀑、𡆠、〇、𠥱、𡕀等，後者不是很容易書寫，常會訛變。有時一通碑刻中會有多體，如《昇仙太子碑》中就有武周製字，如“天”字就有篆體𠀑，又有草體𠀑；“日”有草體𡆠，又有象形體𡆠，𠥱（月）、埊（地）等為行草書，𨲢（聖）卻又是楷書。千377《杜氏墓誌》八分書碑，武氏製字全用八分書體，如𠀑𥠢（天授）、𠙺（正）、𠥱（月）、𠦚𠦚（年）、𡆠（日）①。

武周新字採用了非常規的形體，有些字的結構含義不明，不容易理解，有些字採用篆字筆畫、道教符書的部件，字形古怪，楷篆相雜，不易書寫，加之流行時間短促，因此後世傳寫錯誤很難避免。武周時期，武周新字尚不能保證字形正確，現見唐碑中錯誤字形常可碰見。如𠦚（年），《皇甫玄墓誌》下居然有從木者；𠙺（正），《高珍墓誌》字下有寫作止的；𨲢（聖），《史愛墓誌》作𨲢、《韋愔墓誌》作𨲢②；都是不知製字本意導致字形錯誤。宋代以來的圖書既有唐代遺留的字形錯誤，又有傳抄、刻板的形訛，因此錯多對少，後人不能輕信。

“𡇒”，武周時碑不誤，傳世古籍也不誤，但是傳抄多誤。《龍龕手鏡》為𡇒、𡇒、𡇒、𡇒等，日本流傳𡇒、𡇒、𡇒等，大多上部“明”誤為雙“日”，下部“空”分别誤為“安”“宁”“字”“定”等③。

武則天“月”新字前後不一，採用了兩個字形，一個是古式圓體，一個是楷體。最初新字為“𠥱”，由〇和卍組成，唐釋慧苑《大方廣佛華嚴經音義》：“卍字本非字，大周長壽二年，主上權製此文，著於天樞，音之為萬，謂吉祥萬德之所集也。”但是𠥱字中卍字甚不便寫，往往變形為𠥱、𠥱、𠥱，例如：

天授元年（690年），千376《王氏墓誌》𠥱、𠥱；

天授二年（691年），千377正月《杜氏墓誌》八分書，𠙺𠥱；

天授二年（691年），千380《皇甫玄誌墓誌》𠥱；

---

① 河南省文物研究所、河南省洛陽地區文管處：《千唐誌齋藏誌》，文物出版社1984年版。本文引用該書，均在墓誌前以“千”當頭標出編號。

② 吳綱、吳大敏：《唐碑俗字錄》，三秦出版社2004年版，第185—186頁。

③ 見梁曉虹：《日本古寫本佛經音義與漢字俗字研究》，《中國文字學報》第二輯，商務印書館2008年版，第124頁。下同，頁碼不一一標出。

萬歲通天二年(697 年),千 441《奚敬弘墓誌》𠥱;

萬歲通天二年(697 年),千 435《薛氏墓誌》𠥱;

長壽二年(693 年),千 408《張道墓誌》𠥱;

長壽三年(694 年),千 419《張玄封墓誌》𠥱;

萬歲登封二年(697 年),千 434《李夫人墓誌》𠥱;

萬歲通天二年(697 年),《獨孤思貞墓誌》𠥱;

萬歲通天二年(697 年),千 440《趙阿文墓誌》𠥱。

古籍上的“囝”,是“口”中“子”,“子”是“卐”草寫形訛,以訛傳訛,“囝”誤在版本,而非碑刻。日本古籍中就有囝,保留了圓的外圈,中心用楷書“子”,是半篆半楷的形體。《通志》“卐”亦是“𠥱”草寫而來,該書又曰“又作匣”之“匣”,恐怕是“𠥱”字轉寫之誤。聖曆元年(698 年),“𠥱”改作“𠥱”,最後被便於書寫的楷體“𠥱”替代。聖曆元年(698 年),千 448《暢懷禎墓誌》“貳𠥱”“長壽貳年五𠥱”。聖曆三年(700 年),千 453《崔玄藉墓誌》“𠥱”。長安三年(703 年),千 493《成惲墓誌》“𠙺𠥱”。

武周新字“𡆠”始終没有改變,仔細觀察字形一般都寫作𡆠、𡆠,有的墓誌寫成一條浪綫,如天授二年(691 年)千 387《衡義整墓誌》、千 385《掌思明墓誌》作𡆠。正確字形應當以大多數的墓誌𡆠為准,“乙”形中頭、身、尾俱全,是神鳥形狀。《昇仙太子碑》作𡆠,為鳳凰展翅形狀。𡆠、𡆠是後代刻本的楷化字形,由“口”内“乙”組成,《學林》徑直省作“乙”,純粹是後人杜撰,不是碑石的原形。

《昇仙太子碑》作𨲢,由長、𠙺(正)主合成。千 422 證聖元年(695 年)《婁氏墓誌》作𨲢,字形正確。但是史書所記不確:《龍龕手鏡》作𨲢、𨲢、𨲢、𨲢、𨲢、𨲢、𨲢,《宣和書譜》作𨲢,《通志》作𨲢。《資治通鑑》胡三省注:武則天製字,“聖”為“𨲢”,《字彙》謂“好髪貌”,亦誤。

“初”,由天、明、人、土合成,寓意蒼天在上,光明照耀人民和土地。天授二年(691 年)《元罕墓誌》𡔈[1]、千 380 天授二年(691 年)《皇甫君墓誌》𡔈皆從天,内從明、人、土。千 427《楊君升墓誌》萬歲登封元年(696 年)、千 422 證聖元年(695 年)《婁氏墓誌》𡔈,皆内從二日、人、土。《王智通墓誌》作𡔈,内從日、王、人、王。《劉僧墓誌》作𡔈,内從雙日、土。《于遂古墓誌》作𡔈,從雙日、八、土[2]。《龍龕手鏡》𡔈、𡔈、𡔈,《宣和書譜》𡔈、《書史會要》𡔈,從雙貝、土;《通志》𡔈,上從“工”,中從二日、工,均誤。

《通志》一書收羅武周新字錯誤最多,𨲢(聖)、𠙺(正)、埊(地)等,皆是筆畫增損無

① 李希泌編:《曲石精廬藏唐墓誌》,齊魯書社 1986 年版,第 22 頁。

② 吳綱、吳大敏:《唐碑俗字錄》,三秦出版社 2004 年版,第 186 頁。

度，顯然是傳抄之誤。《通志》《書史會要》中“𡕀”作“戴”之誤，實是從《宣和書譜》中轉引而來，武周新字並無此字。

關於“天”字，現見的書籍上均為“而”形，武周新字“𠀑”字始終為篆文，沒有楷體，但是篆字“𠀑”與楷體“而”十分相似，如萬歲登封二年（697 年），千 432《張金才墓誌》“萬歲通𠀑二年壹月十八日”。長安三年（703 年）《陽玄基墓誌》“𠀑子之腹心”[①]，“𠀑”字似“而”，兩者區別在於外展和內收。如果不加注意，就會把兩字相混了。千 377 天授二年（691 年）《杜氏墓誌》八分書，𠀑（天）與而（而）已經十分相像了。日傳字𠀑，似是楷化而走形。

關於“𠦚”（年），現見的書籍除《通志》《學林》外，其他文本均作此“𠦚”形，實誤。武周造字不作此形，墓誌均作“𠦚”，上下共有 4 撇、横，是以上下重疊的 2 個“千”字，上面的“千”字横畫下，借横畫有 2 個“万”字。千 380 天授二年（691 年）《皇甫君墓誌》𠦚，《平原郡君孫夫人墓誌》𠦚𠦚[②]，千 430《成循墓誌》𠦚，是一個代表性形體，但有時横畫下“万”字出頭為兩個“力”，如延載元年（694 年）千 420《張德墓誌》作𠦚。還有一種寫法，“千”字下的 2 個“万”字不借“千”字的横畫，獨立成字。如聖曆二年（699 年）《梁元珍墓誌》[③]、長安三年（703 年）《崔惲墓誌》作“𠦚”[④]，《契苾明碑》作𠦚，日本傳寫為𠦚、𠦚、𠦚，均誤。

關於“𡕀”（載），現見的書籍上多誤為 4 點，似“黑”字，衹有《宣和書譜》誤為“戴”，《書史會要》作“𡕀”，下為“巛”，但其他筆畫均錯。唐代墓誌中衹有《杜舉墓誌》作𡕀，下作 4 點[⑤]，此外均為 3 點，如天授元年（690 年）千 376《王氏墓誌》、萬歲通天二年（697 年）《獨孤思貞墓誌》作“𡕀”，下為 3 點[⑥]，而長安三年（703 年）《崔惲墓誌》作“𡕀”，下為“巛”，千 379 天授二年（691 年）《王智通墓誌》、千 380《皇甫玄誌墓誌》作“𡕀”，延載元年（694 年）《平原郡君孫夫人墓誌》作𡕀[⑦]，下面之字形是 3 曲的 3 筆。應該説後 2 種寫法是一樣的，3 點是縮略的簡化形式，“巛”即乾坤之“坤”。日傳字𡕀，形體大致正確，尤其下從巛，非常清楚。

𤯔（證），由永、主、人、王合成。𤯔，《潘師尊碑》《契苾明碑》均作此形。千 422 證聖元年（695 年）《婁氏墓誌》作𤯔、《史愛墓誌》作𤯔、《七品亡宫墓誌》作𤯔、𤯔、𤯔、《右州方山縣令申守墓誌》作𤯔、《張思賓墓誌》作𤯔。《宣和書譜》等作鏊，由求、全、金合成，《通志》作鑿，亦誤。日傳字誤作鋈、鎏、鋈。

① 喬棟、李獻奇：《〈洛陽新獲墓誌續編〉書法藝術概述》，《書法叢刊》2005 年第 6 期。
② 李希泌編：《曲石精廬藏唐墓誌》，齊魯書社 1986 年版，第 23 頁。
③ 寧夏回族自治區固原博物館：《固原南郊隋唐墓地》，文物出版社 1996 年版，第 124 頁。
④ 喬棟、李獻奇：《〈洛陽新獲墓誌續編〉書法藝術概述》，《書法叢刊》2005 年第 6 期。
⑤ 吳綱、吳大敏：《唐碑俗字録》，三秦出版社 2004 年版，第 186 頁。
⑥ 中國社會科學院考古研究所：《唐長安城郊隋唐墓》，文物出版社 1980 年版，第 41 頁。
⑦ 李希泌編：《曲石精廬藏唐墓誌》，齊魯書社 1986 年版，第 23 頁。

"授",千385《掌思明之銘》𥠢,内為王字,千387天授二年(691年)《陳府君墓誌》作𥠢,"王"草寫成連筆。延載元年(694年)《平原郡君孫夫人墓誌》作𥠢[①]。

"君",《獨孤思貞墓誌》作𠺞、《陳平墓誌》作𠺞、《學林》作𠺞,字形正確,《張禮臣墓誌》衹從"吉"[②];《新唐書》《書史會要》等作"𠺞",内為平口,均誤。日傳字作"吞",缺"天"字。

武周新字的形體構造皆有寓意,當然衹有書寫正確纔能顯示出來。而且,字形有多種,衹有特定的字形纔是製字的依據。

"𠥱"是一個平時通行的楷體字形,而把它原本的篆書字形隱藏起來,製字含義不得而知。漢字"月"從商周以來一直是寫作彎月,以便與圓形的太陽相區别。唐代的篆字"月"可以寫作"月"[③]。長安三年(703年)《陽玄基墓誌》誌蓋篆書"大周故左羽林將軍上柱國定陽郡開國公右北平陽君墓誌",墓誌37行,滿行37字,計1 334字。正楷書,間雜波筆,筆畫粗重,文中"𠥱"出現了兩次,均寫作"𠥱"。可以推知,外框"匚"原為篆書,為"月"字,整個"𠥱"就是一輪彎月中間一個"出",合成"月出",楷化為"𠥱"。"𠥱"是什麼意思?即"月出"合成"朏"字,此字年代久遠,《吳方彝》《侯馬盟書》均可見到。《書·召誥》:"越若來三月,惟丙午朏。"孔傳:"朏,明也,月三日明生之名。"《説文·月部》:"朏,月未盛之明也。從月出。""𠥱"實際是從"朏"字化出,表示月初新月,成彎月形,與原先的含"卍"取意不同。此字在北魏碑中可以見到,北魏《敬史君碑》有此字,但是"出"在左,"月"在右[④]。

第四節　武周新字由來

武則天的製字自稱"新創",不過未必都是新造的字。武周創字的"𠑺"就是現成小篆,唐永徽年間的《浩寬墓誌》中夾用的篆體字已經用此"𠑺"篆字。李靜傑認為武則天改"新字"時採用了北朝别體字,𡆠、𠥱在北朝已經出現。山西沁水北齊河清二年(563年)造像碑記"大齊河清二年歲次癸未五月甲子朔十□𡆠戊寅,陽阿故縣村合邑長幼等,敬造石圖像一軀",此碑影在故宫藏本《山右石刻叢編》。北齊武平元年(570年)《僧曇瑞造金銅菩薩像記》:"祥禎來聚,制度維佈,𠥱二,波羅寺僧曇瑞及待僧一百八員,奉敕造金銅像十區。"此材料引自日本大村西崖《支那美術史雕塑篇》[⑤],可惜衹是孤證,等到有新出土材料纔能確認。

① 李希泌編:《曲石精廬藏唐墓誌》,齊魯書社1986年版,第23頁。
② 吳綱、吳大敏:《唐碑俗字録》,三秦出版社2004年版,第186頁。
③ 《君禕墓誌》,見《唐代墓誌選》,《中國書法》2009年第6期。
④ 陸明君:《魏晉南北朝碑别字研究》,文化藝術出版社2009年版,第154頁。
⑤ 李靜傑:《關於武則天"新字"的幾點認識》,《故宫博物院院刊》1997年第4期。

《三體石經》有⊙，北朝夾用篆體以來，屢屢見用。北齊武平二年(571年)《賈進墓誌》，“武平二年十二月十五⊙”之“日”字[①]。隋唐墓誌中寫“日”之篆體作⊙，如隋大業九年(613年)《牛諒墓誌》、唐貞觀五年(631年)《君禕墓誌》均寫作“⊙”，但是武周製字是囸，顯然與篆文⊙不同，外圈為太陽圓形輪廓，中心卻不是圓點，而囸中心是1隻鳳鳥。可知此字確實是武周所創，並非使用舊有字形。武周創字大部分是專門製造的，據敕文說“上有依於古體，下有改於新文”，所謂古體就是古文字，包括籀文、篆文和古文。六朝以來流行的古文非常複雜，既有後代失傳的古文，還有民間錯訛的篆文，甚至新造的古文。武氏造字中有不少自上而下斗篷形的部件，如𠺞(君)、𡔈(初)等字，此類部件也屬於所謂的古文。這個斗篷形的造型很明顯來自道教的道符，東漢朱書陶瓶開始出現，北朝時期廣為流行。有人認為是天穹的象徵，其實就是個“天”字，可以肯定符書與武周新字有關。《舊唐書·隱逸傳·王遠知》載，道士王遠知師事陶弘景，武德以來，與唐室皆有接觸，126歲卒，“則天臨朝，追贈金紫光祿大夫。天授二年，改謚曰昇玄先生。”其弟子潘師正，“高宗與天后甚尊敬之”。王遠知“盡以道門隱訣及符籙授之”，故知二道士皆精於符書。高宗、天后禮嵩嶽，曾請潘師正作符書。從武則天與道教的密切關係看，武周新字中含有道教符書成分就不奇怪了。

鄭樵《通志·六書略五》指出武周製字有並古文行於世者和籀文。武周新字不是簡單的襲用古字，而是加以改造。宋王觀國《學林·孫休四子名》：“則天自名曌，取古人已製之字而改易之，意者古人已製之字未盡善耶?”武周新字都是從其他字改變而來，形體構造可以分成多類。姚政提出四類：象形類、會意類、篆字變體類以及不明所由類[②]。武周新字構造原理，大致是象形、會意兩類，篆字變體就是改字。首先武周新字中部分字是採用了篆書的形體，“囸”字是以篆字“⊙”為原形改造，外輪廓和中心的金烏都是繪形的。“〇”(星)字也是從古文而來，《説文·晶部》：“星，萬物之精，上為列星，……一曰象形，從〇，古〇復注中，故與‘日’同。”武周新字據此取“〇”成字。“月”字先“卍”後“𠥱”，“卍”外廓為滿月，“𠥱”外廓為新月，均是象形，前者寓意如意，後者暗取“朏”字會意，都是象形兼會意。武周創製新字是楷體字，採用的會意字最多，顧炎武《金石文字記》卷三“唐順陵碑”：“唐君臣正論武后改易新字：以山水土為地，千千万万為年，永主久王為證，長正主為聖，一忠為臣，一生為人，一人大吉為君。”[③]以上多字合成為字，明白如話，是會意造字之法。這些會意造字都是添加寓意

① 河南省文物管理局南水北調文物保護管理辦公室、安陽市文物考古研究所：《河南安陽縣北齊賈進墓》，《考古》2011年第4期。

② 姚政：《從唐周碑銘看武后新字》，江蘇省哲學社會科學聯合會《1981年年會論文選(語言學分冊)》，第171頁。

③ 《中國書畫全書》第14冊，上海書畫出版社1999年版，第370頁。

的辦法，會意寄托了主觀願望，當然新字與傳統會意有所區別，有的武周新字採用了新的形體，不易識別。如“⿱載巛”字，是一個變形的“載”字下加上“坤”的古字“巛”，坤與乾相對，是“地”的意思，故此“⿱載巛”寓意“地之載”。“匨”由古文“月”和楷書“出”會意明亮之新月。

武周創造的新字，目前尚不能完全弄清文字的內容。不過毫無疑問，武周新字主要採用北朝俗字慣用的會意造字。武周新字造字標新立異，寓意庸俗，不脱北朝鄙陋風氣。

在楷書篆中夾雜篆體本是北朝的風氣，隋唐時期形成一定的習慣，從《曹植碑》到唐太宗年間的墓誌都有反映。夾用篆字除了書法美觀之外，對內容是有所選擇的，衹有要特別加以關注的內容纔用篆體。武周使用新字，並不全廢原字，這合乎北朝以來墓誌的習慣。據施安昌對墓誌和碑的考察，《王仁求碑》《申守墓誌》《秋日宴石淙序》《昇仙太子碑》中“君”字用作對人尊稱，或者人名都不用武周新字，在《大周封祀壇碑》《夏日游石淙詩碑》，君指帝王德，用武周新字。“武則天改寫‘君’字，衹用於帝王之稱，以示臣民對帝王之尊崇。”[①]此類情況不限於“君”字，“𤯔”字也是如此。武周創製“𤯔”字，取代“人”字，它的使用並不一律。

通常用“𤯔”，如：聖曆元年(698 年)，千 449《傅思諫墓誌》“北埊泥陽𤯔也”。聖曆二年(699 年)，千 449《王氏墓誌》“夫𤯔”“臨沂𤯔也”。聖曆三年(700 年)，千 481《袁公瑜墓誌》“夫𤯔”“陳郡扶樂𤯔也”。大足元年(701 年)，千 487《仵氏墓誌》“楚國𤯔也”“先𤯔有訓”。長安四年(704 年)，千 513《皇甫文備墓誌》“維氏𤯔也”。

同時也用“人”，如：聖曆二年(699 年)，千 452《蓋暢墓誌》“信都人”。聖曆二年(699 年)，千 453《崔玄藉墓誌》“武城人也”。久視元年(700 年)，千 483《沈浩禕墓誌》“武康人也”。

可見“人”改作“𤯔”字，使用並不非常嚴格，可能是涉普通百姓，無關皇權尊嚴，所以人們不十分在意，可以隨意處置。

① 施安昌：《從院藏拓本探討武則天造字》，《故宮博物院院刊》1983 年第 4 期。

第七章　隸變是形體變革之轉折點[①]

第一節　新發現材料促進新探索

隸變最早由唐人提出，宋代以來屢見於文獻。籠統地説，隸變即篆隸之變。近代從學術角度整理研究，闡明範圍和意義，逐步深入，特別在當代取得了重大進展。

古代文字之學為經學之附庸，研究文字是為解經，會把有礙解釋字義的假借等問題放到隸變研究中去。

清代胡秉乾（胡渭之子，清中期人）從多個角度論篆隸之變，主要著眼於假借等同音用字，提出隸分隸合之説，字形僅僅認為是增筆減筆，可見他的隸變主要不在字形。其一，有篆文“隸體不能成字者，以同聲之字代之”。其二，隸書興，字有一大變，“故經典用字有與篆文大異者”。其三，隸變篆書有增筆、有減筆。其四，有篆書各字而隸變為一字者，有篆書一字而隸分為數字者[②]。

清代錢慶曾（字又沂，錢大昕曾孫，1852 年歲貢）《隸通》搜集金石通假資料甚詳，實為文字訓詁之書。分列五個條例：甲，通。皆假借，如“吏”“理”。乙，變。形體之變，有變而通行和不通行兩種。丙，省。筆畫之省。如“氣”省為“乞”。丁，本有其字，隸變後另有一字。戊，當作此字，隸變後加偏旁。如“芙蓉”當作“夫容”。所謂“羽族安鳥，水蟲著魚”。可以看出，錢慶曾概括的隸變包括字形，有變和省，有字詞關係，假借字變為專用字等。

桂馥所論隸變與後人不同，不以宋代以來的真書為落點，並兼及漢唐俗體。

桂馥（1736—1805，字冬卉，號未谷）《説隸》：“作隸不明篆體則不能知變通之意。不多見碑版則不能知增減假借之意。隸之初變乎篆也，尚近於篆，既而一變再變，若耳孫之於鼻祖矣，又若水之同源异派矣，又如酒之脱卻米形矣。”並舉例：

“恖”變為“怱”，再變為“[illegible]”“[illegible]”；“需”變為“[illegible]”，再變為“耎”；“[illegible]”先變為“[illegible]”，再變為“[illegible]”“[illegible]”。凡此皆先變於篆，後變於隸者也。

“響”作“[illegible]”，變從“石”，又作“[illegible]”，變從“景”；“覽”作“[illegible]”，變從“臨”；“刺”作

---

① 本章討論的隸變，主要是篆隸之變，即秦漢以來的今文字擺脱秦文的變化。先秦古文字的訛變在“古文字形體之演變”內討論。而篆隸之變在第二編上“漢隸形體史”之“漢隸之分期與發展”也有論述。

② 胡秉乾：《篆隸之變》，載《説文解字詁林》第一冊，中華書局 1982 年影印本，第 803—804 頁。

“剌”,變從“夹”。此皆隨勢更移,但求補空作姿,不守偏旁者也。

“黿”“鼀”“𪚺”“曺”,“曹”之為“𣈅”,非後人所敢杜撰者也。

“先變於篆,後變於隸”,皆假借也:

“气”“艸”不合於隸體,以“氣”代“气”,以“草”代“艸”。以“餼”為“氣”,以“皂”為“草”,此皆不得已更代也。“隸固出於小篆,而亦兼用古籀。”如古文“𠙴”與“曲”、“声”與“克”、“連”與“動”,皆古文也。“𠁧”與“中”、“𠥓”與“遷”等,皆籀文也。

隸趨簡易,又尚茂密,故有增減之法:

“靁”作“雷”、“亯”作“享”、“𪏽”作“香”、“㮚”作“栗”、“𧆐”作“爵”,減也。

“土”作“圡”、“隊”作“隧”、“席”作“廗”,增也。

“譜”作“𧩯”、“傳”作“𠆽”,皆省文也。

杜鎮球(1885—?)在1935年進一步發展清代胡秉乾之隸分隸合説:“自隸書盛行,而音形誼三者或謬為合併,或強為分析,任意改作,惟變所適。”究其緣故,從字形來解釋,“一則篆文以詰詘為體,而隸則專崇點畫。一則篆文以重文為補,而隸則分離各用。變詰詘為點畫,而字形之相近者,無由辨别,不得不變為一字;别重文為各用,而篆文之相同者,各為其誼,不能不分為數字。”所謂合,如“竹”“艸”篆體不同,漢隸合而為一。所謂分,如篆文(裘),皮衣,古文作。二字本一字。隸變分作衣裘與請求。結論是:“隸體分合,其出於假借者,雖與小篆不同,尚不背六書之恉。至以形近傳訛,與意為劃分,或強為牽合者,既與小篆乖違,又於六書無當,直不知而作而已。”[①]前人皆以漢隸為隸變,所謂漢隸實為漢碑之字。

可以看出,前人論述隸變選取從隸書的分合來觀察,所謂分者就是篆字一字分為隸書數字或者一個部件分為數個,合者即篆字數字變為隸書一字或者幾個部件合為一個。後人繼續探討隸分隸合之説,但是逐漸從音形義集中到文字形體之變上去。

近代文字學傾向於把非字形問題排除出去,專注於字形探究。民國前期的現代文字學者胡樸安(1848—1947)在《文字學ABC》“隸書”一章,專門論述“隸變之俗”,俗指俗體字,大都是筆畫的變更,認為在文字學上没有什麼研究價值,如“虎”寫作“乕”之類。胡氏列出四個條例:甲,委巷妄造,如百念為憂,又如武則天造字:“地”作“埊”等。乙,淺人穿鑿,如“出”為二山。丙,傳寫錯誤,如“筮”為“巫”。丁,臆説妄改,如改“辠”為“罪”[②]。胡樸安所謂的隸變專指俗字,且專門就今隸而言。如北朝時期的會意俗字、武周的改字等,雖然是隸書之事,未必是與隸變有關。清方以智《通雅·卷首·刊落折中説》早就指出:“隸變傳寫,偶爾隨筆有之,後人專主僻異。”僻異就是指不看

① 杜鎮球:《篆書各字隸合為一字篆書一字隸分為數字舉例》,載《考古》第1期,考古學社1935年版,第29—33頁。

② 胡樸安:《文字學ABC》,世界書局1929年版,第43—44頁。

大局，祇對俗別、隸古之字有兴趣。此後，唐蘭、蔣善國等纔注意探討隸變的規律和本質，隸變研究從而擺脱經學、訓詁，進入現代文字學的境界。

隸變是古文字到今文字這一階段的形體發展，材料是否適當對研究是很重要的。唐代研究隸變，是以通行文字對應篆字，如《新加九經字樣·禾部》："'秊'，'年'。上《説文》，下經典相承隸變。"即使採用《説文》小篆，也是隸定的眞書。宋代金石學興起，商周金文與漢魏碑刻，進入金石家的範圍，對文字學家影響並不大。古代很少能看到秦漢的書寫文字資料，因此研究隸變衹能從碑版著手，因為銘刻的金文多為篆書。剩下的唯一手段就是漢代的碑刻了。清代康熙年間顧藹吉取漢代碑刻文字，探索篆隸之變。《隸辨·序》云："鋭志精思，採摭漢碑"，"碑字出自手摹，諦審無差"，"辨其正變，或省或加，靡不兼載。" 19 世紀末發現了甲骨文，但是遠離傳統的篆隸，而 20 世紀初新疆和甘肅出土的漢晉簡牘流傳不廣，隸變研究基本上還是採用傳本文獻材料，走清代的老路，蔣善國、姜寶昌從事隸變研究，今文字方面使用的幾乎全是漢碑文字，而且襲用了《隸辨》的字形資料。蔣善國在《漢字形體學》裏有關隸變的"字形大轉變"，列舉"女""母""隹""永"4 個字中"分水嶺"的字形，"女"用的是秦二世元年(前 209 年)詔版，"母"用的是"古隸"，"隹"用的是漢《華山廟碑》，"永"用的是漢堂狼洗、漢《北海相景君銘》《禮器碑》《孔宙碑》《白石神君碑》，注意摹寫正確的原字字形，可是没有使用標明是漢代簡牘文字的資料①。在東漢晚期所刻，它衹是隸變一個階段的形體狀況，不能反映漢代隸變的整個過程，特别是西漢前期的變化情況，非常缺乏。而且漢代碑刻中有通用隸書，也有古今兼形的八分，傳統隸變研究没有利用前者，衹注意後者。古今兼形包羅了各種東漢以前的篆文、古文以及俗字字形，雖然也有利用價值，但是這些人為的安排無法反映當時的實際情況。所以這些先天的缺陷，如果我們没有充分注意，給它一個正確的定位，採取補充措施，依靠它研究隸變就會進入歧途。

1972 年起，睡虎地秦簡、湖南馬王堆 1 號漢墓遣策、3 號漢墓帛書竹簡、鳳凰山漢墓 8 號、10 號、167 號、168 號漢墓簡牘以及銀雀山漢墓竹簡在一段時間内相繼出土，轟動了全國。這些簡牘在戰國末到西漢武帝這一段時間内，正值隸變的關鍵時間，給研究者送來了寶貴的材料。1978 年吳白匋(1906—1992)注意到這個資料的價值，在《從出土秦簡帛書看秦漢早期隸書》一文中談到隸變規律時使用了簡帛材料②。如"者"字字例，《説文》篆文及秦始皇二十六年(前 221 年)詔版為小篆，秦二世詔版為草篆，馬王堆 3 號墓帛書為古隸，銀雀山漢簡為隸書；"殹"字字例，石鼓文為大篆，《説文》篆文為小篆，雲夢秦簡為隸書；"也"字字例，《説文》篆文為小篆，秦二世詔版為草

---

① 蔣善國：《漢字形體學》，文字改革出版社 1959 年版，第 180—182 頁。
② 吳白匋：《從出土秦簡帛書看秦漢早期隸書》，《文物》1978 年第 2 期。

篆，馬王堆3號墓帛書和睡虎地秦墓木牘為古隸，銀雀山漢簡為隸書。20世紀70年代開始，筆者專以漢代簡牘草書為主要資料，系統地開展隸變研究，獲得了新的認識。

基於東漢碑刻的局限性，那時研究隸變都是從結構、假借等變化上做文章。秦漢簡帛文字材料不僅填補了歷史時間上的空白，而且是實際書寫文字，是觀察隸變過程的最佳資料。曾憲通充分肯定它的重要性，指出："漢字從古文字發展為今文字，中間經歷過激烈的變化，文字學家稱之為'隸變'。但隸變的具體表現如何，過去無法説得清楚。現在有了這批處於過渡階段的篆隸資料，許多字形演變的來龍去脈便一目了然了。"[①]總之，在文字學獨立於經學以來，西學思想的影響，與材料方面的出新相比，以後者對隸變研究的作用尤為重要。

第二節　隸變之方式

隸變中各字、各個部件、各個部首變化是細節問題，人們自然希望瞭解大趨勢、掌握規律，更深入、更全面地瞭解文字的古今之變。

隸變畢竟是不同於一般的字形變化，它是訛變性質的結構變化。"隸變"這個説法早在唐代就出現了。張參《五經文字》和唐玄度《新加九經字樣》先後提出了"隸變""隸省"，可惜没有正面闡明它的意義。沈括《夢溪筆談・藝文三》："古文自變隸，其法已錯亂，後轉為楷字，愈益訛舛，殆不可考。"錢慶曾《隸通》卷上："隸書破壞六書之體，為小學之蠹。"

1934年唐蘭認為：隸書"破體錯畫成為一堆記號"[②]，"破體錯畫"就是訛變，而結果是變成了無意義的記號。記號是符號的另一種説法。高更生也強調了符號化的過程："隸變的過程，就是漢字符號化的過程。"

1959年蔣善國首次列出4種方式：訛變、突變、省變和簡變。小篆分化為隸書的字和部件共61類，隸書偏旁混同了小篆及小篆部件89類，這樣隸分隸合總共有150類。具體而微，基本上把隸變的各種類型都説清楚了。他自己解釋了4個概念。訛變是"由於誤解古文字原形造成的，因而也是隸變後失掉原來象形面貌纔產生的"。蔣氏的意思是誤解造成的形體變化。突變，即"找不出什麽規律，因而在形體上找不出什麽綫索"，是一種没有形跡可循的變化。舉""變為"舜"的例子，説明"在形體上看不出什麽密切的關聯"。省變是"把一個字支解地省減了"，"偏旁省去一部分"，如""之為"曹"。簡變是"形體的簡化"，如"仙"字之篆隸之變（筆者按：詳後文），有

① 曾憲通：《秦至漢初簡帛篆隸的整理和研究》，載《中國文字研究》第三輯，廣西教育出版社2002年版，第148頁。

② 唐蘭：《古文字學導論》，齊魯書社1981年影印本，第312頁。

的是偏旁,如“邑”之變等。①

蔣善國認為訛變本質是當事人的一種誤解,可是很難證明哪些確實是古人的誤解,如“馬頭人為長”是對隸變形體的俗解,是誤解嗎? 經典文字系統是無法容忍民間俗字的誤解。至於訛變之字,結構上不合古字,形成的錯誤亦未必是主觀意識的誤解造成的。就以“舜”字為例,漢代人並不是看不到密切的關聯,從漢代的簡牘、石刻中可以尋求到演變的規律。“”,隸變作“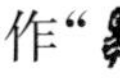”、隸變作“”、隸變作“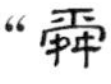”,這是草書簡寫在規則化的結果,但不是出於誤解,在此同時又有隸定“”出現,説明古人並没有因為結構的變異而誤解它的結構。因此訛變衹是結構上失去了造字的邏輯意義。所謂突變是没有規律的變形,這個説法也有問題,世界上没有無規律的變化,衹是比較複雜,一時間尚未認識而已。突變和訛變實際意義相差不大,兩者似可合併。蔣善國之省變就是形體上的減省,意義比較明確。所謂簡變,舉例“”與“仙”,本為二字,與偏旁簡化不是一回事。蔣善國之 4 種隸變,其訛變與突變可以合併,其他可再商榷完善。

姜寶昌提出:“隸變是漢字向隸書演化中表現出來的形變、省變和訛變的總稱。”他提出的分合都是對部件而言,舉出“隸合”為標號“田”“口”“西”“小”“工”“米”“目”“艸”,共有 116 例,由 485 個篆書符號合併而來;“隸分”又舉 10 種篆書部件各分解為多個隸書部件,共有 143 例,即分出 477 個隸書符號。他在隸變規律的細則中又談到了有結構、筆畫、部件位置的三方面變化,條分縷析,十分詳盡,為研究隸變最細緻者②。不過他的隸書絕大部分取材於漢碑字例,並不能眞正反映隸書的面貌。某些觀點可以斟酌,如認為篆書部件的寫法和相對位置都是固定的,隸書反之之類。如果篆文以《説文》之篆文為準,可以這樣説,其實秦篆和漢隸、今隸部件寫法都不太固定,都有變體。

以上這些對隸變的認識,既有歸納,也有僅停留於現象的。他們從歸納現象,逐步走向探尋內在動因,注意到最基礎的筆畫綫條在隸變中的作用。

吳白匋以秦漢簡帛為依據,分析隸變有 11 種方法: 變圓為方、變曲綫為直綫、改斷為連、改連為短、短筆改點、省減偏旁筆畫、省減部分結構、以一種符號代表幾種形體繁複約略近似的篆文、省減筆畫、增加筆畫、用假借字;並且認為在書法藝術上,引導了八分體的發展③。吳白匋的 11 條方法比較複雜,没有很好地歸納,接近音形義綜合分析的辦法,但對於筆畫的變化研究仍具有開創性貢獻。

蔣善國説隸變:“一、變不規則曲綫和勻圓的綫條為平直方整的筆畫;二、改變偏

① 蔣善國:《漢字形體學》,文字改革出版社 1959 年版。

② 姜寶昌:《文字學教程》,山東教育出版社 1987 年版,第 782—792 頁。

③ 吳白匋:《從出土秦簡帛書看秦漢早期隸書》,《文物》1978 年第 2 期。

旁的形體。”並説，第一點是基本的、主要的。① 殷焕先説：“隸變的最大好處在於它採用了‘兩點之間直綫最短’的原理來簡化漢字字形，替漢字書寫節約了大量的時間。”“一是大破了圖形，一是大亂了標號。”“比如一個‘之’字的圖形，它可以用‘之’標號形狀出現，也可以用‘寺、志、蚩、市’等字中偏旁的標號形狀出現。”楊五銘提出隸變有 3 點：一是徹底的綫條化、符號化，篆書的象形性幾乎全部喪失。偏旁分化、混同衝擊了漢字的結構系統。二是結構簡化。三是篆書的圓轉綫條大多變為方折斷筆，形成了點、橫、豎、撇、捺、鉤、折等幾種筆畫。② 裘錫圭指出，篆文變為隸書對字形的改造有 5 個方面：一是解散篆體，改曲為直，把隨體詰詘的圓綫改為平直的筆畫。二是隸書把篆書的兩筆寫成一筆，把兩個部件合併。三是隸書省去篆體的一部分。四是偏旁變形，隸書中不同的部位形成不同的寫法。五是偏旁混同，合併部分偏旁。③

綜上所述，對隸變的特點，各家的看法基本相同，即古文字圓匀綫條的筆畫化，由筆畫化引起了結構的變化。

筆者認為單就隸變產生新形體可分兩個層次：一是筆畫，二是形體。

筆畫的變化有 6 種：去彎就直，改歪為正，變長為短，接短為長，除去肥筆，綫變點畫。

第一，去彎就直。古文字的最後代表是小篆，小篆雖然在外形上壓縮為長方形，綫條也有相應的調整，但是總體上還保留了古文字的標形文字的自然曲綫，綫條的走向遵循所表示的物體的輪廓綫，除了直綫之外，有弧綫、圓綫、S 形曲綫。這樣的綫條寫起來費時費力，隸書就採取走直綫，把曲綫改為直綫，複雜曲綫分為多段直綫，不僅書寫速度快了，而且也容易掌握。如：

“有”>、（馬王堆帛書），、（居延漢簡），（鄭固碑）；

“民”>、（馬王堆帛書），、（銀雀山漢簡），（居延漢簡），（敦煌漢簡），（曹全碑），（蘇仙橋西晉簡）；

“壺”>、（馬王堆帛書），、（武威漢簡）；

“夷”>、（馬王堆帛書），、（居延漢簡）。

第二，改歪為正。把一些傾斜綫條改為垂直筆畫和水平橫畫，確立坐標型穩定結構。

“弟”>、（馬王堆帛書），、、、、（居延漢簡），（北海相景君銘），（曹全碑）；

“卑”>（馬王堆帛書），、（馬王堆竹簡），、（馬王堆帛書），（居延漢簡），（武威漢簡），（定縣漢簡）。

① 蔣善國：《漢字學》，上海教育出版社 1987 年版，第 200 頁。

② 楊五銘：《文字學》，湖南人民出版社 1986 年版，第 197—199 頁。

③ 裘錫圭：《文字學概要》，商務印書館 1988 年版，第 82—84 頁。

第三，變長為短。把特別長的綫截斷成短畫。

“面”＞、、(馬王堆帛書)，(東海廟碑)，(曹全碑)；

“卒”＞(敦煌漢簡)，(居延漢簡)，(熹平石經、北海相景君銘)；

“没”＞(睡虎地秦簡)，、(馬王堆帛書)，(銀雀山漢簡)，(居延漢簡)，(武威漢簡)；

“官”＞、(馬王堆帛書)，、(銀雀山漢簡)，(武威漢簡)；

“軍”＞、(馬王堆帛書)，、(銀雀山漢簡)；

“石”＞(睡虎地秦簡)，(居延漢簡)；

“牛”＞(武威漢簡)，(居延漢簡)，(孔龢碑)，(西晉殘紙)。

第四，接短為長。

“去”＞、(馬王堆帛書)，(居延漢簡)。以上“去”字都把零碎斜畫，連接為兩長横筆，4筆省作3筆。

第五，除去肥筆。肥筆最早在商周銅器銘文中發現，在所謂的徽號上也常常出現。肥筆在春秋戰國的墨書中依然是一種重要的筆畫形態。肥筆是古文字標形的重要手段，不同的肥筆具有不同的象形意義。春秋以來，肥筆有些變化，有些字的肥筆消失了，小篆中的肥筆不僅字少而且不是很明顯。但是小篆的肥筆是客觀存在的，即使在西漢前期，肥筆依然可以在簡牘中發現。但是西漢中期以後肥筆在墨書中基本消失，變成普通的筆畫。衹有在印璽和銅器銘文中少許存在，不過也許是存古和工藝的原因，肥筆部分用交叉綫表示，有的衹是一個綫條勾勒的空白。

以“山”字為例，“山”字是小篆保留下來的不多的肥筆字，馬王堆帛書尚是古文墨書的寫法，但是再晚點的敦煌漢簡已經用綫條表示黑沉沉的肥筆了，這種辦法在碑刻中找到了用武之地。最後這種形式的肥筆變為一種裝飾性的筆畫，到眞書時代還能偶然見到。請看：

“山”，＞(馬王堆帛書)，(敦煌漢簡)，(張山都印)，(常山太守章)，(山陽尉丞)，(山协信印)，(梁山宫薰爐)，(黄山鼎)，(祀三公山碑)，(曹全碑、桐柏廟碑)，(孔宙碑、韓敕碑)

又如“悤”字和“主”字上面的一點是火苗的形象，火苗雖空洞無物卻明亮，這一點篆文用肥筆表示。在秦代簡牘中，“主”字肥筆已經不甚明顯，反而漢初的馬王堆漢簡肥筆顯著，以後的簡牘中“主”字上用横向大點表示。在印文和銅器銘文中有時表現得非常突出，如“劉注”印文中肥筆粗大，在銅器中也有用輪廓表示的，也有的與石刻一樣，用横畫示意。“悤”字的肥筆與“主”字相反，不是有所弱化，而是強化，不斷地擴大。馬王堆帛書“悤”“蔥”和居延漢簡“總”尚可見肥筆直縮小體，到西漢中期以後墨書用空圍表示，後來又有在空圍內加交叉綫，用格式化部件替代。

“悤”，篆字作，漢初（馬王堆帛書）承繼篆字不變，但是稍後實心大點逐步空心化，可見以下從“悤”之字：

“蔥”＞（馬王堆帛書），、（居延漢簡），（武威漢簡），（嚴訢碑），（無極山碑），顧藹吉按：“從，諸碑或變作，碑復省作。”筆者按：顧説不確，是類化形體，是肥筆的空圍，肢解由肥筆變化而來。

“總”（居延漢簡），（樊敏碑），（華山亭碑）；

“摠”（孔耽神祠碑），（中秋下旬碑），（晉鄭烈碑）。

“主”＞、（睡虎地秦簡），（劉注印），、、（馬王堆漢簡），、（居延漢簡），（宜主鍾銘），（萬歲宫高鐙），（北海相景君銘、韓敕碑陰）。

再如“丁”字，肥筆有半圓、三角空圍，最後變為一條橫綫。

“丁”＞、、、（睡虎地秦簡），（滿城帳構），（史丁弩機銘），、、（馬王堆帛書），（魯峻碑），（韓敕碑），皆作“丁”。

第六，綫變點畫。隸變中最重要的變化就是自然繪綫蜕化為各種不同形態的點畫。

“文”＞（馬王堆帛書），、（居延漢簡），（樓蘭魏晉簡），（唐道因法師碑）。

雖然古文字也有輕重綫條，也有形態變化，可是衹是一種自由變化，並無模式。東漢晚期以來逐步形成不同點畫，便於書寫，順乎筆畫之間照應，雖出於自然，最終成為書寫模式。

形體上，主要方法有 5 種：離與合、省與簡以及正。隸變出新之中，形體變化之大，翻天覆地，其字形大變，重組之功，首推離、合。

第一，離即是分離，原來是連成一體的，被拆分開了。把本來相連部件拆分開來，使它們變為獨立的部件。

例如“無”字隸書下方“林”分為 6 筆，其 6 個筆端分離後，成為 6 點，最後省作四點。

“無”＞（馬王堆木揭），（馬王堆帛書），、（銀雀山漢簡），、（居延漢簡），（敦煌漢簡），（定縣漢簡），（武威漢簡），（北海相景君銘），（白石神君碑）。

“晉”字的隸變過程中，“日”上並列的兩“至”經過變形，逐步分離出兩橫中間兩個“厶”。

“晉”＞、、、、（馬王堆帛書），、（銀雀山漢簡），（居延漢簡），（武威漢簡），（熹平石經），（蘇仙橋西晉簡）。

第二，合就是原來分開的部件，被聯合在一起，變成一體。

“秦”從“禾”,“舂”省。從雙手持杵,下從“禾”。“舂”從“艸”從“日”,屯聲。“泰”從雙“手”、從“水”,“大”聲。皆由上下 3 個部分組成,隸變上面 2 個部件變形連合為 1 個部件,整字變為上下 2 個部分組成。“奉”“奏”“卷”之連合亦屬於此類型。

“秦”秦＞秦、秦、秦、秦(馬王堆帛書),秦、秦、秦(銀雀山漢簡),秦(武威漢簡),秦(居延漢簡),秦(熹平石經);

“春”春＞春、春、春、春(馬王堆帛書),春(居延漢簡),春(敦煌漢簡),春(熹平石經);

“泰”泰＞泰、泰、泰(馬王堆帛書),泰(銀雀山漢簡),泰、泰(武威漢簡);

“奉”奉＞奉、奉、奉、奉(馬王堆帛書),奉、奉(銀雀山漢簡),奉、奉、奉(居延漢簡);

“奏”奏＞奏、奏(馬王堆帛書),奏、奏(居延漢簡),奏(敦煌漢簡),奏(武威漢簡),奏(孔龢碑);

“卷”卷＞卷、卷、卷(馬王堆帛書),卷(居延漢簡)。

第三,省就是省去,刪繁就簡,省略了部分部件。省法是隸變中最常見的現象,古人所謂的省變多與此有關。根據省的部分的大小,有的衹是 1 畫,有的多筆組合。例如“言”字,篆文到隸書最明顯的是省了 1 個短豎筆,把上下貫通的 3 橫 1 口,分離成 4 橫 1 口。當然這是一個漸變的過程,先是逐步縮短,如馬王堆帛書的例子中顯示的那樣,到最後消失,如居延漢簡的例子。從“言”的“信”與之同步,“言”橫畫最後也是分離的。

“言”言＞言、言、言(馬王堆帛書),言、言、言(居延漢簡),信、信(馬王堆帛書)。

“兵”從“廾”持“斤”,戰國以來“斤”作“丘”,“廾”省略 1 橫變作 2 點,最後把這 1 橫省去了。

“兵”兵＞兵、兵(馬王堆帛書),兵、兵(銀雀山漢簡),兵、兵(居延漢簡),兵(衡方碑),兵(曹全碑)。

“雷”篆文從雨,畾聲。從西漢早期起,“畾”有省作兩“田”者。西漢後期有省作一“田”者,史書皆以“雷”為正。但是此“雷”下,非田地之“田”。

“雷”雷＞雷、雷、雷、雷(馬王堆帛書),雷、雷(銀雀山漢簡),雷(居延漢簡),雷(武威漢簡),雷(武榮碑),雷(韓敕碑)。

第四,簡就是簡化,使用簡單符號替代複雜的部件,這種新符號衹是一種替代品,所以稱為代號。一般把此類簡化符號稱為記號,文字本身就是符號,因此符號的説法没有意義,記號是為了引起注意而做的標記,不是嚴格意義的符號,用在文字形體上並不合適。代號是為了簡便或其他原因做的更加簡易的符號。最小的隸變代號是點、畫，大多數是交叉筆畫形成的組合，有的有外框，以交叉十字為基本形態，有的加以變化，形成一條或多條橫綫與一條或多條直綫交叉而成。直綫是指用十、廾、卌、田、田、田、田、由等數量不等的交叉綫條，表示比較複雜的部件。這種交叉形成的網格本來是没有任何意義的，衹是一種填充物，用於填補空白，代替大片的塗墨。如“山”“恖”等中心的空白處，就是採用網格填充。網格代號的使用範圍非常之廣，凡是認為繁瑣的部分均可替代，它幾乎可以取代各種結構。

“遷”＞、(馬王堆帛書)，、、、(居延漢簡)，(武威漢簡)；

“仙”(華山廟碑)，(魏元丕碑)，(尹宙銘)，(袁良碑)；

“要”＞(馬王堆帛書)，(銀雀山漢簡)，、、、、(居延漢簡)，(魯峻碑)，(曹全碑)；

“栗”＞(馬王堆遣策)，(無極山碑)，(柳敏碑)(筆者按：《説文》此字本作。《五經文字》云，經典相承隸省。)；

“粟”＞、(居延漢簡)，(蘇仙橋西晉簡)；

“亶”字中“回”並不複雜，也用網格號替代，書寫更加簡單。馬王堆帛書用田為，銀雀山用“田”代為“”；

“暴”＞、、(馬王堆帛書)，(銀雀山漢簡)，(居延漢簡)；

“貴”＞、(馬王堆帛書)，、(銀雀山漢簡)，、(居延漢簡)，(武威漢簡)；

“遺”(北海相景君銘)，(孔宙碑)，(孔彪碑)；

“幸”＞(居延漢簡)，(敦煌漢簡)，(敦煌漢簡)。

原始的網格狀代號，無法納入真書的結構，被逐步排斥，以後逐步借用相似的現成部件，如“西”“土”之類，或者回歸到隸定形體，從不同方向融合到真書形體系統中去。但是，這些帶有真書部件化的代號，不能傳達形體意義。這樣文字部件的代號化，使得文字結構進一步喪失構形意義，所謂訛變多由此而來。

第五，正就是平整，把歪斜的形體糾偏，成為水平垂直相交的結構。古文字是標形文字，筆畫的走向是依循物體的自然走向，因而斜綫特別多。從春秋末期開始，金文書法出現直角坐標型的字形，進入隸書以來，打亂象形觀念，坐標化進度加快、幅度加大。結構之正，往往是依靠筆畫的改歪為正，樹立起橫平豎直的主幹筆畫，整個字形就平整了。

“衣”(春秋昌壺)，(睡虎地秦簡)，(馬王堆遣策)，(馬王堆帛書)，(居延漢簡)；

“卒”(春秋外卒鐸)，、(馬王堆帛書)，(武威漢簡)；

“西”，古文字的形體取決於客體，如“西” （放馬灘秦簡），、、（馬王堆帛書），（梁孝王墓刻石），（肥致碑），（熹平五年劉元臺買地券），（蘇仙橋西晉簡）；

“朋”，（馬王堆帛書）。顏愍楚《俗書正誤》：“朋：邪書，从月、从月非。”唐開成石經《周易》作朋，《集韻·平登》翢朋，《説文》為古鳳字，鳳飛，群鳥從以萬數，故亦以為朋黨字。隸作朋。《類篇·鳥部》“鳳翢”，司馬光按：“今文別有朋，蓋傳寫翢之訛文。”《正字通·月部》收入，字形略斜，引《説文》朋，古作鳳凰飛，群鳥從之以萬數。故借“朋”“黨”字，本作翢，象鳳飛形。隸變為朋，從月非，……故斜書之。《字彙》“月部”記“朋故借為朋黨字，故斜書之”。《康熙字典》收入“月部”作朋，無字形説明，至此“朋”隸變完成。

隸變把自然曲綫化為筆畫，把圖形轉變為方塊部件，徹底地改變了漢字面貌。蔣善國指出：“漢字形體的演變是從象形的形體變成不象形的形體，中間的重要轉折點是隸變，因而隸變是古今漢字的分水嶺。”①

第三節　隸變之兩個步驟

隸變的過程是一個有趣的問題，前人的探討偏重在微觀方面，研究個體的變化過程，給我們很大的啟發。清人顧藹吉《隸辨》卷一到卷五，按韻羅列漢碑八分字形，每字有 1 個到多個字形，每形注明出處，有的字形還指出隸變的原因。卷六“偏旁五百四十部”，詳細説解部首字形，隸變過程分別指出是省、是訛，並作串講。部首乃衆字之綱，由此隸變之情況一目了然。用這個辦法展示隸變的各種變化，推演各字隸變過程翔實可靠。蔣善國《漢字形體學》第四章“古文分化”一節，分析主要部件的隸變過程，小篆分化為隸書的字和部件共 61 類，隸書偏旁混同了小篆及小篆部件 89 類，這樣隸分隸合總共有 150 類②，對隸變的歸納體現了很強的理論意義，為我們深入研究這個問題提供了一個臺階。

需要強調的是，我們不能停留在前人的個別字形的探討，不能孤立地看待某字的形體變化，而是要從相關的群體、從相鄰和相對的方面加以分析。從系統的觀點出發，形體變化萬端，總有共同之處，但是某一群落、某些字的變化又有特殊性。各字的隸變既沒有一統的模式，也不是無序的變化，其奧妙就在於形體之變是一種系統變化，各個個體處在一個整體之內，變化不是隨意的，而是有約束的，如以跳舞比喻隸變，跳的是集體

① 蔣善國：《漢字形體學·序》，文字改革出版社 1959 年版，第 1 頁。
② 蔣善國：《漢字形體學》，文字改革出版社 1959 年版，第 192—195 頁。

舞。齊同是強調整體性,而別異是強調個性。這是第一階段新體產生之後,第二階段的任務。

篆變隸是一個自發的運動,没有統一規定,個人隨心所欲,字形的變化像萬花筒一般,開放性的變化會放射出多姿多彩的各種形體,同一個字會出現各種不同的字形。如“春”字篆字作春,隸變發生前期變體很多,馬王堆帛書就有春、春、春、春等多種寫法。到了東漢時期,隸書、草書以及隸古定的各種形體交匯在一起,一字多形的問題更加嚴重。如“流”字,篆字作流,隸變出新的形體,馬王堆帛書有流、流、流、流,敦煌漢簡有流、甘谷漢簡有流,東漢後期有流(孔彪碑、魯峻碑、張遷碑)、流(尹宙碑)、流(韓敕碑、史晨碑)等。東漢後期的八分碑刻,把隸變以來的手寫形體楷化,使得那些遊動的形體固定化,結果將變化過程的每個階段記錄下來,形成一串不同形體。例如“聰”的篆字聰中的“耳”之變化加上“悤”之變化,各字變化和不同的組合變化多端。八分碑刻的字形有聰(嚴翊夫人碑)、聰(鄭烈碑)、聰(夏堪碑)、聰(袁博碑)、聰(議郎元賓碑)、聰(逢盛碑)等。衆多的形體不利於發揮正常文字功能,加以統一是必然發生的。

這場隸變的集體舞,從開場到結束,分成兩步:出新和調整。出新就是產生新形體,調整就是在新形體中作選擇淘汰。

理論上説,所有的新出現的形體都可以叫作新體。但是不同的書寫方式、不同的字體價值是不同的。草書是一種簡捷的寫法,有些字形是隨機出現的,同一個字會有多種變體。史書是楷化的形體,是對形體草字的沉澱,字形穩定,分歧少。隸變過程中會有嚴重的字形歧異現象,其去留取決於優化原則:形體相對簡易;便於區別;保留構形理據;書寫順當(筆勢筆順便於書寫);字元形體美觀;便於納入整個漢隸字形系統①。研究者要注意書體之間存在的差異,最好在同一種書體内比較。關於這一點,秦永龍、李洪智的關注點衹限於主流字體,並不包括變異的行書和草書,如果不限於《秦漢魏晉篆隸字形表》(漢語大字典字形組編,四川辭書出版社,1985 年),字形更好,因為此表的篆隸包括了行草體在内。

由此可見,漢代的隸變以草書創造新體,再楷化定形,經過選擇,以規則化的部件消化變形部件,使新體融入系統。新體最終沉澱下來,成為真書正體,主要取決於認知的容忍度和古今漢字系統的容納度,決定是否回歸篆字結構,變為篆字隸定的新體。這個過程就是出新和整合,是隸變必須經歷的兩個步驟,是隸變不可分割的兩個組成部分。

---

① 秦永龍、李洪智:《隸變過程中字形歧異及優化選擇》,載《民俗典籍文字研究》第一輯,商務印書館 2003 年版。

新體如何統一呢？是向手寫因素強的今體靠攏，還是向保持構形原理的篆體回歸？是向前看，還是向後看？這是一個非常嚴峻的問題。由筆勢引導的手寫體是隸體，遵循便利的原則改變了篆體的整個形體，把圖示性的綫條變為點畫，把圖示性的形體變為表意結構。新體經過數百年的自然發展，得到社會各個層次的贊同，成為文字的主流形體。歷史的發展難以倒退，再全面恢復古代形體是不可能的，但是以草書為基礎的隸書違反了漢字的表意結構，雖然簡便，卻是一堆没有理性内核的散亂符號，喪失了文字作為完整系統的嚴密性和靈活性。它不僅不便認讀，妨礙文字的正常功能，而且失去了源頭，迷失了前進的道路，喪失了識古垂今的貫通歷史的傳承功能。面對這個局面，古人採取了古今兼顧的調整形體辦法，在保持形體面貌基本不變的前提下，部分追溯篆字結構。

調整是把來源不同的形體加以統一，使得紛繁的形體簡單化。齊同就是形體標準化，保證了漢字形體系統内的統一性。相反，别異是混同的形體加強區别特徵，使得分辨不清的形體各自顯示特點。别異就是形體多樣性，增加形體區别性。漢代文字的統一性和區别性是系統内部的相互聯繫和相互制約的具體表現，使得漢字形體系統内部獲得對立統一，是構成完善的形體系統必需的要素。

調整的原則有兩條：一是選擇系統標準，一是歷史標準。

第一，系統標準就是採用當時隸書内的共同部件取代自由變體，它認為是選擇，而不是自然發生。

共同部件意味著在漢字部件中的最大公約數。它能夠作為一個邊緣鮮明的獨立部件，具有通用性和普遍性，是比較活躍的部分。篆體隸化變形會隨機產生各種部件，同一個字的同一部件具有衆多變體。例如“農”字，“辰”上的複雜結構採用網格代號，手寫草體就有方框内 3 豎 1 横、2 豎 2 横、1 豎 1 横等，碑刻史書中就有方框内 3 豎 1 横不出頭、3 豎 1 横出頭、2 豎 1 横等種種不同形式的部件。部件變體也有接近共同部件的“田”“西”“曲”，似乎“西”更加接近原來的部件，但是最後隸定為“曲”。

農>農(馬王堆帛書)，農、農、農、農、農(居延漢簡)，農(華山廟碑)，農(史晨奏銘)，農(北海相景君銘)，農(曹全碑)，農(孔龢碑)，農(李孟初神祠碑)，農(蘇仙橋西晉簡)。

“豐”豐，豆之豐滿者，從豆象形。隸變上下兩個部分皆有變化，“豆”變化不大，上部採用代號，或變為從曲等。恐怕回避與“禮”字隸書禮雷同，最後回歸篆字結構。

豐、豐(馬王堆帛書)，豊(居延漢簡)，豐(武威漢簡)，豊(華山廟碑)，豊(孔宙碑)，豊(夏承碑)，豐(史晨奏銘)，豊(郙閣頌)，豐(桐柏廟碑、祝睦碑)。

“禮”字,從豐從示。

禮>禮（銀雀山漢簡）,禮（武威漢簡）,禮（定縣漢簡）,禮（桐柏廟碑）,禮（史晨奏銘）,禮（北海相景君銘）,禮（校官碑、韓敕碑）。

“體”,從“骨”、“豐”聲。

體、體（馬王堆帛書）,體（張遷碑）,體（堯廟碑）,體（北海相景君銘）,體（尹宙銘、繁陽靈臺碑、熹平石經）。

“潭”潭>潭（周憬碑）、潭（張納碑）,顧藹吉曰:《說文》作潭,從水從覃,覃上從“鹵”變隸從“西”,碑復變從“曲”。諸碑“西”“曲”字或誤用,如“農”上安“西”,蓋以“曲”為“西”,此則以“西”為“曲”也。筆者按:“西”“曲”純為代號,没有誤用,顧説不確。

眞書部件不是全從代號變化過來的,也不是僅僅少數“西”“曲”等部件,是一個廣泛的演變內容。例如篆字“丘”與“兵”本來並没有相同的部件,“丘”字比較簡單,對稱的筆畫因為書寫習慣自然形成了一横一撇,“兵”字隸變過程中增加了一横,“斤”的變化與“丘”相似,於是兩者就出現相同的部件“丘”。不過,漢隸中的這個相同部件要到今隸纔取得正字地位。

“兵”兵>兵（馬王堆帛書）,兵（居延漢簡）,兵（曹全碑）,兵（晉石尠墓誌）。

“丘”丘>丘、丘、丘（居延漢簡）,丘（韓敕碑、孔宙碑陰、熹平石經）,丘（北海相景君銘）,丘（南朝宋之明憘墓誌）。

例如“壹”字,因為篆字結構比較特殊,隸書難以把握,形體差異非常大,而且與篆體結構差異巨大。標準化如果採用篆書結構,難以隸定,依然為篆形,所以最後用土、冖、豆合成“壹”。

壹>壹、壹、壹、壹（馬王堆帛書）,壹、壹、壹（銀雀山漢簡）,壹（居延漢簡）,壹（武威漢簡）,壹（白石神君碑）,壹（華山廟碑）,壹（史晨奏銘）,壹（無極山碑）。

第二,歷史標準就是採用篆書結構取代紛亂的形體。“舉”字上半部結構比較複雜,隸變用網格代號取代,碑刻也出現類似形體,最後用隸定回歸到篆體結構。

舉>舉、舉、舉（馬王堆帛書）,舉、舉（居延漢簡）,舉（周憬功勳銘）,舉（北海相景君銘、武榮碑、韓敕碑）。

“惡”字篆體特別,筆畫的走向混亂。隸變的形體一度代號化,碑刻楷化或者十分奇特,如《費鳳碑》,但是部件不能系統化;或者如《石門頌》,部件雖然可以標準化,但是距離篆字結構太遠,最後隸書的“惡”字回歸到西漢早期隸書的篆字結構。

惡>惡、惡、惡（馬王堆漢簡）,惡、惡（銀雀山漢簡）,惡（張家山漢墓竹簡）,惡（居延漢簡）,惡、惡、惡（武威漢簡）,惡（費鳳碑）,惡（石門頌）,惡（夏承碑）,惡

(唐石臺孝經),惡(唐楊宇墓誌),惡(唐石經)。

別異對於混同的形體加強區別特徵,增加漢字形體系統内的區別性。

有為形似而調整的,如"與"與"興":

"與"與>與、與、與、與(馬王堆帛書),與、與、與、與(居延漢簡),與(曹全碑、肥致碑)。

"興"興>興(馬王堆帛書),興(韓敕碑、華山碑),興(白石神君碑、張遷碑),興(景雲碑)。

"與"與"興"隸變形近,易於相混。馬王堆帛書《五行》"有德則國家興",筆者按:此"興"似"與"。武威甲本《燕禮》"興"字作"與"。甲本《泰射》"興",今本作"與"。

又如"王"與"玉"、"王"與"壬":

"玉"玉>玉(銀雀山漢簡),玉、玉、玉(居延漢簡),玉(敦煌漢簡),玉(武威漢簡),玉(史晨奏銘),玉(桐柏廟碑),玉(華山廟碑),玉(楊統碑,筆者按:天星觀楚簡作玉,同),玉(華山廟碑),玉(周公禮殿記)。

"王"王>王、王(銀雀山漢簡),王、王、王(居延漢簡),王(孔龢碑、韓敕碑),王(樊安碑),王(孔宙碑),王(尹宙碑),王(魯峻碑),王(魯峻碑陰),王(熹平石經)。

古文字中"玉"與"王"的差異在於三横的間距,"王"字中間一横近上而遠下,"玉"字三横間距等同,"王"字也有在二横一下竪筆加圓點,而"玉"字皆有加筆的現象,如楚簡中"玉"字第二横下加弧筆,或者用相向二短畫代替弧筆,如郭店楚簡玉、玉,仰天湖楚簡玉也有第二横下右側加點,曾侯乙墓竹簡玉,這些應當視為區别特徵。漢代隸書以小篆為基礎,"王""玉"以横畫間距為區别標準,但是隸寫的過程中,這些間距往往被忽視,常常"王""玉"不分,發生混淆。《周禮·天官·九嬪》:"凡祭祀,贊玉齍。"鄭玄注:"故書玉為王。"《儀禮·士喪禮》:"決用正王。"鄭玄注:"古文王為玉。"馬王堆帛書《五行》:"憂則王色。""玉"字三横等分,似"王"。《讀書雜志·荀子第四·王霸》"改王改行也","或曰《國語》襄王謂晉文公曰:先民有言曰,改玉改行,玉,佩玉,行,步也,盧云:案或説是古'玉'字本作'王'。與'王'字形近而訛。念孫案:《群書治要》正改'玉'改'行'。"《後漢書·禮儀志上》:"(三老)皆服都苧大袍單衣,皂緣領袖中衣,冠進賢,扶玉杖。"此玉杖為王杖,"玉"為"王"之誤。

"壬"壬>壬、壬(馬王堆帛書),壬、壬(居延漢簡),壬(甘谷漢簡),壬(乙瑛碑)。

李富孫《春秋三傳異文釋》:"七年,宋王臣卒。《釋文》云:'王臣',本或作'壬臣'。"李富孫按:"'壬'與'王'字形相似,故二傳互異。《漢魯峻碑陰》'壬端子行''壬輔子助',疑並為'王'字。梁氏曰《周頃王本紀》作'壬臣',杜世族譜同,當依人表作

‘王臣’。宋成公之名，亦訛‘王’為‘壬’。襄五年楚公子‘壬夫’，《匡謬正俗》謂宜為‘王夫’。”筆者按：《乙瑛碑》“元嘉三年廿七日壬寅”，“（壬）”依然似“王”。《熹平石經》“王”作“”，“壬”作“”。“王”“壬”隸變字形相近而混。

再如“出”“士”“土”之混淆與分別：

“出”>、、（馬王堆帛書），、（銀雀山漢簡），、、（居延漢簡），（武威漢簡），（唐扶頌），（鄭固碑、尹宙碑、史晨碑、張遷碑），（曹全碑）。

“出”字在東漢後期的碑刻中基本没有承襲簡牘的寫法，而是返回到篆體、早期隸書的寫法。

請先看“士”與“土”：

“士”>、、（銀雀山漢簡），、、、（武威漢簡），、（武威漢簡），（甘谷漢簡），（曹全碑、白石神君碑、郙閣頌），（韓勑碑），（婁壽碑），（唐公房碑），（魯峻碑）。

“土”>（銀雀山漢簡），、（居延漢簡），（敦煌漢簡），（武威漢簡），（定縣漢簡），（下邳令碑），（白石神君碑、衡方碑），（熹平石經）。

再看“出”與“士”混：

武威簡甲本《燕禮》“出”，今本作“士”，簡本“出”字作“”，與“士”字形近易混。又“”字，今本作“士”字，簡文“出”“士”易混。《讀書雜志・荀子第五・士其刑賞》：“士其刑賞而還與之。”王引之曰：“‘士’字義不可通，‘士’當為‘出’，字之誤也。”又云：“隸書‘出’字或省作‘士’，故諸書中‘出’或誤作‘士’。”《論衡・本性》“丹朱土于唐宮”，集解：“‘土’為‘出’之誤字，草書‘出’字作‘土’。”《讀書雜志・荀子第十二・教出而後士》：“教出當為教士，……下文云‘君子聽律習容而後士’，念孫案：‘士’當為‘出’。”“隸書‘士’‘出’二字相似，傳寫往往訛溷。” 裘錫圭《論衡劄記》：“漢隸‘出’字簡體與‘土’字極相似，故古書中‘出’與‘土’諸字每易相淆。……《論衡》尚有訛‘出’為‘土’之例，今舉之。《拾符》芝生於土，土氣和，故芝生土，應為‘生出’。”

又，“士”與“土”相混而區別。《讀書雜志・管子・五行》：“天子出令，命左右士師內御。”念孫按：“‘士師’當為‘土師’。”《丹鉛總錄・字學類》：“《左傳》晉有士會。‘士’當作‘土’。”武威漢簡甲本《少牢》：“‘士’，簡誤書為‘土’。”“‘司士’，今本作‘司土’。”甲本《有司》，陳夢家云：“‘司士’，今本作‘司士’，《少牢》作‘司土’，下或作‘司土’，或作‘司士’，不相一致。”

“士”“土”“出”本來不混，隸變之中 3 字形體相近，大約在西漢中後期形體相當接近，西漢後期開始有意區別寫法，“出”字逐步回歸到篆體結構，“士”字上横長而“土”

上横短，同時又以加筆畫作區别，不過衹有“土”字加點傳承下來，但是 2 字以上横長短區别已經滿足，加點是可有可無了，純粹是裝飾，或者是存古的寫法。

又如“入”與“人”的區别：

“入”＞、、（馬王堆帛書），（銀雀山漢簡），、、、（居延漢簡），、、（武威漢簡），（鄭固碑），（衡方碑），（肥致碑），（熹平石經）。

“人”＞、、、、、（馬王堆帛書），（定縣漢簡），（武威漢簡），（北海相景君銘），（劉熊碑），（張休涯涘銘），（肥致碑），（鮮于璜碑），（熹平石經）。

“人”“入”古字字形不同，早期隸書，如馬王堆簡帛、銀雀山竹簡“入”書如“人”，“人”書如“入”。西漢中期以來二字字形漸漸接近，東漢早期“入”字捺筆蓋過撇，字形分别明顯。《廿二史考異・漢書・律曆志下》：“以章月乘人統歲數，……‘人’當作‘入’。”武威漢簡甲本《特牲》，陳夢家云：“簡文‘人’‘入’相混。”又甲本《燕禮》“主人”，陳夢家曰：“今本作‘筀入’，簡文‘筀’作‘生’，‘人’‘入’不分，形近而訛。”“人”與“入”因隸變而混，後期得以區别。

又如“十”與“七”隸變後之區别：

《漢書・郊祀志上》：“周始與秦國合而别，别五百載當復合，合七十年而伯王出焉。”顔師古注：“‘七十’當為‘十七’，今《史記》舊本皆作‘十七’字。”

“十”，（馬王堆遣策），（馬王堆帛書），、、（銀雀山漢簡），（武威漢簡），（羅布淖爾漢簡），（乙瑛碑），（曹全碑）。

“七”，（馬王堆遣策），（馬王堆帛書），、（銀雀山漢簡），、（武威漢簡），（居延漢簡），（下邳令碑），（乙瑛碑），（曹全碑）。

西漢隸書繼承了古文字形體。“十”與“七”之區别在於長短，“十”字豎筆長横筆短，“七”字相反。這種長短之别，很容易混淆，當時人如此，後人更易發生舛誤。武威儀禮簡甲本《士相見之禮》簡尾記録頁數字之“七”，簡文皆作“桼”，經文皆作“七”。《漢書・郊祀志上》顔師古注：“‘七十’當為‘十七’，今《史記》舊本皆作‘十七’字。”《讀書雜志・管子一・幼官》“十官飾勝備威，將軍之守也”，念孫案：“此在八分之下，六紀之上，則‘十官’當為‘七官’。”《廿二史考異・漢書・律曆志下》“加十得一”，念孫案：“‘加十’當作‘加七’。”兩漢之交，這種區别發生了變化，在依然保持原來的區别外，“七”字短豎斜寫，東漢開始斜筆加了彎折。但是新質區别與舊質區别共存了很長時間，以致東漢後期的《乙瑛碑》之“十”“七”兩字還是舊的寫法。“元嘉三年三月廿七日壬寅”中的“七”字短豎不彎。筆者按：《説文》小篆於史無徵，恐為漢人所創。篆字“七”在秦簡、秦銘中皆作“”，《睡虎地秦簡》“七十”合書作“”“”，“七”“十”判然分明。隸變後兩字一度形似而混，至東漢“七”字豎筆彎轉，區别於“十”字。

又如“在”與“左”之區别：

“在”>、（銀雀山漢簡），（居延漢簡），（武威漢簡），（蔡湛頌），（孔耽神祠碑），（夏承碑），（造橋碑），（禮器碑），（鮮于璜碑），（韓敕碑、華山廟碑、桐柏廟碑），（曹全碑），（韓敕碑、華山廟碑、桐柏廟碑），（熹平石經）。

“左”>、、（銀雀山漢簡），、（居延漢簡），（武榮碑），（華山廟碑）。

“左”字隸變後上筆變為直横，且“工”並出頭成“土”，故“左”“在”相混。為了區别，“在”字加點畫，“左”字也加短豎，最後參照篆字結構“在”字加短豎，而“左”字不加。“在”在隸變過程中，經常與之混淆。武威漢簡甲本《特牲》“左西面”，陳夢家曰：“（左）簡均作‘在’字，簡文‘在’‘左’經常混淆。”又甲本《有司》“左右兼取”，陳夢家曰：“在左之‘在’作‘左’，簡文‘在’‘左’相混不分。”筆者按：簡文“在”字每有短豎，與“左”字接近，陳謂其相混緣於此。

又如“升”與“斗”之區别：

“升”>、（馬王堆竹簡），、（銀雀山竹簡），、、、、（居延漢簡），（肥致碑），（曹全碑）。

“斗”>、（馬王堆帛書），、（銀雀山竹簡），、、、、、（居延漢簡），、（流沙墜簡），（武威漢簡），（白石神君碑）。

清錢大昕《廿二史考異・史記・古今人表》：“往升”“《戰國策》所謂先生王斗也。‘斗’古文作‘’，‘斗’‘升’往往相亂。”又《後漢書・方術傳・華佗》“漆葉屑一斗”，錢大昕曰：“‘斗’當依《魏志》作‘升’，漢隸‘斗’作‘’，與‘升’字相似，故易混耳。”《讀書雜志・墨子》“備城門”：“持水麻升草盆救之”“傳火者必以㳻麻什革盆”“二升”“三十斤”。畢云：麻一升，草一盆也。念孫案：“‘升’當為‘斗’，隸書‘斗’字作‘什’。因訛而為‘升’，後‘斗’訛作‘升’者仿此。”裘錫圭《論衡劄記・定賢》：“數至多，升斛弗能。”裘錫圭按：“升斛當為斗斛之訛，‘斗’‘升’兩字隸書相近，古書中常見混淆之例。”①

又如“告”與“吉”之區别：

“告”>，、、（馬王堆帛書），、（銀雀山漢簡），、（居延漢簡），、（武威漢簡），（張景造土牛碑），（北魏慈慶墓誌）。

“吉”>、、（馬王堆帛書），、（居延漢簡）。《周禮・春官・

① 裘錫圭：《論衡劄記》，《文史》第五輯，中華書局1978年版，第229頁。

大宗伯》："以吉禮事邦國之鬼神示。"鄭玄注："故書'吉'為'告'。"引杜子春曰："書為'告'禮者非是。"武威漢簡甲本《少牢》，陳夢家曰："簡文'吉''告'不分。"隸變"告""吉"混同，漢隸以來"告"首筆作彎折，南北朝時纔作撇和横組合。

又如 "六"與"大"之區别：

"六"＞、、（馬王堆帛書），（馬王堆遣策），、、（銀雀山漢簡），（居延漢簡）。

"大"＞、、（馬王堆帛書），、、、、（銀雀山竹簡），、（居延漢簡）。

《讀書雜志・荀子・大略》"主視其六尺而大之"，引之曰："'大之'當為'六之'，言以六尺而六之，則為三丈六尺也。"馬王堆帛書《明道》篇後有《十六經》。曾誤釋為"十大經"，帛書"六"寫近"大"，衹是末筆不連接，與"大"區别。文書舛誤緣於"六""大"相近也。

又如"匹"與"正"之區别：

"匹"＞（鳳凰山竹簡），、、（居延漢簡）。

"正"＞（敦煌漢簡），、、（居延漢簡），（武威漢簡），（甘谷漢簡），（公羊磚），（熹平石經），（孔宙碑）。

《禮記・緇衣》："子曰：唯君能好其正，小人毒其正。"《釋文》："正"音匹。"正"當為"匹"，字之誤也。

又如"申"與"臾"之區别：

"申""臾"兩字本來形體分明，隸書"臾"變直筆加點，與"申"形近。後來各字均有彎筆，但是"申"彎筆僅僅保留在"電"字，後彎筆不傳，與"臾"分野清楚。

"申"＞、（馬王堆帛書），、（銀雀山漢簡），（韓敕碑陰，顧藹吉云："《説文》作，從自持。，音掬。"），（熹平石經），（延光四年刻石、孟孝琚碑），（北周僧和造像記），（北魏寇霄墓誌），（唐石經）。

筆者按："申"作大彎，合成字有："伸"（楊震碑），（三老趙寬碑），二字"申"皆右彎，前者字形淘汰，後者納為正字。

"臾"＞、（馬王堆帛書），（銀雀山漢簡），（羅泊灣漢簡），（武威漢簡），、（居延漢簡），（肥致碑），（唐公房碑），（隋宋仲墓誌），（唐王永嘗妻墓誌），（唐元瑛墓誌）。

又如"棗"與"棘"結構併、重分家，以相區别。

"棗"，《説文》羊棗也，從重朿。睡虎地秦簡作""。、（馬王堆帛書），、（東漢鏡銘），（肥致碑）。作"棗"（棗子），《雜療方》："以蜜若棗膠和。"《養生方》："酸棗。"《相馬經》："隄上有棗。""棗"作重朿。

"棘"，《説文》小棗重生者，從併朿。睡虎地秦簡作""。作"棘"（荆棘）：馬王堆簡帛作、。“棘”,《養生方》:“以顛棘為醬方:刌顛棘長寸□節者三斗。”又:“以顛棘根刌之。”馬王堆帛書《相馬經》“若印以棘”。銀雀山漢簡《孫臏兵法・地葆》:“五草之勝曰:藩、棘、椐、茅、莎。”

後兩字相混:棗子之“棗”又併束為“棘”:《戰國縱横家書》280:“煮棘(棗)將榆。”馬王堆1號墓遣策:“棘(棗)一笥”“棘(棗)笥”,《相馬經》“若印以棘”。

《讀書雜志・淮南子・兵略内篇》“棘棗”:“伐棘棗而為矜。”高注:“棘棗,酸棗也,矜,矛柄。”念孫案:“‘棘棗’,本作‘樲棗’,此亦後人妄改也。”沈括《夢溪筆談・藝文一》:“‘棗’與‘棘’相類,皆有刺。棗獨生,高而生横枝。荆列生,卑而成林,以此為别。”

《字林考逸・序例》:“部内諸字與《説文》音訓同,偏旁體畫並同,而上下左右或相易。如木部内‘寀’字,《説文》作‘榕’,‘槁’,《説文》作‘稾’之類,仍列入《説文》所有。(如重束為“棗”,併束為“棘”,日乘干為“旱”,從干為“旰”,此類上下左右相易而音義各殊,與此異例。)”

第四節 漢隸與今隸之變

隸變是篆到隸的變化,不過篆與籀關係密切,古文字學展開後,也把篆體的概念擴大了。唐蘭把小篆與古文字歸作同一體系,“小篆是古文字中間最後一種”①。這樣篆隸之變實際上被看作從古文字到今文字的變化。那麼隸書是什麼時候開始的?郭沫若認為:“隸書無疑是由草篆的演變。”郭沫若指出秦代的度量衡和若干兵器的刻文,“大約也就是秦代的隸書吧”②。姜寶昌贊同這個觀點,他認為早期隸書,形體並不扁方,倒是略呈長方,在用筆上,波磔並不明顯,倒是略帶點圓轉意味。可以肯定,早期隸書來自秦篆草化。姜寶昌認為睡虎地秦簡就是“從秦篆到隸書的過渡形式——秦隸”。筆者認為,隸書來自草書,所以隸變之始遠在秦代以前。小篆體勢均匀,與古文字有一定差距,但是兩者没有鴻溝,後者保留了大部分古文字形體的要素,它是古文字的後期代表。隸變事實上是古今文字過渡的過程。“隸變所引起的字形上的劇烈變化,就其本質來講是字形的訛變,而這種訛變早在秦漢之前就發生了。”③不過隸變不能無限上推。古文字的訛變是有階段性的,在先秦的古文字階段,形變之後還是古文字,衹有隸書出現之後,小篆訛變纔有可能變為隸書,這種變化纔是隸變。因此隸變的起點衹能是戰國後期秦隸出現之時。

① 唐蘭:《古文字學導論》,齊魯書社1981年影印本,第312—313頁。
② 郭沫若:《古代文字之辯證的發展》,《考古》1972年第3期。
③ 陸錫興:《漢代簡牘草字編》,上海書畫出版社1989年版,第18頁。

蔣善國在談到隸變特點時説:“隸變的消滅古文形體,是完全通過筆畫的平直方正化實現的。”“特别是把小篆的匀圓齊整變為平直方正,定型了近兩千年來的方塊字。”①那麼什麼條件纔能使得古文字形體平直方正呢?方便書寫要採用直綫,但是不一定是平直,平直取決於對整個字形的方正的要求。由此推理,衹要出現了方正的形體,就必然會促使平直筆畫的發展,因為不進行内部筆畫的調整,是不可能取得方正外形的。不過方塊字不是在隸書階段纔出現的,小篆已經是方塊字了,方塊小篆的筆畫已經過規則化處理,出現了水平和垂直筆畫交織為重心的結構,改變了不規則傾斜的綫條。所以從這點來説,隸變的先聲在隸書以前是有道理的。且慢,如果以此綫索尋根尋源的話,隸變的起源不在戰國晚期,而在春秋時期。在春秋中晚期銅器銘刻出現了排列整齊、外輪廓呈長方形的新式形體,開始流行於南方,逐步擴大到北方。這種形體内部筆畫符合水平垂直交合的特點,它帶來了筆畫的“平直方正”。隸變的前奏,從春秋晚期開始,到戰國的速度就加快了,這是古文字訛變。到了秦代,隸書作為一種書體,與篆文平行,實行字體雙軌制,這樣篆隸不斷轉換、不斷沉積,隸變逐步走上康莊大道。

隸變下限爭議較大,這與對隸書的理解不同、對隸變的複雜性認識不足有關。宋代米芾《海岳名言》:“書至隸興,大篆古法大壞矣。”鄭樵《寄方禮部書》:“以文之變,自古文籀體而變小篆,小篆變隸,隸變楷。”他把眞書(楷書)排除在隸書之外。明代何良俊《四友齋叢説》卷二十七:“書法自篆變而為隸,隸變而為楷,楷變而為行草。”今人多承襲這種説法。例如高明認為:“變篆書為隸書,……後來又將隸書寫作楷書,將楷書寫作行楷與行草。”②甚至有人認為隸變衹是隸書到眞書的過程。吳玉搢《别雅》卷三:“惣督,揔督也。《梁書・武帝紀》‘惣督衆軍’。按,《廣韻》‘揔’同‘總’。《鄭烈碑》變作‘捴’,《仲秋下旬碑》變作‘惣’,隸楷遞嬗,遂成‘物’下著‘心’之字。此為隸變,蓋不可以六書之理相繩也。”

筆者認為:“隸變是指漢字由古文字向今文字,亦即篆文向隸書、楷書的轉變。”③後又指出:“一般認為,隸定是由篆而隸的過程,完成於漢。這種誤會來自對隸的理解。隸是與篆相區别的概念,它不僅包括了漢代隸書,也包括了漢以後的楷書——今隸。事實上,從秦到漢,衹走完了隸變的一半路程,還有一半路程就是由分隸到楷書,即從漢末始,中經兩晉南北朝動盪、變異、融合,直到唐代的楷體正字。這時人們終於結束徘徊,擺脱隸古定的影響,摸索出楷書規範化辦法,確立了現行的楷體規範字形,

---

① 蔣善國:《漢字形體學》,文字改革出版社 1959 年版,第 187 頁。
② 高明:《略論漢字演變的一般規律》,《考古與文物》1980 年第 2 期。
③ 陸錫興:《漢代簡牘草字編》,上海書畫出版社 1989 年版,第 18 頁。

完成了漢字史上的一次重大變革。"[①]後又再次論述這個問題:"在戰國末期到隋唐時期,儘管隸在不斷發展,但它在法定的位置上,衹是'隸',即輔體,不客氣一點稱為'俗字',它時時刻刻受到篆字的影響。這個問題眞正解決是到玄度《新加九經字樣》問世,以'商較是非,取其適中'的辦法確立規範楷體字,正式消除了《説文》篆字的影響。"[②]傳統的觀點认為隸變下限在今隸。但是今隸有兩個差別很大的概念。"今"與"古"相對,今隸對漢隸而言,一般看法是今隸指魏晉以來的眞書。也有把今隸與古隸相對的,是稍晚的隸書。蔣善國把隸書分為兩種,即古隸從秦末到漢末,今隸從東漢初年到晉初[③]。《中國語言學大辭典》謂"今隸"則有兩種説法:一是同古隸相對,即漢隸。二是指魏晉至唐的楷書[④]。

隸書是一個不斷發展的概念,從最早的草隸、楷隸,在東漢後期逐漸演變為今隸——楷書。隸書對篆書而言,雖然形體在變,但是名稱並無變化,依然稱作隸。《晉書·王羲之傳》中稱"尤善隸書",其子王獻之"工草隸"。北齊顔之推《顔氏家訓·雜藝》:"唯有姚元標工於楷隸。"唐張懷瓘《書斷》品評書藝分字體為古文、大篆、籀文、小篆、八分、隸書等,謂隸書乃秦程邈所造,"而後鍾元常、王逸少各造其極焉。"《唐六典》卷十:"校書郎正字,掌讎校典籍,刊正文字。其體有五:一曰古文,廢而不用;二曰大篆,惟於《石經》載之;三曰小篆,謂印璽、旛旐、碑碣所用;四曰八分,謂《石經》、碑碣所用;五曰隸書,謂典籍、表奏及公私文疏所用。"顧藹吉《隸辨》卷八:"唐所謂隸書即今之正書。所謂八分即漢之隸書。魏晉以降,凡工正書者,史皆稱其善隸。"這些史料可以證明,直到唐代,眞書依然被當作隸書。

唐代張參《五經文字·序例》以及唐玄度《新加九經字樣》內提出的"隸",在西安碑林博物館陳列的開成石經實物表明不是漢隸或八分,而是眞書,唐代和唐代以前隸書的概念與後世大有不同。後來眞書使用長久,漸漸不用隸書來稱名眞書了。大約從宋代起,隸書的概念縮小,一般把隸等同於漢隸,鄭樵"隸變楷"的説法,就把楷(眞書)從隸書分出去了。筆者認為應改還其歷史本來面目,承認隸變是篆到漢隸、今隸的變化,這纔是完整的隸變過程。

隸變經歷了相當長的時間,始於秦漢,直到唐代中晚期完成。隸變過程是有起伏的,西漢武帝時期變化較大,是劇烈的變化,其他時間諸體並存並爭,正俗莫辨。唐蘭認為:"從隸書到今隸——即現代通行的正書,變異不多。"[⑤]劉又辛説隸書到眞書,"這

① 陸錫興:《唐代的文字規範和楷體正字的形成》,《語文建設》1992 年第 6 期。
② 陸錫興:《隸變是一個文字發展階段》,《歷史教學》1992 年第 9 期,第 52 頁。
③ 蔣善國:《漢字學》,上海教育出版社 1987 年版,第 197 頁。
④ 陳海洋主編:《中國語言學大辭典》,江西教育出版社 1991 年版,第 37 頁。
⑤ 唐蘭:《古文字學導論》,齊魯書社 1981 年影印本,第 313 頁。

一變化是從魏晉開始的”，根據傳世的鍾繇《宣示表》《力命》等書跡來説，認為隸書到眞書的變化並不很大，“衹是在點、横、豎、撇、捺、折這六種筆畫以外，增加了鉤和挑這兩類綫條而已。”①這裡需要指出一個問題，即書體和結構的區別。如果單就書體而言，從傳世的鍾繇書跡來看，衹是比較古質，捺略肥，體略扁，有漢隸餘韻，這些書體與王羲之以及唐代以來眞書的確没有本質上的差異，如果僅從這點著眼，會產生一個假象，即魏晉今隸的形體已經達到完善的階段。書體是外殼，結構纔是實質，我們要透過外表纔可以接觸到實質。實際是魏晉今隸——早期眞書内在的結構尚不完善和穩定，這種狀態維持了很長時間，過渡期長達 400 多年。

陳淑梅是從漢碑著手研究隸變的，採用傳統做法，可惜漢碑衹是東漢晚期的八分碑刻，衹有少量通行隸書的石刻。她認為，漢隸的構件系統除了主體隸形構件之外，還存在少量非完全隸變構件：隸古定構件、半篆半隸構件和篆形構件。漢隸並不是處於今文字的成熟階段。“也正因為如此，漢隸纔會繼續向楷書發展。”②漢碑後期的文字是人為的古今混合體，即使是東漢後期的通行隸書依然有古文字遺存，是尚在發展之中的今文字。因此東漢的隸書衹是走了隸變的一個階段，而不是全部。漢字的字形變化無非是結構和筆畫的變化，是從筆畫的變化引起結構的變化，相應地説，其他方面的變化比較少。漢隸到眞書的筆畫變化至少在兩漢之交就顯示出來了，絕不是從魏晉時期。到了三國時代，已經出現眞書的形態，衹是帶一些隸意而已，可以從長沙走馬樓三國吳簡中見到實例。東漢八分的筆畫是篆書的均勻綫條加上部分眞書的筆畫形態，又多了大波挑，大波演變為大捺，而大挑則被眞書改良為撇。如果從漢碑隸書來説，眞書與史書的筆畫差異非常之大，絕不是增加了鉤和挑而已。眞書的形成在東漢前期，楷書的源頭是草書，在居延出土的東漢前期簡牘中可以見到這類眞書的原始面貌。從漢隸到眞書的變化，現在幾乎没有人關心，忽略了這段歷史，對於變化的複雜性瞭解不多。倒是古人為我們留下了系統的資料，這就是唐代張參《五經文字》和唐玄度《新加九經字樣》篆、眞對照，並有字例説明③，揭示了今隸中的篆書成分，以及如何淘汰那些無法容納的篆書成分，從而達到眞書的標準體勢。2000 年，范可育等也認識到唐代是隸變的最後階段：在唐代初年，楷體字正在形成，一部分人筆下篆書影響並未消失，需要楷書的規範化，產生了字樣之學。“唐代處於漢字字體從篆書經過隸書演變為楷書的最後階段。”④總之，拋開先秦的醞釀時期，隸變經歷了兩個階段，在秦代開始到東漢為第一階段，其中西漢到東漢變化最為劇烈，東漢後期到唐

① 劉又辛等：《漢字發展史綱要》，中國大百科全書出版社 2000 年版，第 66、67 頁。
② 陳淑梅：《東漢碑隸構形系統研究》，上海教育出版社 2005 年版，第 220、231 頁。
③ 陸錫興：《唐代的文字規範和楷體正字的形成》，《語文建設》1992 年第 6 期。
④ 范可育、王志方、丁方豪：《楷字規範史略》，華東師範大學出版社 2000 年版，第 16 頁。

代後期是第二階段，眞書達到全面完善。清馮武《書法正傳・自敘》："書自蒼頡、沮誦以來，隨代而屢變，古文變而為篆籒，篆籒變而為八分、小篆，小篆變而為隸兼篆，隸變而為今正書，正書變而為行書、章草，章草變而為草書，諸體之中惟正書為最切要焉。蓋小篆者正書之源也，行草者正書之變也。"馮武所説文字隨代屢變中的"隸變而為今正書"，就是後階段隸變。這兩個階段分為開拓階段和調整階段，這是就主要方面而言，實際上開拓與調整是難以分割的，在開拓階段已經有調整，不過後期的調整分量比較重而已。

隸變眞正完成要有兩個條件：一是眞書標準形體的確立，並且成為主要的通行字體；二是形體結構完全眞書化，而不能是眞書的外貌、篆與雜隸的結構。這兩項並不是漢代能完成的，而是在唐代得到解決。漢代之後，隸變依然需要完成兩件事：一是繼續創造新的字形，替代舊字形，去除篆字形體的遺跡；二是對已經存在的字形進行甄別，鞏固確立隸變新字形。

漢代的許多字形處於成長階段，字形極不穩定，根本没有形成眞書形體。例如《隸辨》中收的"愛"字，竟然無一形體相同，没有出現與眞書相同的形體，遲至北朝末期《梁王劉君墓誌》纔出現接近眞書的寫法。

俗體愛、愛、愛、愛（馬王堆漢墓帛書），愛、愛、愛（銀雀山漢簡）；

愛（楊著碑），愛（三公山碑），愛（張遷碑），愛（校官碑），愛（郙閣頌），愛（夏承碑），愛（婁壽碑）。顧藹吉云：愛變旡為圡，俗因之。愛（北魏石婉墓誌），愛、愛（北周獨孤渾貞墓誌）、愛（北齊梁王劉君墓誌）。

愛→愛→愛→愛→愛→愛→愛→愛→愛→愛

東漢末年的漢隸，雖然新形體不少，有的接近今體，不過尚不精細，是粗糙的試驗品，這些形體處在出新與摸索階段。

有的遺留未楷化的篆書成分，例如《熹平石經》的願（願）字，篆隸参半，與眞書形體相差甚遠。如"女"字，漢隸作女、女，用雙弧綫，有的有折，卻是軟折，不合眞書筆畫，女這個形體要到晉代纔出現，以此為部首的一系列字都是如此。再如"年"字，漢隸作"年"，中間長長短短的横綫難以融入眞書結構，"年"眞書形體大約到魏晉出現，到唐代纔定為正體。

"年"的隸變過程有二。隸變之一：秊＞年（馬王堆帛書）→年（銀雀山漢簡）→年（居延漢簡）→年（蘇仙橋西晉簡）→年（南朝齊建武二年造像刻石）→年（智永千字文）→年（道因法師碑）→年（明崇禎年刊瑞世良英）。

隸變之二：秊→年、年（馬王堆帛書）→年（銀雀山漢簡）→年（東魏高貴墓誌）→年（顔眞卿）。

"年"字從篆字秊出發，一路順著草法隸定，改變結構，最後成為眞書正體年；另一路篆文隸定，用隸寫篆體，最後作為古體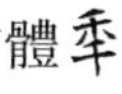。

漢隸中包含大量的草字寫法，需要進一步楷化。如《熹平石經》“”字之“走”用的是草書，還不是眞書楷體。有些形體尚不成熟，還不是眞書的形體。如“必”字，眞書的結構是“心”字加一撇，可是兩者的篆字結構完全不同，“必”字形體演化與“心”相同，並不在漢代，而在魏晉之後：

“心”字篆字，漢隸作（馬王堆漢簡），（銀雀山漢簡），（居延漢簡），（武威漢簡）。

“必”字篆字作，漢隸作、、（馬王堆帛書），（銀雀山漢簡），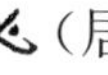（居延漢簡），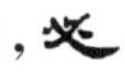（定縣漢簡），（武威漢簡），漢代史書依然為（曹全碑）。

漢代“心”“必”兩字没有相同點。魏晉以來，今隸逐步把“必”字形變為“心”加一撇。北魏《刁遵墓誌》作，隋《智永眞草千字文》墨蹟本作。眞書“必”形體演變並不是在漢代完成的。

即使字形出新，具有類似眞書的結構，還祇是走出了隸變的第一步。新形體需要經過時間的考驗，經過甄別、選擇和優化，這個過程有時是曲折的，有時還有反復。例如《北海相景君銘》有，但是《熹平石經》依然選隸定之；“叔”，《曹全碑》有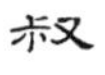，説明此前後已經流行這個字形，但是《熹平石經》捨正而取俗，依然用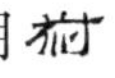。當然還有其他理由使得新、舊字形長期並存，使得隸變的過程拖得很長。東漢時代前有《説文解字》問世，後有《熹平石經》刊立，其字形制約了無序的隸變，對新出的隸體的規範起到了促進作用。《正始石經》的隸字基本繼承了《熹平石經》，但是處於三國分裂狀態，對優化隸變起不了多大作用。兩晉喪亂，中原胡化，無暇關注文字古今之變。北朝多用八分，有大量的隸定古體，而且各隸定不同，同字形體變化無端。最糟糕的是把八分的古今兼形習慣用到眞書中去，尤其喜寫漢碑變異之字，怪字迭出，不堪入目，甚至八分與眞書雜陳。這些“古體”多數是隸定過程中的字形，帶有篆書成分訛變的隸書。南朝字體趨於日用，沿襲了漢魏行草隸書，流行今體。在南北朝紛亂的政局中，南北自然不能形成一個統一的字形規範，這種狀況維持到南北統一。隋唐開始統一字形，訛變的怪字大大減少，壓縮俗字，正字形體逐步確立。如何判斷正體，判別隸變出來的字形是否合理，依然是大傷腦筋的事，首先要依據《説文》，再據《熹平石經》，再據《字林》，眞書標準字形的取捨使人左右為難。《説文》的篆體字形成為隸書結構的理論依據，是糾正那些無序變化俗字的利器。但是篆字形體是秦代字形系統，這個系統距離現實過於遥遠，而那些悖於篆字的字形大行其道，流行日久，根深蒂固，廢止或者排斥這些字形都是十分困難的。這種不合篆文字理，卻能融入眞書之中的俗體，何去何從，需要作出仲裁。

蔣善國分析“永”字的形體變化，認為小篆發展到漢碑《白石神君碑》《孔宙碑》《禮

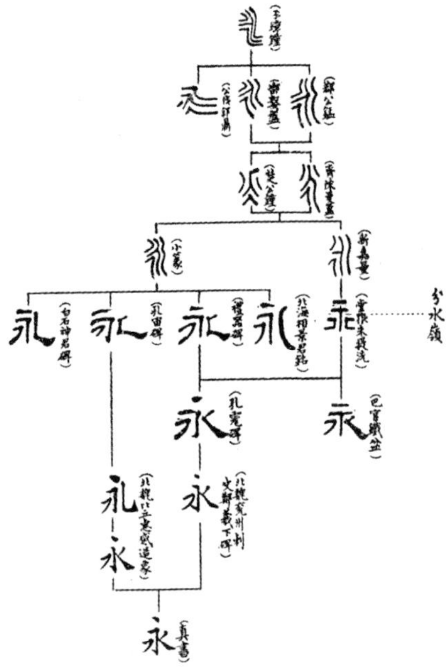

器碑》《北海相景君銘》《新嘉量》，到"堂狼朱提洗"為分水嶺[①]。這個"永"字形體變化表是根據金石資料編排的。從先秦銅器銘文到秦漢篆文、兩漢北朝銘文，生動地演示了"永"字古今隸變過程。實際上，"永"字形體演變遠未完成。筆者綜合了石刻字形，可見種種複雜形體，顯示"永"字形在很長時間内並不穩定。

眞書"永"的發展歷程：永（西漢後期，羅布淖爾漢簡）、永（漢永平十五年，72 年《王杖十簡》）、永（漢延熹八年，165 年《鮮于璜碑》）、永（漢熹平二年，173 年《景雲碑》）、永（晉永寧二年，302 年郴州晉簡）、永（北魏太和十八年，494 年《元詳造像題記》）、永（北魏太和十九年，495 年《牛橛造像題記》）、永（北魏景明二年，501 年《任城王妃李氏墓誌》）、永（北魏永平元年，508 年《魏王理奴墓誌》）、永（北魏永平元年，508 年《石婉墓誌》）、永（北魏永平四年，511 年《崔猷墓誌》）、永（北魏永平四年，511 年《司馬悦墓誌》）、永（北魏永平五年，512 年《元診墓誌》）、永、永、永（北魏熙平二年，517 年《元萇墓誌》）、永（北魏熙平三年，518 年《魏宇文永妻韓氏墓誌》）、永（北魏神龜元年，518 年《常敬蘭墓誌》）、永（北魏孝昌二年，526 年《殷伯姜墓誌》）、永（北魏孝昌三年，527 年《胡昭儀墓誌》）、永（北魏孝昌二年，526 年《元瑛墓誌》）、永（北魏普泰元年，531 年《張玄墓誌》）、永（北魏永熙二年，533 年《高樹生墓誌》）、永（北魏永熙二年，533 年《韓期姬墓誌》）、永（隋開皇十九年，599 年《獨孤羅墓誌》）、永（唐貞觀六年，632 年歐陽詢《九成宫醴泉銘》）、永（唐武德九年，626 年虞世南《孔子廟堂碑》）、永（唐天寶十載，751 年徐浩《徐浚墓誌》）、永（唐大曆二年，767 年《李峴墓誌》）。

眞書"永"的發展歷程：永（西漢甲渠侯官漢簡）、永（北魏景明三年，502 年《賀蘭汗造像題記》）、永、永（北魏景明三年，502 年《比丘惠造像題記》）、永（北魏永熙三年，534 年《傅豎眼墓誌》）、永（北齊天保三年，552 年《道明墓誌》）、永（大曆十四年，779 年顔眞卿《勤禮碑》）。

以上字例可以看出兩個不同的形體，區別在於右側筆畫，一種是 1 長勾，一種是 1 撇 1 捺。兩者在銘石書中共存，一直到晚唐纔得以分出正體和古體。

鑒於隸變需要經歷一個複雜的選擇過程，不是某個形體出現，就是完成隸變的標

① 蔣善國：《漢字形體學》，文字改革出版社 1959 年版，第 182 頁。

誌，實際上衹是出現了一種可能，因為在相當長的時間內，它或者與其他形體共存，或者為正體排斥，游離於俗體之中。因此某個字形完成隸變不一定在漢代，也可能在唐代中前期，或者中後期。

漢代碑刻史書大致有兩形：一為依照篆字隸定，另一為從草寫隸書楷化。這兩種形體都不是最終的標準，衹有經過時間考驗，在綜合平衡之後，最後由權威作出取捨。

在初唐定形的字，“典”隸書形體多種多樣，雖然“典”早在東漢已經出現，不過它不是唯一的形體，到隋唐纔排除了其他形體，確立為正體。

“典”典＞典（孔宙碑），典（楊統碑），典（劉修碑），典（乙瑛碑），典、典（鮮于璜碑），典（曹全碑），典（九成宮醴泉銘）。

在《干祿字書》中定形的字，如“興”字：

興（居延漢簡），興（韓敕碑、華山碑），亦有從隸作興（白石神君碑、張遷碑），興（熹平石經），北魏董美人墓誌從隸興，直至唐《干祿字書》定興、興，隸形上通，篆形下正。

在稍晚的《五經文字》《新加九經字樣》中定形的字，如“華”字：有篆體隸定者：華（修華嶽碑、劉寬碑），華（孔宙碑），華（王舍人碑）。有依照隸體者：華（郭究碑、白石神君碑），華（魏上尊號碑）。有南北朝以來兩者兼存的：華（北魏董美人墓誌），華（九成宮醴泉銘），華（麻姑仙潭記），篆隸兩形不定。《新加九經字樣》云“經典相承用華字”。又如“光”字：早期保存了篆字的結構，如光（馬王堆帛書）。後草化形體中間成一橫，如光（羅布淖爾漢簡）、光（居延漢簡）、光（永始三年詔書），依照草書楷化，如光（北海相景君銘、孔宙碑、曹全碑、韓敕碑陰）、光（熹平石經）從隸書。漢代以後真書多承襲《熹平石經》寫法，如光（張黑女碑）、光（唐顏眞卿自書告身）。但是碑刻史書也有從篆隸定作光（漢雄桀碑）。《干祿字書》定篆字隸定之光為正體，顏眞卿《麻姑仙潭記》即寫作光。可知直至唐代，“光”字從隸、從篆未定。兩形之糾紛直到中唐以後纔裁定，放棄小篆結構，採用《熹平石經》之字為準。《五經文字》云：光，“經典相承隸變”，使之在理論上得到承認。

篆體與今體的矛盾不是文化下層的矛盾，而是文化上層的衝突。唐代正字確立驅逐了絕大部分的北朝風行的俗體，取得了較好的成效，但是對於隸古定卻並不見效，因為隸古定是對小篆忠誠的隸寫，在理論上完全是正確的，代表了歷史上的正統字形。因此隸古定字形的書寫者往往是富有學養、家學淵源的高級文化人士。顏之推、次子顏愍楚、孫顏師古，顏師古孫顏元孫，從北朝到隋唐，顏氏世家從事文字規範、字樣之學。小篆與俗字的處理是一個重要的方面，顏之推反對泥古，一味以《說文》小篆為準的。其變通之法是文章著述須用近於小篆之字，而日用文書、書信可以將就識字。顏元孫繼承祖先顏之推之説，所著《干祿字書・總論》曰："改篆行隸，漸失本眞。若總據《説文》便下筆多礙，嘗去泰去甚，使輕重合宜。"不過"輕重合宜"之"宜"，掌握不易，互有出入，俗、通、正三體之中，"所謂正者，並有憑據。可以施著述、文章、對策、碑碣，將為允當。"原注："進士考試，理宜必遵正體，明經對策，貴合經注本。又碑書多作八分，任別詢舊則。"故正體之中多從《説文》小篆，即使同字流行日久，同行無礙，亦棄而不用，所謂"進士考試，理宜必遵正體"也。例如："年"通，秊（秊）正；"永"通，永（永）正；"走"通，赱（赱）正；"光"通，炗（炗）正；"玆"通，玆（玆）正。

這些所謂"通"的字形，早就通行了，人們都當作正字看待，毫無爭議，而所謂的正字倒是不怎樣流行的，這樣的規定當然並不合乎情理。顏眞卿為顏元孫之侄，且書寫《干祿字書》，無疑是精於字樣，嫻熟字形，他的書法作品中就採用了隸古定眞書。在著名的《麻姑仙壇記》中有不少不合時尚的隸古定，這些古怪的字形與篆字比較之後，知道顏眞卿是為了更加合乎字理，保留了部分篆字的結構。如：

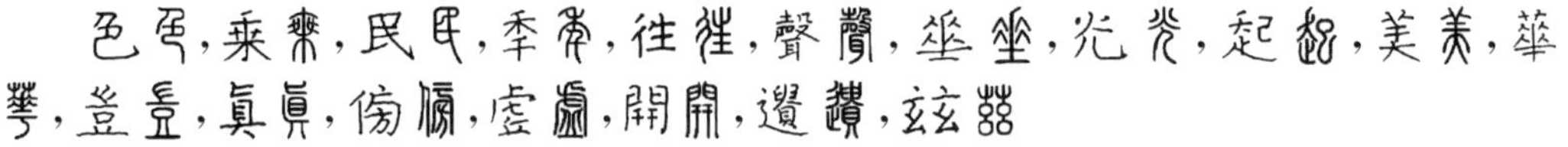

《干祿字書》提供了文字字形的依據。顏氏所謂正與通實質是篆正與隸通的觀念，實際上，科舉考試並不以篆正為必須，《干祿字書》"理宜必遵正體"，"理宜"是道理上的意思，實際又是一回事，隸通通行無阻。

第五節　字形多體制與今體之協調

作為銘刻書體，八分在唐代十分流行，尤其在唐玄宗的宣導下，進入了漢代以來的第二個盛行時期。所謂"碑書作八分，任別詢舊則"，八分書法對於文字形體有特殊的要求，除了標誌性的波磔外，結構上要古今兼形，採用隸古定是必需的原則，八分書者必須以瞭解、熟悉隸古定為基本條件，欣賞者亦以懂得隸古定為榮。八分書大量的、經常性的隸古定出現必然會對社會起到示範的作用，這是眞書隸古定存在的原因。

隸古定在唐代是比較強勢的，不僅有歷史規範的依據，在傳本文獻中也有隸古定存在。漢代以來師法、家法的傳承離不開文字，文字的形體差別關乎經義和學派，因此各家傳本經文不會改易，隸古定就是以這種理由一直保存下來。這是眞書隸古定的最頑固、最堅強的陣地，它可以與經文共存，永遠流傳下去，而且儒家經籍是古代社會的倫理基礎，經文每字每句都是神聖的，具有無可爭議的權威地位。所以不解決經文的隸古定，隸變是難以得到圓滿結果的。自然而然，《五經文字》《新加九經字樣》必定把隸變的字形作為一個主要的內容。

《五經文字·序例》："《説文》體包古今，先得六書之要。"原注："若古文作明，篆文作朙，古文作坐，篆文作㘸之類，古體經典通行，不必改而從篆。"《五經文字》文字形體的依據以《説文》為要，不備者求之《字林》，再《石經》、經典及《釋文》，"相承隸省引而伸之，不敢專也。"具體做法是："《説文》宊、𣈆，人所難識，則以《石經》遺文宜與晉代之。"又云："㮚變為栗之類，石經湮没，經典及《釋文》相承作耳。"

《五經文字》各卷多有辨證篆、隸之説，並且發明了"隸變""隸省"兩個專門術語。

隸省，如卷上："桺、柳，上《説文》，下經典相承隸省。""㨭、探，上《説文》，下經典相承隸省。""𢫦、括，上《説文》，下經典相承隸省。""𥦗、窻，上《説文》，下經典相承隸省。""睂、眉，上《説文》，下經典相承隸省。"卷中："履、履，上《説文》從舟，下經典相承隸省。"卷下："㴱、深，上《説文》，下經典相承隸省。""𢖻、愛，上《説文》從旡從心從夊，下經典相承隸省。""䨮、雪，上《説文》，下經典相承隸省作雪。"

隸變，如卷上："𤖹、醬，上《説文》，下經典相承隸變。""灮、光，上《説文》，下經典相承隸變。"卷下："霚、雺、霧，上《説文》，中籀文，下經典相承隸變。""䜌、䜌，上《説文》，下經典相承隸變。"

除了用專門隸變、隸省改正隸古定外，其他場合也在替換隸古定，如"靁、雷，上《説文》見《詩·風》，下《字林》。"用《字林》替換《説文》古字。"靁"從雨畾聲，馬王堆帛書已經省作兩"田"，武威漢簡省作一"田"，為"雷"，並作為相承的形體，但是以《説文》為準的話，"靁"為正體，"雷"為通體。《五經文字》以《字林》為準，使其獲得了應有的地位。

從隸省和隸變的例子看，兩者篆到隸都有省略，都有結構大變，稱隸省者多強調部件的省減，隸變不僅有隸省，筆畫形體的突變，實在並没有絕對的區别，張參隨意而言。但值得注意的是，隸省和隸變一般是《説文》與經典相承對應，就是説用經典相承的字作為正字，用它替換依照《説文》篆字隸古定。這是經典原則改變為俗成約定的原則，這個"俗"並非通俗，而是文字的實際使用情況，對於經典來説就是歷史傳承，這是一個文字正形觀念的巨大進步。它糾正的不僅是《説文》隸古定，也糾正了《石經》，如"䨮"字，就是《熹平石經》用的字形；也糾正了《干祿字書》，如灮就是《干祿字書》中的正字。因此筆者認為《五經文字》對於隸變的認識是徹底的，對完成隸變有革命性的作用。

張參拉開了序幕，唐玄度再接再厲。

隸變：𡴆、棒，上《説文》，下經典相承隸變。𠈃、保，從人從八，上《説文》，下隸變。𦱤、莫，日冥也，從日在茻中，茻音莽，茻亦聲也。上《説文》，下經典相承隸變。𠦁、乖，從𠁥從八，八古文別字，上《説文》，下隸變。冄、冉，染平毛也，象形。上《説文》，下隸變。𠧟、覃，上《説文》，下隸變。囟、囟，上《説文》，下隸變，……細、思等字亦從之，今隸省從作田。𢪱、承，上《説文》，下隸省，從了從手卩音，節又從廾，竦手也。凡奉、弄、戒、兵、具、共等字悉從廾，隸變不同，各從其便也。

隸省：桓、桓，上《説文》，下隸省。折、折，上《説文》，下隸省。殷、殷，從反身，上《説文》，下隸省。衛、衛，從韋從帀從行，行，列也。上《説文》，下隸省。送、送，上《説文》，從火從廾，下隸省。責、責，從貝從朿，上《説文》，下隸省。貴、貴，從臾從貝，臾古文蕢，上《説文》，下隸省。華、華，上《説文》，下隸省。禮、禮，從示從豊，豊音禮，從冊從豆。上《説文》，下隸省。彐、父，上《説文》，下隸省，甫、甫、求、求並從彐，上《説文》，下隸省。電、電，上《説文》，下隸省。予、予，象付予之形，上《説文》，下隸省。幻、幻從倒予，上《説文》，下隸省。農、農，上《説文》，下隸省。異，異，分也。從廾分畀。畀，予也。上《説文》，下隸省。

"明經對策貴合經注本"，經籍本具有特殊的字形規定，它的字形超乎規範字形，具有特殊的權威性。唐玄度之分隸省與隸變，與張參大致相同。所謂隸變，泛指篆隸之變，偏重於綜合性的，其中也可以包括省變；隸省是一種簡化，並非衹是減少部件和筆畫。

宋郭忠恕把篆隸之變分別細密，即隸省、隸加、隸行、隸變。開成石經使用的是隸書正體，基本上用經典相承的字形取代隸古定，合乎《干祿字書》"貴合經注本"的原則。客觀上給予與《説文》相背的通用字形取得了理論上的合理性，掃除了隸古定殘餘，終結了隸變中篆體獨尊的格局，從而眞正確立起規範眞書字形。《佩觿》卷上：衛、夢之字是隸省，原注：本作衞、㝱。前筭之字是隸加，本作歬、筭。詞、朗之字是謂隸行。原注：𧥣、朖。寒、無之字是謂隸變。原注：本作𡫳、𣞤。《新加九經字樣》㝱、夢：上㝱寐，見《周禮》，下不明也，今經典相承通用之。

郭忠恕談論篆隸 4 項，例字未必正確，變化前後參差，亦非一時，就郭書例字而論，隸省是謂隸書省減了篆書部件，形體簡省；隸加是謂隸書形體增繁，形體增生；所謂隸行，形體位置小有變化，猶如楷書變為行書；所謂隸變是篆隸之間形體大變，要害在於內部結構的重新組合。

隸加、隸省、隸行解釋有規則可循的變化，最大的變化是結構重組的隸變。這種變化經過一段無規則變換，篆隸結構無法循序追尋，隸至於篆結構錯亂，因此後人有訛變之説。

歷來研究隸變，以訛變為要害。訛變的本義是謬誤之變易。《水經注·河水三》："吐京郡治，故城即土軍縣之故城也。胡、漢譯言，音為訛變矣。"此為古人訛變之義。筆者曾指出筆畫形態的變化是隸變的重要內容，字形結構變化尤為明顯，形成了特殊寫法的偏旁，字形變化中最大的變化是訛變①。所謂訛變就是筆畫的變化不斷破壞文

① 陸錫興：《漢代簡牘草字編》，上海書畫出版社 1989 年版，第 20—22 頁。

字的象徵性圖形符號結構,使得形體的圖像可分析性變為不可分析性,漢字成為失去圖形結構傳承關係的指定性代號。

對於隸變的內容,從經驗性的描述發展到理論性的闡述,從微觀到宏觀,從音形義到集中於字形,從現象到特點,這是文字研究者用力最勤之處。於字形的衆多變化中突出訛變,探討訛變的形成,是最大的收獲。

文字之訛變的説法,亦由唐玄度首創。《新加九經字樣・序》:"臣聞秦焚詩書,塞人視聽,漢興典籍,以廣聰明。伏以龜鳥之文,去聖彌遠。點畫訛變,遂失本源。"此點畫非僅僅為點畫,而是書寫的意思,因書寫而導致形體訛變,使得隸書在結構上迷失了源頭。在《新加九經字樣》中列舉了"訛"之字,例如:

看,凡物不審則手遮日看之,顧從手下目,作看者訛。

芻,刈草也,象包裹束草形,作蒭者訛。

蓋,從艹從盍,取盍蓋之意。玄宗皇帝御注《石臺孝經》亦作蓋,今或相承,作葢者乃從行書,艹與㕘、若、著等字並皆訛俗,不可施予經典。

彰,明也,從彡從章,章字從音從十,十者數之終。謂樂章之終也,作彰訛。

鄰、鄰,五家為鄰,上《説文》,下隸省。作隣者訛。

雜,躍入,從衣集聲,作雜者訛。

飯,作飰者訛。

郎、邪,今經典相承,"郎"字"玉"傍作"良","邪"字作"耶"者訛。

經,作経者訛。

興,起也。上從同從臼,象兩手下從廾,亦是兩手,謂衆手同力能興起也。今或作興興,皆訛。

回過頭去看《五經文字》中也有"訛",如:"步,止上少下,相承以少,為少者訛。"隋《解方保墓誌》有步字,唐歐陽詢《九成宮醴泉銘》步近之。

《五經文字》《新加九經字樣》之"訛",指長期流傳的俗字,無論經籍、碑刻之字,違背正篆,皆判訛誤。唐玄度已經指出這些訛字本有來源,有行書,有草書,有的疊加意符,有的是書寫習慣,本無不妥,有的亦可歸入正字。但是調整之餘,特以與正篆結構相背為由,猶如《熹平石經》所作八分之辨,變隸衹能存二分,二分之外,皆除之。因此《新加九經字樣》之訛變所定訛誤之字,而隸變和隸省則指所定正字,兩者皆有違反篆字結構之處,則是程度大小和認可與否而已。客觀而論,大部分訛變、隸變和隸省並無本質區別。今人之言訛變並非專對訛字,而是作為隸變中的一項重要內容,與唐人的含義不同。

魏晉時期不僅是真書形體處於完善之中,也出現了一批新字。《顔氏家訓・書證》載"凡陰景者,因光而生","至晉世葛洪《字苑》傍始加彡"。又云:"太公《六韜》,有天陳、地陳、人陳、雲鳥之陳。《論語》曰：‘衛靈公問陳於孔子。’《左傳》：‘為魚麗之陳。’俗本多作阜傍車乘之車。案諸陳隊，並作陳、鄭之陳。夫行陳之義，取於陳列耳，此六書為假借也，《蒼》《雅》及近世字書，皆無別字，唯王羲之《小學章》獨阜傍作車。”王羲之是東晉人，把“陣”字收入了編的字書，成為正字。其實“陣”字早在漢代就有了，山東棗莊《熹平三年殘碑》有“陣”字，這個例子説明東漢的字要到南北朝纔得到承認。

第六節　隸變引起文字體制之變革

對於隸變現象的研究、揭示、歸納，直到詳細羅列具體字形的變化，當代研究向深度和廣度發展。人們開始把目光轉向隸變的原因，隸變的關鍵是訛變，那麼它怎麼會發生的？一個結體完整的字形如何變為毫不相關的字形？

蔣善國認為隸變是轉寫，用隸體和丶、丨、丿等筆畫轉寫大篆、小篆的過程叫作隸定，隸定所發生的變化，叫作隸變。“隸定是用隸書來定型古文形體，是照著小篆、籀文或是古文原來的結構改寫成隸書，如果經過簡化或改樣，那就叫隸變。”①

蔣善國把隸變當作轉寫，嚴格地説是不科學的，古文經籍寫成隸書經籍，這叫轉寫，也叫隸定。一般是一次性的，而隸變是相當一段時間內的文字字體演變，既有經籍的不斷轉寫，也有並未轉寫的日常文字使用變異。没有轉寫就不必對古本文字結構斤斤計較，衹要合乎隸書的習慣就可以了。隸變不是瞬間發生的，而是一個時間階段，它存在一個過程。沈括《夢溪筆談·書畫》：“古文自變隸，其法已錯亂，後轉為楷字，愈益訛舛，殆不可考。如言有口為吳，無口為天。按，字書‘吳’字本從‘口’從‘夨’，音捩，非天字也。此固近世謬從楷法言之。至如兩漢篆文尚未廢，亦有可疑者。如漢武帝以隱語召東方朔云，先生來來。解云：來來，棗也。按，棗字從朿(音刺)不從來。此或是後人所傳，非當時語(筆者按：漢隸“棗”寫法如兩“來”)。如卯金刀為‘劉’，貨泉為白水眞人，此則出於緯書，乃漢人之語。按‘劉’字從‘丣’(音酉)從‘金’，如‘柳’‘騮’‘留’皆從‘丣’，非‘卯’字也。‘貨’從‘貝’，‘眞’乃從‘具’，亦非一法，不知緣何如此，字書與本史所記，必有一誤也。”

隸變關鍵是訛變，它是怎樣變化，過程是怎樣的，這點研究者少有關心。究其原因，從篆書到漢隸，缺乏中間環節，這個領域的研究一直没有展開。姜寶昌認為在睡虎地秦簡中找到了“正是秦篆到隸書的過渡形式——秦隸”。② 秦隸區別於篆文正體，

① 蔣善國：《漢字學》，上海教育出版社 1987 年版，第 200 頁。
② 姜寶昌：《文字學教程》，山東教育出版社 1987 年版，第 793 頁。

已經帶有一定的草書成分，但僅僅是秦隸是不夠的，因為大的變化主要發生在漢代。

隸變的起點是篆，終點是隸，以眞書楷體為標準，當然變化過程卻不在端正的字體之中。楷如立，行如走，草如奔。靜止地站立無法從甲地到乙地，一定要走纔可以，不過眞正要變的話，必須要跑動起來纔行。而行動的字體就是草體、行草體，隸變的變化來源於草書寫法，草書是從篆到隸的橋樑。對有豐富書法實踐者，更能體會到草書對楷體結構的破壞作用。草書中最活躍的是筆勢的運動，筆勢就是行筆。筆勢追求最經濟的運動路綫，把曲綫改作直綫，服從書寫的生理習慣，採取略略右低左高的斜勢，便於筆畫的連接，生成了各種點畫形態。這是隸變的原動力，把古文字推進到今文字。

筆者整理漢代簡帛草書，從草書的各種形體變化之中，發現隸變過程漸漸清楚起來："草書為了追求迅疾，無法使用類似玉箸筆法，而衹能用短粗的直綫。筆畫的改變必然導致字形的改變。首先是筆畫要作適當的調整，筆畫之間形成新的組合關係。""草書在於快疾，每個字要在相當短的時間內完成，每一筆停留的時間十分短促，筆畫之間關係十分密切，相互呼應。這樣使在古文字中處於相對靜止狀態的各種獨立筆畫，轉變為相互依賴的流動的筆畫，逐漸地形成了處於不同位置上的不同形態的筆畫。""草書對於隸變的貢獻，在文字結構方面尤其明顯。篆書與隸楷在結構上的最大區別是偏旁寫法的分化。偏旁的分化是指獨立成字的字形與處於組合狀態的字形有所不同，有了這種靈活性，可以使組合字形結構緊密，促使形聲字結構固定化，有利於形義的統一，古今文字的這種結構上的差異，可以説是表形文字與表意文字本質上的區別。"[①]後來張同印也説："草率急便的書寫勢必要突破正體法度的束縛，引起字形和書寫方式的變化。"[②]

隸變錯綜複雜，令人眼花繚亂，透過現象，它的原因是什麽呢？有人認為是簡化規則在發生作用，以為漢字是可以無限地簡化下去。蔣善國《漢字形體學·序》指出："簡化是漢字形體演變的總趨勢。"高明認為："隸書把'阜'字偏旁寫作左'阝'，把'邑'字偏旁寫作右'阝'，把'辵'寫成'辶'，把'水'寫成'氵'等等，皆遵循簡化規律持續前進。"[③]姜寶昌的觀點相似，"總的規律，總的來説，就是不斷地簡化，使之易學易寫。"[④]有人認為是分化和混同的規則發生作用。蔣善國説："分析和綜合隸變的規律，共分兩方面：一方面是分化，這是分析的結果；另一方面是混同，這是綜合的結果。在整個隸變的過程中，造成隸變複雜化的，共有三種因素：偏旁化，省體和訛變。訛變的

---

① 陸錫興：《漢代簡牘草字編》，上海書畫出版社 1989 年版，第 19—22 頁。
② 張同印：《説"隸變"》，《書法研究》2001 年第 5 期。
③ 高明：《略論漢字演變的一般規律》，《考古與文物》1980 年第 2 期。
④ 姜寶昌：《文字學教程》，山東教育出版社 1987 年版，第 782—796 頁。

結果，有時造成混誤。”[1]

把繁複的篆書部件轉變為簡單的隸書部件，應該是對的。簡化規律的説法是受到了漢字簡化的理論影響，其實漢字並不是一味地簡化。蔣善國的分化和混同表明他注意到事物內部發展中的相互制約關係，混同為了簡化，分化是為了不妨礙文字的交流功能。具體地説，字形的簡化要受到文字體制和交流功能的限制，它必須在兩者之間謹慎前進。

蔣善國認為“將錯就錯”“約定俗成”訛變的結果：一是篆文本一字，隸書分為數位數義；二是篆文本數位，隸書合為一字；三是以乙字兼代甲字字義，甲字遂被淘汰；四是以乙字代甲字字義，甲字被淘汰，乙字的字義也亡掉；五是以丙字代替甲乙兩字，甲乙二字均被淘汰，丙字的本義也亡掉；六是以乙字代甲字的音義，淘汰了甲字，乙字的音義又被新造的丙字代替；七是兩字在形音義三方面整個地互換；八是贅形字的出現[2]。實際上，這是隸變中的分化和混合。這是隸變後形義大調整的結果。

宋代王觀國已經注意到篆隸演變中的字詞關係以及形義的轉移。《學林・无亡無》：“‘無’字乃秦以來始用為有无字，非古也。古之經書乃篆文，秦變篆為隸，多改其字形，《詩》《書》《周禮》《春秋》《禮記》《儀禮》《論語》等，皆用‘無’字，乃變篆為隸者改之也。”

蔣善國認為字形的演變分為自然演變和突變。“但是漢字古今形體的大變革，到了隸變的時候纔尖鋭化，纔突出地表現出來，毫無疑義，隸變是一個重要關鍵，隸書不但是古文字和今文字之間的一種過渡形式，而且是漢字的主要轉折點或古今文字的分水嶺。向上説，它把秦以前數千年的象形兼表意的文字改變了，改變了古文的本質和作用。向下説，開始定型了近二千年來的漢字形體，促進了秦以後二千年的方塊表意兼標音文字，鞏固了一個新文字體系。”後來又説：“隸變使漢字變了質，因而漢字由象形兼表意變為表意兼標音。”[3]

蔣善國的觀點影響深遠，得到大多數學者的認同。殷煥先（1913—1994）説：“晴空霹靂，來了個隸變。這是漢字演變史上偉大的一變。它把漢字拉到文字的正位上，它對繪圖法的構形大大地割愛了一下。”“隸變，它為其後的楷書，今日的簡化，打下了深厚的基礎。”[4]隸變不僅是形體上的變化，還促發了文字一系列的變化。筆者認為：“隸變是一種文字體制上的變革，引起漢字在字形字義等各個方面的變化。”[5]

趙平安否認分水嶺和轉折點的説法，認為隸變不是質變。“從漢字與漢語的關

① 蔣善國：《漢字學》，上海教育出版社 1987 年版，第 204 頁。
② 蔣善國：《漢字學》，上海教育出版社 1987 年版，第 279—285 頁。
③ 蔣善國：《漢字形體學》，文字改革出版社 1959 年版，第 180、200 頁。
④ 殷煥先：《漢字三論》，齊魯書社 1981 年版，第 13 頁。
⑤ 陸錫興：《漢代簡牘草字編》，上海書畫出版社 1989 年版，第 18 頁。

係看，漢字記録著漢語的詞和詞素，代表著一個音節，漢字的這個特點，隸變前後是一致的。"[①]顯然趙平安指出的質變是對文字發展階段，即表形（標形）、表意（標意）、表音（標音）而言。不過這個三段論是西方傳入的觀念。

西方文字理論的缺陷，已經被越來越多的人認識。西方語言學理論把漢字的一個字等同於拼音文字的一個字母，認為字母代表一個音節或一個音素（筆者按：不盡然），而一個漢字代表一個詞或一個詞素（筆者按：也不盡然），所以漢字是詞素或表詞文字，拼音文字是音素、音節文字。漢字的字也是可以分解的，它的基本單位相當於字母一級的是獨體的文，如"沐"字，它由"水""木"兩個文組成，如果比較的話，拼音字母的 a、b、c 與水、木比，不是與"沐"比。如果説"沐"是詞字，那麼英語 bath 也是個詞字，推而廣之，拼音文字和漢字都是詞字[②]。按照西方文字發展觀，表詞文字必須發展到表音文字纔是性質上的變化，漢字不採用拼音制度則永遠没有變化。其實隸變不衹限於形體，還引起了字詞關係的變化。前文説過，早期研究者的隸變內容就包括了假借字等，反映了隸變帶來的一系列變革。

秦漢簡帛書中有大量假借字，這與傳本文獻差異很大，這是有目共睹的事實。吳白匋在隸變的方法中把"用假借字"列為一款，如不用"殹"用"也"。"早期隸書裏，用假借字很多，像假'胃'為'謂'，假'勺'為'趙'等等。"他認為這是用筆畫少的字代替筆畫多的字，"以求省減"。筆者認為，無論假借或者通假，都有一個判斷標準問題。其一，字形判斷假借不能簡單化地以《説文》本字作為標準。其二，通假對文字學來説是十分含糊的概念，它是以後起的正字作為判斷標準，通假不等於假借。古文字的假借字相當活躍，體現在使用的量大、字詞關係不甚固定這兩個方面。

這個變化當然不是所謂詞字或詞素字到音素字的變化，而是從標形到標意的飛躍。"標意文字與標形文字有共同之處，都是把詞的內容（概念）作為標誌物件的，不同的是分别採取意示與圖示，這種差别是很大的。就漢字而言，隸變之後，圖形性符號被楷書筆畫分解，喪失了古文字字形較強的直觀效果，衹有抽象的理性含義。符號形體的靈活性具有高度的組合能力，符號的類義性具有作為部首的資格，從而在形式和內容兩個方面都具備了合體字的組織條件。"[③]出土古文字文獻中大量使用了假借字，甲骨、金文、楚秦簡帛莫不如此，漢代簡帛的通假字是與古文字一脈相承的。但是經歷了漢武帝到西漢這段隸變的突變階段後，東漢的假借字就非常之少，與後世用字幾乎是一致的。與此同時，從古文字字形退出通用領域，這兩者應當是有機聯繫的。

---

① 趙平安：《隸變研究》，河北大學出版社 1993 年版，第 85—87 頁。

② 參見陸錫興：《從劃分標準看文字類型》，原載《語言文字學刊》第 1 輯，漢語大詞典出版社 1998 年版；又載《急就集——陸錫興文字學論集》，中國社會科學出版社 2001 年版，第 139 頁。

③ 陸錫興：《從劃分標準看文字類型》，原載《語言文字學刊》第 1 輯，漢語大詞典出版社 1998 年版；又《急就集——陸錫興文字學論集》，中國社會科學出版社 2001 年版，第 147 頁。

第四編下

眞書形體史下

第一章　唐代經籍文字之是正

第一節　南北朝之正隸俗隸之辨

從東漢《説文》問世以來，文字依然處於不穩定狀態，不僅作為官方字體範本的《熹平石經》與後來的《三體石經》形體不同，老派的銘石體也衝擊不斷變化的通用文字的形體規範。時代變遷，文字易形，西晉的《字林》應運而生，補《説文》之不足。《隋書・經籍志一》記：晉吕忱撰《字林》七卷。吕忱，字伯雍，西晉任城人。唐封演《封氏聞見記》卷二"文字"："晉有吕忱，更按部搜求異字，復撰《字林》七卷，亦五百四十部，凡一萬二千八百二十四字。諸部皆依《説文》，《説文》所無者，是忱所益。"可知《字林》仿照《説文》而作，同為540部，全書7卷，收字比《説文》多3 000多字。《字林》的内容與《説文》一樣，辨别形義配合，講究形體規範。此書在明代大部亡佚，祇有陶宗儀編的《説郛》(宛委山堂本)卷八十五内輯録部分内容，有"分毫字辨""音同畫異""音義異同""畫同音異""一字數音"。其中"分毫字辨"是辨别形近字，成組而出，如"刀，刀斧；刁，刁斗，又姓。""母，父母，中二點，象女乳；毋，音無，從丿，禁止；毌，貫同。""音同畫異"收羅異體字。清人任大椿在群書收集散見資料，彙編為《字林考逸》八卷。他在《字林考逸・序例》説："部内諸字與《説文》音訓同，偏旁體畫並同，而上下左右或相易。如木部内槖字，《説文》作榕；槁，《説文》作槀之類，仍列入《説文》所有。(如重束為棗，併束為棘，日乘干為旱，從干為旰，此類上下左右相易而音義各殊，與此異例。)"它與《説文》相銜接，可以滿足《説文》以來新出現的文字問題。在南北朝分裂之後，《字林》共為南北重視，劉宋時吴恭曾續撰《字林音義》五卷。

南北朝的蒙書有不同的選擇。秦有李斯《蒼頡篇》七章、趙高《爰曆篇》六章、胡毋敬《博學篇》七章，漢初合而為一，共3 300字，亦稱《蒼頡篇》。武帝時有《急就篇》問世，逐步取代《蒼頡篇》，以後一直沿用，前後内容屢有改動。《漢書・藝文志》"六藝略小學"内記載《急就》一篇，元帝時黄門令史游作。以3字或7字為句，有韻，《齊國》《山陽》二章，為東漢人所加。居延、敦煌漢代遺址多次發現《急就篇》殘簡，字體為隸書。《急就篇》，後也稱《急就章》，東漢時期完全取代了《蒼頡篇》，成為主要識字課本，這種情况一直延續到南北朝時期。清顧炎武《日知録》卷二十一"急就篇"："漢魏以後，童子皆讀史游《急就篇》。""自唐以下，其學漸微。"

北朝使用《急就篇》，史籍偶有記載。《魏書・陸俟傳》載陸馛長子陸暐："擬《急就篇》為《悟蒙章》。"《魏書・劉蘭傳》："劉蘭，武邑人，年三十餘，始入小學，書《急就篇》。"《北齊書・李繪傳》："年六歲，便自願入學，家人偶以年俗忌，約而弗許。伺其伯姊筆牘之間，而輒竊用，未幾，遂通《急就章》。"《北齊書・儒林傳・李鉉》："九歲入學，書《急就篇》，月餘便通。"

《急就篇》文字精練，內容豐富，涉及文化、經濟、自然、政治、器物等各個方面，是小型的百科全書，經過時代推移，事物也發生了一些變化。要透徹地理解全篇，僅僅憑藉授課塾師的知識是不夠的，必須依靠專門的注釋。因為時間久遠，訓詁不明，北魏太宗永興元年（409 年），命崔浩為《急就章》作注。《魏書・崔浩傳》載浩上表云："太宗即位元年，敕臣解《急就章》《孝經》《論語》《詩》《尚書》《春秋》《禮記》《周易》。三年成訖。"崔浩注共三卷，《隋書・經籍志》有記載，並且手書《急就篇》多通贈人。《隋書・經籍志一》有崔浩撰《急就章》二卷。

劉芳在崔浩之後。《魏書・劉芳傳》："芳才思深敏，特精經義，博聞強記，兼覽《蒼》《雅》，尤長音訓，辨析無疑。"有《急就篇續注音義證》三卷。新疆吐魯番出土《急就章》殘紙（60TAM337：11），根據後面的跋文"延昌八年戊子歲□寫"，抄本寫的是高昌麴乾固延昌八年（568 年）年號，説明是在高昌地區的蒙學課本。這個古抄本最引人注意的是正文下的雙行注文，這是不同於顏師古所作的古注，很可能是崔浩注本。

北朝編纂的字書不少，其中《字統》較為聞名。《隋書・經籍志一》記有陽承慶撰《字統》二十一卷。陽承慶（也作楊承慶）在《魏書・陽尼傳》提到：陽尼，字景文，北平無終人。少好學，博通群籍，徵拜祕書著作郎，後改中書學為國子學。時中書監高閭、侍中李沖等以尼碩學博識，舉為國子祭酒。"有書數千卷，所造《字釋》數十篇，未就而卒。其從孫太學博士承慶遂撰為《字統》二十卷，行於世。"陽承慶擴充其祖《字釋》，並加整理，更名為《字統》，流傳於世。封演《封氏聞見記》卷二"文字"："後魏楊承慶者，復撰《字統》二十卷，凡一萬三千七百三十四字，亦憑《説文》為本。其論字體，時復有異。"《字統》的字數多出《説文》4 381 字，可以解答這些新字的音訓，提供形體方面的信息。

北魏的文字日益錯亂，江式籌劃規整，上表敘述字體變遷與魏晉字書，奏請綜合前人著述，重訂新章，力推晉代呂忱《字林》之"文得正隸，不差篆意"，《字林》作為《説文》的後續字書，為字形之標準，對解決北朝形體問題更加切合實際。《魏書・江式傳》："皇魏承百王之季，紹五運之緒，世易風移，文字改變，篆形謬錯，隸體失真。俗學鄙習，復加虛巧，談辯之士，又以意説，炫惑於時，難以釐改。"又云："求撰集古來文字，以許慎《説文》為主，爰採孔氏《尚書》、《五經》音注、《籀篇》《爾雅》《三蒼》《凡將》《方言》《通俗文》《祖文宗》《埤倉》《廣雅》《古今字詁》《三字石經》《字林》《韻集》、諸賦文字有六書之誼者，皆以次類編聯，文無重複，糾為一部。其古籀、奇惑、俗隸諸體，咸使班於篆下，各有區別。”江式撰集字書，大體依照《説文》，上篆下隸，名曰《古今文字志目》，共四十卷。宣武帝准許，“其有所須，依請給之”。次年江式亡故，壯志未酬，其書竟然夭折。江式《古今文字志目》最終未得完成，倘若他的觀點宣傳於廟堂，並且付諸行動，定能影響朝野，有助消弭專輒造字，推進文字規範。

江式《古今文字志目》規劃宏大，思慮縝密，天不遂願，實在可惜。他的上表內涵十分豐富，在文字史、文字規範等方面對後世多有啟發。《説文》開創上篆下隸體例，是用篆體來約束隸書結構，回歸造字本義。《字林》《字統》字頭棄用篆體，衹用隸體，隸體失去了篆體的依據，喪失了形體標準，給俗體流行開了方便之門。江式撰集《古今文字志目》，遵照《説文》上篆下隸體例，不衹簡單比照形體之變，亦意欲以篆正隸，摒斥流行俗體、訛體。

江式上表首次提出正隸和俗隸之分，反映了他明確的正體和俗體對立的觀念，可知這個正隸之正，並非正楷之正，而是規範、正確的意思。《字林》之正隸，以“不差篆意”為條件，意味著隸字正體，形體結構合乎篆體為原則，給正隸提供了理論依據。《南齊書・劉休傳》:“元嘉世，羊欣受子敬正隸法，世共宗之。右軍之體微古，不復見貴。休始好此法，至今此體大行。”此正隸與王獻之的新體密切相關，説明正隸的基礎是王獻之的眞書。

北朝《古今文字志目》的正隸字書失敗之後，30 年不到的時間，南方卻成功地編就一部重要字書。顧野王(519—581)所作《玉篇》，在梁大同九年(543 年)成書。《陳書・顧野王傳》：顧野王，字希馮，吳郡吳人，梁大同四年(538 年)除太學博士。“幼好學，七歲，讀五經，略知大旨。九歲能屬文，……長而遍觀經史，精記默識，天文地理，蓍龜占候，蟲篆奇字，無所不通。”並好丹青，善圖寫。王於東府起齋，令野王畫古賢，命王褒書贊，時人稱為“二絕”。顧野王奉命作《玉篇》，梁簡文帝再命博士蕭愷修改。《梁書・蕭子恪傳》:“先是時太學博士顧野王奉令撰《玉篇》，太宗嫌其書詳略未當，以愷博學，於文字尤善，使更與學士刪改。”《玉篇》正文三十卷，據《説文》分部，有所增減，總數多出兩部，為 542 部，共 16 917 字。顧野王《玉篇・自序》:“五典三墳，竟開異義；六書八體，今古殊形。或字各而訓同，或文均而釋異，百家所談，差互不少。字書卷軸，舛錯尤多，難用尋求，易生疑惑。猥承明命，預纘過庭，總會衆篇，校讎群籍，以成一家之制，文字之訓備矣。”可知顧野王留意古今形體變化，而文字用法紛亂，故整理大量書籍文字，尋得文字形義的規範指南。《玉篇》問世，唐宋皆有改易，面已全非。黎庶昌及羅振玉先後在東瀛發現若干《玉篇》殘卷(圖 4 下 1－1)，得窺舊本原貌。《玉篇》如《字林》《字統》一樣，以眞書立目，有音有訓，有的加顧野王的按語。顏

圖 4 下 1－1

之推《顏氏家訓·雜藝》:“晉宋以來,多能書者。故其時俗,遞相染尚,所有部帙,楷正可觀,不無俗字,非為大損。至梁天監之間,斯風未變;大同之末,訛替滋生。蕭子雲改易字體,邵陵王頗行偽字,朝野翕然,以為楷式,畫虎不成,多所傷敗。至為一字,唯見數點,或妄斟酌,逐便轉移。爾後墳籍,略不可看。北朝喪亂之餘,書跡鄙陋,加以專輒造字,猥拙甚於江南。乃以百念為憂,言反為變,不用為罷,追來為歸,更生為蘇,先人為老,如此非一,遍滿經傳。唯有姚元標工於楷隸,留心小學,後生師之者衆。洎於齊末,祕書繕寫,賢於往日多矣。”

北魏分裂為東魏、西魏,繼而北齊、北周,北方陷入新一輪的混戰。字體屢屢變化,或吹南風,或泥古復古,糾謬刊誤的工作往往是自發的行為。

李鉉,字寶鼎,渤海南皮人,東魏北齊間人。自編《字辨》,刊正文字乖謬。受業大儒徐遵明,撰定《孝經》《論語》《毛詩》《三禮義疏》《三傳異同》《周易義例》,共三十餘卷。燕趙間能言經者,多出其門。三十六歲,除太學博士。《北齊書·儒林傳·李鉉》:東魏孝靜帝武定年中(543—550),諸儒與工書人韓毅同在東館,師友諸王。“鉉以去聖久遠,文字多有乖謬,感孔子‘必也正名’之言,乃喟然有刊正之意。於講授之暇,遂覽《説文》,爰及《蒼》《雅》,刪正六藝經注中謬字,名曰《字辨》。”

朝廷發出糾正文字形體錯謬的政令。北魏立國伊始,鑒於文字不斷變異,曾頒佈新字。《魏書·世祖紀上》:始光二年(425 年)“初造新字千餘。詔曰:‘在昔帝軒,創製造物,乃命蒼頡因鳥獸之跡,以立文字。自茲以降,隨時改作,故篆隸草楷,並行於世。然經歷久遠,傳習多失其眞,故令文體錯謬,會義不愜,非所以示軌則於來世也。孔子曰,名不正則事不成,此之謂矣。今製定文字,世所用者,頒下遠近,永為楷式。”詔書認為篆、隸、草、楷雜用,傳習變形,構造錯誤,無法正確表達意義,因此頒佈 1 000 多個新字,作為標準,以備長久使用。北魏太祖、太宗至世祖承繼漢朝傳統,禮遇儒生,重視典籍,開設五經,纂集經義文字訓詁,終以始光新字問世,説明北魏對文字的重視,扭轉了以前放任自流的辦法。從碑刻的書寫水準和承載內容,到採用宏大的碑石,精工雕琢,顯示出朝廷對文字的重視程度。

趙文深為著名書法家,精於眞書,講究規範。北周文帝(太祖)曾命趙文深等三人按照《説文》《字林》,釐正六體,共一萬餘字,頒行實施。《周書·趙文深傳》:“太祖以隸書紕繆，命文深與黎季明、沈遐等依《説文》及《字林》刊定六體，成一萬餘言，行於世。”這六體，是新莽六種字體：古文、奇字、篆書、隸書、繆篆、蟲書。隸書，北齊即是眞書，“刊定六體”不僅要規定眞書和篆體，還要規定古文、奇字、繆篆和蟲書，這與當時的復古世風相配合。

劉仁之（？—544），字山靜，北魏間人。喜歡眞草書法，對於下屬官吏書寫錯訛之字，竟然用鞭子來懲罰。《魏書·劉仁之傳》：“仁之少有操尚，粗涉書史，眞草書跡，頗號工便。”出帝初，為著作郎，兼中書令。“性好文字，吏書失體，便加鞭撻，言韻微訛，亦見捶楚，吏民苦之。而愛好文史，敬重人流。”儘管是個人行為，作為行政部門的長官，也可視為用行政手段處理亂寫字。

第二節　顔之推父子正字觀與刊正俗字活動

顔之推（531—約 597），字介，琅琊臨沂人。九世祖顔含，從晉元帝東渡。其父顔協，博涉群書，工於草隸，之推為次子。顔之推世傳家業，習《周禮》《左傳》，博覽群書，博識有才辯。初仕梁，西魏破江陵，奔北齊，齊亡入北周，隋開皇中，召為學士。顔之推歷經南北二地，對於俗字流佈痛心疾首，斥之為末世之態。

如何對待這些字形，有兩個基本點：一個是以源頭來判斷，一個是區別主流還是支流。《説文解字》所載是當時能夠追溯到的古文，並且對篆字結構作出分析，字形内在的規定性充分地得到保證。因此，西晉呂忱撰《字林》七卷，補《説文》之遺漏。顔之推秉承傳統，持《説文》為正源，力斥俗別之字。《顔氏家訓·書證》：“許愼檢以六文，貫以部分，使不得誤，誤則覺之。孔子存其義而不論其文也。先儒尚得改文從意，何況書寫流傳耶？”又：“世間小學者，不通古今，必依小篆，是正書記；凡《爾雅》《三蒼》《説文》，豈能悉得蒼頡本指哉？亦是隨代損益，互有同異。西晉以往字書，何可全非？但令體例成就，不為專輒耳。考校是非，特須消息。至如‘仲尼居’三字之中，兩字非體，《三蒼》‘尼’旁益‘丘’，《説文》‘尸’下施‘几’，如此之類，何由可從？古無二字，又多假借，以中為仲，以説為悅，以召為邵，以閒為閑，如此之類，亦不勞改。自有訛謬，過成鄙俗，亂旁為舌，揖下無耳，黿鼉從龜，奮奪從雚，席中加帶，惡上安西，皷外設皮，鑿頭生毀，離則配禹，壑乃施豁，巫混經旁，皋分澤片，獵化為獦，寵變成寵，業左益片，靈底著器，率字自有律音，強改為別；單字自有善音，輒析成異，如此之類，不可不治。吾昔初看《説文》，蚩薄世字，從正則懼人不識，隨俗則意嫌其非，略是不得下筆也。所見漸廣，更知通變，救前之執，將欲半焉。若文章著作，猶擇微相影響者行之，官曹文書，世間尺牘，幸不違俗也。”顔元孫《干祿字書·序》：“若總據《説文》，便下筆多礙。……然世間文字傳習寖訛，不能盡改，兩難之間，頗費斟酌。”

顔之推《顔氏家訓·書證》對比江南和河北的經本:"《詩》云:'參差荇菜。'……河北俗人多不識之,博士皆以參差者是莧菜,呼人莧為人荇,亦可笑之甚。"又"《詩》云:'有杕之杜。'江南本並木傍施大。……'而河北本皆為夷狄之狄,讀亦如字,此大誤也。'""《詩》云:'駉駉牡馬。'江南書皆作牝牡之牡,河北本悉為放牧之牧。"又:"'也'是語已及助句之辭,文籍備有之矣。河北經傳,悉略此字,其間字有不可得無者。"當然也指摘江南經學,比較之下,河北為甚。

《顔氏家訓·書證》又談到俗字滋生:"簡策字,竹下施朿,末代隸書,似杞、宋之宋,亦有竹下遂為夾者;猶如刺字之傍應為朿,今亦作夾。徐仙民《春秋》《禮音》遂以筴為正字,以策為音,殊為顛倒。"

《顔氏家訓·書證》談傳寫之誤:"張揖云:'虙,今伏羲氏也。'孟康《漢書》古文注亦云:'虙,今伏。'而皇甫謐云:'伏羲或謂之宓羲。'按諸經史緯候,遂無宓羲之號。虙字從虍,宓字從宀,下俱為必,末世傳寫,遂誤以虙為宓,而《帝王世紀》因更立名耳。何以驗之?孔子弟子虙子賤為單父宰,即虙羲之後,俗字亦為宓,或復加山。今兖州永昌郡城,舊單父地也,東門有《子賤碑》,漢世所立,乃曰:'濟南伏生,即子賤之後。'是知虙之與伏,古來通字,誤以為宓,較可知矣。"

《顔氏家訓·雜藝》述杜撰俗字:"江南閭里間有《畫書賦》,乃陶隱居弟子杜道士所為,其人未甚識字,輕為軌則,托名貴師,世俗傳信,後生頗為所誤也。"

《隋書·經籍志一》記後齊黄門侍郎顔之推有《訓俗文字略》一卷,惜已失傳。

總的來看,南北朝時期的别字氾濫,是歷史發展的原因造成的。從古文字到今文字,它的形體變化有兩個方面:一是筆畫的變化,由彎曲的自然曲綫演變為便於書寫的點畫;二是象形的結構分解為標義的部件。第一點的變化相對比較簡單,衹要人們習慣了,最終能夠自然統一起來。第二點比較麻煩,因為象形的結構與標義的結果並没有一個固定的模式,没有條例化的變化法則。同樣一個結構在不同的人群中變化不一樣,同樣一個字,變化的結果又不同,這裏涉及的問題太複雜,如抽象思維能力、書寫習慣、文化修養、民俗心理等。所以在隸變的過程中必然會産生不同的形體,在没有統一的條件下,相互之間互為異體,在統一的條件下,正體之外都是别體。況且始光專輒造字,流毒北朝。總之,南北朝别體是隸變過程必然發生的問題。金祖同(1914—1955)早就説過:"六朝别字人無異言,然細加考察,則六朝别體多半可以篆隸形體作對比,則所謂别字,實非别字,而為隸書演為楷書應有的一階段。然唐宋楷字大都與鍾王書體相近,此其現象將何法説明之?"[①]鍾王之書是承襲魏晉以來的文字書法傳統,代表了主流字形,所以得到後世的承認和發展,但是如果後世采用北朝的傳

① 金祖同:《中國文字形體的演變》,《説文月刊》1939年第1卷第7期,第212頁。

統，鍾王之書照樣可能落為別字。一些大德高僧為了維護佛典的莊嚴，研究佛法的同時講究字學，精於字形的辨證。《續高僧傳·智騫傳》載其“偏洞字源”，“自祕正字”，《高僧傳合集·續高僧傳·隋東都慧日道場釋智果傳附玄應傳》記玄應“亦以字學為富”。這些字學學問，僧人的干預對於減少佛籍的文字錯亂、抄寫經文的規範字形具有舉足輕重的作用。

隋朝立國，中華一統，南北文字亟需統一，尤其北朝泥古之風，俗體流行，有礙正隸。流傳已久的老派字書，形體古舊，落後時代。《隋書·文學傳·潘徽》載：潘徽，字伯彥，吳郡人。秦王楊俊召為學士。他認為：“文訛篆隸，音謬楚夏，《三蒼》《急就》之流，微存章句，《說文》《字林》之屬，唯別形體。”如何把形體和章句結合起來，要創造一個新字書。楊俊“復令為《萬字文》，并遣撰集字書，名為《韻纂》”。南朝有《千字文》流傳，因為初意為書法帖本，不能滿足識字之需。而《萬字文》字數接近《說文》《字林》，基本可以應付各界文字使用。

北朝文字崇尚舊則，以八分為法，南朝尚今，取今體為準。地分南北，字分今古，是折衷，還是存一廢一？隋朝如何統一文字，如何確立正字，史籍沒有明確記載。南北朝以來，在文化上一向南北有別，而崇南抑北，北向南看齊是總的趨勢。北朝文字泥古、善變、粗鄙，確實不如南朝，顏之推對當時俗字的批評，基本是針對北朝。

顏愍楚為顏之推次子，直隋內史省，著《俗書證誤》一卷，其書以正字為標準，是正俗字偏旁之非、點畫之訛，共 104 條。如(省釋義)：

美：從大，從火非。
博、協：從十，從小非。
倏：從攸、從犬，從大非。
陜：陜西，從入，從人非。
彝：從糸，從分非。
諫：從柬，從東非。
解：從刀、牛，從羊非。
糾、赳：從丩，從斗非。
覓：從爪，從不非。
輩：從非，從北非。
斂：從攵，從欠非。
觀：從吅，從雈非。
豐：從二丰，從曲非。
聖：從壬，從王非。
萬：數也，從万非。
纂：從目，從日非。
佞：從安，從妄非。
函：從丞，從亟非。
壺：從丗，從凸非。
翰：從人從羽，從翕非。
贏：從口，從四非。
覃：從早，從卑非。
釁：從同、從酉，從目、從直非。
吳：從夨，從天非。
讒：從毚，從二免非。
覽：從侖，從今非。
劍：從刀，從刃非。
奈：從大，從木非。

遙：從月，從爪非。
覷：從虛非。
尋：從口，從凡非。
幾：從人，從凡非。
內：從入，從人非。
刺：從朿，從束非。
毋，從丿，從冫非。
足：凡傍從足，從豆非。
戞：從百，從亘非。
軌：從九，從丸非。
壑：從谷，從歺非。
幼：從力，從刀非。
贊等：從兟，從扶非。
帶：從卌，從世非。
勢：從土，從幸非。
瘞：從夾非。
奮：從田，從臼非。
郵：從垂，從垂非。
慶、愛：從心，從必非。
甯：從心用，從必非。
寇：從宀，從冖非。
橕：從木、從牙，從扌、從手非。
夔：從此、從自，從氺非。
鑿：從鑿，從凿非。
嚏：從疌從是，從疌非。
獻：從鬲、從大，從献非。
迥：從同，從向非。
穎：從禾，從示非。
宧：從宀，從穴非。
繼、斷：從㡭，從㡭、從迷非。
助：從且，從目非。
冋：從口，從ㄙ非。
奇：從大，從立非。
減：從氵，從冫非。
雎：從且，從耳非。
陷：從臽，從舀非。
步：從少，反止也，從少非。
留：從丣，從卯非。
朿：木芒也，與束異。
衡：從角從大，從魚非。
虎：凡此類皆從虍，從虍非。
兔：從兔，從兎非。
廩：從禾，從示非。
習：從羽，凡此類皆從之，俗作習。
恐：從卂，從凡非。
勇：從用，從田非。
祕：從示，從禾非。
采：從爪、從木，從米非。
炙：從月，從夕非。
朋：邪書，從月、從月非。
青：從丹，從月非。
氾：從㔾，從巳非，範、笵等從之。
舌，從干。從千非。①

《俗書證誤》是字樣之書，所釋之字大多數没有注音和釋義，即使有音、義，也是十分簡單。如"朿：木芒也。與束異。""氾：音凡。從㔾，從巳非，範、笵等從之。"相當簡單，衹能起到提示作用，因此衹是辨明字形，指出形體訛誤，起到字形規範的作用。它的體例比較簡單，一般是一個字頭，少量有形同部件的字一起羅列為多字字頭，有

① 此《俗書證誤》節錄自明陶宗儀《説郛三種》。

的字頭雖然衹有一個，指出可以類推同部件的系列字，如“虎：凡此類皆從之，從庘非。”辨别字形的方式一般指出正確的，否定訛誤的。如“宦：從宀，從穴非。”辨證的正訛，一般是提出注意的部件，偶然也以整字説明。因為是字中有多個部件的差異。俗字的錯誤一般是部件的差别，也有筆畫和字形上的角度、方向的差别。如：“習：從羽，凡此類皆從之，俗作習。”“習”字，小篆作。再如：“朋：邪書，從月、從月非。”《説文・習部》：“習，數飛也。從羽白聲。”而《羽部》：“羽，鳥長毛也。象形。”“朋”字小篆作。《説文・鳥部》：“，古文鳳象形，鳳飛，群鳥從以萬數，故以為朋黨字。”“習”字從羽，隸定 3 撇省作 2 撇，但是要保持向下斜出以象形。“朋”字同樣要斜寫，符合象形結構。

《俗書證誤》所收是常用習見之字，所指出的偏旁、筆畫方面的誤，大都是民間“俗書”常見的問題，所以具有較強的用字規範實用性。如：＞、（馬王堆漢簡），（鳳凰山漢簡），（銀雀山漢簡），（居延漢簡），《婁壽碑》《孫叔敖碑》《受禪碑》均作“竒”。“奇”字一度任由筆勢變化，上部“大”訛變為“立”，而“立”3 筆，“大”衹 2 筆，犧牲了理性結構，並没有帶來便利。此字形流行已久，積習甚深，顔愍楚依據篆體，依然視“竒”為訛字。《俗書正誤》：“奇：從大，從立非。”

如果分析比較的話，很容易看出，所謂的俗字，基本都能在北朝碑刻中找到。如《元冏墓誌》，從火，《石婉墓誌》，《元倪墓誌》，《慧光墓誌》、，《左芬墓誌》中“步”從“少”，北齊天統二年《皇甫豔墓誌》。

當然，其中有少數所謂“俗書”如“万”“吴”“减”等，在隋唐以後即已轉為正字，有些至後世或現今也已吸收為通行字或規範字。這類情況反映了顔愍楚的正字觀比起其父顔之推來，似乎保守多於變化。但是，《俗書證誤》中還附有“訛習諸字”條。所謂“訛習字”，是指音、義或形體筆畫訛誤，但沿用既久，已積非成是。對於此“訛習諸字”，顔愍楚採取了從俗從變的態度，繼承了其父顔之推“若文章著述，猶擇微相影響，行之；官曹文書、世間尺牘，幸不違俗”的觀念。

第三節　唐代五經文字之辨正

北方戰亂以來，戎馬匆匆，文事不彰。儒家經典是古代社會政治、倫理的根基，海内稍安，經學即圖恢復，設置有司注意經籍整理。《晉書・石季龍載記上》：“季龍雖昏虐無道，而頗慕經學，遣國子博士詣洛陽寫石經，校中經於祕書。”石經畢竟衹是經籍，對文字有一定的示範性作用，但起不到全面的規範作用。北魏建國，武功文治，蔚為壯觀。北魏太祖、太宗至世祖承繼漢朝傳統，禮待儒生，重視典籍，開設五經，纂集經義文字訓詁，終以始光新字問世。同時集聚儒士整理衆經，校理文字，造新字，説明北魏對經籍文字的重視，扭轉了以前放任自流的辦法。《魏書・太祖紀》天興二年(399年)三月，"初令五經群書各置博士，贈國子太學生員三千人。"四年(401年)春十二月，"集博士儒生，比衆經文字，義類相從，凡四萬餘字，號曰《衆文經》。"《太宗紀》：泰常八年(423年)夏，帝"遂至洛陽，觀石經"，"禮愛儒生，好覽史傳，以劉向所撰《新序》《説苑》於經典正義多有所闕，乃撰《新集》三十篇，採諸經史，該洽古義。"北周時組織群儒校勘經史。《周書・明帝紀》："幼而好學，博覽群書，善屬文，詞彩溫麗。及即位，集公卿已下有文學者八十餘人於麟趾殿，刊校經史。"

唐太宗貞觀年間，天下大安，下令著手經籍釐正。經籍專於五經，去聖久遠，傳習寖訛，詔顔師古主其刊正之事。《新唐書・儒學傳上・顔師古》：詔顔師古於祕書省考定，多所釐正。拜祕書少監，專刊正之事。顔師古家學淵源，精於文字訓詁、經籍考訂。因此考定經文，實為最佳人選。《貞觀政要》卷二十七："貞觀四年，太宗以經籍去聖久遠，文字訛謬，詔前中書侍郎顔師古於祕書省考定五經。及功畢，復詔尚書左僕射房玄齡集諸儒重加詳議。時諸儒傳習師説，舛謬已久，皆共非之，異端蜂起。而師古輒引晉宋以來古本，隨方曉答，援據詳明，皆出其意表，諸儒莫不嘆服。太宗稱善者久之，賜帛五百匹，加授通直散騎常侍，頒其所定書於天下，令學者習焉。太宗又以文學多門，章句繁雜，詔師古與國子祭酒孔穎達等諸儒，撰定五經疏義，凡一百八十卷，名曰《五經正義》，付國學施行。"太宗時期顔師古校定整理經文傳，同經異文，誤訛滋增。字形的規範不能忽視經學的重要作用，對於確立正體，同樣有決定作用。

陸德明《經典釋文・條例》："《爾雅》本釋墳典，字讀須逐五經，而近代學徒好生異見，改音易字，皆採雜書，唯止信其所聞，不復考其本末，且六文八體各有其義，形聲會意寧拘一揆？豈必飛禽即須安鳥，水族便應著魚，蟲屬要作蟲旁，草類皆從兩中，如此之類，實不可依。今並校量，不從俗流。""《五經》字體乖替者多，至如黿鼉從龜，亂辭從舌，席下為帶，惡上安西，析旁著片，離邊作禹，直是字訛，不亂餘讀。如寵字為竉，錫字為鍚，用支代文，將無混旡，若斯之流，便成兩失。又來旁作力，俗以為約勑字，《説文》以為勞倈之字，水旁作曷，俗以為飢渴字，字書以為水竭之字。如此之類，改便驚俗，止不可不知耳。余在北方，見到門帖延禧迎祥等字，於唐宋碑都如此，乃知里巷相承之字，亦有自來，流俗所謂帖體，是矣。"

經籍文字需要解決三方面問題。

其一，傳本異文，所習之本，各有不同。漢代的師法、家法各守經本，延至唐代，依然無法同一，異文未得到徹底解決。陸德明《經典釋文・序》："漢魏迄今，遺文可見，或專出己意，或祖述舊音，各師成心，製作如面。"經典傳承，經文互異，各習不同。開元以來，試舉人，先要收納舉人所習之本。如果有文字差互，就以所習之本來定。衹要經義可通，雖與官本不同，"上司務於收獎，即放過"。貞觀刊正經本，"諸儒傳習師説”並未徹底解決，衹能官本與習本並行不悖，相容並蓄。到了玄宗時期，這種情況没有改善，而且日益加劇。唐封演《封氏聞見記》卷二：“初，太宗以經籍多有舛謬，詔顏師古刊定，頒之天下。年代既久，傳寫不同。”經籍習本差異，亟待諸家會商校正。異文之間内容複雜，涉及文字方面有通假、有異體等。

其二，篆隸分辨。從漢代八分開始，文字結構就有從篆和從隸之别，具體如何分配篆、隸，哪些字從篆、哪些字從隸，是字字依照《説文》篆字隸定，還是吸收流傳廣遠的眞書，一向各人依據自己理解，便宜行事。這個分歧不是靠諸儒會商能決定，它是一個理論問題。顏氏向來主張依照形體以《説文》小篆為準，雖然拘泥顏之推《顏氏家訓・書證》：“許慎檢以六文，貫以部分，使不得誤，誤則覺之。孔子存其義而不論其文也。先儒尚得改文從意，何況書寫流傳耶？”又：“世間小學者，不通古今，必依小篆，是正書記；凡《爾雅》《三蒼》《説文》，豈能悉得蒼頡本指哉？亦是隨代損益，互有同異。西晉以往字書，何可全非？但令體例成就，不為專輒耳。考校是非，特須消息。”他的原則是確立《説文》為正體的準則前提下，又要看到“隨代損益”，不能“必依小篆”，其精神是承認《説文》小篆在字形上的權威性，同時不能漠視字形的歷史實際變化。如顏之推在《雜藝》中説：“晉宋以來，多能書者。故其時俗，遞相染尚，所有部帙，楷正可觀，不無俗字，非為大損。”這裡的俗字是指雖不合篆字，但是流行已久，約定俗成之隸書在文獻中存在，無傷大雅。這個原則從文獻角度解釋了蔡邕八分關於篆、隸關係，在唐代經籍的古今文字處理中起著指導性作用。

漢代古文經學的經本是古文，而傳為今文，經與傳别行。這個做法保證經文中的古文原貌不被替代，這是古代文獻整理的優良作風。顏師古校理舊籍重視古本，在貞觀年間，對於傳本之爭，他就是引援晉宋以來的古本平息紛爭。他整理的《漢書》中，強調保留舊文古體，以存原貌。顏師古《漢書敍例》：“《漢書》舊文多有古字，解説之後屢經遷易，後人習讀，以意刊改，傳寫既多，彌更淺俗，今則曲核古本，歸其眞正，一往難識者，皆從而使釋之。”現在所見《漢書》中多古字，是他主張的結果。開元年間張守節亦依例奉行。《史記正義・論字例》：“《史》《漢》文字，相承已久，若悦字作説，閑字作閒，智字作知，汝字作女，早字作蚤，後字作后，既字作溉，勑字作飭，制字作剬，此之般流，緣古少字，通共用之。《史》《漢》本有此古字者，乃為好本。程邈變篆為隸，楷則有常，後代作文，隨時改易。衛宏《官書》數體，吕忱或字多奇，鍾王等家以能為法，致令楷文改變，非復一端。咸著祕書，傳之歷代。又字體乖日久，其黼黻之字法從黹。今之史本則有從耑，《秦本紀》云‘天子賜孝公黼黻’，鄒誕生音甫弗。而鄒氏之前，史本已從耑矣。如此之類，並即依行，不可更改。若其黿鼉從龜，辭亂從舌，覺學從與，泰恭從小，匱匠從走，巢藻從果，耕籍從禾，席下為帶，美下為火，哀下為衣，極下為點，析旁著片，惡上安西，餐側出頭，離邊作禹。此之等類例，直是訛字。寵字為寵，錫字為鍚,以支代文,以旡混無。若茲之流,便成兩失。”力斥楷文改變,訛字橫行。看來保存舊文、不妄改,成為當時文獻學家的共識。

顏氏的古今形體處理,在北朝慕古之風盛行時代,顯然是持開放態度,對俗字是寬容的。唐代南北融合以後,今體盛行,古風不再,顏氏代表了泥古一派。文字存古對於顏氏一族,别有深意。顏元孫《干禄字書》、顏眞卿《麻姑仙潭記》多從篆字隸定,可見一斑。古今字形交接不僅在於傳本經籍的文裡字間,還有經本的隸定實際需要。古本《尚書》一直以古文存世,此古文並非先秦古字原貌,而是楷化的古體,即所謂隸古定。陸德明《經典釋文・條例》:“《尚書》之字本為隸古,既是隸寫古文,則不全為古字,今宋齊舊本及徐、李等音所有古字蓋亦無幾,穿鑿之徒務欲立異,依傍字部,改變經文,疑惑後生,不可承用。”隸古定是學術含量高、技術性很強的工作,正確把握並不容易,何況穿鑿之徒乘機標新立異,變亂經文。因此陸德明經文不變,在音注中對應今文。所謂“今皆依舊為音,其字有别體,則見之音内,然亦兼採《説文》《字詁》以示同異者也”。天寶年間,古本《尚書》依然採納陸德明的觀點。《唐會要・經籍》:“天寶三載七月,敕先王令範,莫越於唐虞,上古遺書,並稱於訓誥,雖百篇奥義,前代或亡,而六體奇文,舊規猶在,其《尚書》應古體文字,並依今字繕寫施行,其舊本仍藏書府。”問題在於如何“依今字繕寫”? 這個今字轉寫還是回到了老問題,今字從篆還是從隸?

經文之誤一緣於輾轉傳寫,漸失定本;二緣於今文與古文取捨之難,首鼠兩端。不僅影響經文、經義威嚴,也擾亂了以經籍為主的科考。鑒於以上兩事不定,再次校理經籍在所難免。

筆者專就形體而論,不涉經義異文,也不考通用假借,其中最具歧義者為字體之古今。

天寶初,古本《尚書》雖經校定,依然不純。唐封演《封氏聞見記》卷二:“天寶初,敕改《尚書》古文悉為今本。十年,有司上言經典不正,取捨難準,詔儒官校定經本,送尚書省并國子司業張參共相驗考。”書於太學講堂之壁,學者咸就取正焉。《五經文字》對古體多有校正,此古體很可能是顏師古所定。

張參在開元、天寶間(742—756)舉明經,大曆初授國子司業。在大曆年間(766—779),由其刊定的《五經》,書於國子監中文廟以西的論堂,有門、有廊、有堂,《五經》書於東西兩廊之壁上,大曆十一年(776年)六月完成,費時一年。公佈官本,“由是聖司停納習本”,習本廢止。《五經》書於土壁,土壁易朽,壁經污垢重重,破敗不堪。《唐會要・國子監》載:尚書左僕射兼國子祭酒鄭餘慶以太學荒墜日久,生徒不振,元和十四年(819年)奏請見任文官一品以下九品以上及外使兼京正官員者,每月所請料錢,請率計每貫抽一十文,以充國子監修造先師廟及諸室宇,繕壁經。文宗太和初年,壁經“積六十歲”，祭酒齊皞主之，博士韋公肅佐助，利用千萬錢修繕國學之餘，重修壁經。“乃析堅木”貼牆而立，高大寬闊的木版，由背面的榫卯結合成整體，表面平滑光潔。延請精於法書者繕寫，細加讎校，白地黑字，了然分明。

整修的壁經焕然一新。劉禹錫言之甚詳，《國學新修五經壁記》：“初，大曆中，名儒張參為國子司業，始定《五經》書於論堂東南廂之壁。辯齊魯之音取其宜，考古今之文取其正。由是諸生之師心曲學，偏聽臆説，咸束之，歸而於大同。揭揭高懸，積六十歲，崩剝污蔑，澳然不鮮。今天子尚文章，尊典籍。於苑囿不加尺椽，而成均以治學上言，遽賜千萬。時祭酒皞實尸之，博士公肅實佐之。國庠重嚴，過者必式。遂以羨贏，再新壁書。懲前土塗不克以壽，乃析堅木負墉而比之。其制如版牘而高廣，其平如粉澤而潔滑。背施陰關，使衆如一。附離之際，無跡可尋。堂皇靚深，兩廡相照。申命國子能通法書者，分章揆日，逐其業而繕寫焉。筆削既成，讎校既精，白黑彬班，了然飛動。以蒙來求，焕若星辰；以敬來趨，肅如神明；以疑來質，決若蓍蔡。由京師而風天下，覃及九譯，咸知宗師。非止服逢掖者鑽仰而已。於是學官某等暨生徒凡四百二十有八人請金石刻。”為了使《五經》垂之永久，學官師徒請求籌刻石經。

天寶年間太學曾動議仿熹平、正始故事刊刻本朝石經。安祿山叛亂，天下紛擾，待海內稍安，再重提石經，延誤了七八十年。唐封演《封氏聞見記》卷二：“天寶中，余在太學，與博士諸生共論經籍失正，為欲建議請立大唐石經；遷延未發而胡寇海內，文儒道消，至今四十六年，兵革未息。嗚呼，石經之事，亦俟河之清也。”

《舊唐書·鄭覃傳》載：鄭覃長於經學，稽古守正，帝尤重之。太和三年（829年）鄭覃時任工部侍郎兼充翰林侍講學士，奏曰：“經籍訛謬，博士相沿，難為改正。請召宿儒奥學，校定六籍，準後漢故事，勒石於太學，永代作則，以正其闕。”文宗雖“從之”，但是實施刊刻石經要到太和七年（833年）。《唐會要·國子監》太和七年十二月，“敕於國子監講論堂兩廊創立石壁九經，并《孝經》《論語》《爾雅》共一百五十九卷，《字樣》四十卷。”從五經壁本到石壁九經不是簡單複製，其實又作了一次校定。《舊唐書·鄭覃傳》載開成初，“時太學勒石經，覃奏起居郎周墀、水部員外郎崔球、監察御史張次宗、禮部員外郎溫業等校定九經文字，旋令上石。”《舊唐書·文宗紀下》：開成二年（837年）冬十月，“鄭覃以經義啟導，稍折文章之士，遂奏置五經博士，依後漢蔡伯喈刊碑列於太學，創立石壁九經，諸儒校正訛謬。上又令翰林勒字官唐玄度復校字體，又乖師法，故石經立後數十年，名儒皆不窺之，以為蕪累甚矣。”開成石經收《周易》《尚書》《毛詩》《周禮》《儀禮》《禮記》《春秋左氏傳》《公羊傳》《穀梁傳》《孝經》《論語》《爾雅》十二經。經本後附有《五經文字》及《九經字樣》。石壁九經由鄭覃奏請，從文宗太和七年（833年）始，開成二年（837年）畢其事，前後經歷了4個年頭。見《開成石經》（圖4下1-2），上為《孝經》，下為《毛詩》。

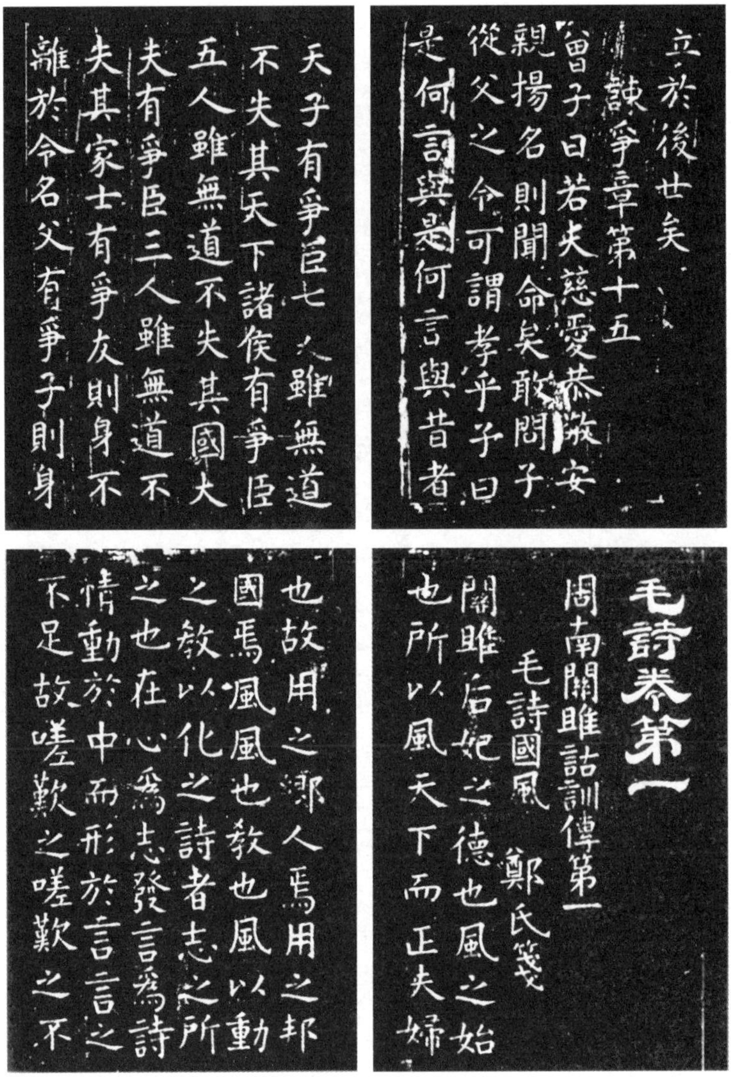

圖 4 下 1－2

唐代經籍整理，無不牽涉文字形體，而其校理者，往往精於形體之學，所以經籍厘正乃與字樣之學如影相隨，不可兩分耳。

第四節 《五經字樣》與《新加九經字樣》

國子司業張參奉詔校理經籍，考訂文字，在大曆十一年(776 年)完成《五經文字》(圖 4 下 1－3)，共三卷附在刊正的《五經》之末。《五經文字》又稱《五經字樣》。唐封演《封氏聞見記》卷二："參遂撰定《五經字樣》，書於太學講堂之壁，學者咸就取正焉。又頒《字樣》於天下，俾為永制。"或簡稱"字樣"。張參《五經文字・序例》把編纂此書的緣由説得很清楚。他直陳國子監雖然設置了專管書法的書學博士，明文規定文字取法《説文》等，但是科考卻通融馬虎，造成字形混亂，使得五經文字無所依據。“今制國子監置書學博士，立《説文》《石經》《字林》之學，舉其文義，歲登下之，亦古之小學也。自頃考功禮部，課試貢舉，務以取人之急。許以所習為通，人苟趨便，不求當否，字失六書，猶為壹事，五經本文蕩而無守矣。”在大曆十年（775 年）夏六月，“有司以職事之病，上言其狀，詔委國子儒官勘校經本，送尚書省。參幸承詔旨得與二三儒者，分經鉤考而共決之。互發字義，更相難極。又以前古字少，後代稍益之。故經典音字，多有假借。陸氏《釋文》自南徂北，遍通衆家之學，分析音訓特為詳舉，固當以此正之。卒以所刊書於屋壁，雖未如蔡學之精密，石經之堅久，慕古之士且知所歸。”張參主持刊校經文，明白古今文字差異，參照陸德明《經典釋文》音義考訂文字；並且把勘校的結果書錄在屋壁之上。“然以經典之文六十餘萬，既字帶惑體，音非一讀，學者傳授，義有所存，離之若有失，合之則難并，至當之餘，但朱發其傍而已。猶慮歲月滋久，官曹代易，倘復蕪污，失其本眞。乃命孝廉生顔傳經收集疑文互體，受法師儒，以為定例。凡一百六十部，三千二百三十五字，分為三卷。”因為經本文字數量龐大，僅僅在經文旁邊注出音讀、字形，歲月變遷難以保全，所以整理出來變成三卷。

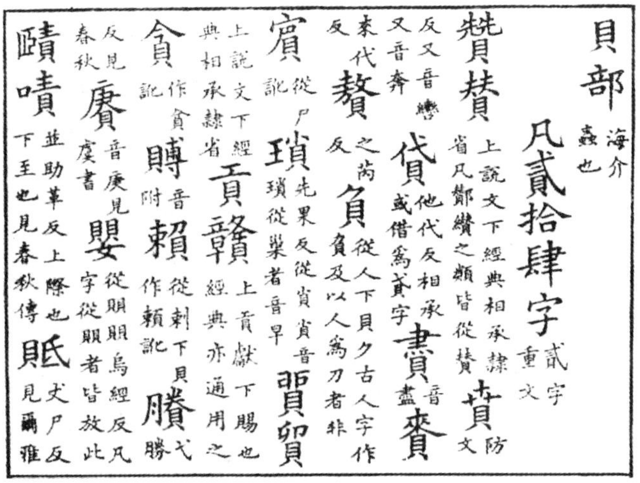
貝部 海介蟲也
凡貳拾肆字 重文貳字
賛賛 上説文下經典相承隸省凡鄭纘之類皆從賛
賁 防文反又音彎又音奔
貸 他代反相承或借為貣字
賷賫 音盡
贅 之芮反
負 從人下貝古人字作負及以人為刀者非
賓 從尸訛
瑣 先果反從貨貨音瑣從巢者音早
賈貿
貢贛 上説文下經典相承隸省 上貢獻下賜也經典亦通用之
貪 作貪訛
賻 音附
賴 從剌下貝作頼訛
賸 弋勝反
賡 音庚見虞書
嬰 從賏賏烏經反凡字從賏者皆放此 見春秋
賾嘖 並助革反上際也下至也見春秋傳
貾 丈尸反見爾雅

圖 4 下 1－3

《五經文字・序例》云：“《説文》體包古今，先得六書之要，有不備者求之《字林》，其或古體難明，衆情驚懵者則以《石經》之餘，比例為助。《石經》湮没，所存者寡，通以經典及《釋文》，相承隸省引而伸之，不敢專也。近代字樣，多依四聲，傳寫之後，偏旁漸失。今則採《説文》《字林》諸部，以類相從，務於易了，不必舊次，自非經典文義之所在，雖切於時，略不集錄，以明為經不為字也。其字非常體偏有所合者，詳其證據，各以朱字記之，俾夫觀省無至多惑。”《五經字樣》申明正、俗的捨去依據，其有取之公共原則。《唐六典·國子監》教以《石經》《說文》《字林》,《石經》為三體,偏重於書體學習,《說文》《字林》纔是正字之本。張參遵照國子監的次第,首先依據《說文》考證文字,因為《說文》提供了形體分析的依據,《字林》是補充不足,亦有自創之原則,所謂"經典相承"。如"冫部","冰,古凝字,經典相承以為冰凍字。彼陵反。"所謂經典相承是指在經典中長期使用、約定俗成的字形。雖然與《說文》《字林》不合,但是不能因此廢止。承認了經典相承的合理性,就可以不再拘泥於小篆結構,符合顏之推"隨代損益,互有同異"的觀點,隨俗而不嫌其非,可以用經典相承的俗字取代隸古定的字體,正面應對顏師古釐正遺留下來的古體字。因此經典相承是《說文》字形的補充,兩者相互補充、相互約束,從經驗到理論,樹立起正字的新觀念。

《五經文字》與《干祿字書》不同,是《五經》文字,而不是"干祿",是專門用於文獻的字樣之書。它根據經本需要,收字以此為限,為《五經》文字作注釋、列反切、舉音義,是正文字,校正經文。它以單字立目為主,放棄了四聲排序,而採用字書的部首,以類排列,既便於尋檢,又能加深對偏旁的理解和記憶。正文以經文正字為目,指出棄用的訛字、俗字,因此體例和其他字樣書大有不同。《五經文字》亦採用類推法,舉一反三,解決多字的形體問題。如"西部","桌栗","凡字從栗者放此。"又如"覀部","䙴票,本字從覀下火,隸文移火一點就上,非示字。凡摽剽之類皆從票。""木部","樀槬,丁歷反,上《說文》從啻,下《石經》。凡敵、滴、適之類皆從商。"

在唐開元年間(713—741)下詔作《字統》。《宣和書譜·隸書敍論》:"唐開元年,時主慨然知隸字不傳,無以矜式後學,乃詔作《字統》四十卷,專明隸書,於是間得人以應其求,如韓擇木之徒是矣。"

隸變中許多字形是省變,部分形體簡化了。如"欠部","歙飲,於今反。上《說文》,下經典相承,隸省。""子部","孽孽,牛列反,上《說文》,下經典相承隸變作孽。""酉部","牆醬,上《說文》,下經典相承,隸變。"意味著兩個字形都可用。"歀款,苦管反,上《說文》,下經典相承隸省作款,非。"意味著隸省字形不可用。此書大量篇幅是解釋性的。"金部","鍚錫,上弋章反,下星亦反。"指出這是兩個字,避免用字錯誤。"山部","岳嶽,二同。上象形,下形聲。""口部","吠,𠯑 桒扶肺反、犬聲也。上《說文》,下《字林》。"這兩個例子衹是說明正字異形的緣故。《五經文字》是處於唐代字樣研究的中間環節,確立起經典相承的今字觀念,提出"隸省""隸變"的概念,對正確認識篆隸之變具有啟發意義。

張參《五經文字》完成後 61 年,在開成丁巳,即開成二年(837 年),"上又令翰林勒字官唐玄度復校字體"。《宣和書譜·篆書敍論》:"唐玄度,不知何許人也。精於小學,動不離規矩,至於推原字畫,使有指歸。橫斜曲直,偏傍上下,必就楷則。考其用意精深,非特記姓名而已。眞可列於六藝,施之後學,得以模仿。故作《九經字樣》,辯證謬誤。”

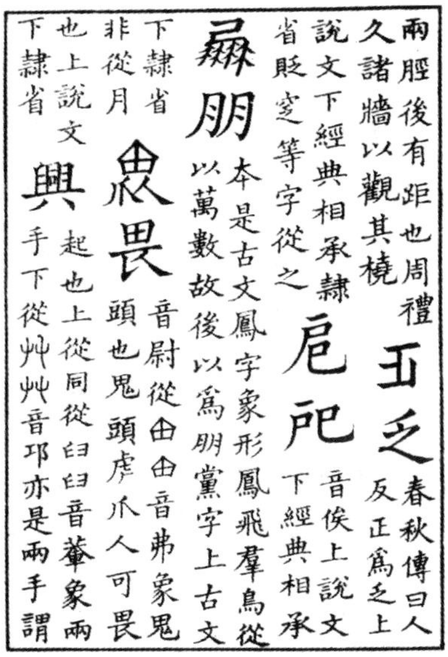

圖 4 下 1－4

唐玄度編就了《新加九經字樣》。唐文宗太和年間，鄭覃和唐玄度請鐫刻經典於太學，所收經典多於《五經》。唐之《五經》與後來的《九經》是一回事，五經即《易》《書》《詩》《禮》《春秋》，把《禮》分析為《周禮》《儀禮》《禮記》，《春秋》析為《左傳》《公羊》《穀梁》合成九經（圖 4 下 1－4）。但開成石經還加了《孝經》《論語》《爾雅》。顧炎武《日知錄》卷二十一“《說文長箋》”：“九經者，《易》《詩》《書》、三《禮》、《春秋》三傳，又有《孝經》《論語》《爾雅》，其實乃十二經。”唐玄度受命核校文字，確定字體。這樣《五經文字》中疑義須加辨正，結果形成了《新加九經字樣》。《自序》云：“繇是遂微臣之上請，許於國學創立石經，仍令小臣覆定字體，謬當刊校，誓盡所知。大曆中，司業張參掇衆字之謬，著為定體，號曰《五經文字》。專典學者，實有賴焉。臣今參詳，頗有條貫，傳寫歲久，或失舊規，今刪補冗漏，一以正之。又於《五經文字》本部之中，採其疑誤舊未載者，撰成《新加九經字樣》一卷，凡七十六部，四百廿一文。其偏旁上下本部所無者，乃纂為雜辨部以統之。若體畫全虧者，則引文以證，解於雅言。執禮誠愧大儒，而辨體觀文，式遵小學，其聲韻謹依開元文字，避以反言，但紐四聲，定其音旨。今條目已舉，刊削有成，願竭愚衷，以資後學。當開成丁巳歲序謹上。”顧炎武《日知錄》卷十八“張參《五經文字》”：“唐人以《說文》《字林》試士，其時去古未遠，開元以前未改經文之日，篆籀之學，童而習之，今西安府所存唐睿宗書景龍觀鐘，猶帶篆、分遺法。至於宋人，其去古益遠，而為說日以鑿矣。大曆中，張參作《五經文字》，據《說文》《字林》刊正謬失，甚有功於學者。開成中，唐玄度增補，復作《九經字樣》。”

《新加九經字樣》既然是延續《五經文字》，一般情況下，《五經文字》解決的字，不再收列，不妥的字例還是要重新解釋。

《新加九經字樣》與《五經文字》不同，不是全面正文字，它是辨正字形的字樣之書。它的字目形式多為兩字立目，以資比較，也有少量單字立目，作音義辨別，目標依然是確立字形。文字體例基本繼承了《五經文字》，並且有所發展。它沿用《五經文字》的“隸省”“隸變”兩語，從一般的形體解釋提高到發展規律，使得那些古今大變的隸書字形取得理論上的合理性。

以下是《新加九經字樣》的內容：

隸省：“艸部”，“華華，榮也，上《說文》，下隸省。”

隸變："艸部"，"莫莫，日冥也，從日在茻，音莽。茻亦聲也。上《説文》，下經典相承隸變。"

隸變："禾部"，"秊年，上《説文》從禾千聲，下經典相承隸變。"

"隸省"和"隸變"兩個術語都用來解釋篆隸之變，本質上並没有區別，但是"隸變"更傾向於形體變化較大，而又非明顯省簡的變化。《新加九經字樣》序言不再強調《説文》《字林》的字形標準，實際上，此書"雜辨部"中也衹把《説文》當作字源對待，進一步把"經典相承"提高到正體的理論依據。例如"手部"，"扑，音撲，大打捶也，杖也。《説文》作撲，經典相承通用之。""雜辨部"，"隸，音麗。按《周禮》女子入於舂稾。男子入於罪隸。隸字故從又從米，柰聲。又像人手也。經典相承作隸已久，不可改正。"隸書比起篆體來，一般是字形簡化，有人認為是順應簡化的方向。這是片面看待了字樣的標準。例如"艸部"，"蓋，玄宗皇帝御注《石臺孝經》亦作蓋。今或相承作盖者，乃從行書。艸與荅、若、著等字皆訛俗，不可施於經典。今依《孝經》作蓋。""蓋"作為行書的書體歷經久遠，但是字形體攪亂部首，雖然筆畫減少，也不能承用。

東漢魏晉南北朝以來生發衆多的苟且簡化的字體，《字樣》作者都一概棄而不用。因為它的原則不是越簡越好，而是不泥古，不媚俗，取其適中，合乎規律，保持字形的傳承關係。在卷前工部侍郎平章事陳夷行等牒文云："古今體異，隸變不同，如總據《説文》即古體驚俗，若依近代文字，或傳寫乖訛。今與校勘官同商較是非，取其適中。"

從八分提出篆、隸的分配關係以來，是依據小篆，還是遷就近代傳承，始終是一個困擾形體的問題。《干禄字書》代表了北朝的保守傳統，經過《五經文字》與《新加九經字樣》的連續努力，終於比較妥帖地處理了兩者關係，確立了眞書的正體規範，這個過程實際是隸變的完美結尾。《五經文字》《新加九經字樣》内容多涉隸變，這些内容在隸變一章多有論述。

第二章　唐代字樣學

第一節　唐代字樣之先驅——《顏監字樣》與《正名要錄》

字樣學之依據，一是《說文》《字林》一類字書，一是石經。這個次序早在北朝時期已經明确。《周書·趙文深傳》："（大統十年）太祖以隸書紕繆，命文深與黎季明、沈遐等依《說文》及《字林》刊定六體，成一萬餘言，行於世。"《字林》晚出，多有《說文》未收之字，所以列於《說文》之後，為字形之標準。唐封演《封氏聞見記》卷二："安帝時，許慎特加搜採，九千之文始備，著為《說文》，凡五百四十部，皆從古為證，備論字體，詳舉音訓。其鄙俗所傳，涉於訛妄者，皆許氏之所不取，故《說文》至今為字學之宗。""晉有呂忱，更按部搜求異字，復撰《字林》七卷，亦五百四十部，凡一萬二千八百二十四字，諸部皆依《說文》；《說文》所無者，是忱所益。"

唐代字樣學是漢字字形規範史上最重要的措施，決定隸書是否能夠繼續發揮作用。什麽叫"字樣"？"樣"，《隋書·何稠傳》："凡有所為，何稠先令亙、袞立樣。"《廣韻·漾韻》："樣，式樣。"《集韻·漾韻》："樣，法也。" 胡樸安云："字樣者，筆畫之準繩也。"[①]這個說法含糊，字樣衹對楷書而言，不管篆書、草書、八分。《中國大百科全書·語言文字》："漢字楷體書寫的樣本。"[②]這雖然指明了楷書，"書寫的樣本"會誤解為字帖，"書寫"說法也不確切。字樣提供的是樣本，但是它有書寫上的細微差別，主要是字形結構上的差異。所以，"字樣"是字形的樣板、規則，也就是楷書的字形規範。字樣學是整理規範字形的學問，是狹義的正字學，衹關心文字的形體問題。李建國說："字樣之學就是專門研究正字法的學問，主要任務是辨析形體俗訛，是正字音字義，整飭書寫法式，編纂正字書，以指導文字應用。"[③]他把字樣學的範圍說得太大，無所不包。字樣學衹管楷書字形，偶然涉及音義，否則字樣學就成為無所不包的音形義大全了。這是字樣學區別於其他文字學問的最鮮明的特點。字樣這個名稱最早是顏師古提出的，後稱為"顏監字樣"，繼後稱字樣者，有杜延業《群書新定字樣》、張參《五經字

---

① 胡樸安：《中國文字學史》，上海書店 1984 年版，第 113 頁。
② 《中國大百科全書·語言文字》，中國大百科全書出版社 1988 年版，第 552 頁。
③ 李建國：《唐代的字樣之學》，《傳統文化與現代化》1995 年第 6 期。

樣》、唐玄度《新加九經字樣》，郎知本《正名要錄》雖然没有字樣之名，實際也是字樣之書。張參《五經文字》整理經籍文字，不專解決字形，而是以音義為主，刊正文字，部分内容説明字形，所以不屬於字樣學的著作。但是此書有討論古今字形問題，與前後的字樣書内容相承接，所以放在字樣學中加以考察。有唐一代，字樣學伴隨始終，是漢字史上的一個突出現象。從整個漢字發展史上來看，隸變是形體上的大變，也是體制上的革命性變化。隸變是由古文字演變為今文字，由篆書演變為隸書，其完整的過程一直延續到中晚唐纔結束。唐代的字樣學由此而生，而且由此而滅，就是必然的了。唐代以後雖有正文字、匡正字形的舉措或者著作，其規模、其意義與唐代的字樣學是無法比擬的。唐代字樣學以規範字形為宗旨，干祿之用與經籍整理之用規範不同，隨著對字形的新認識，同樣性質的字樣前後也不相同。字樣學的研究起步較晚，《新唐書・儒學傳上・顔師古》載顔師古拜祕書少監，專刊正之事，有《漢書注》《急就篇注》行世，大顯於時。永徽三年(652 年)其子揚庭上其父所著《匡謬正俗》八卷，雖然"稿草纔半，部秩未終"，卻是"百氏紕謬雖未可窮，六典污訛於斯矯革"。貞觀年間刊正經籍，把刊正文字的記錄合成《字樣》一卷，分别正俗，世稱《顔監字樣》，可惜没有流傳下來。敦煌遺書 S388《正名要錄》前有字樣書殘卷 1 種，存 83 行，無書名和作者名，避高宗諱，不避中宗及玄宗諱，其書寫年代當在唐高宗和武則天之時。後跋云："右依《顔監字樣》甄錄要用者，考定折衷，刊削紕繆。《顔監字樣》先有六百字，至於隨漏續出不附錄者，其數亦多。今又巨細參詳，取時用合宜者。至如字雖是正，多廢不行，又體殊淺俗，於義無依者，並從删翦，不復編題。其字一依《説文》及《石經》《字林》等書，或雜兩體者，咸注云'正'，兼云'二同'；或出《字詁》今文，并《字林》隱表，其餘字書，堪採擇者，咸注'通用'；其有字書不載，久共傳行者，乃云'相承共用'。"(圖 4 下 2－1)《正名

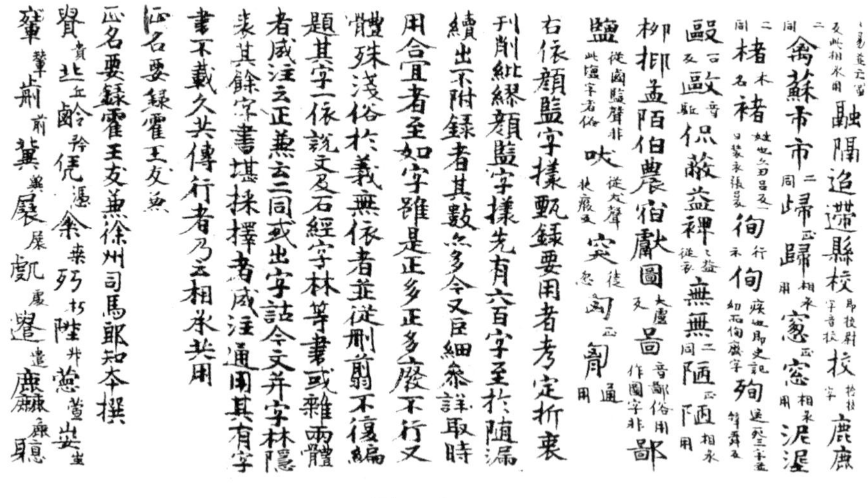
右依顏監字樣甄錄要用者考定折衷
刊削紕繆顏監字樣先有六百字至於隨漏
續出不附錄者其數亦多今又巨細參詳取時
用合宜者至如字雖是正多廢不行又
體殊淺俗於義無依者並從刪翦不復編
題其字一依說文及石經字林等書或雜兩體
者咸注云正兼云二同或出字詁今文并字林隱
表其餘字書堪採擇者咸注通用其有字
書不載久共傳行者乃云相承共用
正名要錄霍王友
正名要錄霍王友兼徐州司馬郎知本撰

圖 4 下 2－1

要録》前的字樣書，張涌泉認為是杜延業的《群書新定字樣》[①]。《群書新定字樣》是甄録《顔監字樣》而來，"取時用合宜者"，篇幅縮小。依照《説文》《石經》《字林》判斷字體。其體例為"正""同""通用"，"正"無疑為正字，"同"謂正字之異體，所謂"通用"即長久沿襲的俗體字。不管如何，這是唐代較早的正字體例。"字樣"就是文字形體的規範，《顔監字樣》最早使用"字樣"這個名詞，顔師古首創這個概念，為唐代字樣學作出了一個良好的開端。

敦煌寫本《正名要録》在《字樣》跋語之後，書唐郎知本所作。"正名"也就是"正字"，《正名要録》就是把重要的正字集録在一起。原書標列有六：一是正行者雖是正體，稍驚俗；注腳隨時消息用。"消息用"是斟酌變通使用的意思。驚俗正體大字在前，後注適宜用小字。二是正行者正體，注腳訛俗。正體大字列於前，訛俗字小字注在後。三是正行者楷，注腳稍訛。如正行者"牀"在前，後稍訛者"床"小字注於後。四是各依注腳，就是説字形要按照後面的提示正確書寫。如"切，從七"，提示不能從"土"，"曹，須兩畫"，提示作一豎畫是錯的。五是字形雖别，音義是同。古而典者居上，今而要者居下，説明古今異體字。如"炁氣""憐怜"。六是本音雖同，字義各别。如"增益憎急""綸經倫理淪溺"之類，區别同音字的不同用法。該書的前面五款是完全規整字形，後一款是區分錯别字，當時人的理念是，白字反映出來的依然是字形上的錯誤，所以此書是一本字樣之作。《正名要録》雖是編摘加工，但它是現見最早的比較完整的字樣書，對我們瞭解《顔監字樣》或者《群書新定字樣》是不可缺少的資料，所以其重要性不言而喻。

佚名《時要字樣》(圖4下2-2)，在敦煌遺書中有斯6208、斯5731、斯6117三種

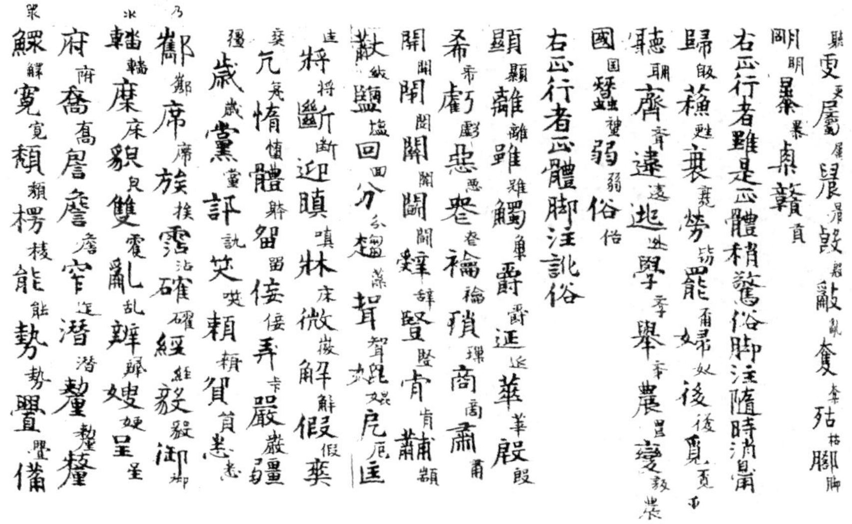

圖4下2-2

① 張涌泉：《漢語俗字研究》，嶽麓書社1995年版，第250頁。

抄本,其中斯 6208 去聲部分與斯 5731 去聲銜接,本屬同卷。在斯 5731 的入聲前書題“時要字樣卷下第四”,此書以《切韻》平上去入編次。斯 6208 題“新商略古今字樣撮其時要并引正俗釋下卷第□”,可知此書是從以前的字樣書摘錄編輯而來,編輯的宗旨是解決當時常用字的規範字形,故稱“時要字樣”。殘卷背面有唐僖宗乾符六年(879 年)的紀年,張金泉推測《時要字樣》之作當在《干祿字書》之後,在《五經文字》略後①。可知《時要字樣》產生於晚唐,是目前發現的唐代最晚的字樣著作。張參《五經文字・序》:“近代字樣,多依四聲,傳寫之後,偏旁漸失。”唐代的字樣書可能不止以上數種,還有失傳之作,它們也是隨著時代發展、正體的變化而不斷地編纂。

第二節 《干祿字書》之問世

對漢字形體影響最大、流傳最廣的字樣著作,當數顏元孫《干祿字書》(圖 4 下 2－3)。顏元孫(? —714),字韋修,顏師古之侄孫。宋陳思《書小史》云:“少孤,養於舅殷仲容家。尤善草隸。著《干祿字書》行於世。”《干祿字書》大約在開元初(8 世紀初)成書,此作是顏元孫繼承伯祖顏師古的家學,可能也出於他對書法文字的愛好。“干祿”語出《論語・為政》“子張學干祿”。“干祿”是謀求仕途進取的意思。那麼《干祿字書》就是為那些有心仕途者提供的規範字形之書。顏元孫編撰此書的宗旨,《自序》云:

史籀之興,備存往制。筆削所誤,抑有前聞。豈唯豕上加三,蓋亦馬中闕五。迨斯已降,舛謬實繁。積習生常,為弊滋甚。眞卿伯祖,故祕書監,貞觀中刊正經籍,因錄字體數紙,以示讎校楷書。當代共傳,號為《顏氏字樣》。懷鉛是賴,汗簡攸資。時訛頓遷,歲久還變。後有《群書新定字樣》,是學士杜延業續修。雖稍增加,然無條貫。或應出而靡載,或詭衆而難依。且字書源流,起於上古。自改篆行隸,漸失本眞。若總據《説文》,便下筆多礙。當去泰去甚,使輕重合宜。不揆庸虛,久思編輯,頃因閒暇,方契宿心。遂參校是非,較量同異。其有義理全僻,罔弗畢該。點畫小虧,亦無所隱,勒成一卷,名

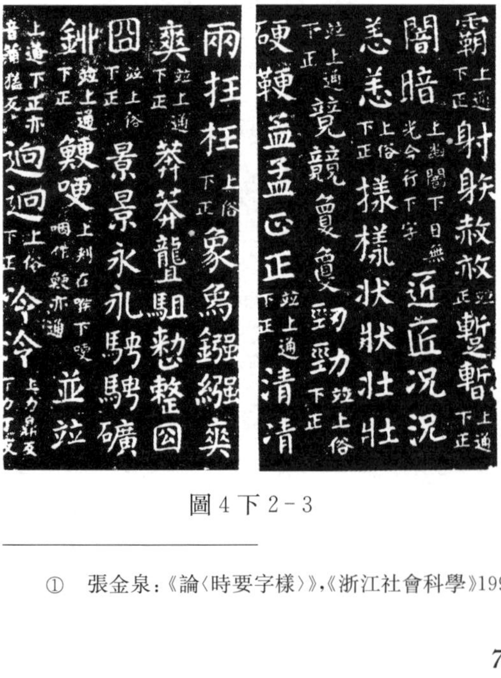

圖 4 下 2－3

① 張金泉:《論〈時要字樣〉》,《浙江社會科學》1993 年第 4 期。

曰《干祿字書》。以平上去入四聲為次，具言俗通正三體。偏旁同者，不復廣出。字有相亂，因而附焉。所謂俗者，例皆淺近。唯籍帳、文案、券契、藥方，非涉雅言，用亦無爽。倘能改革，善不可加。所謂通者，相承久遠，可以施表奏、箋啟、尺牘、判狀，固免詆訶。所謂正者，並有憑據。可以施著述、文章、對策、碑碣，將為允當。有此區别，其故何哉。夫筮仕觀光，惟人所急。循名責實，有國恒規。既考文辭，兼詳翰墨。升沉是系，安可忽諸？用捨之間，尤須折衷。目以干祿，義在玆乎。綆短汲深，誠未達於涯涘；岐多路惑，庶有歸於適從。如曰不然，請俟來哲。

隋代短祚，征戰連綿，文字規範方面幾無舉措，初唐時期北朝的俗字依然風行。俗、通二體不僅見於民間，即使是法書大家也在所難免。據統計，歐陽詢《九成宫醴泉銘》俗、通體也在11%以上。因此辨明正、通、俗是唐代字樣學中最重要的工作。

顔元孫認為，古文字長期使用難免發生字形的錯誤，秦篆之後，發生的字形舛誤就更加頻繁了，為此伯祖推出了《顔氏字樣》，作為寫字的參考。他不滿後出的《群書新定字樣》，雖然稍加增加，可是條理不清，取捨不當；認為篆隸之變，使得文字遠離本來面貌；主張不必泥古，還原《説文》的字形不切實際，加以斟酌，不能照搬。總的來説，《干祿字書》講究字要“並有憑據”，這個憑據就是《説文》小篆，以此為正體依據。據劉中富統計，《干祿字書》正字與《説文》(大徐本)篆字結構相合的542字，與《説文》重文結構相合的53字，共達595字，佔《干祿字書》802個正字的74%①。這個比例與《熹平石經》之八分篆、二分隸的比例接近，這是巧合，還是精心安排？俗與通都是長期流行的形體，如“荘莊”下云：“妝扮合用此字，相承已久。”明確點明“相承已久”在字樣書是首例，以相承已久來否定《説文》，在《五經文字》總的來看，《干祿字書》的正字是偏向經典，在唐代是比較保守的。但是《干祿字書》相承已久的社會用字習慣得到尊重，成為正體的理論依據。《干祿字書》字形規範的掌握是靈活的。首先，正字不是唯一的，可以多字並列。“並正”是專門的多正體的體例，如“歌謌，並正，多用上字”。其次，對於正、俗、通的表述，“俗”是“倘能改革，善不可加”，“通”是“固免詆訶”，“正”是“將為允當”，充分説明顔元孫作為一個民間字形規範的宣導者，採取寬鬆的標準和勸導的態度。不僅如此，唐代的異構、俗寫非常多，更有破體、訛字流行，而《干祿字書》僅收正字261、俗字196、通字178，遠遠不能滿足辨别形體優劣的需求。《干祿字書》面對社會用字混亂狀態，衹能以常見的典型字例來作形體示範，這一點與寬鬆的

① 劉中富：《〈干祿字書〉正字的性質及其來源》，《中國文字研究》第五輯，廣西教育出版社2004年版，第43頁。

標準和勸導的態度是相一致的。

該書申明體例，全書收字按照平上去入編排，每個字例指明俗、通、正三體。以“上聲”為例，“断斷斷”三字下注：“上俗、中通、下正”。三體大致上存在，但“非謂每字總然”，大多情況下字例並非三體皆備。如“减減”下注：“上俗下正”，“本本”下注：“上通下正”，“禮礼”下注：“並正，多行上字”。“偏旁同者不復廣出”是指偏旁相同的字可以類推，不煩一一列舉。相似的有“並從”“准此”之例，如“諂諂”，上字，“諸字同聲者並從臽”，下字“諸字同聲者並從臽”。“准此”如名為正，“諸從名者准此”。提供以簡馭繁的辨別方法，人們從一字類推多字，系統化地掌握正體的寫法。“字有相亂，因而附焉”，相當於《正名要錄》“本音雖同，字義各別”的內容。如“扣叩”下注：“上牽馬也，下扣擊也。亦作扣。”廣義上也是字形問題，所以羅列其中。當然該書的要旨在分別“俗”“通”“正”，俗者是世俗用字，也稱作世字。通者是日常用字，正者是文章碑刻的正式字體。重點在於正體，它關乎干祿，其注云：“進士考試，理宜必遵正體；明經對策，貴合經注本文。又碑書多作八分，任別詢舊則。”這句話非常重要，特別是關於舊則。舊則意思是老規矩，這個舊則衹能用於八分，對正體不適用。舊則是什麼呢？就是篆八隸二，注重篆字結構，以隸古定為主。《干祿字書》以今字為正，排除隸古定這一點。可見對於干祿者，《干祿字書》作用主要在於明辨字體，指導用字。唐《梁春墓誌》曰：“至於《孝經》《論語》，同卷背文；《顏氏字類》之書，問之便寫。”《顏氏字類》即《干祿字書》，從碑刻文字觀察，“顏氏正字之學，至文宗大和年間二百餘年而流風不漸，亦可見其影響之深遠。”①值得注意的是，《干祿字書》雖名為干祿，但是干祿必須明經，明經關乎經籍，因此《干祿字書》與顏師古《顏監字樣》有著密切的關係。《郡齋讀書志》卷四評《干祿字書》云：“以經史所用為正，世所行為俗，二者之間為通，凡三體。”②其正體皆從經籍所得，得之何處？莫非顏師古乎？

《干祿字書·序》“四聲為次”下云：“每轉韻處朱點其上”，證明原有抄本行世，墨書加朱點。顏眞卿是唐代著名大臣，大書法家，顏體的創造者，是顏元孫的侄子。大曆九年(774年)顏眞卿在湖州刺史任上書錄《干祿字書》，摹勒上石，建於湖州刺史宅東廳院。此為第一次上石。《干祿字書》是字樣學的要籍，而顏眞卿的小字楷書是書法中的瑰寶。宋歐陽修《集古錄·唐干祿字樣模本》：“蓋公筆法為世楷模。而字書辨正譌繆，尤為學者所資，故當時盛傳於世，所以模多爾。”所以碑石初建，便摹拓不息，有人以此為衣食之業。“大曆至開成，僅逾甲子，石已刓缺。”楊漢公為湖州刺史，字用乂，精於楷書，米芾《書史》稱之“書有鍾法”。《湖州府志·楊漢公刻跋》：“親任顒頊牧

① 朱關田：《唐墓誌中的書學資料》，《中國書法》2009年第6期。

② 晁公武撰，孫猛校證：《郡齋讀書志校證》，上海古籍出版社1990年版，第154頁。

天臺，懼將磨滅，欲以文字移於它石，資用且乏，不能克衷。漢公謬憩棠陰，獲觀墨妙，得以余奉成顒之意。自看摹勒，不差纖毫，庶使筆蹤，傳於永永。"楊漢公資助顏眞卿侄顏顒，在開成四年(839年)將早年拓本重新摹勒上石。此為第二次上石。南宋紹興年間宇文公(宇文時中)為潼川(今四川三臺)府尹，喜好《干祿字書》，再次重刻《干祿字書》，梓學教授成都勾詠為之題記："(宇文公)非獨愛其《字樣》，而愛其書法之工"，"惜其久而淪廢"，用楊本、蜀本補充顏書之缺損，命"通顏書之士摹勒刊石於泮，便學者矜式，且欲傳之廣"。時在紹興十二年(1142年)，此為第三次上石。

石本問世之後，即有拓本流行，不久碑石在捶拓之下，殘缺不全。歐陽修《集古錄・唐干祿字樣》："《干祿字樣》別有模本，文注完全，可備檢用。此本刻石殘缺處多，直以魯公所書眞本而錄之爾。"又《唐干祿字樣模本》："今世人所傳乃漢公模本，而大曆眞本以不完，遂不復傳。若顏公眞跡今世在者，得其零落之餘，藏之足以為寶，豈問其完不完也。"歐陽修所藏眞本是大曆年顏眞卿刻石的拓本，已經殘缺不全，不為世人所用。流傳的是開成年摹刻楊漢公拓本。勾詠記"蜀士大夫所見惟板刻"，知蜀地曾經有板刻本流傳，它就是宇文公刻石參用的"蜀本"。宋寶祐年間(1253—1258)，衡陽陳蘭孫將《干祿字書》刻版，開始有印本廣為傳播。清代屢有翻刻印本流傳，但是字有訛誤，即商務印書館《叢書集成初編》影印"夷門廣牘本"，據施安昌與勾刻拓本校對，謬誤很多①。

紹興年間宇文公主事的《干祿字書》碑石立在潼川府學，即在潼川文廟之大成殿尊經閣下，自北宋慶曆年間修建以來，歷代修繕，保存大致完好。民國時期，文廟的部分建築辦起了三臺女中，1949年以後女中停辦，而三臺師範遷入，又將文廟的另一部分挪作三臺麵粉廠，並作了改造。文廟遭殃，《干祿字書》也遭到了厄運，被當作了地基石材，埋於地下。1995年5月17日，三臺師範學校修建藝術大樓，挖掘地基時發現了深埋在文廟大成殿左側的《干祿字書》。《干祿字書》發現後，國家文物局在1997年定為國家一級保護文物，遷至三臺縣潼川鎮琴臺寺三臺文物管理所內妥善保存。據方曉觀察，《干祿字書》石碑長方形，上方缺角，殘高216厘米、寬120厘米、厚33厘米。碑陽額篆書"顏氏干祿字書"，正文分5層，每層35行，滿行9字。字寬約2.2～2.5厘米，字高約2.0～3.0厘米，正文注小字在1.2×1.0厘米。首行楷書"干祿字書"四字。碑陰文字6層，1至5層是正文，第6層是勾詠跋文，現僅存8字。碑兩側有孔，左側文字14行，為提督四川學政吳省欽乾隆丁酉(1777年)題跋，云"碑下斷一尺餘，宋人跋不完……"，知清代乾隆時碑石已經殘缺②。

---

① 施安昌：《關於〈干祿字書〉及其刻本》，載《善本碑帖論集》，紫禁城出版社2002年版，第7頁。
② 方曉：《〈顏氏干祿字書〉綜述》，《四川文物》2005年第1期。

第三節　字樣學之正字作用

《舊唐書·劉晏傳》載劉晏與元載書云:“自古帝王之盛,皆云書同文,車同軌,日月所照,莫不率俾。”唐朝在太宗朝進入了大唐盛世,由經籍的整理引出了字樣學的發生和發展。字樣學的發展,經歷了繼承、改革的兩個階段,最終達到了近代正體的完善,徹底地告別了古字古體時代。

字樣學確立了眞書正體的同時,帶來了許多新的形體概念,對形體學理論建設具有很大意義。

一是俗字,《新加九經字樣》:“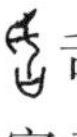舌,在口所以言從干從口,上《説文》,下俗字。”顔愍楚《俗書正誤》稱為俗書。《干祿字書》所謂俗者,例言淺近。俗字是書寫中產生的簡易形體。

二是正字,《顔氏家訓·書證》:“徐仙民《春秋》《禮音》以筴為正字,以策為音,殊為顛倒。”提到正字,《干祿字書》所謂正者,並有憑據。

三是通字,通用之字。《顔氏家訓·書證》:“是知虙之與伏,古來通字,誤以為宓,較可知矣。”原義為兩字可以通用,《干祿字書》所謂通者,相承久遠之通意為流行通用之字體。

四是偽字,即不成體的字,這些字大部分流行於世,但是在經籍中不能使用。“偽字”,從字面理解,“偽”字即“訛”字,《漢書·王莽傳中》“以勸南偽”,顔師古注:“偽,讀曰訛。”此“偽”當作訛謬義。形體違反構造原理,會造成形體混淆,意義不明。如《五經文字》“木部”:“假從叚、叚音,工下反。凡遐、瑕皆從叚,從段者訛。”《五經文字》“手部”:“揚,舉也。州名,取輕揚之義,亦合作此字。俗從木,訛。”《五經文字》:“恥,從止訛。”“諫,從東者訛。”《新加九經字樣》:“京,音驚,人所居高丘也,從高省就字從之,作亰訛。”《新加九經字樣》:“夾,音郟,作夹者訛,莢、陝等字從之。”《新加九經字樣》:“看,晞也,凡物見不審手遮日看之,故從手下目,作訛。”

五是提出切實可行的標準,約定俗成。隸變以來,文字形體發生巨變,因為隸變根本就是書寫漸成的變異。書寫是一種動態的活動,動態中產生變異,所以隸變造成的字形差異是非常大的。即使不在隸變階段,正體和手寫體的差別還是很大的,人性簡惰,趨於便捷,書寫時的任意性很大。不同的人群書寫也有差異,不通字學,隨意創造。特別在南朝時期,北方割據,南北分裂,無論行政的控制力,還是士人的約束力都處於最軟弱的時期,別體字形不僅容易生成,更容易沉澱,形成各個相對穩定的個體。

唐蘇鶚《蘇氏演義》卷上:“祇如田夫民為農,百念為憂,更生為蘇,兩隻為雙,神蟲為蠶,明王為聖,不見為覔,美色為豔,囗王為國,文字為學,如此之字,皆後魏流俗所撰，學者之所不用。”

《五經文字》“止部”：“歸帰，上《説文》，下籀文，經典通用上字。”古文《五經文字》“土部”：“堲坐，上《説文》，下古文，今依古文。”《石經》：《五經文字》“寂宩，上《説文》，下《石經》，今依照《説文》。”《字林》：《五經文字》“宴宴，上《説文》，下《字林》。”“寑，廟也，《字林》作寢，臥也，以寑為病。”“謚謚常利反，上《説文》，下《字林》，以謚為笑聲，音呼益反。今用上字。”“卝，古患反，見《詩・風》，《字林》不見，又古猛反。見《周禮》《説文》以為古卵字。稺稚，並丈利反，幼禾也。上《説文》，下《字林》。”

泛稱字書：《五經文字》“山部”：“岐，巨知反，俗以此岐為山名。別作歧路字。字書無此歧字。”《新加九經字樣》“广部”：“廧，音牆，《左傳》‘廧咎如’，相承作此廧字。”

此外引用的標準有《釋文》《開元音義》《石臺孝經》，《新加九經字樣》“艸部”：“蓋，玄宗皇帝御注《石臺孝經》亦作蓋。今或相承作盖者，乃從行書。”

經典相承：《新加九經字樣》“木部”：“栞刊濶平。《書》曰隨山栞木。上《説文》，下經典相承，隸省。”

六是提出正確的文字觀：隸變和隸省。隸變是漢字歷史上的一個重大轉折點，是古文字向今文字轉變的關鍵點。唐代處於隸變的後期，是最後結束泥古的階段，也是中古正體字的形成期和獨立期。唐代已經無法回避篆隸之間的正確轉換問題，在理論上正確地認識這個問題了。隸省、隸變這兩個術語的提出反映了這個階段字樣學的特點。這兩個術語最先由張參提出，在《五經文字》中“隸省”用得比較多，這是因為篆到隸之間，改變形體多數以省簡的形式表現出來，用“隸省”比較恰當。但是並非篆隸轉換都是省簡形式，有些變化也不是僅僅用“省”來解釋就是合理的。所以用“隸變”這個概念更寬的術語就是非常必要的了。但是《五經文字》中“隸變”僅見幾例，如：“炛光，上《説文》，下經典相承隸變”。在唐玄度的《新加九經字樣》中廣泛地採用了這兩個術語來解釋篆隸的字形轉換。隸變使用雖然大大少於隸省，但是使用的範圍擴大了，不衹是用於筆畫繁化的字例。例如《新加九經字樣》：“於，本是烏鳥，字象形，古文作緈，篆文作於，隸變作於，本非從作扵，作扵者訛。”“雜辨部”：“䨮覃，音潭，上《説文》，下隸變。”這些篆隸變化無法用規則來解釋，是象形結構代號化的過程中，依照類比的辦法重新組合，不是簡單的“省”等術語可以解釋的。

七是分化。《五經文字》“舟部”：“朕朕，上《石經》，下經典相承隸省，凡滕勝之類皆從上字。”《五經文字》：“敇，醜力反，古勑字，今相承皆作勑，唯整字從此敇。”

八是類推。字樣書是以字例來辨別字形的，一般是兩字對舉説明差異和正誤。《五經文字》“巛部”：“州，從重巛，今依《石經》作州，凡字從州者放此。”“心部”：“心，象形，《説文》作㣺，今依《石經》作心，其在左者經典相承隸省作忄，又作⺗。”“犬部”：“犬，丘泫反，今依《石經》，凡在左者皆作犭，犭音犬。”“並正”，《干禄字書》“万萬”“線綫"均"並正"。與今不同,《干禄字書》"步步,上俗下正"。

唐代字樣學的目的是要糾正字形的訛亂狀態,應該説起到了很大的作用,基本清除了南北朝以來的混亂字形。傳寫久訛,不便改回。《五經文字》:"湇湆,並丘反,上從泣下月,大羹也。下從泣下日,幽深也。今《禮經》大羹相承多作下字,或傳寫久訛,不敢便改。"

字樣學的出現,對唐代文字形體規範的促進作用十分明顯。據統計,《干禄字書》中俗、通二體,初唐較多,中唐有明顯減少,晚唐就更少了[①]。

《干禄字書》《五經文字》《九經字樣》表面上看是規範唐代流行的字體,其實也是從東漢以來流行的字形。顧炎武《金石文字記》卷二:"自唐時國子監置書學博士,立《説文》《石經》《字林》之學,而顔元孫作《干禄字書》,張參作《五經文字》,唐玄度作《九經字樣》,天下之文始漸歸於一矣。"對唐代的字樣學作出了正確評價。

關於字樣的標準問題。字樣的標準來源無非兩個方面:一是從源頭出發,一是從現行的習慣出發。但是最終可行的是兩者之間的折中之路,這就是既體現造字的原理,又便於當今使用,簡單地説就是存古利今的原則。

顔師古《干禄字書》的字形標準應該是他在任上的職業行為,因需糾正時弊,所以"必暢本源"。但是字形有其兩端,一種是從俗、從通,一種是重源。所謂從俗、從通,並不是説一味地採用俗字、訛字,而是兼用相沿已久的寫法,簡便而實用,不説普通的書寫者,即使當時官居要職、聞名的楷書大家都是如此。

"必暢本源"實際上是體現在《説文》的造字原理上,就是根據《説文》的篆字形體直接轉寫為楷體,在隸變的過程中,無法不喪失字形的部分内容,這不光是綫條曲直的變化帶來的形體缺失,而且是指部分部件的缺失。漢魏以來隸變過程中,漢字的漸變和確定一直是一對矛盾,漢字一方面按照書寫形成規則漸漸改變字形,與造字的原理越來越遠,一方面不斷有人從源頭來隸定字形,糾正過於離奇的字形。唐代的"必暢本源"就是反映了這個思想,强調從本源來規範字形,作為字形的首要原則,它和一般的隸變的區别是盡可能不丢棄篆字的部件,在《干禄字書》中的"所謂正者,並有憑據"就是"必暢本源"的具體化,憑據就是造字的結構原理。在《干禄字書》一字多形中,判斷正和通的原則就是這個原理。這個原則從理論上來説是成立的,但是會與實際使用產生比較大的距離。如:

《干禄字書》"功",歐陽詢《虞恭公碑》作"切",《五經文字》:"功,從工從力,作切訛。"

《干禄字書》"恭",歐陽詢《虞恭公碑》、柳公權《神策軍碑》作"恭",從"小"。

① 吳剛輯,吳大敏編:《唐碑俗字錄》,三秦出版社 2004 年版,第 15 頁。

《干祿字書》"龍",歐陽詢《九成宮碑》作"龍"。

《干祿字書》"從",歐陽詢《虞恭公碑》作"従"。

《干祿字書》"京",歐陽詢《虞恭公碑》《九成宮碑》作"京"。

《干祿字書》"陵",歐陽詢《虞恭公碑》作"陵"、《五經文字》"陵,從麦者訛"。

《干祿字書》"羲義""上俗下正",歐陽詢《虞恭公碑》作"羲"。

《干祿字書》"壯",歐陽詢《虞恭公碑》作"壯"。

《干祿字書》"莭節""上俗下正",歐陽詢《虞恭公碑》作"莭"。

《干祿字書》"曆",歐陽詢《虞恭公碑》作"歴"。

《干祿字書》"噐器""上通下正",歐陽詢《虞恭公碑》作"噐",褚遂良《房梁恭碑》同。

《干祿字書》"㝎定""上通下正",歐陽詢《虞恭公碑》作"㝎"。

《干祿字書》"𤴓足""上通下正",歐陽詢《虞恭公碑》、柳公權《神策軍碑》《玄祕塔碑》均作"𤴓"。

《干祿字書》"兆兆""上通下正",歐陽詢《虞恭公碑》作"兆"。

《干祿字書》"私私""上俗下正",柳公權《神策軍碑》作"私"。

《干祿字書》"湽淄""上俗下正",褚遂良《房梁公碑》從俗。

《五經文字》"番畨,上《説文》,下經典相承隸省,凡潘蕃之類皆從番",歐陽詢《虞恭公碑》作"蕃"。

《五經文字》"贊賛,上《説文》,下經典相承隸省,凡……之類皆從賛",歐陽詢《虞恭公碑》作"賛"。

《干祿字書》"互氐,上通下正,諸從氏者,並准此",褚遂良《房梁公碑》邸從互、柳公權《神策軍碑》邸、祗均從互。

《干祿字書》"能能""上通下正",褚遂良《房梁公碑》、歐陽詢《九成宮碑》從通。

《干祿字書》"断斷斷"三字下注:"上俗、中通、下正",褚遂良《房梁公碑》作斷,筆者按:虞世南《孔子廟堂碑》"繼"作"継",與俗體"断"同理。

《干祿字書》"流流""上通下正",歐陽詢《虞恭公碑》《九成宮碑》皆從通、柳公權《神策軍碑》《玄祕塔碑》皆從通。

《干祿字書》"嵗歳歲""上俗中通下正",柳公權《玄祕塔碑》作"歳"。

《干祿字書》"圡土""上通下正",歐陽詢《九成宮碑》作"圡",《虞恭公碑》"社"從"圡",褚遂良《房梁公碑》"壯"從"圡"。

《干祿字書》"所所""上通下正",柳公權《神策軍碑》《玄祕塔碑》從通。

《五經文字》"叔村,上《説文》,下《石經》,今經典並依《説文》作叔,凡字從叔者皆放此",歐陽詢《虞恭公碑》、褚遂良《房梁公碑》從《石經》。

顔眞卿是顔元孫的侄孫，是《干祿字書》的書寫者，他是嚴格按照《説文》來寫字形的。請看：

《干祿字書》“色色”“上俗下正”，顔眞卿《告身》作“色”，柳公權《玄祕塔碑》作“色”。

《干祿字書》“光灮”“上通下正”，顔眞卿《告身》作“灮”。

《干祿字書》“明朙”“上通下正”，顔眞卿《告身》作“朙”。

《干祿字書》“貴賢”“上通下正”，顔眞卿《李玄靖碑》作“賢”，《告身》及《李玄靖碑》“遺”從“賢”。

《新加九經字樣》“華蕐，榮也，上《説文》，下隸省”，顔眞卿《告身》作“蕐”。

《干祿字書》“年秊”“上通下正”，顔眞卿《告身》作“秊”，《新加九經字樣》：“秊年，上《説文》從禾千聲，下經典相承隸變。”

第三章　宋代經籍整理與近代正字的確立

第一節　增篆之蜀石經

蜀石經由後蜀孟昶命宰相毋昭裔主持督造。廣政元年(938 年)開始鐫刻,故亦稱《廣政石經》。後蜀時完成了《孝經》《論語》《爾雅》《周易》《毛詩》《尚書》《周禮》《儀禮》《禮記》《左傳》僅 17 卷,到北宋皇祐元年(1049 年)田況撫蜀續刻《左傳》18 到 30 卷,又補刻《公羊》《穀梁》二傳,皇祐元年畢工。《孟子》於北宋立於學官,宣和五年(1123 年)蜀帥席貢、運判彭慥等鐫刻上石。南宋時,晁公武鎮蜀,乾道六年(1170 年)又刻《古文尚書》,附刻《孟子》之後,並校勘諸經異同為《石經考異》,鐫刻積 11 碑。至此,蜀刻"十三經"全部完工,經歷 4 個朝代,前後 232 年。蜀石經石逾千數,安放在後蜀太學,後為宋代府學,宋哲宗時蜀帥尚書右丞胡宗愈在府學禮殿東南隅專設石經堂保存。石經堂在今成都文廟前街石室中學,蜀石經早已不見蹤影。南宋末年蒙元寇蜀,石經毀於兵火,故元明二代都不見記載。明清年間的曹學佺《四川名勝志》云:"諸石刻今皆不存,所存者,石經《禮記》有數段,在合州賓館中。"後劉燕庭手批《錢竹汀日記》謂乾隆四十四年(1779 年)修成都城時,"什邡令任思任得蜀石經數十片於土壤中,字尚完好",未肯留置學宮,罷官後,原石運歸黔中。此兩處發現的蜀石經後來失去影蹤,連拓片也未傳世。1938 年為了躲避日寇空襲,及時疏散民衆,拆除老南門時意外發現了約 10 塊殘片。可是現今城垣已經拆除殆盡,未再見片石。石經殘石大部入藏四川省博物館。雖然存量稀少,亦聊以一睹蜀石經原物①。現有殘石為《毛詩》《周易》《儀禮》《尚書》《古文尚書》(圖 4 下 3 - 1)。

圖 4 下 3 - 1

蜀石經以《開成石經》(太和年始刻,又

① 周萼生:《近代出土的蜀石經殘石》,《文物》1963 年第 7 期。

稱《太和石經》)為藍本,分排書刻,按照現有殘石推算,每排在 26～28 厘米左右,因此拓本即可裝裱成書冊,甚便閱讀。經文與注文並刻,注文以雙行小字附於經文之下(圖 4 下 3－2)。蜀石經用端楷繕寫,字體與《開成石經》相近,類似歐陽詢、虞世南和柳公權,書法秀整遒勁,書寫者為當時飽學善書之士。南宋人寫文章多以蜀石經本為標準[1]。蜀石經原物雖然早已毀壞,但有拓本存世。曾宏父《石刻鋪敍》所載當時拓本齊全,明代萬曆年間內閣尚存全套,入清以來所見衹是殘本了。1926 年劉體乾將歷年收藏的蜀石經《周禮》、《春秋》三傳殘拓本付印,《蜀石經宋拓殘本》影印本八冊面世。此外,根據徐森玉的記載,上海圖書館藏宋拓蜀石經《毛詩》41 頁,為歷代輾轉流傳之物(圖 4 下 3－3)[2],乃民國 15 年(1926 年)廬江劉氏影印本[3]。

圖 4 下 3－2

圖 4 下 3－3

蜀石經呈現出諸多優長之處。其一,蜀石經仿《開成石經》分排書刻,但衹有蜀石經加有注文,這就大大方便了士子對經文的觀摩閱讀和正確理解,同時也給他們傳授經文提供了可靠依據。其二,從孟蜀廣政元年(938 年)開刻到蜀亡刻成《左傳》前 17 卷,再到北宋仁宗皇祐元年(1049 年)蜀帥田況補刻《左傳》後 13 卷和刻成《公羊》《穀梁》,再到北宋徽宗宣和五年(1123 年)蜀帥席貢刻成《孟子》,再到南宋孝宗乾道六年(1170 年)晁公武刻成《古文尚書》,其間 232 年,貫穿後蜀、北宋、南宋。這種前後繼起、異代同工的刻經過程,史無前例。其三,蜀石經工程浩繁,碑石上千數,空前絕後,但如此浩大的工程,絕非敷衍行事,蜀石經工程之精細,獨冠古今。周萼生在《近代出土的蜀石經殘石》一文中,以出土的蜀石經殘石為依據,並參照相關文獻資料,得出結

① 袁曙光:《蜀石經殘石》,《文物天地》1989 年第 5 期。
② 徐森玉:《蜀石經和北宋二體石經》,《文物》1962 年第 1 期。
③ 上海崇源年春季藝術品拍賣會:《古籍善本・名家尺牘》1049 號,2003 年。

論："蜀石經係取唐太和本為藍本，故字體與《開成石經》頗相近，亦類歐、虞，然書法秀整腆勁，確有貞觀遺風，較之《開成石經》猶為優美。"毋昭裔刻經從選材到書寫、鐫工都堪稱精謹[①]（圖 4 下 3－4、圖 4 下 3－5）。

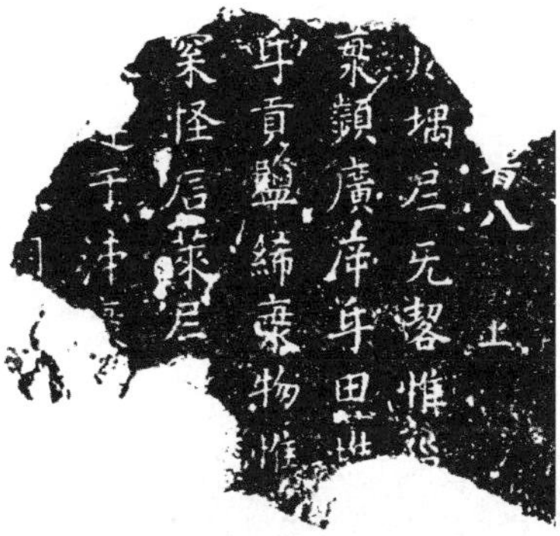

圖 4 下 3－4

圖 4 下 3－5

蜀石經獨特之處是林罕加刻了《林氏小說》。林罕為五代成都人，研精《說文》，通文字之學。《宋史・文苑傳三》："蜀人又有孫逢吉、林罕：逢吉嘗為蜀國子《毛詩》博士、檢校刻石經；罕亦善文字之學，嘗著《說文》二十篇，目曰《林氏小說》，刻石蜀中。"明曹學佺《蜀中廣記》云：林罕亦善文字，著《說文》三十篇，目曰《林氏小說》，附石經刻於學宮。此書在後唐明宗時始撰，至後蜀明德四年（938 年）告成。《林氏小說》30 篇，分為三卷。晁公武《郡齋讀書志・小學類》所錄稍為具體：《林氏小說》三卷，"唐林罕撰。凡五百四十一字。其說頗與許慎不同，而互有得失"。《宋史・藝文志一》存"林罕《字源偏傍小說》三卷"，可見宋代有單本行世，後隨著蜀石經俱亡佚。其體例，採用《說文》部首，上列篆文，下有說解，以正字形，所以附加在蜀石經之後，作為字形的依據。自序謂：今所篆者則取李陽冰復位《說文》，所隸者則取《開元文字》。講說皆有依憑，點畫自無差互。罕以隸書解於篆字之下。《說文》浩大，所以"撮其機要於偏傍五百四十一字，各隨字訓釋，或事關造字者，省而難辨者，須見篆字方曉"，篆字雖少，得其要領，故"於《說文》中十得八九矣，名之曰《林氏字源偏傍小說》"。

林罕在自序中追溯了唐代眞書的形體變化，"開元中以隸體不定，作隸書《字統》，不錄篆文，凡四十卷，名曰《開元文字》，自此隸體始定矣。"但文字規範不嚴，即使號稱唐楷，唐代大家的楷書形體終無定則，存疑後代，林罕十分痛惜。"今之學者但能明知八法，洞曉六書，道理既全，體格自實，亦何以踵歐、虞、褚、顏之惑亂哉。"以篆正隸、兩相對照在唐代已有成例，李陽冰就許氏重加刊正，展作三十卷，其時復

① 有關蜀石經的情況可參見李志嘉、樊一：《蜀石經述略》，《文獻》1989 年第 2 期。

於《説文》篆字下便以隸書照之，名為字説。“篆雖一體而隸變數端，篆隸既興，訛舛相錯，非究於篆，無由曉隸。”林氏附刻《林氏小説》的原委就是用《説文》之篆來作為隸體的依據。

第二節　北宋二體石經

宋代的書法藝術崇尚個性，蘇、黄、米、蔡各領風騷，但是文字規範卻相反，拿篆體作正字為依據。宋代的眞書書藝不如唐代，但是形體的標準卻比唐代更加嚴格，否定經典相承的合理性，排除沿襲俗字。對於唐代雙重的標準來了個逆轉，又回到《説文解字》篆體的唯一標準上去了(圖 4 下 3－6)。

圖 4 下 3－6

宋代產生了兩個有利於正字形體的條件，最重要的是《説文》得到了重視，《説文》學興起，達到前所未有的水準。

《正始石經》三體並立，首創儒家經文以古今形體對照的先例，不過它没有要求用古文字或篆字來約束隸書，而是希望在隸書通行之時，不忘篆書以及更早的古文，使得今古並存。東漢許慎著《説文》以小篆為綱，目的不僅是傳承小篆，而是以篆正隸，把篆體作為隸書形體的依據，使俗體難以存立，即使採用俗隸，也不致迷失本眞。唐代李陽冰中興《説文》，當然明白以篆正隸的道理，他曾經請立篆字大唐石經。《續書斷》記其事："願刻石作篆，備書六經，立於明堂，不刊之典，號曰'大唐石經'，使百代之後，無所損益。"唐代經文最終是相承俗體為主流，隱含了流派之爭，視篆定為泥古，陽冰之議必然無功。宋代肇興，承唐李陽冰之學，繼五代《説文》之舊業，展《説文》之新圖。士大夫以篆為尊，風靡朝野。宋太宗善篆、眞書、八分、行草、飛白，《續書斷》曰："命徐鉉、句中正刊定許慎《説文》，正天下字學。"所謂"正天下字學"，對於經籍而言，亦以《説文》之小篆規範眞書字形，首創篆、隸二體石經(圖 4 下 3－7)。徐鉉《刊定説文・序》曰："自唐末喪亂，經籍道息。有宋膺運，人文國典，粲然復興，以為文字者六藝之本，當由古法，乃詔取許慎《説文解字》，精加詳校，垂憲百代。"徐鉉等《校定〈説文〉進表》又云："有經典相承寫，及時俗要用而《説文》不載者，承詔皆附益之，以廣篆籀之路，亦皆形聲相從，不違六書之義。"此為《説文》新附字之由來。

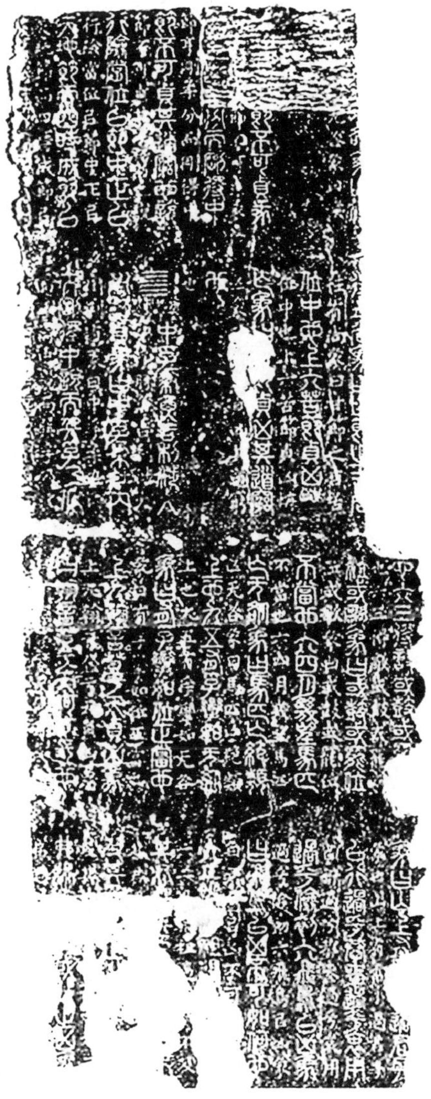
圖 4 下 3－7

《宋景文筆記》卷中："唐末，文籍亡散，故諸儒不知字學，江南惟徐鉉、徐鍇、中朝郭恕先，此三人信其博也。鍇為《説文繫傳》，恕先作《汗簡》《佩觿》，時蜀有《林氏小説》，然狹於徐、郭。太宗朝句中正亦頗留意。予頃請刻篆楷二體九經於國學，予友高敏之笑之。"

宋祁(998—1061)，官翰林學士、史館編修，與歐陽修等合編《新唐書》。宋代二體石經在慶曆元年(1041 年)開雕，到嘉祐六年(1061 年)完成，又稱《嘉祐石經》。所刻儒家經書有《周易》《詩經》《尚書》《周禮》《禮記》《春秋》《孝經》《論語》《孟子》共九經。二體石經兩面皆刻文字，石經寬窄不一，字有多寡。從保存較為完整的《尚書》一石看，每石上下 6 列，每列篆楷 34 行，每行 10 字。大致石經每面 6 列，每列 30 行，每行 10 字。但是出於衆人之手，字體和大小不甚統一，篆字字形基本正確，但是稍有小訛，這是難以避免的[①]。據史載，書寫石經的都是當時的書法大家。

① 安金槐：《記開封新收集的北宋石經》，《文物》1962 年第 10 期。

石經採用眞書、篆書雙體，一行楷書、一行篆書，這是曹魏《正始石經》三體之後又一增列篆文的石經。可惜二體石經歷經金、元、明三代損毁嚴重，現在尚有少量拓本存世[①]。20世紀50年代，河南開封舊城内收集和發現二體石經4石，加上以前發現的1石，共有5石。1982年10月下旬，開封縣(今開封市)陳留公社農機修造廠在基建施工中發現碑石數件。其中1件為篆、楷石經中的《周禮》經石。碑版比較完整，碑面雖有剝蝕、脱落，但大部文字完好[②]。清代以來發現的殘石有《周禮》《檀弓》《尚書》《孟子》《孝經》。

《宣和書譜·篆書》云："(徐鉉)留心隸書，嘗患字畫汩以俗學，乃以隸字錄《説文》，如蠅頭大，累數萬言，以訓後學。"宋室南渡後，有"宋高宗御書石經"，收《易》《詩》《書》《左傳》《論語》《孟子》和《禮記》中之《中庸》《大學》《學記》《儒行》《經解》五篇。不過，經文有各經的師承或來源，其文字標準是不徹底的，特别在於字詞的對應關係上面。如宋洪邁《容齋三筆》卷十"六經用字"："六經之道同歸，旨意未嘗不一，而用字則有不同者。如佑、祐、右三字一也，而在《書》為佑，在《易》為祐，在《詩》為右。惟、維、唯，一也，而在《書》為惟，在《詩》為維，在《易》為唯，《左傳》亦然。""孝宗初登極，以潛邸為佑聖觀，令玉册官篆牌。奏云：'篆法佑字無立人，衹單作右字。'道士力爭，以為觀名去人，恐不可安跡。有旨特增之。"這些石經是經文的字形標準，避免俗體、破體，對士人的準確書寫字形無疑是有益的。

經籍整理的過程就是正文字的過程。宋初以來歷次經籍的校勘、刊刻，字形衹有《説文》一個標準，這樣必須對漢魏的經典相承、古今兼容的觀念有一個明確的評價。毛晃總結、發展了宋代的經籍文字觀，徹底抨擊了唐代徘徊於正俗文字之間的辦法。

毛晃，字明權，江山人。官至戶部尚書，精文字音韻。南宋紹興二十一年(1151年)進士。史稱毛晃"閉戶讀書，精於字學，為海内所宗。考訂詳慎，硯為之穿，學者稱為鐵硯先生"。毛晃之子毛居正著《六經正誤》六卷，陳振孫《書錄解題》云《六經正誤》："校監本經籍之誤，所欲刊正者。"魏了翁《六經正誤·序》曰："自秦政滅學，經籍道熄。迨隸書之作，又舉先正文字而併棄之，承訛襲舛，愈傳愈失。蔡伯喈書《石經》有意正救之，旋亦焚蕩。張參所見《石經》又不知果為蔡本以否，所引經文多失字體。魏晉以來，則又厭樸拙，耆姿媚，隨意遷改，義訓混淆漫不可考。重以避就名諱，如操之為摻，昭之為佋，此類不可勝舉。況唐人統承西魏，尤為謬亂。陸德明、孔穎達同與登瀛之選，而《釋文》《正義》自多背馳。至開元所書《五經》，往往以俗字易舊文，如以頗為陂、以平為便之類，又不可勝舉，而古書益邈。五季而後，鏤版緐印，經籍之傳雖

① 徐森玉：《蜀石經和北宋二體石經》，《文物》1962年第1期。
② 張子英：《河南開封陳留發現北宋二體石經一件》，《文物》1985年第1期。

廣而點畫義訓謬誤。自若本朝胄監經史，多仍周舊。今故家往往有之，而與俗本無大相遠。南渡草刱，則僅取版籍於江南諸州，與京師承平監本大有逕庭。與□撫閩蜀諸本互為異同，而監本之誤為甚。”稱此書：“余觀其書，念今之有功於經者，豈無《經典釋文》《六經文字》《九經字樣》之等，然此書後出，殆將過之無不及者。”

毛居正於此書內作了大量文字辨證，探索古今，窮盡經本。《六經正誤・周易正誤》：

先王以明罰勑法，監本誤作敕，舊作勑。紹興府注疏本、建安余氏本皆作勑。伏覩高宗皇帝御書石經作勑法。陸德明《釋文》：勑法，恥力反，云此俗字也。《字林》作敕。鄭云勑猶理也，一云整也。案釋文條例：《易》以王弼注本為主，特書而專音，是王本用此字。雖引《字林》作敕，《字林》乃晉人所著字書，非諸家易文。又引鄭康成解勑為理、為整，是漢以來作勑字也。條例又云：來旁作力，俗以為約勑字。《說文》以為勞倈之字。如此之類，改便驚俗，但不可不知爾。此陸氏所謂經文既用此字不敢改也。然陸氏但知从來从力為勞勑字，而不知約勑之勑本不从來，蓋勞勑字从往來之來，音力代反。約勑字从來从力音敕。來从兩入，音棘，往來之來从兩人，音萊。來隸變為朿，又音刺，重兩朿為棗，併兩朿為棘。自漢以來誤以來為來。故東方朔謂兩來為棗，其舛久矣。故《易》勑法書、勑天只，當依元本不容改也。敕字雖見於《史記》，亦是从朿，非从約束之束也。从攵者，力之變也，敕字本出於勑，勑非俗字也。

分析字形構造，探求正形：

利涉大川，涉作渉誤。興國軍本作涉，涉从水从步，步从止从少。止，古趾字，借為行止字，反止為少。少，他達反，動足也。足一止一動為步，非从多少之少也。

宋岳珂（1183—1243），字肅之，號亦齋，晚號倦翁。著《刊正九經三傳沿革例》，其中《字畫》專論經籍文字，歷數種種謬誤：

字學不講久矣，經文非古，訛以傳訛。魏晉以來，則又厭樸拙，嗜姿媚，隨意遷改，義訓混淆，漫不可考。重以避就名諱，如操之為摻，昭之為佋，此類不可勝舉。唐人統承西魏，尤為謬亂。至開元所書《五經》，往往以俗字易舊文，如以頗為陂、以平為便之類更多。五季而後，鏤版傳印，經籍之傳雖廣而點畫義訓訛舛。

自若今所校本之以許慎《說文》、張參《五經文字》、唐玄度《九經字樣》、顔魯公《干祿書》、郭忠恕《佩觿集》、吕忱《字林》、秦昌朝《韻略分毫補注字譜》,參以毛晃《增韻》及其子居正所著《六經正誤》,其有甚駭俗者則通之以可識者(謂如冝之為宜,晉之為晉之類,皆取之《石經》遺文)。非若近世眉山李肩吾從周所書古韻及文公《孝經刊誤》等書純用古體也。凡此者,實與同志之精於字學者,逐一探討折衷,不使分毫差誤,雖注字偏旁、點畫必校。庶幾聖經賢傳不爨於俗學之陋,當為世所善矣。

《四庫全書總目提要》謂《六經正誤》:"校勘異同,訂正訛謬,殊有補於經學,其中辨論既多,不免疏舛者。"肯定其"審定字畫之功,固有不可泯没者矣"。

《乾隆石經》亦稱《清石經》,自乾隆五十六年(1791 年)十一月至五十九年(1794 年)九月間刊刻完竣。所刻者為《周易》6 碑、《尚書》8 碑、《詩經》13 碑、《周禮》15 碑、《儀禮》17 碑、《禮記》28 碑、《左傳》60 碑、《公羊傳》12 碑、《穀梁傳》11 碑、《論語》5 碑、《孝經》1 碑、《爾雅》3 碑、《孟子》10 碑,凡 189 碑,共十三經,約 63 萬字,刻竣後皆立於北京國子監,至今保存完整。

碑文為康熙年間(1662—1722)江蘇金壇恩貢生蔣衡手書,蔣衡(1672—1742),名振生,字拙存,號湘帆。他在西安孔廟見唐《開成石經》,文字失於校勘,且多人書寫,覺其雜亂不一,決心自書十三經,自雍正四年(1726 年)至乾隆二年(1737 年),前後歷時十二年,大功告竣。因而乾隆石經碑字楷法工整,雄強茂美。

乾隆五十六年(1791 年)十一月二十一日,清高宗頒諭內閣,謂十三經"允宜刊之石版,列於太學",著派和珅等為總裁,董誥等為副總裁,金士松等為校勘,經營其事。從是日起乃展開《乾隆石經》籌備開雕工作。乾隆於其諭中曰:

自漢、唐、宋以來,皆有石經之刻,所以考定聖賢經傳,使文字異同歸於一是,嘉惠藝林,昭垂奕禩,甚盛典也。但歷年久遠,率多殘缺,即間有片石流傳,如開成、紹興年間所刊,今尚存貯西安、杭州等府學者,亦均非全經完本。我朝文治光昌,崇儒重道。朕臨御五十餘年,稽古表章,孜孜不倦。前曾特命所司創建辟雍,以光文教,并重排石鼓文,壽諸貞珉。而十三經雖有武英殿刊本,未經勒石,因思從前蔣衡所進手書十三經,曾命內廷翰林詳核舛訛,藏弆懋勤殿有年。允宜刊之石版,列於太學,用垂永久。

《乾隆石經》原作為國子監監生的標準文字,立於國子監,1988 年北京孔廟列為全國重點文物保護單位後,對十三經碑林進行了大規模的修繕整理。

第三節　小學家之正字活動

《宋史・儒林傳・崔偓佺》載其淳化(990—994)中歷福州連江尉，判國子監李至奏為直講，引對便坐，太宗顧謂曰："李覺嘗奏朕云，'四皓'中一先生，或言姓'用'字加撇，或云加點。爾知否?"偓佺曰："昔秦時程邈撰隸書，訓如僕隸之易使也。今字與古或異。臣聞刀用為角，兩點為甪，用上一撇一點，俱不成字。"

郭忠恕(? —977)，字恕先，精於字學。後周時曾為國子書學博士，入宋後官國子監主簿。《宋史》本傳"兼通小學，最工篆籀，又善史書"。忠恕工篆籀，楷法精深。《集古錄・跋尾》稱之"世人但知其小篆，而不知其楷法尤精"。忠恕坐於古字，而面向今字。《佩觿》是郭忠恕任後周宗正丞兼國子書學博士時所著。卷上首句開宗明義道："佩觿者，童子之事，得立言於小學者也。"全書分上中下 3 卷，上卷前段闡述文字源流，多述歷史上文字俗字、俗態，大多是疑難問題。而後指出漢唐以來文字訛誤。"刊謬正俗，混説逢逄，五經字書，不分挍校。"注："挍，古效切翻。比挍。校，戶教翻。校尉。又荷校滅耳。以《説文》、陸氏《釋文》知之。張氏《五經文字》皆從木，非也。"挍，錢大昕曰："《説文・手部》無挍字，漢碑木旁多作手旁，此隸體之變，非別有挍字。"《廣雅・釋詁》："挍，度也。"唐人從《説文》以外，又檢《玉篇》等或體俗體。《新加九經字樣》之牒文"校勘"作"挍"，"字樣"之"樣"從"扌"。唐玄度序文"刊校"作"校"，而"字樣"之"樣"依然從"扌"。卷中、卷下皆為形體相近字辨正，把形近義別、容易混淆的字按平、上、去、入四聲分為 10 部，先列其形，再別其音，後辨其義。清代張士俊謂："《佩觿》尤詳隸變以降字學浸失之由。"力辨俗字混淆，糾正北朝、隋唐俗字，所謂"挍定分毫，有補後人，亦奇書也"。

歐陽修《歸田錄》卷下載：丞相宋庠"以文行負重名於時，晚年尤精字學，嘗手校《佩觿》三篇寶玩之。""堂吏書牒尾，以俗體書'宋'為'宋'。公見之，不肯下筆，責堂吏曰：'吾雖不才，尚能見姓書名，此不是我姓!'堂吏惶懼改之，乃肯書名。"《佩觿》辨證字形之功，為宋代字形規範創先例。

《復古編》，張有撰，北宋人。宋何薳《春渚紀聞》卷五"雜記"："吳興張有，以小篆名世。其用筆簡古，得《石鼓》遺法，出文勳章友直之右。所作《復古編》，以正篆隸之失，識者嘉之。"《復古編》在大觀年間(1107—1110)成書。全書共 11 卷，收字 3 000 多個，卷一到卷五為正文，按平、上、去、入四聲分韻排列。據《説文》以辨明正、俗、訛各體。正體用篆書，別體、俗字載於注内。卷六到卷十一為附錄辨證六篇：聯綿字、形聲相類、形相類、聲相類、筆跡小異、上正下訛。書名"復古"之意是要復《説文》之古。《四庫全書總目提要》稱此書為"剖析毫釐，至為精密"。有雙重作用：其一，以《説文解字》辨證今隸之俗體之訛；其二，以《説文》正小篆，如"上正下俗"專辨篆字之訛。漢代以來的俗篆，流弊至廣，浸染既深。此書是繼李陽冰、徐氏兄弟《説文》之後的還原正篆，其功不可没。陳瓘《復古編·原序》："(張有)習篆籀，行筆圓勁，得李斯、陽冰之法，校正俗書與古字戾者。"程俱《復古編·後序》："張有弱冠以小篆名，古文、奇字與許氏之書，了然如燭而數計也。"

宋代以來對於官場的字形規範依然嚴格，正體、俗體分明，在公文之類的文書中嚴格限制俗體字，即使通用已久的古體或手頭熟寫的簡俗字也不例外。宋洪邁《容齋隨筆》卷五"字省文"："今人作字省文，以禮為礼，以處為処，以與為与，凡章奏及程文書冊之類不敢用，然其實皆《説文》本字也。許叔重釋'礼'字云：'古文。''処'字云：'止也，得几而止。或從處。''与'字云：'賜予也，与、與同。'然則當以省文者為正。"又《容齋三筆》卷十三"五俗字"："書字有俗體，一律不可復改者，如沖、涼、況、減、決五字，悉以水為冫，雖士人札翰亦然。《玉篇》正收入於水部中，而冫部之末亦存之，而皆注云'俗'，乃知由來久矣。唐張參《五經文字》亦以為訛。"宋代正字不同於唐代，故宋人自編新的干祿應試文字教材。宋陳振孫《直齋書錄解題》卷三"婁機《廣干祿字書》六卷"謂："機熟於小學，嘉泰中教授資善堂，景獻時為惠國公，數問字畫之異，因為此書。續唐之舊，故仍干祿之名。既而悟其非所以施於朱邸也，則以干祿百福之義傅會焉。"

民間未必為求取功名，識字為文化之首，故雖在俚俗蒙學皆有正俗字之變，以正字惟尚。南宋末年編纂的《事林廣記·幼學》有正字一節，分"字當避俗""字當從正""字之所從""字之所非"，並有訛字，分"上平訛字""下平訛字""上聲訛字""去聲訛字""入聲訛字"，最後有"字有通用"。實際依然是唐代字樣學的正、俗、通三分之法，從正、避俗、去訛，通用之字，可以隨意使用。"字當避俗"，如：關俗作関；宜俗作宜；珍俗作珎；卯俗作夘；黏俗作粘；牙俗作互；劫俗作刼；雙俗作双；聲俗作声；見俗作覞。"字當從正"列舉了幾個常用字，"高正作高；嘗正作嘗；悪正作惡；檗正作蘗；烽正作夆；爱正作愛"。"字之所從"分兩類：一是正面的從某，如：解字從刀從牛；麥字從來從夂；看從手從目；周從用從口；尋從口從工；吉從士從口；告從牛從口。一是反面的從某非，如：出從山非；殳從口非；館從舍非；宛從匕非；廷從手非。"字之所非"其實也是辨別正俗，如：羣作群非；弦作絃非；佳作隹非；阜作皂非；效作効非。訂正字訛依照聲調分四類，都是指出訛字，必須訂正之列，如："睢，鳥名。睢，許佳切"；"毋音無，母莫後切"；"刺音次。剌來末切"；"戌音恤。戍音庶"，以上例字都是因為字形接近容易寫錯而進行對比。

《事林廣記》另設了"字有通用"，如蠭蜂、蹤踪、時旹、梅楳、純淳、鼂鼂、實寔、寨砦等。這反映了當時文字的使用習慣，隨意挑選使用，衹視為個人的偏好或者習慣，並没有是非之分。不過有些例子並不妥當，例如因與姻、昏與婚、曆與曆，這些對字衹是在某一意義上通用，並非無條件通用[①]。

《事林廣記》的辨正文字並非代表官方，是民間蒙學色彩的教輔材料，但是反映宋元時期普遍的正字觀念而已。宋元以來，民間雜書往往包含此類辨證文字的內容。

清代范寅《越諺》，清光緒四年（1878 年）成書，是收錄紹興方言詞彙的百科小書。卷下"論雅俗字"："厥後變質改形，由草而行而楷，代有變更，即代有增益，豈乏聖主賢臣，不能守古雅而止者，從俗變通以合時宜也。""今之士人字分雅俗，意謂前用著雅，近體者俗，俗雖確切棄之，雅縱浮泛僭之，夫士人下筆豈可苟哉？然雅俗之分在於吐屬，不在文字耳。今之雅，古之俗也；今之俗，後之雅也。"這是知識界對一般民衆的正字普及教育，是上層文化的補充，也是文字規範的一個方面。

自宋以來朝野力推《説文》為文字規範，已改唐五代的俗體流行格局，在文字規範方面更上一層樓，出現了一個前所未有的正字面貌。

西安曲江元代張達夫墓內出土的墓誌，為"元故張君達夫墓銘"，楷書 19 行，滿行 21 字，誌文末題"奉元路儒學教授張沖撰并書"（圖 4 下 3－8）[②]。誌文中一些字十分

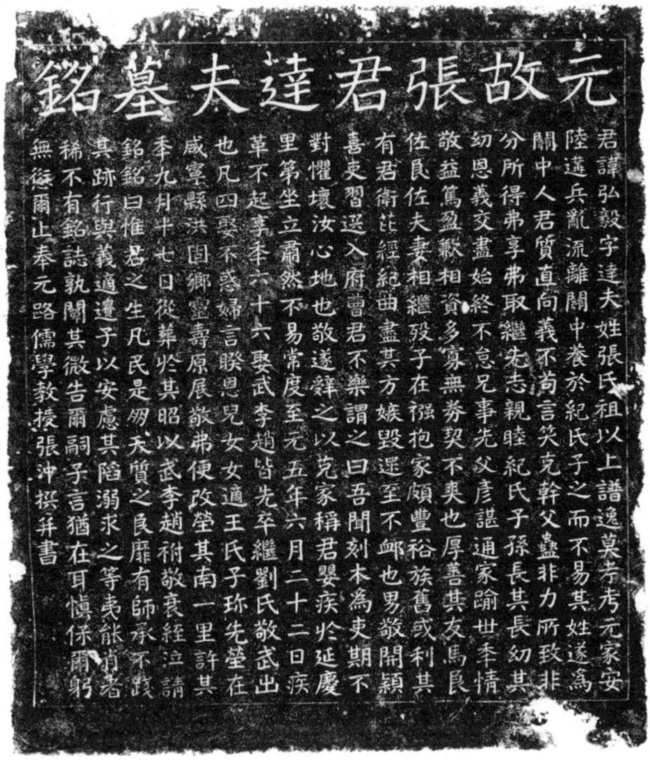
元故張君達夫墓銘

君諱弘毅字達夫姓張氏祖以上譜逸莫考考元家安
陸遘兵亂流離關中養於紀氏子之而不易其姓遂為
關中人君質直向義不苟言笑克幹父蠱非力所致非
分所得弗享弗取繼先志親睦紀氏子孫長其長幼其
幼恩義交盡始終不怠兄事先父彥諶通家踰世季情
敬益篤盈歉相資多寡無券契不爽也厚善其友馬良
佐良佐夫妻相繼歿子在襁抱家頗豐裕族舊或利其
有君衛莊經紀曲盡其方嫉毀還至不郵也男敬開穎
喜吏習選入府曹君不樂謂之曰吾聞刻木為吏期不
對懼壞汝心地也敬遂辭之以克家稱君嬰疾於延慶
里第坐立肅然不易常度至元五年六月二十二日疾
革不起享年六十六娶武李趙皆先卒繼劉氏敬武出
也凡四娶不惑婦言賤愚兒女女適王氏子珎先塋在
咸寧縣洪固鄉靈壽原展敬弗便改塋其南一里許其
季九月廿七日從葬於其昭以武李趙祔敬衰絰泣請
銘銘曰惟君之生凡民是朋天質之良靡有師承不踐
其跡行與義適遺子以安慮其陷溺求之等夷能肖者
稀不有銘誌孰闡其微告爾嗣子言猶在耳慎保爾躬
無忝爾止奉元路儒學教授張沖撰并書

圖 4 下 3－8

① 陳元靚：《纂圖增新群書類要事林廣記》，中華書局 1999 年版，第 98—99 頁。
② 西安市文物保護考古研究院：《西安曲江元代張達夫及其夫人墓發掘簡報》，《文物》2013 年第 8 期。

引人注目，如：

誌銘文字與《説文》高度密合，基本就是篆隸定。

其<其；直<直；笑<笑；通<通；季<季；子<子；武<武；出<出；民<民；朔<朔；愼<愼；保<保；止<止；并<并；良<良；於<於

有些僅僅細部點畫，也要合乎造字原理，如：終篆書作終，下從冰，故寫作兩横；請從月，内為一點；習上羽，内斜畫像羽毛向下。

第四節　字典成為字形之準則

宋元以來字學昌明，小篆成為公共知識，從小篆判斷眞書形體是非已成習慣。宋代以來各種文字形體辨證之作不時推出，文人計較字形正訛形成風氣。作為音形義工具的字書自然承擔起字形示範的責任來。宋代《集韻》《類編》是官修韻書、字書，作為音義的辭書，《類編》體例仿照《説文》，但内容並不泥古，著眼通行文字實際。

《類篇》由王洙、胡宿、張次立、范鎮等人相繼修纂，歷時 27 年，至宋英宗治平三年（1066 年）由司馬光最後整理而成。宋陳振孫《直齋書錄解題》卷三"《類篇》四十五卷"："丁度等既修《集韻》，奏言今添字多與顧野王《玉篇》不相參協，乞委修韻官別為《類篇》，與《集韻》並行。自寶元訖治平乃成書，歷王洙、胡宿、范鎮、司馬光始上之，熙寧中頒行。凡十五篇，各分上、中、下，以《説文》為本，而例有九云。"全書正文 14 篇，加目錄 1 篇，共 15 篇。每篇分上、中、下，共 45 卷，收字 31 319 個，重音字 21 846 個。司馬光《類篇・原序》："凡為《類篇》，以《説文》為本。"它是依據《説文》分部來編排正文。它的分部及排列順序依《説文》，衹調整了個別字的次序。不同的是，部首之内的字完全依照韻目次序排列，便於按韻查檢。《大廣益會玉篇》和《類篇》都是宋代官修字書，與《廣韻》《集韻》官修韻書互補互用，並行於世，有助於正字的確立和推廣。

鄭樵（1104—1162），字漁仲。《通志》在紹興三十一年（1161 年）完成，書中《二十略》内有《六書略》5 卷。鄭樵首創六書分類之學。《六書略》把六書都分別舉例，各字細加區別，分"形兼聲""形兼意"等 12 類，不乏杜撰之舉，由此開創六書之學。自此以後，元代戴侗有《六書故》，周伯琦有《六書正訛》，楊桓有《六書統》，明代趙古則有《六書本義》，趙宧光有《六書長箋》，直至清代《説文》之學，影響深遠。最具價值的是形成以《説文》為字形標準，統制字學。鄭樵《寄方禮部書》："其字書謂字家之學，以許慎為宗。"南宋以來，文字形體越來越向《説文》靠攏。

毛晃與其子毛居正，於紹興三十二年（1162 年），編就《增修互注禮部韻略》5 卷，修訂、補充《禮部韻略》,較《禮部韻略》增收 2 655 字,增注别音、别體字 1 691 個,訂正 485 個注音、解釋。明清以來,字形以《説文》小篆為宗,已是常例。毛氏父子所著《增修互注禮部韻略》,南宋後期刊行全國,海内文字奉為圭臬,直至明初大學士宋濂奉旨編纂《洪武正韻》。宋氏主要以此書為準,採字音義,參考形體。《洪武正韻・凡例》:"字畫當以《説文》為正,俗書承襲之久,猝難遽革,今偏旁點畫舛錯者,並依毛晃正之。"《洪武正韻》是明初官修典籍,自然成為以後字典的依據,不能違背,因而沿著這個路徑,繼續以"《説文》為正"的原則確定標準形體。

葉盛《水東日記》卷十:"國朝之制,臣民奏事稱奏本,後以奏本用長紙,字畫必依《洪武正韻》,又用字計數於後,捨鄭重而從簡便,改用題本,則不然矣。然題本多在内衙門,公事若在外,并自陳己事,則仍用奏本。東駕則稱啟本,宣廟每呼為抹子。"

《字彙・凡例》:"字宗《正韻》,已得其概,而增以《説文》,參以《韻會》,皆本經史。""字有畫異,而音義同者,與本子下切之,釋之。""字變而為楷,已失古體,而鍾、王等以善楷名家者,又各逞筆資,任意增減,沿習既久,字畫所繇參差,故數畫視前後一二位之間。"

《字彙》刊行,明清間十分流行,為字學的準則。年希堯《五方元音・序》:"字學一書,書不一家,近世之所流傳而人人奉為拱璧者,莫如《字彙》。蓋以筆畫之可分類而求,悉數而得也。於是老師宿儒、童蒙小子,莫不群而習之。"

張貞生(1623—1675)《正字通・敘》:"相傳日久,踵事增華,字不一義,書不一體。"又:"是書之傳,當為後來博古者之津筏,非僅為小子習字者之範圍,且今日省名製作,監於往代,鬱鬱彬彬,又博收圖史,延諮儒臣,象數字義,雖微必稽。"康熙九年(1670 年)廖文英《正字通・敘》:"梅誕生《字彙》行世矣,其間墨守《正訛》《韻會》二編,罕所折衷。又未嘗淹通經史與字學相發明,或似而亂眞,或略而未備,學者無以定所從也。上經筵稽古設科籲俊,每見奏疏偶誤者必議,制義字訛者不錄。《正字》一書蓋斯時之急務歟。"《正字通・凡例》:"字訛者宜正,亦有古今相通,點畫可略,不必盡斥為俗者。"《正字通》在明末清初編就,是比《字彙》更加具有字理的字典,編纂宗旨並非一般的解釋文字疑難,而是著眼於"博古者之津筏",以便字學之需。而字學之準的無疑以《説文解字》的篆體為形體,因而此書的字形是最接近小篆的,與唐代《干祿字書》的標準相似。

《康熙字典・凡例》稱:"六書之學自篆、籀、八分以來,變為楷法,各體雜出,今古代異。今一以《説文》為主,參以《正韻》,不悖古法,亦復便於楷書。考證詳明體製醇確。其或《字彙》《正字通》中偏旁假借,點畫缺略者,悉為釐正。""青",從丹作青。肉偏旁作月,《字彙補》作兩點,《康熙字典》為俗,不從。

字典具有非凡的優勢:其一,以類編排,以部首偏旁檢索,勝於按韻部,更適合查檢。其二，收羅的字量大，自《類編》以來，字書收字數量越來越多，字數越多，查檢率就越高，解決的字音義就多，實用性就大。既能解決經籍釋疑，也能回答普通識字問題，因而適應的面大，宿儒童蒙無不歡迎。其三，內容格式化，字形、音讀、釋疑、引文，方方面面無一不全，而且釋文簡潔明瞭。其四，字書是綜合前人之説，觀點中庸，特別是官修字典，莫不敬仰。字書的權威性滿足了正確性、經典性的要素。因而明清以來字典風行，大大地促進了形體的規範。而以小篆為宗的原則，又把形體向篆體結構靠攏，排除了漢唐以來的俗體，回歸到《説文》的正篆中去，基本是"必依小篆是正書記"。

江陰葉家宕明墓為明代前期墓葬，出土了隨葬品清單："領"簡化作"令"，"條"簡化作"条"，"箇"簡化作"个"(圖 4 下 3－9)[①]。民間俗字與正字保持了一定差距。

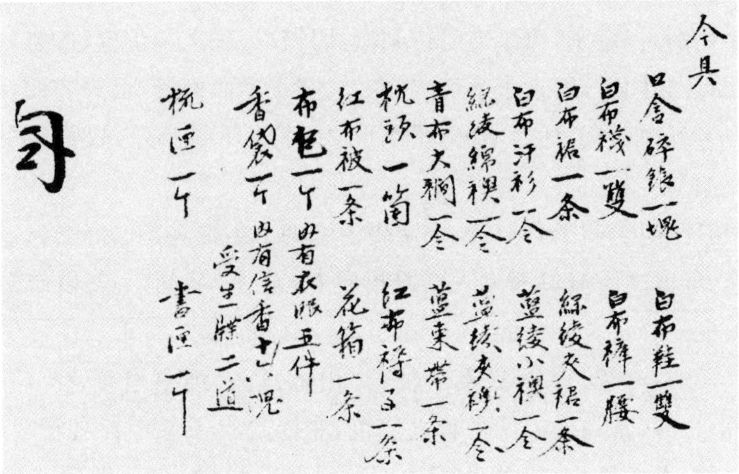

圖 4 下 3－9

① 江陰博物館：《江蘇江陰葉家宕明墓發掘簡報》，《文物》2009 年第 8 期。

第四章　明清以來楷書書法的發展

第一節　宋代之院體

宋初之書寫體勢受到院體影響很大，院體歷史相當悠久，大凡官場衆人追慕，競相仿效，就會形成院體。南唐、宋初時人張洎（934—997），在《賈氏談錄》中提到，由南唐出使趙宋時所記錄的唐代軼聞。“中土士人不工劄翰，多為院體。院體者，貞元（785—805）中，翰林學士吳通微嘗工行草，然體近吏（即楷書），故院中胥徒尤所仿，其書大行於世，故遺法迄今不泯，然其鄙，則又甚矣。”此謂宋初繼唐之舊，胥徒依然仿吳通微字體，稱為院體。宋楊億《楊文公談苑》謂：“翰林學士院，自五代以來，兵難相繼，待詔罕習王書，以院體相傳，字勢輕弱，筆體無法，凡詔令刻碑，皆不足觀。”北宋翰林侍書學仿《集王羲之聖教序》（圖4下4－1），面貌相似，而字跡、書法卑弱，稱為院體。院體與王書似是而非，不可同日而語。

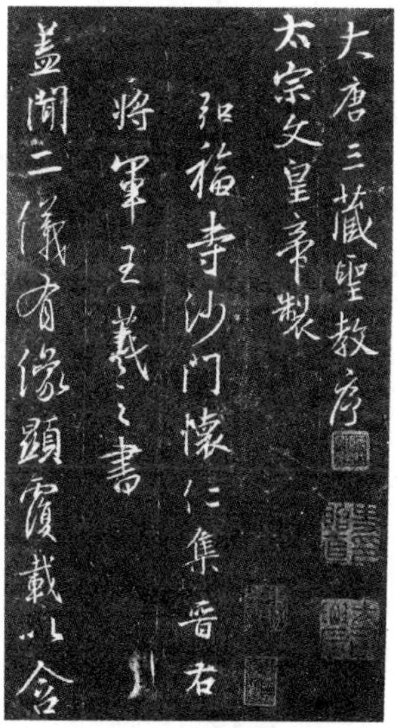

圖4下4－1

宋黄伯思《東觀餘論・題集逸少書〈聖教序〉後》：“《書苑》云：‘唐文皇製《聖教序》，時都城諸釋諉弘福寺懷仁集右軍行書勒石，累年方就，逸少劇跡咸萃其中。’今觀碑中字與右軍遺帖所有者纖微克肖，《書苑》之説信然。然近世翰林侍書輩多學此碑，學弗能至，了無高韻，因自目其書為院體。由唐吳通微昆弟已有斯目，故今士大夫玩此者少，然學弗至者自俗耳，碑中字未嘗俗也，非深於書者不足以語此。”黄伯思譏其“了無高韻”，模仿書法，特别是模仿極品書法，對一般人而言，並不是很容易的事，技巧格調都不如被模仿者，因此“了無高韻”是必然的。但是即使寫得一模一樣，衹是形似，也是落個没有新意。宋太宗時以御書院王著為代表的字體，號稱“小王書”。《楊文公談苑》：宋太宗即位，募求善書，許自言於公車，置御書院，首得蜀人王著，以為翰林侍書。宋陳櫄《負暄野錄・小王書》：“世稱小王書，蓋稱太宗皇帝時王著也。本學虞永興書，其波磔加長，體尚嫵媚。然全無骨力，……今中都習書誥敕者，悉規仿著字，謂之小王書，亦曰院體，言翰林院所尚也。”清姚衡《寒秀草堂筆記》卷三：“《聖教序》盛行於宋，幾於人有一冊，至明時更熾，當時反以院體目之。”唐宋之院體是臨摹王字造成的，千人一面，雖然含有貶義，但是對實用而言，無可厚非。

葉昌熾《語石》卷七：“今陝、豫間商、周、漢、唐諸帝王廟，豐碑尚無恙，且未蝕損。而其書，則皆當時所謂院體也。”又曰：“書之有院體，猶詩之有西崑體也。”西崑體，以楊億為代表的詩歌創作流派，後人指為內容空虛，追求句式彫琢，然意趣不高。這種比喻顯然是不妥當的。詩歌是文學創作，文字是實用文化工具，詩歌要求有思想性，文句優美，韻律鏗鏘，文字的形體作為書法藝術的作品，要顯示較高感染力，具有個性面貌，而實用的文書，特別是重要碑刻，要求端莊、規範，一絲不苟。後者一般不宜用藝術書法書寫，更加適合端正平和、隱藏個性的院體書寫。

浙江武義縣城東郊龍王山東麓南宋徐謂禮夫婦墓，出土墓誌、文書和文具，為考古史上文獻大發現。徐謂禮（1202—1254）出生於武義望族徐氏家族，家世背景顯赫，弱冠之年蔭補入仕，一生仕途順遂，累官至朝散大夫，提舉福建市舶兼知泉州。徐謂禮文書共計 17 卷，各卷長度不一，共計長 3 220 厘米，寬約 39.5 厘米，分為告身、敕黃、印紙 3 種類型。其中告身 10 道，敕黃 11 道，印紙批書 80 則，共約 4 萬餘字，完整記錄了一個南宋普通官員的仕宦履歷。出土的告身、敕黃和印紙等代表個人身份的官方文書，是依照原文格式謄錄的副本，稱為錄白。南宋徐謂禮墓《印紙》（圖 4 下 4－2）在行款與字體方面，如提行、空格、字體大小等，都相當嚴謹，显示了南宋官方文書字體的眞實面貌。

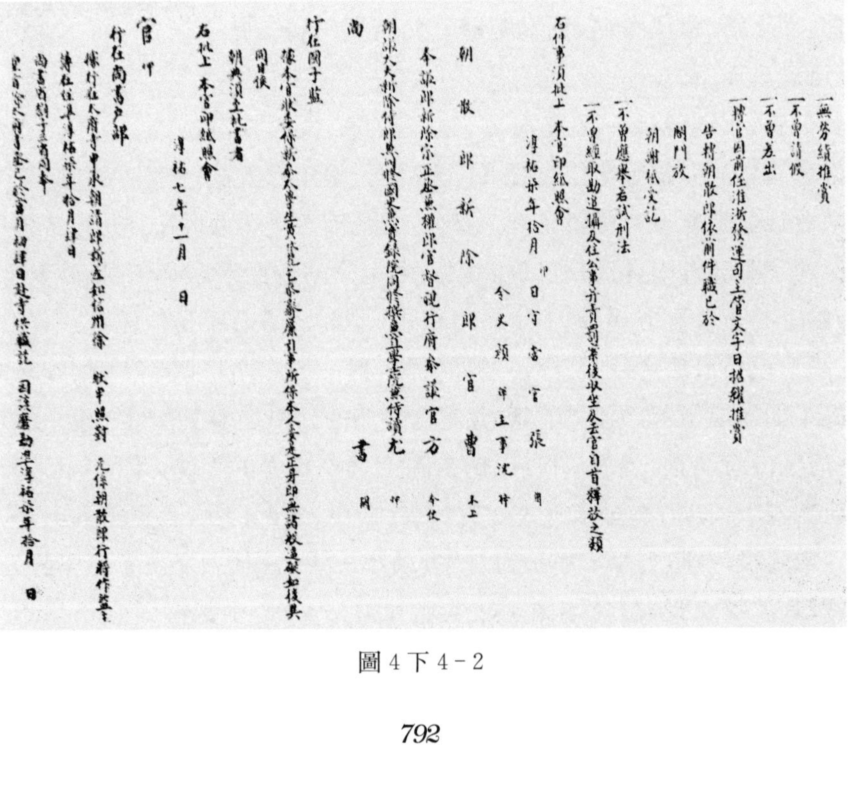

圖 4 下 4－2

楷書的發展如其他事物一樣，有個歷史發展的節奏，高峰之後必然是一個低谷。宋代的楷書走向衰落，有宋一代没有出現過以正楷為名的大書法家，也没有特别有價值的作品傳世。從社會總體水準來説，宋代楷法不振，可觀者寡。宋人的楷書以蔡襄為第一，但是並非筆筆緊結的工楷，而是從唐代諸家楷字脱模而出，被稱為百衲碑。宋趙彦衛《雲麓漫鈔》卷二：宣和書畫學之制，“習隸者，習羲、獻、歐、虞、顔、柳真行”。因而楷書以繼承為務，並無創造。盛唐之楷，也並非僅有幾位大家，整個社會的水準就很高。《雲麓漫鈔》卷五：“唐人書皆有楷法，今得唐碑，雖無書人姓氏，往往可觀。説者以為唐以書判試選人，故人競學書，理或然也。國朝亦重楷法，如歐陽永叔、蔡君謨諸公是也。自蘇、黄、米一洗翰墨蹊徑，而行書多矣。”究其原因，宋代楷書不振，而崇尚書法不甚嚴整的行書，是因為干禄的方法改變，正是黄伯思懷疑的“以書判試選人”，而宋代試士採用謄録制度，士子書法優劣影響不大。宋朱弁《曲洧舊聞》卷九：“唐以身言書判設科，故一時之士無不習書，猶有晉、宋餘風。今間有唐人遺跡，雖非知名之人，亦往往有可觀。本朝此科廢，書遂無用於世，非性自好之者不習，故工者益少，亦勢使之然也。”謄録制度的實現對宋代的正楷書法影響最大，特别是楷書費時費力，自然漸漸為人冷落，“楷書一般是科舉考試專用字體，所以在宋代受衝擊最大的字體無疑是楷書了。”[①]楷書是書法的基礎，楷書包括了文字結構、用筆等規範元素，既然謄録不必親筆，會使干禄者放鬆這種修養，導致楷法退廢。不僅是楷書書法不為士人重視，而且開始遭到鄙視，變為胥吏所為的俗書。所以院體之説，在宋代纔真正成為士人排斥的對象。後代不屑之楷體，明代之臺閣體、清代之館閣體莫不為宋之餘唾。

第二節　明清之臺閣體、館閣體

標準楷體包括點畫的形態，文字結構以及書寫的風格等，這些在唐代以後的不斷實踐中得到進一步完善，明清臺閣體、館閣體起著重要作用。

張金梁提出明代的臺閣體有 3 個發展階段：從永樂（1403—1424）到天順年間（1457—1464）為興盛期；成化（1465—1487）到嘉靖（1522—1566）為沉滯期；萬曆（1573—1620）到崇禎（1628—1644）為消亡期[②]。

明代臺閣體影響最大的人物是沈度（1357—1434），字民則，松江華亭（今上海松江）人。沈度學趙孟頫、宋克，法“二王”，楷、行、草書、八分皆精，楷書婉媚飄逸，沉静規矩，楷書學晉唐，特以虞世南《廟堂碑》為基礎（圖 4 下 4－3）。弟粲，兄弟皆善書，度

① 宋二崇：《論謄録制度對北宋書法的影響》，《書法賞評》2008 年第 4 期。

② 張金梁：《明代殿房書辦研究》，《書法研究》2004 年第 3 期；張金梁：《永樂初期的朝廷書事》，《書法叢刊》2004 年第 4 期。

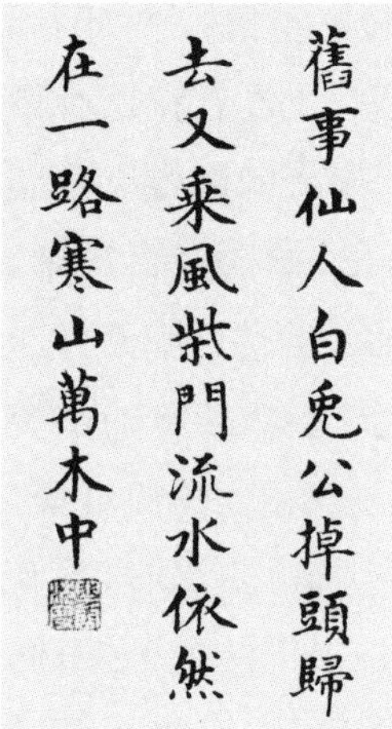

圖 4 下 4 - 3

婉麗而粲遒逸。永樂初,沈度以能書入翰林。沈氏兄弟的書法獲得皇家的高規格待遇。《明史・文苑傳二・沈度》:"日侍便殿,凡金版玉冊,用之朝廷,藏祕府,頒屬國,必命之書。"明焦竑《玉堂叢話》卷七"巧藝":"太宗徵善書者,試而官之,最喜雲間二沈學士,尤重度書,每稱曰:'我朝王羲之。'""文皇覽沈度書,稱善。……凡玉冊金簡,用之宗廟朝廷,藏祕府,施四裔,刻之貞石,傳於後世,一切大製作,必命度書之。書婉麗飄逸,雍容矩度,兼篆八分,八分尤高古,渾然漢意。"又卷三"寵遇":"文皇嗜沈度書法,嘗鏤其名氏於笏,塗金以賜。及孝宗尤嗜之,官其孫世隆為中書舍人。"宣德皇帝師法沈氏圓熟之外尚能遒勁,弘治帝酷愛沈氏兄弟書跡,"日臨百字以自課,又令左右內侍書之",嘉靖朝"朝廷制誥,猶用沈體云",直至崇禎年間,內廷女官猶以沈體來代批紅奏章①。明永樂年間編纂的《永樂大典》匯集了古今圖書七八千種,乃曠世巨作,抄寫工作十分繁重,本身是一大工程。現在看到的抄本文字面貌基本一致,皆為沈體。明成化二十二年(1486 年)內府刻本《釋氏源流》(圖 4 下 4 - 4),書前有明憲宗《御製釋氏源流序》:"此朕於寶成《釋氏源流》一書,幾務暇,偶爾一覽,不得不嘉其用心之勤也。茲欲重新繡梓,以廣其傳。"②這些抄寫人員或是原來學過,或是專門培訓,都下了工夫,可見沈度楷書是當時朝廷的標準書體。

沈氏兄弟是臺閣體的重要代表,後續有夏昶、朱孔暘、姜立綱、馬紹榮、張電等人,其中姜立綱(1444—1499)學書初以沈度,又參用歐陽詢,更加齊整端莊,號稱"姜字"。《明孝宗實錄》記載:"立綱書法為一時所重,而小楷尤精,凡進諸書及大制詔,多其手錄。"沈度為一代名家,他本身尚不能當作臺閣體。因為皇帝愛好沈度,招善書者授以官職,人們學習沈體是投上所好,朝廷各衙門書辦文案官吏,乃至地方衙門文職吏員競相模仿沈體。朝廷官員於內廷打文字交道,以不能書端楷為無能,沈度為當時端楷的模式。所以在朝官員以及在仕途進取的士子難以免俗,趨之若鶩。模仿者直取沈度書法,以求專精,但

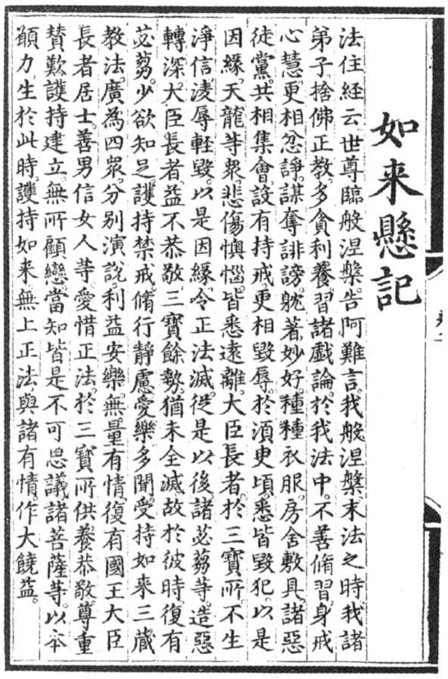
如来懸記

法住經云世尊臨般涅槃告阿難言我般涅槃末法之時我諸弟子捨佛正教多貪利養習諸戲論於我法中不善脩習身戒心慧更相忿諍謀奪誹謗躭著妙好種種衣服房舍敷具諸惡徒黨共相集會設有持戒更相毀辱於須臾頃悉皆毀犯以是因緣天龍等衆悲傷懊惱皆悉遠離大臣長者於三寶所不生淨信凌辱輕毀以是因緣令正法滅從是以後諸苾芻等造惡轉深大臣長者益不恭敬三寶餘勢猶未全滅故於彼時復有苾芻少欲知足護持禁戒脩行靜慮愛樂多聞受持如來三藏教法廣為四衆分別演說利益安樂無量有情復有國王大臣長者居士善男信女人等愛惜正法於三寶所供養恭敬尊重贊歎護持建立無所顧戀當知皆是不可思議諸菩薩等以本願力生於此時護持如來無上正法與諸有情作大饒益

圖 4 下 4 - 4

① 張金梁:《明代殿房書辦研究》,《書法研究》2004 年第 3 期。

② 余翔:《釋氏源流跋》,《中國古代版畫叢刊二編》第二輯,上海古籍出版社 1994 年版,第 1 頁。

儒雅之風盡棄，實質是得其仿佛，書法有天壤之別。臺閣體規矩法度的外殼大致可以得到傳佈，筆力、風貌則由學書者修養決定。

明朝建立後，設置中書科，負責書寫朝廷重要文書。初置中書舍人 10 人，永樂時增為 20 人，宣德年間在內閣以及文華殿、武英殿等處置中書舍人，秩皆從七品。中書舍人以筆墨供職，為皇帝及內閣大臣書寫，稱為宮廷書家。由此及彼，此書寫體勢在朝廷的各衙門傳開，稱為中書體①。明趙崡《石墨鐫華》卷五"宋修唐太宗廟碑"："宋承五季文靡極矣，此李瑩奉敕為之者，猥冗不稱。孫崇望書，全出吳通微，昔人謂之院體，院體即如今所謂中書體，蓋誚之也。"明代把中書體與宋代院體掛鉤，院體、中書體叫法不同，其實是一樣的。

當時把這種書體體勢叫作中書格，中書格已經從文牘推廣到大字匾額，可以説無所不在了。作為文書，為了統一字體，以求規整，取得肅穆威嚴的皇家氣氛，但是大字如果採用中書格就顯得沉悶而無生氣，根本毫無美感、氣韻了。明謝肇淛《五雜俎·人部三》："今國家誥敕及宮殿匾額，皆用筆法極端楷者書之，謂之中書格，但取其莊嚴典重耳，其實俗惡不可耐也。"

小楷書古稱細書，屬於章程書，作為實用價值最高的書體，是文獻和檔案主要的書體。小楷是楷書小字的意思，漢代稱作"小字"，如《居延新簡》E·P·T40：42，"小字二，其一黑，其一黄"。或者"細書"，如《東觀漢記·世祖光武皇帝紀》："上常自細書，一札十行，報郡縣。"目前發現的形體最小的字是湖南虎溪山漢簡。其實小楷是文字使用中最頻繁、最實用的書體。形體小，省功、省力，省簡紙、筆墨，最重要的是同樣的載體上可以容納最多的內容，方便收納、閱讀。因此如果没有必要，一般文獻均用小字書寫。漢代草書是實用字體，它的實用效率等同於史書，如尹灣漢簡中部分小字就是草書。眞書出現以後，行書是比正楷更為便利的書體，有時也用來寫小字。但是一般情況下，抄寫經籍、重要公文等都用楷書，小字楷書就是小楷。同樣是楷書，小字與大字的楷書是不同的，這個差異不是結構上的，而是筆法上的。小楷不必像大字一樣，筆畫的輕入輕收，没有大楷那樣周到、講究，這不僅是因面積小不便周旋，主要是省時省力，重在實用，而不是藝術欣賞。

中國的典籍衆多，經史尤為大宗，其傳播依靠抄本流傳，稱為寫書。東晉王嘉《拾遺記·秦始皇》："張儀、蘇秦二人同志好學，迭剪髮而鬻之以相養，或傭力寫書，非聖人之言不讀。"《漢書·藝文志》：孝武建藏書之策，"置寫書之官，下及諸子傳説，皆充祕府"。因此自古就有抄經為業者，著名的例子有東漢的班超投筆從戎的故事。班超是一名書生，潦倒時傭書。《後漢書·班超傳》："家貧，常為官傭書以供養。"南朝梁任

① 張金梁：《明代中書體研究》，《中國書法》2008 年第 11 期。

昉《為蕭揚州薦士表》:"既筆耕為養,亦傭書成學。"北魏初期太武帝崇奉道教,太平真君七年(446 年)下詔滅佛,文成帝即位,恢復佛教地位,隨之翻譯轉盛,佛經廣為傳播。因此北朝和南朝一樣,抄寫經籍的範圍又擴大了,佛經不僅成為抄寫對象,而且是一個大頭。抄寫工作除了專門的抄經者(經生)以外,一些讀書人也加入了這個行列。北朝時期中原文化受到摧殘,典籍凋零,讀書人没有好的出路,正逢抄寫佛經盛行,此類人物應運而生。《魏書·劉芳傳》:"芳雖處窮窘之中,而業尚貞固,聰敏過人,篤志墳典。晝則傭書,以自資給。""常為諸僧傭寫經論,筆跡稱善,卷直以一縑,歲中能入百餘匹。如此數十年,賴以頗振。"《魏書·蔣少遊傳》:"有文思,吟詠之際,時有短篇,遂留寄平城,以傭寫書為業,而名猶在鎮。後被召為中書寫書生。"《魏書·江式傳》:"學士五人嘗習文字者,助臣披覽;書生五人,專令抄寫。"《魏書·李修傳》:"集諸學士及工書者百餘人,在東宫撰諸藥方百餘卷,皆行於世"。《魏書·崔光傳》:"光年十七,隨父徙代。家貧好學,晝耕夜誦,傭書以養父母。太和六年,拜中書博士。"《魏書·崔亮傳》:"時年十歲,常依季父幼孫。居家貧,傭書自業。"這裏記錄的都是書生,或者説是儒生抄經,都是作為一種謀生的職業。而且傭書的收入頗豐,可以養家,維持不錯的生活。這種行當叫作寫書生。寫書生受傭在民間、官家,在官家受傭的部門多為中書。中書,漢武帝始置,掌圖書章奏等工作。這些寫書人都是從事為宫廷抄寫書籍的工作。後代的中書機構多少與謄寫文字有點關係。

寫書生,後人稱為經生。陸游《老學庵筆記》卷五:"永康軍導江縣迎祥寺有唐女真吳彩鸞書《佛本行經》六十卷。予嘗取觀之,字亦不甚工,然多闕唐諱。或謂其真本為好事者易去,此特唐經生書耳。"《宣和書譜·正書三》:"釋曇林,莫知世貫,作小楷下筆有力,一點畫不妄作。……有金書經目曰《金剛上味陁羅尼》,累數千字,終始一律,不失行次,便於疾讀。但恨拘窘法度,無飄然自得之態。然其一波三折,筆之勢亦自不苟,豈其意與筆正特見嚴謹,亦可嘉矣。"晉法顯《佛國記》:"法顯住此二年,寫經及畫像。"《晉書·王羲之傳》:"山陰有一道士,養好鵝,羲之往觀焉,意甚悦,固求市之。道士云:'為寫《道德經》,當舉群相贈耳。'羲之欣然寫畢,籠鵝而歸,甚以為樂。"南朝齊王僧虔《論書》:"(東晉)謝静、謝敷並善寫經,亦入能境。居鍾毫之美,邁古流今。"《晉書·紀瞻傳》:"好讀書,或手自抄寫。"《敦煌變文集·孝子傳》:"寫書不飲酒,恒日筆頭乾。"

寫經或者寫書是古來相沿的習慣,這種習慣是由書寫的對象決定的。因為書寫的小字體積十分細小,不能著毫過多,不能充分展開筆毫。使用竹簡為主的三國以前,字跡更加細小,純用筆端行筆,筆畫不長,短的筆畫濃縮成點。這個習慣有兩個因素造成:首先是因為書寫材料的限制,竹簡的寬度一般在 0.6～0.7 厘米之間,筆畫更加細微,筆毫輕下輕起,不能回鋒,所以起筆收筆往往成露鋒。其次是抄寫經籍的工作量很大，工作繁重，而且保持字跡工整，長篇書寫的面貌一致，不能不保持持續的精力，不可能多花力氣重按重起，回鋒起勢，回鋒收筆。魏晉以來紙張逐步替代竹木簡，因為紙張有較大的篇幅，不受竹木簡寬度的影響，行距放寬，提按有所加重，但是一頭重，一頭輕，一字之中輕重分工明確。十六國時期去西晉不遠，遺風猶存，習氣加重，而且草率過之。北魏以來經書的書法，一種依然承襲舊風，重點輕畫，用筆簡易，另一種起筆有頓挫，點畫有轉承，濃縮成點的情況漸漸消失。點畫輕重變化反復放大，提按明顯，風格與魏晉不同。這和行款放大、字跡放大密切相關。北魏寫經反映了早期到晚期小楷的變化。寫經需要恭敬謹嚴，心氣內斂，與古來風格相承。雖然受到元氏碑誌文字的影響，但是並没有那種劍拔弩張的張揚態勢。兩者顯示出不同的形體面貌。“抄寫經文，一般多為民間所作，而正因為是民間，它的字體就比較隨意和放鬆，……我國佛教上的寫經體，在晉代開始形成，但這時的寫經字體的影響，還無明顯的特徵。到了隋代，已從其他各種書法形態中獨立分離出來，形成一種專門的字體和一套嚴格的書寫規定。唐代，寫經走向成熟。”①

明代充分重視小楷書，沈度的書法以小楷最佳，“達到了毫釐不爽、收拾乾淨、工穩婉媚”。② 在結體和用筆上婉媚無瑕。明代中期的文徵明同樣精於小楷，書法優美，風格平静古樸，不加修飾，不刻意追求變化，不避同字形體雷同。大家精湛的小楷書，提高了它在書法藝術中的地位，而且那種整飭、秀美的體勢，對清代小楷與印刷硬體相對的軟體的形成無疑產生了巨大影響。

清代館閣體有兩種含義：一是泛稱模仿顯赫的大家的書體，因為書風圓潤、光亮、穩當，成為衆人爭相摹習的對象。康熙、雍正時的姜宸英、何焯、張照等，乾隆時的翁方綱、劉墉、王文治、梁同書等，晚清時的黄自元、陸潤庠等皆為是，他們不僅具有類似的書風，而且流行當時。乾隆年間（1736—1795），因為皇帝個人愛好，原本受到熱捧的董其昌的“董字”被趙孟頫的“趙字”取代。朝野崇尚趙字，使得趙字圓潤、端正、柔媚的特點得到強化，成為謀取仕途的一個重要方面。這種書寫風格形成了清代的館閣書。清歐陽兆熊、金安清《水窗春囈》卷下“館閣書變體”：“館閣書逐時而變，皆窺上意所在。國初，聖祖喜董書，一時文臣皆從之，其最著者為查聲山、姜西溟。雍正、乾隆皆以顔字為根底而趙、米間之，俗語所謂墨圓光方是也。”“然白摺小楷仍取勻秀。”又“書契聖手”：言官場，“蓄善書少年一二十輩，時尚楷書，所謂歐底趙面，皆華實挺秀，十數人如出一手。每有長函，則分手繕寫，刻許已就，合而觀之，不知為衆所書也。即起草亦用紅格，預扣字數，方易於分繕。其尤精者，雖奏摺，可直書不用襯

① 查永玲：《寫經字體的發展演變》，《書法叢刊》1995 年第 1 期。
② 朱以撒：《論明代書法發展的三個階段》，《美術史論》1994 年第 1 期。

格，且可立書不必坐也”。“這種書體，講求烏黑、方正、光潔，大小一律，端秀華美，適合於書寫試卷、奏摺、上諭、賀表等，也與皇家雍容華貴的氣息吻合。”①二是專指一絲不苟、點畫飽滿、間架工整、大小一律的楷書。清代的官場依然流行臺閣體，清洪亮吉《北江詩話》：“今楷書勻圓豐滿者，謂之館閣體，類皆千手雷同。乾隆中葉後，四庫館開，而其風益盛。然此體唐宋已有之。”孔繼勛（1792—1842），字開文，號熾庭，清代翰林、書法家、藏書家。道光十三年（1833 年）進士，入選翰林院庶吉士，散館授編修，歷充國史館協修官，道光十七年（1837 年）順天鄉試同考官，次年教習庶吉士。孔繼勛小楷是典型的歐底小楷，清麗雅致，筆致精到，形體規整，是館閣體的代表（圖 4 下 4－5）。《四庫全書》是官修的一部大型書籍總匯，作為一個整體，自然要竭力做到字跡端正美觀，閱讀時纔能賞心娛目，不費眼力（圖 4 下 4－6）。乾隆二十五年（1760 年）庚辰年抄本《脂硯齋重評石頭記》，當時曹雪芹尚在世，此抄本字跡優美、工整、清晰，與《四庫全書》的謄寫書體基本相同，可見館閣體是當時書籍抄本的通行書體（圖 4 下 4－7）。

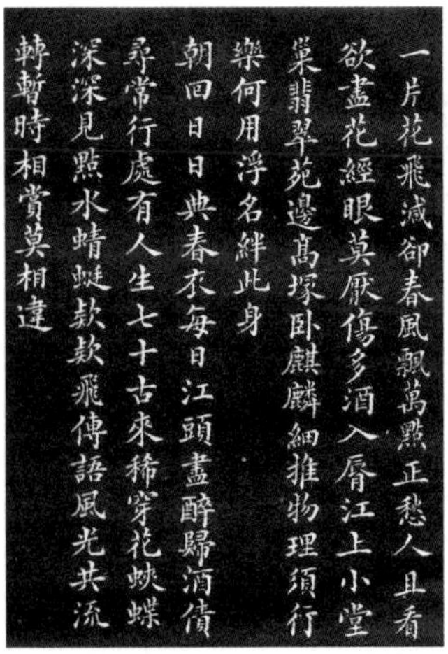
一片花飛減卻春風飄萬點正愁人且看欲盡花經眼莫厭傷多酒入脣江上小堂巢翡翠苑邊高塚臥麒麟細推物理須行樂何用浮名絆此身
朝回日日典春衣每日江頭盡醉歸酒債尋常行處有人生七十古來稀穿花蛺蝶深深見點水蜻蜓款款飛傳語風光共流轉暫時相賞莫相違

圖 4 下 4－5

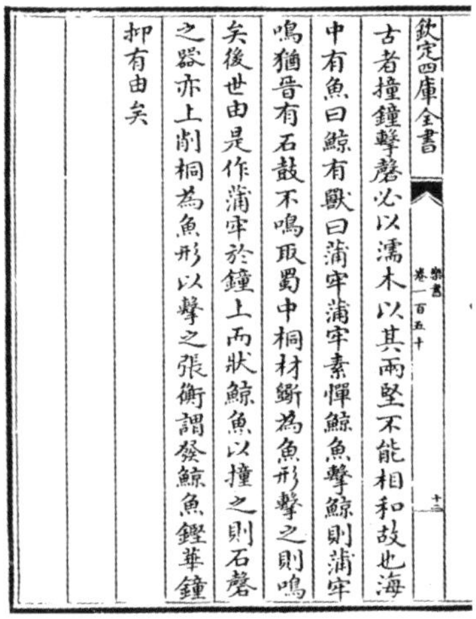
欽定四庫全書
古者撞鐘擊磬必以濡木以其兩堅不能相和故也海中有魚曰鯨有獸曰蒲牢蒲牢素憚鯨魚擊鯨則蒲牢鳴猶晉有石鼓不鳴取蜀中桐材斲為魚形擊之則鳴矣後世由是作蒲牢於鐘上而狀鯨魚以撞之則石磬之蹤亦上削桐為魚形以擊之張衡謂發鯨魚鏗華鐘抑有由矣

圖 4 下 4－6

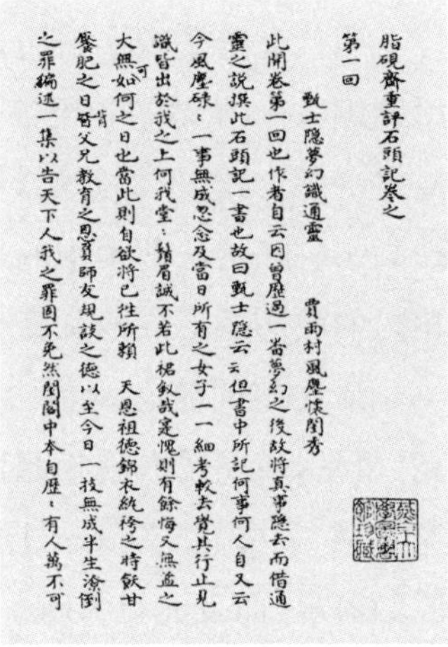
脂硯齋重評石頭記卷之
第一回
甄士隱夢幻識通靈　賈雨村風塵懷閨秀
此開卷第一回也作者自云因曾歷過一番夢幻之後故將真事隱去而借通靈之說撰此石頭記一書也故曰甄士隱云云但書中所記何事何人自又云今風塵碌碌一事無成忽念及當日所有之女子一一細考較去覺其行止見識皆出於我之上何我堂堂鬚眉誠不若此裙釵哉實愧則有餘悔又無益之大無可如何之日也當此則自欲將已往所賴　天恩祖德錦衣紈袴之時飫甘饜肥之日背父兄教育之恩負師友規談之德以至今日一技無成半生潦倒之罪編述一集以告天下人我之罪固不免然閨閣中本自歷歷有人萬不可

圖 4 下 4－7

同時為了講究抄寫的效率，抄寫者眼睛、手腕、手指的承受力，必定結構疏鬆、筆畫輕入輕出。按照這種條件，小楷字跡的美觀形式大致上已經確定。當然為了整體書法的統一，就必須避免那些習氣濃厚的、風格特殊的字形。所以經年累月地在一起連續謄寫同一套書籍，形成雷同的書法是必然的結果。如果這個館閣體概念擴大就是唐宋以來的所有官楷了。所謂官楷用於官場，即行政公文的使用字體。清周星蓮《臨池管見》謂：“究之學臺閣者，趣入官様。”因是官場使用，所以也成為“干祿”之字體。王玉池指出，加強館閣體的是歷仕乾隆、嘉慶、道光三朝的曹振鏞，他任兩朝《實

① 單國強：《書法中興的清代書壇》，《書法叢刊》第 22 輯，文物出版社 1990 年版。

錄》、《河工方略》《明鑒》《全唐文》等叢書的總裁，館閣體的烏黑、方正、光潔和大小一律等苛刻的格式要求就是在他之手最後形成的。陸以湉《冷廬雜識·破體字》：“朝考殿試最重書法，大要以黑、光、勻為主，并不可有破體字。犯此者，讀卷官票簽為識，不得在前列。乾、嘉間，競尚趙松雪體，破體字亦不以為嫌。曾見嘉慶乙丑科彭狀元浚殿試卷，破體字極多，甚至‘惡’書作‘悪’，‘所’書作‘所’。今則一筆不可苟且矣。”這些規矩，館閣體是必須遵守的。從清代殿試策可以看到清代官楷的書法文字一絲不苟、形體嚴整之況(圖 4 下 4 - 8)。

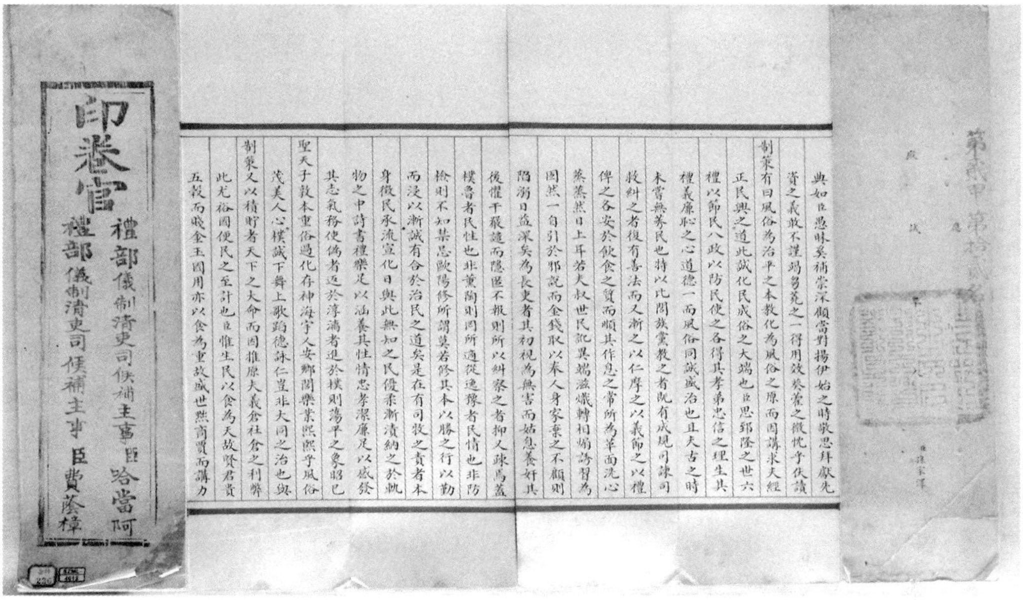

圖 4 下 4 - 8

對於院體、臺閣體、館閣體的強烈批評是從民國開始的。康有為《廣藝舟雙楫·干祿》曰：“俗間院體，……雖導源古人，實別開體制。……其配制均停，調和安協，修短合度，輕重中衡。分行佈白，縱橫合乎阡陌之經；引筆著墨，濃淡燦乎珠玉之彩。縮率更、魯公於分厘之間，運龍跳虎臥於格式之內，精能工巧，過越前載。此一朝之絕詣，先士之化裁，晉唐以來，無其倫比。”又曰：“雜體並興，歐、顏、趙、柳諸家揉用，體裁壞甚。其中學古之士，尚或擇精一家，自余購得高第之卷，相承臨仿。坊賈翻變，靡壞益甚，轉向師效，自為精祕，謬種相傳，涓涓不絕，人習家摹，蕩蕩無涯。院體極壞，良由於此。”康有為力陳院體之惡劣，無過於揉雜諸家，不能專精一家，字體過於呆板，沒有靈動之氣。康氏指責院體，出於兩個原因：其一，出於尊碑抑帖，反對院體不學古碑，專門摹習現今名家手跡，以當今干祿字跡為尚。其二，重視書藝，鄙視書技。他把書法當作一種個性化藝術，要求靈活多變，有個人風格，反對精緻、方正、清晰實用書體。1939年丁文雋發揮了康氏的觀念,認為:"清代殿試朝考,乃特重書法。以書法之工拙為高下去取之標準。苟不工書則不能階清顯,致卿相,顧所尚者,為正齊、圓潤,別成體裁,號稱館閣體(亦稱院體)。"並説:"明人如宋濂、楊士奇、吳寬、文徵明諸人小楷精絕而少奇致逸韻,實為院體之濫觴。"①康有為書法出自北魏元氏墓誌,這種加入魏晉八分横勢的人造字體,評其粗獷者,説其來於北方民族狂放者,與古今傳統不諧,與南朝書風相比,缺少儒雅、自然。康氏北碑書法,筆勢張揚,東伸拳西踢腳,實際是拾了皮毛,並未得古來書學精華。康氏個性化書法寫大字尚可,如果用於公文,滿眼皆拳頭,如何讀得?明何良俊《四友齋叢説》卷二十七《書》:"正書祖鍾太傅,用筆最古。至右軍稍變遒媚,如《黄庭經》《樂毅論》皆神筆也,此後歷唐宋絶無繼者,惟趙松雪與文衡山,小楷直追右軍,遂與之抗行矣。"王右軍及後繼者趙松雪、文衡山是書法史上無可爭議的最高境界,反視為俗書源頭。按照丁氏的説法,明代諸大家"小楷精絕",反而成為罪狀了?實際上所謂個性應該是自然流露,康氏所書之元氏魏碑張牙舞爪的字體,不顯得矯揉造作?而二王以來諸大家書法難道没有個性?不過没有那種可以追求的"個性"罷了。

鄭孝胥《海藏書法抉微》第一篇"貶黜館閣書體"謂:"館閣書體為清代應制之書,約分兩種:一曰大卷,所以應殿試之用;一曰白摺,用以應朝考。二者相較,摺用為多,風尚時變,略與帖同。蓋以書取士,啟於清代乾隆之世,爾時盛用趙孟頫,間及顏清臣,一時名流,書體大率相似,方板纖弱,絕無劍戟森森之氣。自茲以後,雜體並興,歐、趙、顏、柳,諸家並用,體裁之壞,莫此為甚。學古之士,或擇精一家,否則購得高第之卷,輾轉臨摹,坊賈翻變,靡壞尤甚,利祿所趨,不辨美惡。明人宋景濂、楊士奇、吳寬、文徵明諸人小楷,甚精絕而少奇致逸韻,殆即館閣書體之濫觴。清代列朝皇帝皆喜翰墨,館閣供奉,爭妍筆札,以邀睿賞。有志功名之士,率皆講求書法,以備書摺對策之用。然昧於學古,徒追時尚,千篇一律,性靈遂蕩然無存矣。"

院體的母本本不俗,皆為書法精華,學之者得其仿佛,難得其神,流於一般化,面目相似,被斥為俗書尚可理解。明趙宧光《寒山帚談》卷上:"學無偏好則不深,有偏好又多病。此中最難,不惟不當偏於短處,即偏於所長處,亦自褊心之疾。且如集羲之《聖教序》,非不字字生妍,但偏於修整,拘而可憎。宗之者一時謂之入院體,智永導其流,孟頫揚其沫,似為淳雅,實有三分俗氣。"因為學者多了,帶了俗氣,特別是公務官吏學來寫公家文書,帶了文牘氣息,反過來,被廣為學習模仿的母本叫作院體,即使大王的字跡也難以倖免。清李光暎《金石文考畧》卷八:"《懷仁聖教序》乃集右軍書,宋人極薄之,呼為院體,院中人習以書誥敕,士大夫不學也。"可謂城門失火,殃及池魚。

① 丁文雋:《書法精論》,中國書店1983年版,第78頁。

館閣體主要是楷書,從楷書入手,可以更多更好地掌握書法的點畫和字體結構。“否定館閣體不就等於否定晉唐以來工整的楷書嗎?”“所寫的字,要求寫得工整、正確、美觀,這應該是必要的。我認為:這和館閣體從實用角度出發,在試卷上要求‘黑、方、光’的精神,基本上是一致的。所以,楷書既不能偏廢,館閣體也就不應否定。”[①]貶低館閣體的“千人一面、千字一律,缺乏個性化和變化”。人們對於館閣體的看法是不一樣的。

王玉池認為臺閣體和館閣體的書家不能一概否定。首先,館閣體的書家一般功力較深,筆法精妙,結構精確等。其次,館閣體創造了一種美的典型,即端莊、富麗、圓潤、典雅。再次,它最適合實用的需要,“譬如書籍用字,館閣體在印刷體出現以前曾是主力,印刷體出現以後,它所創造的許多經驗仍然最有借鑒作用。”[②]

鄭廣榮對臺閣體和館閣體的評價更高,“那種工整勻稱、平正圓潤的‘臺閣體’和勻圓規矩的‘館閣體’,與晉唐小楷一樣,同樣也能給人一種明晰而悅目的美感享受。它們各自都具有鮮明的時代特色和獨特的風格面貌,都是前人在其藝術實踐中,不斷總結經驗,並加以新的探索和發展而取得的成功的藝術創造。”[③]明代臺閣體書家為朝廷服務,用楷書謄寫文牒,不能表現個性異趣。但是“臺閣體書家都是功力深厚技法精深者,他們有被法度束縛的消極一面,也有對楷書形體點畫技法不斷挖掘發展的一面,我們要一分為二地對待,不能不加研究便全面否定”[④]。所謂館閣體的書寫者並非皆為平庸之輩,不乏書藝精練、靈氣充盈之家,即使小字未得充分展毫,也有上乘之作。

館閣體是一種實用書體,以工整勻稱、平正圓潤、字形規範為準則,當然手工書寫的作品都有一個審美的問題,筆畫遒勁、結構配合均勻,這是最起碼的要求。在官場或者士林中,難免不受到權威字跡的影響,明清兩代的皇帝對書法的好尚,臺閣體、館閣體並沒有它的“烏、方、光”,並未導致末路,却成為大多數手抄本字體的選擇。臺閣體和館閣體選擇了漢字楷書結構筆法中最合理、最優美的因素,成功地造就了合乎美感和實用價值的書體,促進了楷書標準化的發展。印刷匠體是由規整楷體進化而成,與院體、臺閣體關係十分密切。同時,人們依然眷戀館閣體,把它改稱軟體,作為正式的印刷字體。

清代以來書法越來越脫離實用的方向,朝市場化演進,市場化的運作與修養性、實用性的要求是不一樣的,市場化需要標新立異,需要罷斥別人,標榜自己,所以不希

① 劉夜烽:《館閣體淺議》,《書法研究》1991 年第 2 期。
② 王玉池:《清代的館閣體書法》,《書法叢刊》第 22 輯,文物出版社 1990 年版,第 10 頁。
③ 鄭廣榮:《“臺閣體”和“館閣體”書法》,《文物》1979 年第 4 期。
④ 張金梁:《明代殿房書辦研究》,《書法研究》2004 年第 3 期。

望在傳統的書法領域中生存，而是需要另闢蹊徑。傳統的書法都是在實用的基礎上追求美，這種美是不破壞字形結構，不扭曲筆畫，書寫通行的字體。它有深厚的傳統，有客觀的審美標準，有大量的經典性的書法作品。現代力圖貶低所謂館閣體的那些人，往往是缺乏基本的書寫技能，或者是根本寫不好字的人，為他們自己醜陋的、没有修養的"作品"的存在尋找理論依據，為自己的"藝術生涯"找一個出路。

第三節　唐宋以來楷書書法之教學

漢字形體發展是多種因素造成的，書法教育是一種技能練習，古人早就總結出一套理論，並且不斷地深化、改進。完善的書法教育理論不僅指導正確學習書法，而且促進了文字的規範，是古代正字不可缺少的一部分。

漢魏時人們如何學習書法，歷史記載不詳，臨摹是必不可少的，其他細節無法考證。流傳的古籍中自魏晉開始有筆法的論述，如"永"字八法的闡述，唐代朝廷有教生徒學書的説法，可算是早期的書法教育了。眞正的書法教育宋代纔有記錄，明清時代詳細起來，此類著作也就多起來了。

一是關於間架的方面。漢字的結構，書法家稱為"間架"，用房屋中支撐的框架來比喻，它關心形體結構是否合理。

托名唐代歐陽詢的《三十六法》最早對漢字結構安排（後稱為間架），很可能是後人根據歐陽詢楷法總結出來的經驗，有排疊、避就、頂戴、穿插、向背、偏側、挑㧖、相讓、補空、覆蓋、貼零、粘合、捷速、滿不要虚、意連、覆冒、垂曳、借換、增減、應副、撐拄、朝揖、救應、附離、回抱、包裹、卻好、小成大、小大成形、小大大小、左小右大、左高右低、褊、各自成形、相管領、應接。講究部件之間如何搭配、點畫如何呼應，甚有章理，它與歐陽詢的正楷一樣，對後世的楷字書法產生了深遠影響。

宋代以來，書法實踐的理論開始多了起來，從點畫到結構，林林總總，不斷有新的説法出現。宋人如沈括《夢溪筆談・書畫》："凡字有兩字、三四字合為一字者，須字字可拆。若筆畫多寡相近者，須令大小均停。所謂筆畫相近，如殺字，乃四字合為一，當使乂、木、几、又四者，大小皆均。如尗字乃二字合，當使上與小二者，大小長短皆均。若筆畫多寡相遠，即不可強牽使停。寡在左，則取上齊，寡在右，則取下齊。如從口從金，此多寡不同也。唫即取上齊，釦則取下齊，如從尗從又及從口從胃三字合者，多寡不同，則叔當取下齊，喟當取上齊。如此之類，不可不知。"此篇短文是專門論述字形結構安排的，所謂"字有兩字、三四字合為一字"，把合體字分拆出獨立的部件，以這些部件為單位如何安排停妥，頗有特色。元代陳繹曾《翰林要訣》在規範中提出美感的基本元素，如對稱、匀稱、變化等，書法也不例外。館閣體、臺閣體的美從工整中體現出來,美出於規範,因此兩者均在結構技法方面下過工夫。李淳為李東陽之父,精於楷書,明代景泰二年(1451 年)二月進《大字結構八十四法》認為:"結構之道,實有未明","因取陳繹曾所述之《書法》及徐慶祥所注之《書法》求其藴奥,見有天覆、地載、分疆、三匀及勾努、勾裹之目,總而輯之,共有一百一十三目,用而為法書之,庶幾近於規矩。惜其紊亂,中間猶有未盡善者,則去而不取。止選五十八目成法,緣未盡書法之道,臣忘其固陋,竊取陳徐二家法外之意,續添二十六目,如二段、三停、減捺、減勾之類,同前共八十四目,就題曰'大字結構八十四法'。又每法取四字為例,作論一道,以開字法之奥。""八十四法"是集中八十四種典型的楷法結構,提出處置方法。體例是先名目,再字例,再説明。名目有二字、三字、四字、五字不一,字例一律四字,説明為兩三句,簡明扼要,便於掌握。如"天覆:宇宙宫官,要上面蓋盡下面,法宜上清而下濁。"意思是:如宇宙宫官,這類天覆式結構,上面部分要蓋住下面部分,上面分量要輕,下面分量要重。再如"三停:章意素累,要分成三截,量其疏密,以佈均停。"八十四目大致可以分别對應不同結構,如上下、左右,多部件類,字的主要筆畫等處理,如何寫得端正美觀。"蓋聞字之形體,有大小、疏密、肥瘦、長短;字之點畫,有仰覆、屈伸、變換。嘗患其浩瀚紛紜,莫能盡於結構之道,所以定此八十四法為例,推廣求之。"他認為:"大字以方端均稱為貴,偏斜放肆為忌。"有此法,"約方圓於規矩,定平直於準繩,欲使四方八面俱拱中心,勾撇點畫皆歸間架,有相迎相送照應之情,無或反或背乖戾之失。"可以看出,他追求的字形結構之完美、點畫之精緻,就是館閣體的標準[①]。清代黄自元的《楷書結構九十二法》,進一步完整了間架理論,使之更加精密、完善。這些結體的辦法都是達到"方端均稱"要求的心得,對字形結構規律性的敍述,是館閣體、臺閣體字形書法的理論總結。它不僅指導人們研習書法實踐,同時對漢字標準形體的完善起到了很大的促進作用。

二是關於筆畫的方面。標準楷體的形成包括字形結構和筆畫形態兩個方面,古代的書法家都有系統的研究和著作。東晉王羲之等提出了"永"字八法,把複雜多變的點畫歸納成 8 種形式,在"永"字中集中體現出來,非常具體地説明點畫的性質、形狀甚至力度,但是正當眞書的楷體形成階段,無疑起到了重要的指導作用。比如點為側、横為勒、竪為努、挑為趯、左上為策、左下為掠、右上為啄、右下為磔。

《三才圖會·人事》有"永字變化七十二勢圖"(圖 4 下 4-9):"一側化一十四法","運筆法,落起走住疊圓回藏"内有"怪石""龍爪","五法,高尖下圓旁楞皆直肚彎,凡正點為君帶絲為臣,四下八方不出不入"下有"梅核""杏仁""懸珠""群雀""鐵鈴""瓜種""龜頭""羊角""菱米""垂珠""雞頭""蟹腳"。"二勒化一十法"有"玉案""石楯""鐵

① 馮武編著,崔爾平點校:《書法正傳》,上海書畫出版社 1985 年版,第 96—102 頁。

城”“折釘”“卩”“之”“邑”“阜”“駝頭”“舞鶴”。“三努化六法”有“鐵柱”“鳥雛”“垂針”“馬椿”“曲尺”“象笏”。“四趯化十三法”“挑勾式”衹有“緊勾”“綽勾”“鳳翅”“漫勾”“鸞翅”“竹籜”“飛雁”“彎筍”“玉勾”“浮鵝”“獅口”“龍尾”“寶蓋”，下附“勢式圖”。“五策化七法”有“聚水”“斫勾”“散水”“横爻”“金錐”“戲蝶”“虎牙”“木人”。“八捺化八法”衹有“遊魚三折腰”“漫遊魚”“犀角”“疊烏”“蛇頭”“新月”“鬥鶉”；“七啄化四法”衹有“鳥啄”“蟠桃”“犂梁”三法。“六掠化十法”下有“懸戈”“飛帶”“鉤鐮”“雙竹”“無勾為直”“柳箕”“金刀”“鳴鴨”“有勾為曲”九法。

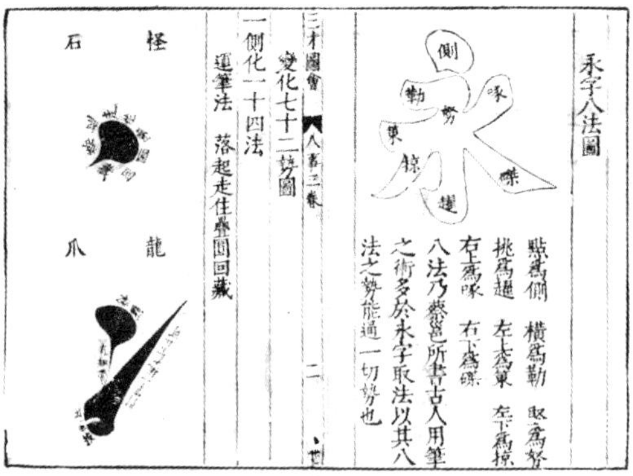
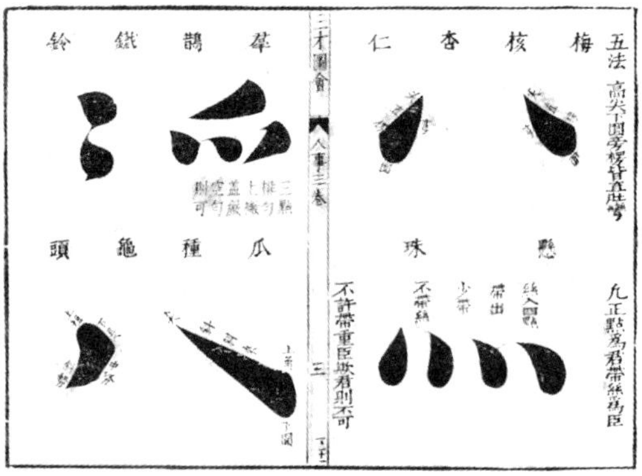
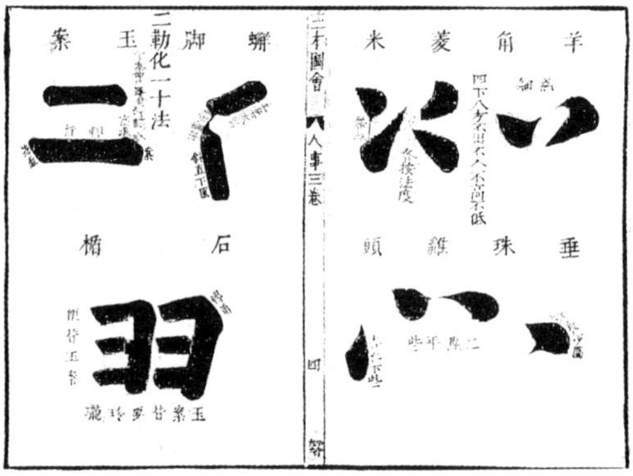

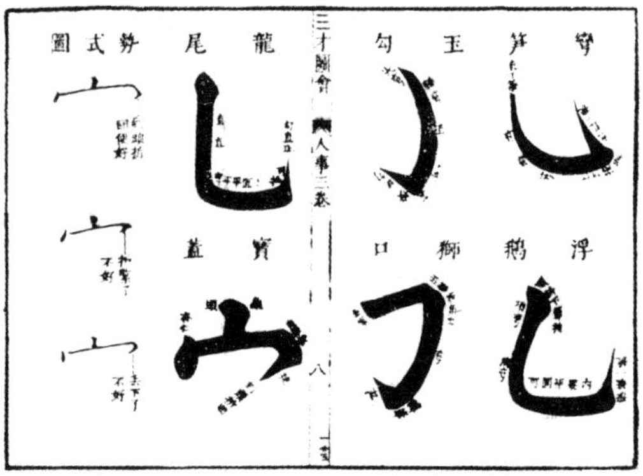

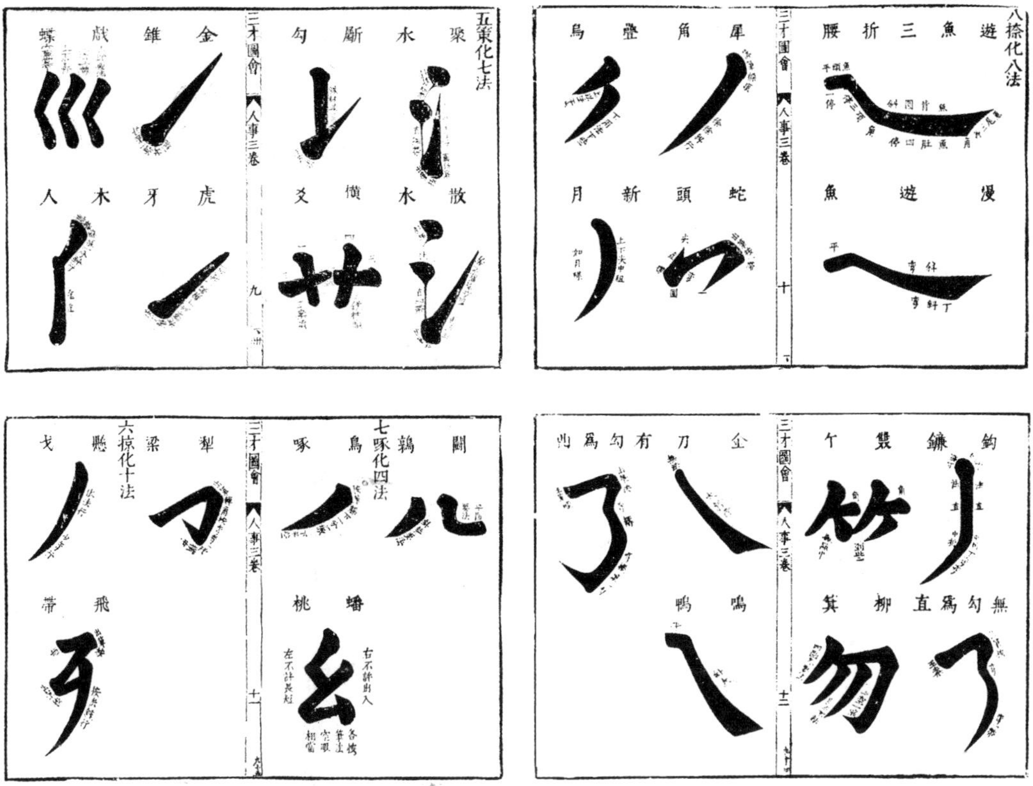

圖 4 下 4－9

李溥光，字玄暉，號雪庵。元代高僧，書法家。喜讀書，經傳子史無不淹貫。至元、大德年間(1264—1307)以楷書大字名世。所著《永字八法》流行元明，認為“凡習書必先學‘永’字八法，學且熟，方可學二十四法”，詳細説明八法的要點，“[側]之祖，妙須三作，用鋒向右而勢向左。[勒]之祖，首尾藏鋒，用筆欲横而勢欲斂。[努]之為法，用彎行曲扭，如挺千斤之力。[趯]之為法，要輕挫潛生而起快峻之鋒。[策]始作者，用仰鋒而上揭而貴乎遲留。[掠]始作者，用肥健悠揚而宜乎舒暢。[啄]法之妙，在臥側潛進，以連斂其鋒鋩。[磔]法之妙，在險横三過，而開揭其勢力。此八法已精，則二十四法自然有得，變化而成也。”並有圖示，便於初學。“永”字八法之勢有怪石、玉案、鐵柱、蟹爪、虎牙、犀角、鳥啄、金刀。於中又為二十四法，曰懸珠、垂珠、龍爪、瓜子、杏仁、梅核、石楯、象簡、垂針、象笏、曲尺、飛雁、龍尾、鳳翅、獅口、搭勾、寶蓋、金錐、懸戈、飛帶、戲蝶、蟠龍、吟蛩、游魚。通前共三十二勢，使初學者下手運筆有所歸依。運筆之法有八：落、起、走、住、疊、圍、回、藏。

三是關於筆順的方面。筆順是一個字的筆畫先後順序，如果書寫者臨習過古代名家書跡(某些個性化的書家除外)，揣摩行筆次第，自然明白筆順，如果臨習行書從點畫往來牽帶更容易掌握筆順。智永《眞草千字文》墨蹟本作 ，筆順一覽無餘，草書筆順有其特殊背景，與楷書稍有不同，但是依然可以得到啟發。如“匡”，原寫作，筆順不明顯，草書就很清楚了。對於大多數識字不多、書法修養有限的初學者，筆順也是正確寫字的一個關鍵。

寫字要講筆順，一般來説先上後下，先左後右，如果以此為準則，那就大錯特錯了，但這不是普遍規律。先上後下、先左後右的生理習慣，初學者往往會以此順序下筆，但是漢字的書寫還取決於文字結構和書寫的合理性。文字結構可能會追索到久遠的時代。“右”篆字作，故先撇後横。“有”篆字作，所以也是先撇後横。而“左”不同，篆字作，故先横後撇。同樣的，在“左”“右”兩字中筆順不同，形態是不同的。有些字的筆順則是關係端正與否，如“興”字，從中間寫起，能把握字寫在中間，不致偏向一邊。有些字筆順的確比較複雜，如“門”“龜”“肅”，指導門徑是必要的。筆順來源於篆字，這個習慣形成不同字形，既是書法問題，也關涉文字結構之學。

元佚名《書法三昧》有“結構”“發筆先後”，内有52字的行筆先後示範。如，興：先同、次冂、次乂、次六。馬：先丨、次彐、次丨、次灬。飛：先飞、次升。門：先丨、次彐、次 冂、次⺈。無：先𠂉、次卌、次灬。右：先丿、次口。“有”同。書：先聿、次丨、次曰。毋：先𠃌、次丗。肅：先聿、次卅、次丿丨。必：先心、次丿；或者先丿、或者次乚、八。

《書法三昧》挑選了一些容易寫錯的字，簡要地説明筆順。如“右”：先丿、次口。口的筆順按照通常規律，先横、“口”先丨、次𠃍、次一，就省略了。

一般書寫文字看不出筆畫先後，衹有故意勾勒纔能顯示出筆順。敦煌文書内(British Library Or 8210 S 2202 ，S5952之1、2、3)“大聖彌勒之院”是一件書幡(圖4下4－10)，是眞書楷體的廓填大字，仔細看這些字，是經雙勾、經填筆而成，雙鉤前先用淡筆打稿，用的不是毛筆，而是尖細的硬筆。筆畫中間畫上一逕逕細劃，斷斷續續，即所謂“毫筆點掃”，用點法點出絲帛的閃光和起伏。起訖之處濃重，轉折處後筆遮蓋前筆，兩端塗黑，明亮即為白，最妙的是起筆收筆處塗深色，使得中間上突，表示向上飛起的立體感。

圖4下4－10

圖4下4－11

南宋淳熙至淳祐年間(1174—1252)，時稱“六代祖師傳密印”的大足僧人趙智鳳承持晚唐川西柳本尊創立的佛教密宗教派，四方募化在寶頂山鑿造佛像，弘揚佛法。70餘年建成了密宗史上唯有的一座大型石窟道場。大足寶頂山石刻宣揚六道輪回因果報應的地獄變相，前有文字石刻，很少有人注意其妙處。直行“曾經”“有吾”等字(圖4下4－11)，大字行楷，字跡著色，筆畫按照筆順相疊，其中行書“有”字，撇、横連書，横筆覆蓋在撇筆之上，這個連筆又被下個“月”覆蓋了。此書還有横書大字，雖然脱落了顔色，但是挖地凸雕，筆畫凹凸依然分明[①]。

宋珍珠地"德福"銘剔花折枝菊花紋瓷枕，洛陽邙山公社前李大隊二隊張榮子捐獻[②]。如"福"字，"示"：點、横、撇連筆，再豎、點；"口"：横、豎、彎折，後横；"田"：横、豎、彎折、後横，横、豎。其中"示"的連筆部分如何先後展開細節，也交代清楚。

湘北鍾祥梁莊王墓正統六年(1441 年)"命有司致祭營葬如制"，其墓誌是典型的明代楷體，點畫肥碩圓潤。誌蓋雙鉤填朱，"梁莊王墓"四字。每字筆畫相疊，後筆蓋過前筆，顯示筆順先後次第。如"王"字所示筆順是一、丨、一、一，由此可知筆順在當時是書法的重要組成内容。

襄陽羊祜山墓地萬曆三十八年(1610 年)仲春明代墓葬發掘出一塊石刻，有"安樂窩"三字(圖 4 下 4－12)，同樣雙鉤出筆順。墓主聶相壽為明襄王府門正，官階正六品[③]。梁莊王與襄王府門正皆是王府内人，同樣雙鉤本筆順是否遵守了朝廷禮制？

圖 4 下 4－12

以上的字迹並非日常的普通書寫而成，而是南北朝以來的飛白書，為了表達字形的立體感，是一種特殊的雜體書中出現的現象。

四是關於臨摹法帖的方面。從歷史名家字跡學習是古今學習書法的必由之路，從中學習文字筆畫結構筆順等各方面内容。最簡單的辦法是對著範本照寫，稱為臨帖。古人也想出種種更加有效的學習方法，有描紅、仿書等。

古人學習書法，要借鑒前人作品，名家的書法尤為學習者尊重。被人當作範本的書法作品稱作楷則。《後漢書・北海靖王興傳》：劉睦善史書，"當世以為楷則。"楷是典範、法則的意思，楷則後稱作楷法。《晉書・辛謐傳》：辛謐工草隸書，"為時楷法"。智永為王羲之 7 世孫，創"永字八法"，為後代楷書規範。他工楷書、草書，名傳中外，所書《眞草千字文》，人們視為瑰寶，求書者絡繹不絶，以至於踏破門限，衹得鐵皮裹之以免損壞。智永先後書寫 800 多份，廣為分發，分贈浙東諸寺，遠播日本。宋代根據墨蹟本上石，中土有拓本流傳。《眞草千字文》從古到今是臨摹楷書、草書的範本。敦煌發現唐人的拓本以及草書摹本，除了欣賞之外，可以作為臨摹之用。唐姚合《秋夕遣懷》："臨書愛眞跡。"宋陸游《獨意》："偶讀書終卷，閑臨帖數行。"宋代淳化三年(992 年)，太宗趙炅令出内府所藏歷代墨蹟，摹勒後以棗木刻版於禁内，名《淳化祕閣法

① 這些石刻是筆者實地拍攝而得。
② 劉航寧：《洛陽博物館藏瓷器精品賞析》，《文物天地》2017 年第 8 期。
③ 襄陽市文物考古研究所：《湖北襄陽羊祜山墓地明代墓葬發掘簡報》，《文物》2017 年第 11 期。

帖》，彙集古代帝王、諸家古法帖，包括王羲之、王獻之書。宋代記錄此帖為木板刻，賜予大臣。後來不斷有刻帖之舉，傳播書法名跡，供臨習之用，功不可没。

九宮格是臨習大字的輔助手段，印刷習字紙上面每字格分成九個小格，便於掌握間架。據説是唐代開始使用，但是没有實物資料證明。元代陳繹曾《翰林要訣》"九宮"："八面點畫皆拱中心。"清代王澍《翰墨指南》"結構兩則"："結構之法須用唐人九宮式，則間架密致，有鬥筍接縫之妙矣。九宮者每一格中有九小格如井字樣，臨帖時牢記某點在某格之中，某畫在某格之內，記熟則出筆自肖法帖，且能伸能縮，惟我所欲矣。"陳其元《庸閒齋筆記》："唐人專用法，遂有九宮，分中左右上下界畫，使學者易趨。"稍晚又採用以九宮格為輔助的臨帖工具。藉助九宮格習字者依照字帖上的格子準確確定間架和筆畫的起落，更能學習到範本書法的妙處。九宮格的格子定位可以糾正習字者主觀錯誤判斷，並能放大縮小，是正確臨寫範本的利器。蔣驥《重定九宮格》記有九宮格以及各種省略的形式，井字格、米字格與九宮格形式不一，但是作用相同。因為分格需要有較大的空間，衹適用臨習大字。九宮格至今還能在習字簿上經常看到。

仿書、臨帖就是模仿帖本學習，影寫就是摹寫。《事林廣記・幼學類》"小兒寫字法"："寫字不得惜紙，須令大寫，長後寫得大字。若寫小字，則拘定手腕，長後稍大字則寫不得，予親有此弊也。寫字時先寫'上''大'二字，一日不得過兩字，字字端正，方可換字。若貪字多，必筆畫老草，寫得不好。"至晚明代採用仿影學習書法，用薄紙蒙在字帖上面，然後筆照字帖上透出的字跡仿寫。這是初學者學書的辦法。明劉若愚《酌中志》卷十六："(學生)每給刷印仿影一大張。其功課：背書、號書、判仿。"又卷二十二記先帝(指明熹宗)齠齔(孩童)時，教習書仿。仿書用的範本不同於一般字帖，是專門印刷的，選擇筆畫比較簡單的字。明陸容《菽園雜記》卷十二："洪武年間，國子監生課簿、仿書，按月送禮部。仿書發光祿寺包麵，課簿送法司背面起稿。"仿書一般打了格子，所以也叫影格。《醒世姻緣傳》第三十三回："砌了一本仿，叫大學生起個影格，丟把與你，憑他倒下畫，竪下畫。没人指教寫，便亂塗亂抹，完了三四十張的紙。"如明代小説所説的情形，仿書結束，由老師圈點，評比好壞。清俞樾《茶香室四鈔》卷十五引清初孫承澤《春明夢餘錄》："內臣設一桌，將東宮仿書請視，閣臣以硃筆點字之端楷者。又云酒飯畢，再入侍王寫仿。"俞樾按："親王讀書出閣之儀，皆寫仿字，有圈有點，與人間課童蒙無異也。"

古代學書，尚廓填之法。明楊慎《丹鉛總錄・字學・影書》："六朝人尚字學，摹臨特盛，其曰廓填者，即今之雙鉤。"雙鉤就是勾勒字之外廓，在外廓內填墨稱為廓填。明代刻坊刊印朱紅雙鉤字本，專供填墨摹字之用，字形由簡到繁，便於練習。明葉盛《水東日記》卷十："'上大人，丘乙巳，化三千，七十士，爾小生，八九子，佳作仁，可知禮也。尚仕由山水，中人坐竹林。王生自有性，平子本留心。王子去求仙，丹成入九天。山中方七日，世上已千年。'已上數語，凡鄉學小童，臨仿字書，皆昉於此，謂之描朱。”這實際上就是仿書的辦法，不過不用薄紙覆蓋範本，而是直接在範本上依照字跡描寫，因為範本用紅色印刷字跡，這種方法叫描紅，或者描朱。清蘇惇元《論書淺語》：“童子初學描紅字二三月，寫影本二年餘（字形方寸及寸半者），即可用油紙摹帖，蓋摹帖與影本相同，並不難也。時人所書影本，總不能有古帖之佳。如有真好影本，亦可久學也。摹熟後，再脱手臨寫。每日衹寫大楷數十字，小楷數十百字，不必過多。”這些辦法對於初步臨帖習字，簡便實用，特別是對於館閣體一絲不苟的書法要求最為有效。

第五章　印刷術促成近代漢字形體標準

第一節　官府控制下之經典書籍印刷

印刷術是我國的四大發明之一，它是繼石經銘文，特別是大型碑石之後新的文字傳遞媒介。印刷是文化傳播的最好媒介，對於人類知識的積累和擴散發揮了無可比擬的作用。刻板印刷的初衷是為了大量生產圖籍，衹要花功夫製作了印板，便可以反復、大量複製，省却了人力物力。用印板作為複製技术，產出的印刷品的文字圖畫是完全一樣的，保證了印刷品的質量。中國的雕版印刷至晚從隋唐年間就逐步發展起來，達到相當規模和一定的技術水準。印刷技術在唐代已經得到廣泛應用，佛教雕版印刷佛像、佛經。唐太宗梓行長孫皇后的遺作《女則》，唐玄奘印施普賢像，皆在京師刻印。

20 世紀初在甘肅敦煌石室發現唐咸通九年（868 年）刊印的《金剛經》，前圖後文，雕鏤精美，有 7 張紙粘連成卷，1 000 多年來完整無缺（圖 4 下 5－1）。在眞言末尾題“咸通九年四月十五日王玠為二親敬造普施”。王玠刻印經卷是為了給父母祈福，相當於北朝信男信女的造像。韓國慶州佛國寺釋迦塔，興建時間相當於唐前期，1966 年修復過程中，在二層塔身中央的龕内發現了一件卷軸裝經卷，外有絲綢包裹。經卷

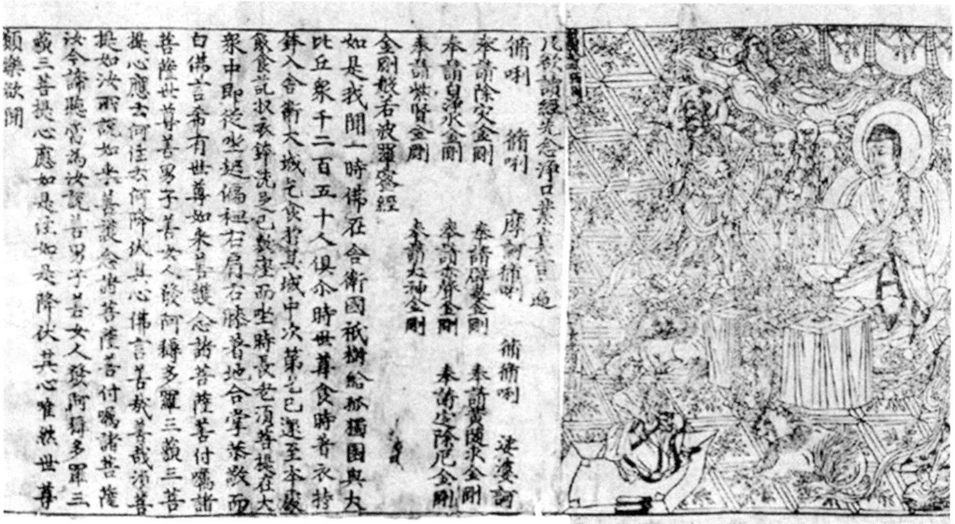

圖 4 下 5－1

用楮紙印刷，紙長約 6.65～6.7 厘米，上下單邊，板框高為 5.4 厘米，每行有 7～9 字，經文由 12 張紙粘連成一卷，總長 665 厘米。紙張殘破，卷末有一行題字："無垢淨光大陀羅尼經"（圖 4 下 5－2）。字跡清楚，書法略遜於咸通年本。根據經文中出現的"證""授""地""初"四個武周新字，證明它是武周時期（690—705）洛陽的印刷品，由佛教徒傳入朝鮮半島。印刷術也用於其他需要，如唐范攄《雲溪友議》卷下謂紇干尚書迷信金丹，作燒煉之書《劉宏傳》，"雕印數千本，以寄中朝及四海精心燒煉之者"。

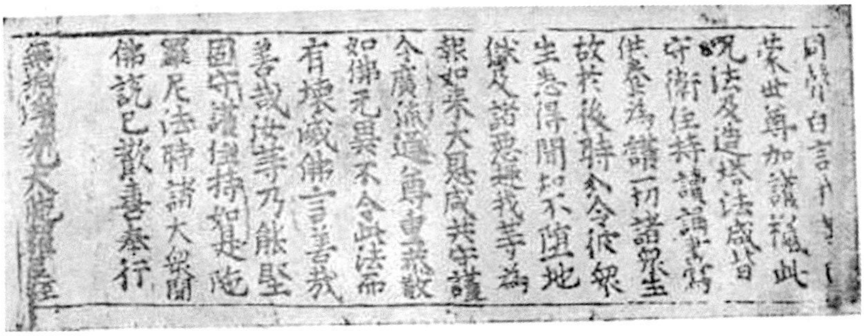

圖 4 下 5－2

唐代四川繁榮富庶，社會安定，唐帝兩次幸蜀，是西南的文化中心，印刷業發達，是一種新興產業。1944 年在四川大學唐墓內發現了唐末印本《陀羅尼經咒》，印本右邊首題漢字一行："〔成都府〕成都縣□龍池坊□□□近下□□印賣咒本□□□……"。出土時，此咒纏繞在墓主的手鐲上，為消災祛邪之物[①]。當時大宗的民間日用印刷品，有曆書等迷信書籍、字書和蒙書。《冊府元龜》卷一百六十《帝王部》載記東川節度使馮宿上表："劍南西川及淮南道皆以版印曆日鬻於市。每歲司天臺未奏頒下新曆，其印曆已滿天下，有乖敬授之道。"多家印刷曆書，晦朔忽有出入。《舊唐書・文宗紀》大和九年（835 年）專此敕諸道府"不得私置曆日版"。唐柳玭《柳氏家訓》："中和三年癸卯夏，鑾輿在蜀之三年。余為中書舍人，旬休，閱書於重城之東南，其書多陰陽、雜記、占夢、相宅、九宮、五緯之流。又有字書、小學，率雕板印紙，浸染不可盡曉。"宋葉夢得《石林燕語》卷八："《柳玭家訓・序》，言其在蜀時，嘗閱書肆，云'字書、小學，率雕板印紙'，則唐固有之矣，但恐不如今之工。"咸通六年（865 年）日本僧人宗睿歸國，帶走四川印子《玉篇》和《唐韻》各一部，此與柳玭之説成都書肆中字書等印本相合。

五代時期始見刊刻長篇幅的書籍，前蜀乾德五年（923 年）曇域和尚刻印貫休的《禪月集》。書籍卷帙浩繁，刊刻費工費時，缺乏雄厚的資金支援，因而難以實施。

五代用官方財力，開雕五經，宋代刊刻大型史籍。宋葉夢得《石林燕語》卷八："唐以前，凡書籍皆寫本，未有模印之法，人以藏書為貴。不多有，而藏者精於讎對，故往

① 馮漢驥：《記唐印本陀羅尼經咒的發現》，《文物參考資料》1957 年第 5 期。

往皆有善本。學者以傳錄之艱，故其誦讀亦精詳。五代時，馮道始奏請官鏤六經板印行。國朝淳化中，復以《史記》、前後《漢》付有司摹印，自是書籍刊鏤者益多，士大夫不復以藏書為意。學者易於得書，其誦讀亦因滅裂，然板本初不是正，不無訛誤。”“世言雕板印書始馮道，此不然，但監本五經板，道為之爾。”

儒家經典為綱常之要、立國之本，故刻板流傳視為要務。毋昭裔據石經刻成的木版印書，被後世奉為校勘之善本，稱為蜀本。《五代詩話》引《邊州聞見錄》云：“孟昶嘗立石經於成都，又恐石經流傳不廣，易以木版。宋世書稱刻本始於蜀，今人求宋版，尚以蜀本為佳。”《舊五代史・後唐明宗紀》載長興三年二月，中書奏：“請依石經文字刻九經印板。”經籍字有關經義宏旨，朝廷組織人員端楷抄寫，嚴格校勘，力保文字無誤。《五代會要》卷八“經籍”記錄詳盡：後唐長興三年（932 年）二月，中書門下奏：“請依石經文字，刻九經印板。”敕：“令國子監集博士儒徒，將西京石經本，各以所業本經句度，抄寫注出，仔細看讀，然後顧召能雕字匠人，各部隨帙刻印板，廣頒天下。如諸色人要寫經書，並須依所印敕本，不得更使雜本交錯。”其年四月敕令：“差太子賓客馬縞、太常丞陳觀，太常博士段顒、路航，尚書屯田員外郎田敏充詳勘官，兼委國子監於諸色選人中，召能書人端楷寫出，旋付匠人雕刻，每日五紙，與減一選。”後漢乾祐元年（948 年）閏五月，國子監奏：“在雕印板《九經》，內有《周禮》《儀禮》《公羊》《穀梁》四經未有印本，今欲集學官校勘四經文字鏤板。”朝廷從之。至後周廣順三年（953 年）始成，六月尚書左丞兼判國子監事田敏進印板九經書。後周顯德二年（955 年）中書門下奏：“國子監祭酒尹拙狀稱：准敕校勘《經典釋文》三十卷，雕造印板，欲請兵部尚書張昭、太常卿田敏同校勘。”敕：“其《經典釋文》已經本監官員校勘外，宜差張昭、田敏詳校。”

《資治通鑑・後周太祖廣順三年》：“自唐末以來，所在學校廢絕，蜀毋昭裔出私財百萬營學館，且請刻板印九經；蜀主從之。由是蜀中文學復盛。”“初，唐明宗之世，宰相馮道、李愚請令判國子監田敏校正九經，刻板印賣，朝廷從之。丁巳，板成，獻之。由是，雖亂世，九經傳佈甚廣。”胡三省注：“雕印九經二百七十七卷，唐明宗長興三年，至是而成，凡涉二十八年。”九經刻板印經事共歷四朝八帝，在朝廷更替、君王變換之亂世，實為奇跡。宋太宗端拱元年（988 年）敕令國子監鏤版刊行《五經正義》，校正者皆博通經義之士。校勘嚴密，一校後詳校、次再校。蔣元卿整理成表，以彰眉目[①]：

經　名	校　　勘	詳　　校	再　　校
易	孔維等四人	李説等六人	同前
書	同上	同前	同前

① 蔣元卿：《校讎學史》，黃山書社 1985 年版，第 67 頁。

續　表

經　名	校　勘	詳　校	再　校
春秋	孔維等二人	王炳等三人	邵世隆
詩	孔維等五人	畢道升等五人	李覺等五人
禮記	胡迪等五人	李至等	紀自成等七人

《玉海》卷四十一：咸平三年(1000 年)“凡賈公彥《周禮》《儀禮》疏各五十卷,《公羊》疏三十卷,楊士勛《穀梁》疏十二卷,皆校舊本而成之。《孝經》取元行冲疏,《論語》取梁皇侃疏,《爾雅》取孫炎、高璉疏,約而修之,又二十三卷。四年九月丁亥以獻,賜宴國子監,進秩有差。十月九日命杭州刻板”。《七經義疏》與《五經正義》同時校勘刊刻。校勘者崔頤正、孫奭、崔偓佺、邢昺等人，更是勵精強學、博通經義的大學者。官刻校勘如此，私刻校勘亦如是。如南宋寧宗時岳珂校刻九經、三傳，全仿官校體勢，廣征副本，精審字畫,詳訂音釋，辨定句讀，皆以精密見稱。校勘是文字經義的保障。《宋史・儒林傳一・崔頤正》載判監李至上言:“本監先校定諸經音疏,其間文字訛謬尚多,深慮未副仁君好古誨人之意也。”所以需要多次進行。風氣所披，校勘方法日趨縝密，校勘蔚然成為專門之學。如宋王叔邊刊本《後漢書注》的牌子説明:“本家今將前後《漢書》精加校證,並寫作大字鋟板刊行,的無差錯。收書英傑伏望炳察,錢塘王叔邊。”蒙古定宗四年(1249 年)張存惠明軒刊本《重修政和經史證類備用本草》的牌子説明:“字畫謬誤,殊關利害,如升斗、疽疸、上下、千十、未末之類,無慮千數。或證以別本,質以諸書,悉為釐正。”明楊慎《升庵詩話・書貴舊本》:“古書無訛字,轉刻轉訛莫可考證。余於滇南見故家收《唐詩紀事》抄本甚多,近見杭州刻本則十分去其九矣。”

與官刻本不同,民間書坊粗製濫造,文字訛誤叢生,足以為害,引起官方制裁。明代嘉靖年間(1522—1566),有些書坊逐利改版,文字錯訛,貽害士林。當時刻書重地福建省提刑按察使行文建陽府,嚴加糾察。嘉靖十一年(1532 年)建陽刻本《周易經傳程朱傳義》牒文：

> 福建等處提刑按察司為書籍事,照得五經四書,士子第一切要之書,舊刻頗稱善本。近時書坊射利,改刻袖珍等版。款制褊狹,字多差訛,如“巽與”訛作“巽語”,“由古”訛作“猶古”之類。豈但有誤初學,雖士子在場屋,亦訛寫被黜,其為誤亦已甚矣！刻本司看得書傳海內,板在閩中。若不精校另刊,以正書坊之謬,恐致貽誤後學。議呈巡按察院詳允會督學道選委明經師生,將各書一遵欽頒官本,重複校讎。字畫句讀音釋,俱頗明的。

如有違反,懲罰措施十分嚴厲:“牒仰本府著落當該官吏,即將發出各書,轉發建陽縣。拘各刻書匠戶到官,每給一部,嚴督務要照式翻刊。縣仍選委師生對同,方許刷賣。書尾就刻匠戶姓名查考,再不許故違官式,另自改刊。如有違謬,拿問重罪,追板劖毁,决不輕貸!"在官府嚴厲監督下,書坊匠人照式翻刻,原版一切均摹刻無誤,自然避免了字形訛誤。刻本標明匠戶姓名,以便追究責任。

到了北宋,雕版印刷逐步擴大到儒家經典和其他文字方面,進入了繁榮的出版時期。印刷對於文化發展的意義是深遠的,對於文字的規範性意義同樣是不可低估的。首先體現在傳播文字的功能上具有特別優越的性能。在印刷術使用之前,文獻的傳播手段主要是抄寫,因為抄寫人的文化程度高低不同,對文獻理解、文字識别會産生偏向,或者因生理原因會發生錯訛現象。出於抄寫人的利益,會選擇當時能接受、或者違反規定的省簡,採用行草、簡寫俗體取代原來的字形。這些都會造成抄寫過程中的文字變化乃至訛誤。當然古人可以對金石文獻捶拓,取得拓本,不過它受到條件的限制,無法大量地複製文獻,利用摹錄可以基本保真,可是需要一定技術,花費極大精力,故而依然祇能是一種藝術品的複製辦法。

第二節　書坊逐利刊行產生之簡俗字

印刷術的使用,使得印刷品在一定範圍内代替了手抄件,自然可以减少那些個性化的錯字、壞字、自造字的流行,如北朝時期那些離奇别體、破體就很少見到了。版刻文字不在同一水平綫上,文字的規範程度取決於印刷品的優劣程度。五代、宋以來的版刻出版物分為兩類:一類是經典書籍,一類是通俗讀物。經典書籍包括經史子集,它們在道德、歷史、人格、文學方面具有權威性,是歷代傳承的正統精神財富。這類出版物要經得起國家法規、精英文化階層的認可,必須認眞嚴肅遵守文字規範。通俗讀物是市民文化發展的結果,宋代以來戲文、山歌、話本、小説盛行,此類印刷物大量發行,供市民娛樂消遣,並不很在乎印刷的品質。在文字方面,比較突出的是採用民間流行的俗體字,版刻加工省時省力。俗體字以簡省字體為主,筆畫减少,結構簡化,並不影响通俗文學作品的傳播。當然雕刻精美、字形正確的通俗文學版本同時存在,這祇能説明讀者會根據經濟能力選擇或精或粗的刊本了。

南宋刻本已經使用簡俗字,版本學家已經注意到這個事實。"南宋减少筆畫之簡字流行,所見十多種宋本,都有簡體字,或三四字或八九字不等,如国(國)、兴(興)、孝(學)、苯(舉)、喾(譽)、辞(辭)、无、斉(齊)、与、礼、乱、实(實)、继、尽、躰、楼、变、迁、宝、蚕,……大致各本相同。"[①]特别是坊肆刻書的通俗類書籍,如民間文學、日用雜書

① 張秀民:《中國印刷史》,上海人民出版社 1989 年版,第 161 頁。

等簡俗字較多。究其原因：一是缺乏精良匠人；二是節約成本，加快速度，經濟利益驅動，相互影響形成風氣。明代戲曲小説風行，通俗文學空前繁榮，書肆刻坊生意興隆。各地書坊大量刊刻這些作品，為省工獲利，普遍使用簡俗字。“我們今天的簡化漢字，有些字在元代刻本中已經流行。羅振玉在日本影印的南宋臨安中瓦子張家雕印的《大唐三藏取經詩話》中‘過獅子林及樹人國’一章裏：有一個‘驴’兒吊在‘厅’前，及到山西王長者兒‘处’。其中驴、厅、处三字都是簡體。元朝中葉以後，坊間刻本使用簡體字的就非常普遍了。如‘無’作‘无’，‘龐’作‘庞’，‘鹽’作‘盐’，‘雙’作‘双’，‘隱’作‘隐’，‘氣’作‘气’，‘馬’作‘马’等等。”①刊本的簡俗字十分隨意，例如元至治年間(1321—1323)建安虞氏刊《全相平話五種》(圖 4 下 5－3)的一頁中，第 1 行“离”、第 3 行“将”“国”，第 4 行“舜”(舞)、“楼”“台”，第 5 行“随”、第 6 行“帰”“尽”，第 7 行“勦”(剿)、“无”，第 8 行“俻”等。元代杭州坊刻本《古杭新刊的本関大王單刀會》有“礼”、“驾”(驾)、“灵”“诛”“处”“刘”“数”“万”“闹”“杀”“将”“与”“国”“谏”“为”“青”“気”“抛”“関”等(圖 4 下 5－4)。文字楷體，行草夾雜，如“定”下似“之”，又如“見”(見)、“相”(相)，内二短横作一點；“驾”(駕)中“加”右一點代“口”，渼(漢)等水旁作竪勾，“詔”“調”等言旁草寫，有的字如“分”，“扮”的“分”草寫成“分”，“欵(欵)”草寫成“欵”，其實有些簡體也是從草書楷化而來。同時採用重文號，包括多字連續重文，如“萬歲々々”表示“萬歲萬歲”，省略了文字。這樣的文字並不是刻書人的隨意

圖 4 下 5－3

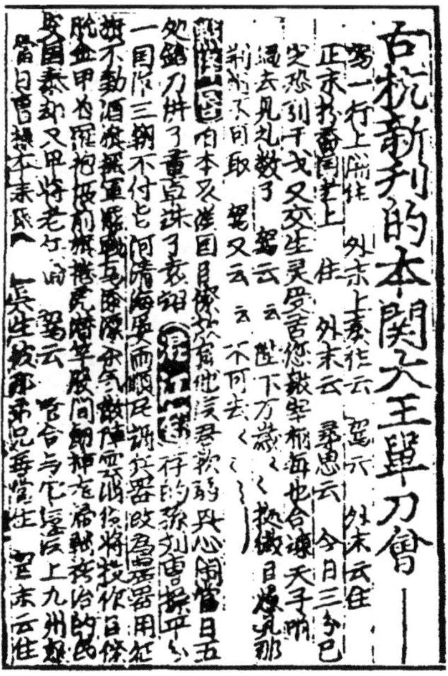
古杭新刊的本関大王單刀會

圖 4 下 5－4

① 魏隱儒：《中國古籍印刷史》，印刷工業出版社 1984 年版，第 92 頁。

處理,很可能是底本原樣,刻字人照本上板,未經處理,刻字人也未必有處理文字字形的能力。張秀民(1908—2006)指出,宋、金刻本中的簡字、俗字,元代刻本多有襲用。而《至元新刊全相三分事略》更大膽使用假借字,如“諸葛”作“朱葛”,“諸侯”作“朱侯”,“玄德”作“玄得”,“周瑜”作“周餘”,以“一”代“益”,又代“懿”,“益州”作“一州”,“司馬懿”作“司馬一”,“廿”代“念”,“口念短歌”作“口卄短歌”,超出一般簡化字、異體字的範圍,近乎別字、訛字。[①] 這種情況不衹是元刊本,明刊本也是如此。

上海嘉定宣氏墓出土的明代成化年刊南戲《白兔記》,也是屬於據底本刻字的版本,保留了元代南戲的格局,除了文字字形的問題外,白字較多也是一個很突出的現象(圖 4 下 5 - 5)。如《白兔記》逸曲內“收錄”寫成“受祿”,“悄悄”寫成“睄睄”,“辛”寫成“心”,“彎”寫成“灣”,“睬”寫成“采”,“豔”寫成“煙”,“感”寫成“敢”,“泰”寫成“太”,“顧”寫成“故”,“依允”寫成“伊尹”,“罰”寫成“發”。又如《白兔記》前場對白:“今日利(戾)家子弟,搬演一本傳奇,不插科,不打問(諢),不為(謂)之傳奇。倘或中間字籍(跡)差訛,馬(抹)音寺(奪)字,香(鄉)談別字……”[②]同墓發現的《花關索傳》中也有衆多的簡體俗字,如“刘”“与”“报”“边”“还”,“后”代“後”。更為突出的是行草與楷體夾雜,許多字使用草書結構和筆畫,求得簡便,如“為”“事”“得”“要”“見”“將”純為草書,“門”“関”“悶”“身”“都”“當”“請”“如”“知”“家”“走”“想”“忍”“想”“便”等局部採用草法,例如“口”寫成兩點,“心”寫成三點,有些部件省略了筆畫等。還有一些省體俗字,如“論”省去了左邊,寫作“侖”[③]。

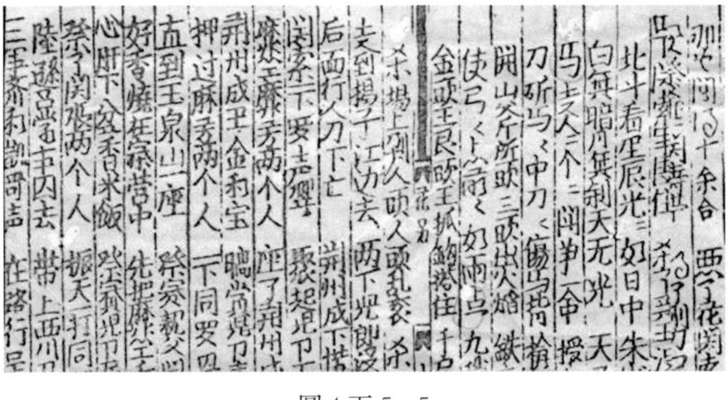

圖 4 下 5 - 5

相比之下,地方戲本流通範圍小,衹能在小書坊刊行,其中俗字更加紛亂。英國劍橋大學圖書館藏的閩南戲曲弦管本《新刻增補戲隊錦曲大全滿天春》,明萬曆甲辰

① 張秀民:《中國印刷史》,上海人民出版社 1989 年版,第 320 頁。

② 趙景深:《明成化本南戲〈白兔記〉的新發現》,《文物》1973 年第 1 期。

③ 上海市文物管理委員會考古組:《上海發現一批明成化年間刻印的唱本、傳奇》,《文物》1972 年第 11 期。

(1604 年)瀚海書林李碧峰陳我含刊。此本是幾折戲本合集,刻工雖不馬虎,但也不算精細,有些字形刻得粗糙、變形。此刻本有通俗文學的俗字。有別字,"逍遙"寫作"逍要"。有累增字,為了顯示字義,隨意增加偏旁,"艱辛"寫作𫝀𫝀、"繩索"之"索"寫作繂、"羅漢"之"漢"寫作僙、"滿盈"之"盈"寫作溋、"拋棄"之"棄"寫作挊。有常見的簡俗字,如罗、劝、离、声、门、刘、双、会、云、过、实、欢、体、尽、处、觉、笔、报、罢、应、顾、养、劳、涛、炉、爱、绣灯、学、办、园、覀(覆)等。具體情況如下:有的缺筆畫,如陽(陽)、等(等)、簫(簫)、真(眞)、萱(萱)、機(機)。有的增筆畫,如爽(爽)增横、丹(丹)點延長為竪。有的直接用草體,如得(得)、書(書)、邊(邊)、酒(酒)。部分行草化,多採用連筆,以一畫表示多點、多畫者,如馬(馬)、就(就)、想(想)、且(且)、賣(賣)、愁(愁)、燕(燕)、景(景)、檢(檢)、烏(烏)。用一畫代替"心"者,如憂、憂(憂)。用兩點代多種部件者,如哥(哥)、幾(幾)、楽(樂)、急(急)。用三點表示"竹"者,如篇(篇)、第(第)、筵(筵)。連筆省略筆畫者,如是(是)、越(越)、悶(悶)。

有的採用代號,如用"厶"代:鵖(鵬)、尊(尊)、樽(樽)、厶(某);用"文"代:李(學)、舉(舉)、覺(覺);用"又"代:难(難);用"乂"代:难(難)、乂(割);用"卜"代:娘(娘);用"米"代:幽(幽);用"刂"代:归(歸)、強(強)、彈(彈)、讒(讒)、賢(賢)、鄉(鄉);以"人"代:興(興);用"亚"代:留(留);用"云"代:風(風)。李春曉注意到閩南明刊本內方域文字,比如傀儡簿和明刊本中,我們可以看到表示"團圓"義的書寫符號直接作兩個圓圈"○○"。"圓圈"方言詞作"圓箍仔",直至今日,閩南地區表示人民幣單位代稱的"圓"亦有的作"○","十元(圓)"作"十○",就是表示"十箍"。又如將"妻子"寫作"厶","什麼"作"乜"[①]。實際上閩南刊本把"乂"與"厶"兩個字當作很多字或詞的代號。清梁紹壬《兩般秋雨盦隨筆》卷二"厶字":"今商賈記帳,銀每兩換錢若干,或每人分錢若干,每字俱作厶字。"如果以"某"解釋,"乂"與"厶"就是某或某某,可以指向不定的事物。

有繁化字,在採用簡俗字的同時,戲本又採用繁俗字,溋在"盈"字上加水旁顯示意義,為自造"盈"的繁俗字。"拋棄"字用俗字"挊","挊"讀 pīn,《廣韻·桓韻》:"拚,弃也。俗作挊。""繩索"字用"繂","繂"《正字通·系部》:"繂,俗索字。""羅漢"用"僙",《玉篇·人部》:"僙,姓也。"並非"羅漢"之字。"娘子"之"子"寫作"仔",以表明人倫。

有形訛字,使用錯誤部件,如:舣(般),"殳"誤作"犬";添(添),"心"誤作"水";满(滿),"兩"誤作"雨";蔬(蔬),"足"誤作"豆"。

---

① 李春曉:《閩南方域文字芻議》,《東南學術》2014 年第 2 期。

有寫白字的情況:“糖蜜”之“蜜”寫作“密”、“連理”之“理”寫作“里”、“憑”寫作“办”(閩南音兩字讀音相同,此參考李春曉一文)。[illegible](猿),草書[illegible]誤刻破體字。

戲本文字是十分隨意的,如一字多形,“書”既寫作“書”,又寫作“[illegible]”;“棄”既寫作“弃”,又寫作“[illegible]”;“難”既寫作“難”,又寫作“[illegible]”,又寫作“难”;“幾”既寫作“幾”,又寫作“[illegible]”;“着”又寫作“[illegible]”;“無”又寫作“[illegible]”等。

隨意雕刻文字,簡化和寫錯別字是俗文學刊本俗字常見現象,行書、草書楷化、直接描寫草書、採用各種代字符號等,省筆省畫都是有機聯繫的措施。它有主觀上的原因和客觀上的意圖,是文化下層民衆的自發文字行為。“成化本的錯别字特别多,這當然也由於坊刻本的馬虎,但更主要的恐怕正是衹求底本用字,演唱藝人能讀出音來就行了。”①宋代以來雕版中大量簡陋字形雖然可以省工,降低成本,但是違反了文字的使用原則,造成了用字的混亂情況,這是手寫體進入印刷品的一個現象。應該説,宋元明以來的版刻俗字由來已久,是漢字俗字系統的延續。最突出的問題之一是,很少用新造字,主要採用省簡的辦法。具體做法是用行草書楷化,或者直接摹刻行草書,這是在正字法漸漸嚴厲的情況下出現的新狀態。1930年,取材宋、元、明、清12種刊本中的俗字:宋刊《古列女傳》、宋刊《大唐三藏取經詩話》、元鈔木刻《京本通俗小説》、元刊《古今雜劇三十種》、元刊《全相三國志平話》、元刊《朝野新聲太平樂府》、明刊《嬌紅記》、明刊《薛仁貴跨海征東白袍記》、明刊《岳飛破虜東窗記》、清初刊《目連記彈詞》、清嘉慶刊《金瓶梅奇書前後部》、清同治刊《嶺南逸史》古籍版本,劉復、李家瑞取其俗字編成《宋元以來俗字譜》一卷,認為:“要藉此看一看八九百年以來俗字的演進和變化的程跡,也就十不離九了。”②這是一本帶著觀點去收集證明材料的作品,取材不全面,所收俗字代表性也不夠,更缺乏科學的分析,但是把一定範圍的部分俗字集中起來,引起學界注意,於古代版本俗字整理有開創之功。《宋元以來俗字譜》結合其他版本的俗字,大致可以分析宋元以來俗字的概況。版刻俗字有幾種類型:一是筆畫小異,如劉復指出許多俗字相差衹有一筆或半筆。這是通俗版本文字的特點之一,如“竊”字下之“功”,有的俗字從工、刀;“巢”上三點作ソ、作八、作小;版本俗字最大量屬於筆畫小異,如壯、牆之類,用行草書融入楷書。二是使用代號,用“メ”或其變化形式“又”:“鳳”內用“メ”代“鳥”成“凤”“风”。“对”“圣”“劝”“艰”之從“又”。更加簡單的是用“丶”代替,如“枣”字下使用重文號代替,又如“樂”字作“楽”、“辦”作“办”。三是省偏旁部件,“尋”字省去“寸”作[illegible],“盤之”省“舟”作[illegible],“職”之省“音”作

① 汪慶正:《記文學、戲曲和版畫史上的一次重要發現》,《文物》1973年第11期。

② 劉復:《宋元以來俗字譜·序》,中央研究院歷史語言研究所1930年初版,1992年影印本,第2頁。

⿰耳戈，“殿”之省“殳”作㞟，“號”之省“虎”作号。四是新造字，形聲字一般是用筆畫少的部件替代筆畫多的部件，如“聽”之從“斤”，“燈”“廳”之從“丁”，“戰”之從“占”，“覆”之從“伏”作⿱覀伏，“舞”之從“无”作⿱无廾。會意字較少，如“佛”作仸，“發”作発，並非草書，也可看作新造形體。五是使用同音字，“義”之用“乂”，後加點區别。

這些俗字歷史悠久，有來源於古文或體的，如“棄”字用“弃”、“禮”之用“礼”，來源於漢代假借字，如“疆”之用“強”，“楽”來源於戰國銘文，“無”寫作“无”，“後”寫作“后”，“萬”寫作“万”，“曹”寫作“㡿”，均在漢代流行。“某”採用“牟”之省“牛”之同音“厶”，晉唐時見於文獻。“見”“將”“門”“報”“樂”均為漢代草書，而且行草書楷化的做法由來已久，如“徑”“將”的簡寫進入碑石，漢魏南北朝已經很普遍，在最近發現的北齊碑額中，“大齊天統”等字，“齊”作“斉”，“統”作“统”，這兩字在版刻俗字中常見[①]。此其一。其二是社會上流行的俗字，刻本中的俗字非古即今，如元刊本中的“厅”，在山西省萬榮縣太趙村稷王廟至元八年（1271 年）《舞廳石》石碑上也有此字[②]。為了省工省時，版本俗字通常是簡化形體筆畫的簡體字，但是有些字形體並不簡省，如“怪”作“恠”，俗字反而多了一筆。細細一看，“恠”字雖然多了筆畫，卻是少一筆斜捺，刻工依然方便合算。

宋元以來版本俗字比起六朝的俗字而言，專輒造字非常少，特別的異構也不多見，同樣是俗字，字形並不離奇。而且此類俗字使用面並不十分廣泛，衹是在部分通俗作品中。新出的字形中，眞正新造的並不多，龍門石窟發現的有“来”“万”“汉”“与”“礼”“乱”“国”“属”“盖”“无”“郁”“断”“灾”“迎”“师”“观”“经”“沈”“范”“县”“刘”“云”“党”“为”“铁”“监”“将”“关”等[③]。明姬滂墓誌内簡俗字有“号”“莹”“状”“难”“迁”“灵”“声”“斊”（礐）、“缕”“将”“⿱丷戈”（幾）、“⿶凵幺”（幽）、“斈”（學）、“继”“国”“观”“寿”“万”等。“⿱共氺”（恭）從水。为为用行書，連筆。[④] 在明代嘉靖、萬曆間人郝瑞墓誌發現了簡化字，如“弟”“加”“万”“于”“声”“义”“变”“迁”“泽”“尔”“寿”“无”[⑤]。明代墓誌中與通俗版刻的簡俗字是相同的。通俗版本俗字利用行草與楷書書體轉換得十分普遍，草體楷化是主要方面，如“尽”“专”“马”“门”“爭”，都是採用草書楷化。有些衹是限於一些部件，如“目”，草體中間二横作一豎為“⿴口丨”，在“相”“眉”“看”“直”“眞”字内之“目”類推作“⿴口丨”。生吞活剝的草體字，直接用草書入版的如“乛（門）”“[illegible]（香）”並不多見，刻工還是注意到楷書規範的。

① 山西省考古研究所、太原市文物考古研究所、晉源區文物旅遊局：《太原開化村北齊洞室墓發掘簡報》，《考古與文物》2006 年第 2 期。

② 廖奔：《宋元戲臺遺跡》，《文物》1989 年第 7 期。

③ 李玉昆：《龍門石窟拾零》，《中原文物》1986 年第 1 期。

④ 郭繼賓：《明代姬滂墓誌考》，《中原文物》2014 年第 5 期。

⑤ 程欣人：《明代郝瑞墓誌與簡化字》，《江漢考古》1984 年第 3 期。

通俗版刻文字並非印刷字形的主流，經典著作的版本文字形體纔起到導向作用。繼承唐代正字學的經典版刻字形規範，除了傳承的異體、古體之外，間或雜有通行的行書楷化字，而草書楷化、別構字難得見到。吳承仕說："然自五代刻梓之術行，抄寫者稀，字體訛遷亦庶幾少殺矣。"①這就是基於正統版刻事實而言。五代、宋以來，版刻是文字交流的主要媒介，它在促進漢字形體的規範化、正體字形的完成中起著決定性作用。

第三節　從宋體到匠體

明代中期產生了一種方正機械、結構雷同的印刷字體，清代稱為方體、宋字，現稱宋體字。《清稗類鈔・鑒賞類》"丁善之論仿宋板"："明隆、萬間，乃有專作方體之書工以備鋟版者，即今日盛行之宋體字也。"宋體字衍生出多種印刷體，所以習慣上又稱為老宋體。

正體字在版刻印刷的標準字體是宋體字，它不僅為印刷專業提供了字形規範，同時使得正體字形具體化、固定化，是漢字形體發展的升華。宋體字並非宋版的字體，到明代纔逐步形成印刷專用標準字體——宋體字。

宋版的規整楷體是宋體字的源頭。宋代印刷術達到了成熟時期，印刷品豐富多彩，印刷字形在質和量兩個方面獲得了前所未有的提高。原來印刷字形和手寫體沒有嚴格區別，多以能書者書寫，也有著書者自書，然後刊刻上板。印刷品和手書沒有什麼兩樣，什麼書體都有，正楷、行書、古體、俗體等，競相比美，百花爭豔。名家的字體是使用最多的，正楷有唐代的顏眞卿、柳公權、歐陽詢，行楷有宋代的蘇軾、徽宗。浙江刻本多用歐體，福建刻本多用柳體，蜀本採用顏體，風格多樣，作風認眞，刻字不失書寫原貌。

宋代把唐代楷書刻字入板，寫工是職業培訓而來，並非書法高手，模仿之中、寫刻之間容易流為匠人之體，各體特色漸漸淡化，趨向中和。王立軍認為："（宋代刻工）經過長期的實踐，他們逐漸摸索出一種橫平豎直、縱向略長、筆畫瘦硬的刻書體，這種刻書體已經具備後代'宋體字'的雛形。"②並且舉南宋臨安府坊刻本《圖畫見聞志》和南宋南京刻本《攻媿先生文集》為例，前者"書體與後代宋體字何等相似"，後者"與後代宋體字相比，其差別已經非常細微了"。不過，南宋末期臨安府書棚本《唐求詩集》，除了具備上述兩種刊本的特點外，字形大小一致，沒有明顯的中宮收縮、四面開張的書

① 吳承仕：《經典釋文序錄疏證》，中華書局 1984 年版，第 11 頁。

② 王立軍：《宋代雕版楷書構形系統研究》，上海教育出版社 2003 年版，第 106—107 頁。

寫習慣,風格更接近宋體字(圖 4 下 5－6)。南宋淳熙二年(1175 年)刊本《新定三禮圖》,字體脫離書法個性的影子,字形近於方正,具備宋體的雛形(圖 4 下 5－7)。

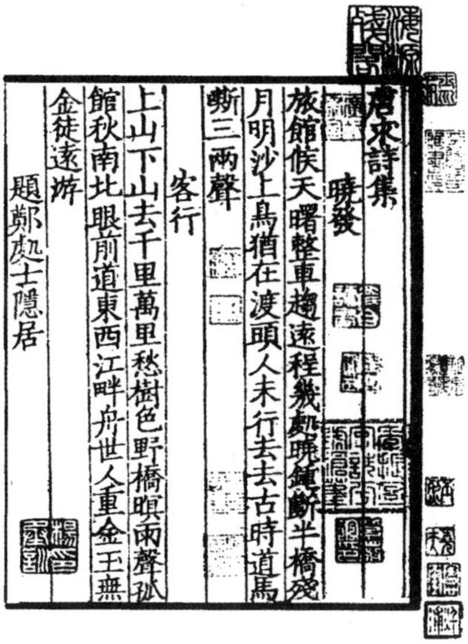
唐宋詩集
曉發
旅館候天曙整車趨遠程幾處曉鐘斷半橋殘
月明沙上鳥猶在渡頭人未行去去古時道馬
嘶三兩聲
客行
上山下山去千里萬里愁樹色野橋暝雨聲孤
館秋南北眼前道東西江畔舟世人重金玉無
金徒遠遊
題鄭處士隱居

圖 4 下 5－6

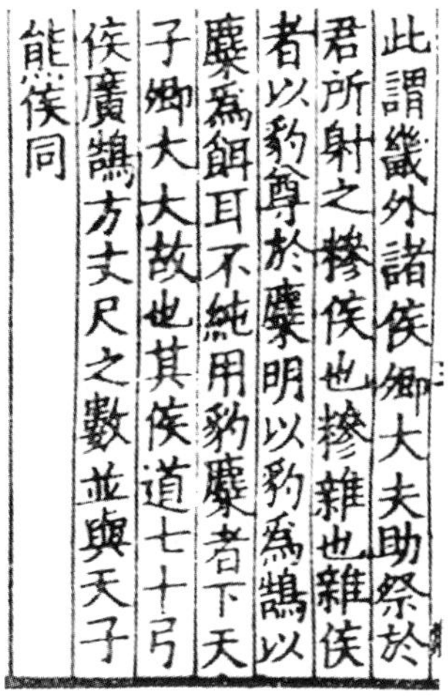
此謂畿外諸侯卿大夫助祭於
君所射之糝侯也糝雜也雜侯
者以豹尊於麋明以豹爲鵠以
麋爲餌耳不純用豹麋者下天
子卿大夫故也其侯道七十弓
侯廣鵠方丈尺之數並與天子
熊侯同

圖 4 下 5－7

宋體字並非是宋代版刻字形自發而來。宋體字的特點有兩個要素,一是橫平豎直,這是結構要素;另一是橫細豎粗,這是筆畫要素。這並非匠人們的創造,因為這兩個要素在宋代版本中已經出現,在宋金元明的官號押字成為慣例。

宋本書法精美,刊刻嚴謹,是印刷的精品。張秀民認為,宋代版本,“各種字體競相比美”,“不如現在書報上所用鉛字之單調,而以方體較普遍,所謂字畫斬方,神氣肅穆”①。所謂“方體”就是字形飽滿呈方形;“字畫斬方”就是筆畫硬朗,筆畫方起方落;“神氣肅穆”就是一絲不苟,形體端莊。張秀民所謂宋代版刻文字的風格,形體上以方為特徵,似乎與宋體相近。但是與後世的宋體字“單調”比較,所具有的那種優勢,卻說明宋版字形具有書法的多樣化和個性化,藝術成分多於技術成分。

明代前期的仿宋版是宋體字的基礎。“到明代中期,即武宗正德到穆宗隆慶時期,由於李夢陽、何景明等當世名流倡導復古,一時海內成風,掀起了翻刻宋本、發揚古籍的運動,書籍版本,由是一變,字體雖不離顏、柳、趙氏風格,但結構趨於方正,漸漸成為字畫橫平豎直、撇捺直挺、整齊嚴謹、字形端正的宋體方字。較之宋本,儘管字體顯得有點死板,不及宋本流利自然,但在總體上說還是形似宋本。”②明代版刻以宋本為尚,正德、嘉靖年間覆刻或者翻刻宋本,一切依照底本,有的酷似原本,甚至避諱

① 張秀民:《中國印刷史》,上海人民出版社 1989 年版,第 160 頁。
② 向功晏:《明代經廠本淺析》,《故宮博物院院刊》1985 年第 2 期。

缺筆都照刻不誤。明代複製宋本,具體辦法是先用描紅把宋版字形描下,然後刻板印刷。明代複製宋版不是現代的影印技術,不可能一模一樣,衹能大致保持原本的字形結構,並不能保存原來字體所有的書法特點。在複製的過程中,不可避免地滲透了匠人的操作意識習慣,漸漸改變宋本的字形風貌。明本改變了宋本字形,筆畫去斜勢為平整,結構改中宮收縮為均匀佈局,字體擺脱了書家的個性。例如明世德堂覆宋本《揚子法言》、明徐氏仿宋本《儀禮》,雖然出於宋本,卻都是明代的匠體字。由覆刻宋本形成的字體,再推廣到當時的書籍版刻中去。"覆宋版式字體,互習成風。其後不但翻刻古籍如此,就是當代作品,也仿宋體。""這正是正德、嘉靖年間版式、字體變化的第一個原因。"[①]明翻宋本常稱覆宋本、影宋本,有時也叫仿宋本。字體雖然是明代的,卻是從宋版上來,所以也稱作宋體。明代宋體實際並非宋代之體,而是匠人仿宋之體。

明代版刻字體繼承了宋代嚴謹的楷體,從仿照到創造,明代嘉靖年間創造了匠體。匠體是書坊書手所寫的字體,陳國慶細分為二:在宋版中有一種整齊方正的字體,雖然不同於楷體,但仍帶有楷書的風味,版本家稱這種字體為宋匠體。明末有專業書工,專寫一種横輕豎重的膚廓字樣,一時頗為流行,版本家稱這種字體為明匠體。[②] 陳國慶的觀點來自明代人的説法。明末汪琬、薛熙刻《明文在·凡例》:"古本均係能書之士各隨字體書之,無有所謂宋字也。明季始有書工專寫膚廓字樣,謂之宋體。"

這裡有兩個問題需要説明,具體論述如下:

其一,匠體字是什麽時期出現的? 匠體字的特質有三點:一是整齊方正,二是横輕豎重,三是垂豎直横水平,三點缺一不可。陳國慶衹強調了其中兩點,遺漏了第三個特質。

隨著明代匠體的不斷完善而變化,刻版前後的面貌是有差異的。明本追求字體酷似,經過長期模仿,影響了明代的刻字規範和體勢。在明代中期,借匠人之手產生了宋體字。魏隱儒指出:朱承爵(成化十六年到嘉靖六年,即 1480—1527),江陰人,著名藏書家,好宋本,"喜刻書,所刻受宋本影響,創明代宋體字,字畫認眞,一絲不苟。"[③]明正德十六年(1521 年)江陰朱氏文房刻本《樊川詩集》(圖 4 下 5－8),字體横平豎直,靜穆硬朗,字體非顏非柳,筆畫垂直相交,點畫形狀接近幾何體,所差横細直粗差别不大,佈局略有楷書意味。可見朱氏《樊川詩集》宋體字距離匠體還有一定距離。嘉靖十八年(1539 年)聞人詮校刻《舊唐書》(圖 4 下 5－9)、嘉靖四十五年(1566 年)項篤壽刻本《今言》(圖 4 下 5－10),後者具備了上述三個要點,字形豎横粗細、筆

① 魏隱儒:《中國古籍印刷史》,印刷工業出版社 1984 年版,第 131 頁。
② 陳國慶:《古籍版本淺説》,中華書局 1964 年版,第 51 頁。
③ 魏隱儒:《古籍版本鑒賞》,北京燕山出版社 1997 年版,第 72 頁。

畫方起方收,間架平直。雕刻工藝的方便易行,促成了匠體的形成。明嘉靖三十五年(1556年)無錫顧氏奇字齋刻本《唐王右丞詩集》已是十分完善的匠體字了,萬曆二十三年(1595年)北京國子監用宋體字刻印了《南齊書》,萬曆二十四年(1596年)南京國子監也用宋體字刻印了《三國志注》①。從目前掌握的明代刊本來説,匠體可能没有正德這麼早,也没有明末這麼晚,在嘉靖年間出現纔是可靠的結論。當然匠體字的出現,除了匠人的實踐和創造外,還有明代行政干預的原因。正德、嘉靖年間,官方干預版刻印書,"政府嚴厲禁止故違舊式,自然在各書坊和刻字工人中都留下了深刻印象",這也是正德、嘉靖年間版式、字體變化的另一個原因②。

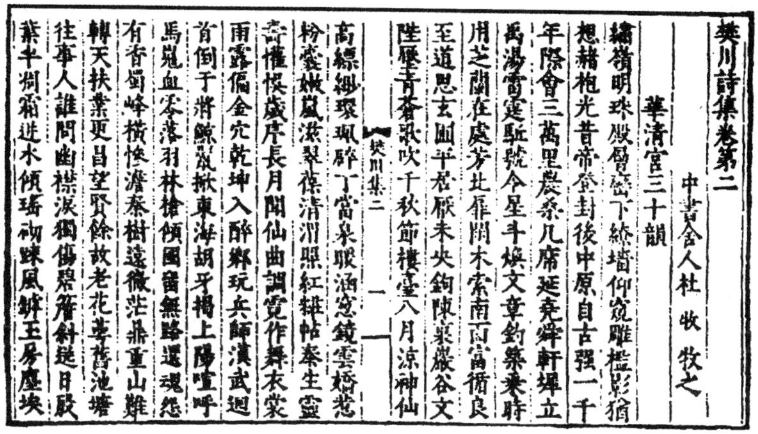

樊川詩集卷第二
中書舍人杜牧 牧之
華清宮三十韻
繡嶺明珠殿層巒下繚墻仰窺雕檻影猶
想赭袍光昔帝登封後中原自古強一千
年際會三萬里農桑几席延堯舜軒墀立
禹湯雷霆馳號令星斗煥文章釣築乘時
用芝蘭在處芳北扉閑木索南面富循良
至道思玄圃平居厭未央鈎陳裴嶽谷文
陛壓青蒼歌吹千秋節樓臺八月涼神仙
樊川集二　一
高縹緲環珮碎丁當泉暖涵窗鏡雲嬌惹
粉囊嫩嵐滋翠葆清渭照紅粧帖泰生靈
壽權侵歲序長月閑仙曲調霓作舞衣裳
雨露偏金穴乾坤入醉鄉玩兵師漢武迴
首倒干將鯨鬣掀東海胡牙揭上陽喧呼
馬嵬血零落羽林槍傾國留無路還魂怨
有香蜀峰橫慘澹秦樹遠微茫鼎重山難
轉天扶業更昌望賢餘故老花萼舊池塘
往事人誰問幽襟淚獨傷碧簷斜送日殷
葉半彫霜迸水傾瑤砌疎風罅玉房塵埃

圖4下5-8

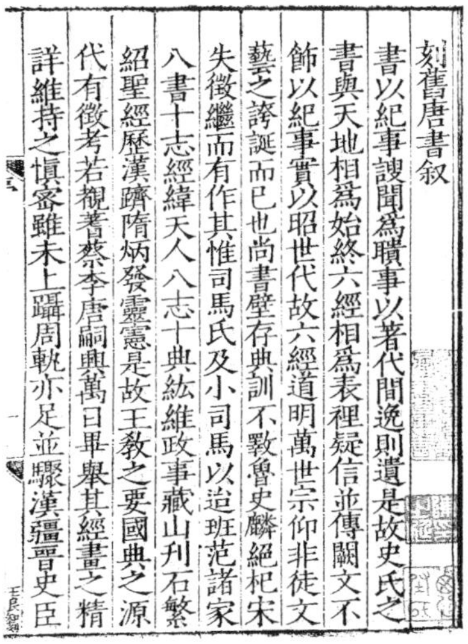

刻舊唐書叙
書以紀事謏聞爲職事以著代間逸則遺是故史氏之
書與天地相爲始終六經相爲表裡疑信並傳闕文不
飾以紀事實以昭世代故六經道明萬世宗仰非徒文
藝之誇誕而已也尚書壁存典訓不斁魯史麟絕杞宋
失徵繼而有作其惟司馬氏及小司馬以迨班范諸家
八書十志經緯天人八志十典紘維政事藏山刊石繁
紹聖經歷漢躋隋炳發靈憲是故王教之要國典之源
代有徵考若覩著蔡李唐嗣興萬曰畢舉其經畫之精
詳維持之慎審雖未上躡周軌亦足並驟漢疆晉史臣

圖4下5-9

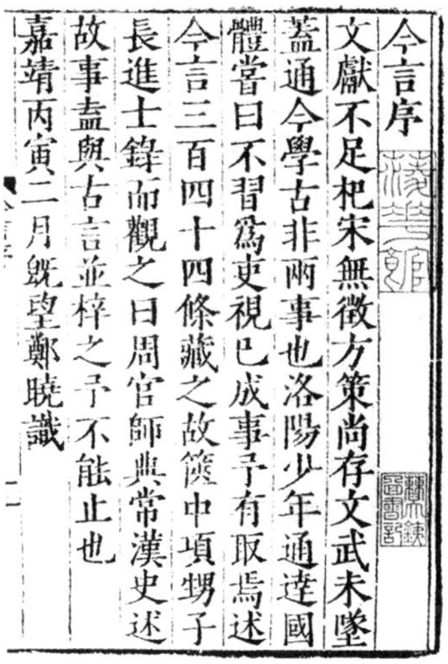

今言序
文獻不足杞宋無徵方策尚存文武未墜
蓋通今學古非兩事也洛陽少年通達國
體嘗曰不習爲吏視已成事予有取焉述
今言三百四十四條藏之故篋中頃甥子
長進士鋟而觀之曰周官師典常漢史述
故事盍與古言並梓之予不能止也
嘉靖丙寅二月既望鄭曉識

圖4下5-10

① 羅樹寶:《印刷字體史話(八)　明代印刷字體》,載《印刷雜誌》2004年第3期。
② 魏隱儒:《中國古籍印刷史》,印刷工業出版社1984年版,第132頁。

其二,匠體字、宋匠體、明匠體、明朝字、宋體字、老宋體等諸多名稱,哪個更合適?應該説,都不甚理想。匠體是匠人之體,概念需要廓清。書版,無論雕版還是活字都需要匠人雕刻,但不能當作匠體。有些是根據文本複製刻字,或者書版匠人依照傳統字形寫版,不體現匠人創意。當然匠人在雕刻文字的過程中會有職業化的影響,發生字形的漸變,從唐宋元明的版刻字形中可看到這個事實,不過達到三個特質纔是一個質變。顯然我們考察的對象不是逐步進程,而是結果。所以衹有匠人的創意,或者專為匠人設計,符合三個特質字體,纔可稱為匠體。宋匠體、明匠體是一個含糊的概念,實際意義不大,不宜採用。同樣,明朝版刻有各種字體,著名的有仿宋版、有各個階段漸進的匠體,還有手書的書法形體,如果專指三個特質的匠體,不如直接叫匠體最為明白。至於宋體,是指宋版字形,是匠體的前身,也包括匠體出現前的字形。明代後期匠體為印刷字體的一統天下,宋體就是匠體,可不必另稱匠體,但是在談字形沿革時,匠體就不能混稱宋體了。老宋體是區別新宋體來説的,兩者點畫形式存在小的差別。

刊本是寫本的延伸,早期的刊本就是複製寫本,印刷字體衹是寫本的影子,並無特殊之處。以五代吳越國的《陀羅尼經》為例,文字就是端正的楷書,與抄本別無異樣(圖 4 下 5－11)。

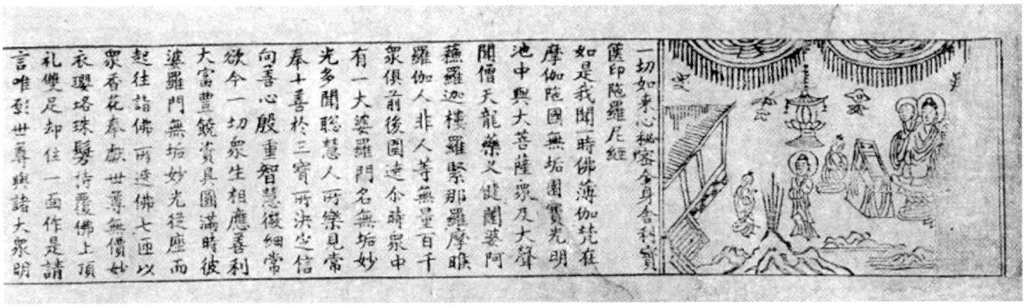

圖 4 下 5－11

古代刊刻用字除了宋體之外,依然保存著手寫體。自從宋體字出現以後,在版刻文字史上多了一組概念,它就是硬體和軟體。硬體也叫硬字,即宋體;軟體或稱為軟字,即手寫體。清康熙十二年(1673 年)敕廷臣補刊經廠本《文獻通考》脱簡,冠以序文,規定:“此後刻書,凡方體均稱宋字,楷書均稱軟字。”[1]後來相對軟體,把宋體改稱硬體。手寫體的歷史要比宋體悠久,本來版刻文字就採用手寫體,宋體是後來發展起來的。手寫體包含的書體較多,常見的有正楷、行楷、行書、草書、隸書等。軟體一般指端楷,五代採用的官楷,宋代《武經龜鑑》為宋代典型的歐體刊本(圖 4 下 5－12)。元代趙孟頫為第一書

① 陳國慶:《古籍版本淺説》,中華書局 1964 年版,第 51 頁。

法大家，趙體於明代初年洪武到成化年間成為刻書中的流行字體。趙體秀逸嫵媚，因此得名軟體。明代華亭沈度繼承趙孟頫，追法"二王"，楷書宗虞世南，圓熟不失遒勁，風靡朝野，形成臺閣體。版刻手寫體逐步棄趙體從沈體，體勢反與唐代官楷接近。相比而言，手寫體缺乏嚴格的要求，比較隨意。

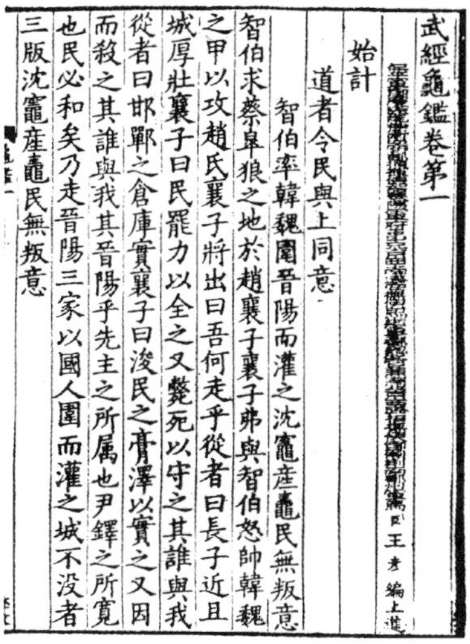
武經龜鑑卷第一
始計
道者令民與上同意
智伯率韓魏圍晉陽而灌之沈竈產鼃民無叛意
智伯求蔡皐狼之地於趙襄子襄子弗與智伯怒帥韓魏之甲以攻趙氏襄子將出曰吾何走乎從者曰長子近且城厚壯襄子曰民罷力以全之又斃死以守之其誰與我從者曰邯鄲之倉庫實襄子曰浚民之膏澤以實之又因而殺之其誰與我其晉陽乎先主之所屬也尹鐸之所寬也民必和矣乃走晉陽三家以國人圍而灌之城不沒者三版沈竈產鼃民無叛意

圖 4 下 5－12

值得注意的是，在一本書內有不同字體出現。如明嘉靖本《淮海集》，序言近於趙字楷體，正文是匠體，兩者明顯不同（圖 4 下 5－13）。明清刊印書籍普遍採用這一形式，匠體用於正文，而序言往往是採用手寫體的楷書或者行楷，這說明刻書人已經有主觀的區別意識，注意到手寫體富有藝術性。明清以來的館閣體是唐代官楷的延續，達到一個新的高度。書寫者需要從小開始經歷漫長的訓練和培養，具有純熟的書寫技能。而且臺閣體的書寫者多經科考之途，經史百家爛熟於胸，小學功底深厚，寫字事關仕途，因而端楷寫得一絲不苟，結構無半分差池。臺閣體的要求是字跡清楚，方便閱讀，特別摒棄了個人的書寫習氣，使得字跡爐火純青，溫潤如玉。宋元明書刊字體無論唐代楷書或是元代楷書皆以楷書，雖有各家特色，但因為均以唐代以來形成的官楷作為基礎，特色漸漸消退，形成中和字勢。楷書是一個模糊名稱，有正楷、行楷，宋以來稱為端楷，原意為端正書寫之楷書，專指楷書之嚴整者，一絲不苟，間架正，點畫飽滿。宋何薳《春渚紀聞》卷六："晁丈無咎言：蘇公少時，手抄經史皆一通。每一書成，輒變一體，卒之學成而已，迺知筆下變化，皆自端楷中來爾。"

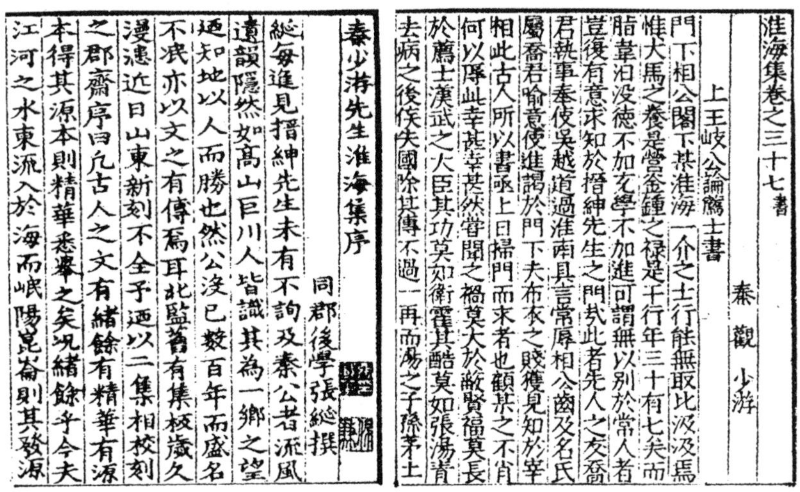
淮海集卷之三十七　書
上王岐公論薦士書　秦觀　少游
門下相公閣下某淮海一介之士行能無取比汲汲焉惟犬馬之養是營釜鍾之祿是干行年三十有七矣而賠韋汩沒德不加充學不加進可謂無以別於常人者豈復有意求知於搢紳先生之門哉此者先人之交喬君執事奉使吳越道過淮南具言常厚相公幽及名氏屬喬君喻意使進謁於門下夫布衣之賤獲見知於宰相此古人所以書死上日掃門而求者也顧某之不肖何以得此幸甚幸甚然嘗聞之禍莫大於蔽賢福莫長於薦士漢武之大臣其功莫如衛霍其酷莫如張湯青去病之後侯失國除其傳不過一再而湯之子孫箕土

秦少游先生淮海集序
同郡後學張綖撰
綖每進見搢紳先生未有不詢及秦公者流風遺韻隱然如高山巨川人皆識其為一鄉之望迺知地以人而勝也然公沒已數百年而盛名不衰亦以文之有傳焉耳北監舊有集板歲久漫漶近日山東新刻不全予迺以二集相校刻之郡齋序曰凡古人之文有緒餘有精華有源本得其源本則精華悉舉之矣况緒餘乎今夫江河之水東流入於海而岷陽崑崙則其發源

圖 4 下 5－13

端楷傳統歷史悠遠，眞書肇自北朝，隋唐達到完善，版刻文字以此為準。宋代以來除了俚俗文字外，皆用端楷。所謂軟字體實際是端楷的代名詞。經廠是司禮監，是管理皇宮刻書、印書的場所，經廠本即內府本，是明皇宮內廷刻行的本子。由於明內府刻書多由太監掌管的司禮監所屬經廠刊行，所以人們在習慣上稱為經廠本。明代前期，經廠很重視刻書事業，為刻行高品質的書籍，曾設法多方聚集人才。洪武時內府有刊字匠 150 名，兩年一班；嘉靖十年(1531 年)，刊字匠 315 名。前後刻印經、史、子書，祖訓、聖訓及《百家姓》《千字文》等內書堂課本 168 種。經廠本特點是開本大、印紙精、行格疏、字體大、粗黑口、鋪陳考究。明前期繼承元代刻書傳統，以趙孟頫體為主，字體工整秀麗。明正統十二年(1447 年)司禮監刊本《孟子集注》(圖 4 下 5－14)，明弘治十年(1497 年)刻本《新安文獻志》(圖 4 下 5－15)，萬曆十九年(1591 年)重刊《倪雲林先生詩集》(圖 4 下 5－16)，代表了官方與商業書坊不同風格的手寫體印刷物。清初皇家印書機構是武英殿，康熙至乾隆年間刻印了很多御製書，所用字體多出自當時翰林學士之手，精熟館閣體，書寫端楷工整。雍正五年(1727 年)精刻本《欽定詩經傳說彙纂》，版面是清代軟字體代表，尤其精美(圖 4 下 5－17)。版刻的館閣體書手通過專業磨練，職業化書法更加整飭、更加悅目，因而版刻手寫體更加優美。這種後來稱為軟體的印刷體本質上是手寫體，因而筆畫的綫條走向複雜，雕刻遠比宋體困難，清內府規定寫宋字樣板“每百字工價銀二分到四分不等”，

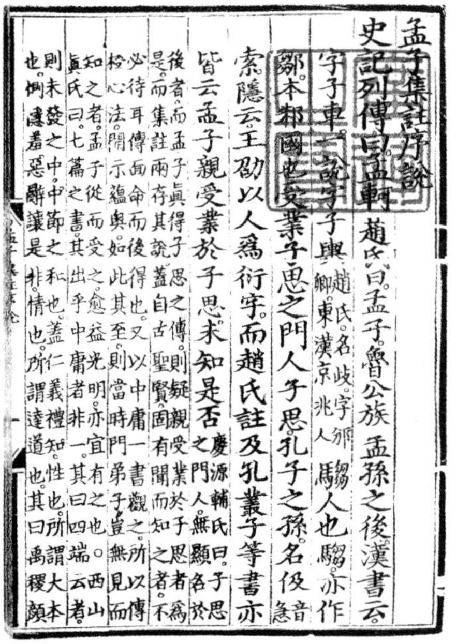
孟子集註序說
史記列傳曰孟軻 趙氏曰孟子魯公族孟孫之後漢書云字子車 一說字子輿 騶人也騶亦作鄒 本邾國也 受業子思之門人子思孔子之孫名伋
索隱云王劭以人為衍字而趙氏註及孔叢子等書亦皆云孟子親受業於子思未知是否

圖 4 下 5－14

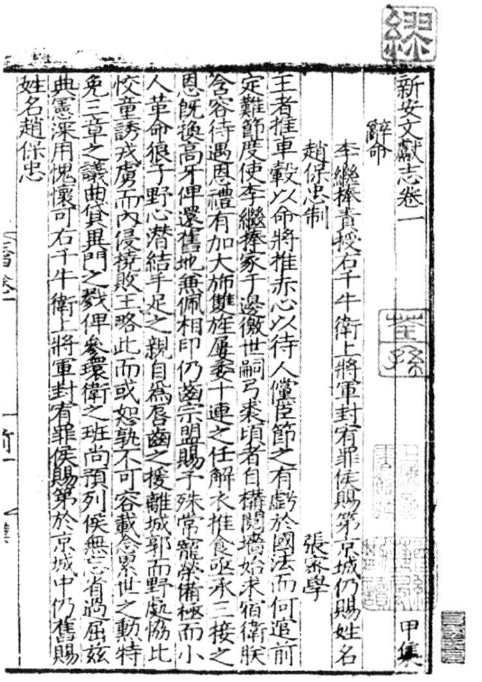
新安文獻志卷一 甲集
辭命
李繼捧責授右千牛衛上將軍封宥罪侯賜第京城仍賜姓名趙保忠制 張齊賢
王者推車轂以命將推赤心以待人儻虧節之有虧於國法而何追前定難節度使李繼捧豕于邊徼世嗣弓裘頃者自構鬩墻始求宿衛朕念容待遇恩禮有加大旆雙旌屢委十連之任解衣推食亟承三接之恩既換高牙俾還舊地兼佩相印仍齒宗盟賜予殊常寵榮備極而小人革命很子野心潛結手足之親自為唇齒之援離城郭而野處協比校童誘戎虜而內侵撓敗王略比而或恕孰不可容載念累世之勳特免三章之議曲貸異門之戮俾參環衛之班尚預列侯無忘省過屈茲典憲深用憫懷可右千牛衛上將軍封宥罪侯賜第於京城中仍舊賜姓名趙保忠

圖 4 下 5－15

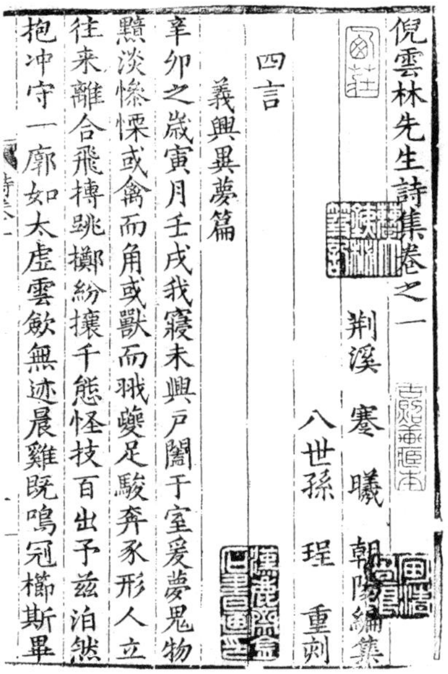
倪雲林先生詩集卷之一
荆溪　蹇　曦　朝陽編纂
八世孫　珵　重刻
四言
義興異夢篇
辛卯之歲寅月壬戌我寢未興戶闔于室爰夢鬼物
黷淡慘慄或禽而角或獸而翐夔足駭奔豕形人立
往來離合飛搏跳擲紛攘千態怪技百出予茲泊然
抱冲守一廓如太虛雲斂無迹晨雞既鳴冠櫛斯畢

圖 4 下 5－16

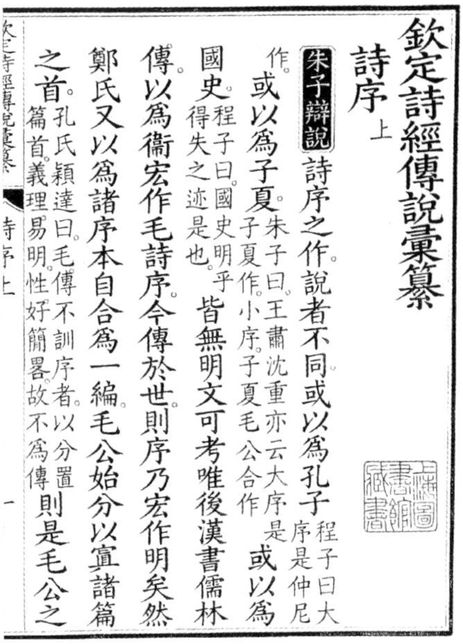
欽定詩經傳說彙纂
詩序上
朱子辯說　詩序之作。說者不同。或以爲孔子程子曰大序是仲尼作。或以爲子夏。朱子曰。王肅沈重亦云大序是子夏作小序子夏毛公合作或以爲國史。程子曰。國史明乎得失之迹是也。皆無明文可考。唯後漢書儒林傳以爲衛宏作毛詩序。今傳於世。則序乃宏作明矣。然鄭氏又以爲諸序本自合爲一編。毛公始分以寘諸篇之首。孔氏穎達曰。毛傳不訓序者。以分置篇首。義理易明。性好簡畧。故不爲傳則是毛公之

圖 4 下 5－17

“寫軟字每百字工價銀四分”，高成本、高投入，決定了軟字不能當作版本的主流體勢。現在軟字一般叫楷體字，也叫活體，楷體適用於低幼讀物、小學語文課本，因為它與手寫體完全一致，有時也用在印刷物上，與宋體混用，不同的字體起到提示不同內容的作用。

匠體字確實沒有手寫體優美，但是便於閱讀，使用價值高。從字的排列看，匠體行距小，手寫行距大；從書頁看，手寫體參差錯落，不如匠體整齊。匠體可以比手寫體字更小，字跡依然清楚，兩相比較，匠體適宜閱讀。同治年間張之屏《書法真詮・標格》：標格之立義有工匠、美術之兩種。“印書之宋體字，及一切抄胥之字，則工匠也。”匠體字雖與日常抄胥字同屬一格，卻各具優勢。從實用角度看，匠體字勝於手寫體。但手寫體有個性，能發揮書法的藝術意趣，眞草隸篆各有風韻，此匠體所不能做到，所以一種書籍多體並存可以補充不足。

第四節　匠體字的特點

匠體字形成之後，並沒有固定化，而是在與日俱增，不斷完善，不斷前進。總的方向是標準化，便於製作，擺脫手書的影響，擺脫書法審美的影響，樹立起匠體的標準。明嘉靖年刊《十三經注疏》(圖 4 下 5－18)、明天啟年刊硃墨套印本《蘇長公密語》(圖 4 下 5－19)、清嘉慶十三年(1808 年)刊《授衣廣訓》(圖 4 下 5－20)可以看出逐步改進的過程。

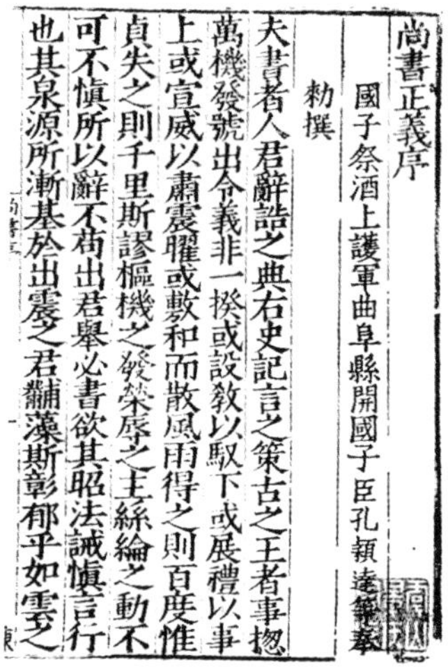
尚書正義序
國子祭酒上護軍曲阜縣開國子臣孔穎達等奉
勅撰
夫書者人君辭誥之典右史記言之策古之王者事總
萬機發號出令義非一揆或設教以馭下或展禮以事
上或宣威以肅震曜或敷和而散風雨得之則百度惟
貞失之則千里斯謬樞機之發榮辱之主絲綸之動不
可不慎所以辭不苟出君舉必書欲其昭法誡慎言行
也其泉源所漸基於出震之君黼藻斯彰郁乎如雲之

圖 4 下 5－18

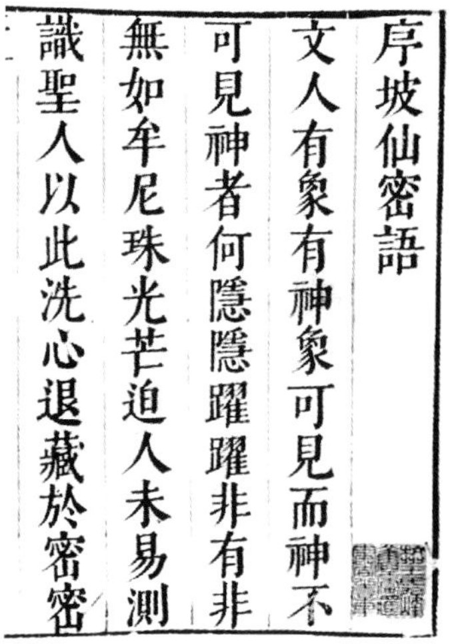
序坡仙密語
文人有象有神象可見而神不
可見神者何隱隱躍躍非有非
無如牟尼珠光芒逼人未易測
識聖人以此洗心退藏於密密

圖 4 下 5－19

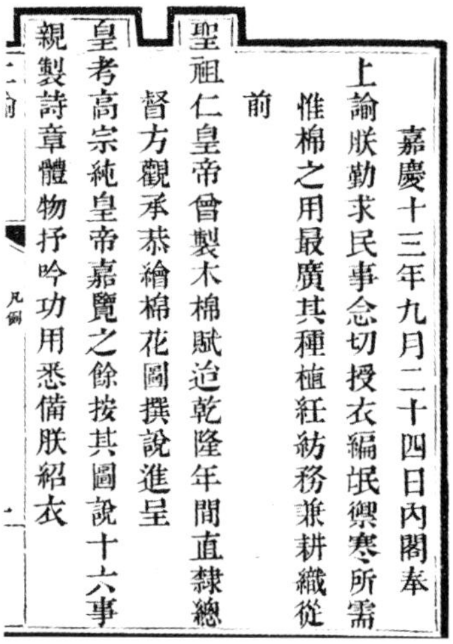
嘉慶十三年九月二十四日內閣奉
上諭朕勤求民事念切授衣編氓禦寒所需
惟棉之用最廣其種植紝紡務兼耕織從
前
聖祖仁皇帝曾製木棉賦迨乾隆年間直隸總
督方觀承恭繪棉花圖撰說進呈
皇考高宗純皇帝嘉覽之餘按其圖說十六事
親製詩章體物抒吟功用悉備朕紹衣

圖 4 下 5－20

對照三個時期的刊本文字，匠體字在不斷完善過程中。

版本	明嘉靖本《十三經注疏》	明天啟本《蘇長公密語》	清嘉慶本《授衣廣訓》
字形	慎 失 雲	光 文 密	衣 悉 戶

一是從字態來看，匠體基本脱離手寫字的生理習慣，克服了字形略微左上的態勢。具體地説，從眞書的横畫由左向右上翹，部分豎筆也向右傾斜，形成整個字向右傾斜。匠體字是刻字，運動腕肘方式不同，可以避免左仄出現，這是客觀條件。左仄雖然是一種生理現象，也是習慣，每個人的生理控制能力有差異，行筆的習慣、書法風格各有不同，因而左仄的角度各有差異。作為手書作品，左仄的角度根本不成問題，可以視為習慣。但是集體勞動、共同生產就不容許個性顯示，特别是流水綫式刊刻，同一字形，左仄無從掌握，採用水平無傾斜是最好的選擇。

二是形體筆畫均衡分佈，四周放開的結構。漢字是塊狀外形，從審美角度要求，有疏有密，富於變化是上選。唐楷中歐體為代表，崇尚中宫收縮，四周伸展，為後人書法所尚。顔眞卿的顔體，氣象開闊，整字筆畫均衡分佈，但是後人除了寫顔體外，取法不多。如：典與典、無與無、體與體，比較兩者，匠體少有向外伸展的筆畫。

三是一絲不苟，筆畫分明。以前石刻、木刻版本雖然採用端楷，實際上摻雜了一些連筆的行草書，結構也非純用端楷。匠體規範嚴格，不夾雜行書，不用連筆。如：與、無為歐陽詢《九成宫醴泉銘》的“與”“無”，具有行書寫法。

四是簡化筆畫模式，定型平直方筆。横畫水平、豎筆垂直，筆畫方起方收，簡化端楷複雜的起、收形態，以斜方起筆，匠體以三角轉折、收筆，後期刻字的部分點也作三角形。分解修改部分筆畫，如長捺楷書為三屈，分解為點和捺，如“文”“辶”，“辶”和“之”的長斜捺改作平捺。變多樣為單一，最大限度簡化筆畫形式。如：一與一、文與文、之與之、辶與辶。

五是依據小篆，同一字形。隸變以來，漢字徘徊在篆隸之間，到底從篆，還是從隸，具體落實到隸變的處理，哪些根據草法的隸書，哪些根據篆書隸定，一直没有妥善解決。自宋以來經典文字甄別篆隸，以保持造字原意為參考，把千餘年來的草化真書回歸到篆定。可是依靠個性化手寫無法貫徹、難以傳播。匠體字把宋代以來的篆定真書以版刻形式鞏固下來，傳播開來。

宋代以來的字體發展要點，是強調《説文》篆文在字形結構上的唯一權威性，重新解釋了正體理論，修正了唐代字樣學肯定的一些字形，廢除了一些流傳已久的俗體，推出了一批歷史上從未出現、或者很少出現的正體。其特點是依據《説文》小篆隸定的新字形，回歸到漢代文字學的標準。如：改来為來從來；改慎為慎從慎；改青為靑從靑；改步為步從步；改聖為聖從聖；總從總 等皆是例子。新定正字於對舊字形，有三種變化：其一，大多筆畫多於舊體，如“來”從《説文》，比“来”多了一筆，且不便書寫；慎從直，由隸定直而來，比“慎”多一短竪；者是隸定者而來，在“者”上加了一點。其二，也有減少筆畫的，如“步”比“步”少了一點。其三，改變筆畫。有的新正體衹是改變了筆畫，服從篆字結構，如靑變月為“丹”，一横畫改作一竪。

匠體字回歸《説文》，從字學來説是合理的，但是就人性就簡取便本性來説，是抵觸的。何況有些字一千多年來都當作正體，在當作範本臨習的碑帖中始終存在，如青聖等字。新正體違背了歷史久遠的字形，如永從永，把“永”上一點改作“一”，難以為世接受。這樣新的篆定字衹能存在匠體字中，實際使用並不被採用，因此就造成了印刷體與手寫體的分裂，習慣與規則分道，為以後的同一字異形開闢空間。匠體字依據小篆規範字形，排除了大部分俗體。不過個人理解的隸定原則不完全相同，如總可以隸定為“總”，也可隸定為“緫”，出現了新異體。又，新正體和舊正體並存，客觀上又增加了異體字。

匠體楷字印文因為受到外形限制，字形方正，字面飽滿，棱角分明，筆畫横細竪粗，而且字形大致一律，没有個性差異。它與普通楷字相比，没有藝術色彩，衹有機械性的實用字體，它不必臨帖模仿古人筆跡，衹需拜師學徒，作為一門技藝學習即可。在明清以來它不僅使用在印文上，更多地作為官方的特有字形使用，這種生硬的字體，更能體現衙門公權的嚴肅和威風。故宫的檔案中有崇禎皇帝封贈薊遼總督洪承疇及其眷屬的誥命（圖 4 下 5－21），是用匠體印刷而成，仿照手寫文書，硃墨，字行有界欄[①]。順治十二年(1655 年)的卧碑全文用宋體字刊刻。卧碑始於洪武十五年(1382 年),是學規禁例,立於學宫,因為横向置石,故稱卧碑。順治十二年頒佈新卧碑,刊刻於各地學宫明倫堂作為禁條,曉諭諸生遵守。此碑原來在吴縣縣學,為儒學署教諭等刊立(圖 4 下 5－22)。

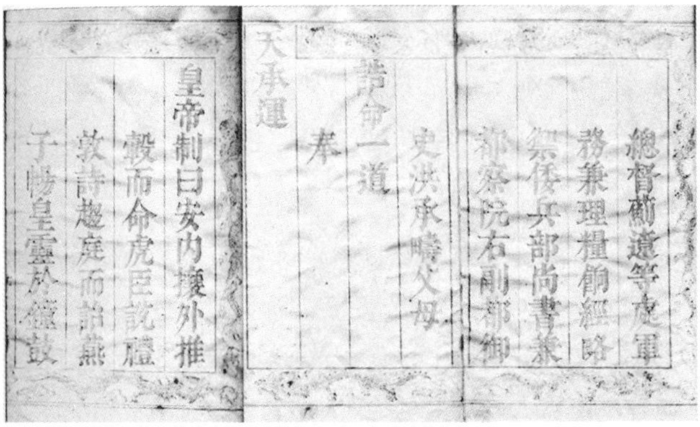
總督薊遼等處軍
務兼理糧餉經略
經倭兵部尚書兼
都察院右副都御
史洪承疇父母
奉
誥命一道
天承運
皇帝制曰安內攘外推
轂而命虎臣詩禮
敦詩趨庭而詒燕
子暢皇靈於鐘鼓

圖 4 下 5－21

禮部
題奉
欽依刊立臥碑曉示生員
朝廷建立學校選取生員免其丁糧厚以廩膳設學院學道學官以教
之各衙門官以禮相待全要養成賢才以供
朝廷之用諸生皆當上報
國恩下立人品所有教條開列於後
一生員之家父母賢智者子當受教父母愚魯或有非為者
子既讀書明理當再三懇告使父母不陷于危亡
一生員立志當學為忠臣清官書史所載忠清事蹟務須互
相講究凡利國愛民之事更宜留心
一生員居心忠厚正直讀書方有實用出仕必作良吏若心
術邪刻讀書必無成就為官必取禍患行害人之事者往
往自殺其身常宜思省
一生員不可干求官長交結勢要希圖進身若果心善德全
上天知之必加以福
一生員當愛身忍性凡有司官衙門不可輕入即有切己之
事止許家人代告不許干與他人詞訟他人亦不許牽連
生員作證
一為學當尊敬先生若講說皆須誠心聽受如有未明從容
再問毋妄行辯難為師者亦當盡心教訓勿致怠惰
一軍民一切利病不許生員上書陳言如有一言建白以違
制論黜革治罪
一生員不許糾黨多人立盟結社把持官府武斷鄉曲所作
文字不許妄行刊刻違者聽提調官治罪
順治十二年八月　日吳縣儒學署教諭事舉人夏　鼎立石
訓　導吳江月

圖 4 下 5－22

① 覃波:《明宫珍檔史事擷談》,《紫禁城》2002 年第 2 期。

明清以來的關防印製為長條形，但是印文依然是九迭篆，普通人難以辨認。太平天國是一個庶民政權，它的官印一般都是使用扁體字，無論是官員的印章還是王侯的璽印都是如此，天王的玉璽採用正方體，以示區別，為太平天國政權的一大特色（圖4下6－23）。太平天國的長條形官印是關防制度，因為其官員文化程度不高，篆文印文帶來不便，所以採用扁體楷字。

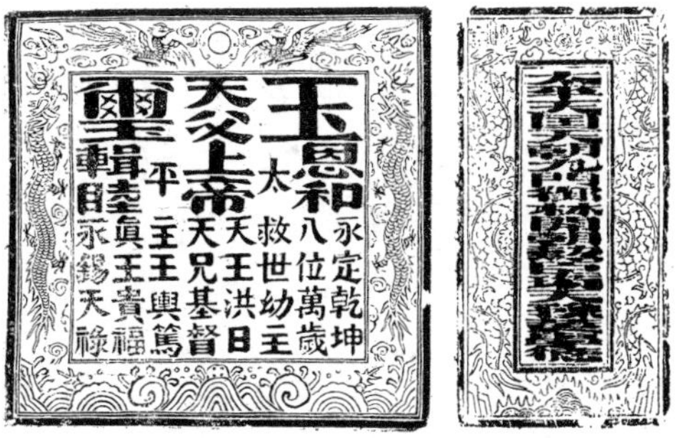

圖4下5－23

第五節　匠體字為近代正體字形之基礎

匠體字雖然主要用於印刷出版，但是它的意義遠遠超出版刻的範圍，是漢字歷史上的一個新的飛躍。匠體字今稱老宋體，字體端正，横畫細、直畫粗，顯得濃淡適中，剛柔相濟，現代主要用於正文排版，是最重要的漢字印刷字體。

其一，明代形成的專門的印刷字體，是印刷史上的重要貢獻。張秀民指出："明、清兩代不論雕板與銅木活字，大都採用這種明字，形成了一種印刷體。清季鉛字也用此字體。"[①]宋體字也叫明字，又叫匠體，它與傳統的書法藝術既有關聯，又相區別。首先，書法藝術是在書法實踐中創造的藝術形式，它符合普遍的美學原理，強調個性化的風格特色。宋體字雖然是以優秀的楷書作為基礎，可是印刷物的清晰度是首要的，文字字形要均匀分佈，不宜強調美觀而人為地收縮結構，造成文字結構疏密不一，出現墨團。其次是藝術的多樣化，人為變化字形結構，在版刻字形中不可取。而且字形無謂的變化，會干擾讀者的視綫，分散閱讀的注意力。相反，印刷體不忌雷同，同字、同部件儘可能一致，宋體字齊整一律，眉目清楚，閱讀省力。當然從工藝上看，技術性的統一要比藝術性的變化更加有利於提高效率，更加容易做到不同匠人字形的統一。而且匠體字有特別的工藝美學，結構匀稱，筆畫剛柔相濟，棱角分明，因此也有人偏愛匠體字。《清稗類鈔·藝術類》"汪頌閣喜習宋體字"：汪詒年（號頌閣）欣賞宋體字的韻味，甚至喜歡上宋體字，以書寫宋體字為樂。"錢塘汪頌閣廣文詒年，少時頗有刻書之癖，嘗於臨摹法帖之暇，戲習宋體以自怡。"當然它與個性化的書法藝術是不一樣的，常有人批評宋體字方正呆板，不美觀，用書法藝術的要求、手寫體的標準批評匠體字。"我們這個使用漢字最悠久、最廣泛的國家，在印刷字體的研製應用方面，竟落到

① 張秀民：《中國印刷史》，上海人民出版社1989年版，第509頁。

了外國人的後面。"[①]在新字形字模的製作方面也反映了這個問題。我們對印刷字形研究不深,觀念有誤區,忽略了印刷體的根本用途不是寫,手寫楷書的藝術和印刷工藝性的美觀不是一回事。大陸的字模採用類似初期宋體,中宮收緊,中密外疏,字形容易結成墨團。海外的字模採用後期宋體結構,筆畫分佈平均,結構疏朗,字形清晰。因此大陸字模合於楷法書法,而海外的字形清晰度高,更適宜目視。

匠體字是明代印刷製字匠人在長期的生產活動中創造的字體,為衆多匠人合作進行規模化製字生產提供了條件,為製字標準化提供了基礎。"明體字雖無顔、柳、歐、趙手寫體那樣美麗悦目,但在雕板史上卻是一大進步。為什麼呢? 因唐、宋、金、元以來各種楷字體,紛紛出現在印本上,並没有統一的標準,至此纔有了定型的印刷體。普通工匠可以照樣寫好字樣,刻字工根據筆畫的横輕直重,易於施刀刻字,這對於寫工、刻匠都比較方便,可提高效率。"[②]中國印刷術是對世界文明的貢獻。李致忠指出,在印刷技術發展歷史上,有三座耀眼的里程碑,"一座是雕版印刷術的發明,一座是活字印刷術的發明,一座是激光照排的創造。前兩座豐碑都是中華民族締造的。"[③]其實中華民族對印刷史的三座耀眼的里程碑應該是:雕版印刷、活字印刷和匠體字的發明。匠體字的發明經歷了一個很長的歷史過程,基本上伴隨著活字印刷的進展,清康熙年間排印銅活字《古今圖書集成》是活字印刷的一個高峰,而活字採用的正是成熟的匠體,這是中國印刷史上最輝煌的科技成就。

其二,匠體字是漢字形體發展史上的一個里程碑。漢字的悠久歷史,衍生了衆多的字體和字形。一般來説,字形是指字的結構,字體是指字的形體。匠體字是以唐代的楷書為基礎形成的新的形體。它的筆畫消除了因為右手以腕、肘為圓心的向左的圓弧傾斜,以及毛筆形成的圓形的起筆和收筆,使得横平豎直達到水平與垂直。匠體字筆畫堅挺,棱角分明,形體飽滿,形成了眞正的方塊字形,它的結構和筆畫都是漢字歷史上的一個創新。漢字形體根據用途分為書寫體和銘刻體。前者是墨書形體,它的使用範圍最廣,一切日常的書寫文字都屬於這種類型。後者是墨書經過鐫刻的形體,商周秦漢金文、漢代以來的碑刻屬於此類,它們的形體與書寫體有一定的差距,往往是採用比較傳統的字體。匠體字雖然源於書寫體,但是經過長期版刻工藝的處理,由匠人創造出一種新體,它既不屬於書寫體,也不屬於銘刻體,而是新興的專門化的印刷體,它是歷史上從未有過的新型字體。

其三,匠體字是漢字的標準字體,是形成漢字的規範。自從形成以《説文解字》為基礎的正字系統以來,一直是控制俗字的標準,是維繫漢字功能的可靠依據。古代的

---

① 本刊記者:《讓印刷字體在新時期放出異彩》,《語文建設》1988年第3期。

② 張秀民:《中國印刷史》,上海人民出版社1989年版,第509頁。

③ 李致忠:《活字印刷術的發明及其製字材料的演進》,《文獻》1998年第4期。

正字存在形式是有缺陷的,它衹保留在字書、韻書之中。而日常使用的文字都是手寫體,個人行為無可避免地帶上個人的色彩,造成字形、用字方面的不規範。文人墨蹟信手而來,民間用字更加隨意,即便是楷法森嚴的唐楷而言,顔字有古字古體,柳體多俗字,楷法也没有貫徹到底。匠體字採用了字書、韻書的字體,保證了字形標準性,同時嚴格採用正字,在古代起著規範的作用。在印刷物中,匠體字本子比軟體字本子規範。例如明成化本的《白兔記》錯字、俗體字在後來的本子中逐步被改正了,成化本與汲古閣本比較,"兼界"改成"尷尬"、"家長淡飯"改成"家常淡飯"、"謀生禮"改為"謀生理"等。更為重要的是,它利用印刷媒介,可以廣泛地傳播字形標準,其手段在漢字規範史上無疑是一個很大的飛躍。

不僅如此,匠體以端楷莊重、法度森嚴成為官方使用的文字體勢。它横細竪粗的體勢方便字體按比例變形,可以孳生出長體和扁體,變形合乎規則。它的標準化硬性字體更加能體現官方的超乎世俗的權威,成為官楷以後的最具有威嚴意味的字形。

自魏晉南北朝提出正字、俗字概念以來,到了唐代字樣學深入發展為正俗通三體並存,並以正字為主流,俗字、通字為日常使用,其原則性和實用性很好地結合起來,基本形成漢字字體特色的雙軌制形體,維持漢字字形的歷史軌跡和現實流行、文化上層和普通民衆的原則性和靈活性兼顧的制度。在明代中期印刷正體形成之後,藉助印刷體的工藝特點,印刷體嚴格的規範性更勝於楷體,它不僅鞏固了漢字正體地位,同時也更好地傳佈了正體,漢字的印刷體與手寫體的雙重正體,使得漢字的正體上升了一個臺階,無論是字形的標準程度,還是普及程度,都達到了空前的高度。

第六節　活字印刷與印刷體之標準化

活字印刷術是中國印刷發展史上的一個飛躍。宋沈括《夢溪筆談》稱"慶曆中有布衣畢昇又為活版",據載宋代曾有文集用活字印刷出版。西夏文《大方廣佛華嚴經》梵夾裝,西夏仁宗、仁孝時校,元代刊行(圖 4 下 5－24)。此為我國現存活字印刷較早的文獻之一。其卷五有木刻押捺題記西夏文兩行,内容為:"都行願令雕碎字勾管做印者都羅慧性",卷四十末有西夏文楷書押捺題記,内容為:"實勾管作選字出力者盛律美能惠共復願一切隨喜者"。所謂"碎字"就是活字。而"選字"指活字印刷的揀字、排字[①]。因為技術原因,活字印刷發展緩慢。西方印刷技術進入中國以後,纔得到了普遍使用。印刷術對文字而言,擴大了使用空間和傳播工具,當然也給漢字帶來新的

① 史金波、白濱、吳峰雲:《西夏文物》,文物出版社 1988 年版,第 333 頁。

契機。總的來説，千餘年漫長的印刷術發展，促使漢字不斷規範，使得漢字形體的發展達到完善的境界。

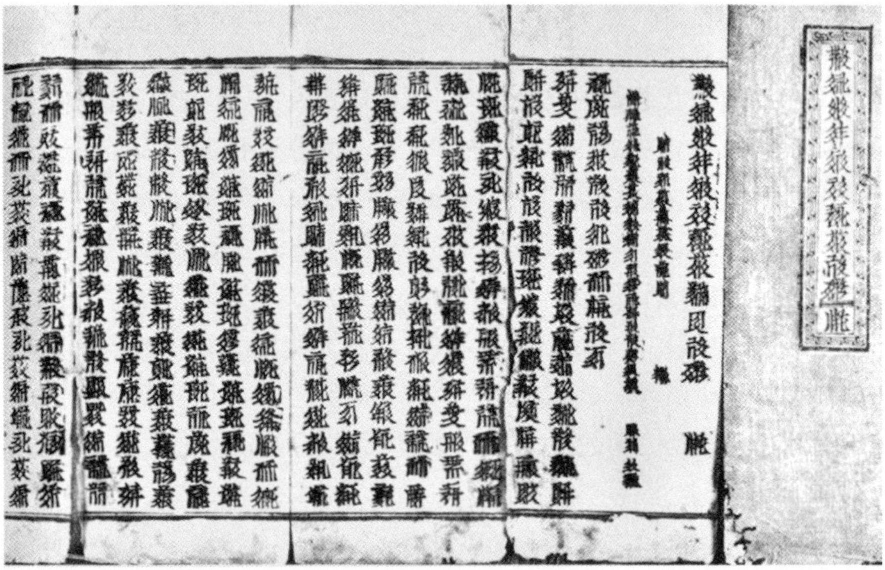

圖 4 下 5－24

印刷活字從使用材料分為兩大類：一類是非金屬材料，主要是泥、木；一類是金屬材料，主要是銅、錫、鉛。泥、木材料使用最為廣泛。《夢溪筆談·技藝》謂畢昇“用膠泥刻字，薄如錢唇。每字為一印，火燒令堅”，“每一字皆有數印，如‘之’‘也’等字，每字有二十餘印，以備一板內有重複者。”泥軟易雕，甚省功力，但此法技術要求高。清代安徽涇縣翟金生造泥活字印《泥板試印初編》《仙屏書屋初集》等，版刻原本採用木材，木活字製作具有得天獨厚的條件。元初王楨刻了 30 000 多字，印了《旌德縣誌》，並著文《造活字印書法》記錄了活字工藝：雕木為字，然後用細鋸子鋸開，各為一字，用小刀修平 4 面，大小高低一致，削竹片夾之成書板，有刻字、修字、取字、排版等過程。明清兩代木活字比較流行，印書也多。我國最早的銅活字是明代華氏，華燧在弘治三年（1490 年）印《宋諸臣奏議》、弘治五年（1492 年）印《錦繡萬花谷》，華燧叔父華珵用銅活字印《渭南文集》《劍南詩稿》。福建游榕印《太平御覽》，有云：“閩游氏銅板活字印一百部。”在正德、嘉靖間銅活字印本流行一時。銅板活字好景不長，究其原因主要是銅活字没有字範，靠鐫刻，一字一刻，耗費時間和金錢，非富家不能為。另一個是銅材問題，銅活字收藏家趙遠方説：“凡鑄銅活字，用銅必多。”明清間銅料缺乏，清代甚至燒熔銅活字取銅，這是推廣銅活字的不利條件。

雍正四年（1726 年）內府銅活字印本《欽定古今圖書集成》（圖 4 下 5－25），卷帙浩繁，共有一萬卷。吳長元《宸垣識略》：“武英殿活字版處在西華門外北長街路東，活字向係銅鑄。”乾隆帝把“活字”改稱“聚珍”，以後沿用了這個叫法。《欽定武英殿聚珍版程式・奏議》乾隆三十八年（1773 年）十月二十八日金簡謹奏：“臣今已刊刻完竣，細加查核。成做棗木字每百個銀二錢二分，刻工每百個銀四錢五分，寫宋字每百個工銀二分，共合銀六錢九分。計刻得大小木字二十五萬三千五百個，實用銀一千七百四十九兩一錢五分，備用棗木字一萬個計銀二十二兩。”當時從《永樂大典》和進呈書籍中選出部分罕見著作，用木活字排版，定名“聚珍版叢書”。廣東、福建等地有翻版，《農書》是其中之一（圖 4 下 5－26）。聚珍版用的宋字，後來習慣叫宋體字，就是匠體字。

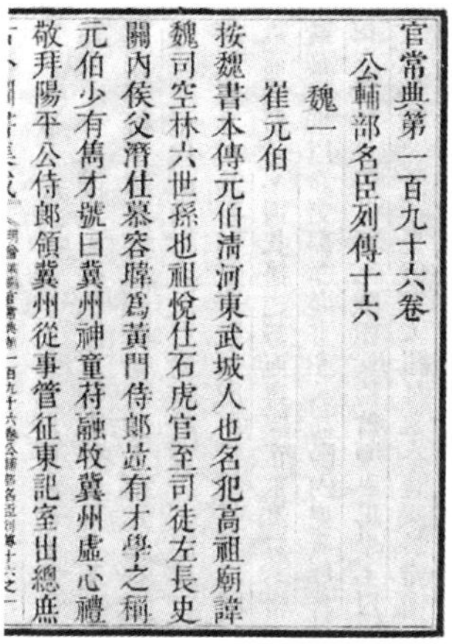
官常典第一百九十六卷
公輔部名臣列傳十六
魏一
崔元伯
按魏書本傳元伯清河東武城人也名犯高祖廟諱
魏司空林六世孫也祖悅仕石虎官至司徒左長史
關內侯父濳仕慕容暐爲黃門侍郎竝有才學之稱
元伯少有儁才號曰冀州神童苻融牧冀州虛心禮
敬拜陽平公侍郎領冀州從事管征東記室出總庶

圖 4 下 5－25

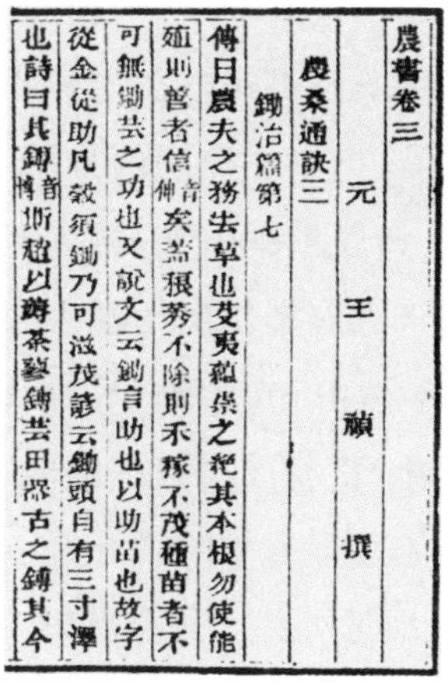
農書卷三
元　王　禎　撰
農桑通訣三
鋤治篇第七
傳曰農夫之務去草也芟夷蘊崇之絕其本根勿使能
殖則善者信伸矣蓋稂莠不除則禾稼不茂種苗者不
可無鋤芸之功也又說文云鋤言助也以助苗也故字
從金從助凡穀須鋤乃可滋茂諺云鋤頭自有三寸澤
也詩曰其鎛斯趙以薅荼蓼鎛芸田器古之鎛其今

圖 4 下 5－26

金屬鑄造自然有字模，問題在於同一個字是否一個字模？筆者以銅活字印本《欽定古今圖書集成》舉例，在一頁中找出同一字，字形皆有各處不同，説明同字不是一個字模，而是多個，這是手工操作的特徵：

公、公；東、東；官、官；元、元、元；伯、伯、伯

以上相同的字，結構是完全相同的，但是形體是有細微差異的，同字的每個形體都不完全相同，充分説明字模是逐個製作，逐個澆鑄銅活字。

傳統的印刷，無論是雕版還是活字印刷，都是手工操作，即使大家都採用匠體，由於師承不同、書坊不同，形體皆有小異。甚至有地域差異，有蘇式、浙式、粵式、京式，風格不同。字體的差異排除優劣、精粗之外，字體的結構安排、筆畫設計，甚至外形等細微處是相互區別的。

基督教東傳，印刷術發展進入了一個新的高潮，需要大量宗教書籍和宣傳品，激發了中文活字製作技術的改進。

及海禁既開，西洋輸入鉛製活字及機器印書之法。始由香港教會製我國字，專為排印教會書籍之用，時稱香港字，其分寸若今之四號字。未幾，而日本推廣

大小鉛字七種，以供我國印書之用，謂之明朝字，人咸便之，活字印書之業乃大盛。（《清稗類鈔·鑒賞類》）

19世紀前期西方人探索字模為母範製作中文活字，採用一字一模的工藝。巴黎活字製造專家賴葛蘭德（Marcellin Legrand）雕刻常用鋼模2 000個，檳榔嶼牧師戴約爾（Samuel Dyer）用鋼模衝製銅字模，大字字模1 845枚，美國活字雕工谷立（Richard Cole）1851年成功做出小字字模4 700字，已經能應付一般書籍的排版需求，小字可為報紙採用。因為在香港造字，稱為香港字。

姜別利（William Gamble）出於提升傳教印刷聖經的印刷品的品質，帶來了活字字模和鑄字機器，把中文按照西方拉丁字母活字規格，採用西法刻模鑄字。用黄楊木雕刻陽文字形，鍍製紫銅陰文，鑲入黄銅殼子，既省工，又可縮小活字尺寸，字形清晰美觀。以這種電鍍法製作出7種大小的漢文鉛字，分為1～7號，可與西文1～7號混排，促進中文活字印刷技術進入現代社會。現代技術製作漢字鉛活字，使得中文活字規範化和規模化。"姜氏電鍍法的成功，在造華文鉛活字上可説是一次革命。"[①]

姜氏鉛字的字畫繼承明代匠體，稱為宋字，也叫明朝字。姜別利1865年漢字拼合活字樣本。姜別利主持美華書館，故稱這種鉛字為美華體。姜別利的鉛字不僅自用，還出售給上海報館，遠銷日本、英法等國。英人美查（Ernest Major）在上海辦《申報》，1884年組成圖書集成印書局，新製鉛字與香港字、美華字的方體不同，筆畫粗細分明，為扁方體。李圭從上海出發，環游地球一周，回到上海，記述沿途見聞，撰《環遊地球新錄》。因李圭在海關供職，故由海關撥款，光緒四年（1884年）付梓。從版本的頁面看，字形完全一致，證明同一個字祇使用一個字模，同一字均有一個母本翻製加工而成。這本書可能是採用了西方的字模技術排版，如：

於、於；球、球；地、地、地、地；

美、美、美；之、之、之、之、之、之

清朝末年創辦的商務印書館不斷改進技術，引進湯姆生自動鑄字爐，提高鑄字的數量和品質，字形精美，宋體之外又有八分、方頭（黑體）等形體，滿足各類印刷的需要，稱為商務體。商務體淘汰了香港字、美查字、美華字，在整個出版界推行，保障了印刷漢字同字同形、印刷字形的高度統一。

西法鑄字，一字一模，在本字系統內再無任何同字，再無任何異樣，在漢字規範上更上一層樓。近代西洋鉛字技術進入中國，使得明清以來的宋體字實行標準化，進行大規模生產。清代後期有影響的宋體字已經集中在少數幾家出版印刷廠商，字形大

① 張秀民：《中國印刷史》，上海人民出版社1989年版，第583、584、585頁。

致有香港字、美華字、美查字及20世紀初的商務字。其中美查字繼承老派扁宋體，雖然排字省篇幅，但是不甚美觀。張秀民説，商務印書館持有湯姆生自動鑄字機，每架日鑄一萬五千字，無須加工，直接排版，自用以外，也供給國內其他出版機構。“自商務字出，而舊式之香港字、美華字、美查字盡被淘汰。”①

有兩件事值得載入活字印刷史冊。一是《印刷通用漢字字形表》的誕生。它解決了我國數百年來漢字印刷字體、筆形、字形紊亂的問題，成為我國出版物、報刊印刷字體筆形、字形的標準。二是保持了印刷字體與漢字書寫體（楷體）的一致性，解決了印刷字體與楷體不一致的問題。漢字印刷字體是在書寫體（楷體）的基礎上發展出來的，但在20世紀60年代之前，廣泛應用於書報刊的印刷字體的筆畫與楷體卻不盡相同。這兩件事是一株苗上結出的兩個碩果，播種於1960年，成長於1962年，成熟於1964年5月。1960年，印刷活字的設計工作正式提上議事日程。之前主流的印刷字體——宋體，沿用解放前從日本引進的“秀英體”作為報紙正文字體，“築地體”作為書籍正文字體。而我國自行刻製的楷體、仿宋體、隸書體和仿刻的黑體，品種單一，字體陳舊，筆形紊亂，各種字體之間字形不統一，筆畫數與楷體不統一，與查字法不符，影響教學。

1956—1959年，國務院先後頒佈了4批簡化字和部首偏旁類推字。1965年國家公佈《印刷通用漢字表》，使我國範圍內的漢字印刷體的字形趨於完全統一。20世紀五六十年代，我國先後設立專業印刷字體設計部門和字模製造廠，改變漢字印刷字體，以期字體的規範化，更加便於閱讀，革新出版物的面貌。同時，通用漢字表製定帶來了消極因素。它在統一字形的名義之下，摻雜了簡體字的內容，把一些簡體字定為新字形，並且規定為傳統正字（繁體字）的字形，簡繁不分，使得大量的傳統正字全面消失，簡體“繁體字”取代了傳統正字，使得傳統正字莫名淹没，甚至無法在字典上查檢，造成正體字游離於紙外。這給以後的漢字使用埋下了混亂的種子。在字形設計上，過於強調印刷體與手寫體的一致，不僅在文字結構上做了不適當的簡化，而且用楷書中宫收緊的書法觀念搬移到宋體中去，把結構開張、筆畫均匀的字體改變為中實外虛的結構，因此降低了結構的分辨程度，影響閱讀的清晰度。因此新字形既有取得成功的一面，同時也造成了很大的消極影響。

第七節　扁宋與長宋的來源與使用*

印刷術不斷適應社會的各種需求，由仿刻唐楷創造了書法優美的宋體（宋版字

① 張秀民：《中國印刷史》，上海人民出版社1989年版，第586—587頁。

* 本節內容參考筆者“漢字形體史”課題階段性成果：《印刷版刻技術創造的印刷字體》，《中國典籍與文化》2013年第1期。

體)。版刻專業化、規模化生產,在文字規範的引導下,產生了匠體,明清以來好尚不同,俊秀雅致的長宋,威嚴穩重的扁宋,與手寫軟體各呈風采。仿宋體是匠體與軟體結合的新體,方頭體是漢代銘刻體的新生。

漢字形體的概念是外形和結構,從文字學來説意義在於後者,其他因素的意義不大。從書寫技術或者版刻製字來説,外形就是不得不面對的問題。自從印刷術發明以後,手寫體蜕變出專業性的印刷宋體,同時完善了印刷手寫體,吸收兩者的因素又產生出仿宋體。字的外輪廓是有區別的,按照長寬的比例來分,有長體、扁體和方體。古人的書寫風格包含了外輪廓的處理,或修長、或扁寬,這是個人的好尚,難以看作一種形體,而專業的製字匠人卻摸索出了長宋和扁宋,不長不短,中庸之道就是常見的方宋了。篆隸的筆畫形態受人重視,前者是等綫體,後者有波磔,富於藝術性的變形。宋體的筆畫從楷體提煉出來,機械性的頓挫、撇捺,把宋體的撇捺特徵消除就是黑體。有人認為是從海外輸入,實際是一種古已有之的字體。印刷術使得文化傳播發生了一場革命,給漢字帶來了新的機會,促成了漢字規範形體,也豐富了漢字形體。丁善之“論仿宋板”説:“板本之所以貴乎北宋者,非徒以其古也。其字體之端嚴,刊刻之精良,實為各種刊本之冠。今人有鑒於此,因製為歐宋體活字焉。其法,刻木模蠟笵銅澆鉛,經種種手續,而成方體字七種,長體字三種,扁體字三種焉。”其實,版刻字體中方體、長體、扁體由來已久,在印刷中各呈千秋,帶有明顯的年代特徵和文化背景。

漢代隸書具有扁體傾向,這個特點在史書中充分發展,在不佔用字距的前提下,横向筆畫舒展,增加了形體美感,顯示了扁體的優點。史書以體扁為特徵之一,筆畫向兩邊舒展,長波、長捺、長横别具風格。扁形字體可以壓縮字字之間的空間,使得文書行款茂密,整齊美觀。魏晉隋唐以來,眞書的字形已經略呈方形或長方,不再流行扁方,但是不能堵塞此類扁體字的產生途徑。宋代以來的扁方體不是一種書法風格,而是特定環境的產物,是一種擠壓而來的形體。宋體字字形的母體是唐代楷書,母體給予了間架程式,不過那種扁方形體卻别有來頭。

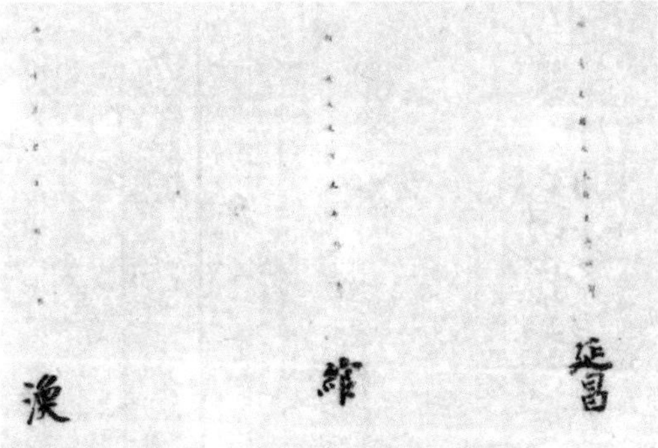
圖 4 下 5 - 27

扁體從產生第一天起,就帶有官方色彩。古代的職官在姓名前一定會加上頭銜,頭銜一般是身份、官職等的疊加,官職也是採用全稱,定語很長,這些文字必須一行到底,不能分行另起。傳世的唐大曆三年(768 年)八月徐浩書《朱巨川告身卷》(圖 4 下 5 - 27),本幅共鈐“尚書吏部告身之印”44 枚及“紹興”聯珠印。

這樣就難免出現一個很尷尬的場面,

這些重要的字跡擠在一行，威嚴的官銜卻是用細小字跡寫出，大大小於正文的文字。字數決定了文字縱向空間，無法改變，要放大字形，唯一的辦法是向兩邊擴張，使得官銜整行寬度與正文相近。上下擠壓，左右伸展，造就一種特別體勢，扁體由此而生。

濟南南郊張安新村北宋張約墓，墓内墓誌 1 合，誌蓋古文“大宋故鄉貢進士張君墓誌銘”，書篆蓋者為鄉貢進士胡安道，張掞熙寧四年（1071 年）撰文（圖 4 下 5－28）。書丹人張求，精於顔體，篆文即書丹人均用扁方顔體書寫官銜，這是現見最早的石刻扁體楷書[①]。

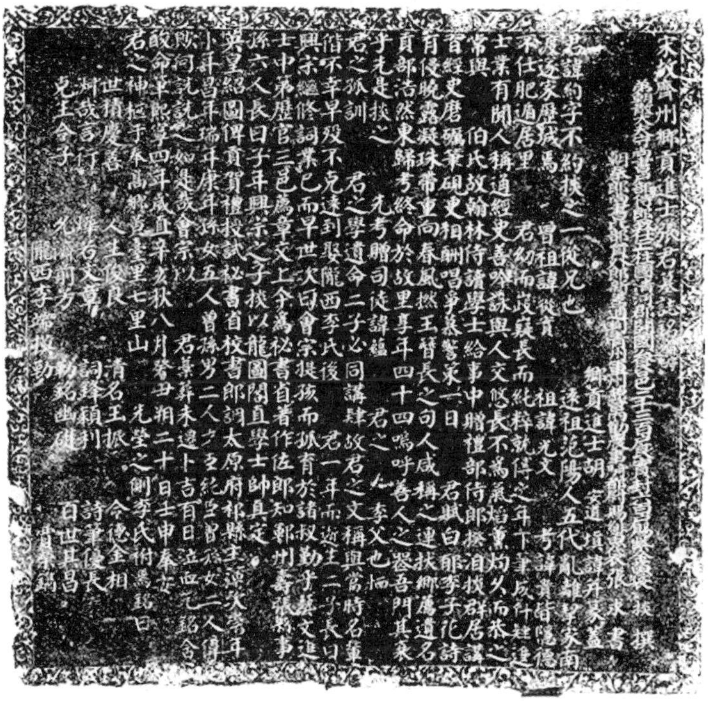

圖 4 下 5－28

貴州思南萬頂山名張守宗夫婦墓，墓誌題“明賜進士出身户部山西司員外郎詔晉中憲大夫□□□張老先生之墓”。墓主卒於萬曆三十一年（1603 年），字體用空心扁楷體，這是官員名銜專用扁體[②]。

宋金時期廟宇為了宣示官府的保護措施，把紙質的文牒原樣勒刻上石，以期長期保存。從這些文告中可以看出，官銜文字使用扁體已經是行文程式。

安徽黟縣西武公社上堂山古廟有南宋紹興二十七年（1157 年）《敕賜黟縣靈惠廟額碑》，原來的長卷牒文分為 3 段，碑文將它分作 3 段。首行“尚書省□徽州黟縣靈

① 韓明祥：《〈張約墓誌銘〉的撰文者張掞》，《文物》1987 年第 3 期。
② 劉恩元：《貴州思南明代張守宗夫婦墓清理簡報》，《文物》1982 年第 8 期。

圖 4 下 5 - 29

惠廟”(圖 4 下 5 - 29),除首尾“尚”“廟”字外,均用扁體。牒文最後兩行“尚書”等字官銜亦用行楷扁體①。

與眞書扁體不同,扁方體是出於眞書扁體,又與之明顯不同的新體,它不是書寫體,而是一種特殊刻印體,是通過鈐印方式施之紙面。此類扁方體雖然不具備官印效力,卻代表官員的身份。官衙文書末尾押印,這個制度在顔眞卿的告身中已經存在。唐代押的是篆文方印,宋代制度不甚清楚,稍晚的金代文牒中押印使用楷字。楷字印文字形扁方,字與字之間密不插針,自上而下成為長條形。

山西省晉東南陵川縣梁泉村金代龍巖寺內,有一件“尚書禮部牒”石刻(圖 4 下 5 - 30),為金大定三年(1163 年)牒文②。其簽發官員銜“中憲大夫行員外郎”扁體楷書、“上將軍行侍郎”略扁,末行大字“正奉行禮部尚書□□承旨王”為密排扁體,字體近似版刻宋體,為公文專門印文字體,採用雙勾空心字,表示印文顔色不同於墨色,原刻可能塗了硃砂紅色。另一件大定三年(1163 年)給薦福禪院的牒文基本相同,楷書扁體之外,押空心扁體方體字。牒文後小字説明是大定十二年(1172 年)將此複刻上石(圖 4 下 5 - 31)。甘肅省臨夏市萬壽寺,也稱北寺,塔基下挖出金貞祐三年(1215 年)石刻,篆額“敕賜瑞容佛光之塔”,下刻禮部牒,牒文基本完好。牒首“尚書禮部”及“牒奉敕可”“牒至准敕故牒”等字為大字行書,以示手跡署發,“行宫”至“郝之才”皆小字眞書。後面列郎中、侍郎、尚書三銜,字闊而扁③。這也是一張紙質牒

圖 4 下 5 - 30

圖 4 下 5 - 31

① 石谷風:《安徽黟縣發現有關方臘起義的碑刻》,《考古》1976 年第 5 期。
② 張馭寰:《陵川龍巖寺金代建築及金代文物》,《文物》2007 年第 3 期。
③ 張思溫:《甘肅臨夏瑞容佛光塔名牒考釋》,《文物》1964 年第 2 期。

的石刻複製件，牒文底樣當時統一印製，行書、楷書是簽發時所書，書官銜扁體字是在印刷牒文時印上的(圖 4 下 5－32)。

圖 4 下 5－32

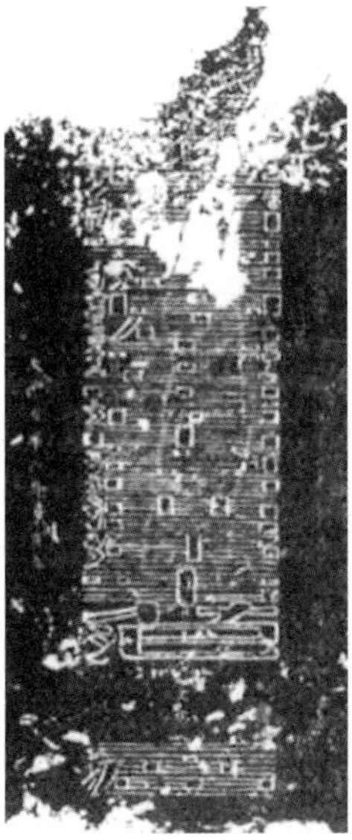

圖 4 下 5－33

安庆市棋盘山元墓椁前有壙誌 1 方，刻文 2 行，中間是空心扁方體“□□□□□□□樞密院事提調諸衛屯田通惠河道漕運事范文虎之壙”(圖 4 下 5－33)，剝蝕處為“尚書省右丞商議”。“文虎”二字眞書側寫，右一行眞書“大德五年六月吉日立”。同墓墓主夫人墓誌“先妣太夫人陳氏之墓”用楷書[①]。

1966 年靈石縣綿山石縫中發現銅罐，內有宋代抗金文書(圖 4 下 5－34)，為鄜延

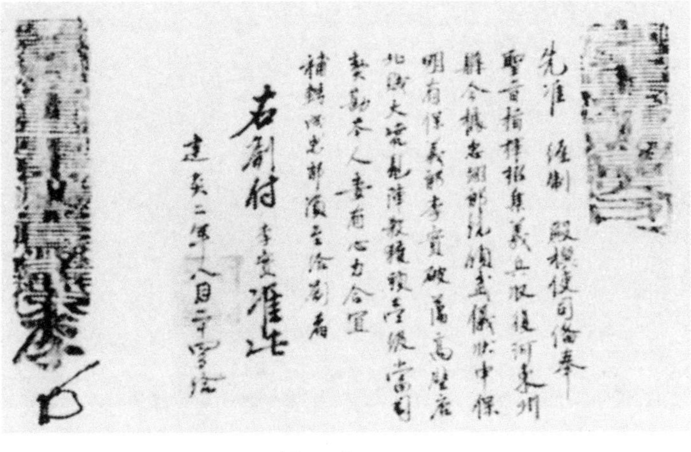

圖 4 下 5－34

① 白冠西：《安慶市棋盘山發現的元墓介紹》，《文物参考資料》1957 年第 5 期。

路經略安撫使給李實的委任狀。文書已經採用扁體印刷,如其中官稱"都統河東路軍馬安撫使司"及"武□都統河東路軍馬差遣安撫使"①。

元代牒文與金代有相似之處。寧波天一閣博物館的明州碑林存慶元路達魯花赤總管府公據石刻,用扁體。

明代繼承了宋元以來的扁宋體,洪武年間正式將扁宋體用於官府文告、官銜等文字,稱為洪武體。明徐宏祖《徐霞客遊記·滇遊日記七》:"初四日,有雞足僧以省中錄就《雲薖淡墨》繳納木公。木公即令大把事傳示,求為較政。其所書洪武體雖甚整,而訛字極多,既舛落無序,而重疊顛倒者亦甚。余略為標正,且言是書宜分門編類,庶無錯出之病。晚乃以其書繳入。"印刷體來自手寫體,反過來也會影響手書。

宣德九年(1434 年)刊"大明都知監太監洪公壽藏銘"。誌文 25 行,滿行 40 字,共 741 字,"進士出身前翰林院庶吉士吳門殷尋書丹"②。這篇文字皆用扁體楷書書寫(圖 4 下 5-35)。明黃虞稷(1629—1691)尺牘副啟,封面扁體楷字(圖 4 下 5-36),書法優美,顯然不是匠人所書。明清以來官府公告沿襲了這種習慣,官員批閱公文有戳印,如"欽差大臣太子太保陝甘總督部堂等恪靖伯加一騎都尉左",剪裱本的部分公文

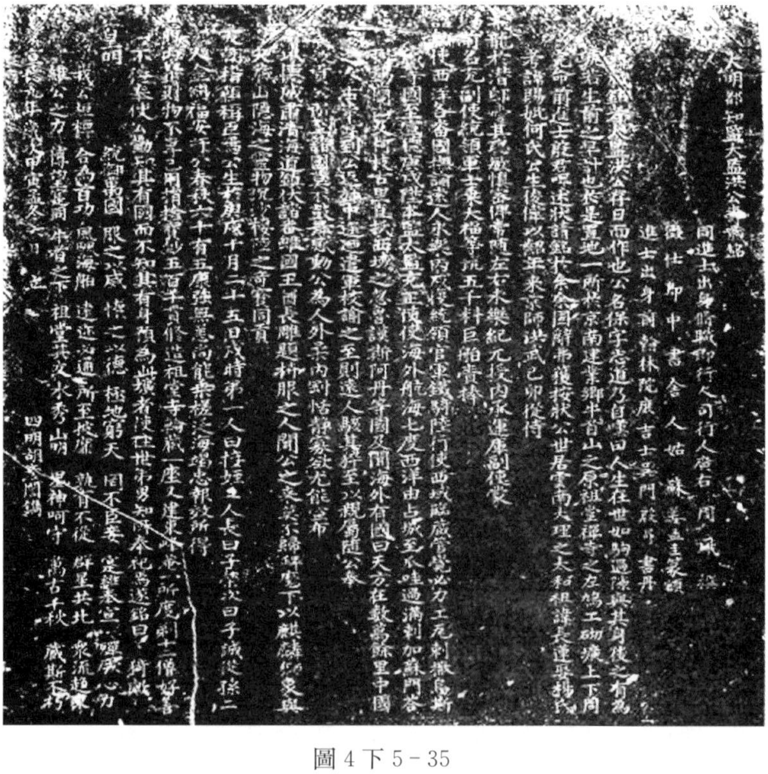

圖 4 下 5-35

① 丁明夷:《靈石縣發現的宋代抗金文件》,《文物》1972 年第 4 期。
② 南京市博物館、江寧區博物館:《南京市祖堂山明代洪保墓》,《考古》2012 年第 5 期。

中，有“江蘇布政使陸”“總理學務處江蘇布政使濮”“署江蘇提學使周”“總理學務處兼署蘇州布政使陸”(圖 4 下 5－37)，或朱或黑，似用木印鈐蓋。[1]

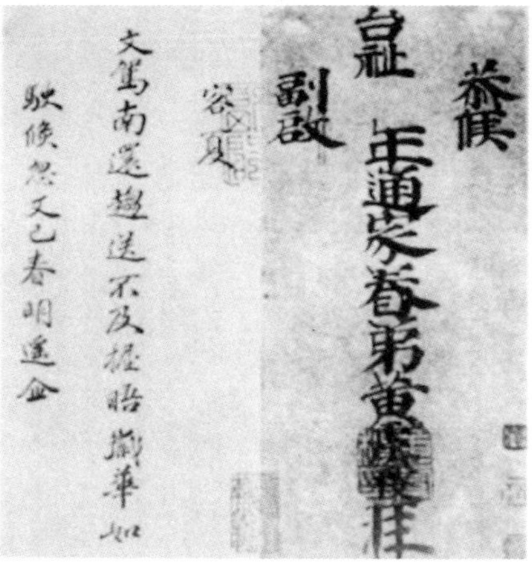

圖 4 下 5－36

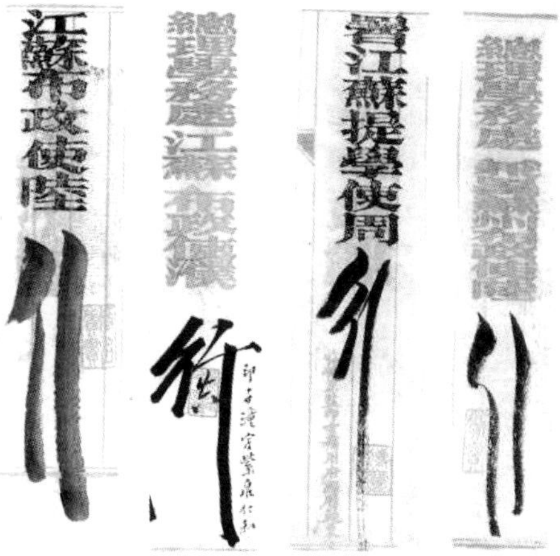

圖 4 下 5－37

扁體是在多字長條場合出現，宋代流行的長條形木印，或叫木戳，印面橫向空間狹窄，字之間間隔非常狹小，有的幾乎没有距離。宋代經濟活動大量採用合同，用來約束雙方行為，保證雙方利益。傳世有“壹貫背合同”扁體楷書銅印(圖 4 下 5－38)，南宋的會子在背面上加蓋。印文整體如銀鋌形，印文因勢而變，字的筆畫橫細豎粗，排列緊密[2]。宋刊本《武經龜鑒》内湖北京西路招撫使王彥的官號一長列，多達數十字，字體極扁而方，橫細豎粗，橫畫水平，衹是豎畫有斜勢，可以證明扁方印刷體早在宋代已經出現。

圖 4 下 5－38

金代交鈔是官方印發的紙幣，或叫交鈔、寶券，是幣制的重要部分。金代的紙幣 4 面有花欄，上部中央是金額。欄外左面有各地“合同”的斜印，指明准許流通的地域。“合同”印與宋代不同，正體呈長條形，斜置騎縫印。印文是扁方字，衹露出半邊字跡，以便對縫查驗(圖 4 下 5－39、圖 4 下 5－40)。元延祐二年(1315 年)五月頒發給本路儒學的公據影本，落款用八思巴文，翻譯成漢文是“延祐二年五月　日”。公據八思巴文，漢譯為“為成德堂所頒”，年款用漢字扁方體，“至元十三年”“月”“日”也用雙勾體表示印章文字，月份“十二”、日期“十三”用手寫楷書填入(圖 4 下 5－41)[3]。這個扁方體類似戳印，並無權力意味，衹是方便行文，乃一種官府檔案格式。

① 楊實若輯：《鈢存》，上海崇源 2003 春季藝術品拍賣會《古籍善本・名家尺牘》之 1104。
② 羅福頤：《古璽印概論》，文物出版社 1981 年版，第 82 頁。
③ 照那斯圖、羅・烏蘭：《釋“慶元儒學洋山砂岸復業公據”中的八思巴文》，《文物》2008 年第 8 期。

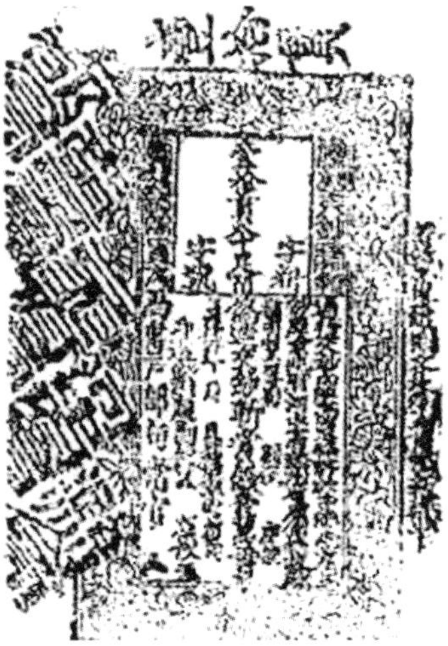

圖 4 下 5－39

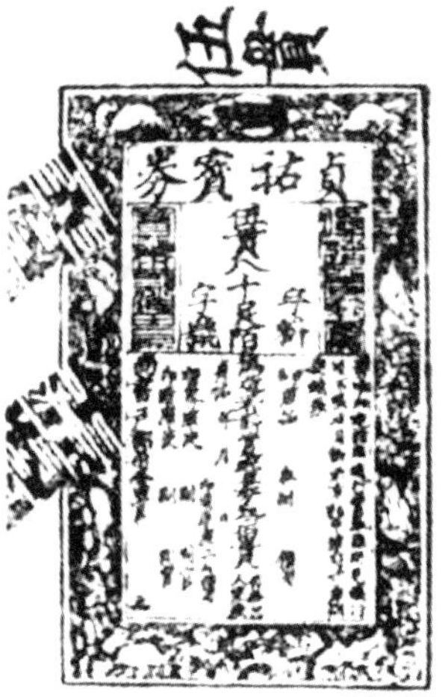

圖 4 下 5－40

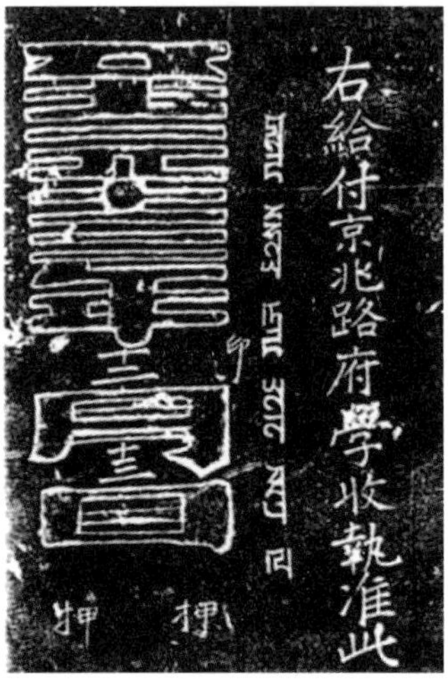

圖 4 下 5－41

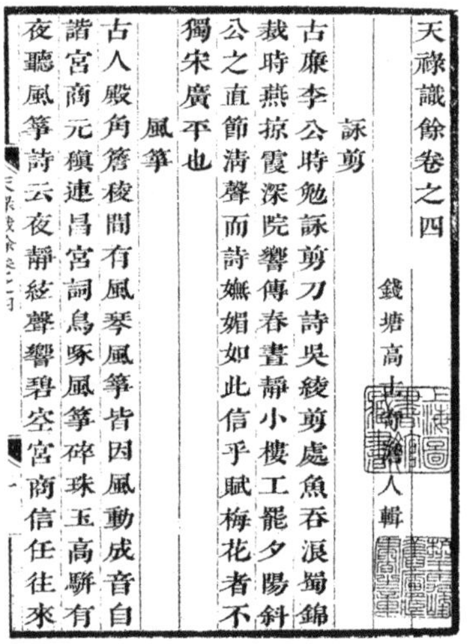

天祿識餘卷之四
錢塘高士奇澹人輯
詠剪
古廉李公時勉詠剪刀詩𠯆綾剪處魚吞浪蜀錦
裁時燕掠霞深院響傳春晝静小樓工罷夕陽斜
公之直節清聲而詩嫵媚如此信乎賦梅花者不
獨宋廣平也
風箏
古人殿角簷稜間有風琴風箏皆因風動成音自
諸宮商元稹連昌宮詞鳥啄風箏碎珠玉高駢有
夜聽風箏詩云夜静絃聲響碧空宮商信任往來

圖 4 下 5－42

金代扁方戳記很可能是隨印刷紙幣同時印刷的，因此扁方印刷體出現不晚於金代。扁方宋體正式成為書籍印刷大約要到清代前期，促使宋體字又增加了一種新的體勢——扁宋。扁宋體是一個標誌性體勢，不僅體扁而方，而且與匠體一致，横筆細，竪筆粗，兩者相差懸殊，對比强烈。扁宋體端莊穩重，略帶古意，在清代流行起來。如康熙二十九年（1690 年）朗潤堂本高士奇《天禄識餘》（圖 4 下 5－42），其文字字體略呈扁方，横細竪粗，筆畫棱角分明。這種扁宋體不僅為流行體勢，而且對直行排字的版面具有很大優勢，能夠多排字，節約紙張，字形清晰。美查設立圖書集成印書局，排印《古今圖書集成》，採用 3 號扁體鉛活字，繪圖部分用石印，費時四年，於光緒十四年（1888 年）印成。共印 1 500 部，每部分 1 620 册，另有 8 册目録。此書美查字形極扁，稱為扁字本，是扁方體的現代繼承者。

需要説明一點，扁體從宋代起就有官方背景，清代官方的文告、牌匾都用扁宋書寫，保留至今的光緒二十九年（1903 年）京師大學堂招生佈告標題與正文均用扁宋，似為印刷品[①]。太平天國連官印都使用扁宋。扁宋的莊嚴、權威性質，一直延續到現代，當今的一些政府機構銘牌上至今還能看到扁宋體。

清代晚期的版刻匠體大致分為正方、扁方、長方，因為版刻印刷是手工操作，皆為

① 張俊卿：《劉曉：從文物中尋找中國教育脈絡》，《光明日報》2012 年 8 月 16 日第 15 版。

匠體，細微處各不相同。字體結構的疏密、筆畫粗細、筆畫形態等皆有差别。宋版書字體由於來源不同，呈現出不同風格，形體稍長者不乏其中。如杭州貓兒橋箋紙馬鋪鍾家印行《文選五臣注》本，字形修長。明正德十一年(1516 年)華堅蘭雪堂銅活字本《春秋繁露》題用方體，而正文雙行，用長體字。明嘉靖二年(1523 年)安國安氏館《顔魯公文集》完全用長體銅活字印行。以上長體並非宋體(匠體)，所以不能視為長宋體。萬曆年間宋體成熟，長宋也出現了，如萬曆四十四年(1616 年)《青樓韻語》(圖 4 下 5－43)。

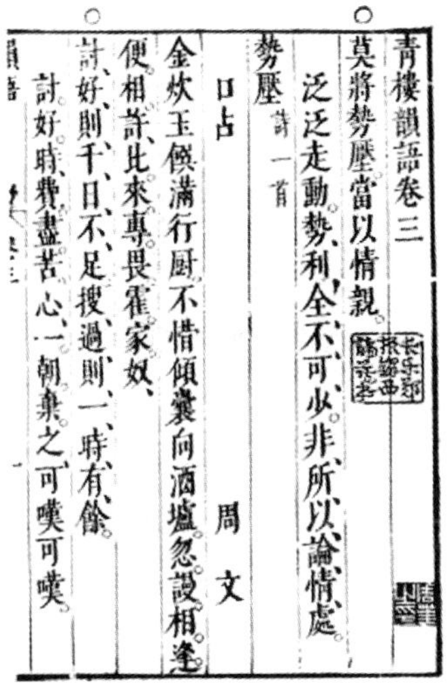
青樓韻語卷三
莫將勢壓當以情親
泛泛走動勢利全不可少非所以論情處
勢壓 詩一首
口占 周文
金炊玉僎滿行厨不惜傾囊向酒壚忽設相逢
便相許比來專畏霍家奴
詩好則千日不足摟過則一時有餘
討好時費盡苦心一朝棄之可嘆可嘆

圖 4 下 5－43

李賀詩解序
山陰王思任撰
有明霞秀月之賞則必有崩雲泐雪之驚有秫用懵
陸之平則必有馮蕩龍門之怪有典謨訓誥之正則
必有竹墳石鼓之奇有論語孟子之願則必有墨兵
蒙寇之幻窮則定至於變通則適反其常此不易之
理也然而變起於智者又通於智者三百篇詩之大
常也一變之而騷再變之而賦再變之而選再變之
而樂府而歌行又變之而律而其究也亦不出三百

圖 4 下 5－44

長宋體流行到明代後期天啟(1621—1627)、崇禎(1628—1644)年間。長宋在行間留出了較大空間，字體俊秀挺拔，與略帶呆板的方體比較，顯得面目一新，如明刊本《昌谷集》(圖 4 下 5－44)與明崇禎六年(1633 年)本為長宋，優點明顯。但是宋體横筆細豎筆粗，横向收縮，筆畫擠壓，影響了清晰度。因此後來的長仿宋改為横豎粗細一律，解決了這個缺陷。

第八節　仿宋和黑體

明代匠體横細豎粗的形式，通過書刻字匠不斷地實踐、不斷地探索而逐步形成，匠體特有的機械形式並不是受所有人歡迎，即使匠體形成之後，部分刻本依然保持原來的筆畫形式不變。依照明代仿宋版書的辦法，清代將宋版書底本字體，照樣影寫，反貼在木板上，然後仿刻，這叫影宋本。模仿宋版字體刻書，仿刻字就叫仿宋體。《清稗類鈔・鑒賞類》載："海内收藏家喜刻書，仿宋、元本，有絕精者，校勘之勤，更非元、明所及。如鮑廷博之知不足齋、伍崇曜之粵雅堂，皆以私家之力，而刻書至數百種。其刻至數十種者，尤數見不鮮。”此處所言“仿宋、元本”，皆非現代仿宋體的意義。“板本之所以貴乎北宋者，非徒以其古也。其字體之端嚴，刊刻之精良，實為各種刊本之冠。今人有鑒於此，因製為歐宋體活字焉。”

冬心先生集卷第一
錢塘金　農　壽門
予處田野與物無爭賦雜體一章頌稼事
也遍爲告誡以當農謠
蠶桑月令過芒種天所予老巫卜瓦卦請驗古
諺語勤墾穲稏興田家苦驕陽行禱不雨尼勸
龍各一觴蹋蹐復蹋蹐壟阪筋力顫鞭箠爾雖
長寧識牛性善西埭比戶忙窄衣只掩髂蜀泥
三尺渾朝來喧窠欘王命布農事秋收戒其荒
曖曖墟中煙五里聞炊香太歲值豐年出入皆

圖 4 下 5－45

清雍正十一年（1733 年）刊刻的《冬心先生集》（圖 4 下 5－45），書的末行記：“吳郡鄧弘文仿宋本字畫錄寫”。鄧弘文的仿宋體不是影寫宋版字體，而是仿照宋版的書寫體字樣筆畫繕寫，既有書寫體的靈動，又有匠體的整齊劃一，通篇渾然一體，字形自然，具有字樣創造的意味。它的字體雖來源於宋代刊本，但是參用匠體筆畫，兩者交融，衹是淡化了橫細豎粗，而帶斜勢，結構緊湊，不如匠體那樣機械，是一種匠體與手寫體的結合物，可以視為現代仿宋體的先鋒。

現代仿宋字，並非是仿照宋版書上所刻的字體而來，而是從匠體字變化得來，筆畫細硬，粗細一律。

仿宋字出現於 1916 年前後，錢塘人丁輔之（1879—1949）、丁善之兄弟採擷北宋歐體刊本字體，把匠體字的方筆改成楷書筆畫，間或吸收宋版歐體的間架，設計了一種新式的印刷字體，名曰“仿宋”。《清稗類鈔・鑒賞類》“丁善之論仿宋板”：“（丁善之）祖竹舟主政、叔祖松生大令刻書甚多，濡染既久，故於刻書之仿宋法，日夕研究，深有所得。”所謂仿宋，衹是仰慕宋版的優雅美麗，模仿宋板書的自然書寫體，形體特點是筆畫細硬，粗細一律，結體嚴謹，在印刷漢字中別具一格。它與宋體的區別在於，橫豎粗細一律，橫畫左仄；與清代仿宋版字樣的區別在於橫畫斜勢減少，結構靠近宋體，手書的自由度得到控制，筆畫均勻而細，字跡清朗娟秀。

1921 年，中華書局總經理陸費逵見到丁氏製字，體勢精緻清雅，印刷字口清晰，版面疏朗，決定出資購買專利，用仿宋體排印《四部備要》，這部叢書收書 336 種，依經、史、子、集四部分類，收入古代重要典籍，大致可滿足一般讀書人所需。丁氏自稱“仿宋板”，中華書局《四部備要》蒐羅諸精善古籍，稱為“聚珍仿宋版”，此時纔有“聚珍仿宋”的說法。

不過，“聚珍”的說法早見於大型叢書。清代乾隆時期的《欽定武英殿聚珍版程式》云：“出內府所藏祕籍及徵天下遺書，與《永樂大典》中散見而世罕傳本者，彙錄為《四庫全書》，擇其優者刊佈海內，實奉命董其事。惟羣書既集，擬刊者多，悉用版行。”

“(乾隆)錫名曰武英殿聚珍版”。所謂“聚珍”,即彙聚珍本書籍。所用字樣是“照格寫準宋字”,並無特別之處。

仿宋體出現,正值新法鑄造字模印刷之時,採用西式機械製作,能變化出不同比例的長仿宋、方仿宋等體。如聚珍版《四部備要》本的《資治通鑑目錄》(圖 4 下 5 - 46),司馬光官銜就採用扁仿宋,而 1931 年初版的劉海粟《中國繪畫上的六法論》(4 下 5 - 47),是用長仿宋印刷。中華書局所有的聚珍版仿宋體印刷物,在左下角均標明“中華書局聚”5 字。

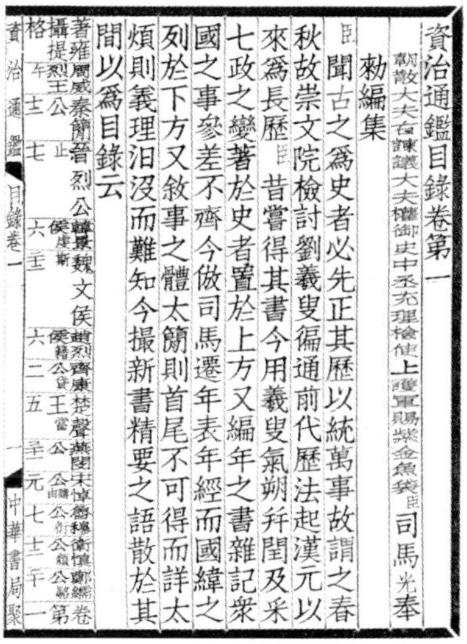
資治通鑑目錄卷第一
朝散大夫右諫議大夫權御史中丞充理檢使上護軍賜紫金魚袋臣司馬光奉
勑編集
臣聞古之爲史者必先正其歷以統萬事故謂之春
秋故崇文院檢討劉羲叟徧通前代歷法起漢元以
來爲長歷臣昔嘗得其書今用羲叟氣朔并閏及采
七政之變著於史者置於上方又編年之書雜記衆
國之事參差不齊今倣司馬遷年表年經而國緯之
列於下方又敘事之體太簡則首尾不可得而詳太
煩則義理汨沒而難知今撮新書精要之語散於其
間以爲目錄云
資治通鑑目錄卷一　一　中華書局聚

圖 4 下 5 - 46

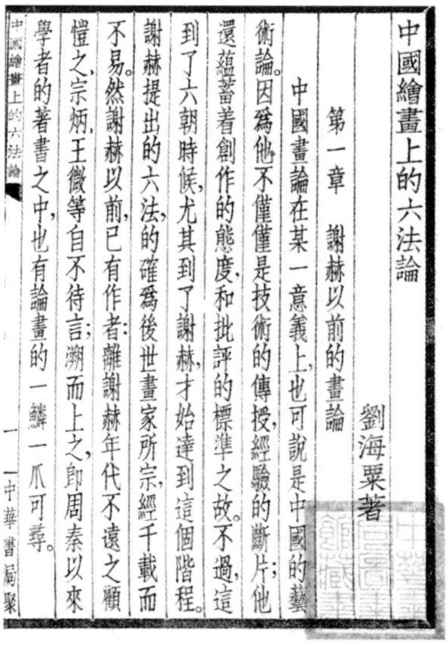
中國繪畫上的六法論
劉海粟著
第一章　謝赫以前的畫論
中國畫論在某一意義上也可說是中國的藝
術論,因爲他不僅僅是技術的傳授,經驗的斷片,他
還蘊蓄着創作的態度,和批評的標準之故。不過,這
到了六朝時候,尤其到了謝赫,才始達到這個階程。
謝赫提出的六法,的確爲後世畫家所宗,經千載而
不易。然謝赫以前,已有作者;雖謝赫年代不遠之顧
愷之宗炳王微等自不待言;溯而上之,即周秦以來
學者的著書之中,也有論畫的一鱗一爪可尋。
中國繪畫上的六法論　一　中華書局聚

圖 4 下 5 - 47

仿宋體流行一時,多用於印刷經典、文學作品等。中華書局之外,其他書局也廣為採用,如陝西通志館乙亥年(1935 年)刊印《關中叢書》之《孟子趙注》使用了仿宋體鉛印。20 世紀下半葉,出現了仿宋體簡體,是聚珍仿宋體的改良。

仿宋體秀麗整齊,清晰美觀,剛勁挺拔,多用於宋體的輔助用字體,如排印副標題、詩詞和引文等,也在一些古典文學作品中排印正文。仿宋體被國家指定為機械製圖使用的標準字體,也是電腦使用的主要字體。

綫條體是筆畫始終粗細一致的字體,粗者稱為黑體,細者稱為等綫體或綫體,以黑體筆畫粗、形體黑沉為特徵,因筆畫起筆收筆均為截方而稱作方頭體。

關於黑體的產生,以前有不同的觀點。張秀民説:商務印書館“乃創製楷書體,精美雅致,又有隸書體及方頭體等”[①]。張志強説得具體:“1909 年商務印書館聘請徐錫祥鐫刻了二號楷書鉛字字模,使我國的活字增加了新的字體。以後,商務印書館又

① 張秀民:《中國印刷史》,上海人民出版社 1989 年版,第 586 頁。

聘請人刻製了少數隸書及黑體活字字模。”[1]在1937年的《藝文印刷月刊》中，汪乃昌(1924—1946)曾發表《中外字體之檢討》一文指出，黑體字是當時西方傳過來的一種體裁，為羅馬所發明[2]。這一觀點得到很多學者的支持。

為了弄清黑體的發生，李少波查閱了1909年前後清末至民國逾50年間出版的3 000餘種書籍雜誌及10餘種報紙，認為西方傳教士採用的活字形是已然成熟的宋體，排除了它與印刷黑體字的創製關係。他的看法是，“中國最早的印刷黑體字是商務印書館1910年發行的《東方雜誌》第七卷第十二期中的黑體中文數字；而最早的美術黑體字則是出現在1885年《申報》報紙廣告中的‘燧昌’字樣。時間的確定使我們得以從歷史的角度解析黑體字的豐富社會文化特質。”[3]

方頭體或者黑體中包含了兩個問題：其一是黑體的來源。早期的黑體字不是字模印刷物，而是雕版印刷品，無論是石版還是其他製版，皆為手寫雕版而成。商業廣告的大字常用類似方頭的字形，因為一事一寫，形體多樣，不能都視為黑體。1910年商務印書館出版的第七卷第十二期《東方雜誌》第八卷第一期的廣告中，“教育雜誌”黑底白字4字可以看出端倪(圖4下5-48)。這種字體是東晉北朝的八分，“育”中“月”的磔筆，最為明顯。它是從諸如兩晉八分書變化而來，與《張鎮墓誌》《劉媚子墓誌》十分相像。清代興起碑學，八分、北碑大興，搜羅各種反帖學傳統的石刻，生發創作。八分書尤其得到重視，擅長分書的大家並非少數，所以印刷體中採用八分就很自然了。東晉北朝的八分從方筆或帶尖芒筆畫最為特殊，亦有書法家由此入手，創製新體，最為著名的是金冬心，他擅長的漆書就是方頭筆畫。此類方頭體在漢字歷史中可以找到更早的源頭。東漢中期刻石中有篆隸之間的形體，如綏德漢王德元畫像石墓“永元十二年”(100年)立的文字。方頭筆畫、正方形體，筆畫均為水平和垂直，與黑體酷似。漢字的方頭筆畫還來自篆刻，漢代官印技法精湛，渾厚勁挺，平正自然，有的白文取方筆，如長沙西漢墓出土的“桓啟”印、西安西漢墓出土的“張湯”印，後者白文筆畫豐滿緊湊。清代篆刻興起，門派林立，藝術書法多樣，白文是常見的形式，筆畫粗寬，鋪滿印面，衹留寫朱紅綫條。清代陳鍊《印說》云：“滿白文，最稱莊重。文務填滿，字取平正，致須流利，與隸相融。”滿白文強調計白當朱，與鐵綫篆異曲同工，人稱為白文、細朱文。當時從事書法美術者，無不熟悉此類方頭滿

圖4下5-48

① 張志強：《商務印書館與現代印刷技術》，《東方文化周刊》1997年第18期。轉引自李少波《中國黑體字源流考》，《裝飾》2011年第3期。

② 汪乃昌：《中外字體之檢討》，《藝文印刷月刊》1937—1940影印本，上海市新四軍歷史研究會印刷印鈔組，第一卷第十二期。

③ 李少波：《中國黑體字源流考》，《裝飾》2011年第3期。

白文形體。因此筆者認為無論漢代方體石刻字體還是東晉北朝方體八分都含有方頭黑體的基本因素，當然篆刻滿白文纔是方頭黑體的源頭。

其二是方頭黑體的活字是中國自製，還是從日本輸入。拉丁文哥特體（Gothic）是隨著哥特式藝術而興起的，是美術字性質的字體，分隔號較粗，且多有裝飾性很強的綴綫，變化形式很多，各類襯綫體與它有密切關係。鉛活字發明之後，襯綫體得到確立，這種新字體被稱為文藝復興襯綫體（Renaissance-Antiqua），17 世紀襯綫體稱為歐洲優勢書籍印刷體。襯綫（Serif）是字體筆畫結尾處的裝飾性鉤綫，這種類型的字體叫作襯綫字體（Serif Fonts），特點是筆畫有粗細差別，部分縱向筆畫，横向筆畫較細，筆畫尾端有裝飾性綫條。因為字形清晰，視覺好，可讀性優良。無襯綫體（Sans Serif-Sans）或叫非襯綫體，筆畫粗細一致，結尾不帶鉤綫的字體。無襯綫體平直粗細均勻，筆畫端處截方，可細可粗，字形比較活潑。有襯綫體與宋體要素相同，而無襯綫體與方頭黑體要素相同，漢字印刷體得到西方字模的啟發，創造了方頭黑體。19 世紀初，鉛活字技術從歐洲傳入中國，"印刷工匠以粗細一致的歐洲字體為參照，逐漸創造出一種没有襯綫裝飾，横竪筆畫横直等粗，撇捺等筆畫平滑不尖的黑體。"[①]

日本哥特體最早出現的時間是明治十七年（1884 年），比商務印書館黑體字出現的時間早了 20 多年。日本哥特字體以兩種最為著名：一為築地式，即築地活版所所製；一為秀英式，即秀英舍所製。從李少波提取的 1909 年商務印書館書刊部分印刷黑體活字字樣（圖 4 下 5－49 之上排），與築地明治三十六年（1903 年）哥特體字樣（圖 4 下 5－49 之下排）比較，兩者明顯存在差異，除了文字結構的差别外，商務字接近於宋體，可知商務之黑體是直接從宋體變化來的。

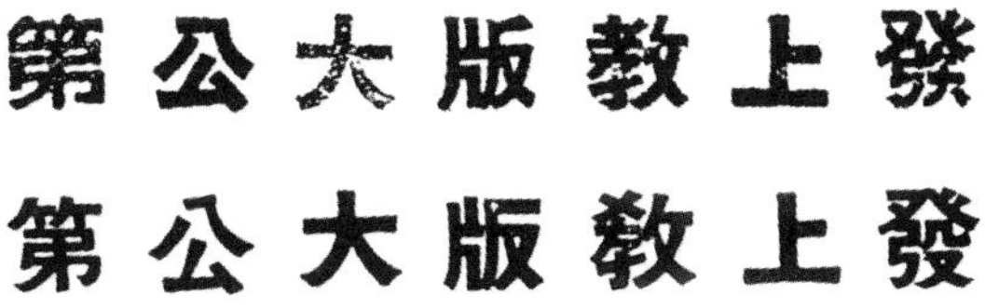

圖 4 下 5－49

商務黑體與 1903 年日本秀英舍的哥特體之間同樣存在不同之處，前者撇畫與捺畫收尾非常規整，後者類似筆畫的有燕尾痕跡，同時前者字樣重心偏低，而後者重心則偏高，兩者區别明顯[②]。中日兩國都是用漢字，源流相同，出現相同的文字現象是很自然的。同時，在清末民初的印刷交流中，兩國相互影響，這對商務活字無疑是良好的促進。漢字歷史上類似方頭黑體的形體多次出現，作為書法藝術在清代和民國十

① 顧欣：《比文較字——圖説中西文字源流》，重慶大學出版社 2009 年版，第 124 頁。
② 李少波：《中國黑體字源流考》，《裝飾》2011 年第 3 期。

分流行,古為今用,這是商務方頭黑體的來源。商務黑體不是一步到位,現在雕版印刷中作為美術字使用,然後製成活字字模,經過不斷改進完善。

20 世紀初,印刷工人與書法家結合,先後完善了楷體、宋體、仿宋體三種印刷常用字。後又設計出黑體,形成四種印刷常用字體的格局。20 世紀 60 年代起,漢字印刷字體向系列化方向發展。在宋體和黑體系列中,有粗、中、細幾種風格,長、扁不同體型,還出現了新魏體、隸書體、姚體、牟體等幾種新印刷字體。隨著電腦排版技術的便利,印刷字體品種加速發展。在電腦排版中,利用排版軟體,可以把活字字體變化出不同大小的字型,不同長寬比例的體形,還可對字形作各種裝飾處理。隨著 20 世紀末電腦和互聯網的普及,近年來創作的個性化字形越來越多,有任政的行書體、舒同的舒體以及琥珀體、圓頭等綫體、啟體等新字體。

主要參考文獻

1980年以前

Les Document Chinois Decouverts par Aurel Stein dans les Turkestan Oriental, Ivol, Oxford 1913.

羅振玉:《秦漢瓦當文字》,上虞羅振玉宸翰樓石印本 1914 年。

卓定謀:《章草考》,自青榭叢書之一,京華印書局,1930 年。

張鳳:《漢晉西陲木簡彙編》,有正書局,1931 年。

朝鮮古跡研究會:《樂浪王光墓》,桑名文星堂,1936 年。

于省吾:《〈碧落碑〉跋》,《考古》1936 年第 5 期。

王國維:《觀堂集林》,《王國維遺書》,商務印書館,1940 年。

劉延濤:《由歷代草書作家之地位事業窺論草書之隆替》,《草書月刊》1941 年第 1 卷第 1 期。

劉延濤:《中國文字之演進——篆—隸—草》,《草書月刊》1941 年第 1 期第 1 卷。

慕黄:《章草考》,《草書月刊》1941 年第 1 卷第 1 期。

黄文弼:《羅布淖爾考古記》,中國西北科學考察團叢刊之一,國立北京大學出版部,1948 年。

董作賓:《中國文字的起源》,《大陸雜志》1952 年第 10 期。

Henri Maspero, Les documents chinois do la froisieme Expedition de sir Aurel Stein en Asia Central, London, 1953.

陳夢家:《解放後甲骨的新資料》,《文物參考資料》1954 年第 5 期。

胡厚宣:《戰後京津新獲甲骨集》,群聯出版社,1954 年。

湖南省文物管理委員會:《長沙楊家灣 M006 號墓清理簡報》,《文物參考資料》1954 年第 12 期。

羅福頤:《談長沙發現的戰國竹簡》,《文物參考資料》1954 年第 9 期。

姚鑒:《河北望都縣漢墓的墓室結構和壁畫》,《文物參考資料》1954 年第 12 期。

河北省文物管理委員會、北京歷史博物館:《望都漢墓壁畫》,中國古典藝術出版社,1955 年。

史樹青:《長沙仰天湖出土楚簡研究》, 群聯出版社,1955 年。

武漢市文物管理委員會:《武昌任家灣六朝初期墓葬清理簡報》,《文物參考資料》1955 年第 12 期。

安徽省文物管理委員會安徽省博物館:《壽縣蔡侯墓出土遺物》,科學出版社,1956 年。

暢文齋、顧鐵符:《山西洪趙縣坊堆村出土的卜骨》,《文物參考資料》1956 年第 7 期。

河南省文化局文物工作隊第一隊:《鄭州白家莊遺址發掘簡報》,《文物參考資料》1956 年第 4 期。

陝西省文管會:《長安張家坡西周遺址的重要發現》,《文物參考資料》1956 年第 3 期。

俞偉超:《西安白鹿原墓葬發掘報告》,《考古學報》1956 年第 3 期。

曾昭燏、蔣寶庚、黎忠義：《沂南古畫像石墓發掘報告》，文化部文物管理局，1956 年。
甘肅省文物管理委員會：《蘭州上西園明彭澤墓清理簡報》，《考古通訊》1957 年第 1 期。
郭沫若：《青銅時代》，科學出版社，1957 年。
河南省文化局文物工作隊第一隊：《我國考古史上空前的發現信陽長臺關發掘一座戰國大墓》，《文物參考資料》1957 年第 9 期。
河南省文化局文物工作隊第二隊：《洛陽晉墓的發掘》，《考古學報》1957 年第 1 期。
湖南省文物管理委員會：《長沙仰天湖第 25 號木槨墓》，《考古學報》1957 年第 2 期。
黄河水庫考古工作隊：《一九五六年河南陝縣劉家渠漢唐墓葬發掘簡報》，《考古通訊》1957 年第 4 期。
雒忠如：《西安西郊發現漢代建築遺址》，《考古通訊》1957 年第 6 期。
馬衡：《漢石經集存》，科學出版社，1957 年。
田野：《魏三體石經在長安出土》，《文物參考資料》1957 年第 9 期。
王世襄：《西晉陸機平復帖流傳考略》，《文物》1957 年第 1 期。
中國科學院考古研究所：《長沙發掘報告》，科學出版社，1957 年。
河南省文化局文物工作隊：《河南方城鹽店莊村宋墓》，《文物參考資料》1958 年第 11 期。
黃士斌：《漢魏洛陽城刑徒墳場調查記》，《考古通訊》1958 年第 6 期。
汪宇平：《呼盟烏蘭浩特市北方發現明代銅印》，《文物參考資料》1958 年第 6 期。
王士倫：《漢六朝鏡銘初探》，《考古通訊》1958 年第 9 期。
王思禮：《山東肥城漢畫像石墓調查》，《文物參考資料》1958 年第 4 期。
陳直：《漢書新證》，天津人民出版社，1959 年第 1 版，1979 年第 2 版。
河南省文化局文物工作隊：《河南新安鐵門鎮西漢墓葬發掘報告》，《考古學報》1959 年第 2 期。
河南省文物局文物工作隊：《一九五五年洛陽澗西區小型漢墓發掘報告》，《考古學報》1959 年第 2 期。
湖南省博物館：《長沙兩晉南朝隋墓發掘報告》，《考古學報》1959 年第 3 期。
蔣善國：《漢字形體學》，文字改革出版社，1959 年。
李學勤：《戰國題銘概述》上、中、下，《文物》1959 年第 7、8、9 期。
梁東漢：《漢字的結構及其流變》，上海教育出版社，1959 年。
南京市文物保管委員會：《南京老虎山晉墓》，《考古》1959 年第 6 期。
曾庸：《西漢宮殿、官署的瓦當》，《考古》1959 年第 12 期。
趙人俊：《杭州西湖發現宋、金、元銅質官印》，《文物》1959 年第 4 期。
中國科學院考古研究所：《洛陽中州路(西工段)》，科學出版社，1959 年。
中國社會科學院考古研究所：《居延漢簡甲編》，科學出版社，1959 年。
甘肅省博物館：《甘肅武威磨咀子 6 號漢墓》，《考古》1960 年第 5 期。
甘肅省博物館：《甘肅武威磨咀子漢墓發掘》，《考古》1960 年第 9 期。
江蘇省文物管理委員會：《江蘇高郵邵家溝漢代遺址的清理》，《考古》1960 年第 10 期。

李蔚然:《南京富貴山發現晉恭帝玄宫石碣》,《考古》1961 年第 5 期。
山東省文物管理處:《山東臨淄齊故城試掘簡報》,《考古》1961 年第 6 期。
王玉清、陳值:《陝西韓城芝川漢扶荔宫遺址的發掘》,《考古》1961 年第 3 期。
夏鼐:《新獲之敦煌漢簡》,載《考古學論文集》,科學出版社,1961 年。
中國科學院考古研究所:《新中國的考古收獲》,文物出版社,1961 年。
中國科學院考古研究所安陽發掘隊:《1958—1959 年殷墟發掘簡報》,《考古》1961 年第 2 期。
安志敏、陳存洗:《山西運城洞溝的東漢銅礦和題記》,《考古》1962 年第 10 期。
河南省文化局文物工作隊:《河南南陽楊官寺漢畫像石墓發掘報告》,《考古學報》1963 年第 1 期。
南京博物院:《江蘇連雲港市海州網疃莊漢木槨墓》,《考古》1963 年第 6 期。
西安市文物管理委員會:《西安三橋鎮高窯村出土的西漢銅器群》,《考古》1963 年第 2 期。
鄭傑祥:《南陽新出土的東漢張景造土牛碑》,《文物》1963 年第 11 期。
中國科學院考古研究所洛陽發掘隊:《洛陽西郊漢墓發掘報告》,《考古學報》1963 年第 2 期。
中國社會科學院考古研究所山西工作隊:《山西夏縣禹王城調查》,《考古》1963 年第 9 期。
甘肅省博物館、中國科學院考古學研究所:《武威漢簡》,文物出版社,1964 年。
河北省文化局文物工作隊:《定縣北莊漢墓出土文物簡報》,《文物》1964 年第 12 期。
河北省文化局文物工作隊:《河北定縣北莊漢墓發掘報告》,《考古學報》1964 年第 2 期。
河南省文化局文物工作隊:《河南襄城茨溝漢畫像石墓》,《考古學報》1964 年第 1 期。
江蘇省文物管理委員會、南京博物院:《江蘇鹽城三羊墩漢墓清理報告》,《考古》1964 年第 8 期。
容庚:《鳥書考》,《中山大學學報》1964 年第 1 期。
沈年潤:《釋東漢三老趙掾碑》,《文物》1964 年第 5 期。
吳梓林:《秦都咸陽遺址新發現的陶文》,《文物》1964 年第 7 期。
鎮江市博物館:《鎮江市東晉劉剋墓的清理》,《考古》1964 年第 5 期。
智龕:《蔡公子果戈》,《文物》1964 年第 7 期。
曹桂岑:《河南鄲城發現漢代石坐榻》,《考古》1965 年第 5 期。
方介堪:《晉朱曼妻薛買地宅券》,《文物》1965 年第 6 期。
黃河水庫考古工作隊:《河南陝縣劉家渠漢墓》,《考古》1965 年第 1 期。
南京市文物保管委員會:《南京戚家山東晉謝鯤墓簡報》,《文物》1965 年第 6 期。
南京市文物保管委員會:《南京人臺山東晉興之夫婦墓發掘報告》,《文物》1965 年第 6 期。
南京市文物保管委員會:《南京象山東晉王丹虎墓和二、四號墓發掘簡報》,《文物》1965 年第 10 期。
楊勵三:《司馬芳殘碑》,《文物》1965 年第 9 期。
中國歷史博物館保管部資料組:《介紹幾件晉代的行草書磚刻》,《文物》1965 年第 12 期。
湖北省文化局文物工作隊:《湖北江陵三座楚墓出土大批重要文物》,《文物》1966 年第 5 期。
戴遵德:《原平峙峪出土的東周銅器》,《文物》1972 年第 4 期。
郭沫若:《古代文字之辯證的發展》,《考古》1972 年第 3 期。
魯波:《漢代徐勝買地鉛券簡介》,《文物》1972 年第 5 期。

南京市博物館：《南京象山 5 號、6 號、7 號墓清理簡報》，《文物》1972 年第 11 期。
山東省博物館：《曲阜九龍山漢墓發掘簡報》，《文物》1972 年第 5 期。
北文：《秦始皇“書同文字”的歷史作用》，《文物》1973 年第 11 期。
甘肅省博物館、甘肅省武威縣文化館：《武威旱灘坡漢墓發掘簡報——出土大批醫藥簡牘》，《文物》1973 年第 12 期。
湖北省博物館、孝感地區文教局、雲夢縣文化館：《湖北雲夢西漢墓發掘簡報》，《文物》1973 年第 9 期。
湖南省博物館、中國科學院考古研究所：《長沙馬王堆一號漢墓》，文物出版社，1973 年。
荆州地區博物館：《湖北江陵藤店一號墓發掘簡報》，《文物》1973 年第 9 期。
秦波：《西漢皇后玉璽和甘露二年銅方爐的發現》，《文物》1973 年第 5 期。
鄭紹宗：《介紹幾方宋、金、元的官印》，《文物》1973 年第 11 期。
安徽省文物工作隊：《安徽天長漢墓的發掘》，《考古》1974 年第 4 期。
亳縣博物館：《亳縣鳳凰臺一號漢墓清理簡報》，《考古》1974 年第 3 期。
長江流域第二期文物考古工作人員訓練班：《湖北江陵鳳凰山西漢墓發掘簡報》，《文物》1974 年第 6 期。
陳久金、陳美東：《臨沂出土漢初古曆初探》，《文物》1974 年第 3 期。
弘一：《江陵鳳凰山十號漢墓簡牘初探》，《文物》1974 年第 6 期。
季雲：《藁城臺西商代遺址發現的陶器文字》，《文物》1974 年第 8 期。
南京博物院、連雲港市博物館：《海州西漢霍賀墓清理簡報》，《考古》1974 年第 3 期。
裘錫圭：《從馬王堆一號漢墓“遣策”談關於古隸的一些問題》，《考古》1974 年第 1 期。
王文才：《東漢李冰石像與都江堰“水則”》，《文物》1974 年第 7 期。
謝雁翔：《四川郫縣犀浦出土的東漢殘碑》，《文物》1974 年第 4 期。
周法高：《金文詁林》，香港中文大學，1974 年。
甘肅省博物館、武威縣文化館：《武威漢代醫簡》，文物出版社，1975 年。
河南省博物館：《靈寶張灣漢墓》，《文物》1975 年第 11 期。
紀南城鳳凰山一六八號漢墓發掘整理組：《湖北江陵鳳凰山一六八號漢墓發掘簡報》，《文物》1975 年第 9 期。
南波：《江蘇連雲港市海州西漢侍其繇墓》，《考古》1975 年第 3 期。
山東省博物館、蒼山縣文化館：《山東蒼山元嘉元年畫像石墓》，《考古》1975 年第 2 期。
山西省文物工作委員會：《“侯馬盟書”的發現、發掘與整理情況》，《文物》1975 年第 5 期。
雲南省昭通縣文化館：《雲南昭通發現東漢“孟琁”銅印》，《文物》1975 年第 5 期。
北京市文管處：《北京地區的又一重要考古收獲——昌平白浮西周木槨墓的新啟示》，《考古》1976 年第 4 期。
湖北省博物館：《光化五座墳西漢墓》，《考古學報》1976 年第 2 期。
金立：《江陵鳳凰山八號漢墓竹簡試釋》，《文物》1976 年第 6 期。

山西省文物工作委員會:《侯馬盟書》,文物出版社,1976年。
馬衡:《凡將齋金石叢稿》,中華書局,1977年。
富平縣文化館、陝西省博物館、陝西省文物管理委員會:《唐李鳳墓發掘簡報》,《考古》1977年第5期。
陝西省文物管理委員會、禮泉縣昭陵文管所:《唐阿史那忠墓發掘簡報》,《考古》1977年第2期。
雲希正:《西漢平都犁斛》,《文物》1977年第3期。
安徽亳縣博物館:《亳縣曹操宗族墓葬》,《文物》1978年第8期。
亳縣博物館:《安徽亳縣發現一批漢代字磚和石刻》,《文物資料叢刊》第2期,文物出版社,1978年。
鄂城縣博物館:《鄂城東吴孫將軍墓》,《考古》1978年第3期。
甘肅居延考古隊:《居延漢代遺址的發掘和新出土的簡册文物》,《文物》1978年第1期。
吉林大學古文字研究室:《古文字研究的現狀及展望》第一輯,中華書局,1978年。
李學勤:《談"張掖都尉棨信"》,《文物》1978年第1期。
盧連城、楊滿倉:《陝西寶雞縣太公廟村發現秦公鐘、秦公鎛》,《文物》1978年第11期。
南陽地區文化局考古隊、南陽市博物館:《唐河縣新店發現一座有紀年的漢畫像石墓》,《中原文物》1978年第3期。
内蒙古自治區博物館文物工作隊:《和林格爾漢墓壁畫》,文物出版社,1978年。
睡虎地秦墓竹簡整理小組:《睡虎地秦墓竹簡》,文物出版社,1978年。
吴白匋:《從出土秦簡帛書看秦漢早期隸書》,《文物》1978年第2期。
楊仁愷:《試談張旭的書法風貌和有關於古詩四帖的初步探索》,《書法》1978年第1期。
周世榮:《長沙出土西漢印章及其有關問題研究》,《考古》1978年第4期。
甘肅省博物館:《酒泉、嘉峪關晉墓的發掘》,《文物》1979年第6期。
河北省文物管理處:《河北省平山縣戰國時期中山國墓葬發掘簡報》,《文物》1979年第1期。
黑光:《西安市郊發現秦國杜虎符》,《文物》1979年第9期。
馬王堆漢墓帛書整理小組:《西漢帛書〈天文氣象雜占〉釋文》,《中國文物》第一期,文物出版社,1979年。
南京博物院:《江蘇盱眙東陽漢墓》,《考古》1979年第5期。
啟功:《古代字體論稿》,文物出版社,1979年。
陝西周原考古隊:《陝西岐山鳳雛村發現周初甲骨文》,《文物》1979年第10期。
唐蘭:《中國文字學》,上海古籍出版社,1979年。
王漢珍、傅嘉儀:《西安漢建章宫遺址出土帶字磚》,《文物》1979年第12期。
咸陽市博物館:《陝西咸陽馬泉西漢墓》,《考古》1979年第2期。
張伯駒:《西晉陸機〈平復帖〉》,《書法》1979年第6期。

1980年

郭紹虞:《從書法中窺測字體的演變》,《現代書法論文選》,上海書畫出版社,1980年。
國家文物局古文獻研究室:《馬王堆漢墓帛書》(壹),文物出版社,1980年。

蔣華:《揚州甘泉山出土東漢劉元臺買地磚券》,《文物》1980年第6期。
羅西章:《介紹一批陝西扶風出土的漢、魏銅印等文物》,《文物》1980年第12期。
馬國權:《戰國楚竹簡文字略説》,《古文字研究》第三輯,中華書局,1980年。
蒙默:《犀浦出土東漢殘碑是泐石"資簿"説》,《文物》1980年第4期。
南陽地區文物隊、南陽博物館:《唐河漢鬱平大尹馮君孺人畫像石墓》,《考古學報》1980年第2期。
徐邦達:《五體書新論》,《現代書法論文選》,上海書畫出版社,1980年。
姚生民:《漢甘泉宫遺址勘查記》,《考古與文物》1980年第2期。
伊川縣人民文化館:《河南省伊川縣出土徐浩書張庭珪墓誌》,《文物》1980年第3期。
袁仲一、程學華:《秦代中央官署製陶業的陶文》,《考古與文物》1980年第3期。
張勳燎、劉磐石:《四川郫縣東漢殘碑的性質和年代》,《文物》1980年第4期。
中國社會科學院考古研究所、河北省文物管理處:《滿城漢墓發掘報告》,文物出版社,1980年。
中國社會科學院考古研究所:《居延漢簡甲乙編》,中華書局,1980年。
中國社會科學院考古研究所:《殷墟婦好墓》,文物出版社,1980年。

1981年

敦煌市博物館:《敦煌漢代烽燧遺址調查所獲簡牘釋文》,《文物》1981年第8期。
甘肅省博物館、敦煌縣文化館:《敦煌馬圈灣漢代烽燧遺址發掘簡報》,《文物》1981年第10期。
廣西壯族自治區文物工作隊、賀縣文化局:《廣西賀縣河東高寨西漢墓》,《文物叢刊》1981年第4期。
郭建邦:《河南孟津送莊漢黄腸石墓》,《文物參考資料》第4輯,文物出版社,1981年。
國家文物局古文獻研究室、河北省博物館、河北省文物研究所、定縣漢墓竹簡整理組:《定縣40號漢墓出土竹簡簡介》,《文物》1981年第8期。
黑龍江省文物考古工作隊:《黑龍江古代官印集》,黑龍江人民出版社,1981年。
湖北省博物館:《雲夢大墳頭一號漢墓》,《文物資料叢刊》1981年第4期。
江左:《北涼且渠安周造佛寺碑》,《書法叢刊》第2輯,文物出版社,1981年。
林澐:《對早期銅器銘文的幾點看法》,《古文字研究》第五輯,中華書局,1981年。
魯國堯:《"隸書"辨》,《語言學論叢》第七輯,商務印書館,1981年。
羅福頤:《古璽印概論》,文物出版社,1981年。
馬國權:《繆篆研究》,《古文字研究》第五輯,中華書局,1981年。
米文平:《鮮卑石室的發現與初步研究》,《文物》1981年第2期。
南京博物院:《江蘇邗江甘泉二號漢墓》,《文物》1981年第11期。
青海省文物考古工作隊:《青海大通縣上孫家寨一一五號漢墓》,《文物》1981年第2期。
任日新:《山東諸城漢墓畫像石》,《文物》1981年第10期。
陝西周原考古隊:《扶風齊家村西周甲骨發掘簡報》,《文物》1981年第9期。
唐蘭:《古文字學導論(增訂本)》,齊魯書社,1981年。
王東明、馮景昶、羅揚:《從定縣漢墓竹簡看西漢竹簡》,《文物》1981年第5期。

西藏自治區文物管理委員會:《明朝封授西藏地方官員的印章》,《文物》1981 年第 11 期。
揚州博物館、邗江縣圖書館:《江蘇邗江胡場五號漢墓》,《文物》1981 年第 11 期。
袁仲一:《秦民營制陶作坊的陶文》,《考古與文物》1981 年第 1 期。
張守中:《中山王𰯼器文字編》,中華書局,1981 年。
中國社會科學院考古研究所安陽工作隊:《安陽小屯村北的兩座殷代墓》,《考古學報》1981 年第 4 期。
朱國炤:《上孫家寨木簡初探》,《文物》1981 年第 2 期。

1982 年

陳邦懷:《戰國〈行氣玉銘〉考釋》,《古文字研究》第七輯,中華書局,1982 年。
陳大為、李宇峰:《遼寧朝陽後燕崔遹墓的發現》,《考古》1982 年第 3 期。
成都市文物管理處:《後蜀孟知祥墓與福慶長公主墓誌銘》,《文物》1982 年第 3 期。
鄂城縣博物館:《湖北鄂城四座吳墓發掘報告》,《考古》1982 年第 3 期。
范祥雍:《章草述略》,《書法》1982 年第 1 期。
甘肅省博物館、漳縣文化館:《甘肅漳縣元代汪世顯家族墓葬》,《文物》1982 年第 2 期。
宮大中:《洛陽闕林碑誌的漢唐隸書》,《書法》1982 年第 2 期。
廣西壯族自治區文物工作隊:《廣西貴縣羅泊灣二號漢墓》,《考古》1982 年第 4 期。
胡小石:《胡小石論文集》,上海古籍出版社,1982 年。
湖北省荆州地區博物館:《江陵天星觀 1 號楚墓》,《考古學報》1982 年第 1 期。
湖北省宜昌地區文物工作隊:《湖北當陽縣金家山兩座戰國楚墓》,《文物》1982 年第 4 期。
黄明蘭:《西晉裴祇和北魏元暐兩墓拾零》,《文物》1982 年第 1 期。
黄明蘭:《西晉散騎常侍韓壽墓墓表跋》,《文物》1982 年第 1 期。
濟寧地區文物組、嘉祥縣文管所:《山東嘉祥宋山 1980 年出土的漢畫像石》,《文物》1982 年第 5 期。
李洪甫:《江蘇連雲港市花果山出土的漢代簡牘》,《考古》1982 年第 5 期。
聊城地區博物館:《山東高唐金代虞寅墓發掘簡報》,《文物》1982 年第 1 期。
馬承源:《商和西周的金文》,《書法》1982 年第 2 期。
秦都咸陽考古隊:《咸陽市黄家溝戰國墓發掘簡報》,《考古與文物》1982 年第 6 期。
山東省博物館、山東省文物考古研究所:《山東漢畫像石選集》,齊魯書社,1982 年。
陝西省考古研究所:《漢華倉遺址發掘簡報》,《考古與文物》1982 年第 6 期。
始皇陵秦俑坑考古發掘隊:《秦始皇陵西側趙背戶村秦刑徒墓》,《文物》1982 年第 3 期。
四川大學古文字研究室:《甲骨文字的一字多形問題》,《古文字研究文集》,四川人民出版社,1982 年。
天津市文物管理處考古隊:《武清東漢鮮于璜墓》,《考古學報》1982 年第 3 期。
王玉池:《皇象、索靖和魏晉時期的章草》,《美術史論叢刊》1982 年第 4 期。
楊春霖:《字體釋名》,《人文雜誌》1982 年第 5 期。
于省吾:《釋黽、黿》,《古文字研究》第七輯,中華書局,1982 年。
中國社會科學院考古研究所洛陽工作隊:《漢魏洛陽故城太學遺址新出土的漢石經殘石》,《考古》

1982 年第 4 期。

1983 年

安徽省文物工作隊、蕪湖市文化局：《蕪湖市賀家園西漢墓》，《考古學報》1983 年第 3 期。

蒼舒：《“八分”之我見》，《書法研究》1983 年第 3 期。

戴應新：《解放後發現的醫藥資料考述》，《考古》1983 年第 2 期。

冨谷至：《“史書”考》，《西北大學學報（哲學社會科學版）》1983 年第 1 期。

河南省文物研究所：《河南溫縣東周盟誓遺址一號坎發掘簡報》，《文物》1983 年第 3 期。

胡平生、韓自強：《〈蒼頡篇〉的初步研究》，《文物》1983 年第 2 期。

劉敦願：《商周文字、紋樣與繪畫的關係》，《美術史論》1983 年第 2 期。

劉建國：《鎮江東晉墓》，《文物資料叢刊》第 8 期，文物出版社，1983 年。

馬國權：《鳥蟲書論稿》，《古文字研究》第十輯，中華書局，1983 年。

馬王堆漢墓帛書整理小組：《馬王堆漢墓帛書》（三）精裝本，文物出版社，1983 年。

南京市博物館：《南京郊縣四座吳墓發掘簡報》，《文物資料叢刊》第 8 期，文物出版社，1983 年。

錢今凡：《字體變遷管見》，《書法研究》1983 年第 3 期。

山東省菏澤地區漢墓發掘小組：《巨野紅土山西漢墓》，《考古學報》1983 年第 4 期。

山西省考古研究所、太原市文物管理委員會：《太原市北齊婁叡墓發掘簡報》，《文物》1983 年第 10 期。

商承祚：《説文中之古文考》，上海古籍出版社，1983 年。

文物局古文獻研究室、安徽阜陽地區博物館阜陽漢簡整理組：《阜陽漢簡〈蒼頡篇〉》，《文物》1983 年第 2 期。

文物局古文獻研究室、安徽阜陽地區博物館阜陽漢簡整理組：《阜陽漢簡簡介》，《文物》1983 年第 2 期。

沂水縣文物管理站：《山東沂水縣發現工盧王青銅劍》，《文物》1983 年第 12 期。

于右任：《標準草書・自序》，上海古籍書店，1983 年。

張政烺：《帚好略説》，《考古》1983 年第 6 期。

莊新興：《漢印文字繆篆試探》，《書法研究》1983 年第 2 期。

1984 年

白萬榮：《明代敕賜樂都縣瞿曇寺二印》，《文物》1984 年第 9 期。

曹傳松：《湖南澧縣發現明“華陽王鎮撫司之印”》，《文物》1984 年第 11 期。

董學增、高素心：《“中書門下之印”小考》，《文物》1984 年第 9 期。

敦煌縣文化館：《敦煌酥油土漢代烽燧遺址出土的木簡》，載《漢簡研究文集》，甘肅人民出版社，1984 年。

甘肅省文物工作隊：《額濟納河下游漢代烽燧遺址調查報告》，載《漢簡研究文集》，甘肅人民出版社，1984 年。

洪鈞陶：《草字編》，文物出版社，1983 年、1984 年陸續出版。

李三、張俊瑛：《内蒙古準格爾旗發現“長樂未英”字磚》，《文物》1984 年第 3 期。
臨沂市博物館：《山東臨沂金雀山周氏墓群發掘簡報》，《文物》1984 年第 11 期。
臨沂市博物館：《山東臨沂金雀山周氏墓群發掘簡報》，《文物》1984 年第 11 期。
南京博物院、邳縣文化館：《東漢彭城相繆宇墓》，《文物》1984 年第 8 期。
南京博物院、邳縣文化館：《東漢彭城相繆宇墓》，《文物》1984 年第 8 期。
容庚、張維持：《殷周青銅器通論》，文物出版社，1984 年。
陝西省雍城考古隊：《一九八二年鳳翔雍城秦漢遺址調查簡報》，《考古與文物》1984 年第 2 期。
文物局古文獻研究室、安徽省阜陽地區博物館阜陽漢簡整理小組：《阜陽漢簡〈詩經〉》，《文物》1984 年第 8 期。
武家昌：《遼寧近年出土、徵集的宋遼金官印選輯》，《文物》1984 年第 9 期。
武威縣博物館：《武威新出土王杖詔令冊》，載《漢簡研究文集》，甘肅人民出版社，1984 年。
葉其峰：《新莽官印鑒別例》，《文物》1984 年第 3 期。
張學正：《甘谷漢簡考釋》，載《漢簡研究文集》，甘肅人民出版社，1984 年。
趙康民：《西安洪慶堡出土滑儒鄉遺物》，《考古與文物》1984 年第 6 期。
鄭紹宗：《河北古代官印集釋》，《文物》1984 年第 9 期。
鄭紹宗：《河北古代官印集釋》，《文物》1984 年第 9 期。

1985 年

曹寶麟：《陸機〈平復帖〉商榷》，《書法研究》1985 年第 1 期。
陳全方：《周原出土陶文研究》，《文物》1985 年第 3 期。
福建省博物館：《崇安城村漢城探掘簡報》，《文物》1985 年第 11 期。
葛鴻楨：《張芝今草考》，載《書學論集》，上海書畫出版社，1985 年。
宮大中：《地下碑林》，《書法》1985 年第 5 期。
韓明祥：《釋北齊宜陽國太妃傅華墓誌銘》，《文物》1985 年第 10 期。
何新成：《漢中楊家山秦墓發掘簡報》，《文博》1985 年第 6 期。
李學勤：《古文字初階》，中華書局，1985 年。
陸錫興：《經古文保存舊文説》，《文獻》1985 年第 2 期。
吕思勉：《文字學四種》，上海教育出版社，1985 年。
馬王堆漢墓帛書整理小組：《馬王堆漢墓帛書》（肆），文物出版社，1985 年。
饒宗頤、曾憲通：《楚帛書》，中華書局香港分局，1985 年。
沙孟海：《略論兩晉南北朝隋代的書法》，《書法研究》1985 年第 4 期。
山東省淄博市博物館：《西漢齊王墓隨葬器物坑》，《考古學報》1985 年第 2 期。
四川省文物管理委員會、彭山縣文化館：《南宋虞公著夫婦合葬墓》，《考古學報》1985 年第 3 期。
徐信印、魯紀亨：《陝西旬陽發現一枚漢代銀印》，《文物》1985 年第 12 期。
銀雀山漢墓竹簡整理小組：《銀雀山漢墓竹簡》（壹），文物出版社，1985 年。
張松林：《鄭州商城區域内出土的東周陶文》，《文物》1985 年第 3 期。

中國社會科學院考古研究所河南第二工作隊：《河南偃師杏園村的兩座魏晉墓》，《考古》1985 年第 8 期。

1986 年

蔡全法：《近年來新鄭"鄭韓故城"出土陶文簡釋》，《中原文物》1986 年第 1 期。

曹寶麟：《〈平復帖〉再辯》，《書法研究》1986 年第 4 期。

丁中炎、魏人棟：《湖南城步苗族自治縣發現明代玉印》，《考古》1986 年第 1 期。

范邦瑾：《兩塊未見著錄的〈熹平石經·詩〉殘石的校釋及綴接》，《文物》1986 年第 5 期。

廣西壯族自治區文物工作隊、廣西賀縣文物管理所：《廣西賀縣金鐘一號漢墓》，《考古》1986 年第 3 期。

何琳儀：《戰國文字與傳抄古文》，《古文字研究》第十五輯，1986 年。

河南省文物研究所：《信陽楚墓》，文物出版社，1986 年。

林澐：《古文字研究簡論》，吉林大學出版社，1986 年。

林澐：《古文字研究簡論》，吉林大學出版社，1986 年。

陸鏗：《"于草"行兩岸，書藝慰國魂——于右任先生寫字的故事》，《參考消息》1986 年 5 月 17 日第 2 版。

陸錫興：《假借轉注再研究》，《語言研究》1986 年第 1 期。

馬道闊：《安徽廬江發現吳王光劍》，《文物》1986 年第 2 期。

徐邦達：《對〈陸機平復帖商榷〉一文的商榷》，《書法研究》1986 年第 2 期。

徐鐵城：《江蘇丹陽出土"弋陽開國"銅印》，《文物》1986 年第 11 期。

揚州博物館：《揚州市郊發現兩座新莽時期墓》，《考古》1986 年第 11 期。

楊益清：《雲南大理發現一批明代官印》，《文物》1986 年第 7 期。

葉其峰：《西漢官印叢考》，《故宮博物院院刊》1986 年第 1 期。

尤振堯：《江蘇泗洪曹廟東漢畫像石》，《文物》1986 年第 4 期。

張桂光：《古文字中的形體訛變》，《古文字研究》第十五輯，1986 年。

張松林：《鄭州商城內出土東周陶文簡釋》，《中原文物》1986 年第 1 期。

朱由：《介紹近年江陵張家山出土的西漢簡書》，《書法》1986 年第 5 期。

1987 年

亳縣博物館：《安徽亳縣發現一批漢代字磚和石刻》，《文物資料叢刊》第 2 輯，文物出版社，1987 年。

董志翹：《從出土戰國文字材料看"隸變"》，《淮北煤師院學報(社會科學版)》1987 年第 4 期。

方建國：《四川建陽出土明代道家用印》，《文物》1987 年第 11 期。

方去疾：《鳥蟲書起源探索》，《書法》1987 年第 5 期。

高文：《四川漢代畫像石》，巴蜀書社，1987 年。

高文：《四川漢代畫像磚》，上海人民美術出版社，1987 年。

郭清華：《勉縣發現漢代多字私印》，《文物》1987 年第 3 期。

韓明祥：《〈張約墓誌銘〉的撰文者張掞》，《文物》1987 年第 3 期。

河北省文物研究所:《河北易縣燕下都第13號遺址第一次發掘》,《考古》1987年第5期。
吉木布初、關榮華:《四川昭覺縣發現東漢石表和石闕殘石》,《考古》1987年第5期。
蔣英炬:《孝堂山石祠管見》,《漢代畫像石研究》,文物出版社,1987年。
南京博物院:《江蘇儀徵煙袋山漢墓》,《考古學報》1987年第4期。
平朔考古隊:《山西朔縣秦漢墓發掘簡報》,《文物》1987年第6期。
揚州博物館:《江蘇儀徵胥浦101號西漢墓》,《文物》1987年第1期。
揚州博物館:《揚州平山養殖場漢墓清理簡報》,《文物》1987年第1期。
袁仲一:《秦代陶文》,三秦出版社,1987年。
章建明:《論趙壹〈非草書〉》,《書法研究》1987年第3期。

1988年

陳全方:《周原與周文化》,上海人民出版社,1988年。
陳世輝、湯餘惠:《古文字概要》,吉林大學出版社,1988年。
陳直:《東晉王興之墓誌跋兼論及蘭亭序問題》,《文史考古論叢》,天津古籍出版社,1988年。
陳直:《讀容庚氏〈鳥書考〉書後》,《文史考古論叢》,天津古籍出版社,1988年。
陳直:《秦始皇六大統一政策的考古資料》,《文史考古論叢》,天津古籍出版社,1988年。
叢文俊:《論繆篆名實並及字體的考察標準》,《書法研究》1988年第4期。
方傳鑫:《説隸》,《書法》1988年第3期。
高開貴:《略論戰國時期文字的繁化與簡化》,《江漢考古》1988年第4期。
廣西壯族自治區博物館:《廣西貴縣羅泊灣漢墓》,文物出版社,1988年。
胡平生、韓自強:《阜陽漢簡詩經研究》,上海古籍出版社,1988年。
雷建金:《簡陽縣鬼頭山發現榜題畫像石棺》,《四川文物》1988年第6期。
連雲港市博物館:《連雲港市陶灣黄石崖西漢西郭寶墓》,《東南文化》第三輯,江蘇古籍出版社,1988年。
林茂法、宋振啟:《山東蒼山縣出土金代"虎威副都尉印"》,《考古》1988年第7期。
啟功:《説〈千字文〉》,《文物》1988年第7期。
裘錫圭:《文字學概要》,商務印書館,1988年。
山西省平朔考古隊:《山西省朔縣西漢木槨墓發掘簡報》,《考古》1988年第5期。
孫敬明、李劍、張龍海:《臨淄齊故城内外新發現的陶文》,《文物》1988年第2期。
王正書:《上海福泉山西漢墓群發掘》,《考古》1988年第8期。
王竹林、許景元:《洛陽近年出土的漢石經》,《中原文物》1988年第2期。
文化部古文獻研究室、安徽阜陽地區博物館阜陽漢簡整理組:《阜陽漢簡〈萬物〉》,《文物》1988年第4期。
徐毓泉:《近代章草大家王世鏜——兼述一段離奇章草案》,《書法》1988年第4期。
徐州博物館、南京大學歷史系考古專業:《徐州北洞山西漢墓發掘簡報》,《文物》1988年第2期。
張森:《嵩高靈廟碑的用筆和結構分析》,《書法》1988年第2期。

1989 年

陳公柔、徐元邦、曹延尊、格桑本：《青海大通馬良墓出土漢簡的整理與研究》，《考古學集刊》第六集，中國社會科學出版社，1989 年。

程繼林：《泰安大汶口漢畫像石墓》，《文物》1989 年第 1 期。

大葆臺漢墓發掘組、中國社會科學院考古研究所：《北京大葆臺漢墓》，文物出版社，1989 年。

甘肅省文物考古研究所、天水市北道區文化館：《甘肅天水放馬灘戰國秦漢墓群的發掘》，《文物》1989 年第 2 期。

郭敬書：《靈寶發現唐“東都尚書吏部之印”》，《文物》1989 年第 7 期。

何琳儀：《戰國文字通論》，中華書局，1989 年。

河南省文物研究所、河南省洛陽地區文管處：《千唐誌齋藏誌》，文物出版社，1989 年。

洪鈞陶：《草字編簡編》，文物出版社，1989 年。

胡立新：《山東邾國故城陶文》，《書法》1989 年第 1 期。

湖北省博物館：《曾侯乙墓》，文物出版社，1989 年。

焦德森：《山東北朝摩崖刻經》，《書法叢刊》第 18 輯，文物出版社，1989 年。

《晉〈石尠墓誌〉》，《書法叢刊》第 18 輯，文物出版社，1989 年。

劉翔、陳抗、陳初生、董琨：《商周古文字讀本》，語文出版社，1989 年。

陸錫興：《漢代簡牘草字編》，上海書畫出版社，1989 年。

陸錫興：《上古奇字書藝探祕》，《書譜》1989 年第 3 期。

陸錫興：《“弓”字辨》，《中華文史論叢》第 1 期，上海古籍出版社，1989 年。

南城縣博物館：《南城宋陳肅墓清理紀》，《江西文物》1989 年第 2 期。

施安昌：《漢熹平石經與八分書》，《故宮博物院院刊》1989 年第 4 期。

王育龍：《西安昆侖廠東漢墓清理記》，《考古與文物》1989 年第 2 期。

蕭高洪：《繆篆是謬誤的篆書嗎?》，《書法》1989 年第 1 期。

葉其峰：《秦漢南北朝官印鑒別方法初論》，《故宮博物院院刊》1989 年第 3 期。

于航中：《晉〈任城太守孫夫人碑〉》，《書法叢刊》第 18 輯，文物出版社，1989 年。

張亞初：《談古文字中的變形造字法》，載《慶祝蘇秉琦先生考古五十五周年論文集》，文物出版社，1989 年。

1990 年

長辦庫區處紅花套考古工作站：《湖北宜昌前坪包金頭東漢、三國墓》，《考古》1990 年第 9 期。

程少奎：《山東肥城發現“永平”紀年畫像石》，《文物》1990 年第 2 期。

戴尊德：《司馬光撰魏閑墓誌之研究》，《文物》1990 年第 12 期。

河北省文物研究所：《河北陽原縣北關漢墓發掘簡報》，《考古》1990 年第 4 期。

河南省博物館、河南省文物研究所、河南省古代建築研究所：《中嶽漢三闕》，文物出版社，1990 年。

湖南省文物考古研究所、慈利縣文物保護管理研究所：《湖南慈利石板村 36 號戰國墓發掘簡報》，《文物》1990 年第 10 期。

黄錫全:《楚系文字略論》,《華夏考古》1990 年第 3 期。

黄錫全:《汗簡注釋》,武漢大學出版社,1990 年。

晉華:《山西榆社出土一件吳王胋發劍》,《文物》1990 年第 2 期。

賴非、王思禮:《漢代通俗隸書類型》,載《漢碑研究》,齊魯書社,1990 年。

李家浩:《攻敔王光劍銘文考釋》,《文物》1990 年第 2 期。

林素清:《春秋戰國美術字體研究》,《"中央研究院"歷史語言研究所集刊》第 61 本第 1 分冊,1990 年。

毛惠明:《從天水秦簡看秦統一前的文字及其書法藝術》,《書法》1990 年第 4 期。

施安昌:《清代發現的漢碑及其對清人書法的影響》,《書法叢刊》第 22 輯,文物出版社,1990 年。

王建中、閃修山:《南陽兩漢畫像石》,文物出版社,1990 年。

王之厚:《山東省博物館藏封泥零拾》,《文物》1990 年第 10 期。

楊守敬:《評碑評帖記》,文物出版社,1990 年。

朱瑞明:《浙江嘉善出土一方南明官印》,《文物》1990 年第 3 期。

1991 年

成都市博物館考古隊:《五代後蜀孫漢韶墓》,《文物》1991 年第 5 期。

叢文俊:《春秋戰國青銅器銘文書論析(上)》,《中國書法》1991 年第 1 期。

董琨:《古文字形體訛變對〈説文解字〉的影響》,《中國語文》1991 年第 3 期。

甘肅省文物考古研究所:《敦煌漢簡》,中華書局,1991 年。

官雲程:《扶風縣出土漢代私印印文補釋》,《文物》1991 年第 3 期。

廣州市文物管理委員會、中國社會科學院考古研究所、廣東省博物館:《西漢南越王墓》,文物出版社,1991 年。

河南省文物研究所、河南省丹江庫區考古發掘隊、淅川縣博物館:《淅川下寺春秋楚墓》,文物出版社,1991 年。

湖北省荆沙鐵路考古隊:《包山楚簡》,文物出版社,1991 年。

林泊:《秦東陵出土的部分陶文》,《考古》1991 年第 5 期。

洛陽市文物工作隊:《洛陽出土歷代墓誌輯繩》,中國社會科學出版社,1991 年。

内江市文管所、簡陽縣文化館:《四川簡陽縣鬼頭山東漢崖墓》,《文物》1991 年第 3 期。

始興縣博物館:《廣東始興縣禾塲嶺發現東漢墓》,《考古》1991 年第 1 期。

陶榮:《甘肅崇信出土的秦戳記陶器》,《文物》1991 年第 5 期。

張恒:《浙江嵊縣大塘嶺東吳墓》,《考古》1991 年第 3 期。

中國社會科學院考古研究所洛陽唐城隊:《1984 至 1986 年洛陽市區漢晉墓發掘簡報》,《考古學集刊》第七集,科學出版社,1991 年。

1992 年

符杏華:《浙江紹興碧波潭發現紀年墓》,《南方文物》1992 年第 4 期。

河北省文物研究所、邢臺市文物管理處:《邢臺南小旺周代遺址西周遺存的發掘》,《文物春秋》1992 年增刊。

河南省文物考古研究所等：《當陽趙家湖楚墓》，文物出版社，1992 年。

離石縣文物管理所：《山西離石馬茂莊東漢畫像石墓》，《文物》1992 年第 4 期。

孟繼新：《曲阜發現東漢初期刻石》，《書法》1992 年第 5 期。

施安昌：《西晉洛陽體析》，《書法叢刊》1992 年第 1 期。

孫尉祖：《西漢官印、封泥分期考述》，《上海博物館集刊》第 6 期，上海古籍出版社，1992 年。

王恩田：《泰安大汶口漢畫像石歷史故事考》，《文物》1992 年第 12 期。

鄒寶庫：《釋遼陽出土的一件秦戈銘文》，《考古》1992 年第 8 期。

1993 年

安徽省文物考古研究所、天長縣文物管理所：《安徽天長縣三角圩戰國西漢墓出土文物》，《文物》1993 年第 9 期。

陳振裕、劉信芳：《睡虎地秦簡文字編》，湖北人民出版社，1993 年。

賀正全：《蒲城總概》，《"中央研究院"歷史語言研究所集刊》第 63 本，第 2 分，1993 年。

湖北省荆州地區博物館：《江陵高臺 18 號墓發掘簡報》，《文物》1993 年第 8 期。

湖北省荆州地區博物館：《江陵揚家山 135 號秦墓發掘簡報》，《文物》1993 年第 8 期。

湖北省文物考古研究所：《江陵鳳凰山一六八號漢墓》，《考古學報》1993 年第 4 期。

樂山市崖墓博物館：《四川樂山市沱溝嘴東漢崖墓清理簡報》，《文物》1993 年第 1 期。

李學勤：《邢臺新發現的西周甲骨文》，《中國文物報》1993 年 3 月 7 日。

林素清：《兩漢鏡銘初探》，《"中央研究院"歷史語言研究所集刊》第 63 本，第 2 分，1993 年。

洛陽市第二文物工作隊：《洛陽淺井頭西漢壁畫墓發掘簡報》，《文物》1993 年第 5 期。

馬鞍山市文物管理所、馬鞍山市博物館：《安徽馬鞍山桃沖村三座晉墓清理簡報》，《文物》1993 年第 11 期。

青海省文物考古研究所：《上孫家寨漢晉墓》，文物出版社，1993 年。

裘錫圭：《秦漢時代的字體》，載《中國書法全集・秦漢篇・秦漢刻石卷》，榮寶齋 1993 年。

施安昌：《〈北涼體〉分析》，《書法》1993 年第 6 期。

王步毅：《安徽宿縣褚蘭漢畫像石墓》，《考古學報》1993 年第 4 期。

濰坊市博物館、昌樂縣文管所：《山東昌樂縣東圈漢墓》，《考古》1993 年第 6 期。

武威地區博物館：《甘肅武威旱灘坡東漢墓》，《文物》1993 年第 10 期。

熊秉明：《張旭的生卒年代》，《中國書法》1993 年第 5 期。

中國社會科學院考古研究所安陽隊：《1991 年安陽後岡殷墓的發掘》，《考古》1993 年第 10 期。

1994 年

《阿拉善盟范縣漢武帝時期石刻銘文》，《中國文物報》1994 年第 9 期。

北京大學考古系、山西省考古研究所：《天馬—曲村遺址北趙晉侯墓地第二次發掘》，《文物》1994 年第 1 期。

甘肅省文物考古研究所、甘肅省博物館、中國文物研究所、中國社會科學院歷史研究所：《居延新簡》，中華書局，1994 年。

湖北省文物考古研究所、孝感地區博物館、雲夢縣博物館：《雲夢龍崗 6 號秦墓及出土簡牘》，《考古學集刊》1994 年第八集。

濟寧市博物館：《山東濟寧發現兩座元代墓葬》，《考古》1994 年第 9 期。

賴非：《山東漢代畫像石榜題》，《美術研究》1994 年第 2 期。

李銀德、陳永清：《東漢永壽元年徐州從事墓誌》，《文物》1994 年第 8 期。

李銀德：《徐州土山東漢墓出土封泥考略》，《文物》1994 年第 11 期。

劉亮、王周應：《秦都雍城遺址新出土的秦漢瓦當》，《文博》1994 年第 3 期。

劉培桂、鄭建芳、王彥：《鄒城出土東漢畫像石》，《文物》1994 年第 6 期。

洛陽市第二文物工作隊：《洛陽郵電局 372 號西漢墓》，《文物》1994 年第 7 期。

馬良民、言家信：《山東鄒平縣苑城村出土陶文考釋》，《文物》1994 年第 4 期。

牛克誠：《簡、冊體制與隸書的形成》，《美術史論》1994 年第 2 期。

山西省考古研究所、北京大學考古學系：《天馬—曲村遺址北趙晉侯墓地第三次發掘》，《文物》1994 年第 8 期。

山西省考古研究所、運城地區文化局、夏縣文化局博物館：《山西夏縣王村東漢壁畫墓》，《文物》1994 年第 8 期。

施安昌：《“北魏邙山體”析》，《書法叢刊》1994 年第 1 期。

武可榮：《連雲港市歷年出土的簡牘簡述》，《書法叢刊》1994 年第 4 期。

徐邦達：《鄧文原〈急就章〉——〈古書畫過眼要錄〉一例》，《書法叢刊》1994 年第 3 期。

張守中：《睡虎地秦簡文字編》，文物出版社，1994 年。

1995 年

河北省文物研究所定州漢簡整理小組：《定州西漢中山懷王墓竹簡〈文子〉釋文》，《文物》1995 年第 12 期。

湖北省文物考古研究所：《湖北江陵縣九店東周墓發掘紀要》，《考古》1995 年第 7 期。

湖北省文物考古研究所：《江陵九店東周墓》，科學出版社，1995 年。

《華陰出土〈西嶽華山廟碑〉殘石》，《中國文物報》1995 年 5 月 21 日第 1 版。

李毓芳：《漢長安城未央宮的考古發掘與研究》，《文博》1995 年第 3 期。

索全星：《河南焦作白莊 6 號東漢墓》，《考古》1995 年第 5 期。

滕壬生：《楚系簡帛文字編》，湖北教育出版社，1995 年。

王天喜：《陝西三原發現一枚宋代官印》，《文物》1995 年第 10 期。

辛發、魯寶林、吳鵬：《錦州前燕李廆墓清理簡報》，《文物》1995 年第 6 期。

周錦屏：《連雲港市唐莊高高頂漢墓發掘報告》，《東南文化》1995 年第 4 期。

1996 年

陳曉捷：《臨潼新豐鎮劉寨村秦遺址出土陶文》，《考古與文物》1996 年第 4 期。

叢文俊：《鳥鳳龍蟲書合考》，《書法研究》1996 年第 3 期。

廣州市文物管理委員會：《廣州市下塘獅帶崗晉墓發掘簡報》，《考古》1996 年第 1 期。

韓天衡主編:《古瓦當文編》,上海世界圖書出版公司,1996 年。
河南省文物考古研究所:《永城西漢梁國王陵與寢園》,中州古籍出版社,1996 年。
胡海帆:《晉〈杜謖墓門題字〉》,《書法叢刊》1996 年第 2 期。
李獻奇、郭引強:《洛陽新獲墓誌》,《書法叢刊》1996 年第 2 期。
劉峰:《安徽省阜陽市發現漢代汝陰宮殿遺址》,《考古與文物》1996 年第 5 期。
《洛陽碑誌選刊》,《書法叢刊》1996 年第 2 期。
洛陽市第二文物工作隊:《洛陽五女冢 267 號新莽墓發掘簡報》,《文物》1996 年第 7 期。
洛陽市鐵路北站編組站聯合考古發掘隊:《元賽因赤答忽墓的發掘》,《文物》1996 年第 2 期。
孟繼新:《山東曲阜市出土漢代建武石刻》,《考古》1996 年第 10 期。
商承祚:《石刻篆文編》,中華書局,1996 年。
王向理、謝槐青:《河南省伊川縣出土徐浩書張庭珪墓誌》,《書法叢刊》1996 年第 2 期。
吳鎮烽:《陝西歷史博物館館藏封泥考(上)》,《考古與文物》1996 年第 4 期。
吳鎮烽:《陝西歷史博物館館藏封泥考(下)》,《考古與文物》1996 年第 6 期。
鄭州市文物考古研究所、滎陽市文物保護管理所:《河南滎陽萇村漢代壁畫墓調查》,《文物》1996 年第 3 期。
中國社會科學院考古研究所:《漢長安城未央宫:1980～1989 年考古發掘報告》,中國大百科全書出版社,1996 年。
朱德熙、裘錫圭、李家浩:《望山一、二號墓竹簡釋文與考釋》,《江陵望山沙冢楚墓》,文物出版社,1996 年。

1997 年

蔡鴻茹:《明拓北魏中嶽嵩高靈廟碑》,《書法叢刊》1997 年第 3 期。
連雲港市博物館、東海縣博物館、中國社會科學院簡帛研究中心、中國文物研究所:《尹灣漢墓簡牘》,中華書局,1997 年。
琉璃河考古隊:《琉璃河遺址 1996 年度發掘簡報》,《文物》1997 年第 6 期。
劉洪石:《唐宋風韻,絕壁生輝》,《書法叢刊》1997 年第 4 期。
洛陽市文物工作隊:《洛陽李屯東漢元嘉二年墓發掘簡報》,《考古與文物》1997 年第 2 期。
孟憲武、李貴昌:《殷墟出土的玉璋朱書文字》,《華夏考古》1997 年第 2 期。
任平:《説隸》,杭州大學出版社,1997 年。
孫慰祖、徐谷甫:《秦漢金文彙編》,上海書店出版社,1997 年。
徐州博物館:《江蘇銅山縣龜山二號西漢崖洞墓材料的再補充》,《考古》1997 年第 2 期。
徐州博物館:《徐州西漢宛朐侯劉埶墓》,《文物》1997 年第 2 期。
張光裕、滕壬生、黄錫全主編:《曾侯乙墓竹簡文字編》,藝文印書館,1997 年。
張雲濤:《山東威海發現明初創寨碑》,《文物》1997 年第 9 期。
周錦屏:《連島西漢界域刻石以及書法價值》,《書法叢刊》1997 年第 4 期。
周曉陸、路東之、龐睿:《秦代封泥的重大發現》,《考古與文物》1997 年第 1 期。

1998 年

叢文俊:《論“善史書”及其文化涵義》,《書法研究》1998 年第 2 期。

河南商丘地區文物工作隊:《河南永城黃土山三號漢墓發掘簡報》,《考古與文物》1998 年第 2 期。

姜寶蓮、趙強:《陝西澄城良周秦漢宮殿遺址調查簡報》,《文博》1998 年第 4 期。

姜濤、賈連敏:《虢國墓地出土商代小臣玉器銘文考釋及相關問題》,《文物》1998 年第 12 期。

荆門市博物館:《郭店楚墓竹簡》,文物出版社,1998 年。

內蒙古文物考古研究所:《內蒙古中南部漢代墓葬》,中國大百科全書出版社,1998 年。

牛濟普:《漢代官印分期例舉》,《中原文物》1998 年第 1 期。

施謝捷:《陝西出土秦陶文字叢釋》,《考古與文物》1998 年第 2 期。

獅子山楚王陵考古發掘隊:《徐州獅子山西漢楚王陵發掘簡報》,《文物》1998 年第 8 期。

鄖陽地區博物館:《湖北鄖縣肖家河春秋楚墓》,《考古》1998 年第 4 期。

張克仁、杜蔚:《定西出土一漢代封泥》,《中國文物報》1998 年 8 月 9 日。

張同印:《唐代篆隸的繁榮及其局限性》,《首都師範大學學報》1998 年第 1 期。

1999 年

曹錦炎:《鳥蟲書通考》,上海書畫出版社,1999 年。

郭偉民:《湖南漢代考古又一重大發現——虎溪山漢墓搶救發掘圓滿結束》,《中國文物報》1999 年 9 月 15 日。

郭偉民、張春龍:《虎溪山一號漢墓後期發掘整理又獲成果》,《中國文物報》1999 年 10 月 17 日。

湖北省荆州市周梁玉橋遺址博物館:《關沮秦漢墓清理簡報》,《文物》1999 年第 6 期。

賈連敏、姜濤:《虢國墓地出土商代王伯玉器及相關問題》,《文物》1999 年第 7 期。

聊城市文物管理委員會:《山東陽谷縣吳樓一號漢墓的發掘》,《考古》1999 年第 11 期。

劉洪:《章草起源探索——兼論尹灣漢墓新出土簡牘的章草文字》,《尹灣漢墓簡牘綜論》,科學出版社,1999 年。

劉建華:《北齊趙郡王高睿造像及相關文物遺存》,《文物》1999 年第 8 期。

劉濤:《東晉銘刻書跡的體態及相關問題》,《書法叢刊》1999 年第 4 期。

洛陽市文物工作隊:《洛陽發掘的四座東漢玉衣墓》,《考古與文物》1999 年第 1 期。

馬三鴻、張書良:《洛陽發現“鄭”劉開妻孟夫人墓誌》,《文物》1999 年第 1 期。

孫啟治:《未鑿本〈正始石經〉殘石》,《圖書館雜誌》1999 年第 11 期。

孫新生:《山東青州北齊〈臨淮王像碑〉》,《文物》1999 年第 9 期。

王貴元:《馬王堆帛書漢字構形系統研究》,廣西教育出版社,1999 年。

王宏理:《八分説》,《書法研究》1999 年第 5 期。

西安市文物保護考古所:《西漢龍首原漢墓》,西北大學出版社,1999 年。

謝新建、李永強:《洛陽發現的王鐸篆書墓誌銘》,《文物》1999 年第 7 期。

殷憲:《大統魏碑述略》,《書法叢刊》1999 年第 1 期。

趙志文、賈連敏:《永城保安山二號墓文字試析》,《中原文物》1999 年第 1 期。

左雁、張海嘯：《大同出土北魏〈大代萬歲〉當》，《中國文物報》1999 年 1 月 10 日。

2000 年

陳千方：《湖北穀城出土"攻盧王叡䖒此郤劍"》，《考古》2000 年第 4 期。
甘肅省文物考古研究所：《敦煌懸泉漢簡釋文選》，《文物》2000 年第 5 期。
甘肅省文物考古研究所：《甘肅敦煌漢代懸泉置遺址發掘簡報》，《文物》2000 年第 5 期。
高峽主編，西安碑林博物館編纂：《西安碑林全集》，廣東經濟出版社、海天出版社，2000 年。
耿建軍：《試析徐州西漢楚王墓出土官印及封泥的性質》，《考古》2000 年第 9 期。
廣東省文物考古研究所、湛江市博物館、徐聞縣博物館：《廣東徐聞縣五里鎮漢代遺址》，《文物》2000 年第 9 期。
廣州市文物考古研究所、南越王宫博物館籌建辦公室：《廣州南越國宫署遺址 1995—1997 年發掘簡報》，《文物》2000 年第 9 期。
胡舜慶、姜琳海：《南京出土東晉王氏四方墓誌書法分析》，《書法叢刊》2000 年第 4 期。
湖北省江陵縣文物局、荆州地區博物館：《江陵岳山秦漢墓》，《考古學報》2000 年第 4 期。
湖北省荆州博物館：《荆州高臺秦漢墓》，科學出版社，2000 年。
湖北省文物考古研究所、北京大學中文系：《九店楚簡》，文物出版社，2000 年。
黄岡市博物館、黄州區博物館：《湖北黄岡兩座中型楚墓》，《考古學報》2000 年第 2 期。
黄光新：《安慶王家山戰國墓出土越王亓北古劍等器物》，《文物》2000 年第 8 期。
黄錫全：《〈汗簡〉〈古文四聲韻〉中之〈義雲章〉古文的研究》，《古文字研究》第二十輯，中華書局，2000 年。
焦南峰、王保平、周曉陸、路東之：《秦文字瓦當的確認和研究》，《考古與文物》2000 年第 3 期。
李獻奇：《唐張説墓誌考釋》，《文物》2000 年第 10 期。
李學勤：《秦玉牘索隱》，《故宫博物院院刊》2000 年第 2 期。
劉蓮香：《〈睿宗大聖真觀施食臺記〉石幢考》，《華夏考古》2000 年第 1 期。
南京市博物館：《南京呂家山東晉李氏家族墓》，《文物》2000 年第 7 期。
南京市博物館：《南京象山 8 號、9 號、10 號墓發掘簡報》，《文物》2000 年第 7 期。
吴振武：《古文字中的借筆字》，《古文字研究》第二十輯，中華書局，2000 年。
姚孝遂：《甲骨文形體結構分析》，《古文字研究》第二十輯，中華書局，2000 年。
曾廣慶：《宋代官印制度略論》，《中原文物》2000 年第 5 期。
張淩波：《牟平出土刻鎮墓文石人》，《中國文物報》2000 年 3 月 19 日。
張守中等：《郭店楚簡文字編》，文物出版社，2000 年。
趙宏：《繆篆考辨》，《書法研究》2000 年第 6 期。
趙君平：《唐〈張説墓誌〉述要》，《書法叢刊》2000 年第 3 期。
周曉陸、路東之：《秦封泥集》，三秦出版社，2000 年。

2001 年

北京大學考古文博院、山西省考古研究所：《天馬—曲村遺址北趙晉侯墓地第六次發掘》，《文物》

2001 年第 8 期。
陳松長:《香港中文大學文物館藏簡牘》,香港中文大學文物館,2001 年。
陳耀林:《〈夏承碑〉校讀記》,《書法叢刊》2001 年第 2 期。
河北省文物研究所、平山縣博物館:《河北平山縣西嶽村隋唐崔氏墓》,《考古》2001 年第 2 期。
河北省文物研究所、邢臺市文物管理處:《河北邢臺市葛家莊 10 號墓的發掘》,《考古》2001 年第 2 期。
湖北省荆州市周梁玉橋遺址博物館:《關沮秦漢墓簡牘》,中華書局,2001 年。
湖北省文物考古研究所、隨州市文物局:《隨州市孔家坡墓地 M8 發掘簡報》,《文物》2001 年第 9 期。
李貴龍、王建勤主編:《綏德漢代畫像石》,陝西人民美術出版社,2001 年。
李華年:《"繆篆"新證》,《常州工學院學報》2001 年第 1 期。
李建麗:《崔昂墓誌考》,《書法叢刊》2001 年第 2 期。
連雲港市文管會辦公室、連雲港市博物館:《連雲港市東連島東海琅琊郡界域刻石調查報告》,《文物》2001 年第 8 期。
劉慶柱、李毓芳:《西安相家巷遺址秦封泥考略》,《考古學報》2001 年第 4 期。
駢宇騫:《銀雀山漢簡文字編》,文物出版社,2001 年。
陝西歷史博物館:《尋覓散落的瑰寶——陝西歷史博物館徵集文物精粹》,三秦出版社,2001 年。
陝西省考古研究所:《西安發現的北周安伽墓》,《文物》2001 年第 1 期。
天津市歷史博物館考古部:《天津市武清縣蘭城遺址的鑽探與試掘》,《考古》2001 年第 9 期。
王寧:《漢字字體研究的新突破——重讀啟功先生的〈古代字體論稿〉》,《三峽大學學報(人文社會科學版)》2001 年第 3 期。
嚴志斌:《鳥書構形簡論》,《華夏考古》2001 年第 1 期。
曾憲通等:《秦駰玉版文字初探》,《考古與文物》2001 年第 1 期。
張家山二四七號漢墓竹簡整理小組:《張家山漢墓竹簡》,文物出版社, 2001 年。
張懋鎔、張小兵:《陝西洛南冀塬一號戰國墓》,《文物》2001 年第 9 期。
張振林:《古文字中的羨符》,《中國文字研究》第二輯,廣西教育出版社,2001 年。
趙君平:《洛陽新獲唐誌二題》,《書法叢刊》2001 年第 3 期。
趙平安:《秦西漢官印論要》,《考古與文物》2001 年第 3 期。
中國社會科學院考古研究所漢長安城工作隊:《西安相家巷遺址秦封泥的發掘》,《考古學報》2001 年第 4 期。

2002 年

曹錦炎:《古代璽印》,文物出版社,2002 年。
曹錦炎:《記新發現的越王不壽劍》,《文物》2002 年第 2 期。
陳煒湛:《碧落碑研究》,《故宮博物院院刊》2002 年第 2 期。
成都市文物考古研究所:《成都市南郊唐代爨公墓清理簡報》,《文物》2002 年第 1 期。

東方網 2002 年 2 月 4 日消息:“吉林省文物考古研究所考古隊近日在重慶雲陽舊縣坪遺址發現 20 餘枚漢代簡牘”。

侯開嘉:《隸草派生章草今草説》,《四川大學學報(哲學社會科學版)》2002 年第 5 期。

黄德寬:《隸定古文疏證·序》,安徽大學出版社,2002 年。

劉恒:《北朝墓誌題跋二則》,《書法叢刊》2002 年第 2 期。

劉慶柱:《考古發現的惟一封禪重器漢長安城遺址出土玉牒》,《文物天地》2002 年第 3 期。

羅勇來:《繆篆辨》,《書法研究》2002 年第 2 期。

南京市博物館:《南京北郊東晉溫嶠墓》,《文物》2002 年第 7 期。

南京市博物館:《南京象山 11 號墓清理簡報》,《文物》2002 年第 7 期。

潘玉坤:《籀文字數考索》,《古籍研究》2002 年第 2 期。

王松濤:《重慶三峽庫區首次發現木簡》,《中國文物報》2002 年 8 月 16 日。

魏堅:《去居延》,《文物天地》2002 年第 6 期。

魏勇娥、安子:《秦統一文字、度量衡和貨幣的實物見證》,《陝西歷史博物館》第 9 刊,三秦出版社,2002 年。

西安市文物保護考古所:《西安中華小區東漢墓發掘簡報》,《文物》2002 年第 12 期。

徐寶貴:《商周青銅器銘文避複研究》,《考古學報》2002 年第 3 期。

榆林地區文管會、綏德縣博物館:《陝西綏德縣四十里鋪畫像石墓調查簡報》,《考古與文物》2002 年第 3 期。

張小莊:《論唐隸》,《海南師範學院學報(人文社會科學版)》2002 年第 2 期。

鄭巖:《一筆畫》,《文物天地》2002 年第 5 期。

周曉陸、路東之、劉瑞、陳曉捷:《秦封泥再讀》,《考古與文物》2002 年第 5 期。

2003 年

曹瑋:《周原新出西周甲骨文研究》,《考古與文物》2003 年第 4 期。

長治市博物館:《山西長治唐代王惠墓》,《文物》2003 年第 8 期。

單國強:《〈出師頌〉鑒析》,《紫禁城》2003 年第 4 期。

何琳儀:《戰國文字通論(訂補)》,江蘇教育出版社,2003 年。

何學森:《郭店楚簡書法藝術略論》,《中國書法》2003 年第 8 期。

河南省文物考古研究所:《新蔡葛陵楚簡》,大象出版社,2003 年。

湖北省文物考古研究所:《湖北棗陽市九連墩楚墓》,《考古》2003 年第 7 期。

湖南省文物考古研究所:《湖南龍山縣里耶戰國秦漢城址及秦代簡牘》,《考古》2003 年第 7 期。

湖南省文物考古研究所、懷化市文物處、沅陵縣博物館:《沅陵虎溪山一號漢墓發掘簡報》,《文物》2003 年第 1 期。

湖南省文物考古研究所、湘西土家族苗族自治州文物處、龍山縣文物管理所:《湖南龍山里耶戰國——秦代古城一號井發掘簡報》,《文物》2003 年第 1 期。

湖南省文物考古研究所、中國文物研究所:《湖南張家界古人堤遺址與出土簡牘概述》,《中國歷史文物》2003 年第 2 期。
李愛國:《太原北齊張海翼墓》,《文物》2003 年第 10 期。
李占揚:《河南溫縣發現晉國邢邑遺址》,《中國文物報》2003 年 1 月 22 日。
劉濤:《北齊摩崖刻經的書體與隸書大字的書刻方法》,《文物》2003 年第 5 期。
劉濤:《"史學"與"八體六書"》,《書法研究》2003 年第 4 期。
龍振山:《魯潛墓誌及其相關問題》,《華夏考古》2003 年第 2 期。
綿陽博物館、綿陽市文物稽查勘探隊:《四川綿陽市朱家梁子東漢崖墓》,《考古》2003 年第 9 期。
秦士芝:《江蘇盱眙出土的蔡侯劍》,《文物》2003 年第 4 期。
山東大學東方考古研究中心、山東省文物考古研究所、濟南市考古所:《濟南市大辛莊遺址出土商代甲骨文》,《考古》2003 年第 6 期。
山東省文物考古研究所:《北方最美的 500 件漆器——山東日照海曲漢墓》,《文物天地》2003 年第 3 期。
山西省考古研究所、太原市文物考古研究所:《太原北齊徐顯秀墓發掘簡報》,《文物》2003 年第 10 期。
宋國定:《鄭州小雙橋遺址出土陶器上的朱書》,《文物》2003 年第 5 期。
太原市文物考古研究所:《太原北齊狄湛墓》,《文物》2003 年第 3 期。
太原市文物考古研究所:《太原北齊賀拔昌墓》,《文物》2003 年第 3 期。
王輝:《〈石鼓文·吳人〉集釋——兼再論石鼓文的時代》,《中國文字》第 29 輯,藝文印書館,2003 年。
王子今、申秦雁:《陝西歷史博物館藏武都漢簡》,《文物》2003 年第 4 期。
徐暢:《石鼓文刻年新考》,《考古與文物》2003 年第 4 期。
徐州博物館:《江蘇徐州大廟晉漢畫像石墓》,《文物》2003 年第 4 期。
許淑珍:《臨淄齊國故城新出土陶文》,《考古與文物》2003 年第 4 期。
趙君平:《唐〈曹仁墓誌〉研讀》,《書法叢刊》2003 年第 2 期。

2004 年

曹錦炎:《自鐸銘文考釋》,《文物》2004 年第 2 期。
道振:《漫談另一卷〈出師頌〉 文彭跋本〈出師頌〉》,《書法叢刊》2004 年第 1 期。
高文:《漢代瑰寶——記四川出土的漢代紀年磚字磚》,《中國書法》2004 年第 9 期。
宮大中:《中原貞石墨影》,河南美術出版社,2004 年。
貴州省文物考古研究所:《貴州安順市寧穀漢代遺址與墓葬的發掘》,《考古》2004 年第 6 期。
郝本性:《河南溫縣東周盟誓遺址發掘與整理情況》,《新出簡帛研究——新出簡帛國際學術研討會文集》,文物出版社,2004 年。
河南省文物考古研究所、南陽市文物考古研究所、淅川縣博物館:《河南淅川徐家嶺一號楚墓發掘簡報》,《文物》2004 年第 3 期。
河南省文物考古研究所、南陽市文物考古研究所、淅川縣博物館:《淅川和尚嶺與徐家嶺楚墓》,大象出版社,2004 年。

河南省文物考古研究所、信陽市文物工作隊:《河南信陽長臺關七號楚墓發掘簡報》,《文物》2004 年第 3 期。

胡平生:《未央宮前殿遺址出土王莽簡牘校釋》,《出土文獻研究》第 6 輯,上海古籍出版社,2004 年。

湖南省博物館、湖南省文物考古研究所:《長沙馬王堆二、三號漢墓》第一卷,文物出版社,2004 年。

李先登:《殷契國粹,國之瑰寶——孟廣慧舊藏甲骨》,《綜合藝術經典版·精品選集》,上海崇源藝術品拍賣有限公司,2004 年。

李新城:《試論漢代鏡銘中的簡省字》,《中國文字研究》第五輯,廣西教育出版社,2004 年。

劉合心:《長楊宮遺址出土的秦漢文物》,《文博》2004 年第 3 期。

劉健:《〈唐閬州奉國縣令鄭融墓誌〉考釋》,《書法》2004 年第 1 期。

劉尊志:《徐州出土晉代記事碑及相關問題略考》,《中原文物》2004 年第 2 期。

陸建方、杭濤:《泗陽縣大青墩漢墓》,《中國考古學年鑒 2003》,文物出版社,2004 年。

陝西省考古研究所:《秦都咸陽考古報告》,科學出版社,2004 年。

四川省文物考古研究所、德陽市文物考古研究所、中江縣文物保護管理所、宣漢縣文物管理所:《四川中江塔梁子崖墓發掘簡報》,《文物》2004 年第 9 期。

宋開羅:《隸書與八分之名實考辨》,《書法研究》總 122 期,上海書畫出版社,2004 年。

屠紀軍:《焦山碑林墓誌集粹》,《書法叢刊》2004 年第 6 期。

萬瑞傑:《古璽文書法飾筆初探》,《中國書法》2004 年第 5 期。

汪桂海:《漢代的"史書"》,《文獻》2004 年第 2 期。

王蘊智:《字學論集》,河南美術出版社,2004 年。

王子今、高大倫:《中江塔梁子崖墓壁畫榜題考論》,《文物》2004 年第 9 期。

西安市文物保護考古所:《西安東郊西漢竇氏墓(M3)發掘報告》,《文物》2004 年第 6 期。

西安市文物保護考古所:《西安市長安區西北政法學院西漢張湯墓發掘簡報》,《文物》2004 年第 6 期。

雅安市文物管理所:《〈何君尊楗閣刻石〉發現及考釋》,《四川文物》2004 年第 6 期。

張春龍、胡鐵南、向開旺:《湖南出土的兩件東周銅器銘文考釋》,《中國歷史文物》2004 年第 5 期。

張同印:《蔡邕與唐隸》,《書法研究》總 122 期,上海書畫出版社,2004 年。

張振林:《戰國期間文字異形面面觀》,《文字學論叢》第二輯,崇文書局,2004 年。

鄭忠華:《荊州市岳橋秦漢墓葬》,《中國考古學年鑒 2003》,文物出版社,2004 年。

种建榮:《岐山周公廟遺址新出西周甲骨文》,《收藏》2004 年第 9 期。

2005 年

陳淑梅:《漢代碑隸構形系統研究》,上海教育出版社,2005 年。

叢文俊:《〈漢巴郡朐忍令景雲碑〉考》,《中國書法》2005 年第 5 期。

董衛劍:《從寧王遺址出土的"鬱夷"瓦當探討鬱夷縣故城與平陽故城的關係》,《考古與文物》2005 年第 1 期。

杜少虎、趙文成:《唐〈虞從道墓誌〉鉤沉》,《中國書法》2005 年第 4 期。
李珧:《陝西高陵新出土〈大唐故李府君墓誌銘〉》,《中國書法》2005 年第 2 期。
劉雲濤:《山東莒縣東莞出土漢畫像石》,《文物》2005 年第 3 期。
羅二虎:《長寧七個洞崖墓群漢畫像研究》,《考古學報》2005 年第 3 期。
洛陽市第二文物工作隊:《洛陽西漢張就墓發掘簡報》,《文物》2005 年第 12 期。
洛陽市第二文物工作隊:《唐崔元略夫婦合葬墓》,《文物》2005 年第 2 期。
南京博物院:《江蘇吳縣張陵山張氏墓群發掘簡報》,《南方文物》2005 年第 4 期。
南京市博物館:《南京市石子崗東晉墓的發掘》,《考古》2005 年第 2 期。
喬棟、李獻奇:《洛陽新獲墓誌續編書法藝術概述》,《書法叢刊》2005 年第 6 期。
山東鄒城市文物局:《山東鄒城西晉劉寶墓》,《文物》2005 年第 1 期。
王博文:《甘肅鎮原縣富坪出土秦二十六年銅詔版》,《考古》2005 年第 12 期。
王煥林:《里耶秦簡文字書法論略》,《中國書法》2005 年第 9 期。
王金元:《山西離石石盤漢代畫像石墓》,《文物》2005 年第 2 期。
王愷、葛明宇:《徐州獅子山楚王陵》,三聯書店,2005 年。
王鐵:《辨疑〈出師頌〉》,《書法》2005 年第 2 期。
魏堅:《額濟納漢簡》,廣西師範大學出版社,2005 年。
魏啟鵬:《跋〈何君閣道銘〉再發現》,《四川文物》2004 年第 6 期,拓影採自《四川文物》2005 年第 1 期。
咸陽市文物考古研究所:《陝西咸陽杜家堡東漢墓清理簡報》,《文物》2005 年第 4 期。
咸陽市文物考古研究所:《陝西咸陽市頭道塬十六國墓葬》,《考古》2005 年第 6 期。
謝光輝、徐學標:《兩漢"史書"名實考辨》,《古籍整理研究學刊》2005 年第 5 期。
徐正考:《漢代銅器銘文文字編》,吉林大學出版社,2005 年。
楊宗兵:《歷代石鼓文及其時代研究綜述》,《勵耘學刊》(語言卷)2005 年第 2 輯。
楊宗兵:《秦石鼓文形體特徵、書寫風格論析》,《陝西師範大學學報(哲學社會科學版)》2005 年第 2 期。
曾憲通:《古文字與出土文獻叢考》,中山大學出版社,2005 年。
趙學清:《戰國東方五國文字構形系統研究》,上海教育出版社,2005 年。
趙振華、王學春:《談偃師焦村魏石經〈尚書・無逸〉殘石》,《古籍整理研究學刊》2005 年第 5 期。
中國社會科學院考古研究所:《漢長安城武庫》,文物出版社,2005 年。

2006 年

長沙市文物考古研究所、中國文物研究所:《長沙東牌樓東漢簡牘》,文物出版社,2006 年。
陳方既:《隸書的歷程》,《中國書法》2006 年第 11 期。
陳夢家:《中國文字學》,中華書局,2006 年。
成都市文物考古研究所:《四川成都北宋宋京夫婦墓》,《文物》2006 年第 12 期。
程地宇:《〈漢巴郡朐忍令景雲碑〉考釋》,《三峽大學學報(人文社會科學版)》2006 年第 5 期。

馮時:《新莽封禪玉牒研究》,《考古學報》2006 年第 1 期。
廣西壯族自治區文物工作隊、貴港市文物管理所:《廣西貴港深釘嶺漢墓發掘報告》,《考古學報》2006 年第 1 期。
廣西壯族自治區文物工作隊、合浦縣博物館:《合浦風門嶺漢墓——2003～2005 年發掘報告》,科學出版社,2006 年。
廣州市文物考古研究所、中國社會科學院考古研究所、南越王宫博物館籌建處:《廣州市南越國宫署遺址西漢木簡發掘簡報》,《考古》2006 年第 3 期。
河北省文物研究所、鹿泉市文物保管所:《高莊漢墓》,科學出版社,2006 年。
胡長春:《從尹灣漢墓名謁木牘談關於隸八分的一些問題》,《文字學論叢》第三輯,中國戲劇出版社,2006 年。
湖北省文物考古研究所:《荆門左冢楚墓》,文物出版社,2006 年。
湖北省文物考古研究所、隨州市考古隊:《隨州孔家坡漢墓簡牘》,文物出版社,2006 年。
黄吉軍、許有欽:《洛陽東漢皇陵兆域新近出土冀州從事馮君碑》,《書法叢刊》2006 年第 4 期。
李洪智:《略論字體的典型——從隸草、章草之間的關係説起》,《中國書法》2006 年第 4 期。
李巖雲、傅立誠:《漢代玉門關址考》,《敦煌研究》2006 年第 4 期。
劉釗:《古文字構形學》,福建人民出版社,2006 年。
《拿雲美術博物館藏墓誌選・齊□□墓誌》,《書法叢刊》2006 年第 2 期。
倪晉波:《1923 年以來的"石鼓文"研究述要》,《寶雞文理學院學報(社會科學版)》2006 年第 4 期。
邱龍昇:《漢代鏡銘的篆隸體》,載向光忠主編《文字學論叢》第 3 輯,中國戲劇出版社,2006 年。
[日] 山元宣宏撰,石洋譯:《試論章草的名與義》,《書法叢刊》2006 年第 6 期。
商鞅封邑考古隊:《陝西丹鳳縣秦商邑遺址》,《考古》2006 年第 3 期。
史文磊、金碩:《李陽冰刊改〈説文〉之統計分析》,《中國文字研究》第七輯,廣西教育出版社,2006 年。
孫華:《重慶忠縣泰始五年石柱》,《文物》2006 年第 5 期。
天長市文物管理所、天長市博物館:《安徽天長西漢墓發掘簡報》,《文物》2006 年第 11 期。
魏啟鵬:《讀三峽新出東漢景雲碑》,《四川文物》2006 年第 1 期。
文智:《湖南常德市南坪東漢墓》,《考古》2006 年第 3 期。
咸陽市文物考古研究所:《咸陽隋代蕭紹墓》,《文物》2006 年第 9 期。
謝光輝、徐學標:《〈平復帖〉蠡議》,《中國書法》2006 年第 5 期。
徐州博物館:《江蘇徐州市後樓山八號西漢墓》,《考古》2006 年第 4 期。
翟萬益:《五涼書風》,《中國書法》2006 年第 5 期。
張龍海、張愛雲:《山東淄博市臨淄區齊國故城出土漢代封泥》,《考古》2006 年第 9 期。
鄭春松:《循名考實向眞詮——〈平復帖〉蠡議之疑義》,《中國書法》2006 年第 7 期。
中國社會科學院考古研究所漢長安城工作隊:《西安市漢長安城城墻西南角遺址的鑽探與試掘》,《考古》2006 年第 10 期。

2007 年

長沙市文物考古研究所、望城縣文物管理局:《湖南望城風篷嶺漢墓發掘簡報》,《文物》2007 年第 12 期。

成都文物考古研究所、新都區文物管理所:《成都市新都區東漢崖墓的發掘》,《考古》2007 年第 9 期。

賀正全:《蒲城總概述》,《書法叢刊》2007 年第 1 期。

江蘇泗陽三莊聯合考古隊:《江蘇泗陽陳墩漢墓》,《文物》2007 年第 7 期。

雷武新:《唐橋陵五方精石》,《書法叢刊》2007 年第 1 期。

李鋒:《重慶忠縣鄧家沱石闕的初步認識》,《文物》2007 年第 1 期。

李明:《初唐書法名家殷仲容》,《考古與文物》2007 年第 5 期。

柳秀芳:《北周獨孤渾貞墓誌》,《書法叢刊》2007 年第 5 期。

路遠:《述後秦〈呂他墓表〉》,《書法叢刊》2007 年第 5 期。

洛陽市第二文物工作隊、偃師市文物管理委員會:《偃師白草坡東漢帝陵陵園遺址》,《文物》2007 年第 10 期。

馬驥:《唐代御書手〈朱元昊墓誌〉考略》,《書法叢刊》2007 年第 5 期。

陝西省考古研究所:《唐殷仲容夫婦墓發掘簡報》,《考古與文物》2007 年第 5 期。

吳桂英:《唐高力士神道碑》,《書法叢刊》2007 年第 1 期。

徐正考:《漢代銅器銘文選釋》,作家出版社,2007 年。

徐正考:《漢代銅器銘文綜合研究》,作家出版社,2007 年。

袁延勝:《新出〈漢景雲碑〉及相關問題》,《中原文物》2007 年第 3 期。

趙立偉:《魏三體石經古文輯證》,社會科學文獻出版社,2007 年。

趙振華:《洛陽出土"黃神""治都總攝"道教法印考》,《中原文物》2007 年第 1 期。

中央電視臺:《見證·發現之旅》欄目,2007 年 11 月 6 日。

2008 年

蔡運章:《洛陽新獲西周卜骨文字略論》,《文物》2008 年第 11 期。

叢文俊:《章草及其相關問題考略》,《中國書法》2008 年第 10 期。

葛鋼、葛世民:《北魏曹天度石塔考》,《文物春秋》2008 年第 4 期。

湖北省文物考古研究所、雲夢縣博物館:《湖北雲夢睡虎地 M77 發掘簡報》,《江漢考古》2008 年第 4 期。

黃文傑:《秦至漢初簡帛文字研究》,商務印書館,2008 年。

江西省文物考古研究所、南昌市博物館:《南昌青雲譜梅湖東晉紀年墓發掘簡報》,《文物》2008 年第 12 期。

荊州博物館:《湖北荊州紀南松柏漢墓發掘簡報》,《文物》2008 年第 4 期。

林志強:《漢碑俗字綴述》,《中國文字學報》第 2 期,商務印書館,2008 年。

劉懷君:《陝西眉縣兩處秦漢"眉邑"遺址的調查》,《考古與文物》2008 年第 2 期。

呂梁地區文物局：《山西呂梁地區徵集的漢畫像石》，《文物》2008年第7期。

羅衛東：《鳥篆與東周南方文化》，《中國文化研究》2008年夏之卷。

南京市博物館：《南京市郭家山東晉溫氏家族墓》，《考古》2008年第6期。

寧波市文物考古研究所、寧波市鄞州區文物管理委員會辦公室：《浙江寧波市蜈蚣嶺吳晉紀年墓葬》，《考古》2008年第11期。

歐陽摩一：《論漢畫像石文字榜題和題記》，《東南文化》2008年第1期。

陝西省考古研究所、渭南市文物保護考古研究所、韓城市文物旅遊局：《陝西韓城梁帶村遺址M26發掘簡報》，《文物》2008年第1期。

陝西省考古研究院：《漢陽陵帝陵東側11～21號外藏坑發掘簡報》，《考古與文物》2008年第3期。

孫華：《漢朐忍令景雲碑考釋補遺》，《中國歷史文物》2008年第4期。

吳建偉、王霞：《戰國楚文字常用羨符再探》，《中國文字研究》第二輯，大象出版社，2008年。

西安市文物保護考古所：《西安長安區郭杜鎮清理的三座宋代李唐王朝後裔家族墓》，《文物》2008年第6期。

謝飛、張志忠：《〈王嚴墓誌〉〈江氏墓誌〉考》，《文物》2008年第2期。

儀徵市博物館：《儀徵出土文物集粹》，文物出版社，2008年。

袁永明：《河北省鹿泉市高莊1號漢墓出土部分銅器銘文的再認識》，《中原文物》2008年第1期。

早期秦文化聯合考古隊：《2006年甘肅禮縣大堡子山祭祀遺跡發掘簡報》，《文物》2008年第11期。

張光裕：《新見楚式青銅器器銘試釋》，《文物》2008年第1期。

張龍海、張愛雲：《齊國故城內發現一件帶銘文石磬》，《文物》2008年第1期。

張渭蓮、段宏振：《河北邢臺南小旺遺址西周刻辭卜骨淺識》，《文物》2008年第5期。

張新俊、張勝波：《新蔡葛陵楚簡文字編》，巴蜀書社，2008年。

鄭傑祥：《二里崗甲骨卜辭的發現及其意義》，《中原文物》2008年第3期。

2009年

陳松長：《嶽麓書院所藏秦簡綜述》，《文物》2009年第3期。

陳煒湛、唐鈺明：《古文字學綱要》，中山大學出版社，2009年。

成都市文物考古研究所、彭州市博物館：《四川彭州宋代青銅器窖藏》，《文物》2009年第1期。

甘肅省文物考古研究所：《甘肅永昌水泉子漢墓發掘簡報》，《文物》2009年第10期。

華人德：《北涼體芻議》，《書法研究》2009年第3期。

荆州博物館：《湖北荆州謝家橋一號漢墓發掘簡報》，《文物》2009年第4期。

景宏波：《〈中條山靖院道堂銘碑〉考》，《文物世界》2009年第1期。

李洪智、高淑燕：《也談今草的產生》，《文化藝術研究》2009年第2卷第3期。

李洪智：《談談唐代以來的草法變異現象》，《書法叢刊》2009年第1期。

李健廣：《江蘇邗江甘泉順利東漢墓清理簡報》，《東南文化》2009年第4期。

李永康：《武漢江夏丁家咀發現戰國楚墓並出土竹簡》，《江漢考古》2009年第3期。

林志強：《古本〈尚書〉文字研究》，中山大學出版社，2009年。

劉小磊、田麗:《唐盧正容墓誌及綫刻墓門考釋》,《中原文物》2009 年第 4 期。
劉釗、江小角:《安徽桐城出土秦十九年上郡守逪戈考》,《考古與文物》2009 年第 3 期。
陸明君:《魏晉南北朝碑別字研究》,文化藝術出版社,2009 年。
洛陽市文物工作隊:《洛陽龍門新村出土隋代墓誌》,《文物》2009 年第 11 期。
南京市江寧區博物館:《南京濱江開發區 15 號路六朝墓清理簡報》,《東南文化》2009 年第 3 期。
王連起:《〈中國法書全集〉元代卷前言》,《書法叢刊》2009 年第 4 期。
吳鎮烽:《記新發現的兩把吳王劍》,《江漢考古》2009 年第 3 期。
張存良、吳葒:《水泉子漢簡初識》,《文物》2009 年第 10 期。
張永強:《河北曲陽北魏邸元明碑北齊邸珍碑考》,《書法叢刊》2009 年第 3 期。
鄭忠華:《印臺墓地出土大批西漢簡牘》,《荆州重要考古發現》,文物出版社,2009 年。
鄭州大學歷史學院考古系、河南省文物管理局南水北調文物保護辦公室:《河南新鄉市金燈寺漢墓發掘簡報》,《華夏考古》2009 年第 1 期。
朱關田:《〈李益志〉淺釋》,《書法叢刊》2009 年第 5 期。

2010 年

長沙市文物考古研究所:《長沙"12・29"古墓葬被盜案移交文物報告》,《湖南省博物館館刊》第 6 輯,嶽麓書社,2010 年。
長沙市文物考古研究所、長沙簡牘博物館:《湖南長沙望城坡西漢漁陽墓發掘簡報》,《文物》2010 年第 4 期。
高明:《論石鼓文年代》,《考古學報》2010 年第 3 期。
郭瑞:《魏晉南北朝石刻文字》,南方日報出版社,2010 年。
李舉綱、王亮亮:《西安新見〈唐第五琦墓誌〉考疏》,《書法叢刊》2010 年第 5 期。
劉元春:《隋唐石刻與唐代字樣》,南方日報出版社,2010 年。
劉元春:《唐隸用字初探》,《中國文字研究》第十三輯,大象出版社,2010 年。
吕建、杜益華:《江蘇徐州黑頭山西漢墓出土印章的幾點認識》,《湖南省博物館館刊》第 6 輯,嶽麓書社,2010 年。
秦臻:《東漢墓前石獸與石雕工匠》,《文物世界》2010 年第 3 期。
山東省文物考古研究所:《山東日照海曲西漢墓(M106)發掘簡報》,《文物》2010 年第 1 期。
邵磊:《明代宦官楊慶墓的考古發掘與初步認識》,《東南文化》2010 年第 2 期。
施成哲:《浙江溫州市甌海區發現東晉紀年墓》,《考古》2010 年第 6 期。
宋有志:《湖北荆門嚴倉墓群 M1 發掘情況》,《江漢考古》2010 年第 1 期。
王輝、程學華:《秦文字集證》,藝文印書館,2010 年。
王銀田:《丹揚王墓主考》,《文物》2010 年第 5 期。
新鄉市文物考古研究所:《河南新鄉市仿木結構磚室墓發掘簡報》,《華夏考古》2010 年第 2 期。
許道勝、李薇:《嶽麓書院所藏秦簡〈數〉書釋文校補》,《江漢考古》2010 年第 4 期。
揚州市文物考古研究所:《江蘇揚州西漢劉毋智墓發掘簡報》,《文物》2010 年第 3 期。

楊俊：《敦煌一棵樹漢代烽燧遺址出土的簡牘》，《敦煌研究》2010 年第 4 期。
楊俊：《敦煌一棵樹漢代烽燧遺址出土的簡牘》，《敦煌研究》2010 年第 4 期。
銀雀山漢墓竹簡整理小組：《銀雀山漢墓竹簡》(貳)，文物出版社，2010 年。

張桂光：《篆書發展史綜述》，《中國書法》2010 年第 4 期。

趙誠：《關於“鳥蟲書”》，《古文字研究》第二十八輯，中華書局，2010 年。

趙立偉：《孫海波〈魏三字石經集錄〉所收〈君奭〉、〈多方〉殘石眞僞辨》，《平頂山學院學報》2010 年第 1 期。

趙振華、董延壽：《東漢雒陽縣男子□□卿買地鉛券研究》，《中原文物》2010 年第 3 期。

鎮江博物館、句容市博物館：《江蘇句容春城南朝宋元嘉十六年墓》，《東南文化》2010 年第 3 期。

2011 年

北京大學出土文獻研究所：《北京大學藏西漢竹書概説》，《文物》2011 年第 6 期。

蔡副全：《南宋隸書的覺醒——以隴南、陝南遺存的刻石隸書為例》，《中國書法》2011 年第 4 期。

長沙市文物考古研究所：《2011 年長沙東牌樓工地考古發掘情況簡報》，《湖南省博物館館刊》2011 年第 8 輯。

陳世輝、湯餘惠：《古文字學概要》，福建人民出版社，2011 年。

河南省文物管理局南水北調文物保護管理辦公室、安陽市文物考古研究所：《河南安陽縣北齊賈進墓》，《考古》2011 年第 4 期。

賀晏然：《明吳善智、杜妙音墓誌銘考》，《東南文化》2011 年第 3 期。

李海燕：《隋唐五代石刻文字》，南方日報出版社，2011 年。

李維：《南陽新發現漢代六門堰水利刻石書法研究》，《中國書法》2011 年第 4 期。

羅開玉：《關於〈建安四年北江塴碑〉的幾點認識》，《四川文物》2011 年第 3 期。

南陽市文物考古研究所：《河南南陽春秋楚彭射墓發掘簡報》，《文物》2011 年第 3 期。

南陽張仲景博物館、南陽市文物考古研究所：《南陽市審計局漢墓發掘簡報》，《中原文物》2011 年第 4 期。

內蒙古自治區文物考古研究所、鄂爾多斯博物館、烏審旗文物管理所：《內蒙古烏審旗郭家梁大夏國田煛墓》，《文物》2011 年第 3 期。

陝西省考古研究院：《北周獨孤賓墓發掘簡報》，《考古與文物》2011 年第 5 期。

陝西省考古研究院：《漢陽陵帝陵陵園南門遺址發掘簡報》，《考古與文物》2011 年第 5 期。

王連龍：《新見〈唐獨孤士衡墓誌〉考略》，《書法叢刊》2011 年第 5 期。

王其禕、周曉薇：《洛陽新見隋代墓誌銘輯釋三種》，《華夏考古》2011 年第 4 期。

徐正考、佟豔澤：《漢代陶文著錄與研究述論》，《古籍整理研究學刊》2011 年第 4 期。

楊武站：《漢陽陵出土封泥考》，《考古與文物》2011 年第 4 期。

趙曉軍、蔡運章：《我自鑄銅鈹及其相關問題》，《文物》2011 年第 9 期。

浙江省寧波市文物考古研究所：《浙江寧波梅墟龍山東晉紀年墓群的發掘》，《南方文物》2011 年第 4 期。

2012 年

曹錦炎:《浙大楚簡毋庸置疑——從文本角度論浙大楚簡的眞實性》,《光明日報》2012 年 6 月 18 日。

河南省文物管理局南水北調文物保護工作領導小組等:《河南禹州新峰墓地東漢墓(M127)發掘簡報》,《文物》2012 年第 9 期。

湖北省文物考古研究所:《江陵鳳凰山西漢簡牘》,中華書局,2012 年。

湖北省文物考古研究所、隨州市博物館:《湖北隨州市葉家山西周墓地》,《考古》2012 年第 7 期。

湖北省文物考古研究所、隨州市博物館:《湖北隨州義地崗曾公子去疾墓發掘簡報》,《江漢考古》2012 年第 3 期。

湖南省文物局:《湖南簡牘名跡》,湖南美術出版社,2012 年。

李零:《"邦無飤人"與"道毋飤人"》,《文物》2012 年第 5 期。

連雲港市博物館:《江蘇連雲港海州西漢墓發掘簡報》,《文物》2012 年第 3 期。

遼寧省文物考古研究所、日本奈良文化財研究:《朝陽隋唐墓葬發現與研究》,科學出版社,2012 年。

劉珏:《秦駰玉版銘文釋讀述評》,《湖南省博物館館刊》2012 年第八輯。

劉紹剛:《從文字形體和書法看"浙大簡"》,《光明日報》2012 年 7 月 2 日。

陸錫興:《漢魏之祥瑞書法》,《中國書法》2012 年第 5 期。

羅開玉:《成都新出土東漢〈李君碑〉〈裴君碑〉初探》,《南方民族考古》第八輯,科學出版社,2012 年。

雒有倉:《試論商周青銅器族徽文字不同於一般銘文的特點》,《考古與文物》2012 年第 2 期。

南京市博物館、江寧區博物館:《南京市祖堂山明代洪保墓》,《考古》2012 年第 5 期。

邱龍昇:《兩漢鏡銘文字研究》,中國社會科學出版社,2012 年。

容庚:《中國文字學》,中華書局,2012 年。

邵磊、賀雲翺:《南京鐵心橋楊吳宣懿皇后墓的考古發掘與初步認識》,《東南文化》2012 年第 6 期。

西安市文物保護考古研究所:《西安南郊西漢墓發掘簡報》,《文物》2012 年第 10 期。

咸陽市文物考古研究所:《咸陽師院附中西晉墓清理簡報》,《考古與文物》2012 年第 1 期。

邢文:《楚簡書法的筆勢與體勢》,《光明日報》2012 年 7 月 2 日。

邢文:《浙大藏簡辨僞(上)》,《光明日報》2012 年 5 月 28 日。

邢文:《浙大藏簡再辨僞》,《光明日報》2012 年 6 月 25 日。

熊傳薪:《湖南臨澧九里一號大型楚墓發掘簡報》,《湖南省博物館館刊》2012 年第八輯。

楊明珠、楊二斌:《河東歷代書法述略》,《書法叢刊》2012 年第 2 期。

趙超、趙久湘:《成都新出漢碑兩種釋讀》,《文物》2012 年第 9 期。

2013 年

長沙市文物考古研究所:《湖南長沙五一廣場東漢簡牘發掘簡報》,《文物》2013 年第 6 期。

耿志強:《鹽池張家場古城址調查》,《中國國家博物館館刊》2013 年第 4 期。

南京博物院、盱眙縣文廣新局:《江蘇盱眙大雲山江都王陵二號墓發掘簡報》,《文物》2013 年第 1 期。

南京博物院、盱眙縣文廣新局:《江蘇盱眙縣大雲山西漢江都王陵東區陪葬墓》,《考古》2013 年第

10期。
南京博物院、盱眙縣文廣新局：《江蘇盱眙縣大雲山西漢江都王陵一號墓》，《考古》2013年第10期。
南京市博物館、江寧區博物館：《南京將軍山明代沐昂夫婦合葬墓及M6發掘簡報》，《東南文化》2013年第2期。
陝西省考古研究院、寶雞市考古研究所：《陝西寶雞涼泉漢墓發掘報告》，《考古與文物》2013年第6期。
邵磊、駱鵬：《明憲宗孝貞皇后王氏家族墓的考古發現與初步研究》，《東南文化》2013年第5期。
王曉光：《論新出長沙五一廣場簡牘墨書及相關問題》，《書法叢刊》2013年第5期。
王祖龍：《楚書法史》，湖北美術出版社，2013年。
楊曉春：《南京雞鳴寺現存明碑〈重修雞鳴禪寺記〉探析》，《東南文化》2013年第5期。
鄭州市文物考古研究院、河南省南水北調文物保護管理辦公室：《鄭州黄崗寺北宋紀年壁畫墓》，《中原文物》2013年第1期。

2014年

蔡全法：《新鄭鄭韓故城出土戰國牛肋骨墨書賬簿考》，《華夏考古》2014年第4期。
曹錦炎：《鳥蟲書通考(增訂版)》，上海辭書出版社，2014年。
曹錦炎、吳毅：《鳥蟲書字彙》，上海辭書出版社，2014年。
陳侃理：《里耶秦方與"書同文字"》，《文物》2014年第9期。
成都文物考古研究所、荆州文物保护中心：《成都市天回镇老官山漢墓》，《考古》2014年第7期。
丁一：《江蘇蘇州石湖景區謝家墳朱氏墓地出土墓誌的初步考證》，《東南文化》2014年第4期。
凡國棟：《曾侯與編鐘銘文柬釋》，《江漢考古》2014年第4期。
宮萬琳：《西晉石經〈尚書〉皋陶謨、益稷殘石拓本》，《中原文物》2014年第1期。
湖北省文物考古研究所、隨州市博物館：《隨州文峰塔M1(曾侯與墓)、M2發掘簡報》，《江漢考古》2014年第4期。
黄德寬等：《古漢字發展論》，中華書局，2014年。
陸錫興：《〈說文解字〉以篆正隸，構建形體規範》，《中國文字學報》第五輯，商務印書館，2014年。
毛遠明：《漢魏六朝碑刻異體字典》，中華書局，2014年。
上海博物館編著、何繼英主編：《上海唐宋元墓》，科學出版社，2014年。
王錦生：《〈樂經〉——佚失的儒家經籍——河南博物院藏熹平石經殘石內容管窺》，《中原文物》2014年第1期。
楊慶興：《新見宋代〈馬氏墓誌〉篆書研究》，《中原文物》2014年第3期。
張雷：《河南鞏義市北窯灣漢墓出土東漢買地券研究》，《華夏考古》2014年第1期。

2015年

何碧琪：《貞隱園法帖》，《書法叢刊》2015年第5期。
李映福、楊盛、馬春燕、余建：《四川廣漢石亭江漢代鐵橋墩相關問題研究》，《考古》2015年第9期。
吕金成：《戰國沂水齊陶量釜的刻畫文字》，《書法叢刊》2015年第4期。

四川大學考古學系、河南省文物局南水北調文物保護辦公室：《河南衛輝市大司馬村隋唐乞扶令和夫婦墓》，《考古》2015 年第 2 期。
王國宇：《鶴壁大賚店唐代平眞客碑考釋》，《中國國家博物館館刊》2015 年第 8 期。
王素：《石鼓文研究述評》，《故宫學刊》2015 年第 2 期。
武漢市文物考古研究所等：《湖北武漢丁家咀 M1、M2 出土戰國竹簡》，《文物》2015 年第 6 期。
游學華：《西晉趙氾墓表》，《書法叢刊》2015 年第 5 期。
趙傑、趙瑞民：《晉城拴驢泉石門銘的勘查與研究》，《文物》2015 年第 2 期。
中國社會科學院考古研究所河北工作隊：《河北贊皇縣北魏李仲胤夫婦墓發掘簡報》，《考古》2015 年第 8 期。

2016 年

甘肅簡牘保護研究中心、甘肅省文物考古研究所、甘肅省博物館、中國文化遺產研究院古文獻研究室、中國社會科學院簡帛研究中心：《肩水金關漢簡》，中西書局，2011—2016 年。
湖南省文物考古研究所、益陽市文物處：《湖南益陽兔子山遺址九號井發掘簡報》，《文物》2016 年第 5 期。
濟南市考古研究所：《山東濟南長清崮雲湖宋墓發掘簡報》，《文物》2016 年第 2 期。
江西省文物考古研究所、南昌市博物館、南昌市新建區博物館：《南昌市西漢海昏侯墓》，《考古》2016 年第 7 期。
李學勤：《漢鏡銘文圖集・序言》，中西書局，2016 年。
梁厚能：《東晉曹夫人碑》，《書法叢刊》2016 年第 4 期。
譚淑琴：《河南省博物院藏碑誌書法藝術價值綜述》，《書法叢刊》2016 年第 5 期。
王綱懷：《漢鏡銘文書法》，中西書局，2016 年。
張馳：《新見東漢摩崖刻石文字兩種》，《書法叢刊》2016 年第 2 期。
張存良、巨虹：《英國國家圖書館藏斯坦因所獲漢文簡牘未刊部分》，《文物》2016 年第 6 期。
張宗子：《曹魏南部君墓誌》，《書法叢刊》2016 年第 4 期。

2017 年

甘肅省文物考古研究所：《甘肅永昌縣水泉子漢墓群 2012 年發掘簡報》，《考古》2017 年第 12 期。
湖北省文物局、湖北省南水北調管理局：《沙洋塌冢楚墓》，科學出版社，2017 年。
荆州博物館：《湖北荆州望山橋一號楚墓發掘簡報》，《文物》2017 年第 2 期。
鄒城市博物館：《山東鄒城峄山北龍河宋金墓發掘簡報》，《文物》2017 年第 1 期。

2018 年

熊北生、陳偉、蔡丹：《湖北雲夢睡虎地 77 號西漢墓出土簡牘概述》，《文物》2018 年第 3 期。

2020 年

湖北省文物考古研究所、武漢大學簡帛研究中心：《湖北荆門嚴倉 1 號楚墓出土竹簡》，《文物》2020 年第 3 期。
張馳：《新見東漢〈陳寔碑〉殘石小考》，《青少年書法叢刊》2020 年第 2 期。

後　　記

在 1964 年，一次偶然的機會讀到蔣善國先生的《漢字形體學》，蔣先生的國學修養以及富於邏輯的論述，引起了我的強烈興趣，引導我走上漢字史的漫漫長路。“文革”以前，文字改革是漢字研究的主題，它涉及漢字發展諸問題，我是文字改革的衷心擁護者，立志為此奮鬥。1968 年我拉了一位朋友，做社會調查，訪問先進單位。1968 年秋在上海市静安區西康路小學（西康路近南京西路）二年級一班作拼音試點，自編自印拼音教材，以拼音取代漢字進行試點，歷時半年，基本達到目的。

筆者（左）、合作者（右）與部分試點班級學生合影

1980 年在漢語大詞典編纂處

我深刻體會到漢字歷史上有許多問題没有弄清楚，當時僅有的幾種文字普及讀物根本没有觸及一些重要問題。20 世紀 70 年代馬王堆簡帛、睡虎地秦簡、臨沂金雀山漢簡相繼發現，我一頭埋入這些簡牘的整理，製作卡片，希望理出字形、字義、字音的頭緒，發現這些資料内容豐富，其事實與現有的文字認識大有出入。1989 年出版的《漢代簡牘草字編》（上海書畫出版社）就是整理漢簡的成果。1980 年 1 月 3 日持 1 號調令到漢語大詞典編纂處報到，無比欣喜，以為進入了學術殿堂，可以相互切磋，討論學問。不想首先碰到的問題是“古今字”“通假字”處理，内外都認為毫無疑義，但是我提出了不同看法。早在 1965 年我在新《辭海》上讀到“古今字”詞條，覺得疑竇種種，後來看到《古代漢語》，明確解釋有誤，並且冒大不韙把我的觀點發表在 1981 年的《中國語文》上，提出古今字要害是字詞關係，指出字詞關係是可以變化的。在後來的

幾年中，一連發表了幾篇文章。這個認識無比重要，為呼籲認識這個問題，1985 年我發表了《要正確解釋通假現象》(《山東師大學報》)，建議把字詞關係變化列入教材。我越是關心漢字歷史，就越來越覺得這是一個值得深入、全面研究的領域。雖然有幾種漢字學史的讀物，卻沒有一種完整的漢字史著作，在 80 年代初萌生研究漢字史，撰寫漢字發展史的念頭。其實在 70 年代我就開始收集資料，逐步建立完整的知識系統，資料搜集工作與研究同時進行，成熟一專題，撰寫一專題。在 2002 年開始出版《漢字傳播史》(語文出版社)，2003 年出版《漢字的隱祕世界——漢字民俗史》(上海辭書出版社)。2013 年魯東大學全香蘭博士獲得《漢字傳播史》專著國家社科基金中華學術外譯專案(13WYY001)的資助，邀請韓國學者朴炳仙教授、崔東現教授、閔丙俊博士，對譯稿進行多次審閱，幾易其稿，歷經四載終於完成這部字數多達 60 萬字的譯著。2017 年該譯著被列入民俗苑出版社 Archebooks 系列叢書，被排為第 87 號。《漢字形體史》實際是普通意義上的漢字全史，我竭盡了 50 年的精力，解開無數環節，打通上下三千年漢字歷史。有幸得到黃德寬會長的關心，在 2012 年獲得國家社科基金項目，五年後在 2017 年如期完成，獲得優秀社科項目等級。2021 年入選全國哲學社會科學工作辦公室編輯出版《國家社科基金專案優秀成果選介彙編》第一輯。這是為了宣傳和推介國家社科基金專案成果，從 2017 年和 2018 年國家社科基金年度專案鑒定為優秀等級的 450 項成果中選介了 166 項，涉及 21 個學科，以基礎理論研究為主，旨在更好地促進優秀成果的轉化和應用。"入選"給予我莫大的榮譽和鞭策。

2018 年出版《漢字傳播史》修訂本(商務印書館)，2019 年出版《漢字民俗史》修訂本，兩書都作了重大修訂補充。2022 年出版《漢字美術史》和《漢字形體史》。這樣，基本完整的漢字史著作就告完成。

《漢字形體史》出版，離不開南昌大學特別是文學院院長江馬益的支持。好友吳振武教授、林志強教授、陳偉武教授、劉釗教授對此書予以關心和支持，在此深表感謝！

本書稿體量大，圖文複雜，編輯工作十分繁重，在此書出版之際，感謝周典富先生、徐川山先生的貢獻。

陸錫興 2022 年 3 月 9 日於仙霞西路寓所

圖書在版編目（CIP）數據

漢字形體史 / 陸錫興著. -- 上海 : 上海教育出版社, 2022.12
ISBN 978-7-5720-1319-5

Ⅰ. ①漢… Ⅱ. ①陸… Ⅲ. ①漢字－字形－漢語史 Ⅳ. ①H123

中國版本圖書館CIP數據核字(2022)第236009號

- -

本書由南昌大學省一流學科建設經費資助

封面題簽　陸錫興
責任編輯　周典富
封面設計　鄭　藝

漢字形體史
陸錫興　著

出版發行　上海教育出版社有限公司
官　　網　www.seph.com.cn
地　　址　上海市閔行區號景路159弄C座
郵　　編　201101
印　　刷　上海盛通時代印刷有限公司
開　　本　787 × 1092　1/16　印張 56　插頁9
字　　數　1065 千字
版　　次　2023年1月第1版
印　　次　2023年1月第1次印刷
書　　號　ISBN 978-7-5720-1319-5/H·0044
定　　價　338.00 元

如發現質量問題，讀者可向本社調換　電話：021-64373213